U0852763

岳麓書社

读名著　选岳麓

春秋左传 上

李维琦　陈建初　李运富
覃遵祥　唐生周　萧谒川　注译

岳麓书社·长沙

前　言

一、孔子修订《春秋》

古人认为春是发动生长的季节，秋是成熟收藏的季节，一年就只有春秋之分。由春分出夏，由秋分出冬，那是以后的事情了。以“春秋”为历史书的名称，大概是最初记史以年为单位的缘故。唐刘知幾《史通·六家篇》说：“《春秋》家者，其先出于三代。按《汲冢琐语》记太丁时事，目为《夏殷春秋》。”太丁是商纣的祖父，那么，商的晚期或许就已有“春秋”这个被作为史书看待的词了。《孟子·离娄下》说：“晋之《乘》，楚之《梼杌》，鲁之《春秋》，一也。”可知那时候的史书名称各国不尽相同，晋有晋的叫法，楚有楚的叫法，只鲁国仍然叫“春秋”。他国是否也有叫“春秋”的，孟夫子没有说。我们现在见到的《春秋》，正是鲁国的史书，与孟轲所说相合。

按《史记·孔子世家》的说法，《春秋》是哀公十四年（前481）西狩获麟以后孔子所作。杨伯峻《春秋左传注·前言》里说：“如果这话可信，孔丘作《春秋》，动机起于获麟。而孔丘于二年后即病逝，以古代简策的繁重，笔写刀削，成二百四十二年的史书，过了七十岁的老翁，仅用两年时间，未必能完成这艰巨的任务罢。”但同是司马迁作的《史记·十二诸侯年表序》却说：“是以孔子明王道，干七十余君莫能用，故西观周室，论史记旧闻，兴于鲁而次《春秋》。”如果把这两

条合起来看，似乎也近乎情理。孔子到周，约在三十岁以前，那时便已留意史书，于是以鲁《春秋》为主，编次史书，到获麟以后才最后完成，想必也是可能的。

我们也觉得说孔子“作”《春秋》，恐怕也不是很靠得住。理由不在上述，而是因为孔子自己就说过，他是“述而不作”，况且一部记事史书，要作恐怕也作不出来。作《春秋》的当是鲁国历代的史官，这才能解释为什么《春秋》前后体例文风不甚统一。但如果说《春秋》是经过孔子修订的，则可能是事实。这里也有一个问题，既然经过修订，文风体例何以仍然不一？这是可以理解的。比如，隐、桓二公，非鲁国的卿大夫无论盟会征伐都不书名，到庄公二十二年才有“及齐高傒盟于防”的记载。假如孔子要统一体例，要么把此前非鲁之卿大夫的名补上，要么从此起删去参加盟会征伐的非鲁的卿大夫的名。如果补，一两百年前的事如何能补上？如果删，既已记上，又有什么必要把它删掉呢？难道历史记载，不应当比《春秋》的记载稍微丰富一些吗？现在为了统一体例，竟然把本就简单的史实再删去一些，这又何必呢？

孔子修订《春秋》，犹如我们现在校勘古籍，而比校勘稍为“自由”一点，有些地方，或许稍作改动，仅此而已。所谓“作”，也仅仅是校勘修订的一种笼统说法，或者说，是归美的说法，所以，古人所记孔子作《春秋》或修《春秋》，都应当看成是孔子校勘修订的证据。这种证据，除较晚的《史记》已记载之外，还可从别的更早的记载里看得到。例如《左传·僖公二十八年》：

是会也，晋侯召王，以诸侯见，且使王狩。仲尼曰：“以臣召君，不可以训。”故书曰：“天王狩于河阳。”

这段文字解释写“天王狩于河阳”的缘故，但不知是解释自己这样写，还是解释别人这样写。而《左传·成公十四年》说：

君子曰：“《春秋》之称，微而显，志而晦，婉而成章，尽而不污，惩恶而劝善。非圣人谁能修之？”

这里所说的“圣人”当是孔子无疑。似乎因而也可推知书“天王狩于河阳”的也是孔子。

《孟子·滕文公下》：“臣弑其君者有之，子弑其父者有之。孔子惧，作《春秋》。《春秋》，天子之事也。是故孔子曰：知我者其惟《春秋》乎！罪我者其惟《春秋》乎！”这里明说孔子作《春秋》。但孟轲属于辩士之类，往往言过其实。这里把孔子“修”说成“作”也是一例。不过，孟子生活在战国时代，他还能见到可靠的史料，不能说他的话全是无稽之谈。

最能说明问题的恐怕要算《公羊传》了。《庄公七年》说：“不修《春秋》曰：‘雨星不及地尺而复。’君子修之曰：‘星霣如雨。’”这里明确提出《春秋》有修与不修之别，而修之者为“君子”，即孔子。

二、《春秋》与《左传》

古人有将《春秋》《左传》合而为一的，讲《春秋》就是指《左传》。例如《史记·吴太伯世家》说：“余读《春秋》古文，乃知……延陵季子之仁心，慕义无穷，见微而知清浊。呜呼！又何其闳览博物君子也！”考之《春秋》经，没有延陵季子（即季札）慕义无穷的话，《公羊传》《穀梁传》也不见，唯《左传·襄公十四年》有季札让位的话。其言曰：“将立季札。季札辞曰：‘曹宣公之卒也，诸侯与曹人不义曹君，将立子臧。

子臧去之，遂弗为也，以成曹君。君子曰：‘能守节。’……札虽不才，愿附于子臧，以无失节。’”这就是所谓的“慕义无穷”了。至于“见微而知清浊”，“闳览博物”，《春秋》经与《公》《穀》皆无记，只见于《左传·襄公二十九年》，说季札至鲁、齐、郑、卫、晋，向所在国执政要人进善言忠谏，在鲁听乐观舞，能审知乐舞所表现的思想风格以及这些乐舞所产生的时代地域。由是知道太史公是把《左传》当作《春秋》古文了。

然而我们知道，经自经，传自传。“经”是《左传》《公羊传》《穀梁传》之所同（只有个别字句差异），而传本各异。《左传》有解释《春秋》的，这种情况较少。如《隐公元年》春，“王正月”，《左传》说：“不书即位，摄也。”这就是解释。有详于经的，这种情况较多。例如《隐公元年》，《春秋》只记“郑伯克段于鄢”六字。《左传》便就此事写了一大篇文章，详记事件的来由与经过，兄弟矛盾的解决诉诸阴谋与武力，母子关系则由紧张而缓和，以至地下相见。没有《左传》，哪能知道郑君之立的这些明争暗斗？《左传》有多于经的，如前面所说季札辞国、听乐观舞即是一例。有少于《春秋》的，例如《文公十六年》“夏五月，公四不视朔”，《左传》就没有关于此事的任何记载。《左传》所传历史年代大致与《春秋》相当，同起于公元前722年，但《左传》止于公元前454年，比《春秋》晚27年。即使如此，我们还是可以看出，左氏是据《春秋》经而作传的。它大致依傍《春秋》所记年代事件，依次补充、详说、记述、阐释意义，或者略而不录。《左传》还有少数订正《春秋》的地方，想必有它确凿的史实依据，不得不作更正。在一定意义上说，“更正”也是一种训释。如《左传·昭公八年》：“夏四月辛亥，哀公缢。”《春秋》“辛亥”作“辛丑”，当以传文为正。

三、《左传》的作者及其流传

《春秋左氏经传集解》孔颖达疏引沈氏说：

《严氏春秋》引《观周篇》（西汉本《孔子家语》的篇名）云："孔子将修《春秋》，与左丘明乘，如周，观书于周史，归而修《春秋》之经，丘明为之传，共为表里。"

司马迁《史记·十二诸侯年表》也说：

鲁君子左丘明惧弟子人人异端，各安其意，失其真，故因孔子史记，具论其语，成《左氏春秋》。

这两处说法小异，但都认为《左传》是左丘明所作，而左丘明与孔子为同时人。《论语·公冶长》也曾论及左丘明其人：

子曰："巧言，令色，足恭，左丘明耻之，丘亦耻之。匿怨而友其人，左丘明耻之，丘亦耻之。"

或者像某些文献所说的那样，左丘明是当时鲁国一个颇有声望的史官，孔子相当尊重其人，故引其言以自重。子不语怪、力、乱、神，而《左传》多言之，在学术上其不为孔子一派，也是可以断言的。然而《左传》屡称"仲尼"，或者《左传》作者也十分尊敬孔子的学问为人，故有此笔。或者竟是孔门弟子补续之作，亦未可知。《左传》最后记到哀公二十七年，还附加一段，说到智伯被灭，称赵无恤为襄子，其非《左传》作者原作，是学术界公认的事实。

《左传》在战国时代已经流行。《史记·十二诸侯年表序》说："铎椒为楚威王傅，为王不能尽观《春秋》，采取成败，卒四十章，为《铎氏微》。赵孝成王时，其相虞卿上采《春秋》，下观近势，亦著八篇，为《虞氏春秋》。"司马迁说的《春秋》即《左传》，前面已说明及此。楚威王于公元前339年至公元前329年在位，可知那时已有《左传》可供观览了。虞卿为赵相，约死于公元前235年。大哲学家、思想家荀子，也曾征引《左传》，应无疑义。如《荀子·大略》篇说："送死不及柩尸，吊生不及悲哀，非礼也。"这和《左传·隐公元年》"赠死不及尸，吊生不及哀，豫凶事，非礼也"基本相同。基本相同即可视为引用，古人引文照例如是。《战国策》《吕氏春秋》《韩非子》无不征引《左传》，例多不烦举证。

《左传》与《公羊传》《穀梁传》合称《春秋三传》。如上所述，《左传》在战国时已经流行，而《公羊传》《穀梁传》到汉代才写定。戴弘《公羊序》说："至汉景帝时寿（即公羊寿）及其弟子齐人胡毋子都著于竹帛。"《穀梁传》的写定当比《公羊传》更晚。《公羊传》与《穀梁传》是用当时文字传写，称为今文，西汉时得以立于学官。而《左传》战国时通行本，自然是以战国文字传写，即所谓古文。古文《左传》西汉时始终未立于学官，但为学人所特别看重。前面已经说过司马迁之所称引《春秋》正是《左传》。刘向父子整理古书，在皇家图书馆也曾见到此书。刘向作《说苑》《新序》《列女传》，很多采用《左传》故事乃至文字。王充《论衡·案书篇》说："刘子政玩弄左氏，童仆妻子皆呻吟之。"这里"玩弄"的意思是爱不释手，"呻吟"则是诵读吟咏的意思。

也是《论衡》的《案书篇》说："《春秋左氏传》者，盖出孔子壁中，孝武皇帝时，鲁共王坏孔子教授堂以为宫，得佚《春秋》三十篇，左氏传也。"据这段记载，《左传》盖从孔子壁中所得。这里说的是西汉的情形。《左传》在战国时已有那么多人引用，到了西汉，引用更是不可胜数，想必还有一种民间流传的本子在。不过我们现在已无从查考了。

吴承仕《经典释文序录疏证》主要根据《汉书·儒林传》，还有别的文献，曾对《左传》的授受关系作了一番整理。现转述其从左丘明到西汉这一段时期的授受关系，以见《左传》研习不绝于世。左丘明授曾申（曾参的儿子），曾申传卫人吴起，起传其子期，期传楚人铎椒，椒传赵人虞卿，虞卿传荀况，况传张苍（汉丞相），苍传贾谊，谊传其孙嘉，嘉传赵人贯公（河间献王博士），贯公传其子长卿，长卿传京兆尹张敞及侍御史萧禹，禹传尹更始，更始传翟方进、胡常，翟方进传刘歆，常授黎阳贾护（哀帝时待诏），护传陈钦（以左氏授王莽，至将军）。

四、《左传》的成就和注释

《左传》记载了鲁国近270年的历史，也记载了当时几个主要诸侯国的历史；不但记载了当时的历史，也保存了此前的一些史事和传说。它不仅是政治史，也是社会史、经济史、战争史、文化史、思想史，史料价值很高。假若没有这样一部著作保存下来，我们的先秦历史将是一片混沌。《左传》在文学上、语言上也有很高的成就，它特别善于描写战争，善于刻画人物，其中又多有出色的外交辞令。先秦时期，在散文领域只有《左传》才真正称得上是文学性强的写实主义巨著。它对后世史学、文学的影响是不可估量的。

《左传》注本，古人的主要有晋杜预的《春秋经传集解》、唐孔颖达《春秋左传正义》、清洪亮吉《春秋左传诂》、刘文淇《春秋左氏传旧注疏证》都是很有价值的参考书。1981年，中华书局出版了杨伯峻的《春秋左传注》，参考周全，校订精审，尽量采取前人研究成果和发掘资料作注，注文要言不烦，是迄今为止最好的一个注本。我们这个本子以《十三经注疏》本为底本，而校勘主要依杨说。其不依之处，自是谨慎的缘故。

承蒙岳麓书社有关同志相邀译注此书，盛情难却，不得不勉为其难，乃约昔日友生、当今同事数人，分头执笔，克期竣工。然后由我统一阅读，稍事修订。虽在事前约定过一些共同遵守的条款，但体例文风之不同，犹如人面之不同，欲避免而不可得。事后欲由一人统一之，实戛戛乎其难！因思孔子修订《春秋》，体例文风仍不能统一，即使圣如夫子也做不到，何况于我？古之视今，亦犹今之视昔也。

李维琦

目　录

上册

中册

下册

春秋左传

隐公

【传】

惠公元妃孟子[1]。孟子卒,继室以声子[2],生隐公[3]。

宋武公生仲子[4],仲子生而有文在其手,曰"为鲁夫人",故仲子归于我[5],生桓公[6]。而惠公薨[7],是以隐公立而奉之[8]。

鲁惠公的第一个夫人叫孟子。孟子死后,续娶了声子,生下隐公。

宋武公生有仲子,仲子一生下来就有文字在她手上,说"当鲁国夫人",所以仲子嫁给我们鲁君作正夫人,生下桓公。桓公还很小,鲁惠公就逝世了,所以隐公立桓公为太子而自己辅佐摄政。

注释 1 惠公:鲁国第十三代国君,姬姓,名弗皇,隐公、桓公之父。 2 继室:继承妻室地位,即续娶之意。 3 隐公:名息姑,庶公子。 4 宋武公:名司空,宋国第十二代国君。宋,国名,子姓。 5 归:嫁。我:指鲁君。《春秋》《左传》皆鲁人所作,以鲁国旧史为据,故以鲁君纪事而称"我"。 6 桓公:名允,隐公同父异母弟,因他是正夫人所生,故为太子而继君位。 7 薨(hōng):与上文之"卒"都指死。《礼记·曲礼》:"天子死曰崩,诸侯曰薨,大夫曰卒,士曰不禄,庶人曰死。" 8 奉:侍奉,辅佐。

隐公元年

【经】

元年春[1],王正月[2]。

三月,公及邾仪父盟于蔑[3]。

夏,五月,郑伯克段于鄢[4]。

秋,七月,天王使宰咺来归惠公、仲子之赗[5]。

九月,及宋人盟于宿[6]。

冬,十有二月,祭伯来[7]。

公子益师卒[8]。

元年春天,周历正月。

三月,鲁隐公与邾仪父在蔑地结盟。

夏天,五月,郑伯在鄢地打败了共叔段。

秋天,七月,周平王派宰夫咺来鲁国赠送鲁惠公和仲子的丧葬礼物。

九月,鲁国与宋国在宿国结盟。

冬天,十二月,祭伯来到鲁国。

鲁国公子益师逝世。

注释 **1** 元年:隐公元年,公元前722年。 **2** 王:周王朝。鲁国用周历纪时。 **3** 邾:国名,曹姓。仪父:邾君之字,名克。蔑:鲁地,在今山东泗水。 **4** 郑:国名,姬姓。郑伯:即郑庄公,名寤生。段:郑庄公同母弟。鄢:郑国地名,原为独立小国,妘姓。 **5** 宰:官名,此指宰夫,相当于下大夫。咺(xuǎn):人名。归:通"馈",赠送。赗(fèng):吊丧助葬的礼物。 **6** 宿:国名,风姓,后为齐邑,在今山东东平。 **7** 祭(zhài)伯:周王朝卿士。 **8** 益师:字众父,鲁孝公的儿子。

【传】

元年春，王周正月。不书即位，摄也[1]。

元年春天，王朝周历正月。《春秋》不写鲁隐公即君位，是因为隐公代替桓公理政的缘故。

三月，公及邾仪父盟于蔑，邾子克也。未王命，故不书爵[2]。曰"仪父"，贵之也。公摄位而欲求好于邾，故为蔑之盟。

三月，隐公与邾仪父在蔑地结盟，邾仪父就是邾子克。由于邾国尚未获周王爵命，所以不标明邾君的爵位。称他的字"仪父"，是为了尊重他。隐公代处君位，想跟邾国建立友好关系，所以举行了这次蔑地结盟。

夏，四月，费伯帅师城郎[3]。不书，非公命也。

夏天，四月，费伯带领军队建筑郎城。《春秋》不记载这件事，因为筑城不是奉隐公的命令。

注释 1 摄：假代，代理之意。 2 爵：爵位。有公、侯、伯、子、男各等，邾君当为子爵。 3 费(bì)伯：鲁大夫。城：动词，筑城。郎：鲁地名，在今山东鱼台。

初，郑武公娶于申[1]，曰武姜。生庄公及共叔段[2]。庄公寤生[3]，惊姜氏，故名曰寤生，遂恶之。爱共叔段，欲立之。亟请于武公[4]，公弗许。

当初，郑武公从申国娶来夫人，称为武姜。武姜生了庄公和共叔段。庄公难产，使姜氏受到惊吓，所以姜氏给他取名叫寤生，并因此讨厌他。姜氏喜爱共叔段，想要立他为太子。她多次向武公请求，武公没有答应。

及庄公即位，为之请制。公曰："制，岩邑

到庄公当了国君，姜氏又替段请求把制邑作为封地。庄公说："制邑，是个险要

也[5]。虢叔死焉[6]。佗邑唯命[7]。”请京，使居之，谓之京城大叔。祭仲曰[8]：“都城过百雉[9]，国之害也。先王之制：大都不过参国之一，中五之一，小九之一[10]。今京不度，非制也[11]，君将不堪[12]。”公曰：“姜氏欲之，焉辟害[13]？”对曰：“姜氏何厌之有[14]？不如早为之所[15]，无使滋蔓[16]，蔓难图也。蔓草犹不可除，况君之宠弟乎？”公曰：“多行不义必自毙[17]，子姑待之。”

的城市。虢叔就死在那里。若是别的都邑，就听从您的命令。”姜氏请求京邑，庄公就让段住到那里，称为京城大叔。祭仲说：“都邑的城墙超过百雉，就是国家的危害。先王的制度是：大都的城墙不超过首都城墙的三分之一，中都的城墙不超过首都城墙的五分之一，小都的城墙不超过首都城墙的九分之一。现在京邑的城墙不合制度，如果不加以制止的话，您将会受不了。”庄公说：“姜氏想要这样，我有什么办法逃避危害？”祭仲回答说：“姜氏怎么会有满足的时候？不如早点替段另外安排个去处，不要让他继续发展，再发展就难以对付了。杂草蔓延尚且不可除掉，何况是您宠爱的弟弟呢？”庄公说：“多做不义的事情，一定会自取灭亡，您姑且等着吧。”

注释　**1** 郑武公：名掘突。申：国名，姜姓。　**2** 共(gōng)叔段：段奔共，故称共叔。　**3** 寤生：逆生，足先出，即今之难产。寤，通“牾”，逆。　**4** 亟(qì)：屡次，多次。　**5** 岩邑：险要的城市。　**6** 虢叔：东虢国的国君。焉：于是，在那里。　**7** 佗：同“他”，别的。唯：应答之词，引申为应允、听从、任凭等义。　**8** 祭(zhài)仲：郑国大夫。　**9** 都城：都邑的城墙。雉：度量单位，高一丈，长三丈。　**10** 都、国：相对而言，“都”指一般的都邑，“国”指国家的首都。参：同“叁”，三。中、小：指中都、小都。　**11** 度：制度。制：限制，制止。　**12** 堪：经得起，受得了。　**13** 焉：哪里，怎么。辟：同“避”。　**14** 厌：饱，满足。之：帮助宾语“何厌”提前的虚词，无义。　**15** 为之所：

替他（指叔段）安排个地方。 **16** 无：通“毋”，不要。滋蔓：滋生蔓延。 **17** 毙：跌倒，犹言失败。

既而大叔命西鄙、北鄙贰于己[1]。公子吕曰[2]：“国不堪贰，君将若之何[3]？欲与大叔，臣请事之；若弗与，则请除之，无生民心[4]。”公曰：“无庸[5]，将自及[6]。”大叔又收贰以为己邑[7]，至于廪延[8]。子封曰：“可矣，厚将得众[9]。”公曰：“不义不暱[10]，厚将崩。”

不久，大叔命令西、北两方的边邑在属于郑庄公的同时，也附属于自己。公子吕对庄公说：“国家受不了两属的局面。您对这件事将怎么处置？如果想把郑国交给大叔，就请您允许我去侍奉他；如果不准备给他，就请您除掉他，以免让老百姓产生二心。”庄公说：“用不着这样，他将自取灭亡。”大叔又将两属的西、北边邑完全收归已有，直达廪延。子封说：“应该对付他了，再扩大地盘，将会得到民众。”庄公说：“叔段不义，团结不了民众，地盘扩大了将会溃散。”

大叔完聚[11]，缮甲兵[12]，具卒乘[13]，将袭郑。夫人将启之[14]。公闻其期，曰：“可矣！”命子封帅车二百乘以伐京。京叛大叔段，段入于鄢，公伐诸鄢[15]。五月辛丑[16]，大叔出奔共。

大叔加固城墙，聚集粮草，修理铠甲兵器，配备步卒兵车，将要偷袭郑国首都。夫人姜氏打算作为内应替他打开城门。庄公闻知他们举事的日期，说：“可以解决他了！”命令子封率兵车二百乘去攻打京城。京城百姓反叛大叔段，大叔段逃入鄢城，庄公又发兵到鄢城讨伐他。五月二十三日，大叔出逃到卫国的共邑。

书曰：“郑伯克段

《春秋》记载说：“郑伯在鄢城打败段。”因为叔段不像个做弟弟的，所以《春秋》不

于鄙。”段不弟，故不言弟[17]；如二君，故曰克；称郑伯，讥失教也，谓之郑志[18]；不言出奔，难之也[19]。

标称“弟”；因为庄公跟叔段就如同实力相当的两个君侯，所以庄公打败叔段用“克”；称庄公为“郑伯”，是讥讽他对叔段未加教诲，可以说郑庄公有意造成这种结局；不写叔段出奔，是因为难于下笔。

注释　1 既而：不久。鄙：边邑。贰于己：既属于庄公，又属于自己。贰，动词，两属。　2 公子吕：字子封，郑国大夫。　3 若之何：对这件事怎么办。　4 生民心：使民产生二心。　5 庸：通“用”。　6 自及：自取灭亡。及，通“岌”，伤害。　7 贰：名词，指当时已两属的西、北边邑。　8 廪延：郑国都邑名。　9 厚：谓土地扩大。众：民众，百姓。　10 昵：黏连，亲近，团结。　11 完：修葺，使坚固，指城郭而言。聚：指聚集粮草。　12 缮：修理。甲：铠甲。兵：武器。　13 具：准备。卒：步兵。乘(shèng)：兵车。　14 启：开，此指开城门，作内应。　15 诸：“之于”二字的合音，“之”代指共叔段。　16 辛丑：二十三日，古代用干支纪日。　17 前一个“弟”，动词，谓不像弟弟；后一个“弟”，名词。　18 志：意志，意图。　19 难：感到为难。因为言出奔有专罪叔段之嫌，实则郑伯也有责任。

遂置姜氏于城颍[1]，而誓之曰：“不及黄泉[2]，无相见也！”既而悔之。

于是庄公把姜氏放逐到城颍，并且对她发誓说：“不到黄泉，不再相见！”不久，又对这个誓言感到后悔。

颍考叔为颍谷封人[3]，闻之，有献于公。公赐之食，食舍肉。公问之，对曰：“小人有母，皆尝小人之食矣，未尝君之羹[4]，请

颍考叔是颍谷城管理边疆的官员，他听说这件事，准备向庄公献策。见到庄公后，庄公赐给他吃的，颍考叔把肉留下不吃。庄公问他为什么这样，他回答说：“我有母亲，我的食物她都吃过

以遗之[5]。”公曰:“尔有母遗,繄我独无[6]!”颍考叔曰:“敢问何谓也?”公语之故,且告之悔。对曰:“君何患焉[7]?若阙地及泉[8],隧而相见[9],其谁曰不然[10]?”公从之。公入而赋[11]:“大隧之中,其乐也融融。”姜出而赋:“大隧之外,其乐也泄泄[12]。”遂为母子如初。

君子曰[13]:“颍考叔,纯孝也[14]!爱其母,施及庄公[15]。《诗》曰:‘孝子不匮[16],永锡尔类[17]。’其是之谓乎[18]!”

了,但从来没有吃过您赐的肉,请允许我把这些肉留给她吃。”庄公说:“你有母亲可奉送,而我却偏偏没有!”颍考叔说:“斗胆问问,您刚才说的是什么意思?”庄公跟他讲了缘故,并且告诉他自己的悔恨。颍考叔说:“您担忧什么呢?如果把地挖到见水的深度,然后打个隧道相见,那谁能说不符合誓言?”庄公依从了他。庄公进入隧道就吟诵诗句:“大隧之中,快乐和睦。”姜氏出了隧道也吟诵诗句:“大隧外面,快乐舒坦。”于是他们作为母子就像以前一样。

君子说:“颍考叔真是能行孝道啊!敬爱自己的母亲,还扩展到了庄公。《诗》说:‘孝子行孝不会穷尽,永久赐予你的同类。’大概就是说的这种情况吧!”

注释 1 城颍:郑国城邑。 2 黄泉:地下泉水。“及黄泉”暗指死亡。 3 颍考叔:郑国大夫。颍谷:郑国的边邑。封人:管理边疆的官。 4 羹:肉汁,此指上文所舍之肉。 5 遗(wèi):送与,留给。 6 繄:发语词,无义。 7 何患:担心什么。 8 阙:挖掘。 9 隧:挖隧道。 10 其:疑问语气副词。然:对,指符合誓言。 11 赋:吟诵诗句。 12 泄泄(yìyì):与上文的“融融”意思相近,都指和乐舒畅,用来形容快乐。 13 君子:作者的假托,用来发表评论。 14 纯:精粹,引申为真实、确实。 15 施(yì):延及,扩展。 16 匮:尽。 17 永:长久。锡:通“赐”。 18 其:表推测的语气词。是之谓:谓是。“是”代指颍考叔的孝行。

秋，七月，天王使宰咺来归惠公、仲子之赗。缓[1]，且子氏未薨[2]，故名。天子七月而葬，同轨毕至[3]。诸侯五月，同盟至。大夫三月，同位至。士逾月，外姻至[4]。赠死不及尸[5]，吊生不及哀[6]，豫凶事[7]，非礼也。

秋天，七月，周天子派宰夫咺来赠送鲁惠公和夫人仲子的丧葬礼物。因为来得太迟，而且仲子还没有死，所以写出宰夫的名以示批评。天子死后七月安葬，诸侯国参加葬礼。诸侯死后五月安葬，建立同盟关系的诸侯国参加葬礼。大夫死后三月安葬，地位相同的大夫参加葬礼。士死后超过一月安葬，具有婚姻关系的亲戚参加葬礼。宰咺来赠送死去的人没有赶在安葬之前，慰问活着的人又没有赶在最悲哀的时候，而且预先赠送仲子的丧葬之物，都是不合礼制的。

八月，纪人伐夷[8]。夷不告，故不书。

八月，纪国军队讨伐夷国。夷国没有通报鲁国，所以《春秋》不载。

有蜚[9]，不为灾，亦不书。

鲁国出现蜚虫，因为没有造成灾害，所以也没有记载。

惠公之季年，败宋师于黄[10]。公立，而求成焉[11]。九月，及宋人盟于宿，始通也[12]。

鲁惠公晚年，曾在宋国黄邑打败了宋军。鲁隐公摄政后，就跟宋国讲和。九月，鲁国与宋国在宿地订立盟约，这是隐公第一次与宋国通好。

注释 1 缓：迟，晚。 2 子氏：即仲子。 3 轨：车辙的宽度。同轨，指称诸侯。 4 逾月：跟上文“五月”“三月”后皆省“而葬”二字。外姻：有婚姻关系的亲戚。 5 尸：未葬之时，犹可见尸体。 6 哀：始死至葬后返哭，这是主人最哀痛之时。 7 豫：预先，提前。凶事：指丧事。 8 纪：国名，姜姓。夷：国名，妘姓。 9 蜚(fěi)：一种有害禾稻的小飞虫。 10 黄：宋国城邑。 11 求成：讲和。 12 通：沟通，交好。

冬，十月庚申，改葬惠公。公弗临[1]，故不书。

惠公之薨也，有宋师，大子少，葬故有阙[2]，是以改葬。卫侯来会葬[3]，不见公，亦不书。

郑共叔之乱，公孙滑出奔卫[4]。卫人为之伐郑，取廪延。郑人以王师、虢师伐卫南鄙[5]。请师于邾，邾子使私于公子豫[6]。豫请往，公弗许。遂行[7]，及邾人、郑人盟于翼[8]。不书，非公命也。

新作南门，不书，亦非公命也。

十二月，祭伯来，非王命也。

众父卒，公不与小敛[9]，故不书日。

冬天，十月十四日，改葬鲁惠公。隐公没有以丧主身份参加改葬哭临仪式，所以《春秋》没有记载。

鲁惠公逝世的时候，有宋军侵扰，太子年纪尚小，葬礼本来不完备，所以要改葬。卫侯来参加改葬礼，但没有见到鲁隐公，所以没有记载。

郑国共叔段作乱失败的时候，公孙滑逃到了卫国。卫国替公孙滑讨伐郑国，攻取了廪延。郑人率领周王朝和西虢国军队攻打卫国南方的边邑。郑国向邾国借兵，邾子派人私下里跟鲁大夫公子豫联系。豫请求带兵前去会战，鲁隐公不答应。但公子豫最终还是去了，跟邾国和郑国在翼地订立了盟约。《春秋》不记载，因为这件事不是奉隐公之命而行的。

新建了都城的南门，《春秋》不记载，也因为这不是奉隐公的命令。

十二月，祭伯来到鲁国，但不是奉周王的命令。

众父逝世，隐公没有参加小敛，所以《春秋》不写日期。

注释　1 临：指临葬礼哭泣。隐公摄位，不敢以丧主自居，故未参加葬礼。2 故：通“固”，本来。阙：同“缺”，谓葬礼不完备。　3 卫：国名，姬姓。会葬：

参加葬礼。 4 公孙滑:共叔段之子。 5 以:率领,指挥。王师:周王的军队。虢:西虢国。鄙:边疆小邑。 6 私:私下接触,跟个人联系。 7 遂:终于,最终。 8 翼:郑国地名。 9 与(yù):参加。小敛:用衣衾盖在死者尸体上的礼仪。

隐公二年

【经】

二年春,公会戎于潜[1]。

二年春天,隐公跟戎人在潜地相会。

夏,五月,莒人入向[2]。

夏天,五月,莒国军队侵入向国。

无骇帅师入极[3]。

鲁卿无骇率领军队进驻极国。

秋,八月庚辰[4],公及戎盟于唐[5]。

秋天,八月庚辰,隐公跟戎人在唐地结盟。

九月,纪裂繻来逆女[6]。

九月,纪卿裂繻来鲁国迎娶伯姬。

冬,十月,伯姬归于纪[7]。

冬天,十月,鲁女伯姬嫁到了纪国。

纪子帛、莒子盟于密[8]。

纪国子帛跟莒君在密地结盟。

十有二月乙卯,夫人子氏薨。

十二月十五日,鲁国夫人仲子逝世。

郑人伐卫。

郑军攻打卫国。

注释 1 戎:西方少数民族。潜:鲁国地名,在今山东济宁西南。 2 莒:国名,己姓,在今山东莒县。向:国名,姜姓,在今山东莒南。 3 无骇:鲁国司空。极:鲁附庸国,在今山东金乡。 4 庚辰:据推算,八月没有这一天,恐误记。凡这类情况,译文仍称“庚辰”。 5 唐:鲁国地名,在今山东鱼台。 6 纪:国名。裂繻(xū):纪国之卿。逆:迎接。 7 伯姬:鲁惠公长女。 8 子帛：裂繻之字。密：莒地，在今山东昌邑东南。

【传】

二年春，公会戎于潜，修惠公之好也[1]。戎请盟，公辞。

二年春天，隐公与戎人在潜地相会，是为继续惠公建立的友好关系。戎人请求结盟，隐公推辞了。

莒子娶于向，向姜不安莒而归。夏，莒人入向，以姜氏还[2]。

莒君从向国娶了向姜，向姜不安心在莒国生活，就回到了向国。夏天，莒国军队挺进向国，抢回了姜氏。

司空无骇入极[3]，费庈父胜之[4]。

司空无骇进驻极国，费庈父趁机灭亡了极国。

戎请盟。秋，盟于唐，复修戎好也。

戎人请求结盟。秋天，鲁国跟戎人在唐结盟，重修与戎人的友好关系。

九月，纪裂繻来逆女，卿为君逆也。

九月，纪国裂繻来迎娶鲁女，这是卿来替国君迎娶。

冬，纪子帛、莒子盟于密，鲁故也。

冬天，纪国子帛和莒君在密地结盟，这是为了鲁国的缘故。

郑人伐卫，讨公孙滑之乱也。

郑军攻打卫国，是为了讨伐公孙滑的叛乱。

注释 1 修……好：继续……友好关系。 2 以：带着。 3 司空：官名。 4 费庈(qín)父(fǔ)：即费伯，鲁大夫。

隐公三年

【经】

三年春，王二月己巳，日有食之[1]。

三年春天，周历二月初一日，发生日食。

三月庚戌，天王崩。

三月十二日，周天子平王逝世。

夏，四月辛卯，君氏卒[2]。

夏天，四月二十四日，君氏逝世。

秋，武氏子来求赙[3]。

秋天，武氏的儿子来鲁国征求助丧财物。

八月庚辰，宋公和卒[4]。

八月十五日，宋穆公逝世。

冬，十有二月，齐侯、郑伯盟于石门[5]。

冬天，十二月，齐侯、郑伯在石门结盟。

癸未，葬宋穆公。

同月二十日，安葬宋穆公。

注释 **1** 日有食之：有什么东西吃太阳，即今之“日食”。 **2** 君氏：君夫人。 **3** 武氏：周王朝大夫。赙：助丧的财物。 **4** 宋公和：即宋穆公。 **5** 齐：国名，姜姓。石门：齐地，在今山东平阴西南。

【传】

三年春，王三月壬戌，平王崩。赴以庚戌[1]，故书之。

三年春天，周历三月二十四日，周平王逝世。因为讣告说是十二日，所以《春秋》就记载为十二日。

夏，君氏卒。声子也。不赴于诸侯，不反

夏天，君氏逝世。君氏就是隐公的母亲声子。声子死后没有讣告诸侯，安葬

哭于寝[2]，不祔于姑[3]，故不曰“薨”。不称夫人，故不言葬，不书姓。为公故，曰“君氏”。

后没有到祖庙返哭，又没有祔祭于祖姑，所以不能叫“薨”。没有称她“夫人”，所以不记载葬事，也不标称姓氏。但由于隐公的缘故，尊称她为“君氏”。

郑武公、庄公为平王卿士[4]。王贰于虢[5]，郑伯怨王。王曰：“无之。”故周、郑交质[6]。王子狐为质于郑，郑公子忽为质于周。王崩，周人将畀虢公政[7]。四月[8]，郑祭足帅师取温之麦[9]。秋，又取成周之禾[10]。周、郑交恶[11]。

郑武公和郑庄公是周平王的执政卿士。周平王想同时委政给西虢公，郑庄公因此怨恨平王。周平王说：“没有这样的事。”所以周朝和郑国互相以人作抵押。周平王的儿子狐到郑国作为人质，郑庄公的太子忽到周朝作为人质。周平王逝世后，周人又想将政权委以西虢公。夏历四月，郑国派祭足率领军队割取了王畿小国温的麦子。秋天，又收取成周的谷子。周、郑因此相互怨恨。

注释 **1** 赴：同“讣”，告丧。 **2** 反：同“返”。寝：祖庙。 **3** 祔：把后死者附于祖庙同祭曰祔。姑：祖姑，祖母。 **4** 卿士：这里指王卿中执政的人。 **5** 贰于虢：同时又委政给虢。虢：指西虢公，当时也在周王朝做官。 **6** 交：互相。质：人质，以人为抵押品。 **7** 畀(bì)：给予。 **8** 四月：此指夏历四月，其时麦已熟。 **9** 祭足：即隐公元年之祭仲。温：周王畿内小国，在今河南温县南。 **10** 成周：周国故都，在今河南洛阳东。 **11** 交恶(wù)：互相憎恨。

君子曰：“信不由中[1]，质无益也。明恕而行，要之以礼[2]，虽无有质，谁能

君子说：“信任不是发自内心，用人质作抵押也没有益。行为明智、宽厚，用礼来约束，即使没有人质，谁又

间之[3]？苟有明信[4]，涧、溪、沼、沚之毛[5]，蘋、蘩、薀藻之菜[6]，筐、筥、锜、釜之器[7]，潢、污、行潦之水[8]，可荐于鬼神，可羞于王公[9]，而况君子结二国之信？行之以礼，又焉用质？《风》有《采蘩》《采蘋》，《雅》有《行苇》《泂酌》，昭忠信也[10]。”

能离间他们？如果有明显的诚信，即使是涧溪小沟或沼泽池塘中生产的蘋、蘩、薀藻之类的野菜，即使是筐、筥、锜、釜这些平常器皿，潢、污及行潦之类的积水，都可以拿来进献给鬼神和王公，何况君子缔结国与国之间的信任呢？只要按照礼仪来做，又哪里用得着人质？《诗经》中的《国风》有《采蘩》《采蘋》二诗，《大雅》有《行苇》《泂酌》二诗，都是用来表彰忠信的。”

注释　1 信：信任。中：中心，内心。　2 要(yāo)：约束。　3 间：离间。　4 苟：如果。　5 涧、溪：山谷小水沟。沼、沚：沼泽、池塘之类。毛：凡地所生都可叫“毛”，此实指菜，与下句“菜”同义。　6 蘋、蘩、薀藻：三种水草，可当菜食用。　7 筐、筥(jǔ)：都是竹器，方形的叫“筐”，圆形的叫“筥”。锜(qí)、釜(fǔ)：都是烹饪之器，有足者叫“锜”，无足者叫“釜”。　8 潢(huáng)、污：都指积而不洁之水，大者叫“潢”，小者叫“污”。行(háng)潦(lǎo)：积存于道路坑洼之处的雨水。行，道路。潦，雨水。　9 荐、羞：都是进献的意思。　10 昭：彰，明。

武氏子来求赙，王未葬也。

武氏的儿子来征求助丧的财物，是因为周平王尚未下葬。

宋穆公疾，召大司马孔父而属殇公焉[1]。曰：“先君舍与夷而立寡人[2]，寡人弗敢忘。若以大夫之灵[3]，

宋穆公得病，召来大司马孔父，把殇公嘱托给他。穆公说：“先君不立他的儿子与夷，却立我为君，我不敢忘记这种德行。如果我托您的福，能够保

得保首领以没[4]，先君若问与夷，其将何辞以对[5]？请子奉之[6]，以主社稷[7]。寡人虽死，亦无悔焉。”对曰：“群臣愿奉冯也[8]。”公曰：“不可。先君以寡人为贤，使主社稷。若弃德不让[9]，是废先君之举也，岂曰能贤[10]？光昭先君之令德[11]，可不务乎[12]？吾子其无废先君之功[13]！”使公子冯出居于郑。八月庚辰，宋穆公卒，殇公即位。

君子曰：“宋宣公可谓知人矣。立穆公，其子飨之[14]，命以义夫[15]！《商颂》曰[16]：‘殷受命咸宜[17]，百禄是荷[18]。’其是之谓乎！”

全尸首而死，先君见到我若问起与夷，我将用什么话来回答呢？希望您辅助他，以统治国家。如此，我即使死了，也没有什么悔恨了。”孔父回答说：“群臣希望辅助您的儿子冯即位。”穆公说：“不行。先君认为我贤，让我主持国家。我如果抛弃先君的恩德而不把君位让给他的儿子，那就是败坏先君的德举，怎么能算贤？发扬先君善德的事，能不加紧实行吗？您还是不要败坏先君的功德吧！”于是，让公子冯出居到郑国。八月十五日，宋穆公逝世，宋殇公与夷即位。

君子说：“宋宣公可说是了解人了。立穆公为君，自己的儿子也享受到好处，这是依据道义来命令的啊！《商颂》说：‘商授命都合乎道义，所以得到许多福禄。’大概说的就是这种情况吧！”

注释　1 大司马：宋官名。孔父：名嘉，宋大夫。属：嘱托。殇公：宋宣公之子与夷。　2 先君：已经去世的前辈君侯。寡人：寡德之人，古代诸侯自称的谦词。　3 灵：福。　4 保首领：保全头颈，指不遭杀戮。没：寿终，指正常死亡。　5 其：代词，这里指穆公自己。何辞以对：以何辞对。对，回答。　6 子：尊称对方，相当于“您”。　7 社：土神。稷：谷神。社稷连言，代指国家。　8 冯：穆公之子。　9 德：指让国这种品行。　10 能贤：同义连用，意思跟单言“贤”相当。　11 光昭：相当于发扬。令：善。　12 务：

急于办理。 13 其:语气副词,表祈使。 14 飨:义同“享”,受。 15 命:指宣公不立子而让弟的命令。以义:按照道义。夫(fú):语气词。 16 引诗见《诗经·商颂·玄鸟》末章。 17 受:义同“授”。咸:都。宜:通“义”,合乎道义。 18 百禄是荷:即“荷百禄”。百禄,泛指各种福禄。荷,负荷,承受。

冬,齐、郑盟于石门,寻卢之盟也[1]。庚戌,郑伯之车偾于济[2]。	冬天,齐国和郑国在石门结盟,是重修当年在卢地结盟的关系。庚戌,郑庄公的车子在济水中倾覆。
卫庄公娶于齐,东宫得臣之妹[3],曰庄姜。美而无子,卫人所为赋《硕人》也[4]。又娶于陈,曰厉妫,生孝伯,早死。其娣戴妫[5],生桓公[6],庄姜以为己子。	卫庄公从齐国娶了夫人,就是太子得臣的妹妹,叫庄姜。庄姜漂亮却没有生儿子,所以卫国人替她创作了《硕人》这首诗。卫庄公又从陈国娶了夫人,叫厉妫,生了孝伯,但孝伯死得早。厉妫的妹妹戴妫,生了桓公,庄姜把桓公当作自己的儿子。

注释 1 寻:重温,续修。石门、卢:皆齐地名。卢盟在春秋前。 2 偾(fèn):仆倒,倾覆。济:水名,在今山东境内。 3 卫庄公:名扬。东宫:太子所居,因指太子。得臣:齐庄公的太子。 4 赋:作诗,吟诗。 5 娣:女弟,即妹妹。 6 桓公:名完。

公子州吁,嬖人之子也[1]。有宠而好兵[2],公弗禁。庄姜恶之。石碏谏曰[3]:“臣	卫国的公子州吁,是国君宠妾所生的儿子。州吁依仗宠爱,喜好摆弄刀枪,卫庄公对他不加禁戒。庄姜因此而怨恨他们。卫大夫石碏劝诫庄公说:“我听说,如果喜

闻,爱子,教之以义方[4],弗纳于邪。骄奢淫泆,所自邪也。[5]四者之来[6],宠禄过也。将立州吁,乃定之矣[7];若犹未也,阶之为祸[8]。夫宠而不骄,骄而能降,降而不憾,憾而能昣者,鲜矣。[9]且夫贱妨贵,少陵长,远间亲,新间旧,小加大,淫破义,所谓六逆也[10]。君义,臣行,父慈,子孝,兄爱,弟敬,所谓六顺也[11]。去顺效逆,所以速祸也[12]。君人者,将祸是务去,而速之,无乃不可乎?[13]"弗听。其子厚与州吁游[14],禁之,不可。桓公立,乃老[15]。

爱孩子,就用道义教育他,不要让他陷入邪恶。骄横、奢侈、淫乱、放纵,是产生邪恶的温床。这四种坏品行的形成,又是恩宠太过的缘故。如果您要立州吁为太子,就赶快确定他的地位;如果还拖延不决,就会成为祸患的台阶。受到恩宠却不骄横,骄横惯了却甘愿地位下降,地位下降了却不怨恨,心里怨恨却能在行为上加以克制,这样的人实在太少了。而且,低贱的妨害高贵的,年幼的侵辱年长的,疏远的离间亲近的,时间短的取代时间长的,势力小的凌驾于势力大的之上,淫乱的败坏道义的,这就是所谓的"六逆"——六种悖逆的行为。君侯仁义,臣子奉行,父亲慈祥,儿子孝顺,兄长爱抚,弟辈恭敬,这是所谓的"六顺"——六种合理的行为。抛弃合理的而去仿效悖逆的,这是招致祸患的原因。做人家君侯的人,希望务必除去祸患,而您却招它来,这恐怕不行吧?"卫庄公不听。石碏的儿子石厚跟州吁交好,石碏禁止他们往来,没有成功。卫桓公即位以后,石碏怕牵连自己,就告老退休了。

注释 1 嬖(bì)人:此指地位不高但得到君侯宠幸的女人。 2 有宠:犹恃宠。兵:武事。 3 石碏(què):卫大夫。谏:下劝诫上。 4 义方:犹道义。 5 泆:通"逸",放纵不羁。所自邪也:即产生邪的原因。 6 四者:指骄奢淫泆。 7 将:犹“若”,如果。乃:就。 8 未:指未定。阶之为祸:即为祸之阶,产生祸乱的台阶。 9 能降:能下,即安于地位下降。憾:恨。昣(zhěn):忍受,抑制。鲜(xiǎn):少。 10 此句中的形容词都用作名词,指人而言。妨:妨害。陵:侵犯。间(jiàn):取代。加:欺凌。破:败坏。 11 这句中的形容词都包含有动词的意义。行:遵循,服从,照办。 12 去:抛弃。效:效法。速:招致。 13 君:作君侯,统治。无乃……乎:表示委婉推测的固定结构,常与否定词连用,意为“大概是(不)……的吧?” 14 游:交游,相好。 15 老:告老致仕,即退休。

隐公四年

【经】

四年春,王二月,莒人伐杞,取牟娄[1]。

戊申,卫州吁弑其君完[2]。

夏,公及宋公遇于清[3]。

宋公、陈侯、蔡人、卫人伐郑[4]。

秋,翚帅师会宋公、陈侯、蔡人、卫人伐郑[5]。

九月,卫人杀州吁于濮[6]。

冬,十有二月,卫人立晋[7]。

四年春天,周历二月,莒国军队攻伐杞国,夺取了杞国的牟娄城。

三月十六日,卫国州吁杀了他们的国君完。

夏天,鲁隐公和宋殇公在卫国的清地临时会见。

宋公、陈侯及蔡国、卫国的大夫率领各自的军队一起攻伐郑国。

秋天,鲁公子翚率领鲁军会同宋公、陈侯及蔡、卫大夫一起再次攻伐郑国。

九月,卫国人在濮地杀死了州吁。

冬天,十二月,卫国人立晋为新君。

注释 1 杞:国名,姒姓,在今河南杞县。牟娄:杞邑,在今山东诸城西南。 2 弑(shì):臣杀君或子杀父。 3 遇:诸侯间没有约定的相见。清:卫邑,在今山东东阿北。 4 蔡:国名。蔡、卫二国以大夫帅师,故称“人”。 5 翚:鲁大夫公子翚,字羽父。 6 濮(pú):陈国地名,在今安徽亳州东南。 7 晋:卫宣公名。

【传】

四年春,卫州吁弑桓公而立。

公与宋公为会,将寻宿之盟[1]。未及期,卫人来告乱[2]。夏,公及宋公遇于清。

宋殇公之即位也,公子冯出奔郑,郑人欲纳之[3]。及卫州吁立,将修先君之怨于郑,而求宠于诸侯,以和其民[4]。使告于宋曰:“君若伐郑,以除君害[5],君为主,敝邑以赋与陈、蔡从[6],则卫国之愿也。”宋人许之。于是[7],陈、蔡方睦于卫,故宋公、陈侯、蔡人、卫人伐郑,围其东门,五日而还。

四年春天,卫国的州吁杀了卫桓公而自立为国君。

隐公和宋殇公筹备会见,打算重温宿地结盟的友好。还未到预定日期,卫国人来通报国内叛乱。夏天,隐公与宋殇公在清地临时会见。

宋殇公即位的时候,公子冯逃亡到郑国,郑国想要送他回国。等到卫国州吁自立为君,打算向郑国报复前代国君结下的怨仇,并向诸侯国讨好,以便安定卫国的人民。因此,州吁派人告诉宋国说:“君侯若攻打郑国,以消除君侯的祸害,您就作为主人,敝邑发兵,与陈、蔡两国军队从属于您,这是我们卫国的愿望。”宋国答应了。当时陈、蔡两国正与卫国友好,所以宋公、陈侯、蔡人、卫人联合攻打郑国,包围郑国都城的东门,五天以后才回。

注释 1 寻:重温,继续。宿之盟:指鲁隐公元年鲁、宋在宿地的盟会。 2 及期:到达预定日期。乱:指州吁弑君自立之乱。 3 纳之:使之(公子冯)回到本国。 4 修……怨:犹言报……仇。求宠:犹言讨好。和:使……和乐、安定。 5 君害:指公子冯。 6 赋:兵赋,指战争所需的人力物力。 7 于是:在这个时候,当时。

公问于众仲曰[1]:“卫州吁其成乎?”对曰:“臣闻以德和民,不闻以乱[2]。以乱,犹治丝而棼之也[3]。夫州吁,阻兵而安忍[4]。阻兵,无众;安忍,无亲。众叛亲离,难以济矣[5]!夫兵,犹火也,弗戢[6],将自焚也。夫州吁弑其君,而虐用其民,于是乎不务令德[7],而欲以乱成,必不免矣[8]!”

隐公问众仲道:“卫国的州吁会成功吗?”众仲回答说:“我听说过用德行安定百姓,未曾听过用动乱的。用动乱来安定百姓,就好像要整理乱丝却把它弄得更纷乱了一样。州吁这个人,依仗武力而安于残忍。依仗武力就没人拥护;安于残忍就无人亲近。大众背叛,亲信离去,难以成功啊!武力这东西,就像火一样,不收敛的话,就会焚烧自己的。州吁杀了他的国君,又残暴地使用他的民众,在这种情况下还不施行美德,却想要凭借战乱来取得成功,一定不能免去祸患了!”

秋,诸侯复伐郑,宋公使来乞师,公辞之。羽父请以师会之,公弗许。固请而行。

秋天,诸侯再次攻打郑国,宋殇公派人来鲁国请求出兵援助,隐公推辞了。羽父请求让他带兵跟诸侯会战,隐公不同意。羽父坚决请求,终于带兵而去。

故书曰“翚帅师”,疾之也。诸侯之师败郑徒兵,取其禾而还。

所以《春秋》上记载说“翚帅师”,这是表示憎恶他。诸侯联军打败了郑国的步兵,掠取了那里的谷子才回来。

注释 1 众仲:鲁国大夫。 2 乱:指凭武力弑君伐郑之类。 3 棼(fén):使……纷乱。 4 阻兵:依仗武力。安忍:安于残忍。 5 济:成功。 6 戢(jí):收藏,敛止。 7 于是乎:在这种情况下。是,代词,这。乎,句中提顿语气的助词。令:美好。 8 免:指免于祸患。

州吁未能和其民,厚问定君于石子[1]。石子曰:"王觐为可[2]。"曰:"何以得觐?"曰:"陈桓公方有宠于王,陈、卫方睦,若朝陈使请,必可得也。[3]"厚从州吁如陈[4]。石碏使告于陈曰:"卫国褊小,老夫耄矣,无能为也。[5]此二人者,实弑寡君,敢即图之[6]。"陈人执之,而请莅于卫[7]。九月,卫人使右宰丑莅杀州吁于濮[8]。石碏使其宰獳羊肩莅杀石厚于陈[9]。

州吁没有能够安定卫国民众,石厚向父亲石碏请教稳固州吁君位的办法。石碏说:"朝见天王就能取得合法地位。"石厚问:"怎样才能朝见天王呢?"石碏说:"陈桓公正得到天王宠爱,而陈国、卫国正相友好,如果先朝见陈君,让陈君替卫国请求,一定能够办到。"石厚陪着州吁到了陈国。石碏派人告诉陈国说:"卫国狭小,我年纪又老了,不能干什么了。就是这两个人杀了我们的国君,斗胆请你们趁机对付他们。"陈国人捉住了州吁和石厚,就请卫人到陈国来讨伐他们。九月,卫国派右宰官丑来到陈国,在濮地处决了州吁。石碏也派他的宰臣獳羊肩到陈国杀死了石厚。

君子曰:"石碏,纯臣也!恶州吁而厚与焉[10]。'大义灭亲',其是之谓乎!"

君子说:"石碏是个真正的臣子啊!痛恨州吁,把自己的儿子石厚也牵连进去。所谓'大义灭亲',恐怕就是说的这种情况吧!"

卫人逆公子晋于

卫人从邢国接回公子晋。冬天,

邢[11]。冬，十二月，宣公即位。书曰"卫人立晋"，众也。

十二月，卫宣公即位。《春秋》上记载"卫人立晋"，是因为立晋为君反映了众人的意愿。

注释　**1** 厚：石厚，州吁党羽，石碏之子。定君：使君位稳固。石子：即石碏。　**2** 王觐(jìn)：即觐王。觐，诸侯朝见天子。　**3** 方：正好，正在。朝：朝见。　**4** 如：往，到……去。　**5** 褊(biǎn)：狭小。耄：年老。　**6** 敢：表敬副词，敢请之意。即：就(此机会)。图：打算，谋划，对付。　**7** 莅(lì)：临，到……来。　**8** 右宰：卫国官名。丑：人名。　**9** 宰：家臣之长。獳(nòu)羊肩：人名。　**10** 与焉：连带在里面。与，参与，加入。焉，于是，在这件事情里。　**11** 邢：国名，姬姓。

隐公五年

【经】

五年春，公矢鱼于棠[1]。

五年春天，鲁隐公到棠地让人演示捕鱼。

夏，四月，葬卫桓公。

夏天，四月，卫国安葬卫桓公。

秋，卫师入郕[2]。

秋天，卫国军队侵入郕国。

九月，考仲子之宫[3]。初献六羽[4]。

九月，为仲子的宫室落成举行祭典。首次表演六佾乐舞。

邾人、郑人伐宋。

邾国、郑国联合攻打宋国。

螟[5]。

螟害成灾。

冬，十有二月辛巳，公子彄卒[6]。

冬天，十二月二十九日，公子彄逝世。

宋人伐郑，围长葛[7]。

宋军攻打郑国，围困郑邑长葛。

注释 1矢：陈列，演示。鱼：通“渔”，捕鱼。棠：鲁地名，在今山东鱼台东北。 2郕：国名，姬姓。 3考：建筑物落成时的祭典。 4六羽：六佾之乐舞。八人一列为一佾。 5螟：蛾属，害虫，食禾稻。此用为动词，发生螟灾。 6公子彄(kōu)：即臧僖伯。 7长葛：郑国城邑名，在今河南长葛。

【传】

五年春，公将如棠观鱼者[1]。臧僖伯谏曰：“凡物不足以讲大事，其材不足以备器用，则君不举焉。[2]君，将纳民于轨物者也。故讲事以度轨量谓之轨，取材以章物采谓之物，不轨不物，谓之乱政[3]。乱政亟行，所以败也。故春蒐、夏苗、秋狝、冬狩，皆于农隙以讲事也[4]。三年而治兵，入而振旅，归而饮至，以数军实[5]。昭文章，明贵贱，辨等列[6]，顺少长，习威仪也。鸟兽之肉

五年春天，鲁隐公打算到棠地去观赏渔人捕鱼。臧僖伯劝道：“大凡物质，不能用来演习祭祀或军事，材料不能用来制作礼器和兵器，那君王就不取用。君王，是要把人民纳入“轨”“物”的人。演习大事来端正法度叫作“轨”，选取材料来显示礼仪叫作“物”，国君的举动不合“轨”不合“物”就叫作“乱政”。多次施行“乱政”，就是国家衰败的原因。所以春天蒐猎，夏天苗猎，秋天狝猎，冬天狩猎，都是在农闲时候来演习武事。三年才进行一次大的军事演习，回到国都的时候要整顿军队，祭告家庙，宴请臣下，犒赏随从，数点收获的实物。使文采鲜艳，贵贱分明，等级清楚，少长有序，这是讲习威仪。如果鸟兽的肉不能摆上宗

不登于俎，皮革、齿牙、骨角、毛羽不登于器[7]，则公不射，古之制也。若夫山林川泽之实，器用之资，皂隶之事，官司之守[8]，非君所及也。”公曰：“吾将略地焉[9]。”遂往，陈鱼而观之。僖伯称疾不从。书曰“公矢鱼于棠”，非礼也，且言远地也。

庙的祭器，它们的皮革、牙齿、骨角、毛羽不能用到礼器和武器上，那国君就不应射杀它们，这是古代的制度。至于山林河泽的出产，一般器物的材料，那是下等人的事情，是臣下官吏的职责，不是国君应该涉及的。”隐公说：“我是打算到那里去巡视边地啊！”于是隐公去到棠地，让人演示捕鱼以加观赏。臧僖伯推说有病没有跟去。《春秋》记载“公矢鱼于棠”，是因为这次行动不符合礼，而且暗示棠是远离国都的地方。

注释　1 如：到……去。鱼者：指捕鱼之事。　2 讲：讲习，演示。大事：指祭祀和兵戎。备：配制。器用：这里特指祭祀与军事中所用之器具。举：举动，取用。　3 度(duó)：调整，使端正。轨量：犹法度。章：明，显现。物采：喻指礼仪。物，本义为杂色牛，此引申为杂色，与“采”同义。　4 蒐(sōu)、苗、狝(xiǎn)、狩：皆古代田猎专名，田猎时可以习武。讲事：利用田猎进行军事演习。　5 振：整顿。旅：指军队。饮至：在还军后报告宗庙，设宴慰劳和奖赏有功将士。军实：谓军事活动所取得的成果，可指俘获的敌人，也可指猎取的禽兽。　6 昭：使显明。文章：犹言文采，此指车服旌旗之类。辨：分别。　7 俎：祭器。器：军事器具。　8 实：出产，产品。资：材料。皂隶：地位低下的苦力。官司：官吏。守：职责。　9 略：巡行视察边境。

曲沃庄伯以郑人、邢人伐翼，王使尹氏、武氏

曲沃庄伯带领郑国人和邢国人攻打翼城，周桓王派尹氏、武氏帮助他们。

助之[1]。翼侯奔随[2]。

夏，葬卫桓公。卫乱，是以缓。

四月，郑人侵卫牧，以报东门之役[3]。卫人以燕师伐郑。郑祭足、原繁、泄驾以三军军其前，使曼伯与子元潜军军其后[4]。燕人畏郑三军而不虞制人[5]。六月，郑二公子以制人败燕师于北制。君子曰："不备不虞，不可以师。"

曲沃叛王。秋，王命虢公伐曲沃，而立哀侯于翼。

卫之乱也，郕人侵卫，故卫师入郕。

翼侯逃奔到了随地。

夏天，安葬卫桓公。卫国发生内乱，所以安葬国君的仪式延迟到现在。

四月，郑军侵入卫国都城郊外，以报复上年卫国等围攻郑东门的战役。卫国率领燕军攻郑。郑国的祭足、原繁、泄驾带领三军驻扎在燕军的前方，让曼伯和子元暗地里率领制地兵士绕到燕军的后方。燕人惧怕前方的郑国三军，却没有防备后方的制人。六月，郑国的两位公子率领制人在北制打败了燕军。君子说："不防备意外，就不能够带兵作战。"

曲沃背叛周天子。秋天，周天子命令虢公讨伐曲沃，并在翼城立哀侯为晋君。

卫国发生内乱的时候，郕人曾侵犯卫国，所以现在卫国军队打入郕国。

注释　1 曲沃：晋地，在今山西闻喜西南。庄伯：名鱓。翼：晋国都城，在今山西翼城东南，离曲沃一百余里。晋国，姬姓。王：指周桓王。尹氏、武氏：都是周朝世族大夫。　2 翼侯：即晋鄂侯。随：晋地，在今山西介休东南。　3 牧：指郊外。役：指战役。东门之役发生在鲁隐公四年。　4 三军：将军队编为三部，或称左中右，或称上中下。"军其前(后)"之"军"：用为动词，驻扎、陈列之义。潜军：暗地里率领军队。　5 虞：防备。制：郑地。

九月，考仲子之宫，将万焉[1]。公问羽数于众仲，对曰："天子用八，诸侯用六，大夫四，士二[2]。夫舞，所以节八音而行八风[3]，故自八以下。"公从之。于是初献六羽，始用六佾也。

宋人取邾田，邾人告于郑曰："请君释憾于宋，敝邑为道[4]。"郑人以王师会之，伐宋，入其郛，以报东门之役[5]。宋人使来告命[6]。公闻其入郛也，将救之。问于使者曰："师何及？"对曰："未及国[7]。"公怒，乃止。辞使者曰："君命寡人同恤社稷之难[8]，今问诸使者，曰'师未及国'，非寡人之所敢知也。"

冬，十二月辛巳，臧僖伯卒。公曰："叔父有憾于寡人，寡人弗敢忘。"葬之加一等。

九月，为仲子庙举行落成祭典，将要在那里表演万舞。隐公向众仲问执羽跳舞的人数，众仲回答说："天子用八佾，诸侯用六佾，大夫用四佾，士用二佾。舞蹈，是用来节制八音从而播行八风的，所以跳舞人的佾数要在八以下。"隐公听从了他。于是第一次表演六羽，这是鲁国用六佾的开端。

宋人夺取了邾国的田地，邾人告诉郑国说："请君侯对宋国报仇解恨，我们邾国军队愿打头阵。"郑国人带领周天子的军队跟邾军会合，一起攻打宋国，打到了国都的外城，以此报复围攻郑国东门的那场战役。宋国派人来以国君的名义请求救援。隐公听说邾郑联军攻到了宋国都城，打算救援宋国。隐公问来使说："联军打到了什么地方？"回答说："还没到达国都。"隐公因其讲话不实而发怒，就取消了救援的打算。隐公辞拒来使说："君侯命令寡人一同为宋国的危难忧虑，现在就此事向使者询问，却回答说'军队没有到达国都'，这就不是寡人胆敢知道的事了。"

冬天，十二月二十九日，臧伯僖逝世。隐公说："叔父对我有怨恨，我不敢忘记。"于是提高一个等级来安葬他。

宋人伐郑,围长葛,以报入郛之役也。

宋人攻打郑国,包围长葛,是为了报复郑国侵入宋国外城的那次战役。

注释 1万:舞蹈名。 2羽数:执羽跳舞的人数。八、六、四、二:均指佾数,一佾为一列,每列八人。 3八音:指金、石、丝、竹、匏、土、革、木八种不同材料所制乐器之音。八风:指东北炎风、东方滔风、东南熏风、南方巨风、西南凄风、西方飂风、西北厉风、北方寒风。 4释憾:犹今言解恨。道:通“导”,向导,带路。 5郑庄公为周王卿士,所以能带王师。郛(fú):外城。 6告命:指以君命告急求救。 7及:到达。国:指国都。 8恤:忧,操心。难(nàn):指灾祸。

隐公六年

【经】

六年春,郑人来渝平[1]。

夏,五月辛酉,公会齐侯,盟于艾[2]。

秋,七月。

冬,宋人取长葛。

六年春天,郑国人来鲁国要求解怨结好。

夏天,五月二十日,隐公与齐侯相会,在艾地结盟。

秋天,七月。

冬天,宋人攻占了长葛。

注释 1渝平:谓改变以前的怨恨而建立新的友好关系。渝,变更。 2艾:地名,位于齐鲁之间。

【传】

六年春，郑人来渝平，更成也[1]。

翼九宗五正顷父之子嘉父逆晋侯于随[2]，纳诸鄂，晋人谓之鄂侯。

夏，盟于艾，始平于齐也。

五月庚申，郑伯侵陈，大获[3]。往岁，郑伯请成于陈，陈侯不许。五父谏曰："亲仁善邻，国之宝也。君其许郑[4]！"陈侯曰："宋、卫实难，郑何能为[5]？"遂不许。

君子曰："善不可失，恶不可长[6]。其陈桓公之谓乎！长恶不悛，从自及也[7]。虽欲救之，其将能乎？[8]《商书》曰：'恶之易也，如火之燎于原，不可乡迩，其犹可扑灭[9]？'周任有言曰：'为国家者，见恶如农夫之务去草焉，芟夷

六年春天，郑人来鲁要求解怨结好，这就是所谓"更成"。

翼地九宗五正顷父的儿子嘉父到随城迎接晋侯，把他安置在鄂城，晋国人称他为鄂侯。

夏天，在艾地结盟，这是鲁国同齐国建立友好关系的开始。

五月十一日，郑伯侵袭陈国，获得很多俘虏和财物。往年，郑伯请求跟陈国结好，陈侯不答应。五父劝谏说："亲近仁义，友善邻邦，这是治国的法宝。希望君侯答应郑国！"陈侯说："我只担心宋国和卫国，郑国能干什么？"于是没有答应。

君子说："不能丢失善，不能助长恶。这大概是说的陈桓公吧！滋长恶而不思悔改，接着自己就会遭受灾难。这时即使想要挽救，哪里还能办得到？《商书》说：'恶的蔓延，就像草原上烧起大火一样，不能挨近，哪里还能够扑灭？'周任有句话说：'治理国家的人，见到恶就像农民要坚决除掉杂草一样，锄掉它堆积起来，并挖掉它

薀崇之[10],绝其本根,勿使能殖,则善者信矣[11]。'"

的根,让它不能再繁殖,这样,好的东西就会伸展了。'"

注释 1 更:与"渝"义近,变更。成:与"平"义近,指友好关系。 2 九宗五正:官名。晋侯:即上年奔随之翼侯。 3 大获:指俘虏很多。 4 其:表祈使语气的副词,还是……吧! 5 宋、卫实难:就是"难宋、卫"。实,帮助宾语前置的结构助词。难,担忧的意思。何能为:即"能为何",能够干什么。 6 长(zhǎng):助长,使之长。 7 悛(quān):悔改。从:时间副词,紧接着。及:谓及于祸患。 8 虽:即使。其:犹岂。将:犹还。 9 易:蔓延。乡迩:挨近。乡,通"向"。其犹:如上文"其将",哪里还。 10 芟(shān):割草。夷:杀草。薀崇:犹积聚,指将割杀的草堆积在庄稼根部以发酵成肥。11 信:通"伸"。

秋,宋人取长葛[1]。

冬,京师来告饥,公为之请籴于宋、卫、齐、郑,礼也[2]。

郑伯如周,始朝桓王也。王不礼焉[3]。周桓公言于王曰[4]:"我周之东迁,晋、郑焉依[5],善郑以劝来者[6],犹惧不蔇[7],况不礼焉?郑不来矣!"

秋天,宋人攻取郑国长葛。

冬天,京城派人来报告饥荒,隐公替他向宋国、卫国、齐国和郑国请求购买粮食,这是合乎礼的。

郑伯到周朝去,这是第一次朝见周桓王。桓王不按礼分接待他。周桓公向桓王进言说:"我们周室东迁的时候,完全依靠晋国和郑国,好好地对待郑国以鼓励其他国家,还恐怕来不及,何况对郑不加礼遇呢?郑国不会再来了!"

注释 1《春秋》经载此事为"冬",此言"秋",大概是纪时所用历法不同。经用周历,传用殷历。 2 京师:周王朝都城。籴(dí):买粮食。 3 礼:动词,礼遇。焉:相当于"之",代郑伯。 4 周桓公:即周公黑肩,周王朝重臣。 5 晋、郑焉依:即"依晋、郑"。"焉"是助成宾语前置的结构助词。 6 劝:鼓励。 7 蔇(xì):来。

隐公七年

【经】

七年春,王三月,叔姬归于纪。

滕侯卒[1]。

夏,城中丘。

齐侯使其弟年来聘[2]。

秋,公伐邾。

冬,天王使凡伯来聘[3]。

戎伐凡伯于楚丘,以归[4]。

七年春天,周历三月,叔姬嫁到纪国。

滕侯逝世。

夏天,筑中丘城。

齐侯派他的弟弟夷仲年来访问。

秋天,隐公带兵攻打邾国。

冬天,周王派凡伯来访问。

戎军在楚丘拦击凡伯,挟持凡伯归戎。

注释 1 滕:国名,在今山东滕州东。 2 聘:拜访。凡天子与诸侯或诸侯与诸侯之间,使其卿大夫互相访问,都叫"聘"。 3 凡:国名,在今河南辉县境内,其君(伯)世为周王朝卿士。 4 楚丘:戎州己氏的城邑,地处曹国与宋国之间。以:挟带,挟持。

【传】

七年春，滕侯卒。不书名，未同盟也。凡诸侯同盟，于是称名，故薨则赴以名，告终、称嗣也[1]。以继好息民，谓之礼经[2]。

夏，城中丘。书，不时也。齐侯使夷仲年来聘，结艾之盟也[3]。

秋，宋及郑平。七月庚申，盟于宿。公伐邾，为宋讨也。

初，戎朝于周，发币于公卿[4]，凡伯弗宾[5]。冬，王使凡伯来聘。还，戎伐之于楚丘，以归。

陈及郑平。十二月，陈五父如郑莅盟[6]。壬申，及郑伯盟，歃如忘[7]。泄伯曰："五父必不免，不赖盟矣[8]。"郑良佐如陈莅盟，辛巳，及陈侯盟，亦知陈之将乱也。

七年春天，滕侯逝世。《春秋》不写他的名字，是因为没有跟我鲁国结盟。诸侯结盟的时候，要称名报告神灵，所以死后也要用名字讣告，即报告死亡的是谁、继位的是谁。用继续友好外交来安定国内人民，这叫作礼的大法。

夏天，建中丘城。《春秋》记载这事，是因为它不合时令。齐侯派夷仲年来访问，是为了继续和巩固艾地的盟约。

秋天，宋国与郑国讲和。七月十七日，两国在宿地结盟。隐公攻打邾国，这是替宋国去攻打的。

当初，戎人朝见周王，并向王室公卿送礼，凡伯没有用贵宾之礼接待戎人。冬天，周王派凡伯来鲁国访问。回去的时候，戎人在楚丘拦击他，把他挟持到了戎地。

陈国跟郑国讲和。十二月，陈五父到郑国参加盟会。二日，跟郑伯结盟，歃血的时候，陈五父心不在焉。泄伯说："五父一定不免于祸，因为他盟誓不专心。"郑国的良佐到陈国参加盟约，十一日，和陈侯结盟，也看出陈国将要发生动乱。

郑公子忽在王所,故陈侯请妻之[9]。郑伯许之,乃成昏[10]。

郑国的公子忽在周天子那里,所以陈侯请求将女儿嫁给他。郑伯同意,于是举行了订婚仪式。

注释 1终:卒,死亡。嗣:继位。 2礼经:犹言礼节大法。经,法。 3结:加固,继续。 4发币:犹言送礼。币,泛指玉、马、皮、圭、璧、帛等财物。 5宾:宾客,这里用作动词,指待以宾客之礼。 6莅:临,犹言参加。 7歃(shà):用嘴吸吮。如:通"而"。忘:犹"惘",心不在焉的样子。 8赖:依赖,引申为全心全意,专心。 9妻:用为动词,嫁作妻子。 10成昏:犹定婚。古人娶妻必在黄昏,故曰"昏礼","昏"字后写作"婚"。

隐公八年

【经】

八年春,宋公、卫侯遇于垂[1]。

三月,郑伯使宛来归祊[2]。

庚寅,我入祊。

夏,六月己亥,蔡侯考父卒。

辛亥,宿男卒。

秋,七月庚午,宋公、齐侯、卫侯盟于瓦屋[3]。

八月,葬蔡宣公。

八年春天,宋公跟卫侯在垂地临时相会。

三月,郑伯派大夫宛来送交祊地。

二十一日,我国进驻祊地。

夏天,六月二日,蔡侯考父逝世。

十四日,宿男逝世。

秋天,七月三日,宋公、齐侯、卫侯在瓦屋结盟。

八月,安葬蔡宣侯。

九月辛卯，公及莒人盟于浮来[4]。

蜈。

冬，十有二月，无骇卒。

九月辛卯，隐公与莒国人在浮来结盟。

发生螟虫灾害。

冬天，十二月，无骇逝世。

注释 1 遇：不期而会。垂：卫地，在今山东鄄城东南。 2 宛：郑国大夫。祊：郑祀泰山之邑，在今山东费县境内。 3 瓦屋：周地，在今河南温县西北。 4 浮来：莒地，在今山东莒县西浮来山下。

【传】

八年春，齐侯将平宋、卫[1]，有会期。宋公以币请于卫[2]，请先相见。卫侯许之，故遇于犬丘。

郑伯请释泰山之祀而祀周公，以泰山之祊易许田[3]。三月，郑伯使宛来归祊，不祀泰山也。

夏，虢公忌父始作卿士于周。

四月甲辰，郑公子忽如陈逆妇妫。辛亥，以妫氏归。甲寅，入于郑。陈鍼子送女[4]。先

八年春天，齐侯将要帮助宋、卫二国跟郑国讲和，已决定了约会日期。宋公用礼物向卫国请求，请求在会期之前见面。卫侯答应了他，所以临时跟宋公在犬丘相会。

郑伯请求放弃对泰山的祭礼而祭祀周公，用泰山旁边的祊地交换鲁国在许地的土田。三月，郑伯派大夫宛来鲁国送交祊地，表示不再祭祀泰山了。

夏天，虢公忌父开始到周王朝做卿士。

四月六日，郑公子忽到陈国迎娶妻子妫氏。十三日，带着妫氏启程回国。十六日，回到郑国。陈大夫鍼子送妫氏到郑国。公子忽与妫氏先同居而后祭告

配而后祖[5]。鍼子曰:“是不为夫妇,诬其祖矣[6]。非礼也,何以能育[7]?”

祖庙。鍼子说:“这不能算夫妇,简直是欺骗他们的祖宗。嫁娶不符合礼,怎么能善育后代呢?”

注释 1据下文,这句是说齐侯使宋、卫二国跟郑国和好。原文省“于郑”二字。 2币:财物,礼品。 3释:舍弃。易:交换。 4陈鍼子:陈国大夫。女:即妇妫,非鍼子女。 5配:交配,共床。祖:告祭祖庙。依礼,迎妇返国后要先告祭祖庙然后才能同居。 6诬:欺骗。 7育:生育,这里指好好地教育后代。

齐人卒平宋、卫于郑。秋,会于温,盟于瓦屋,以释东门之役,礼也。

八月丙戌[1],郑伯以齐人朝王,礼也。

公及莒人盟于浮来,以成纪好也[2]。

冬,齐侯使来告成三国。公使众仲对曰:“君释三国之图,以鸠其民,君之惠也[3]。寡君闻命矣,敢不承受君之明德!”

无骇卒,羽父请谥与族[4]。公问族于众仲,众仲对曰:“天子建德[5],

齐人终于助成了宋、卫二国跟郑国讲和。秋天,三国在温地相会,在瓦屋结盟,抛弃了东门战役的前嫌,这是合乎礼的。

八月的丙戌,郑伯带着齐人朝见周王,这也合乎礼。

隐公跟莒人在浮来结盟,是为成全跟纪国的友好关系。

冬天,齐侯派人来报告撮合三国讲和的事。隐公让众仲回答使者说:“贵君解了三国的仇怨,使三国能够聚养他们的百姓,这是贵君的恩惠。寡君听到了这事,岂敢不承受君侯的美德!”

无骇逝世,羽父请求赐给他谥号和姓氏。隐公向众仲询问赐姓氏的事,众仲回答说:“天子封有德之人为诸侯,根据他的品行赐予姓,封给他土地而又赐

因生以赐姓，胙之土而命之氏[6]。诸侯以字为谥，因以为族。官有世功，则有官族[7]。邑亦如之。”公命以字为展氏[8]。

氏。诸侯用字作为谥号，后代又因袭谥号作为姓氏。若世代作某种官而有功绩，他的后代就以官名作姓氏。封邑的情况也像这样。”隐公命令以无骇的字为姓氏，即展氏。

注释　1 八月丙戌：隐公八年八月无丙戌，当为误记。　2 好：名词，友好关系。　3 图：谋算，猜忌。鸠：聚合。　4 谥：人死后，根据他生平的品行所送的名号。族：姓氏。　5 建德：封有德的人为诸侯。　6 胙(zuò)：赐予。　7 世功：历世之功。官族：以官职名为姓氏。　8 无骇字展，故根据他的字而赐为展氏。

隐公九年

【经】

九年春，天王使南季来聘[1]。

三月癸酉，大雨，震电。庚辰，大雨雪[2]。

挟卒[3]。

夏，城郎。

秋，七月。

冬，公会齐侯于防[4]。

九年春天，周天子派大夫南季来访问。

三月十日，天降暴雨，电闪雷鸣。十七日，又下大雪。

鲁大夫挟逝世。

夏天，修筑郎城。

秋天，七月。

冬天，隐公与齐侯在东防相会。

注释 1 南季:天子大夫,南为氏,季为字。 2 雨雪:即下雪。雨,用为动词,落下。 3 挟:一作“侠”,鲁大夫之名。 4 防:鲁有东、西二防地,此“防”指东防。

【传】

九年春,王三月癸酉,大雨霖以震[1],书始也。庚辰,大雨雪,亦如之。书,时失也。凡雨,自三日以往为霖,平地尺为大雪。

九年春天,周历三月十日,大雨成霖,且有雷震,《春秋》记载的是开始的日期。十七日,下大雪,也是记载开始的日期。《春秋》记载这件事,是因为气候不正常的缘故。凡下雨、雪,连续下三天以上的叫“霖”;平地雪深一尺的叫“大雪”。

夏,城郎。书,不时也。

夏天,修筑郎城。《春秋》记载此事,是因为它不合时令。

宋公不王[2]。郑伯为王左卿士,以王命讨之,伐宋。宋以入郛之役怨公,不告命。公怒,绝宋使。

宋公不朝见天王。郑伯是天王的左卿士,所以奉王命讨伐他,攻打宋国。宋国因为入郛战役怨恨鲁公,所以不来报告此事。隐公发怒,就断绝了跟宋国之间的使者往来。

秋,郑人以王命来告伐宋。

秋天,郑人用天王的名义前来报告攻打宋国的事。

冬,公会齐侯于防,谋伐宋也。

冬天,隐公跟齐侯在东防相会,是为了商议伐宋的事。

北戎侵郑,郑伯御之,患戎师,曰:“彼徒我

北戎侵犯郑国,郑伯率兵抵抗他们,但对戎兵有所顾忌,说:“他们是步兵,我

车，惧其侵轶我也[3]。”公子突曰：“使勇而无刚者，尝寇而速去之[4]。君为三覆以待之[5]。戎轻而不整[6]，贪而无亲[7]；胜不相让，败不相救。先者见获，必务进[8]；进而遇覆，必速奔。后者不救，则无继矣[9]。乃可以逞。”从之。戎人之前遇覆者奔，祝聃逐之，衷戎师[10]，前后击之，尽殪。戎师大奔。十一月甲寅，郑人大败戎师。

们用车兵，我担心他们突然从后面绕到前面来偷袭我们。”公子突说：“派一些勇敢但没有毅力的战士，冲击一下敌军就赶紧逃离。国君您设下三批伏兵等待戎人。戎人轻率而无秩序，贪心又不团结；打胜了争功不让，打败了互不相救。先头部队看到财物俘虏，必然只顾前进；前进一旦遇到埋伏，就一定会匆忙奔逃。后面的部队不加救助，敌军就没有援兵了。这样才能够达到我们战胜的目的。”郑伯听从了这个意见。走在前面的戎军遇上伏兵赶紧逃命，祝聃追击他们，把戎军夹在中间，前后夹击，全部歼灭。后面的戎军拼命逃跑。十一月甲寅日，郑人大败戎军。

注释　1 霖：久雨。以：连词，与，且。　2 王：动词，指诸侯朝见天子。3 徒：步兵。车：车兵。侵轶(yì)：突然从后面杀过来。轶，自后超前。　4 刚：刚毅，能坚持。尝：试探。去：离开。　5 覆：伏兵。　6 轻：轻率。整：整齐，有秩序。　7 亲：亲近，团结。　8 务：专心，急切。　9 继：援兵。　10 衷：通“中”，这里用为动词，把……夹在中间。

隐公十年

【经】

十年春，王二月，公会齐侯、郑伯于中丘。

夏，翚帅师会齐人、郑人伐宋。

六月壬戌，公败宋师于菅[1]。辛未，取郜[2]。辛巳，取防。

秋，宋人、卫人入郑。

宋人、蔡人、卫人伐戴[3]。郑伯伐取之[4]。

冬，十月壬午，齐人、郑人入郕。

十年春天，周历二月，隐公在中丘跟齐侯、郑伯相会。

夏天，公子翚带兵会同齐人、郑人一起攻打宋国。

六月七日，隐公在菅地打败宋军。十六日，收取郜地。二十六日，收取防地。

秋天，宋人、卫人侵入郑国。

宋人、蔡人、卫人联合攻打戴国。郑伯攻克戴地，俘获了三国军队。

冬天，十月二十九日，齐人、郑人侵入郕国。

注释　1 菅(guān)：宋国地名，在今山东单县北。　2 郜(gào)：宋国地名，在今山东成武北。　3 戴：国名，姬姓，在今河南民权东北。　4 之：指三国联军。

【传】

十年春，王正月，公会齐侯、郑伯于中丘。癸

十年春天，周历正月，隐公在中丘跟齐侯、郑伯相会。二月二十五日，在邓地

丑，盟于邓，为师期[1]。

夏，五月，羽父先会齐侯、郑伯伐宋。

六月戊申，公会齐侯、郑伯于老桃[2]。壬戌，公败宋师于菅。庚午，郑师入郜。辛未，归于我。庚辰，郑师入防。辛巳，归于我。君子谓："郑庄公于是乎可谓正矣。以王命讨不庭[3]，不贪其土，以劳王爵，正之体也[4]。"

蔡人、卫人、郕人不会王命[5]。

秋，七月庚寅，郑师入郊。犹在郊，宋人、卫人入郑，蔡人从之伐戴。八月壬戌，郑伯围戴。癸亥，克之，取三师焉[6]。宋、卫既入郑，而以伐戴召蔡人，蔡人怒，故不和而败。

九月戊寅，郑伯入宋。

冬，齐人、郑人入郕，讨违王命也。

结盟，决定了出兵伐宋的日期。

夏天，五月，羽父在约期之前率兵会合齐侯、郑伯攻打宋国。

六月戊申日，隐公在老桃与齐侯、郑伯相会。七日，隐公在菅地打败宋军。十五日，郑国军队攻入郜邑。十六日，郑伯将郜地归属于我国。二十五日，郑军又攻入防地。二十六日，防地也归属于我国。君子认为："郑庄公在这件事情上可说是做对了。用天子的命令讨伐不朝觐天王的诸侯，自己不贪求攻取的土地，而把它犒赏给受王爵位的国君，这是得到治政的根本了。"

蔡人、卫人、郕人没有遵奉王命会师伐宋。

秋天，七月五日，郑国军队进入本国郊外。趁着郑军还在郊外，宋人、卫人侵入郑国，又叫蔡人跟从他们攻打戴邑。八月八日，郑伯包围戴地。九日，攻破戴城，在那里俘获了三国军队。宋、卫进入郑国以后才以攻戴为名召来蔡人，蔡人恼怒，所以三国不和而被打败。

九月戊寅日，郑伯攻入宋国。

冬天，齐人、郑人攻入郕国，这是讨伐它违背天王命令不会师伐宋。

注释 1 邓:鲁地,在今山东临沂境内。 2 老桃:宋地。 3 不庭:即不朝,此指不朝拜周王朝的国家。 4 劳:慰劳,犒劳。王爵:指受王爵之国,即鲁国。正:通"政"。体:根本,本体。 5 会王命:指遵照王命而会师伐宋。 6 克:攻破。取:取地则为占领,取人则为俘获。

隐公十一年

【经】

十有一年春[1],滕侯、薛侯来朝[2]。

夏,公会郑伯于时来[3]。

秋,七月壬午,公及齐侯、郑伯入许[4]。

冬,十有一月壬辰,公薨[5]。

十一年春天,滕侯、薛侯来朝见鲁公。

夏天,隐公在时来会见郑伯。

秋天,七月三日,隐公同齐侯、郑伯攻入许国。

冬天,十一月十五日,隐公逝世。

注释 1 有:通"又",放在整数与零数之间,表零数。 2 滕:国名,前已见。薛:国名,任姓。朝:朝见。臣下见君上叫"朝",诸侯见天子叫"朝",诸侯之间相互拜见也可叫"朝"。 3 时来:郑地名,在今河南郑州北。 4 许:国名,姜姓。 5 薨(hōng):天子、君侯及君夫人逝世,都叫"薨"。

【传】

十一年春,滕侯、薛侯来朝,争长[1]。薛侯曰:

十一年春天,滕侯、薛侯来朝见鲁公,争着排在前面。薛侯说:"我国比

"我先封。"滕侯曰:"我,周之卜正也[2];薛,庶姓也。我不可以后之[3]。"公使羽父请于薛侯曰:"君与滕君辱在寡人[4],周谚有之曰:'山有木,工则度之[5];宾有礼,主则择之。'周之宗盟[6],异姓为后[7]。寡人若朝于薛,不敢与诸任齿[8]。君若辱贶寡人[9],则愿以滕君为请[10]。"薛侯许之,乃长滕侯[11]。

夏,公会郑伯于郲[12],谋伐许也。

郑伯将伐许,五月甲辰,授兵于大宫[13]。公孙阏与颍考叔争车[14],颍考叔挟辀以走[15],子都拔棘以逐之[16]。及大逵[17],弗及,子都怒。

滕国先受封,所以应该排在前面。"滕侯说:"我国,是周王朝的卜正官;薛国,是庶姓国。我不能够排在它后面。"隐公派羽父跟薛侯商议说:"君侯与滕君蒙辱来看望寡人,周谚有这样的说法:'山上有树木,工匠才会去砍伐它;宾客有礼节,主人才会邀请他。'周朝的朝觐盟会,都是把异姓排在后面。寡人如果到薛国去朝见,绝不敢跟任姓各国排在一起。君侯若肯施惠给寡人,就希望同意滕君的请求。"薛侯答应了,于是把滕侯排在前面。

夏天,隐公在郲地跟郑伯相会,是为了商议攻打许国的事。

郑伯将要攻打许国,五月二十四日,在祖庙里分发武器。公孙阏与颍考叔争夺兵车。颍考叔挟起兵车辕木就跑,子都拔出戟去追赶他。追到了大路口,也没能赶上,子都为此非常气愤。

注释 1 长(zhǎng):犹先,指排位在前。 2 卜正:卜官之长,官名。 3 庶姓:众姓,非同姓。后之:排在它的后面。 4 辱:表敬副词。在:慰问。 5 度:通"剫",砍伐树木。 6 宗盟:犹会盟。宗,为朝见之义,与"盟"并列。 7 异姓:亦非同姓,但有婚姻关系,较庶姓为亲近。 8 诸任:

任姓诸国。齿:并列。 9 贶(kuàng):赏赐,施惠。 10 以滕君为请:即以滕君的请求为请求,也就是同意滕君的请求。 11 长滕侯:以滕侯为长。 12 郲:即时来。 13 兵:武器。大宫:即太宫,祖庙。 14 公孙阏(è):字子都,郑国大夫。 15 辀(zhōu):兵车前面居中驾马用的曲木辕。走:奔跑。 16 棘:通“戟”,兵器,兼有直刺和勾刺两种功用。 17 大逵:大路,宽阔而能四通八达的道路。

秋,七月,公会齐侯、郑伯伐许。庚辰,傅于许[1]。颍考叔取郑伯之旗蝥弧以先登[2]。子都自下射之,颠[3]。瑕叔盈又以蝥弧登,周麾而呼曰[4]:“君登矣!”郑师毕登。壬午,遂入许。许庄公奔卫。齐侯以许让公。公曰:“君谓许不共[5],故从君讨之。许既伏其罪矣,虽君有命,寡人弗敢与闻[6]。”乃与郑人。

秋天,七月,隐公会同齐侯、郑伯讨伐许国。初一日,兵临许城之下。颍考叔举着郑伯的蝥弧旗,抢先登上城墙。子都从城下向他射暗箭,颍考叔坠下城墙而死。瑕叔盈又举着蝥弧旗登城,向四周挥舞旗帜大喊:“国君登上城墙了!”于是郑国军队全部登上城墙。初三日,终于打进许城。许庄公逃奔到卫国。齐侯把许城让给隐公。隐公说:“君侯认为许国不遵守王法,所以我跟着您来讨伐它。许国既然已经伏罪,虽然君侯有这样的好意,我也不敢听命。”于是就给了郑国。

注释 1 傅:附着,谓兵临城下。 2 蝥弧(máohú):郑伯的旗帜名。 3 颠:从城墙上坠下(而死)。 4 周麾:挥动旗帜跑一圈。 5 共(gōng):法度。 6 与(yù)闻:犹言听命。

郑伯使许大夫百里奉许叔以居许东偏[1]，曰："天祸许国[2]，鬼神实不逞于许君[3]，而假手于我寡人[4]。寡人唯是一二父兄不能共亿[5]，其敢以许自为功乎？寡人有弟[6]，不能和协，而使糊其口于四方[7]，其况能久有许乎？吾子其奉许叔以抚柔此民也[8]，吾将使获也佐吾子[9]。若寡人得没于地[10]，天其以礼悔祸于许[11]，无宁兹许公复奉其社稷[12]，唯我郑国之有请谒焉[13]，如旧昏媾[14]，其能降以相从也[15]。无滋他族实逼处此[16]，以与我郑国争此土也。吾子孙其覆亡之不暇[17]，而况能禋祀许乎[18]？寡人之使吾子处此，不唯许国之为，亦聊以固吾圉也[19]！"乃使公孙获处许西偏，曰："凡而器用财贿[20]，无置于许[21]。我死，乃亟去之[22]！吾先君新邑于此[23]，王室而既卑

郑伯让许国大夫百里辅佐许叔居住在许国东部，说："上天降祸给许国，鬼神对许君也确实不满意，因而借我的手来惩罚他。寡人连一两个父老兄弟也不能同心同德，怎敢把攻取许国作为自己的功劳呢？我有一个弟弟，不能和睦相处而让他流浪在外四处求食，难道还能够长久地占有许国吗？还是请您辅佐许叔来安抚这里的人民吧，我将派公孙获帮助您。如果寡人能够全寿善终，上天或许会依礼撤回加给许国的祸患，说不定会让许公重新执掌国政，到那时，即使我郑国对你们有什么请求，也希望你们像老亲戚一样，能够屈身相从。不要让别的国家住在这附近，来跟我郑国争夺这一方土地。不然，我的子孙后代连挽救自身灭亡的时间都没有，哪还能虔诚地祭祀许国呢？我让您住在这里，不只是为了许国，也是为了姑且巩固我国的边疆啊！"于是又派公孙获住在许城西部，对他说："凡是你的器用财物，不要存放在许城。如果我死了，你就赶快离开许国！我们的先君在这里建置新邑，而现在王

矣,周之子孙日失其序[24]。夫许,大岳之胤也[25]。天而既厌周德矣[26],吾其能与许争乎?”

室已经衰微了,周室子孙正在一天天地丢失祖业。许国,是四岳的后代。上天既然已经厌弃周室的德行,我们怎么能够跟许国相争呢?”

注释 1 许叔:许庄公之弟,名郑,谥桓公。东偏:东部边邑。 2 祸:动词,降祸。 3 逞:快意,满意。 4 假手:借手。 5 一二:表极少的概数,犹言几个。共亿:犹言相安。 6 弟:指共叔段,见隐公元年《传》。 7 糊其口:勉强维持他的生活。糊,粥类。 8 吾子:对对方亲切而又尊敬的称呼。抚柔:犹言安抚。 9 获:即公孙获,郑大夫。佐:辅助。 10 得没于地:谓正常老死。 11 悔祸:对降祸之事后悔,即取消祸难。 12 无宁:说不定。兹:使。复奉其社稷:言重执国政。 13 唯:通“虽”,即使。请谒:请求,报告。 14 昏媾:犹言婚姻。 15 降:降低身份,犹言俯就。 16 滋:通“兹”,使。实:加重语气,无实义。 17 覆亡之不暇:即“不暇覆亡”。覆亡,犹言挽救危亡。 18 禋(yīn)祀:犹祭祀。禋,诚敬清洁而祭。 19 聊:姑且。固:使……固,加固。圉(yǔ):边疆。 20 而:第二人称代词,你。财贿:犹财货。 21 无:通“毋”,不要。 22 亟:急。去:离开。 23 新邑:这里指建置新邑。 24 序:指绪业,即历代相承的功业。 25 大岳:即太岳,四岳。胤(yìn):后代。 26 而:语气助词,起提顿作用。厌:厌弃。

君子谓郑庄公于是乎有礼。礼,经国家、定社稷、序民人、利后嗣者也[1]。许无刑而伐之[2],服而舍之,度德而处之[3],量力而行之,相时而动[4],无

君子认为郑庄公在这件事情上合乎礼。礼,是治理国家、安定社稷、使人民有序、对后代有益的东西。许国不遵守法度就讨伐它,服罪了就宽恕它,揣度德行来处理,估测力量去办事,看准时机才行动,不连累后人,可以说是懂

累后人，可谓知礼矣。

郑伯使卒出豭[5]，行出犬、鸡[6]，以诅射颍考叔者[7]。君子谓郑庄公失政刑矣。政以治民，刑以正邪。既无德政，又无威刑，是以及邪。邪而诅之，将何益矣！

得礼了。

郑伯让每百人拿出一头猪，每二十五人拿出一条狗或一只鸡，用来诅咒射杀颍考叔的人。君子认为郑庄公失去了政和刑。政用来治理百姓，刑用来匡正邪恶。既没有仁德的政治，又缺乏威严的刑罚，所以产生了邪恶。邪恶产生了才去诅咒它，会有什么好处呢！

注释 1 经：经营，治理。定：安定。序：使有秩序。 2 无刑：即不法，违背法度。 3 度(duó)：估量。 4 相(xiàng)：观察。 5 卒：军队编制，百人为卒。豭(jiā)：公猪。 6 行(háng)：二十五人为行。 7 诅：祭祀鬼神使加祸给某人。

王取邬、刘、蒍、邘之田于郑[1]，而与郑人苏忿生之田——温、原、絺、樊、隰郕、欑茅、向、盟、州、陉、隤、怀[2]。君子是以知桓王之失郑也。恕而行之[3]，德之则也，礼之经也。己弗能有，而以与人。人之不至，不亦宜乎？

郑、息有违言[4]。息侯伐郑，郑伯与战于竟[5]，息师大败而还。君子是以

周桓王从郑国取得邬、刘、蒍、邘等地的土田，却把从前属于郑人苏忿生的土田——温、原、絺、樊、隰郕、欑茅、向、盟、州、陉、隤、怀等换给郑国。君子从这件事预知周桓王将会失去郑国。按照恕道办事，是德行的准则、礼仪的常规。自己不能占有，却拿来换给别人。别人不再来亲附，不也是应该的吗？

郑、息两国发生了口角。息侯出兵攻打郑国，郑伯跟他在边境上交战，息国军队吃了大败仗回去。君子根据

知息之将亡也。不度德，不量力，不亲亲，不征辞[6]，不察有罪。犯五不韪[7]，而以伐人，其丧师也，不亦宜乎？

这件事推知息国快要灭亡了。不揣度德行，不估测力量，不亲近同姓国，不考辨言辞，不明察是非。犯下这五大错误，却去攻打别人，息国丧亡军队，不也是应该的吗？

注释 1 邬(wū)、蔿(wěi)、邘(yú)：皆郑邑。 2 苏忿生：周武王时司寇，受封于温。绨(chī)、隰郕(xíchéng)、欑(cuán)、盟(mèng)、陉(xíng)、隤(tuí)：均为原属于苏忿生的封地。 3《论语》以"己所不欲，勿施于人"为"恕"。 4 息：一作"鄎"，姬姓之国。违言：相反的话，即不同意见。 5 竟：同"境"，边境。 6 征：审察。 7 韪(wéi)：对，正确。

冬，十月，郑伯以虢师伐宋。壬戌，大败宋师，以报其入郑也。宋不告命[1]，故不书。凡诸侯有命，告则书，不然则否。师出臧否[2]，亦如之。虽及灭国，灭不告败，胜不告克，不书于策[3]。

冬天，十月，郑伯带领虢国军队攻打宋国。十四日，把宋国军队打得大败，以报复宋国侵入郑国的那次战役。宋国没有来报告这件事，所以《春秋》上不记载。凡诸侯有大事，通报的就记载，不通报的就不记载。出兵顺利不顺利，也照此办理。即使是灭国这样的大事，被灭亡的国家不通报战败，胜利的国家不通报战胜，也不记载在史册上。

羽父请杀桓公，将以求大宰[4]。公曰："为其少故也[5]。吾将授之矣。使营菟裘[6]，吾将老焉。"羽父惧，反谮公

羽父请求杀掉桓公，想凭着这样的功劳求取卿相的职位。隐公说："我之所以摄政，是因为他年纪太小的缘故。现在他已长成，我打算把权位交给他。派人在菟裘建造房屋，我将要到那里去养

于桓公而请弑之[7]。公之为公子也，与郑人战于狐壤[8]，止焉[9]。郑人囚诸尹氏[10]。赂尹氏，而祷于其主钟巫[11]。遂与尹氏归，而立其主。十一月，公祭钟巫，齐于社圃[12]，馆于寪氏[13]。壬辰，羽父使贼弑公于寪氏。立桓公，而讨寪氏，有死者。不书葬，不成丧也[14]。

老。"羽父害怕，反过来在桓公面前诬陷隐公，请求杀掉隐公。隐公做公子的时候，曾与郑人在狐壤交战，被郑人俘获。郑人把他关在尹氏那里。隐公贿赂尹氏，并向尹氏的祭主钟巫神祷告。于是跟尹氏一起逃回，在鲁国为尹氏建立祭主。十一月，隐公将要祭祀钟巫，在社圃斋戒，在寪氏家里住宿。十五日，羽父派杀手在寪氏家里杀死了隐公。接着拥立桓公为君，并讨伐寪氏，寪氏家有人冤死。《春秋》不记载安葬隐公，是因为没有按国君的规格为隐公举行丧礼。

注释 1 命：国家大事，此指被打败之事。 2 臧否(pǐ)：谓顺利与否。 3 策：通"册"。 4 大宰：即太宰，此指卿相。 5 言隐公摄政，乃为桓公年少之故。原文意省。 6 营：建造。菟(tú)裘：鲁邑名。 7 谮(zèn)：说人坏话，诬陷。弑：下杀上。 8 狐壤：郑地名。 9 止：停留，此为被俘的委婉说法。 10 诸：之于。尹氏：郑大夫。 11 祷(dǎo)：告神求福。钟巫：神名，尹氏家的祭主。 12 齐：通"斋"，祭前斋戒洁身。社圃：园名。 13 馆：动词，住宿。寪氏：鲁大夫。 14 不成丧：未用国君之礼安葬。

春秋左传

桓公

桓公元年

【经】

元年春[1]，王正月，公即位。

三月，公会郑伯于垂，郑伯以璧假许田[2]。

夏，四月丁未，公及郑伯盟于越[3]。

秋，大水。

冬，十月。

元年春天，周历正月，桓公就国君位。

三月，桓公在垂地会见郑伯，郑伯用璧交换许田。

夏天，四月初二，桓公和郑伯在越地结盟。

秋天，发生大水。

冬天，十月。

注释 **1** 元年：鲁桓公元年，公元前 711 年。 **2** 假：借，这里实为交换。 **3** 越：鲁地名。

【传】

元年春，公即位，修好于郑。郑人请复祀周公，卒易祊田[1]。公许之。三月，郑伯以璧假许田，为周公、祊故也。

夏，四月丁未，公及郑伯盟于越，结祊成也[2]。盟曰："渝盟[3]，无享国！"

元年春天，桓公当上国君，跟郑国重修友好关系。郑人请求重新祭祀周公，完成交换祊田的事。桓公答应了他。三月，郑伯又加用玉璧来交换许田，这是为了祭祀周公和交换祊田的缘故。

夏天，四月初二，桓公跟郑伯在越地结盟，这是为祊田而建立的友好关系。盟辞说："违背盟约，不能享国！"

秋，大水。凡平原出水为大水。

秋天，发生大水。凡是平原上淹了水就叫作大水。

冬，郑伯拜盟。

冬天，郑伯前来拜谢结盟。

宋华父督见孔父之妻于路[4]，目逆而送之，曰："美而艳。"

宋国的华父督在路上看见孔父的妻子，用眼睛盯着她走过来，又盯着她走开，赞叹道："既美丽又漂亮。"

注释 1 卒：终结，完成。 2 结祊成：为祊田而结好。 3 渝：变更。 4 华父督：名督，字华父。古人名与字连称时，先字后名。孔父：名嘉，宋国大司马。

桓公二年

【经】

二年春，王正月，戊申，宋督弑其君与夷及其大夫孔父。

二年春天，周历正月，戊申日，宋华父督杀了他的国君与夷和大夫孔父。

滕子来朝[1]。

滕国国君来朝见。

三月，公会齐侯、陈侯、郑伯于稷[2]，以成宋乱[3]。

三月，桓公在稷地会见齐侯、陈侯、郑伯，以平定宋国的叛乱。

夏，四月，取郜大鼎于宋[4]。戊申，纳于大庙[5]。

夏天，四月，从宋国取来原郜国的大鼎。初九日，将大鼎放进周公庙。

秋，七月，杞侯来朝。

秋天，七月，杞侯来朝见。

蔡侯、郑伯会于邓。

蔡侯、郑伯在邓地相会。

九月，入杞。

公及戎盟于唐。冬，公至自唐。

九月，鲁军侵入杞国。

桓公跟戎人在唐地结盟。冬天，桓公从唐地回国。

注释 1滕子：即滕侯。公、侯、伯、子、男五爵可作国君通称，故有时称侯，有时称子。 2稷：宋地名，在今河南商丘境内。 3成：平定。 4郜：本为姬姓国，后被宋吞并，其所铸大鼎亦归宋。 5大庙：即周公庙。大，同“太”。

【传】

二年春，宋督攻孔氏，杀孔父而取其妻。公怒，督惧，遂弑殇公。君子以督为有无君之心，而后动于恶，故先书“弑其君”。会于稷，以成宋乱，为赂故，立华氏也。

宋殇公立，十年十一战，民不堪命[1]。孔父嘉为司马，督为大宰，故因民之不堪命，先宣言曰：“司马则然[2]。”已杀孔父而弑殇公，召庄公于郑而立之，以亲郑；

二年春天，宋华父督攻打孔氏，杀死孔父而夺取他的妻子。殇公发怒，华父督害怕，就杀了殇公。君子认为华父督先心里没有了君王，然后才敢做专杀大臣的坏事，所以《春秋》先记载“弑其君”。桓公和齐侯、郑伯在稷地会见，以便平定宋国的叛乱，这是因为接收了贿赂的缘故，目的是建立华氏政权。

宋殇公当国君后，十年内打了十一仗，人民忍受不了。孔父嘉做司马，华父督是大宰，所以华父督利用人民不能忍受的心态抢先散布言论说：“是司马造成这种局面的。”杀了孔父和殇公之后，华父督从郑国迎来庄公立他为君，以此讨好郑国；又用郜国大鼎贿赂桓公；而且齐

以郜大鼎赂公；齐、陈、郑皆有赂：故遂相宋公[3]。

国、陈国、郑国都有财礼奉送：所以他最终能辅佐宋公。

注释 1不堪：不能承受。 2司马则然：意味着我则不然。则，表对举。然，代民不堪命的局面。 3遂：终于，最终。

夏，四月，取郜大鼎于宋。戊申，纳于大庙，非礼也。臧哀伯谏曰[1]："君人者，将昭德塞违[2]，以临照百官，犹惧或失之，故昭令德以示子孙。是以清庙茅屋[3]，大路越席[4]，大羹不致[5]，粢食不凿[6]，昭其俭也；衮、冕、黻、珽[7]，带、裳、幅、舄[8]，衡、紞、纮、綖[9]，昭其度也；藻、率、鞞、鞛[10]，鞶、厉、游、缨[11]，昭其数也；火、龙、黼、黻[12]，昭其文也；五色比象[13]，昭其物也[14]；钖、鸾、和、铃[15]，昭其声也；三辰旂旗[16]，昭其明也。夫德，俭而有度，登降有数[17]，文、物以纪

夏天，四月，从宋国取来郜铸大鼎。初九日，把大鼎安置在太庙里，这是不符合礼的。臧哀伯劝谏说："做人国君的人，要显示善德阻塞邪恶，为百官做出榜样，如此还怕有所疏漏，所以又要发扬美德来给子孙示范。因此，太庙用茅草盖顶，辂车用草席垫底，肉汁不放调料，主食不舂捣加工，这是在显示他们的节俭；礼服、礼帽、蔽膝、圭板，大带、裙子、绑腿、鞋子，横簪、瑱绳、系带、帽顶，尊卑各有规定，这是为了显示制度；缫藉、佩巾、刀鞘、刀饰，革带、带饰、旗饰、马鞅，上下多少不同，这是为了显示定数；画半环形、龙形，绣斧头形、弓形，都是为了显示文饰；五种颜色合成各种形象，这是为了显示色彩；钖、鸾、和、铃，都是用来表明声音的；画有日、月、星的旌旗，都是为了表现光明的。所谓美德，是节俭而有制度，增减有一定的数量，用花纹、色彩来记录

之，声、明以发之，以临照百官。百官于是乎戒惧，而不敢易纪律[18]。今灭德立违，而置其赂器于大庙，以明示百官。百官象之，其又何诛焉？国家之败，由官邪也。官之失德，宠赂章也。郜鼎在庙，章孰甚焉？武王克商，迁九鼎于雒邑[19]，义士犹或非之，而况将昭违乱之赂器于大庙，其若之何？”公不听。

它，用声音、光亮来发扬它，从而显示给百官。百官因此小心谨慎，不敢违反各项规章制度。现在却抛弃美德而树立邪恶，把宋国贿赂的鼎器放在太庙里，公然向百官显示。百官如果跟着这样做，那又惩罚谁呢？国家的失败，就是由于官吏的邪恶啊！官吏的丧失美德，则是由于宠幸和贿赂公行。把郜鼎放在太庙里，还有比这个更明显的贿赂吗？武王打败商纣，把九鼎迁到王城，正义之士尚且认为他不对，何况将违礼叛乱的贿赂器物在太庙里展示，那又会怎样呢？”桓公不听。

注释 **1** 臧哀伯：名达，鲁大夫。 **2** 违：不合德义之事。 **3** 清庙：太庙。茅屋：以茅草盖屋。 **4** 大路：车的一种。路，又作“辂”。越席：用草席铺垫。**5** 大羹：肉汁。不致：不调酸、苦、辛、咸、甘五味，只煮熟而已。 **6** 粢（zī）食：主食。凿：舂。 **7** 衮（gǔn）：天子和上公所穿的礼服。冕：大夫以上所戴的礼帽。黻（fú）：皮革制成的蔽膝，用来遮盖腹膝之间。珽（tǐng）：一名“大圭”，君臣朝见时所用的记事手板。 **8** 带：指大带，用以束腰。裳：下衣，也叫“裙”。幅（bī）：裹脚布，即绑腿。舄（xì）：双层鞋，底加木而成。 **9** 衡：横簪，用来固定帽子。紞（dǎn）：帽子两旁用以悬挂耳饰的绳线。纮（hóng）：用来系定冠冕的绳带，绕过下巴连接横簪的两端。綖（yán）：帽子的上半部，用玄布裹木板做成。 **10** 藻：又叫“缫藉”，用来垫玉的东西。率：通“帅”，又作“帨”，佩巾。鞞（bǐng）：刀鞘。鞛（běng）：佩刀刀把上的装饰。**11** 鞶（pán）：革带。厉：鞶带上下垂的饰物。游（liú）：旌旗上的飘带。缨：马鞅，套在马颈上用来驾车的皮革。 12 火、龙、黼、黻：都是衣裳上的花纹。火，半环形。龙，龙形。黼，斧头形，黑白各一。黻，用青、黑二色绣成的弓形花纹。 13 五色：指青、白、黄、赤、黑。比象：谓以五色合成山、龙、花、虫之象。比，合。 14 物：颜色。 15 钖(yáng)：用铜做的装饰物，挂在马的额前或眉眼上，马行走时有响声。 鸾：放在轭头或车衡上的装饰物，形制似钟。和：装在车前横木上的小铃。 铃：设在旌旗上的小铃。 16 三辰：指日、月、星。旂(qí)旗：总称一切旗。旂，旗的一种。 17 登降：犹言增减。 18 易：变更，违反。 19 邑：即洛阳，当时的王城。

周内史闻之[1]，曰："臧孙达其有后于鲁乎！君违，不忘谏之以德。"

秋，七月，杞侯来朝，不敬。杞侯归，乃谋伐之。

蔡侯、郑伯会于邓，始惧楚也。

九月，入杞，讨不敬也。

公及戎盟于唐，修旧好也。冬，公至自唐，告于庙也。凡公行，告于宗庙；反行，饮至，舍爵、策勋焉[2]，礼也。特相会[3]，往来称地，让

周朝的内史听说了这件事，说："臧孙达在鲁国大概会后继有人的！国君违背礼制，他没有忘记用道德来劝阻。"

秋天，七月，杞侯来朝见，不恭敬。杞侯回国后，鲁君就策划讨伐他。

蔡侯、郑伯在邓地相会，这是由于开始害怕楚国了。

九月，鲁军攻入杞国，是为了讨伐杞侯的不恭敬。

桓公跟戎人在唐地结盟，这是为了重修过去的友好关系。冬天，桓公从唐地回国。《春秋》记载这件事，是因为祭告了宗庙。凡是国君出去，要祭告宗庙；回来后，要"饮至"，在宗庙里置杯饮酒，用简册记载功勋，这是礼制。鲁君单独跟另一国君相会，无论是去还是来，都要记载相会地点，因为这是相互谦让的事。如果会见的国君

事也。自参以上[4],则往称地,来称会,成事也[5]。

在三个以上,那就去别国时记载会见地点,来鲁国的话就只说相会而不记地点,这是因为一定有人主持会见的缘故。

注释 1 内史:周王室官名,掌礼仪、策命、占筮等事。 2 舍:置。爵:酒杯。策:用为动词,用简策书写。 3 特:独。指鲁国单独与另一国相会。 4 参:同“三”。 5 成:当,主。

初,晋穆侯之夫人姜氏以条之役生大子[1],命之曰仇[2]。其弟以千亩之战生[3],命之曰成师。师服曰:“异哉,君之名子也!夫名以制义[4],义以出礼,礼以体政[5],政以正民,是以政成而民听,易则生乱[6]。嘉耦曰妃,怨耦曰仇,古之命也。今君命大子曰仇,弟曰成师,始兆乱矣[7]。兄其替乎[8]!”

当初,晋穆侯的夫人姜氏在条戎战役时生下太子,那次战斗失败,所以给太子取名叫“仇”。仇的弟弟在千亩战役时出生,这次战斗打胜了,所以给他取名叫“成师”。师服说:“君侯给孩子取名取得真怪啊!命名要符合道义,道义产生礼仪,礼仪体现政治,政治使百姓正直,所以政治成功百姓就听从,否则就产生祸乱。美好的婚配叫“妃”,不好的婚配叫“仇”,这是古时的名称。现在君侯给太子取名叫“仇”,他的弟弟叫“成师”,这就开始预示祸乱了。做哥哥的恐怕会衰微吧!”

注释 1 条:指条戎。晋穆侯七年,会同王师伐条戎,兵败。 2 命之:即替他取名。命,古与“名”音义同。 3 千亩:晋地名,在今山西介休南。千亩之战发生在晋穆侯十年,晋军胜。 4 制义:制于义,受道义约束。 5 体:主体,骨干。 6 易:变易,违反。 7 兆乱:预示祸乱。 8 替:衰微。

惠之二十四年[1]，晋始乱，故封桓叔于曲沃[2]，靖侯之孙栾宾傅之[3]。师服曰："吾闻国家之立也，本大而末小，是以能固。故天子建国[4]，诸侯立家[5]，卿置侧室[6]，大夫有贰宗[7]，士有隶子弟[8]，庶人、工、商，各有分亲，皆有等衰[9]。是以民服事其上，而下无觊觎[10]。今晋，甸侯也[11]，而建国，本既弱矣，岂能久乎？"

惠之三十年，晋潘父弑昭侯而纳桓叔，不克。晋人立孝侯。

惠之四十五年，曲沃庄伯伐翼[12]，弑孝侯。翼人立其弟鄂侯。鄂侯生哀侯。哀侯侵陉庭之田[13]，陉庭南鄙启曲沃伐翼[14]。

鲁惠公二十四年，晋国开始发生动乱，所以把桓叔封在曲沃，靖侯的孙子栾宾辅助他。师服说："我听说国家的建立，根本大而枝节小，这样才能够巩固。所以天子分封诸侯，诸侯建立卿家，卿家设置侧室，大夫有贰宗的官职，士有作隶役的子弟，庶人、工匠、商贾也各有亲疏，都有等级差别。因此百姓能甘心侍奉他们的上司，下面的人都没有非分之想。现在晋国只不过是王畿之内的一个侯国，却要另建侯国，根本已经衰弱了，难道还能够长久吗？"

鲁惠公三十年，晋国的潘父杀死昭侯而接纳桓叔，没有成功。晋国人立了孝侯。

鲁惠公四十五年，曲沃庄伯攻打翼都，杀死孝侯。翼都人立孝侯的弟弟鄂侯。鄂侯生了哀侯。哀侯侵夺陉庭的土地，陉庭南部边境的人就挑动曲沃攻打翼城。

注释　1 惠：指鲁惠公，此追述春秋前往事。　2 桓叔：即成师，封曲沃后号为桓叔。　3 傅：相，辅佐。　4 建国：分封诸侯国。　5 立家：诸侯分采邑给卿大夫。　6 置侧室：立庶子为官。侧室即支子、众子，相对于嫡长子而言。 7 贰宗:官名,由大夫的宗室子弟担任。 8 隶子弟:作隶役的子弟。 9 等衰(cuī):等级。 10 觊觎(jìyú):希望得到不该得到的东西。 11 甸:甸服,天子以王城为中心的方圆千里之地。 12 庄伯:桓叔成师之子。 13 陉庭:晋地,在翼都东南。 14 启:引导,带头。

桓公三年

【经】

三年春,正月,公会齐侯于嬴[1]。

夏,齐侯、卫侯胥命于蒲[2]。

六月,公会杞侯于郕。

秋,七月壬辰朔,日有食之,既[3]。

公子翚如齐逆女。

九月,齐侯送姜氏于讙[4]。公会齐侯于讙。夫人姜氏至自齐。

冬,齐侯使其弟年来聘。

有年[5]。

三年春天,周历正月,桓公在嬴地会见齐侯。

夏天,齐侯、卫侯在蒲地会谈。

六月,桓公在郕地会见杞侯。

秋天,七月初一,发生日食,是日全食。

公子翚到齐国迎接齐女。

九月,齐侯送姜氏到讙地。桓公在讙地会见齐侯。夫人姜氏从齐国嫁到我国。

冬天,齐侯派他的弟弟年来我国访问。

粮食大丰收。

注释 1 嬴:鲁国地名,在今山东济南莱芜区西北。 2 胥命:诸侯之间约言共谋却不歃血结盟。蒲:卫地名。 3 既:尽,指日全食。 4 讙(huān):鲁地名。 5 有年:五谷丰登为有年。

【传】

三年春，曲沃武公伐翼，次于陉庭[1]。韩万御戎[2]，梁弘为右[3]，逐翼侯于汾隰[4]，骖絓而止[5]。夜获之，及栾共叔[6]。

会于嬴，成昏于齐也[7]。

夏，齐侯、卫侯胥命于蒲，不盟也。

公会杞侯于郕，杞求成也。

秋，公子翚如齐逆女，修先君之好，故曰"公子"。齐侯送姜氏于讙，非礼也。凡公女[8]，嫁于敌国[9]，姊妹，则上卿送之，以礼于先君；公子[10]，则下卿送之。于大国[11]，虽公子亦上卿送之。于天子，则诸卿皆行，公不自送。于小国，则上大夫送之。

冬，齐仲年来聘，致

三年春天，曲沃武公攻打翼都，在陉庭作短暂停留。韩万驾驭兵车，梁弘担任车右，在汾水边地追赶晋哀侯，哀侯坐车的骖马被挂住而停了下来。晚上抓住了晋哀侯，连同栾共叔。

桓公与齐侯在嬴地会见，是为了跟齐国订婚。

夏天，《春秋》说齐侯、卫侯在蒲地"胥命"，是因为他们没有结盟。

桓公在郕地接见杞侯，是因为杞侯来请求和解。

秋天，公子翚到齐国迎接齐女，继承了先君的友好关系，所以称他为"公子"。齐侯送姜氏到鲁国的讙地，这是不合乎礼的。凡是国家公室的女子，出嫁给同等国家，如果是国君的姐妹，就由上卿送她，以表示对前代国君的尊敬；如果是国君的女儿，就由下卿送她。如果嫁给大国，即使是国君女儿，也由上卿送她。如果嫁给天子，那就各位卿臣都去送，但国君自己不送。如果嫁给小国，就由上大夫送她。

冬天，齐国的仲年来访问，这是为

夫人也[12]。

芮伯万之母芮姜恶芮伯之多宠人也[13]，故逐之，出居于魏。

了看望夫人。

芮伯万的母亲芮姜怨恨芮伯有许多宠姬，所以赶走了他，芮伯逃奔出去住在魏国。

注释 1次：军队驻扎三晚以上叫"次"。 2韩万：桓叔成师之子。御戎：驾驭兵车。 3右：车右，掌兵革使役。古代兵车，主将在中，御者在左，车右在右。 4翼侯：即晋哀侯。汾隰：汾水旁边的某地。 5骖：车驾两旁的马，四马驾一车，中间的两马叫"服"，两旁各一马叫"骖"。绐(guà)：挂碍。 6栾共叔：桓叔之傅栾宾的儿子，名成，为哀侯大夫。 7成昏：即定婚。 8公女：君王宗室之女。 9敌国：同等国家。敌，匹配，相当。 10公子：国君的女儿。古代"子"可通指男女。 11"于"前承上文省略"嫁"字，下文"于天子""于小国"同。 12致：致意，看望。 13芮(ruì)：国名，姬姓。

桓公四年

【经】

四年春，正月，公狩于郎。

夏，天王使宰渠伯纠来聘[1]。

四年春天，周历正月，桓公到郎地狩猎。

夏天，天子派宰渠伯纠来访问。

注释 1宰：官名。渠：周室地名。伯纠：人名。

【传】

四年春，正月，公狩于郎。书，时、礼也。

四年春天，周历正月，桓公在郎地狩猎。《春秋》记载此事，是因为这事合时合礼。

夏，周宰渠伯纠来聘。父在，故名。

夏天，周朝宰官渠伯纠来访问。因为他父亲在世，所以《春秋》称他的名。

秋，秦师侵芮[1]，败焉[2]，小之也[3]。

秋天，秦军侵犯芮国，被芮国打败，这是因为小看了芮国。

冬，王师、秦师围魏，执芮伯以归。

冬天，周王的军队和秦国军队包围魏国，逮了芮伯回国。

注释 1秦：国名，嬴姓。 2败焉：被芮打败。焉，于彼。 3小：认为……小，轻视。

桓公五年

【经】

五年春，正月，甲戌、己丑[1]，陈侯鲍卒。

五年春天，周历正月，甲戌或己丑日，陈国君鲍逝世。

夏，齐侯、郑伯如纪。

夏天，齐侯和郑伯到纪国去。

天王使仍叔之子来聘[2]。

周天子派仍叔的儿子来访问。

葬陈桓公。

安葬陈桓公。

城祝丘。

修筑祝丘城。

秋，蔡人、卫人、陈人从王伐郑。

秋天，蔡人、卫人、陈人跟随周天子的军队讨伐郑国。

大雩[3]。

螽[4]。

冬,州公如曹[5]。

举行大规模的求雨祭祀。

发生大蝗灾。

冬天,州国国君到曹国去。

注释 1 甲戌:上年十二月二十一日。己丑:正月六日。赴告两次,故书两日。限于文例,只写正月。 2 仍叔:周大夫。 3 雩(yú):求雨的祭祀。 4 螽(zhōng):飞蝗成灾。 5 州:国名,姜姓,在今山东潍坊境内。曹:国名,姬姓,在今山东定陶西北。

【传】

五年春,正月,甲戌,己丑,陈侯鲍卒,再赴也。于是陈乱[1],文公子佗杀大子免而代之。公疾病而乱作[2],国人分散,故再赴。

夏,齐侯、郑伯朝于纪,欲以袭之。纪人知之。

王夺郑伯政[3],郑伯不朝。秋,王以诸侯伐郑,郑伯御之。王为中军;虢公林父将右军,蔡人、卫人属焉;周公黑肩将左军,陈人属焉。

五年春天,周历正月,甲戌日或己丑日,陈国君侯鲍逝世。记载两个日子,是因为赴告了两次。在这段时间里,陈国发生动乱,文公的儿子佗杀掉太子免而取代他。陈桓公病危,因而动乱发生,国内的人四处逃散,所以前后发布了两次讣告。

夏天,齐侯、郑伯到纪国朝见,想趁机偷袭纪国。纪人察觉了这件事。

周天子剥夺了郑伯在王室的政权,郑伯因此不再朝拜天子。秋天,天子率领诸侯讨伐郑国,郑伯抵抗他们进攻。周天子统帅中军;虢公林父率领右军,蔡人、卫人隶属于他;周公黑肩指挥左军,陈人隶属于他。

注释 1 于是:在这时。 2 疾病:病重,病危。 3 夺:剥夺,取消。

郑子元请为左拒[1],以当蔡人、卫人;为右拒,以当陈人[2]。曰:"陈乱,民莫有斗心。若先犯之,必奔。王卒顾之[3],必乱。蔡、卫不枝[4],固将先奔。既而萃于王卒[5],可以集事[6]。"从之。曼伯为右拒[7],祭仲足为左拒,原繁、高渠弥以中军奉公。为鱼丽之陈[8],先偏后伍[9],伍承弥缝[10]。

郑国子元建议组建左边方阵,以抵挡蔡国、卫国的军队;组建右边方阵,以对付陈国军队。他说:"陈国动乱,士兵们没有心思打仗。如果先攻击陈军,陈一定会败逃。天子的军队如果照顾溃逃的陈军,自己的阵脚也必定会打乱。蔡国和卫国的军队支持不住,无疑会抢先奔逃。打败左右的陈、蔡、卫军后,集中兵力来对付天子的中军,就可以成事。"郑伯听从了。曼伯布置右方阵,祭仲足指挥左方阵,原繁、高渠弥带领中军护卫郑伯。各军摆开鱼丽阵势,即"偏"在前,"伍"在后,"伍"承担弥补"偏"的空隙。

战于繻葛[11]。命二拒曰:"旝动而鼓[12]!"蔡、卫、陈皆奔,王卒乱,郑师合以攻之,王卒大败。祝聃射王中肩,王亦能军[13]。祝聃请从之[14]。公曰:"君子不欲多上人[15],况敢陵天子乎?苟自救也,社稷无陨[16],多矣[17]。"夜,郑伯使祭足劳王[18],且问左右。

战斗在繻葛打响。郑伯命令左右两方阵说:"令旗挥动,就击鼓进军!"结果,蔡、卫、陈三国军队都逃奔,天子军队也发生混乱,郑军集中起来攻击天子军队,天子军队大败。祝聃射伤了天子的肩膀,但天子还能指挥军队。祝聃请求追击天子。郑伯说:"君子不希望逼人太甚,何况是敢于欺凌天子呢?如果能够挽救自己,国家不再受到损害,就足够了。"晚上,郑伯派祭足慰问天子,同时慰问天子的随从人员。

注释 1子元:公子突的字。拒:方形阵势。 2当:同“挡”。 3顾:照料,照顾。 4枝:通“支”,支持,支撑。 5既而:完成某件事情后(接着做另一件事)。萃:聚合。 6集:成。 7曼伯:公子忽的字。 8鱼丽:阵名。陈:同“阵”。 9偏:二十五辆战车为一偏。伍:五人为一伍。 10弥缝:弥补缺漏。 11繻(xū)葛:郑地名,即隐公五年出现过的长葛。 12旝(kuài):大将所用的军旗,以发号施令。 13亦:仍。军:动词,指挥军队。 14从:跟从,引申为追逐。 15上:犹凌驾。 16陨:通“损”,损害。 17多:足够,满足。 18劳:慰问。

仍叔之子,弱也。

《春秋》写明“仍叔之子”,是因为他还年轻。

秋,大雩。书,不时也。凡祀,启蛰而郊[1],龙见而雩[2],始杀而尝[3],闭蛰而烝[4]。过则书[5]。

秋天,为求雨举行大规模雩祭。《春秋》记载这件事,是因为它不合时令。凡是祭祀,昆虫惊醒的时候举行郊祭,龙星出现的时候举行雩祭,秋气刚到的时候举行尝祭,昆虫蛰伏的时候举行烝祭。如果祭祀不合时令,就记载下来。

冬,淳于公如曹[6]。度其国危,遂不复。

冬天,淳于公外出到曹国。估测自己的国家会发生危难,就没有回去了。

注释 1启蛰:即今之惊蛰,夏历正月的一个节气。郊:夏历正月为求五谷丰收而举行的祭祀。 2龙:苍龙,星座名。见:同“现”。龙星出现一般在夏历四月。雩:求雨的祭祀。 3始杀:指秋寒刚至的时候(夏历七月),秋气肃杀万物。尝:为收割尝新而举行的祭祀。 4闭蛰:指昆虫蛰伏冬眠的时候,当夏历十月。烝:为万物收藏而举行的祭祀。 5过:超过时令,也包括不到时令。 6淳于公:即州公,州国都淳于,故称。

桓公六年

【经】

六年春，正月，寔来[1]。

夏，四月，公会纪侯于成[2]。

秋，八月壬午，大阅[3]。

蔡人杀陈佗。

九月丁卯，子同生[4]。

冬，纪侯来朝。

六年春天，周历正月，淳于公来到鲁国。

夏天，四月，桓公在郕地会见纪侯。

秋天，八月八日，举行大规模阅兵仪式。

蔡人杀死陈佗。

九月二十四日，子同出生。

冬天，纪侯前来朝见。

注释 1 寔：同“实”，表确认的副词。“来”的主语是淳于公。 2 成：通“郕”，鲁地名。 3 阅：检阅兵车及战马。 4 子同：即庄公。

【传】

六年春，自曹来朝。书曰“寔来”，不复其国也。

楚武王侵随[1]，使薳章求成焉[2]，军于瑕以待之[3]。随人使少师董成[4]。鬭伯比言于楚子曰：“吾不得志于汉东也[5]，我则使然。我张吾三军[6]，而

六年春天，淳于公从曹国前来朝见。《春秋》写作“寔来”，是因为他不再回自己的国家了。

楚武王侵犯随国，派薳章向随国请求和谈，将军队驻扎在瑕地以等待随国使者。随人派少师来主持和谈。鬭伯比跟楚王说：“我们不能够在汉水以东的国家达到目的了，是我们自己造成这种局面的。我们扩大三军，配备铠甲兵

被吾甲兵[7],以武临之,彼则惧,而协以谋我[8],故难间也[9]。汉东之国,随为大。随张[10],必弃小国。小国离,楚之利也。少师侈[11],请羸师以张之[12]。”熊率且比曰[13]:“季梁在[14],何益?”鬬伯比曰:“以为后图,少师得其君[15]。”王毁军而纳少师[16]。

器,用武力去欺压他们,他们害怕,就会团结一心来对付我们,所以很难离间他们。汉水以东的国家,随国最大。随国要是骄傲,就必定抛弃小国。小国离散,符合楚国的利益。少师为人狂妄,建议表面减损军队来诱使他骄傲。”熊率且比说:“季梁还在,有什么用?”鬬伯比说:“这是为以后打算,少师将会得到国君的宠信。”楚王就减损军队,然后让少师进入军队和谈。

注释 1 随:国名,姬姓,在今湖北随州。 2 薳(wěi)章:人名。焉:于之,“之”代随国。 3 瑕:随国地名。 4 少师:官名。董成:主持和谈。 5 得志:实现愿望,达到目的。 6 张:张开,扩大。 7 被:具,准备。 8 协:协和,团结一心。 9 间(jiàn):离间。 10 张:引申为骄傲。 11 侈:大,骄傲。12 羸师:使军队弱小。羸,弱。张之:使随国骄傲。 13 熊率且比:楚国大夫。 14 季梁:随国贤臣。 15 得其君:谓将得到国君宠信。 16 毁军:削减军队,即羸师。纳少师:让少师进入军中。

少师归,请追楚师。随侯将许之。季梁止之曰:“天方授楚,楚之羸,其诱我也。君何急焉?臣闻小之能敌大也,小道大淫[1]。所谓道,忠于民而信于神也。上思利民,忠也;祝史

少师回去,建议随侯追击楚军。随侯打算答应他。季梁劝止这件事,说:“老天爷正在帮助楚国,楚军疲弱,恐怕是诱惑我们。君王急什么呢?我听说小国能够跟大国相抗衡,是因为小国有道而大国淫乱。所谓道,就是对人民忠心、对鬼神诚信。君上想着为人民谋

正辞[2],信也。今民馁而君逞欲[3],祝史矫举以祭[4],臣不知其可也[5]。”公曰:“吾牲牷肥腯[6],粢盛丰备[7],何则不信?”对曰:“夫民,神之主也,是以圣王先成民而后致力于神。故奉牲以告曰‘博硕肥腯’,谓民力之普存也,谓其畜之硕大蕃滋也,谓其不疾瘯蠡也[8],谓其备腯咸有也。奉盛以告曰‘洁粢丰盛’,谓其三时不害而民和年丰也。奉酒醴以告曰[9]‘嘉栗旨酒[10]’,谓其上下皆有嘉德而无违心也。所谓馨香,无谗慝也[11]。故务其三时[12],修其五教[13],亲其九族[14],以致其禋祀[15]。于是乎民和而神降之福,故动则有成。今民各有心,而鬼神乏主,君虽独丰,其何福之有[16]?君姑修政,而亲兄弟之国,庶免于难[17]。”随侯惧而修政,楚不敢伐。

福利,就是忠;祝史说话正直诚实,就是信。如今老百姓挨饿而君王却要追求自己的私欲,祝史说假话来祭祀神灵,我不知道这样做能行得通啊!”随侯说:“我用来祭祀的牲畜肥壮,谷物丰满齐全,怎么是不信?”季梁回答说:“老百姓,是神灵的主人,所以圣贤的君王先成全民事然后才对神灵效力。因此进献牲畜时报告说‘博硕肥腯’,这是指老百姓的力量普遍存在,牲畜壮大繁殖,没有疾病,各种毛色的肥壮牲畜都有。进献谷物时报告说‘洁粢丰盛’,这是指农事没有受到损害,因而百姓和乐五谷丰收。进献酒时报告说‘嘉栗旨酒’,这是指上下都有美好的德行而没有邪恶的思想。所谓馨香,就是没有虚妄邪恶。所以致力农事,修讲五教,亲近九族,用这些行为来祭祀神灵。由于这样,百姓和乐,神灵赐给他们福气,所以做什么事都能成功。现在老百姓各有异心,因而鬼神缺乏主人,君侯即使自己丰足,又有什么福气呢?君侯如能修治政教,亲近兄弟国家,说不定能避免祸难。”随侯害怕,就努力修治政教,楚国不敢讨伐。

注释 1淫:淫乱无度。 2祝史:主持祭祀祈祷的官名。正辞:说话正直诚实。 3逞欲:追求自己的私欲,指乐于战伐。 4矫:假,虚妄。举:列举,称说。 5可:能行,能成。 6牲牷:完整的牛叫"牲",纯色的牛叫"牷"。这里"牲牷"泛指祭祀用的牲畜。腯(tú):与"肥"同义。 7粢盛(zīchéng):祭祀用的谷物叫"粢",装于器中的叫"盛"。这里的"粢盛"也是泛指。 8瘯蠡(cùlí):畜病名,疥癣之类。 9醴:义同"酒"。 10嘉:善。栗:通"洌",清洁。旨:美。 11谗慝:欺诈邪恶。 12务:专力从事。三时:指春、夏、秋三季农事。 13五教:指父义、母慈、兄友、弟恭、子孝。14九族:指外祖父母、从母子及妻父母、姑之子、姊妹之子、女之子和自己的同族。 15禋:洁祀,这里与"祀"同义。 16何福之有:即"有何福"。17庶:庶几,恐怕。

夏,会于成,纪来谘谋齐难也[1]。

夏天,桓公和纪侯在成地相会,这是因为纪侯前来商议如何避免齐国灭纪的灾难。

北戎伐齐,齐使乞师于郑。郑大子忽帅师救齐。六月,大败戎师,获其二帅大良、少良[2],甲首三百[3],以献于齐。于是诸侯之大夫戍齐,齐人馈之饩[4],使鲁为其班[5]。后郑。郑忽以其有功也,怒,故有郎之师。

北戎攻打齐国,齐国派人向郑国借兵。郑太子忽带兵救齐。六月,大败戎军,俘获了戎军的两个统帅大良和少良,还有戎军兵士的首级数百,一并献给齐国。当时诸侯的大夫在齐国戍守,齐国赠送他们食物,让鲁国替他排定先后次序。鲁国把郑国排在后面。郑太子忽认为自己有功劳不应排后,就发怒,所以后来发生了郎地的战争。

公之未昏于齐也,齐侯欲以文姜妻郑大子

在桓公没有向齐国求婚以前,齐侯想把文姜嫁给郑国太子忽,太子忽辞谢。

忽，大子忽辞。人问其故，大子曰："人各有耦[6]，齐大，非吾耦也。《诗》云：'自求多福。'在我而已，大国何为？"君子曰："善自为谋。"及其败戎师也，齐侯又请妻之，固辞。人问其故，大子曰："无事于齐，吾犹不敢；今以君命奔齐之急，而受室以归，是以师昏也，民其谓我何？"遂辞诸郑伯。

有人问这样做的缘故，太子说："人人各自有合适的配偶，齐国强大，这样的婚配与我不相称。《诗经》说：'求于自己，多受福禄。'福禄取决于我自己，靠大国有什么用？"君子说："郑太子忽善于替自己打算。"到他打败戎军的时候，齐侯又请用别的女儿嫁他，太子忽坚决辞谢。有人问为什么，太子说："没有替齐国干什么事情的时候，我尚且不敢答应齐国婚事，现在奉国君命令来替齐国救急，却娶了媳妇回去，那就是凭借军队索取婚姻啊，老百姓将会怎么说我呢？"于是通过郑伯辞谢了这桩婚事。

注释 1 谘(zī)：义同"谋"，齐欲灭纪，鲁为纪之姻亲，故来商议对策。 2 大良、少良：皆人名。 3 甲首：披甲者之首，即战士的头颅。 4 馈：赠送食物。熟的叫"饔"，生的叫"饩(xì)"。饩有牛羊猪鸡、黍粱稷禾等。 5 班：排定先后次序。 6 耦：通"偶"，匹配。

秋，大阅，简车马也[1]。

九月丁卯，子同生。以大子生之礼举之[2]：接以大牢[3]，卜士负之[4]，士妻食之，公与文姜、宗妇命之[5]。公问名

秋天，举行大规模阅兵，这是为了检阅战车和战马。

九月二十四日，公子同出生。用太子出生的礼仪来对待他：父亲接见儿子时用太牢，让占卜选择的吉人背负他，叫吉人的妻子喂养他，桓公与文姜以及宗妇替他取名。桓公向申繻询问取名的事，申繻回答说：

于申繻[6]，对曰："名有五：有信、有义、有象、有假、有类。以名生为信[7]，以德命为义[8]，以类命为象[9]，取于物为假，取于父为类。不以国[10]，不以官，不以山川，不以隐疾，不以畜牲，不以器币[11]。周人以讳事神，名，终将讳之[12]。故以国则废名[13]，以官则废职，以山川则废主，以畜牲则废祀，以器币则废礼。晋以僖侯废司徒[14]，宋以武公废司空[15]，先君献、武废二山[16]，是以大物不可以命。"公曰："是其生也，与吾同物[17]，命之曰同。"

冬，纪侯来朝，请王命以求成于齐[18]。公告不能。

"名有五种，即信、义、象、假、类。根据出生时的情况取名叫信，用吉祥赞扬的字眼取名叫义，根据相似的特征取名叫象，从别的事物那儿借名叫假，从父亲那儿取名叫类。不可用本国国名为人名，不可用官职名为人名，不可用山川名为人名，不可用疾病名为人名，不可用畜牲名为人名，不可用礼器礼物名为人名。周人用避讳侍奉鬼神，人的名字，死后将要避讳。所以如果用国名为人名，避讳时就要废除原取的人名；用官名为人名，避讳时就要废除原官职名；用山川名为人名，避讳时就要废除山川的神主名；用畜牲名为人名，避讳时就无法祭祀；用礼器礼物名为人名，避讳时就会废除仪礼。晋国因为僖侯名司徒而不得不改官职司徒为中军，宋国因为武公名司空而不得不改官职司空为司城，我国因避先君献公、武公的名讳不得不废除具、敖二山名，因此大物之名是不能拿来给人命名的。"桓公说："这个孩子的出生，跟我是同一天，就叫他作同。"

冬天，纪侯来朝见，想请桓公求取王命来跟齐国讲和。桓公告诉他不行。

注释　1 简：通"检"，检阅。　2 举：兴起，举止，这里有对待义。　3 接：

父亲接见初生婴儿。大牢:即太牢,祭礼时牛、羊、豕三牲都用叫“太牢”。**4** 卜士:占卜选择的吉善士人。 **5** 宗妇:同宗之妇。命之:替婴儿取名。命同名。 **6** 申繻(xū):鲁大夫。 **7** 以名生:疑为“以生名”之误倒,指根据出生时的情况来命名。 **8** 德:指品行祸福方面的吉祥褒赞之类的字眼。 **9** 类:相似。“以类命”即根据人体与某事物的相似特征命名。**10** 不以国:即“不以国命(名)”,省略谓语。下“不以”句皆同。 **11** 器:指礼器,如俎、豆、钟、磬等。币:送人的礼物,如圭、马、皮、帛等。 **12** 终:寿终。人死后讳名,则生前不讳。 **13** 如有人用国名为名,国名不可废,就只好废除此人之名。 **14** 僖侯名司徒,故因避讳而改称司徒官职为中军。 **15** 宋武公名司空,因避讳改司空官职为司城。 **16** 鲁献公名具,鲁武公名敖,后废具、敖二山之名而另以地名为山名。 **17** 岁、时、日、月、星、辰古称六物,这里的“同物”实指同日。 **18** 请王命:意谓通过鲁国请求王命。

桓公七年

【经】

七年春,二月己亥,焚咸丘[1]。	七年春天,二月二十八日,放火烧了咸丘。
夏,穀伯绥来朝[2]。	夏天,穀国国君绥前来朝见。
邓侯吾离来朝[3]。	邓国国君吾离前来朝见。

注释 **1** 咸丘:鲁地名,在今山东巨野境内。 **2** 穀:国名,嬴姓,在今湖北谷城境内。 **3** 邓:国名,曼姓。

【传】

七年春，榖伯、邓侯来朝。名，贱之也。

七年春天，榖伯、邓侯前来朝见。《春秋》称他们的名，是因为看不起他们。

夏，盟、向求成于郑，既而背之[1]。

夏天，盟、向两邑向郑国求和，不久又背叛郑国。

秋，郑人、齐人、卫人伐盟、向。王迁盟、向之民于郏[2]。

秋天，郑人、齐人、卫人讨伐盟邑和向邑。周天子把盟、向两邑的百姓迁到王城。

冬，曲沃伯诱晋小子侯，杀之[3]。

冬天，曲沃伯诱召晋小子侯，杀害了他。

注释　1 既而：然后，不久。　2 郏(jiá)：即周朝王城。　3 晋小子侯：晋哀侯子，晋十六世君。

桓公八年

【经】

八年春，正月己卯，烝[1]。

八年春天，正月十四日，举行烝祭。

天王使家父来聘[2]。

周天子派家父前来访问。

夏，五月丁丑，烝。

夏天，五月十三日，又举行烝祭。

秋，伐邾。

秋天，讨伐邾国。

冬，十月，雨雪。

冬天，十月，下雪。

祭公来，遂逆王后于纪[3]。

祭公先来鲁国，然后到纪国迎接王后。

注释 1 烝：应在冬天举行的祭祀活动。 2 家父：周天子大夫。 3 遂：接着，然后。

【传】

八年春，灭翼[1]。

随少师有宠。楚鬬伯比曰："可矣。仇有衅[2]，不可失也。"

夏，楚子合诸侯于沈鹿[3]。黄、随不会[4]。使薳章让黄[5]。楚子伐随，军于汉、淮之间。

季梁请下之[6]："弗许而后战，所以怒我而怠寇也[7]。"少师谓随侯曰："必速战，不然，将失楚师。"随侯御之，望楚师。季梁曰："楚人上左，君必左。无与王遇[8]，且攻其右。右无良焉[9]，必败。偏败[10]，众乃携矣[11]。"少师曰：

八年春天，曲沃伯灭亡了晋国都城翼邑。

随国少师受到国君宠信。楚国的鬬伯比说："可以了。敌人有了空子，我们不应该错过。"

夏天，楚王在沈鹿会合诸侯。黄国和随国没有与会。楚王派薳章去责备黄国。他自己统兵讨伐随国，把军队驻扎在汉水和淮水之间。

季梁建议向楚国请降，说："如果楚国不答应，然后再交战，这是让我军激奋而使敌人松懈的办法。"少师对随侯说："一定要赶快交战，不这样，就会失掉战胜楚军的机会。"随侯出兵抵抗楚军，与楚军遥相对望。季梁说："楚国人尊重左边，楚王一定在左军中。不要跟楚王正面交锋，暂且攻打他的右军。右军没有良将，必定失败。右军一败，整个楚军就离散了。"少师

"不当王,非敌也[12]。"弗从。战于速杞,随师败绩。随侯逸[13]。鬭丹获其戎车[14],与其戎右少师。

说:"国君不跟楚王正面交锋,就不是对等的战争。"随侯没有听从季梁的话。两军在速杞交战,随军打了败仗。随侯逃脱。鬭丹缴获了随侯的战车,以及随侯的车右少师。

注释 1 翼:晋国都邑。这句与桓公七年《传》曲沃伯诱杀晋小子侯事相连。 2 仇:对头,敌方。衅:缝隙,空子。 3 沈鹿:楚地名,在今湖北钟祥东。 4 黄:国名,嬴姓,在今河南潢川。 5 让:责备。 6 下:处下风,投降。 7 怒我:使我军激奋。怠寇:使敌军懈怠。 8 遇:相对,正面冲撞。 9 良:指良将。 10 偏:指偏师,即非主力部队。 11 携:离散。 12 敌:匹敌,对等。 13 逸:逃跑。 14 鬭丹:楚国大夫。

秋,随及楚平,楚子将不许。鬭伯比曰:"天去其疾矣[1],随未可克也。"乃盟而还。

冬,王命虢仲立晋哀侯弟缗于晋[2]。

祭公来,遂逆王后于纪,礼也[3]。

秋天,随国要求跟楚国讲和,楚王打算不答应。鬭伯比说:"上天已经除去随国的祸害少师了,随国是不能够灭亡的。"于是跟随国结盟然后回国。

冬天,周天子命令虢仲到晋国立晋哀侯的弟弟缗为晋侯。

祭公先来鲁国,然后去纪国迎接王后,这是合于礼的。

注释 1 疾:病害,这里指少师。 2 虢仲:周王卿士虢公林父。 3 天子娶诸侯之女,要使同姓诸侯主婚。祭公来鲁,正合此礼。

桓公九年

【经】

九年春，纪季姜归于京师[1]。

夏，四月。

秋，七月。

冬，曹伯使其世子射姑来朝[2]。

九年春天，纪国的季姜嫁到周王都城洛邑。

夏天，四月。

秋天，七月。

冬天，曹桓公派他的太子射姑前来朝见。

注释 1季姜：即上年祭公迎娶的周桓王之后。京师：王城洛邑。 2曹伯：指曹桓公。世子：即太子。

【传】

九年春，纪季姜归于京师。凡诸侯之女行[1]，唯王后书。

巴子使韩服告于楚[2]，请与邓为好[3]。楚子使道朔将巴客以聘于邓[4]，邓南鄙鄾人攻而夺之币[5]，杀道朔及巴行人[6]。楚子使薳章让于邓，邓人弗受。

九年春天，纪国季姜嫁到周都洛邑。凡是诸侯的女儿出嫁，只有王后才加以记载。

巴国国君派外交官韩服向楚国通报，请楚国帮助巴国跟邓国建立友好关系。楚王就派道朔带领韩服去邓国访问，邓国南部边邑鄾人攻击他们，夺取了他们的财物礼品，杀死了道朔和巴国的外交官韩服。楚王派薳章去责备邓国，邓国不接受指责。

夏，楚使鬬廉帅师及巴师围鄾[7]。邓养甥、聃甥帅师救鄾[8]。三逐巴师[9]，不克。鬬廉衡陈其师于巴师之中以战[10]，而北[11]。邓人逐之，背巴师。而夹攻之，邓师大败。鄾人宵溃。

夏天，楚国派鬬廉带兵联合巴国军队包围鄾邑。邓国的养甥、聃甥带兵救援鄾邑。邓军向巴军多次进攻，都没有攻破。鬬廉把他的军队横摆在巴军中间去跟邓军交战，然后诈败奔逃。邓军追赶楚军，以致巴军处在背后。巴军与楚军夹攻邓军，邓军大败。鄾邑人连夜逃散了。

注释 1行：指女子出嫁。 2巴：国名，姬姓。 3好(hǎo)：友好。 4将：率，率领。 5鄾(yōu)：邓国边邑。之：用同“其”，他们的。币：聘问用的礼物。 6行人：外交官名，此指韩服。 7鬬廉：楚大夫。 8养甥、聃甥：都是邓国大夫。 9逐：这里是冲击、进攻的意思。 10衡：同“横”。陈：摆开，排列。 11北：败逃。

秋，虢仲、芮伯、梁伯、荀侯、贾伯伐曲沃[1]。

冬，曹大子来朝。宾之以上卿，礼也。享曹大子。初献[2]，乐奏而叹。施父曰[3]：“曹大子其有忧乎！非叹所也。”

秋天，虢仲、芮伯、梁伯、荀侯、贾伯讨伐曲沃。

冬天，曹国太子前来朝见。鲁国用上卿礼遇接待他，这是合礼的。设宴招待曹太子，开始进酒奏乐的时候，曹太子叹气。施父说：“曹太子恐怕会有忧患吧！因为这不是叹气的地方啊。”

注释 1梁：国名，嬴姓，在今陕西韩城境内。荀：国名，姬姓，在今山西临猗西南。贾：国名，姬姓，在今山西襄汾西南。 2献：进酒。 3施父：鲁大夫。

桓公十年

【经】

十年春，王正月庚申，曹伯终生卒。

夏，五月，葬曹桓公。

秋，公会卫侯于桃丘，弗遇[1]。

冬，十有二月丙午，齐侯、卫侯、郑伯来战于郎[2]。

十年春天，周历正月六日，曹国国君终生逝世。

夏天，五月，安葬曹桓公。

秋天，桓公到桃丘去会见卫侯，没有见到。

冬天，十二月二十七日，齐侯、卫侯、郑伯前来郎地跟我军作战。

注释 1 桓公约卫侯在桃丘相会，卫侯因助齐、郑伐鲁，故未来。桃丘：鲁地名，在今山东东阿。 2 郎：鲁地名，靠近都邑曲阜。

【传】

十年春，曹桓公卒。

虢仲谮其大夫詹父于王[1]。詹父有辞[2]，以王师伐虢。夏，虢公出奔虞[3]。

秋，秦人纳芮伯万于芮。

初，虞叔有玉[4]，虞公求旃[5]，弗献。既而悔之，曰："周谚有之：'匹夫无罪，怀璧其罪。'吾焉用

十年春天，曹桓公逝世。

虢仲在周天子面前诬陷他的大夫詹父。詹父有理，就率领天子军队讨伐虢国。夏天，虢公逃奔到虞国。

秋天，秦人把芮伯万送入芮国。

当初，虞叔有块宝玉，虞公向他索取，虞叔不给。不久，虞叔后悔了，说："周朝的谚语有这样的说法：'百姓没有罪，怀藏的玉璧才是罪。'我要这块宝玉

此,其以贾害也[6]?”乃献之。又求其宝剑。叔曰:“是无厌也[7]。无厌,将及我[8]。”遂伐虞公。故虞公出奔共池[9]。

干什么,难道用它来买祸害?”于是就把宝玉献给了虞公。虞公又索取他的宝剑。虞叔说:“这个人贪得无厌。贪得无厌,必定会给我带来祸害。”于是就攻打虞公。所以虞公逃奔到了共池。

注释 1 谮(zèn):说坏话诬陷别人。 2 有辞:犹言有理。 3 虞:国名,姬姓。 4 虞叔:虞公的弟弟。 5 旃(zhān):“之焉”二字的合音。 6 贾(gǔ):买。其:岂,难道。 7 厌:满足。 8 及:通“疲”,病害,损害,祸害。 9 共池:虞国城邑名。

冬,齐、卫、郑来战于郎,我有辞也。初,北戎病齐[1],诸侯救之,郑公子忽有功焉。齐人饩诸侯,使鲁次之[2]。鲁以周班后郑[3]。郑人怒,请师于齐,齐人以卫师助之,故不称侵伐。先书齐、卫,王爵也[4]。

冬天,齐、卫、郑三国联军前来郎地作战,这次战争我方是有理的。当初,北戎侵犯齐国,诸侯去救援齐国,郑公子忽在这件事上有功劳。齐人馈送诸侯食物,让鲁国排列先后次序。鲁国依据周朝封爵的先后把郑国排在后面。郑人发怒,向齐国请求出兵,齐国就率领卫国军队援助郑国,所以《春秋》记载时不称“侵伐”。先写齐国、卫国而后写为主的郑国,也是按照周朝封爵的次序。

注释 1 病齐:使齐病困,这里指侵犯。 2 次:排列先后次序。 3 周班:周朝封爵的次序。 4 王爵:义同“周班”。

桓公十一年

【经】

十有一年春，正月，齐人、卫人、郑人盟于恶曹[1]。

夏，五月癸未，郑伯寤生卒。

秋，七月，葬郑庄公。

九月，宋人执郑祭仲[2]。突归于郑，郑忽出奔卫。

柔会宋公、陈侯、蔡叔，盟于折[3]。

公会宋公于夫钟[4]。

冬，十有二月，公会宋公于阚[5]。

十一年春天，正月，齐人、卫人、郑人在恶曹结盟。

夏天，五月七日，郑庄公寤生逝世。

秋天，七月，安葬郑庄公。

九月，宋人捉住郑国的祭仲。郑公子突回到郑国，郑昭公忽逃亡到卫国。

鲁大夫柔会见宋公、陈侯、蔡叔，并在折地结盟。

桓公与宋公在夫钟相会。

冬天，十二月，桓公又在阚地会见宋公。

注释　1 恶曹：地名，不知所属。　2 祭仲：即祭足，亦称仲足，前已见。　3 柔：鲁大夫。折：地名，不知所在。　4 夫(fú)钟：地名，郕邑。　5 阚(kàn)：鲁地名，在今山东汶上。

【传】

十一年春，齐、卫、郑、宋盟于恶曹。

十一年春天，齐国、卫国、郑国、宋国在恶曹结盟。

楚屈瑕将盟贰、轸[1]。郧人军于蒲骚[2],将与随、绞、州、蓼伐楚师[3]。莫敖患之[4]。鬭廉曰:"郧人军其郊,必不诫[5],且日虞四邑之至也[6]。君次于郊郢,以御四邑;我以锐师宵加于郧。郧有虞心而恃其城[7],莫有斗志。若败郧师,四邑必离。"莫敖曰:"盍请济师于王[8]?"对曰:"师克在和,不在众。商、周之不敌[9],君之所闻也。成军以出[10],又何济焉?"莫敖曰:"卜之?"对曰:"卜以决疑。不疑,何卜?"遂败郧师于蒲骚,卒盟而还。

楚国的莫敖屈瑕打算跟贰国、轸国结盟。郧人却在蒲骚布置军队,将要会同随、绞、州、蓼四国攻打楚军。莫敖为此担心害怕。鬭廉说:"郧军驻扎在本国的郊区,一定不会防备,而且他们天天盼望四国前来增援。您领兵驻扎在郊郢,以便抵挡四国援军;我带精锐部队夜间偷袭郧军。郧军一心盼望救援,又依仗有城邑作保障,定会缺乏战斗意志。如果打败了郧军,四国联军就一定离散。"莫敖说:"为什么不向楚王请求增加军队呢?"鬭廉回答说:"军队打胜仗在于团结,不在人多。商朝和周国力量悬殊,这是您知道的。只要我们的军队同仇敌忾出战,又何必要增加呢?"莫敖说:"占卜一下吧?"回答说:"占卜是用来决定疑虑的。没有疑虑,又占卜什么?"于是在蒲骚打败了郧军,最终跟贰、轸两国结了盟才回国。

注释　1 贰、轸:两小国名,后为楚灭。　2 郧(yún):国名,在今湖北安陆一带。蒲骚:郧国地名,在今湖北应城西北。　3 绞、州、蓼:皆国名。　4 莫敖:楚国官名,相当于司马。这里指屈瑕。　5 诫:通"戒",警戒。　6 虞:盼望。四邑:即前举四国。　7 虞心:盼望四国援兵的想法。　8 盍:"何不"两字的合音。济:助,增加。　9 敌:相当,对等。相传商纣王有亿兆夷人,而周武王只有革车三百辆,战士三千人。力量悬殊,结果却是周胜商亡。　10 成:平和,同心。

郑昭公之败北戎也，齐人将妻之。昭公辞。祭仲曰："必取之。君多内宠[1]，子无大援，将不立。三公子皆君也[2]。"弗从。

郑昭公忽在齐国打败北戎的时候，齐君想把女儿嫁给他。昭公辞谢了。祭仲说："一定要娶她。国君有许多宠幸的妻妾，你如果没有大国援助，将难以立为国君。因为另三个公子都有可能成为国君。"昭公没有听从。

夏，郑庄公卒。

夏天，郑庄公逝世。

初，祭封人仲足有宠于庄公，庄公使为卿。为公娶邓曼，生昭公。故祭仲立之[3]。宋雍氏女于郑庄公[4]，曰雍姞，生厉公。雍氏宗[5]，有宠于宋庄公，故诱祭仲而执之，曰："不立突，将死。"亦执厉公而求赂焉。祭仲与宋人盟，以厉公归而立之。

当初，祭地封人仲足得到郑庄公宠信，郑庄公让他作卿。仲足替郑庄公娶回邓曼，生下昭公。所以祭仲扶立他作国君。宋国的雍氏把女儿嫁给郑庄公，叫雍姞，生下厉公。雍氏受人尊重，得到宋庄公宠信，所以他诱来祭仲逮捕了他，说："若不立突为郑君，你就要死。"又捉住厉公突，向他索取贿赂。祭仲跟宋人结盟，带着厉公回国而立他作郑君。

秋，九月丁亥，昭公奔卫。己亥，厉公立。

秋天，九月十三日，郑昭公逃亡到卫国。二十五日，郑厉公突即位作了国君。

注释 1 君：指郑庄公。内宠：受宠幸的妻妾。 2 三公子：子突、子亹、子仪。 3 立之：立昭公为国君。 4 雍氏：宋大夫。女：嫁，动词。 5 宗：为人所尊重。

桓公十二年

【经】

十有二年春，正月。

夏，六月壬寅，公会杞侯、莒子，盟于曲池[1]。

秋，七月丁亥，公会宋公、燕人，盟于穀丘[2]。

八月壬辰，陈侯跃卒[3]。

公会宋公于虚[4]。

冬，十有一月，公会宋公于龟[5]。

丙戌，公会郑伯，盟于武父[6]。

丙戌，卫侯晋卒[7]。

十有二月，及郑师伐宋。丁未，战于宋。

十二年春天，正月。

夏天，六月十二日，桓公会见杞侯、莒子，在曲池结盟。

秋天，七月十七日，桓公会见宋公、燕君，在穀丘结盟。

八月壬辰日，陈厉公逝世。

桓公跟宋公在虚地相会。

冬天，十一月，桓公在龟地会见宋公。

十八日，桓公会见郑伯，在武父结盟。

同一天，卫宣公逝世。

十二月，联合郑国军队攻打宋国。十日，在宋国作战。

注释 1 曲池：鲁地名，在今山东肥城境内。 2 穀丘：宋邑名，在今河南商丘东南。 3 陈侯跃：即陈厉公。 4 虚：宋地名，在今河南延津东。 5 龟：宋地名，在今河南睢县。 6 武父：郑地名，在今山东东明西南。 7 卫侯晋：即卫宣公。

【传】

十二年夏，盟于曲池，平杞、莒也。

十二年夏天，桓公在曲池会盟，是为了调解杞国和莒国之间的矛盾。

公欲平宋、郑。秋，公及宋公盟于句渎之丘[1]。宋成未可知也[2]，故又会于虚；冬，又会于龟。宋公辞平[3]，故与郑伯盟于武父，遂帅师而伐宋，战焉，宋无信也。君子曰："苟信不继，盟无益也。《诗》云：'君子屡盟，乱是用长[4]。'无信也。"

桓公想让宋国、郑国讲和。秋天，桓公在榖丘会见宋公。由于不知宋国是否真心愿和，所以又在虚地会见；冬天，又相会在龟地。宋公拒绝讲和，所以桓公跟郑伯在武父结盟，然后带领军队讨伐宋国，在宋国交战，这是因为宋国不讲信用。君子说："如果信用跟不上，结盟是没有用的。《诗》说：'君子多次结盟，动乱由此产生。'这正是由于没有信用。"

注释 1 句渎之丘：即榖丘。"榖"字缓读即为"句渎"。 2 成：即平，讲和。 3 辞平：拒绝讲和。 4 是用：犹"是以"，即"以是"，因此。

楚伐绞，军其南门。莫敖屈瑕曰："绞小而轻，轻则寡谋。请无捍采樵者[1]，以诱之。"从之。绞人获三十人。明日，绞人争出，驱楚役徒于山中[2]。楚人坐其北门[3]，而覆诸山下[4]。大

楚国讨伐绞国，驻军在绞国的城南门。莫敖屈瑕说："绞国弱小却轻率粗心，轻率粗心就缺乏计谋。建议不派人保卫外出砍柴的人，用这种方法来引诱他们。"楚王听从了他的建议。绞人俘获了三十个砍柴人。第二天，绞人争着出城，到山中驱赶楚国的砍柴人。楚人则在山下设置埋伏，并派兵坐在绞城北门外等候。结果大败绞

败之,为城下之盟而还。

伐绞之役,楚师分涉于彭[5]。罗人欲伐之[6],使伯嘉谍之[7]。三巡数之[8]。

人,逼迫绞人订立了城下盟约才回国。

讨伐绞国的那场战役,楚国军队从彭水分头过河。罗人想要攻击他们,就派伯嘉前往侦察楚军。伯嘉多次计点楚军人数。

注释 1 捍:保卫。 2 役徒:采樵的人。 3 坐其北门:坐在绞城北门等待。 4 覆:通“伏”,埋伏。 5 彭:水名,即南河。 6 罗:国名,熊姓,在今湖北宜城境内。 7 伯嘉:罗国大夫。谍:间谍,侦察。 8 三巡:多遍,多次。数(shǔ):点数,数计。

桓公十三年

【经】

十有三年春,二月,公会纪侯、郑伯。

己巳,及齐侯、宋公、卫侯[1]、燕人战。齐师、宋师、卫师、燕师败绩。

三月,葬卫宣公。

夏,大水。

秋,七月。

冬,十月。

十三年春天,二月,桓公会见纪侯、郑伯。

初三日,桓公跟齐侯、宋公、卫侯、燕人交战。齐国、宋国、卫国、燕国的军队战败。

三月,安葬卫宣公。

夏天,发生大水。

秋天,七月。

冬天,十月。

注释 1 卫侯:卫惠公朔。当时宣公虽未葬,但惠公已即位。

【传】

十三年春，楚屈瑕伐罗，鬬伯比送之。还，谓其御曰："莫敖必败。举趾高，心不固矣。"遂见楚子，曰："必济师！"楚子辞焉[1]。入告夫人邓曼，邓曼曰："大夫其非众之谓[2]，其谓君抚小民以信，训诸司以德，而威莫敖以刑也。莫敖狃于蒲骚之役[3]，将自用也[4]，必小罗[5]。君若不镇抚，其不设备乎！夫固谓君训众而好镇抚之[6]，召诸司而劝之以令德[7]，见莫敖而告诸天之不假易也[8]。不然，夫岂不知楚师之尽行也？"楚子使赖人追之，不及。

十三年春天，楚国屈瑕领兵讨伐罗国，鬬伯比为他送行。返回的时候，鬬伯比对他的驾车人说："莫敖一定会失败。走路时把脚抬得很高，表明他心思浮动不安定。"于是去见楚王，说："一定要增加军队！"楚王没有答应他的请求。楚王进到屋里，把这事告诉夫人邓曼，邓曼说："鬬大夫恐怕不是说的军队人数多少，而是说您要用诚信来安抚百姓，用道德来告诫官吏，用法律来约束莫敖。莫敖陶醉在蒲骚战役的胜利中，一定会自以为是，从而轻视罗国。君王如果不加镇抚，恐怕他不会设置防备啊！鬬大夫一定是说您要训诫大众并好好地督察他们，召集官吏而用美好的德行鼓励他们，召见莫敖，告诉他上天不会宽纵他的过错。鬬大夫说的如果不是这意思，他难道不知道楚国的军队全都出动了吗？"楚王派赖人去追赶莫敖，没有追上。

注释　1 辞焉：辞之，拒绝他（的请求）。　2 其：恐怕，大概。众之谓：谓众，说军队的多少。　3 狃(niǔ)：陶醉。　4 自用：犹自是，自信。　5 小罗：看不起罗国。小，认为……小，轻视。　6 夫：他，指伯比。之：代莫敖。　7 令德：善德。　8 诸：犹“之”，代莫敖。假易：犹宽纵、宽容。

莫敖使徇于师曰[1]:“谏者有刑!”及鄢[2],乱次以济[3],遂无次[4],且不设备。及罗,罗与卢戎两军之[5],大败之。莫敖缢于荒谷,群帅囚于冶父以听刑[6]。楚子曰:“孤之罪也。”皆免之。

宋多责赂于郑[7]。郑不堪命,故以纪、鲁及齐与宋、卫、燕战。不书所战[8],后也。

郑人来请修好。

莫敖派人在军队中巡回宣布命令说:“敢进谏的人要受刑罚!”到达鄢水,军队次序混乱地渡河,终致不成行列,而且不设防备。到达罗国,罗军与卢戎军队两面夹击,大败楚军。莫敖吊死在荒谷,其他将军自己囚禁在冶父,等候楚王处罚。楚王说:“这是我的过错。”全部赦免了他们。

宋国向郑国索取很多的财物。郑国不能忍受,所以率领纪、鲁、齐三国的军队跟宋、卫、燕军作战。《春秋》没有记载作战的地点,是因为鲁军后到。

郑国来请求建立友好关系。

注释 1 徇(xùn):巡行宣布命令。 2 鄢:水名,即蛮河。 3 济:渡河。 4 次:行列。 5 卢戎:南蛮国,妫姓。军:动词,攻击。 6 冶父:楚地名。刑:处罚。 7 赂:贿赂,财物。 8 所战:战斗地点。

桓公十四年

【经】

十有四年春,正月,公会郑伯于曹。

无冰[1]。

十四年春天,正月,桓公在曹国会见郑伯。

没有结冰。

夏，五〔月〕[2]，郑伯使其弟语来盟。

秋，八月壬申，御廪灾[3]。乙亥，尝。

冬，十有二月丁巳，齐侯禄父卒。

宋人以齐人、蔡人、卫人、陈人伐郑。

夏天，五月，郑伯派他的弟弟语前来结盟。

秋天，八月十五日，御廪发生火灾。十八日，举行尝祭。

冬天，十二月二日，齐国国君禄父逝世。

宋人带领齐人、蔡人、卫人、陈人讨伐郑国。

注释 1 古代二月有“藏冰”之礼，这年天气暖和，无冰可藏，故史官书之。 2 原文脱“月”字，据文例补。 3 御廪：国君藏珍宝或祭祀用品的仓库。灾：雷击引起或不明原因的火灾。

【传】

十四年春，会于曹。曹人致饩，礼也。

夏，郑子人来寻盟[1]，且修曹之会[2]。

秋，八月壬申，御廪灾。乙亥，尝。书，不害也[3]。

冬，宋人以诸侯伐郑，报宋之战也[4]。焚渠门[5]，入，及大逵[6]。伐东郊，取牛首[7]，以

十四年春天，桓公与郑伯在曹国会见。曹国馈送他们食物，这是合于礼的。

夏天，郑国子人前来继续十二年底在武父所订立的盟约，并且继续去年在曹国的会见。

秋天，八月十五日，御廪发生火灾。十八日，照常举行尝祭。《春秋》记载这件事，是因为他们并不害怕天灾。

冬天，宋国率领诸侯联军讨伐郑国，是为了报复前几年郑伐宋的那次战役。焚烧了郑国的渠门，攻入城市，到达了城内的大

大宫之椽归[8],为卢门之椽[9]。

街上。又攻打东郊,占取了牛首,带回郑国祖庙的椽子,用它做宋国城郊卢门的椽子。

注释 1子人:郑伯弟语的字。寻:重温,继续。 2修:义同“寻”。 3害:害怕。 4宋之战:桓公十二年郑伐宋的战役。 5渠门:郑国城门。 6大逵:城内四通八达的宽阔街道。 7牛首:郑郊地。 8大宫:祖庙。椽(chuán):房顶承瓦的圆形木条。 9卢门:宋郊的城门。

桓公十五年

【经】

十有五年春,二月,天王使家父来求车[1]。

三月乙未,天王崩。

夏,四月己巳,葬齐僖公。

五月,郑伯突出奔蔡。

郑世子忽复归于郑[2]。

许叔入于许[3]。

公会齐侯于艾。

邾人、牟人、葛人来朝[4]。

秋,九月,郑伯突入于栎[5]。

冬,十有一月,公会宋公、卫侯、陈侯于袲[6],伐郑。

十五年春天,二月,周桓王派家父来索取车辆。

三月十一日,周桓王逝世。

夏天,四月十五日,安葬齐僖公。

五月,郑伯突逃亡到蔡国。

郑世子忽回郑国复位。

许叔进入许国都城。

桓公跟齐侯在艾地相会。

邾君、牟君、葛君前来朝见。

秋天,九月,郑伯突进入郑国的边邑栎。

冬天,十一月,桓公在袲地会见宋公、卫侯和陈侯,然后一起讨伐郑国。

注释 1 家父：见桓公八年《经》注。天王：周桓王，名林。 2 复归：回国复位。 3 许叔：许穆公，名新臣，原居许东偏，事见隐公十一年《传》。4 邾、牟、葛：皆国名，来朝者其君，因为国小，故称"人"。 5 栎：郑国的边邑，在今河南禹州。 6 袲：又作移(chǐ)，地名，在今安徽涡阳东北。

【传】

十五年春，天王使家父来求车，非礼也。诸侯不贡车服，天子不私求财。

祭仲专[1]，郑伯患之，使其婿雍纠杀之[2]。将享诸郊[3]。雍姬知之[4]，谓其母曰："父与夫孰亲？"其母曰："人尽夫也，父一而已，胡可比也？"遂告祭仲曰："雍氏舍其室而将享子于郊，吾惑之，以告。"祭仲杀雍纠，尸诸周氏之汪[5]。公载以出[6]，曰："谋及妇人[7]，宜其死也[8]。"

夏，厉公出奔蔡[9]。

六月乙亥，昭公入。

十五年春天，周桓王派家父前来索取车辆，这是不合礼的。诸侯不应该向天子贡献车辆服装，天子也不应该向诸侯私下索取财物。

祭仲专权，郑厉公很担心，就派祭仲的女婿雍纠谋杀他。雍纠打算在郊外宴请祭仲。雍姬知道了这个阴谋，对她的母亲说："父亲与丈夫哪一个更亲？"她母亲说："凡是男人都可以作丈夫，而父亲却只有一个，这怎么能够相比呢？"雍姬于是告诉她的父亲祭仲说："我丈夫雍氏不在自己家里却要到郊外去宴请您，我对此感到疑惑，所以把这事告诉您。"祭仲杀死雍纠，暴尸在周氏之汪。厉公载着雍纠的尸体出逃，说："跟妇人谋划大事，死得活该。"

夏天，郑厉公逃奔到了蔡国。

六月二十二日，郑昭公进入郑国。

注释 1专：专权，不听君命。 2其婿：祭仲的女婿。 3享诸郊：在郊外设宴诱杀祭仲。 4雍姬：雍纠的妻子，祭仲的女儿。 5尸：陈尸，暴尸。汪：池。 6载：载雍纠之尸。出：出奔逃亡。 7及：与，跟。8宜其死：其死宜。宜，应该。 9厉公：即郑伯突。

许叔入于许。公会齐侯于艾，谋定许也。

许叔从许东偏进居许国都城。桓公在艾地跟齐侯相会，就是为了商议如何安定许国。

秋，郑伯因栎人杀檀伯[1]，而遂居栎。

秋天，郑厉公通过栎人杀害了戍守大夫檀伯，因而就居住在栎邑。

冬，会于袲，谋伐郑，将纳厉公也。弗克而还。

冬天，桓公与宋、卫、陈三国国君在袲地会见，是为了谋划讨伐郑国，打算将厉公送回国都复位。没有成功，只好退兵。

注释 1檀伯：郑国戍守栎邑的大夫。

桓公十六年

【经】

十有六年春，正月，公会宋公、蔡侯、卫侯于曹。

十六年春天，正月，桓公在曹国与宋公、蔡侯、卫侯会盟。

夏，四月，公会宋公、卫侯、陈侯、蔡侯伐郑[1]。

夏天，四月，桓公领兵会同宋公、卫侯、陈侯、蔡侯的军队讨伐郑国。

秋，七月，公至自伐郑。

秋天，七月，桓公讨伐郑国后回到本国。

冬，城向[2]。

十有一月，卫侯朔出奔齐[3]。

冬天，修筑向城。

十一月，卫惠公朔逃亡到齐国。

注释 1会：会师，与上句“会于曹”之“会”为盟会不同。 2向：本莒邑，此时已属鲁。 3卫侯朔：即卫惠公。

【传】

十六年春，正月，会于曹，谋伐郑也。

夏，伐郑。

秋，七月，公至自伐郑，以饮至之礼也。

冬，城向。书，时也。

初，卫宣公烝于夷姜[1]，生急子，属诸右公子[2]。为之娶于齐[3]，而美，公取之，生寿及朔，属寿于左公子。夷姜缢。宣姜与公子朔构急子[4]。公使诸齐，使盗待诸莘[5]，将杀之。寿子告之，使行[6]。不可，曰：“弃父之命，恶用子矣？有无父之国则可也。”及行，饮以酒，寿子载其旌以先，

十六年春天，正月，桓公和宋公、蔡侯、卫侯在曹国会见，是为了商议讨伐郑国。

夏天，攻打郑国。

秋天，七月，桓公攻打郑国后回国。《春秋》记载“至”，是因为举行了祭告宗庙宴赏臣下的“饮至”礼。

冬天，修筑向城。《春秋》记载，是因为合时。

当初，卫宣公与他的庶母夷姜通奸，生下急子，托付给右公子。宣公替他从齐国娶媳妇，媳妇很漂亮，宣公就自己娶了她，生了寿和朔，把寿托付给左公子。夷姜上吊死了。宣姜和公子朔诬陷急子。宣公派急子到齐国出使，暗地里叫杀手在莘地等待，打算杀了他。寿子告诉急子这件事，叫他逃走。急子不肯，说：“丢下父亲的使命，还用儿子干什么？除非有没有父亲的国家才行。”等到出发的时候，寿子

盗杀之。急子至,曰:"我之求也,此何罪?请杀我乎!"又杀之。二公子故怨惠公[7]。十一月,左公子泄、右公子职立公子黔牟。惠公奔齐。

用酒灌醉急子,载着急子的旗号先走,杀手将他误认为急子而杀了他。急子到后,说:"你们是找我的,这个人有什么罪?请杀我吧!"杀手又杀了急子。左右二公子由此怨恨惠公。十一月,左公子泄和右公子职立公子黔牟为君。卫惠公逃亡到齐国。

注释 1 卫宣公:卫庄公的儿子,卫桓公的弟弟。烝:下辈与上辈通奸。夷姜:卫庄公妾,卫宣公庶母。 2 属:托付,使傅之。 3 之:代急子。 4 宣姜:即"娶于齐"之女,宣公妾,寿与朔之母。构:陷害,诬蔑。 5 莘:卫地。 6 行:犹言逃走。 7 二公子:左公子泄与右公子职。惠公:即公子朔。

桓公十七年

【经】

十有七年春,正月丙辰,公会齐侯、纪侯,盟于黄[1]。

二月丙午,公会邾仪父,盟于趡[2]。

夏,五月丙午,及齐师战于奚[3]。

六月丁丑,蔡侯封人卒[4]。

秋,八月,蔡季自陈归于蔡[5]。

十七年春天,正月十三日,桓公会见齐侯、纪侯,并在黄地结盟。

二月丙午日,桓公会见邾仪父,在趡地结盟。

夏天,五月五日,跟齐军在奚地交战。

六月六日,蔡侯封人逝世。

秋天,八月,蔡季从陈国回到蔡国。

癸巳，葬蔡桓侯。

二十三日，安葬蔡桓侯。

及宋人、卫人伐邾。

鲁军跟宋人、卫人一同攻打邾国。

冬，十月朔[6]，日有食之。

冬天，十月一日，发生日食。

注释 1黄：地名，在鲁、齐之间。 2趡(cuǐ)：鲁地名，在今山东泗水与邹城之间。 3奚：鲁地名，在鲁、齐边境。 4封人：蔡桓侯之名。 5蔡季：蔡哀侯献舞。 6朔：每月的初一日。

【传】

十七年春，盟于黄，平齐、纪，且谋卫故也。及邾仪父盟于趡，寻蔑之盟也。

十七年春天，桓公与齐侯、纪侯在黄地结盟，这是由于调解齐国和纪国的矛盾，并且商议如何对付卫国的缘故。桓公跟邾仪父在趡地结盟，则是为了重修隐公时的蔑地盟约。

夏，及齐师战于奚，疆事也。于是齐人侵鲁疆，疆吏来告。公曰："疆埸之事[1]，慎守其一[2]，而备其不虞[3]。姑尽所备焉[4]。事至而战[5]，又何谒焉[6]？"

夏天，鲁军跟齐军在奚地作战，这是疆界上的冲突。当时齐军侵犯鲁国边疆，守边官吏前来报告请示。桓公说："边疆这类事情，要小心地守护自己的一方，并防备别国的意外侵犯。所以要随时对这类事情作好一切准备。敌人进犯了就迎头痛击，又何必要请示呢？"

蔡桓侯卒。蔡人召蔡季于陈。秋，蔡季自陈归于蔡，蔡人嘉之也。

蔡桓侯逝世。蔡国人到陈国召蔡季回国。秋天，蔡季从陈国回到蔡国，因为蔡国人都赞扬他。

伐邾，宋志也[7]。

鲁国攻打邾国，这是宋国的意愿。

注释 1 埸(yì):边境,与"疆"同义连用。 2 其一:自己的一方。 3 备:防备,戒备。不虞:不料,意外。 4 尽所备焉:在这件事上用尽一切防备措施。焉,于是,是代边境之类的事。 5 事:兵事,战争。 6 谒(yè):请,告。 7 志:意志,意愿。

冬,十月朔,日有食之。不书日,官失之也。天子有日官,诸侯有日御。日官居卿以厎日[1],礼也。日御不失日[2],以授百官于朝。

冬天,十月初一,有什么东西吃太阳。《春秋》不记载日子,这是史官的疏漏。天子有日官,诸侯有日御。日官居卿位以推算日历,这是礼的规定。日御不能使日历错漏,要原原本本地将日官推定的日历在朝廷上传授给百官。

初,郑伯将以高渠弥为卿,昭公恶之,固谏,不听。昭公立,惧其杀己也,辛卯,弑昭公,而立公子亹[3]。君子谓昭公知所恶矣。公子达曰:"高伯其为戮乎[4],复恶已甚矣[5]!"

当初,郑庄公打算用高渠弥作卿,昭公讨厌他,坚决阻止,但庄公没有听从。昭公即位,高渠弥害怕他杀自己,就在十月二十二日杀死昭公,另立公子亹为君。君子认为昭公确实了解他所讨厌的人。公子达说:"高渠弥将会被杀吧,他报仇报得太过分了!"

注释 1 厎(zhǐ):本作"底",从校勘记订正。厎,致使,推算。 2 失日:漏记或错记日历。 3 亹(wěi):昭公弟。 4 高伯:即高渠弥,名渠弥,字伯。其:将。为:被。 5 复恶:报仇。已:太。

桓公十八年

【经】

十有八年春，王正月，公会齐侯于泺[1]。

公与夫人姜氏遂如齐[2]。

夏，四月丙子，公薨于齐。

丁酉，公之丧至自齐[3]。

秋，七月。

冬，十有二月己丑，葬我君桓公。

十八年春天，周历正月，桓公在泺地会见齐侯。

桓公与夫人姜氏趁便到了齐国。

夏天，四月十日，桓公在齐国逝世。

五月一日，桓公的灵柩从齐国运送回国。

秋天，七月。

冬天，十二月二十七日，安葬我们的国君桓公。

注释　1 泺(luò):地名，在今山东济南西北。　2 遂:趁机，就便。　3 丧:尸体，已入柩。

【传】

十八年春，公将有行[1]，遂与姜氏如齐。申缧曰[2]:“女有家，男有室，无相渎也[3]，谓之有礼。易此[4]，必败。”公会齐侯于泺，遂及文姜如齐。齐

十八年春天，桓公打算前往会见齐侯，于是跟姜氏一起到齐国去。申繻说:“女自有夫，男各有妻，不互相亵渎，就叫作有礼。如果违反这种礼节，就一定会坏事。”桓公在泺地会见齐侯，然后与文姜到齐国去。齐侯跟文姜私通。桓公责

侯通焉[5]。公谪之[6],以告。

夏,四月丙子,享公。使公子彭生乘公[7],公薨于车。鲁人告于齐曰:"寡君畏君之威,不敢宁居,来修旧好。礼成而不反,无所归咎[8],恶于诸侯[9]。请以彭生除之[10]。"齐人杀彭生。

备文姜,文姜把话转告齐侯。

夏天,四月初十日,齐侯宴请桓公。而后让公子彭生帮助桓公登车,桓公就死在车里。鲁国人通告齐国说:"寡君害怕齐君的威力,不敢在家安居,前来齐国重修旧好。完成礼仪后却没有回国,我们无法追究罪责,因而在诸侯中造成了恶劣影响。请求用彭生来清除这种影响。"齐人杀了彭生。

注释 1有:词头,无义。 2申繻(xū):鲁大夫。 3渎:亵渎,慢易。 4易:改变,违反。 5通焉:与文姜通奸。 6谪:指责。 7乘(shèng):助人登车。 8咎(jiù):罪过。 9恶:布恶,生恶,造成恶劣影响。 10之:代"恶"。

秋,齐侯师于首止[1],子亹会之,高渠弥相[2]。七月戊戌,齐人杀子亹,而轘高渠弥[3]。祭仲逆郑子于陈而立之[4]。是行也[5],祭仲知之,故称疾不往。人曰:"祭仲以知免。"仲曰:"信也。"

周公欲弑庄王而立王子克[6]。辛伯告王[7],遂与王杀周公黑肩。王子

秋天,齐侯驻军在首止,子亹前往会见,高渠弥作助手。七月初三日,齐人杀死子亹,车裂高渠弥。祭仲从陈国接回子仪,立他为国君。这次前往会见齐侯,祭仲知道有事发生,所以装病没有去。有人说:"祭仲是因为有先见之明才躲过了祸害。"祭仲说:"确实是这样。"

周公想要谋杀庄王而另立王子克。辛伯将这事告诉庄王,于是跟庄王合力杀死了周公黑肩。王子克逃奔到燕国。当初,王子克得到桓王宠爱,桓王把他托

克奔燕。初,子仪有宠于桓王,桓王属诸周公。辛伯谏曰:“并后、匹嫡、两政、耦国[8],乱之本也!”周公弗从,故及[9]。

付给周公。辛伯劝诫周公说:“妾妃跟王后并列,庶子与嫡子等同,两个人共掌朝政,大城市规模和国都一样,这都是祸乱的根源啊!”周公不听从劝告,所以遭到了祸难。

注释 1 首止:卫地,接近郑国,在今河南睢县东南。 2 相:作助手。 3 轘(huàn):用车拉四肢使分尸的刑罚。 4 郑子:郑昭公弟弟子仪。 5 是行:指这次往会齐师。 6 王子克:庄王弟弟子仪。 7 辛伯:周大夫。 8 并后:妾妃与王后并列。匹嫡:庶子跟嫡子等同。两政:两个人执掌朝政。耦国:大的城邑能跟国都抗衡。 9 及:遭难。

春秋左传

庄公

庄公元年

【经】

元年春[1]，王正月。

三月，夫人孙于齐[2]。

夏，单伯送王姬[3]。

秋，筑王姬之馆于外[4]。

冬，十月乙亥，陈侯林卒[5]。

王使荣叔来锡桓公命[6]。

王姬归于齐。

齐师迁纪郱、鄑、郚[7]。

元年春天，周历正月。

三月，夫人文姜逃奔到齐国。

夏天，单伯送来周天子的女儿待嫁。

秋天，在都城外面修筑王姬居住的馆舍。

冬天，十月十七日，陈庄公逝世。

周王派荣叔去鲁国赏赐桓公命服。

周王的女儿嫁到齐国。

齐国军队迁出纪国郱、鄑、郚三邑的人民而占取其地。

注释 **1** 元年：鲁庄公元年，公元前 693 年。 **2** 孙：通"逊"，逃奔的委婉说法。 **3** 单(shàn)伯：天子之卿。王姬：周王之女。天子嫁女给诸侯必使同姓诸侯主婚，以相匹配。此女送鲁，将由鲁主婚，嫁给齐国。 **4** 馆：舍。 **5** 陈侯林：即陈庄公。 **6** 荣叔：周大夫。锡：通"赐"。 **7** 迁：迁移其民而取其地。郱(píng)、鄑(zī)、郚(wú)：都是纪国邑名。

【传】

元年春，不称即位，文姜出故也。三

元年春天，《春秋》不载庄公即位，是由于文姜出逃的缘故。三月，夫人文姜逃奔到

月，夫人孙于齐。不称姜氏，绝不为亲[1]，礼也。

秋，筑王姬之馆于外，为外[2]，礼也。

齐国。《春秋》不称她“姜氏”，是因为庄公与她断绝了母子关系，不再是亲人，这是合于礼的。

秋天，在都城外修筑供王姬居住的馆舍，因为王姬不是鲁国人，这也是符合礼的。

注释 1 绝：断绝母子关系。 2 为外：因为是外人。

庄公二年

【经】

二年春，王二月，葬陈庄公。

夏，公子庆父帅师伐於馀丘[1]。

秋，七月，齐王姬卒[2]。

冬，十有二月，夫人姜氏会齐侯于禚[3]。

乙酉，宋公冯卒。

二年春天，周历二月，安葬陈庄公。

夏天，公子庆父领兵攻打於馀丘。

秋天，七月，嫁给齐襄公的周王女儿逝世。

冬天，十二月，夫人姜氏跟齐侯在禚地相会。

初四日，宋公冯逝世。

注释 1 庆父：庄公同母弟弟。於馀丘：小国名。 2 王姬：即去年嫁给齐襄公的周王之女。 3 禚(zhuó)：齐地名，在今山东齐河西南。

【传】

二年冬，夫人姜氏会齐侯于禚。书，奸也。	二年冬天，夫人姜氏跟齐侯在禚地相会。《春秋》记载这件事，是因为他们在那里通奸。

庄公三年

【经】

三年春，王正月，溺会齐师伐卫[1]。	三年春天，周历正月，溺领兵会同齐军攻打卫国。
夏，四月，葬宋庄公。	夏天，四月，安葬宋庄公。
五月，葬桓王。	五月，安葬周桓王。
秋，纪季以酅入于齐[2]。	秋天，纪季率领酅邑人投奔齐国。
冬，公次于滑[3]。	冬天，庄公在滑地暂住。

注释 1 溺：鲁大夫。 2 纪季：纪侯弟弟。酅(xī)：纪国邑名，在今山东淄博临淄区。 3 滑：郑国地名，在今河南睢县西北。

【传】

三年春，溺会齐师伐卫，疾之也[1]。	三年春天，公子溺会同齐军攻打卫国，《春秋》记载不称“公子”，是由于憎恶他专命私行。
夏，五月，葬桓王，缓也[2]。	夏天，五月，安葬周桓王，这已经太迟了。

秋,纪季以酅入于齐,纪于是乎始判[3]。

秋天,纪季率酅投靠齐国,纪国从此开始分为两国。

冬,公次于滑,将会郑伯,谋纪故也。郑伯辞以难[4]。凡师,一宿为舍[5],再宿为信,过信为次。

冬天,庄公在滑地停留,是打算会见郑伯,商议救助纪国的缘故。郑伯用自己国家有祸难为借口推辞了。凡是军队外出,住一晚叫舍,住两晚叫信,超过两晚就叫次。

注释 1 疾之:痛恨溺不听君命而私下行动。 2 缓:迟。周桓王死于桓公十五年,至今已七年。 3 判:分也。纪国从此分为二,纪侯居纪,纪季以酅为齐附庸。 4 郑伯:即子仪。难(nàn):祸乱,指郑厉公逃奔在外,图谋回国复位。 5 一宿:住一晚。下文"再宿"即住两晚。

庄公四年

【经】

四年春,王二月,夫人姜氏享齐侯于祝丘[1]。

四年春天,周历二月,夫人姜氏在祝丘宴请齐侯。

三月,纪伯姬卒。

三月,纪伯姬逝世。

夏,齐侯、陈侯、郑伯遇于垂。

夏天,齐侯、陈侯、郑伯在垂地举行非正式会谈。

纪侯大去其国[2]。

纪侯永远离开自己的国家。

六月乙丑,齐侯葬纪伯姬。

六月二十三日,齐侯替纪国安葬纪伯姬。

秋,七月。

秋天,七月。

冬,公及齐人狩于禚[3]。

冬天,庄公跟齐侯在禚地田猎。

注释 1享:设酒宴招待。祝丘:鲁地。 2大去:犹永去,长久离开。 3齐人:当即齐侯。狩:田猎。

【传】

四年春,王三月,楚武王荆尸[1],授师孑焉[2],以伐随。将齐[3],入告夫人邓曼,曰:"余心荡[4]。"邓曼叹曰:"王禄尽矣[5]。盈而荡[6],天之道也[7]。先君其知之矣,故临武事,将发大命[8],而荡王心焉。若师徒无亏,王薨于行,国之福也。"王遂行,卒于樠木之下[9]。令尹鬬祁、莫敖屈重除道梁溠[10],营军临随[11]。随人惧,行成[12]。莫敖以王命入盟随侯,且请为会于汉汭[13]而还。济汉而后发丧[14]。

四年春天,周历三月,楚武王摆开"荆尸"军阵,给军队颁发戟器,准备攻打随国。武王打算斋戒,进去告诉妻子邓曼说:"我心跳得慌。"邓曼叹气说:"君王您的福寿快完了。满了才会摇动,这是自然的规律。先君大概知道了,所以在您临近战争,将要发布征伐命令的时候,让您心跳得慌。如果军队没有什么损失,您在途中寿终,那就是国家的福气了。"武王于是出发,死在樠树下面。令尹鬬祁、莫敖屈重逢山开路,遇水架桥,继续进逼随国安营扎寨。随国人害怕,就向楚国求和。莫敖用楚王的名义进入随国跟随侯结盟,并请随侯在汉水弯曲处相会,然后回师。退兵渡过汉水后,才公开楚王的丧事。

纪侯不能下齐[15],以与纪季。夏,纪侯大去其国,违齐难也[16]。

纪侯不愿意向齐国低头,就把纪国交给纪季。夏天,纪侯永远离开了他的国家,这是为了躲避齐国的祸难。

注释 1 荆尸:楚国的一种阵法,这里用作动词。 2 孑:戟一类的兵器,可以直刺,也可以横钩。 3 齐:通"斋"。 4 荡:跳动惊惧。 5 禄尽:意指将死。禄,福寿之类。 6 盈:满。 7 天之道:自然规律。 8 大命:指出征的命令。 9 樠(mán):树名。 10 令尹:楚国官名,相当后来的宰相。除道:犹言开路。梁溠(zhà):在溠水上架桥。 11 营军:给军队修筑营垒。 12 行成:等于说求和。 13 汉汭:汉水弯曲之处。 14 济:渡过。 15 下齐:处在齐国之下,向齐国屈服。 16 违:避。

庄公五年

【经】

五年春,王正月。

夏,夫人姜氏如齐师。

秋,郳犁来来朝[1]。

冬,公会齐人、宋人、陈人、蔡人伐卫。

五年春天,周历正月。

夏天,夫人姜氏前往齐国军中。

秋天,郳君犁来前来朝见。

冬天,庄公会同齐军、宋军、陈军、蔡军攻打卫国。

注释 1 郳:郑国的附庸国。犁来:郳君的名。

【传】

五年秋,郳犁来来朝。名,未王命也。

冬,伐卫,纳惠公也[1]。

五年秋天,郳君犁来前来朝见。《春秋》称他的名,是因为他还没有获得周王朝的封爵命令。

冬天,齐、鲁等诸侯军队攻打卫国,是为了护送卫惠公回国复位。

注释 1卫惠公朔于桓公十六年逃到齐国,所以齐侯会诸侯之师护送他回国。

庄公六年

【经】

六年春,王正月。王人子突救卫[1]。

夏,六月,卫侯朔入于卫。

秋,公至自伐卫。

螟。

冬,齐人来归卫俘[2]。

六年春天,周历正月。周王朝官员子突救援卫国。

夏天,六月,卫惠公朔进入卫国。

秋天,庄公从攻打卫国的战场回国。

发生螟虫灾害。

冬天,齐国人送来攻打卫国的战利品。

注释 1王人:周王朝官员。 2俘:财宝。古时战争获人获物都可称作"俘"。

【传】

六年春,王人救卫。

夏,卫侯入,放公子黔牟于周,放甯跪于秦,杀左公子泄、右公子职,乃即位[1]。君子以二公子之立黔牟为不度矣[2]。

六年春天,周王官吏救援卫国。

夏天,卫惠公回国,把公子黔牟放逐到成周,把大夫甯跪放逐到秦地,杀死左公子泄和右公子职,然后才复位当国君。君子认为,左右二公子扶立公子黔牟当国君这件事做得欠考虑。能够巩固国君地

夫能固位者,必度于本末,而后立衷焉[3]。不知其本,不谋;知本之不枝,弗强[4]。《诗》云:"本枝百世[5]。"

位的人,一定会考察候选人的各方面条件,然后从中选立合适的。不了解某人的基本情况,就不要替他谋取君位;了解到他虽有根基却没有枝叶维护,也不必勉强他当国君。《诗》中说:"有本有枝,百代久传。"

注释 1 放:放逐。公子黔牟:当时的卫国国君。甯(nìng)跪:卫国大夫。 2 之:句中助词,无义。不度:等于说欠考虑、失算。度,估测,衡量。 3 本末:"本"指根基,即就位的基本条件;"末"指结局,即就位后的发展情况。衷:中正,适宜。 4 不谋:不替他谋位。枝:枝叶,这里作动词用,指繁茂、兴盛。弗强:不勉强他就位。 5 本:这里喻祖族正宗。枝:喻旁支众族。见《诗经·大雅·文王》篇。

冬,齐人来归卫宝,文姜请之也。

楚文王伐申,过邓。邓祁侯曰:"吾甥也[1]。"止而享之。骓甥、聃甥、养甥请杀楚子,邓侯弗许。三甥曰:"亡邓国者,必此人也。若不早图,后君噬齐,其及图之乎[2]?图之,此为时矣。"邓侯曰:"人将不食吾余[3]。"对曰:"若不从三臣,抑社稷实不血

冬天,齐国人送来卫国的宝器,这是由于文姜的请求。

楚文王讨伐申国,经过邓国。邓祁侯说:"这是我的外甥。"就留下他,设宴款待他。骓甥、聃甥、养甥请求杀掉楚文王,邓侯不答应。三人说:"灭亡邓国的一定是这个人。如果不早点除掉他,以后您就像咬自己肚脐一样够不着,哪里还能够对付他呢?要对付他,现在是最好的时机。"邓侯说:"这样做,世人将不会吃我剩下的食物。"三人回答说:"如果不听从我们的意见,国家灭亡,连土神谷神都得不到祭享,国君您还到哪里去拿剩余的东西给人

食,而君焉取余[4]?"弗从。还年,楚子伐邓[5]。十六年,楚复伐邓,灭之。

吃?"邓侯不听。楚文王讨伐申国回国的那一年,顺便攻打了邓国。十六年,楚国再次攻打邓国,灭亡了它。

注释 1 邓:国名。祁:邓国君的谥号。楚文王母亲邓曼是邓祁侯夫人的姊妹,所以邓祁侯称楚文王为外甥。 2 噬齐:咬自己的肚脐。齐,通"脐"。这句是当时俗语,比喻办不到、对付不了。及:达到,能够办到某事。 3 不食……余:当时俗语,唾弃、看不起的意思。余,剩余的东西。 4 抑:发语词,没有意义。社:土神。稷:谷神。实:语气副词,表确认。 5 还:指伐申回国。

庄公七年

【经】

七年春,夫人姜氏会齐侯于防。

夏,四月辛卯夜,恒星不见[1]。夜中,星陨如雨[2]。

秋,大水,无麦、苗[3]。

冬,夫人姜氏会齐侯于穀[4]。

七年春天,夫人姜氏在防地跟齐侯私会。

夏天,四月五日晚上,平日常见的星星没有出现。半夜的时候,星星像下雨一样陨落。

秋天,发生了大水,麦子失收,青苗淹没。

冬天,夫人姜氏到穀地私会齐侯。

注释 1 恒星:常见的星星。见:同"现"。 2 陨(yǔn):落下。雨:下雨。 3 无麦、苗:麦子因大雨而失收,黍稷青苗被大水淹没。 4 穀:齐国地名,在今山东平阴东阿镇。

【传】

七年春,文姜会齐侯于防,齐志也。

七年春天,文姜跟齐侯在防地私会,这是齐侯的意愿。

夏,恒星不见,夜明也。星陨如雨,与雨偕也[1]。

夏天,常见的星星不出现,是因为夜空太明亮了。《春秋》说"星陨如雨",实际上是星星跟雨水一块儿落下。

秋,无麦、苗,不害嘉谷也[2]。

秋天,麦子失收,青苗淹没,但并没有妨害黍稷的收成。

注释 1 偕:俱,一起。 2 嘉谷:实指黍稷,因常用来供奉祭祀,所以称"嘉谷"。

庄公八年

【经】

八年春,王正月,师次于郎,以俟陈人、蔡人[1]。

八年春天,周历正月,鲁国军队驻扎在郎地,以等待陈国、蔡国的军队前来。

甲午,治兵[2]。

十三日,在太庙颁发武器。

夏,师及齐师围郕。郕降于齐师。

夏天,鲁军和齐军包围郕国。郕国向齐军投降。

秋,师还。

秋天,鲁军回国。

冬,十有一月癸未,齐无知弑其君诸兒。

冬天,十一月七日,齐国无知杀死了他的君王诸兒。

注释 1 俟:等待。 2 治兵:这里指颁发武器。

【传】

八年春,治兵于庙,礼也。

夏,师及齐师围郕,郕降于齐师。仲庆父请伐齐师。公曰:"不可。我实不德[1],齐师何罪?罪我之由[2]。《夏书》曰:'皋陶迈种德[3],德,乃降。'姑务修德,以待时乎[4]!"秋,师还。君子是以善鲁庄公。

齐侯使连称、管至父戍葵丘[5]。瓜时而往,曰:"及瓜而代[6]。"期戍,公问不至[7]。请代,弗许。故谋作乱。僖公之母弟曰夷仲年,生公孙无知,有宠于僖公,衣服礼秩如適[8]。襄公绌之[9]。二人因之以作乱[10]。连称有从妹在公宫,无宠,使

八年春天,在太庙里颁发武器,这是合乎礼的。

夏天,鲁军和齐军包围郕国,郕国向齐军投降。仲庆父请求攻打齐军。庄公说:"不行。实在是我们没有德行,齐军有什么罪过?罪过是由我们产生的。《夏书》说:'皋陶努力培养德行,有了德行,别人才投降他。'我们姑且专心培养德行,等候时机吧!"秋天,鲁军回国。君子因此称赞鲁庄公。

齐侯派连称、管至父去守卫葵丘。结瓜的时候去,齐侯说:"等明年结瓜的时候就派人替换你们。"可守卫了一周年,没有齐君的音讯到来。连称、管至父自己请求派人替换,齐侯也不答应。所以连称、管至父计划叛乱。齐僖公的同母弟弟叫夷仲年,生了公孙无知,得到僖公的宠爱,衣服礼仪等方面的待遇如同嫡子一样。襄公即位后却降低了他的待遇。所以连称、管至父利用他来发动叛乱。连称有个堂妹在齐侯宫室,没有得宠,公孙无知

间公[11]，曰：“捷，吾以汝为夫人[12]。”

就让她去刺探齐侯的行动，对她说：“如果成功了，我就把你封作夫人。”

注释 1 实：语气副词，表确认。 2 罪我之由：罪由我。“之”字无义。 3 迈：通“励”，努力，勉力。种：树立，培养。 4 姑：姑且。务：专心致力于某事。待：等候。 5 戍：守卫。 6 及瓜：到第二年结瓜时。代：派别人替代。 7 期(jī)：一周年。问：音讯。 8 礼秩：礼数，即待遇的等级。適：通“嫡”，正妻所生的长子。 9 绌：通“黜”，贬低。 10 因：利用，凭借。 11 从妹：堂妹。间：侦探。 12 捷：成功。这句话是公孙无知说的。

冬，十二月，齐侯游于姑棼，遂田于贝丘[1]。见大豕。从者曰：“公子彭生也。”公怒曰：“彭生敢见！”射之。豕人立而啼。公惧，队于车，伤足，丧屦[2]。反，诛屦于徒人费，弗得，鞭之，见血[3]。走出，遇贼于门，劫而束之[4]。费曰：“我奚御哉[5]？”袒而示之背[6]。信之。费请先入。伏公而出[7]，斗，死于门中。石之纷如死于阶下[8]。遂入，杀孟阳于床[9]。曰：“非君也，不类。”见公之足于户下，遂

冬天，十二月，齐侯到姑棼游玩，接着在贝丘围猎。看见一头大野猪。随从人员说：“这是死去的公子彭生。”齐侯愤怒地说：“彭生竟敢来见我！”用箭射它。野猪像人一样站着啼叫。齐侯害怕，从车上摔下来，伤了脚，丢了鞋。回到驻地，齐侯叫侍人费去寻找鞋子，没有找到，齐侯用鞭子抽打侍人费，打出了血。侍人费跑出去，在门口碰上叛乱的人，叛贼劫持并捆绑他。费说：“我怎么会替君王抵抗呢？”脱下衣服把背上的鞭伤给叛贼看。叛贼相信了他。费请求先进去。他把齐侯隐藏好才出来，跟叛贼拼斗，死在门内。石之纷如死在台阶下。叛贼于是进去，把假装齐侯的孟阳杀死在床上。叛贼说：“这不

弑之，而立无知。

初，襄公立，无常[10]。鲍叔牙曰："君使民慢，乱将作矣[11]。"奉公子小白出奔莒。乱作，管夷吾、召忽奉公子纠来奔。

初，公孙无知虐于雍廪[12]。

是国君，不像。"发现齐侯的脚露在门下，就杀了齐侯，然后立无知为国君。

当初，齐襄公就位，说话做事没有一定准则。鲍叔牙说："国君使唤百姓怠慢无礼，祸乱将要发生了。"就侍奉公子小白逃亡到了莒国。叛乱发生，管夷吾、召忽侍奉公子纠来投奔鲁国。

当初，公孙无知虐待雍廪。

注释 1 姑棼(fén)、贝丘：都是齐国地名。遂：接着，就便。 2 队：同"坠"。丧：丢失。屦(jù)：鞋子。 3 反：同"返"。诛：求。徒人：侍人，即宦官。"徒"疑为"侍"的误字。 4 走：跑。贼：叛乱的人。 5 奚：怎么。 6 袒：脱去衣服露出皮肤。 7 伏：隐藏。 8 石之纷如：人名，也是宦官。 9 孟阳：人名，假装庄公睡在床上而被杀。 10 无常：言行没有准则。 11 慢：怠慢无礼。作：兴起。 12 虐：虐待。雍廪：渠丘的大夫。

庄公九年

【经】

九年春，齐人杀无知。

公及齐大夫盟于蔇。

夏，公伐齐，纳子纠[1]。

齐小白入于齐。

秋，七月丁酉，葬齐襄公。

九年春天，齐国人杀死公孙无知。

庄公跟齐国大夫在蔇地结盟。

夏天，庄公攻打齐国，想把子纠送回国内。

齐公子小白抢先回到了齐国。

秋天，七月二十四日，安葬齐

八月庚申,及齐师战于乾时,我师败绩[2]。

九月,齐人取子纠杀之。

冬,浚洙[3]。

襄公。

八月十八日,跟齐国军队在乾时交战,我国军队打了大败仗。

九月,齐国人要回子纠,杀了他。

冬天,疏通洙水。

注释 1子纠:即纠,同一人。 2乾(gān)时:水名。败绩:失败。 3浚(jùn):疏通。

【传】

九年春,雍廪杀无知。

公及齐大夫盟于蔇,齐无君也。

夏,公伐齐,纳子纠。桓公自莒先入。

秋,师及齐师战于乾时,我师败绩。公丧戎路,传乘而归[1]。秦子、梁子以公旗辟于下道,是以皆止[2]。鲍叔帅师来言曰:"子纠,亲也,请君讨之[3]。管、召,仇也,请受而甘心焉[4]。"乃杀子纠于生窦[5]。召忽死之。

九年春天,雍廪杀了齐侯无知。

庄公在蔇地跟齐国大夫结盟,是因为齐国当时没有国君。

夏天,庄公攻打齐国,想送子纠回去。可桓公小白从莒国抢先回到了齐国。

秋天,我军和齐军在乾时交战,我军打了大败仗。庄公丢掉兵车,坐上便车逃回。秦子、梁子打着庄公的旗帜躲在小道上诱骗齐军,因此都被抓住。鲍叔带着军队来鲁国说:"子纠是我们国君的亲人,我君不忍心下手,就请贵国诛杀他。管仲和召忽是我们国君的仇人,请你们交给我们带回去让国君亲自处置才甘心啊。"于是,在生窦把子纠杀了。召忽为主人殉死。管仲请求做囚犯,鲍叔

管仲请囚，鲍叔受之，及堂阜而税之[6]。归而以告，曰："管夷吾治于高傒，使相可也[7]。"公从之。

同意，将他捆绑押回，一到齐地堂阜就放开他。回去后把这件事禀告齐君，说："管仲治国才能比高傒还好，让他做宰相是可以的。"齐桓公听从了他。

注释　1 戎路：四马驾的兵车。传乘：轻便的快车。　2 秦子、梁子：鲁公兵车上的驾车人和卫士。辟：同"避"。止：被俘。　3 讨：这里等于说"杀"。　4 受：指接受管、召以便把他们带回去亲自处置。　5 生窦（dòu）：鲁国地名，在今山东菏泽北。　6 堂阜：齐边境地名，在今山东蒙阴西北。税：通"脱"，放开，松绑。　7 治于高傒（xī）：比高傒更有治国才能。治，治国才能。高傒，齐国上卿。

庄公十年

【经】

十年春，王正月，公败齐师于长勺[1]。

十年春天，周历正月，庄公在长勺打败齐国军队。

二月，公侵宋[2]。

二月，庄公偷袭宋国。

三月，宋人迁宿[3]。

三月，宋人占有宿地。

夏，六月，齐师、宋师次于郎[4]。

夏天，六月，齐军、宋军深入鲁国郎地驻扎。

公败宋师于乘丘[5]。

庄公在乘丘打败宋军。

秋，九月，荆败蔡师于莘，以蔡侯献舞归[6]。

秋天，九月，楚国在莘地打败蔡军，带着蔡侯献舞回国。

冬，十月，齐师灭谭[7]。谭子奔莒。

冬天，十月，齐军灭亡谭国。谭国国君逃奔到莒国。

注释 1长勺:鲁地名,在今山东济南莱芜区。 2侵:偷偷地进攻。 3迁:转移那里的老百姓而占有其地。宿:地名,原属周。 4郎:鲁地名。 5乘丘:鲁地名,在今山东兖州西北。 6荆:楚国原来的称号。莘:蔡国地名,在今河南汝南境内。献舞:蔡侯名。 7谭:国名,在今山东济南章丘区。

【传】

十年春,齐师伐我。公将战,曹刿请见[1]。其乡人曰:"肉食者谋之,又何间焉[2]?"刿曰:"肉食者鄙[3],未能远谋。"乃入见,问何以战。公曰:"衣食所安,弗敢专也,必以分人[4]。"对曰:"小惠未遍,民弗从也。"公曰:"牺牲玉帛,弗敢加也,必以信[5]。"对曰:"小信未孚,神弗福也[6]。"公曰:"小大之狱,虽不能察,必以情[7]。"对曰:"忠之属也,可以一战。战,则

十年春天,齐国军队攻打我国。庄公将要迎战,曹刿请求进见庄公。曹刿的同乡人说:"有当官的考虑这些事,你又为什么要参与进去?"曹刿说:"当官的人见识浅陋,不能够长远考虑。"于是进宫见庄公,问庄公靠什么打仗。庄公说:"衣服粮食这些养身的东西,我不敢独自占用,一定拿来分给众人。"曹刿回答说:"这点小恩惠不能遍及所有人,老百姓是不会跟从您的。"庄公说:"用来祭神的牲畜玉帛等东西,我不敢谎报,一定要诚实。"曹刿回答说:"这点个人的诚实不能够形成风气,神灵是不会保佑您的。"庄公说:"大大小小的诉讼案件,即使不能够一一体察实情,也一定要秉公办理。"曹刿回答说:"这是忠于民事之类的行为啊,可以凭这个打一仗。打仗的时候,请让我跟在您身边。"

请从。”

公与之乘，战于长勺。公将鼓之[8]。刿曰：“未可。”齐人三鼓，刿曰：“可矣！”齐师败绩。公将驰之[9]，刿曰：“未可。”下视其辙，登轼而望之[10]，曰：“可矣！”遂逐齐师。既克，公问其故。对曰：“夫战，勇气也。一鼓作气，再而衰，三而竭[11]。彼竭我盈，故克之[12]。夫大国，难测也，惧有伏焉。吾视其辙乱，望其旗靡[13]，故逐之。”

庄公让曹刿跟他坐同一辆车子，在长勺开战。庄公打算击鼓进军，曹刿说：“还不行。”齐国人击了三次鼓，曹刿说：“可以击鼓进攻了！”齐军吃了败仗。庄公打算驱车追赶齐军，曹刿说：“不行。”往下观察车轮印迹，又登上车前横木眺望齐军败走的样子，然后说：“可以追击了！”于是追赶齐军。打败齐军以后，庄公询问这样做的缘故。曹刿回答说：“战争，靠的是勇气。第一次击鼓，士气振作；第二次击鼓，士气就会减弱一些；第三次击鼓，士气就没有了。齐军三次击鼓进攻后已没有了士气，可我军还是第一次击鼓，士气正旺盛，所以能够战胜齐军。像齐国这样的大国，是难以估测的，我担心他们假装败逃而在那里设有埋伏。我看清他们的车轮印迹混乱，望见他们的旗帜东倒西歪，知道是真败，所以就追击他们。”

注释 1 曹刿(guì)：鲁国一般士人。 2 肉食者：每日有肉吃的人，指大夫以上的官吏。间(jiàn)：参与。 3 鄙：见识浅陋。 4 所安：安身的东西。专：一个人占有。 5 牺牲：用来祭祀天地神灵的牲畜。加：增加，虚报。信：诚实。 6 孚：通“覆”，义同“遍”。福：降福，保佑。 7 察：体察实情。情：通“诚”，忠诚，公正。 8 鼓之：击鼓进军。“之”字无义。 9 驰：驱车追赶。10 辙：车轮印迹。轼：车前扶手的横木。 11 作：振作。再：第二次击鼓。三：第三次击鼓。竭：尽。 12 盈：满，旺盛。 13 靡：倒下。

夏，六月，齐师、宋师次于郎。公子偃曰[1]："宋师不整，可败也。宋败，齐必还。请击之。"公弗许。自雩门窃出，蒙皋比而先犯之[2]。公从之[3]，大败宋师于乘丘。齐师乃还。

夏天，六月，齐军、宋军深入到郎地驻扎。公子偃说："宋国军队纪律涣散，是能够打败的。宋军一败，齐军必定退回。请攻击宋军。"庄公不答应。公子偃私自带兵从城西门偷偷出去，让兵马披上虎皮先进攻宋军。庄公闻知，只好率大军跟随公子偃出战，在乘丘将宋国军队打得大败。齐国军队于是撤回。

蔡哀侯娶于陈，息侯亦娶焉。息妫将归[4]，过蔡。蔡侯曰："吾姨也。"止而见之，弗宾[5]。息侯闻之，怒，使谓楚文王曰："伐我，吾求救于蔡，而伐之。"楚子从之。秋，九月，楚败蔡师于莘，以蔡侯献舞归。

蔡哀侯从陈国娶了妻子，息侯也从陈国娶妻。息妫出嫁的时候，经过蔡国。蔡侯说："这是我的姨子。"就留下她跟她见面，对她不守规矩。息侯听说这件事，很生气，派人对楚文王说："您攻打我，我向蔡国求救，然后您借口攻打蔡国。"楚王同意。秋天，九月，楚国在莘地打败蔡国军队，捉拿了蔡侯献舞回国。

齐侯之出也，过谭，谭不礼焉。及其入也，诸侯皆贺，谭又不至。冬，齐师灭谭，谭无礼也。谭子奔莒，同盟故也。

齐桓公逃亡的时候，经过谭国，谭国对他不礼敬。等他回国即位后，诸侯都来祝贺，谭国又不来。冬天，齐军灭亡谭国，是因为谭国不讲礼节。谭子逃奔到莒国，是由于两国是同盟国的缘故。

注释　1 公子偃：鲁大夫。　2 雩(yú)门：鲁都南城西门。窃：暗地里，私自。皋比：虎皮。　3 庄公见公子偃已私出，为免鲁军吃亏，不得已领兵随后。 **4** 息妫：即息侯从陈国娶的女人。归：女子出嫁。 **5** 弗宾：不用客礼对待，大概有轻佻的行为。

庄公十一年

【经】

十有一年春，王正月。

夏，五月戊寅，公败宋师于鄑[1]。

秋，宋大水。

冬，王姬归于齐[2]。

十一年春天，周历正月。

夏天，五月十七日，庄公在鄑地打败宋国入侵军队。

秋天，宋国发大水。

冬天，周天子的女儿嫁到齐国。

注释 **1** 鄑：鲁地名，在今山东微山。 **2** 归：出嫁。

【传】

十一年夏，宋为乘丘之役故[1]，侵我。公御之。宋师未陈而薄之[2]，败诸鄑。凡师，敌未陈曰败某师，皆陈曰战，大崩曰败绩，得俊曰克，覆而败之曰取某师[3]，京师败曰王师败绩于某。

秋，宋大水。公使

十一年夏天，宋国因为乘丘战役的缘故，侵犯我国。庄公发兵还击。宋军还没有摆好阵势，鲁军就冲上去，在鄑地把宋军打败。凡是军队交战，敌方没有摆开阵势就把它打败叫“败某师”，双方都摆好了阵势的叫“战”，军队严重溃散叫“败绩”，捉到对方的勇士或将军叫“克”，设伏兵打败对方叫“取某师”，周王朝的军队战败叫“王师败绩于某”。

吊焉，曰："天作淫雨，害于粢盛，若之何不吊？[4]"对曰："孤实不敬，天降之灾，又以为君忧，拜命之辱[5]。"臧文仲曰："宋其兴乎[6]！禹、汤罪己，其兴也悖焉；桀、纣罪人，其亡也忽焉[7]。且列国有凶[8]，称孤，礼也。言惧而名礼，其庶乎[9]！"既而闻之曰[10]："公子御说之辞也。"臧孙达曰："是宜为君，有恤民之心[11]。"

秋天，宋国发生水灾。庄公派人去宋国慰问，说："老天连降暴雨，损害了贵国的庄稼，我怎么能不来慰问呢？"宋君回答说："孤确实不敬，所以上天降给我灾害，又因此让贵国忧虑，屈辱前来赐命，实不敢当。"臧文仲说："宋国恐怕要兴盛了吧！夏禹、商汤责罚自己，他们很快就兴盛了；夏桀、商纣归罪别人，他们很快就灭亡了。再说，各国发生灾荒，对慰问者自称'孤'，这是合于礼的。说话谦恭谨慎，称名合乎礼仪，大概要兴盛了吧！"后来听到有人说："这是公子御说说的话。"臧孙达说："公子御说这个人应该当国君，因为他有同情老百姓的思想。"

注释 1 乘丘之役：即发生在去年的战争。 2 陈：通"阵"，列好阵势。薄：通"迫"，逼近。 3 俊：勇猛善战的人或高级将领。覆：通"伏"，设埋伏。 4 吊：慰问。淫雨：连下三日以上的大雨。粢盛：这里指庄稼粮食。5 拜命之辱：当时的客套话，相当于现在的"承蒙关照，实不敢当"之类。6 其：表推测的语气副词。 7 悖：通"勃"，有迅猛之意。忽焉：义同"悖焉"。8 凶：指灾荒而言。 9 惧：这里有谦恭谨慎之意。名：称名，自称。庶：兴旺。10 既而：不久，后来。 11 恤：同情，顾念。

冬，齐侯来逆共姬[1]。

乘丘之役，公以金仆姑射南宫长万，公右歂孙生

冬天，齐桓公来鲁国迎娶王姬。

乘丘战役中，庄公用金头仆姑箭射伤南宫长万，庄公的车右歂孙活捉

搏之[2]。宋人请之。宋公靳之[3]，曰："始吾敬子。今子，鲁囚也，吾弗敬子矣。"病之。

了他。宋人请求放他回去。回去后宋公羞辱他说："从前我敬重您。但现在您是鲁国囚犯，我不敬重您了。"南宫长万由此怨恨宋公。

注释 1 齐侯：齐桓公。共姬：王姬。鲁国长期为周王朝主婚，所以齐侯来鲁国迎亲。 2 仆姑：箭名。右：车右。歂(chuán)孙：人名。生搏：活捉。 3 靳(jìn)：羞辱，取笑。

庄公十二年

【经】

十有二年春，王三月，纪叔姬归于酅[1]。

夏，四月。

秋，八月甲午，宋万弑其君捷及其大夫仇牧[2]。

冬，十月，宋万出奔陈。

十二年春天，周历三月，纪叔姬回到酅邑。

夏天，四月。

秋天，八月十日，宋南宫长万杀死他的国君捷和大夫仇牧。

冬天，十月，南宫长万出逃到陈国。

注释 1 酅(xī)：纪国都邑。庄公三年，纪季用酅邑投靠齐国。 2 宋万：即上年的南宫长万，下文又称南宫万。

【传】

十二年秋，宋万弑闵公于蒙泽[1]。遇仇牧于门，批而杀之[2]。遇大宰督于东宫之西，又杀之。立子游。群公子奔萧，公子御说奔亳[3]。南宫牛、猛获帅师围亳。

冬，十月，萧叔大心及戴、武、宣、穆、庄之族以曹师伐之。杀南宫牛于师，杀子游于宋。立桓公。猛获奔卫。南宫万奔陈，以乘车辇其母[4]，一日而至。宋人请猛获于卫，卫人欲勿与。石祁子曰："不可。天下之恶一也，恶于宋而保于我，保之何补？得一夫而失一国，与恶而弃好[5]，非谋也。"卫人归之。亦请南宫万于陈，以赂。陈人使妇人饮之酒，而以犀革裹之[6]。比及宋，手足皆见[7]。宋人皆醢之[8]。

十二年秋天，南宫长万在蒙泽宫杀害闵公。在宫门内遇到仇牧，反手一掌将他砍死。在东宫的西面碰上大宰华督，南宫长万又把他杀了。然后立公子游做国君。众公子逃到萧邑，公子御说逃到亳邑。南宫牛、猛获领兵把亳邑包围了起来。

冬天，十月，萧叔大心和宋戴公、武公、宣公、穆公、庄公的族人率领曹国的军队攻打南宫牛和猛获。在战场上杀死南宫牛，又打到宋国都城把子游杀了。立宋桓公为国君。猛获逃到卫国。南宫长万逃往陈国，用快车拉着自己的母亲，一天就到了陈国。宋人向卫国请求交出猛获，卫国打算不给。石祁子说："使不得。天下的罪人是一样的，猛获在宋国作了恶却被我国保护，保护他有什么用？得到一个人却失去一个国家，结交恶人却抛弃友邦，这不是好主意。"卫人就把猛获交回了宋国。宋国又用贿赂向陈国请求交出南宫长万。陈国让女人把南宫长万灌醉，又用犀牛皮把他包扎起来。等押送到宋国的时候，南宫长万的手脚都挣扎着露了出来。宋人把这两个人剁成了肉酱。

注释 1 蒙泽:宋地名,在今河南商丘东北,大概建有行宫。 2 批:反手劈击。 3 萧:宋附庸国名,子姓,在今安徽萧县。亳(bó):宋邑名,在今山东曹县。 4 乘车:轻便快车。辇(niǎn):用人拉车。 5 与:结交,袒护。 6 饮之酒:让他喝酒。革:皮。 7 见:同“现”。 8 醢(hǎi):剁成肉酱。

庄公十三年

【经】

十有三年春,齐侯、宋人、陈人、蔡人、邾人会于北杏[1]。

夏,六月,齐人灭遂[2]。

秋,七月。

冬,公会齐侯,盟于柯[3]。

十三年春天,齐侯、宋人、陈人、蔡人、邾人在齐国的北杏相会。

夏天,六月,齐人灭亡遂国。

秋天,七月。

冬天,庄公会见齐侯,并在柯地结盟。

注释 1 北杏:齐地名,在今山东东阿。 2 遂:国名,妫姓,在今山东宁阳。 3 柯:齐邑名,在今山东阳谷阿城镇。

【传】

十三年春,会于北杏,以平宋乱。遂人不至。夏,齐人灭遂而戍之。

冬,盟于柯,始及齐

十三年春天,齐侯主持诸侯在北杏相会,是为了平定宋国的内乱。遂人没有来参加盟会。夏天,齐人灭掉遂国并派兵驻守在那里。

冬天,庄公跟齐侯在柯邑结盟,这是

平也。

宋人背北杏之会[1]。

自长勺之战后头一次跟齐国讲和。

宋国违背了北杏会见的盟约。

注释 1 北杏之会：此虽为“会”，但也可结盟。“背会”即违背盟约。

庄公十四年

【经】

十有四年春，齐人、陈人、曹人伐宋。

夏，单伯会伐宋[1]。

秋，七月，荆入蔡。

冬，单伯会齐侯、宋公、卫侯、郑伯于鄄[2]。

十四年春天，齐国、陈国、曹国联合攻打宋国。

夏天，周大夫单伯也参与攻打宋国。

秋天，七月，楚国攻入蔡国。

冬天，单伯在鄄地会见齐侯、宋公、卫侯和郑伯。

注释 1 单(shàn)伯：周大夫。 2 鄄(juàn)：卫地名，在今山东鄄城旧城镇。

【传】

十四年春，诸侯伐宋。齐请师于周。夏，单伯会之，取成于宋而还[1]。

郑厉公自栎侵郑[2]，

十四年春天，诸侯攻打宋国。齐国请求周王出兵。夏天，周大夫单伯领兵跟诸侯相会，迫使宋国讲和后才回去。

郑厉公从栎地出发偷袭郑国，到达大陵，抓获了傅瑕。傅瑕说：“如果放了

及大陵，获傅瑕。傅瑕曰："苟舍我，吾请纳君。"与之盟而赦之。六月甲子，傅瑕杀郑子及其二子，而纳厉公。

我，我愿意帮您回国复位。"厉公跟他订立盟誓后就放了他。六月二十日，傅瑕杀死了郑国国君和他的两个儿子，把厉公接回了国都。

初，内蛇与外蛇斗于郑南门中，内蛇死。六年而厉公入。公闻之，问于申繻曰[3]："犹有妖乎？"对曰："人之所忌[4]，其气焰以取之[5]。妖由人兴也。人无衅焉[6]，妖不自作。人弃常[7]，则妖兴，故有妖。"

当初，有一条城内的蛇与一条城外的蛇在郑都南门中争斗，城里的蛇死了。过了六年，厉公就进入国都重新当了国君。庄公听说了这件事，问申繻说："该不会有妖怪吧？"申繻回答说："人类的凶险祸害，是他自己的品行气概带来的。妖怪是因为人才产生的。人本身没有缺陷的话，妖怪不会自己兴起。人的言行违背了常规，妖怪就产生了，所以才有妖怪。"

注释 1 取成：等于说讲和。 2 桓公十五年，郑厉公出奔居栎，所以现在"自栎侵郑"。 3 申繻：鲁大夫。 4 所忌：忌讳的事情，指凶险之类。 5 气焰：气象，实指品行之类。 6 衅：缝隙，缺陷。 7 常：常规，常理。

厉公入，遂杀傅瑕。使谓原繁曰："傅瑕贰[1]，周有常刑[2]，既伏其罪矣。纳我而无二心者，吾皆许之上大夫之事，吾愿与伯父图之[3]。且寡人出，伯父无里言[4]；

郑厉公一进国都，就杀了傅瑕。然后派人对原繁说："傅瑕侍奉国君三心二意，按照周朝的正常刑法，他已经伏罪受罚了。凡是助我回国却没有二心的人，我都答应给他们上大夫的职务，我希望能与伯父您商议这些事。但我出逃在外的时候，您没有向我通报国内的消息；我

人，又不念寡人[5]。寡人憾焉。”对曰：“先君桓公命我先人典司宗祏[6]。社稷有主，而外其心，其何贰如之[7]？苟主社稷[8]，国内之民，其谁不为臣？臣无二心，天之制也。子仪在位，十四年矣，而谋召君者，庸非贰乎[9]？庄公之子犹有八人，若皆以官爵行赂劝贰而可以济事[10]，君其若之何[11]？臣闻命矣。”乃缢而死[12]。

回国以后，您又不亲附我。我对此感到遗憾。”原繁回答说：“先君桓公命令我的祖先掌管宗庙石室。国家已有君主，却把自己的心思向着逃亡在外的人，那还有什么比这更三心二意的呢？一旦主持了国家，那国内的百姓哪个不是他的臣民？臣民不能有二心，这是上天的规定。子仪当国君已经十四年了，如果我策划请您回国重登君位，这难道不是有二心吗？庄公的儿子还有八个，如果都用官爵作贿赂来鼓励臣下三心二意并且可以成事的话，那您将拿他们怎么办？下臣已经听到君主的命令了。”于是上吊自杀了。

注释 1 贰：有二心。 2 常刑：固定不变的刑法。 3 伯父：对原繁的尊称。 4 里言：指把国内的情况告诉逃亡在外的人。 5 念：顾念，亲近。 6 典司：主持，掌管。宗祏：宗庙中藏存先祖牌位的石室。 7 何贰如之：哪种二心像这样严重，意即没有什么比这更严重的三心二意了。 8 社稷：代指国家。社，土神。稷，谷神。 9 庸：岂，难道。 10 劝贰：鼓励臣子三心二意。济事：成事。 11 若之何：对他们怎么办。 12 缢：上吊。

蔡哀侯为莘故[1]，绳息妫以语楚子[2]。楚子如息[3]，以食入享，遂灭息。以息妫归，生堵敖及

蔡哀侯因为莘地战役被俘的缘故，跟楚王谈话时有意赞美息妫。楚王就到息国去，带着食物进去宴请息国君臣，趁机灭亡了息国。带着息妫回国，

成王焉。未言[4]，楚子问之，对曰："吾一妇人，而事二夫，纵弗能死，其又奚言？"楚子以蔡侯灭息，遂伐蔡。秋，七月，楚入蔡。君子曰："《商书》所谓'恶之易也[5]，如火之燎于原，不可乡迩[6]，其犹可扑灭'者，其如蔡哀侯乎？"

冬，会于鄄，宋服故也。

生了堵敖和成王。息妫从不主动说话，楚王问她缘故，她回答说："我作为一个女人，却侍奉两个丈夫，即使不能殉节而死，还能说什么呢？"楚王因为蔡侯的缘故灭亡了息国，接着又攻打蔡国。秋天，七月，楚王攻进蔡国。君子说："《商书》里说：'罪恶的蔓延犹如大火在草原上燃烧，不能够接近，又怎么能够扑灭呢？'这些话指的大概就像蔡哀侯这种情况吧？"

冬天，单伯跟诸侯在鄄地会见，是由于宋国降服的缘故。

注释　1 蔡哀侯莘地战役被俘，这时在楚国。　2 绳：赞誉。　3 如：到……去。　4 言：主动说话。　5 易：蔓延。　6 乡迩：挨近。乡，通"向"。

庄公十五年

【经】

十有五年春，齐侯、宋公、陈侯、卫侯、郑伯会于鄄。

夏，夫人姜氏如齐。

秋，宋人、齐人、邾人伐郳[1]。

十五年春天，齐侯、宋公、陈侯、卫侯、郑伯在鄄地相会。

夏天，夫人姜氏前往齐国。

秋天，宋人、齐人、邾人联合攻打郳国。

郑人侵宋。

冬,十月。

郑人袭击宋国。

冬天,十月。

注释 1 郳(ní):国名。

【传】

十五年春,复会焉[1],齐始霸也。

秋,诸侯为宋伐郳。郑人间之而侵宋[2]。

十五年春天,诸侯再次在鄄地相会,这是因为齐国开始称霸了。

秋天,诸侯替宋国攻打郳国。郑人趁此机会侵犯宋国。

注释 1 复:再次。焉:于彼,彼指代鄄。 2 间(jiàn)之:乘此空隙,趁机。

庄公十六年

【经】

十有六年春,王正月。

夏,宋人、齐人、卫人伐郑。

秋,荆伐郑。

冬,十有二月,会齐侯、宋公、陈侯、卫侯、郑伯、许男、滑伯[1]、滕子,同盟于幽[2]。

邾子克卒。

十六年春天,周历正月。

夏天,宋国、齐国、卫国联合进攻郑国。

秋天,楚国攻打郑国。

冬天,十二月,庄公会合齐侯、宋公、陈侯、卫侯、郑伯、许男、滑伯、滕子,在幽地一起结盟。

邾国国君克逝世。

注释 1 滑:国名,姬姓,在今河南偃师。 2 幽:宋地名,在今河南兰考。

【传】

十六年夏,诸侯伐郑,宋故也。

十六年夏天,诸侯攻打郑国,是因为宋国的缘故。

郑伯自栎入,缓告于楚[1]。秋,楚伐郑,及栎,为不礼故也。

郑厉公从栎地回到国内复位,过了很久才向楚国通报。秋天,楚国攻打郑国,打到了栎邑,这是由于郑国对楚国不礼貌的缘故。

郑伯治与于雍纠之乱者[2],九月,杀公子阏,刖强鉏[3]。公父定叔出奔卫[4]。三年而复之[5],曰:"不可使共叔无后于郑。"使以十月入,曰:"良月也,就盈数焉。[6]"

郑厉公惩罚参与雍纠叛乱的人,九月,杀了公子阏,又把强鉏的脚砍断。公父定叔逃到卫国。过了三年,郑厉公让他回国,说:"不能让共叔在郑国没有后人。"叫公父定叔在十月回国,说:"这是个好月份,挑个满数嘛。"

君子谓强鉏不能卫其足。

君子认为强鉏不善于保护自己的脚。

冬,同盟于幽,郑成也[7]。

冬天,诸侯在幽地订立盟约,这是因为郑国请求讲和。

注释 1 缓:迟,晚。郑厉公于前年从栎回国,今年才向楚通报,所以说"缓"。 2 治:惩罚。与(yù):参与。 3 公子阏(è)、强鉏:均为祭仲党羽。刖(yuè):将脚砍断的刑罚。 4 公父定叔:共叔段的孙子。 5 复之:让他回国。 6 盈:满。十为满数。 7 成:平,讲和。

王使虢公命曲沃伯以一军为晋侯[1]。

周王派虢公任命曲沃武公为晋侯，建立一个军的兵力。

初，晋武公伐夷[2]，执夷诡诸[3]。蒍国请而免之[4]。既而弗报[5]，故子国作乱[6]。谓晋人曰："与我伐夷而取其地。"遂以晋师伐夷，杀夷诡诸。

当初，晋武公攻打夷地，捉住夷诡诸，蒍国替夷诡诸请求，晋武公就放了他。但后来夷诡诸不报答蒍国，所以蒍国挑起战乱。蒍国对晋人说："跟我一起攻打夷地，你们占有那里的土地。"于是就率领晋国军队攻打夷地，杀了夷诡诸。

周公忌父出奔虢[7]。惠王立而复之[8]。

周公忌父出逃到虢国。惠王即位后才让他回国复位。

注释 1 曲沃伯：即曲沃武公，桓公七年时诱杀晋侯，从而吞并了晋国。一军：一万二千五百人为一军。王建六军，大国三军，次国二军，小国一军。 2 夷：周采地名。 3 夷诡诸：周大夫，以采邑作姓氏。 4 蒍(wěi)国：周大夫。 5 既而：后来。 6 子国：即蒍国。 7 周公忌父：周王朝卿士。 8 复之：让他回国复位。

庄公十七年

【经】

十有七年春，齐人执郑詹[1]。

十七年春天，齐国囚禁了来访的郑詹。

夏，齐人歼于遂[2]。

夏天，齐国守军在遂被全部杀死。

秋，郑詹自齐逃来。

秋天，郑詹从齐国逃来鲁国。

冬，多麋[3]。

冬天，麋鹿成灾。

注释 1郑詹:郑国执政大臣,因访齐而被抓。 2歼于遂:被遂人杀尽。3多麋:麋多成灾,损害庄稼,所以加以记载。周历冬季,实为夏历秋季,故有庄稼。

【传】

十七年春,齐人执郑詹,郑不朝也。

夏,遂因氏、颌氏[1]、工娄氏、须遂氏飨齐戍[2],醉而杀之,齐人歼焉[3]。

十七年春天,齐人囚禁郑詹,这是因为郑伯不曾朝见齐桓公。

夏天,遂国的四大家族因氏、颌氏、工娄氏、须遂氏设宴招待齐国的守军,把他们灌醉后杀了,齐国守军被遂人杀光。

注释 1颌:音 gé。 2飨:设宴招待。齐戍:齐国的守卫军队。庄公十三年,齐国灭遂后派有军队留守。 3歼焉:即歼于遂。

庄公十八年

【经】

十有八年春,王三月,日有食之。

夏,公追戎于济西[1]。

秋,有蜮[2]。

冬,十月。

十八年春天,周历三月,发生日食。

夏天,庄公在济水以西追击戎兵。

秋天,发生蜮虫灾害。

冬天,十月。

注释 1追戎:驱赶戎兵。济西:济水以西。 2蜮:一种吃禾苗叶的昆虫。

【传】

十八年春，虢公、晋侯朝王。王飨醴[1]，命之宥[2]。皆赐玉五瑴[3]、马三匹，非礼也[4]。王命诸侯，名位不同，礼亦异数，不以礼假人[5]。

虢公、晋侯、郑伯使原庄公逆王后于陈[6]。陈妫归于京师，实惠后。

夏，公追戎于济西。不言其来，讳之也。

秋，有蜮，为灾也。

十八年春天，虢公、晋侯一起朝见周王。周王用甜酒招待他们，叫他们向自己敬酒以示亲近。并且送给他们每人五双玉、三匹马，这是不合礼制的。天子赐礼物给诸侯，名分爵位不同，礼物的多少也不同，不能在礼制上送人情。

虢公、晋侯、郑伯让原庄公到陈国去迎娶王后。陈妫嫁到京城，就是惠后。

夏天，庄公在济水西边驱赶戎兵。《春秋》不记载戎兵侵入，是为了避讳。

秋天，有蜮虫，造成了灾害。

注释　1 飨：设盛宴招待宾客。醴：一宿而成的甜酒糟。　2 宥：通“侑”，举酒回敬主人，互答互乐，以形成和谐亲切的气氛。　3 瑴(jué)：亦作“珏”，双玉。　4 虢公和晋侯名位不同，不应该酬赐一样的礼物，所以说“非礼”。　5 以礼假人：把礼制借给别人，意谓在礼制上送人情。　6 原庄公：周王朝卿士。

初，楚武王克权[1]，使鬬缗尹之[2]，以叛[3]，围而杀之。迁权于那处[4]，使阎敖尹之。及文王即位，与巴人伐

当初，楚武王攻占权国，派鬬缗当权邑的长官，鬬缗却凭据权邑背叛楚国，楚武王就围攻权邑，杀了鬬缗。并把权邑的老百姓都迁移到楚国的那处，派阎敖去管治他们。等到楚文王当了国君，楚军跟巴

申，而惊其师[5]。巴人叛楚而伐那处，取之，遂门于楚[6]。阎敖游涌而逸[7]，楚子杀之。其族为乱。冬，巴人因之以伐楚。

人一起攻打申国，却让巴国军队受到惊吓。巴人因此背叛楚国去攻打那处，占取那处后，接着又攻打楚都城门。阎敖从涌水里游泳逃跑，楚文王杀了他。阎敖的家族因此叛乱。冬天，巴人利用阎敖的家族再一次攻打楚国。

注释　1 权：国名，子姓。　2 鬬缗：楚大夫。尹之：作权地的长官。　3 以：以之，凭借权邑（叛楚）。　4 迁权：迁移权邑之民。那处：楚地，在今湖北荆门东南。　5 惊：惊惧，吓唬。其：代巴人。　6 门于楚：攻打楚都城门。门，用为动词，攻门。　7 涌：水名。逸：逃走。

庄公十九年

【经】

十有九年春，王正月。

夏，四月。

秋，公子结媵陈人之妇于鄄[1]，遂及齐侯、宋公盟[2]。

夫人姜氏如莒。

冬，齐人、宋人、陈人伐我西鄙[3]。

十九年春天，周历正月。

夏天，四月。

秋天，公子结护送陪卫女嫁给陈国的鲁女到鄄地，趁便代表鲁公跟齐侯、宋公结盟。

鲁夫人文姜前往莒国。

冬天，齐国、宋国、陈国联合进攻我西部边疆。

注释 1 公子结：鲁国大夫。媵(yìng)：陪嫁的女子或物品叫“媵”，护送陪嫁的女子和物品也叫“媵”，这里是后一种意义。卫国嫁女给陈宣公，即“陈人之妇”，鲁国以庶女陪嫁，公子结受命护送。 2 遂：顺便。 3 西鄙：西部边疆。

【传】

十九年春，楚子御之[1]，大败于津[2]。还，鬻拳弗纳[3]。遂伐黄[4]，败黄师于踖陵[5]。还，及湫[6]，有疾。夏，六月庚申，卒。鬻拳葬诸夕室[7]，亦自杀也，而葬于绖皇[8]。

初，鬻拳强谏楚子[9]，楚子弗从。临之以兵[10]，惧而从之。鬻拳曰：“吾惧君以兵，罪莫大焉。”遂自刖也[11]。楚人以为大阍，谓之大伯，使其后掌之。君子曰：“鬻拳可谓爱君矣：谏以自纳于刑[12]，刑犹不忘纳君于善[13]。”

十九年春天，楚文王领兵前去抵抗巴人的进攻，在津地被打得大败。返回国都的时候，鬻拳不让楚文王进城。于是楚文王又挥师攻打黄国，在踖陵将黄国军队打败。回国的时候，到达湫邑，生了病。夏天，六月十五日，楚文王病逝。鬻拳把文王安葬在夕室，然后又自杀身亡，葬在文王陵墓的宫殿前面。

当初，鬻拳坚决劝阻楚文王，文王不听。鬻拳用兵器对着他，文王害怕就听从了。鬻拳说：“我用兵器威吓君王，没有比这更大的罪行了。”于是自己砍断了脚作为惩罚。楚人让他做大阍，称他为大伯，并让他的后人长期继任这个官职。君子说：“鬻拳可以说是热爱君王了：进谏后能自己让自己受刑罚，受了刑罚还不忘让君王得到好名声。”

注释 1 御之:抵抗巴国入侵军队。巴国入侵事见上年《传》。 2 津:楚边邑名。 3 鬻(yù)拳:人名,为楚国大阍,主管城门。 4 黄:国名,嬴姓。 5 踖(què)陵:黄国地名,在今河南潢川西南。 6 湫(jiǎo):楚邑名,在今湖北钟祥北。 7 夕室:楚国君主陵墓所在地。 8 绖(dié)皇:陵墓宫殿前的空地。 9 强:坚决。 10 临之:等于说加之。兵:武器。 11 刖:断足。 12 自纳于刑:自己让自己接受刑罚。 13 纳君于善:让君王进入好的境地。指逼楚王伐黄有功而还之事。

初,王姚嬖于庄王[1],生子颓。子颓有宠,蒍国为之师[2]。及惠王即位,取蒍国之圃以为囿[3]。边伯之宫近于王宫[4],王取之。王夺子禽祝跪与詹父田,而收膳夫之秩[5]。故蒍国、边伯、石速、詹父、子禽祝跪作乱,因苏氏[6]。秋,五大夫奉子颓以伐王,不克,出奔温[7]。苏子奉子颓以奔卫。卫师、燕师伐周。冬,立子颓。

当初,王姚被周庄王宠爱,生下子颓。庄王喜欢子颓,让蒍国做他的老师。周惠王上台以后,占取蒍国的菜圃扩建成禽兽园林。边伯的府邸靠近王宫,惠王也占用了。惠王又夺取子禽祝跪和詹父的田地,没收了膳夫石速的俸禄。所以蒍国、边伯、石速、詹父和子禽祝跪发动叛乱,以对王室有意见的苏氏为靠山。秋天,五位大夫侍奉子颓去攻打惠王,没有成功,就出逃到苏氏的温邑。苏氏又护着子颓逃到卫国。卫国和燕国的军队攻打周朝。冬天,立子颓为周王。

注释 1 王姚:周庄王的妾。嬖(pì):宠爱。 2 之:其,他的。 3 圃:种菜蔬瓜果的地方。囿(yòu):圈养禽兽的大园林。 4 宫:府邸,房舍。5 膳夫:官名,掌王宫饮食。这里指下文的石速。秩:俸禄。 6 因:依靠。苏氏:苏忿生后裔,下文又称苏子。鲁隐公十一年时,周桓王夺取苏氏的十二邑的田地送给郑国,苏氏因此对王室不满。 7 温:苏氏的封邑。

庄公二十年

【经】

二十年春，王二月，夫人姜氏如莒。

夏，齐大灾[1]。

秋，七月。

冬，齐人伐戎。

二十年春天，周历二月，夫人文姜前往莒国。

夏天，齐国发生大火灾。

秋天，七月。

冬天，齐国进攻西戎。

注释 1 灾：火灾。《左传》中的“灾”都是指火灾。

【传】

二十年春，郑伯和王室[1]，不克。执燕仲父[2]。夏，郑伯遂以王归[3]。王处于栎。秋，王及郑伯入于邬，遂入成周[4]，取其宝器而还。

冬，王子颓享五大夫，乐及遍舞[5]。郑伯闻之，见虢叔，曰：“寡人闻之：哀乐失时，殃咎必至。今王子颓歌舞不倦，乐

二十年春天，郑伯调和王室的矛盾，没有成功。郑伯抓住燕仲父。夏天，郑伯就带着周惠王回国。惠王住在栎邑。秋天，惠王同郑伯一起进入邬邑，接着又进入成周，郑伯拿了那里的宝器回国。

冬天，王子颓设宴招待蒍国等五位大夫，演奏了所有的乐舞。郑伯听到这件事，就去会见虢叔，说：“寡人听说过：悲哀或欢乐不合时宜的话，灾祸就会到来。现在王子颓没有节制地观赏歌舞，这是把祸患当作欢乐啊！连法官诛杀罪

祸也[6]！夫司寇行戮，君为之不举[7]，而况敢乐祸乎？奸王之位[8]，祸孰大焉？临祸忘忧，忧必及之[9]。盍纳王乎[10]？”虢公曰：“寡人之愿也！”

人，君王都因此而不在吃饭时奏乐，何况敢于把祸患当作欢乐呢？冒犯天子的职位，还有比这更大的祸患吗？面对着祸害却忘记了忧患，忧患一定会降临到他身上。何不让惠王回国复位呢？”虢公说：“这也是我的心愿啊！”

注释 1 和：动词，调和（惠王与颓之间的矛盾）。 2 燕仲父：南燕国君主。 3 以：带领。 4 成周：邑名，在王城东面。 5 遍舞：所有的乐舞。 6 乐祸：以祸为乐。 7 举：吃饭时奏乐。 8 奸：通“干”，冒犯。 9 及：到达，降临。 10 盍：“何不”的合音。

庄公二十一年

【经】

二十有一年春，王正月。

夏，五月辛酉，郑伯突卒。

秋，七月戊戌，夫人姜氏薨[1]。

冬，十有二月，葬郑厉公[2]。

二十一年春天，周历正月。

夏天，五月二十七日，郑伯突逝世。

秋天，七月五日，夫人文姜逝世。

冬天，十二月，安葬郑厉公。

注释 1 夫人为小君，葬礼与国君同级，所以夫人逝世也叫“薨”。2 郑厉公：即郑伯突。

【传】

二十一年春，胥命于弭[1]。夏，同伐王城。郑伯将王自圉门入[2]，虢叔自北门入，杀王子颓及五大夫。

二十一年春天，郑厉公与虢公在弭地会面。夏天，一同攻打王城。郑厉公护卫惠王从南门攻入王城，虢公从北门攻入，杀了王子颓和苏国等五位大夫。

郑伯享王于阙西辟[3]，乐备。王与之武公之略[4]，自虎牢以东。原伯曰："郑伯效尤[5]，其亦将有咎[6]！"五月，郑厉公卒。

郑厉公在宫门高台上的西屋设宴招待惠王，演奏了各种乐舞。惠王把从前郑武公丢失的虎牢以东的土地赐给郑厉公。原伯说："郑厉公学着犯错误，恐怕也会有报应！"五月，郑厉公果然逝世。

王巡虢守[7]，虢公为王宫于玤[8]。王与之酒泉[9]。

周惠王到虢国巡视，虢公特在玤地建筑了王宫。周惠王赐给虢公酒泉。

郑伯之享王也，王以后之鞶鉴予之[10]。虢公请器，王予之爵[11]。郑伯由是始恶于王[12]。

郑伯招待周惠王的时候，惠王把王后的装饰有镜子的大带赐给他。可虢公要求器物时，惠王却给了他饮酒的礼器爵。郑文公因为这件事开始对周惠王不满。

冬，王归自虢。

冬天，周惠王从虢国回到王城。

注释　**1** 胥命：口头约定而不歃血结盟。弭(mǐ)：郑地名，在今河南新密西。　**2** 将：带领，护卫。圉(yǔ)门：王城南门。　**3** 阙西辟：两阙中的西阙。宫门上的高台屋叫"阙"。　**4** 武公之略：郑武公时的土地疆界。　**5** 尤：罪过。　**6** 咎：灾殃。　**7** 巡：巡视。虢守：虢公守卫的土地。　**8** 玤(bàng)：

虢地名，在今河南渑池西。 **9** 酒泉：周邑。 **10** 鞶鉴：装饰有铜镜的大带。 **11** 爵：饮酒器。 **12** 郑伯：这里指郑厉公的儿子郑文公。爵是礼器，比鞶鉴贵重，所以郑文公憎恨周王，以为他轻视他父亲。

庄公二十二年

【经】

二十有二年春，王正月，肆大眚[1]。

二十二年春天，周历正月，赦免大罪。

癸丑，葬我小君文姜[2]。

二十三日，安葬我们的国君夫人文姜。

陈人杀其公子御寇。

陈人杀死他们的公子御寇。

夏，五月。

夏天，五月。

秋，七月丙申，及齐高傒盟于防。

秋天，七月九日，鲁公跟齐国的高傒在防地结盟。

冬，公如齐纳币[3]。

冬天，庄公前往齐国奉送聘礼。

注释 **1** 肆：赦免。眚(shěng)：罪过。 **2** 小君：国君夫人。 **3** 纳币：送聘礼。玉马皮圭璧帛等都叫作“币”。

【传】

二十二年春，陈人杀其大子御寇。陈公子完与颛孙奔齐[1]。颛孙自齐

二十二年春天，陈人杀了他们的太子御寇。陈国公子敬仲和颛孙逃奔到了齐国。颛孙又从齐国逃来鲁国。

来奔。

齐侯使敬仲为卿。辞曰:“羁旅之臣幸若获宥[2],及于宽政,赦其不闲于教训[3],而免于罪戾,弛于负担[4],君之惠也!所获多矣,敢辱高位以速官谤[5]?请以死告。《诗》云[6]:‘翘翘车乘[7],招我以弓[8]。岂不欲往?畏我友朋。’”使为工正[9]。饮桓公酒[10],乐。公曰:“以火继之。”辞曰:“臣卜其昼[11],未卜其夜,不敢。”君子曰:“酒以成礼,不继以淫,义也。以君成礼[12],弗纳于淫,仁也。”

齐桓公让敬仲作卿。敬仲推辞说:“我这个客居贵国的小臣幸运地获得原谅,碰上宽厚的政治,赦免了我的不懂教训,赦免了我的罪过,使我放下了心理负担,这些都是君王的恩惠啊!我得到的已经很多了,岂敢再接受高位而招来官员们的议论呢?斗胆冒死相告。《诗》说:‘高高的车子上,有人用弓招呼我。我哪里是不想去?我是害怕我的朋友。’”于是齐桓公只让他当了个工正。敬仲招待齐桓公饮酒,饮得很高兴。天黑了,齐桓公说:“点上灯火继续饮酒。”敬仲回绝说:“我只占卜了白天,没有占卜夜晚,所以不敢在夜晚留君饮酒。”君子评论说:“用酒来完成礼仪,却不过分,这就是义。让君侯成就礼仪,却不让他陷于无度,这就是仁。”

注释 1 公子完:即敬仲。因为跟太子要好,太子被杀,恐怕连累自己,所以出逃。 2 羁旅:等于说行旅,出亡在外。幸若:幸然,幸运地。 3 闲:习。 4 弛:松弛,放开。 5 辱高位:使高位蒙受耻辱。接受高官的谦虚说法。速:招致。 6 这是佚诗,现传《诗经》中没有。 7 翘翘:高高的。 8 招我以弓:以弓招我。 9 工正:主管百工的官长。 10 饮:使……饮。 11 卜:占卜。臣下宴请君王要事前占卜,以示恭谨慎重。 12 以:使,让。

初，懿氏卜妻敬仲[1]。其妻占之，曰："吉。是谓'凤皇于飞[2]，和鸣锵锵[3]。有妫之后[4]，将育于姜[5]。五世其昌，并于正卿。八世之后，莫之与京[6]。'"。

陈厉公，蔡出也[7]，故蔡人杀五父而立之。生敬仲。其少也，周史有以《周易》见陈侯者[8]，陈侯使筮之[9]，遇观䷓之否䷋[10]。曰："是谓'观国之光，利用宾于王[11]'，此其代陈有国乎！不在此，其在异国。非此其身[12]，在其子孙。光，远而自他有耀者也[13]；坤，土也；巽，风也；乾，天也；风为天于土上[14]，山也。有山之材，而照之以天光，于是乎居土上，故曰'观国之光，利用宾于王'。庭实旅百[15]，奉之以玉帛[16]，天地之美具焉，故曰'利用

当初，陈国一个懿姓大夫占卜把女儿嫁给敬仲的吉凶。他的妻子亲自占卜，说："吉利。这叫作'凤凰将飞翔，鸣叫声响亮。陈国的后代，将在姜姓国度繁衍生长。第五代开始昌盛，职位跟正卿同行。第八代以后，就没有谁比他更强。'"

陈厉公，是蔡国女儿所生，所以蔡人杀死五父而立陈厉公为君。陈厉公即位后，生下敬仲。敬仲年轻的时候，有个周朝史官拿着《周易》拜见陈侯，陈侯让他用蓍茅占卜，遇到观卦䷓变为否卦䷋。说："这叫作'观赏他国的光辉，对做君王的宾客有利'，这个人恐怕要代替陈氏享有国家了吧！不是在本国，而是在别的国家。不是他本人，而是他的子孙。光，是远远地从别的地方照射来的；坤，是土地；巽，是风气；乾，是上天；风生在天上却行走在地下，这就是山。有山上的各种物质，又用天上的光来照射它们，因此啊就处在土地上面，所以说'观赏他国光辉，对做他国君王的宾客有利'。庭内摆满了各种礼品，再献上束帛玉璧，天上地下的美好东西都在那里，所以说'对做君王的宾客有利'。但还要

宾于王’。犹有观焉，故曰其在后乎！风行而著于土，故曰其在异国乎！若在异国，必姜姓也。姜，大岳之后也。山岳则配天。物莫能两大，陈衰，此其昌乎！”及陈之初亡也[17]，陈桓子始大于齐[18]；其后亡也[19]，成子得政[20]。

在那里观赏，所以说恐怕要到他后人身上才可应验！风飘行才落脚在土地上，所以说恐怕他的昌盛在别的国家！如果在别的国家，那一定是姜姓的齐国。姜姓，是太岳的后代。山岳正好与天相配。事物不能够同时在两地强大，恐怕要陈国衰亡后，这个氏族才能够强大！”果然，到了陈国初次灭亡的时候，陈桓子开始在齐国强盛起来；陈国再次灭亡后，陈成子就取得了齐国的政权。

注释 1 懿氏：陈大夫。妻敬仲：以女为敬仲妻。 2 于：将。 3 和鸣：雌雄鸣声相和。锵锵：象声词。 4 有妫：陈国为舜之后，姓妫。有：词头，无义。 5 育于姜：在姜姓国繁衍。姜，指齐国。 6 莫之与京：即没有谁跟它一样强大。京，大。 7 蔡出：蔡女所生。 8 史：官名。《周易》：占筮之类的书。 9 筮：用蓍草预算吉凶。 10 观：卦名。否(pǐ)：卦名。之：往，变成。 11 观：参观，观赏。用：于。宾于王：作王的宾客。 12 此其：代词连用，实际上相当于“此”。 13 有耀：照耀。 14 风为天：风起于天。 15 庭实：摆在庭内的礼物。旅：陈列。百：极言数量很多。 16 奉：献。 17 指昭公八年楚灭亡陈国。 18 应验“五世其昌”句。 19 指哀公十七年楚再次灭亡陈国。 20 应验“八世之后，莫之与京”句。

庄公二十三年

【经】

二十有三年春，公至自齐。

祭叔来聘。

夏，公如齐观社[1]。

公至自齐。

荆人来聘。

公及齐侯遇于穀[2]。

萧叔朝公[3]。

秋，丹桓宫楹[4]。

冬，十有一月，曹伯射姑卒[5]。

十有二月甲寅，公会齐侯，盟于扈[6]。

二十三年春天，庄公从齐国回来。

祭叔前来访问。

夏天，庄公到齐国观摩祭社仪式。

庄公从齐国回来。

楚国人前来访问。

庄公跟齐侯在穀地举行非正式会晤。

萧叔来朝见庄公。

秋天，给桓公庙宇的木柱涂上朱红色的油漆。

冬天，十一月，曹庄公射姑逝世。

十二月五日，庄公会见齐侯，在扈地结盟。

注释　1 社：祭祀社神。　2 穀：齐地名。　3 萧：宋国的附属国。　4 丹：涂上红漆。桓宫：桓公大庙。楹(yíng)：宫室木柱。　5 曹伯射(yì)姑：即曹庄公。　6 扈(hù)：郑地名。

【传】

二十三年夏，公如齐观社，非礼也。曹刿

二十三年夏天，庄公到齐国去观赏祭社礼仪，这是不合礼制的。曹刿劝阻说：

谏曰:“不可。夫礼,所以整民也。故会以训上下之则[1],制财用之节[2];朝以正班爵之义[3],帅长幼之序[4];征伐以讨其不然[5]。诸侯有王[6],王有巡守[7],以大习之。非是,君不举矣[8]。君举必书,书而不法,后嗣何观[9]?”

“不行啊。礼仪,是用来整顿百姓的。所以盟会用来显示上下的法则,制定财物使用的标准;朝觐用来端正爵位的仪式,遵循长幼的次序;征伐用来惩罚那些不敬的国家。诸侯有朝觐天子之礼,天子有巡视诸侯疆土的职责,都是用来熟悉这些制度的。如果不是这样,君王就不应该行动。君王的一举一动都一定要记载,记载下来却不合法度,那后代子孙学习什么呢?”

晋桓、庄之族逼[10],献公患之。士蒍曰[11]:“去富子[12],则群公子可谋也已。”公曰:“尔试其事。”士蒍与群公子谋,谮富子而去之[13]。

晋国的桓叔和庄伯两个家族威逼公室,晋献公为此担心。士蒍说:“去掉富子,那其他公子就容易对付了。”献公说:“你试着去办这件事吧。”士蒍就跟众公子谋议,诬陷富子而铲除了他。

秋,丹桓宫之楹。

秋天,替桓公大庙的木柱涂上朱红色油漆。

注释　1 会:盟会。训:训示,体现。则:法则,秩序。　2 节:界限,标准。　3 朝:朝见,下见上。班爵:爵位。义:通“仪”。　4 帅:率,遵循。　5 然:通“戁(nǎn)”,敬惧的意思。　6 王:朝见天子。　7 巡守:巡察诸侯疆土。　8 举:行动。　9 何观:观何,看什么,学习什么。　10 桓:指桓叔。庄:指庄伯。逼:过于强盛而威胁到公室。　11 士蒍:晋大夫。　12 富子:桓、庄之族中善于出谋献策的人。　13 谮(zèn):造谣中伤,诬陷。

庄公二十四年

【经】

二十有四年春，王三月，刻桓宫桷[1]。

葬曹庄公。

夏，公如齐逆女。

秋，公至自齐。

八月丁丑，夫人姜氏入。

戊寅，大夫宗妇觌[2]，用币[3]。

大水。

冬，戎侵曹。

曹羁出奔陈[4]。

赤归于曹[5]。

郭公[6]……

二十四年春天，周历三月，雕刻桓公庙宇的方椽。

安葬曹庄公。

夏天，庄公亲自到齐国去迎娶齐女。

秋天，庄公从齐国回国。

八月二日，夫人哀姜进入鲁国。

三日，同姓大夫的妻子都来拜见新夫人，献上玉帛等礼品。

发生水灾。

冬天，戎人侵犯曹国。

曹太子羁逃奔到陈国。

公子赤回到曹国。

郭公……

注释　1 桷(jiǎo)：方形椽木。　2 大夫宗妇：同姓大夫的妻子。觌(dí)：见，相见。　3 币：玉帛之类的礼品。　4 曹羁(jī)：曹国太子。　5 赤：曹公子，戎人外甥。所以戎人逐羁而立赤。　6 此句疑有脱文，语义不全。

【传】

二十四年春，刻其桷，皆非礼也[1]。御孙谏曰[2]："臣闻之：'俭，德之共也[3]；侈，恶之大也。'先君有共德，而君纳诸大恶，无乃不可乎？"

秋，哀姜至，公使宗妇觌，用币，非礼也。御孙曰："男贽[4]，大者玉帛，小者禽鸟，以章物也[5]。女贽，不过榛、栗、枣、脩，以告虔也[6]。今男女同贽，是无别也。男女之别，国之大节也；而由夫人乱之，无乃不可乎？"

晋士蒍又与群公子谋，使杀游氏之二子[7]。士蒍告晋侯曰："可矣。不过二年，君必无患。"

二十四年春天，在油漆桓公庙宇的木柱之后又把方椽雕刻装饰了，这都是不符合礼制的。御孙曾劝阻说："我听到这样的话：'俭约，是一种大德；奢侈，是一种大恶。'先君建立起大德，而君主您却让它变成大恶，恐怕不太好吧？"

秋天，夫人哀姜从齐国嫁到我国，庄公让同姓大夫的妻子们前往拜见，使用了玉帛等见面礼，这是不合礼制的。御孙说："男人所拿的见面礼，大的是玉帛，小的是禽鸟，用不同的礼物来显示不等的级别。女人所拿的见面礼，不过是些榛果、栗子、枣子、干肉之类，用来表示诚敬罢了。现在男女使用同样的见面礼，这就是没有区别。男女的区别，是国家的重大礼节，却由夫人来搞乱它，这恐怕不行吧？"

晋国的士蒍又跟群公子谋划，唆使他们杀死了游氏二子。士蒍报告晋侯说："行了。不用两年，您一定再没有忧患。"

注释　1 皆：指丹楹、刻桷两事而说。　2 御孙：鲁国大夫。　3 共：通"洪"，与下句"大"同义。　4 贽(zhì)：古人相见时拿在手里表示敬意的礼物。按规定,公侯伯子男五等诸侯相见时拿玉,诸侯的太子、附庸国君以及诸侯的孤卿拿帛,卿拿羔,大夫拿雁,士拿雉,一般人拿鹜,工匠商贾拿鸡。 5 章物:显示各种等级差别。 6 榛:树名,这里指榛果,跟栗相似,比栗小。脩:加工的干肉。 7 游氏之二子:桓公、庄公的家族。

庄公二十五年

【经】

二十有五年春,陈侯使女叔来聘[1]。

二十五年春天,陈侯派女叔前来访问。

夏,五月癸丑,卫侯朔卒[2]。

夏天,五月十二日,卫惠公逝世。

六月辛未朔[3],日有食之,鼓、用牲于社[4]。

六月初一日,发生日食,人们在土地庙里击鼓,并用牲畜祭祀。

伯姬归于杞[5]。

伯姬嫁到杞国。

秋,大水,鼓、用牲于社、于门[6]。

秋天,发生水灾,在土地庙和城门口击鼓,并用牲畜祭祀。

冬,公子友如陈[7]。

冬天,公子友前往陈国访问。

注释 1 女叔:陈国之卿,女为氏,叔为字。 2 卫侯朔:卫惠公。 3 朔:每月的初一日,这里与辛未同指一天。 4 鼓:击鼓。用牲:用猪牛羊等牲畜祭祀。社:土地神庙。 5 伯姬:鲁庄公长女,嫁为杞成公夫人。 6 门:城门。 7 公子友:庄公的同母弟,字季。其后以季为氏,专掌鲁国政权。

【传】

二十五年春，陈女叔来聘，始结陈好也。嘉之，故不名。

夏，六月辛未朔，日有食之，鼓、用牲于社，非常也[1]。唯正月之朔[2]，慝未作[3]，日有食之，于是乎用币于社，伐鼓于朝。

秋，大水，鼓、用牲于社、于门，亦非常也。凡天灾，有币，无牲；非日、月之眚[4]，不鼓。

晋士蒍使群公子尽杀游氏之族，乃城聚而处之[5]。冬，晋侯围聚，尽杀群公子。

二十五年春天，陈国的女叔前来访问，这是第一次跟陈国建立友好关系。《春秋》赞美这件事，所以不称女叔的名。

夏天，六月初一日，发生日食，人们在土地庙里击鼓、用牲畜祭祀，这是不合常规的。周历的六月初一，阴气还没有发作，发生日食，在这时应该用玉帛之类祭祀土地，而在朝廷内击鼓助威。

秋天，发生水灾，在土地庙和城门口击鼓，并用牲畜祭祀，这也是不合常规的。凡是天灾，只用玉帛祭祀，不用牲畜祭祀；如果不是太阳或月亮受到伤害，就不击鼓。

晋国的士蒍唆使群公子把游氏的族人都杀了，然后修筑聚邑让群公子住在那里。冬天，晋侯围攻聚邑，把群公子全部杀死。

注释 1 非常：不合常规。 2 唯：句首语助词，无义。正月：正阳之月，即夏历四月，周历六月。 3 慝（tè）：阴邪之气。作：发生，兴起。 4 眚（shěng）：伤害。 5 城聚：修筑聚邑的城墙。处之：让他们住在那里。

庄公二十六年

【经】

二十有六年春,公伐戎。

夏,公至自伐戎。

曹杀其大夫。

秋,公会宋人、齐人伐徐[1]。

冬,十有二月癸亥朔,日有食之。

二十六年春天,庄公攻打戎人。

夏天,庄公从伐戎战场上回国。

曹人杀死他们的大夫。

秋天,庄公会合宋国和齐国的军队攻打徐国。

冬天,十二月初一日,发生日食。

注释 1 徐:国名,嬴姓,在今江苏泗洪南。

【传】

二十六年春,晋士蒍为大司空[1]。

夏,士蒍城绛[2],以深其宫[3]。

秋,虢人侵晋。

冬,虢人又侵晋。

二十六年春天,晋国的士蒍做了大司空。

夏天,士蒍修筑绛邑的城墙,并且加高那里的宫墙。

秋天,虢人侵犯晋国。

冬天,虢人又侵犯晋国。

注释 1 大司空:晋国官名,为卿一级,主管土木建筑。 2 城:修筑城墙。 3 深:高。这里是动词,加高的意思。以:同“而”,并列连词。

庄公二十七年

【经】

二十有七年春,公会杞伯姬于洮[1]。

夏,六月,公会齐侯、宋公、陈侯、郑伯,同盟于幽。

秋,公子友如陈,葬原仲[2]。

冬,杞伯姬来。

莒庆来逆叔姬[3]。

杞伯来朝。

公会齐侯于城濮[4]。

二十七年春天,庄公在洮地会见嫁到杞国的女儿伯姬。

夏天,六月,庄公会见齐侯、宋公、陈侯、郑伯,一同在幽地结盟。

秋天,公子友前往陈国,参加安葬原仲的葬礼。

冬天,杞伯姬回到鲁国。

莒国的大夫庆前来迎娶叔姬。

杞伯前来朝见。

庄公与齐侯在城濮相会。

注释 1 洮(táo):鲁地名,在今山东泗水。 2 原仲:陈国大夫。 3 莒庆:莒国大夫。叔姬:庄公小女。 4 城濮:卫地名,在今山东鄄城临濮镇。

【传】

二十七年春,公会杞伯姬于洮,非事也[1]。天子非展义[2],不巡守;诸侯非民事,不举;卿非君命,不越竟[3]。

夏,同盟于幽,陈、

二十七年春,庄公到洮地会见杞伯姬,这不是民众大事。天子如果不是宣扬德义,就不巡视天下;诸侯如果不是民众大事,就不出行;公卿如果没有君王的命令,就不能越过国境线。

夏天,庄公和齐侯等一同在幽地结

郑服也。

盟，是因为陈国和郑国已经降服。

秋，公子友如陈葬原仲，非礼也。原仲，季友之旧也[4]。

秋天，公子友到陈国去参加原仲的葬礼，这是不合礼制的。因为原仲只是公子友个人的老朋友。

冬，杞伯姬来，归宁也[5]。凡诸侯之女，归宁曰来，出曰来归；夫人归宁曰如某，出曰归于某。

冬天，杞伯姬前来，这是回国向父母请安的。凡是诸侯出嫁的女儿，回国看望父母叫"来"，被夫家抛弃叫"来归"；当了国君夫人的回娘家看望叫"如某"，被抛弃回去的叫"归于某"。

晋侯将伐虢。士𫇭曰："不可。虢公骄，若骤得胜于我[6]，必弃其民。无众而后伐之，欲御我，谁与[7]？夫礼乐慈爱，战所畜也。夫民，让事、乐和、爱亲、哀丧，而后可用也。虢弗畜也，亟战[8]，将饥[9]。"

晋侯打算攻打虢国。士𫇭说："还不行。虢公骄傲，如果让他多次从我国得胜回去，他一定会抛弃他的百姓。等他没有了百姓，然后去攻打他，他即使想抵抗我军，又有谁跟从他呢？礼、乐、慈、爱，这是作战需要事先具备的。百姓谦让、和顺、对亲人爱护、对丧事哀痛，这才可以使用他们。虢公没有具备这些，如果他多次发动战争，百姓就会气馁。"

王使召伯廖赐齐侯命[10]，且请伐卫，以其立子颓也。

周惠王派召伯廖赐命齐侯为诸侯之伯，同时请齐侯讨伐卫国，因为卫国曾扶立子颓为王。

注释 1事：这里专指民事。 2展义：等于说宣扬德义。 3竟：同"境"，国界。 4季友：即公子友。旧：老朋友。 5归宁：回国向父母请安。 6骤：多次，屡次。 7与：跟从。 8亟(qì)：多次。 9饥：这里指民气士气低落、不足，等于说气馁。 10召伯廖：周王卿士。赐命：赐为诸侯之伯。

庄公二十八年

【经】

二十有八年春，王三月甲寅[1]，齐人伐卫。卫人及齐人战，卫人败绩。

夏，四月丁未，邾子琐卒。

秋，荆伐郑。公会齐人、宋人救郑。

冬，筑郿。

大无麦、禾。

臧孙辰告籴于齐[2]。

二十八年春天，周历三月甲寅，齐国军队攻打卫国。卫国人跟齐军交战，卫国吃了败仗。

夏天，四月二十三日，邾国国君琐逝世。

秋天，楚国攻打郑国。庄公会同齐人和宋人救援郑国。

冬天，建筑郿邑。

麦子、黍稷都大大歉收。

臧文仲向齐国请求购买粮食。

注释　1 三月没有甲寅日。　2 臧孙辰：即臧文仲。告：请。籴(dí)：买谷米。

【传】

二十八年春，齐侯伐卫，战败卫师，数之以王命[1]，取赂而还。

晋献公娶于贾[2]，无子。烝于齐姜[3]，生秦穆夫人及大子申生。又取

二十八年春天，齐侯攻打卫国，打败了卫国军队，用周天子的名义列数卫国的罪过，取得许多财物回国。

晋献公从贾国娶了夫人，没有生孩子。献公跟他的庶母齐姜私通，生下秦穆夫人和太子申生。后又从戎地娶回二

二女于戎，大戎狐姬生重耳，小戎子生夷吾。晋伐骊戎，骊戎男女以骊姬[4]，归，生奚齐，其娣生卓子。骊姬嬖，欲立其子，赂外嬖梁五与东关嬖五[5]，使言于公曰："曲沃，君之宗也[6]；蒲与二屈，君之疆也[7]；不可以无主。宗邑无主，则民不威[8]；疆埸无主[9]，则启戎心[10]。戎之生心，民慢其政，国之患也。若使大子主曲沃，而重耳、夷吾主蒲与屈，则可以威民而惧戎，且旌君伐[11]。"使俱曰："狄之广莫[12]，于晋为都[13]。晋之启土[14]，不亦宜乎！"晋侯说之[15]。夏，使大子居曲沃，重耳居蒲城，夷吾居屈。群公子皆鄙[16]。唯二姬之子在绛[17]。二五卒与骊姬谮群公子而立奚齐[18]，晋人谓之二五耦[19]。

女，大戎狐姬生下重耳，小戎子生了夷吾。晋国攻打骊戎的时候，骊戎君主把女儿骊姬嫁给献公，回国后，生下奚齐，陪嫁而来的骊姬的妹妹生下卓子。骊姬得宠，想要立她的儿子为太子，就收买宫外的宠臣梁五和东关嬖五，让他们对献公说："曲沃，是君侯的宗邑；蒲和二屈，是君侯的边邑；这些城邑不能够没有主人。宗邑没有主人，百姓就不会畏惧；边疆没有主人，就会引发敌国侵犯的野心。敌国产生了野心，百姓又轻视政令，这是国家的祸患啊。如果让太子申生去主管曲沃，重耳和夷吾分别主管蒲邑和二屈，就可以让百姓敬畏而叫敌人害怕，并且能显示国君的功德。"骊姬又让梁五和东关嬖五同时劝说晋君说："戎狄土地广阔，又跟晋国毗邻。晋国要扩张领土，不是很合适吗？"晋侯听了这些话很高兴。夏天，派太子居管曲沃，又派重耳驻守蒲城，夷吾驻守屈邑。其他公子也都派到边邑去住。只有骊姬和她妹妹的儿子住在绛都。梁五和东关嬖五最后跟骊姬一同诬陷各位公子而册立奚齐为太子，晋国人把他们叫作"二五耦"。

注释 1 数:列举罪过。 2 贾:国名,姬姓,在今山西襄汾东。 3 烝:下辈跟上辈私通。齐姜:晋献公父亲的妾。 4 女:这里用为动词,等于说嫁。 5 外嬖:受君王宠爱的男臣。 6 宗:指宗邑,宗庙所在的城邑。 7 二屈:北屈、南屈。疆:边境。 8 威:畏惧。 9 埸(yì):义同"疆"。10 启:开,引发。戎:泛指境外敌对的国家。 11 旌:表彰,显示。伐:功德。12 广莫:广大无边。 13 于:同"与"。都:疑为邻之误。 14 启土:扩张领土。 15 说:同"悦",高兴。 16 鄙:边邑。这里用为动词,指守边邑。17 二姬:骊姬和她的妹妹。绛:晋国都。 18 二五:梁五和东关嬖五。谮:诬陷。 19 耦:两人共作,这里是贬义,等于狼狈为奸。

楚令尹子元欲蛊文夫人[1],为馆于其宫侧,而振万焉[2]。夫人闻之,泣曰:"先君以是舞也,习戎备也。今令尹不寻诸仇雠[3],而于未亡人之侧[4],不亦异乎?"御人以告子元[5],子元曰:"妇人不忘袭仇,我反忘之!"

秋,子元以车六百乘伐郑,入于桔柣之门[6]。子元、鬬御彊、鬬梧、耿之不比为旆[7],鬬班、王孙游、王孙喜殿[8]。众车入自纯门[9],及逵市[10]。县门不发[11]。楚言而出[12]。

楚国的令尹子元想要诱惑文王夫人,就在她的宫旁建造馆舍,在馆舍里敲击铎铃演奏万舞。夫人听到乐舞,抽泣着说:"先君使用这种乐舞,是为了演习军事的。现在令尹不把它用到仇敌身上,却在我这寡妇身边演奏,不也太出格了吗?"侍者把话告诉了子元。子元说:"妇人没有忘记攻袭仇敌,我反倒忘了!"

秋天,子元率领六百辆战车攻打郑国,没有交战就进入了郑国郊外大门。子元、鬬御彊、鬬梧、耿之不比打着先锋旗走在前面,鬬班、王孙游、王孙喜殿后。几百辆军车从外郭门进入,到达城外的逵市。郑国内城的闸门没有放下。楚军怕有埋伏,议论纷纷地退了出来。子元说:"郑国有能人呢!"诸侯救援郑国,楚

子元曰:“郑有人焉[13]!”诸侯救郑,楚师夜遁。郑人将奔桐丘,谍告曰:“楚幕有乌。”乃止。

冬,饥[14],臧孙辰告籴于齐,礼也。筑郿,非都也。凡邑,有宗庙先君之主曰都,无曰邑。邑曰筑,都曰城。

军连夜逃跑。郑国人正打算逃奔到桐丘去,探子来报告说:“楚军帐篷上有乌鸦,肯定撤退了。”于是就停止了外逃。

冬天,发生饥荒。臧孙辰向齐国请求买粮食,这是合于礼的。《春秋》说“筑郿”,是因为郿不是都城。凡城邑,有宗庙存放着先君牌位的叫“都”,没有宗庙和先君牌位的叫“邑”。建造“邑”叫“筑”,建造“都”叫“城”。

注释 1 子元:楚武王的儿子,楚文王的弟弟,又称公子元。蛊(gǔ):蛊惑淫乱。文夫人:楚文王夫人息妫。 2 振万:敲击铎铃伴跳万舞。 3 寻:用。诸:这里相当“于”。下句“于”前承此句省略“寻”。 4 未亡人:古代寡妇的自称。 5 御人:夫人身边的侍者。 6 桔柣(xiédié)之门:郑国远郊的防卫门。 7 旆(pèi):先锋旗,前军。 8 殿:殿后。 9 纯门:郑国都外郭之门。 10 逵市:郑国城外的大路市场。 11 县门:等于现代的闸门,在内城门上。县,同“悬”。 12 言:这里指议论。 13 人:特指人才。 14 饥:庄稼欠收。

庄公二十九年

【经】

二十九年春,新延厩[1]。

夏,郑人侵许。

秋,有蜚。

二十九年春天,新建延厩。

夏天,郑人侵犯许国。

秋天,发生虫灾。

冬，十有二月，纪叔姬卒。

冬天，十二月，纪叔姬逝世。

城诸及防[2]。

建造诸邑和防邑。

注释 1 新：用为动词，新造的意思。延厩：马棚名。 2 诸、防：都是鲁国的都邑名。上文说“都曰城”，是立足于与“筑”区别，无须区别时，“城”义较泛，可指建都，也可指建邑。

【传】

二十九年春，新作延厩。书，不时也。凡马，日中而出[1]，日中而入。

二十九年春天，新建造了延厩。《春秋》加以记载，是因为这件事不合时宜。凡是马，春分时节赶出放牧，秋分时节才能入圈。

夏，郑人侵许。凡师，有钟鼓曰伐，无曰侵，轻曰袭。

夏天，郑国人侵犯许国。凡是出兵打仗，大张旗鼓的叫“伐”，没有旗鼓的叫“侵”，轻装突击的叫“袭”。

秋，有蜚，为灾也。凡物，不为灾，不书。

秋天，《春秋》记载“有蜚”，是因为蜚虫成灾。凡是物质，不成灾，就不加记载。

冬，十二月，城诸及防。书，时也。凡土功，龙见而毕务戒事也[2]，火见而致用[3]，水昏正而栽[4]，日至而毕[5]。

冬天，十二月，修筑诸城和防城。《春秋》记载这件事，是因为合时。凡是土木建设，苍龙星出现的时候就要结束农活作好准备，心宿出现的时候就摆出各种建筑工具，营室星黄昏出现在中天的时候就立版开工，到冬至的时候就要完成。

樊皮叛王[6]。

樊皮背叛了周天子。

注释 1日中:春分、秋分。这句的"日中"指春分,下句的"日中"指秋分。2龙:苍龙,东方七宿的总称。见:同"现"。毕务:完成粮食收藏等事务。戒事:准备土建事宜。苍龙星宿早晨在东方出现,约当夏历九月。 3火:心宿。夏历十月初,早晨出现在东方。致用:拿出土建的工具,如版、锸、畚箕之类。 4水:定星,又叫营室星。昏正:黄昏时出现在中天。栽:立版筑墙。 5日至:冬至。 6樊皮:周大夫。

庄公三十年

【经】

三十年春,王正月。

夏,次于成[1]。

秋,七月,齐人降鄣[2]。

八月癸亥,葬纪叔姬。

九月庚午朔,日有食之,鼓、用牲于社。

冬,公及齐侯遇于鲁济[3]。

齐人伐山戎。

三十年春天,周历正月。

夏天,鲁国军队临时驻扎在成地。

秋天,七月,齐国人迫使纪国的鄣邑投降。

八月二十三日,安葬纪叔姬。

九月初一日,发生日食,人们在土地庙里击鼓和用牲祭祀。

冬天,庄公与齐侯在鲁国的济水边举行非正式会晤。

齐国人攻打山戎。

注释 1鲁军想去救援鄣邑,因故临时驻扎在成地。 2降:使……降服。鄣:纪国的城邑,在今山东东平。 3鲁济:济水流经鲁国的地方。

【传】

三十年春，王命虢公讨樊皮。

三十年春天，周天子命令虢公讨伐樊皮。

夏，四月丙辰，虢公入樊，执樊仲皮[1]，归于京师。

夏天，四月十四日，虢公攻入樊城，捉住了樊皮，把他押回京师。

楚公子元归自伐郑，而处王宫。鬬射师谏[2]，则执而梏之[3]。秋，申公鬬班杀子元[4]。鬬穀於菟为令尹[5]，自毁其家[6]，以纾楚国之难[7]。

楚国的公子元攻打郑国后回国，竟住在王宫里。鬬班劝阻他，他就把鬬班抓起来戴上手铐。秋天，申公鬬班杀死公子元。鬬穀於菟是令尹，他捐弃自己的家财，以便缓和楚国的灾难。

冬，遇于鲁济，谋山戎也，以其病燕故也[8]。

冬天，庄公与齐侯在鲁国济水边会晤，商议攻打山戎，是因为山戎侵扰燕国。

注释 1 樊仲皮：即樊皮。皮是名，仲是排行。 2 鬬射师：即鬬班。 3 梏之：给他戴上手铐。梏，手铐。 4 申：楚国县名。鬬班是申县尹，故称申公。 5 鬬穀於菟(tú)：即令尹子文。 6 毁其家：指捐弃家财。 7 纾(shū)：缓和。 8 病燕：危害燕国，侵扰燕国。

庄公三十一年

【经】

三十有一年春，筑台于郎。

三十一年春天，在郎地修筑高台。

夏，四月，薛伯卒。

筑台于薛。

六月，齐侯来献戎捷[1]。

秋，筑台于秦[2]。

冬，不雨。

夏天，四月，薛伯逝世。

在薛地修建高台。

六月，齐侯来赠送伐戎战役的俘虏。

秋天，又在秦地修筑高台。

冬天，没有下雨。

注释 1 献戎捷：赠送伐戎战役的战利品，包括俘虏和宝器。这里指俘虏。 2 郎、薛、秦：都是鲁国的地名。

【传】

三十一年夏，六月，齐侯来献戎捷，非礼也。凡诸侯有四夷之功，则献于王，王以警于夷；中国则否[1]。诸侯不相遗俘[2]。

三十一年夏天，六月，齐侯前来赠送伐戎战役的俘虏，这是不合于礼制的。大凡诸侯跟四方夷族交战而有所俘获，就贡献给周天子，周天子用它来警告夷族；跟中原的国家交战就不这样。诸侯之间不可相互赠送俘虏。

注释 1 中国：与“四夷”相对，指中原地区各国。 2 遗(wèi)：赠送。

庄公三十二年

【经】

三十有二年春，城小穀[1]。

三十二年春天，齐国修建小穀城。

夏，宋公、齐侯遇于梁丘[2]。

秋，七月癸巳，公子牙卒。

八月癸亥，公薨于路寝[3]。

冬，十月己未，子般卒。

公子庆父如齐。

狄伐邢[4]。

夏天，宋公、齐侯在梁丘非正式会见。

秋天，七月四日，公子牙逝世。

八月五日，庄公在正寝逝世。

冬天，十月二日，子般逝世。

公子庆父前往齐国。

狄人攻打邢国。

注释 **1**小穀：即穀，齐邑。 **2**梁丘：宋邑，在今山东成武东北。 **3**路寝：大寝，正寝。诸侯的三个寝室之一。 **4**邢：国名，姬姓。

【传】

三十二年春，城小穀，为管仲也。

齐侯为楚伐郑之故，请会于诸侯。宋公请先见于齐侯。夏，遇于梁丘。

秋，七月，有神降于莘[1]。惠王问诸内史过曰[2]："是何故也？"对曰："国之将兴，明神降之，监其德也[3]；将亡，神又降之，观其恶也。故有得神以兴[4]，亦有以亡，

三十二年春天，齐国修建小穀城，是为了安置管仲。

齐侯因为楚国攻打郑国的缘故，请求诸侯相会商议救援之事。宋公请求先跟齐侯相见。夏天，两人在梁丘临时会晤。

秋天，七月，有神灵降到莘地。周惠王向内史过问道："这是什么缘故？"内史过回答说："国家即将兴盛，明神降临，是要考察他们的德行；国家将要灭亡，神灵又降到，是想观察他们的罪恶。所以有的国家得到神灵就兴盛，也有的国家得到神灵就灭亡，虞、夏、商、周各朝各

虞、夏、商、周皆有之。”王曰:“若之何?”对曰:“以其物享焉。其至之日,亦其物也[5]。”王从之。内史过往,闻虢请命[6]。反曰:“虢必亡矣。虐而听于神。”神居莘六月。虢公使祝应、宗区、史嚚享焉[7]。神赐之土田。史嚚曰:“虢其亡乎!吾闻之:国将兴,听于民;将亡,听于神。神,聪明正直而壹者也[8],依人而行。虢多凉德[9],其何土之能得?”

代都有这种情况。”惠王说:“对这神灵怎么办?”回答说:“用相应的物品祭祀它。它来到的是什么日子,也就用跟那日子相应的物品。”惠王听从了他。内史过前往虢国传达惠王的命令,听说虢国已经向神灵请求赐予土田了。内史过回来后说:“虢国一定会灭亡了。君主暴虐,却听命于神灵。”神在莘地居住了六个月。虢公派太祝应、宗人区和太史嚚祭祀神。神答应赐给虢国土田。史嚚说:“虢国恐怕要灭亡了!我听说过这样的话:国家将兴,听命于民;国家将亡,听命于神。神是聪明正直一心一意的,它根据人的品行如何而采取相应的行动,虢国德行浅薄,它能得到什么田土呢?”

注释 1 莘:虢地名,在今河南三门峡。 2 内史过:周大夫。 3 监:视,观。 4 有:有的国家。 5 物:指祭品,祭服之类。根据《礼记·月令》,神明甲乙日至,祭用脾,玉用苍,服上青;丙丁日至,祭用肺,玉、服皆赤;戊己日至,祭用心,玉、服皆黄;庚辛日至,祭用肝,玉、服皆白;壬癸日至,祭用肾,玉、服皆玄。 6 请命:请神赐给他土田。 7 史嚚(yín):即太史嚚,虢国史官。 8 壹:专心一意。 9 凉:薄,不好。

初,公筑台,临党氏。见孟任[1],从之,闷[2]。而以夫人言[3],许之,割臂

当初,庄公修筑高台,可以从上面看到党氏家。庄公见到党氏的女儿孟任,就去追她,孟任闭门不纳。庄公提出让

盟公[4]。生子般焉。雩[5]，讲于梁氏[6]，女公子观之[7]，圉人荦自墙外与之戏[8]。子般怒，使鞭之。公曰：“不如杀之，是不可鞭。荦有力焉，能投盖于稷门[9]。”

公疾，问后于叔牙。对曰：“庆父材[10]。”问于季友，对曰：“臣以死奉般。”公曰：“乡者牙曰‘庆父材’[11]。”成季使以君命命僖叔[12]，待于鍼巫氏[13]，使鍼季鸩之[14]。曰：“饮此，则有后于鲁国；不然，死且无后。”饮之，归，及逵泉而卒。立叔孙氏。

八月癸亥，公薨于路寝。子般即位，次于党氏。冬，十月己未，共仲使圉人荦贼子般于党氏[15]。成季奔陈。立闵公。

她做夫人，孟任就答应了，并破臂出血与庄公盟誓。这样就生了子般。要祭祀求雨，先在梁氏家中演习，庄公女儿跟来观看，圉人荦从围墙外面跟她调戏。子般愤怒，叫人鞭打圉人荦。庄公说：“不如杀了他，这个人是打不得的。因为荦很有力气，能把车盖抛到稷门上去。”

庄公得病，向叔牙问继承人。回答说：“庆父有才能。”庄公又问季友，季友回答说：“臣下用死来侍奉子般。”庄公说：“刚才叔牙说‘庆父有才能’。”季友派人用国君的名义命令叔牙，要他到鍼巫的家里等着，叫鍼巫用毒酒毒死他。鍼巫对叔牙说：“喝下这杯酒，你就有后人在鲁国；不喝的话，不但你死，而且没有后人。”叔牙喝了毒酒，往回走，走到逵泉就死了。册立了他的后人叔孙氏。

八月初五日，庄公在正寝逝世。子般即国君位，临时住在党氏家里。冬天，十月初二日，庆父叫圉人荦在党氏家中杀了子般。季友逃奔陈国。立闵公为国君。

注释　1 孟任：党氏之女。　2 閟(bì)：闭门。　3 以夫人言：提出用做夫人为条件。　4 割臂：破臂出血，以便歃血盟誓。　5 雩：求雨的祭祀。

6 讲:演习。梁氏:鲁大夫。 **7** 女公子:庄公之女,子般之妹。 **8** 圉人:官职名,掌养马放牧之事。荦(luò):人名。 **9** 盖:车盖。稷门:鲁城正南之门。 **10** 庆父:庄公之弟。材:有才能。 **11** 乡者:刚才,前不久。 **12** 成季:即季友。僖叔:即叔牙。 **13** 鍼巫:即下句的鍼季,鲁大夫。氏:家。 **14** 鸩(zhèn):用毒酒害人。 **15** 共(gōng)仲:即庆父。

春秋左传

闵公

闵公元年

【经】

元年春[1],王正月。

齐人救邢。

夏,六月辛酉,葬我君庄公。

秋,八月,公及齐侯盟于落姑[2]。季子来归[3]。

冬,齐仲孙来。

元年春天,周历正月。

齐国人援救邢国。

夏天,六月七日,安葬我国君庄公。

秋天,八月,闵公与齐侯在落姑结盟。季友回到鲁国。

冬天,齐国的仲孙来到鲁国。

注释 1 元年:闵公元年,公元前661年。 2 落姑:齐地名。 3 季子:即季友,又称成季。

【传】

元年春,不书即位,乱故也[1]。

狄人伐邢。管敬仲言于齐侯曰:“戎狄豺狼,不可厌也[2]。诸夏亲昵[3],不可弃也。宴安鸩毒,不可怀也。《诗》云:‘岂不怀归?畏此简书。’[4]简

元年春天,《春秋》不写闵公即位,是因为鲁国发生内乱的缘故。

狄人攻打邢国。管仲对齐侯说:“戎狄之国犹如豺狼,不能够让它满足。华夏诸国亲近,不应该抛弃。安逸恰似毒酒,不可以怀恋。《诗》说:‘难道不想着回去,只是怕这告急文书。’告急文书,意思是要同仇敌忾、忧患与共。请您依

书,同恶相恤之谓也[5]。请救邢以从简书。”齐人救邢。

夏,六月,葬庄公。乱故,是以缓。

秋,八月,公及齐侯盟于落姑,请复季友也。齐侯许之,使召诸陈,公次于郎以待之。“季子来归”,嘉之也。

冬,齐仲孙湫来省难[6],书曰“仲孙”,亦嘉之也。仲孙归,曰:“不去庆父,鲁难未已。”公曰:“若之何而去之?”对曰:“难不已,将自毙。君其待之。”公曰:“鲁可取乎?”对曰:“不可。犹秉周礼[7]。周礼,所以本也。臣闻之:‘国将亡,本必先颠,而后枝叶从之。’鲁不弃周礼,未可动也。君其务宁鲁难而亲之。亲有礼,因重固[8],间携贰[9],覆昏乱[10],霸王之器也[11]。”

从文书救援邢国。”于是齐国军队前往救援邢国。

夏天,六月,安葬庄公。由于内乱的缘故,所以延迟了。

秋天,八月,闵公跟齐侯在落姑结盟,是为了请齐侯帮季友回国。齐侯答应了闵公,派人到陈国去召请季友,闵公住在郎地等候他。《春秋》说“季子来归”,是对季友的褒奖。

冬天,齐国的仲孙湫前来考察鲁国的内乱,《春秋》称他“仲孙”而不写名,也是褒奖他。仲孙回国,说:“不除掉庆父,鲁国的内乱不会停止。”齐侯说:“怎样做才能除掉他?”回答说:“内乱不停,他将会自取灭亡。您等着瞧就是了。”齐侯说:“鲁国可以夺取吗?”回答说:“不行。鲁国仍在实行周礼。周礼,是用来建立根本的东西。我听说:‘国家将要灭亡,一定先断了根本,然后枝枝叶叶才会枯死。’鲁国没有放弃周礼,就不能够动它。君侯您应该致力于消除鲁国内乱并且亲近它。亲近有礼的国家,依靠强大坚固的国家,离间涣散不团结的国家,消灭昏乱无可救药的国家,这是成就霸王事业的策略。

注释 1 乱：指子般被杀、季友奔陈之事。 2 厌：满足。这里是“使(它)满足”的意思。 3 昵(nì)：亲近。 4 引句见《诗经·小雅·出车》。简书：指告急文书，写在竹简之上。 5 同恶相恤：等于说同仇敌忾、忧患与共。恤，忧。 6 省：观察，考察。 7 秉：执持。 8 因：依，亲近。重固：大而坚固的国家。 9 间：离间，分裂。携贰：勾心斗角不团结的国家。 10 覆：颠覆，灭亡。昏乱：政治不明、秩序混乱的国家。 11 器：工具，手段，方法，策略。

晋侯作二军，公将上军，大子申生将下军。赵夙御戎，毕万为右，以灭耿、灭霍、灭魏[1]。还，为大子城曲沃，赐赵夙耿，赐毕万魏，以为大夫。

士蔿曰：“大子不得立矣。分之都城[2]，而位以卿，先为之极，又焉得立？不如逃之，无使罪至。为吴大伯[3]，不亦可乎？犹有令名，与其及也[4]！且谚曰：‘心苟无瑕，何恤乎无家[5]？’天若祚大子[6]，其无晋乎！”

卜偃曰：“毕万之后必大。万，盈数也；魏，大

晋侯把原来的一军改建为上下两支部队，晋侯统率上军，太子申生统率下军。赵夙替晋侯驾车，毕万做晋侯的车右，统此二军相继灭亡了耿国、霍国和魏国。班师回国后，晋侯替太子修筑曲沃城池，赐给赵夙耿国，赐给毕万魏国，并把他们封为大夫。

士蔿说：“太子得不到君位了。分给他曲沃这样重要的都城，又让他处于卿的高位，预先把他捧到了顶点，又怎么能站得稳呢？不如逃离晋国，以免让罪过到来。做一个吴太伯那样的人，不也可以吗？还有好的名声，何必在这里等着受祸害呢！况且古话说：‘心里如果没有恶念，何愁没有自己的家？’上天若是真要佑助太子，无论身在何处都会得到晋国的！”

名也。以是始赏,天启之矣。天子曰兆民,诸侯曰万民。今名之大,以从盈数,其必有众。”

初,毕万筮仕于晋,遇屯䷂之比䷇[7]。辛廖占之[8],曰:“吉。屯固,比入,吉孰大焉?其必蕃昌。震为土[9],车从马[10],足居之[11],兄长之[12],母覆之[13],众归之[14],六体不易[15],合而能固[16],安而能杀[17],公侯之卦也。公侯之子孙,必复其始[18]。”

卜偃说:“毕万的后代一定会强盛。万,是个满数;魏,是个大名。用魏作赏赐开端,这是上天在帮助他。天子称兆民,诸侯称万民,现在的名号之大,符合这个满数,他一定会得到大众。”

当初,毕万占筮在晋国做官的吉凶,遇到屯卦䷂变为比卦䷇。辛廖解释说:“吉利。屯卦坚固,比卦宜入,还有比这更大的吉利吗?他一定会繁衍昌盛。震变为土,车跟着马,脚踩大地,兄长抚育,母亲庇护,众人归附,这六种卦象不可变易,群合而能坚固,安适却又肃杀,这是公侯的卦象。他本是公侯的子孙,一定会恢复到他祖先当初的地位。”

注释 1 耿、霍、魏:皆国名。 2 都城:指曲沃。有先君宗庙的城邑叫“都”。 3 吴大伯:周太王的长子,因周太王欲立其弟季历或昌,就主动避让出奔到荆蛮,自号句吴,荆蛮人归之,立为吴太伯。 4 与其:表示选择关系的连词,通常用在前一分句,后接“不如……”句。这里大概是急于想把道理讲清,反而语无伦次,故放在最后才补充说出。及:及于祸难。 5 恤:忧,担心。 6 祚(zuò):赐福,保佑。 7 屯、比:都是卦名。之:往,变为。 8 辛廖:周大夫,善占卜。 9 为:变为。屯卦上坎下震,比卦上坎下坤,坤代表地即土,故曰“为土”。 10 车:震为车。从:变为。马:坤为马。 11 足:震为足。居之:处在坤上。 12 兄:震又为兄。长:长养,抚育。 13 母:坤为母。覆:爱护。 14 众:坎为众。 15 六体:指土、车、马、足、母、众六种卦象。不易:不可改变。 16 合:比卦主合。固:

屯卦主固。 **17** 安:坤为大地,万物所安。杀:震有雷庭之威武,所以说杀。**18** 复其始:恢复祖先当初的地位。

闵公二年

【经】

二年春,王正月,齐人迁阳[1]。

夏,五月乙酉,吉禘于庄公[2]。

秋,八月辛丑,公薨。

九月,夫人姜氏孙于邾[3]。

公子庆父出奔莒。

冬,齐高子来盟。

十有二月,狄入卫。

郑弃其师。

二年春天,周历正月,齐人迁移阳国之民而占有其地。

夏天,五月六日,为庄公举行吉禘祭祀。

秋天,八月十四日,闵公逝世。

九月,夫人姜氏出奔到邾国。

公子庆父出逃到莒国。

冬天,齐国的高子前来结盟。

十二月,赤狄攻入卫国。

郑国丧失了自己的军队。

注释 **1** 阳:国名,姬姓,在今山东沂南。 **2** 吉禘(dì):祭祀名,以确定牌主昭穆之位。 **3** 孙:同"逊",夫人出奔的委婉说法。

【传】

二年春,虢公败犬戎于渭汭[1]。舟之侨曰:"无德而禄,殃也。殃将

二年春天,虢公在渭水湾边上打败犬戎。舟之侨说:"没有好的德行却享受高的俸禄,这是灾祸。灾祸快要来了。"

至矣。”遂奔晋。

夏,吉禘于庄公,速也[2]。

初,公傅夺卜齮田[3],公不禁。秋,八月辛丑,共仲使卜齮贼公于武闱[4]。成季以僖公适邾[5]。共仲奔莒,乃入,立之。以赂求共仲于莒[6],莒人归之。及密,使公子鱼请,不许。哭而往。共仲曰:“奚斯之声也[7]。”乃缢。

于是逃奔到晋国。

夏天,为庄公举行定位大祭,太早了点。

当初,闵公的保傅夺取卜齮的田地,闵公没有制止。秋天,八月二十四日,庆父派卜齮在路寝的旁门处杀死闵公。季友护着僖公逃亡去了邾国。庆父逃奔莒国后,季友才带僖公回国,立僖公为国君。用财宝向莒国请求庆父,莒国人就把庆父交还给鲁国。抵达密地时,庆父让公子鱼前去请求赦罪,僖公不答应。公子鱼哭着回去。庆父说:“这是公子鱼的哭声。看来没希望了!”就上吊自杀了。

注释 **1** 渭汭:渭水转入黄河处。 **2** 速:快,早。按礼,国君死后,二十五个月才能举行禘祭,庄公死亡时间还不到此数,所以说“速”。 **3** 卜齮(yǐ):鲁大夫。 **4** 共仲:即庆父。武闱(wéi):路寝的旁门。宫中的门叫“闱”。 **5** 僖公:闵公的庶兄,成风的儿子。适:往。 **6** 赂:财宝。 **7** 奚斯:公子鱼的字。

闵公,哀姜之娣叔姜之子也,故齐人立之。共仲通于哀姜,哀姜欲立之。闵公之死也,哀姜与知之[1],故孙于邾。齐人取而杀之于夷,以

闵公,是哀姜的妹妹叔姜的儿子,所以齐国人帮助他立为国君。庆父跟哀姜私通,哀姜想要立庆父为君。闵公被杀身亡的事,哀姜早就知道,她害怕国人追究,所以逃到了邾国。齐国人把她从邾国抓到夷地杀了,带着她的尸首回

其尸归。僖公请而葬之。

国。僖公请求齐国归还哀姜尸体并安葬了她。

成季之将生也，桓公使卜楚丘之父卜之，曰："男也，其名曰友，在公之右，间于两社[2]，为公室辅。季氏亡，则鲁不昌。"又筮之，遇大有䷍之乾䷀，曰："同复于父[3]，敬如君所。"及生，有文在其手，曰"友"，遂以命之[4]。

季友快要出生的时候，桓公让卜楚丘的父亲替他占卜，结果说："是个男孩，名字叫友，常处君王左右，身居两社之间，是朝廷的得力大臣。季氏如果灭亡，鲁国就不会繁昌。"又替他占筮，得到大有卦䷍变为乾卦䷀，卦辞说："尊贵与父亲等同，敬爱能赶上君王。"到生下来，果然有字在他手上，是个"友"字，于是就用"友"替他命名。

注释　1 与：通"预"，预先，事前。　2 两社：指周社和亳社。两社之间为外朝，是大臣治事之处。间于两社，意谓做大臣。　3 同复：同义连用，复也是"同"。　4 命：义同"名"，这里用作动词。

冬，十二月，狄人伐卫。卫懿公好鹤，鹤有乘轩者[1]。将战，国人受甲者皆曰[2]："使鹤，鹤实有禄位！余焉能战？"公与石祁子玦，与甯庄子矢，使守，曰："以此赞国[3]，择利而为之。"与夫人绣衣，曰："听于二子[4]！"渠孔御戎，子

冬天，十二月，狄人攻打卫国。卫懿公喜爱养鹤，让鹤坐着大夫才能坐的高级车子。就要打仗了，被发给武器的人们都说："让鹤去打仗吧，鹤享有那么高的待遇！我们这些人怎么能作战？"卫懿公把玉玦交给石祁子，把矢交给甯庄子，让他们守护国都，说："凭这两样东西掌管国都，只要是有利的事就大胆做。"又把绣衣交给夫人，说："听这两个人的！"然后让渠孔驾车，子伯作车右，黄夷在前开道，

伯为右，黄夷前驱，孔婴齐殿，及狄人战于荧泽。卫师败绩，遂灭卫。卫侯不去其旗，是以甚败。狄人囚史华龙滑与礼孔，以逐卫人。二人曰："我，大史也，实掌其祭。不先[5]，国不可得也。"乃先之。至，则告守曰："不可待也[6]！"夜与国人出。狄入卫，遂从之[7]，又败诸河。

孔婴齐在后押阵，跟狄军在荧泽展开大战。卫国军队打了败仗，于是灭亡了卫国。卫侯不肯去掉自己的旗帜，因此败得很惨。狄人囚禁卫国的史官华龙滑和礼孔，带着他们追击卫国人。两位史官说："我们是卫国的大史官，执掌卫国的祭祀。如果不先让我们回去，你们就不可能得到卫国。"于是让他俩先回到卫国首都。两人一到都城，就告诉防守的人说："不能够抵抗了！"连夜带国都里的人们逃出。狄人进入卫国都，接着追赶逃亡的卫国人，又在黄河边上打败了他们。

注释　1 轩：比较高级的车子，大夫以上才能乘坐。　2 国人：城市居民。受甲：接受铠甲，被发给武器。　3 赞：主持，掌管。国：指国都。　4 二子：指石祁子和甯庄子。　5 先：动词，让（我们）先回到卫国。下"先之"同。6 待：抵御。　7 从之：追赶卫师。

初，惠公之即位也，少。齐人使昭伯烝于宣姜[1]，不可，强之。生齐子、戴公、文公、宋桓夫人、许穆夫人。文公为卫之多患也，先适齐。及败，宋桓公逆诸河[2]，宵济。卫之遗民男女七百有三十

当初，卫惠公即位的时候，年纪还小。齐僖公指使昭伯跟君母宣姜私通，昭伯不肯，齐人强迫他就范。结果生了齐子、戴公、文公、宋桓夫人和许穆夫人。文公认为卫国潜伏着许多祸患，就先躲避到了齐国。在卫懿公战败的时候，宋桓公到黄河岸边接应卫国的难民，连夜渡过黄河。卫国剩下的人男女

人,益之以共、滕之民[3],为五千人,立戴公,以庐于曹[4]。许穆夫人赋《载驰》[5]。齐侯使公子无亏帅车三百乘、甲士三千人以戍曹。归公乘马[6],祭服五称[7],牛、羊、豕、鸡、狗皆三百,与门材[8]。归夫人鱼轩[9],重锦三十两[10]。

一共只有七百三十人,加上共邑、滕邑的百姓,共五千人,立戴公为卫君,暂时寄居在曹邑。许穆夫人为此作了《载驰》一诗。齐侯派公子无亏带领兵车三百乘、战士三千人守卫曹邑。赠送戴公驾车用的马匹,又送祭服五套,还有牛、羊、猪、鸡、狗各三百,以及制造门户的材料等。送给夫人鱼皮装饰的漂亮车子和三十匹上等丝绸。

郑人恶高克,使帅师次于河上,久而弗召,师溃而归,高克奔陈。郑人为之赋《清人》[11]。

郑文公讨厌高克,就派他带兵驻扎在黄河边上,过了很久也不召他回来。最后军队溃散逃回,高克只好投奔陈国。郑国人替他作了《清人》一诗。

注释 1齐人:指齐僖公。昭伯:公子顽,卫宣公的儿子。烝:下淫上。宣姜:齐僖公的女儿,卫惠公的母亲,卫宣公的夫人。 2逆诸河:在黄河边上迎接卫国败逃的人。 3共、滕:都是卫国的城邑。 4戴公:昭伯的儿子。庐:通"旅",寄居。曹:卫国城邑。 5《载驰》:诗篇名,见《诗经·鄘风》。 6归:通"馈",赠送。乘马:驾车用的马。 7五称:等于说五套。 8门材:制造门户的材料。 9鱼轩:用鱼皮装饰的车子。 10重锦:上等的丝织绸锻。两:匹。 11《清人》:诗篇名,见《诗经·郑风》。

晋侯使大子申生伐东山皋落氏[1]。里克谏曰[2]:"大子,奉冢祀社稷之粢盛以朝夕视君膳

晋侯派太子申生去攻打东山皋落氏。里克劝谏说:"太子,是捧着祭祀礼品参与宗庙社稷大祭和早晚照看国君饮食的人,所以叫作冢子。国君外出就镇守

者也[3],故曰冢子。君行则守,有守则从[4]。从曰抚军,守曰监国,古之制也。夫帅师,专行谋[5],誓军旅[6],君与国政之所图也[7],非大子之事也。师在制命而已[8],禀命则不威,专命则不孝,故君之嗣適不可以帅师[9]。君失其官[10],帅师不威,将焉用之?且臣闻皋落氏将战,君其舍之。”公曰:“寡人有子,未知其谁立焉!”不对而退。见大子。大子曰:“吾其废乎?”对曰:“告之以临民,教之以军旅,不共是惧[11],何故废乎?且子惧不孝,无惧弗得立。修己而不责人,则免于难。”

国都,另有大臣守护国都时就跟从国君外出。跟从外出叫抚军,在内镇守叫监国,这是自古以来的礼制。至于领兵打仗,独自决定大小事情,号令三军上下,这是国君和执政大臣所做的事,不是太子的职分。统领军队,关键在于做决定下命令,如果让太子去做,请示君王受命而行就会没有威信,独断专行不禀报君王又会有失孝道,所以君王的嫡子不能让他统率军队。否则国君失去了任命职官的准则,嫡子领兵又没有威信,何必要这样做呢?况且我听说皋落氏将会出兵迎战,君王还是放弃这种打算吧。”晋公说:“我有几个儿子,还不知道立谁呢!”里克不再作声就退了出来。见到太子。太子说:“我将会被废掉吗?”里克回答说:“教你治理人民和领兵打仗,担心的是不能完成使命,为什么要废除你呢?再说做儿子的只担心自己不孝,不要去考虑能不能立。严格要求自己而不去指责别人,就能够免除祸难。”

注释 1 东山皋落氏:赤狄的另一部落。 2 里克:就是晋大夫里季。3 奉:同“捧”。冢祀:大祀,指宗庙之祀。粢盛:供祭祀用的礼品。以:与。4 守:守护国都。从:跟着外出。 5 专:独自作主。 6 誓:号令。 7 国政:正卿重臣。所图:相当于“所为”。 8 制命:做决定,下命令。 9 嗣適:

等于说適嗣,即嫡长后代。適,通“嫡”。 10 官:这里指官人之道,即任命官职的准则。 11 不共是惧:惧不共。共,同“供”,指供职,完成使命。

大子帅师,公衣之偏衣[1],佩之金玦[2]。狐突御戎,先友为右。梁馀子养御罕夷[3],先丹木为右。羊舌大夫为尉[4]。先友曰:“衣身之偏,握兵之要,在此行也,子其勉之!偏躬无慝[5],兵要远灾,亲以无灾,又何患焉?”狐突叹曰:“时,事之征也[6];衣,身之章也[7];佩,衷之旗也[8]。故敬其事,则命以始[9];服其身,则衣之纯[10];用其衷,则佩之度[11]。今命以时卒[12],閟其事也[13];衣之尨服[14],远其躬也;佩以金玦,弃其衷也。服以远之,时以閟之;尨凉冬杀[15],金寒玦离[16]。胡可恃也?虽欲勉之,

太子率领军队,晋公让他穿有一半颜色跟自己衣服相同的衣服,并把金玦送给他佩带。狐突替太子驾车,先友为车右。梁馀子养替罕夷驾车,先丹木为车右。羊舌大夫担任军尉。先友对太子说:“穿着有一半颜色跟君侯相同的衣服,掌握着军队的决策权,成败就在这一回了,您要努力啊!把身上颜色的一半赐给您,似乎没有什么恶意,您掌握着兵权就能够避开灾祸,君侯亲近,又没有灾祸,您还担心什么呢?”狐突感叹着说:“时令,是行为的象征;衣服,是身份的显示;佩物,是内心的标志。如果真是看重这件事,就该在年初下达命令;如果是要把自己的衣服赐给他人,就该让别人穿完全同色的衣服;如果是想表达自己的内心,就该让人家佩带合乎常规的玉珮。现在到年终时候才下达命令,这是让事情闭塞不通;让人家穿杂色的衣服,这是表明自己疏远他;用金玦作佩带,这是抛弃了自己的诚心。用服装来表示疏远,用时间来阻碍闭塞;杂色表示冷淡,冬天象征肃杀,金属性属寒凉,玦又暗示着离别。这

狄可尽乎？”梁馀子养曰：“帅师者，受命于庙，受脤于社[17]，有常服矣。不获而尨[18]，命可知也[19]。死而不孝，不如逃之。”罕夷曰：“尨奇无常[20]，金玦不复。虽复何为[21]？君有心矣！”先丹木曰：“是服也，狂夫阻之[22]。曰‘尽敌而反’，敌可尽乎？虽尽敌，犹有内谗。不如违之[23]。”狐突欲行。羊舌大夫曰：“不可。违命不孝，弃事不忠。虽知其寒[24]，恶不可取[25]。子其死之！”

怎么能够依靠呢？即使拼命去做，狄人又怎么能够杀光呢？”梁馀子养说：“统率军队的人，要到宗庙里接受命令，在社庙中接受祭肉，而且有一定的衣服。现在得不到规定服装却赐给杂色偏衣，晋公的用意可以明白了。前去攻战的话，死了还会落得个不孝，不如逃跑。”罕夷说：“杂色偏衣奇奇怪怪不合常规，金玦则表示没有性命再回国。即使能回国又能干什么呢？君主已经有别的想法了！”先丹木说：“这种衣服啊，就是狂人也不愿意穿它的。说‘杀光敌人再回国’，敌人能杀得光吗？即使杀光了敌人，还会有人从里面陷害。不如离开这里。”狐突准备护从太子离开。羊舌大夫说：“不行！违背君父的命令就是不孝，抛弃国家的事情不做就是不忠。虽然知道君主的用心寒凉，但不忠不孝的恶名不能蒙受。您还是拼死效命吧！”

注释 1 偏衣：左右异色的衣服，一半颜色与君服同。 2 金玦：青铜制的佩身装饰物，形如环，有缺口。 3 罕夷：下军将帅。跟随太子所将的上军参战。 4 尉：军尉，职权在军帅之下，众官之上。 5 偏躬：半身，指一半颜色的衣服。慝：恶意。 6 征：象征，证明。 7 章：显明。 8 衷：中心，内心。旗：标志。 9 故：与“则”相配，表示假设，如果。始：年初，春夏季。 10 纯：一色，与“偏”为半色相对。 11 度：合乎礼制的物件，这里指玉珮而言。 12 以：于。时卒：等于说年终。 13 閟(bì)：闭塞，不通达。 **14** 尨(máng)服:杂色之服,指偏衣。 **15** 杀:肃杀。 **16** 金寒:金属之性寒。玦离:古人用来表示诀别,所以玦含有离别的象征意义。**17** 脤(shèn):祭社的肉。古代出兵时要祭社,祭完后把肉分给大家,叫作"受脤"。 **18** 不获:指未得到常服。 **19** 命:指晋公的命令。 **20** 奇:奇异。无常:非常,不合常规。 **21** 虽:即使。复:回返。何为:为何,干什么。 **22** 阻:难。 **23** 违:去,离开。 **24** 寒:指晋公用心不善。 **25** 恶:指不孝不忠的行为。

大子将战,狐突谏曰:"不可。昔辛伯谂周桓公云[1]:'内宠并后[2],外宠二政[3],嬖子配嫡[4],大都耦国[5],乱之本也。'周公弗从,故及于难。今乱本成矣,立可必乎[6]?孝而安民,子其图之[7]。与其危身以速罪也[8]……"

太子打算前往攻战,狐突劝谏说:"不行。从前辛伯极力劝谏周桓公说:'受宠的妃妾相当于王后,受宠的大臣专政横行,庶子跟嫡子等同,大都与国都匹敌,这是祸乱的根源。'周公不听,结果遭受祸难。现在动乱的根源已经形成了,你能够肯定立为嗣君吗?行孝若能安民,那你就考虑着去做。可事情并非如此,与其危害自己而招来罪过,不如违命出逃。"

成风闻成季之繇[9],乃事之[10],而属僖公焉,故成季立之。

成风听说季友出生时的卦辞,就有意跟他结好,并把僖公托付给他,所以季友立僖公为君。

僖之元年,齐桓公迁邢于夷仪。二年,封卫于楚丘。邢迁如归,卫国忘亡。

僖公元年,齐桓公把邢邑的百姓迁移到夷仪。二年,又在楚丘封建了卫国。邢人迁移就像回到了自己家,卫国也忘记了自己曾被灭亡过。

卫文公大布之衣[11],大帛之冠,务材训农[12],

卫文公穿着粗布衣服,戴着粗帛帽

原文	译文
通商惠工[13]，敬教劝学[14]，授方任能[15]。元年，革车三十乘，季年[16]，乃三百乘。	子，专心培植材用，引导农业生产，便利商贾，嘉惠百工，重视教育，鼓励学习，传授为官之道，任用有才之人。头一年，只有兵车三十辆，可到晚年，竟然增加到三百辆。

注释　1 谂(shěn)：极力劝谏。　2 并后：跟王后地位相当。　3 二政：另施政令，与国君抗衡。　4 嬖子：妾妃所生的庶子。嫡：正夫人所生的长子。　5 耦：相当。国：国都。　6 立：指立为嗣君，即继承君位。必：一定，肯定。　7 图：谋划，实行。　8 这句话似乎没有说完，意思还是劝太子逃离。　9 成风：庄公妾，僖公母。繇(zhòu)：卦辞。　10 事之：跟他共事，即结为同僚。　11 大布：等于说粗布。下句"大帛"，也等于说粗帛。12 务材：培植材用。训：引导。　13 通商：使商贾畅通。惠工：让百工得利。14 劝：鼓励。　15 方：法则，这里指为官之道。能：有才能的人。　16 季：末，晚。

春秋左传

僖公

僖公元年

【经】

元年春[1],王正月。

元年春,周历正月。

齐师、宋师、曹师次于聂北[2],救邢。

齐国的军队、宋国的军队、曹国的军队驻扎在聂北,救援邢国。

夏六月,邢迁于夷仪[3]。

夏六月,邢国迁到夷仪。

齐师、宋师、曹师城邢。

齐国的军队、宋国的军队、曹国的军队为邢国筑城。

秋七月戊辰,夫人姜氏薨于夷[4],齐人以归。

秋七月二十六日,夫人姜氏死在夷,齐国人带着姜氏的遗体回到齐国。

楚人伐郑。

楚国人攻打郑国。

八月,公会齐侯、宋公、郑伯、曹伯、邾人于柽[5]。

八月,僖公在柽会见齐侯、宋公、郑伯、曹伯、邾国人。

九月,公败邾师于偃[6]。

九月,僖公在偃打败邾国的军队。

冬十月壬午,公子友帅师败莒师于郦[7],获莒挐[8]。

冬十月十二日,公子友率领军队在郦打败莒国的军队,俘虏了莒挐。

十有二月丁巳,夫人氏之丧至自齐[9]。

十二月十八日,夫人姜氏的遗体从齐国运来。

注释　1 元年:僖公元年,公元前659年。　2 聂北:邢地,在今山东博平。　3 夷仪:邢地。　4 夷:鲁地。事见闵公二年《传》。　5 柽(chēng):宋地,在今河南淮阳西北。　6 偃:邾地,在今山东费县南。　7 郦:鲁地。8 莒挐(jǔrú):莒国国君的弟弟。　9 丧(sāng):遗体。

【传】

元年春，不称即位，公出故也。公出复入，不书，讳之也。讳国恶，礼也。

元年春，《春秋》不说即位，这是因为僖公逃亡在外的缘故。僖公逃亡又回来，《春秋》不记载，这是为了隐讳这件事。隐讳国家的坏事，这是合于礼的。

诸侯救邢。邢人溃，出奔师[1]。师遂逐狄人，具邢器用而迁之[2]，师无私焉。

诸侯救援邢国。邢国的军队已经溃散，逃亡到诸侯的军队来。诸侯的军队于是赶走了狄人，将邢国的器物财货收聚起来，让他们迁走，军队没有私自占取。

夏，邢迁于夷仪，诸侯城之，救患也。凡侯伯[3]，救患、分灾、讨罪，礼也。

夏，邢国迁到夷仪，诸侯为邢国修筑城墙，这是为了救援患难。凡是诸侯领袖，救援患难、分担灾害、讨伐罪人，这是合于礼的。

秋，楚人伐郑，郑即齐故也。盟于荦[4]，谋救郑也。

秋，楚国人攻打郑国，这是因为郑国亲近齐国的缘故。诸侯国在荦结盟，策划救援郑国。

九月，公败邾师于偃，虚丘之戍将归者也[5]。

九月，僖公在偃打败邾国的军队，这是邾国那支戍守虚丘将要回去的军队。

注释 1 出奔：逃亡到国外。 2 具：备办，这里有敛聚的意思。 3 侯伯：即诸侯的领袖。伯，古代一方的领袖。 4 荦(luò)：即柽(chēng)，宋地，地有两名。 5 虚丘：地名，杜预认为是邾地。

冬，莒人来求赂[1]，公子友败诸郦[2]，获莒子之

冬，莒国人前来求取财物，公子友在郦打败了他们，俘虏了莒国国君的弟

弟挐。非卿也，嘉获之也。公赐季友汶阳之田及费[3]。

夫人氏之丧至自齐[4]。君子以齐人之杀哀姜也为已甚矣[5]，女子，从人者也。

弟挐。挐不是卿，《春秋》这样记载是为了赞美俘获他这件事。僖公把汶水北面的田土以及费赐给季友。

夫人姜氏的遗体从齐国运来。君子认为齐国人杀死哀姜是太过分了，妇女，本来就是听从夫家的。

注释 1 赂：财物。 2 诸："之于"的合音。郦：地名，鲁地。 3 汶阳之田：鲁地。水北曰"阳"，其地在汶水之北，故谓之"汶阳之田"。费：鲁地。 4 丧(sāng)：遗体。 5 已：太。

僖公二年

【经】

二年春，王正月，城楚丘[1]。

夏五月辛巳，葬我小君哀姜[2]。

虞师、晋师灭下阳[3]。

秋九月，齐侯、宋公、江人、黄人盟于贯[4]。

冬十月，不雨。

楚人侵郑。

二年春，周历正月，在楚丘修筑城墙。

夏五月十四日，安葬我国的小君哀姜。

虞国的军队、晋国的军队灭亡了下阳。

秋九月，齐侯、宋公、江国人、黄国人在贯结盟。

冬十月，不下雨。

楚国人侵袭郑国。

注释 1楚丘:卫邑。 2小君:古称诸侯的妻子。 3下阳:虢国的城邑,在今山西平陆。 4贯:宋地,在今山东曹县。

【传】

二年春,诸侯城楚丘而封卫焉。不书所会,后也。

晋荀息请以屈产之乘与垂棘之璧假道于虞以伐虢[1]。公曰:"是吾宝也!"对曰:"若得道于虞,犹外府也[2]。"公曰:"宫之奇存焉。"对曰:"宫之奇之为人也,懦而不能强谏,且少长于君,君昵之[3],虽谏,将不听。"乃使荀息假道于虞,曰:"冀为不道[4],入自颠軨[5],伐鄍三门[6]。冀之既病,则亦唯君故。今虢为不道,保于逆旅[7],以侵敝邑之南鄙,敢请假道以请罪于虢。"虞公许之,且请先伐虢。宫之奇谏,不听,遂起师。

二年春,诸侯在楚丘修筑城墙,把卫国封在那里。《春秋》不记载会见的诸侯,是因为僖公到会迟了。

晋国的荀息请求用屈出产的马匹和垂棘出产的玉璧向虞国借道来攻打虢国。晋献公说:"这是我的宝贝啊!"荀息回答说:"如果向虞国借得道路,就好像得到一座外库。"晋献公说:"宫之奇在那里。"荀息回答说:"宫之奇的为人,懦弱而不能坚决进谏,而且从小在君主身边长大,虞君亲昵他,即使进谏,虞君也不会听从。"于是派遣荀息向虞国借道,说:"冀国做不讲仁道的事情,从颠軨入侵,攻打虞国鄍邑的三面城门。我们攻打冀国,冀国已经受到损伤,那也是为了君侯您的缘故。现在虢国做不讲仁道的事情,在客舍修筑堡垒,来侵犯我国的南部边境,冒昧向贵国借道,以便到虢国去问罪。"虞君答应了,而且请求先去攻打虢国。宫之奇进谏,虞君不听,就起兵攻打虢国。夏,晋国的里克、荀息率领军

夏，晋里克、荀息帅师会虞师，伐虢，灭下阳。先书虞，贿故也。

队会合虞国的军队，攻打虢国，灭亡了下阳。《春秋》把虞国写在前面，这是虞国接受了贿赂的缘故。

注释 1 屈：晋地名，屈有北屈、南屈，这里指北屈。乘(shèng)：四马一车叫“乘”，这里指马。垂棘：晋地名，在今山西潞城。假：借。 2 外府：外库。 3 昵：亲近。 4 冀：国名，在今山西河津。 5 颠軨(líng)：虞地，即今山西平陆东北的虞阪。 6 鄍(míng)：虞地。 7 保：同“堡”。逆旅：客舍。

秋，盟于贯[1]，服江、黄也。

秋，在贯结盟，这是臣服了江国、黄国的缘故。

齐寺人貂始漏师于多鱼[2]。

齐国的寺人貂开始在多鱼泄漏军事机密。

虢公败戎于桑田[3]，晋卜偃曰[4]：“虢必亡矣。亡下阳不惧，而又有功，是天夺之鉴[5]，而益其疾也！必易晋而不抚其民矣[6]，不可以五稔[7]。”

虢公在桑田打败戎，晋国的卜偃说：“虢国一定要灭亡了。灭亡了下阳还不害怕，而又建立武功，这是上天夺去了它的镜子，而增加它的罪恶啊！它一定会轻视晋国而不安抚它的百姓了，它过不了五年。”

冬，楚人伐郑，鬬章囚郑聃伯[8]。

冬，楚国人攻打郑国，鬬章囚禁了郑国的聃伯。

注释 1 贯：宋地。 2 寺人貂：“貂”是人名，“寺人”指做官中侍御的宦官，貂是宦官，为宫中侍卫，故名。漏师：泄漏军事机密。多鱼：地名，未详。 3 桑田：虢地，在今河南灵宝。 4 卜偃：名偃的卜筮之官。 5 鉴：镜子。 6 易：轻视。 7 稔(rěn)：年。 8 聃(dān)伯：郑国的大夫。

僖公三年

【经】

三年春，王正月，不雨。

夏四月，不雨。

徐人取舒。

六月，雨。

秋，齐侯、宋公、江人、黄人会于阳谷[1]。

冬，公子友如齐莅盟[2]。

楚人伐郑。

三年春，周历正月，不下雨。

夏四月，不下雨。

徐国人占取了舒国。

六月，下雨。

秋，齐侯、宋公、江国人、黄国人在阳谷会见。

冬，公子友到齐国参加盟会。

楚国人攻打郑国。

注释 1 阳谷：齐地，今山东阳谷。 2 莅(lì)：临。

【传】

三年春，不雨，夏六月，雨。自十月不雨至于五月。不曰旱，不为灾也。

秋，会于阳谷，谋伐楚也。

齐侯为阳谷之会来寻盟。冬，公子友如齐莅盟。

三年春，不下雨，夏六月，才下雨。从十月不下雨一直到五月。《春秋》不说旱，因为没有成灾。

秋，齐侯、宋公、江国人、黄国人在阳谷会见，这是为了谋划攻打楚国。

齐侯为了阳谷的盟会前来寻求结盟。冬，公子友到齐国参加盟会。

楚国人攻打郑国，郑伯想求和。孔

楚人伐郑，郑伯欲成。孔叔不可，曰："齐方勤我[1]，弃德不祥[2]。"

齐侯与蔡姬乘舟于囿[3]，荡公[4]，公惧，变色；禁之，不可。公怒，归之[5]，未之绝也。蔡人嫁之。

叔不同意，说："齐国正出力帮助我国，丢弃他们的恩德不吉祥。"

齐侯和蔡姬在园囿里坐船游玩，蔡姬摆动游船，使齐侯摇晃，齐侯害怕，脸色都变了；禁止蔡姬摇动游船，蔡姬不听。齐侯大怒，把她送回蔡国，但还没有断绝关系。蔡国人把她改嫁了。

注释 1 勤：出力帮助。 2 祥：吉利。 3 蔡姬：蔡国女子，齐侯夫人。囿(yòu)：畜养禽兽的地方，有林有池。 4 荡：摇。 5 归之：将蔡姬遣回蔡国。

僖公四年

【经】

四年春，王正月，公会齐侯、宋公、陈侯、卫侯、郑伯、许男、曹伯侵蔡。蔡溃[1]，遂伐楚，次于陉[2]。

夏，许男新臣卒[3]。

楚屈完来盟于师，盟于召陵[4]。

齐人执陈辕涛涂。

秋，及江人、黄人伐陈。

四年春，周历正月，僖公会同齐侯、宋公、陈侯、卫侯、郑伯、许男、曹伯侵犯蔡国。蔡国溃败，接着攻打楚国，驻扎在陉。

夏，许男新臣死。

楚国的大夫屈完前来同诸侯国的军队结盟，在召陵结盟。

齐国人捉拿了陈国大夫辕涛涂。

秋，僖公同江国人、黄国人一起攻打陈国。

八月,公至自伐楚。

葬许穆公。

冬十有二月,公孙兹帅师会齐人、宋人、卫人、郑人、许人、曹人侵陈。

八月,僖公攻打楚国回来。

安葬许穆公。

冬十二月,公孙兹率领军队会同齐国人、宋国人、卫国人、郑国人、许国人、曹国人侵犯陈国。

注释 1 溃:溃败。 2 次:驻扎。陉(xíng):楚地,在今河南郾城南。 3 新臣:许男的名。 4 召陵:楚地名,在今河南郾城。

【传】

四年春,齐侯以诸侯之师侵蔡。

蔡溃,遂伐楚。楚子使与师言曰[1]:"君处北海,寡人处南海[2],唯是风马牛不相及也[3],不虞君之涉吾地也[4],何故?"管仲对曰:"昔召康公命我先君大公曰[5]:'五侯九伯,女实征之[6],以夹辅周室。'赐我先君履[7]:东至于海,西至于河,南至于穆陵,北至于无棣[8]。尔贡包茅不入,王祭不共,无以缩酒,寡人是徵[9];昭

四年春,齐侯率领诸侯的军队侵犯蔡国。

蔡国溃败,接着攻打楚国。楚子派遣使者来到军队说:"君侯住在北方,寡人住在南方,牛马发情互相追逐也不会跑到对方境内去,没有想到您会踏上我们的土地,这是什么缘故?"管仲回答说:"以前召康公命令我们的先君太公说:'五侯九伯,你都可以征伐他们,以便辅助周王室。'赐给我们先君的边界:东边到大海,西边到黄河,南边到穆陵,北边到无棣。你们朝贡周王室的包茅不按时献纳,天子祭祀的物品供应不上,没有用来滤酒的东西,寡人来查究这件事;昭王南巡没有回去,寡人来责

王南征而不复[10],寡人是问。”对曰:“贡之不入,寡君之罪也,敢不共给?昭王之不复,君其问诸水滨[11]。”师进,次于陉。

问这件事。”回答说:“贡品没有送来,这是我们国君的罪过,哪里敢不供给?至于昭王没有回去,您还是向汉水边的老百姓打听吧。”诸侯的军队前进,驻扎在陉。

注释 1 楚子:指楚成王。 2 北海、南海:指北方、南方,非实指。 3 风:牝(pìn)牡(mǔ)相诱。 4 虞:料到。 5 召(shào)康公:周文王庶子,名奭,食邑在召,康是谥号。大公:即姜太公,名尚,齐国的第一个国君。大,通“太”。 6 五侯:公、侯、伯、子、男五等爵位。九伯:九州之长。女:通“汝”,你。 7 履:践踏,这里指边界。 8 穆陵、无棣:皆齐地。包茅:包成捆的菁茅。 9 共:通“供”。缩:渗。徵:责问。 10 征:巡行。 11 诸:“之于”的合音。

夏,楚子使屈完如师。师退,次于召陵。齐侯陈诸侯之师[1],与屈完乘而观之。齐侯曰:“岂不穀是为?先君之好是继。与不穀同好,如何?”对曰:“君惠徼福于敝邑之社稷[2],辱收寡君,寡君之愿也。”齐侯曰:“以此众战,谁能御之?以此攻城,何城不克?”对曰:“君若以德绥诸侯[3],谁敢不服?君

夏,楚子派遣屈完到诸侯军营。诸侯军队后退,驻扎在召陵。齐侯陈列诸侯的军队,同屈完一起乘车观看。齐侯说:“这次起兵难道是为了我吗?是为了继承先君建立的友好关系。与我和好,怎么样?”回答说:“承蒙您向我国的土神和谷神求福,收容我们的君主,这是我们君主的愿望。”齐侯说:“用这样的军队作战,谁能够抵御?用这样的军队攻城,什么样的城不能攻克?”回答说:“您如果用德行安抚诸侯,谁敢不服?您如果用武力,楚国将把方城

若以力，楚国方城以为城[4]，汉水以为池[5]，虽众，无所用之。”屈完及诸侯盟。

山作为城墙，把汉水作为护城河，您的军队虽然众多，也没有用得上的地方。”屈完同诸侯结盟。

注释 1 陈：陈列。 2 惠：敬词。徼(yāo)：同“邀”，求取。社稷：土神和谷神。3 绥：安抚。 4 方城：山名。第二个“城”是城墙。 5 池：护城河。

陈辕涛涂谓郑申侯曰：“师出于陈、郑之间，国必甚病[1]。若出于东方，观兵于东夷[2]，循海而归，其可也。”申侯曰：“善。”涛涂以告齐侯，许之。申侯见曰：“师老矣，若出于东方而遇敌，惧不可用也。若出于陈、郑之间，共其资粮屝屦[3]，其可也。”齐侯说[4]，与之虎牢[5]。执辕涛涂。

秋，伐陈，讨不忠也。

许穆公卒于师，葬之以侯，礼也。凡诸侯薨于朝、会[6]，加一等；死王事，加二等[7]。于是有以衮敛[8]。

冬，叔孙戴伯帅师会诸侯之师侵陈，陈成[9]，归辕涛涂。

陈国的辕涛涂对郑国的申侯说：“军队经过陈国、郑国的土地，两国必定十分困乏。如果从东方走，向东夷炫耀武力，沿着海边回国，这是可以的。”申侯说：“好。”涛涂把这个意见告诉齐侯，齐侯同意了。申侯进见齐侯说：“军队已经疲惫了，如果从东方走而遇到敌人，恐怕不能够打仗了。如果经过陈国、郑国一带，由他们供给粮食草鞋，这是可以的。”齐侯很高兴，把虎牢赐给了他。把辕涛涂抓了起来。

秋，攻打陈国，是为了讨伐不忠。

许穆公死在军队里，用侯礼安葬他，这是合于礼的。凡是诸侯在朝会时死去的，葬礼加一等；为天子作战而死去的，加二等。在这个时候可以用衮衣入殓。

冬，叔孙戴伯率领军队会合诸侯的军队侵犯陈国，陈国求和，放回辕涛涂。

注释 1病:困乏。齐侯伐楚往返都经过陈、郑,粮草征发甚多,则陈、郑两国必定困乏。 2观兵:检阅军队,以兵威服人。东夷,指郯、莒、徐等国。 3共:通"供"。屝屦(fèijù):草鞋。 4说:同"悦"。 5虎牢:郑地,即制。见隐公元年《传》。6朝、会:诸侯或臣属朝见君主,春见曰朝,不定期的朝见曰会。 7据《孟子·万章下》,以"天子一位,公一位,侯一位,伯一位,子男同一位,凡五等也"。许是男爵,加二等可按侯礼安葬。8衮(gǔn):天子、上公的礼服,侯爵加等的也可用衮衣殓尸。敛:通"殓"。9成:和解。

初,晋献公欲以骊姬为夫人[1],卜之,不吉;筮之[2],吉。公曰:"从筮。"卜人曰:"筮短龟长,不如从长。且其繇曰[3]:'专之渝[4],攘公之羭[5]。一薰一莸[6],十年尚犹有臭。'必不可。"弗听,立之。生奚齐,其娣生卓子[7]。

及将立奚齐,既与中大夫成谋。姬谓大子曰[8]:"君梦齐姜[9],必速祭之!"大子祭于曲沃[10],归胙于公[11]。公田[12],姬置诸宫六日[13]。公至,毒而献之。公祭之地,地坟[14]。与犬,犬毙[15]。与

起初,晋献公想立骊姬为夫人,占卜,不吉利;占筮,吉利。献公说:"依从占筮的结果。"占卜的人说:"占筮的效果差一些,占卜的效果好一些,不如依从效果好的。而且它的占辞说:'专宠会使人变坏,将要夺走您的所爱。香草和臭草放在一起,多年之后还有臭气。'一定不可以。"献公不听,立骊姬。骊姬生奚齐,她的妹妹生卓子。

等到准备立奚齐为太子的时候,骊姬已经与中大夫定好了计谋。骊姬对太子说:"国君梦见你母亲齐姜,你必须赶快去祭祀!"太子在曲沃祭祀母亲,把祭祀的酒肉带回来献给献公。刚好献公打猎去了,骊姬把酒肉在宫里放了六天。献公回来,骊姬在酒肉里放了毒药然后献上去。献公用酒祭地,地上突起一个

小臣[16]，小臣亦毙。姬泣曰："贼由大子。"大子奔新城[17]。公杀其傅杜原款[18]。

土堆。把肉给狗吃，狗就倒下了。给小臣吃，小臣也倒下了。骊姬哭着说："犯上作乱的人来自太子。"太子逃亡到新城。献公杀了他的保傅杜原款。

注释 **1** 骊(lí)姬：骊戎国君之女。 **2** 筮(shì)：用蓍草占卜。 **3** 繇(zhòu)：卦兆的占辞。 **4** 渝：变。 **5** 攘：盗窃，这里是夺的意思。羭(yú)：美，这里指太子。 **6** 薰：香草。莸(yóu)：一种有臭味的草。 **7** 娣(dì)：同嫁一夫的姊妹中的妹妹。 **8** 大：通"太"。太子指申生。 **9** 齐姜：申生的母亲。 **10** 曲沃：献公祖庙所在，齐姜庙亦在此。 **11** 胙(zuò)：祭祀用的酒肉。 **12** 田：打猎。 **13** 诸："之于"的合音。 **14** 坟：土堆。 **15** 毙：倒下。 **16** 小臣：官名，由阉人充当，侍奉内廷。 **17** 新城：即曲沃。 **18** 傅：保傅，辅导天子和诸侯子弟的官员。

或谓大子[1]："子辞[2]，君必辩焉[3]。"大子曰："君非姬氏，居不安，食不饱。我辞，姬必有罪。君老矣，吾又不乐。"曰："子其行乎？"大子曰："君实不察其罪，被此名也以出[4]，人谁纳我？"十二月戊申[5]，缢于新城[6]。

有人对太子说："您如果申辩，国君一定会弄清楚这件事。"太子说："国君如果没有骊姬，将会居处不安，饮食不饱。我如果申辩，骊姬必定获罪。国君年纪老了，他不快乐，我也不会快乐。"说："那么您逃走吗？"太子说："国君不能查清我的罪过，蒙受着这种恶名逃走，别人谁会接纳我？"十二月戊申，吊死在新城。

姬遂谮二公子曰[7]："皆知之。"重耳奔蒲，夷吾奔屈[8]。

骊姬接着诬陷两位公子说："他们都知道太子的阴谋。"重耳逃到蒲，夷吾逃到屈。

注释 1或:有的人。 2辞:讼辞,这里是申辩的意思。 3辩:通"辨"。 4被:遭受,蒙受。 5戊申:晋用夏正,据周正推算,当在周正明年二月二十七日。 6缢(yì):吊死。 7谮(zèn):诬陷。 8蒲、屈:皆晋邑。

僖公五年

【经】

五年春,晋侯杀其世子申生[1]。

杞伯姬来朝其子[2]。

夏,公孙兹如牟[3]。

公及齐侯、宋公、陈侯、卫侯、郑伯、许男、曹伯会王世子于首止[4]。

秋八月,诸侯盟于首止。

郑伯逃归不盟。

楚人灭弦[5],弦子奔黄。

九月戊申朔,日有食之。

冬,晋人执虞公。

五年春,晋侯杀了他的太子申生。

杞伯姬使其子前来朝见。

夏,公孙兹到牟国去。

僖公与齐侯、宋公、陈侯、卫侯、郑伯、许男、曹伯在首止会见周王世子。

秋八月,诸侯在首止结盟。

郑伯逃回去没有参加结盟。

楚国人灭亡弦国,弦子逃亡到黄国。

九月一日,发生日食。

冬,晋国人抓住了虞公。

注释 1世子:太子。僖公四年《传》记载申生死于十二月,是用夏历,此《经》记载为五年春,是用周历,详见僖公四年《传》注。 2伯姬:鲁庄公长女,杞成公夫人。 3牟(móu):鲁国的邻国。 4首止:卫地。 5弦:国名,在今河南潢川北。

【传】

五年春，王正月辛亥朔，日南至[1]。公既视朔[2]，遂登观台以望[3]，而书，礼也。凡分、至、启、闭[4]，必书云物[5]，为备故也。

晋侯使以杀大子申生之故来告。

初，晋侯使士芀为二公子筑蒲与屈，不慎，置薪焉[6]。夷吾诉之，公使让之[7]，士芀稽首而对曰[8]："臣闻之，无丧而戚，忧必仇焉[9]；无戎而城，仇必保焉。寇仇之保，又何慎焉？守官废命，不敬；固仇之保，不忠。失忠与敬，何以事君？《诗》云：'怀德惟宁，宗子惟城[10]。'君其修德而固宗子，何城如之？三年将寻师焉[11]，焉用慎？"退而赋曰："狐裘尨茸[12]，一国三公，吾谁适从？"

五年春，周历正月初一，冬至。僖公听政以后，就登上观台观察天象，并且记载，这是合于礼的。凡是春分秋分、夏至冬至、立春立夏、立秋立冬，必定记载天象，这是为了防备灾害的缘故。

晋侯派遣使者前来告诉杀害太子申生的原因。

起初，晋侯派遣士芀为两位公子在蒲和屈修筑城墙，不小心，在城墙里放进了木柴。夷吾把这件事告诉晋侯，晋侯派人责备士芀。士芀叩头回答说："我听说：'没有丧事而悲伤，忧愁必然跟着而来；没有战事而筑城，国内的敌人必然据以固守。敌人占据的地方，又何必谨慎呢？在其位而不接受命令，这是不敬；坚固敌人占据的地方，这是不忠。失掉了忠和敬，怎么能侍奉国君？《诗》说：'心怀德行就是安宁，公子就是边城。'国君只要修养德行，巩固公子的地位，什么样的城池比得上呢？很快就要用兵了，哪里用得着谨慎？"退下去赋诗说："狐皮袍子已蓬松，一个国家有三公，我应择谁来跟从？"

注释 1日南至:即冬至,周历正月即夏历的十一月。 2视朔:每年秋冬之交,天子把次年的历书颁给诸侯,历书包括那年有无闰月,每月初一是哪一天,谓之“颁告朔”或“班朔”,诸侯将历书藏于祖庙,每逢初一,诸侯必杀羊祭庙,谓之“告朔”,然后回到朝廷听政,谓之“视朔”或“听朔”。3观(guàn):天子诸侯宫门皆有台,台两旁有亭,谓之“观”。 4分:春分、秋分。至:夏至、冬至。启:立春、立夏。闭:立秋、立冬。 5云物:天象。6薪:木柴。 7让:责备。 8稽(qǐ)首:古代一种最恭敬的跪拜礼,手至地,头也至地。 9仇:应答,应验。下各“仇”字指仇敌。 10宗子:群宗之子,此指重耳、夷吾。 11寻:用。 12狐裘:大夫之服。尨茸(méngróng):蓬松的样子。

及难[1],公使寺人披伐蒲[2]。重耳曰:“君父之命不校[3]。”乃徇曰[4]:“校者,吾仇也。”逾垣而走。披斩其祛[5]。遂出奔翟[6]。

等到发生祸难,晋侯派遣寺人披攻打蒲。重耳说:“国君和父亲的命令不能违抗。”于是遍告众人说:“如果违抗,就是我的敌人。”跳墙逃跑。披斩断了他的袖口。于是逃亡到翟国。

夏,公孙兹如牟,娶焉。

夏,公孙兹到牟国去,在那里娶了亲。

会于首止,会王大子郑,谋宁周也。

诸侯在首止相会,会见王太子郑,谋求安定成周。

陈辕宣仲怨郑申侯之反己于召陵[7],故劝之城其赐邑[8],曰:“美城之,大名也,子孙不忘。吾助子请。”乃为之请于诸侯而城之,美。遂谮诸郑伯[9],

陈国的辕宣仲怨恨郑国的申侯在召陵出卖了自己,所以怂恿他在所赐的封邑筑城,说:“把城墙筑得美观,可以扩大名声,子孙都不会忘记。我帮助您请求。”于是替他向诸侯请求,筑起了城墙,很美观。接着在郑伯面前诬陷申侯

曰："美城其赐邑，将以叛也。"申侯由是得罪。

说："把所赐封邑的城墙筑得很美观，是准备叛乱的。"申侯因此获罪。

注释 1 难(nàn)：灾难，祸难。 2 寺人：宦官而作宫中侍御的人。 3 校(jiào)：抵抗。 4 徇(xùn)：遍告，宣示。 5 袪(qū)：袖口。 6 翟(dí)：通"狄"，我国古代北部的一个民族。 7 辕宣仲：即辕涛涂。 8 赐邑：即传四年中齐侯赐给申侯虎牢之地。 9 谮：诬陷。诸："之于"的合音。

秋，诸侯盟。王使周公召郑伯[1]，曰："吾抚女以从楚，辅之以晋，可以少安。"郑伯喜于王命，而惧其不朝于齐也，故逃归不盟。孔叔止之，曰："国君不可以轻，轻则失亲，失亲，患必至。病而乞盟，所丧多矣。君必悔之。"弗听，逃其师而归。

秋，诸侯会盟。周天子派周公召见郑伯，说："我要用你跟随楚国的办法来安抚你，用晋国辅助你们，这样可以稍稍安定了。"郑伯对天子的命令很高兴，却又惧怕不朝见齐国，所以逃走回国不参加结盟。孔叔制止郑伯，说："国君不能轻率，轻率就会失掉亲近的人，失掉亲近的人，祸患必然来到。国家困难了然后去乞求结盟，丢失的东西就多了。您一定会后悔的。"郑伯不听，逃离他的军队而回国。

楚鬬穀於菟灭弦[2]，弦子奔黄。

楚国的鬬穀於菟灭亡了弦国，弦子逃亡到黄国。

于是江、黄、道、柏方睦于齐，皆弦姻也。弦子恃之而不事楚，又不设备，故亡。

在这个时候，江国、黄国、道国、柏国正同齐国友好，都是弦国的姻亲。弦子仗恃着这种关系而不侍奉楚国，又不设置防备，所以灭亡了。

注释 1周公:宰孔。 2闘穀於菟:人名。闘,姓。

晋侯复假道于虞以伐虢。宫之奇谏曰:“虢,虞之表也[1];虢亡,虞必从之。晋不可启[2],寇不可玩[3],一之谓甚,其可再乎?谚所谓‘辅车相依[4],唇亡齿寒’者,其虞虢之谓也。”公曰:“晋,吾宗也,岂害我哉?”对曰:“大伯、虞仲,大王之昭也[5],大伯不从,是以不嗣。虢仲、虢叔,王季之穆也[6],为文王卿士[7],勋在王室,藏于盟府[8]。将虢是灭,何爱于虞?且虞能亲于桓庄乎[9]?其爱之也?桓庄之族何罪[10],而以为戮?不唯逼乎[11]?亲以宠逼,犹尚害之,况以国乎?”

晋侯再次向虞国借道以便攻打虢国。宫之奇进谏说:“虢国,是虞国的屏障;虢国灭亡,虞国必定跟着灭亡。晋国的贪心不能启发,对敌人不能放松警惕,一次已经过分,难道还能有第二次吗?谚语说的‘辅车相依,唇亡齿寒’,大概就是说的虞和虢的关系。”虞公说:“晋国是我的宗室,难道会害我吗?”回答说:“太伯、虞仲是太王的儿子,太伯不听从父命,所以不能继承王位。虢仲、虢叔是王季的儿子,是文王的卿士,在王室有功,在盟府藏有功勋记录。将要灭掉虢国了,对虞国还有什么爱惜的呢?而且虞国能比桓庄更亲近晋君吗?晋侯难道爱惜桓叔、庄伯吗?桓庄家族有什么罪过而把他们杀了?不就是因为晋侯感到他们太逼近的缘故吗?亲近的人而用宠势相逼,尚且杀了他们,何况用国家相逼呢?”

注释 1表:外表,这里指屏障。 2启:启发。 3玩:轻视。 4辅:面颊。车:牙床骨。 5大伯、虞仲:大王的长子、次子。大王:即古公亶父,周文王的祖父。古代宗庙中先祖之位以昭穆为次,左昭右穆。始祖居中,往后奇数之代为昭，偶数之代为穆。大王为穆，则其子为昭。 6 虢仲、虢叔：虢的开国祖，王季的次子和三子，文王的弟弟。王季为昭，则虢仲、虢叔为穆。 7 卿士：执掌国政的大臣。 8 盟府：主管盟誓典策的政府部门。 9 桓：桓叔，晋献公的曾祖。庄：庄伯，晋献公的祖父。 10 桓庄之族：即桓庄的后代，晋献公的同祖兄弟。 11 逼：威胁。

公曰："吾享祀丰洁[1]，神必据我[2]。"对曰："臣闻之，鬼神非人实亲，惟德是依。故《周书》曰：'皇天无亲，惟德是辅。[3]'又曰：'黍稷非馨，明德惟馨。[4]'又曰：'民不易物，惟德繄物。[5]'如是，则非德，民不和、神不享矣。神所冯依[6]，将在德矣。若晋取虞，而明德以荐馨香[7]，神其吐之乎？"弗听，许晋使。宫之奇以其族行，曰："虞不腊矣[8]。在此行也，晋不更举矣[9]。"

虞公说："我祭祀用的祭品丰盛而清洁，神灵必定保佑我。"宫之奇回答说："我听说，鬼神不亲人，只依德。所以《周书》说：'上天没有私亲，只辅助有德行的人。'又说：'黍稷不是馨香，光明的德行才是馨香。'又说：'人们拿来祭祀的东西不改变，但只有有德行的人的祭品才是真正的祭品。'如果这样，那么没有德行，百姓就不和睦，神灵就不享用了。神灵所凭依的，就在于德行了。如果晋国占取了虞国，发扬美德作为芳香的祭品奉献给神灵，神灵难道会吐出来吗？"虞公不听，答应了晋国使者的要求。宫之奇带领他的族人出走，说："虞国不能举行腊祭了。就是这一次，晋国用不着再次发兵了。"

注释 1 享祀：祭祀。 2 据：依。 3 所引《周书》早已亡逸，这两句今见于伪古文《尚书·蔡仲之命》。 4 黍稷：泛指五谷。馨(xīn)：远处可以闻到的香气。两句今见于伪古文《尚书·君陈》。 5 繄(yī)：助词，无实义。两句今见于伪古文《尚书·旅獒》。 6冯:同"凭"。 7荐:献。 8腊:年终举行的一种祭祀。 9更(gèng):再。举:举兵。

八月甲午[1],晋侯围上阳[2],问于卜偃曰[3]:"吾其济乎[4]?"对曰:"克之。"公曰:"何时?"对曰:"童谣云:'丙之晨,龙尾伏辰[5],均服振振[6],取虢之旂[7]。鹑之贲贲[8],天策焞焞[9],火中成军[10],虢公其奔。'其九月、十月之交乎!丙子旦,日在尾,月在策,鹑火中,必是时也。"冬十二月丙子朔[11],晋灭虢,虢公丑奔京师。师还,馆于虞,遂袭虞,灭之。执虞公及其大夫井伯,以媵秦穆姬[12],而修虞祀,且归其职贡于王[13]。故书曰:"晋人执虞公。"罪虞,且言易也。

八月十七日,晋侯包围了上阳,问卜偃说:"我能够成功吗?"回答说:"可以攻破它。"献公说:"什么时候?"回答说:"童谣说:'丙子日的清晨,日月相会处日光照没尾星,上下同服多繁盛,夺取虢国军旗获胜。鹑火之星贲贲,天策之星焞焞,鹑火星下挥大军,虢公将要出奔。'这日子大概在九月、十月交替的时候吧!丙子日的清晨,日在尾星的区域,月在天策星的区域,鹑火星出现在南方,必定是这个时候。"冬十二月一日,晋国灭亡了虢国,虢公丑逃亡到京城。晋国军队回国,住在虞国,便袭击了虞国,灭亡了它。抓住了虞公和他的大夫井伯,把井伯作为秦穆姬的陪嫁随从,继续虞国的祭祀,而且把虞国的赋税和贡物归于周天子。所以《春秋》记载说:"晋人执虞公。"这是责备虞国,而且说明灭亡虞国很容易。

注释 1晋八月甲午相当周历十月十七日。 2虢有东虢、北虢、南虢,上阳为南虢。 3卜偃:名偃的卜官。 4济:成功。 5龙尾:即苍龙七宿的第六宿尾宿。辰:日月相会。 6均:同。 7旂:系有许多铃的旗。 8 鹑(chún):朱雀七宿第三宿柳宿,亦名鹑火。贲贲(bēn bēn):星体貌。 9 天策:即傅说星。焞焞(tūntūn):光暗弱貌。 10 火中:鹑火出现在南方。 11 冬十二月:此用周正,相当于夏正十月。 12 媵(yìng):陪嫁的男女。秦穆姬:晋献公之女,嫁秦穆公。 13 职贡:赋税和贡物。

僖公六年

【经】

六年春,王正月。

夏,公会齐侯、宋公、陈侯、卫侯、曹伯伐郑,围新城[1]。

秋,楚人围许,诸侯遂救许。

冬,公至自伐郑。

六年春,周历正月。

夏,僖公会同齐侯、宋公、陈侯、卫侯、曹伯攻打郑国,包围了新城。

秋,楚国人包围了许国,诸侯于是救援许国。

冬,僖公伐郑回来。

注释 1 新城:郑地,在今河南郑州新密市。

【传】

六年春,晋侯使贾华伐屈[1]。夷吾不能守,盟而行。将奔狄,郤芮曰[2]:"后出同走,罪也。不如之梁[3],梁近秦而幸焉[4]。"乃之梁。

六年春,晋侯派遣贾华攻打屈。夷吾守不住,和屈人订立盟约然后出走。准备逃亡到狄,郤芮说:"在重耳之后出走,又逃往同一个地方,这是有罪的。不如到梁国去,梁国靠近秦国,而且受到秦国的亲幸。"于是到梁国去。

夏，诸侯伐郑，以其逃首止之盟故也。围新密[5]，郑所以不时城也。

秋，楚子围许以救郑。诸侯救许，乃还。

冬，蔡穆侯将许僖公以见楚子于武城[6]。许男面缚[7]，衔璧[8]，大夫衰绖[9]，士舆榇[10]。楚子问诸逢伯[11]，对曰："昔武王克殷，微子启如是。武王亲释其缚，受其璧而祓之[12]。焚其榇，礼而命之，使复其所。"楚子从之。

夏，诸侯攻打郑国，是因为它逃离首止的结盟的缘故。包围了新密，这就是郑国在不应大兴土木的时候筑的城。

秋，楚子包围许国来救援郑国。诸侯救援许国，楚军于是回国。

冬，蔡穆公带领许僖公在武城见楚子。许男两手反绑，口里衔着玉，大夫穿着孝服，士人抬着棺材。楚子就这件事向逢伯询问，逢伯回答说："从前武王战胜殷朝，微子启就是这样的。武王亲自解开他的绳索，接受他的玉璧而为他举行除灾求福的仪式。烧掉抬来的棺材，给以礼遇和封命，恢复他原来的地位。"楚子听从了逢伯的话。

注释 1 屈：晋公子夷吾的封地。 2 郤芮(xì ruì)：春秋时晋国大夫。 3 之：到……去。 4 幸：亲幸。 5 新密：即《春秋》之新城。 6 见：谒见，拜见。武城：楚地，今河南南阳。 7 面缚：两手反绑于背，以示投降。 8 衔璧：即含玉，古人死多含玉。许男以此表示自己不愿活下去。 9 衰绖(cuī dié)：孝服。 10 舆：抬。榇(chèn)：棺木。 11 诸："之于"的合音。 12 祓(fú)：古代除灾求福的仪式。

僖公七年

【经】

七年春，齐人伐郑。

夏，小邾子来朝。

郑杀其大夫申侯。

秋，七月，公会齐侯、宋公、陈世子款、郑世子华盟于甯母。

曹伯班卒。

公子友如齐。

冬，葬曹昭公。

七年春，齐国人攻打郑国。

夏，小邾子前来朝见。

郑国杀了它的大夫申侯。

秋，七月，僖公在甯母会盟齐侯、宋公、陈国的世子款、郑国的世子华。

曹昭公班去世。

公子友到齐国去。

冬，安葬曹昭公。

注释 1 甯母：鲁地。

【传】

七年春，齐人伐郑。孔叔言于郑伯曰：“谚有之曰：‘心则不竞[1]，何惮于病[2]？’既不能强，又不能弱，所以毙也。国危矣，请下齐以救国[3]。”公曰：“吾知其所由来矣。姑少待我。”对曰：“朝不及夕，何

七年春，齐国人攻打郑国。孔叔对郑伯说：“谚语有这样的话，说：‘心志如果不坚强，对于屈辱何必恐慌？’既不能坚强，又不能软弱，这是导致灭亡的原因。国家危急了，请向齐国屈服来挽救国家。”郑伯说：“我知道他们是为什么来的了。姑且稍稍等我一下。”回答说：“过了早晨不能到晚上，怎么

以待君?”

夏,郑杀申侯以说于齐,且用陈辕涛涂之谮也[4]。初,申侯,申出也,有宠于楚文王。文王将死,与之璧,使行,曰:“唯我知女。女专利而不厌[5],予取予求,不女疵瑕也。后之人将求多于女,女必不免。我死,女必速行,无适小国,将不女容焉。”既葬,出奔郑,又有宠于厉公。子文闻其死也,曰:“古人有言曰‘知臣莫若君’,弗可改也已。”

等待君主呢?”

夏,郑国杀死申侯来取悦于齐国,同时也是由于陈国的辕涛涂的诬陷。起初,申侯是申氏所生,受到楚文王的宠信。文王要死了,给他玉璧,让他走,说:“只有我了解你。你垄断财货而没有满足,从我这里求取,我不指责你。后来的人将向你索取大量财货,你一定不能免于祸患。我死了以后,你一定赶快离开,不要到小国去,将不能容纳你。”楚文王安葬后,申侯逃亡到郑国,又受到厉公的宠信。鬬穀於菟听说他死了,说:“古人有这样的话,说‘了解臣下没有谁像国君那样清楚’,这句话是不能改变的啊。”

注释 1竞:强。 2惮:怕。病:指屈辱。 3下齐:屈服于齐。 4辕涛涂之谮见五年。 5专:垄断。厌:满足。

秋,盟于甯母,谋郑故也。管仲言于齐侯曰:“臣闻之,招携以礼[1],怀远以德[2],德礼不易,无人不怀。”齐侯修礼于诸侯,诸侯官受方物[3]。郑伯使

秋,僖公和齐侯、宋公、陈国的世子款、郑国的世子华在甯母结盟,这是为了谋求对付郑国的缘故。管仲对齐侯说:“我听说,用礼招抚有二心的国家,用德使远方的国家归顺,不违背德和礼就没有人不归顺。”齐侯就依礼对待诸

大子华听命于会[4]，言于齐侯曰："泄氏、孔氏、子人氏三族[5]，实违君命，君若去之以为成[6]，我以郑为内臣[7]，君亦无所不利焉。"齐侯将许之。管仲曰："君以礼与信属诸侯[8]，而以奸终之，无乃不可乎[9]？子父不奸之谓礼，守命共时之谓信[10]，违此二者，奸莫大焉。"公曰："诸侯有讨于郑，未捷；今苟有衅[11]，从之，不亦可乎？"

侯，诸侯向齐官员贡献土产以献于天子。郑伯派遣太子华在盟会听候命令，太子华对齐侯说："泄氏、孔氏、子人氏三族，违背您的命令，您如果除掉他们和郑国讲和，我把郑国作为您的臣属，您也没有不利的地方。"齐侯准备答应他。管仲说："您用礼和信会合诸侯，而用邪恶结束，大概不可以吧？儿子和父亲不相奸诈叫作礼，恪守王命、按时供给贡品叫作信，违背这两点，没有什么邪恶比这更大的了。"齐侯说："诸侯向郑国讨伐，没有取得胜利；现在如果有缝隙，利用它，不是也可以吗？"

注释　1 携：离，这里指有二心的国家。　2 怀：归顺。　3 方物：土产。　4 大(tài)：同"太"。　5 泄(xiè)氏：即隐公五年的泄驾、僖公二十年的泄堵寇。孔氏：即孔叔。子人氏：即郑厉公之弟，名语，见桓公十四年。　6 成：和解。　7 内臣：封内之臣。　8 属(zhǔ)：会合。　9 无乃：大概。　10 共时：供给以时。共，通"供"。　11 衅：缝隙，破绽。

对曰："君若绥之以德，加之以训，辞，而帅诸侯以讨郑，郑将覆亡之不暇[1]，岂敢不惧？若总其罪人以临之[2]，郑有辞矣，何惧？且夫合诸侯，以崇

管仲回答说："您如果用德行来安抚，加上训导，如果他们不接受，然后率领诸侯来讨伐郑国，郑国将没有时间挽救灭亡，岂敢不害怕？如果领着它的罪人来对付它，郑国就有理了，还害怕什么？而且会合诸侯，是为了尊崇德行。

德也。会而列奸[3],何以示后嗣?夫诸侯之会,其德、刑、礼、义,无国不记。记奸之位,君盟替矣[4]。作而不记,非盛德也。君其勿许,郑必受盟。夫子华既为大子,而求介于大国以弱其国[5],亦必不免。郑有叔詹、堵叔、师叔三良为政,未可间也。”齐侯辞焉。子华由是得罪于郑。

冬,郑伯使请盟于齐。

闰月[6],惠王崩。襄王恶大叔带之难[7],惧不立,不发丧,而告难于齐。

会合而使奸邪之人位列国君,怎么能垂示后代呢?诸侯会见时的德行、刑罚、礼仪、道义,没有哪个国家不记载。如果记载了使奸邪之人居于君位,您的盟约就被废弃了。做了却不能见于记载,便不是崇高的德行。您不答应,郑国一定会接受盟约。子华既然身为太子,却要求借助大国来削弱他的国家,也一定不能免于祸难。郑国有叔詹、堵叔、师叔三位贤明的人执政,不可能钻他们的空子。”齐侯拒绝了子华的要求。子华因此获罪于郑国。

冬,郑国派遣使者向齐国请求结盟。

闰十二月,周惠王去世。襄王担心太叔带发难,害怕不能立为国君,因此不发布丧事的消息,却向齐国报告祸难。

注释 1 覆亡:救亡。 2 总:带领,统领。临:从上面到下面来,这里有以势欺人之意。 3 列奸:使奸人在君位。列,位。 4 替:废。 5 介:凭借。 6 闰月:闰十二月。 7 襄王:即惠王太子郑。恶(wù):忧虑,畏惧。太叔带:襄王之弟,惠后之子。惠后欲立太叔带,没来得及,惠王就死了。难(nàn):祸难。

僖公八年

【经】

八年春，王正月，公会王人、齐侯、宋公、卫侯、许男、曹伯、陈世子款盟于洮[1]。郑伯乞盟。

夏，狄伐晋。

秋七月，禘于大庙[2]，用致夫人[3]。

冬十有二月丁未，天王崩[4]。

八年春，周历正月，僖公会同周人、齐侯、宋公、卫侯、许男、曹伯、陈国的世子款在洮结盟。郑伯请求参加盟会。

夏，狄国攻打晋国。

秋七月，在太庙举行禘祭，为了把哀姜的神主放在太庙里。

冬十二月十八日，周惠王去世。

注释　1 洮(táo)：曹地。　2 禘(dì)：天子诸侯宗庙的大祭。大庙：太庙，鲁国始祖周公之庙。　3 致：把新死君主的灵位放在宗庙里确定其昭穆次序叫“致”。　4 天王：即僖公七年《传》中的周惠王，七年闰十二月崩，至八年十二月始讣告诸侯，《春秋》则以告期书。

【传】

八年春，盟于洮，谋王室也。郑伯乞盟，请服也。襄王定位而后发丧。

晋里克帅师，梁由靡御[1]，虢射为右[2]，以

八年春，僖公和周人、齐侯、宋公、卫侯、许男、曹伯、陈国的世子款在洮结盟，商量安定王室。郑伯请求参加盟会，表示顺服。襄王的君位安定以后才发出讣告。

晋国的里克率领军队，梁由靡驾车，

败狄于采桑[3]。梁由靡曰:"狄无耻,从之,必大克。"里克曰:"惧之而已,无速众狄[4]。"虢射曰:"期年狄必至[5],示之弱矣。"

虢射作为车右,在采桑打败了狄人。梁由靡说:"狄人无耻,如果追击他们,必然大胜。"里克说:"使他们畏惧就行了,不要因此招来更多的狄人。"虢射说:"一年以后狄人一定来到,不去追击,就是向他们示弱了。"

夏,狄伐晋,报采桑之役也。复期月[6]。

夏,狄国攻打晋国,这是为了报复采桑的战役。印证了虢射的期年的预言。

注释 1御:驾车。 2右:车右,又称"骖乘",负责保护主帅或尊者。古代车战时,一般战车尊者居左,御者居中;主帅或国君的战车则尊者居中,御者居左。骖乘则皆居右。 3采桑:晋地。 4无:通"毋"。速:招致。 5期(jī)年:一年。以上追述七年事。 6复:这里是印证的意思。期月:义同"期年"。

秋,禘[1],而致哀姜焉[2],非礼也。凡夫人,不薨于寝[3],不殡于庙[4],不赴于同[5],不祔于姑[6],则弗致也。

秋,举行禘祭,把哀姜的神主放在太庙里,这是不合于礼的。凡是夫人,如果不死在正房里,不停棺在祖庙里,不向同盟国家发讣告,不附葬于祖姑,就不能把神主放到太庙里去。

冬,王人来告丧,难故也,是以缓。

冬,周人前来报告丧事,由于发生祸难的缘故,所以讣告迟了。

宋公疾,大子兹父固请曰:"目夷长且仁[7],君其立之!"公命子鱼[8],子鱼辞曰:"能以国让,

宋公生病,太子兹父坚决请求说:"目夷年长而且仁爱,君王还是立他为国君吧!"宋公就命令立目夷为国君,目夷推辞说:"能够把国家辞让给别人,还有比这

仁孰大焉？臣不及也，且又不顺。”遂走而退。

更大的仁爱吗？我不如他，而且不合于立君的礼制。”于是就快步退了出去。

注释 1 禘：见《经》注。 2 致：见《经》注。 3 寝：正寝。哀姜是被杀，不是死于正寝。 4 殡(bìn)：停放灵柩。 5 赴：后来写作“讣”。同：同盟之国。 6 祔(fù)：后死者附葬于先祖叫“祔”。姑：丈夫的母亲。 7 目夷：兹父庶兄。 8 子鱼：目夷的字。

僖公九年

【经】

九年春，三月丁丑，宋公御说卒[1]。

夏，公会宰周公、齐侯、宋子、卫侯、郑伯、许男、曹伯于葵丘[2]。

秋七月乙酉，伯姬卒[3]。

九月戊辰，诸侯盟于葵丘。

甲子[4]，晋侯佹诸卒。

冬，晋里克杀其君之子奚齐。

九年春，三月十九日，宋公御悦去世。

夏，僖公在葵丘会见宰周公、齐侯、宋子、卫侯、郑伯、许男、曹伯。

秋七月二十九日，伯姬去世。

九月十三日，诸侯在葵丘结盟。

十一月十日，晋侯佹诸去世。

冬，晋国的里克杀了他的国君的儿子奚齐。

注释 1 说：同“悦”。 2 宰周公：即宰孔，为周王室太宰。葵丘：齐地，在今河南兰考。 3 伯姬：鲁女，已许嫁尚未出嫁。 4 甲子：传在九月，周历当在十一月。

【传】

九年春，宋桓公卒。未葬而襄公会诸侯，故曰子。凡在丧，王曰小童，公侯曰子。

夏，会于葵丘，寻盟，且修好，礼也。

王使宰孔赐齐侯胙[1]，曰："天子有事于文、武[2]，使孔赐伯舅胙[3]。"齐侯将下拜，孔曰："且有后命。天子使孔曰：'以伯舅耋老[4]，加劳，赐一级，无下拜[5]。'"对曰："天威不违颜咫尺[6]，小白余敢贪天子之命[7]，无下拜？恐陨越于下[8]，以遗天子羞，敢不下拜？"下，拜；登，受。

九年春，宋桓公去世。还没有安葬，襄公就会见诸侯，所以《春秋》称他为"子"。凡是在丧事期间，继位的天子称小童，继位的诸侯称子。

夏，僖公和宰周公、齐侯、宋子、卫侯、郑伯、许男、曹伯在葵丘会见，重修旧盟，并且发展友好关系，这是合于礼的。

周天子派遣宰孔赐给齐侯祭祀的肉，说："天子祭祀文王、武王，让我赐给伯舅祭肉。"齐侯准备下阶跪拜，宰孔说："还有后面的命令。天子派遣我说：'因为伯舅年老，应重加慰劳，赐爵一级，不用下阶跪拜。'"齐侯回答说："天子的威严不离开我的颜面咫尺之远，小白我哪里敢接受天子的命令而不下拜呢？如果不下拜，惟恐跌落下来，给天子留下羞辱，哪里敢不下拜？"齐侯走下台阶，跪拜；登上台阶，接受祭肉。

注释 1 胙(zuò)：祭祀用的肉。 2 有事：有祭事。 3 伯舅：天子谓异姓诸侯为"伯舅"。 4 耋(dié)老：即年老。七八十岁的年纪为"耋"。 5 无：通"毋"。 6 咫(zhǐ)：八寸曰咫。咫尺，形容很近。 7 小白：齐侯名。"小白"和"余"为同位主语。贪：受。 8 陨越：坠落。

秋，齐侯盟诸侯于葵丘，曰："凡我同盟之人，既盟之后，言归于好。"宰孔先归，遇晋侯曰："可无会也[1]。齐侯不务德而勤远略[2]，故北伐山戎，南伐楚，西为此会也。东略之不知，西则否矣。其在乱乎！君务靖乱[3]，无勤于行。"晋侯乃还。

九月，晋献公卒。里克、丕郑欲纳文公，故以三公子之徒作乱[4]。初，献公使荀息傅奚齐。公疾，召之，曰："以是藐诸孤辱在大夫[5]，其若之何？"稽首对曰："臣竭其股肱之力，加之以忠贞。其济，君之灵也，不济，则以死继之。"公曰："何谓忠贞？"对曰："公家之利[6]，知无不为，忠也；送往事居[7]，耦俱无猜[8]，贞也。"

秋，齐侯在葵丘会盟诸侯，说："凡是我们一起结盟的人，已经结盟之后，就归于和好。"宰孔先回国，遇到晋侯说："可以不参加盟会了。齐侯不致力于德行而忙于远征，所以在北边攻打山戎，在南边攻打楚国，在西边举行这次盟会。不知是否向东边征伐，攻打西边是不会了。大概是想乘其祸难吧！您应该致力于平定国内的祸难，不要忙于参加盟会。"晋侯就回国了。

九月，晋献公去世。里克、丕郑想接纳文公为国君，所以凭借三位公子的党羽作乱。起初，献公派荀息辅佐奚齐。献公生病，召见荀息，说："把这个弱小的孤儿托付给您，您怎么办呢？"荀息叩头回答说："我竭尽辅助的力量，加上忠贞。事情成功，是君主的威灵，不成功，便继之以死。"献公说："什么叫忠贞？"回答说："公室的利益，知道了没有不做的，这是忠；送走过去的，侍奉活着的，两方面都没有猜疑，这是贞。"

注释　1 无：通"毋"。　2 务：致力，从事。略：征伐，掠夺。　3 靖：安定，平定。 4三公子之徒:指申生、重耳、夷吾的党羽。 5藐:小,弱。诸:通“者”,相当于“的”。 6公家:公室,诸侯的家族。 7往:死者。居:生者。 8耦:指死者和生者。

及里克将杀奚齐,先告荀息曰:“三怨将作[1],秦晋辅之,子将何如?”荀息曰:“将死之。”里克曰:“无益也!”荀叔曰:“吾与先君言矣,不可以贰[2],能欲复言而爱身乎[3]?虽无益也,将焉辟之[4]?且人之欲善,谁不如我?我欲无贰,而能谓人已乎[5]?”

冬十月,里克杀奚齐于次[6]。书曰:“杀其君之子。”未葬也。荀息将死之,人曰:“不如立卓子而辅之。”荀息立公子卓以葬。十一月,里克杀公子卓于朝。荀息死之。君子曰:“《诗》所谓‘白圭之玷[7],尚可磨也;斯言之玷,不可为也’,荀息有焉。”

到了里克将要杀奚齐的时候,里克预先告诉荀息说:“三方面的怨恨将要发作了,秦国和晋国都帮助他们,您将怎么办呢?”荀息说:“将死去。”里克说:“没有用处啊!”荀息说:“我同先君说过了,不可以有二心,能够想实践诺言而又爱惜生命吗?虽然没有用处,又怎么能逃避呢?而且人们想为善的,谁不是像我一样?我想没有二心,却能对别人说不要这样做吗?”

冬十月,里克在居丧的地方杀死了奚齐。《春秋》记载说:“杀其君之子。”这是由于献公还没有安葬,奚齐还不能称君的缘故。荀息准备自杀,有人说:“不如立卓子为国君而辅助他。”荀息立了公子卓为国君而安葬了献公。十一月,里克在朝廷杀死了公子卓。荀息自杀了。君子说:“《诗》所说‘白圭玉上的斑点,还可以磨掉;说话有了斑点,是不可以去掉的’,荀息就是这样的啊!”

注释 1 三怨：即前文三公子之徒。 2 贰：有二心。 3 复言：实践诺言。 4 辟：同“避”。 5 已：止。 6 次：丧次，居丧时住的地方，类似茅屋。 7 圭：一种玉器。玷(diàn)：白玉上的斑点。诗见《诗经·大雅·抑》。

齐侯以诸侯之师伐晋，及高梁而还[1]，讨晋乱也。令不及鲁，故不书。

晋郤芮使夷吾重赂秦以求入[2]，曰：“人实有国，我何爱焉？入而能民[3]，土于何有[4]？”从之。齐隰朋帅师会秦师纳晋惠公[5]。秦伯谓郤芮曰：“公子谁恃？”对曰：“臣闻亡人无党[6]，有党必有仇。夷吾弱不好弄[7]，能斗不过，长亦不改，不识其他。”

齐侯率领诸侯的军队攻打晋国，到达高梁才回国，这是为了讨伐晋国的祸乱。因为命令没有到达鲁国，所以《春秋》没有记载。

晋国的郤芮让夷吾送给秦国重礼来请求秦国帮助他回国，说：“人家占有了国家，我们有什么爱惜的？回国而得到百姓，土地有什么了不起？”夷吾听从了。齐国的隰朋率领军队会合秦国的军队使晋惠公回国即位。秦伯对郤芮说：“公子依靠谁呢？”回答说：“我听说逃亡的人没有朋党，有朋党必然有仇敌。夷吾年轻时不喜欢戏耍，能够争斗但是不过分，长大了也没有改变，其他的就不了解了。

注释 1 高梁：晋地，在今山西临汾东北。 2 赂：赠送别人财物。 3 能：得。 4 土于何有：即何有于土。 5 隰：音 xí。 6 党：党羽。 7 弱：年轻。好(hào)：喜爱。弄：戏耍。

公谓公孙枝曰[1]：“夷吾其定乎？”对曰：“臣闻之，唯则定国。《诗》曰：

秦伯对公孙枝说：“夷吾可以安定国家吗？”回答说：“我听说，只有行为合乎准则才能安定国家。《诗》说：‘无知

‘不识不知,顺帝之则。[2]’文王之谓也。又曰:‘不僭不贼[3],鲜不为则[4]。’无好无恶[5],不忌不克之谓也[6]。今其言多忌克,难哉!”公曰:“忌则多怨,又焉能克?是吾利也!”

宋襄公即位,以公子目夷为仁,使为左师以听政[7],于是宋治。故鱼氏世为左师[8]。

无识,顺应天帝的准则。’这说的是文王啊。又说:‘不虚假,不伤残,很少不能做典范。’没有爱好,没有厌恶,这说的是既不会猜忌也不会取胜。现在他的言语却有很多的猜忌和好胜心,要他来安定国家,难啊!”秦伯说:“猜忌就多怨恨,又怎么能取胜?这是我们国家的利益啊!”

宋襄公即位,认为公子目夷仁爱,让他做左师来处理政务,宋国因此大治。所以他的后人鱼氏世世代代承袭左师之官。

注释 1 公孙枝:秦大夫。 2 引诗见《诗经·大雅·皇矣》。 3 僭(jiàn):虚假,不真实。贼:伤害。 4 鲜(xiǎn):少。引诗见《诗经·大雅·抑》。 5 好(hào):喜爱。恶(wù):厌恶。 6 忌:猜忌。克:战胜。 7 左师:执政官名。 8 鱼氏:目夷字子鱼,其后以鱼为氏。

僖公十年

【经】

十年春,王正月,公如齐。

狄灭温,温子奔卫。

晋里克弑其君卓及其大夫荀息[1]。

十年春,周历正月,僖公到齐国去。

狄人灭亡了温国,温子逃亡到卫国。

晋国的里克杀了他的君主卓以及大夫荀息。

夏，齐侯、许男伐北戎。

晋杀其大夫里克。

秋七月。

冬，大雨雪。

夏，齐侯、许男攻打北戎。

晋国杀了他们的大夫里克。

秋七月。

冬，下很大的雪。

注释 1 卓被杀《传》在九年十月，《经》在十年正月，亦夏正和周正之别。

【传】

十年春，狄灭温，苏子无信也。苏子叛王即狄[1]，又不能于狄[2]，狄人伐之，王不救，故灭。苏子奔卫。

夏四月，周公忌父、王子党会齐隰朋立晋侯[3]。晋侯杀里克以说[4]。将杀里克，公使谓之曰："微子，则不及此。虽然，子杀二君与一大夫，为子君者，不亦难乎？"对曰："不有废也，君何以兴？欲加之罪，其无辞乎？臣闻命矣。"伏剑而死。于是丕郑聘于秦，且谢缓赂[5]，故不及。

晋侯改葬共大子[6]。

十年春，狄人灭亡温国，这是由于苏子没有信义。苏子背叛周天子而投奔狄人，又同狄人相处不来，狄人攻打他，周王不救援，所以灭亡。苏子逃亡到卫国。

夏四月，周公忌父、王子党会同齐国的隰朋立了晋侯。晋侯杀掉里克来为自己释嫌。将要杀掉里克的时候，晋侯派人对里克说："如果没有您，我就不能到这个地步。尽管如此，您杀了两个国君和一个大夫，做您的君主的人，不是太难了吗？"回答说："没有人被废除，您怎么能兴起？想给人加上罪名，还怕没有理由吗？我听到命令了。"用剑自杀而死。这时丕郑在秦国聘问，也为了推迟送礼而去致歉，所以没有碰上这场祸难。

晋侯改葬共太子。

注释 1即:靠近。 2能:得,相得,互相投合。 3周公忌父:疑即宰孔。 4说:解释,以释篡位之嫌。 5谢:道歉。缓赂:谓推迟送礼。赂,当指九年“夷吾重赂秦以求入”之“赂”。 6共太子:即申生。共,通“恭”。

秋,狐突适下国[1],遇大子。大子使登,仆[2],而告之曰:“夷吾无礼,余得请于帝矣,将以晋畀秦[3],秦将祀余。”对曰:“臣闻之:‘神不歆非类[4],民不祀非族。’君祀无乃殄乎[5]?且民何罪?失刑、乏祀[6],君其图之!”君曰:“诺,吾将复请。七日,新城西偏,将有巫者而见我焉[7]。”许之,遂不见。及期而往,告之曰:“帝许我罚有罪矣,敝于韩[8]。”

秋,狐突到曲沃去,遇见太子。太子让他登车,作为御者,告诉他说:“夷吾无礼,我向天帝请求并且得到同意,将把晋国送给秦国,秦国将祭祀我。”狐突回答说:“我听说:‘神灵不享受别族的祭品,百姓不祭祀不是本族的人。’您的祭祀大概要断绝了吧?而且百姓有什么罪?处罚不当而又祭祀断绝,您还是考虑考虑吧!”太子说:“好,我将再次请求。过七天,新城的西边,我将依附于一个巫人出现。”狐突同意去见巫人,接着太子不见了。到时候前去,巫人告诉狐突说:“天帝答应我惩罚有罪的人了,他将败在韩。”

丕郑之如秦也,言于秦伯曰:“吕甥、郤称、冀芮实为不从[9],若重问以召之[10],臣出晋君,君纳重耳,蔑不济矣[11]。”

丕郑到秦国去后,对秦伯说:“吕甥、郤称、冀芮是不同意给秦国土地财货的,如果用重礼来召请他们,我让晋国国君出走,您使重耳回国即位,没有不成功的。”

注释 1狐突:人名。下国:陪都,即曲沃。 2仆:为太子驾车。 3畀(bì):给以。 4歆(xīn):祭祀时鬼神享受祭品的香气叫“歆”。 5殄(tiǎn):灭绝。

6 乏:废。 7 偏:边。见:同“现”,谓太子将凭附于巫者而出现。 8 敝:败。 9 冀芮:即郤芮。不从:不同意给秦赂。 10 问:礼物。 11 蔑:无。

冬,秦伯使泠至报问[1],且召三子。郤芮曰:“币重而言甘,诱我也。”遂杀丕郑、祁举及七舆大夫[2]:左行共华、右行贾华、叔坚、骓歂、累虎、特宫、山祁,皆里、丕之党也[3]。丕豹奔秦[4],言于秦伯曰:“晋侯背大主而忌小怨,民弗与也。伐之,必出。”公曰:“失众,焉能杀?违祸,谁能出君?”

冬,秦伯派遣泠至到晋国回聘,给吕甥等人赠送财礼,并且召请这三个人。郤芮说:“财礼贵重而说话甘甜,这是在诱骗我们。”于是杀了丕郑、祁举及七舆大夫:左行共华、右行贾华、叔坚、骓歂、累虎、特宫、山祁,都是里克、丕郑的党羽。丕豹逃亡到秦国,对秦伯说:“晋侯背叛大主而忌恨小怨,百姓不拥护他。攻打他,一定被赶走。”秦伯说:“失去群众,哪里还能杀掉大臣?百姓都要逃离祸难,谁能赶走国君?”

注释 1 泠(líng):秦大夫。报:报聘,报答回访。问:赠送礼物。 2 七舆大夫:侯伯有副车七乘,每车一大夫主之。 3 行:音 háng。共:音 gōng。骓歂:音 zhuī chuán。累:音 léi。 4 丕豹:丕郑之子。

僖公十一年

【经】

十有一年春,晋杀其大夫丕郑父[1]。

十一年春,晋国杀了他们的大夫丕郑父。

夏，公及夫人姜氏会齐侯于阳谷[2]。

秋八月，大雩[3]。

冬，楚人伐黄。

夏，僖公与夫人姜氏在阳谷会见齐侯。

秋八月，举行盛大的雩祭。

冬，楚国人攻打黄国。

注释 1 父(fǔ)：又写作"甫"，古时用在男子名后的美称。杀丕郑父事《传》在十年，《经》在十一年，此是夏正和周正的不同。 2 阳谷：齐地。 3 雩：求雨的祭祀。

【传】

十一年春，晋侯使以丕郑之乱来告。

天王使召武公、内史过赐晋侯命[1]，受玉惰。过归，告王曰："晋侯其无后乎！王赐之命，而惰于受瑞，先自弃也已，其何继之有？礼，国之干也[2]；敬，礼之舆也[3]。不敬，则礼不行；礼不行，则上下昏，何以长世？"

夏，扬、拒、泉、皋、伊、洛之戎同伐京师，入王城，焚东门，王子带召之也。秦、晋伐戎以救周。秋，晋侯平

十一年春，晋侯派遣使者前来报告丕郑之乱。

天王派遣召武公、内史过赐给晋侯宠命，晋侯接受赐玉时懒洋洋的。过回去，告诉周天子说："晋侯大概没有继承人了吧！天子赐给他宠命，却懒洋洋地接受瑞玉，这是首先自己抛弃自己了，还会有什么继承人？礼，是国家的躯干；敬，是载礼的车箱。不恭敬，礼就不能实施；礼不能实施，上下就会昏乱，怎么能够延长寿命？"

夏，扬、拒、泉、皋、伊、洛的戎人一起攻打京师，进入王城，焚烧东门，这是王子带引进来的。秦国、晋国攻打戎人来救援周朝。秋，晋侯让戎人

戎于王[4]。

黄人不归楚贡。冬，楚人伐黄。

和周天子讲和。

黄国人不给楚国贡品。冬，楚国人攻打黄国。

注释 1 内史：官名。过：人名。命：宠命，加恩特赐的任命。 2 干(gàn)：躯干。 3 舆：车箱。 4 平：讲和。

僖公十二年

【经】

十有二年春，王三月庚午，日有食之[1]。

夏，楚人灭黄。

秋七月。

冬十有二月丁丑，陈侯杵臼卒。

十二年春，周历三月一日，发生日食。

夏，楚国人灭亡黄国。

秋七月。

冬十二月十一日，陈侯杵臼去世。

注释 1 此年实用商正建丑，日食当在周历四月庚午朔，经误“四”为“三”。 2 陈侯杵臼(chǔjiù)：即陈宣公，名杵臼。

【传】

十二年春，诸侯城卫楚丘之郛[1]，惧狄难也。

黄人恃诸侯之睦于

十二年春，诸侯在卫国楚丘的外城修筑城墙，因为害怕狄人骚扰。

黄国人仗恃诸侯同齐国的和睦关

齐也，不共楚职[2]，曰："自郢及我九百里[3]，焉能害我？"夏，楚灭黄。

王以戎难故，讨王子带。秋，王子带奔齐。

冬，齐侯使管夷吾平戎于王[4]，使隰朋平戎于晋。王以上卿之礼飨管仲[5]，管仲辞曰："臣，贱有司也[6]，有天子之二守国、高在[7]，若节春秋来承王命[8]，何以礼焉？陪臣敢辞[9]。"王曰："舅氏[10]，余嘉乃勋，应乃懿德[11]，谓督不忘[12]。往践乃职[13]，无逆朕命[14]！"管仲受下卿之礼而还[15]。

君子曰："管氏之世祀也宜哉！让不忘其上。《诗》曰：'恺悌君子，神所劳矣[16]。'"

系，不供给楚国贡品，说："从郢都到我国有九百里，怎么能危害我国？"夏，楚国灭亡黄国。

天子因为戎人骚扰的缘故，讨伐王子带。秋，王子带逃亡到齐国。

冬，齐侯派管夷吾让戎人同周天子讲和，派隰朋让戎人同晋国讲和。天子用上卿的礼节招待管仲，管仲辞谢说："陪臣是低贱的官员，有天子任命的两位守臣国子、高子在齐国，如果他们依春、秋朝聘的时节来接受天子的命令，您用什么礼节招待他们呢？陪臣谨敢辞谢。"天子说："舅氏，我嘉奖你的功勋，接受你的美德，这可以说是笃厚而不能忘记的。去履行你的上卿的职务，不要违背我的命令。"管仲最终还是接受了下卿的礼节而回国。

君子说："管氏世世代代受到祭祀，这是应该的啊！谦让而不忘记爵位比他高的上卿。《诗》说：'和蔼平易的君子，是神灵保佑的人。'"

注释　1 郛(fú)：外城。　2 共(gōng)：通"供"。职：职贡，贡品。　3 郢：楚都，在今湖北江陵。　4 平：讲和。　5 飨(xiǎng)：用酒食招待人。　6 有司：官员。　7 国、高：国子、高子，齐上卿，天子所命。管仲为下卿，齐侯所命。守：犹言守臣，诸侯对天子自称守臣，国、高二氏亦天子所命，故亦天子之守臣。 8 节春秋：犹言依春、秋的时节，古时朝聘常在春、秋之时。9 陪臣：诸侯之臣。 10 天子称异姓诸侯为"舅氏"，则异姓诸侯之臣亦称为"舅氏"。 11 应：受。 12 督：通"笃"，厚实。 13 践：履行。职：此处似指上卿之职。 14 无：通"毋"。 15 王引之认为"受"前当有"卒"字。 16 恺悌(kǎitì)：和乐平易。劳：佑助。引诗见《诗经·大雅·旱麓》。

僖公十三年

【经】

十有三年春，狄侵卫。

夏四月，葬陈宣公。

公会齐侯、宋公、陈侯、卫侯、郑伯、许男、曹伯于咸[1]。

秋九月，大雩。

冬，公子友如齐。

十三年春，狄人侵袭卫国。

夏四月，安葬陈宣公。

僖公在咸会见齐侯、宋公、陈侯、卫侯、郑伯、许男、曹伯。

秋九月，举行盛大的雩祭。

冬，公子友到齐国去。

注释 1 咸：卫地，在今河南濮阳东南。

【传】

十三年春，齐侯使仲孙湫聘于周[1]，且言王子带[2]。事毕，不与王言。归，复命曰："未可，王怒未怠[3]，其十年乎！不十

十三年春，齐侯派遣仲孙湫到周聘问，而且要他说说王子带的事情。朝聘完了，仲孙湫没有同周天子说起王子带。回国，向齐侯回复说："还不行，天子的怒气还没有缓和，大概要等十年吧！不到十

年，王弗召也。”

夏，会于咸，淮夷病杞故，且谋王室也。

秋，为戎难故，诸侯戍周。齐仲孙湫致之。

年，天子不会召回王子带。”

夏，僖公同诸侯在咸会见，这是因为淮夷使杞国担心的缘故，同时也是为了商量安定周王室。

秋，因为戎人骚扰的缘故，诸侯派兵戍守成周。齐国的仲孙湫带领军队前去。

注释 1 湫：音 jiǎo。 2 十二年王子带奔齐，齐侯想让周襄王召回王子带。 3 怠：缓。

冬，晋荐饥[1]，使乞籴于秦[2]。秦伯谓子桑："与诸乎[3]？"对曰："重施而报[4]，君将何求？重施而不报，其民必携[5]。携而讨焉，无众必败。"谓百里[6]："与诸乎？"对曰："天灾流行，国家代有[7]。救灾、恤邻，道也。行道，有福。"丕郑之子豹在秦，请伐晋。秦伯曰："其君是恶[8]，其民何罪？"秦于是乎输粟于晋。自雍及绛相继[9]，命之曰"泛舟之役[10]"。

冬，晋国连续两年发生饥荒，派人到秦国请求购买粮食。秦伯对子桑说："给他们吗？"回答说："再次给予恩惠而报答我们，您还要求什么？再次给予恩惠而不报答我们，他们的百姓必然离心。百姓离心然后讨伐他们，他们没有百姓必然失败。"秦伯对百里奚说："给他们吗？"回答说："天灾流行，总是在各个国家交替发生的。救援灾荒、抚恤邻邦，这是符合道义的。按道义办事，就会有福禄。"丕郑的儿子豹在秦国，请求秦国攻打晋国。秦伯说："厌恶他们的国君，他们的百姓有什么罪？"秦国于是把粮食输送给晋国。从雍到绛船只相连接，被称作"泛舟之役"。

注释　1 荐:重,频。饥:饥荒,年成不好。　2 籴(dí):买进粮食。　3 诸:之。　4 重施:指既使夷吾回国即位,又给他们粮食。重,再一次。　5 携:离。　6 百里:即百里奚。　7 代:交替,轮流。　8 恶(wù):厌恶。　9 雍:秦都,在今陕西凤翔南。绛:晋都。　10 泛:浮。

僖公十四年

【经】

十有四年春,诸侯城缘陵[1]。

夏六月,季姬及鄫子遇于防[2]。使鄫子来朝。

秋八月辛卯,沙鹿崩[3]。

狄侵郑。

冬,蔡侯肸卒[4]。

十四年春,诸侯在缘陵修筑城墙。

夏六月,季姬和鄫子在防相遇。季姬使鄫子前来朝见。

秋八月五日,沙鹿山崩塌。

狄人侵袭郑国。

冬,蔡侯肸去世。

注释　1 缘陵:齐地,在今山东昌乐。　2 季姬:僖公小女。鄫(zēng):国名,在今山东兰陵。防:宋地,在今山东曲阜东。　3 沙鹿:杜预注认为是晋国山名,在今河北大名东。　4 肸:音 xī。

【传】

十四年春,诸侯城缘陵而迁杞焉。不书其人,有阙也。

十四年春,诸侯在缘陵筑城,然后把杞国迁进去。《春秋》不记载筑城的人,这是由于文字有缺。

鄫季姬来宁[1]，公怒，止之[2]，以鄫子之不朝也。夏，遇于防，而使来朝。

秋八月辛卯，沙鹿崩。晋卜偃曰[3]："期年将有大咎[4]，几亡国[5]。"

冬，秦饥[6]，使乞籴于晋[7]，晋人弗与。庆郑曰："背施，无亲；幸灾，不仁；贪爱，不祥；怒邻，不义。四德皆失，何以守国？"虢射曰："皮之不存，毛将安傅？"庆郑曰："弃信、背邻，患孰恤之？无信，患作；失援，必毙。是则然矣。"虢射曰："无损于怨，而厚于寇，不如勿与。"庆郑曰："背施、幸灾，民所弃也。近犹仇之，况怨敌乎？"弗听。退曰："君其悔是哉！"

鄫季姬回来省视父母，僖公发怒，留下季姬不让她回去，因为鄫子不来朝见。夏，季姬在防与鄫子临时会见，使鄫子前来朝见。

秋八月五日，沙鹿山崩塌。晋国的卜偃说："一年后将有大难，几乎要亡国。"

冬，秦国发生灾荒，派人向晋国请求买进粮食，晋国人不给。庆郑说："背弃恩惠，就没有亲人；庆幸别人的灾祸，这是不仁；贪图爱惜的东西，就会不吉祥；使邻国愤怒，这是不义。四种道德都丢掉了，用什么来守卫国家？"虢射说："皮已经不存在，毛又依附在哪里？"庆郑说："丢掉信用、背弃邻国，谁来抚恤患难？没有信用，祸患就会发生；失去援助，一定会灭亡。这件事就可以印证了。"虢射说："给了粮食不会使怨恨减少，反而增加敌人的实力，不如不给。"庆郑说："背弃恩惠、庆幸别人的灾祸，这是百姓唾弃的行为。亲近的人尚且仇视，何况怨恨的敌人呢？"惠公不听。庆郑退下来说："国君将要为这件事后悔啊！"

注释 1 宁：探望、省视父母。 2 止：留。 3 卜偃：名偃的卜官。 4 期(jī)年：一年。咎：灾祸。 5 几(jī)：几乎。 6 饥：灾荒，年成不好。 7 籴：买进粮食。

僖公十五年

【经】

十有五年春，王正月，公如齐。

十五年春，周历正月，僖公到齐国去。

楚人伐徐。

楚国人攻打徐国。

三月，公会齐侯、宋公、陈侯、卫侯、郑伯、许男、曹伯盟于牡丘[1]，遂次于匡[2]。公孙敖帅师及诸侯之大夫救徐。

三月，僖公会同齐侯、宋公、陈侯、卫侯、郑伯、许男、曹伯在牡丘结盟，接着驻扎在匡。公孙敖率领军队以及诸侯的大夫救援徐国。

夏五月，日有食之。

夏五月，发生日食。

秋七月，齐师、曹师伐厉。

秋七月，齐国、曹国攻打厉国。

八月，螽[3]。

八月，发生蝗灾。

九月，公至自会。

九月，僖公会盟回来。

季姬归于鄫。

季姬回到鄫国。

己卯晦[4]，震夷伯之庙[5]。

三十日，雷击夷伯的庙宇。

冬，宋人伐曹。

冬，宋国人攻打曹国。

楚人败徐于娄林[6]。

楚国人在娄林大败徐国。

十有一月壬戌，晋侯及秦伯战于韩[7]，获晋侯。

十一月十四日，晋侯同秦伯在韩作战，秦伯俘虏了晋侯。

注释 1 牡丘：疑为齐地，在今山东聊城茌平区。 2 匡：宋地，在今河南睢县。 3 螽(zhōng)：一种吃农作物的害虫。 4 晦：每月的最后一天。

5 震：雷击。夷伯：鲁大夫，展氏的祖父。“夷”为谥号，“伯”是字。 6 娄林：徐地。 7 韩：晋地。

【传】

十五年春，楚人伐徐，徐即诸夏故也[1]。三月，盟于牡丘，寻葵丘之盟，且救徐也。孟穆伯帅师及诸侯之师救徐，诸侯次于匡以待之。

十五年春，楚国人攻打徐国，这是徐国亲近诸夏的缘故。三月，诸侯在牡丘结盟，这是为了重修葵丘的盟约，而且为了救援徐国。孟穆伯率领军队与诸侯的军队一起救援徐国，诸侯的军队驻扎在匡地等待他。

夏五月，日有食之。不书朔与日，官失之也。

夏五月，发生日食。不记载朔和日，这是史官漏记了。

秋，伐厉，以救徐也。

秋，攻打厉国，用这样的方式救援徐国。

晋侯之入也，秦穆姬属贾君焉[2]，且曰：“尽纳群公子[3]。”晋侯烝于贾君[4]，又不纳群公子，是以穆姬怨之。晋侯许赂中大夫，既而皆背之。赂秦伯以河外列城五，东尽虢略[5]，南及华山，内及解梁城，既而不与。晋饥，秦输之粟；秦饥，晋闭之籴，故秦伯伐晋。

晋侯回国即位的时候，秦穆姬把贾君嘱托给他，并且对他说：“让公子们全部回国。”晋侯与贾君淫乱，又不接纳群公子回国，因此秦穆姬怨恨他。晋侯曾答应给中大夫赠送财礼，不久都背弃了诺言。答应送给秦伯黄河以西和以南的五座城，东边到虢略，南边到华山，黄河之内到解梁城，后来又不给了。晋国发生饥荒，秦国输送粮食给晋国；秦国发生饥荒，晋国却拒绝他买粮，所以秦伯攻打晋国。

注释 1 即:靠近。 2 秦穆姬:申生之姊,秦穆公夫人。属(zhǔ):委托。贾君:太子申生之妃。 3 群公子:献公有九子,申生、奚齐、卓子已死,夷吾已立,尚有重耳等五人。 4 烝:以下淫上。 5 虢略:晋地名。

卜徒父筮之[1],吉:“涉河,侯车败[2]。”诘之[3],对曰:“乃大吉也!三败,必获晋君。其卦遇蛊䷑[4],曰:‘千乘三去[5],三去之余,获其雄狐[6]。’夫狐蛊,必其君也。蛊之贞,风也;其悔,山也[7]。岁云秋矣,我落其实,而取其材,所以克也。实落材亡,不败何待?”

卜徒父占筮,吉利:“渡过黄河,晋侯的战车毁坏。”秦伯追问,回答说:“这是大吉啊!打败他们三次,必定俘虏晋国的国君。这一卦占到了蛊卦䷑,占辞说:‘千辆兵车三次被驱逐,三次驱逐之后,就一定俘虏他们的雄狐。’这个雄狐,一定是他们的国君。蛊的内卦是风;蛊的外卦是山。时节已到秋天了,我们的风吹到他们的山上,吹落他们的果实,而且取得他们的木材,因此能够取胜。果实落了,木材丢了,他们不失败还等待什么呢?”

注释 1 卜徒父:秦国叫徒父的卜官。 2 侯车:公侯之车,此指晋侯之车。 3 诘:追问。 4 蛊(gǔ):《周易》卦名,外卦为艮(gèn),内卦为巽(xùn)。 5 乘(shèng):四马一车。去(qū):通“驱”,驱逐。 6 据《九家易》,艮为狐,其象为狐,主五爻(yáo),五为君位,其象为雄狐。此三句为卦兆的占辞,今本《周易》无此文。 7 贞:《易》的内卦,即下三爻,蛊卦的内卦是巽,象征风。悔:《易》的外卦,即上三爻,蛊卦的外卦是艮,象征山。

三败及韩。晋侯谓庆郑曰:“寇深矣,若之何?”对曰:“君实深之,

秦军三次击败晋军,抵达韩。晋侯对庆郑说:“敌人已经深入了,拿他们怎么办?”回答说:“您让他们深入的,能怎

可若何？”公曰：“不孙[1]！”卜右，庆郑吉，弗使。步扬御戎[2]，家仆徒为右[3]。乘小驷[4]，郑入也。庆郑曰：“古者大事，必乘其产，生其水土，而知其人心；安其教训，而服习其道[5]；唯所纳之[6]，无不如志。今乘异产以从戎事[7]，及惧而变，将与人易[8]。乱气狡愤，[9]阴血周作[10]，张脉偾兴[11]，外强中干，进退不可，周旋不能，君必悔之。”弗听。

么办？”晋侯说：“放肆！”占卜车右的人选，庆郑得吉卦，但是晋侯不用他。让步扬驾御战车，家仆徒作为车右。用小驷拉车，小驷是郑国献纳的。庆郑说：“古代在战争期间，一定用本国的马驾车，出生在这块水土上，懂得主人的心意；安于主人的教训，熟悉这里的道路；随便你怎样牵动指挥它，没有不如人意的。现在用别国出产的马驾车来从事战争，等到它恐惧而发生变故，将会与人的意志相违背。出气不匀，烦躁不安，血液在全身奔流，血管涨起，紧张兴奋，外似强大，内则虚弱，不能进，不能退，不能旋转，您必定要后悔的。”晋侯不听从。

注释 1 孙(xùn)：通“逊”，恭顺。 2 步扬：郤犨(chōu)之父。御戎：驾驭战车。 3 家仆徒：晋大夫。 4 乘：驾车。小驷：马名。 5 服：与“习”同义。 6 纳：通“軜(nà)”，骖马内侧的缰绳，这里用作动词，牵的意思。 7 异产：异国所产。戎事：战争。 8 易：背，违反。 9 狡愤：烦躁不安。 10 阴血：身内的血。 11 张脉：血管涨起。张，通“涨”。偾(fèn)：奋起。

九月，晋侯逆秦师[1]，使韩简视师[2]，复曰：“师少于我，斗士倍我。”公曰：“何故？”对

九月，晋侯迎战秦国的军队，派韩简去察看秦国的军队，韩简回来说：“秦国军队比我们少，战斗人员却超过我们一倍。”晋侯说：“什么缘故？”回答说：“我们逃亡

曰:“出因其资,入用其宠,饥食其粟[3],三施而无报,是以来也。今又击之,我怠[4],秦奋,倍犹未也。”公曰:“一夫不可狃[5],况国乎?”遂使请战,曰:“寡人不佞[6],能合其众而不能离也。君若不还,无所逃命。”秦伯使公孙枝对曰:“君之未入,寡人惧之;入而未定列,犹吾忧也。苟列定矣,敢不承命。”韩简退曰:“吾幸而得囚。”

的时候依靠他们的资助,回来时也凭借他们的宠信,发生饥荒时又吃他们的粮食,他们三次给我们恩惠而我们却没有报答,因此他们才来。现在又要攻击他们,我国的士气懈怠,秦国的士气振奋,斗志相差一倍还不止呢。”晋侯说:“一个人尚且不可以轻视,何况一个国家呢?”于是让韩简去约战,对秦伯说:“我不才,能集合我的部下却不能使他们离散。您如果不回去,我们将没有地方逃避命令。”秦伯派公孙枝回答说:“晋君没有回国,我为他忧惧;回来了但是君位没有定下来,还是我的忧虑。如果君位定下来了,我哪里敢不接受作战的命令。”韩简退回来说:“我如果能被囚禁就是幸运了。”

注释 1 逆:迎。 2 韩简:晋大夫。 3 饥:饥荒。 4 怠:松懈。指士气不高。 5 狃(niǔ):轻视。 6 佞:才。

壬戌,战于韩原。晋戎马还泞而止[1]。公号庆郑[2]。庆郑曰:“愎谏、违卜[3],固败是求,又何逃焉?”遂去之。梁由靡御韩简,虢射为右,辂秦伯[4],将止之[5]。郑

十四日,在韩原作战。晋侯的小驷马陷在泥泞里盘旋不出。晋侯呼叫庆郑。庆郑说:“不听劝谏,违背占卜的结果,原本是在求失败,又逃到哪里去呢?”于是离开他。梁由靡驾御韩简的战车,虢射作为车右,迎战秦伯,

以救公误之[6]，遂失秦伯。秦获晋侯以归。晋大夫反首拔舍从之[7]。秦伯使辞焉，曰："二三子何其戚也？寡人之从晋君而西也[8]，亦晋之妖梦是践[9]，岂敢以至[10]？"晋大夫三拜稽首曰[11]："君履后土而戴皇天[12]，皇天后土，实闻君之言，群臣敢在下风。"

将要俘虏秦伯。庆郑因为救援晋侯而耽误了，于是失掉了秦伯。秦国俘虏了晋侯回国。晋国的大夫披头散发拔起帐篷跟着秦伯。秦伯派人辞谢说："你们几位为什么如此忧愁啊？我跟随晋国国君往西去，只是为了应验晋国的妖梦，难道敢做得太过分吗？"晋国的大夫拜了三次然后叩头说："您踩着后土而顶着皇天，皇天后土，都听到了您的话，我们下臣谨在下边听从您的吩咐。"

注释　1 还(xuán)：盘旋。泞：泥泞。　2 号(háo)：大声喊叫。　3 愎(bì)：任性，固执。　4 辂：通"迓(yà)"，迎。　5 止之：阻止他，即俘虏他。　6 郑：即庆郑。　7 晋大夫：指郤乞等。反首：披头散发。舍：行军扎营的帐篷。　8 石经初刻有"晋"字，今据补。　9 妖梦：指僖公十年《传》狐突于曲沃遇太子申生事。　10 以：通"已"，太。至：甚，过分。　11 三拜稽首：拜三次，然后手、头至地，为将要灭亡或已经灭亡的国家的人所行的礼节。　12 履：踏，践。后土：地神或土神。

穆姬闻晋侯将至，以大子罃、弘与女简璧登台而履薪焉[1]。使以免服衰绖逆[2]，且告曰："上天降灾，使我两君匪以玉帛相见[3]，而以兴戎。若晋君朝以入，则

穆姬听说晋侯要到了，便带着太子罃、儿子弘和女儿简璧登上高台，踩着柴草。派人免冠束发穿着孝服去迎接秦伯，并且告诉秦伯说："上天降下灾难，使我们两国的君主不是用玉帛相见而是兴动甲兵。如果晋国君主早晨进入国都，那么我晚上就死；晚上进入国都，那么我早晨

婢子夕以死;夕以入,则朝以死。唯君裁之!”乃舍诸灵台[4]。大夫请以入。公曰:“获晋侯,以厚归也;既而丧归,焉用之?大夫其何有焉?且晋人戚忧以重我[5],天地以要我[6]。不图晋忧,重其怒也;我食吾言,背天地也。重怒难任[7],背天不祥。必归晋君。”公子絷曰:“不如杀之,无聚慝焉[8]。”子桑曰:“归之而质其大子[9],必得大成。晋未可灭,而杀其君,只以成恶。且史佚有言曰[10]:‘无始祸[11],无怙乱[12],无重怒。’重怒难任,陵人不祥[13]。”乃许晋平[14]。

就死。请您裁夺!”于是秦伯把晋侯安置在郊外的灵台。大夫请求把晋侯带进国都。秦伯说:“俘虏了晋侯,这是带着丰厚的收获回来的;但如果穿着丧服回来,这些收获有什么用呢?大夫又能得到什么好处?而且晋国人用他们的忧伤感动我,用天地约束我。不考虑晋国的忧愁,就会加重他们的愤怒;如果我自食其言,就是违背天地。增加愤怒会使我难以承担,违背天地就会不吉祥。一定要放晋君回国。”公子絷说:“不如杀了他,不要让邪恶再聚集在晋国。”子桑说:“让晋君回国而把他的太子作为人质,必然能得到十分有利的媾和的条件。晋国还不能灭亡,而杀掉他们的君主,只会造成很坏的后果。而且史佚有话说:‘不要首先挑起祸端,不要依靠祸乱谋利,不要加重别人的愤怒。’加重别人的愤怒自己会难以承当,欺凌别人自己也会不吉祥。”于是允许晋国媾和。

注释 1 萤,音 yīng。履薪:从堆积的木柴上走过,准备自焚。 2 免(wèn):一种丧礼,脱去帽子,以麻束发。衰:通“缞(cuī)”,古代用麻做成的丧服,披在胸前。绖(dié):用麻做的丧带,系在腰上或头上。 3 匪:通“非”。 4 诸:“之于”的合音。 5 重:通“动”。下重字为加重。

6 要:约束。 7 任:担当。 8 无:通“毋”。慝(tè):邪恶,恶念。 9 质:人质。 10 史佚(yì):周初史官。 11 无:通“毋”。始祸:首先挑起祸乱的人。 12 怙(hù):依仗,凭借。 13 陵:同“凌”,侵犯,欺侮。 14 平:讲和。

晋侯使郤乞告瑕吕饴甥[1],且召之。子金教之言,曰:“朝国人而以君命赏[2]。且告之曰:‘孤虽归[3],辱社稷矣[4],其卜贰圉也[5]。’”众皆哭。晋于是乎作爰田[6]。吕甥曰:“君亡之不恤,而群臣是忧,惠之至也。将若君何?”众曰:“何为而可?”对曰:“征缮以辅孺子[7]。诸侯闻之,丧君有君,群臣辑睦[8],甲兵益多[9],好我者劝[10],恶我者惧[11],庶有益乎[12]?”众说[13],晋于是乎作州兵[14]。

晋侯派郤乞向瑕吕饴甥请教,并且召见他。吕甥教郤乞怎样说话,说:“使国都的人在宫门朝见,用国君的名义给予赏赐。并且告诉他们说:‘孤虽然回来,已经给国家带来耻辱了,还是占卜立太子圉吧。’”百姓听了一齐号哭。晋国于是作爰田。吕甥说:“国君不担忧自己身在异国,反而担忧群臣,这真是仁惠到了极点。我们准备怎么对待国君?”大家说:“怎么办才行?”回答说:“征收赋税,修缮甲兵,以辅助继位的人。诸侯听说我们失去了国君,又有了新的国君,群臣和睦,甲兵比以前更多,喜欢我们的人就会勉励我们,厌恶我们的人就会惧怕我们,也许会有好处吧?”大家很高兴,晋国于是改革兵制。

注释 1 郤乞:晋大夫。告:通“鞫(jū)”,询问,请教。瑕吕饴甥:人名,字子金。 2 国:国都。 3 孤:侯王的自称。 4 社稷:国家。 5 贰:副,太子是君主的继承人,故为君之贰。圉(yǔ):惠公太子。 6 爰田:又作“辕田”,一种分配土地的方法,通过开辟新土地,重新分配,以增加百姓的土地。 7 征：征收赋税。缮(shàn)：修治，指整修铠甲和武器。孺子：继位之人。 8 辑：和。 9 益：更。 10 好(hào)：喜欢。劝：勉励。 11 恶(wù)：厌恶。 12 庶：表可能。 13 说：同“悦”。 14 作州兵：各州均可打造铠甲和兵器，实际上就是改革兵制，扩大武装。州，古代的居民组织单位，二千五百家为州。兵，甲兵。

初，晋献公筮嫁伯姬于秦，遇归妹䷵之睽䷥[1]，史苏占之，曰：“不吉。其繇曰[2]：‘士刲羊[3]，亦无衁也[4]。女承筐，亦无贶也[5]。西邻责言[6]，不可偿也。归妹之睽，犹无相也[7]。’震之离，亦离之震。‘为雷为火，为嬴败姬[8]。车说其輹[9]，火焚其旗，不利行师，败于宗丘[10]。归妹睽孤[11]，寇张之弧[12]。侄其从姑，六年其逋[13]，逃归其国，而弃其家[14]，明年其死于高梁之虚[15]。’”

起初，晋献公为嫁伯姬给秦国而占筮，得到归妹卦䷵变成睽卦䷥，史苏预测说：“不吉利。卦辞说：‘士人宰羊，没有血浆。女人提筐，空忙一场。秦国责备，不可补偿。归妹变睽，没人相帮。’震卦变成离卦，也就是离卦变成震卦。‘又是雷，又是火，是嬴姓打败了姬姓。车箱脱了轴钩，大火烧了军旗，出师不利，宗丘败绩。归妹嫁女，睽离则孤，敌人张开弓弧。侄子跟从姑姑，六年之后逃走，回到自己的国都，抛弃了先前的配偶，次年死在高梁山丘。’”

注释 1 归妹：《易》卦名，下兑（象征沼泽），上震（象征雷）。之：到、至，这里有变成的意思。睽(kuí)：《易》卦名，下兑，上离（象征火）。 2 繇(zhòu)：卦兆的占辞。 3 刲(kuī)：刺。 4 衁(huāng)：血。 5 贶(kuàng)：赐予。 6 西邻：秦国，秦在晋之西。 7 相(xiàng)：帮助。 8 嬴：秦国国姓。姬：晋国国姓。 9 说：通“脱”。輹(fù)：车箱下面钩住车轴的木头。 10 宗丘：韩原的别名。 11 睽：有违离之义，违离则孤。 12 弧(hú)：木弓。

13 侄：太子圉。姑：秦伯姬。秦国欲以太子圉为人质，故云。逋(bū)：逃跑。14 弃其家：即弃其室，抛弃妻子怀嬴。 15 高粱：晋地。虚：土山。

及惠公在秦，曰："先君若从史苏之占，吾不及此夫！"韩简侍，曰："龟，象也；筮，数也[1]。物生而后有象，象而后有滋[2]，滋而后有数，先君之败德，及可数乎[3]？史苏是占，勿从何益[4]？《诗》曰[5]：'下民之孽[6]，匪降自天[7]，僔沓背憎[8]，职竞由人[9]。'"

等到惠公在秦国，说："先君如果听从了史苏的占卜，我不会到这个地步！"韩简随侍在旁，说："卜龟，是依靠兆象预测吉凶的；占筮，是依靠数的排列组合来预测吉凶的。事物生长以后才会有象，有象以后才会滋长，滋长以后才会有数，先君的不好的道德，难道是象数可以解释的吗？史苏这次占卜，不听从又有什么好处？《诗》说：'百姓的灾祸，不是从天而降，聚在一起议论，转过背去憎恨，都因世人好争强。'"

震夷伯之庙，罪之也。于是展氏有隐慝焉。

雷击夷伯的庙宇，这是归罪于他。从这里可以看出展氏有不为人知的罪恶。

冬，宋人伐曹，讨旧怨也[10]。

冬，宋国人攻打曹国，这是为了讨伐过去结下的怨恨。

楚败徐于娄林，徐恃救也。

楚国在娄林大败徐国，这是因为徐国一味依靠救援。

注释 1 卜用龟，烧灼龟板而爆出裂纹，裂纹即兆象，据此预测吉凶。筮用蓍(shī)草，经过反复演变而成卦。 2 滋：滋长。 3 及可数：为"数可及"的倒文。 4 勿：语首助词，无实义。 5 见《诗经·小雅·十月之交》。6 孽：灾祸。 7 匪：通"非"。 8 僔(zǔn)：聚。沓(tà)：议论纷纭。 9 职：应当。 10 旧怨：指庄公十四年曹与齐、陈伐宋。

十月，晋阴饴甥会秦伯[1]，盟于王城[2]。秦伯曰："晋国和乎？"对曰："不和。小人耻失其君而悼丧其亲，不惮征缮以立圉也，曰：'必报仇，宁事戎狄。'君子爱其君而知其罪，不惮征缮以待秦命，曰：'必报德，有死无二。'以此不和。"秦伯曰："国谓君何？"对曰："小人戚，谓之不免；君子恕，以为必归。小人曰：'我毒秦，秦岂归君？'君子曰：'我知罪矣，秦必归君。贰而执之，服而舍之。德莫厚焉，刑莫威焉。服者怀德，贰者畏刑[3]，此一役也，秦可以霸。纳而不定，废而不立，以德为怨，秦不其然。'"秦伯曰："是吾心也。"改馆晋侯，馈七牢焉[4]。

十月，晋国的阴饴甥会见秦伯，在王城结盟。秦伯说："晋国和睦吗？"回答说："不和睦。小人以失掉国君为耻而哀悼战死的亲人，不怕征收赋税、修缮甲兵来立太子圉为国君，说：'宁愿侍奉戎狄，也一定要报仇。'君子爱护他们的国君而知道他的罪过，不怕征收赋税、修缮甲兵来等待秦国的命令，说：'一定要报答秦国的恩德，有必死之志而无二心。'因此不和。"秦伯说："国人对国君的命运怎么看？"回答说："小人忧虑，认为他不会被赦免；君子宽恕，认为他一定会回来。小人说：'我们伤害了秦国，秦国难道会让国君回来？'君子说：'我们已经知罪了，秦国一定会让国君回来。有二心就抓起来，服了罪就放了他。德行没有比这更宽厚的，刑罚没有比这更威严的。服罪的怀念德行，有二心的害怕刑罚，这一回，秦国可以领导诸侯了。帮助人家回国做国君又不让他安定，甚至废掉他而不立他为国君，把恩德变成仇怨，秦国不会这样的。'"秦伯说："这正是我的心意啊！"于是让晋侯改住宾馆，馈送他牛、羊、豕各七头。

注释 1 阴饴甥：即瑕吕饴甥，复姓瑕吕，名饴甥，封于阴。 2 王城：秦地，在今陕西大荔。 3 贰：二心，不专一。 4 馈(kuì)：馈赠，以食物送人。七牢：古代招待诸侯的礼节，牛、羊、豕各一为一牢。

蛾析谓庆郑曰[1]："盍行乎[2]？"对曰："陷君于败，败而不死，又使失刑，非人臣也。臣而不臣，行将焉入？"十一月，晋侯归。丁丑，杀庆郑而后入。是岁，晋又饥[3]，秦伯又饩之粟[4]，曰："吾怨其君，而矜其民[5]。且吾闻唐叔之封也[6]，箕子曰[7]：'其后必大。'晋其庸可冀乎？姑树德焉，以待能者。"于是秦始征晋河东[8]，置官司焉。

蛾析对庆郑说："何不逃走呢？"回答说："使国君陷于失败，失败了却不死，反而逃亡，又让国君失去刑罚，这就不是做人臣子的本分了。做臣子而不像个臣子，又能走到哪里去？"十一月，晋侯回国。二十九日，杀了庆郑然后进入国都。这一年，晋国又发生饥荒，秦伯又送给晋国粮食，说："我怨恨他们的君主，但是同情他们的百姓。而且我听说唐叔受封的时候，箕子说：'他们的后代一定昌大。'晋国大概还是很有希望的吧？我姑且在那里树立德行，以期待有能力的人。"在这时秦国才开始在晋国的黄河东部征收赋税，在那里设置官员。

注释 1 蛾析：晋大夫。 2 盍(hé)："何不"的合音。 3 饥：饥荒。 4 饩(xì)：赠送别人谷物。 5 矜(jīn)：怜悯。 6 唐叔：晋国的始祖，武王之子，成王之弟，名虞，始封于唐，故曰唐叔，后迁曲沃，因南有晋水，故改曰晋。 7 箕子：商纣王的叔父。 8 征：征收赋税。

僖公十六年

【经】

十有六年春，王正月戊申朔，陨石于宋五[1]。

是月，六鹢退飞[2]，过宋都。

三月壬申，公子季友卒。

夏四月丙申，鄫季姬卒[3]。

秋七月甲子，公孙兹卒。

冬十有二月，公会齐侯、宋公、陈侯、卫侯、郑伯、许男、邢侯、曹伯于淮[4]。

十六年春，周历正月一日，从天上坠落五块石头，掉在宋国境内。

这一月，六只鹢鸟后退着飞，经过宋国国都。

三月二十五日，公子季友去世。

夏四月二十日，鄫季姬去世。

秋七月十九日，公孙兹去世。

冬十二月，僖公在淮会见齐侯、宋公、陈侯、卫侯、郑伯，许男、邢侯、曹伯。

注释 1 陨(yǔn)：坠落。 2 鹢(yì)：一种能高飞的鸟。 3 鄫(zēng)：国名。季姬：僖公小女，嫁于鄫。 4 淮：地名，约在今江苏盱眙。

【传】

十六年春，陨石于宋五，陨星也。六鹢退飞，过宋都，风也。周内史叔兴聘于宋，宋襄公问焉，

十六年春，天上坠落五块石头在宋国，这是坠落的星。六只鹢鸟倒退着飞，经过宋国国都，这是风急的缘故。周朝的内史叔兴在宋国聘问，宋襄公问他，说：

曰："是何祥也？吉凶焉在？"对曰："今兹鲁多大丧，明年齐有乱，君将得诸侯而不终。"退而告人曰："君失问。是阴阳之事，非吉凶所生也。吉凶由人。吾不敢逆君故也。"

"这是什么征兆？吉凶在哪里？"回答说："今年鲁国多有大的丧事，明年齐国有动乱，君侯将会得到诸侯的拥护而不能持久。"退下来告诉别人说："国君问得不恰当。这是自然界阴阳变化的结果，并不是吉凶产生的原因。吉凶是由人造成的。我这样回答，是不敢违逆国君的缘故。"

夏，齐伐厉，不克，救徐而还。

夏，齐国攻打厉国，不能取胜，救援了徐国就回国了。

秋，狄侵晋，取狐厨、受铎[1]，涉汾[2]，及昆都[3]，因晋败也。

秋，狄国侵袭晋国，占取了狐厨、受铎等地，渡过汾河，直到昆都，因为晋国打败了。

王以戎难告于齐。齐征诸侯而戍周[4]。

天子把戎人骚扰的消息告诉齐国，齐国调集诸侯戍守成周。

冬十一月乙卯，郑杀子华。

冬十一月十二日，郑国杀子华。

十二月，会于淮，谋鄫，且东略也[5]。城鄫，役人病，有夜登丘而呼曰："齐有乱！"不果城而还。

十二月，诸侯在淮会见，商量鄫国的事，同时也为了攻掠东方。在鄫国修筑城墙，服劳役的人困乏，有人夜里登上山丘喊叫说："齐国发生动乱！"诸侯没有筑完城墙就回国了。

注释 1 狐厨、受铎：皆晋地名，在今山西襄汾。 2 汾：汾河，在今山西临汾西南。 3 昆都：晋邑。 4 征：征发。 5 略：掠。

僖公十七年

【经】

十有七年春，齐人、徐人伐英氏[1]。

夏，灭项[2]。

秋，夫人姜氏会齐侯于卞[3]。

九月，公至自会。

冬十有二月乙亥，齐侯小白卒。[4]

十七年春，齐国人、徐国人攻打英氏。

夏，灭亡项国。

秋，僖公夫人姜氏在卞会见齐侯。

九月，僖公会盟回来。

冬十二月八日，齐侯小白去世。

注释 **1** 英氏：国名，在今安徽金寨东南。 **2** 项：国名，在今河南沈丘。 **3** 卞：鲁邑，在今山东泗水东。 **4**《传》书十月乙亥，齐桓公卒，此书十二月者，因十二月讣告至鲁。

【传】

十七年春，齐人为徐伐英氏，以报娄林之役也[1]。

夏，晋大子圉为质于秦[2]，秦归河东而妻之。惠公之在梁也，梁伯妻之。梁嬴孕，过期。卜招父与其子卜之[3]。

十七年春，齐国人为徐国攻打英氏，为了报复娄林的战役。

夏，晋国的太子圉在秦国作为人质，秦国把河东之地归还晋国而把女儿嫁给太子圉。惠公在梁国的时候，梁伯把女儿嫁给他。梁伯的女儿梁嬴怀孕，过了产期。卜招父和他的儿子占卜。他的儿子说："将生一男一女。"招父说："是的，男的做

其子曰:“将生一男一女。”招曰:“然,男为人臣,女为人妾。”故名男曰圉,女曰妾,及子圉西质,妾为宦女焉[4]。

别人的奴仆,女的做别人的奴婢。”所以为男孩取名叫圉,为女孩取名叫妾。待到子圉在秦为质,妾在那里做侍女。

师灭项[5]。淮之会,公有诸侯之事,未归,而取项。齐人以为讨,而止公[6]。

鲁国的军队灭亡项国。淮地的会见,因僖公同诸侯有礼节往来的事情,没有及时赶回去,结果鲁国就占取了项国。齐国人认为是僖公下令讨伐的,便不让他回国。

秋,声姜以公故[7],会齐侯于卞。九月,公至,书曰“至自会”,犹有诸侯之事焉,且讳之也。

秋,声姜因为僖公没有回国的缘故,在卞会见齐侯。九月,僖公回国,《春秋》记载说“至自会”,好像是说在那里还有诸侯礼节往来的事情,实际上却是为僖公被拘留一事避讳。

注释 1 娄林之役:指十五年楚败徐于娄林。英氏为楚盟国,或参与娄林之役。娄林,徐地。 2 圉(yǔ):养马的仆役。 3 卜招父:名叫招父的卜官。 4 宦女:官婢。 5 师:鲁师。 6 止:留住。 7 声姜:齐女,僖公夫人。

齐侯之夫人三:王姬、徐嬴、蔡姬,皆无子[1]。齐侯好内[2],多内宠[3],内嬖如夫人者六人[4]:长卫姬[5],生武孟;少卫姬,生惠公;郑姬,生孝公;葛嬴,生昭公;密姬,生懿公;宋华子,生公子雍。公与管仲属孝公于宋襄公[6],

齐侯有三位夫人:王姬、徐嬴、蔡姬,都没有儿子。齐侯喜欢女色,有很多受宠的女人,受宠的女人如同夫人的有六人:长卫姬,生了武孟;少卫姬,生了惠公;郑姬,生了孝公;葛嬴,生了昭公;密姬,生了懿公;宋华子,生了公子雍。齐侯和管仲把孝公托付给宋襄公,把他作为太子。雍巫受到

以为大子。雍巫有宠于卫共姬[7]，因寺人貂以荐羞于公[8]，亦有宠。公许之立武孟。管仲卒，五公子皆求立。冬十月乙亥，齐桓公卒。易牙入[9]，与寺人貂因内宠以杀群吏[10]，而立公子无亏[11]。孝公奔宋。十二月乙亥，赴。辛巳，夜殡。

卫共姬的宠信，依靠寺人貂的关系把美味的食品进献给齐侯，也受到齐侯的宠信。齐侯答应他们立武孟为继承人。管仲去世，五位公子都谋求立为继承人。冬十月七日，齐桓公去世。易牙进入宫中，和寺人貂一起依靠长卫姬杀了很多官吏，立公子无亏为国君。孝公逃亡到宋国。十二月八日，发出讣告。十四日，在夜间入殓。

注释 1 王姬：周王室之女。徐嬴：徐国之女。蔡姬：蔡国之女。 2 内：女色。 3 内宠：受宠爱的女人。 4 内嬖：义同“内宠”。 5 卫姬有二，故分长少以区别。 6 属(zhǔ)：嘱托。 7 雍巫：名巫的雍人。雍人，周代宫中掌烹调之官。雍，通“饔”，熟食。卫共(gōng)姬：即长卫姬。 8 寺人貂：名貂的寺人。寺人，在宫中侍御的宦官。荐羞：都有食品之义，又都有进献之义，故以荐羞于公，即以荐羞进于公。 9 易牙：即雍巫。 10 内宠：指长卫姬。 11 无亏：即武孟。字武孟，名无亏。

僖公十八年

【经】

十有八年春，王正月，宋公、曹伯、卫人、邾人伐齐。

夏，师救齐。

五月戊寅，宋师及齐师

十八年春，周历正月，宋公、曹伯、卫国人、邾国人攻打齐国。

夏，鲁国的军队救援齐国。

五月十四日，宋国的军队同齐国

战于甗[1]。齐师败绩。

狄救齐。

秋八月丁亥[2]，葬齐桓公。

冬，邢人、狄人伐卫。

的军队在甗作战。齐国的军队大败。

狄国救援齐国。

秋八月丁亥，安葬齐桓公。

冬，邢国人、狄国人攻打卫国。

注释 **1** 甗(yǎn)：齐地，在今山东济南市中区。 **2** 八月无丁亥，疑误。

【传】

十八年春，宋襄公以诸侯伐齐。三月，齐人杀无亏。

郑伯始朝于楚。楚子赐之金，既而悔之，与之盟曰："无以铸兵[1]！"故以铸三钟。

齐人将立孝公，不胜四公子之徒，遂与宋人战[2]。夏五月，宋败齐师于甗，立孝公而还。

秋八月，葬齐桓公。

冬，邢人、狄人伐卫，围菟圃[3]。卫侯以国让父兄子弟及朝众，曰："苟能治之，燬请从焉[4]。"众不可，而后师于訾娄[5]，狄

十八年春，宋襄公率领诸侯攻打齐国。三月，齐国人杀无亏。

郑伯开始到楚国朝见。楚子赐给郑伯铜，不久又为这件事后悔，与郑伯盟约说："不要用来铸造兵器！"所以用它铸造了三座钟。

齐国人准备立孝公为国君，不能抵制四公子一伙人的反对，孝公逃到宋国，四公子就和宋国人作战。夏五月，宋国在甗打败了齐国军队，立了孝公然后回国。

秋八月，安葬齐桓公。

冬，邢国人、狄国人攻打卫国，包围了菟圃。卫侯把国家让给父兄子弟和朝廷众人，说："谁如果能治理国家，我就跟从他。"大家不同意，而后在訾娄摆开阵势，狄国的军队就退回去了。

师还。

梁伯益其国而不能实也，命曰新里[6]，秦取之。

梁伯开拓了国土，却不能把百姓迁到那里，把那地方取名为新里，后来秦国占取了。

注释 1 无：通“毋”。 2 四公子：即昭公潘、懿公商人、惠公元及公子雍。《齐世家》：“齐人将立太子昭，四公子之徒攻太子，太子走宋，宋遂与齐人四公子战。” 3 菟圃(túpǔ)：卫地，在今河南长垣境内。 4 燬(huǐ)：卫文公名。 5 訾娄(zīlóu)：卫地，在今河南长垣西北。 6 新里：即秦国后来的新城，在今陕西澄城东北。

僖公十九年

【经】

十有九年春，王三月，宋人执滕子婴齐。

夏六月，宋公、曹人、邾人盟于曹南[1]。鄫子会盟于邾。己酉，邾人执鄫子，用之[2]。

秋，宋人围曹。

卫人伐邢。

冬，会陈人、蔡人、楚人、郑人盟于齐。

梁亡。

十九年春，周历三月，宋国人抓住了滕子婴齐。

夏六月，宋公、曹国人、邾国人在曹国南部结盟。鄫子在邾国参加盟会。二十一日，邾国人抓住了鄫子，用他来祭祀。

秋，宋国人包围了曹国。

卫国人攻打邢国。

冬，僖公会同陈国人、蔡国人、楚国人、郑国人在齐结盟。

梁国灭亡。

注释 1 曹南：曹国的南部。 2 用之：杀了用来祭祀。

【传】

十九年春，遂城而居之[1]。

宋人执滕宣公。

夏，宋公使邾文公用鄫子于次睢之社[2]，欲以属东夷[3]。司马子鱼曰："古者六畜不相为用[4]，小事不用大牲，而况敢用人乎？祭祀以为人也。民，神之主也。用人，其谁飨之[5]？齐桓公存三亡国以属诸侯[6]，义士犹曰薄德，今一会而虐二国之君[7]，又用诸淫昏之鬼[8]，将以求霸，不亦难乎？得死为幸。"

秋，卫人伐邢，以报菟圃之役[9]。于是卫大旱，卜有事于山川[10]，不吉。甯庄子曰："昔周饥[11]，克殷而年丰。今邢方无道，诸侯无伯[12]，天其或者欲

十九年春，就在新里修筑城墙而后住在那里。

宋国人抓住了滕宣公。

夏，宋公要邾文公杀了鄫子来祭祀次睢的土地神，想以此使东夷归附。司马子鱼说："古代的六畜不互相用来祭祀，小的祭祀不杀大的牲畜，何况敢用人呢？祭祀是为了人。百姓，是神的主人。杀人祭祀，哪个鬼神会享用？齐桓公保存三个将要灭亡的国家来使诸侯归附，仁义之士还说他缺少德行，现在一次会盟就伤害两个国家的国君，又拿他来祭祀邪恶昏乱的鬼神，想用这种方式求取霸业，不是太难了吗？能够善终就是幸运的了。"

秋，卫国人攻打邢国，这是为了报复菟圃那一次战役。这时卫国大旱，为祭祀山川占卜，不吉。甯庄子说："过去周室发生饥荒，打败了殷朝便获得丰收。现在邢国正是没有道义的时候，诸侯又没有领袖，上天或者是要卫国

使卫讨邢乎？”从之，师兴而雨。

攻打邢国吧？”听从他的话，军队刚出发就下雨了。

注释 1 接僖公十八年《传》“命曰新里，秦取之”，秦“遂城而居之”。2 次睢(suī)：宋地。社：土地神。 3 属：归附。 4 六畜：马、牛、羊、豕、犬、鸡。 5 飨：通“享”，享用。 6 三亡国：指鲁、卫、邢三国。齐存三亡国之事见《国语·齐语》。 7 虐二国之君：指执滕宣公和用鄫子祭祀。虐，残害，伤害。 8 诸：“之于”的合音。淫昏之鬼：指次睢之社，杜预认为次睢之社是妖神，不当祭祀。 9 菟圃之役：见十八年。 10 有事：祭祀。 11 饥：饥荒。 12 伯：领袖。

宋人围曹，讨不服也。子鱼言于宋公曰：“文王闻崇德乱而伐之[1]，军三旬而不降[2]。退修教而复伐之，因垒而降[3]。《诗》曰：‘刑于寡妻[4]，至于兄弟，以御于家邦。’今君德无乃犹有所阙[5]，而以伐人，若之何？盍姑内省德乎[6]，无阙而后动？”

宋国人包围曹国，是为了讨伐曹国的不顺服。子鱼对宋公说：“文王听说崇国德行昏乱便讨伐他，包围了三十天还不投降。便退回来修治教化，然后又去攻打他，依靠先前所筑的营垒就使崇国投降了。《诗》说：‘在正妻面前作出典范，把它扩展到兄弟之间，来治理家和国。’现在君主的德行大概还有不足的地方，却以此攻打别人，能把它怎么样？何不姑且退回去自己反省一下德行，在没有不足以后再行动？”

陈穆公请修好于诸侯，以无忘齐桓之德[7]。冬，盟于齐，修桓公之好也。

陈穆公请求同诸侯建立友好关系，以此表示不忘齐桓公的德行。冬，在齐国结盟，这是为了重修齐桓公建立的友好关系。

梁亡，不书其主，自取之也。初，梁伯好土功，亟城而弗处[8]，民罢而弗堪[9]，则曰“某寇将至”。乃沟公宫，曰：“秦将袭我。”民惧而溃，秦遂取梁。

梁国灭亡，《春秋》不记载灭亡它的人，因为是它自取灭亡的。起初，梁伯喜欢土木工程，几次筑城却又不居住，百姓疲倦得不能忍受，就说“某某敌人要来了”。于是在国君的宫室外挖沟，说：“秦国将袭击我国。”百姓害怕而溃散，秦国就占取了梁国。

注释 1 虞、夏、商、周皆有崇国，其地在丰、镐之间，子孙以其国为氏。 2 军：围。旬：十天。 3 垒：营垒。 4 引诗见《诗经·大雅·思齐》。刑：同“型”，法式，典范。寡妻：国君的正妻。 5 无乃：大概。阙：缺点。 6 盍(hé)：“何不”的合音。 7 无：通“毋”。 8 亟(qì)：屡次。 9 罢：通“疲”。

僖公二十年

【经】

二十年春，新作南门。

夏，郜子来朝[1]。

五月乙巳，西宫灾[2]。

郑人入滑。

秋，齐人、狄人盟于邢。

楚人伐随。

二十年春，重新建造南门。

夏，郜子前来朝见。

五月二十三日，西宫发生火灾。

郑国人进入滑国。

秋，齐国人、狄国人在邢国结盟。

楚国人攻打随国。

注释 1 郜(gào)：诸侯国名。 2 西宫：诸侯有东宫、西宫、北宫。

【传】

二十年春，新作南门。书，不时也。凡启塞[1]，从时。

滑人叛郑而服于卫。夏，郑公子士、泄堵寇帅师入滑。

秋，齐、狄盟于邢，为邢谋卫难也。于是卫方病邢。

随以汉东诸侯叛楚。冬，楚鬬穀於菟帅师伐随[2]，取成而还[3]。君子曰："随之见伐，不量力也。量力而动，其过鲜矣。善败由己，而由人乎哉？《诗》曰[4]：'岂不夙夜[5]？谓行多露[6]。'"

宋襄公欲合诸侯。臧文仲闻之，曰："以欲从人，则可；以人从欲，鲜济[7]。"

二十年春，重新建造南门。《春秋》记载这件事，是因为不合时宜。凡修建城门和制造门闩，应该符合时令。

滑国人背叛了郑国而顺服于卫国。夏，郑国的公子士、泄堵寇率领军队进入滑国。

秋，齐国、狄国在邢国结盟，这是为邢国策划对付卫国的骚扰。从这时起卫国才开始把邢国当作自己的心病。

随国率领汉水东边的诸侯背叛楚国。冬，楚国的鬬穀於菟率领军队攻打随国，达成和解以后回国。君子说："随国被攻打，是由于不度量自己的国力。度量自己的实力然后行动，过错就会少了。成败在于自己，难道在于别人吗？《诗》说：'难道不想早晚劳作？奈何路上露水太多。'"

宋襄公想会合诸侯。臧文仲听到这个消息，说："让欲望服从别人，那是可以的；让别人服从自己的欲望，就很少成功了。"

注释 1启:门。塞:门闩。 2鬬穀於菟:人名。 3成:讲和。 4见《诗经·召南·行露》。 5夙(sù):早晨。 6行(háng):道路。谓:奈何。7鲜(xiǎn):少。济:成。

僖公二十一年

【经】

二十有一年春,狄侵卫。

宋人、齐人、楚人盟于鹿上[1]。

夏,大旱。

秋,宋公、楚子、陈侯、蔡侯、郑伯、许男、曹伯会于盂[2]。

执宋公以伐宋。

冬,公伐邾。

楚人使宜申来献捷。

十有二月癸丑,公会诸侯盟于薄[3],释宋公。

二十一年春,狄国侵袭卫国。

宋国人、齐国人、楚国人在鹿上结盟。

夏,大旱。

秋,宋公、楚子、陈侯、蔡侯、郑伯、许男、曹伯在盂会见。

楚子抓住了宋公来攻打宋国。

冬,僖公攻打邾国。

楚国人派遣宜申前来报告攻宋的捷报。

十二月十日,僖公在薄会盟诸侯,楚子释放宋公。

注释 1鹿上:宋地,在今山东巨野西南。 2盂:宋地,在今河南睢县西北。 3薄:即亳,宋地。

【传】

二十一年春，宋人为鹿上之盟，以求诸侯于楚。楚人许之。公子目夷曰："小国争盟，祸也。宋其亡乎！幸而后败。"

二十一年春，宋国举行了鹿上的会盟，来向楚国要求归附楚国的诸侯奉自己为盟主。楚国人答应了。公子目夷说："弱小的国家争当盟主，这是灾祸。宋国将要灭亡了吧！失败得晚一点就算幸运了。"

夏，大旱。公欲焚巫、尪[1]。臧文仲曰："非旱备也。修城郭[2]、贬食[3]、省用、务穑[4]、劝分[5]，此其务也。巫尪何为？天欲杀人，则如勿生；若能为旱，焚之滋甚。"公从之。是岁也，饥而不害[6]。

夏，发生大旱灾。僖公想烧死巫人和仰面朝天的畸形人。臧文仲说："这不是防备旱灾的办法。修理城墙、减少饮食、节省开支、致力农事、鼓励人们施舍，这是应该做的。巫人和畸形人能做什么呢？如果上天要杀掉他们，就应当不生他们；如果他们能够造成旱灾，烧死了他们旱灾会更加严重。"僖公听从了这个意见。这一年，虽然发生了饥荒，但没有造成危害。

秋，诸侯会宋公于盂。子鱼曰："祸其在此乎！君欲已甚，其何以堪之？"于是楚执宋公以伐宋。冬，会于薄以释之。子鱼曰："祸犹未也，未足以惩君。"

秋，诸侯在盂会见宋公。子鱼说："祸端就在这里吧！国君的欲望太过分了，怎么能忍受得了呢？"在会上楚国抓住了宋公来攻打宋国。冬，诸侯在薄会盟，楚国释放了宋公。子鱼说："灾祸还没有完，不足以惩罚国君。"

注释　1 巫：巫人。尪(wāng)：一种病，胸脯向前突起，仰面向天，这里指患有这种病的人。 2 郭:在城的外围加筑的一道城墙。 3 贬:减少。 4 务穑:加紧农田劳作。 5 劝分:鼓励有余粮的人将余粮分给众人。 6 饥:饥荒。

任、宿、须句、颛臾[1],风姓也,实司大皞与有济之祀[2],以服事诸夏[3]。邾人灭须句。须句子来奔,因成风也[4]。成风为之言于公曰:"崇明祀[5],保小寡,周礼也;蛮夷猾夏[6],周祸也。若封须句,是崇皞、济而修祀、纾祸也[7]。"

任、宿、须句、颛臾,都姓风,主持太皞和济水的祭祀,而服从中原各国。邾国人灭亡须句。须句子逃亡前来,这是由于须句是成风的娘家。成风为了须句子对僖公说:"尊崇太皞与济水的祭祀,保护弱小的国家,这是周的礼仪;蛮夷扰乱中原,这是周的灾祸。如果封了须句,这是尊崇太皞、济水之神而修明礼仪、解除灾祸啊。"

注释 1 任(rén)、宿(sù)、须句(qú)、颛(zhuān)臾皆国名。 2 司:主管。大皞(hào):太皞,即伏羲,传说中的古帝名。有济:即济水。 3 诸夏:指周代分封的诸侯国,即中原各国。 4 成风:僖公的母亲,须句是成风的娘家。 5 明祀:太皞与济水的祭祀。 6 猾:扰乱。 7 祀:据俞樾《诸子平议》,当作"礼",形近致误。纾(shū):解除。

僖公二十二年

【经】

二十有二年春,公伐邾,取须句。

二十二年春,僖公攻打邾国,占取了须句。

夏，宋公、卫侯、许男、滕子伐郑。

夏，宋公、卫侯、许男、滕子攻打郑国。

秋八月丁未，及邾人战于升陉[1]。

秋八月八日，僖公与邾国人在升陉作战。

冬十有一月己巳朔，宋公及楚人战于泓[2]，宋师败绩。

冬十一月一日，宋公同楚国人在泓水旁作战，宋国的军队大败。

注释 1 陉（xíng）：升陉，鲁地。 2 泓（hóng）：水名，在今河南柘城北。

【传】

二十二年春，伐邾，取须句，反其君焉，礼也。

二十二年春，攻打邾国，占取须句，让它的国君回去，这是合于礼的。

三月，郑伯如楚。

三月，郑伯到楚国去。

夏，宋公伐郑。子鱼曰："所谓祸在此矣。"

夏，宋公攻打郑国。子鱼说："所说的祸就在这里了。"

初，平王之东迁也[1]，辛有适伊川[2]，见被发而祭于野者[3]，曰："不及百年，此其戎乎！其礼先亡矣。"秋，秦晋迁陆浑之戎于伊川[4]。

起初，周平王东迁洛邑的时候，辛有到伊川去，看见披着头发在野地祭祀的人，说："不到百年，这里就变成戎人居住的地方了！周的礼仪先消亡了。"秋，秦国和晋国把陆浑之戎迁到伊川。

晋大子圉为质于秦[5]，将逃归，谓嬴氏曰[6]："与子归乎？"对曰："子，晋大子，

晋国的太子圉在秦国作为人质，准备逃回去，对嬴氏说："跟您一起回去吗？"回答说；"您，晋国的太子，却被秦国侮辱。您想回去，不是很应该

而辱于秦。子之欲归,不亦宜乎?寡君之使婢子侍执巾栉[7],以固子也。从子而归,弃君命也。不敢从,亦不敢言。”遂逃归。

吗?我的国君让我为您拿着手巾、梳子,是为了让您安心。跟着您回去,这是丢弃了国君的命令。我不敢跟从,但也不敢泄漏。”于是太子圉逃回晋国。

注释 1 指周平王东迁洛邑。 2 辛有:周大夫。伊川:伊河所经之地。 3 被:同“披”。披发,当时夷狄的习俗。 4 陆浑之戎:戎狄中允姓的一支,原居瓜州,晋惠公将其诱至伊川,改名“陆浑”。 5 圉:音 yǔ。 6 嬴氏:怀嬴,秦女。 7 巾:古代擦抹用的布。栉(zhì):梳子、篦子的通称。

富辰言于王曰[1]:“请召大叔[2]。《诗》曰[3]:‘协比其邻[4],昏姻孔云[5]。’吾兄弟之不协,焉能怨诸侯之不睦?”王说[6]。王子带自齐复归于京师,王召之也。

富辰对周天子说:“请您召回太叔。《诗》说:‘同邻居的关系能团结融洽,姻亲之间就一定能和顺有加。’我们兄弟都不融洽,怎么能埋怨诸侯不和睦呢?”天子很高兴。王子带从齐国回到京师,这是周天子把他召回来的。

邾人以须句故出师。公卑邾,不设备而御之。臧文仲曰:“国无小,不可易也。无备,虽众,不可恃也。《诗》曰[7]:‘战战兢兢,如临深渊,如履薄冰。’又曰[8]:‘敬之敬之,天惟显

邾国人因为鲁国帮助须句的缘故出兵。僖公轻视邾国,不设防备就去抵御邾国的军队。臧文仲说:“国家没有弱小,不能轻视。没有防备,虽然人多,也不足依靠。《诗》说:‘战战兢兢,如同面临深渊,如同踩着薄冰。’又说:‘小心啊小心,上天虽然磊落光明,

思[9],命不易哉!'先王之明德,犹无不难也,无不惧也,况我小国乎?君其无谓邾小[10],蜂虿有毒[11],而况国乎?"弗听。八月丁未,公及邾师战于升陉,我师败绩。邾人获公胄[12],县诸鱼门[13]。

却并不容易得到天命!'以先王的美德,尚且没有不感到困难的事情,没有不感到忧虑的事情,何况我们小国呢?您不要认为邾国弱小,黄蜂、蝎子都有毒,何况一个国家呢?"僖公不听。八月八日,僖公同邾国的军队在升陉作战,我军大败。邾国人获得僖公的头盔,把它挂在城门上。

注释 1 富辰:周大夫。 2 大叔:即王子带,十二年奔齐。 3 见《诗经·小雅·正月》。 4 协:融洽。比:和顺。 5 昏:同"婚"。孔:甚。 6 说:同"悦"。 7 见《诗经·小雅·小旻》。 8 见《诗经·周颂·敬之》。 9 显:明白。思:语气词。 10 无:通"毋"。 11 虿(chài):蝎子一类的毒虫。 12 胄(zhòu):头盔。 13 诸:"之于"的合音。鱼门:邾国的城门。

楚人伐宋以救郑。宋公将战,大司马固谏曰[1]:"天之弃商久矣[2],君将兴之,弗可赦也已。"弗听。

楚国人攻打宋国以救援郑国。宋公打算迎战,大司马固劝阻说:"上天抛弃我们已经很久了,您想复兴它,这种违背天意的罪过是不能赦免的。"宋公不听。

冬十一月己巳朔,宋公及楚人战于泓。宋人既成列,楚人未既济。司马曰:"彼众我寡,及其未既济也,请击之。"公曰:"不可。"既济而未成

冬十一月一日,宋公同楚国人在泓水旁交战。宋国人已经摆成队列,楚国人还没有全部渡河。司马说:"对方人多,我们人少,趁他们还没有全部过河的时候,请下令攻击他们。"宋公说:"不行。"楚军全部渡过了河但还没有摆成队列,

列，又以告。公曰："未可。"既陈而后击之[3]，宋师败绩。公伤股，门官歼焉[4]。

司马又把请求下令进击的话告诉宋公。宋公说："还不行。"等到楚国人已经摆好了阵势，然后攻击他们，宋国的军队大败。宋公伤了大腿，门官被歼灭。

注释 **1** 大司马：官名，掌管军政。固：人名。 **2** 商：即宋，宋国是商朝的后裔，武王灭商，封商纣王之子武庚于商的旧都，成王时，武庚因叛乱被杀，又以其地封纣王的庶兄微子，号宋公，为宋国。 **3** 陈：通"阵"，摆开阵势。 **4** 门官：保卫国君的近卫军官，平时守门，战时随君护卫。

国人皆咎公。公曰："君子不重伤[1]，不禽二毛[2]。古之为军也，不以阻隘也。寡人虽亡国之余[3]，不鼓不成列[4]。"子鱼曰："君未知战。勍敌之人[5]，隘而不列，天赞我也。阻而鼓之，不亦可乎？犹有惧焉。且今之勍者，皆吾敌也。虽及胡耇[6]，获则取之[7]，何有于二毛？明耻教战，求杀敌也。伤未及死，如何勿重？若爱重伤，

都城里的人都归罪宋公。宋公说："君子不伤害已经受了伤的人，不擒捉头发花白的人。古代作战，不凭借险要的地势。我虽然是殷商亡国的后裔，却也不能进攻没有摆开阵势的敌人。"子鱼说："您不懂得作战。强大的敌人，由于地形险要而不能摆成队列，这是上天在帮助我们。拦截他们，然后进攻他们，不也是可以的吗？即使这样，还担心呢。况且现在那些强大的人，都是我们的敌人。即使被追上的是老人，俘虏了他们，就要取下他们的左耳，对于头发花白的人还有什么值得怜悯的呢？使将士知道什么是耻辱，教给他们怎样打仗，这是为了杀死敌人。敌人受了伤，但还没有到死的地步，为什么不再伤害他？如果不忍心伤害敌人的伤员，就应当一开始就不伤害他们；怜悯头

则如勿伤[8];爱其二毛,则如服焉。三军以利用也[9],金鼓以声气也。利而用之,阻隘可也;声盛致志,鼓儳可也[10]。”

发花白的人,就应当顺服他们。军队在有利的时候才使用,鸣金击鼓是为了用声音鼓舞士气。只要有利的时候就使用军队,因此在险要的地方是可以使用军队的;鼓声大作可以激励士气,在敌人没有摆开阵势的时候击鼓进攻是可以的。”

注释 1 重(chóng)伤:对已经受伤的人再加伤害。 2 禽:通“擒”。二毛:头发花白的人。 3 亡国之余:宋是商的后裔,商早亡,故是亡国之余。 4 鼓:击鼓进攻。 5 勍(qíng):强,劲。 6 胡耇(gǒu):老人。 7 取:割下左耳,古代作战以获取左耳之多少论功行赏。 8 如:应当。下句“如”用法同。 9 三军:古时有中军、左军、右军,此处泛指军队。 10 儳(chán):不整齐。

丙子晨,郑文夫人芈氏、姜氏劳楚子于柯泽[1]。楚子使师缙示之俘馘[2]。君子曰:“非礼也。妇人送迎不出门,见兄弟不逾阈[3],戎事不迩女器[4]。”丁丑,楚子入飨于郑[5],九献[6],庭实旅百[7],加笾豆六品[8]。飨毕,夜出,文芈送于军。取郑二姬以归。叔詹曰:“楚王其不没乎!为礼

十一月八日早晨,郑文公夫人芈氏、姜氏在柯泽慰劳楚子。楚子派师缙把俘虏和割下来的敌人的左耳给她们看。君子说:“这是不合于礼的。妇女送迎不出房门,和兄弟相见不逾越门槛,战争中不接近女人的用具。”九日,楚子进入郑国接受款待,主宾酬酢九次,院子里陈列的礼品上百件,再加上用笾和豆盛放的食品六种。宴请完毕,夜里出来,文芈送楚子到军营里。楚子带了郑国的两个侍妾回去。叔詹说:“楚王大概不会善终吧!执行礼节而最终弄到男女没有区别的地

卒于无别,无别不可谓礼。将何以没?”诸侯是以知其不遂霸也[9]。

步,男女没有区别就不能说符合礼。他将怎样得到善终呢?”诸侯凭这一点就知道楚子不能完成霸业。

注释 1郑文:即郑文公。芈(mǐ):楚国的国姓。芈氏:楚女。姜氏:齐女。劳:慰劳。柯泽:郑地。 2师缙:楚国的乐师。俘:俘虏。馘(guó):战争中割取的敌人的左耳。 3阈(yù):门槛。 4迩(ěr):近。女器:女人的用具。 5飨(xiǎng):用酒食招待人,这里指楚子接受郑国的款待。 6九献:宴饮之时,主宾酬酢九次。 7实:指陈列的礼品。旅:陈列。 8笾(biān):古代祭祀和宴会时盛食品用的一种竹器。豆:古代一种盛食物的高脚器皿。品:种。 9遂:成。

僖公二十三年

【经】

二十有三年春,齐侯伐宋,围缗[1]。

夏五月庚寅,宋公兹父卒。

秋,楚人伐陈。

冬十有一月,杞子卒。

二十三年春,齐侯攻打宋国,包围了缗。

夏五月二十五日,宋公兹父去世。

秋,楚国人攻打陈国。

冬十一月,杞子去世。

注释 1缗(mín):国名,此时已为宋地。

【传】

二十三年春，齐侯伐宋，围缗，以讨其不与盟于齐也。

二十三年春，齐侯攻打宋国，包围了缗，这是为了讨伐它不到齐国参加盟会。

夏五月，宋襄公卒，伤于泓故也。

夏五月，宋襄公去世，这是在泓水旁作战受了伤的缘故。

秋，楚成得臣帅师伐陈[1]，讨其贰于宋也。遂取焦、夷[2]，城顿而还[3]。子文以为之功，使为令尹[4]。叔伯曰[5]："子若国何？"对曰："吾以靖国也[6]。夫有大功而无贵仕，其人能靖者与有几[7]？"

秋，楚国的成得臣率领军队攻打陈国，这是为了讨伐陈国两属于宋国。于是占取了焦、夷两地，在顿筑城后回国。子文把这些作为他的功劳，让他做令尹。叔伯说："您把国家怎么办？"回答说："我用这样的方法安定国家。有很大的功劳却没有尊贵的地位，这样的人能安定国家的有几个？"

注释 1成得臣：字子玉。 2焦、夷：皆陈地，均在今安徽亳州谯城区。 3顿：国名。此时为楚地。 4令尹：楚国的最高行政长官。 5叔伯：楚大夫。 6靖(jìng)：安定，平定。 7与：语气词。

九月，晋惠公卒。怀公立[1]，命无从亡人[2]，期，期而不至，无赦。狐突之子毛及偃从重耳在秦，弗召。冬，怀公执狐突曰："子来则免。"对曰："子之

九月，晋惠公去世。怀公即位，命令臣下不要跟随逃亡在外的人，规定期限，到了期限而不回来，不赦免。狐突的儿子毛和偃跟随重耳在秦国，狐突不召他们回来。冬，怀公把狐突抓起来说："儿子回来了就赦免你。"回答说："当儿

能仕，父教之忠，古之制也。策名、委质[3]，贰乃辟也[4]。今臣之子，名在重耳，有年数矣。若又召之，教之贰也。父教子贰，何以事君？刑之不滥，君之明也，臣之愿也。淫刑以逞[5]，谁则无罪？臣闻命矣。”乃杀之。卜偃称疾不出，曰：“《周书》有之：‘乃大明服[6]。’己则不明，而杀人以逞，不亦难乎？民不见德，而唯戮是闻，其何后之有？”

子能做官的时候，父亲就教导他忠诚，这是古代的制度。把名字写在简策上，给尊长送了见面礼，如果不专一就是罪过。现在我的儿子的名字在重耳那里已经有很多年头了，如果又召他们回来，这是教他们不专一啊。父亲教儿子不专一，怎么能侍奉君主？不滥用刑罚，这是君主圣明，是臣子的愿望。滥用刑罚来求称意，谁能没有罪？我听到命令了。”就杀了他。卜偃称病不出，说：“《周书》有这样的话：‘君主圣明，臣民就会顺服。’自己如果不圣明，而通过杀人来求称意，不也很难持久吗？百姓不被爱抚，只听到杀戮，还会有什么子孙的禄位？”

注释　1 怀公：太子圉立为晋君，后谥为怀公。　2 无：通“毋”。亡人：指重耳。　3 策名：古代做官的时候，先把名字书写在简策之上。委质：初次拜见尊长时送礼。质，通“贽”。　4 贰：两属，不专一。辟：罪。　5 淫：无节制。　6 乃大明服：见《尚书·康诰》，意谓君主圣明，则臣民顺服。

十一月，杞成公卒。书曰子，杞，夷也。不书名，未同盟也。凡诸侯同盟，死则赴以名，礼也。赴以名，则亦书之，不然则否，辟不敏也[1]。

十一月，杞成公去世。《春秋》记载称“子”，因为杞是夷人。不记载名字，是因为没有同鲁国结盟的缘故。凡是在一起结了盟的诸侯，死后就在讣告上写上名字，这是合于礼的。讣告上写了名字，《春秋》也就写名字，不然就不写，这是为了避免因弄不清楚而记错。

晋公子重耳之及于难也，晋人伐诸蒲城[2]。蒲城人欲战，重耳不可，曰："保君父之命而享其生禄[3]，于是乎得人。有人而校[4]，罪莫大焉。吾其奔也。"遂奔狄。从者狐偃、赵衰、颠颉、魏武子、司空季子[5]。

晋国的公子重耳遭到祸难的时候，晋国人在蒲城攻打他。蒲城人想迎战，重耳不许可，说："依靠国君父亲的命令才能享受养生的俸禄，于是得到百姓拥护。有了百姓的拥护却去抵抗君主父亲，没有比这更大的罪了。我还是逃跑吧。"于是逃亡到狄国。跟随的人有狐偃、赵衰、颠颉、魏武子、司空季子。

注释 1辟：同"避"。敏：明白，清楚。 2诸："之于"的合音。蒲城：晋邑。 3保：依靠。生禄：养生的俸禄。 4校(jiào)：对抗。 5狐偃：狐突之子。赵衰：不详，或说是赵夙之子。颉：音xié。魏武子：魏犨。司空：官名。季子：字。

狄人伐廧咎如[1]，获其二女，叔隗、季隗[2]，纳诸公子[3]。公子取季隗，生伯儵、叔刘[4]。以叔隗妻赵衰，生盾。将适齐，谓季隗曰："待我二十五年，不来而后嫁。"对曰："我二十五年矣，又如是而嫁，则就木焉[5]。请待子。"处狄十二年而行。过卫，卫文公不礼焉。出于五鹿[6]，乞食于

狄人攻打廧咎如，俘虏了他们的两个女儿叔隗和季隗，把她们送给公子重耳。公子娶了季隗，生了伯儵和叔刘。把叔隗给赵衰做妻子，生了盾。将要到齐国去，对季隗说："等我二十五年，如果我不回来你再改嫁。"回答说："我已经二十五岁了，又过这些年再改嫁，那就要进棺材了。我等您。"在狄居住了十二年而后离开。经过卫国，卫文公不以礼相待。经过五鹿，向乡下人要饭，乡下人给公子土

野人,野人与之块[7]。公子怒,欲鞭之。子犯曰[8]:"天赐也!"稽首,受而载之。

块。公子发怒,想鞭打他。子犯说:"这是上天赐予的啊!"公子叩头至地,接过土块,把它装在车子里。

注释 1 廧(qiáng)咎(gāo)如:赤狄的分支。 2 隗(wěi):廧咎如为隗姓。 3 纳:进献。诸:"之于"的合音。 4 儵:音 chóu。 5 就木:犹言进棺材。 6 五鹿:卫地,在今河南清丰西北。 7 块:土块。 8 子犯:即狐偃。

及齐,齐桓公妻之,有马二十乘[1]。公子安之。从者以为不可,将行,谋于桑下。蚕妾在其上[2],以告姜氏[3]。姜氏杀之,而谓公子曰:"子有四方之志,其闻之者,吾杀之矣。"公子曰:"无之。"姜曰:"行也!怀与安,实败名。"公子不可。姜与子犯谋,醉而遣之。醒,以戈逐子犯。

到达齐国,齐桓公为公子重耳娶了妻子,有马八十匹。公子安于这种生活。跟从的人认为这样不行,准备离去,在桑树下商量。养蚕的侍妾正在树上采桑叶,把这个消息告诉了姜氏。姜氏杀了她,对公子说:"您有远大的志向,听到这个消息的人,我把她杀了。"公子说:"没有这回事。"姜氏说:"走吧!眷恋享受和安于现状,确实会败坏名声。"公子不答应。姜氏和子犯商量,把他灌醉了然后送他走。公子酒醒,用戈追逐子犯。

及曹,曹共公闻其骈胁[4],欲观其裸。浴,薄而观之[5]。僖负羁之妻曰[6]:"吾观晋公子之从

到达曹国,曹共公听说公子重耳的肋骨连成一块,想在他裸体的时候观看。公子重耳洗澡的时候,曹共公便走近前去观看。僖负羁的妻子说:"我观察那些跟随晋国公子的人,都可以辅佐国政。如果用他们为辅佐,公子必定能回到晋

者，皆足以相国。若以相，夫子必反其国[7]。反其国，必得志于诸侯。得志于诸侯，而诛无礼，曹其首也。子盍蚤自贰焉[8]！”乃馈盘飧[9]，置璧焉。公子受飧反璧[10]。

国做国君。公子回到晋国做国君，一定能在诸侯中得志。在诸侯中得志，然后惩罚对他无礼的国家，曹国将是第一个受惩罚的。您何不早早自己向公子表示同曹国国君的不一致呢！”于是送给公子一盘晚餐，放上玉璧。公子接受了晚餐，退回了玉璧。

注释 1 乘(shèng)：古代计量单位，以四为一乘。 2 蚕妾：采桑喂蚕的女奴。 3 姜氏：重耳妻。 4 骈胁：腋下肋骨相连如一骨。 5 薄：迫近。 6 僖负羁：曹大夫。 7 反：同“返”。 8 盍：“何不”的合音。蚤：通“早”。贰：不专一。 9 馈(kuì)：馈赠食物。飧(sūn)：晚餐。 10 反：同“返”。

及宋，宋襄公赠之以马二十乘。

及郑，郑文公亦不礼焉。叔詹谏曰：“臣闻天之所启[1]，人弗及也。晋公子有三焉，天其或者将建诸[2]。君其礼焉！男女同姓，其生不蕃[3]。晋公子，姬出也[4]，而至于今[5]，一也；离外之患[6]，而天不靖晋国[7]，殆将启之，二也；有三士[8]，足以上人[9]，而从之，三也。晋郑同侪[10]，

到达宋国，宋襄公赠给他八十匹马。

到达郑国，郑文公也不以礼相待。叔詹进谏说：“我听说上天赞助的人，一般人比不上。晋公子有三点不同于一般人的地方，上天可能将立他做国君吧。您还是以礼相待吧！父母同姓，生育必不蕃盛。晋公子是姬姓女子所生，却能活到今天，这是一；遭到逃亡在外的患难，而上天却不让晋国安定，大概是要赞助他了，这是二；有三个贤士，足以超过一般的人，却都跟随着他，这是三。晋国和郑国是处于同等地位的国家，晋国的子弟来往经过郑国，还要以

其过子弟，固将礼焉，况天之所启乎！”弗听。

礼相待，何况是上天赞助的人呢！”郑文公不听。

注释 1启：赞助。 2建：立为国君。诸：“之乎”的合音。 3蕃：蕃盛。 4姬出：姬姓女子所生。重耳的母亲是戎族的狐姬。 5晋也是姬姓国，重耳的母亲与重耳的父亲晋献公是同姓而婚，而重耳却能活到今天，这是比较特殊的。 6离：通“罹”，遭遇。外：逃亡在外。 7靖：安定。 8三士：指狐偃、赵衰、贾佗。 9上人：超过一般人。 10同侪(chái)：处于同等地位。

及楚，楚子飨之[1]，曰：“公子若反晋国[2]，则何以报不穀？”对曰：“子、女、玉、帛，则君有之；羽、毛、齿、革[3]，则君地生焉。其波及晋国者[4]，君之余也。其何以报君？”曰：“虽然，何以报我？”对曰：“若以君之灵，得反晋国[5]，晋楚治兵，遇于中原，其辟君三舍[6]。若不获命，其左执鞭弭[7]，右属櫜鞬[8]，以与君周旋。”子玉请杀之。楚子曰：“晋公子广而俭[9]，文而有礼。其从者肃而宽，忠而能力。晋侯

到达楚国，楚子设宴招待他，说：“公子如果回到晋国，那么用什么报答我？”回答说：“子、女、玉、帛，那是您所拥有的；羽、毛、齿、革，那是您的土地上出产的。那些播散到晋国的，都是您剩下来的。能用什么来报答您呢？”楚子说：“虽然如此，到底用什么报答我呢？”回答说：“如果托您的福，能够回到晋国，晋国和楚国演习军事时在中原相遇，我将避开您九十里。如果得不到允许，将左手拿着鞭和弓，右手拿着弓袋箭袋，来同您周旋。”子玉请求杀掉他。楚子说：“晋公子志向远大而严于律己，文辞华美而合于礼仪。他的随从们严肃而宽厚，忠诚而尽力。晋侯没有亲近的人，国内国外都讨厌他。我听说

无亲,外内恶之[10]。吾闻姬姓唐叔之后[11],其后衰者也,其将由晋公子乎!天将兴之,谁能废之?违天必有大咎。”乃送诸秦[12]。

姬姓中唐叔的后代,将会是衰亡在最后的,这大概是因为晋公子将要执政的缘故吧!上天要使他兴盛,谁能废掉他?违背天意一定有大的灾祸。”于是送他到秦国。

注释 1 飨(xiǎng):用酒食招待人。 2 反:同“返”。 3 羽、毛、齿、革:指鸟羽、兽毛、象牙、皮革。 4 波:播散。 5 反:同“返”。 6 辟:同“避”。舍:一舍三十里。 7 鞭:马鞭。弭(mǐ):没有装饰的弓。 8 属(zhǔ):佩,系。櫜(gāo):收藏衣甲或弓矢的器具。鞬(jiān):马上盛弓箭的器具。 9 广:志向远大。俭:不放纵。 10 恶(wù):厌恶。 11 见僖公十五年《传》注。12 诸:“之于”的合音。

秦伯纳女五人,怀嬴与焉[1]。奉匜沃盥[2],既而挥之[3]。怒,曰:“秦晋,匹也[4]。何以卑我?”公子惧,降服而囚[5]。他日,公享之[6]。子犯曰:“吾不如衰之文也[7],请使衰从。”公子赋《河水》[8],公赋《六月》[9]。赵衰曰:“重耳拜赐!”公子降[10],拜,稽首,公降一级而辞焉。衰曰:“君称所以佐天子者命重耳,重耳敢不拜?”

秦伯送给重耳五个女子,怀嬴也在内。怀嬴捧着匜给重耳浇水洗手,洗完后重耳挥手将水甩掉。怀嬴发怒,说:“秦国和晋国是地位相等的国家,为什么轻视我?”公子恐惧,脱下上衣,自己把自己囚禁起来。有一天,秦伯设宴招待公子。子犯说:“我不如赵衰的文采,请让赵衰跟随。”公子在宴会上朗诵了《河水》这首诗,秦伯朗诵了《六月》这首诗。赵衰说:“重耳拜谢恩赐!”公子走下台阶,拜,叩头,秦伯走下一级台阶辞谢。赵衰说:“君称引辅佐天子的诗命令重耳辅佐天子,重耳岂敢不下拜?”

注释 1 怀嬴：即晋怀公圉的妻子，详见僖公二十二年《传》注。与(yù)：参与。 2 奉：捧。匜(yí)：盛水器。沃：浇。盥(guàn)：洗手。 3 挥之：甩掉手上的水。 4 匹：匹敌，相等。 5 降服而囚：脱去上衣，自己囚禁自己以谢罪。 6 享：宴享，用食物招待人。 7 文：有文辞。 8《河水》：逸诗的篇名。诗以河水朝宗于海为义，海喻秦，表示对秦的尊敬。 9《六月》：《诗经·小雅》中一首诗的篇名，其诗称颂尹吉甫辅佐周宣王北伐获胜，秦穆公以此勉励重耳。 10 降：下阶。

僖公二十四年

【经】

二十有四年春，王正月。
夏，狄伐郑。
秋七月。
冬，天王出居于郑[1]。
晋侯夷吾卒。

二十四年春，周历正月。
夏，狄人攻打郑国。
秋七月。
冬，周天子出奔到郑国。
晋侯夷吾去世。

注释 1 天王：周襄王。出居：出奔。

【传】

二十四年春，王正月，秦伯纳之[1]。不书，不告入也。及河，子犯以璧授公子，曰："臣负羁绁从君巡

二十四年春，周历正月，秦伯派人送重耳回国。《春秋》不记载，因为晋国没有来通报。到达黄河，子犯把玉璧还给公子，说："我背负着马络头马

于天下[2]，臣之罪甚多矣，臣犹知之，而况君乎？请由此亡。”公子曰：“所不与舅氏同心者[3]，有如白水！”投其璧于河。济河，围令狐，入桑泉，取臼衰[4]。二月甲午[5]，晋师军于庐柳[6]，秦伯使公子絷如晋师[7]，师退，军于郇[8]。辛丑，狐偃及秦、晋之大夫盟于郇。壬寅，公子入于晋师。丙午，入于曲沃。丁未，朝于武宫[9]。戊申，使杀怀公于高梁[10]。不书，亦不告也。

缰绳跟着您巡行天下，我的罪过很多了，我自己尚且知道，何况您呢？请您允许我从这里离开。”公子说：“如果不和舅父一条心，有河水为证！”将玉璧投入河中。渡过黄河，包围令狐，进入桑泉，占取臼衰。二月甲午日，晋国的军队驻扎在庐柳，秦伯派公子絷到晋国军营中去，晋国的军队退走，驻扎在郇。辛丑日，狐偃同秦国、晋国的大夫在郇结盟。壬寅日，公子进入晋国的军队。丙午日，进入曲沃。丁未日，在武宫的神庙里朝见群臣。戊申日，派人在高梁杀死怀公。《春秋》不记载，也是因为晋国没有前来告知。

注释　1 纳之：使重耳回国。　2 羁：马络头。绁(xiè)：马缰绳。　3 舅氏：子犯是重耳的舅父。　4 令狐、桑泉、臼衰(jiùcuī)：皆晋地名。　5 二月无甲午，此及以下六个干支纪日，据推算，皆差一月。　6 庐柳：晋地。　7 絷：音 zhí。　8 郇(xún)：古国名，此时为晋地。　9 武宫：重耳祖父晋武公的神庙。　10 高梁：见僖公十五年《传》注。

吕、郤畏逼[1]，将焚公宫而弑晋侯[2]。寺人披请见[3]。公使让之，且辞焉，曰：“蒲城之役，君命一宿[4]，女即至[5]。其

吕甥、郤芮怕受到重耳的迫害，准备烧掉公室而杀死晋侯。寺人披请求进见。公派人责备他，而且拒绝接见，说：“蒲城那一次战役，国君命令你一夜之后到达，你马上就到了。后来我跟随狄人的君主

后余从狄君以田渭滨[6]，女为惠公来求杀余，命女三宿，女中宿至。虽有君命，何其速也？夫祛犹在[7]，女其行乎！”对曰：“臣谓君之入也，其知之矣。若犹未也，又将及难。君命无二，古之制也。除君之恶，唯力是视。蒲人、狄人，余何有焉？今君即位，其无蒲狄乎？齐桓公置射钩而使管仲相[8]。君若易之，何辱命焉？行者甚众，岂唯刑臣[9]！”公见之，以难告。三月，晋侯潜会秦伯于王城[10]。己丑晦，公宫火。瑕甥、郤芮不获公，乃如河上，秦伯诱而杀之。

在渭水边上打猎，你为惠公来杀我，惠公命令你三夜之后到达，你第二夜就到了。虽然有君主的命令，为什么那么快呢？那截砍下来的袖管还在，你还是走吧！”回答说：“我以为您回来做了国君，有些事情都已经知道了。如果还不知道，又将要赶上灾难。执行国君的命令必须没有二心，这是古代的制度。替君主除恶，只是看自己的力量如何。蒲人或狄人，对于我来说有什么关系呢？现在您即位了，难道就没有反对您的人了吗？齐桓公把射钩的事放在一边，却使管仲做了相。您如果不像齐桓公那样做，而是不忘斩祛之事，我会自己走的，哪里需要您命令呢？准备走的人很多，难道只有我这个受过刑的人吗？”晋侯接见了寺人披，寺人披将祸乱告诉了晋侯。三月，晋侯偷偷地在王城会见秦伯。三十日，公室发生火灾。瑕甥、郤芮没有抓住晋侯，于是就到了黄河边上，秦伯把他们骗去杀掉了。

注释 1吕：吕甥。郤：郤芮。 2晋侯：指晋文公，即重耳。 3寺人披：见僖公五年《传》注。 4宿：夜。 5女：通“汝”。 6田：打猎。渭滨：渭水之滨。 7祛(qū)：袖口。僖公五年在蒲城，寺人披没能杀死重耳，仅斩断他一只袖管。 8钩：带钩，束腰革带上的金属钩。齐桓公和公子纠争位，管仲奉公子纠之命，射桓公，中钩。 9 刑臣：受过刑的臣。10 王城：秦地。

晋侯逆夫人嬴氏以归。秦伯送卫于晋三千人，实纪纲之仆[1]。初，晋侯之竖头须[2]，守藏者也[3]，其出也，窃藏以逃，尽用以求纳之。及入，求见，公辞焉以沐[4]。谓仆人曰："沐则心覆，心覆则图反，宜吾不得见也。居者为社稷之守，行者为羁绁之仆[5]，其亦可也，何必罪居者？国君而仇匹夫，惧者甚众矣。"仆人以告，公遽见之[6]。

晋侯迎夫人嬴氏回来。秦伯送给晋国卫士三千人，都是得力的仆人。起初，晋侯的小臣头须，是看守财物的，晋侯逃亡在外的时候，他偷了财物逃走，这些财物全都用来设法让晋侯回国。等到晋侯回国即位，头须请求进见，晋侯借口正在洗头拒绝了他。头须对晋侯的仆人说："洗头时头向下，心就倒过来了，心倒过来了，那么想法也就相反了，我不能见到他是合乎情理的。留在国内的是国家的守卫，奔走在外的是背着马络头马缰绳的仆役，这也都是可以的，何必认为留在国内的人是有罪的呢？作为国君如果仇视普通人，那么害怕的人就很多了。"仆人把这些话告诉晋侯，晋侯马上接见了他。

注释 1 纪纲之仆：有办事能力的仆人。 2 竖：小臣，未成年而给人做事的人。头须：人名。 3 藏（zàng）：存放财物的地方。 4 沐：洗头。 5 羁：马络头。绁（xiè）：马缰绳。 6 遽（jù）：急速。

狄人归季隗于晋[1]，而请其二子。文公妻赵衰[2]，生原同、屏括、楼婴。

狄人把季隗送回晋国，请示晋侯如何处理伯儵和叔刘。文公把女儿嫁给赵衰，生了原同、屏括、楼婴。赵姬请求迎

赵姬请逆盾与其母[3]，子馀辞[4]。姬曰："得宠而忘旧，何以使人？必逆之！"固请，许之。来，以盾为才，固请于公，以为嫡子，而使其三子下之。以叔隗为内子[5]，而己下之。

接赵盾和他的母亲回来，赵衰拒绝。赵姬说："得到了新宠就忘记了旧好，怎么能差遣别人？一定要迎接他们回来！"坚决请求，赵衰答应了。赵盾和他的母亲回到晋国，赵姬认为赵盾很有才能，便坚决向晋侯请求，把他作为嫡子，而让她自己的三个儿子居于赵盾之下。让叔隗作为嫡妻，而自己居于叔隗之下。

注释　1 隗：音 wěi。　2 妻(qì)：把女儿嫁给某人。　3 赵姬：重耳的女儿。　4 子馀：赵衰的字。　5 内子：嫡妻。

晋侯赏从亡者，介之推不言禄[1]，禄亦弗及。推曰："献公之子九人，唯君在矣。惠、怀无亲，外内弃之。天未绝晋，必将有主。主晋祀者，非君而谁？天实置之，而二三子以为己力，不亦诬乎[2]？窃人之财，犹谓之盗。况贪天之功以为己力乎？下义其罪，上赏其奸；上下相蒙，难与处矣。"其母曰："盍亦求之[3]，以死谁

晋侯赏赐跟随他逃亡的人，介之推没有要求禄位，也没有轮到他。介之推说："献公的儿子九个，只有文公在世了。惠公、怀公没有亲近的人，国内外都厌弃他。上天不灭亡晋国，一定会有君主。主持晋国祭祀的人，不是文公还会是谁呢？实在是上天安排他在这个位子上，而他们几位却以为是自己的力量，这不是欺骗吗？偷了别人的财物，尚且叫作强盗，何况贪天之功以为自己的力量呢？下面的人把罪恶当作正义，上面的人对奸诈给以赏赐；上下互相蒙骗，和他们相处很困难了。"他的母亲说："何不也去请求禄位，因为没有禄位而死了又怨恨谁呢？"回答说："谴

怼[4]？”对曰：“尤而效之[5]，罪又甚焉！且出怨言，不食其食。”其母曰：“亦使知之，若何？”对曰：“言，身之文也[6]。身将隐，焉用文之？是求显也[7]。”其母曰：“能如是乎？与女偕隐[8]。”遂隐而死。晋侯求之不获，以绵上为之田[9]，曰：“以志吾过[10]，且旌善人[11]。”

责他们却又效法他们，罪又更大了！而且口出怨言，不能吃他们的俸禄了。”他的母亲说：“也让他们知道你的想法，怎么样？”回答说：“言语，是身体的文饰。身体都要隐藏了，哪里用得着文饰它呢？如果说出来，那是求取显达了。”他的母亲说：“你能做到像这样吗？我和你一起隐居。”于是隐居一直到死。晋侯到处寻找他没有找到，就把绵上这个地方作为他的封田，说：“用这样的方式记载我的过错，并且表彰品德高尚的人。”

注释 1 介之推：重耳逃亡时的低级从臣。姓介名推，“之”是语助词。 2 诬：欺骗。 3 盍(hé)：“何不”的合音。 4 怼(duì)：怨恨。 5 尤：谴责。效：效法。 6 文：文饰。 7 显：显达。 8 女：通“汝”。 9 绵上：地名，在今山西介休东南。 10 志：记。 11 旌：表彰。

郑之入滑也，滑人听命。师还，又即卫[1]。郑公子士、泄堵俞弥帅师伐滑。王使伯服、游孙伯如郑请滑。郑伯怨惠王之入而不与厉公爵也，又怨襄王之与卫滑也[2]。故不听王命，而执二子。王怒，将以狄伐郑。富辰谏曰：

郑国军队进入滑国的时候，滑国人听从命令。等郑国军队回国后，又去亲附卫国。郑国的公子士、泄堵俞弥率领军队攻打滑国。天子派伯服、游孙伯到郑国去替滑国求情。郑伯怨恨周惠王回到成周却不给功臣厉公爵位，又怨恨周襄王偏袒卫国和滑国。所以不听天子的命令，拘捕了伯服和游孙伯。天子发怒，准备率领狄国人攻打郑国。富

“不可。臣闻之:大上以德抚民[3],其次亲亲,以相及也。昔周公吊二叔之不咸[4],故封建亲戚[5],以蕃屏周[6]。管、蔡、郕、霍、鲁、卫、毛、聃、郜、雍、曹、滕、毕、原、酆、郇[7],文之昭也[8]。邘、晋、应、韩[9],武之穆也[10]。凡、蒋、邢、茅、胙、祭[11],周公之胤也[12]。

辰进谏说:“不行。我听说:最好的办法是用德行安抚百姓,其次是亲近亲属,把这种感情推及其他的人。从前周公伤痛管叔、蔡叔不得善终,所以把伯叔兄弟及子侄都分封土地,使他们建立国家,作为周的屏障。管、蔡、郕、霍、鲁、卫、毛、聃、郜、雍、曹、滕、毕、原、酆、郇,都是文王的儿子。邘、晋、应、韩,是武王的儿子。凡、蒋、邢、茅、胙、祭,是周公的后代。

注释 1即:靠近。 2与:亲附。 3大上:犹言第一。大,同“太”。 4吊:伤痛。二叔:武王弟管叔鲜和蔡叔度,成王时,二叔作乱,周公平乱,杀管叔,放蔡叔。咸:终。 5封建:分封土地使建国家。亲戚:指伯叔兄弟及子侄。 6蕃屏:藩篱屏障。 7郕:音 chéng。酆:音 fēng。郇:音 xún。8昭:见僖公五年《传》注,文王为穆,则其子为昭。 9邘:音 yú。 10穆:武王为昭,则其子为穆。 11胙:音 zuò。祭:音 zhài。 12胤(yìn):后代。

“召穆公思周德之不类[1],故纠合宗族于成周而作诗[2],曰:‘常棣之华[3],鄂不韡韡[4]。凡今之人,莫如兄弟。’其四章曰:‘兄弟阋于墙[5],外御其侮。’如是,则兄弟虽有小忿,不废懿亲[6]。

“召穆公念及周德衰微,所以集合了宗族在成周作诗,说:‘常棣的花儿,花朵艳丽茂盛。现在的人们,没有比兄弟更厚的亲情。’诗的第四章说:‘兄弟在墙内争吵,在墙外就共同抵御敌人。’像这样,那么兄弟之间虽然有小小的怨忿,也不会废弃美好的亲情。现在天子不忍耐小小的怨愤而抛弃对郑国的亲情,将把它怎么办呢?

今天子不忍小忿以弃郑亲，其若之何？庸勋[7]、亲亲、昵近、尊贤，德之大者也。即聋、从昧、与顽、用嚚[8]，奸之大者也。弃德、崇奸，祸之大者也。郑有平、惠之勋[9]，又有厉、宣之亲[10]，弃嬖宠而用三良[11]，于诸姬为近[12]，四德具矣。

奖赏有功的人、亲近自己的亲人、亲昵自己的近臣、尊敬贤能的人，这是德行中最大的德行。接近耳聋的人、跟从昏昧的人、亲近冥顽的人、使用奸诈的人，这是邪恶中最大的邪恶。抛弃德行，崇尚邪恶，这是祸患中最大的祸患。郑国有辅助周平王东迁和使周惠王回国的功劳，又有作为周厉王的儿子、周宣王的弟弟这样的亲情，郑国国君舍弃宠臣而任用三良，在众多的姬姓国中是最为亲近的，四种德行都具备了。

注释　1 召(shào)穆公：周卿士，即召公虎，生于周厉公时，时周德衰微，兄弟不和。类：善。　2 纠：纠集，集合。诗见《小雅·常棣》。　3 常棣：木名。华(huā)：花。　4 鄂：通“萼”，花托，花瓣下部的一圈绿色的叶状薄片。不：通“柎(fū)”，花萼的足。韡韡(wěiwěi)：鲜明茂盛的样子。　5 阋(xì)：争吵。　6 懿：美。　7 庸：功劳，这里指奖赏。　8 嚚(yín)：奸诈。　9 周平王东迁洛邑、周惠王出奔后回国都曾依靠郑国。　10 郑国先祖桓公友是周厉王的儿子，周宣王的弟弟。　11 弃嬖宠：指七年杀宠臣申侯事。三良：指叔詹、堵叔、师叔。　12 近：亲近。

“耳不听五声之和为聋，目不别五色之章为昧[1]，心不则德义之经为顽[2]，口不道忠信之言为嚚[3]。狄皆则之，四奸具矣。周之有懿德也，犹曰

“耳朵不能听到五声的唱和就是聋，眼睛不能辨别五色的花纹就是昏昧，心里不能效法德义的准则就是冥顽，嘴里不说忠信的言语就是奸诈。狄人就都效法这些，四种邪恶都具备了。周室具有美德的时候，还说‘恩亲没有比兄弟

‘莫如兄弟’，故封建之。其怀柔天下也，犹惧有外侮。捍御侮者[4]，莫如亲亲，故以亲屏周，召穆公亦云。今周德既衰，于是乎又渝周、召[5]，以从诸奸，无乃不可乎？民未忘祸，王又兴之，其若文、武何？”王弗听，使颓叔、桃子出狄师。

更厚的’，所以分封土地，建立诸侯国家。当他笼络天下的时候，还害怕有外敌的侵犯。抵御侵犯的办法，没有比亲近自己的亲人更好的了，所以用亲戚作为周的屏障，召穆公也是这样说的。现在周德已经衰微，于是又改变周公、召穆公的做法，而跟从各种邪恶，大概不可以吧？百姓还没有忘记祸乱，您又挑起它，怎么对得起文王、武王建立的功业呢？”周襄王不听，派遣颓叔、桃子出动狄军。

夏，狄伐郑，取栎[6]。王德狄人[7]，将以其女为后[8]。富辰谏曰：“不可。臣闻之曰：‘报者倦矣，施者未厌。’狄固贪婪，王又启之。女德无极，妇怨无终，狄必为患。”王又弗听。

夏，狄人攻打郑国，占取了栎。天子感谢狄人，准备把狄女作为王后。富辰进谏说：“不行。我听说：‘报答的人已经厌倦了，施恩的人还没有满足。’狄人本来就贪婪，您又引发他们的这种贪心。女人的德行没有尽头，妇女的怨恨没有终结，狄人必定成为祸患。”天子又不听。

注释　1 章：花纹。　2 则：效法。　3 嚚：奸诈。　4 捍：抵御。　5 渝(yú)：改变。周：周公。召(shào)：召公。　6 栎(lì)：郑国的别都。　7 德：感谢。8 后：王后。

初，甘昭公有宠于惠后[1]，惠后将立之，未及而卒。昭公奔齐，王复之。

起初，甘昭公受到惠后的宠爱，惠后准备立他为国君，没有来得及就死了。昭公逃亡到齐国，天子让他回来。

又通于隗氏[2]。王替隗氏[3]。颓叔、桃子曰:“我实使狄,狄其怨我。”遂奉大叔以狄师攻王[4]。王御士将御之。王曰:“先后其谓我何[5]?宁使诸侯图之。”王遂出,及坎欿[6],国人纳之。秋,颓叔、桃子奉大叔以狄师伐周,大败周师,获周公忌父、原伯、毛伯、富辰。王出适郑,处于氾[7]。大叔以隗氏居于温[8]。

昭公又同隗氏私通。天子废了隗氏。颓叔、桃子说:“实在是我们指使狄人这样做的,狄人将怨恨我们。”于是侍奉太叔凭借狄人的军队攻打周天子。周天子的侍卫人员准备抵御他们。周天子说:“这样做先王后将会说我什么?宁可让诸侯对付他们。”周天子于是离开京都,到达坎欿,京城里的人又把周天子接回去。秋,颓叔、桃子侍奉太叔凭借狄人的军队攻打京城,把周室的军队打得大败,俘虏了周公忌父、原伯、毛伯、富辰。天子逃亡到郑国,居住在氾。太叔和隗氏住在温。

注释 1 甘昭公:惠王之子、襄王之弟王子带,封于甘,谥昭。 2 隗(wěi)氏:即“王德狄人,将以其女为后”者。隗,狄姓。 3 替:废。 4 大叔:即王子带。 5 先后:即惠后。 6 坎欿(kǎn):周地,在今河南巩义东。 7 氾(fàn):郑地,在今河南襄城南。 8 温:周地,在今河南温县西南。

郑子华之弟子臧出奔宋,好聚鹬冠[1]。郑伯闻而恶之[2],使盗诱之。八月,盗杀之于陈宋之间。君子曰:“服之不衷[3],身之灾也。《诗》曰[4]:‘彼己之子[5],不称其服[6]。’

郑国的子华的弟弟子臧逃亡到宋国,喜欢收集鹬鸟的毛冠。郑伯听说了就很厌恶他,派杀手诱骗他。八月,杀手把他杀死在陈国和宋国交界的地方。君子说:“衣服不合适,这是自己的灾祸。《诗》说:‘那个人,同他的服饰不相称。’子臧的服饰,不相称啊!《诗》说‘自己

子臧之服，不称也夫！《诗》曰[7]‘自诒伊戚[8]’，其子臧之谓矣。《夏书》曰[9]‘地平天成’，称也。”

给自己留下忧愁’，这就是说的子臧了。《夏书》说‘大地普生万物，上天施与周全’，这就是相称了。”

宋及楚平[10]，宋成公如楚。还，入于郑。郑伯将享之[11]，问礼于皇武子。对曰：“宋，先代之后也。于周为客，天子有事[12]，膰焉[13]；有丧，拜焉。丰厚可也。”郑伯从之，享宋公，有加，礼也。

宋国和楚国讲和，宋成公到楚国去。回国的时候，进入郑国。郑伯准备用酒宴招待他，向皇武子询问礼仪。皇武子回答说：“宋国，是先朝的后裔。在周室是把他当作客人的，天子祭祀的时候，要送给他祭肉；有丧事的时候，天子要答谢宋国的吊唁。用丰厚的酒宴招待他是可以的。”郑伯听从他的意见，用酒宴招待宋成公，超过常礼，这是合于礼的。

注释 1 鹬(yù)：一种水鸟。 2 恶(wù)：厌恶。 3 衷(zhòng)：适当。 4 见《诗经·曹风·候人》。 5 己：通“其”，与“彼”同义，今诗作其。 6 称(chèn)：相称，合适。 7 见《小雅·小明》。 8 诒(yí)：留给。伊：此。戚：忧。 9《夏书》：属《尚书》的逸书，此语伪古文《尚书》入《大禹谟》。 10 平：讲和。 11 享：用酒宴招待人。 12 有事：有祭祀。 13 膰(fán)：祭祀用的烤肉。

冬，王使来告难，曰：“不穀不德，得罪于母氏之宠子带，鄙在郑地氾[1]，敢告叔父[2]。”臧文仲对曰：“天子蒙尘于外，敢不奔问官守[3]？”王使简师父告

冬，天子派人前来告知发生的祸难，说：“我缺少德行，得罪了母亲宠爱的儿子带，现在住在郑国的氾这个地方，谨告知叔父。”臧文仲回答说：“天子在外面蒙受尘土，哪里敢不赶紧去问候群臣？”天子派遣简师父告知晋国，派

于晋[4]，使左鄢父告于秦[5]。天子无出，书曰'天王出居于郑'，辟母弟之难也[6]。天子凶服、降名[7]，礼也。

左鄢父告知秦国。天子不说离开国都，《春秋》记载说"天王出居于郑"，这是说躲避同母弟弟造成的祸难。天子穿着凶服、降低名分，这是合于礼的。

郑伯与孔将钽、石甲父、侯宣多省视官、具于氾[8]，而后听其私政，礼也。

郑伯与孔将钽、石甲父、侯宣多到氾地问候天子的官员，检查供应天子使用的器具，然后处理自己的政事，这是合于礼的。

卫人将伐邢，礼至曰："不得其守，国不可得也。我请昆弟仕焉[9]。"乃往，得仕[10]。

卫国人准备攻打邢国，礼至说："不做他们的官，国家是不能得到的。我请求让我们的兄弟去邢国做官。"于是前往，在邢国做了官。

注释　1 鄙：野居。　2 天子称同姓诸侯叫"叔父"或"伯父"。　3 官守：居官职的人，指天子的群臣。　4 父(fǔ)：下"父"同。简师父：周大夫。　5 左鄢父：周大夫。　6 母弟：同母弟弟。　7 降名：天子当自称"余一人"，"不穀"是诸侯自称，周天子用"不穀"自称，是降低自己的名分。　8 省视：问候检查。具：器具。　9 昆弟：兄弟。　10 仕：做官。

僖公二十五年

【经】

二十有五年春，王正月丙午，卫侯燬灭邢。

二十五年春，周历正月二十日，卫侯燬灭亡邢国。

夏四月癸酉，卫侯

夏四月十九日，卫侯燬去世。

燬卒。

宋荡伯姬来逆妇[1]。

宋杀其大夫。

秋，楚人围陈，纳顿子于顿。

葬卫文公。

冬十有二月癸亥，公会卫子、莒庆，盟于洮[2]。

宋国的荡伯姬前来为她的儿子迎妻。

宋国杀了他们的大夫。

秋，楚国人包围了陈国，使顿子回到顿国。

安葬卫文公。

冬十二月十二日，僖公会见卫子、莒庆，在洮结盟。

注释 1 荡伯姬：鲁女，嫁给宋大夫荡氏。 2 洮(táo)：鲁地。

【传】

二十五年春，卫人伐邢，二礼从国子巡城[1]，掖以赴外[2]，杀之。正月丙午，卫侯燬灭邢。同姓也，故名。礼至为铭曰："余掖杀国子，莫余敢止。"

秦伯师于河上，将纳王。狐偃言于晋侯曰："求诸侯莫如勤王[3]。诸侯信之，且大义也。继文之业[4]，而信宣于诸侯，今

二十五年春，卫国人攻打邢国，礼氏兄弟跟着国子在城墙上巡视，兄弟俩挟持国子的胳膊来到城外，杀了他。正月二十日，卫侯燬灭亡邢国。因为卫国和邢国同姓，所以《春秋》记载名字。礼至作铭文说："我挟持杀死了国子，没有谁敢阻止我。"

秦伯驻军在黄河边上，准备送周天子回京城。狐偃对晋侯说："要求得诸侯的拥护，没有什么比为王事尽力更有效的了。能使诸侯相信我们，而且符合大义。继续晋文侯的事业，同时在诸侯之

为可矣。”使卜偃卜之[5]，曰：“吉，遇黄帝战于阪泉之兆[6]。”公曰：“吾不堪也！”对曰：“周礼未改，今之王，古之帝也。”

中宣扬信誉，现在做可以了。”让卜偃占卜这件事，卜偃说：“吉利，得到了黄帝在阪泉作战前占得的兆文。”晋侯说：“我当不起啊！”卜偃回答说：“周室的礼制没有改变，现在的王，就是古代的帝。”

注释 **1** 二礼：礼至和他的弟弟。国子：未详，当是邢的大臣。 **2** 掖：拉着别人的胳膊。 **3** 勤王：为王事尽力。 **4** 文：晋文侯。周平王东迁洛邑时，晋文侯仇有辅佐之功，得到平王赏赐。 **5** 卜偃：名偃的卜官。 **6** 阪(bǎn)泉之兆：黄帝与炎帝战于阪泉，黄帝胜。黄帝于战前卜得吉兆，今晋侯亦得此兆。

公曰：“筮之！”筮之，遇大有䷍之睽䷥[1]，曰：“吉，遇‘公用享于天子’之卦[2]。战克而王飨[3]，吉孰大焉？且是卦也，天为泽以当日[4]，天子降心以逆公[5]，不亦可乎？大有去睽而复[6]，亦其所也。”晋侯辞秦师而下。三月甲辰，次于阳樊，右师围温，左师逆王。

晋侯说：“占筮！”又占筮，得到了大有䷍变为睽䷥，说：“吉利，得到‘公被天子设宴招待’的卦象。战胜以后天子设宴招待，还有比这更吉利的吗？而且这一卦，天变成水泽承受太阳的照耀，天子降低自己的身份来迎接您，不是很好吗？大有变为睽然后回到大有，也就是天子回到自己的位置上。”晋侯辞别秦军，顺河而下。三月十九日，驻扎在阳樊，右翼部队包围温，左翼部队迎接周天子。

夏四月丁巳，王入于王城。取大叔于温，杀之于隰城[7]。戊午，晋侯朝

夏四月三日，天子进入王城。在温抓住太叔，在隰城杀了他。四日，晋侯朝见天子。天子用甜酒招待晋侯，又

王，王享醴[8]，命之宥[9]。请隧[10]，弗许，曰："王章也[11]。未有代德，而有二王，亦叔父之所恶也[12]。"与之阳樊、温、原、欑茅之田[13]。晋于是始启南阳。

让晋侯向自己敬酒。晋侯请求死后能在墓前挖地下通道，周天子不答应，说："这是天子的葬礼。还没有取代周室的德行，却有两个天子，这也是你所厌恶的。"赐给晋侯阳樊、温、原、欑茅等地。晋国在这时才开辟了南阳的疆土。

注释 **1** 大有、睽：皆《易》卦名。 **2** 公用享于天子：为大有卦九三爻辞。享：今《易》作"亨"，"亨"通"享"。 **3** 飨(xiǎng)：用酒食招待人。 **4** 大有的下卦为乾，象征天，由大有变为睽卦，睽的下卦为兑，象征沼泽。大有和睽的上卦均为离，象征日，由大有变为睽卦，其下卦由天变为泽，在泽之上。 **5** 乾卦在离之下，即天在火之下，故云天子降心以逆公。 **6** 大有变为睽，最终还要回到大有，预示着天子复位。 **7** 隰(xí)城：周地。 **8** 醴：甜酒。 **9** 宥(yòu)：通"侑"，劝人饮食。 **10** 隧：天子墓前的地下通道。 **11** 章：典章制度。 **12** 叔父：周天子称姬姓诸侯为叔父。恶(wù)：厌恶。 **13** 阳樊、温、原、欑(cuán)茅：皆周地。

阳樊不服，围之。苍葛呼曰："德以柔中国，刑以威四夷，宜吾不敢服也[1]。此[2]，谁非王之亲姻，其俘之也？"乃出其民。

阳樊这个地方的人不肯臣服，郑国便包围了阳樊。苍葛叫喊着说："用德行安抚中原国家，用刑罚威服其他各族，我们不敢臣服是应该的。这个地方的人，谁不是天子的亲戚，怎么能俘虏他们呢？"于是郑国让阳樊的百姓离去。

秋，秦、晋伐鄀[3]。楚鬬克、屈御寇以申、息之师戍商密[4]。秦

秋，秦国、晋国攻打鄀国。楚国的鬬克、屈御寇率领申、息两地的军队戍守商密。秦国人经过析，从丹水的弯曲处进入，然后

人过析[5],隈入而系舆人[6],以围商密,昏而傅焉[7]。宵,坎血加书[8],伪与子仪、子边盟者[9]。商密人惧,曰:“秦取析矣!戍人反矣!”乃降秦师。秦师囚申公子仪、息公子边以归。楚令尹子玉追秦师,弗及。遂围陈,纳顿子于顿。

把自己的人众当作析地的俘虏捆缚起来,来包围商密,黄昏的时候接近商密。夜间,在地上挖了个坎,然后在坎上杀牲,用血盟誓,再在坎上放上盟书,这盟书是秦国人假造的同子仪、子边结盟的盟书。商密人感到恐惧,说:“秦国人已占取了析!戍守商密的人已经叛变了!”于是商密的人投降秦国的军队。秦国的军队囚禁了申公子仪、息公子边回去。楚国的令尹子玉追击秦师,没有赶上。接着包围陈国,使顿子回到顿国。

注释 1 苍葛:阳樊人。宜:应该。 2 此:指阳樊。 3 鄀(ruò):国名。 4 鬭(dòu)克:楚国大司马。申、息:楚地名。商密:鄀国的国都。 5 析:鄀国的别邑。 6 隈(wēi):山水弯曲的地方。系:捆缚。舆人:众人。 7 傅:靠近。 8 坎:地面低陷的地方。血:指杀牲以血盟誓。书:盟书。 9 伪:假造。子仪:鬭克的字。子边:屈御寇的字。

冬,晋侯围原,命三日之粮。原不降,命去之。谍出[1],曰:“原将降矣。”军吏曰:“请待之。”公曰:“信,国之宝也,民之所庇也[2]。得原失信,何以庇之?所亡滋多。”退一舍而原降[3]。迁原

冬,晋侯包围原,只命令带三天的粮食。三天过后,原仍不投降,晋侯命令离开原。间谍从围城中出来,说:“原将要投降了。”军队中的官员说:“请等待他们投降。”晋侯说:“信用,是国家的宝贝,百姓依靠的东西。得到了原,却失去了信用,怎么依靠它呢?这样丢失的东西就更多了。”撤退三十里然后原投降。晋侯

伯贯于冀[4]。赵衰为原大夫,狐溱为温大夫[5]。

卫人平莒于我[6],十二月,盟于洮[7],修卫文公之好,且及莒平也。

晋侯问原守于寺人勃鞮[8],对曰:"昔赵衰以壶飧从[9],径[10],馁而弗食[11]。"故使处原[12]。

把原伯贯迁到冀。赵衰为原的守官,狐溱为温的守官。

卫国人使莒国同我国讲和,十二月,在洮结盟,这是为了重修鲁僖公同卫文公的友好关系,并且为了同莒国讲和。

晋侯向寺人勃鞮询问原的守官的人选,回答说:"过去赵衰带着壶飧跟从您逃亡,有时他一个人走小路,饿了却不吃。"所以让赵衰居住在原。

注释 1 谍:间谍。 2 庇:依赖。 3 舍:一舍为三十里。 4 冀:国名,为晋所灭。 5 溱:音 zhēn。 6 平:调解。 7 洮(táo):鲁地。 8 守:守官。勃鞮(dī):即寺人披。 9 飧(sūn):水泡饭。装在壶里,所以叫"壶飧"。 10 径:小路。 11 馁:饿。 12 此段文字据王引之《经义述闻》当在"狐溱为温大夫"之后,以说明赵衰为原大夫的原因。

僖公二十六年

【经】

二十有六年春,王正月己未,公会莒子、卫甯速盟于向[1]。

齐人侵我西鄙,公追齐师,至酅[2],弗及。

夏,齐人伐我北鄙。

二十六年春,周历正月九日,僖公会见莒子、卫国的甯速,在向结盟。

齐国人侵犯我国西部边境,僖公追击齐国的军队到酅地,没有追上。

夏,齐国人攻打我国北部边境。

卫国人攻打齐国。

卫人伐齐。

公子遂如楚乞师。

秋，楚人灭夔，以夔子归。

冬，楚人伐宋，围缗[3]。公以楚师伐齐，取穀[4]。公至自伐齐。

公子遂到楚国去请求救援的军队。

秋，楚国人灭亡了夔，带着夔子回来。

冬，楚国人攻打宋国，包围缗。僖公同楚国的军队一起攻打齐国，占取了穀。僖公攻打齐国回来。

注释 1 向：莒地。 2 酅(xī)：齐地。 3 缗(mín)：宋地。 4 穀：齐地。

【传】

二十六年春，王正月，公会莒兹丕公、甯庄子盟于向[1]，寻洮之盟也[2]。

齐师侵我西鄙，讨是二盟也。

夏，齐孝公伐我北鄙，卫人伐齐，洮之盟故也。公使展喜犒师[3]，使受命于展禽[4]。齐侯未入竟[5]，展喜从之，曰："寡君闻君亲举玉趾[6]，将辱于敝邑，使下臣犒执事[7]。"齐侯曰："鲁人恐乎？"对曰："小人恐矣，君子则否。"

二十六年春，周历正月，僖公会见莒兹丕公、甯庄子，在向结盟，这是为了重温洮的盟约。

齐国的军队侵犯我国西部边境，这是为了讨伐洮和向两地的盟约。

夏，齐孝公攻打我国北部边境，卫国人攻打齐国，这是因为洮的盟约的缘故。僖公派展喜犒劳齐国的军队，让他在展禽那里接受命令。齐侯还没有进入国境，展喜就迎上去，说："我们国家的君主听说您亲自移步，将屈尊来到我国，派我来犒劳您。"齐侯说："鲁国人害怕吗？"回答说："小人害怕了，君子却不害怕。"

注释 1 兹丕：莒国国君号兹丕。甯庄子：即甯速，莒国大夫。 2 寻：重温，这里指重修旧好。 3 犒：以酒食等物慰劳。 4 展禽：姓展，名获，字禽，谥号惠，因食于柳下，又称柳下惠，展喜是他的弟弟。 5 竟：通"境"。 6 趾：脚。 7 执事：本指君主左右办事的人，这里是对齐孝公的敬称。

齐侯曰："室如县罄[1]，野无青草，何恃而不恐？"对曰："恃先王之命。昔周公、大公股肱周室[2]，夹辅成王。成王劳之[3]，而赐之盟，曰：'世世子孙无相害也[4]！'载在盟府[5]，大师职之[6]。桓公是以纠合诸侯，而谋其不协，弥缝其阙，而匡救其灾，昭旧职也[7]。及君即位，诸侯之望曰：'其率桓之功[8]！'我敝邑用不敢保聚[9]，曰：'岂其嗣世九年[10]，而弃命废职？其若先君何？君必不然。'恃此以不恐。"齐侯乃还。

齐侯说："房子像悬挂的中空的罄，野地没有青草，仗恃什么而不惊恐？"回答说："仗恃着先王的命令。从前周公、太公捍卫周王室，在左右辅佐成王。成王慰劳他们，并且赐给他们盟约，说：'世世代代、子子孙孙不要互相侵害！'这盟约放在盟府里，由太史掌管它。桓公因此联合诸侯，解决了他们的不和谐，弥合了他们的裂痕，救援他们的灾难，这正是昭明太公的职责。到了您即位的时候，诸侯期望着说：'将会继承桓公的事业！'我们国家因此不敢聚合兵力保卫城池，说：'难道他继承君位九年，就丢弃先王的命令、废除太公的职责吗？将怎样向他的先君交代？您一定不会这样。'仗恃着这一点而不惊恐。"齐侯于是回国。

注释 1 县：通"悬"。罄：一种乐器，中空。 2 大：通"太"。股肱：辅佐。 3 劳：慰劳。 4 无：通"毋"。 5 载：盟约。盟府：掌管盟约的官府。 6大师:或说当为太史,掌管国家典籍。职:掌管。 7昭:昭明。旧职:太公辅佐周王室的职责。 8率:遵循。 9用:因此。保聚:保城聚众。 10嗣世九年:指继承君位九年。

东门襄仲、臧文仲如楚乞师[1],臧孙见子玉而道之伐齐、宋[2],以其不臣也。

夔子不祀祝融与鬻熊[3],楚人让之。对曰:“我先王熊挚有疾[4],鬼神弗赦,而自窜于夔,吾是以失楚,又何祀焉?”秋,楚成得臣、鬬宜申帅师灭夔[5],以夔子归。

宋以其善于晋侯也,叛楚即晋[6]。冬,楚令尹子玉、司马子西帅师伐宋,围缗[7]。公以楚师伐齐,取穀[8]。凡师,能左右之曰以。置桓公子雍于穀,易牙奉之[9],以为鲁援。楚申公叔侯戍之。桓公之子七人,为七大夫于楚。

东门襄仲、臧文仲到楚国去请求援兵,臧孙进见子玉并且引导他攻打齐国、宋国,因为齐宋两国不肯臣服于楚国。

夔子不祭祀祝融和鬻熊,楚国人责备他。夔子回答说:“我们的先王熊挚有病,鬼神不能赦免,才自己窜逃到了夔国,我们因此失掉了楚国,又为什么要祭祀他们?”秋,楚国的成得臣、鬬宜申率领军队灭亡夔国,带着夔子回国。

宋国因为同晋侯友善,就背叛楚国而亲近晋国。冬,楚国的令尹子玉、司马子西率领军队攻打宋国,包围了缗。僖公率领楚国的军队攻打齐国,占取了穀。凡是军队,能随意指挥它就叫以。把齐桓公的儿子雍安排在穀,易牙侍奉他,把他作为鲁国的后援。楚国的申公叔侯戍守穀。齐桓公的儿子七人,在楚国都做了大夫。

注释 1东门襄仲:即公子遂,为将而治东门,因以为氏。臧文仲:即臧孙辰。 2臧孙:即臧文仲。道:引导。 3祝融、鬻(yù)熊:都是楚国的先祖。 4 熊挚:楚国嫡子,有病不得嗣位,故另封于夔,为楚附庸。 5 成得臣:即令尹子玉。鬬宜申:即司马子西。 6 即:靠近,亲近。 7 缗:宋地。 8 穀:齐地。 9 易牙:见僖公十七年《传》注。

僖公二十七年

【经】

二十有七年春,杞子来朝。

二十七年春,杞子前来朝见。

夏六月庚寅,齐侯昭卒。

夏六月十八日,齐侯昭去世。

秋八月乙未,葬齐孝公。

秋八月二十四日,安葬齐孝公。

乙巳[1],公子遂帅师入杞。

九月四日,公子遂率领军队进入杞国。

冬,楚人、陈侯、蔡侯、郑伯、许男围宋。

冬,楚国人、陈侯、蔡侯、郑伯、许男包围宋国。

十有二月甲戌,公会诸侯,盟于宋。

十二月五日,僖公会见诸侯,在宋国结盟。

注释 1 乙巳:当为九月四日,失月。

【传】

二十七年春,杞桓公来朝。用夷礼,故曰子[1]。公卑杞,杞不共

二十七年春,杞桓公前来朝见。因为杞国用的是夷人的礼节,所以《春秋》称“子”。僖公看不起杞桓公,认为杞桓公不

也[2]。

夏，齐孝公卒。有齐怨，不废丧纪[3]，礼也。

秋，入杞，责无礼也。

恭敬。

夏，齐孝公去世。虽然鲁国对齐国有怨恨，但是不废除丧事的礼节，这是合于礼的。

秋，鲁国的军队进入杞国，这是为了责备杞桓公的无礼。

注释 1《礼记·曲礼下》云："其在东夷、北狄、西戎、南蛮，虽大曰子。" 2 共(gōng)：通"恭"。 3 丧纪：丧事的礼节。

楚子将围宋，使子文治兵于睽[1]，终朝而毕[2]，不戮一人。子玉复治兵于蒍[3]，终日而毕，鞭七人，贯三人耳。国老皆贺子文[4]，子文饮之酒[5]。蒍贾尚幼[6]，后至，不贺。子文问之，对曰："不知所贺。子之传政于子玉，曰：'以靖国也[7]。'靖诸内而败诸外[8]，所获几何？子玉之败，子之举也[9]。举以败国，将何贺焉？子玉刚而无礼，不可以治民。过三百乘，其不能以入矣。苟入而贺，何后之有？"

楚子将要围攻宋国，派子文在睽训练军队，从早晨到中午就结束了，没有惩罚一个人。子玉又在蒍训练军队，从昼到夜才结束，鞭打了七个人，用箭刺穿了三个人的耳朵。国老都祝贺子文荐举得人，子文请大家饮酒。蒍贾还年幼，最后到场，不祝贺。子文问他原因，回答说："不知道祝贺什么。您把政事传给子玉，说：'用他安定国家。'在国内安定了，在国外却失败了，得到的有多少？子玉的失败，是您荐举的结果。荐举人却使国家遭到失败，要祝贺什么呢？子玉刚愎而没有礼节，不能用他来治理百姓。如果让他指挥超过三百辆兵车的军队作战，将不能安全地回国。如果他安全回国了，然后祝贺，能算晚了吗？"

注释 1子文:前任令尹。睽:楚地。 2朝:从早晨到中午。 3蒍(wěi):楚地。 4国老:国家告老退职的卿大夫。贺子文:子玉是子文荐举的,治军有方,故贺其所荐得人。 5饮(yìn):用酒食款待。 6蒍贾:一名“伯嬴”,是后来楚国名相孙叔敖之父。 7靖:安定。 8诸:“之于”的合音。9举:举荐。

冬,楚子及诸侯围宋[1],宋公孙固如晋告急[2]。先轸曰:[3]“报施救患[4],取威定霸,于是乎在矣。”狐偃曰:“楚始得曹,而新昏于卫[5],若伐曹、卫,楚必救之,则齐、宋免矣。”于是乎蒐于被庐[6],作三军[7],谋元帅。赵衰曰:“郤縠可[8]。臣亟闻其言矣[9],说礼、乐而敦《诗》《书》[10]。《诗》《书》,义之府也;礼、乐,德之则也。德、义,利之本也。《夏书》曰:‘赋纳以言,明试以功,车服以庸[11]。’君其试之。”乃使郤縠将中军,郤溱佐之。使狐偃将上军,让于狐毛而佐之[12]。命赵衰为卿,让于栾枝、先轸,使栾枝将下军,先轸佐之。荀林父御戎,魏犨为右[13]。

冬,楚子和诸侯包围宋国,宋国的公孙固到晋国告急。先轸说:“报答宋国的恩惠,平息宋国的祸患,获取在诸侯中的威信,稳定晋国的霸业,就在这一次了。”狐偃说:“楚国刚刚得到了曹国,并且同卫国新结为姻亲,如果攻打曹国和卫国,楚国必定救援它们,那么齐国和宋国就免于祸难了。”于是在被庐检阅军队,建立上、中、下三军,谋求元帅的人选。赵衰说:“郤縠可以。我多次听到他谈话,喜好礼、乐,崇尚《诗》《书》。《诗》《书》,是义理的府库;礼、乐,是道德的准则。德、义,是利国利民的根本。《夏书》说:‘普遍听取他的意见,明察他的办事能力,用车马服饰奖赏他的功绩。’您试用他看看。”于是让郤縠率领中军,郤溱辅佐他。让狐偃率领上军,狐偃辞让给狐毛而自己辅佐他。命令赵衰为卿,赵衰辞让给栾枝、先轸,让栾枝率领下军,先轸辅佐他。荀林父给晋侯驾御兵车,魏犨为车右。

注释 1诸侯:即陈、蔡、郑、许等国。 2公孙固:宋庄公之孙,曾任大司马。 3先轸:又名原轸,晋国的名将。 4报施:重耳逃亡时经过宋国,宋襄公赠二十乘,见僖公二十三年《传》。救:止。 5昏:同"婚"。 6蒐(sōu):大规模检阅军队。被庐:晋地。 7三军:上、中、下三军。 8縠:音hú。 9亟(qì):屡次。 10说:同"悦"。敦:崇尚。 11见《尚书·益稷》,与今存《尚书》文字稍有出入。赋纳:普遍听取。试:考较。功:事。庸:功绩。 12狐毛:狐偃的哥哥。 13犨:音chōu。

晋侯始入,而教其民,二年,欲用之。子犯曰:"民未知义,未安其居。"于是乎出定襄王[1],入务利民,民怀生矣[2]。将用之。子犯曰:"民未知信,未宣其用[3]。"于是乎伐原以示之信[4]。民易资者[5],不求丰焉[6],明征其辞[7]。公曰:"可矣乎?"子犯曰:"民未知礼,未生其共[8]。"于是乎大蒐以示之礼[9],作执秩以正其官[10]。民听不惑[11],而后用之。出穀戍,释宋围,一战而霸,文之教也[12]。

晋侯刚刚回国即位,就教化他的百姓,第二年,就想用百姓去征战。子犯说:"百姓还不懂得义理,还不能安居乐业。"于是在外面稳定周襄王的王位,在国内务求对百姓有利,百姓眷恋农业生产了。晋侯又要用百姓去征战。子犯说:"百姓还不懂得讲信用,不明了您的措施的用意。"于是通过攻打原向百姓昭示诚信的作用。结果百姓用来交易买卖的东西,不求高价谋利,可以明确证明价格的真实性。文公说:"可以动用民众了吗?"子犯说:"百姓还不懂得礼节,没有养成彼此尊敬的习惯。"于是举行大规模的阅兵仪式来向百姓演示礼仪,开始设置执秩这样的官员,来使官吏的设置走向正规。结果百姓听从命令而不迷惑,然后用百姓去征战。后来迫使楚国撤去驻守穀的军队,解除了楚国对宋国的围困,经过一次战争就成了霸主,这是晋文公施行教化的结果。

注释 1 定襄王:指僖公二十五年晋侯出兵帮助周襄王复位之事。 2 怀:眷恋。生:生计,这里指农业生产。 3 宣:明了。用:措施。 4 伐原:事见僖公二十五年《传》。 5 易:交易。资:售,卖。 6 不求丰:即不求高价谋利。 7 征:证明。辞:言辞,这里指卖货物时所标的价格。 8 共:通"恭"。 9 大蒐:大规模的阅兵。 10 作:开始设置。执秩:管理爵禄秩位的官。正其官:使国家官吏的设置合于正规。 11 听:听从命令。12 文:晋文公。

僖公二十八年

【经】

二十有八年春,晋侯侵曹,晋侯伐卫。

公子买戍卫[1],不卒戍,刺之。

楚人救卫。

三月丙午,晋侯入曹,执曹伯。畀宋人[2]。

夏四月己巳,晋侯、齐师、宋师、秦师及楚人战于城濮[3],楚师败绩。

楚杀其大夫得臣。

卫侯出奔楚。

五月癸丑,公会晋侯、齐侯、宋公、蔡侯、郑伯、卫子、莒

二十八年春,晋侯侵袭曹国,晋侯攻打卫国。

公子买戍守卫国,没有戍守到最后,僖公杀了他。

楚国人救援卫国。

三月八日,晋侯进入曹国,抓住了曹伯。分给宋国人土地。

夏四月二日,晋侯、齐国的军队、宋国的军队、秦国的军队同楚国人在城濮作战,楚国的军队大败。

楚国杀了他的大夫得臣。

卫侯逃亡到楚国。

五月十六日,僖公会见晋侯、齐

子，盟于践土[4]。陈侯如会。

公朝于王所[5]。

六月，卫侯郑自楚复归于卫。

卫元咺出奔晋。

陈侯款卒。

秋，杞伯姬来。

公子遂如齐。

冬，公会晋侯、齐侯、宋公、蔡侯、郑伯、陈子、莒子、邾子、秦人于温[6]。

天王狩于河阳[7]。壬申[8]，公朝于王所。

晋人执卫侯，归之于京师。

卫元咺自晋复归于卫[9]。

诸侯遂围许。

曹伯襄复归于曹，遂会诸侯围许。

侯、宋公、蔡侯、郑伯、卫子、莒子，在践土结盟。陈侯到会。

僖公在天子的住所朝见天子。

六月，卫侯郑从楚国回到卫国。

卫国的元咺逃亡到晋国。

陈侯款去世。

秋，杞伯姬前来。

公子遂到齐国去。

冬，僖公在温会见晋侯、齐侯、宋公、蔡侯、郑伯、陈子、莒子、邾子、秦国人。

天子在河阳狩猎。十月七日，僖公在天子的住所朝见天子。

晋国人抓住了卫侯，把他送到京师。

卫国的元咺从晋国回到卫国。

诸侯于是包围许国。

曹伯襄回到曹国，接着会同诸侯包围许国。

注释 1 公子买：字子丛。 2 畀(bì)：给以。 3 城濮：卫地。 4 践土：郑地。 5 王所：天子居住的地方。 6 温：周畿内的国名。 7 狩(shòu)：冬季田猎。 8 壬申：当在十月七日。 9 元咺(xuān)：卫国大夫。

【传】

二十八年春，晋侯将伐曹，假道于卫[1]，卫人弗许。还，自南河济[2]，侵曹、伐卫。正月戊申，取五鹿[3]。二月，晋郤縠卒[4]。原轸将中军，胥臣佐下军[5]，上德也[6]。晋侯、齐侯盟于敛盂[7]。卫侯请盟，晋人弗许。卫侯欲与楚[8]，国人不欲，故出其君，以说于晋[9]。卫侯出居于襄牛[10]。

二十八年春，晋侯将攻打曹国，向卫国借路，卫国人不允许。晋军回来，从卫国的南面渡过黄河，侵袭曹国，攻打卫国。正月九日，占取五鹿。二月，晋国的郤縠去世。原轸率领中军，胥臣辅佐下军，这是崇尚先轸的德行。晋侯、齐侯在敛盂结盟。卫侯请求结盟，晋国人不答应。卫侯想亲近楚国，但国都的人不同意，所以把国君从国都赶出去，以此讨好晋国。卫侯逃到襄牛住了下来。

公子买戍卫，楚人救卫，不克。公惧于晋，杀子丛以说焉[11]。谓楚人曰："不卒戍也。"

公子买戍守卫国，楚国人救援卫国，不能战胜晋军。僖公害怕晋国，杀了子丛来讨好晋国。对楚国人说："因为公子买没有完成戍守的任务。"

注释　1 假：借。曹在卫国东面，晋向东攻曹，必须经过卫国。　2 南河：阮刻本作"河南"，唐石经刻本、金泽文库本均作"南河"，据改，指卫国南面的黄河。　3 五鹿：卫地。　4 縠：音 hú。　5 胥臣：即司空季子。　6 上：通"尚"。　7 敛盂：卫地。　8 与：亲近。　9 说：同"悦"。　10 襄牛：卫地，后归宋。　11 子丛：即公子买。说：同"悦"。

晋侯围曹，门焉[1]，多死。曹人尸诸城上[2]，

晋侯包围曹国，攻打城门，伤亡很多。曹国人把晋国人的尸体放在城墙上，

晋侯患之。听舆人之谋[3]，称“舍于墓”[4]。师迁焉[5]，曹人凶惧[6]，为其所得者棺而出之，因其凶也而攻之。三月丙午，入曹。数之[7]，以其不用僖负羁[8]，而乘轩者三百人也[9]。且曰：“献状[10]！”令无入僖负羁之宫而免其族[11]，报施也。魏犨、颠颉怒[12]，曰：“劳之不图，报于何有[13]？”爇僖负羁氏[14]。魏犨伤于胸，公欲杀之，而爱其材[15]。使问，且视之。病[16]，将杀之。魏犨束胸见使者，曰：“以君之灵，不有宁也？”距跃三百[17]，曲踊三百[18]，乃舍之。杀颠颉以徇于师[19]。立舟之侨以为戎右[20]。

晋侯很忧虑。听从众人的计策，说“把军队驻扎在曹人的墓地上”。晋侯把军队迁到曹人的墓地上，曹国人恐惧，把得到的晋国人尸体装进棺木送出来，晋国趁着他们恐慌的时候攻打他们。三月十日，进入曹国。晋侯斥责曹共公，因为他不任用僖负羁，而乘坐轩车的人却有三百人之多。并且说：“交出这些乘坐轩车的人的功劳状！”命令不要进入僖负羁的住宅，并且赦免僖负羁的族人，这是为了报答他的恩惠。魏犨、颠颉发怒说：“我们从亡的功劳都不考虑，对于僖负羁又有什么值得报答的？”便烧了僖负羁的住宅。魏犨的胸部受了伤。晋侯想杀掉他，却又爱惜他这个人才。派人慰问他，并且视察他的病情。如果伤势很严重，就准备杀掉他。魏犨把胸部的伤口包扎好，出来见使者，说：“托国君的福，我不是很安宁吗？”勉力直跳三次，横跳三次。于是赦免了他。杀了颠颉在军中示众。任命舟之侨为车右。

注释　1 门：用作动词，攻打城门。　2 诸：“之于”的合音。城：城墙。3 舆人：众人。“谋”后各本有“曰”字，今据金泽文库本及敦煌残卷删。4 舍：驻扎。　5 焉：于是。　6 凶惧：恐惧。　7 数(shǔ)：责备。　8 僖负羁：

事见僖公二十三年《传》。 9 乘轩者:大夫以上乘轩车。 10 献状:谓交出乘轩者的功劳状。 11 无:通“毋”。宫:住宅。 12 犨:音 chōu。颉:音 xié。 13 报于何有:即何有于报。魏、颠二人是晋文公逃亡时的随从,但在城濮之战中,魏只是车右,而颠的地位可能更低,二人不平,故有此说。 14 爇(ruò):烧。 15 材:通“才”。 16 病:伤势严重。 17 距跃:直跳,犹今之跳高。百:通“劢(mài)”,勉力。 18 曲踊:横跳,犹今之跳远。19 徇(xùn):在军中示众。 20 舟之侨:虢国旧臣,鲁闵公二年逃到晋国。

宋人使门尹般如晋师告急[1]。公曰:“宋人告急,舍之则绝,告楚不许[2]。我欲战矣,齐、秦未可,若之何?”先轸曰:“使宋舍我而赂齐、秦,藉之告楚[3]。我执曹君,而分曹、卫之田以赐宋人。楚爱曹、卫,必不许也。喜赂怒顽,能无战乎[4]?”公说[5],执曹伯,分曹、卫之田以畀宋人[6]。楚子入居于申[7],使申叔去穀[8],使子玉去宋,曰:“无从晋师[9]!晋侯在外十九年矣,而果得晋国。险阻艰难,备尝之矣;民之情伪[10],尽知之矣。天假之年[11],

宋国人派门尹般到晋军中告急。晋侯说:“宋国人告急,如果舍弃他们不管,两国的关系就会断绝,请求楚国撤军,楚国又不答应。我准备同楚国交战了,但齐国、秦国又不会同意,怎么办呢?”先轸说:“让宋国撇开我们而送给齐国、秦国财物,利用齐、秦两国出面请求楚国撤军。我们抓住曹国的君主,分一部分曹国、卫国的田土给宋国人。楚舍不得曹国、卫国的田土,一定不会答应。齐、秦两国因得到宋国的财物而高兴,因楚国的顽抗而愤怒,能不参战吗?晋侯很高兴,便抓住了曹伯,分曹国、卫国的田土给宋国人。楚子回兵住在申,命令申叔撤出穀这个地方,让子玉撤出宋国,说:“不要同晋军交战!晋侯流亡在外十九年了,终于得到了晋国。艰难险阻,都尝过了;百姓的想法,他全都了

而除其害,天之所置,其可废乎?《军志》曰[12]:‘允当则归[13]。’又曰:‘知难而退。’又曰:‘有德不可敌。’此三志者,晋之谓矣。”

解了。上天赐给他高寿,除掉国家的祸害,这是上天安排的,怎么能废掉他呢?《军志》说:‘适可而止。’又说:‘知难而退。’又说:‘有德的人是不能抵挡的。’这三条记载,就是说的晋国目前的情况了。”

注释 1 门尹般:宋大夫。 2 告楚:请楚国撤军。 3 赂:赠送财物。藉:凭借。 4 无:通“毋”。 5 说:同“悦”。 6 畀(bì):给以。 7 申:楚地。 8 申叔:即申公叔侯。穀:齐地。 9 无:通“毋”。从:这里指交战。 10 情伪:真假虚实。 11 假:给予。文公流亡十九年而得生存,兄弟九人仅存文公一人。故是天假之年。 12《军志》:古兵书。 13 允当:恰如其分。

子玉使伯棼请战[1],曰:“非敢必有功也,愿以间执谗慝之口[2]。”王怒,少与之师,唯西广、东宫与若敖之六卒实从之[3]。子玉使宛春告于晋师曰[4]:“请复卫侯而封曹,臣亦释宋之围。”子犯曰:“子玉无礼哉!君取一,臣取二,不可失矣。”先轸曰:“子与之!定人之谓

子玉派伯棼向楚王请求出战,说:“并不是我们一定要建立功勋,而是希望通过这一次来杜塞住那些说别人坏话的人的口。”楚王听了很生气,稍稍给他增添了一点兵力,只有西广、东宫两支军队和若敖的六百兵卒听他指挥。子玉派宛春告诉晋国的军队说:请恢复卫侯的君位,分封曹国,我也解除对宋国的包围。”子犯说:“子玉没有礼貌啊!我们的国君只达到一个目的,而子玉作为臣子却要达到两个目的,不能失掉进攻他的这个机会。”先轸说:“您还是答应他!安定别人的国家叫作礼。楚国

礼。楚一言而定三国，我一言而亡之，我则无礼，何以战乎？不许楚言，是弃宋也，救而弃之，谓诸侯何？楚有三施，我有三怨，怨仇已多，将何以战？不如私许复曹、卫以携之[5]，执宛春以怒楚，既战而后图之。”公说，乃拘宛春于卫，且私许复曹、卫，曹、卫告绝于楚。

一句话就安定三个国家，我说一句话就可能灭亡了它们，那就是我们无礼了，还凭什么作战？不答应楚国的要求，是背弃宋国，为了救它却又背弃了它，对诸侯怎样交代呢？楚国为三个国家施舍了恩惠，而我们却同三个国家结下了怨恨，怨仇太多，将靠什么去作战？不如私下里答应恢复曹国、卫国来离间它们同楚国的关系，抓住宛春来激怒楚国，交战以后再考虑别的问题。”晋侯很高兴，于是在卫国扣留了宛春，并且私下里答应恢复曹国、卫国的疆土，曹、卫两国宣告同楚国断绝关系。

注释　1 伯棼(fén)：楚国的鬬椒字伯棼，一字子越。　2 间：同“闲”，防止。执：杜塞。谗慝(tè)：指说别人的坏话，盖指𫇭贾言子玉过三百乘不能以入者。　3 西广：楚军建制分左右广，西广即右广。东宫：这里指隶属于太子的部队。若敖：子玉的祖先。卒：军队建制，一百人为一卒。若敖之六卒，指子玉的亲兵六百人。　4 宛春：楚大夫。　5 携：离间。

子玉怒，从晋师[1]。晋师退。军吏曰：“以君辟臣[2]，辱也；且楚师老矣[3]，何故退？”子犯曰：“师直为壮，曲为老，岂在久乎？微楚之惠不及此[4]，退

子玉发怒，缠着晋国的军队不放。晋国的军队撤退。晋国的军官说：“以国君的身份躲避臣子，这是耻辱；而且楚国的军队已经疲惫了，为什么要撤退呢？”子犯说：“军队理直，士气就旺盛，理亏，士气就低落，难道在于时间的长短吗？如果没有楚王的恩惠，晋国就不会有今天，撤退九十里

三舍辟之[5],所以报也[6]。背惠食言,以亢其仇[7],我曲楚直,其众素饱[8],不可谓老。我退而楚还,我将何求?若其不还,君退、臣犯,曲在彼矣。"退三舍,楚众欲止,子玉不可。

避开楚国的军队,这是为了报答楚国的恩惠。背弃别人的恩惠而不实践自己的诺言,来庇护楚国的仇敌,这是我们理亏,楚国理直,楚国的士兵向来士气饱满,不能说他们疲惫了。如果我们撤退而楚军回国,我们还要求什么呢?如果他们不回去,做君主的退让了,做臣子的却进犯,那么理亏的一方就在他们了。"晋军撤退九十里,楚国的士兵想停止前进,子玉不同意。

注释 **1** 从:缠着不放。 **2** 辟:同"避"。 **3** 老:疲惫。 **4** 微:如果没有。 **5** 舍:一舍为三十里。辟:同"避"。 **6** 这是实践晋文公对楚成王许下的诺言,见僖公二十三年《传》。 **7** 亢(kàng):庇护。仇:指宋国。 **8** 素:向来。饱:士气饱满。

夏四月戊辰,晋侯、宋公、齐国归父、崔夭,秦小子慭次于城濮[1]。楚师背酅而舍[2],晋侯患之。听舆人之诵曰:"原田每每[3],舍其旧而新是谋[4]。"公疑焉。子犯曰:"战也!战而捷,必得诸侯。若其不捷,表里山河[5],必无害也。"公曰:"若楚惠何?"栾贞子曰:"汉阳诸姬[6],楚实尽之。

夏四月一日,晋侯、宋公、齐国的国归父、崔夭、秦小子慭驻扎在城濮。楚国的军队背靠酅地驻扎,晋侯很忧虑。听到众人朗诵说:"田野里青草绿油油,谋耕新田舍其旧。"晋侯犹豫不定。子犯说:"打吧!战而胜,一定可以得到诸侯的拥护。如果不胜,晋国外有黄河,内有太行山,必定不会有什么危害。"晋侯说:"对楚国的恩惠怎么办呢?"栾枝说:"汉水以北的各姬姓国,楚国尽数吞并了它们。思念小的

思小惠而忘大耻[7],不如战也。”晋侯梦与楚子搏,楚子伏己而盬其脑[8],是以惧。子犯曰:“吉,我得天,楚伏其罪,吾且柔之矣。”

恩惠而忘记大的耻辱,不如一战。”晋侯梦见同楚子搏斗,楚子伏在自己身上吸饮自己的脑汁,因此害怕。子犯说:“吉利,我们得到了上天的帮助,楚国认罪,我们将要安抚楚国了。”

注释 1 国归父、崔夭:皆齐大夫。秦小子慭(yìn):秦穆公之子。次:驻扎。城濮:卫地。 2 酅(xī):城濮附近地势险要的一片丘陵地带。 3 原田:原野。每每:青草茂盛的样子。 4 古时人少地多,田土采用休耕制,耕种一年,便让田土休耕一年,次年则用去年的休耕之田,田土休耕时,青草茂盛,可作肥料。 5 表:外。晋国面临黄河,背靠太行山。 6 汉:汉水。阳:水北曰阳。姬:姬姓国。 7 大耻:指姬姓国被灭之耻。 8 盬(gǔ):吸饮。

子玉使鬬勃请战[1],曰:“请与君之士戏[2],君冯轼而观之[3],得臣与寓目焉[4]。”晋侯使栾枝对曰:“寡君闻命矣。楚君之惠,未之敢忘,是以在此。为大夫退,其敢当君乎?既不获命矣,敢烦大夫,谓二三子[5]:‘戒尔车乘[6],敬尔君事,诘朝将见[7]。’”晋车七百乘,韅靷鞅靽[8]。晋侯登有莘之虚以观师[9],曰:“少长有礼,其可用也。”遂伐其木,以益其兵。

子玉派鬬勃向晋侯挑战,说:“请求同您的士兵角力,您扶着车前的横木观看,我也陪您观看。”晋侯派栾枝回答说:“我们的国君听到您的命令了。楚国君主的恩惠,我们不敢忘记,因此才退避到这里。为了大夫尚且撤退三十里,怎么敢抵挡楚国国君呢?既然不能获得允许,就烦劳大夫转告你的手下:‘准备好你们的战车,恭敬地执行你们国君交付的任务,明日早晨再见面。’”晋国有战车七百辆,韅靷鞅靽,都已齐备。晋侯登上有莘的废墟来检阅军队,说:“年少的年长的都有礼貌,可以作战了。”于是砍伐树木,以增添兵器。

注释 1 鬬(dòu)勃:楚大夫。 2 戏:角力。 3 冯:同“凭”。轼:车前横木,可作扶手。 4 得臣:即子玉,这是鬬勃代表子玉说的话。寓目:观看。 5 二三子:指楚国随从子玉的各大夫。 6 戒:准备。 7 诘朝:次日早晨。 8 韅(xiǎn)、靷(yǐn)、鞅(yāng)、靽(bàn):四者皆战马身上的皮件,在马背的叫“韅”,在马胸的叫“靷”,在马腹的叫“鞅”,在马后的叫“靽”。 9 莘(shēn):古国名,又叫“有莘”。虚,同“墟”。

己巳,晋师陈于莘北,胥臣以下军之佐当陈、蔡。子玉以若敖之六卒将中军,曰:“今日必无晋矣。”子西将左[1],子上将右[2]。胥臣蒙马以虎皮,先犯陈、蔡。陈、蔡奔,楚右师溃。狐毛设二旆而退之[3]。栾枝使舆曳柴而伪遁[4],楚师驰之,原轸、郤溱以中军公族横击之[5]。狐毛、狐偃以上军夹攻子西,楚左师溃。楚师败绩。子玉收其卒而止,故不败。晋师三日馆、谷[6],及癸酉而还。甲午,至于衡雍[7],作王宫于践土[8]。

四月二日,晋国的军队在莘北摆开阵势,胥臣以下军副将的身份抵挡陈国、蔡国的军队。子玉以若敖的六百士卒为主力率领中军,说:“今天一定要灭亡晋国了。”子西率领左军,子上率领右军。晋国的胥臣用虎皮蒙上战马,首先冲击陈国、蔡国的军队。陈国、蔡国的军队逃跑,楚国的右军崩溃了。狐毛设置两队前军击退他们。栾枝让战车拖着柴草假装逃跑,楚国的军队追击过来,原轸、郤溱率领中军主力拦腰截击楚军。狐毛、狐偃率领上军攻打子西,楚国的左军溃败。楚国的军队大败。子玉收住他的士卒停止攻击,所以中军没有溃败。晋国的军队在楚营里住了三天、吃了三天,到四月六日回国。二十七日,到达衡雍,在践土为周襄王建造行宫。

注释 1子西:鬬宜申,字子西。 2子上:鬬勃,字子上。 3旆(pèi):军中前队。 4舆:车。曳(yè):牵引。 5公族:晋侯率领的亲兵。 6馆:这里指住敌人的军营。谷:指吃敌人的粮食。 7衡雍:郑地。 8作王宫:为周王建造行宫。践土:郑地。

乡役之三月[1],郑伯如楚致其师[2]。为楚师既败而惧,使子人九行成于晋[3],晋栾枝入盟郑伯。五月丙午,晋侯及郑伯盟于衡雍。丁未,献楚俘于王:驷介百乘[4],徒兵千[5]。郑伯傅王[6],用平礼也[7]。己酉,王享醴[8],命晋侯宥[9]。王命尹氏及王子虎、内史叔兴父策命晋侯为侯伯[10]。赐之大辂之服[11]、戎辂之服[12]、彤弓一[13]、彤矢百、玈弓矢千[14]、秬鬯一卣[15]、虎贲三百人[16]。曰:"王谓叔父[17]:'敬服王命,以绥四国[18],纠逖王慝[19]。'"晋侯三辞,从命,曰:"重耳敢再拜稽首,奉扬天

城濮之役的前三月,郑伯曾经到楚国去把郑国的军队交给楚国使用。现在因为楚军已经战败而恐惧,派子人九到晋国求和,晋国的栾枝进入郑国同郑伯结盟。五月九日,晋侯同郑伯在衡雍结盟。十日,把楚国的俘虏献给周襄王:四马披甲所驾的战车一百辆,步兵一千。郑伯担任周襄王的赞礼,用周平王接待晋文侯的仪式接待晋文公。十二日,周襄王用甜酒招待晋文公,命令文公向自己劝酒。襄王命令尹氏、王子虎和内史叔兴父策命晋文公为诸侯的领袖。赐给他乘坐大辂时穿的服装、乘坐兵车时穿的服装、红色的弓一张、红色的箭一百支、黑色的弓一千张、黑色的箭一千支、黑黍和香草酿造的酒一卣、勇士三百人。说:"天子命令你:'恭敬地服从周王的命令,安抚四方诸侯,督察惩治王朝的邪恶。'"晋侯辞让了三次,听从命令,说:"重耳再拜稽首,接受和发扬天子伟大、

子之丕显休命[20]。”受策以出，出入三觐[21]。

光明、美善的圣命。”接受了策命出来，前后三次朝见天子。

注释 1 乡(xiàng)：从前。 2 致：送。 3 子人九：郑大夫，姓子人，名九。行成：求和。 4 驷介：四马披甲所驾的战车。 5 徒兵：步兵。 6 傅：相，担任赞礼的职务。 7 平：周平王。用平礼，襄王用当初周平王接待晋文侯的仪式来接待晋文公。 8 醴：甜酒。 9 宥：通“侑(yòu)”，劝人进餐。 10 尹氏、王子虎：周卿士。叔兴父：周大夫。策命：用竹简写上王命。侯伯：诸侯的领袖。 11 大辂(lù)之服：乘坐大辂时所戴的以赤色雉羽为饰的帽子。大辂，古时祭祀时所乘的金色车子。 12 戎辂之服：指乘坐兵车时所戴的熟皮做成的帽子。戎辂，兵车。 13 彤弓：红色的弓。 14 玈(lú)弓矢：黑色的弓箭。玈，黑色。 15 秬鬯(jùchàng)：用黑黍和香草酿造的酒。卣(yǒu)：盛酒的器皿。 16 虎贲(bēn)：勇士，天子的卫队。 17 周天子称同姓诸侯为叔父。 18 绥：安抚。 19 纠：检举。逖(tì)：疏远。慝(tè)：邪恶。 20 丕：大。显：明。休：美。 21 觐(jìn)：朝见。

卫侯闻楚师败，惧，出奔楚，遂适陈，使元咺奉叔武以受盟[1]。癸亥，王子虎盟诸侯于王庭，要言曰[2]：“皆奖王室[3]，无相害也[4]。有渝此盟[5]，明神殛之[6]；俾队其师[7]，无克祚国[8]，及而玄孙[9]，无有老幼。”君子谓是盟也信，谓晋于是役也，能以德攻。

卫侯听说楚国的军队失败，很害怕，逃亡到楚国，接着又逃到陈国，派元咺辅佐叔武来接受晋国和诸侯的盟约。五月二十六日，王子虎在王庭会盟诸侯，约言说：“都要扶助王室，不要互相侵害。有违背这个盟约的，神灵将会惩罚他；让他的军队覆灭，国运不会久长，祸及他的玄孙，无论老幼都会受到惩罚。”君子说这次盟约是有信用的，说晋国在这次战役中，能凭借德行进行攻伐。

注释 1 元咺(xuān):卫国大夫。叔武:卫成公之弟。 2 要(yāo):要言,约言。 3 奖:扶助。 4 无:通"毋"。 5 渝:改变,违背。 6 殛(jí):惩罚。 7 俾(bǐ):使。队:同"坠",失。 8 无:通"毋"。祚(zuò):福,好命运。 9 玄孙:曾孙之子,或谓远孙之通称。

初,楚子玉自为琼弁、玉缨[1],未之服也。先战,梦河神谓己曰:"畀余[2],余赐女孟诸之麋[3]。"弗致也。大心与子西使荣黄谏[4],弗听。荣季曰:"死而利国,犹或为之,况琼玉乎?是粪土也!而可以济师,将何爱焉?"弗听。出,告二子曰:"非神败令尹,令尹其不勤民,实自败也。"既败,王使谓之曰:"大夫若入,其若申、息之老何?"子西、孙伯曰:"得臣将死,二臣止之,曰:'君其将以为戮。'"及连穀而死[5]。晋侯闻之而后喜可知也,曰:"莫余毒也已[6]!苏吕臣实为令尹[7],奉己而已,不在民矣。"

当初,楚国的子玉自己制作了琼弁、玉缨,没有使用。战斗之前,梦见黄河之神对自己说:"给我,我赐给你宋国的地盘。"子玉没有把琼弁、玉缨送给河神。大心和子西让荣黄进谏,不听。荣季说:"如果个人死去却有利于国,尚且应该去死,何况是琼玉呢?这是粪土一类的东西啊!如果可以用它帮助军队,又有什么爱惜的呢?"不听。荣季出来,告诉大心和子西说:"不是河神要令尹失败,令尹不肯为百姓辛劳,实在是自取灭亡。"已经失败了,楚王派人对他说:"你如果回国,对申、息两地的父老怎样交代?"子西、孙伯说:"得臣准备自杀,我们两人制止他说:'君王将会杀掉你的。'"到了连榖就自杀了。晋侯听到这个消息后非常高兴是可以理解的,说:"没有谁会危害我们了!苏吕臣做令尹,只保全自己而已,心思不在百姓身上。"

注释 1 琼:红色的玉。弁(biàn):帽子。以琼玉缀于弁上叫“琼弁”。缨:马鞅,马胸的装饰物,以玉为饰叫“玉缨”。 2 畀(bì):给以。 3 孟诸之麋:指宋国的土地。孟诸,宋地。麋,通“湄”,水草交接之处。 4 大心:子玉的儿子,即下文的孙伯。荣黄:即荣季,楚臣。 5 连穀:楚地。 6 毒:害。 7 蒍(wěi)吕臣:楚大夫,即叔伯,继子玉为楚国令尹。

或诉元咺于卫侯曰[1]:“立叔武矣。”其子角从公,公使杀之。咺不废命,奉夷叔以入守[2]。六月,晋人复卫侯。甯武子与卫人盟于宛濮[3],曰:“天祸卫国,君臣不协,以及此忧也。今天诱其衷[4],使皆降心以相从也[5]。不有居者,谁守社稷?不有行者,谁捍牧圉[6]?不协之故,用昭乞盟于尔大神以诱天衷[7]。自今日以往,既盟之后,行者无保其力[8],居者无惧其罪。有渝此盟[9],以相及也[10]。明神先君,是纠是殛[11]。”国人闻此盟也,而后不贰[12]。

有人在卫侯面前诬告元咺说:“要立叔武做国君了。”元咺的儿子元角跟随卫侯逃亡,卫侯派人杀了他。但元咺仍不废弃卫侯临走时的成命,侍奉叔武回国摄政。六月,晋国人允许卫侯回国。甯武子与卫国人在宛濮结盟,说:“上天降祸卫国,君臣不和协,因此遭到这样的忧患。现在上天诱导我们的内心,使我们都能放弃成见来互相听从。没有留守的人,谁来守护社稷?没有随国君出行的人,谁来保卫国君携带的财产?由于不和协的缘故,因而乞求在尊神面前明白宣誓,以求天意保佑。从今以后,在已经订立盟约之后,随从逃亡的人不要仗恃自己的功劳,留守的人不要害怕自己有罪。如有违背这个盟约的,祸难将会降临到他的头上。明神先君,将会检举、惩罚。”卫国的人听到了这个盟约,从此没有二心。

注释 1 诉:诬告。元咺(xuān):卫大夫。 2 夷叔:即叔武,夷是谥号。入守:回国摄政。 3 甯武子:名俞,卫大夫,随从卫侯出亡。宛濮:卫地。4 诱其衷:诱导卫国人的内心。 5 降心:放弃成见。 6 捍:保卫。牧圉:养牛曰牧,养马曰圉,这里指卫侯出逃携带的财产。 7 用:因,天衷:天心。 8 无:通“毋”。保:仗恃。 9 渝:改变,背弃。 10 以相及:以祸难相及。 11 纠:检举。殛:惩罚。 12 贰:二心。

卫侯先期入[1],甯子先[2],长牂守门[3],以为使也,与之乘而入。公子歂犬、华仲前驱[4],叔武将沐[5],闻君至,喜,捉发走出,前驱射而杀之。公知其无罪也,枕之股而哭之。歂犬走出,公使杀之。元咺出奔晋。

城濮之战,晋中军风于泽,亡大旆之左旃[6],祁瞒奸命[7],司马杀之[8],以徇于诸侯[9],使茅茷代之[10]。师还。壬午,济河。舟之侨先归,士会摄右[11]。秋七月丙申[12],振旅[13],恺以入于晋[14],献俘授馘[15],饮至大赏[16],征会

卫侯提前回国,甯武子又在卫侯之前,长牂把守城门,以为甯武子是国君的使者,和他同乘一辆车进城。公子歂犬、华仲为先行人员,叔武准备洗头,听说国君到了,非常高兴,握着头发跑出来,先行人员把他射死了。卫侯知道他没有罪,把头枕在他的大腿上哭泣。歂犬逃跑,卫侯派人杀死了他。元咺逃亡到晋国。

在城濮的战役中,晋国的中军在沼泽遇上大风,丢失了前军的左旗。祁瞒违反了军令,司马杀了他,拿他的尸体在诸侯中示众,让茅茷代替祁瞒的职务。军队回来。六月十六日,渡过黄河。舟之侨先回国了,由士会代行车右的职务。秋七月某日,凯旋,高奏凯歌回到晋国,在宗庙中献上俘虏和敌人的左耳,犒劳三军,奖赏有功将士,征召诸侯

讨贰[17]。杀舟之侨以徇于国，民于是大服。君子谓文公："其能刑矣，三罪而民服[18]。《诗》云[19]：'惠此中国，以绥四方。'不失赏刑之谓也。"

会盟，讨伐三心二意的国家。杀了舟之侨在国都示众，百姓从此十分顺服。君子评论文公："能够严明刑罚，杀三个罪人而百姓顺服。《诗》说：'施惠于这些中原国家，来安抚四方诸侯。'说的就是没有失去公正的赏赐和刑罚。"

注释 1 期：期约。 2 甯子：甯武子。 3 牂：音 zāng。 4 歂：音 chuán。 5 沐：洗头。 6 旆(pèi)：军中前队。旃(zhān)：赤色曲柄的旗。 7 祁瞒：人名，疑为城濮之战中掌管军旗者。 8 司马：掌管奖赏刑罚的官员。 9 徇(xùn)：示众。 10 茅茷：人名。 11 摄右：代行舟之侨的车右之职。 12 丙申：其日未能确定。 13 振旅：凯旋。 14 恺：通"凯"，军队打胜仗后所奏的乐曲。 15 馘(guó)：战争中割取的敌人的左耳。 16 饮至：在宗庙中以饮食慰劳将士。大赏：奖赏有功的将士。 17 征会：征召诸侯会盟。贰：二心。 18 三罪：指颠颉、祁瞒、舟之侨。 19 见《诗经·大雅·民劳》。

冬，会于温[1]，讨不服也。

冬，诸侯在温会见，为了讨伐不顺服的国家。

卫侯与元咺讼[2]，甯武子为辅，鍼庄子为坐[3]，士荣为大士[4]。卫侯不胜。杀士荣，刖鍼庄子[5]，谓甯俞忠而免之。执卫侯，归之于京师，置诸深室。甯子职纳橐饘焉[6]。元咺归

卫侯同元咺争讼，甯武子辅佐卫侯，鍼庄子做卫侯的代理人，士荣做卫侯的辩护人。卫侯没有取胜。晋侯杀了士荣，砍掉了鍼庄子的脚，认为甯武子忠诚而赦免了他。扣留卫侯，把他带到京师，安置在幽深的房子里。甯武子负责给卫侯送衣食。元咺回到卫国，立公子瑕为

于卫,立公子瑕[7]。

是会也,晋侯召王,以诸侯见,且使王狩[8]。仲尼曰:“以臣召君,不可以训[9]。”故书曰:“天王狩于河阳。”言非其地也,且明德也。壬申,公朝于王所。

国君。

在这次盟会上,晋侯召请周王,带领诸侯进见周王,并且让周王打猎。仲尼说:“以臣的身份召请君主,不能把它作为规范。”所以《春秋》写道:“天王狩于河阳。”是说这不是周天子狩猎的地方,而且为了显明晋侯的功德。十月七日,鲁僖公到周天子的住所朝见。

注释 1 见《经》注。 2 讼:争讼,即打官司。 3 鍼:音 qián。坐:坐讼曲直,这里指代理人。 4 大士:负责辩论是非曲直的人,犹今之律师。 5 刖(yuè):砍掉脚的刑罚。 6 职:司,负责。橐(tuó):口袋,这里指衣服行李,日常用品。馇(zhān):稠粥。 7 公子瑕:即公子适。 8 狩(shòu):冬猎为狩。 9 训:规范,准则。

丁丑,诸侯围许。晋侯有疾,曹伯之竖侯獳货筮史[1],使曰以曹为解[2]:“齐桓公为会而封异姓,今君为会而灭同姓,曹叔振铎[3],文之昭也;先君唐叔[4],武之穆也。且合诸侯而灭兄弟,非礼也;与卫偕命[5],而不与偕复,非信也;同罪异罚,非刑也。礼以

十一月十二日,诸侯包围许国。晋侯有病,曹伯的小臣侯獳贿赂晋国卜筮官,要他说晋侯生病的原因是由于灭亡了曹国:“齐桓公主持会盟为异姓封国,现在您主持会盟却灭亡同姓的国家,曹国的叔振铎,是文王的儿子;晋国的先君唐叔,是武王的儿子。而且会合诸侯而灭掉兄弟之国,这是不合于礼仪的;曹国同卫国一起得到您允许复国的命令,却不能和卫国同时恢复国家,这是不讲信用的;罪过相同而惩罚不同,这是不合于

行义，信以守礼，刑以正邪。舍此三者，君将若之何？”公说[6]，复曹伯，遂会诸侯于许。晋侯作三行以御狄[7]。荀林父将中行，屠击将右行，先蔑将左行。

刑法的。礼是用来推行道义的，信用是用来保护礼仪的，刑罚是用来纠正邪恶的。抛弃这三项，您准备怎么办呢？”晋侯很高兴，恢复了曹伯的君位，接着在许国会盟诸侯。晋侯设置左、中、右三行来抵御戎狄。荀林父率领中行，屠击率领右行，先蔑率领左行。

注释　**1** 竖：小臣，未成年而给人做事的人。侯獳(nòu)：小臣名。货：贿赂。筮史：掌卜筮的官员。　**2** 以曹为解：把曹国灭亡作为晋侯得病的原因来解释。　**3** 叔振铎：始封于曹，文王之子。　**4** 唐叔：唐叔虞，武王之子，始封于晋。　**5** 偕命：一同得到晋侯允许复国的命令。　**6** 说：同“悦”。**7** 行：音 háng。此前晋有左右二行，今又增中行而成三行。

僖公二十九年

【经】

二十有九年春，介葛卢来[1]。

公至自围许。

夏六月，会王人、晋人、宋人、齐人、陈人、蔡人、秦人，盟于翟泉[2]。

秋，大雨雹。

冬，介葛卢来。

二十九年春，介葛卢前来朝见。

僖公包围许国回来。

夏六月，会见周王室的人、晋国人、宋国人、齐国人、陈国人、蔡国人、秦国人，在翟泉结盟。

秋，下很大的冰雹。

冬，介葛卢前来朝见。

注释 1 介：国名。葛卢：介国国君之名。 2 翟泉：王畿之地。

【传】

二十九年春，介葛卢来朝，舍于昌衍之上[1]。公在会，馈之刍、米[2]，礼也。

夏，公会王子虎、晋狐偃、宋公孙固、齐国归父、陈辕涛涂、秦小子憖，盟于翟泉[3]，寻践土之盟[4]，且谋伐郑也。卿不书，罪之也。在礼，卿不会公侯，会伯子男可也。

秋，大雨雹，为灾也。

冬，介葛卢来，以未见公故，复来朝。礼之，加燕好[5]。介葛卢闻牛鸣，曰："是生三牺[6]，皆用之矣，其音云。"问之而信。

二十九年春，介葛卢前来朝见，住在昌衍山上。僖公正参加盟会，赠给他草料和粮食，这是合于礼的。

夏，僖公会见周王室的王子虎、晋国的狐偃、宋国的公孙固、齐国的国归父、陈国的辕涛涂、秦国的小子憖，在翟泉结盟，重温践土的盟约，并且商量攻打郑国。《春秋》不记载参加盟会的卿的名字，是谴责他们。按照礼制规定，卿不能会见公、侯，会见伯、子、男是可以的。

秋，下很大的冰雹，造成了灾害。

冬，介葛卢前来，因为前次没有见到僖公的缘故，所以再次前来朝见。对他加以礼遇，再加上燕礼和上等货礼。介葛卢听到牛的鸣叫声，说："这牛生了三头祭祀用的牛，都用来祭祀了，听它的声音是这样的。"询问别人，果然是真的。

注释 1 昌衍：鲁地，即今山东曲阜之昌平山。 2 刍(chú)：牲口吃的草。 3 憖：音 yìn。 4 寻：重温。践土之盟见僖公二十八年《传》。 5 燕：燕礼。好：好货。 6 三牺：本指用来祭祀的牛、羊、猪，此处专指牛。

僖公三十年

【经】

三十年春，王正月。

夏，狄侵齐。

秋，卫杀其大夫元咺及公子瑕。

卫侯郑归于卫。

晋人、秦人围郑。

介人侵萧。

冬，天王使宰周公来聘[1]。

公子遂如京师，遂如晋。

三十年春，周历正月，

夏，狄人侵袭齐国。

秋，卫国杀了它的大夫元咺和公子瑕。

卫侯郑回到卫国。

晋国人、秦国人包围郑国。

介国人侵犯萧国。

冬，周天子派冢宰周公前来聘问。

公子遂到京师去，接着到晋国去。

注释 1 宰周公：周王室冢宰周公阅。

【传】

三十年春，晋人侵郑，以观其可攻与否。狄间晋之有郑虞也[1]，夏，狄侵齐。

晋侯使医衍鸩卫侯[2]，甯俞货医[3]，使薄其鸩，不死。公为之请，纳

三十年春，晋国人侵袭郑国，以此观察郑国是否可以攻打。狄人趁着晋国要对付郑国的时候，在这年夏天侵犯齐国。

晋侯派叫衍的医生毒死卫侯，甯俞贿赂医生，让他少放毒药，结果卫侯没有被毒死。鲁僖公替卫侯请求，送玉给

玉于王与晋侯，皆十瑴[4]，王许之。秋，乃释卫侯。

周天子和晋侯，都是十对，周天子答应了。秋，就释放了卫侯。

卫侯使赂周歂、冶廑曰[5]："若能纳我，吾使尔为卿。"周、冶杀元咺及子适、子仪[6]。公入，祀先君，周、冶既服，将命。周歂先入，及门，遇疾而死。冶廑辞卿。

卫侯使人送给周歂、冶廑财物说："如能送我回去当国君，我让你们做卿。"周歂、冶廑便杀了元咺和子适、子仪。卫侯回国祭祀先君，周歂、冶廑已经穿好礼服，准备接受卿命。周歂先进去，走到门口，发病而死。冶廑辞去卿位。

九月甲午，晋侯、秦伯围郑，以其无礼于晋，且贰于楚也[7]。晋军函陵，秦军氾南[8]。

九月十日，晋侯、秦伯包围郑国，因为郑国对晋国无礼，而且两属于楚国。晋国的军队驻扎在函陵，秦国的军队驻扎在氾南。

注释 1 间(jiàn)：嫌隙，用作动词，利用嫌隙。虞：考虑，图谋。 2 衍：医生的名。鸩(zhèn)：鸟名，其血甚毒。 3 货：贿赂。 4 瑴(jué)：双玉曰瑴。 5 周歂(chuán)、冶廑(jǐn)：二人都是卫大夫。 6 子适：公子瑕。子仪：公子瑕的同母弟弟。 7 贰：两属。 8 函陵：郑地。氾(fàn)南：氾水之南。

佚之狐言于郑伯曰[1]："国危矣！若使烛之武见秦君，师必退。"公从之。辞曰："臣之壮也，犹不如人；今老矣，

佚之狐对郑伯说："国家危急了！如果派烛之武去见秦国国君，秦国的军队一定会撤退。"郑伯听从他的建议。烛之武却推辞说："我年轻时，尚且不如别人；现在老了，不能做什么事情了。"郑伯说：

无能为也已。”公曰：“吾不能早用子，今急而求子，是寡人之过也。然郑亡，子亦有不利焉！”许之。夜缒而出[2]。见秦伯曰：“秦、晋围郑，郑既知亡矣。若亡郑而有益于君，敢以烦执事[3]。越国以鄙远[4]，君知其难也，焉用亡郑以陪邻[5]？邻之厚，君之薄也。若舍郑以为东道主[6]，行李之往来[7]，共其乏困[8]，君亦无所害。且君尝为晋君赐矣[9]，许君焦、瑕[10]，朝济而夕设版焉[11]，君之所知也。夫晋，何厌之有？既东封郑[12]，又欲肆其西封[13]，若不阙秦[14]，将焉取之？阙秦以利晋，惟君图之！”

“我不能及早用您，现在事情危急了才来求您，这是我的过错。然而郑国灭亡了，对您也不利啊！”烛之武答应了。晚上用绳子缚住身子坠下城墙。见了秦伯说：“秦、晋两国军队包围郑国，郑国已经知道要灭亡了。如果灭亡了郑国对您有好处，那就麻烦您继续进攻。但是中间隔着晋国而把遥远的郑国作为您的边邑，您知道这是很困难的，何必用灭亡郑国的办法来增加邻国的土地呢？邻国的土地丰厚了，就等于您的土地减少了。如果保留郑国作为您的东道主，您的使者来往的时候，就能供应他们的食宿，对您也没有损害。而且您曾经对晋君赐予恩惠，晋君答应把焦、瑕两地给您，可是他早晨渡河回国，晚上就修筑防御工事，这是您知道的。晋国哪里会有满足的时候？等到他在东边把郑国作为他的疆界以后，又会放肆向西边扩展，如果不损害秦国，又到哪里去取得土地呢？损害秦国却有利于晋国，您还是考虑考虑这件事吧！”

注释 1 佚(yì)之狐：郑大夫。 2 缒(zhuì)：系在绳子上放下去。 3 执事：敬称。 4 鄙：边疆。 5 陪：增加。 6 东道主：东路上的主人，郑在秦东，可以招待秦国过往使者。 7 行李：外交使者。 8 共：通“供”。乏困:指食宿方面的不足。 9 指纳晋惠公夷吾事。 10 焦、瑕:晋国二邑。 11 版:指防御工事。 12 封:疆界。 13 肆:放肆。 14 阙:损害。

秦伯说[1],与郑人盟,使杞子、逢孙、杨孙戍之[2],乃还。子犯请击之,公曰:"不可。微夫人之力不及此[3]。因人之力而敝之[4],不仁;失其所与[5],不知[6];以乱易整[7],不武。吾其还也。"亦去之。

秦伯很高兴,与郑国人结盟,派杞子、逢孙、杨孙戍守郑国,就撤军回国。子犯请求攻击秦军,晋侯说:"不行。如果没有这个人的力量就到不了今天。依靠了别人的力量却伤害他,这是不仁;失掉了亲近的国家,这是不智;用分裂代替团结,这是不武。我们还是回去吧。"也撤离了郑国。

初,郑公子兰出奔晋[8],从于晋侯伐郑,请无与围郑。许之,使待命于东。郑石甲父、侯宣多逆以为大子,以求成于晋,晋人许之。

当初,郑国的公子兰逃亡到晋国,跟着晋侯攻打郑国,请求不参与包围郑国的行动。晋侯答应了,让他在晋国的东面等待命令。郑国的石甲父、侯宣多把他接回去立为太子,来同晋国求和,晋国人答应了。

冬,王使周公阅来聘,飨有昌歜、白、黑、形盐[9]。辞曰:"国君,文足昭也,武可畏也,则有备物之飨,以象其德;荐五味,羞嘉谷[10],盐虎形,以献其功[11]。吾何以堪之?"

冬,周天子派周公阅前来聘问,宴享他的食品有昌蒲菹、稻米糕、黍米糕、虎形盐块。周公辞谢说:"国君,文可以昭显四方,武可以令人畏惧,就有物品齐备的宴享,来象征他的德行;献上五味的昌蒲菹,上等粮食做成的糕点,还有外形似虎的盐,来象征他的功业。我怎么担当得起呢?"

东门襄仲将聘于周，遂初聘于晋。

东门襄仲将要到周室聘问，于是顺便到晋国进行第一次聘问。

注释 1 说：同“悦”。 2 杞子、逢孙、杨孙：皆秦大夫。 3 微：如果没有。 4 敝：坏，败。 5 与：亲近。 6 知：同“智”。 7 乱：分裂。整：团结。 8 见宣公三年《传》。 9 昌歜(chù)：即昌蒲菹，亦指用其根做成的盐菜。白：稻米糕。黑：黍米糕。形盐：其形似虎的盐块。 10 荐、羞：都是进献的意思。 11 献：与“象”同义。

僖公三十一年

【经】

三十有一年春，取济西田[1]。

公子遂如晋。

夏四月，四卜郊[2]，不从，乃免牲[3]，犹三望[4]。

秋七月。

冬，杞伯姬来求妇[5]。

狄围卫。十有二月，卫迁于帝丘[6]。

三十一年春，取得济水以西的田地。

公子遂到晋国去。

夏四月，四次占卜郊祭，不吉利，于是不杀牲，但仍进行了三次望祭。

秋七月。

冬，杞伯姬前来为儿子求娶妻室。

狄人包围卫国。十二月，卫国迁到帝丘。

注释 1 济西：济水以西。济西田，属曹地。 2 郊：郊祭。 3 免牲：不杀为郊祭所准备的牺牲。 4 三望：指东海、泰山、淮水之祭。 5 为子求妇。 6 帝丘：卫地。

【传】

三十一年春，取济西田，分曹地也。使臧文仲往，宿于重馆[1]。重馆人告曰："晋新得诸侯，必亲其共，不速行，将无及也。"从之。分曹地，自洮以南[2]，东傅于济[3]，尽曹地也。襄仲如晋，拜曹田也。

夏四月，四卜郊，不从，乃免牲，非礼也[4]。犹三望，亦非礼也。礼不卜常祀，而卜其牲日[5]。牛卜日曰牲[6]。牲成而卜郊，上怠慢也。望，郊之细也。不郊，亦无望可也。

三十一年春，取得济水以西的田地，这是分割的曹国的土地。派遣臧文仲前往，住在重这个地方的馆舍里。重地馆舍里的人告诉臧文仲说："晋国新近得到诸侯的拥护，一定亲近恭敬他的人，不快点去，将会赶不上。"臧文仲听从了这个意见。分割曹国的土地，自洮水以南，东边靠着济水，都是曹国的土地。襄仲到晋国去，拜谢取得曹国的土地。

夏四月，四次占卜郊祭，不吉利，于是不杀牲，这是不合于礼的。仍然进行三次望祭，这也是不合于礼的。按礼不占卜常规的祭祀，而今却既卜牲又卜日。牛在卜得吉日后便叫牲。已经成了牲却还要占卜郊祭的日期，这是在上的人怠慢了祭祀。望祭，是郊祭的细节。既然不进行郊祭，那么不举行望祭也是可以的。

注释 1重：鲁地。 2洮(táo)：洮水。 3傅：靠近。 4《公羊传》："三卜，礼也；四卜，非礼也。" 5卜其牲日：先卜牲，后卜日。卜牲，占卜用此牲是吉是凶。卜日，占卜某日郊祭是吉是凶。 6牛在占卜得到吉日后便改名叫"牲"。

秋，晋蒐于清原[1]，作五军以御狄。赵衰为卿。

冬，狄围卫，卫迁于帝丘。卜曰三百年[2]。卫成公梦康叔曰[3]："相夺予享[4]。"公命祀相。甯武子不可，曰："鬼神非其族类，不歆其祀[5]。杞、鄫何事[6]？相之不享于此久矣，非卫之罪也，不可以间成王、周公之命祀[7]。请改祀命。"

郑泄驾恶公子瑕[8]，郑伯亦恶之，故公子瑕出奔楚。

秋，晋国在清原检阅部队，建立五个军来抵御狄人。赵衰为卿。

冬，狄人包围卫国，卫国迁到帝丘。占卜说可以立国三百年。卫成公梦见康叔说："相夺走了我的祭品。"卫成公命令祭祀相。甯武子不同意，说："鬼神如果不是他的同族祭祀，就不会享用那种祭品。杞国、鄫国做什么去了？相在杞国和鄫国不享用祭祀已经很久了，这不是卫国的过错，不可冒犯成王、周公规定的祭祀。请您改变祭祀相的命令。"

郑国的泄驾厌恶公子瑕，郑伯也厌恶他，所以公子瑕逃亡到楚国。

注释　1 蒐(sōu)：检阅部队。清原：晋地。　2 据《史记·卫世家》及《史记·诸侯年表》，卫此后历四百三十年而亡。　3 康叔：卫国始祖。　4 相：夏后帝君之孙，帝中康之子，住在帝丘。　5 歆(xīn)：祭祀时鬼神享受祭品的香气。　6 杞、鄫(céng)：皆为夏代之后。　7 间：通"干"，冒犯。成王：周成王。周公：周公旦。　8 泄：音 yì。恶：音 wù。

僖公三十二年

【经】

原文

三十有二年春，王正月。

夏四月己丑，郑伯捷卒。

卫人侵狄。

秋，卫人及狄盟。

冬十有二月己卯，晋侯重耳卒。

译文

三十二年春，周历正月。

夏四月十五日，郑伯捷去世。

卫国人侵犯狄人。

秋，卫国人与狄人结盟。

冬十二月九日，晋侯重耳去世。

【传】

三十二年春，楚鬬章请平于晋[1]，晋阳处父报之[2]。晋、楚始通[3]。

夏，狄有乱。卫人侵狄，狄请平焉。秋，卫人及狄盟。

冬，晋文公卒。庚辰，将殡于曲沃[4]。出绛[5]，柩有声如牛[6]。卜偃使大夫拜[7]，曰："君命大事[8]：将有西师过轶我[9]，击之，必大捷焉。"

三十二年春，楚国的鬬章到晋国请求讲和，晋国的阳处父到楚国回聘。晋国、楚国从这时起才有外交使者的往来。

夏，狄人发生动乱。卫国人侵犯狄国，狄请求讲和。秋，卫国人同狄人结盟。

冬，晋文公去世。十二月十日，准备停丧在曲沃。出了绛城，棺材里发出像牛叫的声音。卜偃让大夫下拜，说："国君有大事命令我们：将有西方的部队经过我们的国境，攻击他们，必定能大获全胜。"

注释 1平:和。 2阳处父:晋大夫。报:回聘。 3通:交往。 4殡:停丧。曲沃:晋国旧都。晋君祖坟所在地。 5绛:晋的国都。 6柩(jiù):装有尸体的棺材。 7卜偃:叫偃的卜筮之官。 8大事:指军事。 9西师:即秦军,秦在晋之西。轶(yì):本义是后车超过前车,这里与"过"同义连用,即经过,越过。

杞子自郑使告于秦曰[1]:"郑人使我掌其北门之管[2],若潜师以来[3],国可得也。"穆公访诸蹇叔[4]。蹇叔曰:"劳师以袭远,非所闻也。师劳力竭,远主备之,无乃不可乎[5]?师之所为,郑必知之。勤而无所,必有悖心[6],且行千里,其谁不知?"公辞焉。召孟明、西乞、白乙[7],使出师于东门之外。蹇叔哭之,曰:"孟子,吾见师之出而不见其入也。"公使谓之曰:"尔何知!中寿[8],尔墓之木拱矣[9]!"蹇叔之子与师[10],哭而送之,曰:"晋人御师必于殽[11]。殽有二陵焉:其南陵,夏

杞子从郑国派人告诉秦穆公说:"郑国人让我掌管北门的钥匙,如果悄悄派兵前来,就可以占取郑国了。"秦穆公就这件事征求蹇叔的意见。蹇叔说:"辛苦地调动军队去袭击远方的国家,没有听说过这样做的。军队疲劳,气力枯竭,远方的国家早有了防备,大概不行吧?我军的行动,郑国一定知道。辛苦劳累却没有所得,士兵就会产生叛逆之心,而且行程千里,哪一个不知道呢?"穆公拒绝了蹇叔的意见。召集孟明、西乞、白乙,使他们率领军队从东门外出发。蹇叔为他们哭泣,说:"孟子,我看见军队出去,却看不到军队回来了。"穆公派人对蹇叔说:"你知道什么!如果只活到中寿,现在你坟墓上的树木都有两手合抱那么粗了!"蹇叔的儿子也参加了这支部队,蹇叔哭着送他说:"晋国人必定在崤山抵御秦国的军队。崤有两座大山:南面的

后皋之墓也[12];其北陵,文王之所辟风雨也。必死是间,余收尔骨焉。”秦师遂东。

山头,是夏后皋的坟墓;北面的山头,是文王躲避风雨的地方。你一定会死在两山之间,我在那里收拾你的尸骨吧。”秦国的军队于是向东进发。

注释 1 杞子:僖公三十年秦国留戍郑国的大夫之一。 2 管:钥匙。 3 潜师:秘密地派遣军队。 4 访:询问。诸:“之于”的合音。蹇(jiǎn)叔:秦国元老。 5 无乃:恐怕。 6 悖:背叛。 7 孟明、西乞、白乙:都是秦国的将领。 8 中寿:六七十岁叫中寿。蹇叔已近八十,过了中寿。 9 拱:两手合抱。 10 与(yù):参与,参加。 11 殽(xiáo):通“崤”,山名。 12 夏后皋(gāo):夏朝帝王,夏桀的祖父。后,国君。

僖公三十三年

【经】

三十有三年春,王二月,秦人入滑。

齐侯使国归父来聘。

夏四月辛巳,晋人及姜戎败秦师于殽[1]。

癸巳,葬晋文公。

狄侵齐。

公伐邾,取訾娄[2]。

秋,公子遂帅师伐邾。

晋人败狄于箕[3]。

三十三年春,周历二月,秦国人进入滑国。

齐侯派国归父前来聘问。

夏四月十三日,晋国人同姜戎在崤击败秦国的军队。

二十五日,安葬晋文公。

狄人侵犯齐国。

僖公攻打邾国,占取了訾娄。

秋,公子遂率领军队攻打邾国。

晋国人在箕击败狄人。

冬十月,公如齐。十有二月,公至自齐。乙巳,公薨于小寝[4]。

陨霜不杀草[5]。李梅实。

晋人、陈人、郑人伐许。

冬十月,僖公到齐国去。十二月,僖公从齐国回来。十一日,僖公在小寝去世。

降霜但没有杀死草。李树、梅树结出果实。

晋国人、陈国人、郑国人攻打许国。

注释 1 姜戎:姜姓的戎族,居于秦晋之间,与晋国关系很好。 2 訾娄(zīlóu):郕地。 3 箕:晋地。 4 小寝:又叫“燕寝”,夫人之寝也。 5 陨(yǔn):降。

【传】

三十三年春,秦师过周北门,左右免胄而下[1],超乘者三百乘[2]。王孙满尚幼[3],观之,言于王曰:“秦师轻而无礼,必败。轻则寡谋,无礼则脱[4]。入险而脱,又不能谋,能无败乎[5]?”及滑,郑商人弦高将市于周[6],遇之,以乘韦先[7],牛十二,犒师[8],曰:“寡君闻吾子将步师出于敝邑[9],敢犒从者。不腆

三十三年春,秦国的军队经过周王室的北门,车上左右的士兵脱掉头盔下车步行,然而却又跟着一跃上车,三百辆兵车都是如此。王孙满还年幼,看到了这种情形,对周襄王说:“秦国的军队轻狂而没有礼貌,一定会失败。轻狂就缺少谋略,没有礼貌就会粗心大意。进入险地却粗心大意,又不能谋划,能不失败吗?”到了滑国,郑国的商人弦高准备到周城去做生意,遇上了秦军,先送上四张熟牛皮,跟着送上十二头牛,犒劳秦国的军队,说:“我们的国君听说你们要行军经过我们的国土,冒昧地慰劳您的部下。我们国家虽不富足,但因为你们在外日

敝邑[10]，为从者之淹[11]，居则具一日之积[12]，行则备一夕之卫。”且使遽告于郑[13]。

久，如要住下来，我们就为你们准备好每日的给养，如果你们要走，我们就为你们准备一夜的守卫。”并且派传车向郑国报告。

注释 1 左右：古代一般战车，御者居中，左为射者，右为执戈盾的勇士。胄(zhòu)：头盔。左右脱了头盔下车步行，御者驾车前行。这是表示对周天子的尊敬。 2 超乘(shèng)：一跃而跳上车，刚下车又跳上车，是轻狂的举动。超，跳。 3 王孙满：周共王的玄孙。 4 脱：粗疏。 5 无：通“毋”。 6 市：做买卖。 7 乘(shèng)：四。韦：熟牛皮。古人送礼，先轻后重。 8 犒：慰劳。 9 吾子：显得亲昵的敬称。 10 腆(tiǎn)：丰厚。11 淹：久。 12 积：粮草之类。 13 遽(jù)：传车，为传递紧急公文之用。

郑穆公使视客馆，则束载、厉兵、秣马矣[1]。使皇武子辞焉[2]，曰：“吾子淹久于敝邑，唯是脯资、饩牵竭矣[3]，为吾子之将行也，郑之有原圃[4]，犹秦之有具囿也[5]，吾子取其麋鹿[6]，以闲敝邑，若何？”杞子奔齐，逢孙、杨孙奔宋。孟明曰：“郑有备矣，不可冀也。攻之不克，围之不继，吾其还也。”灭滑而还。

郑穆公派人视察客馆，原来秦国人已经捆束行装、磨砺兵刃、喂饱马匹了。郑穆公派皇武子下逐客令，说：“你们长久留在我们国家，只是我们的肉、粮、牲畜都用光了，为了你们将要远行，郑国有原圃，就好像秦国有具囿一样，你们自己去猎取些麋鹿，让我们安闲安闲，怎么样？”杞子逃跑到齐国，逢孙、杨孙逃跑到宋国。孟明说：“郑国有防备了，不能希冀了。攻它攻不下，包围它援兵又跟不上，我们还是回去吧。”灭亡滑国然后回国。

齐国庄子来聘[7]，自

齐国的国庄子前来聘问，从郊劳

郊劳至于赠贿[8]，礼成而加之以敏[9]。臧文仲言于公曰：“国子为政，齐犹有礼，君其朝焉！臣闻之：服于有礼，社稷之卫也。”

一直到赠贿，行礼合于礼仪，处事谨慎恰当。臧文仲对僖公说：“国子执政，齐国尚有礼仪，您还是朝见齐君吧！我听说：对有礼之邦敬服，是国家的保障。”

注释 1 束载：捆束行装。厉兵：磨砺兵刃。秣马：喂饱马匹。 2 皇武子：郑大夫。辞：用言辞使秦国人离开，即下逐客令。 3 脯：干肉。资：粮食。饩(xì)：已宰杀的牲畜的肉。牵：尚未宰杀的牲畜。 4 原圃：郑国养禽兽的园子。 5 具囿：秦国养禽兽的园子。 6 麋(mí)：鹿类，比鹿稍大。 7 国庄子：即国归父。 8 郊劳：受聘国派卿穿着朝服，带着捆束的锦缎到近郊迎接慰劳使者，这是聘礼的开始。赠贿：指赠礼送行，聘事结束，使者将归，安排他住在郊区，然后受聘国派卿赠送礼物。 9 礼成：行礼合于礼仪。敏：处事谨慎恰当。

晋原轸曰：“秦违蹇叔而以贪勤民[1]，天奉我也。奉不可失，敌不可纵。纵敌患生，违天不祥。必伐秦师！”栾枝曰：“未报秦施，而伐其师，其为死君乎[2]？”先轸曰：“秦不哀吾丧而伐吾同姓[3]，秦则无礼，何施之为？吾闻之：‘一日纵敌，数世之患也。’谋

晋国的原轸说：“秦国违背蹇叔的意见，因为贪于得郑而辛苦百姓，这是上天赐给我们的机会。天赐不可失掉，敌人不可放纵。放纵敌人，忧患就会产生，违背天意就会不吉祥。一定要攻打秦国的军队！”栾枝说：“没有报答秦国的恩惠，却攻打他的军队，这难道是心里装着先君的遗命吗？”先轸说：“秦国不哀悼我国的丧事却攻打我们的同姓国，这是秦国无礼，还谈得上什么恩惠？我听说：‘一日放纵敌人，就会有数世的忧患。’

及子孙,可谓死君乎?”遂发命,遽兴姜戎[4]。子墨衰绖[5],梁弘御戎,莱驹为右[6]。夏四月辛巳,败秦师于殽,获百里孟明视、西乞术、白乙丙以归。遂墨以葬文公,晋于是始墨。

考虑到子孙后代,这可以对先君交代了吧?”于是发布出兵命令,急速调动姜戎参战。晋襄公穿上染黑的孝服,梁弘为他驾车,莱驹作为车右。夏四月十三日,在崤山击败秦国的军队,俘虏了百里孟明视、西乞术、白乙丙回国。于是穿着黑色丧服安葬晋文公,晋国从此开始改用黑色丧服。

注释 1 以贪勤民:因为贪于得郑而使百姓劳苦。 2 为:有。死君:指文公。 3 同姓:郑、滑皆姬姓,与晋同姓。 4 遽兴:急速调动。 5 子:晋襄公。晋文公之子,其父未葬,故称子不称公。衰(cuī):孝服。本白色,作战穿白色服装不吉利,故将其染黑。绖(dié):麻做的腰带。 6 梁弘、莱驹:皆晋臣。

文嬴请三帅[1],曰:“彼实构吾二君[2],寡君若得而食之,不厌[3],君何辱讨焉?使归就戮于秦,以逞寡君之志[4],若何?”公许之。先轸朝,问秦囚。公曰:“夫人请之,吾舍之矣。”先轸怒曰:“武夫力而拘诸原[5],妇人暂而免诸国[6]。堕军实而长寇仇[7],亡无日

文嬴为三帅请求,说:“他们确实挑拨了我们两国君主的关系,秦君如能得到他们就是吃了他们的肉,也不满足,您何必屈尊去惩罚他们呢?让他们回去让秦君杀掉他们,来满足秦君的心愿,怎么样?”晋襄公同意了。先轸上朝,问起秦国的俘虏。晋襄公说:“夫人替他们请求,我放了他们。”先轸发怒说:“将士们拼力在战场上抓住了他们,而妇人却一下子就从国内把他们放走了。毁掉了战争的胜利果实,却助长了敌人的势力,国家灭

矣！”不顾而唾。公使阳处父追之，及诸河，则在舟中矣。释左骖[8]，以公命赠孟明。孟明稽首曰：“君之惠，不以累臣衅鼓[9]，使归就戮于秦，寡君之以为戮，死且不朽。若从君惠而免之，三年将拜君赐。”秦伯素服郊次[10]，乡师而哭曰[11]：“孤违蹇叔以辱二三子，孤之罪也。”不替孟明。曰：“孤之过也。大夫何罪？且吾不以一眚掩大德[12]。”

亡没有多久了！”不管襄公在面前就吐了一口口水。襄公派阳处父去追赶他们，追到了黄河，他们已经在船上了。阳处父解下左边的骖马，用襄公的名义赠给孟明。孟明叩头说：“托晋君恩惠，不把我们这些囚臣杀了涂鼓，放我们回去让秦君杀我们，我们的国君把我们杀了，那是死而不朽。如果托晋君的恩惠得赦免，三年之后将拜谢晋君的恩赐。”秦穆公穿着白色的丧服在郊外等候，对着军队哭泣，说：“我违背蹇叔的意见，因此使你们几个受到侮辱，这是我的过错。”不撤掉孟明的职务。说：“是我的过错，大夫有什么罪呢？况且我不会因为一点小过失就抹杀你们大的功德。”

注释 1 文嬴：晋文公夫人，晋襄公母亲，秦穆公女儿。 2 构：挑拨，离间。 3 厌：满足。 4 逞：满足。 5 诸：“之于”的合音，下“诸”字同。 6 暂：突然，一下子。 7 堕：毁坏，又写作“隳(huī)”。 8 左骖：左边的骖马。一车四马，两边的马叫骖马。 9 累(léi)臣：囚臣。衅鼓：以血涂鼓。 10 郊次：在郊外等侯。 11 乡：通“向”。 12 眚(shěng)：过失。

狄侵齐，因晋丧也。

公伐邾，取訾娄，以报升陉之役[1]。邾人不设备。秋，襄仲复

狄人侵犯齐国，这是因为晋国有丧事。

僖公攻打邾国，占取了訾娄，这是为了报复升陉的战役。邾国人没有设防。

伐邾。

狄伐晋，及箕。八月戊子，晋侯败狄于箕。郤缺获白狄子[2]。先轸曰："匹夫逞志于君而无讨[3]，敢不自讨乎？"免胄入狄师[4]，死焉。狄人归其元[5]，面如生。

秋，襄仲再次攻打邾国。

狄人攻打晋国，到达箕。八月二十二日，晋侯在箕击败狄人。郤缺俘获了白狄子。先轸说："匹夫在国君面前放任自己的心志却没有受到惩罚，敢不自己惩罚自己吗？"脱掉头盔冲入狄国的军队，死在那里。狄国人送回他的头，面部颜色好像活着一样。

注释 1 升陉之役：见僖公二十二年。升陉，鲁地。 2 郤缺：郤芮之子。白狄子：白狄的首领。 3 指不顾而唾事。 4 胄(zhòu)：头盔。 5 元：头。

初，臼季使过冀[1]，见冀缺耨[2]，其妻馌之[3]。敬，相待如宾。与之归，言诸文公曰："敬，德之聚也，能敬必有德，德以治民，君请用之！臣闻之：出门如宾，承事如祭，仁之则也。"公曰："其父有罪，可乎？"对曰："舜之罪也殛鲧[4]，其举也兴禹[5]。管敬仲[6]，桓之贼也[7]，实相以济[8]。《康诰》曰[9]：'父不慈，子不祗[10]，兄不友，弟不共，不相及也。'《诗》曰[11]：'采

当初，臼季出使经过冀，看到冀缺锄草，他的妻子给他送饭到田里。很恭敬，彼此相待如宾。臼季便同冀缺一起回来，把他们的事情对文公说："恭敬，是德行的集中表现，能够恭敬就必定有德行，德行是用来治理百姓的，请您任用他！我听说：出门遇见人如同对待宾客，接受任务就好像参加祭祀一样，这是仁的准则。"文公说："他的父亲有罪，可以吗？"回答说："舜惩办罪人，把鲧流放到荒远的地方，他举拔人才，却用了鲧的儿子禹。管仲，是齐桓公的敌人，举他为相却取得了成功。《康诰》说：'父亲不慈爱，儿子不诚敬，

葑采菲[12],无以下体[13]。'君取节焉可也。[14]"文公以为下军大夫。反自箕,襄公以三命命先且居将中军[15],以再命命先茅之县赏胥臣曰[16]:"举郤缺,子之功也。"以一命命郤缺为卿,复与之冀,亦未有军行[17]。

哥哥不友爱,弟弟不恭顺,这是与别人无关的。'《诗》说:'采蔓菁,采萝卜,不要吃了叶子丢了根。'您选取他的长处就可以了。"文公让郤缺担任下军大夫。从箕回来,襄公以三命命令先且居率领中军,以再命命令将先茅的食邑赏给胥臣,说:"荐举郤缺,是你的功劳。"以一命命令郤缺为卿,重新赐给他冀,但在军队中还没有职务。

注释 1 臼(jiù)季:即胥臣。冀:晋邑。 2 冀缺:即郤缺,郤食邑于冀。耨(nòu):锄草。 3 馌(yè):给在田里劳作的人送饭。 4 殛:通"极",流放到荒远之地。鲧(gǔn):禹的父亲,传说尧用鲧治水无功,被舜流放到羽山而死。 5 舜举拔大禹治水,有功,被选为舜的继承人。 6 管敬仲:即管仲。 7 管仲曾射齐桓公,中带钩。 8 济:成功。 9 今《尚书·康诰》无此文。 10 祗(zhī):恭敬。 11 见《诗经·邶风·谷风》。 12 葑(fēng):蔓菁,后变种为大头菜。菲(fēi):萝卜。葑、菲之根皆可食用。 13 下体:指根。 14 取节:节取其善。 15 三命:春秋诸侯之卿有一命、二命、三命,以命数多为贵。先且(jū)居:先轸之子。 16 先茅:先轸的族人,因其绝后,故以其县赏胥臣。 17 行:音 háng。

冬,公如齐朝,且吊有狄师也[1]。反[2],薨于小寝,即安也[3]。

冬,僖公到齐国去朝见,并且对狄军的侵袭表示慰问。回来,在小寝去世,这是追求安逸的缘故。

晋、陈、郑伐许,讨其贰于楚也[4]。楚令尹子

晋国、陈国、郑国攻打许国,讨伐他们两属于楚。楚国的令尹子上侵犯陈国、

上侵陈、蔡[5]。陈、蔡成，遂伐郑，将纳公子瑕，门于桔秩之门[6]，瑕覆于周氏之汪[7]，外仆髡屯禽之以献[8]。文夫人敛而葬之郐城之下[9]。

蔡国。陈国、蔡国同楚国讲和，于是攻打郑国，准备把公子瑕送回卫国即位，攻打郑国的桔秩之门，公子瑕的车子翻在郑国的内池里，外面的仆人髡屯捉住了他把他献给郑文公。文公夫人收敛他然后安葬在郐城下面。

晋阳处父侵蔡，楚子上救之，与晋师夹泜而军[10]。阳子患之，使谓子上曰："吾闻之：'文不犯顺，武不违敌。'子若欲战，则吾退舍，子济而陈，迟速唯命。不然，纾我[11]。老师费财，亦无益也。"乃驾以待。

晋国的阳处父侵犯蔡国，楚国的子上救援蔡国，同晋国的军队夹着泜水而扎营。阳处父很忧虑，派人对子上说："我听说：'有文德的人不会侵犯顺理的人，有武德的人不肯躲避仇敌。'您如果想作战，那么我撤退三十里，您渡过黄河再摆开阵势，早打晚打都听您的。不这样，就放我渡过河去。军队相持太久，耗费资财，也没有好处。"于是驾着战车等待。

注释　1 吊：慰问。　2 反：同"返"。　3 即：靠近。　4 贰：两属。　5 子上：名鬬勃。　6 桔秩(xiédié)之门：郑都远郊之门。　7 覆：翻车。周氏之汪：郑国内池。　8 髡(kūn)屯：外仆名。禽：同"擒"。　9 文夫人：郑文公夫人。郐(kuài)城：郑邑。　10 泜(zhì)：泜水。　11 纾(shū)：缓，松。

子上欲涉，大孙伯曰[1]："不可。晋人无信，半涉而薄我[2]，悔败何及？不如纾之。"乃退舍。阳子宣言曰："楚师

子上想过河，大孙伯说："不行。晋国人没有信用，当我们渡过一半时迫近攻击我们，后悔战败哪里还来得及？不如放他们过河。"于是撤退三十里。阳子宣布说："楚国的军队逃跑了。"于是回国。楚国

遁矣。”遂归。楚师亦归。大子商臣谮子上曰[3]：“受晋赂而辟之，楚之耻也。罪莫大焉。”王杀子上。

葬僖公，缓作主[4]，非礼也。凡君薨，卒哭而祔[5]，祔而作主，特祀于主[6]，烝、尝、禘于庙[7]。

的军队也回国了。太子商臣诬陷子上说：“接受了晋国的礼物而躲避他们，这是楚国的耻辱。没有比这更大的罪了。”楚王杀了子上。

安葬僖公，没有及时制作神主，这是不合于礼的。凡是君主死了，停止号哭以后就附祭于先祖，附祭以后就制作神主，单独向神主祭祀，在宗庙举行烝祭、尝祭、禘祭等常规祭祀。

注释 1 大孙伯：即大心。 2 薄：迫。 3 谮(zèn)：诬陷。楚成王想立商臣为太子，令尹子上曾经加以阻止，见文公元年《传》。 4 主：神主。 5 祔(fù)：把新死者的神主附祭于先祖。 6 特：单独。 7 烝：冬祭。尝：秋祭。禘：禘祭，新主既立，则可单独祭祀先主于寝庙。

春秋左传

文公

文公元年

【经】

元年春[1]，王正月，公即位。

二月癸亥，日有食之。

天王使叔服来会葬。

夏四月丁巳，葬我君僖公。

天王使毛伯来锡公命[2]。

晋侯伐卫。

叔孙得臣如京师。

卫人伐晋。

秋，公孙敖会晋侯于戚[3]。

冬十月丁未，楚世子商臣弑其君頵[4]。

公孙敖如齐。

元年春，周历正月，鲁文公即位。

二月初一，发生日食。

周天子派叔服前来参加葬礼。

四月二十六日，安葬我国的国君僖公。

周天子派毛伯来赐给文公策命。

晋侯讨伐卫国。

叔孙得臣到京城去。

卫国人攻打晋国。

秋天，公孙敖在卫国戚地会见晋襄公。

冬十月十八日，楚太子商臣杀了他的国君頵。

公孙敖出使齐国。

注释 1 元年：文公元年，公元前626年。 2 锡(cī)：通"赐"。 3 戚：卫邑。 4 頵：音yūn，又音jūn，人名。

【传】

元年春，王使内史

元年春，周天子派内史叔服前来参

叔服来会葬。公孙敖闻其能相人也，见其二子焉[1]。叔服曰："榖也食子，难也收子[2]。榖也丰下[3]，必有后于鲁国。

于是闰三月，非礼也。先王之正时也，履端于始，举正于中，归余于终。履端于始，序则不愆[4]；举正于中，民则不惑；归余于终，事则不悖[5]。

夏四月丁巳，葬僖公。

王使毛伯卫来锡公命。叔孙得臣如周拜。

加葬礼。公孙敖听说他能给人相面，就让自己的两个儿子出来见他。叔服说："榖将来可以祭祀供养您，难将来可以安葬您。榖的下颌生得丰满，将来必定在鲁国有后人。"

这一年在三月设置闰月，这是不合礼制的。先王端正时令，年历的推算是从冬至开始的，把气候的正节放在每个月的中旬，把多余的日数归总在一年的末尾作为闰月。年历的推算从冬至开始，四时的次序就不会错乱；把正节放在每月的中旬，人们就不会迷惑；把剩余的日子归并到最后，一年的行事就不会混乱。

夏四月二十六日，安葬僖公。

周天子派毛伯来赐给文公策命。叔孙得臣去周朝拜谢。

注释 1 见(xiàn)：引见。 2 榖：文伯。难：惠叔。食(sì)：通"饲"，给人东西吃，此指奉祭祀供养。收：指收葬。 3 丰下：指脸的下部长得丰满。 4 愆(qiān)：过错。 5 悖(bèi)：谬误，违背。

晋文公之季年[1]，诸侯朝晋，卫成公不朝，使孔达侵郑，伐绵、訾及匡[2]。晋襄公既祥[3]，使告于诸侯而伐卫，及南

晋文公的晚年，各诸侯都来朝见晋国，卫成公不去朝见，反而派卫将孔达率军侵略郑国，攻打绵、訾和匡地。晋襄公在举行小祥祭祀以后，派人通告诸侯而讨伐卫国，军队来到南阳。晋将先且居说：

阳[4]。先且居曰："效尤，祸也[5]。请君朝王，臣从师。"晋侯朝王于温，先且居、胥臣伐卫。五月辛酉朔，晋师围戚。六月戊戌，取之，获孙昭子。

"效法错误，这是祸患。请君王您去朝觐周天子，由下臣带领军队去攻打卫国。"于是，晋襄公就去温地朝见周天子，先且居、胥臣领兵进攻卫国。五月初一，晋国军队包围了戚地。六月初八，晋军攻下了戚地，俘获了孙昭子。

卫人使告于陈。陈共公曰："更伐之，我辞之[6]。"卫孔达帅师伐晋。君子以为古。古者，越国而谋。

卫国人派人告诉陈国，向陈国求援。陈共公说："转过去进攻他们，我再去居中跟他们说和。"于是卫国的孔达就领兵进攻晋国。君子认为这样做是很合乎古礼的，因为古代在国难期间有到远方求救的事例。

注释　1 季年：末年，晚年。　2 绵：地名，今不详确址，当与匡相近。訾：疑即訾娄，本为卫邑，后属郑。匡：地名，本为卫邑，被郑国夺去。　3 祥：丧祭名，父母死后十三个月而祭称"小祥"，二十五个月而后祭称"大祥"。　4 南阳：在今河南新乡境内。　5 效：效法。尤：过错。意指晋如不朝周王就是效法了卫不朝晋的错误。　6 辞：此处为动词，指传达言辞，从中说和。

秋，晋侯疆戚田[1]，故公孙敖会之。

秋天，晋襄公把戚地划入了晋国版图，所以鲁大夫公孙敖也参加了。

初，楚子将以商臣为大子，访诸令尹子上[2]。子上曰："君之齿未也，而又多爱，黜乃乱也[3]。楚

起初，楚成王准备立商臣为太子，征询令尹子上的意见。子上说："君王的年纪还不大，而且又有很多内宠，如果立了商臣以后又改变主意而加以废除，那就

国之举[4]，恒在少者。且是人也[5]，蜂目而豺声，忍人也[6]，不可立也。”弗听。既[7]，又欲立王子职，而黜大子商臣。商臣闻之而未察[8]，告其师潘崇曰：“若之何而察之？”潘崇曰：“享江芈而勿敬也[9]。”从之。江芈怒曰：“呼！役夫！宜君王之欲杀女而立职也。”告潘崇曰：“信矣。”潘崇曰：“能事诸乎[10]？”曰：“不能。”“能行乎？”曰：“不能。”“能行大事乎[11]？”曰：“能。”

冬十月，以宫甲围成王[12]。王请食熊蹯而死，弗听。丁未，王缢。谥之曰“灵”，不瞑；曰“成”，乃瞑。

是祸乱。按照楚国传统，册立太子常常选择年轻的。而且商臣这个人，两眼突出像胡蜂一样，声音像豺狼，是一个残忍的人，不能立为太子。”楚王没有听从。立了以后不久，又想立王子职而废除太子商臣。商臣听到这个消息但还没有弄确切，便告诉他老师潘崇说：“怎样才能把这事弄确切呢？”潘崇说：“你设宴招待你姑母江芈而故意对她表示不尊敬。”商臣听从了他老师的意见，并照此去做。结果江芈发怒说：“啊！你这个奴才！难怪君王要杀掉你而立职做太子，确实有道理。”商臣告诉潘崇说：“事情是真的。”潘崇说：“你能臣事公子职吗？”商臣说：“不能。”“能逃亡外国吗？”商臣说：“不能。”“能够办大事吗？”商臣说：“能。”

冬十月，商臣率领宫中的警卫军包围成王。成王请求吃了熊掌以后去死，商臣不答应。十八日，楚成王上吊自尽。给他上谥号称为“灵”，尸体不闭眼睛；谥为“成”，才闭上眼睛。

注释 1 疆：作动词，划定疆界。 2 诸：“之于”的合音。 3 齿：指年龄。爱：指内宠。黜：废除。 4 举：立。 5 是：此。 6 忍人：残忍之人。 7 既：不久之后。 8 察：详审，细看。 9 江芈：成王的妹妹，商臣的姑母。 10 诸：作“之”字用。 11 大事：指弑君夺权。 12 宫甲：宫中警卫部队。

穆王立，以其为大子之室与潘崇[1]，使为大师，且掌环列之尹[2]。

穆伯如齐，始聘焉，礼也。凡君即位，卿出并聘，践修旧好，要结外援，好事邻国，以卫社稷，忠、信、卑让之道也。忠，德之正也；信，德之固也；卑让，德之基也。

殽之役，晋人既归秦帅，秦大夫及左右皆言于秦伯曰："是败也，孟明之罪也，必杀之。"秦伯曰："是孤之罪也。周芮良夫之诗曰[3]：'大风有隧[4]，贪人败类[5]。听言则对，诵言如醉。匪用其良，覆俾我悖[6]。'是贪故也，孤之谓矣。孤实贪以祸夫子，夫子何罪？"复使为政。

穆王即位，把他做太子时的房屋财产给了潘崇，让他做太师，并且做掌管宫中警卫军的长官。

穆伯到齐国去，开始聘问，这是合于礼的。凡是国君即位，卿就要出去到各国访问，为的是继续加强相互的友好关系，争取各诸侯国的支持，善待邻近的国家，借以巩固自己的国家，这是合乎忠、信、卑让的原则的。忠诚是品德的正路，信义是品德的骨干，卑让是品德的基础。

秦晋殽之战时，晋国放回了秦国主将，秦国大夫及左右侍臣对秦伯说："这次战败是孟明的罪，一定要杀死他。"秦伯说："这是我的罪过。周朝芮良夫的诗说：'旋风迅急万物摧，贪人逞欲善人危。听人说话喜答对，诵读诗书打瞌睡。贤良不用遭摒弃，使我行为背道义。'这是由于贪婪的缘故，说的就是我啊。我实际很贪婪因而使那一位受祸，那一位有什么罪呢？"重新让孟明执政。

注释　1 室：此指一切财产，包括田地奴隶。　2 环列之尹：宫中警卫军长官。　3 芮良夫：周厉王时卿士。　4 隧：旋转。　5 类：善。　6 覆：反。引诗见《诗经·大雅·桑柔》。

文公二年

【经】

二年春，王二月甲子，晋侯及秦师战于彭衙[1]，秦师败绩。

二年春，周历二月七日，晋侯与秦国的军队在彭衙交战，秦国军队大败。

丁丑，作僖公主[2]。

二十日，作僖公的牌位。

三月乙巳，及晋处父盟。

三月十九日，文公与晋处父结盟。

夏六月，公孙敖会宋公、陈侯、郑伯、晋士縠，盟于垂陇[3]。

夏六月，公孙敖与宋公、陈侯、郑伯及晋国的士縠相会，并于垂陇结盟。

自十有二月不雨，至于秋七月。

从去年十二月到今年秋七月一直没有下雨。

八月丁卯，大事于大庙[4]，跻僖公[5]。

八月十三日，在周公庙里举行祭典，安放僖公的牌位到上面。

冬，晋人、宋人、陈人、郑人伐秦。

冬天，晋国人、宋国人、陈国人、郑国人一起攻打秦国。

公子遂如齐纳币。

公子遂到齐国去送订婚聘礼。

注释 1 彭衙：秦邑，在今陕西白水东北。 2 主：死者牌位。 3 垂陇：郑地。 4 大事：祭典。大庙：周公之庙。 5 跻(jī)：升登。

【传】

二年春，秦孟明视帅师伐晋，以报殽之役。二月，晋侯御之，先且居将中军[1]，赵衰佐之。王官无地御戎[2]，狐鞫居为右。甲子，及秦师战于彭衙，秦师败绩。晋人谓秦"拜赐之师[3]"。战于殽也，晋梁弘御戎，莱驹为右。战之明日，晋襄公缚秦囚，使莱驹以戈斩之。囚呼，莱驹失戈，狼瞫取戈以斩囚[4]，禽之以从公乘[5]，遂以为右。箕之役，先轸黜之，而立续简伯[6]。狼瞫怒。其友曰："盍死之[7]？"瞫曰："吾未获死所[8]。"其友曰："吾与女为难[9]。"瞫曰："《周志》有之：'勇则害上，不登于明堂[10]。'死而不义，非勇也。共用之谓勇[11]。吾以勇求右，无勇而黜，亦

二年春，秦将孟明率兵攻打晋国，以报复殽地这次战役。二月，晋襄公率军抵抗，先且居率领中军，赵衰担任副将辅助他。王官无地为先且居驾车，狐鞫居作为车右。二月七日，晋秦两军在彭衙开战，结果秦军大败。晋国人戏称秦军为"拜谢恩赐的部队"。以前在殽地作战的时候，晋国的梁弘为晋襄公驾御战车，莱驹作为车右。开战的第二天，晋襄公捆绑了秦国的俘虏，派莱驹用戈杀秦俘。俘虏大叫一声，莱驹吓得将戈掉在地上，这时，狼瞫拿起戈来砍了俘虏的脑袋，抓起莱驹追上了晋襄公的战车，于是晋襄公就让他作为车右。在箕地的战役中，先轸废黜狼瞫，而以续简伯作为车右。狼瞫发怒。他的朋友说："你为什么不去死呢？"狼瞫说："我还没有找到死的地方。"他的朋友说："我跟你一起发难造反，杀掉先轸。"狼瞫说："《周志》有这样的话：'勇敢而杀害长上的人，死后不能进入明堂。'死而不合于道义，这不是勇敢。为国家所用叫作勇敢。我因勇敢而担任车右，如今被认为不勇敢而免

其所也。谓上不我知[12]，黜而宜，乃知我矣。子姑待之。”及彭衙，既陈[13]，以其属驰秦师，死焉。晋师从之，大败秦师。君子谓“狼瞫于是乎君子。《诗》曰：‘君子如怒，乱庶遄沮[14]。’又曰：‘王赫斯怒，爰整其旅[15]。’怒不作乱，而以从师，可谓君子矣。”

职，说来也是应该的。如果说上面的人不了解我，废黜得恰当，就是了解我了。您姑且等着吧。”到彭衙之战时，两军已摆好阵势，狼瞫就率领他的部下冲进秦军中壮烈牺牲。晋军跟着冲上去，把秦军打得大败。君子认为“狼瞫由于这样可以算得上君子了。《诗》说：‘君子如果发怒，动乱差不多可以很快阻止。’又说：‘文王勃然震怒，于是就整顿军队。’发怒不去作乱，反而上去打仗，可以算是君子了。”

注释 1 将：率领。 2 戎：戎车。 3 拜赐之师：僖公三十三年，孟明对阳处父有“三年将拜君赐”之语。 4 瞫：音 shěn。 5 从：追随。 6 续简伯：箕之役为车右，此役仍为车右。 7 盍：“何不”的合音。 8 所：处所。 9 与：为。女：汝。为难：即发难共杀先轸。 10 明堂：古代帝王宣明政教的地方。 11 共用：死于国用。 12 上：指先轸。不我知：即“不知我”。 13 陈(zhèn)：布阵。 14 遄(chuán)：疾速。沮：止。引诗见《诗经·小雅·巧言》。 15 赫斯：即赫然，发怒的样子。爰：于是。旅：师旅。引诗见《诗经·大雅·皇矣》。

秦伯犹用孟明。孟明增修国政，重施于民。赵成子言于诸大夫曰[1]：“秦师又至，将必辟之[2]。惧而增德，不可当也。

秦穆公还是任用孟明。孟明进一步修明政事，给百姓以优厚的好处。赵成子对大夫们说：“如果秦军再一次前来，我们一定要避开它。由于畏惧而更加修明德行，这是不可抵挡的。《诗经·大

《诗》曰:‘毋念尔祖,聿修厥德[3]。’孟明念之矣。念德不怠,其可敌乎?”

雅》说:‘时时念着你的祖先,不断修明你的德行。’孟明念念不忘这首诗。想到德行而努力不懈,难道可以抵挡吗?”

丁丑,作僖公主。书,不时也[4]。

二十日,制作僖公的牌位。《春秋》记载这事,是由于制作不及时。

晋人以公不朝来讨,公如晋。夏四月己巳[5],晋人使阳处父盟公以耻之。书曰“及晋处父盟”,以厌之也[6]。适晋不书,讳之也。

晋国人由于鲁文公不到晋国朝见而前来攻打,文公就去了晋国。夏四月十三日,晋国派阳处父和文公结盟以羞辱他。《春秋》记载说“及晋处父盟”,这是表示对晋国憎恶的意思。到晋国去的事《春秋》没有记载,这是出于隐讳。

注释 1 赵成子:赵衰。 2 辟:通“避”。 3 毋、聿:都是发声词,无义。引诗见《诗经·大雅·文王》。 4 不时:不及时。 5 四月己巳:与经文所记不同,杜预认为《经》《传》必有一误。 6 厌:憎恶,厌弃。

公未至,六月,穆伯会诸侯及晋司空士縠盟于垂陇,晋讨卫故也。书“士縠”,堪其事也[1]。陈侯为卫请成于晋[2],执孔达以说。

文公还未回到鲁国,六月,穆伯在垂陇和诸侯以及晋国司空士縠结盟,这是由于晋国攻打卫国的缘故。《春秋》记载称“士縠”,是由于认为他能够胜任参与会盟这件事。陈侯为卫国向晋国求和,逮捕孔达,以作为跟晋国说和的条件。

秋八月丁卯,大事于大庙,跻僖公[3],逆祀也。于是夏父弗忌为宗伯[4],尊僖公,且明见曰:

秋八月十三日,鲁国在太庙中举行祭典,把僖公的牌位安放在闵公之上,这是不合礼的祭祀。当时夏父无忌担任宗伯官,他很尊崇僖公,而且宣布他见到的

“吾见新鬼大，故鬼小[5]。先大后小，顺也。跻圣贤[6]，明也。明、顺，礼也。”君子以为失礼：“礼无不顺。祀，国之大事也，而逆之，可谓礼乎？子虽齐圣[7]，不先父食久矣。故禹不先鲧[8]，汤不先契[9]，文、武不先不窋[10]。宋祖帝乙，郑祖厉王，犹上祖也[11]。是以《鲁颂》曰：‘春秋匪解[12]，享祀不忒[13]，皇皇后帝[14]，皇祖后稷。’君子曰礼，谓其后稷亲而先帝也。《诗》曰：‘问我诸姑，遂及伯姊[15]。’君子曰礼，谓其姊亲而先姑也。”

说：“我见到新鬼大，旧鬼小。大的在前面，小的在后面，这是顺序。把圣贤供在上面，这是明智。明智、顺序，这是合于礼的。”君子认为这样做是失礼：“礼没有不合顺序的。祭祀是国家的大事，不按顺序，难道可以说合于礼吗？儿子虽然聪明圣哲，但不能在父亲之先享受祭品，这是由来已久的规定。所以禹不能在鲧之前，汤不能在契之前，文王、武王不能在不窋之前。宋国以帝乙为祖宗，郑国以厉王为祖宗，这都是尊重祖先的表现。所以《鲁颂》说：‘一年四季祭祀不懈怠，没有差错，致祭于伟大的天帝，又致祭于伟大的祖先后稷。’君子说这合于礼，是说后稷虽然亲近却先称天帝。《诗》说：‘问候我的姑母们，于是又问候到各位姐姐。’君子说这合于礼，是说姐姐虽然亲近然而却先称姑母。”

注释　1 堪：胜任。　2 成：讲和。　3 跻僖公：将僖公享祀之位升于闵公之上。僖公继闵公而立为鲁君，依当时礼制闵公当在上。而今位置颠倒是不合礼制的。　4 于是：于此时。宗伯：古代掌礼之官。　5 新鬼：指僖公。故鬼：指闵公。　6 圣贤：指僖公。　7 齐圣：聪明圣哲。　8 鲧(gǔn)：禹的父亲。　9 契：汤的十三世祖。　10 不窋：后稷之子。　11 帝乙：微子的父亲。厉王：郑桓公的父亲。祖：动词，以为祖宗。　12 春秋：指一年四季。解：通“懈”。　13 忒(tè)：差错。　14 皇皇：光明。后帝：指天。引诗见《诗经·鲁颂·闷宫》。 15 引诗见《诗经·邶风·泉水》。

仲尼曰："臧文仲[1]，其不仁者三，不知者三。下展禽[2]，废六关[3]，妾织蒲，三不仁也。作虚器[4]，纵逆祀，祀爰居[5]，三不知也。"

冬，晋先且居、宋公子成、陈辕选、郑公子归生伐秦，取汪及彭衙而还[6]，以报彭衙之役。卿不书，为穆公故。尊秦也，谓之崇德。

襄仲如齐纳币，礼也。凡君即位，好舅甥[7]，修昏姻，娶元妃以奉粢盛[8]，孝也。孝，礼之始也。

孔子说："臧文仲，他有不仁爱的事情三件，不聪明的事情三件。使展禽这样的贤人居于下位，设立六个关口向行人收税，小老婆织席贩卖，与民争利，这是三件不仁爱的事。他花费钱财养了一个大乌龟，纵容那种不合礼的祭祀，祭祀海鸟爰居，这是三件不聪明的事。"

冬，晋国先且居、宋国公子成、陈国辕选、郑国公子归生，共同率兵攻打秦国，攻下秦地汪和彭衙然后回国，以报复上次在彭衙的战役。《春秋》上没有记载各国卿的名字，这是为了穆公的缘故。尊重秦国，叫作崇奉德行。

襄仲到齐国致献玉帛财礼，这是合乎礼的。凡是国君即位，敦睦舅甥国家间的友好关系，修结婚姻，迎娶长妃以便一起主持祭祀，这是符合孝道的。孝道，是礼的开端。

注释 1 臧文仲：鲁大夫臧孙辰。 2 展禽：即柳下惠，孔子称其为贤人。 3 废：置。六关：关名。 4 虚器：指臧文仲私蓄大蔡之龟，并专为龟修建华丽房子的事。 5 爰居：海鸟名。《国语·鲁语上》："海鸟曰爰居，止于鲁东门之外三日，臧文仲使国人祭之。" 6 汪：地名。 7 好舅甥：加强舅甥国家之间的友好关系。好，作动词。齐鲁世为婚姻，所以两国关系是舅甥关系。 8 粢盛(zīchéng)：祭祀的谷物。

文公三年

【经】

三年春，王正月，叔孙得臣会晋人、宋人、陈人、卫人、郑人伐沈[1]。沈溃。

夏五月[2]，王子虎卒[3]。

秦人伐晋。

秋，楚人围江[4]。

雨螽于宋[5]。

冬，公如晋[6]。

十有二月己巳，公及晋侯盟。

晋阳处父帅师伐楚以救江。

三年春，周历正月，叔孙得臣与晋人、宋人、陈人、卫人、郑人一起攻打沈国。沈国溃败。

夏五月，王子虎去世。

秦国人攻打晋国。

秋天，楚国人围攻江国。

宋国降落蝗虫。

冬天，鲁文公到晋国去。

十二月二十二日，文公与晋侯结盟。

晋国阳处父率领部队讨伐楚国以援救江国。

注释　1 沈：国名。　2 夏五月：《传》作四月，恐《经》误。　3 王子虎：《传》作王叔文公，王叔为氏，文为他的谥。　4 江：国名。　5 雨：作动词，下、落的意思。螽(zhōng)：昆虫名。　6 如：往，到。

【传】

三年春，庄叔会诸侯之师伐沈，以其服于楚也[1]。沈溃。凡民逃其上

三年春，庄叔会合诸侯的军队攻打沈国，因为它投靠楚国。沈国百姓溃散。凡是百姓逃避他们上层人物叫

曰溃，在上曰逃。

卫侯如陈[2]，拜晋成也[3]。

夏四月乙亥，王叔文公卒，来赴，吊如同盟，礼也。

秦伯伐晋，济河焚舟，取王官及郊[4]，晋人不出。遂自茅津济[5]，封殽尸而还[6]。遂霸西戎[7]，用孟明也。君子是以知秦穆之为君也，举人之周也[8]，与人之壹也[9]；孟明之臣也，其不解也[10]，能惧思也；子桑之忠也，其知人也，能举善也。《诗》曰："于以采蘩[11]？于沼于沚。于以用之？公侯之事[12]。"秦穆有焉。"夙夜匪解，以事一人[13]。"孟明有焉。"诒厥孙谋，以燕翼子[14]。"子桑有焉。

"溃"，上层人物逃走叫"逃"。

卫侯到陈国去，这是为了答谢陈国所促成的卫、晋两国的和议的缘故。

夏四月二十四日，王叔文公去世，发来了讣告，用同盟国的礼数去吊唁他，这是合于礼的。

秦伯攻打晋国，渡过黄河后烧掉船只，攻取了晋的王官和郊地，晋军不出战。于是秦军就从茅津渡过黄河，埋葬完前次殽之战的尸骨才回国。秦伯就此成了西戎的霸主，这都是由于任用了孟明。君子因此而知道秦穆公作为国君，提拔人才考虑全面，任用人才专一不疑；孟明作为臣子，能够努力不懈，戒惧多思；子桑忠心耿耿，他了解别人，能够推举好人。《诗》说："到哪里去采白蒿？到池塘里，到小洲上。在哪里使用它？在公侯的典礼上。"秦穆公就是这样的。"从早到晚不松懈，以侍奉天子一个人。"孟明做到了这些。"留给子孙好计谋，子孙安定受庇护。"子桑就是这样的。

注释 1以：因。 2如：往。 3成：和议。 4王官、郊：皆地名。 5津：渡口。济：渡。 6封：堆土封埋。 7西戎：我国西北部少数民族的总称。

8 周:周到,全面。 9 壹:专一,无二心。 10 解:同“懈”。 11 于以:在何处。 12 引诗见《诗经·召南·采蘩》。 13 引诗见《诗经·大雅·烝民》。 14 诒:遗。厥:其。燕:安。翼:覆盖,遮护。引诗见《诗经·大雅·文王有声》。

秋,雨螽于宋,队而死也[1]。

楚师围江,晋先仆伐楚以救江。

冬,晋以江故告于周,王叔桓公、晋阳处父伐楚以救江。门于方城[2],遇息公子朱而还。晋人惧其无礼于公也,请改盟。公如晋,及晋侯盟[3]。晋侯飨公,赋《菁菁者莪》[4]。庄叔以公降拜[5],曰:“小国受命于大国,敢不慎仪?君贶之以大礼[6],何乐如之?抑小国之乐[7],大国之惠也。”晋侯降,辞,登,成拜。公赋《嘉乐》[8]。

秋天,宋国境内落下很多蝗虫,蝗虫落到地上就死了。

楚国的军队包围江国,晋国的先仆攻打楚国以救援江国。

冬天,晋国把楚国侵略江国的事上奏周天子,王叔桓公、晋国的阳处父去攻打楚国以救援江国。晋、周联军攻打楚国方城的城门,碰见楚将公子朱就班师回国了。晋国人害怕曾经对文公无礼,请求改定盟约。文公到了晋国,和晋侯结盟。晋侯设享礼招待文公,赋《菁菁者莪》这首诗。庄叔就让文公走下台阶拜谢,说:“小国接受大国的命令,怎敢对礼仪不谨慎?君王赐我们以隆重的礼数,还有什么比这更高兴的呢?小国的高兴,是大国的恩惠。”晋侯也走下台阶辞让,再登上台阶,完成拜礼。文公赋《嘉乐》这首诗。

注释 1 雨:作动词,落下。队,同“坠”。 2 门:作动词,指攻方城的门。 3 如:往。及:与。 4《菁菁者莪》:见《诗经·小雅》。诗中有“既见君子,乐且有仪”的句子。 5 降拜：走下台阶下拜。晋侯赋诗称鲁文公是君子，所以庄叔让文公降阶拜谢。 6 贶(kuàng)：赐予。大礼：指飨礼。 7 抑：语首词，无义。 8《嘉乐》：见《诗经·大雅》，诗中有“显显令德，宜民宜人，受禄于天”等句。

文公四年

【经】

四年春，公至自晋[1]。

夏，逆妇姜于齐[2]。

狄侵齐。

秋，楚人灭江。

晋侯伐秦。

卫侯使甯俞来聘。

冬十有一月壬寅，夫人风氏薨[3]。

四年春，文公从晋国回到鲁国。

夏天，从齐国迎娶齐姜。

狄人侵略齐国。

秋天，楚国人灭了江国。

晋侯攻伐秦国。

卫侯派甯俞来聘问。

冬十一月一日，夫人风氏去世。

注释 1 至自晋：即自晋至。 2 逆：迎。 3 风氏：僖公母。

【传】

四年春，晋人归孔达于卫[1]，以为卫之良也，故免之。

夏，卫侯如晋拜。

四年春，晋人把孔达释放回卫国，因为晋国人认为他是卫国的优秀人才，所以赦免了他。

夏，卫侯到晋国答谢释放孔达。曹伯

曹伯如晋会正[2]。

到晋国商谈纳贡的事情。

逆妇姜于齐，卿不行，非礼也[3]。君子是以知出姜之不允于鲁也[4]，曰："贵聘而贱逆之[5]，君而卑之[6]，立而废之，弃信而坏其主[7]，在国必乱，在家必亡。不允宜哉！《诗》曰：'畏天之威，于时保之。'敬主之谓也。"

到齐国迎娶姜氏，没有派卿去，这是不合礼的。君子因此知道出姜最终是不会被鲁国承认的，说："派身份高的公子遂去下聘礼，如今却派身份低微的去迎娶，身份是小君而轻待她，立为夫人而废弃他，背弃信用而损害内主的身份，这样的事发生在国家中国家必然动乱，发生在家族中家族必然灭亡。出姜最终不被鲁国承认而回娘家不是很应该的吗？《诗》说：'畏惧上天的威灵，因此就能保全福禄。'说的是要恭敬国主。"

秋，晋侯伐秦，围邧[8]、新城，以报王官之役。

秋，晋侯攻打秦国，包围邧地、新城，以报复王官那次战役。

注释 1 孔达：文公二年被执于晋国。 2 正：通"政"。当时小国诸侯有向霸主交纳贡赋的义务，曹伯到晋国去是商定贡赋的数额。 3 卿不行，非礼也：按礼数，齐国有上卿送女，鲁国应有上卿迎娶。 4 允：承认。 5 贵聘：指下聘礼去的人身份高。 6 君：国君之妻称小君。 7 主：内主。 8 邧(yuán)：地名。

楚人灭江，秦伯为之降服、出次、不举[1]，过数。大夫谏。公曰："同盟灭，虽不能救，敢不矜乎[2]？吾自惧也。"君子

楚国灭了江国，秦伯为此而穿了素服，出居别室，撤去丰盛的膳食与歌乐，其行为超过了应有的礼数。大夫劝谏。秦伯说："同盟国被灭亡，虽然没能够去救援，又怎敢不哀怜呢？我是自己警惕

曰:"《诗》云:'惟彼二国,其政不获。惟此四国,爰究爰度[3]。'其秦穆之谓矣。"

卫甯武子来聘,公与之宴,为赋《湛露》及《彤弓》[4]。不辞,又不答赋。使行人私焉[5]。对曰:"臣以为肄业及之也[6]。昔诸侯朝正于王[7],王宴乐之,于是乎赋《湛露》,则天子当阳,诸侯用命也。诸侯敌王所忾,而献其功,王于是乎赐之彤弓一、彤矢百、玈弓矢千[8],以觉报宴[9]。今陪臣来继旧好,君辱贶之[10],其敢干大礼以自取戾[11]?"

冬,成风薨。

呀。"君子说:"《诗》说:'夏殷那两个国家哟,政治不得人心。于是这四方的诸侯,探究其中的原因。'这说的就是秦穆公啊。"

卫国的甯武子前来聘问,文公和他一起饮宴,为他诵《湛露》和《彤弓》两首诗。甯武子没有辞谢,也没有诵诗回答。文公派行人私下探问。甯武子回答说:"下臣以为是练习吟诵而刚好诵到这些诗。从前诸侯在正月朝见天子,天子设宴奏乐,在这时吟诵《湛露》这首诗,那就表示天子对着太阳(南面而治),诸侯效劳听命。诸侯把天子所痛恨的人作为敌人而献功时,天子因而赐给他们红色的弓一把,红色的箭一百支,黑色的弓、矢一千,以此表明这是对有功之人的报答宴会。现在陪臣只不过是前来继续过去的友好,承君王赐宴,岂敢触犯大礼而自取罪过?"

冬,成风去世。

注释 1 不举:撤去丰盛膳食与歌乐。 2 矜:哀怜。 3 引诗见《诗经·大雅·皇矣》。 4《湛露》《彤弓》均见《诗经·小雅》。 5 私:作动词,私下探究。 6 肄业:学习修练其业。 7 正(zhēng):正月。 8 玈(lú):黑色。 9 觉:表明。 10 辱:表敬副词。贶(kuàng):赐予。 11 干:犯。戾(lì):罪。

文公五年

【经】

五年春，王正月，王使荣叔归含[1]，且赗[2]。

三月辛亥，葬我小君成风。王使召伯来会葬。

夏，公孙敖如晋。

秦人入鄀[3]。

秋，楚人灭六[4]。

冬十月甲申，许男业卒。

五年春，周历正月，周王派荣叔为我小君成风送来口含之物，并赠送了助葬物品。

三月十二日，安葬我国小君成风。周王派召伯来参加葬礼。

夏，公孙敖到晋国去。

秦国人进入鄀国。

秋，楚国人灭掉六国。

冬十月十八日，许男业去世。

注释 1 含：古代放在死者口中的珠、玉、米、贝等物。 2 赗(fèng)：助葬用的如车、马、束、帛等财物。此作动词用。 3 鄀(ruò)：古国名。 4 六：国名，在今安徽六安北。

【传】

五年春，王使荣叔来含且赗，召昭公来会葬，礼也。

初，鄀叛楚即秦，又贰于楚[1]。夏，秦人入鄀。

六人叛楚即东夷。

五年春，周天子派荣叔前来致送含玉及其他助葬物品，召昭公前来参加葬礼，这是合于礼的。

起初，鄀国背叛楚国而亲近秦国，后来又和楚国勾结。夏天，秦军进入鄀国。

秋，楚成大心、仲归帅师灭六。

冬，楚公子燮灭蓼[2]。臧文仲闻六与蓼灭，曰："皋陶、庭坚不祀忽诸[3]。德之不建，民之无援，哀哉！"

六国人背叛楚国而亲近东夷。秋天，楚国的成大心、仲归领兵灭亡了六国。

冬天，楚国公子燮灭亡蓼国。臧文仲听到六国和蓼国灭亡的消息说："皋陶、庭坚一下子就没有人祭祀了。德行不建立，百姓没有救援，这真可悲啊！"

注释 1 贰：背叛，有二心。 2 蓼(liǎo)：国名，在今河南固始东北。 3 不祀忽诸：犹忽焉不祀。

晋阳处父聘于卫，反过甯[1]，甯嬴从之，及温而还。其妻问之。嬴曰："以刚[2]。《商书》曰：'沈渐刚克，高明柔克[3]。'夫子壹之[4]，其不没乎！天为刚德，犹不干时，况在人乎？且华而不实，怨之所聚也。犯而聚怨，不可以定身。余惧不获其利而离其难[5]，是以去之。"

晋赵成子、栾贞子、霍伯、臼季皆卒。

晋国的阳处父到卫国聘问，回国时路过甯地，甯嬴跟着他，到温地之后就回去了。他的妻子问阳处父是怎样的人。甯嬴说："阳处父个性太刚强了。《商书》说：'深沉柔弱的人要用刚强来克服，高亢明爽的人要用柔弱来克服。'那个人只具有刚强的个性，恐怕不会有善终！天为纯阳，属于刚强的德性，尚且不触犯四时的运行规律，何况是人呢？而且华而不实，就会聚集怨恨。触犯别人而聚集怨恨，不能够安定自身。我害怕不能得到什么利益反而遭到祸难，所以才离开他。"

晋国的赵成子、栾贞子、霍伯、臼季都去世了。

注释 1 甯:晋邑,在今河南获嘉。 2 以:太。 3 沈渐(chénqián):深沉柔弱。高明:高亢明爽。 4 壹:动词,意指只具备一种品性。 5 离:同"罹"。

文公六年

【经】

六年春,葬许僖公。

六年春,安葬许僖公。

夏,季孙行父如陈。

夏,季孙行父到陈国去。

秋,季孙行父如晋。

秋,季孙行父到晋国去。

八月乙亥,晋侯驩卒。

八月十四日,晋侯驩去世。

冬十月,公子遂如晋。葬晋襄公。

冬十月,公子遂到晋国去。安葬晋襄公。

晋杀其大夫阳处父。

晋国杀了晋大夫阳处父。

晋狐射姑出奔狄[1]。

晋国狐射姑出逃到狄国。

闰月不告月[2],犹朝于庙。

闰月没有举行告朔仪式,但还是举行了朝庙的仪式。

注释 1 狐射姑:狐偃的儿子,食邑于贾,字季,所以又称贾季。 2 告(gù)月:即告朔,古代诸侯于每月朔日告庙听政的仪式。

【传】

六年春,晋蒐于夷[1],舍二军。使狐射姑将中

六年春,晋国在夷地阅兵,撤销了两个军。让狐射姑率领中军,赵盾辅助

军，赵盾佐之。阳处父至自温，改蒐于董，易中军。阳子，成季之属也，故党于赵氏[2]，且谓赵盾能，曰："使能，国之利也。"是以上之[3]。宣子于是乎始为国政，制事典[4]，正法罪，辟狱刑[5]，董逋逃[6]，由质要[7]，治旧洿[8]，本秩礼，续常职，出滞淹[9]。既成，以授大傅阳子与大师贾佗，使行诸晋国，以为常法。

他。阳处父从温地回来，改在董地阅兵，并改换了中军主将。阳子原是成季的下属，所以偏向赵氏，而且认为赵盾有才能，说："任用有才能的人，这是国家的利益。"所以使赵盾居于上位。赵宣子从这时开始掌握国家政权，制定典章制度，修定法律，彰明刑狱条例，追究逃亡，使用券契，清除政治上的积弊，恢复被破坏了的等级，重建已经废弃了的官职，举拔被埋没的人才。政令法规完成以后，交给太傅阳子和太师贾佗，要他们在晋国推行，作为基本的制度。

注释 1 蒐(sōu)：阅兵。 2 党：偏私。 3 上：作动词，使居上位。 4 事典：办事章程、条例。 5 辟：彰明。 6 董：督察。逋：逃。 7 由：用。质要：古代买卖货物的券契。 8 洿(wū)：本指污秽，此指积弊。 9 滞淹：此指埋没的人才。

臧文仲以陈、卫之睦也[1]，欲求好于陈。夏，季文子聘于陈，且娶焉。

秦伯任好卒，以子车氏之三子奄息、仲行、鍼虎为殉，皆秦之良也。国人哀之，为之赋《黄鸟》[2]。君子曰："秦穆之

臧文仲因陈、卫两国和睦，就想与陈国建立友好关系。夏，季文子到陈国聘问，并且娶了妻子。

秦伯任好去世，用子车氏的三个儿子奄息、仲行、鍼虎三人殉葬，他们都是秦国的优秀人物。国都的人哀痛他们，为他们赋了《黄鸟》这首诗。君子说："秦穆公没有当上盟主是应该的啊！他死了

不为盟主也宜哉！死而弃民。先王违世[3]，犹诒之法，而况夺之善人乎？《诗》曰：‘人之云亡，邦国殄瘁[4]。’无善人之谓。若之何夺之？古之王者知命之不长，是以并建圣哲，树之风声[5]，分之采物[6]，著之话言[7]，为之律度，陈之艺极[8]，引之表仪，予之法制，告之训典[9]，教之防利，委之常秩[10]，道之礼则[11]，使毋失其土宜[12]，众隶赖之，而后即命[13]。圣王同之。今纵无法以遗后嗣[14]，而又收其良以死，难以在上矣。”君子是以知秦之不复东征也。

以后还要残害臣民。以前的君主离开人世，还留下了法则，而何况夺去百姓的好人呢？《诗》说：‘贤人的死亡，国家就困乏损伤。’这说的就是没有好人。为什么竟要夺走他们？古代的君王知道自己的生命不能永久，所以就任命很多贤明之臣，给他们树立风气教化，分给他们旗帜服装，把对他们有益的话著录于典册，为他们制定法度，对他们公布准则，设立榜样作为他们的引导，给予他们法律条规，告诉他们先王的经典遗训，教导他们防止过多谋求私利，委任他们一定的职务，用礼的规则引导他们，使他们不违背因地制宜的原则，让大家都信赖他们，然后才离开人世。圣明的君王都是这样的。现今秦君既没有留下好的法则给后继的人，却又收取他们的突出人物来殉葬，这就难于处在上位了。”君子因此知道秦国不可能再向东征伐了。

注释　1 以：因。　2《黄鸟》：见《诗经·秦风》。　3 违世：指死。　4 殄瘁(tiǎn cuì)：困苦。　5 风声：风化声教。　6 采物：区别尊卑贵贱身份的采章物色，如旌旗、衣服之类。　7 话言：善言。　8 艺极：标准，准则。　9 训典：典章制度之书。　10 秩：官吏的俸禄。　11 道：导。　12 土宜：土地所宜。　13 即命：指死。　14 遗：音 wèi。

秋，季文子将聘于晋，使求遭丧之礼以行[1]。其人曰："将焉用之？"文子曰："备豫不虞[2]，古之善教也。求而无之，实难。过求，何害？"

秋，季文子将到晋国去聘问，让人代他求得如果碰到丧事应该行什么样的礼数以后才动身。随从的人说："问这个有什么用？"文子说："预备意外的事情发生，这是古代的好教训。如果临时需要而我们却没有这方面的准备，就会处于困难的境地。多准备一些又有什么坏处呢？"

注释　1 遭丧之礼：遭遇丧事后应该行的礼节。　2 豫：通"预"。

八月乙亥，晋襄公卒。灵公少，晋人以难故，欲立长君。赵孟曰："立公子雍。好善而长，先君爱之[1]，且近于秦。秦，旧好也。置善则固，事长则顺[2]，立爱则孝，结旧则安。为难故，故欲立长君。有此四德者，难必抒矣[3]。"贾季曰："不如立公子乐。辰嬴嬖于二君[4]，立其子，民必安之。"赵孟曰："辰嬴贱，班在九人[5]，其子何震之有[6]？且为二君嬖，淫也。为先

八月十四日，晋襄公去世。灵公年幼，晋国人由于祸难的缘故，想立年长的国君。赵孟说："立公子雍。他喜爱善良的品德而且年长，先君宠爱他，而且为秦国所亲近。秦国，是晋国的老朋友。立一个善良的人就稳固，侍奉年长的就顺理成章，立先君所爱的人就合于孝道，结交老朋友就安定。为了祸难的缘故，所以要立年长的国君。有了固、顺、孝、安这四项德行，祸难就一定可以缓解了。"贾季说："不如立公子乐。他的母亲辰嬴曾受到两位先君的宠幸，立她的儿子为君，百姓必然安定。"赵孟说："辰嬴身份低贱，在文公夫人中，位次在第九，她的儿子还会有什么威严？况且她受到两

君子，不能求大，而出在小国，辟也[7]。母淫子辟，无威；陈小而远，无援，将何安焉？杜祁以君故[8]，让偪姞而上之[9]；以狄故，让季隗而己次之[10]，故班在四。先君是以爱其子，而仕诸秦，为亚卿焉。秦大而近，足以为援；母义子爱，足以威民。立之，不亦可乎？”使先蔑、士会如秦逆公子雍。贾季亦使召公子乐于陈，赵孟使杀诸郫。

位先君的宠爱，这是淫荡。作为先君的儿子，不能求得大国而出居小国，这是邪僻行为。母亲淫荡，儿子邪僻，就谈不上威严；陈国小而且远，有事无法援助，这又有什么安定可言？杜祁由于国君的缘故，才让偪姞排在她的上面；又由于狄国的缘故，让季隗居上位，而自己排在她下面，所以位居第四。先君因此喜爱她的儿子，叫他到秦国做亚卿。秦国大而且近，足以作为援助；母亲具有道义，儿子受到喜欢，足可威服百姓。立他，不也是很好吗？”派先蔑、士会到秦国迎接公子雍。贾季也派人到陈国召回公子乐，赵孟派人在郫地杀了公子乐。

注释　1 先君：指文公。　2 事：侍奉。　3 抒：同“纾”，解除。　4 二君：指怀公、文公。　5 班：位次。　6 震：威。　7 辟：同“僻”，邪僻。　8 杜祁：公子雍的母亲。君：指晋襄公。　9 偪姞：晋襄公的母亲。　10 季隗：晋文公的狄国妻子。狄是晋国的强大邻国，杜祁让季隗位在自己之上，大概有政治作用。

贾季怨阳子之易其班也[1]，而知其无援于晋也。九月，贾季使续鞫居杀阳处父[2]。书曰：“晋杀其大夫。”侵官也[3]。

贾季怨恨阳处父改变他的地位，而且知道他在晋国没有背景。九月，贾季派续鞫居杀死阳处父。《春秋》记载说：“晋杀其大夫。”这是由于阳处父随便侵夺官职的缘故。

冬十月，襄仲如晋葬襄公。

冬十月，襄仲到晋国参加襄公的葬礼。

十一月丙寅，晋杀续简伯[4]。贾季奔狄。宣子使臾骈送其帑[5]。夷之蒐，贾季戮臾骈，臾骈之人欲尽杀贾氏以报焉。臾骈曰："不可。吾闻《前志》有之曰：'敌惠敌怨[6]，不在后嗣，忠之道也。'夫子[7]礼于贾季，我以其宠报私怨，无乃不可乎？介[8]人之宠，非勇也。损怨益仇，非知也。以私害公，非忠也。释[9]此三者，何以事夫子？"尽具其帑与其器用财贿，亲帅捍之，送致诸竟[10]。

十一月丙寅，晋国杀了续简伯。贾季逃亡到狄国。宣子派臾骈把他的妻子儿女送去。在夷地阅兵的时候，贾季曾经侮辱臾骈，臾骈手下的人想杀死贾氏的全家来报仇。臾骈说："不行。我听《前志》上有这样的话：'不论跟敌人有恩惠或有怨恨，都与他们子孙无关，这就是忠诚的道德。'赵盾对贾季很有礼貌，我因为受到他宠信而报自己的私怨，恐怕不可以吧？利用人家对你的宠信，这不是勇敢。虽然出了怨气却增加了仇恨，这不是明智的做法。为了私事而妨碍公事，这不是忠诚的行为。舍弃了勇、智、忠这三点，又用什么来侍奉夫子呢？"于是就把贾季的妻子儿女以及他们的器用财货全部准备齐全，亲自率兵护卫，送到边境上。

注释　1 贾季：即狐射姑。　2 鞫：音 jū。　3 侵官：指改中军帅为中军佐。　4 丙寅：此月无丙寅日。续简伯：即续鞫居。　5 宣子：即赵盾。帑：同"孥"，妻儿。　6 敌惠敌怨：犹惠敌怨敌。　7 夫子：指赵盾。　8 介：因。　9 释：舍。　10 竟：同"境"。

闰月不告朔[1]，非礼也。闰以正时，

闰月不举行告朔的仪式，这是不符合礼的。闰是用来校正四时误差的，四时是人们

时以作事，事以厚生，生民之道于是乎在矣。不告闰朔，弃时政也，何以为民[2]？

据以安排农事的，农事是给人们提供丰厚的生活物资的，养活老百姓的方法就在这里。不举行闰月告朔的仪式，就是丢弃了施政的时令，又怎么能够治理人民呢？

注释 1 告朔：即告月，见《经》注。 2 为：治。

文公七年

【经】

七年春，公伐邾。

三月甲戌，取须句[1]。遂城部[2]。

夏四月，宋公王臣卒。

宋人杀其大夫。

戊子，晋人及秦人战于令狐。

晋先蔑奔秦。

狄侵我西鄙。

秋八月，公会诸侯、晋大夫盟于扈[3]。

冬，徐伐莒。

公孙敖如莒莅盟。

七年春，文公讨伐邾国。

三月十七日，攻取了须句国。于是修筑部地城池。

夏四月，宋公王臣去世。

宋国人杀宋国大夫。

四月一日，晋国人与秦国人在令狐交战。

晋国先蔑出奔到秦国。

狄国人侵略我国西部边境。

秋八月，鲁文公会合各诸侯及晋国大夫在扈地结盟。

冬，徐国攻伐莒国。

公孙敖到莒国参加会盟。

注释 1 须句:鲁属国。 2 郚(wú):鲁地,在今山东泗水。 3 扈:郑地,在今河南原阳。

【传】

七年春,公伐邾,间晋难也[1]。

三月甲戌,取须句,置文公子焉[2],非礼也。

夏四月,宋成公卒。于是公子成为右师,公孙友为左师,乐豫为司马,鳞矔为司徒[3],公子荡为司城,华御事为司寇。

昭公将去群公子,乐豫曰:"不可。公族,公室之枝叶也,若去之,则本根无所庇荫矣。葛藟犹能庇其本根[4],故君子以为比,况国君乎?此谚所谓'庇焉,而纵寻斧焉'者也[5],必不可。君其图之!亲之以德,皆股肱也,谁敢携贰?若之何去之?"不听。穆、襄之族率国人以攻公,杀公孙固、公孙郑于公宫。

七年春,鲁文公攻打邾国,这是利用晋国国内有难的空子。

三月十七日,鲁国占领了须句,把邾文公的儿子安置在这里,这是不合于礼的。

夏四月,宋成公去世。在这时公子成做右师,公孙友做左师,乐豫做司马,鳞矔做司徒,公子荡做司城,华御事做司寇。

宋昭公想铲除群公子,乐豫说:"不行。公族是公室的枝叶,如果去掉它,那么树干树根就没有枝叶遮蔽了。葛藟还能遮蔽它的躯干和根子,所以君子以它做比喻,何况是国君呢?这就是俗话所说的'树荫遮蔽了,却又放肆使用斧子',一定不可以。君王要好好考虑!如果用德行去亲近他们,那他们都是左右辅佐大臣,有谁敢怀二心?为什么要杀他们呢?"昭公不听。穆公、襄公的族人率领国内的人们攻打昭公,在宫里杀死了公孙固和公孙

六卿和公室，乐豫舍司马以让公子卬。昭公即位而葬。书曰“宋人杀其大夫”，不称名，众也，且言非其罪也。

郑。六卿和公室讲和，乐豫放弃了司马的官职给昭公弟弟公子卬。昭公即位以后才为宋成公举行葬礼。《春秋》记载说“宋人杀其大夫”，不记载名字，这是由于人多，而且表示他们无罪。

注释 1 间(jiàn)：乘间。 2 文公子：邾文公之子，当时背叛邾国而住在鲁国。 3 矔：音 guàn。 4 葛藟：蔓生植物。 5 纵：恣肆。寻：使用。

秦康公送公子雍于晋，曰：“文公之入也无卫，故有吕、郤之难[1]。”乃多与之徒卫。穆嬴日抱大子以啼于朝，曰：“先君何罪？其嗣亦何罪？舍適嗣不立，而外求君，将焉置此？”出朝，则抱以适赵氏，顿首于宣子，曰：“先君奉此子也而属诸子[2]，曰：‘此子也才，吾受子之赐；不才，吾唯子之怨。’今君虽终，言犹在耳，而弃之，若何？”宣子与诸大夫皆患穆嬴，且畏逼，乃背先蔑而立灵公[3]，以御秦师。箕郑居守。赵盾将中军，

秦康公送公子雍到晋国，说：“晋文公回国时没有兵力保护，所以有吕、郤发动的祸难。”于是就多给他步兵卫士。穆嬴天天抱着太子在朝廷上啼哭，说：“先君有什么罪过？他的继承人又有什么罪过？丢开嫡长子不立，反而到外面去求国君，你们准备怎么安置这个小孩？”出了朝廷，就抱着孩子到赵家，向赵盾叩头，说：“先君捧着这个孩子嘱托给您，说：‘这个孩子如果成才，我就是受了您的赐予；如果不成才，那我就只怨您。’现在先君虽死，但话还在耳朵里，就放弃不管，这事可怎么办？”赵盾和大夫们都怕穆嬴，而且害怕威逼，就背弃了先蔑所迎的公子雍而立了灵公，并发兵抵御秦国军队。箕郑留守。赵盾率领中军，先克辅助他；荀林父辅助

先克佐之;荀林父佐上军;先蔑将下军,先都佐之。步招御戎,戎津为右。及堇阴。宣子曰:“我若受秦[4],秦则宾也;不受,寇也。既不受矣,而复缓师,秦将生心。先人有夺人之心,军之善谋也。逐寇如追逃,军之善政也。”训卒,利兵,秣马,蓐食[5],潜师夜起。戊子,败秦师于令狐,至于刳首。

上军;先蔑率领下军,先都辅助他。步招为赵盾驾车,戎津作为车右。到达堇阴。赵盾说:“我们如果接受秦国护送的公子雍,那秦军就是宾客;不接受,他们就是敌人。我们已经不接受了,却又迟迟不进军,秦国就会动别的念头。比敌人先有夺取人的决心,这是作战的好谋略。追逐敌人好像追赶逃犯一样,这是作战的好战术。”于是就教训士兵,磨快武器,喂饱战马,让部队吃饱,在夜里偷偷出发。四月初一,在令狐打败秦军,一直追到刳首。

注释 1 吕、郤之难:见僖公二十四年。 2 属:通“嘱”。 3 背先蔑:指背弃先蔑到秦国所迎的公子雍。 4 受秦:指接受秦国所护送的公子雍。 5 蓐食:厚食。

己丑,先蔑奔秦,士会从之。先蔑之使也,荀林父止之,曰:“夫人、大子犹在,而外求君,此必不行。子以疾辞,若何?不然,将及[1]。摄卿以往,可也,何必子?同官为寮[2],吾尝同寮,敢不尽心乎?”弗听,为

四月初二,先蔑逃亡到秦国,士会跟着他。先蔑出使秦国的时候,荀林父曾劝阻他说:“夫人和太子还在,反而到外边去求国君,这事一定是行不通的。您借口生病而辞谢不去,怎么样?不这样的话,您将遇上祸患。派一个代理卿前去就可以了,为什么一定要您去呢?在一起做官叫‘寮’,我曾经和您同僚,怎敢不替您尽心呢?”先蔑没有听从,荀林父

赋《板》之三章[3],又弗听。及亡,荀伯尽送其帑及其器用财贿于秦,曰:“为同寮故也。”士会在秦三年,不见士伯[4]。其人曰:“能亡人于国,不能见于此,焉用之?”士季曰:“吾与之同罪,非义之也[5],将何见焉?”及归,遂不见。

为他赋《板》这首诗的第三章,又不听从。等到他逃亡出国,荀林父把他的妻子儿女和器用财货全部送到秦国,说:“这是因为我们是同僚的缘故。”士会在秦国三年,没有去见先蔑。有人说:“能和别人一起逃亡到这个国家,而不愿在这里相见,何必这样?”士会说:“我和他罪过相同,并不是认为他的行为是符合道义才跟他来的,又有什么必要见面呢?”一直到回国,始终没有去见士蔑。

注释 1 及:及于祸。 2 寮:通“僚”。 3《板》:见《诗经·大雅》。 4 士伯:即先蔑。 5 义:作动词。

狄侵我西鄙,公使告于晋。赵宣子使因贾季问酆舒[1],且让之[2]。酆舒问于贾季曰:“赵衰、赵盾孰贤?”对曰:“赵衰,冬日之日也;赵盾,夏日之日也。”

狄人侵略我国西部边境,文公派使者向晋国报告。赵宣子派贾季去问酆舒,并且责备他。酆舒问贾季说:“赵衰、赵盾哪一个贤明?”贾季回答说:“赵衰是冬天的太阳,赵盾是夏天的太阳。”

秋八月,齐侯、宋公、卫侯、郑伯、许男、曹伯会晋赵盾盟于扈,晋侯立故也。公后至,故不书所会。凡会诸侯,不书所会,后也。后至,不书其国,辟不

秋八月,齐侯、宋公、卫侯、郑伯、许男、曹伯和晋国的赵盾在扈地结盟,这是由于晋侯即位的缘故。文公晚到,所以《春秋》不记载与会的国家。凡是和诸侯聚会结盟,如果不记载与会的国家,就是因为晚到的缘故。晚到,不记

敏也[3]。

载这些国家,这是为了避免弄出错误。

穆伯娶于莒,曰戴己,生文伯;其娣声己生惠叔。戴己卒,又聘于莒,莒人以声己辞,则为襄仲聘焉。

穆伯在莒国娶妻,名叫戴己,生了文伯;她的妹妹声己生了惠叔。戴己死了以后,穆伯又到莒国行聘,莒国人用声己在的理由辞谢,于是就为襄仲行聘。

注释 1 酆(fēng)舒:当为狄国相。 2 让:责备。 3 敏:聪敏。

冬,徐伐莒,莒人来请盟,穆伯如莒莅盟,且为仲逆[1]。及鄢陵[2],登城见之,美,自为娶之。仲请攻之,公将许之。叔仲惠伯谏曰:"臣闻之:'兵作于内为乱,于外为寇。寇犹及人,乱自及也。'今臣作乱而君不禁,以启寇仇[3],若之何?"公止之。惠伯成之[4],使仲舍之[5],公孙敖反之,复为兄弟如初。从之。

冬,徐国攻打莒国,莒国人前来请求结盟,穆伯到莒国参加盟会,顺便为襄仲迎娶莒女。到达鄢陵,登城见到莒女,很美丽,就自己娶了她。襄仲请求攻打穆伯,文公准备同意。叔仲惠伯劝谏说:"臣听说:'战争发生在国内叫乱,发生在国外叫寇。寇还能够杀伤别人,乱就是自己伤自己了。'现在臣下作乱而国君不加禁止,如果因此而引起外部敌人的进攻,怎么办?"文公就阻止了襄仲的进攻。惠伯给他们调解,要襄仲舍弃莒女不娶,公孙敖把莒女送回莒国,像以前一样重新作为兄弟。襄仲和公孙敖听从了。

注释 1 穆伯:即公孙敖。仲:指襄仲。 2 鄢陵:莒邑。 3 启寇仇:开启寇仇入侵之心。 4 成:讲和。 5 之:指莒女。

晋郤缺言于赵宣子曰:“日卫不睦[1],故取其地。今已睦矣,可以归之。叛而不讨,何以示威?服而不柔[2],何以示怀[3]?非威非怀,何以示德?无德,何以主盟?子为正卿,以主诸侯,而不务德,将若之何?《夏书》曰:‘戒之用休[4],董之用威[5],劝之以《九歌》[6],勿使坏。’九功之德皆可歌也,谓之《九歌》。六府、三事,谓之九功。水、火、金、木、土、谷,谓之六府;正德、利用、厚生,谓之三事。义而行之,谓之德、礼。无礼不乐,所由叛也。若吾子之德,莫可歌也,其谁来之?盍使睦者歌吾子乎[7]?”宣子说之。

晋国的郤缺对赵宣子说:“过去卫国对我们不友好,所以才占取它的土地。现在已经友好了,可以归还它的土地了。背叛了不加讨伐,用什么显示声威?顺服了不加安抚,用什么显示关怀?既不显示声威又不显示关怀,用什么显示德行?没有德行,用什么主持盟会?您作为正卿,主持诸侯事务而不致力于德行,这将怎么办?《夏书》说:‘用美好的事情告诫他,用威严督察他,用《九歌》劝勉他,不要让他学坏。’有关九功的德行都可以歌唱,叫作《九歌》。六府、三事叫作九功。水、火、金、木、土、谷,叫作六府;端正德行,利于使用,富裕生民,叫作三事。把这些都看成是合于道义的而加以推行,就叫作德、礼。没有礼不会快乐,这是叛变产生的原因。像您的德行没有可以歌唱的,那又有谁肯来归服?何不叫那些对我们友好的人歌颂您呢?”赵宣子很高兴。

注释 1 日:往日。 2 柔:安抚,怀柔。 3 怀:怀柔。 4 戒:同“诫”。休:美好,吉庆。 5 董:监督。 6《九歌》:夏后启之歌。 7 盍:何不。

文公八年

【经】

八年春，王正月。

夏四月。

秋八月戊申，天王崩。

冬十月壬午，公子遂会晋赵盾盟于衡雍[1]。

乙酉，公子遂会雒戎盟于暴[2]。

公孙敖如京师，不至而复。丙戌，奔莒。

螽。

宋人杀其大夫司马[3]。宋司城来奔。

八年春，周历正月。

夏四月。

秋八月二十八日，周襄王去世。

冬十月三日，公子遂与晋国赵盾相会并在衡雍结盟。

六日，公子遂与雒戎相会并在暴地结盟。

公孙敖到京都去，未到京都就回来了。七日，便出奔莒国。

蝗虫成灾。

宋人杀了他们的大夫司马。宋国司城逃奔来鲁国。

注释 1 衡雍：郑地。 2 雒(luò)戎：居于雒水之戎。 3 司马：公子卬。

【传】

八年春，晋侯使解扬归匡、戚之田于卫[1]，且复致公婿池之封[2]，自申至于虎牢之竟。

八年春，晋侯派解扬把匡地、戚地的土田归还给卫国，而且再送公婿池的封地，从申地到虎牢边境。

夏，秦军攻伐晋国，占取了武城，以

夏，秦人伐晋，取武城，以报令狐之役。

报复令狐的那次战役。

秋，襄王崩。

秋，周襄王去世。

晋人以扈之盟来讨。

晋国人由于扈地那次结盟文公晚到而前来攻打。

冬，襄仲会晋赵孟，盟于衡雍，报扈之盟也。遂会伊、雒之戎。书曰"公子遂"，珍之也。

冬，襄仲和晋国的赵孟相会，并于衡雍订立盟约，这是补偿扈地那次结盟的缘故。并且还和伊、雒的戎人会见。《春秋》称他为"公子遂"，这是表示对他的重视。

穆伯如周吊丧，不至，以币奔莒，从己氏焉[3]。

穆伯去成周吊丧，没有到成周，带着吊丧物品逃亡到莒国，跟随己氏去了。

注释 1 匡、戚：本为卫邑，文公元年被晋占领。 2 封：疆界。 3 己氏：即七年《传》中所记载的为襄仲聘定的莒女。

宋襄夫人，襄王之姊也，昭公不礼焉[1]。夫人因戴氏之族，以杀襄公之孙孔叔、公孙钟离及大司马公子卬。皆昭公之党也。司马握节以死[2]，故书以官。司城荡意诸来奔，效节于府人而出[3]。公以其官逆之，皆复之。亦书以官，皆贵之也。

宋襄公夫人，是周襄王的姐姐，宋昭公对她不加礼遇。宋襄公夫人依靠戴氏的族人杀了襄公的孙子孔叔、公孙钟离和大司马公子卬。他们都是宋昭公的党羽。司马手里拿着符节而死，所以《春秋》记载他的官职而不写名字。司城荡意诸逃亡前来，把符节交给府人就出走。文公按照他原来的官职接待他，并且都恢复了他原来的官职。《春秋》也记载他的官职，这都是表示尊

夷之蒐[4]，晋侯将登箕郑父[5]、先都，而使士縠、梁益耳将中军。先克曰："狐、赵之勋，不可废也。"从之。先克夺蒯得田于堇阴，故箕郑父、先都、士縠、梁益耳、蒯得作乱。

重他。

以前在夷地阅兵的时候，晋侯准备提升箕郑父和先都的官职，而让士縠、梁益耳率领中军。先克说："狐偃、赵衰两人的功勋不能废弃。"晋侯听从了。先克在堇阴夺取了蒯得的田地，所以箕郑父、先都、士縠、梁益耳、蒯得发动叛乱。

注释　1 昭公：宋襄公夫人孙子。　2 节：符节。　3 效：致献。　4 夷之蒐：见文公六年《传》。　5 登：提升。

文公九年

【经】

九年春，毛伯来求金[1]。

夫人姜氏如齐。

二月，叔孙得臣如京师。辛丑，葬襄王。

晋人杀其大夫先都[2]。

三月，夫人姜氏至自齐。

晋人杀其大夫士縠及箕郑父。

楚人伐郑。

九年春，毛伯来鲁国求取助葬的钱财。

夫人姜氏到齐国去。

二月，叔孙得臣到京都去。二十四日，安葬周襄王。

晋国人杀了他们的大夫先都。

三月，夫人姜氏从齐国回来。

晋国人杀了他们的大夫士縠及箕郑父。

楚国人讨伐郑国。

公子遂会晋人、宋人、卫人、许人救郑。

夏，狄侵齐。

秋八月，曹伯襄卒。

九月癸酉[3]，地震。

冬，楚子使椒来聘。

秦人来归僖公、成风之禭[4]。

葬曹共公。

公子遂与晋人、宋人、卫人、许人相会来救郑国。

夏，狄国侵略齐国。

秋八月，曹伯襄去世。

九月癸酉日，发生地震。

冬，楚子派椒来鲁国聘问。

秦国人来赠送僖公和僖公母亲成风的丧衣。

安葬曹共公。

注释　1 金：此指办丧事的钱财。　2 杀其大夫先都：《经》在二月，《传》在一月，疑所据历法不同。　3 癸酉：九月无癸酉。　4 归(kuì)：通“馈”，赠送。禭(suì)：赠送死人的衣衾。

【传】

九年春，王正月己酉，使贼杀先克[1]。乙丑，晋人杀先都、梁益耳。

毛伯卫来求金，非礼也。不书王命，未葬也。

二月，庄叔如周葬襄王。

三月甲戌，晋人杀箕郑父、士縠、蒯得。

九年春，周历正月初二，先都一伙派人杀先克。十八日，晋人杀了先都、梁益耳。

周卿士毛伯卫到鲁国来求取助丧的钱币，这是不合于礼的。《春秋》没有记载说这是天子的命令，是由于周襄王还没有安葬。

二月，庄叔去成周参加襄王的葬礼。

三月二十八日，晋人杀死了箕郑父、士縠、蒯得。

范山言于楚子曰:“晋君少,不在诸侯,北方可图也。”楚子师于狼渊以伐郑,囚公子坚、公子龙及乐耳[2]。郑及楚平[3]。

公子遂会晋赵盾、宋华耦、卫孔达、许大夫救郑,不及楚师。卿不书,缓也,以惩不恪[4]。

范山对楚王说:“晋国国君年纪很轻,心意不在于称霸诸侯,北方是可以打主意的。”楚王发兵狼渊征讨郑国,囚禁了郑国的公子坚、公子龙和乐耳。郑国和楚国讲和。

公子遂会合晋国赵盾、宋国华耦、卫国孔达、许国大夫救援郑国,没有碰上楚军。《春秋》没有记载卿的名字,是由于他们出兵迟缓,以此惩戒他们办事不严肃认真。

注释 1 使贼杀先克:此句紧承文公八年《传》而来。先都等人作乱而派人杀先克。 2 公子坚、公子龙(máng)、乐耳:皆郑大夫。 3 平:讲和。 4 恪(kè):谨慎,恭敬。

夏,楚侵陈,克壶丘,以其服于晋也。

秋,楚公子朱自东夷伐陈[1],陈人败之,获公子茷[2]。陈惧,乃及楚平。

冬,楚子越椒来聘,执币傲。叔仲惠伯曰:“是必灭若敖氏之宗[3]。傲其先君,神弗福也。”

秦人来归僖公、成

夏,楚国入侵陈,攻下壶丘,因为陈国归服了晋国。

秋,楚国公子朱从东夷进攻陈国,陈国军队打败了他,俘虏了公子茷。陈国害怕楚国报复,就和楚国讲和。

冬,楚国子越椒前来聘问,拿着见面礼物显出一脸的傲慢。叔仲惠伯说:“这个人必然会使若敖氏的宗族灭亡。对他的先君表示傲慢,神灵不会降福给他的。”

秦国人前来向去世的僖公和成风

风之襚，礼也。诸侯相吊贺也，虽不当事[4]，苟有礼焉，书也，以无忘旧好。

赠送丧衣，这是合于礼的。诸侯之间互相吊丧贺喜，虽然不及时，只要是符合礼的，《春秋》都要加以记载，以表示不忘记过去的友好。

注释 1 公子朱：即三年《传》的息公子朱。 2 茷：音 fá。 3 是：此。宗：族。 4 不当事：不及时。

文公十年

【经】

十年春，王三月辛卯，臧孙辰卒[1]。

夏，秦伐晋。

楚杀其大夫宜申。

自正月不雨，至于秋七月。

及苏子盟于女栗[2]。

冬，狄侵宋。

楚子、蔡侯次于厥貉[3]。

十年春，周历三月二十一日，臧孙辰去世。

夏，秦国攻伐晋国。

楚国杀了他们的大夫鬭宜申。

自正月直到秋七月没有下雨。

与苏子在女栗结盟。

冬，狄国侵略宋国。

楚王、蔡侯率军驻扎在厥貉。

注释 1 臧孙辰：即臧文仲。 2 女栗：地址不详。 3 厥貉：地名，在今河南项城境。

【传】

十年春，晋人伐秦，取少梁[1]。夏，秦伯伐晋，取北徵[2]。

初，楚范巫矞似谓成王与子玉、子西曰[3]："三君皆将强死[4]。"城濮之役，王思之，故使止子玉曰："毋死。"不及[5]。止子西，子西缢而县绝[6]，王使适至，遂止之，使为商公。沿汉溯江[7]，将入郢[8]。王在渚宫，下，见之。惧，而辞曰[9]："臣免于死[10]，又有谗言，谓臣将逃，臣归死于司败也[11]。"王使为工尹[12]，又与子家谋弑穆王。穆王闻之，五月，杀鬭宜申及仲归[13]。秋七月，及苏子盟于女栗，顷王立故也。

十年春，晋国人攻打秦国，攻取了少梁。夏，秦伯攻打晋国，攻取了北徵。

起初，楚国范地的巫人矞似预言成王和子玉、子西说："这三位都不得善终。"城濮那次战役，楚王想到这个预言，所以派人制止子玉说："不要自杀。"但没有来得及。去制止子西，子西正好上吊而绳子断了，楚王的使者恰好到来，于是就阻止了他，让他做了商公。子西沿汉水而下，然后溯长江而上，将要进入郢都。楚王正在渚宫，走下来接见他。子西害怕，就辩解说："臣幸免一死，但又有诬陷之辞，说下臣打算逃走，因此下臣回来请刑官把臣处死。"楚王让他做了工尹，他又和子家策划杀死穆王。穆王听到以后，在五月里杀了他和子家。秋七月，文公和苏子在女栗结盟，这是由于周顷王即位的缘故。

注释 1少梁：古梁国，僖公十九年被秦灭亡。 2北徵：晋邑，在今陕西澄城西南。 3范：楚邑。矞似：巫名。 4强死：强壮而死，指死于被杀而不是死于病老。 5见僖公二十八年。 6县：同"悬"，此指悬物的绳子。 7 沿:顺流而下。溯:逆流而上。 8 郢:楚都城。 9 辞:此指花言巧语。 10 免于死:指本要自尽但被王派来的人阻止。 11 司败:楚掌刑狱的官。 12 工尹:掌百工的官。 13 仲归:即子家。

陈侯、郑伯会楚子于息。冬,遂及蔡侯次于厥貉,将以伐宋。宋华御事曰:“楚欲弱我也,先为之弱乎[1]?何必使诱我[2]?我实不能,民何罪?”乃逆楚子,劳且听命[3]。遂道以田孟诸[4]。宋公为右盂,郑伯为左盂[5]。期思公复遂为右司马[6],子朱及文之无畏为左司马,命夙驾载燧[7]。宋公违命,无畏抶其仆以徇[8]。或谓子舟曰[9]:“国君不可戮也[10]。”子舟曰:“当官而行[11],何强之有?《诗》曰:‘刚亦不吐,柔亦不茹[12]。’‘毋纵诡随,以谨罔极[13]。’是亦非辟强也。敢爱死以乱官乎[14]?”

厥貉之会,麇子逃归[15]。

陈侯、郑伯在息地会见楚王。冬,就和蔡侯一起领兵驻扎在厥貉,打算攻打宋国。宋国的华御事说:“楚国是想要使我们臣服,我们是不是先主动表示臣服?何必要他们教导我们?我们确实没有能耐,老百姓有什么罪,要让他们受牵累?”于是就迎接楚王,向他们表示慰劳,同时听候命令。于是就引导楚王在孟诸打猎。宋公作猎阵的右翼,郑伯作猎阵的左翼。期思公复遂担任右司马,子朱和文之无畏担任左司马,下令在车上装着取火工具清早出发。宋公不听命令,无畏鞭打宋公的仆人并在全军示众。有人对文之无畏说:“国君是不能侮辱的。”文之无畏说:“按照我的职责办事,有什么强横?《诗》说:‘硬的不吐出来,软的不吞下去。’又说:‘不要放纵狡诈的人,使放荡的行为得以检点。’这也是不避强横的意思。我岂敢舍不得一死而放弃职责呢?”

在厥貉会见的时候,麇子逃回。

注释 1 先为之弱:意指我先主动臣服。弱我:意指使我臣服。 2 诱:教导,引导。 3 劳:慰劳。 4 道:导。田:畋猎。 5 盂:行猎阵名。6 期思:楚邑名,在今河南淮滨期思镇。 7 夙:早。燧:取火的工具。8 抶(chì):鞭打。徇:对众宣示。 9 子舟:即文之无畏。 10 戮:侮。11 当官:指正值官守的职责。当,值。 12 茹:食。引诗见《诗经·大雅·烝民》。 13 诡随:谲诈欺谩。罔极:无标准,无准则。引诗见《诗经·大雅·民劳》。 14 爱:惜。 15 麇:国名。

文公十一年

【经】

十有一年春,楚子伐麇。

十一年春,楚子攻伐麇国。

夏,叔彭生会晋郤缺于承匡。

夏,叔彭生在承匡与晋国郤缺相会。

秋,曹伯来朝。

秋,曹伯来鲁国朝见。

公子遂如宋。

公子遂到宋国。

狄侵齐。

狄国侵略齐国。

冬十月甲午,叔孙得臣败狄于咸[1]。

冬十月三日,叔孙得臣在咸地打败狄国军队。

注释 1 咸:鲁地。

【传】

十一年春,楚子伐

十一年春,楚子攻打麇国。成大

麇。成大心败麇师于防渚[1]。潘崇复伐麇，至于钖穴[2]。

夏，叔仲惠伯会晋郤缺于承匡，谋诸侯之从于楚者[3]。

秋，曹文公来朝，即位而来见也。

襄仲聘于宋，且言司城荡意诸而复之，因贺楚师之不害也[4]。

鄋瞒侵齐[5]，遂伐我。公卜使叔孙得臣追之，吉。侯叔夏御庄叔[6]，绵房甥为右，富父终甥驷乘[7]。冬十月甲午，败狄于咸，获长狄侨如[8]。富父终甥摏其喉以戈[9]，杀之，埋其首于子驹之门，以命宣伯[10]。

心在防渚打败麇军。潘崇又攻打麇国，一直打到钖穴。

夏，叔仲惠伯在承匡会见晋国郤缺，商量如何对付那些跟从楚国的诸侯。

秋，曹文公前来朝见，这是由于即位而来朝见的。

襄仲在宋国聘问，同时又为司城荡意诸说话而让他回国，并且为去年楚军侵略宋国但没造成任何危害而向宋国道贺。

鄋瞒侵略齐国，接着又侵略我鲁国。文公为派叔孙得臣追赶敌人这事占卜，吉利。侯叔夏为庄叔驾车，绵房甥作为车右，富父终甥作为驷乘。冬十月初三，在咸地打败敌人，俘虏了长狄侨如。富父终甥用戈抵住他的咽喉，杀死了他，把他的脑袋埋在子驹之门的下边，并用侨如作为他儿子宣伯的名。

注释 1 成大心：成得臣之子。防渚：麇地，在今湖北房县。 2 钖：音yáng。 3 诸侯之从于楚者：即从于楚的诸侯，有陈、郑、宋诸国。见九年、十年《传》。 4 去年楚将伐宋，宋先臣服，没遭到兵祸。 5 鄋：音sōu。 6 庄叔：即得臣。 7 驷乘：古代兵车一般乘三人，若有四人就是为车右增加一名副手。 8 长狄：狄有赤狄、白狄和长狄，长狄是狄的一种。 9 摏(chōng):撞。 10 命:取名。宣伯即叔孙得臣的儿子叔孙侨如,得臣杀长狄侨如,就用“侨如”作为儿子的名字。

初,宋武公之世,鄋瞒伐宋,司徒皇父帅师御之。耏班御皇父充石[1],公子穀甥为右,司寇牛父驷乘,以败狄于长丘,获长狄缘斯[2]。皇父之二子死焉[3],宋公于是以门赏耏班[4],使食其征[5],谓之耏门。晋之灭潞也,获侨如之弟焚如。齐襄公之二年,鄋瞒伐齐。齐王子成父获其弟荣如,埋其首于周首之北门[6]。卫人获其季弟简如。鄋瞒由是遂亡。

以前,在宋武公时代,鄋瞒进攻宋国,司徒皇父领兵抵御。耏班为皇父充石驾车,公子穀甥作为车右,司寇牛父作为驷乘,在长丘打败狄人,俘虏了长狄缘斯。皇父与这两位战死,宋公因此就把这座城门赏给耏班,让他征收城门税,称这城门为耏门。晋国灭亡潞国的时候,俘虏了侨如的弟弟焚如。齐襄公二年,鄋瞒攻打齐国。齐国的王子成父俘虏了侨如的弟弟荣如,把他的脑袋埋在周首的北门下边。卫国人俘虏了侨如的弟弟简如。鄋瞒从此就灭亡了。

郕大子朱儒自安于夫钟[7],国人弗徇[8]。

郕国的太子朱儒自己安居在夫钟,国内的人们不肯对他顺服。

注释 1 耏:音 ér。皇父充石:即司徒皇父。 2 缘斯:侨如的先祖。 3 之:与。二子:指谷甥与牛父。 4 门:城门。 5 征:赋税。 6 周首:齐邑。 7 安:处。夫钟:郕邑。 8 徇:顺。

文公十二年

【经】

十有二年春，王正月，郕伯来奔。

杞柏来朝。

二月庚子，子叔姬卒。

夏，楚人围巢。

秋，滕子来朝。

秦伯使术来聘。

冬十有二月戊午，晋人、秦人战于河曲[1]。

季孙行父帅师城诸及郓[2]。

十二年春，周历正月，郕伯出奔到鲁国。

杞柏来鲁国朝见。

二月十一日，子叔姬去世。

夏，楚国人围困巢国。

秋，滕子来鲁国朝见。

秦伯派术来鲁国聘问。

冬十二月四日，晋人、秦人在河曲交战。

季孙行父率领军队修筑诸和郓两地城池。

注释 1 河曲：晋地，在今山西永济南。 2 郓：音 yùn。

【传】

十二年春，郕伯卒，郕人立君。大子以夫钟与郕邽来奔[1]。公以诸侯逆之，非礼也，故书曰："郕伯来奔。"不书地，尊诸侯也。

十二年春，郕伯去世，郕国人立了国君。太子率领夫钟和郕邽两城作为奉献而逃亡前来。鲁文公把他作为诸侯迎接，这是不符合礼的，所以《春秋》记载说："郕伯来奔。"不记载所献的土地，这是为了尊重诸侯。

杞桓公来朝，始朝公也。且请绝叔姬而无绝昏[2]，公许之。二月，叔姬卒。不言"杞"，绝也。书"叔姬"，言非女也。

杞桓公前来朝见，这是他第一次朝见文公。同时又请求与叔姬断绝关系而不断绝两国的婚姻关系，文公答应了。二月，叔姬去世。《春秋》不记载"杞"字，就是因为她跟杞国断绝了关系。写上"叔姬"，是说她已经不是未嫁的女子了。

楚令尹大孙伯卒[3]，成嘉为令尹[4]。群舒叛楚[5]。夏，子孔执舒子平及宗子，遂围巢。

楚国的令尹大孙伯去世，成嘉做了令尹。各舒国都背叛了楚国。夏，子孔逮捕了舒子平和宗子，然后又包围巢地。

秋，滕昭公来朝，亦始朝公也。

秋，滕昭公前来朝见，他也是第一次朝见文公。

注释 1 夫钟：邑名。郕邽(guī)：邑名。 2 绝叔姬：断绝与叔姬的关系，即与叔姬离婚。 3 大孙伯：即成大心。 4 成嘉：孙伯的弟弟。 5 群舒：舒，国名，其同宗异国有舒庸、舒蓼、舒鸠、舒龙、舒鲍、舒龚等，统称为"群舒"。

秦伯使西乞术来聘，且言将伐晋。襄仲辞玉，曰："君不忘先君之好，照临鲁国，镇抚其社稷，重之以大器[1]，寡君敢辞玉。"对曰："不腆敝器[2]，不足辞也。"主人三辞。宾答曰："寡君愿徼福于周公[3]、鲁公以事君，不腆

秦伯派西乞术前来鲁国聘问，并且说打算攻打晋国。襄仲不肯接受玉，说："贵国国君没有忘记和先君的友好关系，光临鲁国，镇定安抚我们这个国家，赠给大玉器这样厚重的礼物，寡君不敢接受玉。"西乞术回答说："不丰厚的一点普通器物，不值得辞谢。"主人辞谢三次。客人回答说："寡君愿祈求周公、鲁公的福佑来侍奉贵国君主，所以

先君之敝器，使下臣致诸执事[4]，以为瑞节[5]，要结好命[6]。所以藉寡君之命[7]，结二国之好，是以敢致之。”襄仲曰：“不有君子，其能国乎？国无陋矣。”厚贿之。

才用敝国先君一点不丰厚的普通器物，派下臣送于执事之前，以作为祥瑞的信物，相结友好。这玉是用来表达寡君的命令，缔结两国友好的，所以才敢于致送。”襄仲说：“如果没有君子，难道能治理国家吗？秦国不是鄙陋的。”于是就赠给西乞术厚重的礼物。

注释 1 大器：大玉器。 2 腆(tiǎn)：丰厚，美好。 3 徼(yāo)：求取。 4 诸：“之于”的合音。执事：侍从左右供役使的人。 5 节：信物。 6 要：约。好命：友好之命。 7 藉：以物衬垫。

秦为令狐之役故[1]，冬，秦伯伐晋，取羁马[2]。晋人御之。赵盾将中军，荀林父佐之。郤缺将上军，臾骈佐之。栾盾将下军，胥甲佐之。范无恤御戎，以从秦师于河曲。臾骈曰：“秦不能久，请深垒固军以待之[3]。”从之。秦人欲战。秦伯谓士会曰[4]：“若何而战？”对曰：“赵氏新出其属曰臾骈[5]，必实为此谋，将以老我师也[6]。赵有侧室曰穿，晋君之婿

秦国由于令狐战役战败的缘故，冬，秦伯攻打晋国，占取了羁马。晋国发兵抵抗秦军。赵盾率领中军，荀林父作为辅佐。郤缺率领上军，臾骈作为辅佐。栾盾率领下军，胥甲作为辅佐。范无恤为赵盾驾御战车，在河曲迎战秦国军队。臾骈说：“秦兵不能久留，请高筑军垒巩固军营等待他们。”赵盾听从了他的意见。秦军想要交战。秦伯对士会说：“怎样才能交战？”士会回答说：“赵氏新近提拔他的一个部下名叫臾骈，一定是他出的这个主意，打算使我军久驻在外而疲乏。赵氏有一个旁支的子弟叫穿，是晋国国君的女婿，受到

也,有宠而弱,不在军事[7];好勇而狂,且恶臾骈之佐上军也。若使轻者肆焉[8],其可。”秦伯以璧祈战于河。

宠信而年少,不懂得作战;喜欢逞勇而又狂妄,又对臾骈作为上军辅佐忌恨在心。如果派出轻便部队去袭击,也许是可以的。”秦伯把玉璧投在黄河里向河神祈求战争胜利。

注释 1令狐之役:见文公七年。 2羁马:晋邑,在今山西芮城西。 3深:高,作动词。 4士会:本晋人,文公七年奔秦,此时为秦谋士。 5出:此指提拔。 6老:作动词,意为使疲乏失去战斗力。 7在:察。 8肆:袭击。

十二月戊午,秦军掩晋上军[1]。赵穿追之,不及。反,怒曰:“裹粮坐甲[2],固敌是求[3]。敌至不击,将何俟焉?”军吏曰:“将有待也。”穿曰:“我不知谋,将独出。”乃以其属出。宣子曰:“秦获穿也,获一卿矣[4]。秦以胜归,我何以报?”乃皆出战,交绥[5]。秦行人夜戒晋师曰[6]:“两君之士皆未憖也[7],明日请相见也。”臾骈曰:“使者目动而言

十二月初四日,秦军袭击晋国的上军。赵穿追赶秦军,没有追上。回来后愤怒地说:“带着粮食,披着甲胄,本来就是要寻求敌人。敌人来了不去攻击,又还等什么呢?”军吏回答说:“将要有所等待啊。”赵穿说:“我不懂得计谋,我打算自己出去。”于是就带领他的部下出战。赵盾说:“秦国若是俘获赵穿,就是俘获了一个卿。那样,秦国就以胜利而回去,我们回去用什么向国家交代?”于是全部出战,双方刚一接触就彼此退兵了。秦国的使者夜里告诉晋国军队说:“我们两国国君的将士都没有什么损伤,明天请求再相见。”臾骈说:“使者眼珠晃动说明内心不安,但言语放纵,这是害怕我们,打算逃走

肆[8],惧我也,将遁矣。薄诸河[9],必败之。”胥甲、赵穿当军门呼曰:“死伤未收而弃之,不惠也。不待期而薄人于险[10],无勇也。”乃止。秦师夜遁。复侵晋,入瑕。

城诸及郓,书,时也。

了。把他们逼到黄河边上,一定会打败他们。”胥甲、赵穿挡住营门大喊说:“死伤的人还没有收拾而丢开他们不管,这是不仁慈。不等到约定的日期而把人逼到险境,这是没有勇气。”于是就停止出击。秦军夜里逃走。后来又攻打晋国,进入瑕地。

在诸地和郓地筑城,《春秋》记载这件事,是由于合于时令。

注释 1 掩:乘人不备而袭击。 2 坐甲:坐不解甲。 3 固敌是求:即固求敌。 4 卿:赵穿虽不为军帅,但是卿位。 5 交绥:双方军队刚一接触即各自撤退。绥,借为退。 6 戒:告请。 7 慭(yìn):损伤,残缺。 8 言肆:言语放纵。 9 薄:迫。 10 不待期:秦约明日战而晋军当夜就出击,所以说不待期。

文公十三年

【经】

十有三年春,王正月。

夏五月壬午[1],陈侯朔卒。

邾子蘧蒢卒[2]。

自正月不雨,至于秋七月。

大室屋坏[3]。

冬,公如晋。

十三年春,周历正月。

夏五月壬午日,陈侯朔去世。

邾子蘧蒢去世。

从正月直到秋七月没有下雨。

周公之庙的屋子坏了。

冬,文公到晋国。

卫侯会公于沓[4]。

狄侵卫。

十有二月己丑[5],公及晋侯盟。

公还自晋,郑伯会公于棐[6]。

卫侯在沓地会见文公。

狄国侵略卫国。

十二月己丑日,文公与晋侯盟会。

文公从晋国返回,郑伯在棐地会见文公。

注释 1五月无壬午。 2蘧蒢:音qú chú。 3大室:周公太庙的房子。 4沓:地名,疑在卫国境内。 5十二月无己丑。 6棐(fěi):郑地,在今河南新郑东。

【传】

十三年春,晋侯使詹嘉处瑕,以守桃林之塞。晋人患秦之用士会也。夏,六卿相见于诸浮[1]。赵宣子曰:"随会在秦[2],贾季在狄,难日至矣,若之何?"中行桓子曰[3]:"请复贾季,能外事,且由旧勋[4]。"郤成子曰:"贾季乱[5],且罪大[6],不如随会。能贱而有耻,柔而不犯;其知足使也[7],且无罪。"乃使魏寿馀伪以魏叛者,

十三年春,晋侯派詹嘉住在瑕地,以防守桃林这个要塞。晋国人担心秦国任用士会。夏,六卿在诸浮见面。赵宣子说:"士会在秦国,贾季在狄国,祸患每天都可能发生,怎么办?"中行桓子说:"请让贾季回来,他能处理外交事务,而且他父亲狐偃是文公的功臣。"郤成子说:"贾季作乱,且罪行重大,不如让士会回来。士会能做到卑贱而知道耻辱,柔弱而不受侵犯;他的智谋足以使用,而且没有罪。"于是就让魏寿馀假装率领魏地的人叛变,以诱骗士会。在晋国逮捕魏寿馀的妻子儿女,让

以诱士会。执其帑于晋，使夜逸。请自归于秦，秦伯许之。履士会之足于朝。秦伯师于河西，魏人在东。寿馀曰："请东人之能与夫二三有司言者[8]，吾与之先。"使士会。士会辞，曰："晋人，虎狼也。若背其言，臣死，妻子为戮，无益于君，不可悔也。"秦伯曰："若背其言，所不归尔帑者[9]，有如河！"乃行。绕朝赠之以策[10]，曰："子无谓秦无人，吾谋适不用也。"既济，魏人噪而还。秦人归其帑。其处者为刘氏。

他夜里逃走。魏寿馀请求把魏地归入秦国，秦伯答应了。魏寿馀在朝廷上踩一下士会的脚。秦伯驻军在河西，魏地人在河东。魏寿馀说："请派一位东边的而且能跟魏地几位官员说话的人，我跟他一起先去。"秦伯派遣士会。士会推辞说："晋国人，是老虎豺狼。如果他们违背诺言，那我就会被杀死，而在秦国的妻子也将被杀戮，这对君没有好处，而且后悔不及。"秦伯说："如果晋国违背了诺言，我不送还你的妻子儿女的话，有河神做证！"于是士会就走了。绕朝把马鞭送给他，说："您别说秦国没有人，只是我的计谋不被采用罢了。"士会渡过黄河以后，魏人吵吵嚷嚷回去。秦国送还了他的妻子儿女。他的亲族中留在秦国的后来都改为刘氏。

注释 1 诸浮：地名。六卿在这里密谋。 2 随会：即士会。 3 中行桓子：即荀林父。 4 由：因。 5 乱：指好作乱，如六年使人召公子乐，想立他为君。 6 罪大：指使人杀阳处父。见六年《传》。 7 知：同"智"。 8 东人：指晋国人，因晋在秦的东边。二三有司：指魏地几位官员。 9 帑：妻与子。10 绕朝：秦大夫。

邾文公卜迁于绎。史曰："利于民而不利于

邾文公占卜迁到绎地去的吉凶。史官说："对百姓有利而对国君不利。"邾子

君。”邾子曰:“苟利于民,孤之利也。天生民而树之君,以利之也。民既利也,孤必与焉。”左右曰:“命可长也,君何弗为?”邾子曰:“命在养民。死之短长,时也。民苟利矣,迁也,吉莫如之!”遂迁于绎。五月,邾文公卒。君子曰:“知命。”

秋七月,大室之屋坏。书,不共也[1]。

冬,公如晋朝,且寻盟。卫侯会公于沓,请平于晋。公还,郑伯会公于棐,亦请平于晋。公皆成之。郑伯与公宴于棐,子家赋《鸿雁》[2]。季文子曰:“寡君未免于此。”文子赋《四月》[3]。子家赋《载驰》之四章[4]。文子赋《采薇》[5]之四章。郑伯拜,公答拜。

说:“如果对百姓有利,也就是对我有利。上天生育百姓而为他们设置君王,就是用来使他们得利的。百姓已经得利了,孤也就必然在其中了。”左右的人说:“寿命可以延长,君王为什么不做呢?”邾子说:“活着就是为了抚养百姓。死的时间的早晚,那是命运的问题。百姓如果有利,那就迁居,没有比它更吉利的了!”于是就迁到绎地。五月,邾文公去世。君子说:“邾文公知道天命。”

秋七月,太庙的屋子坏了。《春秋》把这事记下来,是因为要表示鲁国官员的不恭敬。

冬,文公到晋国朝见,同时重温过去的友好关系。卫侯在沓地会见文公,请求文公为晋、卫两国调停达成和议。文公回国时,郑伯在棐地会见文公,也请求和晋国讲和。文公都帮助他们和晋国达成和议。郑伯和文公在棐地饮宴时,子家赋了《鸿雁》这首诗。季文子说:“寡君也不能免除这种忧患。”季文子就赋了《四月》这首诗。子家又赋了《载驰》这首诗的第四章。季文子赋了《采薇》这首诗的第四章。郑伯拜谢,文公也答拜。

注释 1共:同“恭”。 2子家:郑大夫公子归生的字。《鸿雁》:见《诗经·小雅》,子家赋这首诗意思是把郑国比作鳏寡的人,希望鲁国怜惜。3《四月》:见《诗经·小雅》。 4《载驰》:见《诗经·鄘风》。 5《采薇》:见《诗经·小雅》。

文公十四年

【经】

十有四年春,王正月,公至自晋。

十四年春,周历正月,文公从晋国回来。

邾人伐我南鄙,叔彭生帅师伐邾。

邾人攻伐我国南部边境,叔彭生率领军队攻伐邾国。

夏五月乙亥[1],齐侯潘卒[2]。

夏五月乙亥,齐侯潘去世。

六月,公会宋公、陈侯、卫侯、郑伯、许男、曹伯、晋赵盾。癸酉,同盟于新城[3]。

六月,鲁文公与宋公、陈侯、卫侯、郑伯、许男、曹伯、晋国赵盾会盟。癸酉日,一同在新城结盟。

秋七月,有星孛入于北斗[4]。

秋七月,有彗星光芒四射地进入北斗。

公至自会。

文公参加会盟回来。

晋人纳捷菑于邾[5],弗克纳。

晋国人把捷菑送回邾国,邾国不接受。

九月甲申,公孙敖卒于齐。

九月十日,公孙敖在齐国去世。

齐公子商人弑其君舍。

齐国公子商人杀了齐国君舍。

宋子哀来奔。

宋国子哀逃亡到鲁国。

冬,单伯如齐[6]。

冬,单伯到齐国。

齐人执单伯。

齐人执子叔姬。

齐国人拘捕单伯。

齐国人拘捕子叔姬。

注释 1五月无乙亥。 2齐侯潘:齐昭公。 3新城:宋地。 4星:彗星。孛(bèi):星芒四射的现象。 5菑:音 zī。 6单伯:周卿士。

【传】

十四年春,顷王崩。周公阅与王孙苏争政,故不赴。凡崩、薨,不赴,则不书。祸、福,不告,亦不书,惩不敬也。

邾文公之卒也,公使吊焉,不敬。邾人来讨,伐我南鄙,故惠伯伐邾。

子叔姬妃[1]齐昭公,生舍。叔姬无宠,舍无威。公子商人骤施于国[2],而多聚士,尽其家,贷于公有司以继之[3]。夏五月,昭公卒,舍即位。

邾文公元妃齐姜,生定公;二妃晋姬,生捷菑。文公卒,邾人立定公。捷菑奔晋。

十四年春,周顷襄王去世。周公阅和王孙苏争夺政权,所以没有发来讣告。凡是天子崩、诸侯薨,没有发来讣告,《春秋》就不加记载。吉凶祸福的事没有通知鲁国,那也不记载,这是为了惩戒不恭敬。

邾文公去世的时候,鲁文公派遣使者前去吊丧而不够恭敬。邾国人前来讨伐,攻打我国南部边境,所以惠伯进攻邾国。

子叔姬嫁给齐昭公,生了舍。叔姬不受宠爱,舍没有威望。公子商人却经常在国内施舍财物,蓄养许多门客,把家产都用光了,又向掌管公室财物的官员借贷继续施舍。夏五月,昭公去世,舍即位。

邾文公的第一夫人齐姜,生了定公;第二夫人晋姬,生了捷菑。文公去世,邾国人立定公为君。捷菑逃亡到晋国。

六月,文公和宋公、陈侯、卫侯、郑伯、许男、曹伯、晋国赵盾一起在新城会

六月，同盟于新城，从于楚者服[4]，且谋邾也。

盟，以前附从楚国的陈、郑、宋等国，从此都改而听从晋国的号令，并且共商护送公子捷菑回邾国的事。

注释 1 妃：配。 2 商人：桓公夫人密姬之子。骤：数。 3 公有司：此指掌管公室财物的官。 4 从于楚者：指陈、郑、宋。

秋七月乙卯[1]，夜，齐商人杀舍，而让元[2]。元曰："尔求之久矣。我能事尔，尔不可使多蓄憾，将免我乎？尔为之！"

秋七月乙卯日，夜里，齐国的商人杀了舍，让位给元。元说："你谋求这个位子已经很久了。我能够侍奉你，不可让你多积怨恨，（如果我做了国君，你会蓄积更多的怨恨，）你会让我免于被杀吗？你去做国君吧！"

有星孛入于北斗。周内史叔服曰："不出七年，宋、齐、晋之君皆将死乱[3]。"

有彗星进入北斗。周内史叔服说："过不了七年，宋国、齐国、晋国的国君都将在叛乱中死去。"

晋赵盾以诸侯之师八百乘纳捷菑于邾。邾人辞曰："齐出貜且长[4]。"宣子曰："辞顺，而弗从，不祥。"乃还。

晋国的赵盾率领诸侯的军队八百辆战车护送邾公子捷菑回国即位。邾国的人辞谢说："齐女生的貜且年长。"赵宣子说："言辞合于情理而不听从，不吉祥。"于是就回去了。

周公将与王孙苏讼于晋，王叛王孙苏，而使尹氏与聃启讼周公于晋[5]。赵宣子平王室而复之。

周公准备和王孙苏到晋国争讼，周天子违背了帮助王孙苏的诺言，而让尹氏和聃启在晋国为周公争讼。赵宣子调和了王室之间的纠纷而使他们恢复了原来的职位。

注释 1 七月无乙卯。 2 元：商人之兄。 3 后三年宋昭公被杀，五年齐懿公被杀，七年晋灵公被杀。 4 齐出：犹说齐女所生。玃：音 jué。 5 尹氏：周卿士。聃启：周大夫。讼周公：为周公诉冤求理。

楚庄王立，子孔、潘崇将袭群舒[1]，使公子燮与子仪守[2]，而伐舒蓼。二子作乱。城郢[3]，而使贼杀子孔，不克而还。八月，二子以楚子出，将如商密，庐戢梨及叔麇诱之[4]，遂杀鬬克及公子燮。初，鬬克囚于秦[5]，秦有殽之败[6]，而使归求成。成而不得志，公子燮求令尹而不得，故二子作乱。

楚庄王即位，子孔、潘崇打算袭击各舒国，派公子燮和子仪留守，就进攻舒蓼。这两个人发动叛乱。加筑郢都城墙，又派人去杀死子孔，但没有成功而回。八月，这两个人挟持了楚庄王离开郢都，打算去商密，庐戢梨和叔麇设计引诱他们，于是就杀死了子仪和公子燮。起初，子仪囚禁在秦国，秦国在殽地战败，派他回国求和。和议成功以后，子仪的愿望没有得到满足，公子燮要求做令尹也没有做成，所以两个人就发动叛乱。

穆伯之从己氏也[7]，鲁人立文伯[8]。穆伯生二子于莒，而求复。文伯以为请。襄仲使无朝听命[9]。复而不出。三年而尽室以复适莒[10]。文伯疾，而请曰："縠之子弱[11]，请立难也[12]。"许之。文伯卒，立惠叔。穆伯请重赂以求复。惠叔以为请，许

穆伯到莒国跟随己氏的时候，鲁国人立了文伯做继承人。穆伯在莒国生了两个儿子，要求回国。文伯代他在朝廷上向大家请求。襄仲让他不得上朝参与政事。穆伯回来以后没有外出过。过了三年又全部搬走了家里的财物再次到莒国去。文伯生病，请求说："我的儿子年纪太小，请立我弟弟难吧。"大家同意了。文伯去世后，就立了惠叔。穆伯让惠叔给大家送重礼再次请求回国。惠叔代他请求，得到允许。穆伯打算回来，九月，

之。将来，九月，卒于齐。告丧，请葬，弗许。

死在齐国。向鲁国报丧，请求归葬，没有得到允许。

注释 1 群舒：见文公十二年《传》注。 2 爕：音 xiè。 3 城郢：筑郢城抵拒子孔和潘崇的军队。 4 庐戢梨：楚庐邑大夫戢梨。叔麇：戢梨的辅佐。 5 见僖公二十五年《传》。 6 见僖公三十三年《经》。 7 见八年《经》。 8 文伯：穆公儿子縠。 9 襄仲与穆伯的关系见七年《经》。无朝：不上朝。 10 尽室：家里的全部财物。 11 弱：幼弱。 12 难：文伯弟。

宋高哀为萧封人[1]，以为卿，不义宋公而出，遂来奔。书曰“宋子哀来奔”，贵之也。

宋国的高哀在萧地做封人，让他做卿，他认为宋公不讲道义而离去，于是就逃亡到鲁国。《春秋》记载说“宋子哀来奔”，这是表示尊重他。

齐人定懿公，使来告难[2]，故书以“九月”。齐公子元不顺懿公之为政也，终不曰“公”，曰“夫己氏[3]”。

齐国人稳定了懿公的地位，才派人前来报告祸难，所以《春秋》把商人杀舍这件事记在“九月”。齐国的公子元不服懿公执政，始终不称他为“公”，而称之为“那个人。”

襄仲使告于王，请以王宠求昭姬于齐[4]，曰：“杀其子[5]，焉用其母？请受而罪之。”冬，单伯如齐请子叔姬[6]，齐人执之，又执子叔姬。

襄仲派人报告周天子，请求以周王的恩宠在齐国求取子叔姬，说：“杀了她的儿子，哪里还用得着他的母亲？请把叔姬送到鲁国定罪。”冬，单伯到齐国请求送回子叔姬，齐国人把他拘捕了起来，又拘捕子叔姬。

注释 1 萧：宋邑。封人：镇守边疆的地方官。 2 告难：告舍被杀之事。

3夫己氏:犹如说“那个人”。 4昭姬:子叔姬。 5子:指被商人所杀的舍。6单伯:周卿士。

文公十五年

【经】

十有五年春,季孙行父如晋。

三月,宋司马华孙来盟。

夏,曹伯来朝。

齐人归公孙敖之丧。

六月辛丑朔,日有食之。鼓,用牲于社。

单伯至自齐。

晋郤缺帅师伐蔡。戊申,入蔡。

秋,齐人侵我西鄙,季孙行父如晋。

冬,十有一月,诸侯盟于扈。

十有二月,齐人来归子叔姬。

齐侯侵我西鄙。遂伐曹,入其郛。

十五年春,季文子前往晋国。

三月,宋国的华耦来鲁国结盟。

夏天,曹文公来鲁国朝见。

齐国人把公孙敖的灵柩送回了鲁国。

六月一日,发生日食。于是人们击鼓,宰杀牛羊祭祀社神。

单伯从齐国回到了鲁国。

晋国的郤缺率兵攻打蔡国。六月初八,攻入蔡国。

秋天,齐国人入侵鲁国西部边境,因此季文子前往晋国告急。

冬天,十一月,诸侯们在扈地结盟。

十二月,齐国人把子叔姬送回了鲁国。

齐懿公再次入侵鲁国西部边境。随后又攻打曹国,攻入曹国国都的外城。

【传】

十五年春，季文子如晋，为单伯与子叔姬故也。

十五年春，季文子去晋国，为了单伯和子叔姬的缘故。

三月，宋华耦来盟，其官皆从之[1]。书曰"宋司马华孙"[2]，贵之也。公与之宴。辞曰："君之先臣督得罪于宋殇公，名在诸侯之策[3]。臣承其祀，其敢辱君[4]？请承命于亚旅[5]。"鲁人以为敏。

三月，宋国的华耦前来盟会，他的官属也都跟他一起来。《春秋》写"宋司马华孙"，这是表示尊重他。文公和他饮宴。华耦辞谢说："君王的先臣华督得罪了宋殇公，他的名字被写在诸侯的简册上。下臣继承他的祭祀，岂敢使君王蒙受耻辱？请在亚旅那里接受命令。"鲁国人认为华耦聪明敏捷。

夏，曹伯来朝，礼也。诸侯五年再相朝，以修王命，古之制也。

夏，曹伯前来朝见，这是合于礼的。诸侯每五年互相朝见两次，以重温天子的命令，这是古代的制度。

注释　1 官：官属。　2 宋司马华孙：称他的官名，不直接称他的名字，这是对人表示尊重。　3 督：华督，华耦的曾祖。桓公二年《经》载："宋督弑其君与夷。"鲁国史册这样记载，其他国家也应是这样记载的，所以说"名在诸侯之策"。策：简册。　4 其：用如"岂"。　5 亚旅：官名，上大夫的别称。

齐人或为孟氏谋[1]，曰："鲁，尔亲也，饰棺置诸堂阜[2]，鲁必取之。"从之。卞人以告[3]。惠

齐国有人为孟氏策划说："鲁国，是你的亲属国，把公孙敖的饰棺放在堂阜，鲁国必定会取去的。"孟氏听从了。卞邑大夫把这件事作了报告。惠叔一直很哀伤，

叔犹毁以为请[4],立于朝以待命。许之。取而殡之。齐人送之。书曰:"齐人归公孙敖之丧。"为孟氏,且国故也。葬视共仲[5]。声己不视[6],帷堂而哭[7]。襄仲欲勿哭[8]。惠伯曰:"丧,亲之终也。虽不能始[9],善终可也。史佚有言曰:'兄弟致美。救乏、贺善、吊灾、祭敬、丧哀,情虽不同,毋绝其爱,亲之道也。'子无失道,何怨于人?"襄仲说,帅兄弟以哭之。他年,其二子来,孟献子爱之[10],闻于国。或谮之,曰:"将杀子。"献子以告季文子。二子曰:"夫子以爱我闻,我以将杀子闻,不亦远于礼乎?远礼不如死。"一人门于句鼆[11],一人门于戾丘[12],皆死。

容颜消瘦,请求取回饰棺,站在朝廷上等待命令。鲁国答应了这项请求。于是取回了饰棺停放。齐国人也来送丧。《春秋》记载说:"齐人归公孙敖之丧。"这是为了孟氏,同时又为了国家的缘故。公孙敖的葬礼按照安葬共仲的葬礼来进行。声己不肯去看棺材,只在堂上隔着幔帐哭。襄仲也不想去哭丧。惠伯说:"丧事,是对待亲人的终结。虽不能有一个好的开始,有一个好的终结是可以的。史佚有这样的话说:'兄弟之间要各自尽自己的美德。救济困乏、祝贺喜庆、吊唁灾祸、祭祀恭敬、丧事悲哀,这些情况虽各不相同,但都旨在不断绝彼此之间的友爱,这就是敦睦亲人的原则。'只要您不失去这种爱亲之道,又何必怨恨别人呢?"襄仲听了这话很高兴,就领着兄弟们一起去哭丧。后来,穆伯在莒国的两个儿子回来了,孟献子喜欢他们的事全国都知道。有人对孟献子说:"这两个人打算杀害你。"孟献子把这话告诉季文子。这两个人辩说道:"那个人以爱我们闻名,我们以打算杀他而闻名,这不是远远不符合礼吗?不符合礼还不如一死。"一个在句鼆守门,一个在戾丘守门,都战死了。

注释 1 孟氏：公孙敖为孟氏一支的人。 2 饰棺：死者的棺木及载灵柩的车上按照死者不同的身份有不同的装饰，叫饰棺。堂阜：齐鲁交界处的地名。 3 卞人：鲁卞邑大夫。 4 惠叔：公孙敖的儿子。毁：居丧过于哀伤。 5 视：比。共仲：公孙敖的父亲庆父。 6 声己：公孙敖的次妻，惠叔的母亲。视：此指看视棺材。 7 帷堂：在堂上设置帷幕以分隔内外叫帷堂。 8 襄仲：公孙敖从父兄弟。公孙敖曾为他到莒国聘妻，见女子生得美便自己娶了。事见七年《传》。 9 虽不能始：指公孙敖与襄仲争莒女事。 10 孟献子：公孙敖的孙儿，文伯的儿子。 11 门：作动词，指守门。鄸(měng)：鲁邑。 12 戾丘：鲁邑。

六月辛丑朔，日有食之。鼓，用牲于社，非礼也。日有食之，天子不举[1]，伐鼓于社；诸侯用币于社，伐鼓于朝，以昭事神、训民、事君，示有等威[2]，古之道也。

六月初一日，发生日食。人们击鼓，用牺牲在土地神庙里祭祀，这是不合于礼的。发生日食，天子减膳撤乐，在土地神庙里击鼓；诸侯用玉帛在土地神庙里祭祀，在朝廷上击鼓，以表明侍奉神灵、教训百姓、侍奉国君，表示威仪有一定的等级，这是古代的制度。

齐人许单伯请而赦之，使来致命。书曰“单伯至自齐”，贵之也。

齐国人答应了单伯要子叔姬回国的请求同时也赦免了单伯，并派他前来传达这项命令。《春秋》记载说“单伯至自齐”，这是表示尊重他。

新城之盟[3]，蔡人不与。晋郤缺以上军、下军伐蔡，曰：“君弱，不可以怠。”戊申，入蔡，以城下之盟而还[4]。凡胜国，曰灭之；获大城焉，曰

在新城盟会时，蔡国人不参加。晋国的郤缺率领上军、下军攻打蔡国，说：“国君年少，不能因此懈怠。”六月初八日，进入蔡国，订立城下之盟后回国。凡是战胜一个国家，叫“灭之”；得到大城，

入之。

秋，齐人侵我西鄙，故季文子告于晋。

叫“入之”。

秋，齐军侵犯我国西部边境，所以季文子向晋国报告。

注释 1举：杀牲为盛馔。 2等威：不同等级的威仪。 3新城之盟在十四年。 4城下之盟于战败国是一种奇耻大辱。

冬十一月，晋侯、宋公、卫侯、蔡侯、陈侯、郑伯、许男、曹伯盟于扈，寻新城之盟，且谋伐齐也。齐人赂晋侯，故不克而还。于是有齐难[1]，是以公不会。书曰“诸侯盟于扈”，无能为故也。凡诸侯会，公不与，不书，讳君恶也。与而不书，后也。

齐人来归子叔姬，王故也。

齐侯侵我西鄙，谓诸侯不能也[2]。遂伐曹，入其郛，讨其来朝也。季文子曰：“齐侯其不免乎？己则无礼[3]，而讨于有礼者，曰：‘女何故行礼？’礼以顺天，天之道

冬十一月，晋侯、宋公、卫侯、蔡侯、陈侯、郑伯、许男、曹伯在扈地结盟，重温新城盟会的旧好，同时谋划攻打齐国。齐国人贿赂晋侯，所以没有战胜就回来了。在这时发生了齐国进攻我国的祸难，所以文公没有参加盟会。《春秋》记载说“诸侯盟于扈”，这是由于没有能救援我国的缘故。凡是诸侯会见，如果鲁国君主不参加，就不加记载，这是为了避讳国君的过失。参加了而不加记载，这是由于晚到。

齐国人前来送回子叔姬，这是为了周天子的缘故。

齐侯侵犯我国西部边境，他认为诸侯不能讨伐他。并因此而攻打曹国，进入了曹国的外城，这是讨伐它曾经前来朝见鲁国。季文子说：“齐侯恐怕难以免除祸难吧？自己本来就不合于礼，反而讨伐有礼的国家，说：‘你为什么要行

也。己则反天，而又以讨人，难以免矣。《诗》曰：‘胡不相畏？不畏于天。’[4]君子之不虐幼贱，畏于天也。在《周颂》曰：‘畏天之威，于时保之[5]。’不畏于天，将何能保？以乱取国[6]，奉礼以守，犹惧不终；多行无礼，弗能在矣[7]。”

礼？’礼是用来顺服上天的，这是上天的常道。自己就违反上天，反而讨伐别人，这就难免要遭受祸难了。《诗》说：‘为什么不互相畏惧？是因为不畏惧上天。’君子不虐待幼小和卑贱，这是由于畏惧上天。在《周颂》里说：‘畏惧上天的威灵，就能保有福禄。’不畏惧上天，又能保得住什么？用动乱取得国家，奉行礼来保持君位，还害怕不得善终；多做不合礼的事情，这是不能有好结果的。”

注释 1 齐难：指“侵我西鄙”。 2 不能：不能讨伐。 3 无礼：指拘执王使而又讨伐无罪。 4 引诗见《诗经·小雅·雨无正》。 5 于时：于是。 6 以乱取国：指齐侯杀舍而自立。 7 在：终。

文公十六年

【经】

十有六年春，季孙行父会齐侯于阳穀，齐侯弗及盟[1]。

夏五月，公四不视朔[2]。

六月戊辰，公子遂及齐侯盟于郪丘[3]。

秋八月辛未，夫人姜氏

十六年春，季孙行父在阳穀与齐侯会盟，齐侯没有参加会盟。

夏五月，文公有四次没有在朔日听政。

六月四日，公子遂和齐侯在郪丘盟会。

秋八月八日，僖公夫人姜氏

薨[4]。

毁泉台[5]。

楚人、秦人、巴人灭庸[6]。

冬十有一月，宋人弑其君杵臼。

去世。

捣毁泉台。

楚人、秦人、巴人灭掉庸国。

冬十一月，宋人杀了他们的君主杵臼。

注释 1及：与。 2视朔：古代天子和诸侯于每月初一祭告于明堂和祖庙后听政。 3郪(qī)丘：齐地，在今山东淄博临淄区。 4姜氏：僖公夫人，文公母。 5泉台：即郎台。郎为鲁国南郊之邑，庄公三十一年春于此地筑台。 6庸：国名，在今湖北竹山上庸镇北。

【传】

十六年春，王正月，及齐平。公有疾，使季文子会齐侯于阳穀。请盟，齐侯不肯，曰："请俟君间[1]。"

夏五月，公四不视朔，疾也。公使襄仲纳赂于齐侯，故盟于郪丘。

有蛇自泉宫出，入于国，如先君之数[2]。秋八月辛未，声姜薨，毁泉台[3]。

十六年春，周历正月，鲁国和齐国讲和。文公有病，派季文子和齐侯在阳穀会见。季文子请求盟誓，齐侯不肯，说："请等贵国国君病好了再行盟誓。"

夏五月，文公已有四次没有在朔日听政了，这是由于生病的缘故。文公派襄仲向齐侯馈赠财礼，所以就在郪丘结盟。

有蛇从泉宫出来，进入国都，和先君的数字一样多，有十七条。秋八月初八日，声姜去世，因此就把泉台拆毁了。

注释 1间：疾愈。 2如先君之数：和鲁先君的数目一样多。鲁自伯禽至僖公共十七君。 3 毁泉台：蛇从泉台出，声姜死，鲁认为泉台不吉利，所以毁掉它。

楚大饥，戎伐其西南，至于阜山[1]，师于大林[2]。又伐其东南，至于阳丘，以侵訾枝[3]。庸人帅群蛮以叛楚，麇人率百濮聚于选[4]，将伐楚。于是申、息之北门不启[5]。楚人谋徙于阪高[6]。蒍贾曰："不可。我能往，寇亦能往，不如伐庸。夫麇与百濮，谓我饥不能师，故伐我也。若我出师，必惧而归。百濮离居[7]，将各走其邑，谁暇谋人？"乃出师。旬有五日，百濮乃罢。

楚国发生大饥荒，戎人攻打楚国西南部，到达阜山，军队驻扎在大林。又进攻楚国的东南部，到达阳丘，以进攻訾枝。庸国人率领群蛮背叛楚国，麇国人率领百濮聚集在选地，打算攻打楚国。在这时候，申地、息地的北门不敢打开。楚国人商量迁到阪高去。蒍贾说："不行。我们能去，敌人也能去，不如攻打庸国。麇和百濮认为我们遭受饥荒而不能出兵，所以来攻打我们。如果我们出兵，他们必然害怕而回去。百濮分散各地居住，将各自奔回自己的地方，谁还有空来打别人的主意？"于是就出兵。过了十五天，百濮就罢兵回去了。

注释 1 阜山：楚邑，在今湖北房县西南。 2 大林：楚邑，在今湖北荆门西北。 3 阳丘、訾枝：皆楚邑。 4 濮：种族名。 5 申、息：楚北境防御中原各国的要镇。北门不启：北门不开，防备中原诸侯入侵。 6 阪高：楚国险地，或认为是今当阳东北的长阪。 7 离居：分散居处。

自庐以往，振廪同食[1]。次于句澨[2]，使庐

从庐地出发以后，每到一地就打开粮仓让将士一起食用。军队驻扎在句澨，

戢梨侵庸，及庸方城。庸人逐之，囚子扬窗。三宿而逸，曰：“庸师众，群蛮聚焉，不如复大师[3]，且起王卒，合而后进。”师叔曰：“不可。姑又与之遇以骄之。彼骄我怒，而后可克，先君蚡冒所以服陉隰也[4]。”又与之遇，七遇皆北[5]，唯裨、鯈、鱼人实逐之。庸人曰：“楚不足与战矣。”遂不设备。楚子乘驲[6]，会师于临品，分为二队，子越自石溪，子贝自仞以伐庸。秦人、巴人从楚师。群蛮从楚子盟[7]，遂灭庸。

派庐戢梨进攻庸国，到达庸国的方城。庸国人反攻楚军，囚禁了子扬窗。过了三个晚上，子扬窗逃回来了，说：“庸国的军队人数众多，所有蛮族都聚集在那里，不如再发大兵，而且出动国君的直属部队，会集各路兵马以后再进攻。”师叔说：“不行。姑且再跟他们交战以使他们骄傲。他们骄傲，我们奋发，然后就可以战胜，先君蚡冒就是用这样的方法使陉隰归服的。”楚军又和他们接战，七次接战都败走，蛮人中只有裨、鯈、鱼人追赶楚军。庸国人说：“楚军不堪一击。”就不再设防。楚王乘坐驿站的传车，在临品和前敌部队会师，把军队分成两队，子越从石溪出发，子贝从仞地出发以进攻庸国。秦军、巴军跟随着楚军。各蛮族部落与楚王结盟，于是就灭了庸国。

注释 1 振：开放。同食：上下同吃一样的伙食。 2 次：驻扎。 3 大：作动词，扩大。 4 陉隰(xíngxí)：国名。 5 北：军败。这里是假败来骄敌的。 6 驲(rì)：古代驿站专用的车。 7 群蛮从楚子盟：群蛮见楚强大所以背弃庸人而与楚盟。

宋公子鲍礼于国人[1]，宋饥，竭其粟而贷之[2]。年自七十以上，无不馈诒

宋国的公子鲍对国人加以礼待，宋国发生饥荒，他把粮食全部拿出来施舍。凡是年纪在七十岁以上的，没有不馈送

也[3],时加羞珍异[4]。无日不数于六卿之门。国之材人,无不事也;亲自桓以下,无不恤也。公子鲍美而艳,襄夫人欲通之[5],而不可,乃助之施。昭公无道,国人奉公子鲍以因夫人。于是华元为右师,公孙友为左师,华耦为司马,鳞鱹为司徒[6],荡意诸为司城,公子朝为司寇。初,司城荡卒,公孙寿辞司城[7],请使意诸为之[8]。既而告人曰:"君无道,吾官近,惧及焉[9]。弃官,则族无所庇。子,身之贰也[10],姑纾死焉。虽亡子,犹不亡族。"

的,还按时令加送珍贵食品。没有一天不是多次进出于六卿的大门。对国内有才能的人,没有不加侍奉的;亲属中从桓公的子孙以下,没有不加以抚恤的。公子鲍长得漂亮艳丽,襄夫人想和他私通,公子鲍不肯,于是襄夫人就帮助他施舍。宋昭公无道,国内的人们都由于襄夫人的关系而拥护公子鲍。在这时华元担任右师,公孙友担任左师,华耦担任司城,鳞鱹担任司徒,荡意诸担任司城,公子朝担任司寇。起初,司城荡去世,公孙寿辞去司城的官职,请求让儿子荡意诸担任。后来告诉别人说:"国君无道,我的官接近君主,害怕祸难落到头上。如果丢弃这个官职,那家族就没有庇护。儿子是我的替身,姑且由他代替我让我晚点死。这样虽然丧失了儿子,但还不至于丧失家族。"

注释 1 公子鲍:昭公庶弟文公。 2 贷:施舍。 3 馈:赠送。诒:通"贻",送给。 4 羞:进献食品。珍异:指珍贵异常的食品。 5 襄夫人:公子鲍祖母。 6 鱹:音 guàn。 7 公孙寿:司城荡的儿子。父死,子可继其位。8 意诸:公孙寿的儿子。 9 及:及祸。 10 身:自我,自身。

既,夫人将使公田孟诸而杀之。公知之,尽以

不久以后,夫人打算让宋昭公在孟诸打猎而趁机杀死他。宋公知道以

宝行。荡意诸曰:“盍适诸侯?”公曰:“不能其大夫至于君祖母以及国人[1],诸侯谁纳我?且既为人君,而又为人臣,不如死。”尽以其宝赐左右而使行。夫人使谓司城去公,对曰:“臣之而逃其难[2],若后君何?”

冬十一月甲寅,宋昭公将田孟诸,未至,夫人王姬使帅甸攻而杀之[3],荡意诸死之。书曰“宋人弑其君杵臼”,君无道也。文公即位,使母弟须为司城[4]。华耦卒,而使荡虺为司马[5]。

后,就带上全部财宝而出行。荡意诸说:“何不到诸侯那里去?”宋公说:“不能与自己的大夫以至君祖母及国人们相亲善,诸侯谁肯接纳我?而且已经做了国君,现在又做人家的臣子,那不如死。”把他的财宝全部赐给左右侍从而让他们离开。襄夫人派人告诉司城离开宋公,他回答说:“做他的臣下而躲开他的祸难,怎么能侍奉以后的国君?”

冬十一月二十二日,宋昭公准备在孟诸打猎,还未到达,夫人王姬派帅甸进攻并杀死了他,荡意诸为此而死去。《春秋》记载说“宋人弑其君杵臼”,这是由于国君无道的缘故。宋文公即位,派同母弟须做了司城。华耦去世,派荡虺做了司马。

注释 1能:亲善。不能君祖母事见文公八年《传》。 2臣:作动词。臣之,即做他的臣子。 3夫人王姬:即襄夫人,因她是周襄王的姐姐,所以这样称呼。帅甸:官名。 4母弟:同母之弟。 5虺(huǐ):意诸的弟弟。

文公十七年

【经】

十有七年春，晋人、卫人、陈人、郑人伐宋。

夏四月癸亥，葬我小君声姜。

齐侯伐我西鄙[1]。

六月癸未，公及齐侯盟于穀。诸侯会于扈。

秋，公至自穀。

冬，公子遂如齐。

十七年春，晋人、卫人、陈人、郑人攻伐宋国。

夏四月四日，安葬我国小君声姜。

齐侯侵伐我国西部边疆。

六月二十五日，文公和齐侯在穀地盟誓。诸侯在扈地相会。

秋，文公从穀地回来。

冬，公子遂到齐国去。

注释　1 伐我西鄙：《传》载伐北鄙。齐两次来伐，一伐西鄙，一伐北鄙，《经》《传》各载不同。

【传】

十七年春，晋荀林父、卫孔达、陈公孙宁、郑石楚伐宋，讨曰："何故弑君？"犹立文公而还[1]。卿不书，失其所也[2]。

夏四月癸亥，葬声姜。有齐难，是以缓。

十七年春，晋国荀林父、卫国孔达、陈国公孙宁、郑国石楚攻打宋国，讨伐说："为什么杀死你们国君？"最后还是立了宋文公而回国。《春秋》没有记载卿的名字，是由于他们处置失当。

夏四月初四日，安葬声姜。由于有齐国侵犯的祸难，所以推迟了。

齐侯伐我北鄙，襄仲请盟。六月，盟于穀。

齐侯攻打我国北部边境，襄仲请求结盟。六月，在穀地结盟。

注释 1 诸侯本来伐宋，但到宋国时，文公已立定，不能改变，故反而立定文公的君位而回去。 2 失其所：本来要讨伐杀君的人，反而立了杀君的人做国君，所以说“失其所”。所，处所，引申为立场。

晋侯蒐于黄父，遂复合诸侯于扈，平宋也。公不与会，齐难故也。书曰“诸侯”，无功也。于是晋侯不见郑伯，以为贰于楚也[1]。郑子家使执讯而与之书[2]，以告赵宣子，曰：“寡君即位三年，召蔡侯而与之事君。九月，蔡侯入于敝邑以行。敝邑以侯宣多之难[3]，寡君是以不得与蔡侯偕。十一月，克减侯宣多[4]，而随蔡侯以朝于执事。十二年六月，归生佐寡君之嫡夷[5]，以请陈侯于楚，而朝诸君。十四年七月，寡君又朝以蒇陈事[6]。十五年五月，陈侯自敝邑往朝于

晋侯在黄父阅兵，就因此再次在扈地会合诸侯，为的是平定宋国的乱事。文公没有参加会合，是因为当时齐国正侵略鲁国的缘故。《春秋》记载说“诸侯”而没有记载名字，这是讥讽他们并没有取得成功。在当时晋侯不肯和郑伯相见，认为他和楚国有勾结。郑国的子家派执讯去晋国并且给他一封信，以告诉赵宣子说：“寡君即位三年，召请蔡侯并和他一起侍奉贵国国君。九月，蔡侯到了我郑国准备前行。我国由于发生侯宣多的祸难，寡君因此没能和蔡侯同行。十一月，平定了侯宣多的祸难，就随蔡侯一道朝觐执事。十二年六月，归生辅佐寡君的嫡子夷，到楚国请求陈侯一起朝见贵国国君。十四年七月，寡君又来贵国朝见，以完成关于陈国的事情。十五年五月，陈侯从我国前去朝见贵国国君。去年正月，烛之武前去贵国，

君。往年正月，烛之武往，朝夷也[7]。八月，寡君又往朝。以陈、蔡之密迩于楚，而不敢贰焉，则敝邑之故也。虽敝邑之事君，何以不免？在位之中，一朝于襄，而再见于君[8]。夷与孤之二三臣相及于绛[9]。虽我小国，则蔑以过之矣[10]。今大国曰：'尔未逞吾志。'敝邑有亡，无以加焉。"

这是为了让夷前往朝见贵国国君。八月，寡君又前去朝见。以陈、蔡两国这样紧紧挨着楚国而不敢对晋国三心二意，那都是由于有敝国的缘故。虽然敝国如此侍奉贵国国君，为什么却不能免于祸患呢？寡君在位期间，一次朝见贵国先君襄公，两次朝见贵国国君。夷和孤的几个臣下先后到绛城来。虽说郑国是个小国，却再没有比敝国对贵国更好的了。现在大国说：'你们没能让我快意。'那敝国只有灭亡，再没有什么增加的了。"

注释 1 贰：背叛，有二心。 2 执讯：掌通讯的官。 3 侯宣多：迎立郑穆公有功，后恃宠专权。 4 减：损。 5 夷：郑穆公太子，后为灵公。 6 蒇(chǎn)：完成。 7 朝夷：即使夷朝。朝，作使动词。 8 君：晋灵公。 9 孤：子家称其君叫"孤"。绛：晋国都。 10 蔑：无。

"古人有言曰：'畏首畏尾，身其余几？'又曰：'鹿死不择音。'小国之事大国也，德，则其人也；不德，则其鹿也，铤而走险[1]，急何能择？命之罔极[2]，亦知亡矣，将悉敝赋以待

"古人有话说：'怕头怕尾，身子还剩多少？'又说：'鹿死的时候的哀叫是不会选择声音的。'小国侍奉大国，如果大国以德相待，那我们就是那种恭顺而不多考虑自己的人；如果不是以德相待，那我们就是那种死不择音的鹿了，突怒狂奔，直赴险地，急迫的时候哪能有什么选择？贵国的命令没有穷尽，我们也知道要灭亡了，

于儵[3]，唯执事命之。文公二年六月壬申[4]，朝于齐。四年二月壬戌[5]，为齐侵蔡，亦获成于楚。居大国之间，而从于强令[6]，岂其罪也？大国若弗图，无所逃命。”

只好准备全部派出敝国的士兵在儵地等待着，只等执事对他们发布命令。文公二年六月二十日，我们到齐国朝见。四年二月壬戌，为齐国攻打蔡国，也和楚国取得媾和。处于齐、楚两个大国之间而屈从于强横的命令，难道是我们的罪过吗？大国若不体谅，我们是没有地方可以逃避你们的命令的。”

晋巩朔行成于郑，赵穿、公婿池为质焉。

晋国的巩朔到郑国讲和，赵穿、公婿池作为人质。

注释 1 铤(tǐng)：疾走的样子。 2 罔极：无穷尽。 3 赋：兵。古代按田赋出兵，所以称兵为赋。儵：晋、郑边境。 4 文公：指郑文公。 5 壬戌：二月无壬戌。 6 强令：强横的命令。

秋，周甘歜败戎于邥垂[1]，乘其饮酒也。

秋，周朝的甘歜在邥垂打败戎人，是乘他们喝酒不备的机会。

冬十月，郑大子夷、石楚为质于晋。

冬十月，郑国的太子夷、石楚到晋国作为人质。

襄仲如齐，拜榖之盟。复曰：“臣闻齐人将食鲁之麦[2]。以臣观之，将不能[3]。齐君之语偷[4]。臧文仲有言曰：‘民主偷，必死。’”

襄仲到齐国去，拜谢榖地的结盟。回来报告说：“下臣听说齐国人打算去吃鲁国的麦子。但以下臣看来，恐怕做不到。齐国国君的话毫无远虑。臧文仲有话说：‘百姓的主人毫无远虑，必然很快就死。’”

注释 1歜:音chù。郴:音shěn。 2食鲁之麦:意指伐鲁。 3将:大概。4偷:苟且。

文公十八年

【经】

十有八年春,王二月丁丑,公薨于台下。

十八年春,周历二月二十三日,文公在台下去世。

秦伯罃卒。

秦伯罃去世。

夏五月戊戌,齐人弑其君商人。

夏五月十五日,齐国人杀了他们的国君商人。

六月癸酉,葬我君文公。

六月二十一日,安葬我国国君文公。

秋,公子遂、叔孙得臣如齐。

秋,公子遂、叔孙得臣到齐国去。

冬十月,子卒[1]。

冬十月,文公儿子恶去世。

夫人姜氏归于齐。

夫人姜氏从齐国回来。

季孙行父如齐。

季孙行父到齐国去。

莒弑其君庶其。

莒国杀了他们的国君庶其。

注释 1子:文公太子恶。

【传】

十八年春，齐侯戒师期[1]，而有疾。医曰："不及秋，将死。"公闻之，卜，曰："尚无及期[2]！"惠伯令龟[3]。卜楚丘占之，曰："齐侯不及期，非疾也，君亦不闻，令龟有咎。"二月丁丑，公薨。

十八年春，齐侯发布了出兵日期的命令，就得了病。医生说："不到秋天就要死去。"鲁文公听到了，占卜，说："希望他不到发兵的日期就死！"惠伯就用文公这样的话令告龟甲。卜楚丘占卜，说："齐侯不到发兵日期就会死，但不是因为疾病，国君也听不到齐侯的死讯，令告龟甲一定要显示某种迹兆就会有灾祸。"二月二十三日，文公去世。

齐懿公之为公子也，与邴歜之父争田[4]，弗胜。及即位，乃掘而刖之[5]，而使歜仆。纳阎职之妻，而使职骖乘[6]。夏五月，公游于申池。二人浴于池，歜以扑抶职[7]。职怒，歜曰："人夺女妻而不怒，一抶女，庸何伤[8]？"职曰："与刖其父而弗能病者何如？"乃谋弑懿公，纳诸竹中。归，舍爵而行[9]。齐人立公子元。

齐懿公做公子的时候，和邴歜的父亲争夺田地，没有胜利。等到即位以后，就掘出他的尸体而砍去他的脚，而又让邴歜为他驾车。夺取了阎职的妻子而又让阎职作骖乘。夏五月，懿公在申池游玩。邴歜、阎职两个人在池子里洗澡，邴歜用马鞭抽打阎职。阎职发怒，邴歜说："别人夺了你的妻子你不生气，打你一下又有什么损伤呢？"阎职说："比砍了他父亲的脚而不敢怨恨的人怎么样？"于是两人就策划杀了懿公，把尸体放在竹林里。回去以后，摆好酒杯痛饮一番然后出走。齐国人立了公子元为国君。

注释　1 戒：命令。　2 尚：表示希冀祈请的副词。　3 令龟：把所卜的事告诉龟甲。文公希望齐侯不到发兵时就死，并以这种愿望占卜，希望龟能显示出这样的结果，所以下面说“令龟有咎”。 4 邴歜：音 bǐng chù。 5 刖：断脚。 6 骖乘：古代乘车在车右的人。 7 扑：此指驾车击马的竹鞭。抶（chì）：鞭打。 8 庸：与“何”义同。 9 舍爵：此指饮酒。舍，置。爵，酒杯。

六月，葬文公。

秋，襄仲、庄叔如齐[1]，惠公立故，且拜葬也。文公二妃，敬嬴生宣公。敬嬴嬖，而私事襄仲。宣公长，而属诸襄仲[2]。襄仲欲立之，叔仲不可[3]。仲见于齐侯而请之。齐侯新立，而欲亲鲁，许之。

冬十月，仲杀恶及视，而立宣公。书曰“子卒”，讳之也。仲以君命召惠伯[4]，其宰公冉务人止之[5]，曰：“入必死。”叔仲曰：“死君命可也。”公冉务人曰：“若君命，可死；非君命，何听？”弗听，乃入，杀而埋之马矢之中。公冉务人奉其帑以奔蔡，既而复叔仲氏。

六月，安葬文公。

秋，襄仲、庄叔去齐国，这是由于齐惠公即位的缘故，并且也为了拜谢齐国前来参加葬礼。文公有两个妃子，敬嬴生了宣公。敬嬴受到宠爱，而私下结交襄仲。宣公年长，敬嬴把他嘱托给襄仲。襄仲要立他为国君，叔仲不同意。襄仲就去进见齐侯而请求。齐侯新近即位，想亲近鲁国，也就同意了襄仲的请求。

冬十月，襄仲杀死了太子恶和他的弟弟视，而立宣公为国君。《春秋》记载说“子卒”，这是为了隐讳真相。襄仲用国君的名义召见惠伯，惠伯的家臣长官公冉务人劝止他，说：“去了肯定死。”叔仲说：“死于国君的命令是可以的。”公冉务人说：“如果是国君的命令，可以死；不是国君的命令，为什么要听从？”惠伯不听，就进去了，被杀死后埋在马粪里面。公冉务人侍奉惠伯的妻子儿女逃亡到蔡国，不久又重新立了叔仲氏。

注释 1 襄仲:公子遂。庄叔:得臣。 2 属:通“嘱”,托付。 3 叔仲:惠伯,也即叔彭生。 4 君:指太子恶。文公去世,太子恶当立,襄仲杀死恶而假装以恶的命令召惠伯。 5 宰:卿大夫家臣长官。

夫人姜氏归于齐[1],大归也[2]。将行,哭而过市,曰:“天乎!仲为不道,杀嫡立庶。”市人皆哭。鲁人谓之哀姜。

夫人姜氏回齐国去,这是永远回到娘家不再到夫家了。她将要离开的时候,哭着经过集市,说:“天哪,襄仲无道,杀死嫡子而立了庶子。”集市上的人都跟着哭泣。鲁国人称她为哀姜。

莒纪公生大子仆,又生季佗,爱季佗而黜仆,且多行无礼于国。仆因国人以弑纪公,以其宝玉来奔,纳诸宣公。公命与之邑,曰:“今日必授!”季文子使司寇出诸竟[3],曰:“今日必达!”公问其故。季文子使大史克对曰:“先大夫臧文仲教行父事君之礼,行父奉以周旋,弗敢失队[4]。曰:‘见有礼于其君者,事之,如孝子之养父母也;见无礼于其君者,诛之,如鹰鹯之逐鸟雀也[5]。’先君周公制《周礼》曰:‘则以观德[6],德以处事,

莒纪公生了太子仆,又生了季佗,喜爱季佗而废黜了太子仆,而且在国内做了许多不合于礼的事情。太子仆依靠国内的人们杀死了纪公,拿了他的宝玉前来逃亡,把宝玉献给宣公。宣公命令给他城邑,说:“今天一定得给!”季文子让司寇把他赶出国境,说:“今天一定要把他赶出国境!”宣公询问这样做的原因。季文子让太史克回答说:“先大夫臧文仲教导行父侍奉国君的礼数,行父拿它作处事的准则,不敢违背。先大夫说:‘见到对他的国君有礼的人,就侍奉他,如同孝子侍奉父母一样;见到对他的国君无礼的人就诛灭他,如同鹰鹯追逐鸟雀一样。’先君周公制定《周礼》说:‘礼仪准则用来观察德行,德行用来处置事情,事情用来衡量功劳,功

事以度功，功以食民。'作《誓命》曰：'毁则为贼，掩贼为藏，窃贿为盗[7]，盗器为奸[8]。主藏之名，赖奸之用[9]，为大凶德，有常无赦[10]。在九刑不忘。

劳用来取食于民。'又制作《誓命》说：'毁弃礼仪就是贼，隐匿奸贼就是窝藏，偷窃财物就是盗，偷盗国宝就是奸。有窝藏的名声，利用奸人的宝器，这是很大的凶德，对此有规定的刑罚不可赦免。这些都记录在九刑之中，不能忘记。

注释 1姜氏：即文公四年的出姜。 2大归：永远回娘家。 3出：逐出。竟：同"境"。 4队：同"坠"。 5鹯：音 zhān。 6则：指礼则。 7贿：财物。 8器：指宝器。 9赖：利。用：器用。 10常：指常刑。

"行父还观莒仆[1]，莫可则也[2]。孝敬、忠信为吉德，盗贼、藏奸为凶德。夫莒仆，则其孝敬，则弑君父矣；则其忠信，则窃宝玉矣。其人，则盗贼也；其器，则奸兆也[3]。保而利之，则主藏也。以训则昏，民无则焉。不度于善[4]，而皆在于凶德，是以去之。昔高阳氏有才子八人，苍舒、隤敳、梼戭、大临、尨降、庭坚、仲容、叔达[5]，齐、圣、广、渊、明、允、笃、诚，天下之民

"行父仔细观察莒仆，没有一样是可以用礼则衡量的。孝敬、忠信是吉德，盗贼、藏奸是凶德。那个莒仆，衡量他的孝敬，那他是个杀国君父亲的；衡量他的忠信，那他又是个偷窃宝玉的。他这个人，就是盗贼；他拿来的器物，就是赃证。如果保护这样的人而贪图他的器物，那就是窝赃。以此来教育百姓就会造成昏乱，老百姓就无所取法了。上面这些都不属于好的范围，而都属于凶德，所以才把他赶走。以前高阳氏有有才能的儿子八个，苍舒、隤敳、梼戭、大临、尨降、庭坚、仲容、叔达，他们中正、通达、宽宏、深远、明智、守信、厚道、诚实，天下的百姓称他们八恺。高辛氏有

谓之八恺。高辛氏有才子八人[6]，伯奋、仲堪、叔献、季仲、伯虎、仲熊、叔豹、季狸，忠、肃、共、懿、宣、慈、惠、和，天下之民谓之八元。此十六族也，世济其美，不陨其名[7]，以至于尧，尧不能举。舜臣尧，举八恺，使主后土[8]，以揆百事[9]，莫不时序[10]，地平天成[11]。举八元，使布五教于四方，父义、母慈、兄友、弟共、子孝，内平外成。

有才能的儿子八人，伯奋、仲堪、叔献、季仲、伯虎、仲熊、叔豹、季狸，他们忠诚、恭敬、勤谨、端美、周密、慈祥、仁爱、宽和，天下的百姓称他们为八元。这十六个家族，世世代代继承他们的美德，没有丧失前世的美好名声，一直到尧的时代，但是尧没有举拔他们。舜做了尧的臣子以后，举拔八恺，让他们主持管理土地的官职，以处理各种事务，没有一样不是处理得既及时又有条理，大地和上天都平静无事。又举拔八元，让他们在四方之国宣扬五种教化，父亲有道义、母亲慈爱、哥哥友爱、弟弟恭敬、儿子孝顺，里里外外都平静无事。

注释 1 还观：即遍观。 2 则：即上文所说的“则以观德”之“则”，也就是礼则，此作动词，指以礼则衡量。下文“则其孝敬”“则其忠信”的“则”义同。 3 兆：范围，此指证据。 4 不度于善：不在善的范围。度，限度。 5 高阳：颛顼帝。苍舒、隤敳(tuí ái)、梼戭(táo yǎn)、大临、尨(máng)降、庭坚、仲容、叔达：所列八人无可考。 6 高辛：帝喾。 7 陨(yǔn)：毁坏，丧失。名：美好的名声。 8 后土：管理土地的官。 9 揆：管理。 10 时序：时间季节的先后次序。此指百事处理得既有条理又很及时。 11 平：平静。天成：指天的四时运行有序，没有发生错乱。

“昔帝鸿氏有不才子，掩义隐贼，好行凶德，

“以前帝鸿氏有个顽劣的儿子，掩蔽道义，包庇奸贼，喜欢干属于凶德的

丑类恶物[1]。顽嚚不友[2]，是与比周[3]，天下之民谓之浑敦。少皞氏有不才子，毁信废忠，崇饰恶言[4]，靖谮庸回[5]，服谗蒐慝[6]，以诬盛德[7]，天下之民谓之穷奇。颛顼氏有不才子，不可教训，不知话言[8]，告之则顽，舍之则嚚，傲很明德[9]，以乱天常，天下之民谓之梼杌。此三族也，世济其凶，增其恶名，以至于尧，尧不能去。缙云氏有不才子，贪于饮食，冒于货贿[10]，侵欲崇侈[11]，不可盈厌[12]，聚敛积实，不知纪极[13]，不分孤寡，不恤穷匮，天下之民以比三凶，谓之饕餮[14]。舜臣尧，宾于四门[15]，流四凶族，浑敦、穷奇、梼杌、饕餮，投诸四裔[16]，以御螭魅[17]。是以尧崩而天下如一，同心戴舜，以为天子，以其举十六相，去四凶也。故

事情，把坏东西视为同类。那些愚昧奸诈、不友好的人，也就和他混在一起，天下的百姓称他为浑敦。少皞氏有一个顽劣的儿子，败坏信用，废弃忠诚，专说花言巧语，惯听谗言，任用奸邪，造谣中伤，掩盖罪恶，以诬陷有盛德的人，天下百姓称他为穷奇。颛顼氏有个顽劣的儿子，没办法教训，不知道什么是好话，开导他，他愚顽不化；不管他，他又刁恶奸诈；倨傲违逆美好德行，以搅乱上天的常道，天下的百姓称他为梼杌。这三个家族，世世代代继承他们的凶恶，增加了他们的坏名声，一直到尧的时代，尧也不能铲除他们。缙云氏有一个顽劣的儿子，贪图吃喝，贪求财货，恣意奢侈，不能满足，聚财积谷，没有限度，不分给孤儿寡母，不周济贫穷困乏的人，天下的百姓把他比作三凶，称他为饕餮。舜做了尧的臣下以后，在四方城门接待宾客，流放四个凶恶的家族，把浑敦、穷奇、梼杌、饕餮赶到四边荒远的地方，让他们去抵御妖怪。因此，尧以后天下如同一个人一样，同心拥戴舜做天子，是因为他举拔了十六相而去掉四凶。所以《虞书》数列舜的功业，说‘谨

《虞书》数舜之功，曰‘慎徽五典[18]，五典克从’，无违教也。曰‘纳于百揆[19]，百揆时序’，无废事也。曰‘宾于四门，四门穆穆’[20]，无凶人也。舜有大功二十而为天子[21]，今行父虽未获一吉人，去一凶矣。于舜之功，二十之一也，庶几免于戾乎[22]！”

慎地弘扬五典，五典都能顺从’，这是说没有错误的教导。说‘放在处理各种事务的岗位上，各种事情都能处理顺当’，这是说没有荒废的事情。说‘在四方的城门接待宾客，四门的宾客都恭敬肃穆’，这是说没有凶顽的人物。舜有大功二十件而做了天子，现在行父虽没有得到一个好人，但已赶走了一个凶人。这和舜的功业相比，是他的二十分之一，差不多可以免于罪过了吧！”

注释 1 丑类：同义词连用，此作动词。把……视为同类。 2 顽嚚：愚蠢奸诈。不友：不友爱的人。 3 比周：结伙。 4 崇饰：同义词连用。崇，修饰。 5 靖：安。庸：用。回：邪。 6 服：行。蒐：隐蔽。慝(tè)：邪恶。 7 盛德：指盛德之人。 8 话言：善言。 9 傲：倨傲。很：违逆。 10 冒：贪。 11 侵欲：侵吞贪求的欲望。 12 厌：满足。 13 纪极：限度。 14 饕餮(tāo tiè)：贪食的恶兽。 15 宾：作动词，接待宾客。 16 裔(yì)：边。引申为边远的地方。 17 螭魅(chī mèi)：害人的怪物。 18 徽：美好。此作动词，使五典更美好。五典：父义、母慈、兄友、弟恭、子孝。 19 百揆：百事。 20 穆穆：仪表美好，容止端庄恭敬。上引《虞书》各句俱见今《尚书·舜典》。 21 二十：指举十六相与去四凶。 22 庶几：大概，差不多。戾：罪。

宋武氏之族道昭公子，将奉司城须以作乱[1]。十二月，宋公杀母弟须及昭

宋国武氏的族人领着昭公的儿子，打算侍奉司城须以发动叛乱。十二月，宋公杀了同母弟须和昭公的

公子，使戴、庄、桓之族攻武氏于司马子伯之馆[2]，遂出武、穆之族，使公孙师为司城。公子朝卒，使乐吕为司寇，以靖国人。

儿子，让戴公、庄公、桓公的族人在司马子伯的客馆里攻打武氏，于是就把武公、穆公的族人赶出国去，派遣公孙师做司城。公子朝去世，派乐吕做司寇，以安定国内的人们。

注释 1 司城须：文公同母弟。 2 司马子伯：华耦。

春秋左传

宣公

宣公元年

【经】

元年春，王正月，公即位[1]。

公子遂如齐逆女[2]。

三月，遂以夫人妇姜至自齐。

夏，季孙行父如齐。

晋放其大夫胥甲父于卫。

公会齐侯于平州。

公子遂如齐。

六月，齐人取济西田[3]。

秋，邾子来朝。

楚子、郑人侵陈，遂侵宋。晋赵盾帅师救陈。

宋公、陈侯、卫侯、曹伯会晋师于棐林[4]，伐郑。

冬，晋赵穿帅师侵崇[5]。

晋人、宋人伐郑。

元年春天，周历正月，宣公即位。

公子遂到齐国去迎娶齐女。

三月，公子遂带着夫人妇姜从齐国回到鲁国。

夏天，季孙行父到齐国去。

晋国把大夫胥甲父放逐到卫国。

宣公在平州会见了齐侯。

公子遂去到齐国。

六月，齐国人得到了济水以西的土地。

秋天，邾子来到鲁国朝见宣公。

楚王、郑国人侵犯陈国，又侵犯宋国。晋国赵盾率领军队救援陈国。

宋公、陈侯、卫侯、曹伯在棐林与晋国军队会合，攻打郑国。

冬天，晋国赵穿率领军队侵犯崇国。

晋国人、宋国人攻打郑国。

注释 1 元年：宣公元年，公元前608年。公：宣公，名倭，文公之子。 2 公子遂：鲁公子，又名东门遂、东门襄仲、仲遂。逆：迎。 3 济西：济水以西。

4 棐(fěi)林:在今河南省新郑境内。 5 崇:秦国的附国。

【传】

元年春,王正月,公子遂如齐逆女。尊君命也[1]。

元年春天,周历正月,公子遂到齐国去迎娶齐女。《春秋》称他作“公子遂”,是由于尊重国君的命令。

三月,遂以夫人妇姜至自齐,尊夫人也[2]。

三月,遂带着夫人妇姜从齐国回国,《春秋》称他作“遂”,是由于尊重夫人。

夏,季文子如齐,纳赂以请会[3]。

夏天,季文子到齐国,进献财礼来请求参加盟会。

晋人讨不用命者,放胥甲父于卫,而立胥克[4]。先辛奔齐[5]。

晋国人惩罚不肯卖命的人,放逐胥甲父到卫国,而立胥克。先辛逃到齐国。

会于平州,以定公位。

宣公与齐侯在平州会盟,是为了稳定宣公的君位。

东门襄仲如齐拜成[6]。

东门襄仲到齐国答谢会盟的成功。

六月,齐人取济西之田,为立公故,以赂齐也。

六月,齐国人得到了济水以西的土地,这是因为齐国帮助宣公即位,而以此答谢齐国。

宋人之弑昭公也,晋荀林父以诸侯之师伐宋,宋及晋平,宋文公受盟于晋。又会诸侯于扈,将为鲁讨齐。皆取赂而还。郑穆公曰:“晋不足与也。”遂受盟于楚。陈

宋国人杀死了昭公,晋国的荀林父率领诸侯的军队讨伐宋国,宋国和晋国讲和,宋文公在晋国接受了盟约。又在扈地会合诸侯,将要为鲁国讨伐齐国。两次都得到了财礼便班师回国。郑穆公说:“晋国不值得与它交往。”就在楚国接受盟约。陈共公去世,楚国不行诸

共公之卒，楚人不礼焉。陈灵公受盟于晋。

侯国之间互相吊丧的礼仪。陈灵公在晋国接受盟约。

注释 1 尊君命：这是解释称“公子遂”的缘故。诸侯国卿大夫出入国门，《春秋》称名氏，是为了显示尊重国君的命令。 2 尊夫人：这是解释称“遂”的缘故，是为了尊重夫人。 3 纳：进献。赂：财礼，此指济西之田。 4 胥克：胥甲父之子。 5 先辛：胥甲父一类的大夫。 6 东门：复姓。拜：拜谢。成：成事，成功，这里指宣公得以顺利参加盟会。

秋，楚子侵陈[1]，遂侵宋。晋赵盾帅师救陈、宋。会于棐林，以伐郑也。楚蒍贾救郑，遇于北林，囚晋解扬[2]。晋人乃还。

晋欲求成于秦。赵穿曰：“我侵崇，秦急崇，必救之。吾以求成焉。”冬，赵穿侵崇。秦弗与成。

晋人伐郑，以报北林之役。于是晋侯侈，赵宣子为政，骤谏而不入，故不竞于楚[3]。

秋天，楚王侵袭陈国，又乘机侵袭宋国。晋国赵盾率领军队救援陈国、宋国。宋公、陈侯、卫侯、曹伯与晋军在棐林会合，攻打郑国。楚国蒍贾救援郑国，与晋军在北林相遇，俘虏了晋国的解扬。晋军就回国了。

晋国想要与秦国求和。赵穿说：“我们侵袭崇国，秦国为崇国担忧，一定救援崇国。我们以此与秦国求和。”冬天，赵穿侵袭崇国。秦国不与晋国讲和。

晋军攻打郑国，来报复北林的那次战役。这时晋侯奢侈，赵宣子执政，屡次劝谏都不听，所以不能与楚国相争。

注释 1 楚子：指楚庄王。 2 北林：郑地，在今河南郑州境内。解扬：晋大夫，字子虎。 3 竞：争。

宣公二年

【经】

二年春，王二月壬子，宋华元帅师及郑公子归生帅师，战于大棘[1]。宋师败绩，获宋华元。

秦师伐晋。

夏，晋人、宋人、卫人、陈人侵郑。

秋九月乙丑，晋赵盾弑其君夷皋。

冬十月乙亥，天王崩[2]。

二年春天，周历二月壬子，宋国的华元和郑国的公子归生率兵在大棘作战。宋军大败，宋国的华元被俘获。

秦军讨伐晋国。

夏天，晋国人、宋国人、卫国人和陈国人入侵郑国。

秋天九月二十六日，晋国的赵盾谋杀了他的国君夷皋。

冬天十月六日，周匡王去世。

注释　1 大棘：在今河南睢县南。　2 天王：周匡王。

【传】

二年春，郑公子归生受命于楚，伐宋。宋华元、乐吕御之[1]。二月壬子，战于大棘，宋师败绩。囚华元，获乐吕，及甲车四百六十乘，俘二百五十

二年春天，郑国的公子归生接受楚国的命令攻打宋国。宋国的华元、乐吕奉命抵御。二月壬子，在大棘交战，宋军大败。郑国生擒了华元，得到了乐吕的尸首，缴获兵车四百六十辆，俘虏二百五十人，割了死俘的一百只耳朵。

人，馘百人[2]。

狂狡辂郑人，郑人入于井，倒戟而出之[3]，获狂狡。君子曰："失礼违命，宜其为禽也[4]。戎，昭果毅以听之之谓礼[5]。杀敌为果，致果为毅。易之，戮也。"

将战，华元杀羊食士，其御羊斟不与[6]。及战，曰："畴昔之羊[7]，子为政，今日之事，我为政。"与入郑师，故败。君子谓："羊斟非人也，以其私憾，败国殄民[8]，于是刑孰大焉？《诗》所谓'人之无良[9]'者，其羊斟之谓乎！残民以逞。"

狂狡迎战郑国人，有个郑国人躲到井里，狂狡把戟柄给他想拉他出来，那个人出来后反而俘获了狂狡。君子说："违背作战规律和命令，活该他被擒获。战争，显示果敢坚毅而听从命令叫作礼。杀死敌人就是果敢，达到果敢就是坚毅。反之，就要被杀。"

当宋、郑两军准备交战时，华元杀羊犒劳士兵，却不给他的驾车人羊斟吃。等到战斗开始，羊斟说："前天的羊，是您作主，今天的战斗，是我作主。"于是羊斟载着华元驰入郑军，所以战败。君子认为："羊斟不是人，因个人私仇，而使国家战败百姓受害，还有比这更大的罪行吗？《诗》所说的'没有良好品行的人'，大概说的就是羊斟吧！以残害百姓来发泄自己的私愤。"

注释 1 华元：见文公十六年《传》。乐吕：见文公十八年《传》。 2 馘(guó)：割耳。 3 狂狡：宋大夫。辂：迎战。倒戟：以戟柄授人。 4 禽：同"擒"。 5 戎：战争。昭：显示。 6 羊斟：人名。与：参与。 7 畴昔：前天。 8 私憾：私恨，私仇。殄(tiǎn)：残害。 9 人之无良：语出《诗经·小雅·角弓》篇。今本作"民之无良"。

宋人以兵车百乘、文马百驷以赎华元于郑[1]。

宋国人用一百辆兵车和四百匹毛色漂亮的马向郑国赎取华元。赎物送去

半入[2]，华元逃归，立于门外，告而入。见叔牂[3]，曰："子之马然也？"对曰："非马也，其人也。"既合而来奔[4]。

一半，华元逃回来了，他站在都门外，通报身份后进了城。见到羊斟，说："您的马是因为不听使唤才闯入敌阵的吗？"羊斟回答说："不是马的缘故，而是人。"说完就逃奔到了鲁国。

宋城，华元为植，巡功[5]。城者讴曰："睅其目，皤其腹[6]，弃甲而复。于思于思[7]，弃甲复来。"使其骖乘谓之曰："牛则有皮，犀兕尚多，弃甲则那[8]？"役人曰："从其有皮[9]，丹漆若何？"华元曰："去之，夫其口众我寡。"

宋国修筑城池，华元为负责人，巡视工程。筑城人歌唱道："瞪着大眼睛，挺着大肚皮，丢盔弃甲而回。胡须长满腮，丢盔弃甲跑回来。"华元派他的陪乘回答说："有牛就有皮，犀牛还有很多，丢盔弃甲又有什么关系？"筑城的人说："即使有牛皮，又到哪里找丹漆？"华元说："离开他们，他们人多口众，我们人少。"

秦师伐晋，以报崇也，遂围焦[10]。夏，晋赵盾救焦，遂自阴地[11]，及诸侯之师侵郑，以报大棘之役。楚鬬椒救郑，曰："能欲诸侯而恶其难乎？"遂次于郑，以待晋师。赵盾曰："彼宗竞于楚，殆将毙矣[12]。姑益其疾。"乃去之。

秦军讨伐晋国，以报崇地一战之仇，于是包围了晋国的焦地。夏天，晋国赵盾援救焦地，便从阴地出发，与诸侯的军队入侵郑国，以报大棘一战之仇。楚国的鬬椒救援郑国，说："岂能又想称霸诸侯，而又置他们的危难于不顾呢？"于是楚军驻扎在郑国，等待晋军。赵盾说："鬬椒他们的若敖氏族在楚国一直很强盛，大概就要垮台了。姑且加剧他们自以为是的毛病吧。"于是率军离开了郑国。

注释 1 文马：毛色有文彩的马。百驷：四百匹。驷，同拉一辆战车的四匹马。 2 半入：入其半，指兵车、文马仅送去一半。 3 叔牂：即羊斟。 4 合：答。 5 植：主持者。巡功：巡视工程。 6 讴：唱歌。睅(hàn)：眼睛大貌。皤(pó)：腹大貌。 7 于思：胡须多貌。于，衬音助词，无义。思，同"偲(sāi)"。 8 犀兕(sì)：犀牛。兕，雌性犀牛。那："奈何"的合音。 9 从：同"纵"。 10 焦：晋邑，在今河南三门峡陕州区南。 11 阴地：古有广狭二义，此指河南卢氏东北之阴地城。 12 彼宗：他那个宗族。竞：强。殆：大概。毙：垮台，衰败。

晋灵公不君，厚敛以雕墙，从台上弹人而观其辟丸也[1]。宰夫胹熊蹯不熟[2]，杀之，置诸畚，使妇人载以过朝。赵盾、士季见其手，问其故，而患之，将谏。士季曰："谏而不入，则莫之继也。会请先[3]，不入则子继之。"三进，及溜[4]，而后视之，曰："吾知所过矣，将改之。"稽首而对曰："人谁无过？过而能改，善莫大焉。《诗》曰：'靡不有初，鲜克有终。'[5]夫如是，则能补过者鲜矣。君能有终，

晋灵公不守为君之道，横征暴敛，用来装饰宫墙，从台上用弹弓击人而观看他们躲避弹丸。厨师没把熊掌煮烂，便杀了他，把他放在畚箕里，让宫女顶在头上从朝廷走过。赵盾、士季看见了尸体的手，询问杀人的缘故，以此为忧，准备入宫进谏。士季说："如果我们两人一同进谏，不被采纳，就没有人再继续进谏了。让我先谏，君王不接受，您再接着进谏。"士季一连行礼三次，直到屋檐下，灵公才抬头看他，说："我知道自己所犯的错误了，打算改正。"士季叩头回答说："什么人没有过错？犯了错误能改正，没有比这更好的事情了。《诗》说：'做事往往容易有一个好的开头，而难得有一个好的结尾。'如果像这样，那么能改正过错的人就很少了。君王若能有始有终，

则社稷之固也，岂唯群臣赖之？又曰：‘衮职有阙，惟仲山甫补之[6]。’能补过也。君能补过，衮不废矣。”

那就是国家的保障了，难道仅仅是我们臣子依靠它？又说：‘天子的礼服有了破损，仲山甫把它补好。’这是说仲山甫能弥补天子的过错。君王能弥补过错，君位就不会废弃了。”

注释　1 不君：不合为君之道。厚敛：增加赋税。雕墙：彩饰墙壁。辟：同“避”。 2 胹(ér)：烧煮。熊蹯：熊掌。 3 会：随会，士季之名。 4 三进：始进入门，再进入庭，三进入阶。溜：同“霤”，檐下台阶滴水之处。 5《诗》：指《诗经·大雅·荡》篇。靡：无。鲜：少。克：能。 6 衮(gǔn)：天子以及上公的礼服。阙：破损。仲山甫：周宣王时贤臣樊侯，也称“樊仲甫”。

犹不改。宣子骤谏，公患之，使鉏麑贼之[1]。晨往，寝门辟矣，盛服将朝。尚早，坐而假寐[2]。麑退，叹而言曰：“不忘恭敬，民之主也。贼民之主，不忠；弃君之命，不信。有一于此，不如死也。”触槐而死。

晋灵公还是不改正。赵盾屡次劝谏，灵公厌恶他，便派鉏麑去刺杀他。鉏麑早晨潜入赵宅，赵盾的卧房门已经开了，赵盾穿戴整齐准备上朝。时间还早，正坐着打瞌睡。鉏麑退了出来，感叹地说：“他不忘恭敬，是百姓的主人。刺杀百姓的主人，就是不忠；而违背国君的命令，就是不信。只要具备了这两条中的一条，都不如死了的好。”便撞在槐树上死了。

秋九月，晋侯饮赵盾酒，伏甲将攻之。其右提弥明知之，趋登曰：“臣侍君宴，过三爵[3]，非礼也。”遂扶以下。公嗾

秋天九月，晋灵公请赵盾喝酒，埋伏甲士准备袭杀他。他的车右提弥明察觉了这个阴谋，快步登上殿堂说：“臣子侍奉君主饮酒，超过三杯，就不合礼仪。”说完便扶赵盾下殿。灵公嗾使猛狗扑向他

夫獒焉[4]，明搏而杀之。盾曰："弃人用犬，虽猛何为？"斗且出，提弥明死之。

们，提弥明与狗搏斗，杀死了它。赵盾说："不用人而用狗，狗虽凶猛，又有什么用呢？"二人边与甲士搏斗边向外退出，提弥明在搏斗中死去。

注释 1 宣子：即赵盾。患：厌恶。钼麑：晋力士。贼：刺杀。 2 假寐：打瞌睡。 3 提弥明：赵盾的车右。趋登：快步登上堂。三爵：古代君宴臣，按小饮酒礼，臣饮三杯即应告退。 4 嗾(sǒu)：令犬出击所发出的声音。獒(áo)：猛犬。

初，宣子田于首山，舍于翳桑，见灵辄饿[1]，问其病。曰："不食三日矣。"食之，舍其半。问之，曰："宦三年矣[2]，未知母之存否，今近焉，请以遗之。"使尽之，而为之箪食与肉，置诸橐以与之[3]。既而与为公介，倒戟以御公徒[4]，而免之。问何故。对曰："翳桑之饿人也。"问其名居，不告而退，遂自亡也。

当初，赵盾在首阳山打猎，在翳桑住宿，看见灵辄饿得厉害，问他有什么病。灵辄说："三天没吃东西了。"赵盾给他食物吃，灵辄留下一半。问他这是为什么，他说："为人奴仆三年了，不知母亲还在不在人世，现在快到家了，请允许我把这一半送给她。"赵盾叫他把食物吃完，又准备了一篮饭和肉，装在袋子里送给他。不久灵辄参加禁卫军做了灵公的甲士，这次灵辄掉转兵器来抵御灵公的甲士，才使赵盾免于祸难。赵盾问他什么缘故。灵辄回答说："我就是翳桑那个挨饿的人。"问他的姓名和住址，他不回答而退了出去，就自己逃亡去了。

乙丑，赵穿攻灵

九月二十六日，赵穿在桃园击杀了晋

公于桃园[5]。宣子未出山而复[6]。大史书曰"赵盾弑其君",以示于朝。宣子曰:"不然。"对曰:"子为正卿,亡不越竟[7],反不讨贼,非子而谁?"宣子曰:"乌呼!'我之怀矣,自诒伊戚[8]',其我之谓矣!"孔子曰:"董狐,古之良史也,书法不隐。赵宣子,古之良大夫也,为法受恶,惜也。越竟乃免。"

灵公。此时赵盾逃亡还没走出晋国国境,听说这一消息后就回来了。太史董狐记载这件事为"赵盾弑其君",并拿到朝廷上让众人看。赵盾说:"不是这样的。"董狐回答说:"您是正卿,逃亡还未出国境,回来后又不惩罚杀死国君的凶手,那么凶手不是你又是谁呢?"赵盾说:"天啊!'因为我眷恋祖国,反而给自己带来忧患',这大概就是说的我吧!"孔子说:"董狐是古代优秀的史官,他不隐讳事实,秉笔直书。赵盾是古代优秀的大夫,他因为史官的法度而蒙受恶名,真是可惜。如果他当时走出了国境,这个恶名就可以避免了。"

注释 1 田:畋猎。首山:首阳山。翳桑:首阳山一带地名。灵辄:人名。 2 宦:为人臣隶。 3 箪(dān):圆形盛饭器。橐(tuó):口袋。 4 介:甲士。倒戟:倒戈。 5 赵穿:晋将军,赵盾兄弟。 6 出山:出境。复:返回。 7 竟:同"境"。 8 诒:通"遗"。伊:此。戚:忧。

宣子使赵穿逆公子黑臀于周而立之[1]。壬申,朝于武宫[2]。

赵盾派赵穿从周王朝迎接公子黑臀回国,立为国君。十月三日,公子黑臀到晋武公的庙中拜祭。

初,丽姬之乱,诅,无畜群公子,自是晋无公族[3]。及成公即位,乃宦卿之適而为之田[4],以为公

当初,丽姬乱政时,曾在家庙内诅咒,不许收留公子们,从此晋国没有了公族这一官职。到成公即位后,就把这一官职授予卿的嫡子,并分给他们田地,让

族。又宦其余子亦为余子，其庶子为公行[5]。晋于是有公族、余子、公行。

他们做公族大夫。又把余子的官职授给卿的其他嫡出之子，把公行之职授给卿的庶出之子。晋国从此又有了公族、余子、公行之职。

赵盾请以括为公族[6]，曰："君姬氏之爱子也[7]。微君姬氏[8]，则臣狄人也。"公许之。冬，赵盾为旄车之族[9]，使屏季以其故族为公族大夫。

赵盾请求让赵括担任公族，说："赵括是赵姬的爱子。如果没有赵姬，那么我早就成了狄人了。"成公同意了赵盾的请求。冬天，赵盾成为掌管旄车的余子，让赵括统率他的旧族成为公族大夫。

注释 1 逆：迎接。公子黑臀：晋文公少子，即成公。 2 朝：拜祭。武宫：曲沃武公之庙。 3 诅：诅咒，祈求神灵加祸于某人。无：通"毋"，不要。畜：收留。公族：公族大夫，负责管理公族卿大夫的子弟。 4 宦：授予官职，动词。适：通"嫡"。 5 余子：嫡子的同母弟。后一"余子"为官名。庶子：妾生的儿子。公行：官名。 6 括：赵括，也称屏括、屏季，赵盾异母弟，其母赵姬，晋文公之女。 7 君姬氏：即赵姬，晋成公之姊。 8 微：无。 9 旄(máo)车之族：即余子。戎车有旄，故名"旄车"。

宣公三年

【经】

三年春，王正月，郊[1]。牛之口伤，改卜牛。牛死，乃不郊。犹三望[2]。

葬匡王。

三年春天，周历正月，准备举行郊祭。用于祭礼的牛，口受了伤，于是另择牛再卜问吉凶。另择之牛又死了，于是取消了郊祭。但还是举行了祭东海、泰山与淮水的

	望祭。
	安葬周匡王。
楚子伐陆浑之戎[3]。	楚庄王讨伐陆浑戎人。
夏,楚人侵郑。	夏天,楚国人入侵郑国。
秋,赤狄侵齐[4]。	秋天,赤狄侵犯齐国。
宋师围曹。	宋军包围了曹国。
冬十月丙戌,郑伯兰卒[5]。	冬天十月二十三日,郑穆公去世。
葬郑穆公。	安葬郑穆公。

注释 1 郊:祈求谷物丰收的祭礼。 2 三望:祭名山大川为望,鲁国三望指祭东海、泰山与淮水。 3 陆浑之戎:少数民族部落,在今河南嵩县及伊川境。 4 赤狄:狄人部落中的一支,与白狄相对而言,或通称狄。 5 郑伯:名兰,即郑穆公。

【传】

三年春,不郊而望,皆非礼也。望,郊之属也。不郊亦无望,可也。	三年春天,没有举行郊祭却举行了望祭,这都不合乎礼法。望祭是郊祭的一种。既然不举行郊祭,也就可以不举行望祭。
晋侯伐郑,及郔[1]。郑及晋平,士会入盟。	晋成公攻打郑国,到达郔地。郑国和晋国讲和,晋国的士会到郑国订立盟约。
楚子伐陆浑之戎,遂至于洛,观兵于周疆[2]。定王使王孙满劳楚子[3]。楚子问鼎之大	楚庄王攻打陆浑戎人,于是到达洛水,在周王朝疆域内陈兵示威。周定王派王孙满慰劳楚庄王。楚庄王问起九鼎

小轻重焉[4]。对曰:"在德不在鼎。昔夏之方有德也,远方图物,贡金九牧[5],铸鼎象物。百物而为之备,使民知神、奸。故民入川泽山林,不逢不若[6]。螭魅罔两,莫能逢之,用能协于上下以承天休[7]。桀有昏德,鼎迁于商,载祀六百[8]。商纣暴虐,鼎迁于周。德之休明[9],虽小,重也。其奸回昏乱[10],虽大,轻也。天祚明德,有所厎止[11]。成王定鼎于郏鄏[12],卜世三十,卜年七百,天所命也。周德虽衰,天命未改,鼎之轻重,未可问也。"

的大小和轻重。王孙满回答说:"得天下在于德而不在于鼎。从前夏朝实行德政的时候,远方的方国把当地的器物绘制成图,献给朝廷,九州的长官进贡青铜,夏王铸造了九座鼎并把各种图像铸在鼎上。各种事物都记载在上面了,让百姓认识各种鬼神妖怪。所以百姓进入川泽山林,不会遇到不利的事情。山魔石怪也不可能碰到,因此能上下协力同心,享受上天的福佑。夏桀昏庸,九鼎移到商朝,达六百年之久。商纣王暴虐无道,九鼎又移到了周朝。如果德政美好,鼎虽然小,也是很重的。如果奸邪昏乱,即使鼎大,也是轻的。上天赐福给有德之君,也是有限度的。成王把九鼎安置在郏鄏,占卜的结果是传世三十代,享国七百年,这是上天的旨意。周王朝的德行虽然衰微,但天的旨意还未改变,九鼎的轻重,是不能问的。"

注释 1 郔:郑国地名,在今河南延津北。 2 洛:洛水。观兵:陈兵示威。周疆:周王朝境地。 3 王孙满:周大夫。劳:慰劳。 4 鼎:即九鼎。 5 图物:描绘器物形状。贡金:进贡青铜。九牧:九州之长。 6 不若:不利。 7 螭魅(chīmèi):山怪。罔两:木石之怪。用:因。协:和协。天休:天赐之福佑。 8 载祀:年。 9 休明:美好光明。 10 回:通"恑",昏乱。 11 祚:福。厎(zhǐ)止:至,终。 12 郏鄏(jiárǔ):周之王城,在今河南洛阳。

夏，楚人侵郑，郑即晋故也。

夏天，楚国人攻打郑国，这是因为郑国与晋国重归于好的缘故。

宋文公即位三年，杀母弟须及昭公子，武氏之谋也[1]。使戴、桓之族攻武氏于司马子伯之馆，尽逐武、穆之族[2]。武、穆之族以曹师伐宋。秋，宋师围曹，报武氏之乱也。

宋文公即位后第三年，杀了同母弟弟公子须和昭公的儿子，这都是武氏的策划。文公派遣戴氏、桓氏的族人到司马子伯的客馆里攻打武氏，把武氏、穆氏的族人全部驱逐出国。武氏、穆氏家族后来领着曹国军队攻打宋国。秋天，宋军包围了曹国，这是报复曹国支持武氏之乱的行为。

冬，郑穆公卒。

冬天，郑穆公去世。

初，郑文公有贱妾曰燕姞，梦天使与己兰，曰："余为伯儵。余，而祖也，以是为而子。以兰有国香，人服媚之如是[3]。"既而文公见之，与之兰而御之[4]。辞曰："妾不才，幸而有子，将不信，敢征兰乎[5]？"公曰："诺。"生穆公，名之曰兰。

当初，郑文公有一个地位卑贱的小老婆叫燕姞，她梦见天使送给自己兰草，说："我是伯儵。我是你的祖先，你把兰草作为你的儿子。因为兰花的香味在全国数第一，佩戴着它，人们就会像爱它一样地爱你。"不久文公见到燕姞，给她兰草并让她侍寝。燕姞对文公说："妾地位低下，侥幸怀了孩子，如果别人不相信，能请您以兰草作为信物吗？"文公说："好。"燕姞生了穆公，就取名叫兰。

注释　1 须及昭公子：并见文公十八年《传》注。　2 事见文公十八年《传》。　3 服：佩戴。媚：喜爱。　4 御：国君妃妾侍寝。　5 征兰：以兰为凭证。

文公报郑子之妃，曰陈妫[1]，生子华、子臧。子臧得罪而出。诱子华而杀之南里[2]，使盗杀子臧于陈、宋之间。又娶于江，生公子士。朝于楚，楚人鸩之，及叶而死[3]。又娶于苏[4]，生子瑕、子俞弥。俞弥早卒。泄驾恶瑕，文公亦恶之，故不立也。公逐群公子，公子兰奔晋，从晋文公伐郑。石癸曰："吾闻姬、姞耦，其子孙必蕃[5]。姞，吉人也，后稷之元妃也[6]。今公子兰，姞甥也，天或启之，必将为君，其后必蕃，先纳之可以亢宠[7]。"与孔将鉏、侯宣多纳之，盟于大宫而立之[8]，以与晋平。

穆公有疾，曰："兰死，吾其死乎，吾所以生也。"刈兰而卒[9]。

文公与叔父子仪的妃子陈妫奸淫，生了子华、子臧。子臧因犯罪而逃出了郑国。文公在南里诱杀了子华，指使盗匪在陈、宋两国交界处杀死了子臧。文公又从江国娶妻，生了公子士。公子士到楚国朝见，楚国人用毒酒毒害他，他走到叶地就死了。文公又从苏国娶妻，生了子瑕、子俞弥。子俞弥死得早。泄驾厌恶子瑕，文公也讨厌他，所以不立他为太子。文公驱逐公子们，公子兰逃亡到了晋国，跟随晋文公攻打郑国。石癸说："我听说姬、姞两姓婚配，他们的子孙一定繁衍众多。姞，就是吉利之人，后稷的嫡妻就是姞姓。如今公子兰是姞姓的外甥，上天某一天开导他，他必将成为国君，他的后代一定繁衍，如果先把他接回来立为国君，我们就可以保持宠幸地位。"于是石癸就和孔将鉏、侯宣多把公子兰接回国，在祖庙里盟誓后立他为国君，并以此与晋国讲和。

穆公有病，说："如果兰草死了，我大概也要死了，它是我生命的保障。"割掉了兰草，郑穆公就去世了。

注释 1 报：淫于亲属之妻。郑子：即子仪，郑文公的叔父。 2 南里：

郑地,在今河南新郑。 3 鸩(zhèn):用毒酒杀人。叶:楚地,在今河南叶县南。 4 苏:见隐公十一年《传》注。 5 姬、姞耦:姬、姞二姓婚配。蕃:繁衍。 6 后稷:周人的先祖。 7 亢宠:保持宠幸地位。 8 大宫:郑国祖庙。 9 刈(yì):割。

宣公四年

【经】

四年春,王正月,公及齐侯平莒及郯[1]。莒人不肯。公伐莒,取向[2]。

四年春天,周历正月,宣公和齐惠公出面调停让莒国和郯国和好。莒国人不同意。宣公率军攻打莒国,夺取了向地。

秦伯稻卒[3]。

秦共公去世。

夏六月乙酉,郑公子归生弑其君夷[4]。

夏天六月二十六日,郑国的公子归生杀了他的国君灵公。

赤狄侵齐[5]。

赤狄侵犯齐国。

秋,公如齐。

秋天,宣公去齐国。

公至自齐[6]。

宣公从齐国回国后到祖庙祭告。

冬,楚子伐郑。

冬天,楚庄王攻打郑国。

注释 1 郯(tán):国名,在今山东郯城北。 2 向:本为国,后为莒邑。 3 秦伯稻:即秦共公。 4 夷:郑灵公。 5 赤狄:见宣公三年《经》注。 6 至:到,此处义为宣公回国后告于祖庙。

【传】

四年春，公及齐侯平莒及郯，莒人不肯。公伐莒，取向，非礼也。平国以礼，不以乱，伐而不治，乱也。以乱平乱，何治之有？无治，何以行礼？

楚人献鼋于郑灵公[1]。公子宋与子家将见[2]，子公之食指动，以示子家，曰：“他日我如此，必尝异味。”及入，宰夫将解鼋，相视而笑。公问之，子家以告。及食大夫鼋，召子公而弗与也。子公怒，染指于鼎，尝之而出。公怒，欲杀子公。子公与子家谋先。子家曰：“畜老，犹惮杀之[3]，而况君乎？”反谮子家[4]，子家惧而从之。夏，弑灵公。

四年春天，宣公与齐惠公出面调停莒国和郯国的矛盾，莒国人不同意。宣公便率军讨伐莒国，夺取了向地，这是不合礼法的。平息两国之间的矛盾，应依据礼法，而不应凭借战乱，讨伐而引起不安定，这就是战乱。以战乱平息战乱，还有什么安定？没有安定，凭什么来实行礼法？

楚国人献给郑灵公一只鳖。公子宋和子家准备进宫朝见，公子宋的食指自己动了一下，把它给子家看，说：“以往我发生这种情况，一定能品尝到奇异美味。”当二人进宫后，只见厨师正准备切割鳖肉，二人相视而笑。灵公问他们为什么笑，子家就把进宫前发生的事告诉了他。等到让大夫们吃鳖的时候，灵公把公子宋召来而偏不给他吃。公子宋很愤怒，把手指伸到鼎锅里蘸了一下，尝了鳖味就出宫了。灵公对此很气愤，想杀掉公子宋。公子宋与子家谋划先下手。子家说：“畜牲老了，人们还不忍心杀它们，何况是国君呢？”公子宋反过来在灵公面前诬陷子家，子家因为害怕只好听从公子宋。夏天，二人杀了郑灵公。

注释 1鼋(yuán):鳖,俗名甲鱼。 2公子宋:即子公。子家:即公子归生。见:朝见。 3惮(dàn):害怕。 4谮(zèn):诬陷,中伤。

书曰:"郑公子归生弑其君夷。"权不足也。君子曰:"仁而不武[1],无能达也。"凡弑君,称君,君无道也;称臣,臣之罪也。

郑人立子良,辞曰:"以贤则去疾不足,以顺则公子坚长[2]。"乃立襄公。

襄公将去穆氏,而舍子良[3]。子良不可,曰:"穆氏宜存,则固愿也[4]。若将亡之,则亦皆亡,去疾何为[5]?"乃舍之,皆为大夫。

《春秋》记载说:"郑国公子归生杀了他的国君灵公。"这是由于公子归生权力不足的缘故。君子认为:"只有仁爱而没有勇武,是不可能达到仁爱之道的。"凡是杀了国君,如果只写国君的名字,说明国君无道;如果写了臣子的名字,说明是臣子的罪过。

郑国人要立子良为国君,子良推辞说:"以贤能而论,那么我去疾是不够的;以长幼顺序而论,那么公子坚比我年长。"于是立了公子坚,就是襄公。

襄公准备驱逐他的兄弟们,而赦免子良一人。子良认为不可,说:"穆公的后代应该留下来,这是我本来的愿望。如果要使他们逃亡国外,那么也应该都逃亡,我为什么单独留下?"襄公于是赦免了所有的兄弟,让他们都做了大夫。

注释 1武:勇武。 2子良:即公子去疾,郑穆公庶子。公子坚:即郑襄公,公子去疾之兄。 3去:驱逐。穆氏:郑穆公的其他儿子,襄公的兄弟。舍:赦免。 4固:本来。 5亡之:使他们逃亡。何为:意思是为何单独留下来。

初，楚司马子良生子越椒[1]。子文曰："必杀之。是子也，熊虎之状，而豺狼之声，弗杀，必灭若敖氏矣。谚曰：'狼子野心。'是乃狼也，其可畜乎？"子良不可。子文以为大戚[2]。及将死，聚其族，曰："椒也知政[3]，乃速行矣，无及于难。"且泣曰："鬼犹求食，若敖氏之鬼，不其馁而[4]？"

及令尹子文卒，鬬般为令尹，子越为司马，蒍贾为工正。谮子扬而杀之[5]，子越为令尹，己为司马。子越又恶之，乃以若敖氏之族圄伯嬴于轑阳而杀之，遂处烝野[6]，将攻王。王以三王之子为质焉，弗受，师于漳澨[7]。秋七月戊戌，楚子与若敖氏战于皋浒[8]。伯棼射王，汰辀，及鼓跗，著于丁宁[9]。又射，汰辀，

当初，楚国的司马子良生了子越椒。他的哥哥令尹子文说："一定要杀掉他。这个孩子样子像熊虎，而声音像豺狼，不杀掉，一定会导致若敖氏家族的灭亡。谚语说：'豺狼的儿子具有野心。'这个孩子就是一头狼，难道可以养着他吗？"子良不同意杀掉。子文对此十分忧虑。到子文临死之时，他把族人召集在一起说："如果子越椒掌握了政权，你们就赶快逃离楚国，以免遭到灾难。"又哭着说："鬼如果也需要求食，那么若敖氏的鬼神，不是要挨饿了吗？"

等到令尹子文去世，他的儿子鬬般做了令尹，子越椒做了司马，蒍贾做了工正。蒍贾在楚王面前诬陷斗般使楚王杀了他，以子越椒为令尹，蒍贾自己做了司马。子越椒又讨厌蒍贾，就率领若敖氏族人把蒍贾囚禁在轑阳并杀了他，就此子越椒驻扎烝野，准备攻打楚王。楚王以文王、成王、穆王的子孙为人质送给他，不接受，于是楚王在漳澨发兵。秋天七月九日，楚庄王和若敖氏在皋浒作战。子越椒用箭射王，箭矢飞过车辕，穿过鼓架，射中了铜钲。又射一箭，飞过车辕，穿透了车盖上木毂。楚王的军队十分害

以贯笠毂[10]。师惧，退。王使巡师曰："吾先君文王克息，获三矢焉[11]。伯棼窃其二，尽于是矣。"鼓而进之，遂灭若敖氏。

怕，往后退却。楚王派人在军中巡视，对士兵们说："我们的先君文王战胜息国时，缴获了三支利箭。子越椒偷去了其中的两支，这两支箭在这里被他用完了。"击鼓而进军，于是消灭了若敖氏。

注释 1 司马：官名。子良：鬬伯比之子，令尹子文之弟。子越椒：即鬬椒，又称子越。 2 戚：忧愁，悲伤。 3 知政：执掌政事。 4 犹：若，如果。馁(něi)：饥饿。 5 斗般：令尹子文之子。蒍贾：见僖公二十七年《传》注。工正：掌百工之官。子扬：即斗般。 6 圄(yǔ)：囚禁。伯嬴：即蒍贾。轑(liǎo)阳：楚邑名。烝野：楚邑名，在今河南新野。 7 三王之子：指楚文王、成王、穆王的子孙。漳澨：地名，在今湖北荆门。 8 皋浒：楚地名，在今湖北襄阳。 9 伯棼：子越椒的字。汏(tài)：飞过。辀(zhōu)：车辕。鼓跗：鼓架。著：射中。丁宁：铜钲，一种发号令的器具，鸣之则收兵。 10 贯：穿过。笠：车盖。毂(gǔ)：连接车盖弓条的圆木。 11 克息：见庄公十四年《传》注。矢：箭。

初，若敖娶于䢵，生鬬伯比[1]。若敖卒，从其母畜于䢵[2]，淫于䢵子之女，生子文焉。䢵夫人使弃诸梦中，虎乳之[3]。䢵子田，见之，惧而归，夫人以告，遂使收之。楚人谓乳穀，谓虎於菟，故命之曰鬬穀於菟。以其女妻

当初，若敖从䢵国娶妻，生了鬬伯比。若敖去世后，鬬伯比跟着母亲生活在䢵国，与䢵国国君的女儿私通，生下了子文。䢵夫人派人把子文扔到云梦泽中，有一只老虎给他喂奶。䢵子打猎，看到了这一情景，恐惧而归，夫人把实情告诉了他，䢵子就让人收养了他。楚国人称奶为"穀"，称虎为"於菟"，因此给子文起名叫"鬬穀於菟"。䢵子把他的女儿嫁

伯比。实为令尹子文。

其孙箴尹克黄使于齐[4],还,及宋,闻乱。其人曰:“不可以入矣。”箴尹曰:“弃君之命,独谁受之[5]?君,天也,天可逃乎?”遂归,复命,而自拘于司败[6]。王思子文之治楚国也,曰:“子文无后,何以劝善?”使复其所,改命曰生。

冬,楚子伐郑,郑未服也。

给鬬伯比为妻。鬬穀於菟就是令尹子文。

子文的孙子箴尹克黄出使齐国,回国经过宋国时,听到了子越椒叛乱被杀的消息。随从说:“不能回国了。”克黄说:“背弃国君的使命,还有谁肯收留我呢?国君就是天,天难道可以逃避吗?”于是回到楚国,汇报出使情况,然后主动到司法官那里受囚禁。楚庄王想到子文治理楚国的功绩,说:“如果让子文没有后代,还凭什么来劝人为善呢?”于是让克黄官复原职,更改他的名字为“生”。

冬天,楚庄王攻打郑国,因为郑国还没有顺服。

注释 **1** 郧:国名。鬬伯比:子文之父。 **2** 畜:养。 **3** 诸:“之于”的合音。梦:云梦泽。乳:喂奶。 **4** 箴尹:谏议之官。 **5** 独:语气词,多用于疑问句。 **6** 司败:楚司法官名。

宣公五年

【经】

五年春,公如齐。

夏,公至自齐。

秋九月,齐高固来逆叔

五年春天,宣公前往齐国。

夏天,宣公从齐国回来。

秋天九月,齐国的高固前来迎

姬[1]。

叔孙得臣卒[2]。

冬，齐高固及子叔姬来。

楚人伐郑。

娶叔姬。

叔孙得臣去世。

冬天，齐国的高固带着妻子叔姬前来鲁国。

楚国人讨伐郑国。

注释 1 高固：即高宣子，齐臣。叔姬：宣公女。 2 叔孙得臣：即叔孙庄叔，鲁臣。

【传】

五年春，公如齐，高固使齐侯止公，请叔姬焉[1]。

夏，公至自齐，书，过也[2]。

秋九月，齐高固来逆女，自为也[3]。故书曰："逆叔姬。"卿自逆也[4]。

冬，来，反马也[5]。

楚子伐郑。陈及楚平。晋荀林父救郑，伐陈。

五年春天，宣公前往齐国，高固让齐惠公挽留宣公，目的是迫使宣公答应将女儿叔姬嫁给他。

夏天，宣公从齐国回来，《春秋》记载这件事，是批评宣公的过错。

秋天九月，齐国的高固前来迎娶宣公女儿，这是为自己娶亲。所以《春秋》记载为"逆叔姬"，意思是卿大夫为自己迎娶妻子。

冬天，高固和叔姬回到鲁国，这是行"反马"之礼。

楚庄王攻打郑国。陈国和楚国讲和。晋国的荀林父发兵救援郑国，又攻打陈国。

注释 1 止：挽留。请叔姬：请求娶叔姬。 2 过：批评过错，用作动词。

3 自为：为自己。 4 诸侯国君娶妇，使卿大夫迎娶，卿大夫以下娶妇，必亲迎娶，所以这里交代是"卿自逆"。 5 反马：古代礼仪，大夫以上娶妻，乘母家之车马。三个月后，夫家留其车而归还其马，叫"反马"。

宣公六年

【经】

六年春，晋赵盾、卫孙免侵陈[1]。

夏四月。

秋八月，螽[2]。

冬十月。

六年春天，晋国赵盾和卫国孙免侵犯陈国。

夏天四月。

秋天八月，发生虫灾。

冬天十月。

注释 1 孙免：卫国大夫。 2 螽(zhōng)：害虫名，此处用作动词。

【传】

六年春，晋、卫侵陈，陈即楚故也。

夏，定王使子服求后于齐[1]。

秋，赤狄伐晋。围怀，及邢丘[2]。晋侯欲伐之。中行桓子曰："使疾其民，以盈其贯，将可殪也[3]。《周

六年春天，晋国和卫国攻打陈国，这是因为陈国亲近楚国的缘故。

夏天，周定王派子服到齐国请求娶齐女为王后。

秋天，赤狄攻打晋国。包围了怀地和邢丘。晋成公想反攻他们。中行桓子说："让他危害他的百姓，以至于恶贯满盈，到时就

书》曰:'殪戎殷[4]。'此类之谓也。"

冬,召桓公逆王后于齐[5]。

楚人伐郑,取成而还[6]。

郑公子曼满与王子伯廖语,欲为卿。伯廖告人曰:"无德而贪,其在《周易》丰䷶之离䷝,弗过之矣。[7]"间一岁[8],郑人杀之。

可以灭绝了。《周书》说:'灭绝大国殷。'说的就是这个意思。"

冬天,召桓公到齐国迎接王后。

楚国人攻打郑国,直到郑国求和才回国。

郑国公子曼满对王子伯廖说,他想做卿。伯廖告诉别人说:"没有德行而又贪婪,那正好应在《周易》由丰卦䷶变成离卦䷝这一卦象上,不过三年,他必然灭亡。"隔了一年,郑国人杀了公子曼满。

注释 1子服:周朝大夫。后:王后。 2怀:晋国地名,在今河南武陟西南。邢丘:晋国地名,在今河南温县东。 3中行桓子:即荀林父。疾:害,用作动词。盈:满。贯:穿钱的绳索。盈贯指积敛财富,此处比喻罪恶盈数。将:大概,语气副词。殪(yì):灭绝。 4《周书》:《尚书》的组成部分之一。《尚书》由《虞书》《夏书》《商书》《周书》四部分组成。戎:大国。引语出自《尚书·康诰》。 5召桓公:周王卿士。 6取成:得到对方求和。 7丰之离:丰卦变成离卦。丰、离,均为六十四卦之一。 8间一岁:中间隔一年,连前带后,实为三年。

宣公七年

【经】

七年春,卫侯使孙良夫来盟[1]。

七年春天,卫成公派遣孙良夫来鲁国结盟。

夏,公会齐侯伐莱[2]。

夏天,宣公会合齐惠公讨伐莱国。

秋,公至自伐莱。

秋天,宣公从讨伐莱国的战场回国。

大旱。

久旱不雨。

冬,公会晋侯、宋公、卫侯、郑伯、曹伯于黑壤[3]。

冬天,宣公在晋国的黑壤会见晋成公、宋文公、卫成公、郑襄公和曹文公。

注释 1 孙良夫:即孙桓子。 2 莱:国名。 3 黑壤:即黄父,晋地名。

【传】

七年春,卫孙桓子来盟,始通,且谋会晋也。

七年春天,卫国的孙桓子来鲁国结盟,两国开始通好,并且商量和晋国会盟之事。

夏,公会齐侯伐莱,不与谋也。凡师出,与谋曰及,不与谋曰会。

夏天,宣公会合齐惠公攻打莱国,鲁国事先没有参与策划。凡是出兵,参与策划叫"及",没有参与策划叫"会"。

赤狄侵晋,取向阴

赤狄侵犯晋国,抢掠了晋国向阴一地的谷子。

之禾[1]。

郑及晋平，公子宋之谋也，故相郑伯以会[2]。冬，盟于黑壤。王叔桓公临之[3]，以谋不睦。

郑国和晋国讲和，这是公子宋的主意，所以公子宋作为郑襄公的礼仪官参与盟会。冬天，在黑壤举行了会盟。周王朝的王叔桓公到会监临，以便商讨对付诸侯之间可能出现的不和睦的事件。

晋侯之立也，公不朝焉，又不使大夫聘，晋人止公于会[4]。盟于黄父，公不与盟，以赂免。故黑壤之盟不书，讳之也。

晋成公即位时，宣公没有前去朝见，又没派大夫去聘问，所以晋国人在会上囚禁了他。在黑壤结盟时，宣公没有参加，在送了财礼之后才得以回国。所以《春秋》不记载黑壤之盟，是由于隐讳耻辱的缘故。

注释　1 向阴：晋地名。　2 相：礼仪官，此处用作动词。　3 王叔桓公：周卿士。临：监临。　4 止：拘留。

宣公八年

【经】

八年春，公至自会。

八年春天，宣公从会盟地回国。

夏六月，公子遂如齐，至黄乃复[1]。

夏天六月，公子遂前往齐国聘问，到达齐国黄地后便因病返回。

辛巳，有事于大庙，仲遂卒于垂[2]。

十六日，在太庙举行禘祭，公子遂死在齐国的垂地。

壬午，犹绎[3]。万入，

十七日，又祭。祭祀时跳万舞，因卿

去籥[4]。

戊子，夫人嬴氏薨[5]。

晋师、白狄伐秦。

楚人灭舒蓼[6]。

秋七月甲子，日有食之，既[7]。

冬十月己丑，葬我小君敬嬴。雨，不克葬[8]。庚寅，日中而克葬。

城平阳[9]。

楚师伐陈。

佐之丧不应作乐，所以用来节舞的籥管并不发声。

二十三日，夫人嬴氏去世。

晋军和白狄进攻秦国。

楚国人灭亡了舒蓼。

秋天七月甲子，发生日食，是日全食。

冬天十月二十六日，安葬我国小君敬嬴。下雨，不能安葬。二十七日，太阳正中时才得以安葬。

鲁国在平阳筑城。

楚军进攻陈国。

注释 1 公子遂：见宣公元年《经》注。黄：齐邑。复：回来。 2 有事：指禘祭。垂：齐邑。 3 绎：祭名。指祭之次日又祭。 4 万：舞名。籥(yuè)：古代管乐器，用来节舞。 5 嬴氏：即敬嬴，宣公母。薨(hōng)：古代称侯王死叫薨，侯王之妻死也叫薨。 6 舒蓼：见文公十二年《传》注。 7 既：尽。 8 克：能。 9 平阳：鲁邑，在今山东新泰。

【传】

八年春，白狄及晋平。夏，会晋伐秦。晋人获秦谍，杀诸绛市，六日而苏[1]。

有事于大庙，襄仲卒而绎，非礼也[2]。

八年春天，白狄和晋国讲和。夏天，白狄联合晋国攻打秦国。晋国人抓获了秦国的一个间谍，在绛城的街市杀掉了他，但六天后又死而复生了。

鲁国在太庙举行禘祭，襄仲去世后连续祭祀了两天，这是不合礼法的。

楚为众舒叛故，伐舒蓼，灭之。楚子疆之，及滑汭[3]。盟吴、越而还。

楚国因为舒姓诸国背叛的缘故而讨伐舒蓼，并灭掉了它。楚庄王划定疆界，直达滑水的弯曲处。与吴国、越国结盟后才回国。

晋胥克有蛊疾[4]，郤缺为政。秋，废胥克，使赵朔佐下军[5]。

晋国的胥克患了蛊疾，郤缺代替他执政。秋天，免了胥克的职务，派赵朔出任下军副帅。

冬，葬敬嬴。旱，无麻，始用葛茀[6]。雨，不克葬，礼也。礼，卜葬，先远日[7]，辟不怀也。

冬天，安葬敬嬴。因大旱，没有麻，从此开始用葛做牵引棺材的绳索。下雨，不能安葬，但这是合乎礼法的。根据礼法，卜占安葬日期，先从远日开始，这是为了避免不怀念死者的嫌疑。

城平阳。书，时也。

鲁国在平阳筑城。《春秋》之所以记载此事，是因其合乎时宜。

陈及晋平。楚师伐陈，取成而还。

陈国和晋国讲和。楚军便攻打陈国，直到陈国求和后才回国。

注释　1 谍：间谍。苏：死而复生。　2 详《经》注。　3 疆之：划定疆界。滑汭(ruì)：滑水弯曲处。　4 蛊(gǔ)疾：由一种害人的毒虫所引起的疾病。5 赵朔：赵盾之子。　6 茀(fú)：通“绋”，牵挽棺材的绳索。　7 先远日：古时占卜葬期，由远及近。此月下旬先卜来月下旬，不吉则卜中旬，又不吉则卜上旬。如此则可以避免不怀念父母的嫌疑。

宣公九年

【经】

九年春，王正月，公如齐。

公至自齐。

夏，仲孙蔑如京师[1]。

齐侯伐莱。

秋，取根牟[2]。

八月，滕子卒。

九月，晋侯、宋公、卫侯、郑伯、曹伯会于扈[3]。

晋荀林父帅师伐陈。

辛酉，晋侯黑臀卒于扈。

冬十月癸酉，卫侯郑卒。

宋人围滕。

楚子伐郑。

晋郤缺帅师救郑。

陈杀其大夫泄冶。

九年春天，周历正月，宣公前往齐国。

宣公从齐国回国。

夏天，孟献子前往王都。

齐惠公讨伐莱国。

秋天，鲁国占取了根牟国。

八月，滕昭公去世。

九月，晋成公、宋文公、卫成公、郑襄公、曹文公在扈地会见。

晋国的荀林父率领军队攻打陈国。

辛酉，晋成公黑臀在扈地去世。

冬天十月十五日，卫成公郑去世。

宋国人包围了滕国。

楚庄王攻打郑国。

晋国郤缺率兵援救郑国。

陈国杀掉了他们的大夫泄冶。

注释　1 仲孙蔑：即孟献子，鲁国大夫。京师：东周王都，在今河南洛阳。2 根牟：鲁国的附庸国，在今山东沂水南。　3 扈：郑地。

【传】

九年春，王使来征聘[1]。夏，孟献子聘于周，王以为有礼，厚贿之。

九年春天，周王使者来鲁国，示意鲁国派使者前往周王朝聘问。夏天，孟献子到周王朝聘问，周王认为他有礼，便重赏了他。

秋，取根牟。言易也。

秋天，鲁国占取了根牟国。《春秋》记载"取根牟"，说明很容易。

滕昭公卒。

滕昭公去世。

会于扈，讨不睦也。陈侯不会，晋荀林父以诸侯之师伐陈。晋侯卒于扈，乃还。

晋成公等在扈地会见，是为了研究如何讨伐不顺服晋国的国家。陈灵公没有参加会见，晋国的荀林父便率领诸侯联军攻打陈国。晋成公在扈地去世，于是就撤军回国了。

冬，宋人围滕，因其丧也。

冬天，宋国人趁滕国忙于办理滕昭公的丧事之机包围了滕国。

注释 1 征聘：示意鲁国派使者前往周王朝聘问。

陈灵公与孔宁、仪行父通于夏姬，皆衷其衵服以戏于朝[1]。泄冶谏曰："公卿宣淫，民无效焉，且闻不令，君其纳之[2]。"公曰："吾能改矣。"公告二

陈灵公和孔宁、仪行父与夏姬通奸，都穿着夏姬的内衣在朝廷上嬉戏取乐。泄冶劝谏说："公卿宣扬淫乱，百姓将无所效法，而且这样名声不好，您就把那内衣收起来吧。"陈灵公说："我能改正错误。"灵公把这件事告诉了孔宁和

子,二子请杀之,公弗禁,遂杀泄冶。

孔子曰:"《诗》云:'民之多辟,无自立辟[3]。'其泄冶之谓乎。"

楚子为厉之役故,伐郑。晋郤缺救郑。郑伯败楚师于柳棼[4]。国人皆喜,唯子良忧曰[5]:"是国之灾也,吾死无日矣。"

仪行父,这两个人请求杀掉泄冶,灵公不加禁止,于是杀掉了泄冶。

孔子说:"《诗》说:'如果百姓邪恶不善,就不要自立法度。'这大概就是说的泄冶吧。"

楚庄王因为厉地之战的缘故攻打郑国。晋国郤缺援救郑国。郑襄公在柳棼打败了楚军。郑国人都高兴,只有公子去疾感到忧虑,他说:"这次胜利很可能导致国家的灾难,我离死已经为期不远了。"

注释 1 孔宁、仪行父:陈国卿士。夏姬:郑穆公之女,陈大夫御叔之妻。衷:内衣,此处用作动词。衵(rì)服:内衣。 2 泄冶:陈国大夫。宣淫:淫乱。无效:无所法效。闻(wèn):名声。令:美,善。纳:收藏。 3 "民之多辟"二句:出自《诗经·大雅·板》。多辟:多邪恶。立辟:立法度。 4 柳棼:郑国地名,今不详。 5 子良:公子去疾。

宣公十年

【经】

十年春,公如齐。

公至自齐。

齐人归我济西田[1]。

夏四月丙辰,日有

十年春天,宣公前往齐国。

宣公从齐国回国。

齐国人把济水以西的田地归还给了鲁国。

食之。

己巳，齐侯元卒。

齐崔氏出奔卫[2]。

公如齐。

五月，公至自齐。

癸巳，陈夏徵舒弑其君平国[3]。

六月，宋师伐滕。

公孙归父如齐，葬齐惠公[4]。

晋人、宋人、卫人、曹人伐郑。

秋，天王使王季子来聘[5]。

公孙归父帅师伐邾，取绎[6]。

大水。

季孙行父如齐[7]。

冬，公孙归父如齐。

齐侯使国佐来聘[8]。

饥。

楚子伐郑。

夏天四月丙辰，发生日食。

十四日，齐惠公去世。

齐国的崔杼带着族人出逃到卫国。

宣公前往齐国。

五月，宣公从齐国回国。

八日，陈国的夏徵舒杀掉了他的国君陈灵公。

六月，宋军攻打滕国。

公孙归父前往齐国，参加齐惠公的葬礼。

晋国人、宋国人、卫国人和曹国人攻打郑国。

秋天，周定王派王季子前来鲁国聘问。

公孙归父率领军队攻打邾国，占取了绎地。

鲁国发大水。

季孙行父前往齐国。

冬天，公孙归父去齐国。

齐顷公派遣国武子前来聘问。

鲁国发生饥荒。

楚庄王出兵攻打郑国。

注释　1 济西田：见宣公元年《传》。　2 崔氏：崔杼，齐国上卿。　3 夏徵舒：御叔、夏姬之子。平国：陈灵公之名。　4 公孙归父：襄仲，即公子遂之子。5 天王：周定王。王季子：周定王之子。6 绎：邾国地名。7 季孙行父：即季文子，鲁臣。8 国佐：齐卿，国归父之子，又称国武子。

【传】

十年春，公如齐。齐侯以我服故，归济西之田。

夏，齐惠公卒。崔杼有宠于惠公，高、国畏其逼也[1]，公卒而逐之，奔卫。

书曰"崔氏"，非其罪也，且告以族，不以名。凡诸侯之大夫违，告于诸侯曰："某氏之守臣某[2]，失守宗庙，敢告。"所有玉帛之使者[3]，则告，不然，则否。

公如齐奔丧。

陈灵公与孔宁、仪行父饮酒于夏氏[4]。公谓行父曰："徵舒似女。"对曰："亦似君。"徵舒病之[5]。公出，自其厩射而杀之[6]。二子奔楚。

十年春天，宣公前往齐国。齐惠公因为我国顺从了他，所以归还了我国的济西之田。

夏天，齐惠公去世。崔杼在惠公生前很受宠信，高氏、国氏两族害怕他对自己构成的威胁，齐惠公去世后便把他赶出了齐国，崔杼逃亡到卫国。

《春秋》记载为"崔氏"，表明不是崔杼的罪过，而且在把此事通报诸侯时也只称其族而不称其名。凡是诸侯的大夫离开本国，通报诸侯说："某氏的守臣某，不能继续奉祀宗庙，特此通告。"凡是有友好往来关系的国家就通报，否则就不予通报。

宣公前往齐国奔丧。

陈灵公和孔宁、仪行父在夏徵舒家喝酒。灵公对仪行父说："徵舒长得像你。"仪行父说："也像您。"夏徵舒很愤怒。当灵公出来时，夏徵舒从他的马棚里用箭射死了他。孔宁和仪行父逃亡到楚国去了。

注释 1 高、国：高氏和国氏两族，此二氏世代为齐国上卿。 2 违：离开国家。某氏之守臣某：前“某”指姓，后“某”指名。 3 玉帛之使者：诸侯国之间有友好往来关系的。 4 夏氏：夏徵舒，夏姬之子。 5 病：愤怒。 6 厩(jiù)：马房。

滕人恃晋而不事宋。六月，宋师伐滕。

郑及楚平。诸侯之师伐郑，取成而还。

秋，刘康公来报聘[1]。

师伐邾，取绎。

季文子初聘于齐。

冬，子家如齐[2]，伐邾故也。国武子来报聘[3]。

楚子伐郑。晋士会救郑，逐楚师于颍北。诸侯之师戍郑。

郑子家卒[4]。郑人讨幽公之乱，斫子家之棺而逐其族[5]。改葬幽公，谥之曰灵。

滕国人依仗晋国的势力而不侍奉宋国。六月，宋军攻打滕国。

郑国和楚国讲和。诸侯联军讨伐郑国，直到郑国求和才撤军。

秋天，刘康公代表周天子前来鲁国，以回报孟献子的聘问。

鲁国军队攻打邾国，占取了绎地。

季文子在齐顷公即位后首次到齐国聘问。

冬天，子家前往齐国访问，是为了解释攻打邾国一事。齐国的国佐前来回访。

楚庄王出兵攻打郑国。晋国的士会救援郑国，在颍水以北赶走了楚军。诸侯军队便驻守在郑国。

郑国的子家去世了。郑国人为了声讨子家杀害幽公的暴行，劈开了子家的棺材，并且把他的族人赶出了郑国。郑国人重新安葬了幽公，把他的谥号改为“灵”。

注释 1 刘康公：即王季子。报聘：回报聘问。 2 子家：即公孙归父，鲁臣。 3 国武子：即国佐。 4 子家：即公子归生，又名声子，郑宗室。 5 幽公之乱：见宣公四年《经》《传》，指郑公子归生弑其君夷一事。斫(zhuó)：砍，剖。

宣公十一年

【经】

十有一年春，王正月。

夏，楚子、陈侯、郑伯盟于辰陵[1]。

公孙归父会齐人伐莒。

秋，晋侯会狄于欑函[2]。

冬十月，楚人杀陈夏徵舒。

丁亥，楚子入陈。纳公孙宁、仪行父于陈[3]。

十一年春天，周历正月。

夏天，楚庄王、陈成公、郑襄公在辰陵会盟。

鲁国的公孙归父会合齐国人攻打莒国。

秋天，晋景公与狄人在欑函会见。

冬天十月，楚国人杀掉了陈国的夏徵舒。

十一日，楚庄王攻入陈国。送公孙宁、仪行父回到陈国。

注释 1 辰陵：陈国地名，在今河南淮阳西。 2 欑函：狄地名，今不详。 3 纳：送。

【传】

十一年春，楚子伐

十一年春天，楚庄王攻打郑国，直达

郑及栎[1]。子良曰："晋、楚不务德而兵争，与其来者可也[2]。晋、楚无信，我焉得有信？"乃从楚。夏，楚盟于辰陵，陈、郑服也。

栎地。郑国的子良说："晋国和楚国不致力于德行而靠武力争夺诸侯，我们顺从打进来的国家就行了。晋国和楚国不讲信用，我们怎能守信用？"于是顺从了楚国。夏天，楚国在辰陵举行盟会，这是因为陈国、郑国已顺服。

楚左尹子重侵宋，王待诸郔[3]。

楚国左尹子重率兵进攻宋国，楚庄王留在郔地相机策应。

令尹苏艾猎城沂，使封人虑事[4]，以授司徒。量功命日，分财用，平板干，称畚筑，程土物，议远迩，略基趾，具糇粮，度有司，事三旬而成，不愆于素[5]。

楚国令尹苏艾猎在沂地筑城，派筑城负责人考虑工程计划，然后呈报给司徒。他又计算工程量和工时，分配材料和用具，取平夹板和支柱，合理规定土方和器材的数量，研究取料的远近，巡察城池的基址，准备干粮，审查监工人员，筑城工程三十天完成，没有超过预定的日期。

注释 1 栎(lì)：郑国地名，在今河南禹州。 2 与：顺从。 3 左尹：楚国官名。子重：即公子婴齐，又称令尹子重，楚庄王之弟。郔(yán)：楚地名，在今河南项城南。 4 苏艾猎：即孙叔敖。一说为孙叔敖之兄。沂：楚地名，在今河南正阳。封人：负责筑城的官员。 5 量功命日：计算工程量，预计工时。财：通"材"。用：用具。板干：筑墙所用的夹板和支柱。称：相称，相当。畚(běn)：盛土器。筑：捣土之杵。程：度量衡的总名，此处义为计算。土物：土方和器材。迩：近。略：巡视。具：准备。糇(hóu)粮：干粮。度：审度，审查。有司：部门负责人。愆(qiān)：过。素：本来。

晋郤成子求成于

晋国的郤成子向各部族的狄人谋求

众狄[1]。众狄疾赤狄之役[2]，遂服于晋。秋，会于欑函，众狄服也。

友好。各处的狄人也都痛恨赤狄对他们的奴役，于是顺服了晋国。秋天，在欑函会盟，从此狄人顺服晋国。

是行也，诸大夫欲召狄。郤成子曰："吾闻之，非德，莫如勤，非勤，何以求人？能勤有继[3]，其从之也。《诗》曰：'文王既勤止[4]。'文王犹勤，况寡德乎？"

这次欑函会盟前，各位大夫主张召狄人前来。郤成子说："我听说，如果没有德行，不如用勤劳来弥补，如果不勤劳，那凭什么要求别人顺服自己呢？能勤劳就会有好的结果，还是让我们到狄人那里去吧。《诗》说：'文王很勤劳。'文王还如此勤劳，何况我们这些缺少德行的人呢？"

冬，楚子为陈夏氏乱故，伐陈。谓陈人："无动，将讨于少西氏[5]。"遂入陈，杀夏徵舒，轘诸栗门，因县陈[6]。陈侯在晋[7]。

冬天，楚庄王由于陈国夏氏之乱的缘故，讨伐陈国。庄王对陈国人说："不要惊慌害怕，我们将只讨伐少西氏。"于是攻入陈国，杀了夏徵舒，把他车裂在栗门，随之把陈国作为楚国的一个县。当时陈侯正在晋国。

注释 1 郤成子：即郤缺。 2 役：役使。 3 勤：勤劳。继：结果。 4 文王既勤止：出自《诗经·周颂·赉》。止，语气词。 5 无动：不要惊慌害怕。少西氏：指夏徵舒。徵舒之祖字子夏，名少西，故言。 6 轘(huàn)：车裂之刑。栗门：陈国都城门。县陈：以陈国为县。县，用作动词。 7 陈侯：陈灵公太子午，陈成公。

申叔时使于齐，反[1]，复命而退。王使让之曰[2]："夏徵舒为不道，

楚国的申叔时出使到齐国，回国，向楚庄王汇报出使情况后便退下去了。庄王派人责备他说："夏徵舒做了大逆不道

弑其君，寡人以诸侯讨而戮之，诸侯、县公皆庆寡人，女独不庆寡人，何故？”对曰：“犹可辞乎[3]？”王曰：“可哉！”曰：“夏徵舒弑其君，其罪大矣，讨而戮之，君之义也。抑人亦有言曰：‘牵牛以蹊人之田[4]，而夺之牛。’牵牛以蹊者，信有罪矣；而夺之牛，罚已重矣。诸侯之从也，曰讨有罪也。今县陈，贪其富也。以讨召诸侯，而以贪归之，无乃不可乎[5]？”王曰：“善哉！吾未之闻也。反之，可乎？”对曰：“可哉！吾侪小人所谓取诸其怀而与之也[6]。”乃复封陈，乡取一人焉以归，谓之夏州。故书曰：“楚子入陈，纳公孙宁、仪行父于陈。”书有礼也。

厉之役，郑伯逃归，自是楚未得志焉。郑既

之事，杀了自己的国君，我率领诸侯讨伐并杀了他，诸侯、县公都祝贺我，唯独你不向我道贺，这是什么缘故？”申叔时回答说：“我还可以申辩理由吗？”庄王说：“可以！”申叔时说：“夏徵舒杀害他的国君，他的罪恶的确很大，讨伐并杀掉他，这是君王应该做的。不过别人也可以有闲话说：‘甲牵牛从乙的田里走过，而乙就抢走了甲的牛。’甲牵牛从田里走，确实有罪；而乙抢走甲的牛，惩罚也太重了。诸侯跟从您攻打陈国，说是讨伐有罪之人。而现在把陈国划为楚国的一个县，这是贪图陈国的财富。以讨伐有罪为名召集诸侯，最后却以贪财结束，恐怕不行吧？”庄王说：“好啊！你的这些话我从来没听见过。现在把陈国返还给他们，可以吗？”申叔时回答说：“可以！这就是我们这类小人所说的‘从别人怀中取走，再还给别人’啊。”于是庄王重新封立了陈国，从每乡带回一人，把他们集中在一个地区，这个地区就称为夏州。因此《春秋》记载说：“楚子入陈，纳公孙宁、仪行父于陈。”这是表明楚庄王的这一行动合于礼法。

厉地之战，郑襄公逃回国内，从此楚

受盟于辰陵，又徼事于晋[7]。

国一直没有得志。郑国已在辰陵接受了楚国的盟约，但又请求侍奉晋国。

注释 1 申叔时：楚大夫。反：通"返"。 2 让：责备。 3 辞：辩解。 4 抑：不过，转折连词。蹊(xī)：径，此作动词，践踏。 5 归：终结。无乃：不是。表反问语气。 6 吾侪：我们这类人。 7 徼(yāo)：同"邀"，求取。

宣公十二年

【经】

十有二年春，葬陈灵公。

楚子围郑。

夏六月乙卯，晋荀林父帅师及楚子战于邲，晋师败绩[1]。

秋七月。

冬十有二月戊寅，楚子灭萧[2]。

晋人、宋人、卫人、曹人同盟于清丘[3]。

宋师伐陈。卫人救陈。

十二年春天，安葬陈灵公。

楚庄王率兵包围了郑国。

夏天六月乙卯，晋国的荀林父率军与楚庄王在邲地作战，晋军大败。

秋天七月。

冬天十二月八日，楚庄王灭亡了萧国。

晋国人、宋国人、卫国人、曹国人一起在清丘会盟。

宋军进攻陈国。卫国人救援陈国。

注释 1 邲(bì)：郑国地名，在今河南郑州西北。 2 萧：见庄公十二年《传》注。 3 清丘：卫国地名，在今河南濮阳东南。

【传】

十二年春，楚子围郑，旬有七日。郑人卜行成[1]，不吉。卜临于大宫[2]，且巷出车，吉。国人大临，守陴者皆哭[3]。楚子退师。郑人修城，进复围之，三月克之。入自皇门，至于逵路[4]。郑伯肉袒牵羊以逆[5]，曰："孤不天，不能事君，使君怀怒以及敝邑，孤之罪也，敢不唯命是听？其俘诸江南以实海滨，亦唯命；其翦以赐诸侯，使臣妾之[6]，亦唯命。若惠顾前好，徼福于厉、宣、桓、武，不泯其社稷，使改事君，夷于九县[7]，君之惠也，孤之愿也，非所敢望也。敢布腹心，君实图之[8]。"左右曰："不可许也，得国无赦。"王

十二年春天，楚庄王包围郑国，有十七天了。郑国人为求和占卜，不吉利。再为在太庙号哭而且出车于街巷以示不屈占卜，吉利。于是都城的人都到太庙大哭，守城将士也都大哭。楚庄王见此，下令退兵。郑国人修复了城墙，楚庄王进军再次包围了郑国都城，历时三个月才攻破。楚军从皇门入城，直达城中大道。郑襄公光着上身牵着羊出来迎接楚庄王，说："我没有承奉天意，不能侍奉您，使您满怀愤怒来到我国，这是我的罪过，怎敢不听从您的命令呢？如果把我俘虏到江南，流放到海滨，也听凭您安排；如果灭亡郑国，把郑国的土地分赐给诸侯，让郑国的男女成为别国的奴婢，也听凭您的吩咐。如果承蒙君王念及两国过去的友好关系，托周厉王、周宣王、郑桓公、郑武公的福，而不至于亡国的话，那么让郑国重新侍奉君王，将郑国等同于楚国各县，这就是君王的恩惠了，也是我的愿望，但这又不是我所敢奢望的。谨陈述我的心里话，请您考虑。"庄王的手下人说："不能答应他，得到了一个国家就不能再赦免它。"庄王

曰:“其君能下人,必能信用其民矣,庸可几乎[9]!”退三十里而许之平。潘尪入盟,子良出质[10]。

说:“郑国的国君能屈己居人之下,一定能得到他的百姓的信任,郑国还是有希望的吧!”于是退兵三十里,同意郑国求和的请求。楚国的潘尪入城结盟,郑国的子良出到楚国做人质。

注释 1行成:求和。 2临:哭。大宫:太庙。 3陴(pí):城上女墙。 4皇门:郑国城门。逵路:城中大道。 5郑伯:郑襄公。肉袒:裸露上体。逆:迎。 6诸:“之于”的合音。实:置放。翦:翦灭。臣妾:奴婢,此处用作动词。 7徼:求。厉、宣、桓、武:指周厉王、周宣王、郑桓公、郑武公。郑桓公是周厉王之子,周宣王之弟,为郑国第一个国君。郑武公为郑桓公之子。泯:灭。夷:平,等同。 8实:句中语气词。 9下人:屈己居他人之下。庸:语气副词,难道。此处疑有误。几:通“冀”,希望。 10潘尪(wāng):楚臣。子良:公子去疾,郑臣。

夏六月,晋师救郑。荀林父将中军,先縠佐之;士会将上军,郤克佐之;赵朔将下军,栾书佐之[1]。赵括、赵婴齐为中军大夫,巩朔、韩穿为上军大夫,荀首、赵同为下军大夫,韩厥为司马[2]。

及河,闻郑既及楚平。桓子欲还,曰:“无及于郑而剿民[3],焉用

夏天六月,晋军救援郑国。荀林父率领中军,先縠辅佐他;士会率领上军,郤克辅佐他;赵朔率领下军,栾书辅佐他。赵括、赵婴齐任中军大夫,巩朔、韩穿任上军大夫,荀首、赵同任下军大夫,韩厥任司马。

晋军抵达黄河时,听说郑国已和楚国讲和。荀林父想撤军回国,他说:“没有赶上救郑国而劳民与楚军对峙,哪里用得着呢?楚军撤回后再出兵攻打郑国,也不算迟。”士会说:“好。我听说用兵之道,就

之？楚归而动，不后。”随武子曰[4]：“善。会闻用师，观衅而动[5]。德、刑、政、事、典、礼不易，不可敌也，不为是征[6]。楚君讨郑，怒其贰而哀其卑。叛而伐之，服而舍之，德刑成矣。伐叛，刑也；柔服，德也。二者立矣。昔岁入陈，今兹入郑，民不罢劳，君无怨讟，政有经矣[7]。荆尸而举，商、农、工、贾不败其业，而卒乘辑睦，事不奸矣[8]。

是要善于观察敌人的间隙然后行动。如果一个国家的德行、刑法、政令、事务、典章、礼仪没有违背常道，便不能与之为敌，也不宜攻打它。楚国国君讨伐郑国，愤恨郑国的三心二意而又哀怜他们的奴颜卑下。背叛时就讨伐它，顺服时便宽恕他，这样德行和刑罚就具备了。讨伐背叛，就是刑罚；安抚顺服，便是德行。二者都树立起来了。楚国去年攻入陈国，今年又攻入郑国，百姓并不疲劳，对国君也没有怨言，政令是合乎常道的。楚军列成荆尸之阵而后发兵，商贩、农民、工匠、店主都不废弃自己的行业，而且步兵与车兵也很和睦，各司其职，互不相犯。

注释 1 先縠：先轸之孙或曾孙。郤克：即郤献子，郤缺之子。栾书：即栾武子，栾盾之子。 2 赵括、赵婴齐：即僖公二十四年的屏括、楼婴，赵盾之异母弟。荀首：荀林父之弟。赵同：即原同，赵括、赵婴齐之同母兄。韩厥：即韩献子。 3 桓子：荀林父的谥号。剿民：劳民。 4 随武子：即士会。 5 衅：缝隙。 6 易：改变。不为是征：即不征是。是，指示代词，代指郑国。 7 今兹：今年。罢：通“疲”。讟(dú)：怨言。经：常法。
8 荆尸：楚军作战的一种阵法。贾(gǔ)：商人。分言则商贾有别，古有“行商坐贾”之说。卒：步兵。乘：车兵。辑睦：和睦。奸：犯。

“芀敖为宰，择楚国之令典[1]。军行，

“芀敖担任令尹，选择楚国好的法典。军队行动，右军跟随主将车辕而行，左军搜

右辕，左追蓐，前茅虑无，中权，后劲[2]。百官象物而动，军政不戒而备，能用典矣[3]。其君之举也，内姓选于亲，外姓选于旧；举不失德，赏不失劳；老有加惠，旅有施舍；君子小人，物有服章；贵有常尊，贱有等威[4]，礼不逆矣。德立，刑行，政成，事时，典从，礼顺，若之何敌之？见可而进，知难而退，军之善政也；兼弱攻昧，武之善经也。子姑整军而经武乎！犹有弱而昧者，何必楚？仲虺有言曰[5]：'取乱侮亡。'兼弱也。《汋》曰：'於铄王师，遵养时晦[6]。'耆昧也[7]。《武》曰：'无竞惟烈[8]。'抚弱耆昧以务烈所[9]，可也。"彘子曰[10]："不

寻粮草，前军举着旌旗侦察敌情以防意外，中军权衡作战方案，后军以精兵殿后。各级军官根据象征自己的旌旗的指挥而行动，军中政事不须等待命令就已准备就绪，这是因为能运用典章制度。他们的君王选拔人材，在同姓中选拔亲近的人，在异姓中选拔历代旧臣后裔；选拔不遗漏有德行的人，赏赐不遗漏有功劳的人；老人加恩，羁旅之人也有施舍；君子和小人，服饰各有规定；对尊贵的人有一定的表示尊敬的礼仪，对低贱的人也有等级的威仪，这样礼法就不至于违反。德行树立，刑法实行，政治修明，国事合乎时宜，典章得到执行，礼仪顺应时代，这样的国家怎么能够抵挡呢？见机而进，知难而退，这是用兵的好策略；兼并弱小国家，攻打昏庸之国，这是军事上正确的战略方针。您姑且整顿军队、筹措军事装备吧！还有的是弱小而又政治黑暗的国家，为什么一定要攻打楚国呢？仲虺说过：'夺取动乱之国，欺侮行将灭亡之国。'说的就是兼并弱小。《诗经·汋》中说：'啊！天子的军队真威风，率领他们占取昏昧的国家。'说的就是进攻昏昧之国。《诗经·武》中说：'没有谁比武王的功业更强盛。'安抚弱小而攻打昏昧之国，从而致力于武王的

可。晋所以霸，师武臣力也。今失诸侯，不可谓力；有敌而不从，不可谓武。由我失霸，不如死。且成师以出，闻敌强而退，非夫也。命为军帅，而卒以非夫，唯群子能，我弗为也。”以中军佐济[11]。

伟业，是可以的。”先縠说：“不行。晋国之所以能称霸诸侯，是由于军队勇敢、臣子尽力。现在眼看会失去诸侯，不能说是尽力；有了敌人而不去迎战，不能说是勇敢。从我们身上失去晋国的霸主地位，还不如死了好。况且兴兵出战，听说敌人强大就退却，这不是大丈夫。受命担任军队统帅，却以有辱大丈夫的结果而告终，只有诸位能做到，我是不干的。”于是率领中军副帅所属部队渡过了黄河。

注释 1 蔿敖：即孙叔敖。令典：好的法典。 2 右辕：右军傍主将车辕而行。辕，用作动词。左追蓐：左军搜寻粮草。前茅：前军持旌旄。茅，通“旄”。虑无：侦察敌情，以戒不虞。中权：中军权衡谋划。后劲：以劲旅殿后。 3 象物而动：根据象征自己的旌旗的指挥而行动。戒：敕令。 4 举：选拔。内姓：同姓。旅：羁旅在外。服章：衣物上的等级色彩标志。常尊：一定的表示尊敬的礼仪。等威：等级的威仪。 5 仲虺(huǐ)：商汤的左相。 6《汋(zhuó)》：《诗经》篇名，今本作“酌”。於(wū)：叹词。铄(shuò)：美。遵：率。养：取。时：通“是”。晦：昏昧。 7 耆昧：攻昧。 8《武》：《诗经》篇名。无竞惟烈：无强于克商之伟业。竞，强。惟，语气词，无义。烈，业。 9 务：致力。烈所：功业所在。 10 彘子：即先縠。 11 济：渡河。

知庄子曰：“此师殆哉[1]。《周易》有之，在师䷆之临䷒，曰：‘师出以律，否臧，凶。[2]’执事顺

知庄子说：“这支军队危险了。《周易》有这样的卦象，从师卦䷆变为临卦䷒，爻辞说：‘军队出击要以法制号令约束，不然，就有危险。’行事顺其道而有所

成为臧，逆为否。众散为弱，川壅为泽[3]。有律以如己也，故曰律。否臧，且律竭也。盈而以竭，夭且不整[4]，所以凶也。不行之谓临，有帅而不从，临孰甚焉？此之谓矣。果遇，必败，彘子尸之[5]。虽免而归，必有大咎。”韩献子谓桓子曰：“彘子以偏师陷，子罪大矣。子为元帅，师不用命，谁之罪也？失属亡师[6]，为罪已重，不如进也。事之不捷，恶有所分，与其专罪，六人同之，不犹愈乎？”师遂济。

成就叫臧，反之就叫否。士兵离散就是柔弱，流水壅塞就成了沼泽。有法制号令指挥军队就如同指挥自己一样，所以叫律。如果行事不善，法制号令就形同虚设。从充满到枯竭，阻塞而不整齐，所以就是凶象了。水不流动为‘临’，有统帅而不服从，还有比这更严重的‘临’吗？说的就是这个道理。果真和楚军相遇，肯定失败，彘子要承担罪责。即使他侥幸不死而逃回，也一定有大灾祸。”韩献子对荀林父说：“彘子率领他那一部分军队如果陷入楚军，您的罪过就大了。您为元帅，军队不听从命令，这是谁的罪过呢？失掉了属国，又损失了军队，这个罪责已经很大了，不如进军。即使失败了，也可由大家来分担责任，与其您一个人承担罪过，不如六个人共同承担，这样不是更好吗？”于是晋军就渡过了黄河。

注释　1 知庄子：即荀首，晋臣。　2 师、临：六十四卦中第七卦和第九卦。师卦卦象为坎下坤上，临卦卦象为兑下坤上。师出以律，否臧，凶：句出师卦初六爻辞。律，法制号令。否（pǐ）臧，犹不善。否，恶。臧，善。　3 众散为弱，川壅为泽：此二句释卦象，师卦变为临卦，指师卦初六爻由阴变阳（坎变为兑），坎为水，代表众多，兑为少女，代表柔弱，所以坎变为兑，象征众散为弱，因坎为川，兑为泽，坎变为兑，象征流水壅塞淤积为泽。　4 夭：夭阏，阻塞。　5 尸：主。　6 失属：失掉属国（郑国）。

楚子北，师次于郔。沈尹将中军，子重将左，子反将右[1]，将饮马于河而归。闻晋师既济，王欲还，嬖人伍参欲战[2]。令尹孙叔敖弗欲，曰："昔岁入陈，今兹入郑，不无事矣。战而不捷，参之肉其足食乎？"参曰："若事之捷，孙叔为无谋矣。不捷，参之肉将在晋军，可得食乎？"令尹南辕反旆[3]。伍参言于王曰："晋之从政者新，未能行令。其佐先縠刚愎不仁，未肯用命。其三帅者专行不获，听而无上，众谁适从？此行也，晋师必败。且君而逃臣，若社稷何？"王病之，告令尹，改乘辕而北之，次于管以待之[4]。

楚庄王率军北上，驻扎在郔地。沈尹率领中军，子重率领左军，子反率领右军，准备在黄河饮马后便回国。听说晋军已经渡过了黄河，庄王想撤军回国，宠臣伍参想与晋军开战。令尹孙叔敖不想作战，他说："去年我们攻入陈国，今年又攻入郑国，不能说没有战事。如果开战而不能取得胜利，你伍参的肉恐怕不够让人吃吧？"伍参说："如果作战胜利了，你孙叔敖就是没有谋略之人。不能取胜，我伍参之肉将落在晋军之手，你们怎么能吃得到呢？"令尹把车辕调转南方，军旗也指向南方，准备回国。伍参对楚庄王说："晋国执政的人荀林父上台不久，命令还不能通行无阻。他的中军副帅先縠刚愎自用，残暴不仁，不肯听从他的命令。他的三个将帅想专权又办不到，想听从又没有具有绝对权威的上司，军队听从谁的呢？这次交战，晋军必定失败。况且您作为国君，如果逃避晋国的臣子，又把国家的荣辱置于何地呢？"楚庄子很忧虑，于是命令令尹调转车辕，向北进军，驻扎在管地等待晋军。

注释　1 沈尹：人名，不详。一说即孙叔敖。子重：即公子婴齐。子反：

公子侧。 2 嬖人：宠臣。 3 南辕反旆(pèi)：回车向南，倒转军中大旗。旆，旌旗。 4 管：郑地，在今河南郑州。

晋师在敖、鄗之间[1]。郑皇戌使如晋师，曰："郑之从楚，社稷之故也，未有贰心。楚师骤胜而骄，其师老矣，而不设备，子击之，郑师为承[2]，楚师必败。"彘子曰："败楚服郑，于此在矣，必许之。"栾武子曰："楚自克庸以来，其君无日不讨国人而训之于民生之不易、祸至之无日、戒惧之不可以怠[3]。在军，无日不讨军实而申儆之于胜之不可保、纣之百克而卒无后，训之以若敖、蚡冒筚路蓝缕，以启山林[4]。箴之曰：'民生在勤，勤则不匮[5]。'不可谓骄。先大夫子犯有言曰：'师直为壮，曲为老。'我则不德，而徼怨于

晋军此时驻扎在敖山、鄗山之间。郑国的皇戌出使来到晋军中，说："郑国屈从楚国，是为了挽救国家的缘故，对晋国并没有二心。楚军屡次获胜因而骄傲轻敌，军队士气已衰落，而且又不设防，你们如果攻击他们，郑军作为后继，楚军必定失败。"先縠说："打败楚国、降服郑国，就在此一举了，一定答应他。"栾书说："楚国自从战胜庸国以来，他们的国君没有一天不用'百姓生活还很艰难、战祸随时会降临、不可以放松警惕和戒备'的话来教育和训诫国人。在军队中，没有一天不用'不可能保持永久的胜利、商纣王曾经百战百胜最后却亡国取辱'的历史来教育和再三告诫军队官兵，用楚国先君若敖和蚡冒当初乘柴车、穿破敝衣服开辟山林，艰苦创业的事迹来教育他们。并告诫他们说：'百姓的生存在于勤劳，勤劳就不缺乏。'这不能说他们骄傲。先大夫子犯说过：'师出有名就气壮，理曲就气衰。'我们的行为不合德行，又与楚国结怨，我们理曲而楚国理直，因

楚，我曲楚直，不可谓老。其君之戎，分为二广，广有一卒，卒偏之两[6]。右广初驾，数及日中，左则受之，以至于昏[7]。内官序当其夜，以待不虞[8]。不可谓无备。子良，郑之良也；师叔，楚之崇也。师叔入盟，子良在楚，楚、郑亲矣。来劝我战，我克则来，不克遂往，以我卜也[9]，郑不可从。”赵括、赵同曰：“率师以来，唯敌是求。克敌得属，又何俟[10]？必从彘子。”知季曰：“原、屏，咎之徒也[11]。”赵庄子曰：“栾伯善哉！实其言，必长晋国[12]。”

此不能说楚军已士气衰落。楚国国王的车队分为左右两部，称两广，每广有三十辆战车，称一卒，每卒又分左右两偏。右广先行驾车守卫，直到中午，再由左广接替，直到黄昏。左右近臣轮流值夜班，以防意外。这不能说他们没有防备。子良是郑国的杰出人才，师叔是楚国人崇敬的人物。师叔到郑国结盟，子良作为人质住在楚国，楚国和郑国关系是密切的。郑国派人来劝我们出战，我们胜了，他们就来归服，不胜，他们就又去投奔楚国，这是在以我们的胜负来占卜决定去从啊，郑国的建议不能听从。”赵括、赵同说：“率军前来，就是寻找敌人作战。战胜敌人降服属国，还等待什么呢？一定要采纳先縠的建议。”荀首说：“赵同和赵括的主意，是一条取祸之道。”赵朔说：“栾书说得好啊！如果照他说的去做，一定能使晋国长存不衰。”

注释 1 敖、鄗：二山名，在今河南荥阳境内。 2 皇戌：郑臣。骤：屡次。承：后继。 3 栾武子：即栾书，下文又称栾伯。讨：治理。 4 军实：军队官兵。申儆：再三告诫。若敖、蚡冒：楚国先君。筚路：柴车。蓝缕：破敝的衣服。启：开辟。 5 箴：规劝。匮：令。 6 二广：两部。卒：楚军以三十辆战车为一卒。卒偏之两：一卒分为两偏，即每偏有战车十五辆。

此处偏用作动词。 7 数：计算时间。日中：正午。昏：黄昏。 8 内官：国王左右亲信大臣。序当其夜：按次序当班值夜。不虞：意外。 9 以我卜：以我们的胜负来占卜决定去从。 10 俟：等待。 11 知季：即荀首。原、屏：原即赵同，屏即赵括。咎：祸。徒：通“途”。 12 赵庄子：即赵朔，赵括之侄。实：实践。长：长久，此处用作使动词。

楚少宰如晋师，曰：“寡君少遭闵凶[1]，不能文。闻二先君之出入此行也，将郑是训定[2]，岂敢求罪于晋？二三子无淹久[3]。”随季对曰：“昔平王命我先君文侯曰：‘与郑夹辅周室[4]，毋废王命。’今郑不率，寡君使群臣问诸郑，岂敢辱候人[5]？敢拜君命之辱。”彘子以为谄，使赵括从而更之，曰：“行人失辞[6]。寡君使群臣迁大国之迹于郑，曰：‘无辟敌[7]。’群臣无所逃命。”

楚国的少宰来到晋军，说：“我国国君自幼遭到忧患，因此他不善辞令。听说我国两位先君成王和穆王曾出入这条道路，是为了教训和安定郑国，哪里敢得罪晋国呢？你们几位不要在此久留。”随季回答说：“从前周平王命令我国先君文侯说：‘与郑国一起辅佐周王室，不要背弃天子的命令。’现在郑国不遵循天子命令，我国国君派群臣前来质问郑国，又怎么敢劳驾您前来呢？谨此拜谢贵国国君的命令。”先縠认为这是讨好楚国，派赵括去更正，说：“刚才外交官的话不恰当。我国国君派群臣来把楚国的军队赶出郑国，他说：‘不要躲避敌人。’我们群臣不能不执行这一命令。”

注释 1 少宰：官名，为太宰之副。闵凶：忧患。 2 二先君：指楚成王、穆王。此行：此道，即由楚至郑的道路。将郑是训定：将训定郑的倒装。是，句中助词，无义。训定，教育、安定。 3 二三子：指晋军诸将。淹久：久留。

4 随季:即随武子,又名士季、范武子、随会。夹辅:共同辅佐。 **5** 率:遵循。候人:官名,负责迎送宾客的官吏,此指楚少宰。 **6** 行人:外交官名。 **7** 迁大国之迹于郑:意即把大国(楚国)赶出郑境。辟:同"避"。

楚子又使求成于晋,晋人许之,盟有日矣。楚许伯御乐伯,摄叔为右,以致晋师[1]。许伯曰:"吾闻致师者,御靡旌摩垒而还[2]。"乐伯曰:"吾闻致师者,左射以菆,代御执辔,御下,两马、掉鞅而还[3]。"摄叔曰:"吾闻致师者,右入垒,折馘、执俘而还。[4]"皆行其所闻而复。晋人逐之,左右角之[5]。乐伯左射马而右射人,角不能进。矢一而已。麋兴于前,射麋丽龟[6]。晋鲍癸当其后,使摄叔奉麋献焉,曰:"以岁之非时,献禽之未至,敢膳诸从者[7]。"鲍癸止之,曰:"其左

楚庄王又派人向晋国求和,晋国人答应了,并且确定了结盟的日期。但楚国的许伯为乐伯驾车,摄叔为车右,向晋军挑战。许伯说:"我听说向敌人挑战,战车疾驰以致旌旗靡倒,迅速迫近敌人营垒然后返回。"乐伯说:"我听说向敌人挑战,由车左用利箭射击敌人,代替驾车人执掌马缰绳,驾车人下车整理马匹和马脖子上的皮带,然后从容而回。"摄叔也说:"我听说向敌人挑战,车右要攻入敌人营垒,杀死敌人,割取左耳,生擒俘虏而回。"这三个人都按他们听说的去做了然后回营。晋国人追赶他们,从左右夹攻。乐伯射左边的马,射右边的人,使夹攻的晋兵不能前进。他的箭只剩下一支了。有一只麋鹿出现在前方,乐伯用这支箭射中了它的背部。这时晋国的鲍癸正在后面追赶,乐伯让摄叔把麋鹿献给他,说:"因为还不到时令,应当奉献的禽兽还没有出现,谨以此作为您的随从的食肴吧。"鲍癸让部队停止追赶,说:"他们的车左善于射箭,车右善于

善射，其右有辞，君子也。”既免[8]。

辞令，都是君子啊。”这三人都免遭俘获。

注释 1致晋师：向晋军挑战。 2靡旌：指兵车因疾驰而使旌旗斜倒。摩垒：迫近敌人营垒。 3菆(zōu)：利箭。两马：使两服、两骖排列整齐。两，用作动词。掉鞅：整理马颈上的皮带。掉，整理。 4折馘(guó)：杀死敌人，割取左耳。 5左右角之：从左右两角夹攻。 6丽：着，中。龟：禽兽的背部。 7膳：进膳。 8既：尽。

晋魏锜求公族未得[1]，而怒，欲败晋师。请致师，弗许。请使，许之。遂往，请战而还。楚潘党逐之，及荧泽，见六麋，射一麋以顾献[2]，曰：“子有军事，兽人无乃不给于鲜，敢献于从者。”叔党命去之[3]。赵旃求卿未得，且怒于失楚之致师者，请挑战，弗许[4]。请召盟，许之。与魏锜皆命而往。郤献子曰：“二憾往矣[5]，弗备，必败。”彘子曰：“郑人劝战，弗敢从也；楚人求成，弗

晋国的魏锜请求公族大夫的职位，没有得到，因而恼怒，想让晋军失败。他请求前去挑战，不批准。请求出使到楚军，批准了他。于是他前往楚军，请战后返回。楚国的潘党追击他，到达荥泽，魏锜看见六只麋鹿，射杀了一只而回车献给潘党，说：“您有作战任务在身，兽人之官恐怕不能供给你新鲜野味，谨把这只麋鹿献给您的随从。”潘党命令部下不再追赶魏锜。赵旃求卿的职位，没有得到，而且对放走了楚国的挑战者十分生气，于是请求前往楚军挑战，未被批准。又请求去召请楚军前来结盟，得到了同意。赵旃和魏锜都受命前往楚军。郤克说：“这两个心怀不满的人去了，如果我们不加以防备，必定要失败。”先縠说：“郑国人劝我们和楚军作战，不敢听从；楚国人向我们求和，又不和他们结好。军

能好也。师无成命，多备何为？”士季曰：“备之善。若二子怒楚，楚人乘我[6]，丧师无日矣。不如备之。楚之无恶，除备而盟，何损于好？若以恶来，有备，不败。且虽诸侯相见，军卫不彻[7]，警也。”彘子不可。士季使巩朔、韩穿帅七覆于敖前，故上军不败[8]。赵婴齐使其徒先具舟于河，故败而先济。

队没有一个固定的战略目的，多加防备又有什么用呢？”士会说：“有所防备为好。如果赵旃、魏锜二人激怒了楚国，楚国人乘机袭击我们，我们很快就会全军覆没。不如防备他们。如果楚国没有恶意，到时再解除防备，缔结盟约，对两国和好有什么损害呢？如果楚国怀恶意而来，我们有所防备，也不至于失败。再说即使诸侯会见，守卫部队也不加撤除，就是以防万一。”先縠还是不同意设防。士会派巩朔、韩穿率领七支伏兵埋伏在敖山之前，所以上军才没有失败。赵婴齐派他的部下事先在黄河边准备了船只，所以在战败后首先渡过黄河。

注释 1 魏锜(yǐ)：又名厨武子、吕锜。公族：公族大夫。 2 潘党：潘尫(即师叔)之子。荧泽：即荥泽，在今河南郑州西北古荥镇北。顾献：回车献上。 3 叔党：即潘党。 4 赵旃(zhān)：赵穿之子。 5 郤献子：郤克。二憾：指魏锜与赵旃。憾，恨，二人心怀不满，故云。 6 怒楚：使楚国发怒。乘：乘机掩杀。 7 彻：通“撤”。 8 七覆：七队伏兵。

潘党既逐魏锜，赵旃夜至于楚军，席于军门之外，使其徒入之。楚子为乘广三十乘，分为左右。右广鸡鸣而驾，日中而说；左则受之，日

潘党赶走了魏锜，赵旃又在晚上来到楚军，他在军门之外铺席而坐，派他的部下进入军门。楚庄王组建他的车队以三十乘为一广，分左右两广。右广在凌晨鸡叫时驾车值勤，中午卸车休息；左广中午接班，太阳落山时卸车休息。许偃为右

入而说[1]。许偃御右广，养由基为右。彭名御左广，屈荡为右。乙卯，王乘左广以逐赵旃。赵旃弃车而走林，屈荡搏之，得其甲裳。晋人惧二子之怒楚师也，使軘车逆之[2]。潘党望其尘，使骋而告曰："晋师至矣。"楚人亦惧王之入晋军也，遂出陈。孙叔曰："进之！宁我薄人[3]，无人薄我。《诗》云：'元戎十乘，以先启行[4]。'先人也。《军志》曰：'先人有夺人之心[5]。'薄之也。"遂疾进师，车驰卒奔，乘晋军。桓子不知所为，鼓于军中曰："先济者有赏。"中军、下军争舟，舟中之指可掬也[6]。

广的指挥车驾车，养由基担任车右。彭名为左广的指挥车驾车，屈荡担任车右。乙卯这一天，庄王乘坐左广的指挥车追赶赵旃。赵旃丢下车队逃跑到树林中，屈荡和他搏斗，扯下了他的甲衣。晋国人害怕这两个人会惹恼楚军，便派一辆兵车去接应他们。潘党从远处看到这辆兵车扬起的尘土，便派人驾车报告楚军首领说："晋军到了。"楚国人也害怕楚庄王落入晋军之手，便列阵迎战。孙叔敖说："进军！宁可我们逼近敌人，不可让敌人逼近我们。《诗》说：'战车十辆，用来在前面冲锋开道。'意思就是要抢在敌人前面。《军志》说：'抢在敌人前面就可以夺去敌人的斗志。'意思就是要主动逼近敌人。"于是就迅速进军，战车奔驰，士兵奔跑，乘势掩杀晋军。荀林父不知所措，只得在军中击鼓传令说："先渡过黄河的人有奖赏。"中军和下军争夺船只，许多人落入水中，先上船的人把攀住船舷的人的手指砍断，船里的断指多得可以捧起来。

注释　1 鸡鸣、日中、日入：都是古人用来记时的词语。鸡鸣在夜半之后，日中即正午，日入为太阳落下去时。说：通"税"，义为舍，此处意为卸车。2 軘(tún)车：兵车的一种。逆：迎。　3 薄：迫近。　4《诗》：指《诗经·小雅·六月》。元戎：冲锋陷阵的战车。启行：开道。 5 夺人之心：夺去敌人的斗志。 6 掬：捧。

晋师右移，上军未动。工尹齐将右拒卒以逐下军[1]。楚子使唐狡与蔡鸠居告唐惠侯曰："不穀不德而贪[2]，以遇大敌，不穀之罪也。然楚不克，君之羞也。敢借君灵以济楚师。"使潘党率游阙四十乘[3]，从唐侯以为左拒，以从上军。驹伯曰："待诸乎[4]？"随季曰："楚师方壮，若萃于我[5]，吾师必尽，不如收而去之。分谤生民，不亦可乎？"殿其卒而退，不败。

王见右广，将从之乘。屈荡户之[6]，曰："君以此始，亦必以终。"自是楚之乘广先左。

晋人或以广队不能进，楚人惎之脱扃，少进，马还。又惎之

晋军向右边转移，上军没有动。楚国的工尹齐率领右边方阵士兵追击晋国下军。楚庄王派唐狡和蔡鸠居向唐惠侯报告说："我没有德行而又贪心，以致遇到大敌，这是我的罪过。但如果楚国不能取胜，也是您的耻辱。谨借重您的威灵来帮助楚军获胜。"于是派潘党率领机动战车四十辆，跟从唐惠侯作为左边的方阵，追击晋军的上军。驹伯说："抵御敌人吗？"士会说："楚军现在士气正旺，如果集中兵力对付我们，我军必定全军覆没，不如收兵撤退。这样既可以分担战败的指责，又可以保全士兵的生命，不也可以吗？"于是士会作为上军的后卫走在最后，撤退下去，才没有打败仗。

楚庄王见到右广的指挥车，就准备上去乘坐。屈荡阻止他，说："君王既然是以乘坐左广开始作战的，也应该乘坐它来结束这场战争。"从此，楚国乘广以左广为尊。

晋国人有几辆兵车陷到坑里不能前进，楚国人教他们抽掉车前的横木，兵车稍微向前动了一下，马仍盘旋不前。楚国

拔旆投衡[7],乃出。顾曰:"吾不如大国之数奔也。"

人又教他们拔掉大旗,扔掉车轭,兵车才从坑中拉出。晋国人回过头来说:"我们比不上你们楚国经常逃奔,很有经验。"

注释 1 工尹齐:楚大夫。工尹,官名。右拒:方形阵。 2 唐惠侯:唐国国君。不穀:诸侯国君自谦之称。 3 游阙:游动补缺的兵车。 4 驹伯:郤克之子郤锜。待:抵御。诸:"之乎"的合音,此处作"之"解。 5 萃:集中。 6 户:阻止。 7 广队:兵车陷入坑中。广,兵车。队,同"坠"。惎(jì):教。扃(jiōng):车上固定兵器的横木。少:稍。还:盘旋。拔旆投衡:拔掉大旗,扔掉车轭。

赵旃以其良马二济其兄与叔父,以他马反,遇敌不能去,弃车而走林。逢大夫与其二子乘,谓其二子无顾。顾曰:"赵傁在后[1]。"怒之,使下,指木曰:"尸女于是[2]。"授赵旃绥[3],以免。明日,以表尸之,皆重获在木下[4]。

赵旃用他的两匹好马帮助他的哥哥和叔父逃跑,用别的马驾车返回,遇到敌人不能逃脱,便扔下战车逃入树林。逢大夫和他的两个儿子正驾车赶路,他让两个儿子不要回头。可儿子回头说:"赵老头在后面。"逢大夫很生气,让两个儿子下车,指着一棵树木说:"我在这里收你们的尸首。"然后把登车的绳子交给赵旃,赵旃才得以逃脱。第二天,逢大夫按标记去收尸,两个儿子的尸体果然叠压在那棵树下。

楚熊负羁囚知罃[5]。知庄子以其族反之,厨武子御[6],下军之士多从之。每射,抽矢,菆,纳诸厨子之房[7]。厨子

楚国的熊负羁俘获了知罃。知罃的父亲荀首率领他的部属返回来追赶,魏锜为他驾车,下军的士兵多半都跟随着他。荀首每次射箭,抽箭出来,如果是利

怒曰:“非子之求而蒲之爱,董泽之蒲,可胜既乎[8]?”知季曰:“不以人子,吾子其可得乎?吾不可以苟射故也。”射连尹襄老,获之,遂载其尸;射公子縠臣[9],囚之,以二者还。

箭,就放入魏锜的箭袋。魏锜生气地说:“你这是不想救儿子,而是爱惜你的箭,董泽那里的蒲柳可以制无数支箭,能用得尽吗?”荀首说:“如果抓不到别人的儿子,能救回我的儿子吗?这就是我不随便使用利箭的缘故啊。”射击连尹襄老,得到了他的尸体,就装在车上;射击公子縠臣,俘获了他,最后带着这两个人回去。

及昏,楚师军于邲[10]。晋之余师不能军,宵济,亦终夜有声。

到了黄昏时分,楚军在邲地驻扎。晋国剩余的部队已溃不成军,连夜渡黄河,整夜都有人马喧嚣的声音。

注释 1赵傁:指赵旃。傁,同“叟”,老人。 2尸女:收你们的尸首。尸,用作动词。女,同“汝”。 3绥:登车的绳索。 4以表尸之:按标记收尸首。重:累叠。 5熊负羁:楚大夫。知罃:知庄子之子。 6厨武子:即魏锜。 7房:箭袋。 8非子之求而蒲之爱:“非求子而爱蒲”的倒装。蒲柳可以制作箭杆。董泽:地名,在今山西闻喜东北。胜:尽。既:通“摡”,取。 9连尹襄老:楚臣。连尹,官名。公子縠臣:楚王之子。 10邲:地名,在今河南原武西。

丙辰,楚重至于邲,遂次于衡雍[1]。潘党曰:“君盍筑武军,而收晋尸以为京观[2]?臣闻克敌必示子孙,以无忘武功。”楚子曰:“非尔所知也。夫文,止戈为

丙辰这一天,楚军的辎重到达邲地,于是军队在衡雍驻扎。潘党说:“您何不将晋军尸体收集起来埋掉,在上面筑土堆作为京观呢?我听说战胜敌人后一定要把战功展示给子孙,让他们不忘记祖先的武功。”楚庄王说:“这不是你能懂的。从文字构造上讲,止戈二字合起来就是武

武。武王克商，作《颂》曰：'载戢干戈，载櫜弓矢[3]。我求懿德，肆于时夏，允王保之[4]。'又作《武》，其卒章曰：'耆定尔功[5]。'其三曰：'铺时绎思，我徂惟求定[6]。'其六曰：'绥万邦，屡丰年[7]。'夫武，禁暴、戢兵、保大、定功、安民、和众、丰财者也。故使子孙无忘其章[8]。今我使二国暴骨，暴矣；观兵以威诸侯，兵不戢矣；暴而不戢，安能保大？犹有晋在，焉得定功？所违民欲犹多，民何安焉？无德而强争诸侯，何以和众？利人之幾[9]，而安人之乱，以为己荣，何以丰财？武有七德，我无一焉，何以示子孙？其为先君宫[10]，告成事而已，武非吾功也。古者明王伐不敬，取其鲸鲵而封

字。周武王灭亡商朝后，作《周颂》说：'收缴兵器，包藏弓箭。我追求美德，并把这一愿望体现在夏乐之中，以求成就王业保有天下。'又作《武》篇，诗的最后一章说：'巩固你的功业。'诗的第三章说：'发扬文王的美德，我前去讨伐纣王只是为了安定天下。'诗的第六章说：'安定万邦，常有丰年。'所谓武功，就是禁除残暴、消灭战争、保有天下、巩固功业、安定百姓、调和诸国、丰富财物。因此让子孙不要忘记祖先的丰功伟业。现在我让两国士兵暴尸荒野，这是残暴；炫耀武力威胁诸侯，战争便没有停止；既残暴而又没有消除战争，怎么能保有天下？晋国还仍然存在，怎么能够巩固功业？违背百姓愿望的事情还很多，百姓怎么能安定？没有德行而仅凭强大的武力争霸诸侯，又怎么能使各国友好相处？乘人之危而为自己谋利，以别国的动乱求得自己的安定，并以此为荣，怎么能丰富财物？武功有七种德行，我们一种也不具备，又拿什么向子孙展示？还是为祖先建造一座神庙，报告取得了胜利就行了，我这点战功还算不得武功。古代圣明的君王讨伐不听王命的国家，杀掉首恶分子并将其埋葬，作为一次大杀戮，在这

之,以为大戮,于是乎有京观,以惩淫慝[11]。今罪无所,而民皆尽忠以死君命,又可以为京观乎?[12]”祀于河,作先君宫,告成事而还。

时才有京观,以惩罚历代罪恶之人。现在晋国的罪恶无法确定,而士兵又都是为了执行国君的命令而尽忠,又怎么能建造京观呢?”于是在黄河边举行了祭祀,建造了祖庙,向先君报告这次战争的胜利后便回国了。

注释 1 重:辎重。衡雍:地名,在今河南原阳。 2 盍:“何不”的合音。武军:掩埋敌兵尸体,筑成土堆。京观:在土堆上树立标志,以彰武功。京,大丘。 3 文:文字。《颂》:指《诗经·周颂》。引诗出自《时迈》篇。载戢干戈:收缴兵器。载,衬音助词,无义。戢,止。载櫜(gāo)弓矢:包藏弓箭。櫜,箭袋,此处用作动词。 4 肆于时夏:陈于夏乐之中。肆,陈。时,是,此。夏,乐名。允王保之:成就王业保有天下。允,衬音助词,无义。 5《武》:《诗经·周颂》篇名,引诗出自今《赉》篇。耆:致使,达到。 6 铺时绎思:铺陈这种美德。时,是,此。绎,陈。思,衬音助词。徂:往。 7 绥:安定。此句出自今《桓》篇。 8 章:大功。 9 幾:危难。 10 宫:祖庙,此处用作动词。 11 鲸鲵:海中大鱼,此指首恶分子。淫慝:罪恶。 12 可以:何以。

是役也,郑石制实入楚师[1],将以分郑,而立公子鱼臣。辛未,郑杀仆叔及子服[2]。君子曰:“史佚所谓‘毋怙乱’者[3],谓是类也。《诗》曰:‘乱离瘼矣,爰其适归[4]?’

这次战役,实际上是郑国的石制把楚军引进来的,他打算分割郑国为两部分,一部分给楚国,并立公子鱼臣为郑国国君。七月二十九日,郑国人杀了公子鱼臣和石制。君子评论说:“史佚所说的‘不要乘人之乱来利己’,说的就是这种人。《诗》说:‘战乱让百姓疾苦,哪里是他们的归宿呢?’这

归于怙乱者也夫！”

郑伯、许男如楚。

秋，晋师归，桓子请死，晋侯欲许之。士贞子谏曰[5]：“不可。城濮之役，晋师三日谷[6]，文公犹有忧色。左右曰：‘有喜而忧，如有忧而喜乎？’公曰：‘得臣犹在，忧未歇也[7]。困兽犹斗，况国相乎？’及楚杀子玉，公喜而后可知也。曰：‘莫余毒也已[8]。’是晋再克而楚再败也，楚是以再世不竞[9]。今天或者大警晋也，而又杀林父以重楚胜，其无乃久不竞乎？林父之事君也，进思尽忠，退思补过，社稷之卫也，若之何杀之？夫其败也，如日月之食焉，何损于明？”晋侯使复其位。

是归罪于那些凭借动乱来利己的人啊！”

郑襄公和许昭公到了楚国。

秋天，晋军回国，荀林父请求以死抵罪，晋景公想同意他的请求。士贞子劝谏说：“不能这样。城濮之战，晋军已吃了三天楚国的粮食，文公仍然面带忧虑。左右近臣问道：‘有了喜事您却忧虑，如果有了忧事您反而会高兴吗？’文公说：‘只要得臣还存在，我的忧虑就不会完。被围困的野兽尚且还要挣扎一下，何况得臣这个一国之相呢？’等到楚国杀掉了得臣，文公的高兴劲就可想而知了。他说：‘再也没有人来威胁我了。’这是晋国取得了第二次胜利，楚国又一次失败，楚国因此在成王、穆王两代都没有强大起来。现在也许是上天严厉地警告晋国，使晋国打了败仗，如果又杀掉荀林父，让楚国再胜利一次，那岂不是要让晋国从此一蹶不振吗？荀林父侍奉国君，上朝想着为君尽忠，退朝想着弥补自己的过错，他是国家的保卫者，怎么能杀他呢？他这次失败，如同日食月食，又哪里会损害日月的光明？”于是晋景公让荀林父官复原位。

注释 1 石制：郑国大夫。入楚师：使楚军进入郑国。 2 仆叔：即公子鱼臣。子服:即石制。 3 史佚:见僖公十五年《传》注。怙(hù):依仗,凭借。 4《诗》:指《诗经·小雅·四月》篇。瘼:疾苦。爰:用作“焉”。 5 士贞子:即士渥浊。 6 谷:此处用作动词,吃粮食。 7 得臣:即子玉,楚国令尹。歇:竭,尽。 8 莫余毒也已:莫毒余也已,即没有人害我了。 9 再:两。竞:强大。

冬,楚子伐萧,宋华椒以蔡人救萧。萧人囚熊相宜僚及公子丙。王曰:“勿杀,吾退。”萧人杀之。王怒,遂围萧。萧溃。

申公巫臣曰:“师人多寒[1]。”王巡三军,拊而勉之[2]。三军之士,皆如挟纩[3]。遂傅于萧[4]。

还无社与司马卯言,号申叔展[5]。叔展曰:“有麦曲乎[6]?”曰:“无。”“有山鞠穷乎[7]?”曰:“无。”“河鱼腹疾奈何[8]?”曰:“目于眢井而拯之[9]。”“若为茅绖,哭井则已[10]。”明日,萧溃,申叔视其井,则茅绖

冬天,楚庄王攻打萧国,宋国的华椒率领蔡国人救援萧国。萧国人俘虏了熊相宜僚和公子丙。楚庄王说:“不要杀他们,我退兵。”但萧国人还是杀掉了他们。庄王愤怒了,于是包围了萧国。萧国溃败了。

申公巫臣说:“士兵们很寒冷。”庄王巡视三军,抚慰勉励士兵。三军将士都好像身裹丝絮,十分温暖。于是楚军逼近萧城。

萧国大夫还无社告诉楚国大夫司马卯,让他把楚国大夫申叔展喊来。申叔展问:“你有麦曲吗?”还无社说:“没有。”“有山鞠穷吗?”还无社说:“没有。”“如果得了风湿病怎么办?”还无社回答:“你如果看到枯井,就可以从里面救我出来。”申叔展说:“你做一根草绳放在井边,如有人在井上哭,那么这就是我。”第二天,萧军溃败,申叔展看见一口枯井,草绳正放在井边,于是他大哭,把

存焉，号而出之。

还无社救了出来。

晋原縠、宋华椒、卫孔达、曹人同盟于清丘，曰："恤病[11]，讨贰。"于是卿不书，不实其言也。

晋国的原縠、宋国的华椒、卫国的孔达以及曹国人在清丘会盟，说："帮助有灾难的国家，讨伐怀有二心的国家。"《春秋》没有记载上述各国卿的名字，是因为他们没有履行盟约。

宋为盟故，伐陈。卫人救之。孔达曰："先君有约言焉，若大国讨，我则死之。"

宋国因为盟约的缘故，讨伐陈国。卫国人救援陈国。孔达说："先君卫成公曾与陈共公有过盟约，如果大国来攻打我们，我就为此而死。"

注释 1 申公巫臣：楚国申县县尹，名巫臣，字子灵。 2 拊：抚摩。 3 纩(kuàng)：丝絮。 4 傅：逼近。 5 还无社：萧国大夫。司马卯：楚国大夫。号：呼喊。申叔展：楚国大夫。 6 麦曲：酿酒的酵母。 7 山鞠穷：即川芎，根可入药。 8 河鱼腹疾：当时习语，指风湿病。 9 眢(yuān)井：废井，枯井。 10 茅绖(dié)：草绳。 11 清丘：卫国地名，在今河南濮阳东南。恤病：抚恤有灾难的国家。

宣公十三年

【经】

十有三年春，齐师伐莒。

十三年春天，齐军攻打莒国。

夏，楚子伐宋。

夏天，楚庄王攻打宋国。

秋，螽[1]。

秋天，鲁国发生虫灾。

冬，晋杀其大夫先縠。

冬天，晋国杀掉了他们的大夫先縠。

注释 1 螽(zhōng):一种害虫,此处用作动词。

【传】

十三年春,齐师伐莒,莒恃晋而不事齐故也。

夏,楚子伐宋,以其救萧也。君子曰:"清丘之盟,唯宋可以免焉。"

秋,赤狄伐晋,及清[1],先縠召之也。

冬,晋人讨邲之败[2],与清之师,归罪于先縠而杀之,尽灭其族。君子曰:"恶之来也[3],己则取之,其先縠之谓乎!"

清丘之盟,晋以卫之救陈也,讨焉。使人弗去,曰:"罪无所归,将加而师[4]。"孔达曰:"苟利社稷,请以我说,罪我之由。我则为政而亢大国之讨[5],将以谁任?我则死之。"

十三年春天,齐军攻打莒国,这是因为莒国依仗晋国而不肯侍奉齐国的缘故。

夏天,楚庄王攻打宋国,因为宋国救援过萧国。君子认为:"清丘的盟会,只有宋国可以免于不守诺言的指责。"

秋天,赤狄攻打晋国,直达清原,这是先縠勾引他们来的。

冬天,晋国人追究邲地战败和赤狄入侵清原的原因,这都是先縠的罪行,于是杀了他,并杀掉了他的全部族人。君子说:"灾祸降临,是自己招来的,大概说的就是先縠吧!"

根据清丘盟约,晋国因卫国救援了陈国而追究卫国的责任。晋国的使者不肯离去,说:"如不查处救援陈国的主谋,我国将派兵攻打你们。"孔达说:"如果对国家有利,就请把我交出去向他们作交代,因为罪过在于我。我作为执政者而面对大国的责备,我能把罪责推诿给谁呢?我愿意为此而死。"

注释 1清:一名清原,晋地名,在今山西稷山东南。 2讨:追究。 3恶:灾祸。 4而:通“尔”。 5亢:当。

宣公十四年

【经】

十有四年春,卫杀其大夫孔达。

十四年春天,卫国杀掉了他们的大夫孔达。

夏五月壬申,曹伯寿卒。

夏天五月十一日,曹文公去世。

晋侯伐郑。

晋景公攻打郑国。

秋九月,楚子围宋。

秋天九月,楚庄王发兵包围了宋国。

葬曹文公。

安葬曹文公。

冬,公孙归父会齐侯于穀。

冬天,公孙归父在穀地与齐侯会见。

【传】

十四年春,孔达缢而死。卫人以说于晋而免。遂告于诸侯曰:“寡君有不令之臣达,构我敝邑于大国[1],既伏其罪矣,敢告。”卫人以为

十四年春天,孔达自缢而死。卫国人以此向晋国人交代,才免于被攻打。于是卫国向诸侯通报说:“我国国君有一个不善的臣子孔达,使我国和大国之间不和,现在已经伏罪了,谨此通告。”卫国人认为孔达过去有功劳,于是便把公室

成劳，复室其子[2]，使复其位。

的女子嫁给他儿子为妻，并让他的儿子接任了他的官位。

夏，晋侯伐郑，为邲故也。告于诸侯，蒐焉而还[3]。中行桓子之谋也。曰："示之以整，使谋而来[4]。"郑人惧，使子张代子良于楚[5]。郑伯如楚，谋晋故也。郑以子良为有礼，故召之。

夏天，晋景公攻打郑国，是为了邲地之战的缘故。晋景公通报各诸侯国，检阅部队后就回国了。这是荀林父的计谋。他说："向郑国展示严整的军容，让他们自己主动前来归附。"郑国人果然害怕了，派子张到楚国代替子良作为人质。郑襄公到了楚国，是为了谋划对付晋国。郑国认为子良有礼，所以召他回国。

注释 1 不令：不善。构：使两方交恶。 2 成劳：旧勋。室：娶妻。 3 蒐（sōu）：检阅。 4 使谋而来：使郑国自己谋划前来归附晋国。 5 子张：即公子黑肱，郑穆公之孙。

楚子使申舟聘于齐，曰："无假道于宋[1]。"亦使公子冯聘于晋，不假道于郑。申舟以孟诸之役恶宋，曰："郑昭宋聋，晋使不害，我则必死[2]。"王曰："杀女，我伐之。"见犀而行[3]。及宋，宋人止之。华元曰："过我而不假

楚庄王派遣申舟到齐国访问，说："你不要向宋国请求借道。"又派公子冯到晋国访问，也让他不要向郑国借道。申舟因为孟诸之役得罪了宋国，因此他对庄王说："郑国人明理而宋国人昏聩，派往晋国的使者没有危险，而我必然被宋国杀掉。"庄王说："如果杀你，我就攻打他们。"申舟将儿子申犀引见给庄王后就出发了。到了宋国，宋国人拦住了他。华元说："路过我国却不向我国借道，这是把我国当作他们的边地。

道，鄙我也[4]。鄙我，亡也。杀其使者必伐我，伐我亦亡也。亡一也[5]。”乃杀之。楚子闻之，投袂而起，屦及于窒皇，剑及于寝门之外，车及于蒲胥之市[6]。秋九月，楚子围宋。

把我国当作他们的边地，实际上就是以为我们亡了国。如果杀了他们的使者，他们必然讨伐我们，讨伐我们也不过就是亡国。亡国是一样的。”于是就杀了申舟。楚庄王听说了这一消息，挥袖而起，侍卫追到前庭才把鞋子送上，追到寝宫门外才把佩剑送上，追到蒲胥街市上才让他坐上车。秋天九月，楚庄王发兵包围了宋国。

注释 1 申舟：楚臣，又名文之无畏。无：勿，不要。 2 孟诸之役：见文公十年《传》。昭：眼明。聋：耳不灵。 3 犀：申犀，申舟之子。 4 鄙我：以我国为他的边鄙之地。鄙，边地，此处作动词。 5 亡一：一样是亡。一，用作动词。 6 袂(mèi)：衣袖。屦(jǔ)：鞋子。窒皇：路寝前庭。蒲胥：楚都市名。

冬，公孙归父会齐侯于穀，见晏桓子[1]，与之言鲁，乐。桓子告高宣子曰：“子家其亡乎[2]，怀于鲁矣。怀必贪，贪必谋人。谋人，人亦谋己。一国谋之，何以不亡？”

孟献子言于公曰：“臣闻小国之免于大国

冬天，公孙归父在穀地和齐顷公会见，见到了晏桓子，晏桓子和他谈到了鲁国，他非常高兴。桓子告诉高固说：“公孙归父可能要逃跑，因为他还怀念鲁国。怀念就会产生贪心，有贪心就必定要算计别人。他算计别人，别人也算计他自己。如果全国的人都算计他，他怎么能不逃跑呢？”

孟献子对鲁宣公说：“我听说小国之所以不被大国问罪，是因为经常前往大国访问并进献礼物，于是大国才有堆满庭院的

也，聘而献物，于是有庭实旅百；朝而献功，于是有容貌采章嘉淑，而有加货[3]。谋其不免也。诛而荐贿[4]，则无及也。今楚在宋，君其图之。”公说。

财物；小国朝见大国，并献上功劳成果，因此大国也就有了各种华美珍贵的装饰品和附加的礼物。这都是为了谋求免除难以免除的灾难。如果等到大国责难问罪时再去进献礼物，那就来不及了。现在楚庄王正在宋国，您还是要考虑一下送礼的事。”鲁宣公听了很高兴。

注释 1 穀：齐地，在今山东东阿东南。晏桓子：晏婴之父。 2 高宣子：即高固。子家：公孙归父之字。 3 孟献子：即仲孙蔑。庭实：诸侯朝见天子或互相访问，将所送礼物陈列于庭内。旅：陈列。百：泛指数量很多。容貌采章嘉淑：泛指华美珍贵之物。加货：额外附加的礼物。 4 诛：责罚。荐：进献。贿：财物。

宣公十五年

【经】

十有五年春，公孙归父会楚子于宋。

夏五月，宋人及楚人平。

六月癸卯，晋师灭赤狄潞氏，以潞子婴儿归[1]。

秦人伐晋。

十五年春天，公孙归父在宋国与楚庄王会见。

夏天五月，宋国人和楚国人讲和。

六月十八日，晋军消灭了赤狄的潞氏部落，把潞子婴儿俘虏回国。

秦国人攻打晋国。

王札子杀召伯、毛伯。

王札子杀了召伯、毛伯。

秋，螽。

秋天，发生虫灾。

仲孙蔑会齐高固于无娄[2]。

仲孙蔑在无娄与齐国的高固会见。

初税亩[3]。

鲁国开始按田亩征税。

冬，蝝生[4]。

冬天，鲁国蝗虫成灾。

饥。

造成了饥荒。

注释 1 潞氏：赤狄部落之一。潞子婴儿：潞国君主。 2 无娄：地名，今不详，也作“牟娄”。 3 税亩：按田亩征税。 4 蝝(yuán)：飞蝗的幼虫。

【传】

十五年春，公孙归父会楚子于宋。

十五年春天，公孙归父在宋国会见楚庄王。

宋人使乐婴齐告急于晋[1]，晋侯欲救之。伯宗曰[2]：“不可。古人有言曰：‘虽鞭之长，不及马腹。’天方授楚，未可与争。虽晋之强，能违天乎？谚曰：‘高下在心。’川泽纳污，山薮藏疾，瑾瑜匿瑕，国君含垢，天之道也。君其待

宋国人派乐婴齐向晋国告急，晋景公打算救援宋国。伯宗说：“不行。古人有句话说：‘马鞭虽长，也达不到马肚子。’上天正保佑楚国，不能与它争强。虽然晋国也强大，但能违背天意吗？俗话说：‘高低上下，自己心里有数。’川流水泽容纳污垢，山林草野隐藏毒虫猛兽，美玉也难免有瑕疵，因此，国君忍受耻辱，也是上天的常理。您就等待一下吧！”于是晋景公停止了出兵。

之！”乃止。

使解扬如宋[3]，使无降楚，曰：“晋师悉起，将至矣。”郑人囚而献诸楚。楚子厚赂之，使反其言，不许，三而许之。登诸楼车[4]，使呼宋人而告之，遂致其君命。楚子将杀之，使与之言曰：“尔既许不穀而反之，何故？非我无信，女则弃之，速即尔刑[5]。”对曰：“臣闻之，君能制命为义，臣能承命为信[6]，信载义而行之为利。谋不失利，以卫社稷，民之主也。义无二信，信无二命。君之赂臣，不知命也。受命以出，有死无霣，又可赂乎[7]？臣之许君，以成命也。死而成命，臣之禄也。寡君有信臣，下臣获考死[8]，又何求？”楚子舍之以归。

晋国派解扬前往宋国，让他们不要投降楚国，并告诉他们：“晋军已全部出发，马上就到了。”但当解扬路过郑国时，郑国人抓住了他并把他送给了楚国人。楚庄王送给他许多财物，让他按相反的意思去说，解扬不同意，庄王劝说了三次他终于答应了。于是让解扬登上瞭望车，让他向宋国人喊话，于是他趁机把晋景公的话告诉了宋国人。楚庄王准备杀掉解扬，派人对他说：“你既已答应我却又食言。这是为什么？不是我不讲信用，而是你违背诺言。马上接受你应得的刑罚吧！”解扬回答说：“我听说，国君能制定发布命令为义，臣子能接受贯彻君王的命令为信，用臣子的信去表现君王的义，就是国家的利益。谋划不损害利益，以此保卫国家，这才是百姓的主人。君王的义不能用两种信，臣子的信不能受两种命。君王以财物收买我，就是不懂得这个道理。臣子受命出使国外，宁可死也不能背弃君命，又怎么能被财物收买呢？我假装答应您，是为了完成我的使命。我死了但完成了使命，这是我的福分。我国国君有我这样守信的臣子，我死得其所，还有什么更值得追求的呢？”于是楚庄王放他回国。

注释 1乐婴齐:宋臣。 2伯宗:晋臣。 3解扬:晋国大夫。 4楼车:瞭望敌情的兵车。 5女:通“汝”。即尔刑:就尔刑,就刑。 6制命:制定、发布命令。承命:接受、贯彻命令。 7霣:同“陨”,坠落,毁弃。 8考死:死得其所。

夏五月,楚师将去宋。申犀稽首于王之马前,曰:“毋畏知死而不敢废王命,王弃言焉[1]。”王不能答。申叔时仆,曰:“筑室反耕者[2],宋必听命。”从之。宋人惧,使华元夜入楚师,登子反之床,起之,曰:“寡君使元以病告,曰:‘敝邑易子而食,析骸以爨[3]。虽然,城下之盟,有以国毙,不能从也。去我三十里,唯命是听。’”子反惧,与之盟而告王。退三十里。宋及楚平,华元为质。盟曰:“我无尔诈,尔无我虞[4]。”

夏天五月,楚军准备离开宋国。申犀跪在庄王的马前行叩头之礼,说:“我父亲虽然明知必死无疑也不敢违背君王的命令,但您没有履行诺言。”庄王不能回答。申叔时正为庄王驾车,他说:“如果在此建造营房,让逃跑的种田人回来种田,宋国必定会屈服。”庄王采纳了这一建议。宋国人果然害怕了,派华元夜间来到楚军,他登上子反的床,叫醒子反,说:“我国国君派我来通报我们的困难,他说:‘都城的人已经在交换儿子,杀了吃掉,把骨头劈了作柴烧。即使如此,也不能接受城下之盟,纵使亡国,也不能屈从。如果贵军后撤三十里,我国就一切听从贵国的命令。’”子反害怕了,与华元私下订立了盟约,并报告了庄王。于是楚军后退三十里。宋国和楚国讲和,华元到楚国做人质。两国盟誓说:“从今以后,我不欺骗你,你也不要欺骗我。”

注释 1毋畏：即申舟。弃言：食言，说话不算数。 2仆：驾车。筑室反耕：军队建造营房，让种田人返回种田，以示久留。 3子反：公子侧，楚军主将。爨(cuàn)：烧火做饭。 4无：通"毋"，不要。虞：欺骗。

潞子婴儿之夫人，晋景公之姊也。酆舒为政而杀之[1]，又伤潞子之目。晋侯将伐之。诸大夫皆曰："不可。酆舒有三俊才，不如待后之人。"伯宗曰："必伐之。狄有五罪，俊才虽多，何补焉？不祀，一也。耆酒[2]，二也。弃仲章而夺黎氏地[3]，三也。虐我伯姬[4]，四也。伤其君目，五也。怙其俊才，而不以茂德，兹益罪也[5]。后之人或者将敬奉德义以事神人，而申固其命，若之何待之[6]？不讨有罪，曰'将待后，后有辞而讨焉'，毋乃不可乎？夫恃才与众，亡之道也。商纣由之，故灭。天反时

潞子婴儿的妻子是晋景公的姐姐。酆舒执政时把她杀了，并且又伤了潞子的眼睛。晋景公准备讨伐酆舒。大夫们都说："不行。酆舒有三种突出的才能，不如等他后面的人上台了再说。"伯宗说："一定要讨伐他。狄人有五大罪行，虽然有很多突出的才干，但又有什么用呢？不祭祖先，这是第一罪。嗜酒成性，这是第二罪。废弃贤臣仲章并且侵占黎氏的土地，这是第三罪。杀害我国的伯姬，这是第四罪。伤了他的君王的眼睛，这是第五罪。酆舒依仗自己的突出才能，而不用美德，这就更加重了他的罪过。他的后任也许能重视德行仁义，来侍奉神灵安定人民，使国家的命运得到巩固，但到那时又怎么对付它？现在不讨伐有罪之人，却说'等待以后，以后有理由再去讨伐它'，这恐怕不行吧？依仗才能和人多，这是亡国之道。商纣王正是这样做的，所以灭亡了。天违反时令就是灾祸，地违反物性就是妖异，民众违反道德

为灾，地反物为妖，民反德为乱。乱则妖灾生，故文，反正为乏[7]。尽在狄矣。”晋侯从之。六月癸卯，晋荀林父败赤狄于曲梁[8]。辛亥，灭潞。酆舒奔卫，卫人归诸晋，晋人杀之。

就是动乱。国家动乱就有妖异和灾祸产生，所以在文字构造上，把‘正’字反过来写就是‘乏’。这些现象，在狄人那里都发生了。”晋景公听从了他的话。六月十八日，晋国的荀林父在曲梁打败了赤狄。六月二十六日，灭亡了潞国。酆舒逃亡到卫国，卫国人把他送回了晋国，晋国人杀了他。

注释 1 酆舒：潞国臣子。 2 耆：通“嗜”。 3 仲章：潞国贤人。黎：本是殷商古国名，其地在今山西长治境内。 4 虐：杀。伯姬：指晋景公之姊。 5 怙：依仗。茂德：美德。兹：此。 6 申固其命：巩固国家的命运。 7 文：文字。反正为乏：“正”字反过来写就是“乏”字。 8 曲梁：在今山西潞城西北。

王孙苏与召氏、毛氏争政，使王子捷杀召戴公及毛伯卫，卒立召襄[1]。

秋七月，秦桓公伐晋，次于辅氏[2]。壬午，晋侯治兵于稷以略狄土[3]，立黎侯而还。及洛，魏颗败秦师于辅氏[4]，获杜回，秦之力人也。

初，魏武子有嬖

王孙苏与召戴公、毛伯卫争夺执政之权，派王子捷杀了召戴公和毛伯卫，最后立了召戴公之子召襄。

秋天七月，秦桓公攻打晋国，驻扎在辅氏。七月二十七日，晋景公在稷地举行军事演习，乘机强行占取了狄人的土地，立了黎侯后便回国了。到达洛地时，魏颗在辅氏打败了秦军，俘虏了杜回，杜回是秦国的一个大力士。

当初，魏武子有一个爱妾，她没有儿

妾[5]，无子。武子疾，命颗曰：“必嫁是。”疾病[6]，则曰：“必以为殉。”及卒，颗嫁之，曰：“疾病则乱，吾从其治也[7]。”及辅氏之役，颗见老人结草以亢杜回，杜回踬而颠，故获之[8]。夜梦之曰：“余，而所嫁妇人之父也[9]。尔用先人之治命，余是以报。”

子。魏武子生病了，对魏颗说：“我死后你一定要让她改嫁。”病危时又说：“一定要让她为我殉葬。”等到魏武子死后，魏颗还是嫁了她，并说：“病重时神志昏乱，我还是按照父亲清醒时说的话去办。”等到辅氏战役开始后，魏颗看到一个老人把草挽成结用来绊拦杜回，结果杜回被绊倒在地，所以魏颗才俘虏了他。晚上魏颗梦见那位老人对他说：“我就是你嫁出去的那个妇人的父亲。你按照你父亲清醒时的命令去做，我以此来报答你。”

注释　1 王孙苏、召氏、毛氏：三人都是周王卿士。王子捷：即王札子。召襄：召戴公之子。　2 辅氏：晋国地名，在今陕西大荔东。　3 稷：晋国地名，在今山西稷山南。略：强行占取。　4 洛：晋国地名，在今陕西大荔东南。魏颗：晋臣，魏武子之子。　5 嬖：宠爱的。　6 疾病：病重，病危。7 治：与“乱”相对，指神志清醒时说的话。　8 亢：挡，绊。踬而颠：因足遇拦物而跌倒。　9 而：尔，你。

晋侯赏桓子狄臣千室，亦赏士伯以瓜衍之县[1]。曰：“吾获狄土，子之功也。微子，吾丧伯氏矣[2]。”羊舌职说是赏也，曰：“《周书》所谓

晋景公奖给荀林父狄人奴隶一千户，同时也奖给士伯瓜衍之县。他说：“我得到狄人的土地，这是您的功劳。如果没有您当年的劝谏，我早就失去荀林父了。”羊舌职对晋景公的这种奖赏非常高兴，他说：“《周书》所说的‘使用可用的人，尊敬可

'庸庸祗祗'者，谓此物也夫[3]！士伯庸中行伯，君信之，亦庸士伯，此之谓明德矣。文王所以造周[4]，不是过也。故《诗》曰：'陈锡哉周[5]。'能施也。率是道也[6]，其何不济？"

晋侯使赵同献狄俘于周，不敬。刘康公曰："不及十年，原叔必有大咎，天夺之魄矣[7]。"

初税亩，非礼也。谷出不过藉[8]，以丰财也。

冬，蝝生，饥。幸之也。

敬的人'，说的就是这一类吧！士伯认为荀林父可以重用，君王相信了他，也认为士伯可用，这可以说是昭明德行了。文王创立周朝，也没有超过这种尊贤荐能的美德。因此《诗》说：'广赐天下，创建周朝。'就是说文王能施恩给天下百姓。遵循这个道理，那还有什么不能成功的呢？"

晋景公派赵同把狄人俘虏进献给周王室，赵同不恭敬。刘康公说："等不到十年，赵同一定有大祸，因为上天已经夺去了他的魂魄。"

鲁国开始按田亩征税，这不符合礼法。过去的井田制所征收的粮食不超过藉法的规定，这是用来增加财物的办法。

冬天，鲁国发生了虫灾，造成了饥荒。《春秋》之所以记载这件事，是庆幸没有造成严重灾害。

注释　1 狄臣：作奴隶的狄人。千室：千家。士伯：即士渥浊。瓜衍：晋国邑名，在今山西孝义北。　2 微：如果没有。伯氏：指荀林父。　3 羊舌职：叔向之父。说：通"悦"。庸庸祗祗：用其可用，敬其可敬。庸，同"用"。祗，敬。物：类。　4 造周：创立周朝。　5《诗》：指《诗经·大雅·文王》篇。陈：布施。锡：赐。哉周：即造周。哉，通"载"。　6 率：遵循。　7 刘康公：即王季子，周臣。原叔：即赵同。咎：灾祸。魄：魂魄。　8 藉：赋税。周以来实行的井田制用藉法，私田纳税，公田不纳。

宣公十六年

【经】

十有六年春，王正月，晋人灭赤狄甲氏及留吁[1]。

夏，成周宣榭火[2]。

秋，郯伯姬来归[3]。

冬，大有年[4]。

十六年春天，周历正月，晋国人灭亡了赤狄中的甲氏和留吁部落。

夏天，成周的宣榭失火。

秋天，郯伯姬回到鲁国。

冬天，五谷丰收。

注释 **1** 甲氏、留吁：都是赤狄部落名。 **2** 成周：周王的城邑，为周公所建，故城在今河南洛阳东。宣榭：建在土台上用来习武的建筑。 **3** 郯伯姬：嫁到郯国的鲁国女子。 **4** 大有年：五谷丰收。

【传】

十六年春，晋士会帅师灭赤狄甲氏及留吁、铎辰[1]。

三月，献狄俘。晋侯请于王，戊申，以黻冕命士会将中军，且为大傅[2]。于是晋国之盗逃奔于秦。羊舌职曰："吾闻之，禹称善人[3]，不善

十六年春天，晋国的士会率领军队灭亡了赤狄中的甲氏、留吁和铎辰三个部落。

三月，晋国向周王室献上俘虏的赤狄人。晋景公向周定王请求准许士会升职，二十七日，赐给士会卿大夫的礼服，任命他为中军将领，并兼任太傅。在这时，晋国的盗贼逃跑到秦国。羊舌职说："我听说，大禹举拔贤人，不贤之人就远

人远，此之谓也夫。《诗》曰：‘战战兢兢，如临深渊，如履薄冰[4]。’善人在上也。善人在上，则国无幸民[5]。谚曰：‘民之多幸，国之不幸也。’是无善人之谓也。”

离他，说的就是这种情况吧。《诗》说：‘战战兢兢，好像面临万丈深渊，好像走在薄冰之上。’这是因为贤人在位的缘故。贤人在位，国家就没有抱着侥幸心理去犯罪的人。俗话说：‘民众都抱侥幸心理，就是国家的不幸。’这是说的没有贤人的情况。”

注释 1 铎辰：赤狄部落之一。 2 黻(fú)：绣有青黑两色亞字花纹的礼服。冕：礼帽。大傅：官职名。大，同“太”。 3 称：举拔。 4《诗》：指《诗经·小雅·小旻》篇。 5 幸：侥幸。

夏，成周宣榭火，人火之也。凡火，人火曰火，天火曰灾。

秋，郯伯姬来归，出也[1]。

为毛、召之难故，王室复乱。王孙苏奔晋，晋人复之。

冬，晋侯使士会平王室，定王享之，原襄公相礼[2]。殽烝[3]。武子私问其故[4]。王闻之，召武子曰：“季氏[5]，而弗闻

夏天，周王室的宣榭失火，这是人为的火灾。凡是火灾，人为的叫“火”，天然的叫“灾”。

秋天，郯伯姬回到鲁国，她是被郯国休弃赶回娘家的。

由于毛伯卫、召戴公动乱的缘故，周王室又一次发生了动乱。王孙苏逃到晋国，晋国人让他恢复了官职。

冬天，晋景公派士会前往平定了周王室之乱，定王设宴款待他，原襄公主持仪式。宴席上有连肉带骨的食物。士会悄悄地问旁边的人这是什么缘故。定王听到后，就召见士会说：“士会，你没听说

乎？王享有体荐，宴有折俎[6]。公当享[7]，卿当宴，王室之礼也。”武子归而讲求典礼，以修晋国之法。

过吗？天子设享要用半个牛，设宴要上煮熟支解了的带骨肉。对诸侯用享礼，对卿要用宴礼，这是周王室的礼仪。”士会回国后，开始讲究礼仪，进一步完善晋国的法度。

注释 1 出：遗弃。 2 平王室：调和周王室卿士之间的矛盾。原襄公：周王室大夫。相礼：主持典礼。主持人称“相”，此处用作动词。 3 殽烝：古代祭祀或宴会，杀牲，将牲放在俎上叫“烝”。整个牲体放在俎上，并不煮熟，叫“全烝”。将半个牲体放在俎上，叫“房烝”。将牲体支解煮熟，连肉带骨放在俎上叫“殽烝”，“殽”即“肴”，宾主可食。 4 武子：即士会。5 季氏：即士会。季，士会的字。 6 体荐：即房烝。折俎：即殽烝。 7 公：指诸侯。

宣公十七年

【经】

十有七年春，王正月庚子，许男锡我卒[1]。

丁未，蔡侯申卒[2]。

夏，葬许昭公。

葬蔡文公。

六月癸卯，日有食之。

己未，公会晋侯、卫侯、曹伯、邾子同盟于断

十七年春天，周历正月二十四日，许昭公锡我去世。

二月二日，蔡文公去世。

夏天，安葬许昭公。

安葬蔡文公。

六月癸卯这天，发生日食。

六月十五日，鲁宣公会见晋景公、卫穆公、曹宣公和邾子，一同在晋国的

道[3]。

秋，公至自会。

冬十有一月壬午，公弟叔肸卒。

断道结盟。

秋天，鲁宣公从会盟地回国。

冬天十一月十一日，鲁宣公的弟弟叔肸去世。

注释 1许男锡我：即许昭公。 2蔡侯申：即蔡文公。 3断道：晋国地名，在今河南济源西南。

【传】

十七年春，晋侯使郤克征会于齐[1]。齐顷公帷妇人[2]，使观之。郤子登，妇人笑于房[3]。献子怒，出而誓曰："所不此报[4]，无能涉河。"献子先归，使栾京庐待命于齐[5]，曰："不得齐事，无复命矣。"

郤子至，请伐齐，晋侯弗许；请以其私属[6]，又弗许。

齐侯使高固、晏弱、蔡朝、南郭偃会。及敛盂[7]，高固逃归。夏，会于断道，讨贰也。盟于

十七年春天，晋景公派郤克到齐国召请齐顷公参加诸侯盟会。齐顷公用帐帷围着他母亲，让她偷看郤克。郤克是个跛子，上台阶时，齐顷公的母亲在厢房里笑出声来。郤克很气愤，出宫后发誓说："假如不报此恨，决不再渡过黄河。"郤克先期回国，让栾京庐留在齐国等候答复，并对他说："如果不能完成齐国的事情，你就不要回国复命了。"

郤克回到晋国，请求攻打齐国，晋景公不同意；请求率领他的家族兵丁攻打齐国，也没有同意。

齐顷公派遣高固、晏弱、蔡朝、南郭偃参加盟会。走到敛盂时，高固逃了回去。夏天，诸侯们在断道会盟，这是为了讨伐怀有二心的国家。接着又在卷楚会

卷楚[8],辞齐人。晋人执晏弱于野王,执蔡朝于原,执南郭偃于温[9]。

盟,但拒绝齐国人参加。晋国人在野王抓住了晏弱,在原地抓住了蔡朝,在温地抓住了南郭偃。

注释 1 征:召。 2 帷:张帷遮蔽。妇人:指齐顷公之母萧同叔子。 3 郤克是跛子,所以萧同叔子笑。 4 所:若,如果。 5 栾京庐:郤克的副手。 6 私属:家族兵丁。 7 敛盂:卫国地名,在今河南濮阳东南。 8 卷楚:晋国地名,一说即断道。 9 野王:晋国地名,在今河南沁阳。原:在今河南济源北。温:在今河南温县。

苗贲皇使[1],见晏桓子。归,言于晋侯曰:"夫晏子何罪?昔者诸侯事吾先君,皆如不逮,举言群臣不信[2],诸侯皆有贰志。齐君恐不得礼,故不出,而使四子来。左右或沮之[3],曰:'君不出,必执吾使。'故高子及敛盂而逃。夫三子者曰:'若绝君好,宁归死焉。"为是犯难而来[4]。吾若善逆彼,以怀来者。吾又执之,以信齐沮,吾不

苗贲皇出使国外,在野王见到晏弱被抓。回国后对晋景公说:"晏弱有什么罪?从前诸侯侍奉我们国君时,都只怕落在其他国家后面,现在诸侯各国都说我国群臣不讲信用,所以诸侯都有二心。齐国国君害怕得不到礼遇,所以不出国,而让四个臣子来。左右随从有人阻止,说:'国君不去,晋国肯定抓住我国的使者。'所以高固走到敛盂就逃回国去了。这三个人说:'宁可死,也不能断绝君王与诸侯的友好关系。'他们为这个冒着危险而来。我们应当友好地欢迎他们,从而怀柔前来的诸侯。现在我们不但没有这样做,反而囚禁了他们,以证实齐国人阻止齐君的话是正确的,我们不是已经犯错误了吗?犯了错

既过矣乎[5]？过而不改，而又久之[6]，以成其悔，何利之有焉？使反者得辞，而害来者，以惧诸侯。将焉用之？”晋人缓之，逸[7]。

误不改正，还把他们长期关押，让他们感到后悔，这又有什么好处呢？这样做只能使中途逃跑回去的高固得到借口，恐吓前来我国的人，使诸侯害怕我们。这有什么用？”于是晋国人放松了对齐国使者的看管，晏弱逃出去了。

注释 1苗贲皇：晋国大夫。 2不逮：不及。举：皆。不信：不讲信用。 3沮：阻止。 4犯难：冒着危险。 5信：证实。既过：已经犯错。 6久之：指久不放人。 7缓：放松看管。逸：逃跑。

秋八月，晋师还。

范武子将老，召文子曰：“燮乎！吾闻之，喜怒以类者鲜，易者实多[1]。《诗》曰：‘君子如怒，乱庶遄沮；君子如祉，乱庶遄已[2]。’君子之喜怒，以已乱也。弗已者，必益之。郤子其或者欲已乱于齐乎。不然，余惧其益之也。余将老，使郤子逞其志，庶有豸乎[3]。尔从二三子唯敬。”乃请老，郤献子为政。

秋天八月，晋军回国。

士会准备告老退休，把儿子文子喊来说：“士燮啊！我听说，喜怒合于礼法的人是很少的，相反的人却很多。《诗》说：‘君子如果愤怒，祸乱可能被迅速遏止；君子如果高兴，祸乱也许迅速结束。’君子的喜或怒，都是为了消除祸乱。不能消除祸乱的人，就必定会加剧祸乱。郤克他也许能消除齐国的祸乱。如果不是这样，我担心他会加剧齐国的祸乱。我准备告老退休，让郤克满足他的心愿，祸乱也许可以解除。你跟从这几位大夫只能恭敬从事。”于是士会请求告老辞官，郤克从此执政。

冬，公弟叔肸卒。公母弟也[4]。凡大子之母弟，公在曰公子，不在曰弟。凡称弟，皆母弟也。

冬天，鲁宣公的弟弟叔肸去世。叔肸是宣公的同母兄弟。凡是太子的同母弟，国君健在就称公子，国君不在世称弟。凡是称弟，都是同母兄弟。

注释 1 范武子：即晋中军帅士会。老：告老退休。文子：即士燮，士会之子。鲜：少。易：反。 2《诗》：指《诗经·小雅·巧言》篇。庶：庶几，可能。遄：迅速。沮：止。祉：喜悦。已：止。 3 豸(zhì)：解决。 4 母弟：同母之弟。

宣公十八年

【经】

十有八年春，晋侯、卫世子臧伐齐[1]。

公伐杞。

夏四月。

秋七月，邾人戕鄫子于鄫[2]。

甲戌，楚子旅卒[3]。

公孙归父如晋。

冬十月壬戌，公薨于路寝。

归父还自晋，至笙[4]，遂奔齐。

十八年春天，晋景公、卫国太子臧攻打齐国。

宣公攻打杞国。

夏天四月。

秋天七月，邾国人在鄫国杀了鄫子。

七日，楚庄王旅去世。

公孙归父前往晋国聘问。

冬天十月二十六日，宣公在他的正室里去世。

公孙归父从晋国回国，到达笙地时听说了宣公去世的消息，就逃到齐国去了。

注释 1世子:太子。 2戕(qiāng):杀害。 3楚子旅:即楚庄王。 4笙:地名,不详今所在。

【传】

十八年春,晋侯、卫大子臧伐齐,至于阳穀。齐侯会晋侯盟于缯[1],以公子彊为质于晋。晋师还,蔡朝、南郭偃逃归。

十八年春天,晋景公和卫国太子臧攻打齐国,军队到达阳穀。齐顷公和晋景公会见,并在缯地结盟,让公子彊作为人质去到晋国。晋军撤退回国,蔡朝和南郭偃也逃回齐国。

夏,公使如楚乞师,欲以伐齐。

夏天,宣公的使者到楚国请求楚国出兵,想联合攻打齐国。

秋,邾人戕鄫子于鄫。凡自内虐其君曰弑[2],自外曰戕。

秋天,邾国人在鄫国杀害了鄫子。凡是本国人杀了自己的国君叫弑,别国人杀了本国国君叫戕。

楚庄王卒,楚师不出。既而用晋师,楚于是乎有蜀之役[3]。

楚庄王去世了,所以楚军没有出国攻打齐国。不久鲁国又请求晋国出兵,楚国因此后来发动了蜀地的战役。

公孙归父以襄仲之立公也,有宠,欲去三桓以张公室[4]。与公谋而聘于晋,欲以晋人去之。冬,公薨。季文子言于朝曰:"使我杀

公孙归父因为他父亲拥立了宣公,受到宣公宠信,他想铲除专权已久的季孙氏、孟孙氏和叔孙氏,以便扩大公室的权力。他和宣公谋划,前往晋国聘问,想凭借晋国人的力量来铲除三桓。冬天,宣公去世。季文子在朝廷上说:"使我国蒙受杀死嫡子而立庶子的罪名,从而丧失了强大诸

適立庶以失大援者，仲也夫[5]！"臧宣叔怒曰[6]："当其时不能治也，后之人何罪？子欲去之，许请去之。"遂逐东门氏[7]。

侯援助的人，就是襄仲啊！"臧宣叔气愤地说："当时没有追究襄仲的罪责，他的后代有什么罪？如果您想除掉他，就让我去除掉他。"于是把襄仲的家族东门氏全部驱逐出了鲁国。

子家还，及笙，坛帷，复命于介[8]。既复命，袒、括发，即位哭，三踊而出[9]。遂奔齐。书曰"归父还自晋"，善之也。

公孙归父从晋国回国，走到笙地时，听说了宣公去世和家族被逐的消息后，就筑了一座祭坛，用帐帷围住，向他的副手复命。复命完了，然后脱去上衣，用麻束起头发，在自己应立的位子上哭悼宣公，连连顿足后退出。于是就逃到齐国去了。《春秋》记载为"归父从晋国回国"，是表示对他的赞赏。

注释　1 缯：地名，已不详。　2 虐：杀。　3 蜀之役：见成公二年《传》。　4 三桓：鲁国的季孙氏、孟孙氏、叔孙氏都是桓公的后代，久在鲁国专权。张：扩张，扩大。　5 季文子：即季孙行父。適(dí)：通"嫡"。仲：即襄仲，公孙归父之父。　6 臧宣叔：即臧孙许，臧文仲之子。　7 东门氏：襄仲的族号。　8 子家：即公孙归父。坛帷：以帷幕遮蔽土坛。介：子家的副手。　9 括发：用麻束发。即位：按礼走到自己的位子上。踊：顿足。

岳麓書社

读名著　选岳麓

春秋左传 中

李维琦　陈建初　李运富
覃遵祥　唐生周　萧谒川　注译

岳麓書社·长沙

春秋左传

成公

成公元年

【经】

元年春[1],王正月,公即位[2]。

二月辛酉,葬我君宣公。

无冰。

三月,作丘甲[3]。

夏,臧孙许及晋侯盟于赤棘[4]。

秋,王师败绩于茅戎[5]。

冬十月。

元年春天,周历正月,成公即位。

二月二十七日,安葬我国国君宣公。

没有冰可取。

三月,实行丘甲制度。

夏天,臧孙许与晋景公在赤棘结盟。

秋天,周王室军队被茅戎打败。

冬天十月。

注释 1 元年:成公元年,公元前590年。 2 公:成公,名黑肱,宣公子。 3 作丘甲:详《传》注。 4 臧孙许:见宣公十八年《传》注。赤棘:晋国地名,今已不详。 5 茅戎:戎部落的一种。

【传】

元年春,晋侯使瑕嘉平戎于王[1],单襄公如晋拜成[2]。刘康公徼戎[3],将遂伐之。叔服曰[4]:"背盟而欺大国[5],

元年春天,晋景公派瑕嘉到周王室调停王室和戎人之间的矛盾,单襄公到晋国对此表示感谢。刘康公想利用戎人不备之机,准备攻打戎人。叔服说:"这样既违背了与戎人的盟约,又欺骗了晋国,一

此必败。背盟不祥，欺大国不义，神人弗助，将何以胜？”不听，遂伐茅戎。三月癸未，败绩于徐吾氏[6]。

为齐难故[7]，作丘甲[8]。

闻齐将出楚师，夏，盟于赤棘。

秋，王人来告败。

冬，臧宣叔令修赋、缮完、具守备[9]。曰：“齐、楚结好，我新与晋盟，晋、楚争盟，齐师必至。虽晋人伐齐，楚必救之，是齐、楚同我也[10]。知难而有备，乃可以逞[11]。”

定会失败。违背盟约不吉祥，欺骗大国不义，神和人都不会帮助你，又凭什么取胜呢？”刘康公不听劝告，便攻打茅戎。三月十九日，在徐吾氏被打得大败。

鲁国为了防备齐国入侵，实行丘甲制度。

鲁国听说齐国准备同楚军一道来犯，于是在夏天和晋国在赤棘结盟。

秋天，周王室派人来通报周王军队被茅戎打败的消息。

冬天，臧宣叔下令改革军赋制度，修整武器装备，加固城郭，完备防御工作。他说：“齐国和楚国友好，我国最近与晋国结盟，晋国和楚国争夺盟主地位，齐军也必然前来。虽说晋国人攻打齐国，楚国必然会救援它，这实际上是齐国和楚国联合进攻我国。了解这些困难并有充分准备，才可以使战祸得到解除。

注释 1 瑕嘉：即詹嘉，晋臣。 2 单襄公：即单朝，周王室卿士。 3 徼(jiǎo)戎：乘戎不备而侥幸取胜。 4 叔服：周王内史。 5 大国：指晋国。 6 徐吾氏：茅戎聚居的地方。 7 齐难：齐国入侵。 8 作丘甲：实行丘甲制度，即每丘中人按所耕田数分摊军赋。丘，地方基层组织。 9 修赋：指实行丘甲制。缮：修整武器装备。完：加固城郭。具：准备。 10 齐、楚同我：即齐、楚两国共同以我为敌。 11 逞：解除。

成公二年

【经】

二年春，齐侯伐我北鄙。

夏四月丙戌，卫孙良夫帅师及齐师战于新筑[1]，卫师败绩。

六月癸酉，季孙行父、臧孙许、叔孙侨如、公孙婴齐帅师会晋郤克、卫孙良夫、曹公子首及齐侯战于鞍[2]，齐师败绩。

秋七月，齐侯使国佐如师。己酉，及国佐盟于袁娄[3]。

八月壬午，宋公鲍卒。

庚寅，卫侯速卒。

取汶阳田[4]。

冬，楚师、郑师侵卫。

十有一月，公会楚公子婴齐于蜀。

丙申，公及楚人、秦人、宋人、陈人、卫人、郑

二年春天，齐顷公发兵攻打我国北部边境。

夏天四月二十九日，卫国的孙良夫率军与齐军在新筑作战，卫军大败。

六月十七日，鲁国的季孙行父、臧孙许、叔孙侨如、公孙婴齐率军会合晋国的郤克、卫国的孙良夫、曹国的公子首与齐顷公率领的齐军在鞍地作战，齐军大败。

秋天七月，齐顷公派国佐到齐军。二十三日，晋国与齐国国佐在袁娄会盟。

八月二十七日，宋文公鲍去世。

九月五日，卫穆公速去世。

在晋国的支持下，鲁国从齐国取回了汶阳的土地。

冬天，楚军和郑军入侵卫国。

十一月，成公在蜀地会见了楚国的公子婴齐。

十二日，成公与楚国人、秦国人、宋国人、陈国人、卫国人、郑国人、齐国

人、齐人、曹人、邾人、薛人、鄫人盟于蜀。

人、曹国人、邾国人、薛国人、鄫国人在蜀地会盟。

注释 1新筑:卫国地名。 2鞍:齐国地名,在今山东济南西北。 3袁娄:齐国都城郊外地,在今山东淄博临淄区。 4取汶阳田:见《传》。

【传】

二年春,齐侯伐我北鄙,围龙[1]。顷公之嬖人卢蒲就魁门焉[2],龙人囚之。齐侯曰:"勿杀!吾与而盟[3],无入而封[4]。"弗听,杀而膊诸城上[5]。齐侯亲鼓,士陵城。三日,取龙。遂南侵,及巢丘[6]。

鲁成公二年春天,齐顷公攻打我鲁国的北部边境,包围了龙地。顷公的宠臣卢蒲就魁攻打城门,龙地人俘获了他。齐顷公说:"不要杀他!我和你们结盟,撤出你们的边境。"龙地人不听,杀了卢蒲就魁,并把尸体吊在城上示众。齐顷公亲自击鼓督战,士兵攻上了城墙。经过三天的战斗,夺取了龙地。于是齐国南下入侵,直达巢丘。

卫侯使孙良夫、石稷、甯相、向禽将侵齐,与齐师遇。石子欲还,孙子曰:"不可。以师伐人,遇其师而还,将谓君何?若知不能,则如无出。今既遇矣,不如战也。"

卫穆公派遣孙良夫、石稷、甯相、向禽将侵犯齐国,与齐军相遇。石稷想撤军,孙良夫说:"不行。我们率领军队是来攻打齐国人的,现在遇到齐军却要撤退,怎么向国君交代?如果早知不能与齐军作战,那还不如不出兵。现在既然已经和齐军相遇,不如一战。"

夏,有[7]……

夏天,有……

注释 1 龙:鲁国地名,在今山东泰安东南。 2 门:攻打城门。 3 而:尔。 4 封:边境。 5 膊:暴尸。 6 巢丘:鲁国地名。 7 夏,有:原文有缺,据《经》文,此段当是叙述新筑之战。

石成子曰[1]:“师败矣。子不少须[2],众惧尽。子丧师徒,何以复命?”皆不对。又曰:“子,国卿也,陨子[3],辱矣。子以众退,我此乃止[4]。”且告车来甚众。齐师乃止,次于鞫居[5]。新筑人仲叔于奚救孙桓子[6],桓子是以免。

石稷说:“我军已经失败了。如果您不稍作停留来顶住敌人的进攻,恐怕要全军覆没。您丧失了军队,怎么向国君交代?”孙良夫都不回答。石稷又说:“您是国家的卿,损失了您,是国家的耻辱。您领着军队撤退,我留在这里阻击齐军。”并且通告全军说救援的兵车来了很多。这样齐军才停止了进攻,在鞫居驻扎下来。新筑大夫仲叔于奚前来救援孙良夫,孙良夫因此免于被俘。

既,卫人赏之以邑,辞。请曲县、繁缨以朝[7],许之。

事后不久,卫国人奖给仲叔于奚一块封地,他推辞了。他请求得到诸侯才能享受的三面悬挂的乐器和诸侯才能使用的繁缨装饰马匹朝见国君,卫穆公同意了他的请求。

仲尼闻之曰:“惜也!不如多与之邑。唯器与名,不可以假人,君之所司也[8]。名以出信[9],信以守器,器以藏礼[10],礼以行义,义以生利,利以平民[11],政之大节也。若

孔子听说这件事后说:“可惜啊!不如多赏给他封地。只有器物和爵号不能轻易赐给别人,这是君主所掌握的东西。爵位名号用来体现威信,威信用来保有器物,器物用来体现礼法,礼法用来推行道义,道义用来谋求利益,利益用来治理百姓,这是治

以假人,与人政也。政亡,则国家从之,弗可止也已。”

理国家的关键。如果把它赐给别人,就等于把政权交给别人。政权丧失,那么国家也就会随之丧失,到时就无法挽回了。”

注释 1 石成子:即石稷。 2 少须:稍稍等待。 3 陨子:损失了您。 4 我此乃止:“我乃止此”的变句。 5 鞫(jū)居:卫国地名。 6 孙桓子:即孙良夫。 7 县:同“悬”,指钟、磬等乐器悬挂在架上。古礼,天子乐器,四面悬挂,叫“宫悬”;诸侯去掉南面的乐器,三面悬挂,叫“轩悬”,也叫“曲悬”;大夫两面悬挂,叫“判悬”;士只能在东面或阶间悬挂,叫“特悬”。繁缨:马身上的装饰物,也属诸侯之礼。 8 器:指曲县、繁缨等物。名:爵号。假:借。司:主掌。 9 信:威信。 10 藏:包含,体现。 11 平:治。

孙桓子还于新筑,不入,遂如晋乞师。臧宣叔亦如晋乞师。皆主郤献子[1]。晋侯许之七百乘。郤子曰:“此城濮之赋也[2]。有先君之明与先大夫之肃[3],故捷。克于先大夫,无能为役。”请八百乘,许之。郤克将中军,士燮佐上军,栾书将下军,韩厥为司马,以救鲁、卫。臧宣叔逆晋师,且道之[4]。季文子帅师会之。

孙良夫回到新筑,没有进城,就前往晋国请求出兵。鲁国的臧宣叔也来到晋国请求出兵。他们都找到郤克。晋景公答应派出七百辆战车。郤克说:“这只是城濮之战时的兵力。那次战役,因为有先君文公的明德和先大夫的才思敏捷,所以才能取得胜利。我和先大夫们相比,还不足以做他们的仆人。”郤克请求派出八百辆战车,晋景公同意了。于是郤克率领中军,士燮为上军副师,栾书率领下军,韩厥担任司马,前往救援鲁、卫二国。臧宣叔迎接晋军,同时为他们作向导。鲁国的季文子率领军队与晋军会合。

及卫地,韩献子将

军队到达卫国时,韩厥将要杀掉违

斩人[5],郤献子驰,将救之,至则既斩之矣。郤子使速以徇[6],告其仆曰:“吾以分谤也。”

犯军法之人,郤克飞车前往营救,等他赶到时犯人已经被杀了。于是郤克派人迅速在全军示众,他告诉他的御者说:“我这样做是为了分担别人对韩厥的指责。”

注释 1 主郤献子:以郤献子为主人。 2 赋:军赋,此指战车。 3 肃:敏捷。 4 道:同“导”,向导。 5 韩献子:即韩厥。 6 徇:示众。

师从齐师于莘[1]。六月壬申[2],师至于靡笄之下[3]。齐侯使请战,曰:“子以君师,辱于敝邑,不腆敝赋[4],诘朝请见[5]。”对曰:“晋与鲁、卫,兄弟也,来告曰:‘大国朝夕释憾于敝邑之地[6]。’寡君不忍,使群臣请于大国,无令舆师淹于君地[7]。能进不能退,君无所辱命。”齐侯曰:“大夫之许,寡人之愿也;若其不许,亦将见也。”齐高固入晋师,桀石以投人[8],禽之而乘其车[9],系桑本焉[10],以徇齐垒,曰:“欲勇者贾余馀勇[11]。”

晋、鲁、卫联军在莘地追上了齐军。六月十六日,联军攻到了齐国的靡笄山下。齐顷公派人请战,说:“您率领你们国君的军队,来到敝国,虽然我军已疲惫不堪,但也准备和贵军在明天早晨相会。”郤克回答说:“晋国与鲁、卫二国,是兄弟国家,他们来告诉我们说:‘齐国经常到我们国家来发泄怨恨。’我国国君不忍心让他们如此受欺负,便派我们前来贵国请求你们不要欺人太甚,不让我们在贵国久留。我军只能前进不能后退,我们不会让贵国国君失望。”齐顷公说:“您同意决战,这是我的愿望;即使您不同意,也一定要和你们决战。”齐军的高固闯入晋军,举起石头砸向晋国士兵,擒获了晋国士兵并坐上他的战车,把一棵桑树连根拔起系在车后,回到齐军示众,说:“想要勇气的人可以来买我剩余的勇气。”

注释 1 从:追上。莘:卫地。 2 壬申:十六日。 3 靡笄:山名,即今山东济南千佛山。 4 腆(tiǎn):富足。赋:军力。 5 诘朝:明天早晨。 6 释憾:发泄怨恨。 7 舆师:军队。淹:久留。 8 桀石:举起石块。 9 禽:通“擒”。 10 桑本:桑树根部。 11 贾:买。

癸酉,师陈于鞌[1]。邴夏御齐侯,逢丑父为右。晋解张御郤克,郑丘缓为右。齐侯曰:“余姑翦灭此而朝食。[2]”不介马而驰之[3]。郤克伤于矢,流血及屦,未绝鼓音,曰:“余病矣!”张侯曰:“自始合[4],而矢贯余手及肘,余折以御,左轮朱殷[5],岂敢言病?吾子忍之!”缓曰:“自始合,苟有险,余必下推车,子岂识之?然子病矣!”张侯曰:“师之耳目,在吾旗鼓,进退从之。此车一人殿之[6],可以集事[7],若之何其以病败君之大事也?擐甲执兵[8],固即死也。病未及死,吾子勉之!”左并辔,右援枹

十七日,两军在齐国鞌地摆开阵势。邴夏为齐顷公驾驭战车,逢丑父为车右。晋国的解张为郤克驾车,郑丘缓为车右。齐顷公说:“我暂且把这些人都消灭了再吃早饭吧。”于是马不披甲就奔向晋军。郤克被箭射伤,鲜血一直流到鞋上,但还是不停地擂鼓,他说:“我受伤了!”解张说:“从开始交战,箭就射伤了我的手和肘,我把箭折断继续驾车,左边的车轮都被血染红了,我又怎么敢说受伤了呢?您就再坚持一下吧!”郑丘缓说:“从开始交战,只要遇到危险,我必定下去推车,您哪里知道?但您确实受伤了!”解张说:“军队的耳目,全听凭我们的旗子和战鼓,进攻退却都听从它们。这辆战车只要有一个人镇守,就可以成功,怎么能因为受伤而影响了国君的大事呢?军人身披铠甲、手持兵器,本来就抱定了去死的决心。受伤了但还没有死,您还是振作精神奋力作战吧!”说完,解张用左手抓住缰绳,用右手拿起鼓槌击鼓,马狂

而鼓[9],马逸不能止[10],师从之。齐师败绩。逐之,三周华不注[11]。

奔不止,军队也跟着冲了上去。结果齐军大败。晋军追逐齐军,绕着华不注山追了三圈。

注释 1鞍:齐国地名。 2朝食:吃早饭。 3介马:给马披甲。介,铠甲。 4合:交战。 5朱殷:黑红色。 6殿:镇守。 7集事:成功。 8擐(huàn):穿着。 9援枹(fú):拿起鼓槌。 10逸:奔跑。 11三周华不注:绕着华不注山追了三圈。周,用作动词。华不(fū)注,山名。

韩厥梦子舆谓己曰[1]:"旦辟左右!"故中御而从齐侯。邴夏曰:"射其御者,君子也。"公曰:"谓之君子而射之,非礼也。"射其左,越于车下[2]。射其右,毙于车中。綦毋张丧车[3],从韩厥,曰:"请寓乘[4]。"从左右,皆肘之[5],使立于后。韩厥俯,定其右[6]。逢丑父与公易位。将及华泉,骖絓于木而止[7]。丑父寝于轏中[8],蛇出于其下,以肱击之[9],伤而匿之,故不能推车而及。韩厥执

韩厥头天夜里梦见他父亲子舆对自己说:"早晨交战时避开战车的左右两侧!"因此韩厥居于车中代御者驾车追击齐顷公。邴夏说:"射击那辆车的驾车人,他像个君子。"齐顷公说:"认为他是君子却又射杀他,这不合礼法。"于是射击车左,车左坠到车下。射击车右,车右倒毙在车中。綦毋张丢了自己的战车,追着韩厥,说:"请让我搭乘您的车。"綦毋张上车后站在车左侧或车右侧,韩厥都用肘部推开了他,让他站立在自己身后。韩厥俯身放好车右的尸体。这时齐臣逢丑父和齐顷公迅速互换了位置。当他们快到华泉时,骖马被树木挂住,车子停了下来。头天夜里,逢丑父在棚车中睡觉,一条蛇从下面爬上来,他用胳膊打蛇,被蛇咬伤了,但他隐瞒了这件事,所以现在他不能推

絷马前[10],再拜稽首,奉觞加璧以进[11],曰:“寡君使群臣为鲁、卫请,曰:‘无令舆师陷入君地。’下臣不幸,属当戎行[12],无所逃隐。且惧奔辟,而忝两君[13]。臣辱戎士,敢告不敏[14],摄官承乏[15]。”丑父使公下,如华泉取饮。郑周父御佐车[16],宛茷为右,载齐侯以免。韩厥献丑父,郤献子将戮之,呼曰:“自今无有代其君任患者,有一于此,将为戮乎?”郤子曰:“人不难以死免其君,我戮之不祥,赦之,以劝事君者[17]。”乃免之。

车,以至被韩厥追上了。韩厥手拿着拴马足的绳索走到齐顷公马前,行稽首之礼,捧着酒杯和玉璧献给齐顷公,并说:“我国国君派我们群臣前来为鲁国、卫国求情,他说:‘不要让晋军进入齐国土地。’在下不幸,正好和您的兵车在战车行道上相遇,我没有逃避的地方。况且也害怕因逃避而让两国国君蒙受耻辱。在下勉强充当一名兵士,谨向您报告我的无能,虽然因缺乏人手由我代替这一职务,但我也必须履行我的职责。”逄丑父让齐顷公下车,到华泉去取水,让他乘机逃跑。郑周父驾驭副车,宛茷为车右,载着齐顷公离去,才使齐顷公免于被俘。韩厥献上逄丑父,郤克准备杀掉他,逄丑父大声喊叫说:“自古至今还没有代替他的国君受难的人,现在有一个在这里,他将被杀掉吗?”郤子说:“一个人不怕用死来使国君免于祸患,我杀掉他不吉利,赦免了他,以此勉励侍奉国君的人。”于是就赦免了逄丑父。

注释 1 子舆:韩厥亡父。 2 越:坠。 3 綦毋张:晋大夫。綦毋,复姓。 4 寓乘:寄乘,搭乘。 5 肘:用肘推击。 6 定其右:安置好车右的尸体。 7 絓(guà):绊住。 8 轏(zhàn):有棚的车。 9 肱(gōng):胳膊由肘到肩的部分。 10 执絷:对战败者所行礼节。絷,拴马足的绳索。 11 奉:同“捧”。进:献。 12 戎行:战车行道。 13 忝:辱。两君:指晋君和齐君。

14 不敏:谦辞,即不才。 **15** 摄:代替。承乏:因缺乏人手,暂由自己承当。 **16** 佐车:副车。 **17** 劝:勉励。

齐侯免,求丑父,三入三出。每出,齐师以帅退。入于狄卒[1],狄卒皆抽戈楯冒之[2]。以入于卫师,卫师免之。遂自徐关入[3]。齐侯见保者[4],曰:"勉之!齐师败矣。"辟女子[5]。女子曰:"君免乎?"曰:"免矣。"曰:"锐司徒免乎[6]?"曰:"免矣。"曰:"苟君与吾父免矣,可若何?"乃奔。齐侯以为有礼。既而问之,辟司徒之妻也[7]。予之石窌[8]。

晋师从齐师,入自丘舆,击马陉。

齐顷公免于被俘,他为了营救逢丑父,三次冲入敌军,又三次杀出重围。每次冲出时,齐军都紧紧地簇拥着他往后撤。当他冲入晋国友军狄人军中时,狄人士兵都拿着戈和盾保护他。他因而顺利进入卫国军队,卫军也没有伤害他。于是齐顷公从徐关进入齐国。齐顷公看见守城者,说:"你们要尽力防范!齐军已经战败了。"齐顷公的前卫驱赶一个女子,让她避开。这个女子问:"国君幸免于难了吗?"前卫回答说:"幸免了。"女子又问:"锐司徒幸免于难了吗?"回答说:"幸免了。"女子说:"如果国君和我父亲幸免于难了,我还能怎么样呢?"于是就跑开了。齐顷公认为这个女子懂礼法。事后查询,才知道她是辟司徒的妻子。于是齐顷公把石窌这个地方给她做封地。

晋军追击齐军,从丘舆进入齐国,接着攻打马陉。

注释 **1** 狄卒:狄人组成的步兵,为晋国友军。 **2** 楯:同"盾"。冒:覆盖,护卫。 **3** 徐关:齐地,在今山东淄博淄川区。 **4** 保者:守城者。 **5** 辟:同"避",用作使动词。 **6** 锐司徒:主管矛类兵器的官吏。 **7** 辟司徒:主管壁垒的官吏。辟,同"壁"。 **8** 石窌(liù):齐地,在今山东济南长清区。

齐侯使宾媚人赂以纪甗、玉磬与地[1]。“不可，则听客之所为。”宾媚人致赂，晋人不可，曰：“必以萧同叔子为质，而使齐之封内尽东其亩[2]。”对曰：“萧同叔子非他，寡君之母也。若以匹敌，则亦晋君之母也。吾子布大命于诸侯，而曰：‘必质其母以为信。’其若王命何？且是以不孝令也。《诗》曰：‘孝子不匮，永锡尔类[3]。’若以不孝令于诸侯，其无乃非德类也乎？先王疆理天下[4]，物土之宜[5]，而布其利。故《诗》曰：‘我疆我理，南东其亩[6]。’今吾子疆理诸侯，而曰‘尽东其亩’而已，唯吾子戎车是利，无顾土宜，其无乃非先王之命也乎？反先王则不义，何以为盟主？其晋实有阙[7]。

齐顷公派宾媚人把纪甗、玉磬和土地作为礼物送给晋国。但又交代他说：“如果晋国不同意，就随他们的便。”宾媚人进献礼物，晋国人果然不同意，并说：“必须以萧同叔子作为人质，并且让齐国境内的田垄都改为东西走向。”宾媚人回答说：“萧同叔子不是别人，她是我国国君的母亲。如果以对等地位而论，那么我国国君的母亲也等于是晋国国君的母亲。您向诸侯发布重大命令，却说：‘必须把他们的母亲作为人质才能相信。’那您又怎么对待周王的命令呢？况且这是命令诸侯做不孝的事啊。《诗》说：‘孝子的孝心无穷尽，永远赐给你的同类。’如果您用不孝来号令诸侯，这大概不符合道德的准则吧？先王划分疆界，考察土地，因地制宜，而广施其利。所以《诗》说：‘划分疆界，治理土地，田垅走向或南北向，或东西向。’现在您划分和治理诸侯的土地，却只说‘一律让田垅东西向’罢了，这实际上是只考虑您战车行进的方便，而不顾田地是否适宜，这恐怕不是先王的命令吧？违背先王的命令就是不义，又怎么能成为诸侯的盟主呢？晋国在这点上的确有过错。

注释 1 宾媚人:即国佐,齐国大夫。纪甗(yǎn):纪国的礼器。 2 东其亩:使田垄变为东西向,便于晋军进攻齐国。 3“孝子不匮”二句:出自《诗经·大雅·既醉》。匮:缺乏。锡:通“赐”。 4 疆理:划分疆界,分其地理。5 物:考察,用作动词。 6“我疆我理”二句:出自《诗经·小雅·信南山》。7 阙:过失。

“四王之王也,树德而济同欲焉[2]。五伯之霸也[3],勤而抚之,以役王命[4]。今吾子求合诸侯,以逞无疆之欲[5]。《诗》曰:‘布政优优,百禄是遒[6]。’子实不优,而弃百禄,诸侯何害焉?不然,寡君之命使臣则有辞矣,曰:‘子以君师辱于敝邑,不腆敝赋,以犒从者。畏君之震[7],师徒桡败[8]。吾子惠徼齐国之福,不泯其社稷,使继旧好,唯是先君之敝器、土地不敢爱[9]。子又不许。请收合余烬[10],背城借一[11]。敝邑之幸,亦云从也,况其不幸,敢不唯命是

“四王之所以统治天下,是因为他们树立德行,满足诸侯的共同愿望。五伯之所以称霸诸侯,是因为他们勤勉图强,安抚诸侯,共同为天子效力。现在您想领导诸侯,来满足自己无止境的欲望。《诗》说:‘施行统治政策宽松,福禄就会集于一身。’您施行的政策确实不够宽松,失去了许多福禄,这对诸侯又有什么害处呢?如果您不同意讲和,那么我们国君还让我有话可说:‘您率领你们国君的军队光临我国,我们只能以自己微薄的力量来犒劳您的随从。因畏惧贵国国君的威严,我军失败了。如果您能为齐国求福,不灭亡我国,使我们能继续保持友好关系,那么先君留下的宝器和土地,我们将不敢吝惜。但您又不同意。我们只好收集残余部队,在我国城下决一死战。如果我国侥幸取胜,也仍然听从贵国的命令,何况不幸又战败呢,岂敢不唯命是听?’”鲁国、卫国也劝告郤克说:“齐国已经非

听？'" 鲁、卫谏曰："齐疾我矣，其死亡者，皆亲昵也。子若不许，仇我必甚。唯子则又何求？子得其国宝，我亦得地，而纾于难[12]，其荣多矣。齐、晋亦唯天所授，岂必晋？" 晋人许之，对曰："群臣帅赋舆以为鲁、卫请[13]，若苟有以借口而复于寡君，君之惠也。敢不唯命是听？"

常仇恨我们了，那些战死的人，都是齐侯的宗族。您如果不答应讲和，他们会更加仇恨我们。您还想得到什么呢？您得到齐国的国宝，我们得到土地，而且又使祸难得到缓解，这荣耀也够多了。齐国、晋国都是上天保佑的国家，难道上天必定只保佑晋国永远不败吗？" 晋国人最终同意了齐国讲和的请求，答复说："我们诸位大臣率兵前来，是为了替鲁、卫两国请命，假如有理由回去向国君复命，这就是贵国国君的恩惠了。我们哪里敢不答应你们的要求呢？"

注释　**1** 四王：指舜、禹、汤、武。　**2** 济同欲：满足共同愿望。　**3** 五伯：即五霸。指齐桓公、晋文公、宋襄公、秦穆公、楚庄王。　**4** 役王命：为王命服役。　**5** 无疆之欲：无止境的欲望。　**6** "布政优优"二句：出自《诗经·商颂·长发》。优优：宽舒和缓的样子。遒：聚。　**7** 震：威严。　**8** 桡败：失败。　**9** 爱：怜惜。　**10** 余烬：余火，比喻残兵败将。　**11** 背城借一：背城借此一战。　**12** 纾：缓。　**13** 赋舆：兵车。

禽郑自师逆公[1]。

秋七月，晋师及齐国佐盟于爰娄[2]。使齐人归我汶阳之田。公会晋师于上鄍[3]，赐三帅先路三命之服[4]，司马、司

鲁国的禽郑从军中前往迎接成公。

秋天七月，晋军和齐国的宾媚人在爰娄结盟。使齐国人把汶阳的土地归还鲁国。成公在上鄍会见晋军，赐给郤克、士燮、栾书三位将帅先路礼车和三命礼服，司马、司空、舆帅、候正、亚旅等官也都

空、舆帅、候正、亚旅皆受一命之服[5]。

八月，宋文公卒，始厚葬，用蜃炭[6]，益车马，始用殉[7]。重器备，椁有四阿[8]，棺有翰桧[9]。

君子谓："华元、乐举，于是乎不臣。臣治烦去惑者也，是以伏死而争。今二子者，君生则纵其惑，死又益其侈，是弃君于恶也，何臣之为？"

九月，卫穆公卒，晋三子自役吊焉[10]，哭于大门之外。卫人逆之，妇人哭于门内。送亦如之。遂常以葬[11]。

获得了一命礼服。

八月，宋文公去世，开始采取厚葬，用蜃灰和木炭，增加了随葬的车马，并开始用活人殉葬。陪葬器物也大大增多，外棺做成四坡形，棺木上有翰桧装饰。

君子认为："华元和乐举，在这件事上没有履行臣子的职责。臣子的职责就是为国君解除烦恼和惑乱，因此有的臣子不惜生命而冒死进谏。现在这两个人，国君生前，他们放纵他作恶，国君死了，他们又为他奢侈无度，这是把国君推向邪恶的深渊，这是什么臣子？"

九月，卫穆公去世，晋国的郤克、士燮、栾书三人在作战回国途中前往吊唁，只是在大门外哭泣。卫国人也在门外接待他们，妇女们在大门里面哭。送他们出来时也是这样。于是此后以此礼为常，直到安葬。

注释　1 禽郑：鲁国大夫。　2 爰娄：齐地。　3 上鄍：齐地。　4 三帅：指郤克、士燮、栾书。先路：天子、诸侯赏赐给卿大夫的礼车。三命之服：卿大夫最高规格的礼服。古代有"三命""再命""一命"之别，命多则尊贵。5 司马、司空、舆帅、候正、亚旅：都是官职。　6 蜃炭：用蚌蛤烧成的灰和木炭。　7 殉：以活人殉葬。　8 椁：外棺。四阿：四面呈坡形，如房屋形式。9 翰桧：棺木上的装饰。　10 自役：从战场回国途中。　11 常：以此为常，作动词。

楚之讨陈夏氏也[1]，庄王欲纳夏姬。申公巫臣曰:“不可。君召诸侯，以讨罪也。今纳夏姬，贪其色也。贪色为淫，淫为大罚。《周书》曰:‘明德慎罚[2]。’文王所以造周也。明德，务崇之之谓也；慎罚，务去之之谓也。若兴诸侯，以取大罚，非慎之也。君其图之！”王乃止。子反欲取之，巫臣曰:“是不祥人也！是夭子蛮[3]，杀御叔[4]，杀灵侯[5]，戮夏南[6]，出孔、仪[7]，丧陈国，何不祥如是？人生实难，其有不获死乎[8]！天下多美妇人，何必是？”子反乃止。

楚国攻打陈国夏氏之后，楚庄王想纳夏姬为妃。申公巫臣说:“不行。君王召集诸侯，本来是为了讨伐罪人。现在纳夏姬为妃，是贪恋她的美色。贪恋美色就是淫乱，淫乱就要受到重罚。《周书》说:‘要宣扬德行，小心刑罚。’这正是周文王能够缔造周王朝的原因。宣扬德行，就是说要努力提倡；小心刑罚，就是说要尽量不用它。如果兴师动众而来，却得到极大的惩罚，这就不是很小心了。您还是认真考虑一下吧！”楚庄王于是打消了这个念头。子反也想娶夏姬，巫臣说:“这是个不吉利的女人啊！她使子蛮早亡，使御叔和陈灵公被杀，夏徵舒被诛，孔宁、仪行父也因她而逃亡国外，陈国因她而亡，还有谁比她更不吉利呢？人生在世的确不容易，您如果娶了夏姬，恐怕也不会有好结果吧！天下有许多漂亮女人，何必一定要娶她呢？”于是子反也打消了这个念头。

注释 **1** 讨陈夏氏:事见宣公十一年《传》。 **2** 明德慎罚:见《尚书·康诰》篇。 **3** 夭:早亡。子蛮:当是夏姬前夫。 **4** 御叔:夏姬次夫，夏徵舒之父。 **5** 灵侯:即陈灵公，因夏姬而被杀。 **6** 夏南:即夏徵舒，夏姬之子。 **7** 孔、仪:即孔宁和仪行父。不获死:不得善终。

王以予连尹襄老。襄老死于邲,不获其尸。其子黑要烝焉。巫臣使道焉[1],曰:"归!吾聘女。"又使自郑召之,曰:"尸可得也,必来逆之。"姬以告王,王问诸屈巫[2]。对曰:"其信!知䓨之父[3],成公之嬖也,而中行伯之季弟也[4],新佐中军,而善郑皇戌[5],甚爱此子[6]。其必因郑而归王子与襄老之尸以求之[7]。郑人惧于邲之役而欲求媚于晋,其必许之。"王遣夏姬归。将行,谓送者曰:"不得尸,吾不反矣。"巫臣聘诸郑,郑伯许之。

庄王最后把夏姬送给了连尹襄老,结果襄老在邲之战中死了,没有找到他的尸体。襄老的儿子黑要和夏姬私通。巫臣派人向夏姬示意,说:"你回郑国去,我要娶你。"又派人去郑国,让郑国召她回去,说:"襄老的尸体能够找到,你必须亲自来迎接。"夏姬将此事告诉了楚庄王,庄王便向屈巫征求意见。巫臣回答说:"这话可信!知䓨的父亲荀首,是晋成公的宠臣,又是荀林父的小弟弟,他最近做了中军副帅,和郑国的皇戌关系很好,又非常喜欢知䓨这个儿子。他必然想通过郑国归还王子和襄老的尸体而换取知䓨。郑国人对邲地之战至今心有余悸,想讨好晋国,他们一定会答应。"于是庄王打发夏姬回郑国。将要动身时,夏姬对送行的人说:"如果得不到襄老的尸体,我就不回来了。"巫臣向郑国请求娶夏姬为妻,郑襄公同意了他的请求。

注释 1 使道焉:让人示意夏姬。道,通"导"。 2 屈巫:即巫臣。 3 知䓨之父:指荀首。 4 中行伯:即荀林父。 5 皇戌:郑臣。 6 此子:指知䓨。邲之役,知䓨被楚国俘获。 7 王子:指公子縠臣,被荀首俘获。

及共王即位,将为阳桥之役[1],使屈巫聘于

等到楚共公即位,准备发动阳桥之战时,派屈巫前往齐国聘问,并且通报他

齐，且告师期。巫臣尽室以行。申叔跪从其父，将适郢，遇之，曰："异哉！夫子有三军之惧[2]，而又有桑中之喜[3]，宜将窃妻以逃者也[4]。"及郑，使介反币[5]，而以夏姬行。将奔齐，齐师新败，曰："吾不处不胜之国。"遂奔晋，而因郤至[6]，以臣于晋。晋人使为邢大夫[7]。子反请以重币锢之[8]。王曰："止！其自为谋也，则过矣。其为吾先君谋也，则忠。忠，社稷之固也，所盖多矣[9]。且彼若能利国家，虽重币，晋将可乎？若无益于晋，晋将弃之，何劳锢焉？"

们出兵的日期。巫臣动身时带走了全部家产。申叔跪跟随父亲准备到郢都去，遇到了巫臣，他说："奇怪！这个人既有军事使命在身的戒惧，又有桑中约会的喜悦，大概要偷偷带着妻子逃跑吧。"果然，巫臣从齐国返回到达郑国后，便让副使带着齐国赠送的礼物返回楚国，而他自己则带着夏姬逃走了。巫臣准备逃到齐国，齐军刚刚打了败仗，他说："我不待在战败之国。"于是逃到了晋国，通过郤至的关系，在晋国做了臣子。晋国任命他为邢地大夫。子反请求以重金收买晋国，让晋国永不录用巫臣。楚共王说："不可！他为自己打算，无疑是错误的。但他为先君出谋划策，却是忠诚的。忠诚，是国家赖以巩固的保证，它对国家的作用太大了。况且他如果能有利于晋国，即使送去重礼，晋国就会同意我们的要求吗？如果他对晋国没有用处，晋国自然会废弃他，又哪里用得着送重礼去请求晋国永不录用他呢？"

注释 1 阳桥：鲁国地名，在今山东泰安西北。 2 三军之惧：肩负军事使命的戒惧之心。 3 桑中：卫国地名。《诗经·鄘风》有《桑中》篇，桑中为男女幽会之地。此处借指巫臣与夏姬私约。 4 宜：大概。 5 介：副使。反币：带回礼物。 6 因：通过。郤至：晋臣。 7 邢：晋国邑名。 8 锢：禁锢，即永不录用。 9 盖：覆盖，护卫。

晋师归,范文子后入[1]。武子曰[2]:"无为吾望尔也乎?"对曰:"师有功,国人喜以逆之,先入,必属耳目焉[3],是代帅受名也,故不敢。"武子曰:"吾知免矣。"

晋军班师回国,士燮最后进入国都。他父亲士会说:"你不知道我盼望你吗?"士燮回答说:"军队得胜回来,国人高兴地迎接他们,如果先回来,一定特别引人注目,这是代替主帅享受这份荣誉,所以不敢先回来。"士会说:"你如此谦让有礼,我知道我们家族能免于祸患了。"

郤伯见[4],公曰:"子之力也夫!"对曰:"君之训也,二三子之力也,臣何力之有焉?"范叔见,劳之如郤伯[5],对曰:"庚所命也[6],克之制也,燮何力之有焉?"栾伯见,公亦如之,对曰:"燮之诏也[7],士用命也,书何力之有焉?"

郤克进见晋景公,景公说:"这次大胜得力于您啊!"郤克回答说:"这完全是国君的教导有方,以及几位将领的功劳,我有什么功劳呢?"士燮进见景公,景公用同样的话慰劳他,士燮回答说:"这次胜利,是听从荀庚的命令,接受郤克统帅的结果,我有什么功劳呢?"栾书进见景公,景公也是像这样慰劳他,他回答说:"这次胜利,得力于士燮的指挥和士兵的奋不顾身,我有什么功劳呢?"

注释 1 范文子:即士燮。 2 武子:即士会,士燮之父。 3 逆:迎。属(zhǔ):聚。 4 郤伯:即郤克。见:进见。 5 劳:慰劳。 6 庚:荀庚,此时为上将军。 7 诏:指示。

宣公使求好于楚,庄王卒,宣公薨,不克作好。公即位,受盟于晋,会晋伐齐。卫人不行使

当初鲁宣公派使者到楚国请求结好时,正好楚庄王去世,不久鲁宣公也去世了,因此两国没能建立友好关系。鲁成公即位后,在晋国接受了盟约,并会同晋国

于楚，而亦受盟于晋，从于伐齐。故楚令尹子重为阳桥之役以救齐。将起师，子重曰：“君弱，群臣不如先大夫，师众而后可。《诗》曰：‘济济多士，文王以宁[1]。’夫文王犹用众，况吾侪乎[2]？且先君庄王属之曰[3]：‘无德以及远方，莫如惠恤其民，而善用之。’”乃大户[4]，已责[5]，逮鳏[6]，救乏，赦罪。悉师，王卒尽行。彭名御戎，蔡景公为左，许灵公为右。二君弱，皆强冠之[7]。

冬，楚师侵卫，遂侵我，师于蜀。使臧孙往，辞曰：“楚远而久，固将退矣。无功而受名，臣不敢。”楚侵及阳桥，孟孙请往，赂之以执斫、执针、织纴[8]，皆百人，公衡为质[9]，以请盟。楚人许平。

攻打了齐国。卫国人不派使者前往楚国聘问，而且也接受了晋国的盟约，跟随晋国一起攻打齐国。所以楚国令尹子重发动了阳桥之战来救援齐国。部队准备出发时，子重说：“现在国君年幼，我们这些臣子也不如先大夫，只有军队很多才可出兵。《诗》说：‘拥有众多的人才，文王才能平定天下。’周文王都要依靠众多的兵士，何况我们这类人呢？再说先君庄王临终时嘱托我们说：‘假如没有足够的德行推及到远方，就不如好好地爱护百姓，并合理地使用他们。’”于是大规模地清理户口，免除百姓的债务，施舍及于鳏夫，救济穷人，赦免罪犯。调动全国的军队，楚共王的侍卫军也全部出动。彭名驾驭战车，蔡景公为车左，许灵公为车右。蔡、许两位国君虽然还年幼，也都勉强行了冠礼。

冬天，楚军入侵卫国，随后又入侵我鲁国，军队驻扎在蜀地。鲁国派臧宣叔前往楚军谈判，臧宣叔推辞说：“楚军远距离作战而且时间已很久，本来就要退兵了。没有功劳而接受荣誉，下臣不敢。”楚军进攻到达阳桥，孟孙请求前往谈判，以木工、缝工、织工各一百人作为礼物，并让公衡作为人质，请求结盟。楚国人同意讲和。

注释 1“济济多士”二句：出自《诗经・大雅・文王》。济济，众多。 2吾侪：我们这类人。 3属：同“嘱”。 4户：清理户口，用作动词。 5已：停止。责：同“债”。 6逮：及，达到。鳏：鳏夫。 7冠：行加冠礼。 8执斫：木工。执针：缝工。织纴：织工。 9公衡：或以为成公之子，或以为宣公之子、成公之弟。

十一月，公及楚公子婴齐、蔡侯、许男、秦右大夫说、宋华元、陈公孙宁、卫孙良夫、郑公子去疾及齐国之大夫盟于蜀。卿不书，匮盟也[1]。于是乎畏晋而窃与楚盟，故曰“匮盟”。蔡侯、许男不书，乘楚车也，谓之失位。

君子曰：“位其不可不慎也乎！蔡、许之君，一失其位，不得列于诸侯，况其下乎？《诗》曰：‘不解于位，民之攸塈[2]。’其是之谓矣。”

楚师及宋，公衡逃归。臧宣叔曰：“衡父不忍数年之不宴[3]，以弃鲁国，国将若之何？谁居[4]？后之人必有任是夫[5]！

十一月，成公和楚公子婴齐、蔡景公、许灵公、秦国右大夫说、宋国的华元、陈国的公孙宁、卫国的孙良夫、郑国的公子去疾以及齐国的大夫在蜀地订立了盟约。《春秋》没有记载卿的名字，表示此次结盟缺乏诚意。在这时因害怕晋国而只能偷偷地与楚国结盟，所以叫作“匮盟”。没有记载蔡景公和许灵公，是因为他们乘坐了楚国的车辆，这表明他们丧失了作为国君的地位。

君子说：“国君的地位不能不谨慎对待啊！蔡、许两国国君，一旦失去了作为国君的地位，便不能与诸侯并列，更何况在他们之下的人呢？《诗》说：‘君王不懈怠，百姓就能得到休息。’大概说的就是这种情况了。”

楚军到达宋国时，公衡就逃回来了。臧宣叔说：“公衡不能忍受几年的艰苦生活，而置鲁国于不顾，国家将怎么办呢？谁能解除这一祸患呢？后代子孙必

国弃矣。”

然受此祸患啊！国家被抛弃了。”

是行也，晋辟楚，畏其众也。君子曰：“众之不可以已也。大夫为政[6]，犹以众克，况明君而善用其众乎？《大誓》所谓‘商兆民离，周十人同[7]’者，众也。”

这次军事行动中，晋军避开楚军，是因为害怕楚军兵力强大。君子说：“大众是不能放弃的。子重这样的大夫执政，还能以人多势众战胜敌军，何况是善于使用大众的贤明之君呢？《大誓》所说的‘商朝亿万人离心离德，周朝十个人同心同德’，就是说要依靠众人。”

注释　1匮盟：缺乏诚意之盟。　2“不解于位”二句：引自《诗经·大雅·假乐》篇。解：通“懈”。攸：所。塈(xì)：休息。　3不宴：不安宁。　4居：句末助词。　5任是：承担此祸。夫：语气词。　6大夫：指子重。　7《大誓》：即《泰誓》，《尚书》篇名。“商兆民离”二句：商朝亿万人离心离德，周朝十个有为之人同心同德。兆，古代以百万或万亿为兆，虚指极多。

晋侯使巩朔献齐捷于周[1]，王弗见，使单襄公辞焉，曰：“蛮夷戎狄，不式王命[2]，淫湎毁常[3]，王命伐之，则有献捷，王亲受而劳之，所以惩不敬，劝有功也。兄弟甥舅[4]，侵败王略[5]，王命伐之，告事而已，不献其功，所以敬亲昵，禁淫慝也[6]。今叔父克遂[7]，

晋景公派巩朔把齐国俘虏进献给周王室，周天子不肯接见，派单襄公推辞，并说：“蛮夷戎狄不服从天子命令，沉湎酒色，败坏法度，天子命令讨伐他们，如果取得胜利，才有向王室进献俘虏的规定，天子亲自接受并且慰劳有功者，这是为了惩罚不遵王命之人，奖励有功之人。同姓兄弟国家或异姓甥舅国家，如果互相侵犯，败坏天子的法度，天子命令讨伐他们，如果取得胜利，也只是派人来通报一下胜利的消息而已，不需进献俘虏，这

有功于齐，而不使命卿镇抚王室[8]，所使来抚余一人，而巩伯实来，未有职司于王室，又奸先王之礼。余虽欲于巩伯[9]，其敢废旧典以忝叔父[10]？夫齐，甥舅之国也，而大师之后也[11]，宁不亦淫从其欲以怒叔父[12]，抑岂不可谏诲[13]？”士庄伯不能对[14]。王使委于三吏[15]，礼之如侯伯克敌使大夫告庆之礼，降于卿礼一等。王以巩伯宴，而私贿之。使相告之曰[16]：“非礼也，勿籍[17]。”

是为了尊敬亲近，禁止邪恶。现在叔父能够成功，在对齐作战中建立了功勋，却没有派一位天子任命的卿来问候王室，所派来问候我的使者，只是巩朔，而在周王室所任命的卿中并没有他，并且把齐国的俘虏献给王室，也违背了先王的礼法。我虽然喜爱巩朔，难道敢废弃先王的典章制度而羞辱叔父？齐国和周王室是甥舅关系，又是姜太公的后代，难道是齐国放纵私欲激怒了叔父，还是齐国已经不可劝谏教诲了呢？”巩朔不能回答。周天子把接待任务交给三公，让他们按侯伯战胜敌国派大夫向王室告捷的礼节接待巩朔，这比接待卿的礼节低了一等。周天子与巩朔宴饮，私下送给他礼物。又派赞礼者告诉他说：“这种接待不合礼法，不要记在史书上。”

注释　1 献齐捷：进献齐国俘虏。　2 不式：不用，不执行。　3 淫湎：沉湎酒色。常：法度。　4 兄弟甥舅：兄弟指同姓诸侯，甥舅指异姓诸侯。5 侵败：侵犯败坏。王略：天子的法度。　6 慝(tè)：邪恶。　7 叔父：指晋景公。克遂：能成功。　8 命卿：天子任命的执政大臣。　9 欲：喜好。10 忝：辱。　11 大师：齐始祖吕尚。　12 不：语气词，无义。从：通“纵”。13 抑：还是。　14 士庄伯：即巩朔。　15 三吏：即三公。　16 相：赞礼者。　17 籍：记载于史册。

成公三年

【经】

三年春，王正月，公会晋侯、宋公、卫侯、曹伯伐郑。

辛亥，葬卫穆公。

二月，公至自伐郑。

甲子，新宫灾[1]，三日哭。

乙亥，葬宋文公。

夏，公如晋。

郑公子去疾帅师伐许。

公至自晋。

秋，叔孙侨如帅师围棘[2]。

大雩。

晋郤克、卫孙良夫伐廧咎如[3]。

冬十有一月，晋侯使荀庚来聘。

卫侯使孙良夫来聘。

丙午，及荀庚盟。

丁未，及孙良夫盟。

郑伐许。

三年春天，周王正月，成公会合晋景公、宋共公、卫定公、曹宣公攻打郑国。

二十八日，安葬卫穆公。

二月，成公从伐郑前线回国。

十二日，宣公庙遭火灾，成公和家人哭泣三天。

二十三日，安葬宋文公。

夏天，成公前往晋国。

郑国的公子去疾率军攻打许国。

成公从晋国回国。

秋天，叔孙侨如率军包围了鲁国的棘地。

因干旱，举行求雨祭祀活动。

晋国的郤克和卫国的孙良夫讨伐廧咎如。

冬天十一月，晋景公派荀庚前来聘问。

卫定公派孙良夫前来聘问。

二十八日，与荀庚订立盟约。

二十九日，与孙良夫订立盟约。

郑国攻打许国。

注释 1 新宫：鲁宣公庙。 2 棘：鲁地，在今山东肥城南。 3 廧(qiáng)咎(gāo)如：狄人的一支，隗姓。

【传】

三年春，诸侯伐郑，次于伯牛[1]，讨邲之役也。遂东侵郑。郑公子偃帅师御之，使东鄙覆诸鄤[2]，败诸丘舆[3]。皇戌如楚献捷。

三年春天，诸侯联军攻打郑国，驻扎在伯牛，这是为了报复郑国在邲之战中对晋国的不忠。于是东下进攻郑国。郑国的公子偃率军抵抗，并让东部边境的军队埋伏在鄤地，在丘舆击败了诸侯联军。郑大夫皇戌前往楚国进献战利品。

夏，公如晋，拜汶阳之田[4]。

夏天，成公前往晋国，拜谢晋国让齐国归还了汶阳之田。

许恃楚而不事郑，郑子良伐许。

许国倚仗楚国而不侍奉郑国，郑国的子良发兵攻打许国。

注释 1 伯牛：郑地。 2 东鄙：东部边境。覆：埋伏。鄤(mán)：郑地。 3 丘舆：郑地。 4 拜：拜谢。

晋人归楚公子穀臣与连尹襄老之尸于楚，以求知䓨。于是荀首佐中军矣，故楚人许之。王送知䓨，曰："子其怨我乎？"对曰："二国治戎[1]，臣不才，不胜其任，以为俘馘[2]。执

晋国人把楚国的公子穀臣和连尹襄老的尸体归还给楚国，以此赎回知䓨。此时知䓨的父亲荀首任晋军的中军副帅，所以楚国人同意交换。楚共王送别知䓨，说："您怨恨我吗？"知䓨回答说："两国交战，我没有才能，不能胜任自己的职务，而做了俘虏。您的

事不以衅鼓，使归即戮，君之惠也。臣实不才，又谁敢怨？”王曰：“然则德我乎[3]？”对曰：“二国图其社稷，而求纾其民，各惩其忿以相宥也[4]，两释累囚以成其好。二国有好，臣不与及，其谁敢德？”王曰：“子归，何以报我？”对曰：“臣不任受怨，君亦不任受德，无怨无德，不知所报。”王曰：“虽然，必告不穀。”对曰：“以君之灵，累臣得归骨于晋，寡君之以为戮，死且不朽。若从君之惠而免之，以赐君之外臣首[5]；首其请于寡君而以戮于宗[6]，亦死且不朽。若不获命，而使嗣宗职[7]，次及于事，而帅偏师以修封疆，虽遇执事，其弗敢违。其竭力致死，无有二心，以尽臣礼。所以报也。”王曰：“晋未可与争。”重为之礼而归之。

左右没有用我的血来涂鼓面，让我回国受刑，这是您的恩惠。我实在无能，又敢怨恨谁呢？”共王又说：“那么您感谢我吗？”知罃回答说：“两国都是为了谋求本国的利益，以求安定百姓，现在各自克制愤怒，互相谅解，双方释放战俘，重结友好。两国友好，我没有参与谋划，又敢感激谁呢？”共王又说：“您回国后，用什么来报答我？”知罃回答说：“我不怨恨您，也不感激您，没有怨恨没有感激，不知道应该报答什么。”共王说：“即使如此，您也一定要把您的想法告诉我。”知罃说：“托您的洪福，如果我能把这身骨头带回晋国，即使我国国君将我杀了，我也认为死而不朽。如果承蒙您的恩惠而国君免我一死，把我交给您的外臣荀首处置；即使荀首向国君请求在宗庙将我杀死，我也认为死而不朽。如果国君不同意处死我，而让我继承宗族世袭的职位，并依照次序参与政事，率领一部分军队保卫边境，到那时即使遇到您，也不敢违背命令。我将竭尽全力作战，即使战死，也不敢有二心，以此来尽到臣子的责任。这就是我对您的报答。”共王说：“看来不能与晋国争雄。”于是对他重加礼遇，让他回国。

注释 1 治戎:交战。 2 馘:在战争中被割除左耳。此"馘"因"俘"连类而及,知罃并没有被馘。 3 德:感激,用作动词。 4 惩其忿:戒怒。宥:原谅。 5 外臣:卿大夫在别国国君面前的自称。首:指荀首。 6 宗:宗庙。 7 嗣宗职:继承宗子之职。

秋,叔孙侨如围棘,取汶阳之田。棘不服,故围之。

晋郤克、卫孙良夫伐廧咎如,讨赤狄之余焉。廧咎如溃,上失民也。

冬,十一月,晋侯使荀庚来聘,且寻盟。卫侯使孙良夫来聘,且寻盟。公问诸臧宣叔曰:"中行伯之于晋也[1],其位在三[2],孙子之于卫也,位为上卿,将谁先?"对曰:"次国之上卿当大国之中,中当其下,下当其上大夫。小国之上卿当大国之下卿,中当其上大夫,下当其下大夫。上下如是,古之制也。卫在晋,不得为次国。晋为盟主,其将先之。"丙午,盟晋,丁未,盟卫,礼也。

秋天,鲁国的叔孙侨如围攻棘地,占领了汶阳的田地。因为棘地人不肯顺服鲁国,所以才围攻他们。

晋国的郤克、卫国的孙良夫率兵攻打廧咎如,以消灭赤狄的残余势力。廧咎如溃败了,这是因为他们的首领失去了老百姓的拥护。

冬天,十一月,晋景公派荀庚前来鲁国聘问,同时重温过去的盟约。卫定公也派孙良夫前来聘问,同时重温过去的盟约。成公问臧宣叔:"荀庚在晋国,位次第三,孙良夫在卫国,处上卿之位,让谁在前呢?"臧宣叔回答说:"次国的上卿相当于大国的中卿,中卿相当于大国的下卿,下卿相当于大国的上大夫。小国的上卿只相当于大国的下卿,中卿相当于大国的上大夫,下卿相当于大国的下大夫。上下职位如此,是自古以来的制度。卫国和晋国相比,还算不得次国。晋国为诸侯盟主,应该让晋国在前面。"二十八日,先和晋国结盟,二十九日,再和卫国结盟,这是合乎礼法的。

注释 1中行伯:即荀庚。 2其位在三:当时晋国以郤克为中军帅,位第一;荀首为中军佐,位第二;荀庚为上军帅,位第三。

十二月甲戌,晋作六军[1]。韩厥、赵括、巩朔、韩穿、荀骓、赵旃皆为卿,赏鞍之功也。

十二月二十六日,晋国将军队扩充为六军。韩厥、赵括、巩朔、韩穿、荀骓、赵旃都担任卿,这是奖赏他们在鞍之战中的功劳。

齐侯朝于晋,将授玉,郤克趋进曰:"此行也,君为妇人之笑辱也[2],寡君未之敢任。"

齐顷公到晋国朝见,正要举行授玉仪式时,郤克快步上前对齐顷公说:"君王此次来访,是为了贵国妇人嘲笑小臣一事来受辱,我们君王可担当不起。"

晋侯享齐侯。齐侯视韩厥,韩厥曰:"君知厥也乎?"齐侯曰:"服改矣。"韩厥登,举爵曰:"臣之不敢爱死[3],为两君之在此堂也。"

晋景公设宴款待齐顷公。齐顷公总看着韩厥,韩厥说:"您认识我吗?"齐顷公说:"衣服变了。"韩厥登阶,举起酒杯说:"我当初不敢怕死,拼命地追赶您,就是为了两国国君今天能在这堂上举杯欢宴啊。"

荀罃之在楚也[4],郑贾人有将置诸褚中以出[5]。既谋之,未行,而楚人归之。贾人如晋,荀罃善视之[6],如实出己。贾人曰:"吾无其功,敢有其实乎?吾小人,不可以厚诬君子[7]。"遂适齐。

知罃在楚国时,有一个郑国商人准备把他藏在装衣物的口袋里救他出来。两人已经策划好了,未及行动,楚国人就把知罃送回晋国了。后来这个商人到了晋国,知罃很好地招待他,就好像他真的把自己救出来了一样。商人说:"我并没有这样的功劳,怎敢领受这样的报答呢?我是个小人,不能这样欺骗君子。"于是就到齐国去了。

注释 1 作:兴起,此处义为扩充。 2 妇人之笑:指郤克为齐顷公母亲所笑一事。 3 爱死:惜死,怕死。 4 荀罃:即知罃。 5 褚(zhǔ):盛衣物的口袋。 6 视:看待。 7 诬:欺骗。

成公四年

【经】

四年春,宋公使华元来聘。

三月壬申,郑伯坚卒[1]。

杞伯来朝。

夏四月甲寅,臧孙许卒。

公如晋。

葬郑襄公。

秋,公至自晋。

冬,城郓[2]。

郑伯伐许。

四年春天,宋共公派华元前来聘问。

三月壬申这天,郑襄公坚去世。

杞桓公前来朝见。

夏天四月八日,臧孙许去世。

成公前往晋国。

安葬郑襄公。

秋天,成公从晋国回国。

冬天,在郓地筑城。

郑悼公讨伐许国。

注释 1 郑伯坚:即郑襄公。 2 城郓:筑郓城。

【传】

四年春,宋华元来聘,通嗣君也[1]。

杞伯来朝,归叔姬

四年春天,宋国的华元前来聘问,这是为新即位的宋共公谋求和鲁国的友好。

故也[2]。夏，公如晋。晋侯见公，不敬。季文子曰："晋侯必不免。《诗》曰：'敬之敬之，天惟显思，命不易哉[3]！'夫晋侯之命在诸侯矣，可不敬乎？"

杞伯前来鲁国朝见，是为了休弃叔姬的缘故。夏天，成公前往晋国。晋景公会见成公时，不恭敬。季文子说："晋景公必定难免祸患。《诗》说：'小心又谨慎，上天是明察的，天命不可能长久不变！'晋景公的命运决定于诸侯，怎么能对诸侯不恭敬呢？"

秋，公至自晋，欲求成于楚而叛晋。季文子曰："不可。晋虽无道，未可叛也。国大臣睦，而迩于我，诸侯听焉，未可以贰。史佚之《志》有之[4]，曰：'非我族类，其心必异。'楚虽大，非吾族也，其肯字我乎[5]？"公乃止。

秋天，成公从晋国回国，准备和楚国结好而背叛晋国。季文子说："不能这样。晋国虽然无道，但也不能背叛它。晋国国力强盛，群臣和睦，而且邻近我国，诸侯又都听从它的命令，所以不能对它有二心。史佚之《志》有这样的话：'不是我们同一个种族，必然不能同心同德。'楚国虽然强大，但不是我们的同族，难道能喜欢我们吗？"成公于是放弃了这个主意。

注释　1 嗣君：继位的国君。　2 归：休弃，使回娘家。叔姬：鲁公之女，杞伯夫人。　3 "敬之敬之"三句：引自《诗经·周颂·敬之》篇。显：明察。思：语气词。　4 史佚：古人名。　5 其：岂。字：爱。

冬，十一月，郑公孙申帅师疆许田[1]，许人败诸展陂[2]。郑伯伐许，取钽任、泠敦之田[3]。

冬天，十一月，郑国的公孙申率军在许国的田地上划定疆界，许国人在展陂打败了他们。于是郑悼公讨伐许国，夺取了钽任、泠敦的田地。

晋栾书将中军，荀首佐之，士燮佐上军，以救许伐郑，取汜、祭[4]。

晋国的栾书率领中军，荀首为副帅，士燮为上军副帅，前往救援许国，讨伐郑国，夺取了郑国的汜、祭二地。

楚子反救郑，郑伯与许男讼焉。皇戌摄郑伯之辞[5]，子反不能决也。曰："君若辱在寡君[6]，寡君与其二三臣共听两君之所欲，成其可知也[7]。不然，侧不足以知二国之成[8]。"

楚国的子反救援郑国，郑悼公和许灵公在子反面前互相指责。皇戌代表郑伯发言，子反不能决断是非。他说："如果二位国君能前去面见我国国君，他和几个大臣一起听取两位国君想要说的，是非曲直大概可以明断。不然，我也无法判断你们两国的是非。"

晋赵婴通于赵庄姬[9]。

晋国的赵婴与侄儿赵朔的妻子赵庄姬通奸。

注释 1 疆许田：在许国田地上划定疆界。疆，用作动词。 2 展陂：许地名，在今河南许昌西北。 3 钼任、泠敦：许地名，均在今河南许昌一带。 4 汜、祭：郑地名。 5 摄：代。 6 辱在寡君：外交辞令，意为让两君同时朝见楚王。 7 成：是非。 8 侧：子反名。 9 赵庄姬：赵朔之妻。

成公五年

【经】

五年春，王正月，杞叔姬来归。

五年春天，周王正月，杞伯夫人叔姬被休回到鲁国。

仲孙蔑如宋。

仲孙蔑前往宋国。

夏，叔孙侨如会晋荀首于穀[1]。

夏天，叔孙侨如在齐国穀地和晋国的荀首会见。

梁山崩。

梁山崩塌。

秋，大水。

秋天，发大水。

冬，十有一月己酉，天王崩[2]。

冬天，十一月十二日，周定王去世。

十有二月己丑，公会晋侯、齐侯、宋公、卫侯、郑伯、曹伯、邾子、杞伯，同盟于虫牢[3]。

十二月二十三日，成公会见晋景公、齐顷公、宋共公、卫定公、郑悼公、曹宣公、邾定公、杞桓公，在虫牢一起结盟。

注释 1 叔孙侨如：鲁臣。穀：齐地名。 2 天王：指周定王。 3 虫牢：郑地名，在今河南封丘北。

【传】

五年春，原、屏放诸齐[1]。婴曰："我在，故栾氏不作[2]。我亡，吾二昆其忧哉[3]。且人各有能，有不能，舍我何害[4]？"弗听。

鲁成公五年春天，赵同、赵括准备将赵婴放逐到齐国。赵婴说："我在晋国，因此栾书等人不敢作乱。如果我不在晋国，两位兄长就将有灾祸。再说任何一个人都有所能，也有所不能，赦免了我对你们又有什么坏处呢？"赵同、赵括不同意。

婴梦天使谓己："祭余，余福女。[5]"使问诸士贞伯，贞伯曰："不识也。"既而告其

赵婴梦见上天的使者告诉自己："祭祀我，我保佑你。"赵婴派人向士贞伯请教吉凶，士贞伯说："我也不知道这是什么意思。"过了一会儿又告诉那个人说："神灵保

人曰："神福仁而祸淫[6]，淫而无罚，福也。祭，其得亡乎[7]？"祭之，之明日而亡[8]。

佑仁人君子，降祸于淫乱之人，淫乱而没有受到惩罚，这就已经是福了。即使祭祀神灵，难道就能无祸吗？"赵婴祭祀了神灵，到第二天就流亡到齐国去了。

孟献子如宋，报华元也。

鲁国的孟献子前往宋国，这是对去年华元的聘问进行回访。

夏，晋荀首如齐逆女，故宣伯餫诸穀[9]。

夏天，晋国的荀首前往齐国为晋景公迎娶齐女，因此鲁国的叔孙侨如在穀地为他们赠送食物。

注释 1原、屏：原即赵同，屏即赵括，二人均为赵婴之兄。放：放逐。2作：兴乱。 3昆：兄。 4舍：赦免。 5福：赐福，保佑，用作动词。6福、祸：均作动词。 7亡：通"无"。 8之：到，作动词。 9宣伯：即叔孙侨如。餫(yùn)：赠送食物。

梁山崩，晋侯以传召伯宗[1]。伯宗辟重[2]，曰："辟传！"重人曰[3]："待我，不如捷之速也。"问其所，曰："绛人也[4]。"问绛事焉，曰："梁山崩，将召伯宗谋之。"问："将若之何？"曰："山有朽壤而崩，可若何？国主山川[5]，故山崩川竭，君为之不举[6]，

梁山崩塌，晋景公用驿车召见伯宗。伯宗令一辆重车给他让路，说："给驿车让路！"押送重车的人说："等我避开让道，不如走捷径来得快。"伯宗问他是哪里人，回答说："晋都绛城人。"又问他绛城的情况，他说："梁山崩塌，国君要召回伯宗研究对策。"伯宗又问："应该怎样对待这件事？"回答说："山因为有腐朽的土质而崩塌，又能有什么办法？国家以山川为主体，因此一旦有山崩塌河流枯竭的事，国君就应减膳斋戒，穿素服，乘坐没有彩饰

降服[7],乘缦[8],彻乐,出次[9],祝币[10],史辞以礼焉[11]。其如此而已,虽伯宗若之何?”伯宗请见之[12],不可。遂以告,而从之。

的车子,不奏音乐,离开寝宫外出居住,给神灵献上礼品,由祝史宣读祭文祭祀山川神灵。就如此而已,即使伯宗回去,他又能怎么样呢?”伯宗请他去见晋景公,他不肯去。于是伯宗把他的话告诉了景公,景公听从了他的意见。

注释 1 传:驿车。伯宗:晋大夫。 2 辟重:令重车避开。辟,同“避”。 3 重人:押送重车的人。 4 绛:晋国都。 5 主山川:以山川为主。 6 不举:不杀牲。 7 降服:降低着服等级。 8 乘缦:乘坐没有彩饰的车子。 9 出次:离开寝宫,出居他处。 10 祝币:陈列献神的礼物。 11 史:太史。以:而,连词。 12 见之:即见之于晋侯,让重人拜见晋侯。

许灵公诉郑伯于楚。六月,郑悼公如楚,讼,不胜。楚人执皇戌及子国[1]。故郑伯归,使公子偃请成于晋。秋八月,郑伯及晋赵同盟于垂棘[2]。

宋公子围龟为质于楚而归[3],华元享之。请鼓噪以出,鼓噪以复入,曰:“习攻华氏[4]。”宋公杀之。

冬,同盟于虫牢,郑服也。诸侯谋复会,宋

许灵公到楚国控告郑悼公。六月,郑悼公到楚国争辩是非,结果败诉。楚国人于是囚禁了郑国的皇戌和子国。因此郑悼公回国后,便派公子偃到晋国请求和好。秋天八月,郑悼公和晋国的赵同在垂棘结盟。

宋国的公子围龟在楚国当人质,回到宋国后,华元设宴招待他。但他要求击鼓呼叫从华元家出来,又击鼓呼叫着再进华元家,并说:“我这是演习攻打华氏。”于是宋共公杀了他。

冬天,一起在郑国的虫牢举行盟会,这次盟会是因为郑国归顺晋国而举

公使向为人辞以子灵之难[5]。

行的。诸侯国商量再举行一次盟会,宋共公派向为人前来报告国内发生了子灵事件,表示不能参加盟会。

十一月己酉,定王崩。

十一月十二日,周定王去世。

注释 1子国:郑穆公之子,即公子发。 2垂棘:晋地名。 3公子围龟:宋文公之子,字子灵。 4习:演习。 5向为人:人名,宋臣。

成公六年

【经】

六年春,王正月,公至自会。

六年春天,周历正月,成公从会盟地回国。

二月辛巳,立武宫[1]。

二月十六日,建立了武宫。

取鄟[2]。

攻取了鄟国。

卫孙良夫帅师侵宋。

卫国的孙良夫率军攻打宋国。

夏六月,邾子来朝。

夏天六月,邾定公前来朝见。

公孙婴齐如晋。

公孙婴齐前往晋国。

壬申,郑伯费卒。

九日,郑悼公去世。

秋,仲孙蔑、叔孙侨如帅师侵宋。

秋天,仲孙蔑、叔孙侨如率军攻打宋国。

楚公子婴齐帅师伐郑。

楚国公子婴齐率军攻打郑国。

冬,季孙行父如晋。

冬天,季孙行父前往晋国。

晋栾书帅师救郑。

晋国的栾书率军救援郑国。

注释 1 武宫:宣扬武功的纪念性建筑。 2 鄟(zhuān):诸侯的附庸国,在今山东郯城东北。

【传】

六年春,郑伯如晋拜成,子游相[1]。授玉于东楹之东[2]。士贞伯曰:“郑伯其死乎!自弃也已。视流而行速[3],不安其位,宜不能久[4]。”

六年春天,郑悼公前往晋国拜谢晋国同意和好,子游担任礼相。郑悼公本应在东西两楹之间行授玉之礼,却走到东楹的东边行礼。士贞伯说:“郑伯恐怕快死了吧!他自己不尊重自己。目光游移不定,走路过快,他在君位上不能安定,大概活不长久了。”

二月,季文子以鞍之功立武宫,非礼也。听于人以救其难,不可以立武。立武由己,非由人也。

二月,季文子因为鞍之战的胜利而建立了武宫,这是不合礼法的。依靠别人的力量来解救自己的灾难,不能建立武宫。建立武宫必须是由自己的力量取得胜利,而不是由别人。

取鄟,言易也。

攻取了鄟国,《春秋》这样记载,是说这次行动完成得很容易。

三月,晋伯宗、夏阳说,卫孙良夫、甯相,郑人、伊雒之戎、陆浑、蛮氏侵宋[5],以其辞会也。师于鍼[6],卫人不保[7]。说欲袭卫,曰:“虽不可入,多俘而归,有

三月,晋国的伯宗、夏阳说,卫国的孙良夫、甯相,郑国人以及伊雒之戎、陆浑、蛮氏等联合攻打宋国,因为宋国去年拒绝参加虫牢会盟。联军驻扎在卫国的鍼地,卫国人没有设防。夏阳说想偷袭卫国,他说:“即使不能攻入卫国国都,但多抓些俘虏回去,就

罪不及死。"伯宗曰:"不可。卫唯信晋,故师在其郊而不设备。若袭之,是弃信也。虽多卫俘,而晋无信,何以求诸侯?"乃止。师还,卫人登陴[8]。

是有罪也还不至于被处死。"伯宗说:"不能这样。卫国正因为信任晋国,所以我们军队驻扎在他们郊外,他们也不防备。如果偷袭卫国,这是背弃信义。虽然多获了卫国俘虏,但晋国因此而丧失信义,又怎么能得到诸侯的拥戴?"于是打消了这个念头。晋军开拔返回,卫国人才登上城墙。

注释 1 子游:即公子偃。相:辅助行礼者。 2 楹:古代堂前东西两大立柱,称东楹、西楹。 3 视流:目光游移不定。行速:走路慌张。 4 宜:大概。 5 夏阳说:晋国大夫。蛮氏:即戎蛮。 6 鍼(qián):卫邑名,在今河南濮阳附近。 7 保:戒备。 8 陴(pí):城上的矮墙。

晋人谋去故绛[1]。诸大夫皆曰:"必居郇、瑕氏之地[2],沃饶而近盬[3],国利君乐,不可失也。"韩献子将新中军,且为仆大夫[4]。公揖而入,献子从。公立于寝庭[5],谓献子曰:"何如?"对曰:"不可。郇、瑕氏土薄水浅,其恶易觏[6]。易觏则民愁,民愁则垫隘[7],于是乎有沉溺重膇之疾[8]。不如新

晋国人打算将都城迁离故绛。大夫们都说:"一定要迁到郇、瑕氏的地方,那里土地肥沃,又离盐池很近,对国家有利,君王也快乐,不能放弃这个好地方。"此时韩献子掌管新中军,又兼任仆大夫。晋景公向群臣答礼后退朝入内,韩献子跟在他后面。景公站在寝宫的院子里,对韩献子说:"怎么样?"韩献子回答说:"不行。郇、瑕之地土质贫瘠,又缺少水源,容易积聚肮脏之物。肮脏之物容易积聚,百姓就忧愁,百姓忧愁,身体就会疲弱不堪,因此就会滋生风湿和脚肿的疾病,不如迁往新田,那里土地肥沃,水源丰富,居住在那里

田[9]，土厚水深，居之不疾，有汾、浍以流其恶[10]，且民从教，十世之利也。夫山、泽、林、盬，国之宝也。国饶则民骄佚，近宝，公室乃贫，不可谓乐。”公说，从之。夏四月丁丑，晋迁于新田。

六月，郑悼公卒。

子叔声伯如晋[11]。命伐宋。

秋，孟献子、叔孙宣伯侵宋，晋命也。

楚子重伐郑，郑从晋故也。

冬，季文子如晋，贺迁也。

不会生病，又有汾水和浍水冲走各种肮脏之物，而且那里的百姓服从教化，这是关系到国家千秋万代的根本利益。大山、沼泽、森林、盐地，是国家的宝藏。国家富饶，百姓就会骄淫，靠近宝藏之地，公室将因此而贫乏，这不能说是君王的快乐。”景公很高兴，听从了韩献子的意见。夏天四月十三日，晋国迁都到新田。

六月，郑悼公去世。

子叔声伯前往晋国。晋国命令鲁国攻打宋国。

秋天，孟献子和叔孙宣伯攻打宋国，这是执行晋国的命令。

楚国的子重攻打郑国，这是因为郑国又归顺晋国的缘故。

冬天，季文子前往晋国，祝贺晋国迁都。

注释 1 故绛：指旧国都绛。此后迁都新田，也称“绛”。 2 郇、瑕：二地名，皆在今山西临猗。 3 盬(gǔ)：即盐池，今称“解池”。 4 仆大夫：即太仆，掌管宫中之事。 5 寝庭：路寝外的庭院。 6 恶：指污秽之物。觏(gòu)：聚积。 7 垫隘：疲弱。 8 沉溺：指风湿病。重膇(zhuì)：指足肿。 9 新田：晋国新都，在今山西侯马西北。 10 汾、浍(kuài)：二水名。汾水流经新田西北，浍水在新田注入汾水。 11 子叔声伯：即公孙婴齐。

晋栾书救郑，与楚师遇于绕角[1]。楚师还，晋师遂侵蔡。楚公子申、公子成以申、息之师救蔡，御诸桑隧[2]。赵同、赵括欲战，请于武子[3]，武子将许之。知庄子、范文子、韩献子谏曰：“不可。吾来救郑，楚师去我，吾遂至于此，是迁戮也[4]。戮而不已，又怒楚师，战必不克。虽克，不令[5]。成师以出，而败楚之二县，何荣之有焉？若不能败，为辱已甚，不如还也。”乃遂还。

于是，军帅之欲战者众。或谓栾武子曰：“圣人与众同欲，是以济事。子盍从众[6]？子为大政[7]，将酌于民者也[8]。子之佐十一人[9]，其不欲战者，三人而已。欲战者可谓众矣。《商书》曰：‘三人占，从二人。’众故也。”武子曰：“善钧[10]，从众。夫善，

晋国的栾书救援郑国，与楚军在绕角相遇。楚军撤退回国，晋军便攻打蔡国。楚国的公子申、公子成率领申地、息地的军队救援蔡国，在桑隧抵抗晋军。赵同、赵括想出战，向栾书请示，栾书准备同意。荀首、士燮和韩厥劝阻说：“不行。我们前来救援郑国，楚军离开了我们，我们才到达这里，这实际上是转移了杀戮对象。杀戮没有结束，又激怒了楚军，这样出战必定失败。即使取胜，也不一定是好事。出动大军，而仅仅击败楚国两个县，又有什么荣耀呢？如果不能击败他们，那么我们蒙受的耻辱就太大了，不如回去吧。”于是晋军就回国了。

此时，军中将帅主张出战的人很多。有人对栾书说：“圣明的人与大众共愿望，因此能够成功。您何不顺从大家的愿望？您为执政大臣，应该考虑民众的意见。您的助手有十一人，不想出战的只有三人。主张出战的人可以说是多数了。《商书》说：‘如果有三个人占卜，就听从两个人的。’因为两个人就是多数。”栾书说：“如果同样都是善，就听从多数人的意见。善，是大家的主

众之主也。三卿为主，可谓众矣。从之，不亦可乎？”

张。现在有三位卿同意这一主张，也可以说是多数了。听从他们的意见，不也可以吗？”

注释 1 绕角：蔡国地名，在今河南鲁山东南。 2 诸：“之于”的合音。桑隧：蔡国地名。在今河南确山东。 3 武子：即栾书。 4 迁戮：转移杀戮对象，指侵蔡。 5 令：善，好。 6 盍：“何不”的合音。 7 大政：即执政大臣。 8 酌：斟酌。 9 佐：辅佐者。 10 善钧：同样是善。钧，同“均”。

成公七年

【经】

七年春，王正月，鼷鼠食郊牛角[1]，改卜牛。鼷鼠又食其角，乃免牛[2]。

七年春天，周历正月，鼷鼠咬坏了用来作郊祭的牛的角，于是改用其他牛来卜测吉凶。鼷鼠又咬坏了这头牛的角，于是不再杀牛。

吴伐郯。

吴国攻打郯国。

夏五月，曹伯来朝。

夏天五月，曹宣公前来鲁国朝见。

不郊，犹三望[3]。

不再举行郊祭，但还是举行了望祭。

秋，楚公子婴齐帅师伐郑。

秋天，楚国的公子婴齐率军攻打郑国。

公会晋侯、齐侯、宋公、卫侯、曹伯、莒子、邾子、杞伯救郑。

成公会合晋景公、齐顷公、宋共公、卫定公、曹宣公、莒子、邾子、杞桓公救援郑国。

八月戊辰，同盟于

马陵。

公至自会。

吴入州来[4]。

冬，大雩。

卫孙林父出奔晋。

八月十一日，一起在马陵会盟。

成公从会盟地回国。

吴国攻入州来。

冬天，大规模地举行祈雨祭祀。

卫国的孙林父出逃到了晋国。

注释　1 鼷(xī)鼠：鼠类中最小的。　2 免牛：不杀牛。　3 三望：各国名山大川之神。　4 州来：楚国的附属国，在今安徽凤台。

【传】

七年春，吴伐郯，郯成。

季文子曰："中国不振旅[1]，蛮夷入伐，而莫之或恤，无吊者也夫[2]！《诗》曰：'不吊昊天，乱靡有定[3]。'其此之谓乎！有上不吊[4]，其谁不受乱？吾亡无日矣。"君子曰："知惧如是，斯不亡矣。"

郑子良相成公以如晋，见，且拜师[5]。

夏，曹宣公来朝。

七年春天，吴国攻打郯国，郯国求和。

季文子说："中原各国不整顿军备，四方蛮夷经常入侵，竟没有人忧虑此事，这是因为没有好的具有权威的人啊！《诗》说：'上天不仁，动乱没有休止。'大概就是说的这种情况吧！即使有了霸主，但他不仁不义，那又有谁能免遭蛮夷入侵呢？我们灭亡指日可待了。"君子说："能像季文子这样忧国忧民，国家就不会灭亡了。"

郑国的子良作为郑成公的礼相前往晋国，朝见晋景公，同时对晋国去年出兵救郑表示拜谢。

夏天，曹宣公前来鲁国朝见。

秋，楚子重伐郑，师于汜[6]。诸侯救郑。郑共仲、侯羽军楚师[7]，囚郧公钟仪，献诸晋。

秋天，楚国的子重攻打郑国，进军到汜地。诸侯各国救援郑国。郑国的共仲、侯羽包围了楚军，囚获了郧公钟仪，把他献给了晋国。

八月，同盟于马陵，寻虫牢之盟，且莒服故也。

八月，成公同晋景公、齐顷公等诸侯国君在马陵会盟，重申在虫牢的盟约，同时也是为了莒国归顺晋国的缘故。

晋人以钟仪归，囚诸军府[8]。

晋国人把钟仪带回国，囚禁在军用仓库。

注释 1 中国：当时中原地区华夏各国的总称。振旅：整顿军备。 2 吊：甲骨文和金文的“叔”“吊”同是一字。叔，同“淑”，善。无吊者，即无善君。 3“不吊昊天”二句：引自《诗经·小雅·节南山》。昊天：苍天。靡：无。 4 上：指霸主。 5 拜师：拜谢晋国去年出兵救郑。 6 汜：郑国地名，在今河南襄城。 7 军：包围。 8 军府：军用仓库。

楚围宋之役，师还，子重请取于申、吕以为赏田，王许之。申公巫臣曰：“不可。此申、吕所以邑也，是以为赋，以御北方。若取之，是无申、吕也。晋、郑必至于汉[1]。”王乃止。子重是以怨巫臣。子反欲取夏姬，巫臣止之，遂取以行。子反亦

楚国围攻宋国那次战役，楚军回国后，令尹子重请求将申地、吕地作为赏田奖给他，楚王同意了他的请求。申公巫臣说：“不能这样。申、吕二地之所以成为城邑，是因为国家能从这里征收兵赋，用来抵御北方的入侵。如果子重占有了这两地，也就丧失了申、吕两个城邑。这样，晋国和郑国的势力就会扩张到汉水一带。”于是楚庄王取消了这个决定。子重因此而怨恨巫臣。子反想娶夏姬为

怨之。及共王即位，子重、子反杀巫臣之族子阎、子荡及清尹弗忌及襄老之子黑要，而分其室。子重取子阎之室，使沈尹与王子罢分子荡之室，子反取黑要与清尹之室。巫臣自晋遗二子书，曰："尔以谗慝贪婪事君，而多杀不辜，余必使尔罢于奔命以死[2]。"

妻，巫臣阻止他，自己却娶了夏姬并逃到晋国去了。子反也因此而怨恨巫臣。等到楚共王即位，子重、子反杀了巫臣的族人子阎、子荡、清尹弗忌和襄老的儿子黑要，并且瓜分了他们的家产。子重占取了子阎的家产，让沈尹和王子罢分了子荡的家产，子反占有了黑要和清尹的家产。巫臣从晋国写信给子重和子反，说："你们靠谗言、邪恶和贪婪侍奉国君，又滥杀无辜，我一定要让你们疲于奔命而死。"

注释 **1** 汉：汉水。 **2** 罢：通"疲"。

巫臣请使于吴，晋侯许之。吴子寿梦说之。乃通吴于晋[1]。以两之一卒适吴[2]，舍偏两之一焉[3]，与其射御[4]。教吴乘车，教之战陈[5]，教之叛楚。置其子狐庸焉[6]，使为行人于吴[7]。吴始伐楚、伐巢、伐徐[8]。子重奔命。马陵之会，吴入州来。子重自郑奔命[9]。

巫臣请求出使到吴国，晋景公同意了他。吴王寿梦很赏识他。于是巫臣使吴国和晋国建立了友好关系。巫臣到吴国去时带了三十辆兵车，他留下十五辆给吴国，并送给吴国射手和驾车手。教吴国人驾车，教他们战阵之法，又教唆他们背叛楚国。巫臣安排自己的儿子狐庸到吴国作外交使者。于是吴国开始攻打楚国、巢国和徐国。子重为了抵御吴国的进攻，奉命四处奔波。各诸侯国在马陵会盟时，吴国攻入州来。子重从郑国奉命赶去援

子重、子反于是乎一岁七奔命。蛮夷属于楚者，吴尽取之，是以始大[10]，通吴于上国[11]。

救。子重、子反在一年内为了抵御吴国，奉命奔波了七次。从前属于楚国的蛮夷，都被吴国占取了，因此吴国开始强大起来，并开始和中原各国交往。

卫定公恶孙林父[12]。冬，孙林父出奔晋。卫侯如晋，晋反戚焉[13]。

卫定公讨厌孙林父。冬天，孙林父离开卫国逃亡到晋国。卫定公到晋国，晋国便把孙林父的封地戚邑还给了卫国。

注释 1 通：通好。 2 两之一卒：合两偏为一卒的战车，即兵车三十辆。 3 偏两之一：卒中一偏，即兵车十五辆。 4 射御：射手和驭者。 5 陈：同“阵”。 6 置：安置，安排。 7 行人：外交人员。 8 巢、徐：都是楚国的附属国。 9 奔命：奉命奔驰以御吴军。 10 大：强大。 11 上国：中原诸国。 12 恶（wù）：厌恶。孙林父：孙良夫之子，又叫孙文子。 13 反：归还。戚：本孙氏采邑，孙林父逃奔晋国，其戚邑随孙氏归晋国所有。

成公八年

【经】

八年春，晋侯使韩穿来言汶阳之田，归之于齐。

八年春天，晋景公派韩穿来到鲁国，要求鲁国把取回的汶阳之田重新还给齐国。

晋栾书帅师侵蔡。

晋国的栾书率军入侵蔡国。

公孙婴齐如莒。

公孙婴齐前往莒国。

宋公使华元来聘。

宋共公派华元前来聘问。

夏，宋公使公孙寿来纳币[1]。

夏天，宋共公派公孙寿来鲁国送

晋杀其大夫赵同、赵括。

秋七月，天子使召伯来赐公命。

冬十月癸卯，杞叔姬卒。

晋侯使士燮来聘。

叔孙侨如会晋士燮、齐人、邾人伐郯。

卫人来媵。

聘礼。

晋国杀了他们的大夫赵同和赵括。

秋天七月，周天子派召伯来鲁国赏赐成公命服。

冬天十月二十三日，杞叔姬去世。

晋景公派士燮来鲁国聘问。

叔孙侨如会合晋国的士燮、齐国人、邾国人攻打郯国。

卫国人送来陪嫁的女子。

注释 1 纳币：下聘礼。

【传】

八年春，晋侯使韩穿来言汶阳之田，归之于齐。季文子饯之，私焉[1]，曰："大国制义以为盟主[2]，是以诸侯怀德畏讨，无有贰心。谓汶阳之田，敝邑之旧也，而用师于齐[3]，使归诸敝邑。今有二命曰[4]：'归诸齐。'信以行义，义以成命，小国所望而怀也。信不可知，义

八年春天，晋景公派韩穿来鲁国谈关于要鲁国把汶阳之田重新还给齐国的事。季文子为韩穿饯行，私下对他说："大国处事公正而成为盟主，诸侯也因此而怀念它的德行，畏惧它的讨伐，没有二心。说到汶阳之田，本来就是我国的领土，对齐国用兵之后，才迫使齐国归还我国。现在又有不同的命令说：'再归还给齐国。'推行道义要凭信用，完成命令要靠道义，这是小国所希望的，也会因此而归顺大国。现在信用不可靠，

无所立，四方诸侯，其谁不解体[5]？《诗》曰：'女也不爽，士贰其行。士也罔极，二三其德[6]。'七年之中，一与一夺，二三孰甚焉？士之二三，犹丧妃耦[7]，而况霸主？霸主将德是以[8]，而二三之，其何以长有诸侯乎？《诗》曰：'犹之未远，是用大简[9]。'行父惧晋之不远犹而失诸侯也[10]，是以敢私言之。"

道义没有树立，四方诸侯，谁能不离心涣散？《诗》说：'女子并无过错，是男子的操行不好。男子的心中没有定准，他的行为三心二意。'七年之内，还回来一次又夺走一次，还有比这更三心二意的吗？男子变化无常，尚且会失去配偶，更何况是诸侯霸主呢？霸主必须凭借德行，如果朝令夕改，那又怎能长久得到诸侯的拥戴呢？《诗》说：'谋略缺乏远见，因此极力劝谏。'行父我担心晋国不能深谋远虑而失去诸侯的拥戴，因此才大胆私下对您说这些话。"

注释 1私焉：私之，与他私下交谈。 2制义：处理事情合乎道义。 3用师：指鞍之战。 4二命：不同的命令。 5解体：瓦解。 6"女也不爽"四句：引自《诗经·卫风·氓》篇。爽：差错。贰："忒"字之误。忒，与"爽"同义。罔极：无标准。二三：三心二意，用作动词。 7妃耦：配偶。妃，同"配"。耦，同"偶"。 8将德是以：即将德是用，将用德。 9"犹之未远"二句：引自《诗经·大雅·板》篇。犹：同"猷"，谋也。大简：极力规劝。简，通"谏"。 10行父：即季文子。

晋栾书侵蔡，遂侵楚，获申骊[1]。

楚师之还也，晋侵沈，获沈子揖初。从知、

晋国的栾书入侵蔡国，接着又侵入楚国，抓获了楚国大夫申骊。

楚军回国时，晋国趁机入侵沈国，俘虏了沈子揖初。这是栾书采纳了荀首、士

范、韩也[2]。君子曰:“从善如流,宜哉!《诗》曰:‘恺悌君子,遐不作人[3]?’求善也夫!作人,斯有功绩矣。”

燮、韩厥三人计谋的结果。君子说:“采纳好建议就像流水一样爽快,这是恰当的啊!《诗》说:‘谦虚的君子,怎么不起用人才?’说的就是求取贤能之人啊!善于起用人才,这就有功绩了。”

是行也,郑伯将会晋师,门于许东门[4],大获焉。

这次行动,郑悼公会合晋军,经过许国时,便攻打许国国都的东门,收获很大。

声伯如莒,逆也。

鲁国的声伯前往莒国,是为自己迎娶妻子。

宋华元来聘,聘共姬也。

宋国的华元来鲁国聘问,是为宋共公聘定共姬为夫人。

夏,宋公使公孙寿来纳币,礼也。

夏天,宋共公派公孙寿前来下聘礼,这是合乎礼法的。

注释 1 申骊:楚大夫。 2 知、范、韩:指知庄子,即荀首;范文子,即士燮;韩献子,即韩厥。 3 “恺悌君子”二句:引自《诗经·大雅·旱麓》篇。恺悌:平易近人。遐:通“何”。作人:造就、培养人才。 4 门:攻打大门,用作动词。

晋赵庄姬为赵婴之亡故,谮之于晋侯,曰:“原、屏将为乱。”栾、郤为征[1]。六月,晋讨赵同、赵括。武从姬氏畜于公宫[2]。以其田与祁奚[3]。韩厥言于晋侯曰:“成季

晋国的赵庄姬因为赵婴被迫逃亡的缘故,在晋景公面前诬陷赵同和赵括,说:“赵同和赵括准备叛乱。”栾氏、郤氏作证。六月,晋国诛杀了赵同、赵括。赵武跟着庄姬住在晋景公的宫内。景公把赵氏的田地赏给祁奚。韩厥对晋景公说:“以赵衰的功勋和赵盾的忠心,却没有后

之勋[4],宣孟之忠[5],而无后,为善者其惧矣。三代之令王[6],皆数百年保天之禄,夫岂无辟王[7]?赖前哲以免也[8]。《周书》曰:'不敢侮鳏寡。'所以明德也。"乃立武,而反其田焉。

秋,召桓公来赐公命。

代,善良的人恐怕会因此害怕。夏、商、周三代君王,都能够几百年保有江山,难道就没有邪恶的昏君?只不过靠他们贤明的祖先才得以免除灾祸罢了。《周书》说:'不敢欺侮鳏夫寡妇。'就是为了宣扬德行。"于是晋景公就立赵武为赵氏继承人,并把赵氏的田地都归还给了他。

秋天,召桓公来鲁国赐给成公命服。

注释 1为征:作证。 2武:赵武,庄姬之子。 3祁奚:晋大夫。 4成季:即赵衰。 5宣孟:即赵盾。 6令王:贤明君王。 7辟王:邪恶的君王。 8前哲:即前代贤明君王。

晋侯使申公巫臣如吴,假道于莒。与渠丘公立于池上[1],曰:"城已恶[2]。"莒子曰:"辟陋在夷[3],其孰以我为虞[4]?"对曰:"夫狡焉思启封疆以利社稷者[5],何国蔑有[6]?唯然,故多大国矣。唯或思或纵也[7]。勇夫重闭[8],况国乎?"

冬,杞叔姬卒。

晋景公派申公巫臣前去吴国,向莒国借道。巫臣与莒君渠丘公站在城上,说:"城墙太破旧了。"渠丘公说:"我国偏远狭小,又在蛮夷之地,谁还会打我们的主意呢?"巫臣说:"狡猾的人总是想着开拓疆土以有利于自己的国家,哪个国家没有这种人?正因为这样,所以有很多大国。小国中有的考虑防卫才得以幸存,有的放纵不设防便亡国。一个勇敢的人还要把门窗层层关闭,更何况是一个国家呢?"

冬天,杞叔姬去世。她是从杞国被休弃回到鲁国的,所以《春秋》才加以记载。

来归自杞，故书。

晋士燮来聘，言伐郯也，以其事吴故。公赂之，请缓师。文子不可[9]，曰："君命无贰，失信不立。礼无加货[10]，事无二成[11]。君后诸侯，是寡君不得事君也。燮将复之。"季孙惧，使宣伯帅师会伐郯。

卫人来媵共姬，礼也。凡诸侯嫁女，同姓媵之，异姓则否。

晋国的士燮来鲁国聘问，提到要攻打郯国，因为郯国侍奉吴国。成公送给士燮礼物，请求让鲁国暂缓出兵。士燮不同意，他说："国君的命令不能随意更改，失去信用就难以自立。我接受的礼物不能另外增加，马上出兵或暂缓出兵只能有一种选择。如果您在其他诸侯之后出兵，那么我们国君就不能再侍奉您了。我将如实向我们国君汇报。"季孙对此感到害怕，于是派宣伯率兵会同晋国讨伐郯国。

卫国人送来女子作为共姬的陪嫁，这是合乎礼法的。凡是诸侯嫁女，如果是同姓国家就要送女子作为陪嫁，异姓国家就不必这样。

注释 1 渠丘公：莒国国君。池：护城河。 2 已：太。 3 辟陋：偏僻狭小。 4 以我为虞：把我国作为觊觎的对象。虞，望。 5 狡：狡猾的人。 6 蔑：无。 7 思：思虑。纵：放纵。 8 重闭：内外门户重重关闭。 9 文子：即士燮。 10 加货：增加礼物。 11 二：指出师与缓师。

成公九年

【经】

九年春，王正月，杞伯来逆叔姬之丧以归[1]。

九年春天，周历正月，杞桓公前来鲁国迎接叔姬的灵柩回国。

公会晋侯、齐侯、宋公、卫侯、郑伯、曹伯、莒子、杞伯,同盟于蒲[2]。

成公会合晋景公、齐顷公、宋共公、卫定公、郑成公、曹宣公、莒渠丘公、杞桓公,一起在蒲地会盟。

公至自会。

成公从会盟地回国。

二月,伯姬归于宋。

二月,伯姬嫁到宋国。

夏,季孙行父如宋致女[3]。

夏天,季孙行父到宋国去探望伯姬。

晋人来媵。

晋国人送来女子作为陪嫁。

秋,七月丙子,齐侯无野卒。

秋天,七月丙子这天,齐顷公无野去世。

晋人执郑伯。

晋国人囚禁了郑成公。

晋栾书帅师伐郑。

晋国的栾书率军攻打郑国。

冬,十有一月,葬齐顷公。

冬天,十一月,安葬齐顷公。

楚公子婴齐帅师伐莒。庚申,莒溃,楚人入郓。

楚国的公子婴齐率军攻打莒国。十七日,莒国溃败,楚国人进入郓城。

秦人、白狄伐晋。

秦国人和白狄联合攻打晋国。

郑人围许。

郑国人包围了许国。

城中城。

鲁国在都城内又建造了一座城。

注释 1 丧:遗体。 2 蒲:卫国地名。 3 致女:古代女子出嫁,使大夫随行聘问,称为“致女”。

【传】

九年春,杞桓公来逆叔姬之丧,请之也[1]。

九年春天,杞桓公来鲁国接回叔姬的灵柩,这是应鲁国的要求。杞叔姬的死,

杞叔姬卒，为杞故也。逆叔姬，为我也。

是因为被杞国休弃的缘故。杞国迎回叔姬的尸体，也是为了考虑和我国的关系。

为归汶阳之田故，诸侯贰于晋。晋人惧，会于蒲，以寻马陵之盟。季文子谓范文子曰："德则不竞，寻盟何为？"范文子曰："勤以抚之，宽以待之，坚强以御之，明神以要之[2]，柔服而伐贰，德之次也。"

由于晋国要鲁国把汶阳之田归还给齐国的缘故，诸侯国都对晋国有了二心。晋国人害怕了，于是在蒲地与诸侯会盟，以求重提原来在马陵的盟约。季文子对士燮说："德行已经衰落，重提旧盟干什么？"士燮说："勤勉地安抚诸侯，宽厚地对待诸侯，坚强地领导诸侯，用会盟来约束诸侯，怀柔顺服的，讨伐三心二意的，这也毕竟是次一等的德行。"

是行也，将始会吴，吴人不至。

这次会盟，准备开始和吴国会见，但吴国人没有来参加。

二月，伯姬归于宋。

二月，伯姬嫁到宋国。

楚人以重赂求郑，郑伯会楚公子成于邓[3]。

楚国人用重礼请求和郑国和好，于是郑成公在邓地与楚国的公子成会盟。

注释 1请之：应鲁国的请求。 2明神：指会盟。要：约束。 3邓：国名，鲁庄公十六年为楚国所灭。

夏，季文子如宋致女，复命，公享之。赋《韩奕》之五章[1]，穆姜出于房[2]，再拜，曰："大夫勤辱，不忘先君，以及嗣君[3]，

夏天，季文子到宋国去探望伯姬，回国后向成公复命，成公设宴招待他。季文子吟诵了《韩奕》一诗的第五章，穆姜从后屋里走出来，两次下拜，说："大夫辛勤，您不忘先君的恩德，并把这种忠诚

施及未亡人[4]。先君犹有望也。敢拜大夫之重勤[5]。”又赋《绿衣》之卒章而入[6]。

延续到当今君王和我身上。先君当初就对您有这样的希望。谨拜谢您加倍的辛勤。”又吟诵了《绿衣》一诗的最后一章才进去。

晋人来媵,礼也。

晋国人来鲁国送女子作为陪嫁,这是礼节。

秋,郑伯如晋。晋人讨其贰于楚也,执诸铜鞮[7]。

秋天,郑成公前往晋国。晋国人为了惩罚他背叛晋国、投靠楚国,把他囚禁在铜鞮。

栾书伐郑,郑人使伯蠲行成[8],晋人杀之,非礼也。兵交,使在其间可也。

栾书讨伐郑国,郑国人派伯蠲求和,晋国人杀了他,这是不合礼法的。两国交兵,使者可以在敌对双方之间来往。

楚子重侵陈以救郑。

楚国的子重入侵陈国,以此来救援郑国。

注释 1《韩奕》:《诗经·大雅》篇名。 2 穆姜:伯姬之母。 3 先君:指鲁宣公,即穆姜之夫。嗣君:指鲁成公。 4 施:延续。未亡人:当时寡妇自称。 5 重勤:倍加辛勤。 6《绿衣》:《诗经·邶风》篇名。 7 铜鞮(dī):晋侯的别宫,在今山西沁县南。 8 伯蠲(juān):郑臣。

晋侯观于军府,见钟仪,问之曰:“南冠而絷者[1],谁也?”有司对曰:“郑人所献楚囚也。”使税之[2],召而吊之[3]。再拜稽首。问其族[4],对曰:“泠人也[5]。”公曰:

晋景公视察军用仓库,看到了钟仪,便问随行的官吏说:“那个戴着南方帽子而被捆绑的人,是谁呢?”官吏回答说:“是郑国人献来的楚国俘虏。”景公让人给钟仪松绑,召见并且慰问了他。钟仪两次行叩头礼表示感谢。景公问他的家世,钟仪回答说:“世代都是乐官。”景公

"能乐乎?"对曰:"先人之职官也,敢有二事?"使与之琴,操南音[6]。公曰:"君王何如?"对曰:"非小人之所得知也。"固问之[7],对曰:"其为大子也,师、保奉之,以朝于婴齐而夕于侧也[8]。不知其他。"公语范文子,文子曰:"楚囚,君子也。言称先职,不背本也;乐操土风[9],不忘旧也;称大子,抑无私也[10];名其二卿[11],尊君也。不背本,仁也;不忘旧,信也;无私,忠也;尊君,敏也。仁以接事[12],信以守之,忠以成之,敏以行之,事虽大,必济。君盍归之[13],使合晋、楚之成?"公从之,重为之礼,使归求成。

问:"你能演奏乐曲吗?"回答说:"祖先以此为职官,我还能干其他的事吗?"景公便让人给他琴,他演奏的是南方曲调。景公又问:"你国君王怎么样?"钟仪回答说:"这不是我做下官的能知道的事。"景公再三问他,他才回答说:"他做太子的时候,太师、太保侍奉着他,他每天早晨请教令尹子重,晚上请教司马子反。其他的事我就不知道了。"景公把这话告诉了士燮,士燮说:"这个楚国俘虏,是一个君子。他说话时先提到祖先的官职,这是不忘本;奏乐时弹奏家乡曲调,这是不忘旧;提到楚君做太子时的事,这是没有私心;直呼两位卿的名字,这是尊重国君您。不忘本,就是仁;不忘旧,就是信;无私心,就是忠;尊重君王,就是敏。仁爱地处理事务,诚实地恪守它,忠心地完成它,灵敏地执行它,即使事情再大,也一定能成功。您何不放他回去,让他成就晋、楚两国的友好呢?"景公听从了士燮的建议,对钟仪重加礼遇,让他回国为晋、楚两国求和。

注释 1 南冠:戴南方帽子。 2 税:同"脱"。 3 吊:慰问。 4 族:指世官。 5 泠人:伶人,乐官。 6 南音:南方的乐调。 7 固:坚持,再三。

8 侧:指司马子反。 9 土风:乡土乐调。 10 抑:语气词。 11 名:称名,用作动词。 12 接事:处理事务。 13 盍:“何不”的合音。

冬,十一月,楚子重自陈伐莒,围渠丘。渠丘城恶,众溃,奔莒。戊申,楚入渠丘。莒人囚楚公子平。楚人曰:“勿杀!吾归而俘。”莒人杀之。楚师围莒。莒城亦恶,庚申,莒溃。楚遂入郓。莒无备故也。

君子曰:“恃陋而不备,罪之大者也;备豫不虞[1],善之大者也。莒恃其陋,而不修城郭,浃辰之间[2],而楚克其三都,无备也夫!《诗》曰[3]:‘虽有丝麻,无弃菅蒯[4]。虽有姬、姜,无弃蕉萃[5]。凡百君子,莫不代匮[6]。’言备之不可以已也。”

冬天,十一月,楚国的子重从陈国出兵攻打莒国,包围了渠丘。渠丘城墙很破旧,守军溃败,逃到了莒城。五日,楚军进入渠丘,莒国人俘虏了楚国的公子平。楚国人说:“不要杀他!我们归还你们的俘虏。”莒国人还是杀了公子平。于是楚军包围了莒城。莒城的城墙也破旧不堪,十七日,莒城守军溃败。楚军便进入了郓城。莒国这次大败,是由于没有防备的缘故。

君子认为:“凭着城墙破旧而干脆不设防,这是罪中的大罪;预防意外,则是善中的大善。莒国凭仗地处偏僻,因而不修治城郭,十二天之内,楚国攻下它的三个城市,这是没有防备的结果啊!《诗》说:‘虽然有了丝麻,也不要将菅、蒯这类粗恶的东西扔掉。虽然有了美女,也不要将憔悴丑陋的妻子抛弃。凡是君子,也没有不顾此失彼的。’说的就是不能不防患于未然。”

注释 1 备豫:预备。豫,同“预”。不虞:意外。 2 浃辰:十二日。此指由戊申到庚申经历了地支一周。浃,遍。辰,指从子到亥十二辰。

3《诗》:以下诗句可能出自逸诗,今《诗经》无此诗句。 4 菅、蒯:都是多年生草本植物,古人用来编织席、鞋、绳索等。 5 蕉萃:憔悴,指代面黄肌瘦的女子。 6 凡百:凡是。代匮:缺此少彼。

秦人、白狄伐晋,诸侯贰故也。

秦国人和白狄攻打晋国,这是利用诸侯国对晋国怀有二心的机会采取的行动。

郑人围许,示晋不急君也[1]。是则公孙申谋之,曰:"我出师以围许,伪将改立君者,而纾晋使[2],晋必归君。"

郑国人包围了许国,示意晋国他们并不想急着救出郑成公。这是公孙申出的主意,他说:"我们出军围攻许国,给晋国造成我们要改立国君的假象,也暂不派使者去晋国谈判,这样晋国一定会送国君回来。"

城中城。书,时也。

鲁国在都城内又建造了一座城。《春秋》记载了这件事,是因为修城合乎时令。

十二月,楚子使公子辰如晋[3],报钟仪之使,请修好结成。

十二月,楚共王派公子辰前往晋国,回报晋国放钟仪回国并为两国修好之举,请求重修旧好,订立盟约。

注释 1 不急君:不为国君被俘而着急。 2 纾晋使:暂缓派使者去晋国。 3 公子辰:字子商,楚国太宰。

成公十年

【经】

十年春,卫侯之弟黑背帅师侵郑。

十年春天,卫定公的弟弟黑背率军入侵郑国。

夏，四月，五卜郊，不从，乃不郊。

夏天，四月，五次为郊祭占卜，都不顺利，于是就不举行郊祭。

五月，公会晋侯、齐侯、宋公、卫侯、曹伯伐郑。

五月，成公会合晋景公、齐灵公、宋共公、卫定公、曹宣公攻打郑国。

齐人来媵。

齐国人送来女子作为陪嫁。

丙午，晋侯獳卒[1]。

六月六日，晋景公獳去世。

秋，七月，公如晋。

秋天，七月，成公前往晋国。

冬，十月。

冬天，十月。

注释 1 獳：音 nòu。

【传】

十年春，晋侯使籴茷如楚[1]，报大宰子商之使也。

十年春天，晋景公派籴茷去楚国，这是回报楚国太宰子商对晋国的访问。

卫子叔黑背侵郑，晋命也。

卫国的子叔黑背侵袭郑国，是执行晋国的命令。

郑公子班闻叔申之谋。三月，子如立公子繻[2]。夏，四月，郑人杀繻，立髡顽[3]。子如奔许。栾武子曰："郑人立君，我执一人焉，何益？不如伐郑而归其君，以求成焉。"晋侯有疾。五月，晋立大子

郑公子班听说了叔申的计谋。三月，公子班便立公子繻为国君。夏天，四月，郑国人杀了公子繻，另立髡顽为国君。公子班逃到许国。栾书说："郑国人立了国君，我们在这里囚禁郑成公，又有什么用呢？不如攻打郑国，把他们的国君送回去，以谋求两国和好。"晋景公有病。五月，晋国立太子州蒲为国君，会合诸侯攻打郑国。郑国的子罕

州蒲以为君，而会诸侯伐郑。郑子罕赂以襄钟[4]，子然盟于修泽[5]，子驷为质[6]。辛巳，郑伯归。

为了求和，把郑襄公庙里的钟送给了晋国，子然在修泽与晋国等诸侯国会盟，子驷到晋国作为人质。十一日，郑成公回国。

注释 1 籴茷：晋国大夫。 2 子如：即公子班。 3 髡顽：郑成公的太子，即郑僖公。 4 襄钟：郑襄公庙里的钟。 5 子然：郑穆公之子。修泽：郑国地名，在今河南原阳西南。 6 子驷：郑穆公之子。

晋侯梦大厉[1]，被发及地，搏膺而踊[2]，曰："杀余孙[3]，不义。余得请于帝矣。"坏大门及寝门而入。公惧，入于室。又坏户。公觉，召桑田巫[4]。巫言如梦。公曰："何如？"曰："不食新矣[5]。"公疾病[6]，求医于秦。秦伯使医缓为之[7]。未至，公梦疾为二竖子[8]，曰："彼，良医也。惧伤我，焉逃之？"其一曰："居肓之上，膏之下，若我何？"医至，曰："疾不可为也。在肓之上，膏之下，

晋景公梦见一个恶鬼，头发披散到地上，捶胸跳着说："你杀了我的孙子，不义。我得到上帝的允许要为子孙报仇了。"于是捣毁宫门和寝门走了进来。景公害怕，躲到内室。恶鬼又捣坏了内室的门。景公惊醒了，召请桑田的巫师。巫师占卜的结果和景公梦到的一样。景公问："怎么样？"巫师回答："您吃不到今年的新麦了。"景公的病更重了，于是派人到秦国求医。秦桓公派一个叫缓的医生来给景公治病。医生还未到达，景公又梦见他的病变成了两个小孩，一个说："缓是一个名医。害怕他伤害我们，我们逃到哪里去呢？"另一个说，我们躲到肓的上面，膏的下面，他能把我们怎么样？"医缓到了，看了景公的病后说："病已无法治好了。它在肓之上，膏之下，用砭石攻它不行，用

攻之不可，达之不及，药不至焉，不可为也。”公曰：“良医也。”厚为之礼而归之。六月丙午，晋侯欲麦[9]，使甸人献麦[10]，馈人为之[11]。召桑田巫，示而杀之。将食，张[12]，如厕，陷而卒。小臣有晨梦负公以登天[13]，及日中，负晋侯出诸厕。遂以为殉。

针疗又达不到，用药也不起作用，没法治了。”景公说：“的确是个好医生。”于是赏给他很多礼物，让他回国了。六月六日，景公想尝新麦，就让管理土地的人献上麦子，厨师做好了麦饭。景公召来那个桑田的巫师，把做好的新麦饭给他看，然后杀了他。景公正要进食，忽然肚子发胀，就去上厕所，掉到粪坑里淹死了。有一个宦官早晨梦见自己背着景公上了天，等到中午，果然从厕所里背出了景公。于是晋国就让他为景公殉葬。

注释 **1** 大厉：恶鬼。 **2** 搏膺：捶胸。踊：跳。 **3** 杀余孙：指晋侯杀赵同、赵括事。 **4** 桑田巫：桑田的巫人。 **5** 食新：尝新。新，指新麦。 **6** 疾病：病重。 **7** 缓：医生之名。 **8** 竖子：儿童。 **9** 欲麦：想尝新麦。 **10** 甸人：主管藉田的官。 **11** 馈人：负责国君饮食的官。 **12** 张：同“胀”。 **13** 小臣：宦官。

郑伯讨立君者，戊申，杀叔申、叔禽。君子曰：“忠为令德，非其人犹不可，况不令乎？”

郑成公惩治另立新国君的人，六月八日，杀了叔申和叔禽。君子说：“忠诚是美德，但效忠的对象不是那种人还不行，更何况他本身就缺乏美德。”

秋，公如晋，晋人止公，使送葬。于是籴茷未反。

秋天，鲁成公到晋国访问，晋国人强迫成公留下，让他为景公送葬。在这时晋国派往楚国的籴茷还没有回来。

冬，葬晋景公。公

冬天，安葬晋景公。成公送葬，其他诸

送葬,诸侯莫在。鲁人辱之,故不书,讳之也。

侯都没有参加。鲁国人以此为耻辱,所以《春秋》没有记载,是因为忌讳这件事。

成公十一年

【经】

十有一年春,王三月,公至自晋。

晋侯使郤犨来聘,己丑,及郤犨盟。

夏,季孙行父如晋。

秋,叔孙侨如如齐。

冬,十月。

十一年春,周历三月,成公从晋国回国。

晋厉公派郤犨来聘问,二十四日,与郤犨会盟。

夏天,季孙行父前往晋国。

秋天,叔孙侨如前往齐国。

冬天,十月。

【传】

十一年春,王三月,公至自晋。晋人以公为贰于楚,故止公。公请受盟,而后使归。

郤犨来聘[1],且莅盟。

声伯之母不聘[2],穆姜曰[3]:“吾不以妾为姒[4]。”生声伯而出之,嫁于齐管于奚。生二子而

十一年春天,周历三月,成公从晋国回国。晋国人认为成公暗中投靠楚国,所以强留下他。成公请求接受盟约,然后才让他回国。

郤犨前来鲁国聘问,同时参加盟会。

声伯的母亲未行聘礼就嫁给了声伯的父亲,穆姜说:“我不能让一个妾作我的嫂子。”声伯的母亲生下声伯后便被遗弃了,嫁给了齐国的管于奚。生了两个孩子

寡，以归声伯。声伯以其外弟为大夫[5]，而嫁其外妹于施孝叔[6]。郤犨来聘，求妇于声伯。声伯夺施氏妇以与之。妇人曰："鸟兽犹不失俪[7]，子将若何？"曰："吾不能死亡。"妇人遂行，生二子于郤氏。郤氏亡，晋人归之施氏。施氏逆诸河，沉其二子。妇人怒曰："已不能庇其伉俪而亡之，又不能字人之孤而杀之，将何以终？"遂誓施氏[8]。

后又守寡了，最后回到了声伯的身边。声伯让他的异父弟弟做了大夫，把异父妹妹嫁给了施孝叔。郤犨来鲁国聘问时，请求声伯给他物色一个妻子。声伯把异父妹妹从施孝叔手里夺回来给了郤犨。妇人对施孝叔说："鸟兽都不愿失去配偶，你将怎么办呢？"施孝叔回答说："我不能死，也不愿逃亡。"于是妇人就跟郤犨走了，后来为郤氏生了两个孩子。郤氏被灭族后，晋国人又把她送回给施孝叔。施孝叔在黄河边上迎接她，却将她的两个孩子丢到河里淹死了。妇人愤怒地说："你自己既不能保护自己的妻子而令她远去他国，又不能爱护别人的孤儿而杀死了他们，靠什么得以善终？"于是妇人发誓不再做施孝叔的妻子。

注释　1 郤犨(chōu)：晋臣。　2 声伯：即公孙婴齐。不聘：不行媒聘之礼。　3 穆姜：鲁宣公夫人，与声伯之母为妯娌。　4 姒(sì)：嫂。　5 外弟：异父同母弟。　6 外妹：异父同母妹。　7 俪：配偶。　8 誓施氏：向施氏发誓。

夏，季文子如晋报聘，且莅盟也。

周公楚恶惠、襄之逼也[1]，且与伯舆争政，不胜，怒而出，及阳樊[2]。

夏天，季文子到晋国对郤犨的访问进行回访，并且参加盟会。

周公楚讨厌周惠王、周襄王后人的逼迫，又与伯舆争夺权力，没有得胜，就气愤地离开，到了阳樊。周王派刘子请

王使刘子复之[3]，盟于鄄而入[4]。三日，复出奔晋。

他回来，他与刘子在鄄地结盟后就回来了。过了三天，又逃亡到了晋国。

秋，宣伯聘于齐，以修前好。

秋天，宣伯到齐国聘问，为了重修两国以前的友好关系。

晋郤至与周争鄇田[5]。王命刘康公、单襄公讼诸晋。郤至曰："温，吾故也，故不敢失。"刘子、单子曰："昔周克商，使诸侯抚封[6]，苏忿生以温为司寇[7]，与檀伯达封于河。苏氏即狄，又不能于狄而奔卫。襄王劳文公而赐之温。狐氏、阳氏先处之[8]，而后及子。若治其故，则王官之邑也，子安得之？"晋侯使郤至勿敢争。

晋国的郤至和周王室争夺鄇田。周王命令刘康公、单襄公到晋国争辩是非。郤至说："温地，是我的旧地，所以不敢放弃。"刘康公和单襄公说："从前周朝灭亡商朝，让诸侯都据有封地，苏忿生被封在温地，并做了司寇，他和檀伯达都被封在黄河边。后来苏氏后人投靠了狄人，在狄人那里待不下去，又逃到了卫国。周襄王慰劳晋文公而把温地赏赐给了他。狐氏和阳氏两族人都曾先后被封在温地，最后才封给你们郤氏。如果要探根寻源，那么温地是周王属官的封邑，您又怎能得到它呢？"晋厉公下令让郤至不敢再争。

注释 1 惠、襄：指周惠王、周襄王的后代。 2 阳樊：地名，在今河南济源。 3 刘子：周臣，即刘康公。 4 鄄：周邑。 5 鄇(hòu)：温之别邑。 6 抚封：据有封地。 7 苏忿生：人名，周武王时任司寇，受封于温。 8 狐氏：指狐溱，曾为温大夫。阳氏：指阳处父，温曾为阳氏采邑。

宋华元善于令尹子重，又善于栾武子。闻楚

宋国的华元和楚国的令尹子重关系很好，和晋国的栾书也很要好。他听

人既许晋籴茷成，而使归复命矣。冬，华元如楚，遂如晋，合晋、楚之成。

说楚国人已经同意了晋国籴茷的和议，并让他回国复命。于是在冬天，华元先到楚国，接着又到晋国，促成了晋国和楚国的和好。

秦、晋为成，将会于令狐[1]。晋侯先至焉，秦伯不肯涉河，次于王城，使史颗盟晋侯于河东[2]。晋郤犨盟秦伯于河西。范文子曰："是盟也何益？齐盟[3]，所以质信也[4]。会所[5]，信之始也。始之不从，其可质乎？"秦伯归而背晋成。

秦、晋两国议和，准备在令狐相会。晋厉公先到达，秦桓公不肯渡过黄河，驻扎在河西的王城，派史颗到河东与晋厉公会盟。晋国的郤犨在河西与秦桓公会盟。士燮说："这种结盟有什么用？斋戒会盟，是为了落实信用。会盟的地点，是信用的开始。在会盟地点上就不讲信用，难道这种结盟可以信任吗？"秦桓公回国后果然背叛了和晋国的盟约。

注释 **1** 令狐：晋国地名。 **2** 史颗：秦国大夫。 **3** 齐：通"斋"。 **4** 质信：落实诚信。 **5** 会所：会盟的处所。

成公十二年

【经】

十有二年春，周公出奔晋。

十二年春天，周公楚逃亡到了晋国。

夏，公会晋侯、卫侯于琐泽[1]。

夏天，鲁成公在琐泽会见晋厉公和卫定公。

秋，晋人败狄于交刚[2]。

冬十月。

秋天，晋国人在交刚打败了狄人。

冬天十月。

注释 1琐泽:晋国地名，在今河北大名。 2交刚:地名，在今山西隰县。

【传】

十二年春，王使以周公之难来告。书曰:“周公出奔晋。”凡自周无出，周公自出故也。

十二年春天，周天子的使者前来通报周公楚出逃一事。《春秋》记载说:“周公出奔晋。”凡是从周王室逃出不能称作“出”，对周公称“出”，是因为他自己出逃的缘故。

宋华元克合晋、楚之成[1]。夏五月，晋士燮会楚公子罢、许偃。癸亥，盟于宋西门之外，曰:“凡晋、楚无相加戎[2]，好恶同之，同恤灾危，备救凶患。若有害楚，则晋伐之;在晋，楚亦如之。交贽往来[3]，道路无壅，谋其不协，而讨不庭[4]。有渝此盟，明神殛之，俾队其师[5]，无克胙国[6]。”郑伯如晋听成[7]，会于琐泽，成故也。

宋国的华元促成了晋、楚两国的和谈。夏天五月，晋国的士燮会见了楚国的公子罢和许偃。四日，在宋国的西门外结盟，盟辞说:“今后晋、楚两国不再互相以武力相加，同心协力，共同拯救危难，援救灾荒祸患。如果有人危害楚国，那么晋国就出兵讨伐;对晋国，楚国也是这样。两国使者往来，道路不得设置障碍，有不同意见可共同协商，有背叛两国者就共同讨伐。谁背叛这一盟约，神灵就会诛杀他，并使他的军队毁灭，不能保佑国家。”郑成公也到晋国接受和约，并与诸侯在琐泽会见，这都是晋、楚两国和好了的缘故。

狄人间宋之盟以侵晋[8],而不设备。秋,晋人败狄于交刚。

狄人乘晋、楚两国在宋国结盟的机会发兵攻打晋国,但自己却不设防备。秋天,晋国人在交刚打败了狄人。

注释 1克:完成,促成。 2加戎:以武力相加。 3交贽:使者。贽,聘礼。 4不庭:不朝,指背叛者。 5俾:使。队:同"坠",即颠覆。 6克:能。胙:福佑。 7听成:接受和约。 8间:乘机。

晋郤至如楚聘,且莅盟。楚子享之,子反相,为地室而县焉[1]。郤至将登,金奏作于下[2],惊而走出。子反曰:"日云莫矣[3],寡君须矣[4],吾子其入也!"宾曰[5]:"君不忘先君之好,施及下臣,贶之以大礼[6],重之以备乐[7]。如天之福,两君相见,何以代此?下臣不敢。"子反曰:"如天之福,两君相见,无亦唯是一矢以相加遗[8],焉用乐?寡君须矣,吾子其入也!"宾曰:"若让之以一矢,祸之大者,其何福之为?世之治也,诸侯间于天子之事[9],则相朝也,于

晋国的郤至到楚国访问,并且参加盟会。楚共王设宴款待他,子反做相礼人,在地下室悬挂乐器奏乐。郤至正要登堂,地下室里奏起了乐曲,他吓得连忙跑了出来。子反说:"时间不早了,我们国君正在等候您,您就快进去吧!"郤至说:"贵国国君不忘和我国先君的友谊,并将这种友好推及下臣身上,用隆重的礼仪和全套的音乐来欢迎我。如果上天赐福,我们两国的国君相见,将用什么礼节来代替这个呢?下臣我实在不敢当。"子反说:"如果上天降福,我们两国国君相见,也只能是在战场上,以一支箭相赠,哪里用得着音乐?我们国君还等着您,您就进去吧!"郤至说:"如果在战场上以箭互赠,那就是祸中的大祸,还有什么福可赐?天下大治的时代,诸侯在完成了天子使命的闲暇里,就互相朝见,在

是乎有享宴之礼。享以训共俭[10]，宴以示慈惠。共俭以行礼，而慈惠以布政。政以礼成，民是以息。百官承事，朝而不夕[11]，此公侯之所以捍城其民也[12]。故《诗》曰：'赳赳武夫，公侯干城[13]。'及其乱也，诸侯贪冒[14]，侵欲不忌，争寻常以尽其民[15]，略其武夫，以为己腹心、股肱、爪牙。故《诗》曰：'赳赳武夫，公侯腹心。'天下有道，则公侯能为民干城，而制其腹心。乱则反之。今吾子之言，乱之道也，不可以为法。然吾子，主也，至敢不从？"遂入。卒事，归，以语范文子。文子曰："无礼必食言，吾死无日矣夫！"

冬，楚公子罢如晋聘，且莅盟。十二月，晋侯及楚公子罢盟于赤棘。

这时就产生了享、宴的礼仪。享礼用来教导恭敬节俭，宴礼用来表示慈爱恩惠。恭敬节俭用来推行礼仪，而慈爱恩惠用来布施政事。政事凭借礼仪来完成，百姓因此安居乐业。百官处理政事，都是在早晨而不是在晚上，这是公侯用来保护他们百姓的办法。所以《诗》说：'雄健的武士，是公侯的护卫者。'到了社会动乱不安的时代，诸侯就贪婪无比，侵略的欲望到了无所顾忌的地步，争夺尺寸之地而使百姓遭殃，网罗武士作为自己的心腹、股肱和爪牙。所以《诗》又说：'雄健的武士，是公侯的心腹。'如果天下有道，那么公侯就能成为百姓的保护者，而控制他们的心腹。如果是动乱时代，情况就恰恰相反。刚才您说的话，就是乱世之道，不能作为行为的法则。但您是主人，我又怎敢不服从呢？"于是就进去了。办完事之后，郤至回到晋国，把上述情况告诉了士燮。士燮说："没有礼法，说话必定不算数，我们离战死疆场的日子不远了啊！"

冬天，楚国的公子罢到晋国访问，并且参加盟会。十二月，晋厉公和楚国的公子罢在赤棘会盟。

注释 1县:通“悬”。 2金奏:乐曲名。 3云:语助词,无义。莫:同“暮”,此处指时间不早了。 4须:等待。 5宾:指郤至。 6贶(kuàng):赏赐。 7备乐:指金奏。 8无:语助词,无义。加遗:馈赠。 9间:闲暇。 10共:同“恭”。 11朝而不夕:白天朝见叫“朝”,晚上朝见叫“夕”。 12捍城:保护。也作“干城”。 13“赳赳武夫”二句:出自《诗经·周南·兔罝》篇,下引诗句同。 14贪冒:贪婪。“贪冒”为同义词连用。 15寻常:八尺为寻,一丈六尺为常,此处指尺寸之地。

成公十三年

【经】

十有三年春,晋侯使郤锜来乞师。

三月,公如京师。

夏五月,公自京师,遂会晋侯、齐侯、宋公、卫侯、郑伯、曹伯、邾人、滕人伐秦。

曹伯卢卒于师。

秋七月,公至自伐秦。

冬,葬曹宣公。

十三年春天,晋厉公派郤锜来鲁国请求出兵。

三月,成公到京城朝见周天子。

夏天五月,成公从京城回到鲁国,就会合晋厉公、齐灵公、宋共公、卫定公、郑成公、曹宣公、邾国人和滕国人攻打秦国。

曹宣公卢在军中去世。

秋天七月,成公从攻打秦国的战场回国。

冬天,安葬曹宣公。

【传】

十三年春，晋侯使郤锜来乞师，将事不敬。孟献子曰：“郤氏其亡乎！礼，身之干也；敬，身之基也。郤子无基。且先君之嗣卿也，受命以求师，将社稷是卫，而惰，弃君命也。不亡何为？”

三月，公如京师。宣伯欲赐[1]，请先使。王以行人之礼礼焉。孟献子从，王以为介[2]，而重贿之。

公及诸侯朝王，遂从刘康公、成肃公会晋侯伐秦。成子受脤于社[3]，不敬。刘子曰：“吾闻之，民受天地之中以生[4]，所谓命也。是以有动作礼义威仪之则，以定命也。能者养以之福，不能者败以取祸。是故君子勤礼，小人尽力。勤礼莫如致

十三年春天，晋厉公派郤锜来鲁国请求出兵，态度不够恭敬。孟献子说：“郤氏恐怕要灭亡了吧！礼仪，就好像是人的躯干；恭敬，就好像是人的根基。郤子已丧失了根基。况且他作为先君的嗣卿，受命前来请求出兵，是为了保卫国家，却如此懈怠，这是忘记了国君的命令。他怎能不灭亡呢？”

三月，成公到京城朝见天子。宣伯想得到赏赐，请求先行出发。周简王只用对普通外交人员的礼节接待他。孟献子跟随成公一起到了京城，周简王认为他是成公的副手，就重加赏赐。

成公和诸侯朝见了周简王，就随同刘康公、成肃公会同晋厉公攻打秦国。成肃公在举行祭祀、分发社肉时，不够恭敬。刘康公说：“我听说，百姓得到天地的中和之气而降生，这就是天命。因此有了动作、礼义、威仪的法则，用来安定一个人的命运。贤能的人遵循这些法则而得到福佑，无能的人败坏这些法则就招致祸患。因此君子勤修礼义，小人竭尽体力。勤礼没有比恭敬再好的了，尽

敬,尽力莫如敦笃[5]。敬在养神,笃在守业。国之大事,在祀与戎。祀有执膰[6],戎有受脤,神之大节也。今成子惰,弃其命矣,其不反乎!”

力没有比敦厚笃实再好的了。恭敬在于供奉神明,笃实在于安分守业。国家的大事,就是祭祀和战争。祭祀有分享祭肉之礼,战争有分发社肉之礼,这都是侍奉神明的重大礼节。现在成肃公懈怠无礼,是抛弃了天命,恐怕回不来了吧!”

注释 1 宣伯:即叔孙侨如。赐:受赐。 2 介:副手。 3 成子:即成肃公。脤:祭肉。 4 天地之中:天地相交所形成的中和之气。 5 敦笃:敦厚笃实。 6 执膰:祭祀宗庙完毕,将祭肉分与有关人员。

夏四月戊午,晋侯使吕相绝秦,曰:“昔逮我献公,及穆公相好,戮力同心[1],申之以盟誓,重之以昏姻。天祸晋国,文公如齐,惠公如秦。无禄[2],献公即世。穆公不忘旧德,俾我惠公用能奉祀于晋。又不能成大勋,而为韩之师[3]。亦悔于厥心,用集我文公[4],是穆之成也。文公躬擐甲胄[5],跋履山川,逾越险阻,征东之诸侯,虞、夏、商、周之胤[6],而朝诸秦,则亦既报旧德

夏天四月五日,晋厉公派吕相去秦国断绝和秦国的外交关系,他说:“过去从我们献公和你们穆公就开始友好,合力同心,立下了盟誓,并建立了婚姻关系。后来上天降灾给晋国,晋文公到了齐国,晋惠公到了秦国。不幸献公又去世了。秦穆公不忘旧德,使我们惠公能继承晋国君位。但秦国没有能为两国的友好建立更大的功勋,而发动了韩地之战。后来你们对此也有所后悔,于是又成就我们文公登上君位,这都是秦穆公的功劳。文公身披甲胄,跋山涉水,历尽险阻,征服了东方的诸侯,使虞、夏、商、周的后代都来朝见秦国,那么这也算是报答了秦国过去的恩德了。郑

矣。郑人怒君之疆埸[7]，我文公帅诸侯及秦围郑。秦大夫不询于我寡君[8]，擅及郑盟。诸侯疾之，将致命于秦[9]。文公恐惧，绥静诸侯，秦师克还无害，则是我有大造于西也[10]。

国人侵犯贵国边境，我们文公又率领诸侯和秦军围攻郑国。秦国大夫没有征求我们国君的意见，就擅自和郑国订立了和约。诸侯们都因此而憎恨秦国，准备与秦国拼一死战。我们文公为贵国担忧，又安抚诸侯，才使秦军能够平安回国，未受伤害，这也是我们对秦国的大功劳了吧。

注释 1戮力：合力。 2无禄：不幸。 3韩之师：指秦晋韩原之战。 4集：成全，成就。 5擐(huàn)：穿。 6胤：后代。 7疆埸(yì)：边境。 8秦大夫：实指秦穆公，此为委婉的说法。 9致命：拼命。 10大造：大功。西：指秦国。

“无禄，文公即世，穆为不吊[1]，蔑死我君[2]，寡我襄公[3]，迭我殽地[4]，奸绝我好[5]，伐我保城[6]，殄灭我费滑[7]，散离我兄弟[8]，挠乱我同盟，倾覆我国家。我襄公未忘君之旧勋，而惧社稷之陨，是以有殽之师。犹愿赦罪于穆公。穆公弗听，而即楚谋我。天诱其衷[9]，成王陨命，穆公是以不克逞志于我。穆、襄即

“不幸文公去世，你们穆公却不来吊唁，蔑视我国已去世的君王，并且欺凌我们襄公，侵犯我国的殽地，断绝和我国的友好关系，攻打我国城堡，灭亡了我们同姓的滑国，离间我们兄弟国家，扰乱我们同盟国的关系，企图颠覆我们国家。我们襄公虽没有忘记过去贵国国君对我们的功劳，但担忧国家被灭亡，因此才向殽地发兵。即使如此，我国还是愿意向穆公赔罪。但穆公不听，而投靠楚国来对付我国。上天有灵，使楚成王被害，穆公对我国的阴

世,康、灵即位[10]。康公,我之自出[11],又欲阙翦我公室[12],倾覆我社稷,帅我蝥贼[13],以来荡摇我边疆,我是以有令狐之役。康犹不悛[14],入我河曲,伐我涑川[15],俘我王官,翦我羁马[16],我是以有河曲之战。东道之不通[17],则是康公绝我好也。

谋才因此没有得逞。穆公、襄公去世,秦康公和晋灵公即位。康公本是我晋国的外甥,却也想损害我国公室,颠覆我们国家,还利用我国的内奸,来扰乱我国边疆,因此我国与贵国发生了令狐之战。康公仍不悔改,又侵犯我国河曲,攻打涑川,劫我王官,灭我羁马,因此我国和贵国才有河曲一战。秦、晋两国断绝友好往来,就是由于康公拒绝和我们友好的缘故。

注释 **1** 不吊:不来吊唁。 **2** 蔑死我君:即"蔑我死君",蔑视我国故去的国君。 **3** 寡:弱小,用作动词。 **4** 迭:通"轶",侵犯。 **5** 奸绝:断绝。 **6** 保:通"堡",堡城,小城。 **7** 费滑:即滑国。费为滑国都城。 **8** 兄弟:指姬姓兄弟国家。 **9** 天诱其衷:即天意在我。 **10** 康、灵:指秦康公和晋灵公。 **11** 我之自出:秦康公母为晋女,故秦康公为晋国外甥。 **12** 阙翦:损害。 **13** 蝥贼:害虫,此处比喻危害国家的人。 **14** 悛(quān):悔改。 **15** 涑川:晋国地名,在今山西永济。 **16** 羁马:地名,在今山西永济南。 **17** 东道:晋国在秦国东方,故云。

"及君之嗣也,我君景公引领西望曰:'庶抚我乎!'君亦不惠称盟,利吾有狄难,入我河县[1],焚我箕、郜[2],芟夷我农功[3],虔刘我边陲[4],我是

"等到您继位之后,我们国君景公翘首西望说:'秦国大概会安抚我们了吧!'但您也不愿赐恩和我们结盟,还利用我们遭到狄人入侵的机会,侵入我国河曲,焚烧我国箕、郜二地,抢掠我国的庄稼,在我国边疆大肆杀戮,因此我

以有辅氏之聚[5]。君亦悔祸之延，而欲徼福于先君献、穆，使伯车来[6]，命我景公曰：'吾与女同好弃恶，复修旧德，以追念前勋。'言誓未就，景公即世，我寡君是以有令狐之会。君又不祥，背弃盟誓。白狄及君同州[7]，君之仇雠，而我昏姻也。君来赐命曰：'吾与女伐狄。'寡君不敢顾昏姻，畏君之威，而受命于吏[8]。君有二心于狄，曰：'晋将伐女。'狄应且憎[9]，是用告我。

们才有辅氏之战。您也为战祸蔓延感到后悔，而想向先君献公、穆公祈求福佑，派伯车来，对我们景公说：'我和你同修旧好，捐弃前嫌，重新修复过去的情谊，来追念先君的功勋。'盟约还没有订立，景公就去世了，我国厉公因此参加了在令狐举行的会盟。但您又无诚意，背弃了盟约。白狄和您同在一州，他们是您的仇人，却是我国的姻亲。您传令说：'我和你一起攻打白狄。'我们国君不敢顾及婚姻关系，畏惧您的威严，只好下令攻打白狄。可您却对白狄有另外的念头，对他们说：'晋国将要攻打你们。'白狄表面上接受您的好意，实际上却憎恨您的这种做法，因此将此事告诉了我们。

注释 1 河县：疑为"河曲"之误。 2 箕、郜：均为晋国地名。 3 芟(shān)：割。农功：庄稼。 4 虔刘：杀。"虔刘"为同义词连用。 5 辅氏之聚：辅氏之战。 6 伯车：秦桓公之子。 7 同州：同在雍州境内。 8 受：同"授"。 9 应：接受。

"楚人恶君之二三其德也，亦来告我曰：'秦背令狐之盟，而来求盟于我，昭告昊天上帝、秦三公[1]、

"楚国人讨厌您的这种反复无常，也前来告诉我们说：'秦国背弃了令狐之盟，而来请求和我国结盟，对皇天上帝、秦三公和楚三王发誓说：'我们虽

楚三王曰[2]:'余虽与晋出入,余唯利是视。'不穀恶其无成德[3],是用宣之,以惩不壹。诸侯备闻此言,斯是用痛心疾首,暱就寡人[4]。寡人帅以听命,唯好是求。君若惠顾诸侯,矜哀寡人[5],而赐之盟,则寡人之愿也。其承宁诸侯以退[6],岂敢徼乱?君若不施大惠,寡人不佞[7],其不能以诸侯退矣。敢尽布之执事,俾执事实图利之!"

然和晋国来往,但只是图谋自己的利益。'楚王讨厌他们反复无常,因此公之于众,来惩罚他们不专一。诸侯们都听说了这些话,因此都痛心疾首,而更加亲近我们。现在我们国君率领诸侯前来听候您的命令,只是为了谋求友好。您如果顾念诸侯,怜悯我们,赐恩与我们结盟,那么这将是我们的愿望。我们将安抚诸侯而退兵,哪里敢谋求战乱呢?您如果不肯施大恩,那么我们不才,也就不能率领诸侯退兵了。谨把该说的都坦率地告诉您了,请您权衡利弊!"

注释 **1** 秦三公:指秦穆公、康公、共公。 **2** 楚三王:指楚成王、穆王、庄王。 **3** 无成德:无定德,即反复无常。 **4** 暱就:亲近。 **5** 矜哀:怜悯。 **6** 承宁:止息。 **7** 不佞:不才。自谦之词。

秦桓公既与晋厉公为令狐之盟,而又召狄与楚,欲道以伐晋,诸侯是以睦于晋。晋栾书将中军,荀庚佐之;士燮将上军,郤锜佐之;韩厥将下军,荀罃佐之;赵旃将新军,郤至佐之;郤毅御戎[1],栾鍼为右[2]。孟献子曰:

秦桓公和晋厉公订立了令狐之盟,又召来狄人和楚国人,要带着他们攻打晋国,因为这件事,诸侯们反而和晋国更团结了。晋国的栾书率领中军,荀庚为副帅;士燮率领上军,郤锜为副帅;韩厥率领下军,荀罃为副帅;赵旃率领新军,郤至为副帅;郤毅驾御战车,栾鍼担任车右。孟献子

"晋帅乘和，师必有大功。"五月丁亥，晋师以诸侯之师及秦师战于麻隧[3]。秦师败绩，获秦成差及不更女父[4]。曹宣公卒于师。师遂济泾，及侯丽而还[5]。迓晋侯于新楚[6]。

说："晋国的将士上下一心，军队一定能建立大功。"五月四日，晋军率领诸侯的军队与秦军在麻隧作战。秦军大败，晋军俘获了秦国的成差和不更女父。曹宣公在军中去世。晋军于是渡过泾水，直达侯丽才退兵。军队在新楚迎接晋厉公。

注释 1 郤毅：郤至之弟。 2 栾鍼：栾书之子。 3 麻隧：秦国地名，在今陕西泾阳北。 4 成差：秦臣。不更：即车右。女父：人名。 5 侯丽：地名，在今陕西礼泉。 6 新楚：秦国地名，在今陕西大荔。

成肃公卒于瑕。

成肃公在晋国的瑕地去世。

六月丁卯夜，郑公子班自訾求入于大宫，不能，杀子印、子羽[1]，反军于市。己巳，子驷帅国人盟于大宫，遂从而尽焚之，杀子如、子駹、孙叔、孙知[2]。

六月十五日晚上，郑国的公子班想从訾地进入郑国的太庙，没能如愿，就杀了子印和子羽，然后又率军返回城内驻扎。十七日，子驷率领国人在太庙盟誓，随后就追杀公子班，全部焚烧了他驻扎的地方，并杀了公子班、子駹、孙叔、孙知。

曹人使公子负刍守[3]，使公子欣时逆曹伯之丧。秋，负刍杀其大子而自立也。诸侯乃请讨之，晋人以其役之劳，请俟他年。冬，葬曹宣

曹国人派公子负刍留守国内，派公子欣时去迎接曹宣公的灵柩。秋天，公子负刍杀了太子而自立为国君。诸侯于是请求讨伐他，晋国人因为他在对秦作战中的功劳，请求等到下一年再讨伐。冬天，安葬曹宣公。安葬完曹宣公之后，公子欣时

公。既葬，子臧将亡[4]，国人皆将从之。成公乃惧[5]，告罪，且请焉。乃反，而致其邑。

准备逃亡，曹国人都要跟从他。成公负刍于是害怕了，他承认了自己的罪过，并请求公子欣时留下。公子欣时于是回到都城，并把自己的封邑交还给了成公。

注释 1 子印、子羽：都是郑穆公之子。 2 子如：即公子班。子駹(máng)：子如之弟。孙叔：子如之子。孙知：子駹之子。 3 公子负刍：与公子欣时都是曹宣公庶子。 4 子臧：公子欣时之字。亡：逃亡。 5 成公：即公子负刍。

成公十四年

【经】

十有四年春，王正月，莒子朱卒。

十四年春天，周历正月，莒子朱去世。

夏，卫孙林父自晋归于卫。

夏天，卫国的孙林父从晋国回到卫国。

秋，叔孙侨如如齐逆女。

秋天，叔孙侨如到齐国为成公迎娶齐女。

郑公子喜帅师伐许。

郑国的公子喜率军攻打许国。

九月，侨如以夫人妇姜氏至自齐。

九月，侨如带着夫人姜氏从齐国回到鲁国。

冬十月庚寅，卫侯臧卒。

冬天十月十六日，卫定公臧去世。

秦伯卒。

秦桓公去世。

【传】

十四年春，卫侯如晋，晋侯强见孙林父焉，定公不可。夏，卫侯既归，晋侯使郤犨送孙林父而见之。卫侯欲辞，定姜曰[1]："不可。是先君宗卿之嗣也[2]，大国又以为请，不许，将亡。虽恶之，不犹愈于亡乎？君其忍之！安民而宥宗卿，不亦可乎？"卫侯见而复之。

卫侯飨苦成叔[3]，甯惠子相[4]。苦成叔傲。甯子曰："苦成叔家其亡乎！古之为享食也，以观威仪、省祸福也。故《诗》曰：'兕觥其觩，旨酒思柔。彼交匪傲，万福来求[5]。'今夫子傲，取祸之道也。"

秋，宣伯如齐逆女。称族[6]，尊君命也。八月，郑子罕伐许，败焉。戊

十四年春天，卫定公到晋国访问，晋厉公强行要卫定公接见从卫国逃到晋国的孙林父，卫定公不同意。夏天，卫定公已经回国，晋厉公又派郤犨送孙林父回卫国拜见定公。定公想拒绝，定公夫人说："不能这样做。孙林父是先君同宗之卿的后代，而且又有大国来请求，不答应，将要亡国。虽然讨厌他，不还是比亡国强吗？您就忍耐一下吧！您这样做既安定了百姓，又宽宥了宗卿，不也是可以的吗？"卫定公于是接见了孙林父，并且恢复了他的职位和封地。

卫定公设宴款待郤犨，甯惠子主持接待。郤犨表现傲慢。甯惠子说："郤犨家族快要灭亡了吧！古代的设宴款待之礼，就是为了观察一个人的威仪，检查他的祸福命运。所以《诗》说：'牛角酒杯，美酒柔和。不骄不傲，万福就到。'现在那个人很傲慢，这是自取灾祸之道。"

秋天，宣伯到齐国为鲁成公迎娶齐女。《春秋》之所以称呼宣伯的族名"叔孙"，是为了尊重国君的命令。八月，郑国的子罕攻打许国，被打败了。二十三

戌，郑伯复伐许。庚子，入其郛[7]。许人平以叔申之封。

日，郑成公再次发兵攻打许国。二十五日，攻入许国国都外城。许国人以叔申的封地为条件向郑国求和。

注释 1 定姜：卫定公夫人。 2 先君：指卫定公之父卫穆公。宗卿：同宗之卿，指孙林父之父孙良夫。 3 飨：设宴招待。苦成叔：即郤犨。 4 甯惠子：卫臣，即甯殖。 5 "兕觥(sì gōng)其觩"四句：引自《诗经·小雅·桑扈》篇。兕觥：用犀牛角制成的酒器。觩：角弯曲貌。旨酒：美酒。思：语助词，无义。柔：柔和。彼交匪傲：不骄不傲。彼，通"匪"。交，通"骄"。来：乃。求：通"逑"，聚集。 6 称族：称呼族名，指称叔孙。 7 郛：外城。

九月，侨如以夫人妇姜氏至自齐。舍族[1]，尊夫人也。故君子曰："《春秋》之称，微而显，志而晦[2]，婉而成章，尽而不污[3]，惩恶而劝善。非圣人谁能修之？"

卫侯有疾，使孔成子、甯惠子立敬姒之子衎以为大子[4]。冬，十月，卫定公卒。夫人姜氏既哭而息，见大子之不哀也，不内酌饮[5]。叹曰："是夫也，将不唯卫国之败，其必始于未亡人。乌呼！天祸

九月，宣伯带着夫人姜氏从齐国回到鲁国。这次《春秋》不称他的族名"叔孙"，是为了尊重夫人。所以君子认为："《春秋》的记述，细微而含义显明，记载史实含义深远，委婉而顺理成章，记述全面但又不歪曲事实，因此能惩戒邪恶，勉励行善。如果不是圣人，谁能够编写它？"

卫定公有病，让孔成子、甯惠子拥立他的妾敬姒的儿子衎为太子。冬天，十月，卫定公去世。夫人姜氏哭完后休息，她看见太子并不哀伤，于是气得连水也不喝了。她叹息说："这个人啊，不但会使卫国败亡，而且还必定从我身上开始。唉！这是上天要降祸给卫国啊！我没有

卫国也夫！吾不获鱄也使主社稷[6]。"大夫闻之，无不耸惧。孙文子自是不敢舍其重器于卫[7]，尽置诸戚[8]，而甚善晋大夫。

得到鱄，来让他主持国家。"大夫听到了这番话，无不恐惧。孙林父从此不敢把贵重宝物放在卫国都城，全部放到他的封邑戚地去了，同时和晋国大夫们的关系也搞得很好。

注释 1舍族：指不称叔孙。 2志：记载。 3污：不正，歪曲。 4敬姒：当是卫定公妾。衎(kàn)：即卫献公。 5内：通"纳"。 6鱄(zhuān)：卫献公的母弟。 7舍：放置。 8戚：孙氏采邑。

成公十五年

【经】

十有五年春，王二月，葬卫定公。

三月乙巳，仲婴齐卒。

癸丑，公会晋侯、卫侯、郑伯、曹伯、宋世子成、齐国佐、邾人同盟于戚。

晋侯执曹伯归于京师。

公至自会。

夏六月，宋公固卒。

楚子伐郑。

秋八月庚辰，葬宋共公。

十五年春天，周历二月，安葬卫定公。

三月三日，仲婴齐去世。

十一日，成公会合晋厉公、卫献公、郑成公、曹成公、宋国的太子成、齐国的国佐、邾人在戚地结盟。

晋厉公抓住曹成公送到了京师。

成公从会盟地回国。

夏天六月，宋共公固去世。

楚共王攻打郑国。

秋天八月十日，安葬宋共公。

宋华元出奔晋。

宋华元自晋归于宋。

宋杀其大夫山。

宋鱼石出奔楚。

冬十有一月，叔孙侨如会晋士燮、齐高无咎、宋华元、卫孙林父、郑公子鰌、邾人会吴于钟离。

许迁于叶。

宋国的华元逃亡到晋国。

宋国的华元从晋国回到宋国。

宋国杀掉了他们的大夫山。

宋国的鱼石逃亡到楚国。

冬天十一月，叔孙侨如会合晋国的士燮、齐国的高无咎、宋国的华元、卫国的孙林父、郑公子鰌、邾人在钟离和吴国举行了会谈。

许国迁到了叶城。

【传】

十五年春，会于戚，讨曹成公也。执而归诸京师。书曰："晋侯执曹伯。"不及其民也。凡君不道于其民，诸侯讨而执之，则曰"某人执某侯"，不然，则否。

诸侯将见子臧于王而立之。子臧辞曰："《前志》有之曰[1]：'圣达节[2]，次守节，下失节。'为君，非吾节也。虽不能圣，敢失守乎[3]？"遂逃，奔宋。

十五年春天，成公和诸侯们在戚地会盟，是为了讨伐曹成公。在盟会上抓住曹成公，然后把他送到了京师。《春秋》记载说："晋侯执曹伯。"表示只惩罚曹成公，并不连累曹国的老百姓。凡是国君对老百姓不行仁道，诸侯讨伐并抓住他，就叫作"某人执某侯"，不然，就不这样记载。

诸侯准备要子臧去朝见周天子，然后立他为国君。子臧推辞说："《前志》上有这样的话：'圣人能通达节操，次一等的能保持节操，下等的失去节操。'出任国君，不符合我的节操。我虽然不能成为圣人，又怎敢失去节操呢？"于是就逃

夏，六月，宋共公卒。

到宋国去了。

夏天，六月，宋共公去世。

注释 1《前志》：古书名。 2 圣达节：圣人进退、上下都符合节操。 3 失守：即失节。

楚将北师[1]。子囊曰[2]："新与晋盟而背之，无乃不可乎？"子反曰："敌利则进，何盟之有？"申叔时老矣，在申，闻之，曰："子反必不免。信以守礼，礼以庇身，信、礼之亡，欲免得乎？"

楚国打算出兵侵略北方。子囊说："刚和晋国结盟就背叛它，恐怕不行吧？"子反说："敌情对我有利就进兵，管它盟约不盟约？"申叔此时已经告老退休了，住在申地，听说了这件事，说："子反一定难免灾祸。信用是用来保持礼仪的，礼仪是用来保护自己的，信用和礼仪都丢了，想免除灾祸，行吗？"

楚子侵郑，及暴隧[3]，遂侵卫，及首止[4]。郑子罕侵楚，取新石[5]。

楚共王入侵郑国，攻到了暴隧，于是又入侵卫国，攻到了首止。郑国的子罕就攻打楚国，攻占了新石。

栾武子欲报楚[6]。韩献子曰："无庸，使重其罪，民将叛之。无民，孰战？"

栾书想报复楚国。韩献子说："用不着，让他们加重自己的罪过，老百姓就将背叛他们。失去了老百姓，靠什么作战？"

注释 1 北师：向北方出兵。 2 子囊：楚共王弟。 3 暴隧：郑国地名。又称暴。 4 首止：卫国地名。 5 新石：楚国地名，在今河南叶县。 6 报楚：报复楚国。

秋八月，葬宋共公。于是华元为右师，鱼石为左师，荡泽为司马，华喜为司徒，公孙师为司城，向为人为大司寇，鳞朱为少司寇，向带为大宰，鱼府为少宰。荡泽弱公室[1]，杀公子肥。华元曰：“我为右师，君臣之训，师所司也。今公室卑而不能正，吾罪大矣。不能治官[2]，敢赖宠乎？”乃出奔晋。

二华，戴族也[3]；司城，庄族也；六官者[4]，皆桓族也。

秋天八月，安葬宋共公。此时华元担任右师，鱼石担任左师，荡泽担任司马，华喜担任司徒，公孙师担任司城，向为人担任大司寇，鳞朱担任少司寇，向带担任太宰，鱼府担任少宰。荡泽削弱公室，杀了公子肥。华元说：“我担任右师，君臣之礼，应是我负责的事。如今公室衰弱而我又不能拨乱反正，我的罪过可就大了。不能尽职，还敢得到宠信以利己吗？”于是就逃亡到晋国去了。

华元和华喜，都是宋戴公的后人；司城公孙师，是宋庄公的后人；其他六个大臣，都是宋桓公的后人。

注释　1 弱：削弱，用作动词。　2 治官：尽职。　3 二华：指华元、华喜。戴族：宋戴公之后。　4 六官：指鱼石、荡泽、向为人、鳞朱、向带、鱼府。

鱼石将止华元，鱼府曰：“右师反，必讨，是无桓氏也。”鱼石曰：“右师苟获反，虽许之讨，必不敢。且多大功，国人与之，不反，惧桓氏之无祀于宋也[1]。右师讨，犹有戌在[2]，桓氏虽亡，必

鱼石准备劝阻华元，鱼府说：“右师如果返回，一定要讨伐荡泽，这样会导致我们桓族灭亡。”鱼石说：“右师如果能够回来，即使准许他讨伐罪人，他也肯定不敢。况且他有大功，国人都听从他，如果不让他回来，我担心桓公之族在宋国没有人祭祀了。右师即使讨伐，也还有向戌在，桓公之族虽然灭亡，也只是一部

偏[3]。”鱼石自止华元于河上，请讨，许之，乃反。使华喜、公孙师帅国人攻荡氏，杀子山[4]。书曰：“宋杀其大夫山。”言背其族也。

分。”鱼石自己赶到黄河阻止华元出国，华元请求讨伐荡泽，鱼石同意了他，于是华元就回来了。让华喜、公孙师率领国人攻打荡氏，杀了荡泽。《春秋》记载说：“宋杀其大夫山。”是说荡泽背叛了他的族人。

注释 1 无祀于宋：在宋国无人祭祀，即被灭亡。 2 戌：向戌，也出自桓族。 3 偏：一部分。 4 子山：大夫山，即荡泽。

鱼石、向为人、鳞朱、向带、鱼府出舍于睢上[1]，华元使止之，不可。冬十月，华元自止之，不可。乃反。鱼府曰：“今不从，不得入矣。右师视速而言疾，有异志焉。若不我纳，今将驰矣。”登丘而望之，则驰。骋而从之，则决睢澨[2]，闭门登陴矣[3]。左师、二司寇、二宰遂出奔楚。华元使向戌为左师，老佐为司马，乐裔为司寇，以靖国人。

鱼石、向为人、鳞朱、向带、鱼府离开国都住到睢水边上，华元派人劝阻他们，他们不听。冬天，十月，华元亲自去劝告他们，仍不听。华元就回去了。鱼府说：“现在不听从华元的劝告，以后就不能回去了。华元目光锐利，言语快捷，可能有别的想法。如果他不是真心接我们回去，现在应该已经走了。”于是登上土丘远望，果然华元已驱车而去。他们驱车跟随其后，到了国都，华元已决开睢水堤防，关上城门登上城墙了。左师、两个司寇和两个宰就逃亡到了楚国。华元派向戌担任左师，老佐担任司马，乐裔担任司寇，以安定百姓。

注释 1 睢上：睢水岸边。 2 澨(shì)：堤防。 3 陴(pí)：城上的矮墙。

晋三郤害伯宗[1],谮而杀之,及栾弗忌[2]。伯州犁奔楚[3]。韩献子曰:“郤氏其不免乎!善人,天地之纪也,而骤绝之[4],不亡何待?”

晋国的郤锜、郤犨、郤至迫害伯宗,诬陷并杀害了他,连带杀了栾弗忌。伯州犁逃亡到楚国。韩献子说:“郤氏恐怕难逃灾祸了吧!好人,是天地的纲纪,而郤氏屡次想灭绝他们,还能不灭亡吗?”

初,伯宗每朝,其妻必戒之曰:“‘盗憎主人,民恶其上。’子好直言,必及于难。”

当初,伯宗每次上朝,他的妻子必定告诫他说:“‘盗贼憎恨主人,百姓厌恶统治者。’你喜欢直言不忌,一定会遭难。”

十一月,会吴于钟离,始通吴也。

十一月,在钟离会见吴国使者,这是首次和吴国往来。

许灵公畏逼于郑,请迁于楚。辛丑,楚公子申迁许于叶。

许灵公害怕郑国的欺凌,请求迁到楚国。三日,楚国的公子申把许国迁到了楚国的叶城。

注释 1 三郤:指郤锜、郤犨、郤至。 2 栾弗忌:伯宗同党。 3 伯州犁:伯宗之子。 4 骤绝之:屡次灭绝他们。

成公十六年

【经】

十有六年春,王正月,雨,木冰[1]。

十六年春天,周历正月,下雨,树木上凝聚了一层白霰。

夏,四月辛未,滕子卒。

夏天,四月五日,滕文公去世。

郑公子喜帅师侵宋。

六月丙寅朔，日有食之。

晋侯使栾黡来乞师。

甲午晦，晋侯及楚子、郑伯战于鄢陵。楚子、郑师败绩。

楚杀大夫公子侧。

秋，公会晋侯、齐侯、卫侯、宋华元、邾人于沙随，不见公。

公至自会。

公会尹子、晋侯、齐国佐、邾人伐郑。

曹伯归自京师。

九月，晋人执季孙行父，舍之于苕丘[2]。

冬，十月乙亥，叔孙侨如出奔齐。

十有二月乙丑，季孙行父及晋郤犨盟于扈。

公至自会。

乙酉，刺公子偃。

郑国的公子喜率领军队入侵宋国。

六月初一，发生日食。

晋厉公派栾黡前来请求鲁国出兵。

二十九日，晋厉公与楚共公和郑成公在鄢陵作战。楚共公和郑军大败。

楚国杀了大夫公子侧。

秋天，鲁成公在沙随和晋厉公、齐灵公、卫献公、宋国的华元、邾人举行会谈，晋厉公因故不会见成公。

成公从会谈地回国。

成公会同尹子、晋厉公、齐国的国佐、邾人一起攻打郑国。

曹成公从京师回国。

九月，晋国人抓住了季孙行父，囚禁在苕丘。

冬天，十月十二日，叔孙侨如逃亡到了齐国。

十二月三日，季孙行父与晋国的郤犨在扈地会盟。

成公从会盟地回国。

二十三日，暗杀了公子偃。

注释 1 木冰：在有雾寒冷天气凝聚在树木枝叶上的白色松散像雪样的东西，俗称“树挂”。 2 苕(tiáo)丘：晋国地名。

【传】

十六年春，楚子自武城使公子成以汝阴之田求成于郑[1]。郑叛晋，子驷从楚子盟于武城[2]。

十六年春天，楚共王从武城派公子成用汝阴的土地向郑国求和。郑国又背叛了晋国，子驷跟随楚共公在武城订立了盟约。

夏，四月，滕文公卒。

夏天，四月，滕文公去世。

郑子罕伐宋，宋将钼、乐惧败诸汋陂[3]。退，舍于夫渠[4]，不儆[5]，郑人覆之，败诸汋陵[6]，获将钼、乐惧。宋恃胜也。

郑国的子罕攻打宋国，宋国的将钼、乐惧二人在汋陂打败了子罕。宋国军队撤退后，驻扎在夫渠，但没有加强戒备，郑国人用伏兵突然袭击，在汋陵打败了宋军，俘虏了将钼和乐惧。这是宋军获胜后轻敌的缘故。

卫侯伐郑，至于鸣雁[7]，为晋故也。

卫献公攻打郑国，一直攻到鸣雁，这是为了晋国才出兵的。

注释 1 汝阴：汝水之南。 2 子驷：即公子騑。 3 将钼、乐惧：宋臣。汋(zhuó)陂：宋国地名，在今河南商丘与宁陵之间。 4 夫渠：宋国地名，当离汋陂不远。 5 儆：警戒。 6 汋陵：地名。在今河南宁陵程楼乡南。7 鸣雁：地名。在今河南杞县北。

晋侯将伐郑，范文子曰："若逞[1]吾愿，诸侯皆叛，晋可以逞[2]。若唯郑叛，晋国之忧，可立俟也。"栾武子曰："不可以当吾世而

晋厉公准备攻打郑国，士燮说："如果要满足我国的愿望，必须要等到诸侯都背叛了晋国，晋国的患难才能得到缓解。如果只有郑国背叛，就出兵讨伐，晋国的灾祸就指日可待了。"

失诸侯,必伐郑。”乃兴师。栾书将中军,士燮佐之;郤锜将上军,荀偃佐之;韩厥将下军,郤至佐新军,荀罃居守。郤犨如卫,遂如齐,皆乞师焉。栾黡来乞师。孟献子曰:“晋有胜矣。”戊寅,晋师起。

栾书说:“不能在我们执政期间失去诸侯,一定要攻打郑国。”于是兴兵。栾书率领中军,士燮辅佐他;郤锜率领上军,荀偃辅佐他;韩厥率领下军,郤至为新军副帅,荀罃留守国内。郤犨到卫国,又到齐国,都是请求出兵相助。栾黡来鲁国请求出兵。孟献子说:“晋国能取胜。”十二日,晋军出动。

注释 1 逞:满足。 2 逞:“缦”之假借字,缓。

郑人闻有晋师,使告于楚,姚句耳与往。楚子救郑,司马将中军,令尹将左,右尹子辛将右。过申,子反入见申叔时,曰:“师其何如?”对曰:“德、刑、详、义、礼、信,战之器也[1]。德以施惠,刑以正邪,详以事神,义以建利,礼以顺时,信以守物。民生厚而德正,用利而事节[2],时顺而物成。上下和睦,周旋不逆,求无不具,各

郑国人听说有晋军入侵,便派人通报楚国,姚句耳随使者一同前往。楚共王援救郑国,任命司马子反率中军,令尹子重率左军,右尹子辛率右军。楚军途经申地时,子反入城拜见申叔时,说:“这次出兵,您以为如何?”申叔时回答说:“德行、刑法、和顺、道义、礼法、信用,这是战争的六种手段。德行用来施恩,刑法用来正邪,和顺用来敬神,道义用来创利,礼法用来顺时,信用用来保物。百姓生活富足,德行就会端正;一切为百姓谋利,办事就合乎法度;顺应时令,万物就有所成就。这样就能上下和睦,处事没有矛盾,需求无不满足,每人都知道行为

知其极[3]。故《诗》曰:'立我烝民,莫匪尔极[4]。'是以神降之福,时无灾害,民生敦厖[5],和同以听[6],莫不尽力以从上命,致死以补其阙[7],此战之所由克也。今楚内弃其民,而外绝其好,渎齐盟[8],而食话言,奸时以动[9],而疲民以逞[10]。民不知信,进退罪也。人恤所厎[11],其谁致死?子其勉之!吾不复见子矣。"姚句耳先归,子驷问焉,对曰:"其行速,过险而不整。速则失志[12],不整,丧列。志失列丧,将何以战?楚惧不可用也。"

的准则。所以《诗》说:'安置我的百姓,没有人不以你为准则。'因此神灵就降福给他们,四时无灾害,百姓生活富足,团结一致听从政令,没有人不尽力为君王效命,牺牲生命前仆后继,这就是作战取胜的原因。现在楚国在国内抛弃了百姓,对外断绝了和其他国家的友好关系,亵渎神圣的盟约,食言无信,违反时令而兴兵,劳民伤财以满足自己的野心。百姓不知道信用,前进后退都是犯罪。人们都担心自己的命运结局,那还有谁愿意去拼死作战呢?您尽力去做吧!我再也见不到您了。"姚句耳先回到郑国,子驷问他情况怎么样,姚句耳回答说:"楚军行军迅速,经过险要地带时军容不整。行军太快就可能缺乏周密考虑,军容不整就会导致队列混乱。考虑不周,队列混乱,又凭什么去作战?楚国恐怕不能依靠了。"

注释 1 战之器:战争手段。 2 用利:有利于国就用民。事节:办事合于节度。 3 极:准则。 4"立我烝民"二句:引自《诗经·周颂·思文》篇。立:安置。烝:众。匪:非。尔:你,指后稷。 5 敦厖:丰厚。 6 和同:共同。 7 阙:空缺,指战死者。 8 齐:同"斋"。 9 奸(gān)时:违反时令。 10 逞:满足自己的快意。 11 恤:忧。厎(zhǐ):至。 12 失志:考虑不周。

五月，晋师济河。闻楚师将至，范文子欲反，曰：“我伪逃楚，可以纾忧[1]。夫合诸侯，非吾所能也，以遗能者。我若群臣辑睦以事君，多矣。”武子曰：“不可。”

六月，晋、楚遇于鄢陵。范文子不欲战。郤至曰：“韩之战，惠公不振旅[2]；箕之役，先轸不反命[3]；邲之师，荀伯不复从[4]。皆晋之耻也。子亦见先君之事矣。今我辟楚，又益耻也。”文子曰：“吾先君之亟战也[5]，有故。秦、狄、齐、楚皆强，不尽力，子孙将弱。今三强服矣，敌楚而已。惟圣人能外内无患，自非圣人[6]，外宁必有内忧，盍释楚以为外惧乎[7]？”

五月，晋军渡过黄河。听说楚军将要到来，士燮想退兵，他说：“我们假装逃避楚军，可以缓解晋国的忧患。大会诸侯，不是我们所能做到的，还是留给有能力的人吧。如果我们群臣团结一致侍奉国君，就足够了。”栾书说：“不能退兵。”

六月，晋、楚两军在鄢陵相遇。士燮还是不想作战。郤至说：“韩地之战，我们惠公未能扬威而归；箕地之战，先轸阵亡；邲地用兵，荀伯一战即败。这都是晋国的耻辱。您也看见了先君的成败。现在我们再逃避楚国，又会增加晋国的耻辱。”士燮说：“我们先君屡次作战，是有原因的。当时秦、狄、齐、楚都很强大，如果不尽力争斗，那么子孙就会被进一步削弱。现在秦、狄、齐三国已经屈服，能和我们相匹敌的只有一个楚国而已。只有圣人才能做到内外无忧患，如果不是圣人，外部安宁就必定有内忧，我们何不放过楚国，仍然对外有所戒惧呢？”

注释　1 纾：缓解。　2 振旅：使军队扬威。　3 不反命：不复命，即战死。　4 不复从：指失败。　5 亟(qì)：屡次。　6 自非：如果不是。　7 盍：“何不”的合音。

甲午晦[1]，楚晨压晋军而陈。军吏患之。范匄趋进[2]，曰："塞井夷灶，陈于军中，而疏行首[3]。晋、楚唯天所授，何患焉？"文子执戈逐之，曰："国之存亡，天也，童子何知焉？"栾书曰："楚师轻窕[4]，固垒而待之，三日必退。退而击之，必获胜焉。"郤至曰："楚有六间[5]，不可失也。其二卿相恶[6]；王卒以旧[7]；郑陈而不整；蛮军而不陈；陈不违晦；在陈而嚣[8]，合而加嚣[9]，各顾其后，莫有斗心。旧不必良，以犯天忌[10]，我必克之。"

六月三十日，楚军清晨逼近晋军摆开阵势。晋国军官十分担心。范匄快步向前，说："赶快填井平灶，摆开军阵，放宽队列距离。晋国和楚国都是上天赐福的国家，有什么担忧的呢？"他父亲士燮拿着戈追赶他，说："国家的存亡，完全在于上天的意志，小孩子知道什么？"栾书说："楚军轻佻，我们加固壁垒严阵以待，他们三天之后必定退走。一旦他们退走，我们趁机追击，一定能获胜。"郤至说："楚军有六个空子可钻，不能失去机会。他们的两个卿子反和子重互相仇恨；楚王的亲兵用的都是旧家子弟；郑国列阵不整齐；蛮人军队没列阵势；列阵作战不忌讳月末的晦日；士兵在阵中喧闹不止，合阵后更加喧闹，各军互相观望后顾，没有斗志。旧家子弟未必精良，晦日出兵犯了上天所忌，我们一定能战胜他们。"

注释 1 晦：阴历每月最后一天。 2 范匄(gài)：士燮之子士匄。 3 行首：行道。 4 轻窕：轻佻。 5 间：间隙，空子。 6 二卿：指子反、子重。 7 以旧：用旧，"旧"指贵族子弟。 8 嚣：吵闹，喧哗。 9 合：合阵。 10 犯天忌：指晦日用兵。

楚子登巢车以望晋军[1]，子重使大宰伯

楚共王登上巢车观望晋军，子重让太宰伯州犁侍立在楚王身后。共王说："晋

州犁侍于王后[2]。王曰:“骋而左右,何也?”曰:“召军吏也。”“皆聚于中军矣。”曰:“合谋也。”“张幕矣。”曰:“虔卜于先君也。”“彻幕矣[3]。”曰:“将发命也。”“甚嚣,且尘上矣[4]。”曰:“将塞井夷灶而为行也。”“皆乘矣,左右执兵而下矣。”曰:“听誓也。”“战乎?”曰:“未可知也。”“乘而左右皆下矣。”曰:“战祷也。”伯州犁以公卒告王[5]。苗贲皇在晋侯之侧[6],亦以王卒告。皆曰:“国士在[7],且厚,不可当也。”苗贲皇言于晋侯曰:“楚之良,在其中军王族而已。请分良以击其左右,而三军萃于王卒[8],必大败之。”公筮之,史曰[9]:“吉。其卦遇复䷗,曰:‘南国

军的兵车有的向左奔驰,有的向右奔驰,这是为什么?”伯州犁回答说:“这是召集军官。”共王说:“都集中到了中军了。”伯州犁说:“这是在一起研究战略。”共王说:“张开了帷帐。”伯州犁说:“这是他们在向先君祈祷和占卜。”共王说:“又拆除了帷帐。”伯州犁说:“这是准备发布命令。”共王说:“那里十分喧闹,而且尘土飞扬。”伯州犁说:“这是在填井平灶准备采取行动了。”共王说:“都上了兵车,但将帅和车右又拿着武器下来了。”伯州犁说:“这是要听取命令。”共王问:“就要作战了吗?”伯州犁回答说:“还不知道。”共王说:“将帅和车右上了兵车,但又下来了。”伯州犁说:“这是在做战前祈祷。”伯州犁还把晋厉公亲兵的情况一一告诉给共王。这时苗贲皇也站在晋厉公的身旁,也把楚王亲兵的情况告诉给晋厉公。厉公左右的人都说:“有伯州犁在楚国,而且他们阵容强大,是不可抵挡的。”苗贲皇对晋厉公说:“楚军的精良,只是集中在中军王族而已。请用我们的精锐部队攻击他们的左右军,而三军集中攻击楚王的亲兵,一定能大败楚军。”厉公为此事占筮,太史说:“吉利。占卦得到的是复卦䷗,卦辞说:‘南方之国

蹶[10],射其元王,中厥目[11]。’国蹶王伤,不败何待?”公从之。

日益缩小,用箭射它的君王,射中他的眼睛。’国家衰弱,君王受伤,不吃败仗还等什么呢?”于是厉公听从了苗贲皇的建议。

注释 1 巢车:用来瞭望敌情的兵车。 2 伯州犁:晋伯宗之子,逃亡到楚国,任太宰。 3 彻:通“撤”。 4 甚嚣:喧闹得厉害。尘上:尘土飞扬。 5 公卒:晋侯之卒。 6 苗贲皇:楚鬭椒之子,后逃亡到了晋国。 7 国士:国家的杰出人才,指伯州犁。 8 萃:集聚。 9 史:太史。 10 南国:指楚国。蹶:同“蹷”,缩小,削弱。 11 元王:国王。厥:他的。

有淖于前,乃皆左右相违于淖。步毅御晋厉公,栾鍼为右。彭名御楚共王,潘党为右。石首御郑成公,唐苟为右。栾、范以其族夹公行[1]。陷于淖,栾书将载晋侯。鍼曰:“书退!国有大任[2],焉得专之?且侵官,冒也[3];失官,慢也;离局,奸也[4]。有三罪焉,不可犯也。”乃掀公以出于淖[5]。

有一片泥沼地出现在晋军前面,于是都左右绕行避开泥沼地。步毅为晋厉公驾车,栾鍼为车右。彭名为楚共王驾车,潘党为车右。石首为郑成公驾车,唐苟为车右。栾书、士燮带领他们的族人护卫晋厉公前进。厉公的战车陷到了泥沼里,栾书准备要厉公乘坐自己的战车。栾鍼说:“栾书您退下!国家有大事,怎能由您一人独揽?而且这样做侵犯了别人的职权,就是冒犯;放弃自己的职责,就是怠慢;离开自己的部属,就是扰乱。有这三个罪名,切不能犯。”于是抬起厉公的战车拖出了泥沼。

癸巳,潘尫之党与养由基蹲甲而射之[6],彻七札焉[7]。以示王,曰:

五月二十九日,潘尫的儿子潘党和养由基把铠甲放在远处,用箭射它,穿透了七层。他们拿给楚王看,并说:“君王有

“君有二臣如此，何忧于战？”王怒曰：“大辱国[8]。诘朝尔射[9]，死艺[10]。”吕锜梦射月[11]，中之，退入于泥。占之，曰：“姬姓，日也；异姓，月也，必楚王也。射而中之，退入于泥，亦必死矣。”及战，射共王，中目。王召养由基，与之两矢，使射吕锜，中项，伏弢[12]。以一矢复命。

我们两个神射手，作战时有什么可怕的呢？”共王大怒说：“不知羞。明天早晨你们这样射箭，一定死在你们自己的箭术上。”吕锜夜里梦见用箭射月，射中了它，可自己却退到了泥坑里。他为这事占卜，卜辞说：“姬姓为日，异姓为月，这月亮一定是代表楚共王。射中了他，但自己退入泥坑，也一定会死。”等到战斗开始后，果然射中了共王的眼睛。共王叫来养由基，给他两支箭，让他射吕锜，射中了吕锜的脖子，吕锜倒在弓袋上死了。养由基拿着剩下的一支箭向共王复命。

注释　1 夹：护卫。　2 大任：大事。　3 侵官：侵犯他人职权。冒：冒犯。　4 离局：离开自己的部属。奸：乱。　5 掀：掀起战车。　6 蹲甲：把铠甲放在某物上。　7 彻：穿透。札：层。　8 大辱国：当时口头骂人的话。　9 诘朝：明天早晨。　10 死艺：死于艺，即死于射箭。　11 吕锜：即晋国的魏锜。　12 伏弢：伏于弓套而死。弢，弓套。

郤至三遇楚子之卒，见楚子，必下，免胄而趋风[1]。楚子使工尹襄问之以弓[2]，曰：“方事之殷也[3]，有韎韦之跗注[4]，君子也。识见不穀而趋，无乃伤乎？”郤至见

郤至三次碰到楚王的亲兵，每次见到楚王，他都一定下车，脱下头盔，向前快步走。楚共王派工尹襄送给他一张弓表示问候，并且说：“现在战斗正激烈，这位身穿赤黄色铠甲的人，是一位君子吧。见到我就快步前进，莫不是受伤了吧？”郤至见到工尹襄，脱下头盔接受共王的

客，免胄承命，曰："君之外臣至，从寡君之戎事，以君之灵，间蒙甲胄[5]，不敢拜命。敢告不宁[6]，君命之辱。为事之故，敢肃使者[7]。"三肃使者而退。

晋韩厥从郑伯，其御杜溷罗曰："速从之！其御屡顾，不在马，可及也。"韩厥曰："不可以再辱国君。"乃止。郤至从郑伯，其右茀翰胡曰："谍辂之[8]，余从之乘而俘以下。"郤至曰："伤国君有刑。"亦止。石首曰："卫懿公唯不去其旗，是以败于荧。"乃内旌于弢中。唐苟谓石首曰："子在君侧，败者壹大[9]。我不如子，子以君免，我请止。"乃死。

问候，说："君王的外臣郤至，跟随我国国君作战，靠君王的神灵，得以披甲戴胄，不敢拜受君王的问候。谨向君王报告，我并没有受伤，承蒙君王问候，实不敢当。由于军务在身，谨向使者肃拜。"然后对使者肃拜三次才退下去。

晋国的韩厥追赶郑成公，他的御者杜溷罗说："赶快追上去！他们的御者屡次回头，注意力没有放在赶马上，可以追上。"韩厥说："我从前羞辱过齐顷公一次，不能再羞辱郑成公了。"于是停止了追赶。郤至追击郑成公，他的车右茀翰胡说："派一支轻兵从小道迎击，我从后面追上他的车，把他抓下来。"郤至说："伤害国君要受到刑罚。"于是也停止了追赶。石首说："卫懿公与狄人作战时只因为他没有丢掉旗子，因此在荧地失败了。"于是石首就把旌旗收入弓套里。唐苟对石首说："您留在国君身边，失败者应一心保护国君。我不如您，您带着国君逃走，我留下来抵挡敌人。"结果唐苟战死了。

注释 1 趋风：向前快走。 2 工尹：官名。襄：人名。问之以弓：赠弓问好。3 殷：盛，此指战斗正激烈。 4 靺(mèi)：赤黄色。韦：熟牛皮。跗注：为当时军衣，长至脚背。跗，脚背。注，连属。 5 间：参与。 6 不宁：不伤，未受伤。 7 肃：揖拜，用作动词。 8 谍辂之：意为用轻兵从小道迎击。谍，刺探。辂，车子。 9 壹：专一。大：指郑国国君。

楚师薄于险[1]，叔山冉谓养由基曰："虽君有命，为国故，子必射！"乃射。再发，尽殪[2]。叔山冉搏人以投[3]，中车，折轼。晋师乃止。囚楚公子茷。

栾鍼见子重之旌，请曰："楚人谓夫旌，子重之麾也[4]，彼其子重也。日臣之使于楚也[5]，子重问晋国之勇。臣对曰：'好以众整[6]。'曰：'又何如？'臣对曰：'好以暇[7]。'今两国治戎，行人不使，不可谓整；临事而食言，不可谓暇。请摄饮焉[8]。"公许之，使行人执榼承饮[9]，造于子重[10]。曰："寡君乏使，使鍼御持矛[11]，是以不得犒从者，使某摄饮。"

楚军被晋军逼迫到险要地带，叔山冉对养由基说："虽然国君有命令，让您不得随便射箭，但为了国家的利益，您一定要射箭！"于是养由基就射箭。他两发两中，那两个人都死了。叔山冉抓住一个俘虏扔向晋军，击中了战车，折断了车前扶手的横木。晋军因此而停止了追击。晋军俘虏了楚公子茷。

栾鍼看见子重的旗子，对晋厉公说："楚国俘虏说那面旗子是子重的指挥旗，那车上的人可能就是子重了。往日我出使楚国，子重问晋国的勇武怎么样。我回答他说：'喜欢军容整肃。'又问：'还有什么？'我回答说：'喜欢从容不迫。'现在两国交兵，外交使节不相往来，不能说是军容整肃；遇到战事而不履行过去说的话，不能说是从容不迫。请君派人替我给子重敬酒。"厉公同意了他的请求，派使者端着酒，前去送给子重。使者说："我们国君缺少使者，让栾鍼担任车右，因此他不能前来犒劳阁下，派我来代他向您敬酒。"子重说："栾鍼在楚国时曾和我说过

子重曰："夫子尝与吾言于楚，必是故也，不亦识乎[12]！"受而饮之，免使者而复鼓。旦而战，见星未已。

你们晋国喜欢整肃和从容不迫，一定是为这句话的缘故才给我送这杯酒，他的记性真好！"于是子重接过酒一饮而尽，让使者回去后又再次击鼓。从早晨开始作战，一直战到星星出来还没停止。

注释 1 薄：迫。 2 殪(yì)：射死。 3 搏人以投：抓住晋兵投向晋军。 4 麾：指挥旗。 5 日：往日。 6 众整：军队整齐一致。 7 暇：闲暇，从容不迫。 8 摄饮：派人代为献酒。 9 榼(kē)：酒器。 10 造：前往。 11 持矛：即车右。古代车右持矛。 12 识：记。

子反命军吏察夷伤[1]，补卒乘，缮甲兵[2]，展车马[3]，鸡鸣而食，唯命是听。晋人患之。苗贲皇徇曰[4]："蒐乘补卒，秣马利兵，修陈固列，蓐食申祷[5]，明日复战。"乃逸楚囚[6]。王闻之，召子反谋。谷阳竖献饮于子反[7]，子反醉而不能见。王曰："天败楚也夫！余不可以待。"乃宵遁。

子反命令军官了解伤亡情况，补充步兵和车兵，修整铠甲兵器，摆列战车马匹，鸡叫时就吃饭，只等主帅的命令。晋国人很担忧。苗贲皇通告全军说："检阅战车，补充士兵，喂饱战马，磨砺武器，整顿军阵，巩固行列，在寝蓐上吃饭，再祷告一次，明天再战。"于是故意让楚国俘虏逃跑。楚共王听说这一情况后，召见子反商量对策。子反的侍从谷阳竖进酒给子反喝，子反喝醉了，不能去见共王。共王说："上天要让楚国失败啊！我不能坐以待毙。"于是连夜逃走了。

晋入楚军，三日谷[8]。范文子立于戎马之前[9]，曰："君幼，诸臣不佞，

晋军进入楚军阵地，连续三天都吃楚军的粮食。士燮站在厉公的车马前，说："我国国君年轻，群臣没有才能，凭什么

何以及此？君其戒之！《周书》曰‘惟命不于常[10]’，有德之谓。”

取得这么大的胜利呢？国君您要以此为戒啊！《周书》中说‘天命不会一成不变’，就是说只有有德的人才能享有天命。

注释 1 夷伤：创伤。 2 缮：修治。 3 展：陈列。 4 徇：巡行，通告。 5 蓐食：在寝蓐上吃饭。蓐，草垫子。 6 逸：逃跑，用作使动词。 7 谷阳竖：子反的侍从。 8 谷：吃粮食，用作动词。 9 戎马：晋厉公的车马。 10 惟命不于常：引自《尚书·康诰》，意为天命无常。

楚师还，及瑕，王使谓子反曰：“先大夫之覆师徒者[1]，君不在。子无以为过，不穀之罪也。”子反再拜稽首曰：“君赐臣死，死且不朽。臣之卒实奔，臣之罪也。”子重使谓子反曰：“初陨师徒者，而亦闻之矣。盍图之？”对曰：“虽微先大夫有之[2]，大夫命侧，侧敢不义？侧亡君师，敢忘其死？”王使止之，弗及而卒。

楚军回国，走到瑕地时，共王派人对子反说：“当年先大夫子玉使楚军覆灭，因为国君不在军中，所以责任由子玉承担。这次战败，您不要以为是自己的过错，这都是我的罪过。”子反连行了两次叩头礼，说：“即使国君赐我一死，死了也觉得光荣。我的部下率先逃跑，这是我的罪过。”子重派人对子反说：“当初使军队覆灭的子玉，你也听说过了。何不自己早作决断？”子反回答说：“即使没有子玉兵败自杀一事，您让我去死，我岂敢贪生而作不义之人呢？我使君王的军队惨遭失败，怎敢忘记以死谢罪呢？”共王派人拦阻他，还没赶到，他就自杀了。

战之日，齐国佐、高无咎至于师。卫侯出于卫，公出于坏隤[3]。

作战的那天，齐国的国佐、高无咎来到军中。卫献公从卫国前来参战，鲁成公也从坏隤率军赶来。宣伯和成公的母亲穆姜私通，他想杀掉季文子和孟献子，从而占取

宣伯通于穆姜[4]，欲去季、孟[5]，而取其室。将行，穆姜送公，而使逐二子。公以晋难告，曰："请反而听命。"姜怒。公子偃、公子钼趋过，指之曰："女不可，是皆君也。"公待于坏隤，申宫儆备[6]，设守而后行，是以后。使孟献子守于公宫。

他们的财产。成公准备出发去晋国，穆姜为他送行，要他驱逐季文子和孟献子。成公把晋国要求鲁国联合攻打郑国的事情告诉了她，并说："等我回来再听从您的命令。"穆姜很生气。这时成公的庶弟公子偃和公子钼从旁边路过，于是穆姜指着他们说："你不同意驱逐季文子和孟献子，这两个人随时都可以代你做国君。"成公在坏隤等待前往晋国，同时下令加强宫中警戒，设置了守卫之后才到晋国去，因此他去晚了。他让孟献子留守宫中。

注释 1 先大夫：指成得臣，即子玉。晋、楚城濮之战，子玉担任主帅。 2 微：无。 3 坏隤：鲁国地名，在今山东曲阜境内。 4 宣伯：即叔孙侨如。穆姜：成公之母。 5 季、孟：指季文子和孟献子。 6 申宫：守宫。儆备：戒备。

秋，会于沙随[1]，谋伐郑也。宣伯使告郤犨曰："鲁侯待于坏隤以待胜者。"郤犨将新军，且为公族大夫，以主东诸侯[2]。取货于宣伯而诉公于晋侯[3]，晋侯不见公。

曹人请于晋曰："自我先君宣公即世，国

秋天，诸侯在沙随举行会谈，谋划攻打郑国。宣伯派人告诉郤犨说："鲁成公在鄢陵之战时待在坏隤迟迟不动，以静观晋、楚两国的胜负。"这时郤犨为新军主帅，并担任公族大夫，主管东方诸侯外交事宜。他接受了宣伯的贿赂，在晋厉公面前毁谤成公，因此晋厉公拒绝会见成公。

曹国人向晋国请求说："自从我们先

人曰：'若之何，忧犹未弭[4]？'而又讨我寡君，以亡曹国社稷之镇公子[5]，是大泯曹也[6]。先君无乃有罪乎？若有罪，则君列诸会矣。君唯不遗德刑，以伯诸侯[7]。岂独遗诸敝邑？敢私布之。"

君宣公去世，国人都说：'忧患没完没了，这可怎么办？'而去年贵国又讨伐我们国君，使我国主持国政的公子子臧逃往国外，这是彻底灭亡曹国啊。先君难道有罪吗？如果真有罪，却为何又让他参加了鲁宣公十七年的断道盟会？国君您从来不失德行和刑罚，所以能称霸诸侯。难道唯独对曹国赏罚不公？谨向君王申述这一点。"

注释 1 沙随：宋国地名，在今河南宁陵东北。 2 主：主持。东：东方。 3 诉：毁谤。 4 弭：消除，停止。 5 镇：重。 6 泯：灭。 7 伯：霸。

七月，公会尹武公及诸侯伐郑。将行，姜又命公如初。公又申守而行。诸侯之师次于郑西。我师次于督扬[1]，不敢过郑。子叔声伯使叔孙豹请逆于晋师[2]，为食于郑郊。师逆以至，声伯四日不食以待之，食使者而后食。

诸侯迁于制田[3]。知武子佐下军，以诸侯之师侵陈，至于鸣鹿[4]。

七月，鲁成公会合尹武公和诸侯攻打郑国。将要出发时，穆姜又命令成公驱逐季文子和孟献子。成公又一次设置了宫中守卫后才离开。诸侯的军队驻扎在郑国西部。鲁军驻扎在郑国东部的督扬，不敢经过郑国国都。子叔声伯派叔孙豹请求晋军前来迎接鲁军，并在郑都郊外为晋军准备了饭食。晋军为迎接鲁军而来到了郑都郊外，声伯四天没有吃饭，一直等到晋军来到，让晋国使者吃了饭之后才进食。

诸侯军队转移到制田。荀罃为下军副帅，率领诸侯军队入侵陈国，直达鸣

遂侵蔡。未反，诸侯迁于颍上[5]。戊午，郑子罕宵军之[6]，宋、齐、卫皆失军[7]。

鹿。随后又入侵蔡国。没有返回，又转移到颍水边。二十四日，郑国的子罕夜间突袭诸侯联军，宋国、齐国、卫国的军队都溃败了。

曹人复请于晋。晋侯谓子臧："反，吾归而君[8]。"子臧反，曹伯归。子臧尽致其邑与卿而不出[9]。

曹国人再次请求晋国。晋厉公对子臧说："你回去吧，我让你们国君回国。"子臧回到曹国，曹成公也回国了。子臧把自己的封邑和卿位全都还给了曹成公，从此不再出仕。

注释 1 督扬：郑国东部地名。 2 子叔声伯：即公孙婴齐。叔孙豹：叔孙侨如之弟。 3 制田：郑国地名，在今河南新郑东。 4 鸣鹿：陈国地名，在今河南鹿邑西。 5 颍上：颍水边。 6 宵军：夜间进军。 7 失军：溃败。 8 而：你。 9 不出：不出仕。

宣伯使告郤犨曰："鲁之有季、孟，犹晋之有栾、范也，政令于是乎成。今其谋曰：'晋政多门，不可从也。宁事齐、楚，有亡而已，蔑从晋矣[1]。'若欲得志于鲁，请止行父而杀之[2]，我毙蔑也而事晋[3]，蔑有贰矣。鲁不贰，小国必睦。不然，归必叛矣。"九月，

宣伯派人告诉郤犨说："鲁国有季文子和孟献子，就像你们晋国有栾书和士燮一样，政令都由他们制定。现在他们谋划说：'晋国政出多门，无法听从。宁可侍奉齐国和楚国，顶多是亡国而已，但决不跟从晋国了。'如果你们想得到鲁国的拥戴，就请在晋国杀掉季文子，我在国内杀掉孟献子，然后鲁国侍奉晋国，就没有二心了。鲁国没有二心，其他小国也一定归顺晋国。不然，季文子回国后必定要背叛晋国。"九月，晋国人在苕丘拘留了季文子。

晋人执季文子于苕丘。公还,待于郓,使子叔声伯请季孙于晋。郤犨曰:“苟去仲孙蔑而止季孙行父,吾与子国,亲于公室。”对曰:“侨如之情,子必闻之矣。若去蔑与行父,是大弃鲁国而罪寡君也。若犹不弃,而惠徼周公之福,使寡君得事晋君,则夫二人者,鲁国社稷之臣也。若朝亡之,鲁必夕亡。以鲁之密迩仇雠[4],亡而为仇,治之何及?”

成公回到国内,在郓地等候季文子,并派子叔声伯到晋国为季文子请求。郤犨说:“假如您能去掉孟献子和季文子,我就把鲁国的政权交给您,我们和您的关系比和鲁国公室还要亲近。”声伯回答说:“宣伯和穆姜的私情,您一定也听说了。如果去掉孟献子和季文子,就是彻底抛弃鲁国和对我国国君的惩罚。如果您还不准备抛弃鲁国,而托周公之福,让我们国君继续侍奉晋国国君的话,那么这两个人,就是鲁国的安邦治国之臣。如果早晨处死他们,鲁国必定晚上就灭亡。凭鲁国紧靠贵国的敌国齐国和楚国,灭亡鲁国便是帮助了贵国的仇敌,到时候想补救还来得及吗?”

注释 1 蔑:无,不要。 2 行父:季孙行父,即季文子。 3 蔑:仲孙蔑,即孟献子。 4 密迩:紧邻。仇雠:指齐、楚诸国。

郤犨曰:“吾为子请邑。”对曰:“婴齐,鲁之常隶也[1],敢介大国以求厚焉[2]?承寡君之命以请,若得所请,吾子之赐多矣,又何求?”范文子谓栾武子曰:“季孙于鲁,相

郤犨说:“我为您请求封邑。”声伯说:“我是鲁国的一个普通臣子,哪里敢倚仗大国求取厚禄呢?我奉国君之命前来请求,如果得到批准,那么您给我的赏赐就够多了,还敢要求别的东西吗?”士燮对栾书说:“季孙行父在鲁国,先后辅佐了宣公和成公两个君王。

二君矣。妾不衣帛，马不食粟，可不谓忠乎？信谗慝而弃忠良，若诸侯何？子叔婴齐奉君命无私，谋国家不贰，图其身不忘其君。若虚其请[3]，是弃善人也。子其图之！”乃许鲁平，赦季孙。

他的妾不穿丝绸，马不吃粟，能说他不是忠心耿耿吗？听信谗言邪恶而抛弃忠良，怎么向诸侯交代？声伯奉君之命而无私心杂念，为国家谋利忠贞不贰，即使为自己考虑也不忘记他的国君。如果不同意他的请求，这就是抛弃好人。请您认真考虑一下！”于是晋国同意和鲁国讲和，赦免了季文子。

注释 1 婴齐：声伯之名。常隶：寻常小臣，这是自谦之辞。 2 介：倚仗，依靠。厚：厚禄，指邑。 3 虚其请：使其请求落空。

冬，十月，出叔孙侨如而盟之。侨如奔齐。十二月，季孙及郤犨盟于扈。归，刺公子偃，召叔孙豹于齐而立之。

冬天，十月，鲁国驱逐了宣伯，群臣都参加了盟誓。宣伯逃亡到齐国。十二月，季文子和郤犨在扈地结盟。季文子回国后暗杀了公子偃，把叔孙豹从齐国召回来立为叔孙氏的继承人。

齐声孟子通侨如[1]，使立于高、国之间[2]。侨如曰：“不可以再罪。”奔卫，亦间于卿[3]。

齐灵公的母亲声孟子和宣伯私通，使宣伯的地位和高氏、国氏相等。宣伯说：“我不能犯两次同样的罪过了。”于是逃亡到卫国，地位也在各卿之间。

晋侯使郤至献楚捷于周，与单襄公语，骤称其伐[4]。单子语诸大夫曰：“温季其亡乎[5]！

晋厉公派郤至到周王室进献在对楚作战中所获的俘虏，他和单襄公谈话时，多次夸耀自己的战功。单襄公事后对大夫们说：“郤至恐怕要灭亡了啊！他的地位在七人之下，却想超过他上面的七个

位于七人之下,而求掩其上[6]。怨之所聚,乱之本也。多怨而阶乱[7],何以在位?《夏书》曰:‘怨岂在明?不见是图[8]。’将慎其细也。今而明之,其可乎?”

人。怨恨聚积,这就是祸乱的根源。招致很多怨恨,而自造祸乱的阶梯,又怎么能保持官位?《夏书》说:‘对于怨恨难道只应警惕那些明显的?还应考虑那些看不见的因素。’这就是说要谨慎地对待那些细微的问题。现在郤至却在明显地招致怨恨,难道行吗?”

注释 1 声孟子:齐灵公之母。 2 立:同“位”。 3 间于卿:在卿位之间。 4 骤:屡次,多次。伐:功劳。 5 温季:即郤至。 6 掩:盖。 7 阶乱:祸乱的阶梯。 8 “怨岂在明”二句:出自古逸《书》,后作伪者编入伪古文《五子之歌》。意思是说防止结怨不仅仅限于明显的,还应考虑那些看不见的因素。

成公十七年

【经】

十有七年春,卫北宫括帅师侵郑。

夏,公会尹子、单子、晋侯、齐侯、宋公、卫侯、曹伯、邾人伐郑。

六月乙酉,同盟于柯陵。

秋,公至自会。

十七年春天,卫国的北宫括率领军队攻打郑国。

夏天,成公会合尹武公、单襄公、晋厉公、齐灵公、宋平公、卫献公、曹成公、邾国人讨伐郑国。

六月二十六日,成公和尹武公、单襄公等在柯陵举行盟会。

秋天,成公从柯陵盟会回国。

齐高无咎出奔莒。

九月辛丑，用郊。

晋侯使荀罃来乞师。

冬，公会单子、晋侯、宋公、卫侯、曹伯、齐人、邾人伐郑。

十有一月，公至自伐郑。

壬申，公孙婴齐卒于狸脤。

十有二月丁巳朔，日有食之。

邾子貜且卒。

晋杀其大夫郤锜、郤犨、郤至。

楚人灭舒庸。

齐国的高无咎逃亡到莒国。

九月十三日，举行郊祭。

晋厉公派荀罃前来鲁国请求出兵。

冬天，成公又会合单襄子、晋厉公、宋平公、卫献公、曹成公、齐国人、邾国人讨伐郑国。

十一月，成公从伐郑前线回国。

壬申这天，公孙婴齐在狸脤去世。

十二月朔日，发生日食。

邾子貜且去世。

晋国杀掉了他们的大夫郤锜、郤犨、郤至。

楚国人灭掉了舒庸。

【传】

十七年春，王正月，郑子驷侵晋虚、滑[1]。卫北宫括救晋，侵郑，至于高氏[2]。夏，五月，郑大子髡顽、侯獳为质于楚，楚公子成、公子寅戍郑。

公会尹武公、单襄公

十七年春天，周历正月，郑国的子驷入侵晋国的虚地和滑地。卫国的北宫括救援晋国，攻打郑国，直达高氏。夏天，五月，郑国的太子髡顽、侯獳去楚国作为人质，楚国的公子成、公子寅去郑国戍守。

鲁成公会合尹武公、单襄公和诸

及诸侯伐郑，自戏童至于曲洧[3]。

晋范文子反自鄢陵，使其祝宗祈死[4]。曰："君骄侈而克敌，是天益其疾也，难将作矣。爱我者唯祝我[5]，使我速死，无及于难，范氏之福也。"六月戊辰，士燮卒。

乙酉，同盟于柯陵，寻戚之盟也。

楚子重救郑，师于首止。诸侯还。

侯攻打郑国，从戏童直到曲洧。

晋国的士燮从鄢陵回国后，让他的祝宗为他祷告，希望自己早点死去。他说："国君骄横奢侈却能战胜敌人，这是上天在加重他的罪过，灾难就要发生了。爱我的人只有诅咒我，让我快死，以免遇到祸乱，这就是我们范氏家族的福气了。"六月九日，士燮去世。

六月二十六日，诸侯在柯陵举行会盟，这是为了重温鲁成公十五年在戚地的盟约。

楚国的子重发兵援救郑国，军队驻扎在首止。诸侯联军撤退回国。

注释　**1** 虚、滑：晋国邑名，均在今河南偃师一带。　**2** 高氏：郑国地名，在今河南禹州西南。　**3** 戏童：即戏，郑国地名，在今河南巩义东南。　**4** 祝宗：卿大夫家主持家庙祷祝的家臣。　**5** 祝：诅咒。

齐庆克通于声孟子，与妇人蒙衣乘辇而入于闳[1]。鲍牵见之[2]，以告国武子[3]，武子召庆克而谓之。庆克久不出，而告夫人曰："国子谪我[4]！"夫人怒。国子相灵公以会，高、

齐国的庆克与齐灵公之母声孟子私通，有一次他男扮女装和一个妇人同乘一辆车子进入宫中巷门。鲍牵看见了，就告诉了国武子，国武子就找来庆克并责备了他。庆克因此而很久不出门，他告诉声孟子说："国武子责备了我。"声孟子为此很恼怒。国武子陪灵公一同前去与诸侯会盟，高无咎和鲍牵留守都城。等到国武子和灵

鲍处守。及还，将至，闭门而索客[5]。孟子诉之曰："高、鲍将不纳君，而立公子角。国子知之。"秋，七月壬寅，刖鲍牵而逐高无咎。无咎奔莒，高弱以卢叛[6]。齐人来召鲍国而立之[7]。

初，鲍国去鲍氏而来为施孝叔臣。施氏卜宰[8]，匡句须吉[9]。施氏之宰，有百室之邑。与匡句须邑，使为宰，以让鲍国，而致邑焉。施孝叔曰："子实吉[10]。"对曰："能与忠良，吉孰大焉？"鲍国相施氏忠，故齐人取以为鲍氏后。

公回到国都时，城门却被关闭了，并且要检查行人。声孟子向灵公告状说："高、鲍准备不让您进城，另立公子角为国君。国武子也知道这个阴谋。"秋天，七月十三日，灵公下令砍去了鲍牵的双脚，把高无咎驱逐出齐国。高无咎逃亡到了莒国，他的儿子高弱率领高氏封邑卢地的人举行了叛乱。齐国人把鲍牵的弟弟鲍国从鲁国召回立为大夫。

当初，鲍国离开鲍氏族人来到鲁国做了施孝叔的家臣。施氏占卜，挑选家族总管，结果是匡句须吉利。施氏的总管，享有一百户人家的封邑。于是施氏给了匡句须封邑，让他担任总管，匡句须却把这一职位让给了鲍国，并把封邑也给了他。施孝叔说："占卜的结果是您吉利。"匡句须回答说："能够把这一职位送给一个忠诚善良的人，还有比这更吉利的事吗？"果然，鲍国辅佐施氏家族忠心耿耿，因此齐国人挑选他做鲍氏家族的继承人。

注释 1 蒙衣：是当时妇女外出的习俗，庆克蒙衣，是男扮女装。闳：宫中巷门。 2 鲍牵：鲍叔牙曾孙。 3 国武子：即国佐。 4 谪：谴责。 5 索客：检查旅客。 6 高弱：高无咎之子。卢：高氏封地。 7 鲍国：鲍牵之弟。 8 卜宰：为家宰人选而占卜。 9 匡句须：人名。 10 实：语气词，无义。

仲尼曰:“鲍庄子之知不如葵[1],葵犹能卫其足。”

冬,诸侯伐郑。十月庚午,围郑。楚公子申救郑,师于汝上[2]。十一月,诸侯还。

初,声伯梦涉洹[3],或与己琼瑰[4],食之,泣而为琼瑰,盈其怀。从而歌之曰:“济洹之水,赠我以琼瑰。归乎!归乎!琼瑰盈吾怀乎!”惧不敢占也。还自郑,壬申,至于狸脤而占之,曰:“余恐死,故不敢占也。今众繁而从余三年矣,无伤也。”言之,之莫而卒[5]。

齐侯使崔杼为大夫,使庆克佐之,帅师围卢。国佐从诸侯围郑,以难请而归。遂如卢师,杀庆克,以穀叛[6]。齐侯与之盟于徐关而复之。十二月,卢降。使国胜告难于晋[7],待命于清[8]。

孔子说:“鲍牵还不如葵菜聪明,葵菜还能保护自己的脚。”

冬天,诸侯讨伐郑国。十月十二日,包围了郑国。楚国的公子申援救郑国,军队驻扎在汝水边。十一月,诸侯联军撤退回国。

当初,声伯梦见徒步涉过洹水,有人给自己一块美玉,他吃了它,哭泣时泪水却变成了美玉,装满了怀抱。他跟着那个人唱道:“渡过洹水,有人赠给我美玉。回去吧!回去吧!美玉装满了我的怀抱!”醒来后他很害怕,不敢占卜问吉凶。从郑国回来,壬申,走到狸脤时占卜,他说:“我害怕死,所以不敢占卜。现在有很多人跟从我,而且已经有三年了,再不会有伤害了。”他说完这话,到黄昏时就死了。

齐灵公让崔杼担任大夫,让庆克辅佐他,率兵围攻卢地。国佐正随诸侯一道围攻郑国,听到这个消息后,便以国内发生动乱为由请求回国。于是到了围攻卢地的军队中,杀了庆克,率领穀地的人叛乱了。齐灵公被迫和他在徐关盟誓,并恢复了他的官职。十二月,卢地投降。齐国便派国胜到晋国去报告这一动乱的情况,并让他在清地等候命令。

注释 1 知：同“智”。葵：一种蔬菜。 2 汝上：汝水边。 3 洹：洹水。 4 琼瑰：美玉。 5 之莫：到了黄昏。莫，同“暮”。 6 穀：齐国地名。 7 国胜：国佐之子。 8 清：齐国地名，在今山东聊城东昌府区。

晋厉公侈，多外嬖[1]。反自鄢陵，欲尽去群大夫，而立其左右。胥童以胥克之废也[2]，怨郤氏，而嬖于厉公。郤锜夺夷阳五田，五亦嬖于厉公。郤犨与长鱼矫争田，执而梏之，与其父母妻子同一辕。既，矫亦嬖于厉公。栾书怨郤至，以其不从己而败楚师也，欲废之。使楚公子茷告公曰：“此战也，郤至实召寡君。以东师之未至也[3]，与军帅之不具也，曰：‘此必败！吾因奉孙周以事君[4]。’”公告栾书，书曰：“其有焉。不然，岂其死之不恤[5]，而受敌使乎[6]？君盍尝使诸周而察之[7]？”郤至

晋厉公很奢侈，有很多宠臣。他从鄢陵回国以后，想去掉所有的大夫，而另立他左右的宠信之人。胥童因为父亲胥克被郤缺罢免，而怨恨郤氏，但很受厉公宠信。郤锜夺去了夷阳五的田地，夷阳五也受到厉公的宠信。郤犨与长鱼矫争夺田地，把长鱼矫抓住后囚禁了起来，把他和他父母、妻子和小孩捆在同一辆车上。不久，长鱼矫也受到厉公的宠信。栾书怨恨郤至，是因为郤至不听从自己的主张却打败了楚军，就想罢免他。于是指使楚公子茷告诉厉公说：“这次战役，实际上是郤至召请我们国君来的。因为东方各诸侯军队还没有来到，晋军的将帅也还没有到位，他说：‘这次战役晋国必然失败，我将因此而拥立孙周来侍奉君王。’”厉公把这番话告诉了栾书，栾书说：“有这回事。不然，他怎么毫不怕死，去接见敌国的使者呢？君王何不试着派他出使周王室而进一步考察他呢？”于是郤至到周王室聘问，栾书又

聘于周，栾书使孙周见之。公使觇之[8]，信，遂怨郤至。

让孙周和他见面。厉公派人监视郤至，就相信了公子茷和栾书的话，于是就开始怨恨郤至。

注释 1 外嬖：宠臣。 2 胥童：胥克之子。 3 东师：指东方齐、鲁、卫三军。 4 孙周：即晋悼公。 5 恤：顾虑。 6 受敌使：指鄢陵之战中，郤至会见楚国使者，并接受了对方所赠的弓。 7 盍："何不"的合音。尝：试。 8 觇(chān)：察看，窥视。

厉公田，与妇人先杀而饮酒[1]，后使大夫杀。郤至奉豕，寺人孟张夺之[2]，郤至射而杀之。公曰："季子欺余。"

晋厉公外出打猎，和女人一起先射猎接着又喝酒，再让大夫射猎。郤至献给厉公一头野猪，宦官孟张抢夺了过去，郤至一箭将他射死了。厉公说："郤至这是欺负我。"

厉公将作难。胥童曰："必先三郤，族大多怨。去大族不逼，敌多怨有庸[3]。"公曰："然。"郤氏闻之，郤锜欲攻公，曰："虽死，君必危。"郤至曰："人所以立，信、知、勇也。信不叛君，知不害民，勇不作乱。失兹三者，其谁与我？死而多怨，将安用之？君实有臣而

厉公准备对群大夫发难。胥童说："一定要首先去掉三郤，因为他们家族势力大，怨恨他们的人很多。铲除了这个大族，公室就不会再受到逼迫；讨伐树敌很多的人，容易成功。"厉公说："对。"郤氏家族听说了这件事，郤锜要攻打厉公，他说："即使我们死了，国君也必然面临危险。"郤至说："一个人所以立身处世，就在于有信用、智慧和勇气。讲究信用就不背叛国君，有智慧就不残害百姓，有勇气就不发动祸乱。失去这三点，还有谁来亲近我们？死了还要增加怨恨，这样做又有什么

杀之,其谓君何?我之有罪,吾死后矣。若杀不辜,将失其民,欲安,得乎?待命而已。受君之禄,是以聚党。有党而争命,罪孰大焉?”壬午,胥童、夷羊五帅甲八百,将攻郤氏。长鱼矫请无用众,公使清沸魋助之[4]。抽戈结衽[5],而伪讼者[6]。三郤将谋于榭[7],矫以戈杀驹伯、苦成叔于其位[8]。温季曰[9]:“逃威也[10]。”遂趋。矫及诸其车[11],以戈杀之。皆尸诸朝。

用?国君拥有臣子而杀了他们,又能对他怎么样?我如果真有罪,那我就死得太晚了。如果国君滥杀无辜,他就将失去百姓,想要安定君位,能吗?我们还是听候命令吧。我们享受国君的俸禄,因此才能蓄养家兵。有了家兵就去和国君抗争,还有比这更大的罪行吗?”二十六日,胥童、夷阳五率领甲士八百人,准备攻打郤氏。长鱼矫请求不要兴师动众,厉公派清沸魋协助他。长鱼矫和清沸魋抽出戈来,把两人的衣襟结在一起,伪装成打架的样子。三郤准备在台榭上为他们调解,长鱼矫便用戈把郤锜和郤犨杀死在座位上。郤至说:“我要逃避无罪被杀。”于是就快步奔逃。长鱼矫在他车旁追上了他,用戈杀了他。三郤的尸体都被陈列在朝廷示众。

注释 1 杀:射猎。 2 孟张:厉公的宦官。 3 有庸:有功。 4 清沸魋(tuí):嬖人。 5 结衽:连接衣襟。 6 伪讼者:伪装成争讼者。 7 榭:建在台上的房屋。 8 驹伯:即郤锜。苦成叔:即郤犨。 9 温季:即郤至。10 威:通“畏”,无罪被杀。 11 诸:“之于”的合音。

胥童以甲劫栾书、中行偃于朝[1]。矫曰:“不杀二子,忧必及君。”公曰:“一朝而尸三卿,余不

胥童率领甲士在朝廷上劫持了栾书和荀偃。长鱼矫说:“如果不杀掉这两个人,祸患一定会降临到国君身上。”晋厉公说:“一个早晨就杀了三位卿,我不

忍益也。”对曰:“人将忍君。臣闻乱在外为奸,在内为轨[2]。御奸以德,御轨以刑。不施而杀,不可谓德,臣逼而不讨,不可谓刑。德刑不立,奸轨并至。臣请行。”遂出奔狄。公使辞于二子曰:“寡人有讨于郤氏,郤氏既伏其辜矣[3]。大夫无辱,其复职位。”皆再拜稽首曰:“君讨有罪,而免臣于死,君之惠也。二臣虽死,敢忘君德。”乃皆归。公使胥童为卿。

忍心再多杀了。”长鱼矫回答说:“栾书和荀偃将会容忍你国君。我听说在外作乱是奸,在内作乱是宄。防御奸用德,防御宄用刑。不施恩而杀人,不能叫德行;臣子逼迫国君而不加讨伐,不能叫刑罚。德行和刑罚不能树立,奸和宄就会同时到来。我请求离开晋国。”于是就逃亡到狄人那里去了。厉公派人对栾书和荀偃解释说:“我讨伐郤氏,郤氏已经伏法。你们不要为此事感到受辱,我恢复你们的职位。”栾书和荀偃两次叩头拜谢说:“国君讨伐有罪之人,而赦免我们的死罪,这是国君的恩惠。我们二人即使死了,也不敢忘记国君您的大德。”于是两人都回去了。厉公让胥童做卿。

注释 1 中行偃:即荀偃。 2 轨:通“宄”,犯法作乱的人。 3 辜:罪。

公游于匠丽氏[1],栾书、中行偃遂执公焉。召士匄,士匄辞;召韩厥,韩厥辞。曰:“昔吾畜于赵氏[2],孟姬之谗[3],吾能违兵[4]。古人有言曰:‘杀老牛莫之敢尸[5]。’而况君乎?二三子不能事君,焉

晋厉公到宠臣匠丽氏家里游玩,栾书和荀偃趁机抓住了厉公。他们召士匄杀厉公,士匄拒绝了;召韩厥,韩厥也拒绝了。韩厥说:“过去我被赵家收养提拔,孟姬陷害赵氏,我不肯出兵攻打赵氏。古人有句话说:‘宰杀老牛没有人敢做主。’况且是对待国君呢?你们几个既然不愿意侍奉国君,又哪里用得着我

用厥也?”

舒庸人以楚师之败也,道吴人围巢,伐驾,围厘、虺。遂恃吴而不设备。楚公子橐师袭舒庸,灭之。

闰月乙卯晦,栾书、中行偃杀胥童。民不与郤氏,胥童道君为乱,故皆书曰“晋杀其大夫”。

韩厥呢?”

舒庸人利用楚军战败的机会,领着吴国人包围了巢地,攻打驾地,接着又包围了厘、虺二地。于是就依仗吴国而不加强防备。楚国的公子橐率军偷袭舒庸,灭亡了它。

闰月的最后一天,栾书和荀偃杀了胥童。老百姓不拥护郤氏,而胥童又趁机引诱国君制造动乱,所以《春秋》都记载为“晋杀其大夫”。

注释 1 匠丽氏:为厉公主工匠的嬖臣。 2 畜:养。赵氏:指赵盾。 3 孟姬之谗:指孟姬谗杀赵同、赵括事,见成公八年《传》。 4 违兵:不用兵。 5 尸:做主。

成公十八年

【经】

十有八年春,王正月,晋杀其大夫胥童。

庚申,晋弑其君州蒲[1]。

齐杀其大夫国佐。

公如晋。

夏,楚子、郑伯伐宋。

十八年春天,周历正月,晋国杀掉了他们的大夫胥童。

五日,晋国杀了他们的国君州满。

齐国杀了他们的大夫国佐。

成公前往晋国。

夏天,楚共王和郑成公入侵宋国。宋国的鱼石被武力强行送回宋国彭城。

宋鱼石复入于彭城。

公至自晋。

晋侯使士匄来聘。

秋，杞伯来朝。

八月，邾子来朝。

筑鹿囿[2]。

己丑，公薨于路寝。

冬，楚人、郑人侵宋。

晋侯使士鲂来乞师。

十有二月，仲孙蔑会晋侯、宋公、卫侯、邾子、齐崔杼同盟于虚朾[3]。

丁未，葬我君成公。

成公从晋国回国。

晋悼公派士匄前来鲁国访问。

秋天，杞桓公来朝见。

八月，邾宣公来朝见。

鲁国在鹿地修建园林。

七日，鲁成公在路寝去世。

冬天，楚国人、郑国人攻打宋国。

晋悼公派士鲂前来鲁国请求出兵。

十二月，孟献子会见晋悼公、宋平公、卫献公、邾宣公、齐国的崔杼，一同在虚朾举行盟会。

二十六日，安葬我国国君成公。

注释 1 州蒲：当作"州满"。 2 鹿：地名。 3 虚朾：宋国地名。

【传】

十八年春，王正月庚申，晋栾书、中行偃使程滑弑厉公，葬之于翼东门之外[1]，以车一乘。使荀罃、士鲂逆周子于京师而立之[2]，生十四年矣。大夫逆于清原。周子曰："孤始愿不及此，

十八年春天，周历正月五日，晋国的栾书和荀偃指使程滑杀了晋厉公，然后把他葬在翼地的东门之外，下葬时仅用了一辆车。派荀罃、士鲂到京城迎接孙周回国立为国君，此时孙周十四岁。晋国大夫们到清原迎接。孙周说："我当初并没有做国君的愿望，现在虽然到了这一步，难道不是上天的意志吗？然而人

虽及此，岂非天乎？抑人之求君，使出命也[3]，立而不从，将安用君？二三子用我今日，否亦今日。共而从君[4]，神之所福也。”对曰：“群臣之愿也，敢不唯命是听。”庚午，盟而入，馆于伯子同氏[5]。辛巳，朝于武宫，逐不臣者七人。周子有兄而无慧，不能辨菽麦，故不可立。

们要求有一个国君，只是为了让他发布命令，拥立以后又不听从他的命令，那么要国君又有什么用？你们几个考虑好，要立我在今天，不想立我也在今天。恭敬地听从国君的命令，就是神灵赐予的福气。”群臣回答说：“这正是我们的愿望，怎敢不听从国君的命令。”十五日，悼公与群臣盟誓后进入国都，住在伯子同家。二十六日，朝拜了武宫，驱逐了不肯称臣的人七个。孙周有一个哥哥是白痴，不能分辨豆子和麦子，所以不能立他做国君。

齐为庆氏之难故，甲申晦，齐侯使士华免以戈杀国佐于内宫之朝。师逃于夫人之宫[6]。书曰：“齐杀其大夫国佐。”弃命，专杀，以穀叛故也[7]。使清人杀国胜。国弱来奔[8]，王湫奔莱[9]。庆封为大夫，庆佐为司寇。既，齐侯反国弱[10]，使嗣国氏，礼也。

齐国因为国佐杀庆克的缘故，正月的最后一天，齐灵公派士华免在内宫中用戈杀了国佐。众人都逃跑到夫人的宫中。《春秋》记载说：“齐杀其大夫国佐。”是因为他违背了国君的命令，专权杀死了庆克，又率领穀地的人发动了叛乱。齐灵公又让清地的人杀了国胜。国胜的弟弟国弱逃亡到鲁国，国佐的党羽王湫逃亡到莱地。于是庆封做了大夫，庆佐担任司寇。不久，齐灵公又让国弱回国，让他做国氏的继承人，这是合乎礼法的。

注释　1 翼：晋国旧都。　2 周子：即孙周。　3 出命：发布命令。　4 共：

同"恭"。 5伯子同:人名。 6师:众人。 7弃命,专杀,以縠叛:三事皆见成公十七年《传》。 8国弱:国胜之弟。 9王湫:国佐党羽。 10反国弱:让国弱回国。

二月乙酉朔,晋悼公即位于朝,始命百官,施舍,已责[1],逮鳏寡[2]。振废滞[3],匡乏困[4],救灾患,禁淫慝,薄赋敛,宥罪戾,节器用,时用民[5],欲无犯时。使魏相、士鲂、魏颉、赵武为卿;荀家、荀会、栾黡、韩无忌为公族大夫,使训卿之子弟共俭孝弟。使士渥浊为大傅,使修范武子之法。右行辛为司空,使修士艻之法。弁纠御戎,校正属焉[6],使训诸御知义[7]。荀宾为右,司士属焉[8],使训勇力之士时使[9]。卿无共御,立军尉以摄之。祁奚为中军尉,羊舌职佐之;魏绛为司马,张老为候奄[10]。铎遏寇为上军尉,籍偃为之司马,使训卒乘亲以听命[11]。程郑为乘

二月一日,晋悼公在朝廷即国君位,开始任命百官,施恩惠给百姓,免除百姓的债务,鳏夫寡妇也不例外。起用被废黜和滞居下位的旧贵族,救济贫困,帮助有灾患的人,禁止邪恶,减轻税赋,赦免罪犯,节省开支,有限度地使用民力,使用百姓不违背农时。任命魏相、士鲂、魏颉、赵武为卿;荀家、荀会、栾黡、韩无忌为公族大夫,让他们教育卿的子弟懂得恭敬、节俭、孝顺、友爱。任命士渥浊为太傅,让他修订士会制定的法令。任命右行辛为司空,让他修订士艻制定的法令。由弁纠驾驭战车,掌马之官归他管辖,让他教育驾车人懂得礼义。荀宾为车右,所有的车右都归他管辖,让他教育勇士们随时效力。各军主帅副帅都没有固定的驾车人,设立军尉统管此事。祁奚担任中军尉,羊舌职辅佐他;魏绛担任司马,张老担任候奄。铎遏寇担任上军尉,籍偃为他的司马,让他教育步兵和车兵团结一致听从命令。程郑为国君的乘马御,六驺都归他

马御[12],六驺属焉[13],使训群驺知礼。凡六官之长,皆民誉也。举不失职,官不易方[14],爵不逾德,师不陵正,旅不逼师[15],民无谤言,所以复霸也。

管辖,让他教育六驺懂得礼仪。凡是各部门的长官,都是百姓赞誉的人。选拔的人都称职,官吏都遵守现有的制度,授予爵位不超出他的德行,师不欺凌正,旅不逼迫师,百姓没有责备朝廷的话,因此晋国能够再一次称霸诸侯。

注释 1 已:结束,免除。责:同“债”。 2 逮:及。 3 振废滞:起用被废黜和滞居下位的旧贵族。 4 匡:救。 5 时用民:有限度地使用民力。 6 校正:掌马之官。 7 诸御:驾车人。 8 司士:即司右,官名。 9 时使:待时选用。 10 候奄:官名,又叫元候、候正。 11 亲:和睦,步调一致。 12 乘马御:为国君掌管车马的官。 13 驺:主管驾车和卸车的官。 14 易:改变。方:常规。 15 师、正、旅:一般官吏名称。

公如晋,朝嗣君也。

夏,六月,郑伯侵宋,及曹门外[1]。遂会楚子伐宋,取朝郏。楚子辛、郑皇辰侵城郜,取幽丘。同伐彭城,纳宋鱼石、向为人、鳞朱、向带、鱼府焉,以三百乘戍之而还。书曰“复入”。凡去其国,国逆而立之曰入,复其位曰复归,诸侯纳之曰归,

成公前往晋国,是为了朝见新即位的晋悼公。

夏天,六月,郑成公入侵宋国,攻到了都城的曹门之外。接着又会合楚共王一同攻打宋国,夺取了朝郏。楚国的子辛、郑皇辰攻打城郜,夺取了幽丘。又一同攻打彭城,把三年前逃往楚国的宋臣鱼石、向为人、鳞朱、向带、鱼府送回宋国,用三百辆战车留守,然后就回国了。因此《春秋》记载鱼石等“复入”。凡是离开自己的国家,本国迎接他回来并拥立他叫“入”,恢复他的职位叫“复归”,诸侯把他送回来

以恶曰复入[2]。宋人患之。西钼吾曰[3]:“何也?若楚人与吾同恶,以德于我,吾固事之也,不敢贰矣。大国无厌,鄙我犹憾[4]。不然,而收吾憎,使赞其政[5],以间吾衅[6],亦吾患也。今将崇诸侯之奸,而披其地[7],以塞夷庚[8]。逞奸而携服[9],毒诸侯而惧吴、晋,吾庸多矣,非吾忧也。且事晋何为?晋必恤之。”

叫“归”,以武力送回就叫“复入”。宋国人对鱼石等的“复入”和楚国留下三百辆战车很担忧。西钼吾说:“为什么要担忧?如果楚国人和我们同样憎恨鱼石等人,对我们以德相待,我们本来就应该侍奉他们,不敢有二心了。但大国贪得无厌,把我国当作他们的边邑还不满足。他们不是和我们同仇敌忾,而是收留我们憎恶的人,并企图让他们回国掌权执政,伺机钻我们的空子,这也是我们的祸患。现在他们尊崇诸侯的奸邪之人,分给他们土地,阻塞各国之间的通道。让奸邪之人快意而使顺服之人离心,损害诸侯而使吴、晋等国害怕,这对我国来说,好处就多了,并不是我们的忧患。况且我们侍奉晋国又是为什么?晋国一定会来援救我们的。”

注释 1 曹门:宋都城门。 2 恶:指武力。 3 西钼吾:宋人。 4 鄙:边鄙,用作使动词。 5 赞:佐。 6 衅:缝隙。 7 披:分。 8 夷庚:车道。 9 携:离心。

公至自晋。晋范宣子来聘,且拜朝也。君子谓晋于是乎有礼。

鲁成公从晋国回国。晋国的范宣子前来鲁国回访,并且答谢成公对晋悼公的朝见。君子认为晋国在这件事情上合乎礼法。

秋,杞桓公来朝,劳公,且问晋故。公以晋君语之,杞伯于是骤

秋天,杞桓公前来朝见,慰劳成公,同时打听晋国的有关情况。成公把晋悼公的情况告诉了他,于是杞桓公马上到晋国朝

朝于晋而请为昏[1]。

七月，宋老佐、华喜围彭城，老佐卒焉。

八月，邾宣公来朝，即位而来见也。

筑鹿囿，书，不时也。

己丑，公薨于路寝，言道也[2]。

见并请求通婚。

七月，宋国的老佐、华喜包围了彭城，老佐在此时去世了。

八月，邾宣公前来朝见，这是他即位后的例行朝见。

鲁国在鹿地修建园林，《春秋》之所以记载此事，是因为不合时令。

七日，成公在路寝去世，这就是说合乎正常情况。

注释　1 骤：赶快。昏：同“婚”。　2 道：正常。

冬，十一月，楚子重救彭城，伐宋，宋华元如晋告急。韩献子为政，曰：“欲求得人，必先勤之[1]。成霸安强，自宋始矣。”晋侯师于台谷以救宋，遇楚师于靡角之谷[2]，楚师还。

晋士鲂来乞师。季文子问师数于臧武仲，对曰：“伐郑之役，知伯实来[3]，下军之佐也。今彘季亦佐下军[4]，如伐

冬天，十一月，楚国的子重救援彭城，攻打宋国，宋国的华元到晋国告急。韩献子主持晋国的政务，他说：“想得到诸侯的拥护，必须先为他们办事。晋国成就霸业，抑制强国，应该从救援宋国开始。”于是晋悼公发兵到台谷以救援宋国，在靡角之谷遇到楚军，楚军就回国了。

晋国的士鲂前来鲁国请求出兵。季文子问臧武仲应派出兵员的数量，臧武仲回答说：“上次攻打郑国的战役，荀罃来请求出兵，他当时是下军的副帅。现在士鲂也是下军的副帅，派出和上次攻打郑国时一样的人数就可以了。侍奉大

郑可也。事大国，无失班爵而加敬焉[5]，礼也。”从之。

十二月，孟献子会于虚朾，谋救宋也。宋人辞诸侯而请师以围彭城。孟献子请于诸侯，而先归会葬。

丁未，葬我君成公。书，顺也。

国，不搞乱使者的爵位次序，而对他们恭敬有礼，这是合于礼法的。”季文子听从了臧武仲的意见。

十二月，孟献子和诸侯在虚朾会盟，商议援救宋国的事。宋国人谢绝了诸侯的好意，而只请求军队包围彭城。孟献子向诸侯们请求，先回国参加成公的葬礼。

二十六日，安葬我国国君成公。《春秋》这样记载，表明国内形势稳定顺利。

注释 1 勤之：为之勤劳。 2 靡角之谷：宋国地名，在彭城附近。3 知伯：即荀罃。 4 彘季：即士鲂。 5 班爵：排列爵位。

春秋左传

襄公

襄公元年

【经】

元年春[1],王正月,公即位。

仲孙蔑会晋栾黡、宋华元、卫甯殖、曹人、莒人、邾人、滕人、薛人围宋彭城。

夏,晋韩厥帅师伐郑,仲孙蔑会齐崔杼、曹人、邾人、杞人次于鄫[2]。

秋,楚公子壬夫帅师侵宋[3]。

九月辛酉,天王崩[4]。

邾子来朝。

冬,卫侯使公孙剽来聘。

晋侯使荀罃来聘。

元年春天,周历正月,襄公即位。

仲孙蔑会合晋国栾黡、宋国华元、卫国甯殖和曹国人、莒国人、邾国人、滕国人、薛国人包围了宋国的彭城。

夏天,晋国韩厥率领军队攻打郑国,仲孙蔑会合齐国崔杼和曹国人、邾国人、杞国人驻扎在鄫。

秋天,楚国公子子辛率领军队侵袭宋国。

九月十五日,周简王去世。

邾宣公前来朝见。

冬天,卫侯派公孙剽前来访问。

晋侯派荀罃前来访问。

注释 **1** 元年:襄公元年,公元前572年。 **2** 次:驻扎。鄫:郑国地名,在今河南睢县东南。 **3** 壬夫:即子辛。 **4** 天王:指周简王。

【传】

元年春,己亥[1],围宋

元年春天,正月二十五日,诸侯包

彭城。非宋地,追书也[2]。于是为宋讨鱼石,故称宋,且不登叛人也[3],谓之宋志。

围宋国彭城。彭城此时已不是宋国的地方了,这是一种追记。此时为了宋国去讨伐鱼石,所以称宋国,而且反对叛逆者,这体现了宋国收复彭城的愿望。

彭城降晋,晋人以宋五大夫在彭城者归,置诸瓠丘[4]。

彭城投降晋国,晋国人带着在彭城的五个宋国大夫回去,安置在瓠丘。

齐人不会彭城,晋人以为讨。二月,齐大子光为质于晋。夏,五月,晋韩厥、荀偃帅诸侯之师伐郑,入其郛[5],败其徒兵于洧上[6]。于是东诸侯之师次于鄫,以待晋师。晋师自郑以鄫之师侵楚焦、夷及陈。晋侯、卫侯次于戚,以为之援。

齐国人没有在彭城会合,晋国因此讨伐齐国。二月,齐国太子光到晋国做人质。夏天,五月,晋国的韩厥、荀偃率领诸侯军队攻打郑国,进入它的外城,在洧水边击败了郑国的步兵。此时东部诸侯的军队驻扎在鄫地,等候晋军。晋军从郑国带领鄫地的军队入侵楚国的焦地、夷地和陈国。晋侯、卫侯驻扎在戚地,作为诸侯军队的后援。

秋,楚子辛救郑,侵宋吕、留。郑子然侵宋,取犬丘。

秋天,楚国子辛救援郑国,入侵宋国的吕地和留地。郑国子然入侵宋国,夺取了犬丘。

九月,邾子来朝,礼也。

九月,邾子来朝见,这合于礼。

冬,卫子叔、晋知武子来聘,礼也。凡诸侯即位,小国朝之,大国聘焉,以继好、结信、谋事、补阙,礼之大者也。

冬天,卫国子叔、晋国知武子来聘问,这合于礼。凡诸侯即位,小国前来朝见,大国前来聘问,从而继续发展友好关系,取得信任,商量国事,补正过失,这是礼制中的大事。

注释 1己亥：当为乙亥之误，乙亥为二十五日。 2此时彭城已为投降楚国的鱼石所占领，故言“非宋地”，但鱼石本是宋臣，故言“追书”。3登：成，赞成。 4诸：“之于”的合音。瓠丘：即壶丘，在今山西垣曲境内。5郛：即郭，外城。 6洧：水名。

襄公二年

【经】

二年春，王正月，葬简王。

郑师伐宋。

夏，五月庚寅，夫人姜氏薨[1]。

六月庚辰，郑伯睔卒[2]。

晋师、宋师、卫甯殖侵郑。

秋，七月，仲叔蔑会晋荀罃、宋华元、卫孙林父、曹人、邾人于戚。

己丑，葬我小君齐姜[3]。

叔孙豹如宋。

冬，仲孙蔑会晋荀罃、齐崔杼、宋华元、卫孙林父、曹人、邾人、滕人、薛人、小邾人

二年春天，周历正月，安葬周简王。

郑国军队讨伐宋国。

夏天，五月十八日，夫人姜氏去世。

六月庚辰，郑成公睔去世。

晋军、宋军、卫国甯殖入侵郑国。

秋天，七月，仲孙蔑在卫国戚地与晋国荀罃、宋国华元、卫国孙林父、曹国人和邾国人会见。

十八日，安葬我国君夫人齐姜。

叔孙豹到宋国去了。

冬天，仲孙蔑又在戚地与晋国荀罃、齐国崔杼、宋国华元、卫国孙林父、曹国人、邾国人、滕国人、薛国人

于戚，遂城虎牢[4]。

楚杀其大夫公子申。

和小邾国人会见，于是在虎牢筑城。

楚国杀了他们的大夫公子申。

注释 1 姜氏：鲁成公夫人。 2 郑伯睔(gǔn)：郑成公之名。 3 小君：诸侯国君之妻。 4 虎牢：详僖公四年《传》注。

【传】

二年春，郑师侵宋，楚令也。

齐侯伐莱，莱人使正舆子赂夙沙卫以索马牛[1]，皆百匹，齐师乃还。君子是以知齐灵公之为“灵”也。

夏，齐姜薨。初，穆姜使择美槚[2]，以自为榇与颂琴[3]，季文子取以葬。

君子曰：“非礼也。礼无所逆。妇[4]，养姑者也[5]，亏姑以成妇，逆莫大焉。《诗》曰：‘其惟哲人，告之话言，顺德之行[6]。’季孙于是为不哲矣。且姜氏，君之妣也[7]。《诗》曰：‘为

二年春天，郑国军队侵袭宋国，这是楚国的命令。

齐灵公讨伐莱国，莱国人派正舆子以精选的马、牛各一百匹赠送给夙沙卫，齐军就退兵了。君子因此知道了齐灵公之所以谥为“灵”的理由。

夏天，齐姜去世。当初，穆姜派人挑选上等的槚木，用来自己作内棺和颂琴，季文子拿来安葬齐姜。

君子说：“这不合于礼法。礼法不允许这种上下颠倒的行为。媳妇是奉养婆婆的人，亏损婆婆的利益来成全媳妇，没有比这更严重的颠倒行为了。《诗》说：‘只有明智的人，告诉他善言，他就能顺应道德而行动。’季孙在这件事上是不明智的。况且穆姜是国君的祖母。《诗》说：‘酿造美酒，献给祖父祖

酒为醴，烝畀祖妣，以洽百礼，降福孔偕[8]。’”

齐侯使诸姜、宗妇来送葬[9]。召莱子，莱子不会，故晏弱城东阳以逼之[10]。

母，合乎所有礼仪，神灵普降福祉。’”

齐灵公派遣嫁给大夫的宗女和同姓大夫的妻子前来送葬。召见莱子，莱子拒绝前往，所以晏弱在东阳筑城来逼迫莱国。

注释 1 正舆子：莱国贤大夫。夙沙卫：齐灵公幸臣。索：选择。 2 美檟(jiǎ)：上等檟木。檟，山楸，木质细密，常用作棺椁。 3 榇(chèn)：内棺。颂琴：琴名，长七尺二寸，宽一尺八寸，弦二十五根。 4 妇：媳妇，儿媳。5 姑：婆母。 6 “其惟哲人”三句：引自《诗经·大雅·抑》篇。话言：善言。7 妣：祖母。 8“为酒为醴”四句：引自《诗经·周颂·丰年》篇。醴：甜酒。烝：进献。畀：与。洽：协，合。孔：甚。偕：遍。 9 诸姜：与齐同姓之女嫁给齐国大夫为妻的。宗妇：同姓大夫之妻。 10 东阳：齐国邑名，在今山东临朐东。

郑成公疾，子驷请息肩于晋[1]。公曰：“楚君以郑故，亲集矢于其目[2]，非异人任[3]，寡人也。若背之，是弃力与言，其谁昵我？免寡人，唯二三子。”

秋七月庚辰，郑伯睔卒。于是子罕当国，子驷为政，子国为司马。晋师侵郑，诸大夫欲从晋。

郑成公生了病，子驷请求与晋国和好，以解除楚国加给郑国的负担。郑成公说：“楚国国君因为郑国的缘故，亲自率军与晋军作战，以致眼睛受了箭伤，这不是为了别人，而是为了保护我。如果背叛他，这是背弃了别人的功劳和自己的诺言，那将还有谁来亲近我们郑国呢？使我免于过错，只有靠你们几位了。”

秋天七月庚辰，郑成公睔去世。此时子罕主持国政，子驷处理日常政务，子国任司马。晋军入侵郑国，大夫们想顺从

子驷曰："官命未改[4]。"

晋国。子驷说："成公的决定没有改变。"

会于戚，谋郑故也。孟献子曰："请城虎牢以逼郑。"知武子曰："善！鄫之会，吾子闻崔子之言，今不来矣。滕、薛、小邾之不至，皆齐故也。寡君之忧不唯郑。莹将复于寡君，而请于齐。得请而告，吾子之功也。若不得请，事将在齐。吾子之请，诸侯之福也，岂唯寡君赖之？"

诸侯在戚地相会，是为了对付郑国。孟献子说："建议在虎牢筑城来威逼郑国。"知武子说："好！鄫地的会盟，您听到了齐国崔杼的话，现在他们果然不来了。滕国、薛国、小邾国不来参加会见，都是齐国的缘故。我们国君的忧虑不仅仅是郑国。我将向国君报告，向齐国请求。如果请求得到齐国同意，通知诸侯在虎牢筑城，这是您的功劳。如果请求得不到同意，战事将在齐国发生。您的这一请求，是诸侯的福气，难道只是我国国君仰仗它？"

注释 **1** 息肩：解除负担。 **2** 集矢于其目：指成公十六年鄢陵之战，楚共王被晋国吕锜射中眼睛一事。 **3** 异人：其他人。任：保。 **4** 官命：指郑成公之令。

穆叔聘于宋[1]，通嗣君也[2]。

穆叔到宋国聘问，通报襄公即位的消息。

冬，复会于戚，齐崔武子及滕、薛、小邾之大夫皆会，知武子之言故也。遂城虎牢，郑人乃成。

冬天，再次在戚地会见，齐国的崔杼和滕、薛、小邾等国的大夫都参加了会见，这是知武子一番话的结果。于是在虎牢筑城，郑国人于是求和。

楚公子申为右司马，

楚国的公子申担任右司马，收受

多受小国之赂，以逼子重、子辛。楚人杀之，故书曰“楚杀其大夫公子申”。

了小国的很多礼物，又威逼子重、子辛。楚国人杀了他，所以《春秋》记载说“楚杀其大夫公子申”。

注释 1 穆叔：即叔孙豹。 2 嗣君：指鲁襄公。

襄公三年

【经】

三年春，楚公子婴齐帅师伐吴。

公如晋。

夏四月壬戌，公及晋侯盟于长樗[1]。

公至自晋。

六月，公会单子、晋侯、宋公、卫侯、郑伯、莒子、邾子、齐世子光。

己未，同盟于鸡泽[2]。

陈侯使袁侨如会。

戊寅，叔孙豹及诸侯之大夫及陈袁侨盟。

秋，公至自会。

冬，晋荀罃帅师伐许。

三年春天，楚国公子婴齐率军讨伐吴国。

襄公前往晋国。

夏天，四月二十五日，襄公和晋悼公在长樗结盟。

襄公从晋国回国。

六月，襄公会见单子、晋侯、宋公、卫侯、郑伯、莒子、邾子和齐国太子光。

二十三日，同在鸡泽会盟。

陈侯派遣袁侨参加会盟。

七月十三日，叔孙豹和诸侯国的大夫以及陈国的袁侨会盟。

秋天，襄公从会盟地回国。

冬天，晋国荀罃率军讨伐许国。

注释 1长樗:晋都郊区地名。 2鸡泽:地名,在今河北邯郸东北。

【传】

三年春,楚子重伐吴,为简之师[1]。克鸠兹[2],至于衡山[3]。使邓廖帅组甲三百、被练三千以侵吴[4]。吴人要而击之[5],获邓廖。其能免者,组甲八十、被练三百而已。

子重归,既饮至[6]三日。吴人伐楚,取驾。驾,良邑也;邓廖,亦楚之良也。君子谓:"子重于是役也,所获不如所亡。"楚人以是咎子重。子重病之,遂遇心疾而卒[7]。

三年春天,楚国的子重发兵攻打吴国,组建了一支经过严格挑选的军队。楚军攻克了吴国的鸠兹,进逼衡山。派遣邓廖率领三百名车兵和三千名步兵进攻吴国。吴军拦腰截击楚军,俘虏了邓廖。免于被俘被杀的只有八十名车兵和三百名步兵。

子重回国后,在太庙庆功犒赏三日。吴军进攻楚国,夺取了驾地。驾地是楚国的上等邑地,邓廖也是楚国的杰出将领。因此君子认为:"子重在这次战役中得到的不如失去的多。"楚国人因此责备子重。子重为此而耿耿于怀,不久便患精神病去世了。

注释 1简:选练,通过操练来挑选。 2鸠兹:吴邑,在今安徽芜湖东南。 3衡山:吴地,即今安徽当涂东北的横山。 4组甲:车兵之服,此指车士。被练:步兵之服,此指步兵。 5要:同"腰"。 6饮至:见隐公五年《传》注。 7心疾:精神病。

公如晋,始朝也。夏,盟于长樗。孟献子

襄公到晋国去,这是即位后第一次朝见晋君。夏天,在长樗结盟。孟献子

相。公稽首，知武子曰："天子在，而君辱稽首，寡君惧矣。"孟献子曰："以敝邑介在东表[1]，密迩仇雠[2]，寡君将君是望，敢不稽首？"

担任赞礼官。襄公叩头，知武子说："天子在上，而国君屈尊行此大礼，我们国君害怕。"孟献子说："我国远在东方，与齐、楚等敌国邻近，我们国君将完全仰仗贵君，怎能不行此大礼？"

晋为郑服故，且欲修吴好，将合诸侯。使士匄告于齐曰："寡君使匄，以岁之不易[3]，不虞之不戒[4]，寡君愿与一二兄弟相见，以谋不协，请君临之，使匄乞盟。"齐侯欲勿许，而难为不协，乃盟于耏外[5]。

晋国由于郑国已经顺服的缘故，并且也想和吴国建立友好关系，便准备会盟诸侯。派士匄通报齐国说："我国国君派我前来，是因为近年来各国间纠纷不断，对意外情况缺乏戒备，我国国君希望与几位诸侯兄弟相见，以便商讨解决彼此间的不和，请国君光临这次会盟，特此派我前来请求结盟。"齐侯想不同意，而又怕被说成是与盟国不协同，于是在耏水之滨参加了会盟。

注释　1 表：外部，此处指中原以外的边地。　2 密迩：都是近的意思。　3 不易：不安定。　4 不虞：不料。此指意外之事。　5 耏(ér)：水名，即时水，在齐都临淄城外。

祁奚请老[1]，晋侯问嗣焉。称解狐[2]，其仇也，将立之而卒。又问焉，对曰："午也可[3]。"于是羊舌职死矣[4]，晋侯曰：

祁奚请求退休，晋悼公问他谁能接替他的职位。祁奚推荐解狐，解狐是他的仇人，正准备任命时解狐却死了。又问祁奚还有谁可以担任此职，祁奚回答说："祁午可以。"这时候羊舌职死了，晋

“孰可以代之？”对曰：“赤也可[5]。”于是使祁午为中军尉，羊舌赤佐之。

君子谓：“祁奚于是能举善矣。称其仇，不为谄；立其子，不为比[6]；举其偏[7]，不为党。《商书》曰：‘无偏无党，王道荡荡。’其祁奚之谓矣！解狐得举，祁午得位，伯华得官[8]，建一官而三物成[9]，能举善也夫！唯善，故能举其类。《诗》云：‘惟其有之，是以似之[10]。’祁奚有焉。”

悼公问：“谁可以代替他？”祁奚回答说：“羊舌赤可以。”于是悼公任命祁午为中军尉，羊舌赤为他的副手。

君子说：“祁奚在这个问题上能举贤荐能。推荐他的仇人不算谄媚，推举他的儿子不算营私，推举他的副手不算结党。《商书》说：‘既不营私又不结党，君王之道光明浩荡。’那大概就是说的祁奚吧！解狐得到举荐，祁午得到重用，羊舌赤得到官位，任命一个官员却成就了三件好事，这是善于举荐贤人的结果啊！只因为祁奚有德行，所以才能举荐贤能之人。《诗》说：‘只因为他有德行，所以被荐者才像他一样。’祁奚就是这样的人。”

注释 1 祁奚：晋中军尉。老：告老，退休。 2 称：推荐。 3 午：祁午，祁奚之子。 4 羊舌职：祁奚的副手。 5 赤：羊舌职之子。 6 比：偏私。 7 偏：副手。 8 伯华：即羊舌赤。 9 三物：三事。 10 “惟其有之”二句：引自《诗经·小雅·裳裳者华》篇。

六月，公会单顷公及诸侯。己未，同盟于鸡泽。

晋侯使荀会逆吴子[1]于淮上，吴子不至。

六月，襄公会合单顷公和诸侯，于二十三日在鸡泽会盟。

晋悼公派荀会到淮水边迎接吴王寿梦，但吴王没来。

楚子辛为令尹，侵欲于小国。陈成公使袁侨如会求成，晋侯使和组父告于诸侯。秋，叔孙豹及诸侯之大夫及陈袁侨盟，陈请服也。

楚国子辛任令尹，侵害小国，以满足楚国贪得无厌的欲望。陈成公派袁侨到盟会上请求和好，晋悼公派和组父将此事通报诸侯。秋天，叔孙豹和各诸侯的大夫与陈国袁侨结盟，这是陈国请求归顺的缘故。

注释 **1** 吴子：吴王寿梦。

晋侯之弟扬干乱行于曲梁[1]，魏绛戮其仆。晋侯怒，谓羊舌赤曰："合诸侯以为荣也，扬干为戮，何辱如之？必杀魏绛，无失也[2]！"对曰："绛无贰志，事君不辟难，有罪不逃刑，其将来辞，何辱命焉？"言终，魏绛至，授仆人书，将伏剑。士鲂、张老止之。公读其书曰："日君乏使，使臣斯司马[3]。臣闻师众以顺为武，军事有死无犯为敬。君合诸侯，臣敢不敬？君师不

晋悼公的弟弟扬干在曲梁扰乱了军队的行列，魏绛杀了扬干的车夫。晋悼公对此十分愤怒，对羊舌赤说："会合诸侯本来以为是一件荣耀的事，但扬干被惩罚，有什么比这种侮辱更大呢？一定要杀掉魏绛，不要让他逃跑了！"羊舌赤回答说："魏绛忠贞不贰，侍奉国君从不逃避任何危难，有了罪过也不会逃避刑罚，他会前来有所解释的，何必劳国君下令呢？"刚说完，魏绛就到了，他呈交给仆人一封奏章后，准备拔剑自杀。士鲂和张老劝阻他。悼公读他的奏章，奏章说："当初君王缺乏人手，让我担任司马之职。我听说军队服从纪律叫作武，从军杀敌宁死不犯军令叫作敬。国君会合诸侯，我怎能不执行军纪军法呢？国

武，执事不敬，罪莫大焉。臣惧其死，以及扬干，无所逃罪。不能致训，至于用钺。臣之罪重，敢有不从，以怒君心？请归死于司寇。”公跣而出[4]，曰：“寡人之言，亲爱也。吾子之讨，军礼也。寡人有弟，弗能教训，使干大命[5]，寡人之过也。子无重寡人之过也，敢以为请。”

君的军队没有纪律，军官不执行军法，再没有比这更大的罪过了。我害怕这种死罪，才连累到扬干，实在没有逃避罪责的办法。我不能让下属得到好的训教，以至于动用斧刑。我的罪过很大，怎敢不服从惩罚，而使国君愤怒？请把我交给司法官处死。”悼公没等穿上鞋就急忙跑出来，说：“我的话是出于对兄弟的亲情。您惩罚扬干，这是执行军法。我有弟弟，却没教育好，使他触犯了军令，这是我的过错。您不要再加重我的过错了，谨以此作为请求。”

注释 1 乱行：扰乱军队行列。曲梁：地名。 2 失：通“逸”，逃跑。 3 斯：同“司”，担任。 4 跣：赤足。 5 干：犯。大命：指军令。

晋侯以魏绛为能以刑佐民矣，反役[1]，与之礼食[2]，使佐新军。张老为中军司马，士富为候奄。

楚司马公子何忌侵陈，陈叛故也。

许灵公事楚，不会于鸡泽。冬，晋知武子帅师伐许。

晋悼公认为魏绛善于运用刑罚治理百姓，从鸡泽回国后，在太庙设礼食款待他，任命他为新军副帅。又任命张老为中军司马，士富为候奄。

楚国的司马公子何忌率军入侵陈国，因为陈国背叛了楚国。

许灵公依附楚国，因此不参加在鸡泽的会盟。冬天，晋国知武子率军攻打许国。

注释 1反役：事后返国。 2礼食：公食大夫之礼，即在太庙设礼食招待。

襄公四年

【经】

四年春，王三月己酉，陈侯午卒。

夏，叔孙豹如晋。

秋，七月戊子，夫人姒氏薨[1]。

葬陈成公。

八月辛亥，葬我小君定姒。

冬，公如晋。

陈人围顿。

四年春天，周历三月己酉，陈侯午去世。

夏天，叔孙豹前往晋国。

秋天，七月二十八日，夫人姒氏去世。

安葬陈成公。

八月二十二日，安葬我国小君定姒。

冬天，襄公前往晋国。

陈国人包围顿。

注释 1姒氏：成公妾，襄公母。

【传】

四年春，楚师为陈叛故，犹在繁阳[1]。韩献子患之，言于朝曰："文

四年春天，楚国军队因为陈国叛变而入侵陈国，还驻扎在繁阳。韩献子为此担忧，在朝廷进言说："周文王之所以

王帅殷之叛国以事纣，唯知时也。今我易之，难哉！”

率领背叛殷商的诸侯国侍奉纣王，是因为他知道时机还不成熟。现在我们反其道而行之，难啊！”

三月，陈成公卒。楚人将伐陈，闻丧乃止。陈人不听命。臧武仲闻之，曰：“陈不服于楚，必亡。大国行礼焉，而不服，在大犹有咎[2]，而况小乎？”

三月，陈成公去世。楚国人准备讨伐陈国，听到这一消息后便停止了出兵。陈国仍然不肯服从楚国。臧武仲听说了此事，说：“陈国不顺服楚国，一定灭亡。大国在陈国国丧期间不攻打，这是遵守礼法，而陈国还不归顺，对大国来说尚且有灾祸，更何况是小国呢？”

夏，楚彭名侵陈，陈无礼故也。

夏天，楚国的彭名率军入侵陈国，因为陈国无礼的缘故。

注释　1 繁阳：楚地，在今河南新蔡北。　2 咎：灾殃，灾祸。

穆叔如晋，报知武子之聘也，晋侯享之。金奏《肆夏》之三[1]，不拜。工歌《文王》之三[2]，又不拜。歌《鹿鸣》之三[3]，三拜。

叔孙豹前往晋国，对荀罃的聘问进行回访，晋悼公设宴款待了他。席间钟鼓演奏了《肆夏》乐曲的三章，但叔孙豹没有起身拜谢。乐工又歌唱了《文王》等三首，他还是没有拜谢。又歌唱了《鹿鸣》等三首，这次他起身连续拜谢了三次。

韩献子使行人子员问之，曰：“子以君命，辱于敝邑，先君之礼，藉之以乐[4]，以辱吾子。吾子舍其大，而重拜其细，敢问何礼

韩厥派外交官子员问他，说：“您奉君主之命光临我国，我们按先君的礼节用音乐来招待您。您对前两次重要

也？”对曰：“三《夏》，天子所以享元侯也[5]，使臣弗敢与闻；《文王》，两君相见之乐也，使臣不敢及；《鹿鸣》，君所以嘉寡君也，敢不拜嘉？《四牡》，君所以劳使臣也，敢不重拜？《皇皇者华》，君教使臣曰：‘必諮于周[6]。’臣闻之：‘访问于善为咨，咨亲为询，咨礼为度，咨事为诹，咨难为谋。’臣获五善，敢不重拜？”

的演唱不拜谢，却对第三次演唱连拜三次，请问这是为什么？”叔孙豹回答说：“三章《夏》乐，是天子用来招待诸侯首领的，使臣我不敢听；《文王》是两国国君相见时演唱的，使臣我也不敢参与；《鹿鸣》是君王用来颂扬我国国君的，我怎敢不拜谢？《四牡》是君王慰劳我的，我怎敢不再次拜谢？《皇皇者华》是君王教导我一定要向忠信之人请教。我听说：‘向善人请教是咨，向亲戚请教是询，询问礼义是度，询问政事是诹，询问祸难是谋。’我由此得到五种善事，又怎敢不三拜呢？”

注释 1《肆夏》：乐章名。 2 工：乐人。《文王》之三：指《诗经·大雅》中的《文王》《大明》《绵》三篇。 3《鹿鸣》之三：指《诗经·小雅》中的《鹿鸣》《四牡》《皇皇者华》三篇。 4 藉：进献。 5 元侯：诸侯之长。 6 咨于周：《皇皇者华》诗中有“周爰咨诹”等句，意为咨询于忠信之人。

秋，定姒薨。不殡于庙，无榇，不虞[1]。

匠庆谓季文子曰[2]：“子为正卿，而小君之丧不成，不终君也[3]。君长，谁受其咎？”

秋天，襄公的母亲定姒去世。没有在祖庙停放棺材，没有使用内棺，也没有举行虞祭。

工匠庆对季文子说：“您是正卿，国君生母的丧礼没有按夫人的规格，这就等于是不让国君为他母亲送终。将来国君长大了，

初，季孙为己树六檟于蒲圃东门之外。匠庆请木，季孙曰："略。"匠庆用蒲圃之檟，季孙不御[4]。

君子曰："《志》所谓'多行无礼，必自及也'，其是之谓乎！"

冬，公如晋听政[5]，晋侯享公。公请属鄫[6]，晋侯不许。孟献子曰："以寡君之密迩于仇雠，而愿固事君，无失官命。鄫无赋于司马[7]，为执事朝夕之命敝邑，敝邑褊小，阙而为罪，寡君是以愿借助焉。"晋侯许之。

楚人使顿间陈而侵伐之[8]，故陈人围顿。

谁来承担责任？"

当初，季文子为自己在蒲圃的东门之外种了六棵檟树。工匠庆请求用这些树给定姒做棺木，季文子说："还是简单一点算了。"工匠庆还是伐用了季文子的檟木，季文子也没有阻止。

君子认为："《志》书中所说的'自己做多了无礼的事，一定有一天别人也对他无礼'，大概说的就是季文子吧！"

冬天，襄公前往晋国听取晋国对鲁国的要求，晋悼公设宴招待他。襄公请求把鄫国附属于鲁国，晋悼公不同意。孟献子说："我们君主距离敌国这么近，还是愿意始终侍奉君，从不违背晋国的命令。鄫国从没有向晋国交纳贡赋，而君的左右官员却整天下令我国交这交那，我国虽然地域狭小，财力有限，但如果不满足贵国的要求就是罪过，因此我们国君希望能得到鄫国以资借助。"晋悼公同意了这一请求。

楚国人让顿国乘陈国的空隙攻打它，因此陈国人包围了顿国。

注释　1 虞：祭礼。死者安葬后，生者返殡宫祭祀以安死者之灵，称虞祭。2 匠庆：鲁工匠，名庆。　3 不终君：意为使襄公未为生母送终。　4 御：止。5 听政：听取别人对本国的要求。　6 属鄫：使鄫附属鲁国。　7 无赋于司马:没有向司马纳贡赋。晋国司马主管诸侯的贡赋,故云。 8 顿:小国名。

无终子嘉父使孟乐如晋[1],因魏庄子纳虎豹之皮[2],以请和诸戎。晋侯曰:"戎狄无亲而贪,不如伐之。"魏绛曰:"诸侯新服,陈新来和,将观于我,我德则睦,否则携贰。劳师于戎,而楚伐陈,必弗能救,是弃陈也,诸华必叛[3]。戎,禽兽也,获戎失华,无乃不可乎?《夏训》有之曰[4]:'有穷后羿……[5]'"公曰:"后羿何如?"对曰:"昔有夏之方衰也,后羿自鉏迁于穷石,因夏民以代夏政。恃其射也,不修民事而淫于原兽[6],弃武罗、伯因、熊髡、龙圉而用寒浞[7]。寒浞,伯明氏之谗子弟也,伯明后寒弃之[8],夷羿

无终国国君嘉父派孟乐前往晋国,通过魏绛的关系向晋悼公进献了虎豹皮,以此请求晋国与各戎人部落讲和。晋悼公说:"戎人不讲亲情而且贪婪,不如攻打他们。"魏绛说:"诸侯各国刚刚顺服,陈国也才来向我们求和,正在观望我国,如果我们有德,他们就亲近我们,否则就会怀有二心。兴师动众去讨伐戎国,楚国必定乘机攻打陈国,我们也一定不能救援他们,这实际上是抛弃陈国,中原诸国也一定会背叛我们。戎狄,就像禽兽,征服戎狄却失去中原各国,恐怕不行吧?《夏训》中有这样的话:'有穷的后羿……'"悼公说:"后羿怎么样?"魏绛回答说:"从前夏朝正衰败时,后羿从鉏地迁到了穷石,利用夏朝的百姓取代了夏朝的政权。他倚仗自己善于射箭,不致力于安抚民众,却沉溺于打猎,抛弃了武罗、伯因、熊髡、龙圉四位贤臣,而起用了寒浞。寒浞,是伯明氏的一个奸邪子弟,寒国君主伯明抛弃了他,后羿收养了他,相信并重用他,让他做了自己的亲

收之[9],信而使之,以为己相。浞行媚于内而施赂于外,愚弄其民而虞羿于田[10],树之诈慝以取其国家[11],外内咸服。羿犹不悛[12],将归自田,家众杀而亨之[13],以食其子。其子不忍食诸[14],死于穷门[15]。

信。寒浞在宫内对女人献媚,在宫外广施钱财,收买民心,让后羿以打猎为乐,在朝廷内扶植奸诈邪恶之人做自己的党羽,以此夺取了国家的政权,朝廷内外都归顺。后羿仍不思悔改,他正准备从打猎的地方回朝廷,就被他的家臣杀了,并被煮熟,让他的儿子吃。他的儿子不忍心吃他的肉,也被杀死在穷国的城门口。

注释 **1** 无终:山戎国名。 **2** 魏庄子:即魏绛。 **3** 诸华:指中原各国。 **4**《夏训》:即《夏书》。 **5** 有穷:部落名。 **6** 原兽:即田兽,指打猎。 **7** 尨圉(máng yǔ):与武罗等均为后羿的贤臣。寒浞(zhuó):人名,后杀后羿取而代之。 **8** 伯明后寒:即寒后伯明,寒国之君。 **9** 夷羿:即后羿。 **10** 虞:同“娱”。 **11** 树:扶植。诈慝:奸诈邪恶之人。 **12** 悛:悔改。 **13** 亨:同“烹”。 **14** 诸:之。 **15** 穷门:穷国之门。

“靡奔有鬲氏[1]。浞因羿室[2],生浇及豷,恃其谗慝诈伪而不德于民。使浇用师,灭斟灌及斟寻氏[3]。处浇于过,处豷于戈[4]。靡自有鬲氏,收二国之烬[5],以灭浞而立少康[6]。少康灭浇于过,后杼灭豷于戈[7]。

“后羿的臣子靡逃亡到有鬲氏部落。寒浞霸占了后羿的妻妾,生了浇和豷,凭着他的邪恶奸诈,对百姓不施德政。派浇发兵,灭亡了斟灌和斟寻氏部落。让浇驻守过地,让豷驻守戈地。靡在有鬲氏部落,收罗斟灌和斟寻两国的遗民,灭亡了寒浞,然后立了少康。少康在过地灭了浇,后杼则在

有穷由是遂亡，失人故也。昔周辛甲之为大史也[8]，命百官，官箴王阙[9]。于《虞人之箴》曰[10]：‘芒芒禹迹，画为九州[11]，经启九道[12]。民有寝庙，兽有茂草，各有攸处[13]，德用不扰[14]。在帝夷羿，冒于原兽[15]，忘其国恤，而思其麀牡[16]。武不可重[17]，用不恢于夏家[18]。兽臣司原[19]，敢告仆夫[20]。’《虞箴》如是，可不惩乎[21]？”于是晋侯好田，故魏绛及之。

戈地消灭了豷。有穷从此就灭亡了，这是失去了贤人的缘故。过去周朝的辛甲担任太史，命令百官劝谏天子的过错。在《虞人之箴》中说：“大禹所到的地方辽远广阔，划分为九个州，开辟了很多道路。百姓有房屋和祖庙，禽兽有丰茂的草料，人兽各有所居，互不干扰。后羿作为君王，贪恋打猎，忘记了国家的忧患，一心只想着野兽。田猎不能过分，过分了就不利于夏王朝。兽臣主管田猎，所以我才敢以此报告国君。’《虞箴》这样说，能不引起警惕吗？”这时晋悼公正喜欢打猎，所以魏绛才提到这件事。

注释 1 靡：后羿的臣子。有鬲氏：部落名。 2 因羿室：占有后羿的妻妾。 3 斟灌、斟寻氏：都是部落名。 4 过、戈：都是部落名。 5 烬：遗民。 6 少康：夏代君王名。 7 后杼：少康之子。 8 辛甲：本殷臣，后奔周，为周公卿。 9 箴：劝谏。阙：过失。 10《虞人之箴》：《书》篇名。虞人，负责田猎的官员。 11 画：划分。 12 经启：开辟。九：泛指多。 13 攸：所。 14 德用不扰：是说人与兽互不干扰。 15 冒：贪。 16 麀(yōu)：母鹿，泛指母兽。牡：公兽。 17 武：指田猎。 18 恢：扩大。 19 司原：主管田猎。 20 仆夫：仆人。此处指称君主，等于说“左右”。 21 惩：警戒。

公曰:“然则莫如和戎乎?”对曰:“和戎有五利焉:戎狄荐居[1],贵货易土[2],土可贾焉[3],一也。边鄙不耸[4],民狎其野[5],穑人成功[6],二也。戎狄事晋,四邻振动,诸侯威怀[7],三也。以德绥戎,师徒不勤,甲兵不顿[8],四也。鉴于后羿,而用德度,远至迩安[9],五也。君其图之!”

公说,使魏绛盟诸戎,修民事,田以时。

冬,十月,邾人、莒人伐鄫。臧纥救鄫[10],侵邾,败于狐骀[11]。国人逆丧者皆髽[12]。鲁于是乎始髽。国人诵之曰[13]:“臧之狐裘,败我于狐骀。我君小子[14],朱儒是使[15]。朱儒!朱儒!使我败于邾。”

晋悼公说:“那么没有比跟戎狄讲和更好的办法了吗?”魏绛回答说:“与戎狄讲和有五点好处:戎狄择水草之地而居,看重财物而轻视土地,他们的土地可以买过来,这是第一点。讲和后边界地区的百姓不再担惊受怕,可以安心耕种,农人可以丰收,这是第二点。戎狄侍奉晋国,四邻的国家必然受震动,诸侯会因为我们的国威而顺服,这是第三点。用德行安抚戎狄,不必动用军队,武器也不会受损失,这是第四点。以后羿的教训为借鉴,推行德政和法度,远方的国家就会前来朝拜,邻近的国家也会安心,这是第五点。请国君您考虑一下!”

晋悼公很高兴,派魏绛和戎狄结盟,治理百姓的事务,打猎不再违背农时。

冬天,十月,邾人、莒人攻打鄫国。臧纥率兵救援鄫国,攻打邾国,在狐骀被打败。鲁国人迎接阵亡将士尸体回国,都以麻束发。鲁国从此开始流行以麻束发的丧葬习俗。国人讽刺说:“臧纥穿着狐皮袄,致使我军在狐骀被打败。我们国君太年幼,竟派一个侏儒去打仗。侏儒!侏儒!使我国败给邾国。”

注释 1 荐居：逐水草而居。荐，草。 2 易：轻视。 3 贾（gǔ）：买。 4 不耸：不害怕。 5 狎：亲近。 6 穑（sè）人：农人。 7 威怀：因国威而慑服。 8 顿：坏。 9 迩：近。 10 臧纥：即臧孙纥，字武仲，鲁臣。 11 狐骀（tái）：邾地，在今山东滕州东南狐山下。 12 髽（zhuā）：妇人丧服，即以麻束发，去簪。 13 诵：讽。 14 小子：指鲁襄公。 15 朱儒：即侏儒，指臧纥。

襄公五年

【经】

五年春，公至自晋。

夏，郑伯使公子发来聘。

叔孙豹、鄫世子巫如晋[1]。

仲孙蔑、卫孙林父会吴于善道[2]。

秋，大雩。

楚杀其大夫公子壬夫。

公会晋侯、宋公、陈侯、卫侯、郑伯、曹伯、莒子、邾子、滕子、薛伯、齐世子光、吴人、鄫人于戚。

公至自会。

五年春天，襄公从晋国回国。

夏天，郑僖公派公子发前来聘问。

叔孙豹和鄫国太子巫到晋国。

仲孙蔑、卫国孙林父在善道和吴国会谈。

秋天，鲁国举行了求雨的祭祀。

楚国杀掉了他们的大夫公子壬夫。

襄公和晋悼公、宋平公、陈哀公、卫献公、郑僖公、曹成公、莒子、邾子、滕子、薛伯、齐国的太子光、吴国人、鄫国人在戚地举行盟会。

襄公从会盟地回国。

冬，戍陈。

楚公子贞帅师伐陈。

公会晋侯、宋公、卫侯、郑伯、曹伯、莒子、邾子、滕子、薛伯、齐世子光救陈。

十有二月，公至自救陈。

辛未，季孙行父卒。

冬天，诸侯们发兵戍守陈国。

楚国的公子贞率军攻打陈国。

襄公会合晋悼公、宋平公、卫献公、郑僖公、曹成公、莒子、邾子、滕子、薛伯、齐国的太子光救援陈国。

十二月，襄公从救陈前线回国。

二十日，季孙行父去世。

注释 1 世子：太子。 2 善道：吴国地名，在今江苏盱眙东北。

【传】

五年春，公至自晋。

王使王叔陈生诉戎于晋[1]，晋人执之。士鲂如京师，言王叔之贰于戎也。

夏，郑子国来聘[2]，通嗣君也。

穆叔觌鄫大子于晋[3]，以成属鄫。书曰："叔孙豹、鄫大子巫如晋。"言比诸鲁大夫也。

吴子使寿越如晋，辞

五年春天，襄公从晋国回国。

周天子派王叔陈生到晋国控告戎人，晋国人拘留了他。士鲂到京城，说王叔与戎人勾结。

夏天，郑国的子国来鲁国聘问，是为新即位的郑僖公谋求友好。

穆叔带着鄫国的太子去晋国会见，以期促成鄫国归属鲁国。《春秋》记载说："叔孙豹、鄫太子巫如晋。"意思是把鄫国太子当作鲁国的大夫一样。

吴王派寿越到晋国，说明没有参

不会于鸡泽之故，且请听诸侯之好。晋人将为之合诸侯，使鲁、卫先会吴，且告会期。故孟献子、孙文子会吴于善道。

加鸡泽盟会的缘故，并且请求与诸侯友好。晋国人为此准备再次会合诸侯，于是派鲁国、卫国先和吴国会谈，并且告诉吴国会谈的日期。因此孟献子和孙文子在善道和吴国举行了会谈。

注释 1 王叔陈生：周朝卿士。 2 子国：即公子发。 3 觌(dí)：相见。

秋，大雩，旱也。

楚人讨陈叛故，曰："由令尹子辛实侵欲焉。"乃杀之。书曰："楚杀其大夫公子壬夫。"贪也。

君子谓："楚共王于是不刑[1]。《诗》曰[2]：'周道挺挺，我心扃扃，讲事不令，集人来定。'己则无信，而杀人以逞，不亦难乎？《夏书》曰：'成允成功[3]。'"

九月丙午，盟于戚，会吴，且命戍陈也。

穆叔以属鄫为

秋天，举行了大规模的求雨活动，因为天气干旱。

楚国人质问陈国为什么背叛楚国，陈国回答说："是因为贵国的令尹子辛总想满足他侵害我国的欲望。"楚国于是杀了令尹子辛。《春秋》记载说："楚杀其大夫公子壬夫。"是因为子辛贪婪。

君子认为："楚共王在这件事上处刑不当。《诗》说：'大道平坦笔直，我的心中洞察分明，处理事情不当，就召集贤人来商定。'自己不讲信用，反而用杀人的办法来满足一时的快意，要想把国家治理好不是很困难吗？《夏书》说：'有了信用，才能成功。'"

九月二十三日，襄公会同诸侯在戚地举行盟会，和吴国会谈，并且决定派兵戍守陈国。

穆叔认为鄫国归属鲁国后对鲁国不

不利，使鄫大夫听命于会。

利，于是他就让鄫国大夫到会听取盟主的命令。

注释 1 不刑：处刑不当。 2《诗》：所引诗句不在今《诗经》中，可能是逸诗。 3 允：信，信用。

楚子囊为令尹[1]。范宣子曰："我丧陈矣。楚人讨贰而立子囊，必改行而疾讨陈[2]。陈近于楚，民朝夕急，能无往乎？有陈，非吾事也，无之而后可。"

楚国的子囊担任令尹。晋大夫范宣子说："我们要失去陈国了。楚国人讨伐了生二心的陈国之后让子囊任令尹，必然会改变子辛的做法而尽快讨伐陈国。陈国与楚国很近，百姓早晚担心楚国入侵，他们还能不归服楚国吗？保住陈国，不是我们所能做得到的事情，放弃陈国，以后还好办些。"

冬，诸侯戍陈。子囊伐陈。十一月甲午，会于城棣以救之。

冬天，诸侯发兵戍守陈国。子囊率兵攻打陈国。十一月十二日，诸侯率军在城棣会合，前往救援陈国。

季文子卒。大夫入敛，公在位。宰庀家器为葬备[3]，无衣帛之妾，无食粟之马，无藏金玉，无重器备。君子是以知季文子之忠于公室也。相三君矣，而无私积，可不谓忠乎？

季文子去世。按惯例大夫入殓，襄公亲自参加。季文子的家臣准备家里的器物作为他的葬具，人们发现季文子的妻妾不穿丝绸，马匹不吃粟，没有收藏金银玉器，没有双份的器物。君子们因此知道了季文子对公室的忠心耿耿。他先后辅佐了三个国君，却没有私人积蓄，能不说他忠心耿耿吗？

注释 1子囊：即公子贞。 2改行：改变子辛的做法。 3宰：家宰，家臣之首。庀(pǐ)：具备，准备。

襄公六年

【经】

六年春，王三月壬午，杞伯姑容卒。

夏，宋华弱来奔。

秋，葬杞桓公。

滕子来朝。

莒人灭鄫。

冬，叔孙豹如邾。

季孙宿如晋。

十有二月，齐侯灭莱。

六年春天，周历三月二日，杞桓公姑容去世。

夏天，宋国的华弱逃亡到鲁国。

秋天，安葬杞桓公。

滕子来鲁国朝见。

莒国人灭亡了鄫国。

冬天，叔孙豹前往邾国。

季孙宿前往晋国。

十二月，齐灵公灭掉了莱国。

【传】

六年春，杞桓公卒。始赴以名，同盟故也。

宋华弱与乐辔少相狎，长相优[1]，又相谤也。子荡怒[2]，以弓梏

六年春天，杞桓公去世。首次在讣告上书写杞国君主的名字，是由于同盟友好的缘故。

宋国的华弱与乐辔从小就很要好，长大后互相戏谑，又彼此攻击。有一次乐辔发怒，在朝廷上用弓套住华弱的脖子。宋

华弱于朝[3]。平公见之,曰:“司武而梏于朝[4],难以胜矣。”遂逐之。夏,宋华弱来奔。

平公看见了,说:“统领军事的司马却被人在朝廷上套住了脖子,打仗一定难以取胜。”于是把华弱驱逐出国。夏天,宋国的华弱逃亡到鲁国。

司城子罕曰:“同罪异罚,非刑也。专戮于朝[5],罪孰大焉?”亦逐子荡。子荡射子罕之门,曰:“几日而不我从?”子罕善之如初。

司城子罕说:“同样的罪却受到不同的处罚,这是不合刑法的。在朝廷上专横地侮辱别人,还有比这更大的罪吗?”于是也要驱逐乐辔。乐辔用箭射子罕的门,说:“几天后你就不是要和我一样被赶出国了吗?”子罕只好仍像过去一样优待他。

秋,滕成公来朝,始朝公也。

秋天,滕成公前来鲁国朝见,这是他首次朝见襄公。

莒人灭鄫,鄫恃赂也。

莒国人灭亡了鄫国,是由于鄫国倚仗送了财礼而放松戒备的缘故。

注释 1 优:戏谑。 2 子荡:即乐辔。 3 梏:套住。 4 司武:即司马。 5 专戮:专横地羞辱他人。

冬,穆叔如邾聘,且修平。

冬天,穆叔到邾国聘问,重修两国之好。

晋人以鄫故来讨,曰:“何故亡鄫?”季武子如晋见,且听命。

晋国人因为鄫国被灭亡的缘故前来责问鲁国,说:“为什么要让鄫国灭亡?”季武子到晋国会见,并且听候处置。

十一月,齐侯灭莱,莱恃谋也[1]。

十一月,齐灵公灭掉了莱国,这是因为莱国倚仗计谋不设防备才造成的。

于郑子国之来聘也，四月。晏弱城东阳，而遂围莱。甲寅，堙之环城[2]，傅于堞[3]。及杞桓公卒之月，乙未，王湫帅师及正舆子、棠人军齐师[4]，齐师大败之。丁未，入莱。莱共公浮柔奔棠，正舆子、王湫奔莒，莒人杀之。四月，陈无宇献莱宗器于襄宫[5]。晏弱围棠，十一月丙辰[6]，而灭之。迁莱于郳。高厚、崔杼定其田。

当郑国的子国来鲁国访问时，正是去年四月。齐国的晏弱在东阳筑城，然后就包围了莱国。甲寅日，在莱城四周堆起土山，高至城上的墙垛。到杞桓公去世的那个月，十五日，王湫率军和正舆子、棠人攻打齐军，齐军把他们打得大败。二十七日，齐军进入莱城。莱共公浮柔逃亡到棠地，正舆子和王湫逃亡到莒国，莒国人杀了他们。四月，齐国的陈无宇把莱国宗庙的宝器献到了齐襄公庙里。晏弱包围了棠地，十二月十日，灭掉了它。于是把莱国的百姓迁到了郳地。高厚和崔杼负责分配莱国的土地。

注释 1 恃谋：指赂夙沙卫之谋，事见襄公二年。 2 堙(yīn)：小土山，此处用作动词。 3 傅：通“附”。堞：城上如齿状的矮墙。 4 军：抵御。 5 陈无宇：即陈桓子，齐臣。襄宫：齐襄公宗庙。 6 十一月：当为十二月。

襄公七年

【经】

七年春，郯子来朝。

夏，四月，三卜郊，不

七年春天，郯子来鲁国朝见。

夏天，四月，鲁国为举行郊祭占

从，乃免牲。

小邾子来朝。

城费。

秋，季孙宿如卫。

八月，螽。

冬，十月，卫侯使孙林父来聘。壬戌，及孙林父盟。

楚公子贞帅师围陈。

十有二月，公会晋侯、宋公、陈侯、卫侯、曹伯、莒子、邾子于鄬。

郑伯髡顽如会，未见诸侯。丙戌，卒于鄵。

陈侯逃归。

卜了三次，不吉利，于是就释放备用的祭牛。

小邾国的国君前来鲁国朝见。

在费地筑城。

秋天，季孙宿到卫国。

八月，发生了虫害。

冬天，十月，卫献公派孙林父来鲁国访问。二十一日，与孙林父会盟。

楚国的公子贞率军包围了陈国。

十二月，襄公与晋悼公、宋平公、陈哀公、卫献公、曹成公、莒子、邾子在鄬地聚会。

郑僖公髡顽到会，没有见到诸侯。丙戌日，在鄵地去世。

陈哀公逃回国内。

【传】

七年春，郯子来朝，始朝公也。

夏，四月，三卜郊，不从，乃免牲。

孟献子曰："吾乃今而后知有卜筮。夫郊，祀后稷以祈农事也，是故

七年春天，郯子前来鲁国朝见，这是他第一次朝见襄公。

夏天，四月，为举行郊祭三次占卜，都不吉利，于是释放备用的祭牛。

孟献子说："我现在才知道占卜和占筮的作用。郊祭，是祭祀后稷，祈求农业丰收，因此在启蛰这一天举

启蛰而郊[1],郊而后耕。今既耕而卜郊,宜其不从也。”

行郊祭,郊祭后才开始耕种。如今已经开始耕种,才为郊祭占卜,难怪不吉利。”

南遗为费宰[2]。叔仲昭伯为隧正[3],欲善季氏,而求媚于南遗,谓遗:“请城费,吾多与而役。”故季氏城费。

南遗担任费邑的县宰。叔仲昭伯担任隧正,他想巴结季氏,于是就讨好南遗,对南遗说:“请季氏在费邑筑城,我多派给你劳力。”因此季氏在费邑筑城。

小邾穆公来朝,亦始朝公也。

小邾国穆公来鲁国朝见,也是第一次朝见襄公。

秋,季武子如卫,报子叔之聘,且辞缓报,非贰也。

秋天,季武子到卫国,对子叔在襄公元年对鲁国的访问进行回访,并且说明迟迟才回访,并非对卫国有二心。

注释 1启蛰:古节气名,即今惊蛰。 2费宰:费邑县宰。 3叔仲昭伯:人名。隧正:即遂人,掌管徒役。

冬,十月,晋韩献子告老。公族穆子有废疾[1],将立之。辞曰:“《诗》曰:‘岂不夙夜?谓行多露[2]。’又曰:‘弗躬弗亲,庶民弗信[3]。’无忌不才,让,其可乎?请立起也[4]。与田苏游[5],

冬天,十月,晋国的韩献子告老退休。他的长子穆子有残疾,晋悼公准备立他为卿。穆子推辞说:“《诗》说:‘难道我不是早晚都想来?只是途中露水太多。’又说:‘如果不是亲理政事,百姓就不信服。’我韩无忌没有才干,让给别人,可不可以呢?请求国君立韩起为卿。韩起与田苏交游,田苏说他好行仁义。《诗》

而曰好仁。《诗》曰:'靖共尔位,好是正直。神之听之,介尔景福[6]。'恤民为德,正直为正,正曲为直,参和为仁[7]。如是,则神听之,介福降之[8]。立之,不亦可乎?"庚戌,使宣子朝[9],遂老。晋侯谓韩无忌仁,使掌公族大夫。

说:'忠于你的职守,起用正直的人。神灵听说了之后,就会赐给你大福。'怜悯百姓就是德,正直无邪就是正,纠正偏邪就是直,将这三者统一为一体就是仁。像这样,神灵就会听到,降给你大福。立韩起为卿,不也是可以的吗?"九日,让韩起朝见悼公,于是让韩献子告老退休。晋悼公认为韩无忌有仁义之心,就让他掌管公族大夫。

注释 1 穆子:韩献子的长子。废疾:残疾。 2"岂不夙夜"二句:引自《诗经·召南·行露》篇。 3"弗躬弗亲"二句:引自《诗经·小雅·节南山》篇。 4 起:穆子之弟。 5 田苏:晋国贤人。 6"靖共尔位"四句:引自《诗经·小雅·小明》篇。介:给予,施予。景:大。 7 参(sān):配合成三的。 8 介福:大福。 9 宣子:即韩起。

卫孙文子来聘,且拜武子之言,而寻孙桓子之盟[1]。公登亦登。叔孙穆子相,趋进曰:"诸侯之会,寡君未尝后卫君。今吾子不后寡君,寡君未知所过。吾子其少安[2]!"孙子无辞,亦

卫国的孙文子来鲁国访问,同时对季武子访卫时的解释进行答谢,之后两国又重温了孙桓子访问鲁国时签订的盟约。会见时孙文子与襄公并肩而行,襄公登上一级台阶,孙文子也登上一级台阶。叔孙穆子担任相礼,他急步上前说:"诸侯会盟时,我们国君没有走在卫国国君之后。现在您不走在我们国君之后,我们国君不知道他有什么过错而致使您如此轻视他。您还是稍慢一点

无悛容[3]。

穆叔曰："孙子必亡。为臣而君[4]，过而不悛，亡之本也。《诗》曰：'退食自公，委蛇委蛇[5]。'谓从者也。衡而委蛇必折[6]。"

楚子囊围陈，会于鄬以救之。

吧！"孙文子不解释，但也没有悔愧的表情。

穆叔说："孙文子必然灭亡。身为臣子却摆出国君的架子，犯了过错又不悔改，这是一个人灭亡的根本原因。《诗》说：'从朝廷回家吃饭，神态从容谦恭。'说的就是谦恭顺从的人。专横无礼却还洋洋自得的人必定毁灭。"

楚国的子囊包围了陈国，襄公与诸侯们在鄬地会合，然后发兵救援陈国。

注释 1 孙桓子：即孙良夫，孙文子之父。 2 少安：稍停。 3 悛容：悔改之色。 4 君：像国君，用作动词。 5"退食自公"二句：引自《诗经·召南·羔羊》篇。退食自公：即自公退食，从朝廷回家吃饭。委蛇(yí)：从容安详的样子。 6 衡：同"横"，专横。折：毁折，毁灭。

郑僖公之为大子也，于成之十六年，与子罕适晋，不礼焉。又与子丰适楚，亦不礼焉。及其元年[1]，朝于晋，子丰欲诉诸晋而废之，子罕止之。及将会于鄬，子驷相，又不礼焉。侍者谏，不听，又谏，杀之。及鄵[2]，子驷使贼夜弑僖公，而以疟疾赴于诸

郑僖公做太子的时候，在鲁成公十六年和郑国的子罕到晋国，没有礼貌。又和子丰到楚国，也没有礼貌。等到他即位的元年，到晋国朝见时，子丰想向晋国控告他以便废掉他，子罕制止了。等到将要在鄬地会见时，子驷担任相礼，僖公还是没有礼貌。侍者劝谏他，他不听，再次劝谏，他就杀了侍者。到了鄵地，子驷派贼人在夜里杀掉了僖公，而以暴病致死不能与会讣告诸侯。

侯[3]。简公生五年[4],奉而立之。

简公当年五岁,臣子们立他为国君。

陈人患楚。庆虎、庆寅谓楚人曰[5]:“吾使公子黄往而执之[6]。”楚人从之。二庆使告陈侯于会,曰:“楚人执公子黄矣,君若不来,群臣不忍社稷宗庙,惧有二图[7]。”陈侯逃归。

陈国人担忧楚国。庆虎、庆寅对楚国人说:“我们让公子黄前往贵国。你们把他抓起来。”楚国人听从了他们的建议。于是庆虎、庆寅派人到会盟地告诉陈哀公,说:“楚国人抓住了公子黄,您如果不赶回来,群臣们不忍心国家灭亡,恐怕会有别的想法。”于是陈哀公就从盟会上逃回国了。

注释 1 元年:郑僖公元年,当为鲁襄公三年。 2 鄵(cào):郑国地名。 3 疟疾:暴病。赴:同“讣”。 4 简公:郑僖公之子。 5 庆虎、庆寅:陈国执政大臣。 6 公子黄:陈哀公之弟。 7 二图:二心,别的打算。

襄公八年

【经】

八年春,王正月,公如晋。

八年春天,周历正月,襄公到晋国。

夏,葬郑僖公。

夏天,安葬郑僖公。

郑人侵蔡,获蔡公子燮。

郑国人入侵蔡国,抓获了蔡国的公子燮。

季孙宿会晋侯、郑伯、齐人、宋人、卫人、邾人

季孙宿在邢丘与晋悼公、郑简公、齐国人、宋国人、卫国人、邾国人会见。

于邢丘。

公至自晋。

莒人伐我东鄙。

秋，九月，大雩。

冬，楚公子贞帅师伐郑。

晋侯使士匄来聘。

襄公从晋国回国。

莒国人攻打我国东部边境地区。

秋天，九月，举行大规模的求雨活动。

冬天，楚国的公子贞率军攻打郑国。

晋悼公派士匄来鲁国访问。

【传】

八年春，公如晋朝，且听朝聘之数[1]。

郑群公子以僖公之死也，谋子驷。子驷先之[2]。夏，四月庚辰，辟杀子狐、子熙、子侯、子丁[3]。孙击、孙恶出奔卫[4]。

庚寅，郑子国、子耳侵蔡，获蔡司马公子燮。郑人皆喜，唯子产不顺[5]，曰："小国无文德，而有武功，祸莫大焉。楚人来讨，能勿从乎？从之，晋师必至。晋、楚伐郑，自今郑国，不四五年，弗

八年春天，襄公到晋国朝见，同时请示每年朝聘时需要贡献的财物的数目。

郑国的公子们因僖公的死，谋划除掉子驷。子驷比他们先下手。夏天，四月十二日，以罪名杀掉了子狐、子熙、子侯、子丁。孙击、孙恶出逃到卫国。

二十二日，郑国的子国、子耳入侵蔡国，俘虏了蔡国的司马公子燮。郑国人都很高兴，只有子产一个人没有附和，他说："一个小国没有文治，却有武功，没有比这更大的祸患了。如果楚国人前来讨伐，能不顺从他们吗？如果顺从了楚国，晋军必然又前来讨伐。晋国、楚国讨伐郑国，从今以后，郑国至少有

得宁矣。”子国怒之曰：“尔何知？国有大命，而有正卿，童子言焉，将为戮矣。”

四五年不得安宁了。”子国对子产生气地说：“你知道什么？国家有重大命令，自然有正卿发布，小孩子胡言乱语，是要被杀的。”

注释 1 数：贡献财物的数目。 2 先之：先于他们下手。 3 辟：罪。 4 孙击、孙恶：疑为子狐之子。 5 子产：子国之子。顺：顺从附和。

五月甲辰，会于邢丘，以命朝聘之数，使诸侯之大夫听命。季孙宿、齐高厚、宋向戌、卫甯殖、邾大夫会之。郑伯献捷于会，故亲听命。大夫不书，尊晋侯也。

五月七日，诸侯在邢丘举行了会见，会上晋国确定了各国进贡的财物数目，让诸侯的大夫听取命令。季武子、齐国的高厚、宋国的向戌、卫国的甯殖、邾国的大夫参加了会见。郑简公向主持会见的晋悼公进献郑蔡之战的战利品，所以亲自到会听命。《春秋》没有记载各国大夫的名字，这是表示对晋悼公的尊敬。

莒人伐我东鄙，以疆鄫田[1]。

莒国人攻打我国东部边境，想以此划定鄫国土地的疆界。

秋，九月，大雩，旱也。

秋天，九月，举行盛大的求雨活动，因为大旱。

冬，楚子囊伐郑，讨其侵蔡也。子驷、子国、子耳欲从楚，子孔、子蟜、子展欲待晋。子驷曰：“《周诗》有之曰[2]：‘俟河之清，人寿几何？兆云询

冬天，楚国的子囊攻打郑国，是为了讨伐它入侵蔡国。子驷、子国、子耳想顺从楚国，子孔、子蟜、子展打算抵抗楚军以等待晋军的援救。子驷说：“《周诗》中有这样的话：‘如果等到黄河水澄清，人

多[3],职竞作罗[4]。'谋之多族[5],民之多违,事滋无成[6]。民急矣,姑从楚以纾吾民[7]。晋师至,吾又从之。敬共币帛,以待来者,小国之道也。牺牲玉帛,待于二竟[8],以待强者而庇民焉。寇不为害,民不罢病[9],不亦可乎?"

的寿命有多长?占卜次数太多,只能是自作罗网。'与很多人谋划,众说纷纭,百姓无所适从,事情就更加难以办成。百姓已万分危急,暂且顺从楚国以缓解百姓的灾难。晋军到了,我们再投靠他们。恭敬地供给财礼,等待大国到来,这是小国的生存之道。带着祭祀用的牛羊玉帛,等候在我国和晋、楚两国的边境上,以等待他们这些强国来保护我们的百姓。这样敌寇不为害,百姓不因战争而疲顿不堪,不也是可以的吗?"

注释 1疆:划定疆界,用作动词。 2《周诗》:以下所引为逸诗,今本无。3兆:卜。云:语气词。询:信,实。 4职:当。竞:语气词。 5多族:多人。6滋:更加。 7纾:缓。 8二竟:指郑国与楚国和晋国的边境。竟,同"境"。9罢:通"疲"。

子展曰:"小所以事大,信也。小国无信,兵乱日至,亡无日矣。五会之信[1],今将背之,虽楚救我,将安用之?亲我无成[2],鄙我是欲[3],不可从也。不如待晋。晋君方明,四军无阙,八卿和睦,必不弃郑。楚

子展说:"小国用来侍奉大国的东西,是信用。如果小国不讲信用,战乱随时都会发生,亡国也就没有几天了。五次会盟与晋国订立的盟约,现在打算背弃它,虽然有楚国救援我们,又能有什么用?楚国亲近我们不会有好结果,想把我国作为他们的边邑,才是他们真正想得到的,不能顺从楚国。不如等待晋军。晋悼公正是贤明的时候,四军完备无缺,八卿

师辽远，粮食将尽，必将速归，何患焉？舍之闻之[4]：'杖莫如信[5]。'完守以老楚[6]，杖信以待晋，不亦可乎？"

和睦，一定不会抛弃郑国。楚军远道而来，粮食将要吃完，肯定要很快回国，有什么可怕的呢？我听说：'依靠别的东西，不如依靠信用。'加强守备，让楚军失去斗志，依靠信用等待晋军，不也可以吗？"

子驷曰："《诗》云：'谋夫孔多，是用不集。发言盈庭，谁敢执其咎？如匪行迈谋，是用不得于道[7]。'请从楚，騑也受其咎[8]。"乃及楚平。

子驷说："《诗》说：'谋划的人太多，因此难以作出决断。发言的人满庭，但又有谁敢于承担责任？就好比一个人一边走路一边和人商量事情，因此一无所得。'请求顺从楚国，我来承担这一责任。"于是郑国就和楚国讲和。

注释 1 五会：指在鸡泽、戚、城棣、鄬和邢丘的五次会盟。 2 无成：无终，没有好结果。 3 鄙我：把我国当作边鄙。 4 舍之：子展名。 5 杖：依仗。 6 完守：坚固防守。老楚：使楚军失去斗志。老，用作动词。 7 "谋夫孔多"六句：引自《诗经・小雅・小旻》篇。孔：甚，太。集：成就。匪行迈谋：意为他们一边走路一边和人谋划事情。 8 騑(fēi)：即子驷。

使王子伯骈告于晋[1]，曰："君命敝邑：'修而车赋[2]，儆而师徒[3]，以讨乱略[4]。'蔡人不从，敝邑之人，不敢宁处，悉索敝赋[5]，以讨于蔡，获司马燮，献于邢丘。今楚来讨曰：'女

派王子伯骈到晋国报告，说："君王曾命令我国：'修好你们的兵车，告诫你们的官兵，准备讨伐叛乱者。'蔡国人不肯顺从，我国的人也不能安居，招集我国所有的兵力，讨伐蔡国，俘虏了蔡国的司马燮，并献到了邢丘的诸侯盟会上。现在楚国来讨伐我们说：

何故称兵于蔡?’焚我郊保[6],冯陵我城郭[7]。敝邑之众,夫妇男女,不遑启处[8],以相救也。翦焉倾覆[9],无所控告。民死亡者,非其父兄,即其子弟。夫人愁痛,不知所庇。民知穷困,而受盟于楚,孤也与其二三臣不能禁止。不敢不告。”

知武子使行人子员对之曰:“君有楚命,亦不使一个行李告于寡君[10],而即安于楚,君之所欲也,谁敢违君?寡君将帅诸侯以见于城下,唯君图之!”

‘你们为什么对蔡国用兵?’并且焚烧了我国郊外的城堡,进犯我国的城郭。我国百姓,不论夫妻男女,无暇休息,互相救援。国家将要倾覆灭亡,却无处控告。百姓中死去的,不是他们的父兄,就是他们的子弟。人人忧愁悲伤,不知哪里是护身的地方。百姓知道已经走投无路,只得接受楚国的盟约,我和手下的臣子也不能禁止。这件事我们不敢不报告给贵国。”

荀䓨派外交官子员对王子伯骈说:“贵国遭到楚国的讨伐,也不派一个使臣来告诉我们国君,就向楚国屈服,这是贵国国君的希望,谁能违抗呢?我们国君将率领诸侯和你们在城下相见,请贵国国君慎重考虑!”

注释 1 王子伯骈:郑国大夫。 2 而:你。车赋:兵车。 3 儆:告诫。 4 乱略:扰乱疆界者。 5 悉索:全部收集。敝赋:兵力。 6 保:城堡。 7 冯(píng)陵:欺凌。冯,同“凭”。 8 不遑:无暇。启处:安居。 9 翦:翦灭。 10 一个:一介。行李:使臣。

晋范宣子来聘,且拜公之辱,告将用师于郑。公享之,宣子赋《摽

晋国的范宣子来鲁国访问,答谢襄公在春天对晋国的朝见,同时通报准备对郑国用兵。襄公设宴款待范宣子,宣子在宴

有梅》[1]。季武子曰:"谁敢哉?今譬于草木,寡君在君,君之臭味也[2]。欢以承命,何时之有?"武子赋《角弓》[3]。宾将出,武子赋《彤弓》[4]。宣子曰:"城濮之役,我先君文公献功于衡雍,受彤弓于襄王,以为子孙藏[5]。匄也[6],先君守官之嗣也,敢不承命?"君子以为知礼。

席上吟诵了《摽有梅》这首诗。季武子说:"谁敢不及时出兵呢?现在用草木打比方,我们国君对贵国国君来说,就好像是草木散发出来的气味。高兴地接受贵国的命令,哪里会有时间上的早晚?"季武子接着吟诵了《角弓》一诗。客人将要退出宴席时,季武子又吟诵了《彤弓》一诗。范宣子说:"当年城濮之战,我国先君文公曾到衡雍向周天子进献战果,接受了襄王赠送的一把红色的弓,作为子孙的宝藏。我士匄是先君大臣的后代,怎敢不接受您的命令呢?"君子认为宣子懂得礼。

注释 1《摽有梅》:《诗经·召南》篇名。诗意为男女婚配应及时。2 臭(xiù)味:气味。 3《角弓》:《诗经·小雅》篇名。 4《彤弓》:《诗经·小雅》篇名。 5 藏:宝藏。 6 匄:士匄,即范宣子。

襄公九年

【经】

九年春,宋灾。

夏,季孙宿如晋。

五月辛酉,夫人姜氏薨。

秋八月癸未,葬我小君

九年春天,宋国发生火灾。

夏天,季孙宿到晋国。

五月二十九日,夫人姜氏去世。

穆姜。

冬，公会晋侯、宋公、卫侯、曹伯、莒子、邾子、滕子、薛伯、杞伯、小邾子、齐世子光伐郑。

十有二月己亥，同盟于戏[1]。

楚子伐郑。

秋天八月二十三日，安葬我国小君穆姜。

冬天，襄公会合晋悼公、宋平公、卫献公、曹成公、莒子、邾子、滕子、薛伯、杞孝公、小邾子、齐国太子光攻打郑国。

十二月十日，在戏地结盟。

楚共王讨伐郑国。

注释 1 十有二月：误，应为十一月。

【传】

九年春，宋灾。乐喜为司城以为政，使伯氏司里[1]。火所未至，彻小屋[2]，涂大屋[3]；陈畚挶[4]，具绠缶[5]，备水器；量轻重，蓄水潦，积土涂[6]；巡丈城，缮守备，表火道[7]。使华臣具正徒[8]，令隧正纳郊保[9]，奔火所。使华阅讨右官[10]，官庀其司[11]。向戌讨左，亦如之。使乐遄庀刑器，亦如之。使皇郧命校正出马[12]，工正

九年春天，宋国发生火灾。乐喜担任司城执掌政权，他派伯氏管理街巷。在火没有烧到的地方拆除小屋，用泥涂封大屋；准备运土工具、汲水的绳子和瓦罐，备齐盛水的器物；根据需求量储蓄用水，堆积泥土；巡视城郭，修缮守备，标记火的燃烧趋向。派华臣调集徒役，命令隧正调集郊外的徒卒，赶赴火灾区。派华阅管理右师各官，让他们各尽其职。派向戌管理左师各官，也让他们各尽其职。派乐遄准备刑具，也像华阅一样。派皇郧命

出车[13],备甲兵,庀武守[14]。使西鉏吾庀府守[15]。令司宫、巷伯儆宫[16]。二师令四乡正敬享[17],祝宗用马于四墉[18],祀盘庚于西门之外[19]。

令校正备好马匹,工正备好兵车和武器,保护武器仓库。派西鉏吾保护国库。他下令司宫、巷伯加强宫中守卫。左右二师命令四乡乡正祭祀神灵,让祝宗用马祭祀四方城池之神,在西门之外祭祀祖先盘庚。

注释 1 司里:管理街巷。 2 彻:通"撤",拆除。 3 涂:用泥涂封。 4 畚挶(jú):器具。 5 绠:绳索。缶:瓦罐。 6 土涂:泥土。 7 表:表记,标志。 8 具正徒:按规定征调徒役。 9 纳郊保:调郊外徒卒进入国都。 10 讨:主管,治理。 11 庀(pǐ):治理。 12 校正:司马下属官吏。 13 工正:司马下属官吏。 14 武守:守护武器库。 15 府守:守护国库。 16 司宫:宫内宦官之长。巷伯:主管宫内门户的官吏。 17 二师:左师、右师。乡正:乡大夫。 18 用马于四墉:杀马祭祀四门城隍。 19 盘庚:宋国远祖。

晋侯问于士弱曰:"吾闻之,宋灾,于是乎知有天道,何故?"对曰:"古之火正[1],或食于心[2],或食于咮[3],以出内火[4]。是故咮为鹑火,心为大火。陶唐氏之火正阏伯居商丘[5],祀大火,而火纪时焉。相土因之[6],故商主大

晋悼公问士弱说:"我听说,宋国发生了火灾,因此明白了自然规律,这是什么原因?"士弱回答说:"古代的火正之官在祭祀火星时,有时用心宿作陪祭,有时用柳宿作陪祭,因为火星是在这两个星宿之间运行。所以咮就是鹑火星,心宿就是大火星。陶唐氏的火正阏伯住在商丘,祭祀大火星,而用火星的移动来纪时。商朝的先祖相土沿袭了这个办法,因此商朝就以大火星作为祭祀的主星。商朝人观察

火[7]。商人阅其祸败之衅[8],必始于火[9],是以日知其有天道也。”公曰:“可必乎?”对曰:“在道[10]。国乱无象[11],不可知也。”

他们祸乱失败的征兆,一定是从火灾开始,因此过去他们就自以为掌握了自然规律。”晋悼公说:“这种规律一定能把握住吗?”士弱回答说:“这在于有道或无道。如果一个国家发生了动乱,上天不显示预兆,那就无法知道了。”

夏,季武子如晋,报宣子之聘也。

夏天,季武子到晋国,回报范宣子对鲁国的访问。

注释 1 火正:官名,职掌祭火星。 2 食于心:以心宿配祭。 3 咮(zhòu):星名,即柳宿。 4 以:因为。出内:等于说出入。 5 阏(è)伯:相传为高辛氏的后裔。 6 相土:商朝先祖。 7 主大火:以大火星为祭祀主星。 8 阅:考察。衅:预兆。 9 始于火:从火灾开始。 10 道:治乱之道。 11 象:征兆。

穆姜薨于东宫[1]。始往而筮之,遇艮之八䷖[2]。史曰:“是谓艮之随䷐[3]。随,其出也[4],君必速出。”姜曰:“亡[5]。是于《周易》曰:‘随,元、亨、利、贞,无咎。’元,体之长也[6];亨,嘉之会也[7];利,义之和也[8];贞,事之干也[9]。体仁足以长人[10],嘉德足以

穆姜在东宫去世。当初她搬到东宫时曾占筮,得到艮卦变为八䷖。太史说:“这是说艮卦变为随卦䷐。随表示出走,您一定要尽快搬出去。”穆姜说:“不用了。这卦象在《周易》中的解释是:‘随,元、亨、利、贞,无咎。’元,是身体的最高处;亨,表示主宾相会;利,是道义的总和;贞,是事物的根本。以仁为本体就能高于常人,使会见美好就能合乎礼仪,对别人有利就能总括道义,为

合礼[11],利物足以和义[12],贞固足以干事。然,故不可诬也[13],是以虽随无咎。今我妇人而与于乱,固在下位而有不仁,不可谓元;不靖国家,不可谓亨;作而害身,不可谓利;弃位而姣[14],不可谓贞。有四德者,随而无咎。我皆无之,岂随也哉?我则取恶,能无咎乎?必死于此,弗得出矣。"

人忠诚守信就能成就事业。做到这样,是不可欺的,因此即使遇到随卦也不会有灾祸。而现在我作为一个妇人却参与动乱,本来妇人地位低下却有了不仁义的行为,不能说是元;使国家动乱不安,不能说是亨;兴风作浪而害及自身,不能说是利;忘记未亡人的身份却爱好姣美,不能说是贞。具有元、亨、利、贞四德的人,即使遇到随卦也不会有灾祸。我一种也不具有,又怎能符合随卦的卦辞呢?我自取邪恶,能没有灾祸吗?我肯定要死在这里,不能出去了。"

注释 **1** 东宫:别宫名,非太子之宫。 **2** 遇艮之八:占筮的结果。得到了艮卦,变为八。杜预认为这是用《连山易》或《归藏易》,不是依据《周易》。 **3** 艮之随:艮变为随。 **4** 随其出也:随卦有随人出走之象。 **5** 亡:无,不用。 **6** 元:首。 **7** 亨:同"享"。凡嘉礼必有享礼,享礼有主有宾,故称会。 **8** 利,义之和也:利是道义的综合表现。利,指公利。 **9** 贞:忠信。干:本。 **10** 体仁:以仁为本体。长人:高于常人。 **11** 嘉德:嘉会。 **12** 利物:利人。 **13** 诬:欺。 **14** 弃位而姣:忘记未亡人的地位而打扮得姣好美丽。

秦景公使士雃乞师于楚[1],将以伐晋,楚子许之。子囊曰:"不可,当今吾不能与晋争。晋君类能

秦景公派士雃到楚国请求出兵,准备攻打晋国,楚共王同意了这一请求。子囊说:"不能这样,现在我国不能与晋国争雄。晋悼公按类型使用人才,

而使之[2]，举不失选[3]，官不易方[4]。其卿让于善，其大夫不失守，其士竞于教[5]，其庶人力于农穑，商工皂隶[6]，不知迁业[7]。韩厥老矣，知罃禀焉以为政[8]。范匄少于中行偃而上之，使佐中军。韩起少于栾黡，而栾黡、士鲂上之，使佐上军。魏绛多功，以赵武为贤而为之佐。君明臣忠，上让下竞。当是时也，晋不可敌，事之而后可。君其图之！”王曰：“吾既许之矣。虽不及晋，必将出师。”

选拔人才没有遗漏，任命官员不改变政策。他的卿把职务让给贤能之人，他的大夫恪尽职守，他的士致力于教化，他的百姓尽力耕种，他的工商杂役，安于本业。韩厥告老退休了，荀罃接替他执掌政权。范宣子比中行偃年轻，却位居中行偃之上，让他担任了中军副帅。韩起比栾黡年轻，栾黡和士鲂却让他位居自己之上，让他担任了上军副帅。魏绛有很多功劳，但他认为赵武贤能而甘愿做他的副手。国君贤明，臣子忠诚，上面谦让，下面尽力。在这时候，晋国不可匹敌，只有侍奉他们才行。请您考虑一下！”共王说：“我已经同意了。即使我们比不上晋国，也一定要出兵。”

秋，楚子师于武城以为秦援[9]。秦人侵晋。晋饥，弗能报也[10]。

秋天，楚共王进兵武城，作为对秦国的支援。秦国人入侵晋国。晋国正发生饥荒，因此不能回击。

注释 1士雃(qiān)：秦国大夫。 2类能：将能人分为不同类型。 3举：举拔。 4易方：改变政策。 5竞于教：致力于教化。 6皂隶：泛指贱役。 7迁业：改变职业。 8禀：接受，接替。 9武城：楚地，在今河南信阳东北。 10报：回报，报复。

冬，十月，诸侯伐

冬天，十月，诸侯攻打郑国。十一日，

郑。庚午，季武子、齐崔杼、宋皇郧从荀䓨、士匄门于鄟门[1]，卫北宫括、曹人、邾人从荀偃、韩起门于师之梁[2]，滕人、薛人从栾黡、士鲂门于北门，杞人、郳人从赵武、魏绛斩行栗[3]。甲戌，师于汜。令于诸侯曰："修器备，盛糇粮[4]，归老幼[5]，居疾于虎牢[6]，肆眚[7]，围郑。"

郑人恐，乃行成。中行献子曰："遂围之，以待楚人之救也而与之战。不然，无成。"知武子曰："许之盟而还师，以敝楚人。吾三分四军[8]，与诸侯之锐以逆来者，于我未病[9]，楚不能矣。犹愈于战[10]。暴骨以逞，不可以争。大劳未艾[11]，君子劳心，小人劳力，先王之制也[12]。"诸侯皆不欲战，乃许郑成。十一月己亥，同盟于戏，郑服也。

季武子、齐国的崔杼、宋国的皇郧随同荀䓨、士匄攻打郑都鄟门，卫国的北宫括、曹国人、邾国人随同荀偃、韩起攻打师之梁门，滕国人、薛国人随同栾黡、士鲂攻打北门，杞国人、郳国人随同赵武、魏绛砍除了道路边的栗树。十五日，联军驻扎在汜水之滨。晋悼公向诸侯下命令："整理武器装备，准备干粮，把老幼士卒送回去，让有病的士卒住到虎牢，宽恕那些有过失的人，围攻郑国。"

郑国人害怕了，于是求和。荀偃说："马上包围郑国，等候楚国人来救，再与他们作战。不这样，就不会有和谈。"知䓨说："同意和郑国结盟然后撤兵，让楚国人再去攻打郑国，使他们疲惫不堪。我们把四个军分成三部分，与诸侯的精锐部队迎击楚军，对我军来说不会疲乏，但楚军就不可能了。这种方法比决战更好。暴骨弃尸以图一时痛快，不能用这种方法和敌人争锋。更大的辛劳还在等着我们，君子用智慧取胜，小人靠力气取胜，这是先王的遗训。"于是诸侯都不想作战了，就同意和郑国讲和。十一月十日，在戏地结盟，这是由于郑国已经顺服了。

注释 1 鄟(zhuān)门:郑国都城东门。 2 师之梁:郑国都城西门。 3 行栗:道路旁的栗树。 4 糇(hóu)粮:干粮。 5 归老幼:送回老幼兵卒。 6 居疾于虎牢:让患病的士卒住在虎牢。 7 肆眚(shěng):宽恕过失。 8 三分四军:将四个军分为三部分。 9 未病:不疲乏。 10 愈于战:比决战好。 11 未艾:未了。 12 制:训示。

将盟,郑六卿公子骓、公子发、公子嘉、公孙辄、公孙虿、公孙舍之及其大夫、门子皆从郑伯[1]。晋士庄子为载书[2],曰:"自今日既盟之后,郑国而不唯晋命是听,而或有异志者,有如此盟。"公子骓趋进曰:"天祸郑国,使介居二大国之间。大国不加德音而乱以要之[3],使其鬼神不获歆其禋祀,其民人不获享其土利,夫妇辛苦垫隘[4],无所厎告[5]。自今日既盟之后,郑国而不唯有礼与强可以庇民者是从,而敢有异志者,亦如之。"荀偃曰:"改载书。"公孙舍之曰:"昭大

将要结盟,郑国的六个卿公子骓、公子发、公子嘉、公孙辄、公孙虿、公孙舍之和他们的大夫、卿的嫡子都跟随郑简公来到盟会上。晋国的士庄子起草了盟书,内容说:"从今天盟誓后,郑国如果不绝对服从晋国,或另有二心,就根据此盟约加以制裁。"公子骓快步上前说:"上天降祸给郑国,让我们夹在两个大国的中间。但大国没有赐给我们恩德,反而用战乱要挟我们,使我们的神灵得不到祭祀,我们的百姓得不到土地的收益,男女老少辛苦劳作却仍然贫困瘦弱,而且无处诉说。从今天盟誓之后,郑国如果不绝对服从讲究礼义而又能强有力地保护我国百姓的国家,并有二心的话,甘愿受此处罚。"荀偃说:"再修改一下盟书。"公孙舍之曰:"已经对着神灵盟过誓了,如果还能改动的话,那么大国也可以背叛了。"知䓨对荀偃

神，要言焉[6]，若可改也，大国亦可叛也。”知武子谓献子曰：“我实不德，而要人以盟[7]，岂礼也哉？非礼，何以主盟？姑盟而退，修德息师而来，终必获郑，何必今日？我之不德，民将弃我，岂唯郑？若能休和[8]，远人将至，何恃于郑？”乃盟而还。

说：“我们缺少德行，却以盟约来要挟人家，难道合乎礼义吗？不合乎礼义，凭什么来主持盟会？暂且结盟后退兵，修养德行，休整军队后再来，最终一定能得到郑国，又何必非在今天？假如我们没有德行，自己的百姓都会离我们而去，难道仅仅是郑国吗？如果能使德行美好，上下和睦，远方的诸侯都将前来归附，又何必只指望郑国呢？”于是和郑国结盟后就退兵了。

注释 1 门子：卿的嫡子。 2 载书：盟书，盟辞。 3 乱以要之：发动战乱而要挟结盟。 4 垫隘：困乏瘦弱。 5 厎(zhǐ)告：致告，告诉。 6 要言：约言，即盟约。 7 要：要挟。 8 休和：美好和谐。

晋人不得志于郑，以诸侯复伐之。十二月癸亥，门其三门[1]。闰月戊寅[2]，济于阴阪[3]，侵郑，次于阴口而还[4]。子孔曰：“晋师可击也，师老而劳，且有归志，必大克之。”子展曰：“不可。”

公送晋侯，晋侯以公宴于河上。问公年，季

晋国人在郑国那里没有达到目的，便率领诸侯再次攻打郑国。十二月五日，攻打郑国的东、西、北三个城门。攻打每个门都用了五天，二十日，在阴阪渡过了洧水，再次攻打郑国，军队驻扎在阴口，后来就回去了。子孔说：“晋军可以攻击，军队已经疲惫，士兵归心似箭，一定能大胜他们。”子展说：“不行。”

襄公送别晋悼公，晋悼公在黄河边设宴招待襄公。席间悼公问起襄公的

武子对曰："会于沙随之岁，寡君以生。"晋侯曰："十二年矣，是谓一终，一星终也[5]。国君十五而生子。冠而生子[6]，礼也。君可以冠矣，大夫盍为冠具[7]？"武子对曰："君冠，必以祼享之礼行之[8]，以金石之乐节之[9]，以先君之祧处之[10]。今寡君在行[11]，未可具也，请及兄弟之国而假备焉！"晋侯曰："诺。"公还，及卫，冠于成公之庙[12]，假钟磬焉，礼也。

年龄，季武子回答说："诸侯们在沙随盟会的那一年，我们国君出生。"晋悼公说："十二年了，这是一终，正好是岁星运行一周的时间。国君十五岁就可以生孩子。举行冠礼之后生孩子，是合乎礼法的。君可以举行冠礼了，大夫何不给君准备举行冠礼的用具？"季武子回答说："君举行冠礼，必须先举行祼享之礼，并且要用金石之乐使之有节度，还要到先君的宗庙中举行。现在我们国君身在路途，无法准备，请求到了兄弟国家后再借用具。"晋悼公说："好。"襄公回国，到了卫国，就在卫成公庙中举行了冠礼，还借用了卫国的钟和磬，这是合乎礼法的。

注释 1 门：攻打城门。三门：指郑都东、西、北三个城门。 2 闰月：此年无闰月，疑为"门五日"之误。 3 阴阪：洧水渡口。 4 阴口：当在阴阪对岸。 5 一星终：古人以木星每年行经一次，十二年满一周天为一星终，并以此纪年。 6 冠：古代的成人礼，束发加冠，表示已经成年。 7 盍："何不"的合音。 8 祼(guàn)享：以香酒覆地，以此作为隆重礼节的序幕。 9 节之：使之有节奏。 10 祧(tiāo)：宗庙。 11 行：道路。 12 成公：指卫成公。

楚子伐郑，子驷将及楚平。子孔、子蟜曰：

楚共王讨伐郑国，子驷准备和楚国讲和。子孔、子蟜说："才和晋国盟誓，嘴上的

“与大国盟，口血未干而背之[1]，可乎？”子驷、子展曰：“吾盟固云：‘唯强是从。’今楚师至，晋不我救，则楚强矣。盟誓之言，岂敢背之？且要盟无质[2]，神弗临也，所临唯信。信者，言之瑞也[3]，善之主也，是故临之。明神不蠲要盟[4]，背之可也。”乃及楚平。公子罢戎入盟[5]，同盟于中分[6]。

楚庄夫人卒，王未能定郑而归。

晋侯归，谋所以息民[7]。魏绛请施舍，输积聚以贷。自公以下，苟有积者，尽出之。国无滞积[8]，亦无困人。公无禁利[9]，亦无贪民。祈以币更[10]，宾以特牲[11]，器用不作，车服从给[12]。行之期年[13]，国乃有节[14]。三驾而楚不能与争[15]。

血还没干就背叛了，这样可以吗？”子驷、子展说：“我们在盟约中本来就说：‘只要是强大的国家我们就服从。’现在楚国的军队来到，晋国却不来救援我们，那么楚国就是强国了。盟誓的话，怎么敢背叛？况且在要挟的情况下订立的盟约本来就没有诚信可言，神灵也不会亲临，只有真诚的盟会神灵才会亲临。诚信，是语言的凭证，是善良的根本，所以神灵才降临。圣明的神灵不会理睬在要挟情况下订立的盟约，背叛它是可以的。”于是和楚国讲和。公子罢戎进入郑都订立盟约，在中分举行了结盟仪式。

楚庄王的夫人去世，共王没有能够安定郑国就回国了。

晋悼公回国后，与大臣商议怎样才能让百姓休养生息。魏绛请求对百姓施舍，输出积聚的财物借给百姓。从国君以下的所有官员如果有积蓄的，都全部拿出来。因此国家再没有积压的货物，没有贫困的人。国君没有专门的利益，也没有贪婪的百姓。祈祷时用财货代替牛羊，宴请宾客只用一头雄性牲畜，不再制作新的器具，车马服饰够用就行了。实行了一年，国家就有了法度。后来晋国三次出兵，楚国都不能与它争雄。

注释 1 口血未干：盟誓必歃血，故云。 2 要盟：强加的盟约。要，要挟。质：诚信。 3 瑞：玉石，古人以此作为凭证。 4 蠲(juān)：清洁。 5 公子罢戎：楚臣。 6 中分：郑都城里巷名。 7 息民：让百姓休养生息。 8 滞积：积压的财货。 9 公无禁利：国君没有专门的利益。 10 以币更：用币代替牛羊。币，指缯帛、圭璧等。 11 宾以特牲：招待宾客只用一头雄性牲畜。 12 从给：够用即可。 13 期年：一周年。 14 节：法度。 15 三驾：三次兴师。

襄公十年

【经】

十年春，公会晋侯、宋公、卫侯、曹伯、莒子、邾子、滕子、薛伯、杞伯、小邾子、齐世子光会吴于柤[1]。

十年春天，襄公在柤地与晋侯、宋公、卫侯、曹伯、莒子、邾子、滕子、薛伯、杞伯、小邾子、齐国太子光会见吴国人。

夏五月甲午[2]，遂灭偪阳[3]。

夏天五月初八日，攻灭了楚国的偪阳。

公至自会。

襄公从会见地回国。

楚公子贞、郑公孙辄帅师伐宋。

楚公子贞、郑国公孙辄带兵攻打宋国。

晋师伐秦。

晋国军队进攻秦国。

秋，莒人伐我东鄙[4]。

秋天，莒国人进犯我国东部边境。

公会晋侯、宋公、卫侯、曹伯、莒子、邾子、齐世子光、滕子、薛伯、杞伯、小邾

鲁襄公会合晋侯、宋公、卫侯、曹伯、莒子、邾子、齐国太子光、滕子、

子伐郑。

冬，盗杀郑公子骓[5]、公子发、公孙辄。

戍郑虎牢[6]。

楚公子贞帅师救郑。

公至自伐郑。

薛伯、杞伯、小邾子进攻郑国。

冬天，叛乱分子杀害了郑国的公子骓、公子发和公孙辄。

戍守郑国的虎牢城。

楚公子贞带兵救援郑国。

襄公从讨伐郑国的前线回来。

注释　1 柤(zhā):楚地名，在今江苏邳州北。　2 甲午:八日。　3 偪(fù)阳:在今江苏邳州西北。《穀梁传》作"傅阳"。　4 鄙:边远的地方。　5 公子骓:字子驷。骓，《公羊传》《穀梁传》均假作"斐"。　6 虎牢:地名。在今河南荥阳汜水镇西北。本为古东虢国，后属郑，为制邑。

【传】

十年春，会于柤，会吴子寿梦也[1]。

三月癸丑[2]，齐高厚相大子光，以先会诸侯于钟离[3]，不敬。士庄子曰:"高子相大子以会诸侯，将社稷是卫，而皆不敬，弃社稷也，其将不免乎[4]!"

夏四月戊午[5]，会于柤。

十年春天，与各国诸侯在柤地相会，是为了会见吴子寿梦。

三月二十六日，齐国高厚做太子光的相礼，在钟离先会见诸侯时，表现得不恭敬。晋国的士庄子便说:"高子作为太子的相礼来会见诸侯，应当捍卫自己的国家，却表现出不恭敬，这是抛弃国家，恐怕将免不了出祸害吧!"

夏季四月初一，诸侯在柤地相会。

晋国荀偃、士匄请求攻打偪阳，而把它作为宋国左师向戌的封邑。荀罃

晋荀偃、士匄请伐偪阳，而封宋向戌焉[6]。荀罃曰："城小而固，胜之不武，弗胜为笑。"固请。丙寅[7]，围之，弗克。孟氏之臣秦堇父辇重如役[8]。偪阳人启门，诸侯之士门焉。县门发[9]，郰人纥抉之以出门者[10]。狄虒弥建大车之轮而蒙之以甲，以为橹[11]，左执之，右拔戟，以成一队。孟献子曰："《诗》所谓'有力如虎'者也。[12]"。主人县布[13]，堇父登之，及堞而绝之[14]。队则又县之[15]，苏而复上者三，主人辞焉[16]，乃退。带其断以徇于军三日[17]。

说："城小而坚固，攻下它不算勇武，攻不下来被人讥笑。"荀偃、士匄坚决请求。初九日，围攻偪阳，不能攻克。孟氏的家臣秦堇父拉了辎重车到达战地。偪阳人打开城门，诸侯的将士攻打城门。悬挂的闸门放下来了，鲁郰邑大夫叔梁纥托举闸门，使攻进城的将士得以出来。狄虒弥立起大车的轮子，蒙上皮甲作为大盾牌，左手拿着它，右手拔戟，领兵自成一队。孟献子说："这就是《诗》上所说的'像猛虎一样有力气'的人啊。"偪阳守城的人把布悬下来，秦堇父拉着布登城，刚到城墙垛，守城人便将布割断。秦堇父坠落在地，守城人又悬下布来，秦堇父苏醒后又登上去，这样三次，守城人佩服秦堇父的勇力，不再挂布了，这才退兵。秦堇父以割断的布做带子，在军中游行了三天。

注释　1寿梦：名乘，吴国国君。　2癸丑：二十六日。　3钟离：宋国地名。在今安徽凤阳东，和柤地相近。　4不免：不免于祸。　5戊午：初一日。　6向戌：宋国的左师。　7丙寅：九日。　8辇：用人力挽车。重：辎重车。如役：到达服役地。　9县门：悬门，内城的闸门。县，同"悬"。　10纥：即叔梁纥，孔子的父亲，为鲁邑郰的长官。抉：同"撅"，"揭"的意思，即高举。此指叔梁纥用手举起悬门，不让它下来。　11狄虒弥：鲁国人，《汉

书·古今人表》作“狄斯弥”。橹:大盾牌。 **12** 有力如虎:见《诗经·邶风·简兮》。 **13** 主人:指偪阳守城将。 **14** 及堞而绝之:指守城人俟秦堇父缘布登到墙垛时,便断布而使秦堇父坠地。 **15** 队:同“坠”。 **16** 辞:辞谢。句意指守城人佩服秦堇父的勇力而向他辞谢。 **17** 带其断:以断布为带。带,作动词。徇于军:在军中巡行。

诸侯之师久于偪阳,荀偃、士匄请于荀䓨曰:“水潦将降,惧不能归,请班师[1]。”知伯怒[2],投之以机[3],出于其间,曰:“女成二事而后告余[4]。余恐乱命,以不女违[5]。女既勤君而兴诸侯,牵帅老夫以至于此,既无武守[6],而又欲易余罪[7],曰:‘是实班师,不然克矣。’余羸老也,可重任乎[8]?七日不克,必尔乎取之[9]!”五月庚寅[10],荀偃、士匄帅卒攻偪阳,亲受矢石,甲午[11],灭之。书曰“遂灭偪阳”,言自会也[12]。

以与向戌,向戌辞

诸侯的军队在偪阳时间久了,荀偃、士匄向荀䓨请示说:“要下大雨涨水了,恐怕到时候不能回去,请您撤兵回去吧。”荀䓨发怒,将弩机向他们扔过去,正好从两人中间飞出,说:“你们把两件事办成了再来报告我。原先我担心意见不一而乱了军令,才不违背你们的意见,同意攻打偪阳。你们既已劳驾国君,且发动了诸侯的军队,牵连我老头子也来到这里,既不坚持进攻,又想归罪于我,回去说:‘这实在是他撤兵,要不是这样,就攻下来了。’我衰老了,还能再一次承担罪责吗?七天内攻不下来,一定要你们的脑袋!”五月初四日,荀偃、士匄率领步兵攻打偪阳,亲自冒着箭和石块的攻击,初八日,灭亡了偪阳。《春秋》记载说:“遂灭偪阳”,说的是从柤地盟会以后开始进攻偪阳的。

晋国把偪阳封给宋大夫向戌,向戌

曰："君若犹辱镇抚宋国，而以偪阳光启寡君[13]，群臣安矣，其何贶如之？若专赐臣，是臣兴诸侯以自封也，其何罪大焉？敢以死请。"乃予宋公。

辞谢说："如果还辱蒙您安抚宋国，而用偪阳来扩大寡君的疆土，臣下们就安心了，还有什么恩赐能如此呢？但若专门赐给下臣我，那就是我发动诸侯进攻而为自己谋求封地了，还有什么罪过比这更大的呢？谨以死来请求。"于是就将偪阳给了宋平公。

注释 1 班：还，旋。 2 知伯：即荀䓨，中军帅。 3 机：弩机，发箭的器具。 4 二事：指伐偪阳、封向戌二事。 5 以不女违：因（恐将帅意见不一而乱了军令）故不违背你们（让你们去攻伐偪阳）。 6 武守：坚守武攻，此谓坚持进攻。 7 易：施，延。 8 重任：再一次承担罪过。 9 尔乎：犹言"干尔"。句意为：必取下你们的脑袋。 10 庚寅：四日。 11 甲午：八日。 12 自会：自从柤地盟会。 13 光启寡君：即广启寡君，意为使寡君扩大疆土。

宋公享晋侯于楚丘，请以《桑林》[1]。荀䓨辞。荀偃、士匄曰："诸侯宋、鲁于是观礼。鲁有禘乐，宾祭用之。宋以《桑林》享君，不亦可乎？"舞，师题以旌夏[2]，晋侯惧而退入于房。去旌，卒享而还。及著雍[3]，疾。卜"桑林"见[4]。荀偃、士匄

宋平公在楚丘设宴款待晋侯，请求使用《桑林》之乐。荀䓨辞谢。荀偃、士匄说："诸侯之中的宋国、鲁国那里可以参观礼仪。鲁国有禘乐，在招待贵宾和举行大祭时用它。宋国用《桑林》之乐招待国君，不也是可以的吗？"于是起舞，乐师手举大旌领队入场，晋侯害怕得退进了厢房。宋国人去掉大旌，晋侯直至宴会完毕才回国。到达著雍，晋侯病了。占卜，从卜兆中见到

欲奔请祷焉，荀罃不可，曰：“我辞礼矣，彼则以之。犹有鬼神[5]，于彼加之。”晋侯有间[6]，以偪阳子归，献于武宫，谓之夷俘。偪阳，妘姓也。使周内史选其族嗣，纳诸霍人[7]，礼也。

桑林之神。荀偃、士匄想奔回宋国请求祈祷，荀罃不同意，说：“我们已经辞去这种礼仪了，他们还是用它。如果有鬼神，应该加祸于宋国。”晋侯病愈，带了偪阳子回国，奉献于武宫，称他为夷人俘虏。偪阳，是妘姓人的。晋侯派周朝掌管爵禄的内史选择他宗族中的后嗣，让他们住在霍人的地方，这是合于礼的。

师归，孟献子以秦堇父为右。生秦丕兹，事仲尼[8]。

军队回国，孟献子让秦堇父做车右。秦堇父生了秦丕兹，师事孔子。

六月，楚子囊、郑子耳伐宋，师于訾毋[9]。庚午[10]，围宋，门于桐门[11]。

六月，楚国的子囊、郑国的子耳攻打宋国，军队驻扎在訾毋。六月十四日，包围宋国，攻打桐门。

注释 1楚丘：在宋都商丘市。《桑林》：乐曲名。殷天子之乐，宋沿用之。2师：乐师。题以旌夏：手举大旗走在前面。题，额，指走在前面。旌夏，大旌。 3著雍：晋国地名。 4“桑林”见：桑林之神现于龟卜。 5犹：假如。 6间：疾病稍愈。 7霍：晋邑，在今山西繁峙东。 8秦丕兹：又作秦不兹，即孔子七十二弟子中的秦商。 9訾毋：宋国地名，在今河南鹿邑南。 10庚午：十四日。 11桐门：宋国城之北门。

晋荀罃伐秦，报其侵也。

晋国的荀罃进攻秦国，报复秦国去年的入侵。

卫侯救宋，师于襄

卫侯救援宋国，军队驻扎在襄

牛[1]。郑子展曰:“必伐卫。不然,是不与楚也。得罪于晋,又得罪于楚,国将若之何?”子驷曰:“国病矣[2]!”子展曰:“得罪于二大国,必亡。病,不犹愈于亡乎?”诸大夫皆以为然。故郑皇耳帅师侵卫[3],楚令也。

牛。郑国的子展说:“一定要攻打卫国。不然,就是不亲附楚国。得罪晋国,又得罪楚国,我们的国家将怎么办?”子驷说:“我们郑国已经困乏了呀!”子展说:“得罪两个大国,必定灭亡。困乏,不还是比灭亡要强吗?”大夫们都认为子展的话对。因此,郑国的皇耳带兵侵袭卫国,实际上是楚国的命令。

孙文子卜追之[4],献兆于定姜[5]。姜氏问繇[6],曰:“兆如山陵,有夫出征,而丧其雄。”姜氏曰:“征者丧雄,御寇之利也。大夫图之!”卫人追之,孙蒯获郑皇耳于犬丘[7]。

卫国孙文子为追逐郑国军队占卜,将卜兆献给定姜。定姜问繇辞如何,孙文子回答说:“卜兆如同山陵,意味着有人出征,会丧失他们的英雄。”定姜说:“出征者丧失英雄,对御敌一方有利。大夫们应考虑这个问题!”卫国人追逐郑军,孙蒯在犬丘俘虏了郑大夫皇耳。

注释 1 襄牛:卫国地名。 2 病:困乏,疲惫。 3 皇耳:皇戌之子,郑国大夫。 4 孙文子:即孙林父,时为卫国执政大夫。卜追之:为追逐郑军而占卜。 5 兆:占卜时灼龟壳的裂纹。定姜:卫定公之妻,献公之母,即下文之姜氏。 6 繇:繇辞,即卜兆的颂辞。 7 孙蒯:孙林父之子,卫国大夫。犬丘:宋国地名,在今河南永城西北。

秋七月,楚子囊、郑子耳伐我西鄙。还,围

秋季七月,楚国子囊、郑国子耳进攻我国西部边境。回国时,包围了宋国萧[1]，八月丙寅[2]，克之。九月，子耳侵宋北鄙。

萧邑，八月十一日，攻下了萧邑。九月，子耳进犯宋国北部边境。

孟献子曰："郑其有灾乎！师竞已甚[3]。周犹不堪竞，况郑乎？有灾，其执政之三士乎[4]！"

孟献子说："郑国恐怕有灾殃吧！军队争战太过分了。周天子尚且承受不了经常争战，何况郑国呢？如果有灾殃，恐怕免不了的是执政的三位大夫吧！"

莒人间诸侯之有事也，故伐我东鄙。

莒国人趁着诸侯各国有战事，攻打我国东部边境。

诸侯伐郑，齐崔杼使大子光先至于师，故长于滕[5]。己酉[6]，师于牛首[7]。

诸侯攻打郑国，齐国的崔杼让太子光先行到达军中，所以排在滕国前头。七月二十五日，军队驻扎在牛首。

初，子驷与尉止有争[8]，将御诸侯之师而黜其车[9]。尉止获，又与之争。子驷抑尉止曰："尔车，非礼也。"遂弗使献[10]。初，子驷为田洫[11]，司氏、堵氏、侯氏、子师氏皆丧田焉。故五族聚群不逞之人[12]，因公子之徒以作乱[13]。

起初，郑国的子驷与尉止有争执，在将要抵御诸侯的军队时，子驷减少了尉止应有的兵车。尉止俘虏了敌人，子驷又与他争功劳。子驷压制尉止说："你的战车太多，不合礼制。"于是就不让他献俘虏。起初，子驷划分田间水沟的地界，司氏、堵氏、侯氏、子师氏都损失了田土。所以五个宗族聚集了一群失意之人，凭借公子的族党发动叛乱。

注释　1 萧：宋邑，在今安徽萧县西北。　2 丙寅：十一日。　3 竞：相争。已：太，过分。　4 三士：指子驷、子国、子耳三大夫。杜预注："郑简公幼少，子驷、子国、子耳秉政，故知三士任其祸也。为下盗杀三大夫传。"　5 长于滕:排列在滕国前面。 6 己酉:二十五日。 7 牛首:郑国地名,在今河南通许西北。 8 尉止:尉氏,名止,郑大夫。 9 黜其车:减少尉止应当率领的兵车。 10 弗使献:不准许尉止献俘虏。 11 为田洫:划分田间水沟的地界。田洫,田间沟洫,连田塍在内。 12 不逞之人:不得快意之人,失意之人。 13 公子之徒:指襄公八年子驷所杀子狐、子熙、子侯、子丁之族党。

于是子驷当国,子国为司马,子耳为司空,子孔为司徒。冬十月戊辰[1],尉止、司臣、侯晋、堵女父、子师仆帅贼以入,晨攻执政于西宫之朝,杀子驷、子国、子耳,劫郑伯以如北宫[2]。子孔知之,故不死。书曰"盗",言无大夫焉。

子西闻盗[3],不儆而出,尸而追盗[4],盗入于北宫,乃归授甲。臣妾多逃,器用多丧。子产闻盗,为门者[5],庀群司[6],闭府库,慎闭藏,完守备,成列而后出,兵车十七乘,尸而攻盗于北宫。子蟜帅

那时候,子驷掌握国政,子国做司马,子耳做司空,子孔做司徒。冬十月十四日,尉止、司臣、侯晋、堵女父、子师仆率领叛乱分子进入,早晨在西宫的朝廷上攻打执政大夫,杀了子驷、子国、子耳,将郑伯劫持到北宫。子孔事先知道这件事,所以没有死。《春秋》记载说"盗",说的是没有大夫参与作乱。

子西听说发生叛乱,未加戒备就出来了,收了他父亲子驷的尸体就去追赶叛乱分子,叛乱分子进入北宫,子西便回去发放皮甲。但这时家臣和妾婢多已逃走,器物也多数已丢失。子产听说发生了叛乱,便设置守门的人,配备各种官员,封闭财物和兵器的仓库,谨慎地收藏,完善各种防守设备,令兵士排成行列后才出来,有战车十七辆,先收了他父亲的尸体,然后在北宫攻打叛乱分子。子

国人助之[7],杀尉止、子师仆,盗众尽死。侯晋奔晋。堵女父、司臣、尉翩、司齐奔宋[8]。

蟜率领国人来帮助子产,杀了尉止、子师仆,这伙叛乱者尽被杀死。侯晋逃奔到晋国。堵女父、司臣、尉翩、司齐逃亡到宋国。

注释 1十月戊辰:十月十四日。 2郑伯:郑简公。 3子西:即公孙夏,子驷之子。 4不儆:不加戒备。儆,同“警”,警戒。尸:收尸。 5为门者:设置守门的人,严禁出入。 6庀群司:杜预注:“具众官。”即备具众官。 7子蟜:即公孙虿。 8尉翩、司齐:杜预注:“尉翩,尉止子;司齐,司臣子。”

子孔当国,为载书,以位序[1],听政辟[2]。大夫、诸司、门子弗顺,将诛之。子产止之,请为之焚书[3]。子孔不可,曰:“为书以定国,众怒则焚之,是众为政也,国不亦难乎?”子产曰:“众怒难犯,专欲难成[4],合二难以安国,危之道也。不如焚书以安众,子得所欲,众亦得安,不亦可乎?专欲无成,犯众兴祸,子必从之。”乃焚书于仓门之外[5],众而后定。

子孔掌握国政,制订盟书,规定官员的职位次序,听取执政的法令。大夫、各部门官吏、卿之嫡子不顺从的,子孔便将予以诛杀。子产劝阻他,请求替他烧掉盟书。子孔不同意,说:“制订盟书用来安定国家,众人发怒就烧掉它,这是众人执政,国家不就很艰难了吗?”子产说:“众人的愤怒难触犯,专权的欲望难成功,把两件难以做到的事合在一起来安定国家,这是危险的办法。不如烧掉盟书来安定众人,您得到了所需要的东西,众人也能安定,不也可以吗?专权的欲望不能成功,触犯众人又将发生祸乱,您一定要听从他们。”于是就在仓门外面烧掉了盟书,众人这才安定下来。

诸侯之师城虎牢而戍之。晋师城梧及制[6]，士鲂、魏绛戍之。书曰“戍郑虎牢”，非郑地也，言将归焉。郑及晋平。

诸侯的军队在虎牢筑城并且戍守它。晋国的军队在梧地和制地筑城，士鲂、魏绛戍守。《春秋》记载说“戍郑虎牢”，不是郑国的领土而这样记载，是说将要归还给郑国了。郑国和晋国媾和。

注释 1 位序：各官的职位次序。 2 辟：法令。 3 焚书：指烧掉盟书。 4 专欲：专权的欲望。 5 仓门：郑国的东南门。杜预注：“不于朝内烧，欲使远近见所烧。” 6 梧：虎牢附近的地名。制：即虎牢。晋国在虎牢附近又筑小城，以屯兵及储存粮食武器。

楚子囊救郑。十一月，诸侯之师还郑而南[1]，至于阳陵[2]，楚师不退。知武子欲退[3]，曰：“今我逃楚，楚必骄，骄则可与战矣。”栾黡曰：“逃楚，晋之耻也。合诸侯以益耻，不如死！我将独进。”师遂进。己亥，与楚师夹颍而军[4]。子蟜曰：“诸侯既有成行[5]，必不战矣。从之将退，不从亦退。退，楚必围我。犹将退也[6]，不如从楚，亦以退之。”宵

楚国的子囊救援郑国。十一月，诸侯的军队绕过郑都向南开进，到达阳陵，但楚军不退。知武子想要退兵，说：“现在我们避开楚军，楚军必然骄傲，它骄傲，我们就可以和它作战了。”栾黡说：“逃避楚军，这是晋国的耻辱。会合诸侯而来增加耻辱，不如一死！我打算单独进军。”于是军队向前推进。十六日，和楚军夹着颍水扎营。子蟜说：“诸侯已经做好退兵的准备，必定不会来作战了。我们郑国顺从，他们要退兵，不顺从，他们也要退兵。退兵，楚国必定包围我们。同样是要退兵，我们不如顺从楚国，也以此使楚国退兵。”于是连

涉颍，与楚人盟。栾黡欲伐郑师，荀罃不可，曰："我实不能御楚，又不能庇郑，郑何罪？不如致怨焉而还[7]。今伐其师，楚必救之，战而不克，为诸侯笑。克不可命[8]，不如还也。"丁未[9]，诸侯之师还，侵郑北鄙而归。楚人亦还。

夜渡过颍水，与楚国人结盟。栾黡想要攻打郑国军队，荀罃不同意，说："我们实在不能抵御楚军，又不能保护郑国，郑国有什么罪？不如致怨恨于楚国，然后回去。如今若攻打郑军，楚军一定会救援他们，作战而不能取胜，就会被诸侯笑话。取胜没有绝对把握，不如回去吧。"二十四日，诸侯的军队撤退回去，攻打了郑国的北部边境然后回国。楚国人也退兵回国。

注释 1 还：同"环"，环绕。《经典释文》："还，本亦作环。" 2 阳陵：郑国地名，在今河南许昌西北。 3 知武子：即知罃。 4 己亥：十六日。夹颍而军：夹着颍水扎营。 5 成行：杨伯峻《春秋左传注》："成行谓退兵之准备已完成。" 6 犹：同样，等同。 7 致怨焉：意为致怨恨于楚国，即使郑国怨恨楚国。 8 克不可命：杨伯峻《春秋左传注》："犹言胜不可必。命，信也，有信心之谓。" 9 丁未：二十四日。

王叔陈生与伯舆争政[1]。王右伯舆[2]，王叔陈生怒而出奔。及河，王复之，杀史狡以说焉[3]。不入，遂处之[4]。晋侯使士匄平王室，王叔与伯舆讼焉。王叔之宰与伯舆之

王叔陈生与伯舆争夺政权。周灵王支持伯舆，王叔陈生怒气冲冲地出逃了。到达黄河边时，周灵王让他官复原职，并且杀了史狡以使他高兴。王叔陈生不回来，就住在黄河边上。晋侯派士匄调和周王室的纠纷，王叔与伯舆向他提出诉讼。王叔的家宰和伯舆的大夫

大夫瑕禽坐狱于王庭[5]，士匄听之。王叔之宰曰："筚门闺窦之人而皆陵其上[6]，其难为上矣！"瑕禽曰："昔平王东迁，吾七姓从王，牲用备具[7]。王赖之，而赐之骍旄之盟[8]，曰：'世世无失职。'若筚门闺窦，其能来东底乎[9]？且王何赖焉？今自王叔之相也，政以贿成[10]，而刑放于宠[11]，官之师旅[12]，不胜其富。吾能无筚门闺窦乎？唯大国图之！下而无直[13]，则何谓正矣？"范宣子曰："天子所右，寡君亦右之；所左[14]，亦左之。"使王叔氏与伯舆合要[15]，王叔氏不能举其契[16]。王叔奔晋。不书，不告也。单靖公为卿士[17]，以相王室。

瑕禽在周王的朝廷上对讼以争曲直，士匄听取他们的诉讼。王叔的家宰说："柴门小户之人，却都要凌驾他上面的人，在上面的就也为难了！"瑕禽说："从前周平王东迁，我们七姓人家跟随天子，牺牲之类祭品全都具备。天子信赖他们，而赐给他们用赤色牛祭神的盟约，并说：'世世代代不要失职。'如果是柴门小户，他们能来到东方住下来吗？而且天子又信赖他们什么呢？如今自从王叔辅佐天子以后，政事要用贿赂才能办成，而执法大权又寄托在宠臣身上，官吏中的师、旅要员，钱财富足得无法形容。这样我们能不变成柴门小户吗？请大国考虑吧！下面的人不能有理，那么什么叫作公正呢？"士匄说："天子所支持的，寡君也支持他；天子所反对的，寡君也反对他。"于是让王叔和伯舆对证讼辞，王叔拿不出他的诉讼文书。王叔逃奔到晋国。《春秋》没有记载，是因为没有报告我们鲁国的缘故。单靖公做了卿士，辅佐周王室。

注释 **1** 王叔陈生、伯舆：二人都是周灵王的卿士。争政：即争权。**2** 王右伯舆：周灵王助伯舆。右，助。 **3** 史狡：当是王叔陈生所憎恨的人，

周灵王杀了史狡以取悦王叔陈生。说:通“悦”。 4 处之:住在那里。之,指黄河边上。 5 坐狱:双方对讼,以争曲直。 6 筚门闺窦:杜预注:“筚门,柴门。闺窦,小户;穿壁为户,上锐下方,状如圭也。言伯舆微贱之家。”陵其上:凌驾他上面的人。陵,同“凌”。 7 昔平王……牲用备具:杜预注:“平王徙时,大臣从者有七姓,伯舆之祖皆在其中,主为王备牺牲,共祭祀。王恃其用,故与之盟,使世守其职。”可见伯舆的祖先即已是七姓大臣之一,并非柴门小户人家。 8 骍旄:赤色牛。杜预注:“骍旄,赤牛也。举骍旄者,言得重盟,不以犬鸡。” 9 厎(zhǐ):犹言安居。 10 政以贿成:政事要用贿赂才能办成,指贿赂公行。 11 刑:指执行法律。放于宠:寄于宠臣。 12 师旅:一为军旅之义,一为群有司之名。此指官吏中的首长。 13 下而无直:在下的人不能有理。直,正直有理。 14 左:与“右”相对,即不帮助。 15 合要:把双方相争的讼言和证词等取来对证。 16 契:讼言和证词的契券,亦即要辞。 17 单靖公:单顷公之子。王叔出逃后,由单靖公代替他辅佐周王。

襄公十一年

【经】

十有一年春,王正月,作三军。	十一年春天,周历正月,鲁国建立上、中、下三军。
夏,四月,四卜郊[1],不从,乃不郊。	夏季,四月,第四次占卜选定郊祭的日期,卜兆上表示不同意,于是取消了这次郊祭。
郑公孙舍之帅师侵宋[2]。	郑国公孙舍之率领军队侵袭宋国。
公会晋侯、宋公、卫	

侯、曹伯、齐世子光、莒子、邾子、滕子、薛伯、杞伯、小邾子伐郑。

秋，七月己未[3]，同盟于亳城北[4]。

公至自伐郑。

楚子、郑伯伐宋。

公会晋侯、宋公、卫侯、曹伯、齐世子光、莒子、邾子、滕子、薛伯、杞伯、小邾子伐郑，会于萧鱼[5]。

公至自会。

楚人执郑行人良霄[6]。

冬，秦人伐晋。

襄公会合晋侯、宋公、卫侯、曹伯、齐国太子光、莒子、邾子、滕子、薛伯、杞伯、小邾子等攻打郑国。

秋季，七月十日，一起在亳城北订立盟约。

襄公从攻打郑国的战场回国。

楚子、郑伯进攻宋国。

襄公会合晋侯、宋公、卫侯、曹伯、齐国太子光、莒子、邾子、滕子、薛伯、杞伯、小邾子进攻郑国，在萧鱼会战。

鲁襄公从会战地回国。

楚国人捉拿了郑国的行人良霄。

冬天，秦国人攻打晋国。

注释 **1** 四卜郊：第四次占卜选定郊祭的日期。郊，郊祭，一种在郊外祭祀天地的大礼。 **2** 公孙舍之：公子喜之子，字子展，郑国大夫。 **3** 己未：十日。 **4** 亳城：郑国地名。《公羊传》《穀梁传》均作“京城”，即《左传·隐公元年》“谓之京城大叔”之“京城”。 **5** 萧鱼：郑国地名。 **6** 良霄：郑大夫公孙辄之子。

【传】

十一年春，季武子将作三军，告叔孙穆子

十一年春天，季武子将要组建三军，告诉叔孙穆子说：“请组建三个军，我们

曰[1]:“请为三军,各征其军[2]。”穆子曰:“政将及子,子必不能[3]。”武子固请之,穆子曰:“然则盟诸?”乃盟诸僖闳[4],诅诸五父之衢[5]。

三家各管一军。”叔孙穆子说:“政权将要轮到您执掌了,您必定办不到。”季武子坚决请求,叔孙穆子说:“既然这样,那么是不是为此盟誓呢?”于是就在鲁僖公的宗庙门口盟誓,在五父之衢诅咒。

正月,作三军,三分公室而各有其一[6]。三子各毁其乘[7]。季氏使其乘之人,以其役邑入者[8],无征[9];不入者,倍征。孟氏使半为臣[10],若子若弟[11]。叔孙氏使尽为臣,不然,不舍[12]。

正月,组编了三个军,把原由公室指挥的军队分作三军,三家各掌握一军。三家都毁了原来的车兵编制。季氏让他私家的车兵人员加入军队,服兵役的邑人免除征税,不服役的加倍征税。孟氏则将私邑兵士的半数编入奴隶兵,尽是些少壮子弟。叔孙氏让他私邑中的士兵全都编为奴隶兵,不这样,就不编入所分得的公室军队里。

注释 **1** 叔孙穆子:即叔孙豹,鲁国大夫。叔孙氏世代为鲁国司马,掌管军政。 **2** 各征其军:指季孙氏、孟孙氏、叔孙氏三家各征募一军。 **3** 政将及子,子必不能:意为政权不久将落到您季武子身上,但您不能控制住三家。 **4** 僖闳:僖公庙的大门。 **5** 诅:诅咒发誓。五父之衢:道路名,在鲁国东南。 **6** 三分公室而各有其一:把原由公室指挥的军队分为三股,季孙氏、孟孙氏、叔孙氏三家各掌握一军。 **7** 各毁其乘:指三家各自毁了他们的私家车兵编制。 **8** 役邑:指提供兵役的乡邑。 **9** 无征:不纳税,免征税收。 **10** 使半为臣:将其私邑的士兵一半编为奴隶兵。 **11** 若子若弟:或其子,或其弟。 **12** 不舍:不编入所分得的公室军队里。

郑人患晋、楚之故,

郑国人因为担忧晋国和楚国的缘

诸大夫曰："不从晋，国几亡。楚弱于晋，晋不吾疾也[1]。晋疾，楚将辟之[2]。何为而使晋师致死于我，楚弗敢敌，而后可固与也[3]。"子展曰："与宋为恶，诸侯必至，吾从之盟。楚师至，吾又从之，则晋怒甚矣。晋能骤来，楚将不能，吾乃固与晋。"大夫说之[4]，使疆埸之司恶于宋[5]。宋向戌侵郑，大获。子展曰："师而伐宋可矣[6]。若我伐宋，诸侯之伐我必疾，吾乃听命焉，且告于楚。楚师至，吾又与之盟，而重赂晋师，乃免矣。"夏，郑子展侵宋。

故，大夫们议论说："不顺从晋国，国家几乎灭亡。楚国比晋国弱，而晋国并不急于攻打我国。要是晋国急于攻打，楚国将会避开它。怎么做才能使晋国出死力攻打我国，楚国不敢抵抗，然后我国可以坚定地亲附晋国。"子展说："与宋国作对，诸侯必然到来，我们跟从他们结盟。楚军来了，我们又跟从楚国，这样晋国就会大怒了。晋国能屡次前来，而楚国却不能，我国便可以坚定地亲附晋国了。"大夫们对这个计划感到高兴，于是派边境的官吏向宋国挑衅。宋国的向戌攻打郑国，俘获很多。子展说："可以出兵攻打宋国了。如果我们攻打宋国，诸侯攻打我们必定很奋力，我们就听从诸侯的命令，同时报告楚国。楚军到达，我们又和他们结盟，而又重重地贿赂晋军，这样就可以免于战祸了。"这年夏天，郑国的子展攻打宋国。

注释 **1** 晋不吾疾：即晋不疾吾。疾，急。句意指晋国不会急于进攻我国。 **2** 辟：同"避"，逃避。 **3** 固与：指坚决与晋国结好。 **4** 说：通"悦"。 **5** 疆埸(yì)之司：边境的官吏。恶于宋：即与宋为恶，与宋国作对。 **6** 师：出师。

四月,诸侯伐郑。己亥[1],齐大子光、宋向戌先至于郑,门于东门。其莫[2],晋荀罃至于西郊,东侵旧许[3]。卫孙林父侵其北鄙。六月,诸侯会于北林[4],师于向[5],右还[6],次于琐[7],围郑。观兵于南门[8],西济于济隧[9]。郑人惧,乃行成。

秋,七月,同盟于亳。范宣子曰:"不慎,必失诸侯。诸侯道敝而无成[10],能无贰乎?"乃盟,载书曰:"凡我同盟,毋蕴年[11],毋壅利[12],毋保奸[13],毋留慝[14],救灾患,恤祸乱,同好恶,奖王室[15]。或间兹命[16],司慎司盟[17],名山名川[18],群神群祀[19],先王先公,七姓十二国之祖[20],明神殛之,俾失其民,队命亡氏[21],踣其国家[22]。"

楚子囊乞旅于秦,秦右大夫詹帅师从楚子,将

四月,诸侯攻打郑国。十九日,齐国太子光、宋国向戌先到达郑国,攻打郑国东门。那天晚上,晋国荀罃到达郑国西郊,往东进攻许国的旧地。卫国的孙林父进攻郑国的北部边境。六月,诸侯在北林会合,军队驻扎在郑国的向地,又北行向右环绕驻扎在琐地,包围郑国。诸侯的军队在郑国南门外炫耀武力,又从西边渡过济隧。郑国人害怕了,就向诸侯求和。

秋天,七月,各国同在亳地结盟。范宣子说:"若不谨慎,必定失去诸侯。诸侯在路上往来疲敝而没有什么成果,能不三心二意吗?"于是盟誓,盟书上记载说:"凡是我们同盟国家,不要囤积粮食不相互支援,不要垄断利益,不要庇护他国罪人,不要收留坏人,要救济灾荒,安定祸乱,统一好恶,辅助王室。有人触犯这些命令,司慎司盟、名山名川、群神群祀、先王先公,七姓十二国的祖宗,明察的神灵诛杀他,使他失去百姓,丧君灭族,亡国亡家。"

楚国的子囊向秦国请求出兵,秦国的右大夫詹率领军队跟随楚王,

以伐郑。郑伯逆之。丙子[23],伐宋。

准备去攻打郑国。郑伯迎接他们。二十七日,攻打宋国。

注释 1 己亥:十九日。 2 莫:"暮"的本字,晚上。 3 旧许:许国的旧地。许国于鲁成公十五年迁于叶,其旧地被郑国侵占,故称"旧许",在今河南许昌东。 4 北林:郑国地名,在今河南新郑东南。 5 向:郑国地名,在今河南尉氏西南。 6 右还:指诸侯之师从向地北行而西,向右环绕,逼近郑国国都。 7 琐:郑地,在今河南新郑北。 8 观兵:显示武力,向郑国和楚国示威。 9 济隧:水名。旧为黄河支流,当在今河南原阳西。 10 道敝:在路上疲敝。 11 毋蕴年:不要积了粮而不救济邻国之灾。《说文》:"年,谷熟也。" 12 毋壅利:不要独占山川之利。 13 毋保奸:不要庇护他国罪人。 14 毋留慝:不要收留坏人。慝,邪恶,此指坏人。 15 奖:辅助。 16 间:犯,触犯。 17 司慎司盟:二天神。司慎,察不敬者。司盟,察盟者。 18 名山名川:指名山大川之神。 19 群祀:指载于祀典上的众神。 20 七姓:姬姓(晋、鲁、卫、郑、曹、滕),曹姓(邾、小邾),子姓(宋),姜姓(齐),己姓(莒),姒姓(杞),任姓(薛)。十二国:实际七姓为十三国,此言十二,是说郑国当时尚未与盟,故未计入。 21 队命:犹言死君。队,同"坠",坠落。亡氏:灭亡氏族。 22 踣(bó):毙,败亡。 23 丙子:二十七日。

九月,诸侯悉师以复伐郑。郑人使良霄、大宰石臭如楚[1],告将服于晋,曰:"孤以社稷之故,不能怀君。君若能以玉帛绥晋,不然则武震以摄威之[2],

九月,诸侯全部出兵再次攻打郑国。郑国人派良霄、太宰石臭到楚国,告知准备顺服晋国,说:"我们因为国家的缘故,不能怀念君王了。君王如果能用玉帛安抚晋国,那最好,不这样,那就用武力威慑晋国,这都是我们的愿望。"

孤之愿也。”楚人执之，书曰“行人”，言使人也。

楚国人将他们囚禁，《春秋》记载说“行人”，是说使者不应被囚禁。

诸侯之师观兵于郑东门，郑人使王子伯骈行成。甲戌[3]，晋赵武入盟郑伯。冬十月丁亥[4]，郑子展出盟晋侯。十二月戊寅[5]，会于萧鱼[6]。庚辰[7]，赦郑囚，皆礼而归之。纳斥候[8]，禁侵掠。晋侯使叔肸告于诸侯[9]。公使臧孙纥对曰：“凡我同盟，小国有罪，大国致讨，苟有以藉手[10]，鲜不赦宥。寡君闻命矣。”

诸侯的军队在郑国东门外炫耀武力，郑国人派王子伯骈求和。二十六日，晋国的赵武进入郑国与郑伯结盟。冬十月初九，郑国的子展出城和晋侯结盟。十二月初一日，在萧鱼会见。初三日，赦免郑国的俘虏，都给以礼遇放回去。撤回巡逻兵，禁止抢掠。晋侯派叔肸把这一命令通告诸侯。襄公派臧孙纥回答说：“凡是我们同盟国家，小国有罪，大国就去讨伐，如果小国有借助之功，很少有不赦免的。寡君听到命令了。”

郑人赂晋侯以师悝、师触、师蠲[11]，广车、軘车淳十五乘[12]，甲兵备。凡兵车百乘，歌钟二肆[13]，及其镈磬[14]，女乐二八[15]。

郑国人赠送晋侯师悝、师触、师蠲，成对的广车、軘车各十五辆，盔甲武器齐备。共计兵车一百辆，歌钟两列以及与它相配的镈、磬，还有女乐十六人。

注释　1 石㚟(chuò)：郑国大夫。　2 武震：用武力威震。摄威：即“慑威”，畏惧，慑服。　3 甲戌：二十六日。　4 丁亥：初九。　5 戊寅：初一。　6 萧鱼：郑地。　7 庚辰：初三。　8 纳：撤回。斥候：侦察兵或巡逻兵。　9 叔肸(xī)：即羊舌肸，字叔向，晋国大夫。告于诸侯：通知诸侯也赦免郑国的俘虏。　10 藉手：犹言借助。此指小国有借助之功。　11 师悝、师触、师蠲:三人都是乐师。 12广车:攻敌之兵车。軘车:屯守之车。淳:通"纯",成对。 13歌钟:悬挂成排的乐钟。肆:排列。 14镈(bó)、磬:都是乐器,用以配歌钟。 15二八:十六人。古乐舞八人为一列,叫作"佾","二八"即"二佾"。

晋侯以乐之半赐魏绛[1],曰:"子教寡人和诸戎狄,以正诸华[2]。八年之中,九合诸侯[3],如乐之和,无所不谐。请与子乐之。"辞曰:"夫和戎狄,国之福也。八年之中,九合诸侯,诸侯无慝[4],君之灵也[5],二三子之劳也,臣何力之有焉?抑臣愿君安其乐而思其终也。《诗》曰[6]:'乐只君子,殿天子之邦。乐只君子,福禄攸同。便蕃左右,亦是帅从。'夫乐以安德[7],义以处之[8],礼以行之,信以守之,仁以厉之[9],而后可以殿邦国、同福禄、来远人,所谓乐也。《书》曰[10]:'居安思危。'思则有备,有备无患。敢以此规。"公曰:

晋侯把乐队的一半赐给魏绛,说:"您教寡人同各部落戎狄和好,而且整顿了中原各国。八年之中,九次会合诸侯,好像音乐的和谐,没有什么地方不协调。请与您一起享乐。"魏绛辞谢说:"同戎狄和好,这是国家的福气。八年之中,九次会合诸侯,诸侯没有不顺从的,这是君王您的威灵,其他几位大夫们的辛劳,下臣我出过什么力呢?不过下臣但愿君王既安于这种快乐而又想到它的终了。《诗》说:'快乐啊君子,镇抚天子的家邦。快乐啊君子,福禄和大家共享。治理好附近的小国,使他们相率服从。'用音乐来稳固德行,用道义来对待它,用礼仪来推行它,用信用来保护它,用仁爱来勉励它,然后才可以镇抚邦国、共享福禄、招来远方的人,这就是所说的快乐。《书》说:'处于安乐要想到危险。'想到了就有防备,有了防备就没有祸患。谨以此规

"子之教，敢不承命！抑微子[11]，寡人无以待戎[12]，不能济河。夫赏，国之典也，藏在盟府，不可废也。子其受之！"魏绛于是乎始有金石之乐，礼也。

劝君王。"晋侯说："您的教导，岂敢不接受！若是没有您，寡人不能正确对待戎人，不能渡过黄河。奖赏，是国家的典章，藏在盟府中，不可废除。您还是接受吧！"魏绛从此开始有了金石的音乐，这是合于礼的。

秦庶长鲍、庶长武帅师伐晋以救郑[13]。鲍先入晋地，士鲂御之，少秦师而弗设备[14]。壬午[15]，武济自辅氏[16]，与鲍交伐晋师[17]。己丑[18]，秦、晋战于栎，晋师败绩，易秦故也[19]。

秦国的庶长鲍、庶长武带兵攻打晋国以救援郑国。庶长鲍先侵入晋国领土，士鲂抵御他，认为秦军人少而不加设防。初五日，庶长武从辅氏渡河，与鲍一起夹攻晋军。十二日，秦晋两军在栎地交战，晋军大败，是因为轻视秦军的缘故。

注释 **1** 乐之半：郑国所献乐队的一半。 **2** 正：治理，整顿。诸华：中原各国。 **3** 八年：指鲁襄公四年至十一年，共八年。九合诸侯：九次会合诸侯。陆德明《经典释文》："九合诸侯，谓五年会戚，又会城棣救陈；七年会鄬；八年会邢丘；九年盟于戏；十年会柤，又伐郑戍虎牢；十一年同盟亳城北，又会萧鱼。" **4** 无慝：无奸邪，意为都顺从。 **5** 灵：威灵。 **6**《诗》：指《诗经·小雅·采菽》篇。此下引诗，《毛诗》"福禄"作"万福"，"便蕃"作"平平"，"帅从"作"率从"。 **7** 安德：稳定德行，安定思想。 **8** 处：处置，对待。 **9** 厉：同"励"，勉励。 **10**《书》：逸《书》。 **11** 抑：抑或，若是。微：没有。子：您。 **12** 无以待戎：不能正确对待戎人。 **13** 庶长：秦国爵名。 **14** 少秦师：认为秦军人少。 **15** 壬午：初五日。 **16** 辅氏：晋地，今陕西大荔东。 **17** 交伐：共同攻打。一说夹攻。 **18** 己丑：十二日。 **19** 易秦：轻视秦军。

襄公十二年

【经】

十有二年春，王二月，莒人伐我东鄙，围台[1]。

季孙宿帅师救台[2]，遂入郓[3]。

夏，晋侯使士鲂来聘。

秋，九月，吴子乘卒。

冬，楚公子贞帅师侵宋。

公如晋。

十二年春天，周历二月，莒国人进犯我国东部边境，包围台城。

季孙宿率领军队救援台城，于是进入郓地。

夏天，晋侯派士鲂来鲁国聘问。

秋天，九月，吴子梦寿去世。

冬天，楚公子贞率军侵袭宋国。

襄公到达晋国。

注释 1 台：《穀梁传》作“邰”，鲁国邑名，在今山东费县东南。 2 季孙宿：即季武子，季文子之子，鲁国正卿。 3 郓：《公羊传》作“运”，莒国邑名，在今山东沂水县东北。 4 吴子乘：即吴王寿梦。

【传】

十二年春，莒人伐我东鄙，围台。季武子救台，遂入郓，取其钟以为公盘[1]。

夏，晋士鲂来聘，且拜师。

十二年春天，莒国人进犯我国东部边境，包围台城。季武子救援台城，于是进入郓地，掠取了他们的钟改铸为襄公的食盘。

夏天，晋国的士鲂来鲁国聘问，并且拜谢鲁国出兵。

秋,吴子寿梦卒。临于周庙[2],礼也。凡诸侯之丧,异姓临于外[3],同姓于宗庙,同宗于祖庙[4],同族于祢庙[5]。是故鲁为诸姬,临于周庙。为邢、凡、蒋、茅、胙、祭临于周公之庙[6]。

秋天,吴子寿梦去世。襄公到周文王庙里哭丧吊唁,这是合于礼的。凡是诸侯的丧事,异姓的在城外哭泣吊唁,同姓的在宗庙里,同宗的在祖庙里,同族的在父庙里。由于这个原因,鲁国为了姬姓诸国,到周文王庙里哭泣吊唁。为邢、凡、蒋、茅、胙、祭等国,则在周公庙里哭泣吊唁。

冬,楚子囊、秦庶长无地伐宋,师于杨梁[7],以报晋之取郑也。

冬天,楚国子囊、秦国庶长无地攻打宋国,军队驻扎在杨梁,以报复去年晋国从楚国手中夺取郑国。

注释 **1** 盘:盛食物的器皿。此指将铜钟改铸为盘子。 **2** 临:哭丧,吊丧。《礼记 · 檀弓》郑注:“丧哭曰临。”周庙:即宗庙,指周文王之庙。鲁国的祖先周公出自文王,故鲁立周文王之庙。 **3** 外:城外。 **4** 祖庙:始封君之庙。 **5** 祢庙:父庙。 **6** 周公之庙:杜预注:“即祖庙也。六国皆周公之支子,别封为国,共祖周公。”六国,指邢、凡、蒋、茅、胙、祭六国。 **7** 杨梁:宋地,在今河南商丘东南。

灵王求后于齐。齐侯问对于晏桓子[1],桓子对曰:“先王之礼辞有之,天子求后于诸侯,诸侯对曰:‘夫妇所生若而人[2]。妾妇之子若而人。’无女而有姊妹及姑姊妹[3],则曰:‘先守某

周灵王向齐国求取王后。齐侯向晏桓子询问答辞,晏桓子回答说:“先王的礼仪辞令有这样的话,天子向诸侯求取王后,诸侯回答说:‘夫人所生的若干人。妃妾所生的若干人。’没有女儿而有姐妹和姑母姊妹,就说:‘先君某公的遗女若干人。’”齐侯答

公之遗女若而人[4]。'" 齐侯许昏,王使阴里结之[5]。

应了婚事,周灵王派阴里作了口头约定。

公如晋,朝,且拜士鲂之辱,礼也。

襄公到达晋国,朝见后,并且拜谢士鲂的聘问,这是合于礼的。

秦嬴归于楚[6]。楚司马子庚聘于秦[7],为夫人宁[8],礼也。

秦嬴回到楚国。楚国司马子庚到秦国聘问,是为了夫人回娘家省亲之事,这是合于礼的。

注释 1 晏桓子:即晏弱,晏婴的父亲,齐国大夫。 2 夫妇所生:杨伯峻《春秋左传注》:"夫妇所生,谓己及嫡配所生。"若而人:犹言若干人。 3 姑姊妹:犹今言大姑小姑。姊妹,同父所生。 4 先守:犹言先君。 5 阴里:周大夫。结:结言,即口头约定。 6 秦嬴:秦景公之妹,楚共王的夫人,嫁到楚国已久。归:此指她返秦省亲又回楚国。 7 子庚:即楚公子午,楚庄王之子。 8 宁:妇女出嫁后返回娘家省亲。

襄公十三年

【经】

十有三年春[1],公至自晋。

十三年春天,襄公从晋国回来。

夏,取邿[2]。

夏天,占领了邿国。

秋,九月庚辰[3],楚子审卒[4]。

秋天,九月十四日,楚共王审去世。

冬,城防[5]。

冬天,在防地筑城。

注释 1 十有三年:即鲁襄公十三年,公元前560年。 2 邿(shī):附庸国,在今山东济宁南。 3 庚辰:十四日。 4 楚子审:即楚共王。 5 城防:即城于防,在防地筑城。防,鲁国地名。

【传】

十三年春,公至自晋,孟献子书劳于庙[1],礼也。

夏,邿乱,分为三[2]。师救邿,遂取之。凡书"取",言易也。用大师焉曰"灭"。弗地曰"入"[3]。

荀罃、士鲂卒。晋侯蒐于绵上以治兵[4],使士匄将中军,辞曰:"伯游长[5]。昔臣习于知伯[6],是以佐之,非能贤也。请从伯游。"荀偃将中军,士匄佐之。使韩起将上军,辞以赵武。又使栾黡,辞曰:"臣不如韩起。韩起愿上赵武[7],君其听之!"使赵武将上军,韩起佐之。栾黡将下军,魏绛佐之。新军无帅,晋

十三年春天,襄公从晋国回来,孟献子在宗庙里记载功勋,这是合于礼的。

夏天,邿国发生动乱,一分为三。鲁国出兵救援邿国,就乘机占领了邿国。凡是《春秋》记载说"取",就是说来得容易。动用了大军叫作"灭"。不占领其土地叫作"入"。

荀罃、士鲂去世。晋侯在绵上打猎并用以练兵,派士匄统领中军,士匄辞谢说:"伯游应该居长。过去下臣熟悉知伯,因此我辅佐他,而不是我贤能。请让我跟从伯游。"于是荀偃统领中军,士匄辅佐他。派韩起统率上军,韩起辞让给赵武。又派遣栾黡,栾黡辞谢说:"下臣不如韩起。韩起愿意让赵武居上位,君还是听从他吧!"于是就派赵武统领上军,韩起辅佐他。栾黡统领下军,魏绛辅佐他。新军没有统帅,晋侯对此

侯难其人[8],使其什吏[9],率其卒乘官属,以从于下军,礼也。晋国之民,是以大和,诸侯遂睦。

人选问题感到为难,就派新军的十吏率领他的步兵车兵和所属官员,附属于下军,这是合于礼的。晋国的百姓因此很和谐,诸侯于是也亲睦了。

注释 1 书劳:记载功勋。 2 分为三:分裂为三。 3 弗地:指不占其土地。 4 蒐:田猎并训练军队。绵上:晋地,在今山西介休东南。治兵:检阅部队或练兵。 5 伯游:即荀偃,代荀罃为中军统帅。 6 知伯:指荀罃。 7 上赵武:让赵武居上位。 8 难其人:对新军将佐的人选问题感到为难。 9 什吏:即十吏,将佐以下的十位军官,指军尉、司马、司空、舆尉、候奄,以及他们的副手。

君子曰:“让,礼之主也。范宣子让[1],其下皆让。栾黡为汰[2],弗敢违也。晋国以平,数世赖之。刑善也夫[3]!一人刑善,百姓休和,可不务乎?《书》曰[4]:‘一人有庆[5],兆民赖之,其宁惟永。’其是之谓乎?周之兴也,其《诗》曰[6]:‘仪刑文王,万邦作孚[7]。’言刑善也。及其衰也,其《诗》曰[8]:‘大夫不均,我从事独贤[9]。’言不让也。世之治也,君子尚能而让其下,

君子说:“谦让,是礼的主体。范宣子谦让,他下面的人都谦让。栾黡就是专横,也不敢违背。晋国因此和睦团结,几世都依赖着它。这是取法于善行的缘故啊!一人取法于善行,百姓都美好和谐,岂可不致力于此?《尚书》说:‘一个人有好德行,亿万人依赖它,国家的安宁可以久长。’大概说的就是这个吧?周朝兴起的时候,它的《诗》说:‘效法文王,万邦信孚。’说的是取法于善行。等到它衰微的时候,它的《诗》说:‘大夫不公平,独我干的事情最多。’说的是不谦让。天下大治的时候,君子崇尚贤能而对下谦让,小

小人农力以事其上[10],是以上下有礼,而谗慝黜远,由不争也,谓之懿德。及其乱也,君子称其功以加小人[11],小人伐其技以冯君子[12],是以上下无礼,乱虐并生,由争善也,谓之昏德。国家之敝,恒必由之。”

人努力以侍奉他的上面,因此上下有礼,而奸邪废黜远离,这是由于不争夺的缘故,叫作美德。等到天下动乱的时候,君子夸耀他的功劳而凌驾于小人之上,小人夸耀自己的技能而凌驾于君子之上,因此上下无礼,动乱与残暴一起发生,这是由于相争自以为是的缘故,叫作昏德。国家的败坏,常常由于这个原因。”

注释 **1** 范宣子:即士匄。 **2** 汰:专横不逊。 **3** 刑善:取法于善行。 **4**《书》:指《尚书·吕刑》篇。 **5** 庆:善,好德行。 **6**《诗》:指《诗经·大雅·文王》篇。 **7** 仪刑:同义词连用,犹言效法。孚:信任。 **8**《诗》:指《诗经·小雅·北山》篇。 **9** 贤:此为多,指过分劳碌。 **10** 农力:努力。王引之《经义述闻》:“农力犹努力,语之转耳。” **11** 称:夸张。加:凌驾。 **12** 伐:称伐,夸耀。冯:凌驾。

楚子疾,告大夫曰:“不榖不德,少主社稷,生十年而丧先君,未及习师保之教训[1],而应受多福[2]。是以不德,而亡师于鄢[3],以辱社稷,为大夫忧,其弘多矣[4]。若以大夫之灵,获保首领以殁于

楚王生病,告诉大夫说:“我没有德行,年幼的时候就主持国家为君,生下来十年便失去先君,没有来得及学习师保的教训,就承受了君王之位。因此缺少德行,而在鄢陵丧失了军队,让国家蒙受耻辱,让大夫担忧,实在太多了。如果托各位大夫的福气,我能得以保全首领而善终于地下,唯有这些祭祀和安

地，唯是春秋窀穸之事[5]，所以从先君于祢庙者[6]，请为‘灵’若‘厉’[7]。大夫择焉！”莫对。及五命乃许。

葬的事情，得以在祢庙中追随先君，则请求谥为‘灵’或者‘厉’。大夫们选择吧！”没有谁回答。直到五次命令才答应。

秋，楚共王卒。子囊谋谥。大夫曰：“君有命矣。”子囊曰：“君命以共，若之何毁之？赫赫楚国，而君临之，抚有蛮夷，奄征南海[8]，以属诸夏[9]，而知其过，可不谓共乎？谓谥之‘共’。”大夫从之。

秋天，楚共王去世。子囊和大家商议谥号。大夫说：“君王已有过命令了。”子囊说：“国君是用‘共’来命令的，怎么能毁掉它呢？声威赫赫的楚国，君王在上面治理，安抚着蛮夷，大举征伐南海，让它们从属于中原诸国，而君王又知道了自己的过错，可以不说是‘共’吗？请谥他为‘共’。”大夫们都听从了子囊的意见。

注释 1 师保：师傅、保傅，都是教导太子的官。 2 应受多福：膺受君王之位。多福，指君王之位。 3 亡师于鄢：在鄢陵丧失了军队。事载鲁成公十六年。 4 弘多：太多。 5 春秋：指祭祀。窀穸(zhūn xī)：墓穴，此指安葬。 6 祢庙：考庙，父亲的庙。此指楚共王之父楚庄王的庙。 7 为“灵”若“厉”：谥为“灵”或“厉”。杜预注：“乱而不损曰灵，戮杀不辜曰厉。” 8 奄：大。 9 诸夏：指中原各国。夏，华夏。

吴侵楚，养由基奔命[1]，子庚以师继之[2]。养叔曰：“吴乘我丧，谓我不能师也，必易我而不戒。子为三覆以待

吴国攻打楚国，养由基作为急行军的前锋去迎敌，子庚带兵跟着上去。养由基说：“吴国趁着我国有丧事，认为我们不能出兵，必定会轻视我们而不加戒备。您设置三处伏兵等待我，我去引诱

我[3],我请诱之。”子庚从之。战于庸浦[4],大败吴师,获公子党。

君子以吴为不吊[5]。《诗》曰[6]:“不吊昊天,乱靡有定[7]。”

冬,城防,书事,时也。于是将早城,臧武仲请俟毕农事,礼也。

郑良霄、大宰石臭犹在楚。石臭言于子囊曰:“先王卜征五年[8],而岁习其祥[9],祥习则行,不习则增修德而改卜[10]。今楚实不竞[11],行人何罪?止郑一卿[12],以除其逼[13],使睦而疾楚,以固于晋,焉用之?使归而废其使[14],怨其君以疾其大夫,而相牵引也,不犹愈乎[15]?”楚人归之。

他们。”子庚听从了他的意见。在庸浦作战,大败吴军,俘虏了吴国的公子党。

君子认为吴国是不善的。《诗》说:“上天认为你不善,动乱就没个安定。”

冬天,在防地筑城,《春秋》记载了这件事,是因为它合于时令。当时准备早些时候筑城,臧武仲请求待农活完毕后再动工,这是合于礼的。

郑国的良霄、太宰石臭还在楚国。石臭对子囊说:“先王为了征伐,连续占卜五年,而年年都重复出现吉兆,重复出现吉兆就可行动出兵,若不重复出现吉兆,就应更加努力修养德行,然后重新开始占卜。如今楚国实在不自强,使者有什么罪过?扣留郑国一卿,用以除掉对郑国君臣的威逼,使他们上下和睦而怨恨楚国,从而坚定地顺从晋国,为什么要采用这种办法呢?让他回去而废弃他的使命,他会埋怨他的国君,怨恨他的大夫们,从而互相牵制,这不是更胜一筹吗?”于是楚国人就把良霄放了回去。

注释 **1** 养由基:即养叔,楚国大夫,善射。奔命:谓急行军中为前锋。 **2** 子庚:即公子午,当时为司马。 **3** 三覆:三处伏兵。 **4** 庸浦:楚地,在今安徽无为县长江北岸。 **5** 不吊:即不善。 **6**《诗》:指《诗经·小雅·节南山》。 7 昊天:苍天,上天。靡:没,没有。 8 卜征五年:为了征伐,连续五年占卜。 9 岁习其祥:年年重复吉兆。习,一作"袭",重复。 10 改卜:重新起卜。 11 不竞:此指楚国不能自强。竞,强。 12 止:留止,扣留。一卿:指良霄。 13 以除其逼:用以拂除对郑国君臣的威逼。良霄为人刚愎,足以威逼郑国君臣;楚国扣留他,这就为郑国除去了威逼。 14 使归:指让良霄回国。废其使:废弃了他出使的任务。 15 愈:胜,较好一点,胜一筹。

襄公十四年

【经】

十有四年春[1],王正月,季孙宿、叔老会晋士匄、齐人、宋人、卫人、郑公孙虿、曹人、莒人、邾人、滕人、薛人、杞人、小邾人会吴于向[2]。

十四年春天,周历正月,季孙宿、叔老二卿和晋国士匄、齐人、宋人、卫人、郑国公孙虿、曹人、莒人、邾人、滕人、薛人、杞人、小邾人在向地会见吴国人。

二月乙未朔[3],日有食之。

二月初一日,发生日食。

夏四月,叔孙豹会晋荀偃、齐人、宋人、卫北宫括、郑公孙虿、曹人、莒人、邾人、滕人、薛人、杞人、小邾人伐秦。

夏天四月,叔孙豹会合晋国荀偃、齐人、宋人、卫国北宫括、郑国公孙虿、曹人、莒人、邾人、滕人、薛人、杞人、小邾人一起攻打秦国。

己未[4],卫侯出奔齐。

二十六日,卫侯出逃到齐国。

莒人侵我东鄙。

莒国人侵袭我国东部边境。

秋天,楚国公子贞领兵进攻

秋，楚公子贞帅师伐吴。

冬，季孙宿会晋士匄、宋华阅、卫孙林父、郑公孙虿、莒人、邾人于戚[5]。

吴国。

冬天，季孙宿在戚地会见晋国士匄、宋国华阅、卫国孙林父、郑国公孙虿、莒人和邾人。

注释 1 十有四年：鲁襄公十四年，公元前559年。 2 叔老：又名子叔齐子，鲁宣公弟叔肸之孙，声伯（公孙婴齐，又名子叔婴齐）之子。与季孙宿国为鲁二卿。会吴于向：在向地会见吴国人。向，郑地。因吴国人来盟会住在向地，故曰“会吴于向”。 3 乙未朔：初一日。 4 己未：二十六日。 5 戚：卫国孙林父的采邑，在今河南濮阳北。

【传】

十四年春，吴告败于晋[1]。会于向，为吴谋楚故也[2]。范宣子数吴之不德也[3]，以退吴人[4]。执莒公子务娄[5]，以其通楚使也。

将执戎子驹支[6]。范宣子亲数诸朝[7]，曰：“来！姜戎氏，昔秦人迫逐乃祖吾离于瓜州[8]，乃祖吾离被苫盖[9]，蒙荆棘，以来归我先君。我先君惠公有不腆

十四年春天，吴国向晋国报告被楚国打败。鲁、晋等各国在向地举行盟会，为的是替吴国谋划攻打楚国的事。范宣子责备吴国不道德，以此拒绝了吴人。拘捕了莒国的公子务娄，因为他的使者和楚国往来。

将要拘捕戎子驹支。范宣子亲自在朝廷上责备他，说：“过来，姜戎氏！过去秦人逼迫你的祖父吾离离开瓜州，你的祖父吾离披着白茅衣、戴着荆草帽前来归附我们先君。我们先君晋惠公只有并不丰厚的土地，也和你祖

之田[10],与女剖分而食之。今诸侯之事我寡君不如昔者,盖言语漏泄,则职女之由[11]。诘朝之事[12],尔无与焉[13]!与将执女!"

父平分了吃它。如今诸侯侍奉我们寡君不如以前,这是因为说话泄漏了机密,应当是由于你的缘故。明天早晨诸侯盟会,你不要参加了!如果你去参加就把你捉起来!"

注释 1 吴告败于晋:襄公十三年秋,吴国乘楚丧侵袭楚国,被楚国养由基、子庚在庸浦击败,故此向晋国"告败"。 2 谋楚:谋划攻打楚国。 3 范宣子:即晋卿范匄,又名士匄。数:列举罪状,此处义为责备。 4 退:辞退,拒绝。 5 公子务娄:莒国派来的与会者。 6 戎子驹支:姜戎氏的国君。此时姜戎氏已成晋国的附庸。 7 亲数诸朝:亲自在朝廷上责备他。 8 秦人:指秦穆公。吾离:戎子驹支的祖父,最先逃奔晋国的姜戎氏国君。瓜州:即今甘肃敦煌。或以为在今秦岭高峰之南北两坡。 9 苫盖:此指用白茅编成的遮身之物,犹蓑衣。 10 不腆之田:不丰厚的土地。腆,多,丰厚。 11 职女之由:当由于你。职,应当。 12 诘朝:明日早晨。事:指诸侯盟会之事。 13 无与:不要参加。无,毋。

对曰:"昔秦人负恃其众,贪于土地,逐我诸戎。惠公蠲其大德[1],谓我诸戎是四岳之裔胄也[2],毋是翦弃[3]。赐我南鄙之田,狐狸所居,豺狼所嗥。我诸戎除翦其荆棘,驱其狐狸豺狼,以为先君不侵不叛之臣,至于今不贰。

戎子驹支回答说:"从前秦国人仗着他们人多,贪求土地,驱逐我们各部落戎人。晋惠公显示了他的大德,说我们各部落戎人是尧时四岳的后代,不要丢弃他们。赐给我们南部边境的田土,那是狐狸居住、豺狼号叫的地方。我们戎人剪除那里的荆棘,驱逐那里的狐狸豺狼,作为您先君不侵犯不背叛的下臣,直到如今都没有二心。从前晋文公

昔文公与秦伐郑，秦人窃与郑盟而舍戍焉[4]，于是乎有殽之师。晋御其上，戎亢其下，秦师不复[5]，我诸戎实然。譬如捕鹿，晋人角之[6]，诸戎掎之[7]，与晋踣之[8]，戎何以不免？自是以来，晋之百役[9]，与我诸戎相继于时[10]，以从执政，犹殽志也[11]，岂敢离逷[12]？今官之师旅[13]，无乃实有所阙，以携诸侯[14]，而罪我诸戎！我诸戎饮食衣服不与华同，贽币不通[15]，言语不达，何恶之能为？不与于会，亦无瞢焉[16]！”赋《青蝇》而退[17]。宣子辞焉，使即事于会，成恺悌也[18]。

和秦国一起攻打郑国，秦人私自与郑国结盟且安置了戍守的军队，因此就有了殽山之战。那时晋国在上边抵御，戎人在下边抵挡，秦军败得匹马只轮没回，实在是我们各部戎人致使他们这样。譬如捕鹿，晋人抓住鹿角，我们戎人拖住鹿脚，与晋人一起把鹿按倒，我们戎人为什么不能免于罪责呢？从这次战役以来，晋国的各次战役，我们各部戎人一次接着一次地按时参加，追随着执事，如同殽山战役一样，心志如一，怎么敢违背？现在晋国执政官员，恐怕实在有些过失，而使诸侯渐生离叛之心，却反而归罪我们诸戎！我诸戎饮食衣服与中原华夏不同，财礼不相往来，言语不通，能做什么坏事呢？不让参加盟会，我也没有什么烦闷！”便赋了《青蝇》诗一首，然后退下。范宣子向他致歉，让他参加了盟会的事务，以表明具备平易近人的美德。

注释 **1** 蠲(juān)：显示。 **2** 四岳：尧时的方伯，姜姓。裔胄：即后裔，后代。 **3** 毋是翦弃：即勿翦弃是，不要丢弃他们。 **4** 舍戍：置戍，设置了戍守的军队。即僖公三十年《传》“秦伯说，与郑人盟，使杞子、逢孙、杨孙戍之”之事。 **5** 亢：通“抗”，抵抗。不复：没有回去，即《公羊传》“匹马只轮无反者”。 **6** 角：执其角，指当面迎击。 **7** 掎：拖住，拖住鹿的后脚,指从后牵引。 **8** 与晋踣之:与晋国一起把它弄倒。踣,仆倒。 **9** 百役:所有各次战役。百,泛指其多。 **10** 相继于时:一个接着一个按时参加,犹言未尝间断。 **11** 殽志:指秦晋之间殽之战时支援晋国一样的意志。 **12** 逷(tì):同“逖”,远,违背。 **13** 官之师旅:即晋国的执政者。此属外交辞令。 **14** 携:携贰,携离,即亲附者生离叛之心。 **15** 贽币不通:谓与诸侯不相往来。贽币,古时见面的财礼。 **16** 瞢:烦闷。 **17**《青蝇》:《诗经·小雅》篇名。《青蝇》第一章句云:“岂弟君子,无信谗言”,戎子驹支赋诗即取此义。 **18** 成:具备。恺悌:亦作“岂弟”,和气,平易近人。

于是,子叔齐子为季武子介以会[1],自是晋人轻鲁币[2],而益敬其使。

吴子诸樊既除丧[3],将立季札。季札辞曰:“曹宣公之卒也,诸侯与曹人不义曹君[4],将立子臧[5]。子臧去之,遂弗为也,以成曹君[6]。君子曰:‘能守节。’君,义嗣也[7],谁敢奸君?有国,非吾节也。札虽不才,愿附于子臧[8],以无失节。”固立之,弃其室而耕,乃舍之。

当时,子叔齐子作为季武子的副手参加盟会,从此晋国人减轻了鲁国的献礼,而更加敬重它的使者。

吴子诸樊已经除去丧服,将要立季札为国君。季札辞谢说:“曹宣公去世的时候,诸侯和曹国人都认为曹成公不义,要立子臧为君。子臧离开曹国,于是就没有按原来的想法去做,因而成全了曹成公。君子说子臧‘能保持节操’。君王您,是义当继承的人,谁敢冒犯您的君位?据有国家,不是我的节操。我季札虽然没有什么才能,愿意追随子臧,以不失节操。”诸樊坚决要立他为君,季札便抛弃了他的家室财产而去种田,于是只好放弃了立季札为君的想法。

注释 1子叔齐子:即叔老,字齐子,叔肸之孙,子叔婴齐之子。介:副手,助手。 2轻鲁币:减轻鲁国的献礼。币,即币帛,此指一切献礼。 3诸樊:吴王寿梦的长子,于襄公十三年正月即位,为吴国第二十君。此记他即位而除丧之后曾让位于季札。除丧:亦名除服,指死者已经安葬而除去丧服。 4不义曹君:认为公子负刍做曹国君王不义,因为他是杀太子而自立的。曹君,指曹成公,名负刍,曹宣公之子,在位二十三年。 5将立子臧:指鲁成公十五年,诸侯在戚地盟会,拘捕了曹成公,欲立子臧为君。子臧,即曹国公子欣时。 6以成曹君:因而成全了曹成公。 7义嗣:诸樊是寿梦的嫡长子,义当继承,故曰"义嗣"。 8附:归附,此犹言追随。

夏,诸侯之大夫从晋侯伐秦,以报栎之役也[1]。晋侯待于竟[2],使六卿帅诸侯之师以进。及泾,不济。叔向见叔孙穆子[3],穆子赋《匏有苦叶》[4]。叔向退而具舟,鲁人、莒人先济。郑子蟜见卫北宫懿子曰[5]:"与人而不固[6],取恶莫甚焉!若社稷何?"懿子说。二子见诸侯之师而劝之济,济泾而次。秦人毒泾上流[7],师人多死。郑司马子蟜帅郑师以进,师皆从之,至于棫林[8],不获成焉[9]。荀偃令曰:"鸡鸣

夏天,诸侯的大夫跟随晋侯攻打秦国,以报复栎地那一战役。晋侯在边境上等待,让六卿率领诸侯的军队前进。到达泾水,诸侯的军队不肯渡河。叔向会见叔孙穆子,穆子赋《匏有苦叶》这首诗。叔向退出以后就准备船只,鲁国人、莒国人先渡河。郑国的子蟜会见卫国的北宫懿子说:"亲附别人而不坚定,没有什么比这更令人讨厌的了!让国家怎么办?"懿子很高兴。两个人去见诸侯的军队且劝他们渡河,军队渡过泾水而驻扎下来。秦国人在泾水上游放毒,诸侯军队的人死了很多。郑国的司马子蟜率领郑军前进,其他各国的军队都跟上来,到达棫林,没有得到秦国的屈服媾和。荀

而驾，塞井夷灶，唯余马首是瞻[10]！”栾黡曰：“晋国之命，未是有也[11]。余马首欲东。”乃归。下军从之。左史谓魏庄子曰[12]：“不待中行伯乎[13]？”庄子曰：“夫子命从帅。栾伯，吾帅也，吾将从之。从帅，所以待夫子也。”伯游曰[14]：“吾令实过，悔之何及，多遗秦禽[15]。”乃命大还[16]。晋人谓之迁延之役[17]。

偃命令说：“鸡叫套车，填井平灶，你们只看我的马头行事！”栾黡说：“晋国的命令，从没有过这样的。我的马头想要往东。”于是就回国。下军跟随他回去。左史对魏庄子说：“不等中行伯了吗？”魏庄子说：“他老人家命令我们跟从主将。栾伯，是我的主将，我将跟从他。跟从主将，就是合理地对待了他老人家。”荀偃说：“我的命令确实有错误，后悔哪里来得及，多留下人马只能被秦国俘虏。”于是命令全军撤回。晋国人称这次战役为“迁延之役”。

注释 1 栎(lì)：晋地。 2 竟：同“境”。 3 叔向：即叔肸。叔孙穆子：即鲁国叔孙豹。 4《匏有苦叶》：为《诗经·邶风》篇名。叔孙穆子赋诗取义于诗中“深则厉，浅则揭”，言己志在于必济。 5 北宫懿子：即北宫括，卫国大夫。 6 与人：亲附人。 7 毒泾上流：在泾水上游放毒。 8 棫(yù)林：秦地，在今陕西泾阳附近泾水的西南。 9 不获成：指秦国没有屈服。 10 唯余马首是瞻：只看我的马头向着哪儿。瞻，看。 11 未是有：即“未有是”，从未有过这种命令。 12 左史：官名。此为随军记述之官。魏庄子：魏绛。 13 中行伯：即荀偃。 14 伯游：即荀偃，字伯游。 15 多遗秦禽：只会给秦国留下俘虏。 16 大还：即大撤军，全部撤回。 17 迁延之役：因循拖拉而无成就的战役。

栾鍼曰[1]：“此役也，报栎之败也。役又无功，

栾鍼说：“这次战役，是为了报复栎之役的失败。发动战役又没有功劳，这

晋之耻也。吾有二位于戎路[2],敢不耻乎?”与士鞅驰秦师[3],死焉。士鞅反,栾黡谓士匄曰:“余弟不欲往,而子召之[4]。余弟死,而子来,是而子杀余之弟也。弗逐,余亦将杀之。”士鞅奔秦。

于是齐崔杼、宋华阅、仲江会伐秦[5]。不书,惰也[6]。向之会亦如之。卫北宫括不书于向,书于伐秦,摄也[7]。

秦伯问于士鞅曰:“晋大夫其谁先亡?”对曰:“其栾氏乎!”秦伯曰:“以其汰乎[8]?”对曰:“然。栾黡汰虐已甚,犹可以免。其在盈乎[9]!”秦伯曰:“何故?”对曰:“武子之德在民[10],如周人之思召公焉,爱其甘棠[11],况其子乎?栾黡死,盈之善未能及人,武子所施没矣,而黡之怨

是晋国的耻辱。我有兄弟二人在战车上,怎敢不感到耻辱呢?”与士鞅驱马冲进秦军阵营,战死在那里。士鞅返回,栾黡对士匄说:“我的弟弟不想去,你儿子叫他去。我的弟弟战死,你的儿子回来,这是你儿子杀了我弟弟。如果不驱逐他,我也要杀死他。”于是士鞅逃奔到秦国。

当时齐国崔杼、宋国华阅、仲江一起会兵攻打秦国。《春秋》没有记载他们的名字,是由于他们临事惰慢。向地的会见也如这一样。对卫国北宫括在向地与会不加记载,而将他记载在这次攻打秦国的战役中,这是他积极参与的缘故。

秦伯向士鞅询问说:“晋国的大夫大概谁先灭亡?”士鞅回答说:“恐怕是栾氏吧!”秦伯说:“是由于他骄横吗?”士鞅回答说:“对。栾黡骄横暴虐已很过分,还可以免于祸难。祸难恐怕要落在栾盈身上吧!”秦伯说:“什么缘故?”士鞅回答说:“栾武子的恩德留在百姓中间,好像周朝人思念召公,就爱护召公的甘棠树,何况他的儿子呢?栾黡死了,栾盈的好处还不能达到人们身上,栾武子所施的恩惠渐渐消失了,而对栾黡的怨恨又

实章[12],将于是乎在[13]。"秦伯以为知言,为之请于晋而复之。

很明显,因而灭亡将会在这时落在栾盈的身上。"秦伯认为这是有见识的话,为他向晋国请求而恢复了他的职位。

注释 **1** 栾鍼:栾黡之弟,时为车右。 **2** 二位:指栾氏兄弟,栾黡将下军,栾鍼为车右。戎路:将帅所乘的战车。 **3** 士鞅:士匄之子。驰:驱马冲击。 **4** 而子:你的儿子。 **5** 仲江:宋国公孙师之子。 **6** 惰:指不肯渡过泾水,临事惰慢。 **7** 摄:整顿,或佐助、参与。指北宫括能自加整顿,跟随郑子蟜渡泾水。 **8** 汏:犹言骄横。 **9** 盈:栾黡之子。 **10** 武子:即栾书,栾黡之父。 **11** 召公:姬姓,名奭。文王庶子。因采邑在召(今陕西岐山西南),称为召公,一作邵公,召康公。曾从武王灭商,因功封燕。成王即位,任太保,与周公共辅幼主。后与周公"分陕而治",陕以西由他治理。爱其甘棠:爱护他那甘棠树。杜预注:"召公奭听讼,舍于甘棠之下,周人思之,不害其树,而作勿伐之诗,在《召南》。" **12** 章:彰明。 **13** 将于是乎在:其亡将在于此。即灭亡将会在这时落到栾盈身上。

卫献公戒孙文子、甯惠子食[1],皆服而朝。日旰不召[2],而射鸿于囿。二子从之,不释皮冠而与之言[3]。二子怒。孙文子如戚[4],孙蒯入使[5]。公饮之酒,使大师歌《巧言》之卒章[6]。大师辞,师曹请为之[7]。初,公有嬖妾,使师曹诲之琴,师曹鞭

卫献公约请孙文子、甯惠子吃饭,两人都穿上朝服在朝廷等待。天晚了,卫献公还不召见,而在园林里射雁。两人跟随到园林里,卫献公不脱皮帽跟他们说话。两个人发火了。孙文子去戚地,孙蒯入朝请命。卫献公招待孙蒯喝酒,让太师歌唱《巧言》诗的最后一章。太师辞谢,师曹请求唱这一章。当初,卫献公有个宠妾,让师曹教她弹琴,师曹鞭打了她。献公发怒,鞭打了师曹三百下。

之。公怒，鞭师曹三百。故师曹欲歌之，以怒孙子以报公。公使歌之，遂诵之。蒯惧，告文子。文子曰："君忌我矣，弗先，必死。"

所以现在师曹想歌唱它，用以激怒孙蒯，报复卫献公。献公让师曹歌唱，师曹就朗诵了这一章。孙蒯害怕，告诉孙文子。孙文子说："国君猜忌我们了，不先下手，就必被他杀死。"

并帑于戚而入[8]，见蘧伯玉曰[9]："君之暴虐，子所知也。大惧社稷之倾覆，将若之何？"对曰："君制其国，臣敢奸之？虽奸之，庸知愈乎？"遂行，从近关出。

孙文子把家人集中到戚地，然后进入国都，遇见蘧伯玉，说："国君的暴虐，您是知道的。我非常害怕国家的颠覆，您打算怎么办？"蘧伯玉回答说："国君控制他的国家，臣下哪敢冒犯他？即使冒犯了他，怎知新君就比旧君好呢？"于是离开国都，从最近的关口出国。

注释 1 卫献公：名衎(kàn)，卫定公之子，鲁成公十五年立，在位十八年。戒：戒食，即约期与之共食。甯惠子：即甯殖，甯相之子，卫国执政大夫。 2 日旰：日晚。 3 皮冠：田猎时戴的皮帽子。 4 戚：孙氏采邑，在今河南濮阳北。 5 孙蒯：孙文子之子。入使：入朝请命。 6 大师：即太师，乐官之长。《巧言》：为《诗经·小雅》篇名。末章说："彼何人斯，居河之麋。无拳无勇，职为乱阶。"卫献公想用来比喻文子居河上为乱。 7 师曹：太师所属乐人。 8 并：犹言集中，聚集。帑：通"孥"，此指子弟臣仆等家产。 9 蘧伯玉：名瑗，卫国贤大夫，谥曰成子。蘧庄子无咎之子。

公使子蟜、子伯、子皮与孙子盟于丘宫[1]，孙子皆杀之。四月己未[2]，子展奔齐[3]。公如鄄[4]，使子

卫献公派子蟜、子伯、子皮与孙文子在丘宫结盟，孙文子把他们全杀了。四月二十六日，子展逃奔到齐国。卫献公到了鄄地，派子行向孙文子请求和解，

行请于孙子，孙子又杀之。公出奔齐，孙氏追之，败公徒于阿泽[5]。鄄人执之。

初，尹公佗学射于庾公差，庾公差学射于公孙丁。二子追公[6]，公孙丁御公。子鱼曰[7]："射为背师，不射为戮，射为礼乎！"射两軥而还[8]。尹公佗曰："子为师，我则远矣。"乃反之[9]。公孙丁授公辔而射之，贯臂。

子鲜从公[10]，及竟，公使祝宗告亡[11]，且告无罪。定姜曰[12]："无神何告？若有，不可诬也。有罪，若何告无？舍大臣而与小臣谋，一罪也。先君有冢卿以为师保[13]，而蔑之[14]，二罪也。余以巾栉事先君[15]，而暴妾使余[16]，三罪也。告亡而已，无告无罪！"

孙文子又把他杀了。卫献公出逃齐国，孙家的人追杀他们，把献公的亲兵击败在阿泽。鄄地人拘捕了败兵。

当初，尹公佗在庾公差那里学射箭，庾公差又在公孙丁那里学过射箭。尹公佗和庾公差两人追赶卫献公，公孙丁为卫献公驾车。庾公差说："射是背弃老师，不射将被诛戮，还是射合于礼吧！"射了车两边夹马颈的曲木而回。尹公佗说："您是为了老师，我和他的关系就远了。"于是回过车去追赶。公孙丁把马缰绳递给卫献公然后射尹公佗，一箭射穿了他的手臂。

子鲜跟随卫献公出逃，到达边境时，献公派祝宗向祖先报告逃亡的事，并且告知自己是无罪的。定姜说："没有神灵，向谁报告？如果有，就不能欺骗。有罪，为什么报告没有？丢弃大臣而与小臣谋划，这是第一条罪。先君有正卿作为师保，而你却轻视他们，这是第二条罪。我用巾栉侍奉先君，而你却待我如同对待婢妾一样残暴，这是第三条罪。你报告逃亡而已，不要报告没有罪过！"

注释 1 子蟜、子伯、子皮：三人都是卫国公子。丘宫：当在卫都。 2 己未：

二十六日。 **3** 子展：卫献公之弟。献公想逃奔齐国，子展为他先行作安排。 **4** 鄄(juàn)：卫地，在今山东鄄城北旧城镇。 **5** 阿泽：亦作河泽、柯泽，齐地，在今山东阳谷东北。 **6** 二子：指尹公佗和庾公差。 **7** 子鱼：即庾公差，字子鱼。 **8** 两軥：古代车驾四马，当中两马有曲木夹住马颈，即为两軥。 **9** 反之：指回车再追卫献公。 **10** 子鲜：卫献公同胞弟弟。 **11** 祝宗：古代司祝之官。告亡：报告逃亡。杜预注："告宗庙。" **12** 定姜：卫献公的嫡母。 **13** 冢卿：孤卿，六卿中掌国政的人。此指孙林父、甯殖。师保：古代教导贵族子弟的官。 **14** 蔑：轻视，鄙视。 **15** 巾栉(zhì)：手巾和梳子。古时夫妻相处，妻子捧拿巾栉侍奉丈夫，遂以巾栉为妻子的代称。 **16** 暴妾使余：对待我残暴如同对待婢妾。定姜虽非卫献公生母(生母为敬姒)，但为嫡母亦当敬养，虐待是无礼的。

公使厚成叔吊于卫[1]，曰："寡君使瘠[2]，闻君不抚社稷[3]，而越在他竟[4]，若之何不吊？以同盟之故，使瘠敢私于执事曰：'有君不吊[5]，有臣不敏[6]，君不赦宥，臣亦不帅职[7]，增淫发泄[8]，其若之何？'"卫人使大叔仪对曰："群臣不佞，得罪于寡君。寡君不以即刑而悼弃之[9]，以为君忧。君不忘先君之好，辱吊群臣，又重恤之。敢拜君命

鲁襄公派厚成叔到卫国慰问，说："寡君派我瘠来，听说君失去了君位，而流亡到别国境内，怎么能不来慰问？因为同盟的缘故，让瘠谨私下对执事说：'有君不善良，有臣不明达，国君不宽恕，臣下也不尽职，积久而发泄出来，将如何办？'"卫人派太叔仪回答说："群臣不才，得罪了寡君。寡君不把下臣们依法惩办，而是远弃群臣而去，以成为君的忧虑。君不忘记先君的友好，辱您前来慰问下臣们，又再加哀怜。谨拜谢君的命令，再拜谢对下臣们的哀怜。"厚成叔回国，复命，

之辱，重拜大贶[10]。”厚孙归，复命，语臧武仲曰：“卫君其必归乎！有大叔仪以守，有母弟鱄以出[11]，或抚其内，或营其外，能无归乎？”齐人以郲寄卫侯[12]。及其复也，以郲粮归。

告诉臧武仲说：“卫君大概一定会回国吧！有太叔仪留守，有同母弟鱄随从出国，有的安抚国内，有的经营国外，能不回国吗？”齐国人将郲地让给卫献公寄居。等到后来卫献公复位的时候，把郲地的粮食也带回国了。

右宰穀从而逃归[13]，卫人将杀之。辞曰[14]：“余不说初矣[15]。余狐裘而羔袖[16]。”乃赦之。

右宰穀先跟从卫献公而后又逃回卫国，卫国人将要杀掉他。他辩解说：“当初跟着献公出逃我并不是乐意的。我穿的是狐皮袄，只配了两只羊皮袖。”于是就赦免了他。

注释 1 厚成叔：名瘠，亦称厚孙，鲁孝公之子惠伯巩的后代。厚，亦作“后”，又作“郈”。 2 瘠：即厚成叔。 3 不抚社稷：即不有社稷，意为失去君位。抚，有。 4 越：远，流亡。 5 吊：同“淑”，善。 6 敏：达。 7 帅职：尽职。 8 增淫：犹言积久。指卫献公与孙氏之间的嫌隙已积久。 9 即刑：就刑。悼：一说伤悼，一说“悼借为卓”，卓，远，指卫献公远弃群臣流亡他国。 10 重：再，又。大贶(kuàng)：厚赐，此指怜恤。 11 鱄：即子鲜，卫献公同母弟。 12 郲：即襄公七年“齐侯灭莱”的莱国。寄：寓居。诸侯失国，寓居他国，称为寄公，亦称寓公。 13 右宰穀：卫国大夫。 14 辞：不接受，辩解。 15 说：同“悦”。初：指跟从卫献公的时候。16 狐裘而羔袖：狐毛为裘，小羊毛为袖。依杜预注，狐贵重以喻善，羔以喻恶，则“言一身尽善，唯少有恶，喻己虽从君出，其罪不多”。

卫人立公孙剽[1]，孙林父、甯殖相之，以听命于

卫国人立公孙剽为国君，孙林父、甯殖辅佐他，以听取诸侯的命令。

诸侯。

卫侯在郲。臧纥如齐唁卫侯[2]。卫侯与之言，虐[3]。退而告其人曰[4]:“卫侯其不得入矣！其言粪土也。亡而不变，何以复国？”子展、子鲜闻之，见臧纥，与之言，道[5]。臧孙说[6]，谓其人曰:“卫君必入。夫二子者，或挽之[7]，或推之，欲无入，得乎？”

师归自伐秦，晋侯舍新军[8]，礼也。成国不过半天子之军[9]，周为六军，诸侯之大者，三军可也。

于是知朔生盈而死[10]，盈生六年而武子卒[11]，彘裘亦幼[12]，皆未可立也。新军无帅，故舍之。

卫献公在郲地。臧纥到齐国慰问卫献公。卫献公和他谈话，态度很粗暴。臧纥退出后告诉他的下属说:“卫侯大概不能回国了！他的话好像粪土一样。逃亡在外而不悔改，怎么能够恢复国君的地位呢？”子展、子鲜听说这些话，进见臧纥，与他们说话，很通情达理。臧纥很高兴，对他的下属说:“卫君一定能回国。这两个人，有的拉他，有的推他，想不回国，能行吗？”

军队攻打秦国回来，晋侯撤销新军，这是合于礼的。大国不超过天子军队的一半，周天子建立六军，诸侯中的大国，有三个军就可以了。

当时知朔生了知盈以后便死去了，知盈出生以后六年而知武子去世，彘裘也还小，都不能立为卿。新军没有主帅，所以把它撤销了。

注释 1 公孙剽:卫穆公之孙，子叔黑背之子，在位十二年。 2 臧纥:即臧武仲，臧文仲之子，鲁国大夫。 3 虐:暴虐。 4 其人:指臧纥的下属。 5 道:顺，合道理。 6 臧孙:即臧纥。 7 挽:在前牵引。 8 舍:舍弃，废弃。 9 成国:成千乘之国，即大国。不过半天子之军:不超过天子之军的一半。 10 知朔:知罃之子。盈:知盈，又称知悼子，知朔之子。 11 武子:即知罃，知盈的祖父。 12 彘裘:士魴之子。

师旷侍于晋侯[1]。晋侯曰:“卫人出其君,不亦甚乎?”对曰:“或者其君实甚。良君将赏善而刑淫,养民如子,盖之如天,容之如地。民奉其君,爱之如父母,仰之如日月,敬之如神明,畏之如雷霆,其可出乎?夫君,神之主而民之望也[2]。若困民之主[3],匮神乏祀[4],百姓绝望,社稷无主,将安用之?弗去何为?天生民而立之君,使司牧之[5],勿使失性[6]。有君而为之贰[7],使师保之,勿使过度。是故天子有公,诸侯有卿,卿置侧室[8],大夫有贰宗,士有朋友[9],庶人、工、商、皂、隶、牧、圉皆有亲昵,以相辅佐也。善则赏之,过则匡之,患则救之,失则革之[10]。自王以下,各有父兄子弟,以补察其政。史为书[11],瞽为诗[12],

师旷陪侍在晋悼公身旁。晋悼公说:“卫国人赶走他们的国君,不也太过分了吗?”师旷回答说:“也许是他们的国君实在太过分了。良好的国君会奖赏善良而惩罚邪恶,抚养老百姓好像儿女,覆盖他们如同上天,容载他们好像大地。百姓尊奉他们的国君,热爱他好像父母,敬仰他如同日月,敬重他如同神灵,害怕他好像雷霆,难道可以赶出去吗?国君,是祭神的主持者、百姓的希望。如果让百姓的财货困乏,神灵失去祭祀者,百姓绝望,国家没有主人,哪里还用得着他?不赶出去干什么?上天产生了百姓而立他们的国君,让他统治他们,不要让他们失去天性。有了国君又为他设置辅佐,让他们去教导保护他,不让他做事情过分。因此天子有公,诸侯有卿,卿设置侧室,大夫有贰宗,士有朋友,庶人、工、商、皂、隶、牧、圉都有亲近的人,用来互相辅佐。善良的就奖赏,有错误就纠正,有患难就救援,有过失就更改。自王以下,各有父兄子弟,来观察补救他的政令得失。太史作出记载,乐师写出诗歌,乐工诵读箴谏,大夫规

工诵箴谏[13]，大夫规诲[14]，士传言，庶人谤，商旅于市[15]，百工献艺。故《夏书》曰：‘遒人以木铎徇于路[16]，官师相规[17]，工执艺事以谏。’正月孟春，于是乎有之[18]，谏失常也。天之爱民甚矣，岂其使一人肆于民上[19]，以从其淫[20]，而弃天地之性？必不然矣。”

劝开导，士传话，庶人公开指责，商人在市场上议论，各种工匠呈献技艺。所以《夏书》说：‘遒人摇着木铎在大路上巡行，官师规劝，工匠呈献技艺以作劝谏。’正月初春，在这时节有遒人摇动木铎，巡行宣令，这是由于劝谏失去常规的缘故。上天爱护百姓非同一般，难道会让某一个人在百姓头上肆意妄为，来放纵他的邪恶，而丢掉天地的本性？必定不会这样的。”

注释 1 师旷：晋国著名乐师，字子野。晋侯：指晋悼公。 2 神之主：指祭神时的主持人。 3 困民之主：即困民之生。杨伯峻《春秋左传注》：“‘主’当为‘生’字之形近误。《周语上》云‘匮神乏祀而困民之财’，与此二句意同。困民之生即困民之财。” 4 匮神乏祀：意思是使鬼神失去祭祀者。 5 司牧：犹言统治。牧，治理。 6 性：天性，本性。 7 贰：卿佐。 8 侧室：本指庶子。古代正室是嫡子，侧室是支子，位在嫡子的旁侧。此指侧室之官。 9 朋友：指同宗或同出师门的人。 10 革：更改。 11 史：太史。为书：作记录以载善恶。 12 瞽(gǔ)：瞎眼人。此指乐师，古代以瞽者为乐官，故为乐官的代称。 13 工：乐工。箴谏：皆规劝匡正之辞。 14 规诲：规劝开导。 15 商旅：即商人。于市：议于市。“商旅于市”，承上省动词“谤议”。 16 遒人：宣令之官。木铎：金口木舌之铃，用于文教。徇：巡行而宣令。 17 官师：一官之长，小吏。 18 有之：指有遒人徇于路，振铎以求歌谣谏言。 19 一人：指天子或国君。 20 从：同“纵”，放纵。淫：此指邪恶。

秋，楚子为庸浦之役故，子囊师于棠以伐吴[1]，吴人不出而还。子囊殿，以吴为不能而弗儆。吴人自皋舟之隘要而击之[2]，楚人不能相救。吴人败之，获楚公子宜穀。

王使刘定公赐齐侯命[3]，曰："昔伯舅大公[4]，右我先王，股肱周室，师保万民。世胙大师[5]，以表东海[6]。王室之不坏，繄伯舅是赖[7]。今余命女环[8]，兹率舅氏之典[9]，纂乃祖考[10]，无忝乃旧[11]。敬之哉，无废朕命！"

秋天，楚王因为庸浦那次战役的缘故，让子囊在棠地屯兵以攻打吴国，吴国人不出兵应战，楚军就回去了。子囊殿后，认为吴国不行而不加警戒。吴国人从皋舟的险道拦腰截击楚军，楚国人前后不能相救。吴国人击败了楚军，俘虏了楚公子宜穀。

周灵王派刘定公赐给齐侯策命，说："从前伯舅太公，辅助我先王，是周王室的股肱，万民的师保。世世代代酬谢太师的功劳，让他在东海显扬光大。王室没有败坏，所依靠的就是伯舅。如今我命令你环，要孜孜不倦地遵循舅氏的常法，继承你的祖先，不要玷辱你的先人。要恭敬啊，不要废弃我的命令！"

注释　1 子囊：楚庄王之子。棠：楚地，在今江苏南京六合区西北。 2 皋舟：吴国的险道。要：同"腰"，此作动词，截断其腰。 3 刘定公：即刘夏。周灵王为向齐国求婚，派刘定公出使齐国。 4 大公：即吕尚，姓姜，故又称姜太公。 5 胙：报答，酬谢。大师：即太公，因周文王立吕尚为师而称太师。 6 表：显扬。 7 繄(yī)：发语词，犹"惟"。伯舅：仍指太公吕尚。 8 女：你。环：齐灵公的名。 9 兹：孜孜不倦。率：遵循。舅氏之典：指异姓诸侯辅助周室的常法。 10 纂：通"缵"，继承。 11 忝：玷辱。旧：祖考，即祖先。

晋侯问卫故于中行献子[1],对曰:"不如因而定之。卫有君矣[2],伐之,未可以得志而勤诸侯。史佚有言曰:'因重而抚之[3]。'仲虺有言曰[4]:'亡者侮之,乱者取之,推亡固存,国之道也。'君其定卫以待时乎[5]!"

冬,会于戚,谋定卫也。

范宣子假羽毛于齐而弗归[6],齐人始贰。

楚子囊还自伐吴,卒,将死,遗言谓子庚[7]:"必城郢。"君子谓:"子囊忠。君薨不忘增其名[8],将死不忘卫社稷,可不谓忠乎?忠,民之望也。《诗》曰[9]:'行归于周[10],万民所望。'忠也。"

晋侯向中行献子询问卫国发生的事情,中行献子回答说:"不如根据现状而安定它。卫国已立有国君了,攻打它,不一定能够达到愿望却反而劳动诸侯。史佚有话说过:'顺着他已经定位而安抚他。'仲虺有话说过:'灭亡的可以欺侮,动乱的可以攻取,推翻灭亡的巩固存在的,这是治国的常道。'君王还是安定卫国以等待时机吧!"

冬天,诸侯在戚地会见,就是为了商量安定卫国。

范宣子在齐国借了鸟羽和旄牛尾而不归还,齐国人开始有了二心。

楚国的子囊攻打吴国回来,就去世了,临死,对子庚遗言说:"一定要修筑郢城。"君子认为:"子囊忠诚。国君死不忘记谥他为'共',自己临死不忘保卫国家,能不说忠吗?忠,是百姓的希望。《诗》说:'行为归结到忠信,是万民所期望的。'这就是忠的意思。"

注释 1 卫故:指卫国逐君的事。中行献子:即荀偃,晋国执政。 2 卫有君:指卫国已立公孙剽为君,即卫殇公。 3 重:指卫殇公已定位。 4 仲虺(huǐ):商汤的左相。 5 待时:杜预注:"待其昏乱之时乃伐之。" 6 假羽毛:指借鸟羽和旄牛尾,此二物皆可用于舞,也可作旗杆或仪仗装饰。 7 子庚:即公子午，楚国大夫，继子囊为令尹。 8 增其名：指楚共王死后，为他定一个美好的谥号。 9《诗》：指《诗经·小雅·都人士》篇。 10 周：忠信。郑玄笺："周，忠信也。"

襄公十五年

【经】

十有五年春，宋公使向戌来聘。

十五年春天，宋公派向戌来鲁国聘问。

二月己亥[1]，及向戌盟于刘[2]。

二月十一日，与向戌在刘地盟会。

刘夏逆王后于齐。

刘夏到齐国迎接周天子的王后。

夏，齐侯伐我北鄙，围成[3]。

夏天，齐侯派兵进攻我国北部边境，包围了成邑。

公救成，至遇[4]。

襄公救援成邑，到了遇地。

季孙宿、叔孙豹帅师城成郛[5]。

季孙宿、叔孙豹带兵修筑成邑的外城。

秋八月丁巳[6]，日有食之。

秋天七月初一，发生日食。

邾人伐我南鄙。

邾国人进攻我国南部边境。

冬十有一月癸亥[7]，晋侯周卒[8]。

冬天十一月九日，晋侯周去世。

注释 1 己亥：十一日。 2 刘：鲁国都城曲阜近郊某地。 3 成：亦作"郕"，在今山东宁阳东北。 4 遇：鲁地，当在曲阜与宁阳之间。 5 城成郛(fú):修筑成邑的外城。 6八月丁巳:杜预注:"八月无丁巳。丁巳,七月一日也。" 7癸亥:九日。 8周:晋悼公之名。

【传】

十五年春,宋向戌来聘,且寻盟[1]。见孟献子,尤其室[2],曰:"子有令闻[3],而美其室,非所望也!"对曰:"我在晋,吾兄为之,毁之重劳[4],且不敢间[5]。"

十五年春天,宋国的向戌前来聘问,并且重温过去的盟会。进见孟献子,责备他的房屋太豪华,说:"您有好名声,却把自己的房屋修筑得如此豪华,这不是人们所希望的!"孟献子回答说:"我在晋国的时候,我哥哥盖的这房子,毁了它又加重了辛劳,而且我不敢认为我哥哥做的事不对。"

官师从单靖公逆王后于齐[6]。卿不行,非礼也。

官师跟随单靖公到齐国迎接王后。卿没有去,这是不合于礼的。

楚公子午为令尹[7],公子罢戎为右尹[8],蒍子冯为大司马[9],公子櫜师为右司马[10],公子成为左司马,屈到为莫敖[11],公子追舒为箴尹[12],屈荡为连尹[13],养由基为宫厩尹[14],以靖国人。

楚国公子午做令尹,公子罢戎做右尹,蒍子冯做大司马,公子櫜师做右司马,公子成做左司马,屈到做莫敖,公子追舒做箴尹,屈荡做连尹,养由基做宫厩尹,以此安定国人。

君子谓:"楚于是乎能官人[15]。官人,国之急也。能官人,则民无觎心[16]。

君子认为:"楚国在这个时候能恰当地安排官职人选。安排官职人选,这是国家的当务之急。能够恰当地安排人,那么百姓就没有非分的企求之心。《诗》说:'嗟叹我怀念的贤人,要

《诗》云[17]：'嗟我怀人，置彼周行。'能官人也。王及公、侯、伯、子、男、甸、采、卫大夫[18]，各居其列，所谓周行也。"

把他们都安置在官职的行列里。'就是说的能恰当地安排人的官职。天子和公、侯、伯、子、男、甸、采、卫等各级大夫，各人都在他应该在的行列里，这就是所谓的'周行'了。"

注释 1 寻：重温。盟：指鲁襄公十一年亳之盟。 2 尤其室：责备他的房屋太豪华。尤，责备。 3 令闻：好名声。 4 毁之重劳：毁了它，却又加重毁室之辛劳。 5 间：非。杨伯峻《春秋左传注》："不敢以兄之所为为非。" 6 官师：杜预注："天子官师，非卿也。"这里指刘夏。 7 公子午：即子庚，又称司马子庚，代子囊为令尹。 8 公子罢(pí)戎：楚国公子。 9 蒍子冯(píng)：孙叔敖兄之子。 10 公子橐(tuó)师：楚国公子。11 屈到：字子夕，楚卿屈荡之子。莫敖：楚国官名，即司马，位列左、右司马之下。 12 公子追舒：即子南，楚庄王之子。箴尹：楚国官名，谏臣。13 连尹：楚国官名，为射官。 14 养由基：楚国善射者。宫厩尹：楚国官名，管理宫廷马圈马匹。 15 能官人：能恰当地任人以官职。 16 觎心：非分的企求之心。 17《诗》：指《诗经·周南·卷耳》篇。 18 公、侯、伯、子、男：为五等爵位的名称。甸、采、卫：指称五服。古代王畿外围，每五百里为一区划，按距离的远近分为五等地带，叫五服。服，服事天子。周代称侯、甸、男、采、卫为五服，这里是略举。

郑尉氏、司氏之乱[1]，其余盗在宋。郑人以子西、伯有、子产之故，纳赂于宋，以马四十乘与师茷、师慧[2]。三月，公孙黑

郑国尉氏、司氏的那次叛乱，所剩余的叛乱分子躲在宋国。郑国人因为子西、伯有、子产的缘故，向宋国赠送马一百六十匹加上师茷、师慧的贿赂。三月，公孙黑到宋国做人质。宋国的司城

为质焉[3]。司城子罕以堵女父、尉翩、司齐与之。良司臣而逸之[4],托诸季武子[5],武子置诸卞[6]。郑人醢之三人也[7]。

子罕把堵女父、尉翩、司齐交给了郑国。认为司臣贤能而放走了他,托付给鲁国的季武子,武子把他安置在卞地。郑国人把这三个人杀了剁成肉酱。

师慧过宋朝,将私焉[8]。其相曰[9]:"朝也。"慧曰:"无人焉。"相曰:"朝也,何故无人?"慧曰:"必无人焉。若犹有人,岂其以千乘之相易淫乐之蒙[10]?必无人焉故也。"子罕闻之,固请而归之。

师慧走过宋国朝廷,要在那里小便。扶他的人说:"这里是朝廷。"师慧说:"没有人在这里呀。"扶他的人说:"朝廷怎么会没有人?"师慧说:"一定是没有人。若是还有人,难道会用拥有千辆战车国家的相去交换一个演唱淫乐的盲人?必定是由于没有人的缘故。"司城子罕听了这些话,坚决请求让师慧回归郑国。

夏,齐侯围成,贰于晋故也。于是乎城成郛。

夏天,齐侯包围了成邑,是因为对晋国有了二心的缘故。于是鲁国修筑成邑的外城。

注释 1郑尉氏、司氏之乱:指襄公十年冬郑国尉止、司臣等人发动的叛乱。 2马四十乘:一百六十匹马。马四匹为一乘。师筏、师慧:都是乐师。古代以瞽者为乐师。 3公孙黑:子驷之子,字子皙。 4良司臣:认为司臣有才能。良,贤能。逸之:把他放走。 5托诸季武子:意为托鲁国正卿季武子保护司臣。 6置诸卞:将司臣安置在卞地。卞,鲁国地名,今山东泗水东。 7醢(hǎi):古代一种酷刑,把人杀死后剁成肉酱。之三人:即"此三人",指堵女父、尉翩、司齐。 8私:小便。 9相:此指扶持盲人乐师的人。 10千乘之相:拥有千辆战车之国的相。杜预注:"千乘相,谓子产等也。"淫乐:指郑国的乐曲。孔子说过"郑声淫"。蒙:盲人。

杨伯峻《春秋左传注》:“言宋不为子产等人主动送回堵女父等人,而必待赂以蒙人马匹而后归之,此即以‘相’易‘蒙’之意。”

秋,邾人伐我南鄙,使告于晋。晋将为会以讨邾、莒。晋侯有疾,乃止。冬,晋悼公卒,遂不克会。

郑公孙夏如晋奔丧[1],子蟜送葬[2]。

宋人或得玉,献诸子罕,子罕弗受。献玉者曰:“以示玉人[3],玉人以为宝也,故敢献之。”子罕曰:“我以不贪为宝,尔以玉为宝,若以与我,皆丧宝也,不若人有其宝[4]。”稽首而告曰:“小人怀璧,不可以越乡[5],纳此以请死也[6]。”子罕置诸其里[7],使玉人为之攻之[8],富而后使复其所[9]。

十二月,郑人夺堵狗之妻[10],而归诸范氏[11]。

秋天,邾国人攻打我国南部边境,我国派人报告晋国。晋国打算举行会见以讨伐邾国、莒国。晋侯生病,事情就停下了。冬天,晋悼公去世,就没能举行会见。

郑国的公孙夏到晋国奔丧吊唁,子蟜参加送葬。

宋国有人得到一块宝玉,把它献给子罕,子罕不肯接受。献玉的人说:“拿给玉匠看过,玉匠认为是宝物,所以才敢进献。”子罕说:“我把不贪婪作为宝物,你把美玉作为宝物,若是你把玉给了我,我们两人都丧失了宝物,不如各人保有自己的宝物。”献玉的人叩头告诉子罕说:“小人怀藏玉璧,不能够穿越乡里,把它送给您是用以请求免于一死。”子罕把他安顿到自己的乡里,派玉匠为他雕琢,献玉的人卖出玉璧富有了之后,才让他回家。

十二月,郑国人夺取了堵狗的妻子,让她回到娘家范氏去。

注释 1公孙夏:即子西,郑卿。 2子蟜:即公孙虿,郑卿。 3玉人:即治玉的匠人。 4人有其宝:各人有各人的宝物。 5越乡:穿越乡里。杜预注:“言必为盗所害。” 6请死:请求免于一死。 7其里:指司城子罕的乡里。 8攻之:指雕琢玉器。杜预注:“攻,治也。” 9复其所:指送那个献玉的人回乡里。 10堵狗:堵女父的族人。 11归诸范氏:让她回到范氏家。杜预注:“堵狗,堵女父之族。狗娶于晋范氏。郑人既诛女父,畏狗因范氏而作乱,故夺其妻归范氏,先绝之。”

襄公十六年

【经】

十有六年春,王正月,葬晋悼公。

十六年春天,周历正月,安葬晋悼公。

三月,公会晋侯、宋公、卫侯、郑伯、曹伯、莒子、邾子、薛伯、杞伯、小邾子于溴梁[1]。戊寅[2],大夫盟。

三月,襄公和晋侯、宋公、卫侯、郑伯、曹伯、莒子、邾子、薛伯、杞伯、小邾子在溴梁会见。二十六日,各国大夫盟誓。

晋人执莒子、邾子以归[3]。

晋国人拘捕了莒子、邾子并带回国。

齐侯伐我北鄙。

齐侯进攻我国北部边境。

夏,公至自会。

夏天,襄公从盟会地回国。

五月甲子[4],地震。

五月十三日,发生地震。

叔老会郑伯、晋荀偃、卫甯殖、宋人伐许[5]。

叔老会合郑伯、晋国荀偃、卫国甯殖和宋国人一起讨伐许国。

秋，齐侯伐我北鄙，围成。

大雩[6]。

冬，叔孙豹如晋[7]。

秋天，齐侯进攻我国北部边境，包围成邑。

举行求雨大祭。

冬天，叔孙豹出使到晋国。

注释 1 溴(jú)梁：溴水的堤梁。溴水源出河南济源西，东流入黄河。 2 戊寅：二十六日。 3 莒子：指莒国国君犁比公，名密州，渠丘公之子，在位三十五年。邾子：指邾国国君邾宣公，邾定公之子，在位十八年。 4 甲子：十三日。 5 叔老：又名子叔齐子，鲁卿。 6 雩：古代求雨的一种祭祀。 7 叔孙豹：又名叔孙穆子，鲁卿。

【传】

十六年春，葬晋悼公。平公即位[1]。羊舌肸为傅[2]，张君臣为中军司马[3]，祁奚、韩襄、栾盈、士鞅为公族大夫[4]，虞丘书为乘马御[5]。改服修官[6]，烝于曲沃。

警守而下[7]，会于溴梁。命归侵田。以我故，执邾宣公、莒犁比公，且曰"通齐、楚之使[8]"。

晋侯与诸侯宴于温[9]，

十六年春天，安葬了晋悼公。晋平公即位。羊舌肸做太傅，张君臣做中军司马，祁奚、韩襄、栾盈、士鞅做公族大夫，虞丘书做乘马御。改穿吉服，选贤任能，在曲沃举行烝祭。

晋平公在国都布置好守备之后就带兵沿黄河而下，和诸侯在溴梁相会。命令诸侯退还相互侵占的田地。由于我鲁国的缘故，拘捕了邾宣公、莒国犁比公，而且说他们"和齐、楚两国的使者私下往来"。

晋侯和诸侯在温地宴会，让各位

使诸大夫舞，曰："歌诗必类[10]！"齐高厚之诗不类。荀偃怒，且曰："诸侯有异志矣！"使诸大夫盟高厚，高厚逃归。于是，叔孙豹、晋荀偃、宋向戌、卫甯殖、郑公孙虿、小邾之大夫盟曰："同讨不庭[11]。"

大夫起舞，说："唱诗一定要和舞蹈相配！"齐国高厚的诗不与舞蹈相配。荀偃发怒，并且说："诸侯有不一致的想法了！"让各位大夫与高厚盟誓，高厚逃回齐国。在这种情况下，鲁国叔孙豹、晋国荀偃、宋国向戌、卫国甯殖、郑国公孙虿、小邾国的大夫一起盟誓说："共同讨伐不忠于盟主的人。"

注释 1 平公：晋平公，名彪，晋悼公之子，在位二十六年。 2 羊舌肸：即叔向。叔向代士渥浊为太傅。 3 张君臣：张老之子，代其父为中军司马。 4 公族大夫：晋国官名，是一种闲官。 5 虞丘书：晋国大夫。 6 改服修官：脱去丧服穿吉服，选贤任能。杜预注："既葬，改丧服。修官，选贤能。" 7 警守：在国都布置守备。下：沿黄河而下。 8 通齐、楚之使：即和齐、楚两国使者私自往来。 9 温：晋地，在今河南温县西南。 10 歌诗必类：指唱诗时，诗与舞蹈要相配，诗意要注重表达本人的思想。 11 同讨不庭：共同讨伐不忠于盟主的人。

许男请迁于晋[1]。诸侯遂迁许，许大夫不可，晋人归诸侯[2]。

郑子蟜闻将伐许，遂相郑伯以从诸侯之师。穆叔从公。齐子帅师会晋荀偃[3]。书曰"会郑伯"，为夷故也[4]。

许男向晋国请求迁移。诸侯就让许国迁移，许国大夫不同意，晋国人就让诸侯回国。

郑国子蟜听说将要攻打许国，就辅佐郑伯跟从诸侯的军队。穆叔跟随着鲁襄公。子叔齐子带兵会见晋国荀偃。《春秋》记载说"会郑伯"，是为了摆平次序的缘故。

夏六月，次于棫林[5]。庚寅[6]，伐许，次于函氏[7]。

晋荀偃、栾黡帅师伐楚，以报宋杨梁之役[8]。楚公子格帅师及晋师战于湛阪[9]，楚师败绩。晋师遂侵方城之外[10]，复伐许而还。

秋，齐侯围成，孟孺子速徼之[11]。齐侯曰："是好勇[12]，去之以为之名[13]。"速遂塞海陉而还[14]。

夏季六月，军队驻扎在棫林。初九日，攻打许国，驻扎在函氏。

晋国荀偃、栾黡率领军队攻打楚国，以报复在宋国杨梁的那次战役。楚国公子格带兵与晋军在湛阪交战，楚军大败。晋军于是进攻楚国方城山的外边，再次攻打许国然后回国。

秋天，齐侯包围我鲁国成邑，孟孺子速拦击齐军。齐侯说："此人喜好勇猛，我们撤离这里以成全他好勇之名。"于是孟孺子速堵塞海陉隘道而回国。

注释 1 请迁于晋：向晋国请求迁移。许国国都本在今河南许昌东，鲁成公十五年许灵公为逃避郑的威胁，将许国迁到叶地，从此许国成为楚国的附庸。此次许国请求迁移是想远离楚国而亲近晋国。 2 晋人归诸侯：晋国让诸侯各自归国，唯有晋军伐许大夫。 3 齐子：即叔老，又称子叔齐子，鲁国大夫。 4 夷：平。此指摆平次序。 5 棫林：许地，在今河南叶县东北。与襄公十四年《传》秦地"棫林"同名异地。 6 庚寅：初九日。 7 函氏：许国地名，在今河南叶县北。 8 杨梁之役：指鲁襄公十二年楚、秦联合伐宋，以报复晋国侵占郑地的战役。 9 公子格：楚国公子。湛阪：湛水的北山有长阪，即此湛阪，在今河南平顶山市北。 10 方城：山名。在今河南叶县南，是楚国的北部边境。 11 孟孺子速：又称孟庄子，孟献子之子，名速，鲁国大夫。鲁国的成邑，是孟氏的采邑。徼：截击。 12 是：此人，指孟孺子。 13 以为之名：以成全孟孺子勇猛之名。 14 海陉：齐、鲁两国之间的隘道。

冬，穆叔如晋聘，且言齐故[1]。晋人曰："以寡君之未禘祀，与民之未息[2]。不然，不敢忘。"穆叔曰："以齐人之朝夕释憾于敝邑之地[3]，是以大请！敝邑之急，朝不及夕，引领西望曰：'庶几乎！'比执事之间[4]，恐无及也！"见中行献子[5]，赋《圻父》[6]。献子曰："偃知罪矣！敢不从执事以同恤社稷，而使鲁及此。"见范宣子，赋《鸿雁》之卒章[7]。宣子曰："匄在此[8]，敢使鲁无鸠乎[9]？"

冬天，穆叔到晋国聘问，并且谈论齐国再次侵犯鲁国的事。晋国人说："因为寡君还没有举行禘祭，民众还没有得到休息。要不是这样，是不敢忘记的。"穆叔说："由于齐国人早晚在敝邑的土地上发泄愤恨，因此才来郑重地请求！敝邑的危急，早晨等不及晚上，人们伸长脖子望着西边说：'大概快来救援了吧！'等到执事得空，恐怕来不及了！"穆叔进见中行献子，赋《圻父》诗一首。献子说："我荀偃知道罪过了，岂敢不跟从执事来共同忧虑社稷，而让鲁国到了这个地步。"进见范宣子，赋《鸿雁》这首诗的最后一章。范宣子说："我士匄在这里，岂敢让鲁国不得安宁？"

注释　1 齐故：指齐国再次进攻鲁国的事。　2 民之未息：民众没有得到休养生息。杜预注："新伐许及楚。"　3 释憾：发泄愤恨。　4 比：及，等到。间：空暇。　5 中行献子：即荀偃，晋国中军帅。　6《圻父》：今作《祈父》，《诗经·小雅》篇名。杜预注："诗人责圻父为王爪牙，不修其职，使百姓受困苦之忧，而无所止居。"　7《鸿雁》：为《诗经·小雅》篇名。杜预注："卒章曰：'鸿雁于飞，哀鸣嗸嗸。唯此哲人，谓我劬劳。'言鲁忧困嗸嗸然，若鸿雁之失所。"　8 匄：即士匄，范宣子之名。　9 鸠：安定，安宁。

襄公十七年

【经】

十有七年春，王二月庚午[1]，邾子牼卒[2]。

宋人伐陈。

夏，卫石买帅师伐曹[3]。

秋，齐侯伐我北鄙，围桃[4]。高厚帅师伐我北鄙，围防[5]。

九月，大雩。

宋华臣出奔陈[6]。

冬，邾人伐我南鄙。

十七年春天，周历二月二十三日，邾宣公牼去世。

宋国人进攻陈国。

夏天，卫国石买率领军队进攻曹国。

秋天，齐侯侵犯我国北部边境，包围了桃邑。齐国高厚带兵侵犯我国北部边境，包围了防邑。

九月，举行了求雨的大祭祀。

宋国华臣出逃奔往陈国。

冬天，邾国人侵犯我国南部边境。

注释　1 庚午：二十三日。　2 邾：邾宣公。　3 石买：又称石共子，石稷之子，卫国行人。　4 桃：鲁邑，在今山东汶上北。　5 防：鲁国臧氏采邑，在今山东费县东北。　6 华臣：宋国大夫华阅之弟。

【传】

十七年春，宋庄朝伐陈，获司徒印[1]，卑宋也。

卫孙蒯田于曹隧[2]，

十七年春天，宋国的庄朝带兵攻打陈国，俘虏了司徒印，是由于轻视宋国的缘故。

卫国的孙蒯在曹隧打猎，在重丘饮

饮马于重丘[3]，毁其瓶[4]。重丘人闭门而詬之[5]，曰："亲逐而君，尔父为厉[6]。是之不忧，而何以田为？"

马，砸了那里的汲水瓶。重丘人关起门来骂他，说："亲自赶走你的国君，你的父亲又作恶。这些你不担忧，而来打猎干什么？"

夏，卫石买、孙蒯伐曹，取重丘。曹人诉于晋。

夏天，卫国石买、孙蒯攻打曹国，夺取了重丘。曹国人向晋国控诉。

齐人以其未得志于我故，秋，齐侯伐我北鄙，围桃。高厚围臧纥于防[7]。师自阳关逆臧孙[8]，至于旅松[9]。郰叔纥、臧畴、臧贾帅甲三百，宵犯齐师，送之而复[10]。齐师去之。

齐国人因为他们没有在我国满足愿望的缘故，秋天，齐侯便带兵攻打我国北部边境，包围了桃邑。高厚则把臧纥围困在防邑。鲁国军队从阳关去迎接臧纥，到达旅松。郰叔纥、臧畴、臧贾率领甲士三百人，夜袭齐军，把臧纥送到旅松然后回来。于是齐军撤离了鲁国。

齐人获臧坚[11]。齐侯使夙沙卫唁之，且曰："无死！"坚稽首曰："拜命之辱！抑君赐不终[12]，姑又使其刑臣礼于士[13]。"以杙抉其伤而死[14]。

齐国人俘虏了臧坚。齐侯派夙沙卫慰问臧坚，并且说："不要死！"臧坚叩头说："谨拜谢君王的好意！然而君王赐我不死，却又故意派他的刑臣对我一个士人表示敬意。"于是用尖木条戳进自己的伤口而死。

注释 1 司徒卬：陈国大夫，因轻视宋国，被宋臣庄朝俘虏。 2 曹隧：曹国地名。孙蒯：孙林父之子。 3 重丘：曹邑，在今山东巨野西南。 4 瓶：指汲水器。 5 詬(gòu)：同"诟"，骂。 6 而君：你的国君。厉：恶人。 7 臧纥：即臧武仲，又名臧孙，鲁国大夫。 8 阳关：鲁国地名，在今山东泰安。 9 旅松：杜预注："近防地也。鲁师畏齐，不敢至防。" 10 送之而复：

杨伯峻《春秋左传注》:“郰叔纥等三人本在被围之防城中,夜突围护送臧纥至于旅松,又回至防城守卫。” **11** 臧坚:臧纥的族人。 **12** 赐不终:即赐我不死。 **13** 姑:通“故”,故意。刑臣:指夙沙卫,因他是阉人,故曰“刑臣”。士:臧坚自称。 **14** 杙(yì):尖锐的小木条。抉(jué):戳,挖。

冬,邾人伐我南鄙,为齐故也[1]。

宋华阅卒。华臣弱皋比之室[2],使贼杀其宰华吴[3]。贼六人以铍杀诸卢门合左师之后[4]。左师惧曰:“老夫无罪。”贼曰:“皋比私有讨于吴。”遂幽其妻[5],曰:“畀余而大璧!”宋公闻之,曰:“臣也,不唯其宗室是暴,大乱宋国之政,必逐之!”左师曰:“臣也,亦卿也。大臣不顺,国之耻也。不如盖之[6]。”乃舍之。左师为己短策,苟过华臣之门[7],必骋[8]。

十一月甲午[9],国人逐瘈狗[10],瘈狗入于华臣氏,国人从之。华臣惧,遂奔陈[11]。

冬天,邾国人侵犯我国南部边境,是因为齐国的缘故。

宋国华阅去世。华臣认为皋比家软弱可欺,便派贼人去杀他家的总管华吴。六个贼人用铍把华吴杀死在卢门合左师的屋后。左师害怕,说:“我老头子没有罪。”凶手说:“皋比私自讨伐华吴。”于是幽禁了华吴的妻子,说:“把你的大玉璧给我!”宋平公听说了这件事,说:“华臣,不仅对他的宗室残暴,而且使宋国的政事大乱,一定要驱逐他!”左师说:“华臣,也是卿。大臣不和顺,是国家的耻辱。不如掩盖了这件事。”宋平公就不再追究这件事。左师自己把马鞭弄短,如果经过华臣的家门,一定要打马快跑。

十一月二十二日,国人追赶疯狗,疯狗跑进华臣家里,国人跟着追进去。华臣害怕,就逃奔到陈国。

注释 1齐故:杜预注:"齐未得志于鲁,故邾助之。" 2华臣:宋大夫华阅的弟弟。皋比:华阅之子。 3华吴:皋比家的总管。 4铍(pī):形状像刀、两边有刃的剑。卢门:宋国城门。合左师:即向戌,其官为左师,其采邑在合乡,故称为合左师。 5其妻:指华吴之妻。 6盖:掩盖。 7短策:把马鞭弄短。 8骋:驰,快跑。 9甲午:二十二日。 10瘈(jì):疯狂。 11"华臣"句:杜预注:"华臣心不自安,见逐狗而惊走。"

宋皇国父为大宰,为平公筑台,妨于农收。子罕请俟农功之毕,公弗许。筑者讴曰:"泽门之皙[1],实兴我役。邑中之黔[2],实慰我心。"子罕闻之,亲执扑[3],以行筑者[4],而抶其不勉者[5],曰:"吾侪小人,皆有阖庐以辟燥湿寒暑[6]。今君为一台而不速成,何以为役?"讴者乃止。或问其故,子罕曰:"宋国区区[7],而有诅有祝[8],祸之本也。"

宋国的皇国父做太宰,给宋平公修筑一座台,妨碍了农业收割。子罕请求等待农事完毕后再筑,平公不允许。筑台的人便唱着歌谣说:"泽门里的白脸皮,征发我们服劳役。城中住的黑皮人,才真体贴我们的心。"子罕听到了,亲自拿着竹鞭,巡行督察筑台的人,鞭打那些不卖力干活的人,说:"我们这一辈小人都有了房屋躲避干湿冷热。如今国君要修筑一座台而不能很快完成,怎么能办事呢?"唱歌谣的就停下不唱了。有人问他什么缘故,子罕说:"宋国这么小,却既有诅咒又有歌颂,这是祸乱的根本。"

齐晏桓子卒[9],晏婴粗缞斩[10],苴绖、带、杖[11],菅屦[12],食鬻[13],居倚庐[14],寝苫[15],枕草。其老曰[16]:"非

齐国晏桓子死,晏婴穿着粗布丧服,头上、腰上都系着粗麻带子,手执竹杖,脚穿草鞋,喝粥,住草棚,睡在草垫子上,头枕着草。他的家臣说:"这不

大夫之礼也。”曰：“唯卿为大夫。”

是大夫的礼仪。”晏婴说：“只有卿才是大夫。”

注释 1 泽门之皙：指皇国父。皇国父居住在泽门(宋国的东城南门)，脸白皙。 2 邑中之黔：指子罕。子罕住在城内，脸色黑。 3 扑：竹鞭。 4 行：巡行督察。 5 抶(zhì)：鞭打。不勉者：不使劲干活的人。 6 阖庐：犹言屋宇、房舍。辟：同“避”。 7 区区：小。 8 诅：诅骂之辞。祝：歌颂之辞。 9 晏桓子：即晏弱，晏婴之父。 10 晏婴：字平仲，又称晏子，齐国贤大夫。粗缞斩：即粗布做的丧服。缞斩，即斩衰，古代丧服。 11 苴(jū)：粗糙。苴绖是服丧时戴在头上的麻带子，苴带是系在腰上的，苴杖则是竹杖。 12 菅(jiān)屦：即草鞋。 13 鬻：通“粥”。 14 倚庐：居丧时所搭的草棚，倚木为庐。 15 苫(shān)：草垫子。 16 老：卿大夫的家臣。

襄公十八年

【经】

十有八年春[1]，白狄来。

夏，晋人执卫行人石买[2]。

秋，齐师伐我北鄙。

冬十月，公会晋侯、宋公、卫侯、郑伯、曹伯、莒子、邾子、滕子、薛伯、杞伯、小

十八年春天，白狄派人来鲁国。

夏天，晋国人拘捕了卫国行人石买。

秋天，齐国军队攻打我国北部边境。

冬天十月，襄公会合晋侯、宋公、卫侯、郑伯、曹伯、莒子、邾子、滕子、薛伯、杞伯、小邾子同心协力围攻

郳子同围齐[3]。

曹伯负刍卒于师[4]。

楚公子午帅师伐郑[5]。

齐国。

曹伯负刍在军中去世。

楚公子午率领军队进攻郑国。

注释 1 十有八年:鲁襄公十八年,公元前555年。 2 石买:石稷之子。杜预注:"石买即是伐曹者,宜即惩治本罪。而晋因其为行人之使执之,故书行人以罪晋。" 3 同围齐:同心协力围攻齐国。杜预注:"齐数行不义,诸侯同心俱围之。" 4 曹伯负刍:即曹成公,曹宣公庶子,在位二十三年。5 公子午:即司马子庚,楚国令尹。

【传】

十八年春,白狄始来。

夏,晋人执卫行人石买于长子[1],执孙蒯于纯留[2],为曹故也。

秋,齐侯伐我北鄙。中行献子将伐齐,梦与厉公讼[3],弗胜;公以戈击之,首队于前[4],跪而戴之,奉之以走,见梗阳之巫皋[5]。他日,见诸道,与之言,同。巫曰:"今兹主必死[6],若有事于东方,则可以逞。"献子许诺。

晋侯伐齐,将济河。

十八年春天,白狄第一次来鲁国。

夏天,晋国人在长子拘捕了卫国行人石买,在纯留拘捕了孙蒯,都是因为曹国的缘故。

秋天,齐侯攻打我国北部边境。中行献子将要攻打齐国,梦见自己和晋厉公争辩,没有获胜;晋厉公用戈打他,他的脑袋掉在身前,跪下来安在脖子上,双手捧着头就跑,见到梗阳的巫皋。过了几天,在路上遇见巫皋,中行献子和他谈起梦中的事,竟和巫皋梦见的相同。巫皋说:"今年您必定会死,如果在东方有战事,那是可以取胜的。"中行献子答应了。

献子以朱丝系玉二瑴[7]而祷曰："齐环怙恃其险[8]，负其众庶，弃好背盟，陵虐神主[9]。曾臣彪将率诸侯以讨焉[10]，其官臣偃实先后之[11]。苟捷有功，无作神羞，官臣偃无敢复济[12]。唯尔有神裁之[13]！"沉玉而济。

晋侯攻打齐国，将要渡过黄河。中行献子用红丝线系着两对玉祷告说："齐环靠着他的地形险要，仗着人多势众，背弃友好同盟，欺凌虐待百姓。末臣彪将率领诸侯去讨伐他，他的官臣荀偃在前后辅助他。如果得胜有功，不给神灵带来羞耻，官臣偃不敢再次渡河。只希望您神灵加以制裁！"把玉沉入黄河然后渡河。

注释 1长子：地名，在今山西长子县。 2纯留：亦称屯留，在今山西长治屯留区南。 3厉公：即晋厉公。鲁成公十八年，栾书和中行献子派程滑杀掉晋厉公，故中行献子"梦与厉公讼"。 4队：同"坠"，掉下来。5梗阳：晋邑，即今山西清徐县。皋：巫名。 6今兹：今年。杨伯峻《春秋左传注》："荀偃虽死明年二月，乃是周正，晋用夏正，周正之明年二月，实夏正当年之十二月，仍合'今兹主必死'之言。" 7瑴(jué)：双玉，亦作"珏"。 8齐环：齐灵公名环，此为直呼其名。 9神主：此指百姓。杜预注："神主，民也。" 10曾臣：犹末臣、陪臣。天子对神称臣，诸侯为天子之臣，故诸侯对神称"曾臣"。彪：晋平公之名。 11官臣：指诸侯之臣。先后之：在前后辅佐他。 12复济：再次渡河。荀偃信巫皋之言，知必死，故言"无敢复济"。 13有：词头，无实义。

冬十月，会于鲁济[1]，寻湨梁之言[2]，同伐齐。

冬天十月，诸侯们在鲁国的济水边会见，重温湨梁之盟的誓言，共同讨伐齐国。

齐侯御诸平阴[3]，堑防门而守之[4]，广里[5]。夙

齐侯在平阴抵御，在防门外挖壕沟

沙卫曰："不能战，莫如守险。"弗听。诸侯之士门焉，齐人多死。范宣子告析文子曰[6]："吾知子，敢匿情乎？鲁人、莒人皆请以车千乘自其乡入[7]，既许之矣。若入，君必失国。子盍图之？"子家以告公，公恐。晏婴闻之曰："君固无勇，而无闻是，弗能久矣。"

齐侯登巫山以望晋师[8]。晋人使司马斥山泽之险[9]，虽所不至，必旆而疏陈之[10]。使乘车者左实右伪[11]，以旆先，舆曳柴而从之[12]。齐侯见之，畏其众也，乃脱归[13]。丙寅晦[14]，齐师夜遁。师旷告晋侯曰："鸟乌之声乐[15]，齐师其遁。"邢伯告中行伯曰[16]："有班马之声[17]，齐师其遁。"叔向告晋侯曰："城上有乌，齐师其遁。"

据守，挖了一里宽。夙沙卫说："如果不能作战，没有比扼守险要更好的了。"齐侯不听。诸侯的战士攻打防门，齐国人多数战死。范宣子告诉析文子说："我了解您，敢隐瞒实情吗？鲁国人、莒国人都请求用一千辆战车从他们那里向齐国攻进来，我们已经答应他们了。如果打进来，贵国君主必定丧失国家。您何不打算一下？"析文子把这些话告诉了齐灵公，齐灵公害怕了。晏婴听到了说："国君本来就没有勇气，却又听到了这些话，不能坚持多久了。"

齐侯登上巫山远望晋军。晋国人派司马探测山林河泽的险阻，即使是军队不去的地方，也必定树起大旗而稀疏地布下阵势。让乘战车的左边坐真人而右边为假人，用大旗作为前导，战车后面拖着薪柴树枝跟上去。齐侯见到这情景，害怕晋军人多，就离开军队脱身逃回去了。二十九日，齐军夜里逃走。师旷告诉晋侯说："乌鸦的叫声欢乐，齐军可能逃走了。"邢伯告诉中行献子说："有马匹别离的悲叫声，齐军可能逃走了。"叔向告诉晋侯说："平阴城上有乌鸦，齐军可能逃走了。"

注释 1鲁济:济水源出河南济源西王屋山,东南流经曹、卫、齐、鲁各国边界,在齐境为齐济,在鲁境为鲁济。 2溴梁之言:指襄公十六年溴梁盟会的誓言“同讨不庭”。 3平阴:齐邑,在今山东平阴东北。 4堑:挖壕沟。防门:在旧平阴之南。 5广里:宽一里。广,宽度。一说“广里”即“光里”,为防门北一地名。 6析文子:字子家,又称析归父,齐国大夫。 7自其乡入:即“自其向入”,指鲁、莒二国各从他们那里向齐国攻入。 8巫山:一名孝堂山,在今山东肥城西北,平阴东北,古属齐国。 9斥:侦探,探测。杜预注:“斥,候也。” 10旆:大旗。陈:同“阵”。句意为:虽军队所不到的险阻处,也必定建大旗,稀疏地布阵。 11左实右伪:坐在车左边的是真人,右边的是伪装的人。杜预注:“伪以衣服为人形也。” 12舆曳柴:战车拖着薪柴(使尘土飞扬,如大军奔驰)。 13脱归:离开军队脱身逃回去。 14丙寅晦:二十九日。晦为阴历每月最后一天。十月小,月终为二十九日。 15乌乌之声乐:乌鸦的叫声欢乐。乌乌,即乌鸦。 16邢伯:又称邢侯,晋国大夫。中行伯:即中行献子。 17班马之声:马不相见而作别离的叫声。杜预注:“夜遁,马不相见,故鸣。班,别也。”

十一月丁卯朔[1],入平阴,遂从齐师。夙沙卫连大车以塞隧而殿[2]。殖绰、郭最曰[3]:“子殿国师,齐之辱也。子姑先乎!”乃代之殿。卫杀马于隘以塞道。晋州绰及之,射殖绰,中肩,两矢夹脰[4],曰:“止,将为三军获;不止,将取其衷[5]。”

十一月初一日,晋军进入平阴,于是就追赶齐军。夙沙卫把大车连接在一起堵塞山中的隘道,然后自己殿后。殖绰、郭最说:“您做国家军队的殿后,这是齐国的耻辱。您姑且先走吧!”便代替夙沙卫殿后。夙沙卫杀了马匹放在狭路上堵塞道路。晋国的州绰赶到了,用箭射殖绰,射中了肩膀,两支箭夹着脖子,说:“停下别跑,你还将成为我

顾曰:“为私誓[6]。”州绰曰:“有如日!”乃弛弓而自后缚之[7],其右具丙亦舍兵而缚郭最。皆衿甲面缚[8],坐于中军之鼓下。

晋人欲逐归者,鲁、卫请攻险。己卯[9],荀偃、士匄以中军克京兹[10]。乙酉[11],魏绛、栾盈以下军克邿[12]。赵武、韩起以上军围卢[13],弗克。十二月戊戌[14],及秦周[15],伐雍门之萩[16]。范鞅门于雍门,其御追喜以戈杀犬于门中[17]。孟庄子斩其橁以为公琴[18]。己亥[19],焚雍门及西郭、南郭。刘难、士弱率诸侯之师焚申池之竹木[20]。壬寅[21],焚东郭、北郭。范鞅门于扬门[22]。州绰门于东闾,左骖迫[23],还于门中[24],以枚数阖[25]。

军的俘虏;不停下来,我要射你两箭的中间。”殖绰回过头来说:“你发誓。”州绰说:“有太阳神为证!”于是就把弓弦卸下来从后面捆绑了殖绰,他的车右具丙也放下武器捆绑了郭最。两个都不解除盔甲从后面捆绑,坐在中军的战鼓下边。

晋国人想要追赶逃兵,鲁国、卫国请求攻打固守险要的顽敌。十三日,荀偃、士匄率领中军攻下京兹。十九日,魏绛、栾盈率领下军攻下邿地。赵武、韩起率领上军包围了卢地,没有攻下。十二月初二日,到达秦周,砍了雍门的萩木。范鞅攻打雍门,他的御者追喜用戈在门里杀死一条狗。孟庄子砍了那儿的橁木准备做颂琴。初三日,放火烧了雍门和西边、南边的外城。刘难、士弱率领诸侯的军队放火烧了申池附近的竹子树木。初六日,放火烧了东边和北边的外城。范鞅攻打扬门。州绰攻打东闾,左边的骖马迫于拥挤而不能前进,在门内盘旋,连城门上的乳钉都数清楚了。

注释 **1** 十一月丁卯朔:十一月初一。 **2** 连大车:把大车连起来。隧:

山间小路。 3 殖绰、郭最:齐国的勇士。 4 脰:脖子。 5 取其衷:射其两箭的中间,即脖子。衷,中心。 6 私誓:指个人与个人之间的约言。 7 自后缚之:从后面捆绑殖绰。 8 衿甲:不解除盔甲。面缚:自后缚之。 9 己卯:十三日。 10 京兹:齐邑,在今山东平阴东南。 11 乙酉:十九日。 12 邿:齐地,在今山东平阴西有邿山。 13 卢:齐邑,在今山东济南长清区西南。 14 戊戌:初二日。 15 秦周:地名,在雍门附近。 16 雍门:齐国都城的西门。萩:即楸,落叶乔木。 17 追喜:范鞅的御者名。 18 櫄(xún):木名,可作琴,也可作车辕。公:指鲁襄公。一说"公"通"颂",公琴即襄公二年《传》之颂琴。 19 己亥:初三日。 20 刘难、士弱:晋大夫名。申池:地名,在齐都西南之申门外,此地多竹木。 21 壬寅:初六日。 22 扬门:齐都的西北门。 23 迫:窘迫。由于兵车拥挤,道路不宽,车左边的马被迫不能前进。 24 还:通"旋",盘旋,指州绰的马车在东门中盘旋。 25 以枚数阖:犹言数阖之枚,即由于左骖盘旋于东闾门中,而可数门扇上的铁钉。枚:钟乳,古代钟面隆起的饰物,其状如乳。此指城门门扇上状如钟乳的铁钉。

齐侯驾,将走邮棠[1]。大子与郭荣扣马[2],曰:"师速而疾,略也[3]。将退矣,君何惧焉!且社稷之主,不可以轻[4],轻则失众。君必待之!"将犯之[5],大子抽剑断鞅,乃止。甲辰[6],东侵及潍[7],南及沂[8]。

郑子孔欲去诸大夫,将叛晋而起楚师以去之[9]。

齐侯驾车,想逃跑到邮棠。太子和郭荣拉住马,说:"敌军来得急速而奋勇攻击,是为了掠夺财物。马上就要退兵的,君怕什么呢?而且国家的君主,不可以轻动,轻动就会失去大众。君一定要等着!"齐侯将要突破他俩前去,太子抽出剑来砍断套马的皮带子,这才停下来。初八日,诸侯的军队向东进攻到了潍水,向南进攻到了沂水。

郑国的子孔想要除掉大夫们,打算背

使告子庚[10],子庚弗许。楚子闻之,使杨豚尹宜告子庚曰[11]:"国人谓不穀主社稷,而不出师,死不从礼。不穀即位,于今五年,师徒不出,人其以不穀为自逸,而忘先君之业矣。大夫图之,其若之何?"子庚叹曰:"君王其谓午怀安乎[12]!吾以利社稷也。"见使者,稽首而对曰:"诸侯方睦于晋,臣请尝之[13]。若可,君而继之。不可,收师而退,可以无害,君亦无辱。"

叛晋国而发动楚国军队来除掉他们。派人告知楚令尹子庚,子庚没有应许。楚王听到此事,派杨豚尹宜转告子庚说:"国人认为我主持国家,而不出兵打仗,死后就不能遵从先君的礼仪。我即位到现在已五年,军队没有出动,别人可能认为我是为了自己的安逸,而忘了先君的霸业了。大夫考虑一下,这件事应该怎么办?"子庚叹息着说:"君王大概是认为我在贪图安逸吧!我这是为了有利于国家呀。"子庚接见使者,叩头然后回答说:"诸侯正同晋国和睦,下臣请求试探一下。若是可行,君王就继续出兵。如果不行,收兵退回来,可以没有损害,君王也不会受到羞辱。"

注释 1 邮棠:即齐邑棠,在今山东平度东南。 2 大子:即太子光,齐灵公之子,后继位为齐庄公。郭荣:齐国大夫。 3 疾:此指攻击奋勇。略:指掠夺财物。 4 轻:指轻动,逃走。 5 犯:突。此指齐灵公想凌突甚至践踏太子、郭荣二人而冲向前去。 6 甲辰:初八日。 7 潍:潍水。源出山东莒县西北之潍山。此指诸侯军向东进攻,抵达潍水的西岸、北岸。 8 沂:沂水,即大沂河,出自山东沂水西北、蒙阴北,后流入废黄河。 9 去之:即"去诸大夫",背叛晋国而利用楚军除掉大夫们。 10 子庚:即楚令尹公子午。 11 杨豚尹宜:楚国人名。杨,一作"扬"。杨为氏,宜为名,豚尹是官号。 12 怀安:即上文楚王之谓"自逸",贪图安逸。 13 尝:试探。

子庚帅师治兵于汾[1]。于是子蟜、伯有、子张从郑伯伐齐[2],子孔、子展、子西守。二子知子孔之谋,完守入保[3]。子孔不敢会楚师。

楚师伐郑,次于鱼陵[4]。右师城上棘[5],遂涉颍,次于旃然[6]。蒍子冯、公子格率锐师侵费滑、胥靡、献于、雍梁[7],右回梅山[8],侵郑东北,至于虫牢而反[9]。子庚门于纯门[10],信于城下而还[11]。涉于鱼齿之下[12],甚雨及之[13],楚师多冻,役徒几尽[14]。

晋人闻有楚师,师旷曰:"不害。吾骤歌北风,又歌南风[15]。南风不竞[16],多死声。楚必无功。"董叔曰:"天道多在西北[17],南师不时[18],必无功。"叔向曰:"在其君之德也。"

子庚率领军队在汾地练兵。当时子蟜、伯有、子张跟随郑伯攻打齐国,子孔、子展、子西留守。子展、子西二人知道子孔的阴谋,就完善城郭,加强守备,并入城堡固守。子孔不敢和楚军会合。

楚军攻打郑国,驻扎在鱼陵。右翼部队在上棘筑城,就徒步渡过颍水,驻扎在旃然水边。蒍子冯、公子格率领精锐部队攻打费滑、胥靡、献于、雍梁,向右绕过梅山,进攻郑国东北部,到达虫牢然后回师。子庚攻打郑国的纯门,在城下住了两晚然后回去。军队徒步渡过鱼齿山下的滍水,遇到大雨,楚军多数被冻坏,军中服杂役的人几乎死完了。

晋国人听说楚军侵袭郑国,师旷说:"没有妨害。我屡次歌唱北方的曲调,又歌唱南方的曲调。南方的曲调不强,多是象征死亡的声音。楚国必定徒劳无功。"董叔说:"岁星多在西北,南方的军队不合天时,必定不能成功。"叔向说:"成败在于他们国君的德行。"

注释 1 汾:楚国北部的要隘。杜预注谓晋之襄城县东北有汾丘城,当在今河南许昌西南。 2 子张:即公孙黑肱,郑国大夫。 3 二子:指子展、子西。完守:完善城郭,加强守备。入保:进入城堡固守。 4 鱼陵:郑国地名。 5 右师:右翼部队。城上棘:在上棘筑城。上棘,郑国地名。楚军要渡颍水,故于水边(上棘)修筑小城,作为进退之备。 6 旃然:水名,即今河南荥阳的索河。 7 蒍子冯:楚国司马,后为令尹,蒍艾猎之子。公子格:楚国公子。费滑、胥靡、献于、雍梁:均为郑国地名,在今河南省境内。 8 右回梅山:向右绕过梅山。梅山为郑地,在今河南郑州西南。 9 虫牢:郑地,在今河南封丘北。 10 纯门:郑国都外郭的南门。 11 信:住宿两夜。 12 鱼齿:即鱼齿山,在今河南平顶山西北。杜预注:"鱼齿山之下有滍水,故言涉。" 13 甚雨:大雨。 14 役徒:军中服杂役的人。 15 北风:犹言北方曲调。南风:南方曲调。 16 不竞:不强。杜预注:"南风音微,故曰不竞也。师旷唯歌南北风者,听晋、楚之强弱。" 17 天道多在西北:天道是岁星所运行的轨道。此年岁星在豕韦,此月又建亥,故言天道多在西北。 18 不时:不合天时。

襄公十九年

【经】

十有九年春[1],王正月,诸侯盟于祝柯[2]。	十九年春天,周历正月,诸侯们在祝柯盟会。
晋人执邾子[3]。	晋国人拘捕了邾子。
公至自伐齐。	襄公从围攻齐国的前线回来。
取邾田,自漷水[4]。	取得邾国的田地,自漷水为界。
季孙宿如晋。	季孙宿出使到晋国。
葬曹成公。	安葬曹成公。
夏,卫孙林父帅师	夏天,卫国孙林父率领军队攻打

伐齐。

秋七月辛卯[5]，齐侯环卒[6]。

晋士匄帅师侵齐，至縠[7]，闻齐侯卒，乃还。

八月丙辰[8]，仲孙蔑卒[9]。

齐杀其大夫高厚。

郑杀其大夫公子嘉[10]。

冬，葬齐灵公。

城西郛[11]。

叔孙豹会晋士匄于柯[12]。

城武城[13]。

齐国。

秋天七月二十八日，齐灵公环去世。

晋国的士匄带兵进攻齐国，到达縠地，听说齐侯去世了，就回去了。

八月二十三日，仲孙蔑去世。

齐国杀了他们的大夫高厚。

郑国杀了他们的大夫公子嘉。

冬天，安葬齐灵公。

修筑国都西面的外城。

叔孙豹在柯地会见晋国的士匄。

在武城修筑城池。

注释 1 十有九年：鲁襄公十九年，公元前554年。 2 诸侯：杨伯峻云“即去年围齐之诸侯”。祝柯：齐邑，《传》作“督扬”，在今山东济南长清区东北。 3 邾子：指邾悼公，名华，邾宣公之子，在位十五年。 4 自漷水：意为自漷水为界，将邾国原在漷水以北的田地划归鲁国。漷水源出今山东滕州东北的述山，又叫南沙河。漷水本流于鲁、邾两国之间，邾在水之南而其田在水之北，祝柯之盟改为以漷水为界，故曰“取邾田，自漷水”。 5 辛卯：二十八日。 6 环：齐灵公之名。 7 縠：齐国地名，在今山东东阿东南。 8 丙辰：二十三日。 9 仲孙蔑：即孟献子，鲁庆父之曾孙。 10 公子嘉：即子孔，郑穆公之子。 11 西郛：指鲁国都西面的外城。 12 柯：地名，在今河南内黄东北。 13 武城：靠近齐国之鲁邑，在今山东嘉祥界。

【传】

十九年春，诸侯还自沂上，盟于督扬[1]，曰：“大毋侵小。”

执邾悼公，以其伐我故。遂次于泗上[2]，疆我田[3]。取邾田，自漷水归之于我。

晋侯先归。公享晋六卿于蒲圃[4]，赐之三命之服[5]。军尉、司马、司空、舆尉、候奄，皆受一命之服[6]。贿荀偃束锦[7]，加璧[8]，乘马，先吴寿梦之鼎[9]。

十九年春天，诸侯从沂水边上回来，在督扬结盟，盟誓说：“大国不要侵犯小国。”

拘捕了邾悼公，是因为他攻打我国的缘故。于是诸侯的军队驻扎在泗水边上，划定我国领土的疆界。取了邾国的部分田土，从漷水为界，以西的都划归我国。

晋侯先回国。襄公在蒲圃设享礼招待晋国的六卿，赐给他们三命的礼服。军尉、司马、司空、舆尉、候奄，都授给一命的礼服，赠给荀偃五匹锦，加上玉璧、四匹马，然后再送给他吴王寿梦的铜鼎。

注释　1 督扬：即《经》之“祝柯”，齐邑。　2 泗上：泗水边上。泗水，即鲁国都曲阜城北的泗水，源出山东泗水东蒙山南麓。　3 疆我田：划定我鲁国的领土疆界。杜预注：“正邾、鲁之界也。”　4 蒲圃：鲁国东门外的场圃。　5 三命之服：即卿的礼服。“三命”系卿的品级。　6 一命之服：大夫的礼服（比三命品级低二等）。　7 束锦：五匹锦。一束十端，二端为一匹，则一束为五匹。　8 加璧：将玉璧加在彩锦上。　9 吴寿梦之鼎：指吴国国君寿梦献给鲁国的铜鼎。

荀偃瘅疽[1]，生疡于头[2]。济河，及著雍[3]，病，

荀偃长了恶疮，疽生在头部。渡过黄河，到达著雍，荀偃病危，眼珠都鼓出

目出[4]。大夫先归者皆反。士匄请见,弗内。请后[5],曰:"郑甥可[6]。"二月甲寅[7],卒而视[8],不可含[9]。宣子盥而抚之,曰:"事吴[10],敢不如事主!"犹视。栾怀子曰[11]:"其为未卒事于齐故也乎[12]?"乃复抚之曰:"主苟终,所不嗣事于齐者[13],有如河!"乃瞑,受含。宣子出,曰:"吾浅之为丈夫也[14]。"

来了。大夫先回去的都赶回来。士匄请求接见,荀偃不让进来。请问立谁为继承人,荀偃说:"郑甥可以。"二月十九日,荀偃死了却睁着眼睛,口闭着不能放进珠玉。士匄盥洗后抚摸着尸体说:"我们侍奉荀吴,岂敢不像侍奉您!"那尸体还是睁着眼睛。栾怀子说:"是不是为了征伐齐国的事情没有完成的缘故呢?"就又抚摸着尸体说:"您如果死去以后,我们不继续从事于齐国的事,有河神为证!"荀偃的尸体这才闭上眼睛,接受了含玉。士匄出来,说:"作为大丈夫我见识太浅了。"

晋栾鲂帅师从卫孙文子伐齐。

晋国的栾鲂带兵跟从卫国孙文子攻打齐国。

季武子如晋拜师,晋侯享之。范宣子为政,赋《黍苗》[15]。季武子兴[16],再拜稽首曰:"小国之仰大国也,如百谷之仰膏雨焉[17]!若常膏之,其天下辑睦,岂唯敝邑?"赋《六月》[18]。

季武子到晋国拜谢出兵,晋侯设享礼招待他。范宣子执政,赋《黍苗》这首诗。季武子站起来,再拜叩头说:"小国仰望大国,好像各种谷物仰望润泽的雨水一样!如果经常滋润着,天下将会和睦,岂独是敝邑?"就赋了《六月》这首诗。

注释 1 瘅疽(dànjū):即玉枕疽,又名对口疮、脑后疽,为恶疮。 2 疡:痈疽,毒疮。 3 著雍:晋地,在今河北旧河间府境,是晋国到齐国、宋国经过之地。 4 目出:眼珠突出。 5 请后:请问立谁为继承人。 6 郑甥:荀偃之子荀吴,又名中行穆子、中行吴。因其母为郑国女子,故呼为“郑甥”。 7 甲寅:十九日。 8 卒而视:死了却睁着眼睛。 9 不可含:古代以珠玉米贝之类置于死者口中谓之含。荀偃死后眼不闭而口闭,故不可含。 10 吴:指荀吴。 11 栾怀子:即栾盈。 12 未卒事于齐:未能完成攻打齐国的事业。 13 嗣事:继续从事。 14 浅:见识浅。 15《黍苗》:《诗经·小雅》篇名。 16 兴:从座位上站起来,表示恭敬、庄重。 17 膏雨:润泽的雨水。 18《六月》:《诗经·小雅》篇名。杜预注:“《六月》,尹吉甫佐天子征伐之诗。以晋侯比吉甫,出征以匡王国。”

季武子以所得于齐之兵[1],作林钟而铭鲁功焉。臧武仲谓季孙曰:“非礼也。夫铭,天子令德,诸侯言时计功[2],大夫称伐。今称伐则下等也,计功则借人也[3],言时则妨民多矣,何以为铭?且夫大伐小,取其所得以作彝器[4],铭其功烈以示子孙,昭明德而惩无礼也。今将借人之力以救其死,若之何铭之?小国幸于大国[5],而昭所获焉以怒之[6],亡之道也。”

季武子将那些在齐国所得的兵器,制作了林钟并在上面铭记鲁国的武功。臧武仲对季孙子说:“这是不合于礼的。铭文,天子用来记载美德,诸侯用来记载举动适时和所建功绩,大夫用来记载征伐。现在记载征伐那是下等的做法,记载功绩却是借助了别人的力量,记载适时则又妨碍百姓太多了,用什么来做这铭文呢?况且大国攻打小国,拿他们所得的东西来制作彝器,铭记他们的功劳给子孙看,是为了宣扬明德而惩罚无礼。现在是借助别人的力量来拯救自己的死亡,怎么能记载这个呢?小国侥幸战胜大国,反而宣扬所获得的战利品来激怒敌人,这是亡国之道。”

注释 1兵:指兵器。 2言时计功:举动得时有功。杜预注:“举得时,动有功,则可铭也。” 3借人:借助别人之力。 4彝器:古代宗庙常用的礼器,如钟鼎之类。 5幸于大国:侥幸战胜大国。 6怒之:即“使之怒”,激怒敌人。

齐侯娶于鲁,曰颜懿姬[1],无子。其侄鬷声姬[2],生光,以为大子。诸子仲子、戎子[3]。戎子嬖。仲子生牙,属诸戎子[4]。戎子请以为大子,许之。仲子曰:“不可。废常[5],不祥;间诸侯[6],难。光之立也,列于诸侯矣。今无故而废之,是专黜诸侯[7],而以难犯不祥也。君必悔之。”公曰:“在我而已。”遂东大子光[8],使高厚傅牙以为大子,夙沙卫为少傅。

齐侯疾,崔杼微逆光[9],疾病而立之。光杀戎子,尸诸朝,非礼也。妇人无刑[10]。虽有刑,不在朝市[11]。

齐侯在鲁国娶妻,名叫颜懿姬,没有生孩子。她的侄女鬷声姬,生了光,齐侯把他立为太子。姬妾中有仲子、戎子。戎子受到宠爱。仲子生了牙,把他嘱托给戎子。戎子请求立牙为太子,齐侯答应了。仲子说:“不可以。废弃常规,不吉祥;触犯诸侯,难于成功。光立为太子,已经参与盟会进入诸侯之列了。现在无故而废掉他,这是专横而轻视诸侯,而用难成功的事去触犯常规,做不吉利的事。君必定会后悔的。”齐灵公说:“这一切在于我。”于是就把太子光迁移到东部边境,让高厚做牙的太傅,把牙立为太子,夙沙卫做少傅。

齐侯生病,崔杼偷偷地把光接来,在齐侯病危的时候重新立他为太子。太子光杀了戎子,把尸体陈列在朝廷上,这是不合于礼的。对妇女没有专门的刑罚。即使有了死罪,也不能把尸体陈列在朝廷和市集上。

注释　1颜懿姬:姬姓女,其母姓颜,死后谥为“懿”。　2鬷声姬:姬姓女,其母姓鬷,死后谥为“声”。　3诸子:犹言诸妾、诸姬。仲子、戎子:都是宋国女子。　4属:同“嘱”,嘱托。　5废常:废弃常规,指立嫡子的常规。　6间(jiàn):触犯。　7专黜诸侯:专横而轻视诸侯。黜,下。　8东:用如动词,使之东迁到边境。杜预注:“废而徙之东鄙。”　9微:隐行,偷偷地。　10妇人无刑:没有专为妇女订立的刑条(一般参照男子罪刑执行)。11不在朝市:不能把尸体陈列在朝廷和市集上。

夏五月壬辰晦[1],齐灵公卒。庄公即位,执公子牙于句渎之丘[2]。以夙沙卫易己,卫奔高唐以叛[3]。

夏天五月二十九日,齐灵公去世。庄公即位,在句渎之丘拘捕了公子牙。庄公认为夙沙卫出主意废弃自己,夙沙卫逃奔到高唐并据以叛变。

晋士匄侵齐及穀[4],闻丧而还,礼也。

晋国的士匄侵袭齐国到达穀地,听到齐国有丧事就回去了,这是合于礼的。

于四月丁未[5],郑公孙虿卒,赴于晋大夫。范宣子言于晋侯,以其善于伐秦也。六月,晋侯请于王,王追赐之大路[6],使以行[7],礼也。

在四月十三日,郑国公孙虿去世,向晋国大夫发出讣告。范宣子向晋侯进言,因为他在攻打秦国的战役中有功。六月,晋侯向周天子请求,周天子追赐给他大路,让它跟着柩车行进,这是合于礼的。

秋八月,齐崔杼杀高厚于洒蓝而兼其室[8]。书曰“齐杀其大夫”,从君于昏也[9]。

秋天八月,齐国崔杼在洒蓝杀了高厚而且兼并了他的家产。《春秋》记载说“齐杀其大夫”,这是因为高厚顺从国君昏愦的缘故。

注释　1壬辰晦:指二十九日。　2句渎之丘:在齐国境内。　3高唐:

齐地，在今山东高唐东，禹城西南。 4 穀：齐地，在今山东东阿东南。 5 丁未：十三日。 6 大路：卿以上所乘之车。杜预注："大路，天子所赐车之总名。" 7 行：指行葬。沈钦韩补注曰："谓从柩车行也。" 8 洒蓝：齐地，在当时临淄城外。 9 从君于昏：齐灵公废太子光而改立公子牙，事属昏庸，而高厚顺从其昏（为之傅牙）。

郑子孔之为政也专。国人患之，乃讨西宫之难与纯门之师[1]。子孔当罪[2]，以其甲及子革、子良氏之甲守[3]。甲辰[4]，子展、子西率国人伐之，杀子孔而分其室。书曰"郑杀其大夫"，专也。

子然、子孔[5]，宋子之子也[6]。士子孔，圭妫之子也[7]。圭妫之班亚宋子而相亲也[8]。二子孔亦相亲也。僖之四年[9]，子然卒。简之元年[10]，士子孔卒。司徒孔实相子革、子良之室[11]，三室如一，故及于难。子革、子良出奔楚，子革为右尹[12]。郑人使子展当国，子西听政，立子产为卿。

郑国的子孔执政专权。国人担心这件事，就追究西宫那次祸难和纯门那次楚军入侵的罪责。子孔应该抵罪，就带领他的甲士和子革、子良家的甲士来守护自己。十一日，子展、子西率领国人讨伐他，杀了子孔并瓜分了他的家财采邑。《春秋》记载说"郑杀其大夫"，是因为子孔专权。

子然、子孔，是宋子的儿子。士子孔，是圭妫的儿子。圭妫的位置在宋子之下，但她们互相亲近。两个子孔也互相亲近。郑僖公四年，子然去世。郑简公元年，士子孔去世。子孔辅助子革、子良两家，三家像一家一样，所以都遭到祸难。子革、子良逃奔到楚国，子革做了右尹。郑国人让子展掌管国政，让子西主持政事，立子产为卿。

注释 1 西宫之难：指鲁襄公十年尉止等人于西宫杀子驷等人的祸乱，当时子孔知情而不举报。纯门之师：指鲁襄公十八年楚军攻至郑国纯门，是子孔召来的。 2 当罪：应当抵罪。 3 甲：代指披甲持械的武士，即士兵。子革：子孔同母兄子然之子。子良：子孔异母弟士子孔之子。 4 甲辰：十一日。 5 子然：郑穆公之子，子革之父，子孔的同母兄。 6 宋子：郑穆公之妾，宋国女子。 7 圭妫：郑穆公之妾，圭国之女，妫姓。 8 班：班位，位置。亚宋子：次于宋子，即排位在宋子之下。 9 僖之四年：郑僖公四年，即鲁襄公六年。 10 简之元年：郑简公元年，即鲁襄公八年。 11 司徒孔：即子孔。 12 右尹：楚国官名。

齐庆封围高唐，弗克。冬十一月，齐侯围之，见卫在城上[1]，号之，乃下。问守备焉，以无备告。揖之[2]，乃登。闻师将傅[3]，食高唐人[4]。殖绰、工偻会夜缒纳师[5]，醢卫于军。

齐国庆封带兵包围高唐，没有攻下来。冬天十一月，齐侯亲自率领军队包围高唐，看见夙沙卫在城墙上，便大声喊他，他就下来了。齐侯问夙沙卫防守的情况，夙沙卫告诉他说没有什么防守。齐侯向夙沙卫作揖，夙沙卫还揖后登上城墙。他听说齐军将要挨着城墙进攻，就让高唐人饱吃一顿。殖绰、工偻会在夜里缒城而下迎接军队进城，把夙沙卫在军中杀死剁成肉酱。

城西郛，惧齐也。

我国在都城外围的西大城修筑城墙，这是由于害怕齐军。

齐及晋平，盟于大隧[6]。故穆叔会范宣子于柯。穆叔见叔向，赋《载驰》之四章[7]。叔向曰："肸敢不承命[8]！"穆叔归，曰："齐犹未也，不可以不惧。"乃城武城[9]。

齐国和晋国媾和，在大隧结盟。所以穆叔在柯地会见范宣子。穆叔会见叔向，赋《载驰》这首诗的第四章。叔向说："我羊舌肸岂敢不接受命令！"穆叔回国，说："齐国还没有停止进攻，不可以不害怕。"于是就

卫石共子卒[10]，悼子不哀[11]。孔成子曰[12]：“是谓蹶其本[13]，必不有其宗。”

在武城筑城。

卫国石共子去世，悼子并不悲哀。孔成子说：“这叫作拔掉了根本，必定不能保有他的宗族。”

注释 1卫：夙沙卫。因他奔高唐以叛，故齐侯围之。 2揖之：指齐庄公向夙沙卫作揖。杨伯峻《春秋左传注》：“齐侯揖卫，卫自答礼，然后登城。卫虽下城与齐侯语，盖隔护城河，故不畏。” 3傅：通“附”，附着，挨附。指齐师将挨着城墙进攻。 4食高唐人：让高唐人饱食一顿。 5殖绰、工偻会：皆齐国大夫。 6大隧：齐地，在今山东高唐。 7《载驰》：《诗经·鄘风》篇名。杜预注：“四章曰：‘控于大邦，谁因谁极？’控，引也。取其欲引大国以自救助。” 8肸：即晋国贤大夫叔向，又称羊舌肸。 9武城：靠近齐国之晋地。 10石共子：即石买。 11悼子：即石恶，石买之子。 12孔成子：即孔烝鉏，卫卿。 13蹶(jué)：拔掉。

襄公二十年

【经】

二十年春[1]，王正月辛亥[2]，仲孙速会莒人盟于向[3]。

二十年春天，周历正月二十一日，仲孙速在向邑与莒国人结盟。

夏六月庚申[4]，公会晋侯、齐侯、宋公、卫侯、郑伯、曹伯、莒子、邾子、滕子、薛伯、杞伯、小邾子盟于澶渊[5]。

夏天六月初三日，鲁襄公和晋侯、齐侯、宋公、卫侯、郑伯、曹伯、莒子、邾子、滕子、薛伯、杞伯、小邾子在澶渊结盟。

秋，公至自会。

秋天，襄公从澶渊盟会地

仲孙速帅师伐邾。

蔡杀其大夫公子燮[6]。蔡公子履出奔楚[7]。

陈侯之弟黄出奔楚[8]。

叔老如齐。

冬十月丙辰朔[9],日有食之[10]。

季孙宿如宋。

回国。

仲孙速率领军队讨伐邾国。

蔡国杀了他们的大夫公子燮。蔡国的公子履出逃到楚国。

陈哀公的弟弟黄出逃到楚国。

叔老出使到齐国。

冬天十月初一日,发生日食。

季孙宿出使到宋国。

注释 **1** 二十年:鲁襄公二十年,公元前553年。 **2** 辛亥:二十一日。 **3** 仲孙速:孟献子(仲孙蔑)之子,亦名孟庄子,代父为鲁卿。向:本为莒邑,鲁宣公四年取之,在今山东莒县南。 **4** 庚申:初三日。 **5** 澶渊:在今河南濮阳西北。姚鼐《左传补注》:"此故卫地,是时已为晋取。" **6** 公子燮(xiè):即司马燮,蔡庄公之子。 **7** 公子履:公子燮之弟。 **8** 陈侯:陈哀公。黄:即公子黄,陈哀公之弟。 **9** 丙辰:初一日。 **10** 日有食之:杨伯峻《春秋左传注》:"此乃公历八月三十一日之日环食。"

【传】

二十年春,及莒平。孟庄子会莒人[1],盟于向,督扬之盟故也[2]。

夏,盟于澶渊,齐成故也[3]。

邾人骤至[4],以诸侯之事,弗能报也。秋,孟

二十年春天,我国与莒国媾和。孟庄子会见莒国人,在向邑结盟,这是因为有督扬之盟的缘故。

夏天,襄公与诸侯各国在澶渊结盟,这是为了与齐国媾和。

邾国人屡次来犯,因为诸侯的盟事活动,我国未能出兵报复。秋天,孟庄子攻打

庄子伐邾以报之。

邾国作为报复。

蔡公子燮欲以蔡之晋[5]，蔡人杀之。公子履，其母弟也，故出奔楚。

蔡国公子燮想要蔡国背楚从晋，蔡国人杀了他。公子履，是公子燮的同母弟，因此出逃到楚国。

陈庆虎、庆寅畏公子黄之逼，诉诸楚曰："与蔡司马同谋[6]。"楚人以为讨[7]。公子黄出奔楚。

陈国庆虎、庆寅两位大夫害怕公子黄的逼迫，向楚国进谗说："公子黄和蔡司马一起策划背楚从晋。"楚国人以此责备陈国。公子黄出逃到楚国（想自己去申说）。

注释 1 孟庄子：即鲁卿仲孙速。 2 督扬之盟：督扬之盟在去年。莒数伐鲁，二国又自相盟，结和好。 3 成：媾和。 4 骤：屡次。邾国在襄公十五年、十七年均攻打过鲁国，故曰"骤至"。 5 以蔡之晋：犹言以蔡服晋，即要蔡国背楚从晋。 6 蔡司马：即司马燮。 7 以为讨：即以之为讨，以此来责备陈国。

初，蔡文侯欲事晋[1]，曰："先君与于践土之盟[2]，晋不可弃，且兄弟也。"畏楚，不能行而卒。楚人使蔡无常[3]，公子燮求从先君以利蔡，不能而死。书曰"蔡杀其大夫公子燮"，言不与民同欲也。"陈侯之弟黄出奔楚"，言非其罪

当初，蔡文侯想要侍奉晋国，说："先君曾参加过践土的盟会，晋国是不能抛弃的，而且都是姬姓兄弟之国。"当时由于害怕楚国，不能行其志愿就去世了。楚国人役使蔡国没有什么定准，公子燮要求继承先君的遗志以有利于蔡国，也没有办到就去世了。《春秋》记载说"蔡杀其大夫公子燮"，是说没有与民众愿望相同。"陈侯之弟黄出

也。公子黄将出奔,呼于国曰:“庆氏无道,求专陈国,暴蔑其君[4],而去其亲,五年不灭,是无天也。”

奔楚”,是说不是他的罪过。公子黄将要逃亡时,在国都里呼喊着说:“庆氏无道,谋求在陈国专权,轻慢他的国君,而且驱逐国君的亲人,五年之内若不灭亡,这就是没有天理了。”

齐子初聘于齐[5],礼也。

我国大夫齐子第一次到齐国聘问,这是合于礼的。

注释 1 蔡文侯:即蔡文公,名申,蔡庄公之子,在位二十年。 2 先君:指蔡文侯之父蔡庄公。践土之盟:指鲁僖公二十八年,晋、楚城濮之战晋文公胜利后,合诸侯在郑地践土结盟。 3 无常:指役使无一定限额、标准、时间、次数。 4 暴蔑:犹言轻慢。 5 齐子:即《经》之叔老。初聘:此年齐庄公新即位,齐、鲁有怨,朝聘礼绝,今始复通,故曰初聘。

冬,季武子如宋,报向戌之聘也。褚师段逆之以受享[1],赋《常棣》之七章以卒[2]。宋人重贿之。归,复命,公享之,赋《鱼丽》之卒章[3]。公赋《南山有台》[4]。武子去所[5],曰:“臣不堪也[6]。”

冬天,季武子到宋国,回报当年向戌来鲁国的聘问。褚师段迎接季武子并让他接受宋公的享礼,季武子赋《常棣》这首诗的第七章和最后一章。宋国人重重地赠给他财礼。季武子回国复命,鲁襄公设享礼招待他,他赋《鱼丽》这首诗的最后一章。襄公赋《南山有台》这首诗。季武子离开座席,说:“下臣不敢当。”

卫甯惠子疾,召悼子曰[7]:“吾得罪于君,悔而无及也。名藏在诸侯之

卫国甯惠子生病,告诫悼子说:“我得罪了国君,后悔已来不及了。我

策，曰：'孙林父、甯殖出其君。'君入则掩之。若能掩之，则吾子也。若不能，犹有鬼神，吾有馁而已，不来食矣[8]。"悼子许诺，惠子遂卒。

的名字记载在诸侯的简册上，说：'孙林父，甯殖赶走他们的国君。'国君回国就能掩盖这件事。若能掩盖这件事，你就是我的儿子。若不能，假如有鬼神的话，我宁愿挨饿，也不来吃你的祭品。"悼子答应了，甯惠子就死了。

注释 **1** 褚师段：宋国大夫。褚师，官名，此以官为氏。段，字子石。 **2**《常棣》：《诗经·小雅》篇名。以卒：与最末一章。王引之《经义述闻》："以犹与也。言赋《常棣》之七章与卒章也。'卒'下无'章'字，蒙上而省。" **3**《鱼丽》：《诗经·小雅》篇名。杜预注："卒章曰：'物其有矣，维其时矣。'喻聘宋得其时。" **4**《南山有台》：《诗经·小雅》篇名。杜预注："取其'乐只君子，邦家之基'，'邦家之光'，喻武子奉使，能为国光辉。" **5** 去所：离开座席。杜预注："去所，避席。" **6** 不堪：不敢承受，不敢担当。 **7** 召：通"诏"，告诫。悼子：即甯喜，甯惠子（甯殖）之子。 **8** 不来食：即不来受祭，意为不认悼子为儿子。

襄公二十一年

【经】

二十有一年春[1]，王正月，公如晋。

邾庶其以漆、闾丘来奔[2]。

夏，公至自晋。

二十一年春天，周历正月，襄公到晋国。

邾国庶其带着漆、闾丘二邑来投奔鲁国。

夏天，襄公从晋国回国。

秋，晋栾盈出奔楚。

九月庚戌朔[3]，日有食之。

冬十月庚辰朔，日有食之[4]。

曹伯来朝。

公会晋侯、齐侯、宋公、卫侯、郑伯、曹伯、莒子、邾子于商任[5]。

秋天，晋国栾盈出逃到楚国。

九月初一，发生日食。

冬天十月初一，发生日食。

曹伯来鲁国朝见。

襄公和晋侯、齐侯、宋公、卫侯、郑伯、曹伯、莒子、邾子在商任会见。

注释 **1** 二十有一年：鲁襄公二十一年，公元前552年。 **2** 庶其：邾国大夫。漆、闾丘：均为邾国邑名，均在今山东邹城。 **3** 朔：阴历的每月初一。 **4** 冬十月庚辰朔，日有食之：据杨伯峻《春秋左传注》：“此日不入食限，史官误记，或司天者误认。……九月朔既是环食，十月绝不能再食。” **5** 商任：卫国地名。地近商墟，故名商任。在今河南安阳。

【传】

二十一年春，公如晋，拜师及取邾田也[1]。

邾庶其以漆、闾丘来奔。季武子以公姑姊妻之[2]，皆有赐于其从者。于是鲁多盗。季孙谓臧武仲曰：“子盍诘盗[3]？”武仲曰：“不可诘也，纥又不能。”季孙曰：“我有四

二十一年春天，襄公到晋国，是为了拜谢晋国出兵和鲁国取得邾国的土地。

邾国的庶其带着漆和闾丘二邑来逃奔鲁国。季武子把襄公的姑母嫁给他为妻，对他的随从都有赏赐。当时鲁国盗贼多。季武子对臧武仲说：“您为什么不禁治盗贼？”臧武仲说：“盗贼不可以禁治，我臧纥又没有能力。”季

封[4]，而诘其盗，何故不可？子为司寇，将盗是务去[5]，若之何不能？”武仲曰：“子召外盗而大礼焉，何以止吾盗？子为正卿而来外盗，使纥去之，将何以能？庶其窃邑于邾以来，子以姬氏妻之，而与之邑，其从者皆有赐焉。若大盗，礼焉以君之姑姊与其大邑，其次皂牧舆马[6]，其小者衣裳剑带，是赏盗也。赏而去之，其或难焉。纥也闻之，在上位者，洒濯其心[7]，壹以待人[8]，轨度其信[9]，可明征也[10]，而后可以治人。夫上之所为，民之归也[11]。上所不为而民或为之，是以加刑罚焉，而莫敢不惩。若上之所为而民亦为之，乃其所也[12]，又可禁乎？《夏书》曰[13]：‘念兹在兹，释兹在兹，名言兹在兹，允出兹在兹，惟

武子说：“我国有四方的边境，用来禁治那些盗贼，有什么原因不可以？您作为司寇，应努力除掉那些盗贼，为什么说不能？”臧武仲说：“您召来外边的盗贼且给他大的礼遇，以什么来禁治我国内的盗贼？您做正卿却招来外边的盗贼，却叫我臧纥除掉盗贼，我凭什么能办到呢？庶其从邾国盗窃城邑而来，您把姬氏给他做妻子，而且还给他城邑，他的随从人员都得到赏赐。如果对这样的大盗，用国君的姑母和他的大城邑去礼遇，其次的用皂牧车马，再小的给衣服佩剑带子，那就是奖赏盗贼。奖赏盗贼而又要除盗贼，这恐怕难办呢。我听说过，在上位的，要洗涤他的心，专一待人，符合法度而使人相信，可以明白地验证，然后才能够治理别人。上头的所作所为，是百姓的归依。上头所不做的而百姓有人做了，因此加以惩罚，那没有谁敢不警戒。如果上头的所作所为，百姓也照样做，那就是势所必然，又能够禁止得了吗？《夏书》说：‘想要做的这事在此，喜欢做的这事在此，所称道的这事也在此，诚信地推行的这事也在此，只有天帝

帝念功[14]。'将谓由己壹也。信由己壹[15],而后功可念也。"

才能记下这功劳。'大概说的是由自己来体现统一的标准。诚信由于自身专一,然后功劳才能被记录下来。"

注释 1拜师及取邾田:拜谢出兵伐齐和取邾田,事见襄公十八年《传》。 2公姑姊:鲁襄公的姑母。 3诘:治罪,查办,禁止。 4四封:四方边界。封,封疆,疆界。 5将盗是务去:即"将务去是盗",务必要除掉这些盗贼。 6皂牧:指庶其的随从役使者。自皂至牧共八等(皂、舆、隶、僚、仆、台、圉、牧)贱役。舆马:车马。 7洒濯其心:即洗心,使之合于仪法。 8壹:专一。 9轨度:符合法度。 10征:征验,验证。 11归:归从而效法。 12乃其所:犹言势所必然。 13《夏书》:杜预注:"逸书也。"伪古文《尚书》羼入《大禹谟》篇。 14兹:此。释:通"怿",喜悦。名言:称道。出:推行。念:纪念,记录。 15信由己壹:诚信由于自身专一。

庶其非卿也,以地来,虽贱必书,重地也。

庶其不是卿,带着土地来鲁国,虽然低贱但一定要记载,是为了重视土地。

齐侯使庆佐为大夫[1],复讨公子牙之党,执公子买于句渎之丘[2]。公子鉏来奔,叔孙还奔燕[3]。

齐侯让庆佐做大夫,再次讨伐公子牙的亲族,在句渎之丘抓了公子买。公子鉏逃奔来鲁国,叔孙还逃奔到燕国。

夏,楚子庚卒[4],楚子使薳子冯为令尹。访于申叔豫[5],叔豫曰:"国多宠而王弱,国不可为也[6]。"遂以疾辞。方暑,阙地,下冰而床焉[7]。重

夏天,楚国子庚去世,楚王让薳子冯做令尹。薳子冯访问申叔豫,申叔豫说:"国家宠臣多而君王又年轻,您不可做这令尹。"于是薳子冯就用有病来推辞。正好当时是酷暑天,挖地,放下冰

茧衣裘[8],鲜食而寝。楚子使医视之,复曰:“瘠则甚矣[9]!而血气未动[10]。”乃使子南为令尹[11]。

且安上床。薳子冯身穿两层绵衣和皮袍,少吃东西而躺在床上。楚王派医生去诊视,回报说:“瘦是瘦极了!但血气正常。”于是楚王就派子南做令尹。

注释 1 庆佐:齐国大夫,崔杼的同党。 2 公子买:齐国公族。 3 公子钽、叔孙还:皆齐国公族。杜预注:“三子(买、钽、还),齐公族。言庄公斥逐亲戚,以成崔、庆之势,终有弑杀之祸。” 4 子庚:即公子午,楚国令尹。 5 申叔豫:申叔时之孙,申叔跪之子,楚国大夫。 6 国不可为:即不可为令尹。因令尹为国事的主持人,故言“国不可为”。 7 下冰而床焉:放下冰且安下床。 8 重茧:两层绵衣。茧,丝绵。 9 瘠:瘦。 10 血气未动:血气正常,即无病。 11 子南:公子追舒,楚庄王之子。

栾桓子娶于范宣子[1],生怀子[2]。范鞅以其亡也[3],怨栾氏,故与栾盈为公族大夫而不相能[4]。桓子卒,栾祁与其老州宾通[5],几亡室矣[6]。怀子患之。祁惧其讨也,诉诸宣子曰:“盈将为乱,以范氏为死桓主而专政矣[7],曰:‘吾父逐鞅也,不怒而以宠报之[8],又与吾同官而专之,吾父死而益富[9]。死吾父而专于国,有死而已!吾蔑从之

栾桓子娶范宣子的女儿为妻,生了怀子。范鞅因自己曾被迫逃亡,怨恨栾氏,所以和栾盈一起做公族大夫而不能和睦相处。栾桓子去世,栾祁和她的家臣之长州宾私通,几乎失去了栾氏全部的家产(被州宾侵占)。栾怀子担心这件事。栾祁害怕怀子讨伐,向范宣子进谗说:“栾盈将要作乱,认为范氏弄死了桓子而专权于晋国的政事,说:‘我的父亲赶走范鞅,范鞅返国后范宣子不仅不表示愤怒,反而以宠信报答他,又和我担任同样的官职而使他得以专权,我父亲死后而范氏更

矣[10]。'其谋如是,惧害于主[11],吾不敢不言。"范鞅为之征[12]。怀子好施,士多归之。宣子畏其多士也,信之。怀子为下卿,宣子使城著而遂逐之[13]。秋,栾盈出奔楚。宣子杀箕遗、黄渊、嘉父、司空靖、邴豫、董叔、邴师、申书、羊舌虎、叔罴[14],囚伯华、叔向、籍偃[15]。

加富有。弄死我父亲而在国内专权,我只有一死而已!我决不能跟从他们了。'他的谋划就是如此,恐怕会伤害您,我不敢不说。"范鞅为她作证。栾怀子喜好施舍,士多数都归附他。范宣子害怕他多士,相信了栾祁的话。怀子当时做下卿,宣子就派他到著地去筑城而就此驱逐了他。这年秋天,栾盈出逃到楚国。范宣子杀了箕遗、黄渊、嘉父、司空靖、邴豫、董叔、邴师、申书、羊舌虎、叔罴,囚禁了伯华、叔向、籍偃。

注释 **1** 栾桓子:即栾黡,晋国大夫。范宣子:即士匄,此谓娶士匄之女范氏。 **2** 怀子:即栾盈。 **3** 范鞅:即士鞅,士匄之子。襄公十四年迁延之役曾被栾黡驱逐而逃亡到秦国。 **4** 不相能:犹言不能共处。士鞅回国后与栾盈同为公族大夫,见襄公十六年《传》。 **5** 栾祁:即范宣子之女,栾桓子之妻,栾盈之母。范氏,尧之后,祁姓,故称栾祁。老:即室老,大夫家臣之长。 **6** 亡室:谓栾氏之家室财产几乎全被室老州宾所占。**7** 死桓主:弄死了栾桓子。 **8** 不怒:指士鞅返国而范宣子不怒。 **9** 益富:指范氏更加富有。 **10** 蔑:不,不能。"吾父逐鞅也"至此句皆栾祁虚构其子栾盈的话。 **11** 主:此栾祁称其父士匄为主。 **12** 为之征:为她作证。 **13** 城著:在著地筑城。著,晋邑,或谓即襄公十年《传》之著雍。 **14** 箕遗……叔罴:杜预注:"十子皆晋大夫,栾盈之党也。羊舌虎,叔向弟。" **15** 伯华:即羊舌赤,晋国大夫。籍偃:上军司马。

人谓叔向曰："子离于罪[1]，其为不知乎[2]？"叔向曰："与其死亡若何[3]？《诗》曰[4]：'优哉游哉，聊以卒岁。'知也。"

乐王鲋见叔向曰[5]："吾为子请！"叔向弗应。出，不拜。其人皆咎叔向。叔向曰："必祁大夫[6]。"室老闻之，曰："乐王鲋言于君无不行，求赦吾子，吾子不许。祁大夫所不能也，而曰必由之，何也？"叔向曰："乐王鲋，从君者也[7]，何能行？祁大夫外举不弃仇，内举不失亲，其独遗我乎？《诗》曰：'有觉德行[8]，四国顺之。'夫子，觉者也。"

有人对叔向说："您遭受罪祸，恐怕是不明智吧？"叔向说："比起死亡如何？《诗》说：'悠闲啊逍遥啊，聊且这样度过岁月。'这正是明智啊。"

乐王鲋去见叔向，说："我为您去请求！"叔向不回答。乐王鲋退出，叔向不拜送。叔向的左右人都责怪他。叔向说："一定得要祁大夫。"家臣之长听到了这话，说："乐王鲋对国君说的话没有行不通的，他请求赦免您，您却不答应。这事是祁大夫不能办到的，你却说一定要由他去办，这是为什么？"叔向说："乐王鲋，是什么都顺从国君的人，怎么能办得到？祁大夫推举宗族外的人不丢弃仇人，推举宗族内的人不失掉亲人，难道唯独会遗忘我吗？《诗》说：'有正直的德行，四方的国家都会归顺。'他老人家是正直的人啊。"

注释 1 离：同"罹"，遭受。 2 知：同"智"，明智。 3 与其死亡若何：比起死亡如何？言虽被囚禁而胜于死亡。 4《诗》：今《诗经》缺，是逸诗。 5 乐王鲋：又称乐桓子，晋国大夫。 6 祁大夫：即祁奚。句意为：能救我者必祁大夫。 7 从君者：言对国君无不顺从的人。 8《诗》：指《诗经·大雅·抑》篇。有觉：形容德行之正直。觉，正直。

晋侯问叔向之罪于乐王鲋，对曰：“不弃其亲[1]，其有焉[2]。”于是祁奚老矣，闻之，乘驲而见宣子[3]，曰：“《诗》曰[4]：‘惠我无疆，子孙保之。’《书》曰[5]：‘圣有谟勋，明征定保[6]。’夫谋而鲜过、惠训不倦者，叔向有焉，社稷之固也。犹将十世宥之[7]，以劝能者[8]。今壹不免其身[9]，以弃社稷，不亦惑乎？鲧殛而禹兴，伊尹放大甲而相之[10]，卒无怨色。管、蔡为戮[11]，周公右王。若之何其以虎也弃社稷[12]？子为善，谁敢不勉？多杀何为？”宣子说，与之乘[13]，以言诸公而免之[14]。不见叔向而归，叔向亦不告免焉而朝。

晋侯向乐王鲋询问叔向的罪过，乐王鲋回答说：“叔向不抛弃他的亲人，恐怕有同谋作乱的事。”当时祁奚已告老在家，听说这情况，乘坐传车去拜见范宣子，说：“《诗》说：‘惠赐我们的没有边际，子孙应永远保住它。’《书》说：‘圣哲有谋略的功勋，应当明信而安保之。’谋划而少有过错、教诲别人而不知疲倦的人，叔向是具备的，他是国家的柱石。即使他的十代子孙有过错还应该赦免，以这种方式才能勉励有能力的人。如今叔向一旦自身不免于祸，而丢弃国家死去，不也会使人困惑吗？鲧被杀戮而禹兴起，伊尹逐放太甲又相太甲，太甲始终没有怨恨的神色。管叔、蔡叔被杀，周公辅佐成王。为什么叔向要为了羊舌虎而抛弃国家呢？您做了好事，谁敢不努力？多杀人干什么？”范宣子很高兴，和祁奚共乘一辆车，用好言劝谏晋平公而赦免了叔向。祁奚不去见叔向就回家了，叔向也不向祁奚报告获免就去朝见晋侯。

注释　1 其亲：指叔向之弟羊舌虎。　2 其有焉：恐怕有与羊舌虎同谋作乱的事。　3 驲(rì)：传车，古代驿站用的车。　4《诗》：指《诗经·周颂·烈文》篇。 5《书》:逸《书》。 6谟:谋略。征:信。 7宥:宽宥,赦罪。 8劝能者:勉励有能力的人。 9壹:一旦。 10伊尹:本为商汤之相,汤之孙太甲即位荒淫,伊尹放逐他在桐宫三年改过后才复位,自己又相太甲。 11管、蔡:管叔、蔡叔和周公是兄弟,但管、蔡叛周助殷图谋复国,周公终将管、蔡杀掉,平定叛乱,辅佐成王。 12虎:即羊舌虎。 13与之乘:与祁奚共乘一辆车。 14公:指晋平公。免之:赦免了叔向。

初,叔向之母妒叔虎之母美而不使[1]。其子皆谏其母。其母曰:"深山大泽,实生龙蛇。彼美,余惧其生龙蛇以祸女[2]。女,敝族也[3]。国多大宠[4],不仁人间之[5],不亦难乎?余何爱焉!"使往视寝,生叔虎,美而有勇力,栾怀子嬖之,故羊舌氏之族及于难。

当初,叔向的母亲妒忌叔虎的母亲美丽而不让她陪丈夫睡觉。她的儿子都规劝母亲。叔向的母亲说:"深山大泽之中,确实会生长龙蛇。她美丽,我害怕她生下龙蛇来祸害你们。你们是衰败的家族。国内很多大臣受宠,坏人又从中挑拨,不也是很难了吗?我有什么舍不得的啊!"就让叔虎的母亲去陪侍睡觉,生了叔虎,貌美而有勇力,栾怀子宠爱他,所以羊舌氏这一家族遭此祸难。

栾盈过于周,周西鄙掠之[6]。辞于行人[7],曰:"天子陪臣盈[8],得罪于王之守臣[9],将逃罪。罪重于郊甸[10],无所伏窜,敢布其死[11]。昔陪臣书能输力于王室[12],王施惠焉。其子

栾盈经过周朝地界,周朝西部边境的人劫掠他的财物。栾盈对周王室的使者诉说:"天子的陪臣盈,得罪了天子的守臣,打算逃避惩罚。又重新在天子的郊外得罪,没有地方可以隐匿逃窜,谨冒死上言。从前陪臣栾书能为王室效力,天子赐给了恩惠。他的儿子黡,

黶，不能保任其父之劳[13]。大君若不弃书之力[14]，亡臣犹有所逃。若弃书之力，而思黶之罪，臣，戮余也[15]，将归死于尉氏[16]，不敢还矣。敢布四体[17]，唯大君命焉！”王曰：“尤而效之[18]，其又甚焉！”使司徒禁掠栾氏者，归所取焉。使候出诸轘辕[19]。

冬，曹武公来朝，始见也。

不能保全他父亲的功劳。天子如果不抛弃栾书的功劳，逃亡在外的陪臣还有可逃之处。若是抛弃栾书的功劳，而思虑黶的罪过，那么臣本来就是刑戮余生的人，就将回国死在尉氏那里，不敢再回来了。谨此直言不讳，只听大君的命令了！”周天子说：“别人做错了而去效法，过错就更大了！”于是派司徒禁止那些劫掠栾氏的人，让他们归还所掠取的东西。派候人把栾盈送出轘辕山。

冬天，曹武公来我国朝见，这是初次朝见。

注释 1不使：不使侍寝，即不让叔虎之母陪丈夫睡觉。 2女：汝，你们。 3敝族：衰败的家族。 4多大宠：很多大臣受宠。杜预注：“六卿专权。” 5间：离间，指在六卿中挑拨。 6周西鄙：指周王朝西部边境的人。掠之：劫掠其财物。 7辞：诉说。行人：使者。 8陪臣：杜预注：“诸侯之臣称于天子曰陪臣。” 9守臣：为王室守土之臣，此指晋侯。 10罪重于郊甸：杜预注：“重得罪于郊甸，谓为郊甸所侵掠也。郭外曰郊，郊外曰甸。” 11布其死：犹冒死而言。布，陈述。 12书：即栾书，栾盈的祖父。 13保任：保持，保全。 14大君：天王。 15戮余：逃亡者幸免于被杀戮，故自称“戮余”。 16尉氏：古狱官。晋有军尉，亦掌刑戮。 17布四体：杜预注：“布四体，言无所隐。” 18尤：过错，罪过。周王认为晋国驱逐栾盈本已错了，人们不能再效尤而掠夺其财物。 19候：候人，送迎宾客的官。轘辕(huányuán)：山名，在今河南登封西北，又跨巩义西南。

会于商任，锢栾氏也[1]。齐侯、卫侯不敬。叔向曰："二君者必不免。会朝，礼之经也[2]。礼，政之舆也[3]。政，身之守也[4]。怠礼失政，失政不立，是以乱也。"

知起、中行喜、州绰、邢蒯出奔齐[5]，皆栾氏之党也。乐王鲋谓范宣子曰："盍反州绰、邢蒯？勇士也。"宣子曰："彼栾氏之勇也，余何获焉？"王鲋曰："子为彼栾氏[6]，乃亦子之勇也。"

鲁襄公在商任与诸侯盟会，是为了禁锢栾氏。齐侯、卫侯表现得不恭敬。叔向说："这两位国君必定免不了祸难。会见和朝见，这是礼仪的规范。礼仪，是政事的车子。政事，是身体的寄托。轻慢礼仪就会丧失政事，丧失政事就不能立身，因此就发生祸乱。"

知起、中行喜、州绰、邢蒯出逃到齐国，都是栾氏的党羽。乐王鲋对范宣子说："何不让州绰、邢蒯回来？他们是勇士啊。"范宣子说："他们是栾氏的勇士，我能获得什么？"乐王鲋说："您若像栾氏一样对待他们，那他们也就会成为您的勇士了。"

注释　**1** 锢：禁锢。　**2** 经：常规。　**3** 舆：车子。杜预注："政须礼而行。"　**4** 身之守：身体的寄托。守，犹言寄托。杜预注："政存则身安。"　**5** 知起、中行喜、州绰、邢蒯：都是晋国大夫。　**6** 子为彼栾氏：您做他们的栾氏。杜预注："言子待之如栾氏，亦为子用也。"

齐庄公朝，指殖绰、郭最曰："是寡人之雄也[1]。"州绰曰："君以为雄，谁敢不雄？然臣不敏，平阴之役，先二子鸣[2]。"庄公为

齐庄公上朝，指着殖绰、郭最说："这是寡人的雄鸡。"州绰说："君王认为他们是雄鸡，谁敢不认为是雄鸡？然而臣下不才，在平阴战役中比他们二位先鸣了。"齐庄公设置勇士的爵

勇爵[3]，殖绰、郭最欲与焉。州绰曰："东闾之役，臣左骖迫，还于门中，识其枚数[4]，其可以与于此乎？"公曰："子为晋君也。"对曰："臣为隶新[5]。然二子者，譬于禽兽，臣食其肉而寝处其皮矣。"

位，殖绰、郭最想要得到一份。州绰说："东闾那次战役，臣的左骖马被迫在城门里盘旋不前，连门上的乳钉数也记下了，恐怕是在这里有一份吧？"庄公说："您是为了晋君啊。"州绰回答说："臣下做仆隶不久。然而这两位，如果用禽兽打比方，臣下已经吃了他们的肉而且睡在他们的皮上了。"

注释 **1** 雄：雄鸡，用以比喻勇士。 **2** 先二子鸣：比他们二位先鸣。杜预注："十八年，晋伐齐及平阴，州绰获殖绰、郭最，故自比于鸡斗胜而先鸣。" **3** 为勇爵：设置勇士的爵位。 **4** 识其枚数：记下了东闾门扇上的乳钉数。识，记。见襄公十八年《传》。 **5** 为隶新：做仆隶不久。意为我初来做您的臣下。

襄公二十二年

【经】

二十有二年春[1]，王正月，公至自会。

夏四月。

秋七月辛酉[2]，叔老卒。

冬，公会晋侯、齐侯、宋公、卫侯、郑伯、曹伯、莒子、

二十二年春天，周历正月，襄公从商丘的盟会上回国。

夏天四月。

秋天七月十六日，叔老去世。

冬天，襄公在沙随与晋侯、齐侯、宋公、卫侯、郑伯、曹伯、莒子、邾

郲子、薛伯、杞伯、小邾子于沙随[3]。

公至自会。

楚杀其大夫公子追舒[4]。

子、薛伯、杞伯、小邾子等诸侯盟会。

襄公从盟会上回国。

楚国杀了他们的大夫公子追舒。

注释 1 二十有二年：鲁襄公二十二年，公元前551年。 2 辛酉：十六日。 3 沙随：宋地，在今河南宁陵西北。 4 公子追舒：即子南，楚庄王之子，楚国令尹。

【传】

二十二年春，臧武仲如晋，雨，过御叔[1]。御叔在其邑，将饮酒，曰："焉用圣人[2]！我将饮酒，而已雨行，何以圣为？"穆叔闻之曰："不可使也，而傲使人[3]，国之蠹也。"令倍其赋。

夏，晋人征朝于郑[4]，郑人使少正公孙侨对曰[5]："在晋先君悼公九年，我寡君于是即位[6]。即位八月，而我先大夫子驷从寡君以朝于执事，执事不礼于寡君，寡君惧。因是行也，我

二十二年春天，臧武仲去晋国，天下雨，去探望御叔。御叔在自己的封邑里，正准备饮酒，说："哪里用得着圣人！我打算喝酒，而他自己冒着雨出行，还要聪明做什么？"穆叔听到这话，说："自己不配出使，反而对使者傲慢，这是国家的蛀虫。"命令把御叔的赋税增加一倍。

夏天，晋人让郑人前去朝见，郑人派少正子产回答说："在晋国先君悼公九年，我寡君在这一年即位。即位八个月，我国先大夫子驷跟随寡君来朝见执事，执事对寡君却不加礼遇，寡君恐惧。因为这一趟，我国二

二年六月朝于楚，晋是以有戏之役[7]。楚人犹竞，而申礼于敝邑[8]。敝邑欲从执事，而惧为大尤[9]，曰晋其谓我不共有礼[10]，是以不敢携贰于楚。我四年三月，先大夫子蟜又从寡君以观衅于楚[11]，晋于是乎有萧鱼之役[12]。谓我敝邑，迩在晋国，譬诸草木，吾臭味也，而何敢差池[13]？

年六月就朝见了楚国，晋国因此有了戏地之役。楚国还相当强大，但对敝邑表明了礼仪。敝邑想要跟随执事，却又怕犯下大错，说晋国恐怕会认为我们对有礼仪的国家不恭敬，因此我们不敢对楚国三心二意。我国四年三月，先大夫子蟜又随从寡君到楚国观察情况，晋国因此有了萧鱼之战。我们认为敝邑靠近晋国，晋国譬如草木，我国不过是草木散发出来的气味，怎么敢不一致？

注释 **1** 御叔：鲁国御邑大夫。御邑，今名御屯，在今山东郓城东。 **2** 圣人：指臧武仲。 **3** 而傲使人：指御叔自己不配出使，反而对使者傲慢。 **4** 征朝：召去朝见。 **5** 少正：郑国亚于听政的卿。鲁襄公十九年，郑国立子产为卿。子产即公孙侨。 **6** 于是：于这一年，即鲁襄公八年。 **7** 戏之役：见鲁襄公九年，诸侯同盟于戏。 **8** 申礼：表明礼仪。晋国多次攻打郑国，而楚国多次救援郑国，即所谓申礼。 **9** 尤：过错，罪过。 **10** 不共有礼：犹言不恭于有礼者。有礼者，此指楚国。 **11** 观衅：观察其是否有衅隙、过错。这是朝楚的粉饰语。 **12** 萧鱼之役：见鲁襄公十一年《传》。 **13** 差池：不一致。指时而从楚，时而从晋。

“楚亦不竞，寡君尽其土实[1]，重之以宗器[2]，以受齐盟[3]。遂帅群臣随于执事以会岁终。贰

“楚国也不那么强大了，寡君拿出土地上的全部出产，加上宗庙的礼器，来接受同盟。于是率领群臣跟从执事参加年终在晋国的盟会。敝邑有二心跟楚国的，

于楚者，子侯、石盂[4]，归而讨之。溴梁之明年，子蟜老矣，公孙夏从寡君以朝于君，见于尝酎[5]，与执燔焉[6]。间二年，闻君将靖东夏[7]，四月又朝，以听事期[8]。不朝之间，无岁不聘，无役不从。以大国政令之无常，国家罢病，不虞荐至[9]，无日不惕，岂敢忘职[10]？大国若安定之，其朝夕在庭，何辱命焉？若不恤其患，而以为口实[11]，其无乃不堪任命，而翦为仇雠[12]。敝邑是惧，其敢忘君命？委诸执事，执事实重图之[13]。"

是子侯、石盂，回去以后就讨伐了他们。溴梁之盟的第二年，子蟜已经告老了，公孙夏跟从寡君朝见晋君，是在用新酒尝祭时拜见的，参与了祭祀。隔了两年，听说君要安定东方，四月又朝见君，以听取盟会的日期。在没有朝见的时候，我国没有一年不聘问，没有一次战役不跟从。由于大国的政令没有常规标准，国和家族都很困乏，意外的忧患又屡屡发生，没有哪一天不警惕，岂敢忘掉自己的职责？大国如果安定敝邑，我们早晚都会在晋国的朝廷上朝见，哪里用得着贵国命令呢？若是不体恤敝邑的忧患，而把它作为借口，那恐怕不能忍受大国的命令，而只会被翦弃为仇敌了。敝邑害怕这样的后果，岂敢忘掉君的命令？这些就委托执事了，执事实在应该慎重地考虑一下。"

注释　1土实：土地所出产。 2宗器：宗庙中钟磬之类礼乐器具。 3齐：同"斋"。 4子侯、石盂：郑国二大夫。 5尝酎：尝祭用新酒。尝，祭名。酎，新酿醇酒。 6与执燔：参与了祭祀。燔，通"膰"，祭肉。此言参与了拿膰肉助祭。 7靖东夏：安定东方的齐国。东夏，指东方齐国。 8听事期：听取盟会的日期。事期，即会期。此指鲁襄公二十年的澶渊之盟，会期在六月，而郑国提前两个月去听会朝，故言"四月又朝"。 9不虞荐至：意料不到的忧患屡屡发生。荐,屡,频繁。 **10** 职:此指朝于晋。 **11** 口实:话柄,借口。 **12** 翦:翦除,引申为丢弃。 **13** 重图:慎重思考,深思。

秋,栾盈自楚适齐。晏平仲言于齐侯曰:“商任之会,受命于晋[1]。今纳栾氏,将安用之?小所以事大,信也。失信不立,君其图之。”弗听。退告陈文子曰[2]:“君人执信[3],臣人执共[4],忠信笃敬,上下同之,天之道也。君自弃也,弗能久矣!”

九月,郑公孙黑肱有疾,归邑于公[5]。召室老、宗人立段[6],而使黜官薄祭[7]。祭以特羊[8],殷以少牢[9]。足以共祀,尽归其余邑。曰:“吾闻之,生于乱世,贵而能贫,民无求焉,可以后亡。敬共事君与二三子[10]。生在敬戒[11],不在富也。”己巳[12],伯张卒[13]。君子曰:“善戒。《诗》曰[14]:‘慎尔

秋天,栾盈从楚国来到齐国。晏平仲对齐侯说:“商任的会见,接受了晋国的命令。现在接收栾氏,打算怎么任用他?小国用来侍奉大国的,是信用。失去信用不能立身立国,希望君考虑一下。”齐侯不听。晏平仲退出后告诉陈文子说:“做人君主的应保持信用,做人臣下的应保持恭敬,忠实、信用、诚笃、恭敬,上下共同保持它,这是上天的常道。国君自己抛弃这些,不能久居其位了!”

九月,郑国公孙黑肱有病,把封邑归还给郑简公。又召集室老、宗人立了段为继承人,而且让他减省家臣、祭祀从简。一般的祭祀用一只羊,盛祭用羊和猪。留下足以供祭祀用的土地,其余的封邑全部归还郑伯。说:“我听说,生在乱世,地位尊贵而能够清贫,不向百姓求取什么,这就可以在别人之后灭亡。恭敬地侍奉国君和各位大夫。生存在于警戒,不在于富有。”二十五日,公孙黑肱去世。君子说:“公孙黑肱善于警戒。《诗》说:‘谨慎地行使你公侯的法度,以此警

侯度[15],用戒不虞。’郑子张其有焉。”

戒意外的忧患。’郑国的公孙黑肱大概做到了吧。”

注释 1受命:受禁锢栾氏之命。 2陈文子:名须无,陈完之曾孙,齐国大夫。 3君人执信:做人君主的应保持信用。 4臣人执共:做人臣下的应保持恭敬。 5归邑于公:把封邑归还给郑伯。 6段:字子石,公孙黑肱之子。 7黜官:指减省其家臣。 8特羊:一只羊。 9殷:盛祭,大的祭祀。本应用太牢,而省为少牢(用羊、猪作祭品)。 10共:同“恭”。二三子:指诸大臣。 11敬:通“儆”,警戒。 12己巳:二十五日。 13伯张:即公孙黑肱。 14《诗》:指《诗经·大雅·抑》篇。 15侯度:公侯的法度。

冬,会于沙随,复锢栾氏也。栾盈犹在齐,晏子曰:“祸将作矣!齐将伐晋,不可以不惧。”

冬天,诸侯在沙随盟会,是为了再次禁锢栾氏。栾盈还在齐国住着,晏子说:“祸乱要发生了!齐国将会攻打晋国,不能不使人害怕。”

楚观起有宠于令尹子南,未益禄而有马数十乘[1]。楚人患之,王将讨焉。子南之子弃疾为王御士[2],王每见之,必泣。弃疾曰:“君三泣臣矣[3],敢问谁之罪也?”王曰:“令尹之不能[4],尔所知也。国将讨焉,尔其居乎?”对曰:“父戮子居,

楚国的观起受到令尹子南的宠爱,没有增加俸禄却有了能驾几十辆车子的马匹。楚国人担心这件事,楚王准备讨伐他们。子南的儿子弃疾做楚王的御士,楚王每次见到他,一定哭泣。弃疾说:“君王三次向臣下哭泣了,敢问是谁的罪过?”楚王说:“令尹不善,是你所知道的。国家要诛讨他,你能留下不走吗?”弃疾回答说:“父亲被诛戮,儿子留下不走,君王哪能还任用他?但泄露命令而

君焉用之？泄命重刑[5]，臣亦不为。”王遂杀子南于朝，轘观起于四竟[6]。子南之臣谓弃疾：“请徙子尸于朝[7]。”曰：“君臣有礼，唯二三子[8]。”三日，弃疾请尸[9]，王许之。既葬，其徒曰：“行乎！”曰：“吾与杀吾父[10]，行将焉入？”曰：“然则臣王乎？”曰：“弃父事仇，吾弗忍也。”遂缢而死。

加重刑罚，下臣也不会干。”楚王于是把子南杀死在朝廷上，将观起车裂并把尸体在四境示众。子南的家臣对弃疾说：“请让我们把主人的尸体从朝廷上搬出来。”弃疾说：“君臣之间有规定的礼仪，只看诸位大臣怎么办了。”过了三天，弃疾请求收尸，楚王答应了。安葬完毕，弃疾的手下人说：“出走吧！”弃疾说：“我参与杀我父亲，出走将进入哪个国家呢？”手下人说：“既然这样，那么还是做楚王的臣下吗？”弃疾说：“丢弃父亲侍奉仇人，我是不能忍受的。”于是上吊而死。

注释　1 观起：令尹子南宠爱的属官。未增加其俸禄，却有几十辆车子的马匹，足见子南偏爱观起。　2 御士：侍御的人。　3 三泣臣：三次向臣下哭泣。　4 能：犹言善。　5 泄命重刑：指泄露君王命令，更将加重刑罚。　6 轘：古代一种车裂的酷刑。四竟：即四境。此指将尸体徇于四境示众。　7 子尸：指子南的尸体。《广雅·释诂》：“子，君也。”　8 二三子：诸位大臣。　9 请尸：请求收尸。　10 与：参与。弃疾知道楚王要杀其父而不告知，故曰“吾与杀吾父”。

复使薳子冯为令尹，公子齮为司马，屈建为莫敖。有宠于薳子者八人，皆无禄而多马。他日朝，与申叔豫言，弗应

楚王再次让薳子冯做令尹，公子齮做司马，屈建做莫敖。受到薳子冯宠爱的有八个人，都是没有俸禄而有许多马匹。有一天薳子冯上朝，与申叔豫说话，申叔豫不答应而退走。薳子冯跟从他，

而退。从之，入于人中。又从之，遂归。退朝，见之，曰："子三困我于朝[1]，吾惧，不敢不见。吾过，子姑告我，何疾我也？"对曰："吾不免是惧[2]，何敢告子？"曰："何故？"对曰："昔观起有宠于子南，子南得罪，观起车裂。何故不惧？"自御而归，不能当道[3]。至，谓八人者曰："吾见申叔，夫子所谓生死而肉骨也[4]。知我者，如夫子则可[5]。不然，请止[6]。"辞八人者，而后王安之。

申叔豫走进人群中。又跟从他，申叔豫就回家了。薳子冯退朝后进见申叔豫，说："您在朝廷上三次让我受窘，我害怕，不敢不来见您。我有过错，您姑且告诉我，为什么讨厌我？"申叔豫回答说："我害怕不能免于罪过，哪里还敢告诉您？"薳子冯说："什么缘故？"申叔豫回答说："过去观起受到子南的宠爱，子南被判罪，观起遭车裂。为什么不害怕？"薳子冯自己驾着车子回家，车子都不能走在车道上。到了家，对那八个人说："我进见申叔，那个人就是所谓能使死人复生、使白骨长肉的人。能了解我的人，像申叔一样的就可以留下。不然，请就此罢休。"辞退了这八个人之后，楚王才放了心。

注释 1 三困我：三次让我困惑受窘。三困，指申叔豫对薳子冯"弗应而退""入于人中"和"又从之，遂归"。 2 不免是惧：即"惧不免"，害怕不能免于罪过。 3 不能当道：车子不能行走在正道上。杜预注："薳子惶惧，意不在御。" 4 生死：使死者复生。肉骨：使白骨重新长肉。 5 可：此指可留。 6 止：休止。

十二月，郑游眅将归晋[1]，未出竟，遭逆妻者[2]，

十二月，郑国的游眅将要回到晋国去，还没有出国境，遇上迎娶妻子的人，

夺之,以馆于邑。丁巳[3],其夫攻子明,杀之,以其妻行。子展废良而立大叔[4],曰:“国卿,君之贰也,民之主也,不可以苟。请舍子明之类[5]!”求亡妻者[6],使复其所。使游氏勿怨,曰:“无昭恶也[7]。”

夺了人家的妻子,就在那个城里住下。丁巳日,妻子的丈夫攻打游贩,杀了他,带着妻子逃走了。子展废掉良而立太叔,说:“国卿,是国君的副手,百姓的主人,不可以随便。请舍弃游贩之流!”派人寻找丢失妻子的人,让他回自己的故里。要游氏别怨恨他,说:“不要宣扬邪恶了。”

注释 1 游贩(pān):字子明,公孙虿之子。 2 遭逆妻者:遇上迎娶妻子的人。 3 丁巳:十二月无丁巳日,据推算为十一月十四日。 4 良:游贩之子。大叔:即游吉,公孙虿之子,游贩之弟。 5 舍:舍弃。子明之类:指游贩之子良。 6 亡妻者:丢失妻子的人(杀子明后必已逃亡,故“求”)。 7 无昭恶:不要宣扬邪恶。

襄公二十三年

【经】

二十有三年春[1],王二月癸酉朔[2],日有食之。

三月己巳[3],杞伯匄卒[4]。

夏,邾畀我来奔[5]。

葬杞孝公。

陈杀其大夫庆虎及

二十三年春天,周历二月初一日,发生日食。

三月二十八日,杞伯匄去世。

夏天,邾国畀我逃奔我国。

安葬杞孝公。

陈国杀了他们的大夫庆虎和

庆寅。

陈侯之弟黄自楚归于陈[6]。

晋栾盈复入于晋，入于曲沃。

秋，齐侯伐卫[7]，遂伐晋。

八月，叔孙豹帅师救晋[8]，次于雍榆[9]。

己卯[10]，仲孙速卒[11]。

冬十月乙亥[12]，臧孙纥出奔邾[13]。

晋人杀栾盈。

齐侯袭莒。

庆寅。

陈侯之弟黄从楚国回到陈国。

晋国栾盈又进入晋国，来到曲沃。

秋天，齐侯攻打卫国，就势又攻打晋国。

八月，叔孙豹带兵救援晋国，军队驻扎在雍榆。

八月十日，仲孙速去世。

冬天十月初七，臧孙纥出逃到邾国。

晋国人杀了栾盈。

齐侯侵袭莒国。

注释 1 二十有三年：鲁襄公二十三年，公元前550年。 2 癸酉朔：初一日。 3 己巳：二十八日。 4 杞伯匄：即杞孝公，在位十七年。 5 畀我：《公羊传》作“鼻我”，邾国大夫。 6 陈侯之弟黄：即公子黄，于鲁襄公二十年出逃到楚国。 7 齐侯：齐庄公。 8 叔孙豹：即穆叔，又称叔孙穆子，鲁国大夫。 9 雍榆：晋地，在今河南浚县西南。 10 己卯：十日。 11 仲孙速：即孟庄子，鲁国公族大夫。 12 乙亥：七日。 13 臧孙纥：即臧纥，又称臧武仲，鲁国大夫。

【传】

二十三年春，杞孝公卒，晋悼夫人丧之[1]。平

二十三年春天，杞孝公去世，晋悼夫人为他服丧。晋平公不撤除音乐，这

公不彻乐，非礼也。礼，为邻国阙[2]。陈侯如楚。公子黄诉二庆于楚[3]，楚人召之。使庆乐往[4]，杀之。庆氏以陈叛。夏，屈建从陈侯围陈。陈人城，板队而杀人[5]。役人相命[6]，各杀其长[7]，遂杀庆虎、庆寅。楚人纳公子黄。君子谓："庆氏不义，不可肆也[8]。故《书》曰：'惟命不于常[9]。'"

晋将嫁女于吴，齐侯使析归父媵之[10]，以藩载栾盈及其士[11]，纳诸曲沃。栾盈夜见胥午而告之[12]，对曰："不可。天之所废，谁能兴之？子必不免。吾非爱死也，知不集也[13]。"盈曰："虽然，因子而死[14]，吾无悔矣。我实不天[15]，子无咎焉。"许诺。伏之[16]，而觞曲沃人[17]。乐作，午言曰："今也得栾孺子[18]，何如？"对曰："得

是不合于礼的。按照礼，应该为邻国的丧事撤除音乐。陈侯来到楚国。公子黄在楚国控诉二庆，楚国人召见二庆。二庆派庆乐前去，楚人杀了庆乐。庆氏带领陈国人背叛楚国。夏天，屈建跟随陈侯包围陈国。陈国人筑城防守，夹板掉下来，庆氏就杀筑城的人。筑城的人互相传令，各自杀掉他们的头子，于是乘机杀了庆虎、庆寅。楚国人把公子黄送回陈国。君子认为："庆氏的行为不合道义，不能放纵。所以《尚书》说：'天命不能常在。'"

晋国准备把女儿嫁到吴国，齐侯派析归父送随嫁的媵妾给晋国，用篷车载着栾盈和他的士，把他们安置在曲沃。栾盈夜里进见胥午并告诉他一些情况，胥午回答说："不行。上天所要废弃的，谁能把他兴起？您必定不免于死。我不是爱惜一死，是明知事情不会成功。"栾盈说："虽然这样，但依靠您而死，我不后悔。我确实不为上天保佑，您没有过错。"胥午答应了。把栾盈隐藏起来，然后请曲沃人喝酒。音乐演奏起来了，胥午发话说："现在要是得到栾孺子，怎么办？"大家回答说："得到了主人而为

主而为之死，犹不死也。"皆叹，有泣者。爵行[19]，又言，皆曰："得主，何贰之有？"盈出，遍拜之。

他死，虽死犹生。"大家都叹息，还有哭泣的。举杯行酒，胥午又说起来，曲沃人都说："得到了主人，哪里会有二心？"于是栾盈出来，向大家一一拜谢。

注释 1 晋悼夫人：即晋悼公夫人，晋平公之母，杞孝公之妹。 2 阙：即彻乐，撤除音乐。 3 二庆：陈国大夫庆虎、庆寅。 4 庆乐：庆氏的族人。杜预注："二庆畏诛，故不敢自往。" 5 板队：筑墙的夹板掉下来。队，同"坠"。 6 役人：筑城的人。相命：互相传令。 7 长：役夫之长。杜预注："庆氏忿其板队，遂杀筑人。故役人怒而作乱。" 8 肆：放纵。 9 惟命不于常：犹言天命不能常在。语见《尚书·周书·康诰》篇。杜预注："言有义则存，无义则亡。" 10 析归父：字子家，又称析文子，齐国大夫。齐侯派他送随嫁的媵妾。 11 藩：篷车。 12 胥午：曲沃大夫。 13 集：成功。 14 因：依靠。 15 不天：不为上天保佑。 16 伏之：胥午把栾盈隐藏起来。 17 觞：宴饮。 18 栾孺子：即栾盈。 19 爵行：犹言互相举杯。

四月，栾盈帅曲沃之甲，因魏献子以昼入绛[1]。初，栾盈佐魏庄子于下军[2]，献子私焉[3]，故因之。赵氏以原、屏之难怨栾氏[4]，韩、赵方睦[5]。中行氏以伐秦之役怨栾氏[6]，而固与范氏和亲。知悼子少[7]，而听于中行氏。程郑嬖于公[8]。唯魏氏及

四月，栾盈率领曲沃的甲士，依靠魏献子而在白天进入绛地。起初，栾盈在下军中辅佐魏庄子，魏献子和他有私交，所以依靠他。赵氏由于原同、屏括的祸难而怨恨栾氏，韩氏、赵氏刚刚和睦。中行氏因为攻打秦国的那次战役怨恨栾氏，且原来就与范氏和睦。知悼子年纪小，因而听中行氏的话。程郑受到晋平公的宠爱。只有魏氏和七舆大夫亲附栾氏。

七舆大夫与之[9]。

乐王鲋侍坐于范宣子。或告曰："栾氏至矣！"宣子惧。桓子曰[10]："奉君以走固宫[11]，必无害也，且栾氏多怨，子为政，栾氏自外，子在位，其利多矣。既有利权，又执民柄[12]，将何惧焉？栾氏所得，其唯魏氏乎！而可强取也[13]。夫克乱在权，子无懈矣。"

乐王鲋侍坐在范宣子旁边。有人报告说："栾氏来了！"范宣子害怕。乐王鲋说："侍奉国君逃跑到固宫，必定没有危害，而且栾氏怨敌很多，您执掌国政，栾氏从外边回来，您处在掌权的地位，有利的条件就多了。既有利有权，又掌握着对百姓的赏罚之权，有什么可害怕的？栾氏所得到的，大概只有魏氏了吧！而且魏氏是可以用强力争取过来的。平定叛乱在于权力，您不要懈怠了。"

注释 1 魏献子：名舒，魏绛之子，晋国大夫。绛：晋都，今山西侯马西。 2 魏庄子：即魏绛，魏献子之父。 3 私：私交，私相亲爱。 4 原、屏之难：事见鲁成公八年。原同、屏括因赵庄姬向晋侯进谗，栾氏、郤氏为她作证而被杀。 5 韩、赵方睦：韩氏、赵氏刚刚和睦。杜预注："韩起让赵武，故和睦。" 6 中行氏：荀氏的一支。伐秦之役：鲁襄公十四年晋伐秦，荀偃为中军之帅，而栾黡不听命，造成晋军大撤退。 7 知悼子：即荀盈，知䓨之子。 8 程郑：程季之子，中行氏的同宗。 9 唯魏氏及七舆大夫与之：只有魏献子家族和七舆大夫亲附栾氏。此叙两派力量对比，韩、赵、荀(知氏、范氏、中行氏均为荀氏)结为一派，而栾氏甚孤立。 10 桓子：即乐王鲋。 11 固宫：晋侯的别宫。 12 民柄：对百姓的赏罚之权。杜预注："赏罚为民柄。" 13 强取：指用强力争取为己用。

公有姻丧[1]，王鲋使宣子墨缞冒绖[2]，二妇人

晋平公有姻亲的丧事，乐王鲋让范宣子穿上黑色的丧服，(与悼夫人一道)

辇以如公[3],奉公以如固宫。范鞅逆魏舒,则成列既乘[4],将逆栾氏矣。趋进,曰:"栾氏帅贼以入,鞅之父与二三子在君所矣,使鞅逆吾子。鞅请骖乘持带。"遂超乘[5],右抚剑,左援带,命驱之出。仆请[6],鞅曰:"之公。"宣子逆诸阶,执其手,赂之以曲沃。

初,斐豹,隶也,著于丹书[7]。栾氏之力臣曰督戎,国人惧之。斐豹谓宣子曰:"苟焚丹书,我杀督戎。"宣子喜,曰:"而杀之,所不请于君焚丹书者,有如日!"乃出豹而闭之[8],督戎从之。逾隐而待之[9],督戎逾入,豹自后击而杀之。

两个妇人乘车到晋平公那里,陪侍着晋平公到固宫。范鞅迎接魏献子,魏献子的军队已经排成行列、登上战车,准备去迎接栾氏了。范鞅快步走进来,说:"栾氏率领叛乱分子进入国都,鞅的父亲和诸位大夫都在国君那里,派鞅来迎接您。鞅请求做您的持带骖乘。"于是范鞅跳上魏献子的战车,右手摸着剑,左手拉着带子,命令驱车离开行列。驾车的人请问去哪里,范鞅说:"到国君那里。"范宣子在队前迎接魏献子,拉着他的手,答应把曲沃送给他。

起初,斐豹是个奴隶,用红字写在简牍上。栾氏有个大力士家臣叫督戎,国人都害怕他。斐豹对范宣子说:"如果烧掉那红字竹简,我去杀掉督戎。"范宣子很高兴,说:"你杀了他,如果我不请求国君烧掉这红字竹简,有太阳神作证!"于是将斐豹放出宫,然后关上宫门,督戎跟上他。斐豹跨过矮墙等待着督戎,督戎越墙进来,斐豹从后面猛击而杀死了他。

注释 1 公有姻丧:晋平公有姻亲的丧事。姻丧,指本年春晋悼公夫人丧其兄杞孝公。 2 墨缞冒绖:即穿戴黑色的丧衣、帽巾和麻带。三者皆为妇人丧服,悼夫人着此服,乐王鲋让范宣子假扮悼夫人的侍御,也穿此种丧服。 3 輂以如公：乘车到晋平公那里。 4 既乘：已经登上兵车。 5 超乘：跳上车。此指范鞅跳上魏舒的战车。 6 仆请：驾车的人请问到哪里去。 7 著于丹书：用红字写在简牍上。杜预注：“盖犯罪没为官奴，以丹书其罪。” 8 出豹而闭之：将斐豹放出宫门而后关闭宫门。 9 隐：矮墙。

范氏之徒在台后，栾氏乘公门[1]。宣子谓鞅曰：“矢及君屋，死之！”鞅用剑以帅卒，栾氏退。摄车从之[2]，遇栾乐，曰：“乐免之[3]，死将讼女于天。”乐射之，不中。又注[4]，则乘槐本而覆[5]。或以戟钩之，断肘而死。栾鲂伤。栾盈奔曲沃，晋人围之。

范氏的手下人在宫台的后面，栾氏登上晋平公的宫门。范宣子对范鞅说：“箭射到国君的屋子，你就得死！”范鞅用剑率领步兵迎战，栾氏败退。范鞅跳上战车追赶，遇上栾乐，说：“乐，别打了，我死了将会向上天控诉你。”栾乐用箭射他，没射中。又把箭搭上弦，但战车被槐树根撞翻了。有人用戟钩他，把他的胳臂拉断了而死去。栾鲂受了伤。栾盈逃到曲沃，晋国人包围了他。

秋，齐侯伐卫。先驱[6]：谷荣御王孙挥，召扬为右。申驱[7]：成秩御莒恒，申鲜虞之傅挚为右[8]。曹开御戎，晏父戎为右。贰广[9]：上之登御邢公，卢蒲癸为右。启[10]：牢成御襄罢师，狼蘧疏为右。胠[11]：商子车御侯朝，桓跳为右。大

秋天，齐侯攻打卫国。前锋军：谷荣驾御王孙挥的战车，召扬为车右。次前锋军：成秩驾御莒恒的战车，申鲜虞之子傅挚为车右。曹开驾御齐侯的战车，晏父戎为车右。齐侯的副车：上之登驾御邢公的战车，卢蒲癸为车右。左翼军：牢成驾御襄罢师的战车，狼蘧疏为车右。右翼军：商子车驾御侯朝

殿[12]：商子游御夏之御寇，崔如为右，烛庸之越驷乘[13]。

的战车，桓跳为车右。后军：商子游驾御夏之御寇的战车，崔如为车右，烛庸之越等四人共乘一辆车殿后。

注释 1乘公门：登上晋平公的宫门。 2摄车：犹言超乘，跳上战车。 3乐：栾乐。免之：免战。此范鞅要栾氏免战；若战死我，将向上天讼你。 4注：把箭搭上弓弦。 5槐本：槐树的根部。覆：翻，倒过来。 6先驱：前锋军。 7申驱：次前锋军。 8成秩、莒恒、申鲜虞：都是齐臣。傅挚：申鲜虞之子。 9贰广：齐庄公的副车。 10启：左翼军。 11胠：右翼军。 12大殿：后军，即殿军。 13驷乘：四人共乘一辆殿车。

自卫将遂伐晋。晏平仲曰："君恃勇力以伐盟主[1]，若不济，国之福也。不德而有功，忧必及君。"崔杼谏曰："不可。臣闻之，小国间大国之败而毁焉，必受其咎。君其图之！"弗听。陈文子见崔武子，曰："将如君何？"武子曰："吾言于君，君弗听也。以为盟主，而利其难。群臣若急，君于何有[2]？子姑止之。"文子退，告其人曰："崔子将死乎！谓君甚[3]，

齐侯从卫国出发，将由此攻打晋国。晏平仲说："君王依仗勇力而攻打盟主，如果不成功，这是国家的福气。没有德行而有功劳，忧患必然到君身上。"崔杼劝谏说："不可以。臣下听说，小国钻大国祸败的空子而加以破坏，必然会受到灾祸。君王还是要考虑一下！"齐侯不听。陈文子进见崔杼，说："打算把国君怎么样？"崔杼说："我对国君说了，国君不听。把晋国奉为盟主，反而以它的祸难为利。群臣如果急了，哪里还有国君？您姑且不用管了。"陈文子退出，告诉他的手下人说："崔子将要死了吧！指责国君太过分，

而又过之，不得其死。过君以义[4]，犹自抑也[5]，况以恶乎？”

所作所为又超过国君，不会得到好死。行道义超过国君，还应自己加以抑制，何况是行恶呢？”

注释 1 盟主：指晋国。澶渊、商任、沙随之会，齐国等诸侯国奉晋为盟主。 2 君于何有：即何有于君，哪里还有国君？ 3 谓君甚：指责国君太过分。 4 过君以义：行道义超过国君。 5 犹自抑：还应自己加以抑制。

齐侯遂伐晋，取朝歌[1]，为二队，入孟门[2]，登大行[3]。张武军于荧庭[4]，戍郫邵[5]，封少水[6]，以报平阴之役[7]，乃还。赵胜帅东阳之师以追之[8]，获晏氂[9]。八月，叔孙豹帅师救晋，次于雍榆，礼也。

齐侯于是就攻打晋国，夺取了朝歌，兵分两路，一路打入孟门，一路登上太行陉。在荧庭扩建军营以显示武力，派兵戍守郫邵，在少水收晋军尸体埋成大坟，以此报复平阴之战，才收兵回去。赵胜带领东阳的晋军追击齐军，俘虏了晏氂。这年八月，叔孙豹率领鲁军救援晋军，驻扎在雍榆，这是合于礼的。

季武子无適子[10]，公弥长[11]，而爱悼子[12]，欲立之。访于申丰[13]，曰：“弥与纥，吾皆爱之，欲择才焉而立之。”申丰趋退，归，尽室将行。他日，又访焉，对曰：“其然[14]，将具敝车而行[15]。”乃止。

季武子没有嫡子，公弥年长，但季武子喜欢悼子，想立悼子为继承人。找申丰商量说：“弥和纥，我都喜欢，想选择有才能的立为继承人。”申丰快步退出，回家，将要全家出走。过了几天，季武子又访问申丰，申丰回答说：“如果这样，我就会套上我的车子走了。”季武子才停下了。

注释 1 朝歌:殷故都,后属晋,在今河南淇县。 2 孟门:为晋太行隘道,在今河南辉县西。 3 大行:太行山八陉之一,在今河南沁阳西北。 4 张武军:扩建军营以显示武功。武军,显示武功的军营。荧庭:即陉庭,晋地,在今山西翼城东南。 5 郫邵:亦称郫,晋地,在今河南济源西。 6 封:封尸,即收晋军之尸合埋于一坑而筑高堆。少水:即今山西沁水。 7 平阴之役:见鲁襄公十八年《传》。 8 赵胜:赵旃之子,晋国大夫。东阳:泛指晋属太行山以东地区。 9 晏氂:晏婴之子,齐国大夫。 10 適子:即嫡子。 11 公弥:即公鉏,季武子之子。 12 悼子:名纥,季武子之子,与公弥皆姬妾所生。 13 申丰:季氏的家臣。 14 其然:若如此,如果这样。 15 具敝车:套上我的车。具,备,犹套上。

访于臧纥,臧纥曰:"饮我酒,吾为子立之。"季氏饮大夫酒,臧纥为客[1]。既献,臧孙命北面重席[2],新尊洁之[3]。召悼子,降,逆之。大夫皆起。及旅[4],而召公鉏,使与之齿[5]。季孙失色。

季氏以公鉏为马正[6],愠而不出。闵子马见之[7],曰:"子无然!祸福无门,唯人所召。为人子者,患不孝,不患无所[8]。敬共父命,何常之有?若能孝敬,富倍季氏可也。奸回

季武子去访问臧纥,臧纥说:"招待我喝酒,我为您立悼子为继承人。"季氏招待大夫们喝酒,臧纥为上宾。向宾客献酒完毕,臧纥命令北面铺上两层席子,换上新酒杯并洗涤干净。召见悼子,臧纥走下台阶迎接他。大夫们都站起来。等到敬酒酬客时才召见公鉏,让他和一般宾客并坐同列。季武子惊得变了脸色。

季氏让公鉏做马正,公鉏怨恨不肯做。闵子马见到公鉏,说:"您不要这样!祸福无门,只由人自己召来。做儿子的,担心的是不孝,而不担心没有地位。恭敬地对待父亲的命令,事情怎么会固定不变呢?若能孝敬,富有可比季氏增加一倍。若是奸邪而不合法度,祸患可比

不轨[9],祸倍下民可也。”公鉏然之。敬共朝夕,恪居官次[10]。季孙喜,使饮己酒,而以具往,尽舍旃[11]。故公鉏氏富,又出为公左宰[12]。

百姓增加一倍。”公鉏认为他的话是对的。就恭敬地早晚问安,谨慎地居官守职。季武子高兴了,让公鉏请自己去喝酒,而带着饮宴的器具前往,把器具全都留在公鉏家。因此公鉏氏富起来了,又出任鲁襄公的左宰。

注释 1为客:杜预注:“为上宾。” 2北面:此指为悼子设置尊位,使之南向。重席:两层席子。 3新尊:新酒杯。洁:洗涤。 4及旅:等到敬酒酬客时。旅,依次敬酒。 5与之齿:和一般宾客并坐同列,即视公鉏为庶子。 6马正:大夫家的司马。 7闵子马:即闵马父,鲁国大夫。 8无所:犹言无地位。 9奸回:奸邪。 10恪:恭敬,谨慎。官次:犹言官职,职位。 11旃(zhān):用法同“之”,指饮宴器具。 12出为公左宰:出任鲁襄公的左宰。

孟孙恶臧孙,季孙爱之。孟氏之御驺丰点好羯也[1],曰:“从余言,必为孟孙[2]。”再三云,羯从之。孟庄子疾,丰点谓公鉏:“苟立羯,请仇臧氏[3]。”公鉏谓季孙曰:“孺子秩固其所也[4]。若羯立,则季氏信有力于臧氏矣[5]。”弗应。己卯[6],孟孙卒,公鉏奉羯立于户侧。季孙至,入,哭,

孟庄子厌恶臧孙,但季武子喜欢他。孟氏的御驺丰点喜欢羯,说:“听从我的话,你一定能做孟庄子的继承人。”丰点再三地说,羯就听从了他。孟庄子病了,丰点对公鉏说:“如果立了羯,请孟氏和你都把臧氏做仇敌。”公鉏对季武子说:“孺子秩本为孟氏的继承人。如果改立羯,那么季氏就确实会比臧氏的势力大。”季武子不答应。初十日,孟庄子去世了,公鉏侍奉羯立在门旁接受宾客吊唁。季武子来

而出，曰："秩焉在？"公鉏曰："羯在此矣！"季孙曰："孺子长。"公鉏曰："何长之有？唯其才也。且夫子之命也[7]。"遂立羯。秩奔邾。

到，进门，哭，出门，说："秩在哪里？"公鉏说："羯在这里了。"季武子说："孺子年长。"公鉏说："有什么年长不年长？只因他有才能。而且是他老人家的命令。"于是就立了羯。孺子秩逃奔到邾国。

注释 **1** 御驺：养马兼驾车的官。丰点：人名，姓丰名点。羯(jié)：孟庄子的庶子，孺子秩之弟，又叫孝伯。 **2** 必为孟孙：一定能做孟孙的继承人。孟孙即孟庄子，亦即《经》之仲孙速。 **3** 仇臧氏：以臧氏为仇敌。因臧纥用计弃公鉏而立悼子，故丰点用报臧氏之仇拉拢公鉏。 **4** 孺子秩：孟孙之子，羯之兄。固其所：本当为孟氏的继承人。 **5** 信有力于臧氏：确实比臧氏的势力大。 **6** 己卯：初十日。 **7** 夫子之命：公鉏假托死人之命。夫子，指孟孙。

臧孙入哭，甚哀，多涕。出，其御曰："孟孙之恶子也，而哀如是。季孙若死，其若之何？"臧孙曰："季孙之爱我，疾疢也[1]。孟孙之恶我，药石也[2]。美疢不如恶石[3]。夫石犹生我[4]，疢之美，其毒滋多。孟孙死，吾亡无日矣。"孟氏闭门，告于季孙曰："臧氏将为乱，不使我葬。"季孙不

臧纥进门，号哭得很悲哀，流了很多泪。出门，他的御者说："孟庄子讨厌您，而您却悲哀成这样。季武子如果死了，您将怎么办？"臧纥说："季武子喜欢我，这是疾病。孟庄子厌恶我，却是药石。没有痛苦的疾病不如使人苦痛的药石。药石还可使我活下去，疾病没有痛苦，它的毒害更多。孟庄子死，我灭亡就没有多少日子了。"孟氏关上门，告诉季武子说："臧氏将会作乱，不让我家安葬。"季武子不相信。

原文	译文
信。臧孙闻之,戒。冬十月,孟氏将辟[5],藉除于臧氏[6]。臧孙使正夫助之[7],除于东门,甲从己而视之[8]。孟氏又告季孙。季孙怒,命攻臧氏。乙亥[9],臧纥斩鹿门之关以出[10],奔邾。	臧纥听到了,便作了戒备。冬天十月,孟氏准备开辟墓道,在臧氏那里借用役夫。臧纥派正夫去帮忙,在东门开掘墓道,让甲士跟从自己去视察。孟氏又将情况报告季武子。季武子发怒了,命令攻打臧氏。初七日,臧纥砍断鹿门的门闩而出,逃奔到邾国。

注释　1 疢(chèn):与“疾”同义,即疾病。 2 药石:治病用的医药、器具。 3 美疢:无痛苦的疾病。恶石:刺之使人苦痛的药石。 4 生我:使我生。 5 辟:开辟墓道。杜预注:“辟,穿藏也。” 6 除:此指除徒,即开辟葬道的役夫。 7 正夫:鲁都三乡中的正卒,即宋国的正徒。 8 甲:甲士。视之:视察正卒开掘墓道。 9 乙亥:初七日。 10 鹿门:鲁都南城东门。

原文	译文
初,臧宣叔娶于铸[1],生贾及为而死[2]。继室以其侄,穆姜之姨子也[3]。生纥,长于公宫。姜氏爱之,故立之。臧贾、臧为出在铸。臧武仲自邾使告臧贾,且致大蔡焉[4],曰:“纥不佞,失守宗祧[5],敢告不吊[6]。纥之罪,不及不祀[7]。子以大蔡纳请,其可。”贾曰:“是家之祸	起初,臧宣叔在铸国娶了妻子,她生了臧贾和臧为就死了。又以妻子的侄女为继室,就是穆姜妹妹的女儿,生了臧纥,在鲁君的宫中成长。穆姜喜欢他,所以立他为臧宣叔的继承人。臧贾、臧为便离开家而住在铸国。臧纥从邾国派人告诉臧贾,并且送去了大龟,说:“纥不才,不能守祭宗庙,谨向您报告不善。纥的罪过,不至于断绝祭祀。您用这个大龟去进献请求立为后继人,大概是可以的。”臧贾说:“这是臧家的祸殃,不是您

也,非子之过也。贾闻命矣。”再拜受龟,使为以纳请,遂自为也[8]。臧孙如防[9],使来告曰:“纥非能害也,知不足也[10]。非敢私请!苟守先祀,无废二勋[11],敢不辟邑[12]。”乃立臧为。

的过错。贾听到命令了。”再次拜谢,接受了大龟,让臧为去代他进献请求,臧为却为自己请求作继承人。臧纥到了防邑,派人来鲁国报告说:“纥并不能伤害别人,是智慧不足的缘故。纥不敢为自己请求!如果保存先人的祭祀,不废弃两位先人的功勋,怎敢不让出封邑。”于是就立了臧为。

注释 1 臧宣叔:即臧孙许,臧纥之父,鲁国大夫。铸:亦作祝,国名,在今山东肥城南。 2 贾、为:即臧贾、臧为,均系臧纥之兄。 3 穆姜之姨子:即鲁宣公夫人穆姜的妹妹的女儿。 4 大蔡:大龟。古人用龟占卜,以为龟越大越有神灵。 5 失守宗祧:不能祭祀宗庙。 6 不吊:即不淑、不善。古“吊”字即“淑”字。 7 不及不祀:不至于断绝祭祀。杜预注:“言应有后。” 8 自为:为自己请求(立自己为继承人)。 9 防:臧纥的封邑。10 知:同“智”。 11 二勋:指文仲、宣叔。 12 辟邑:即离开防邑到别处去,亦即让出封邑。辟,同“避”。

臧纥致防而奔齐[1]。其人曰:“其盟我乎?”臧孙曰:“无辞。”将盟臧氏,季孙召外史掌恶臣[2],而问盟首焉,对曰:“盟东门氏也[3],曰:‘毋或如东门遂,不听公命,杀適立庶。’盟叔孙氏也[4],曰:‘毋或如叔

臧纥交还防邑而逃亡到齐国。他的随从说:“能为我们盟誓吗?”臧纥说:“没有盟辞好写。”将为臧氏盟誓,季武子召见掌管恶臣的外史,且询问盟辞首章的写法,外史回答说:“为东门氏盟誓,说:‘不要有人像东门遂那样,不听国君的命令,杀嫡子立庶子。’为叔孙氏盟誓,说:‘不要有人像叔孙

孙侨如,欲废国常,荡覆公室。'" 季孙曰:"臧孙之罪,皆不及此。" 孟椒曰[5]:"盍以其犯门斩关?" 季孙用之。乃盟臧氏曰:"无或如臧孙纥,干国之纪[6],犯门斩关。" 臧孙闻之,曰:"国有人焉! 谁居[7]? 其孟椒乎!"

侨如那样,想废掉国家的常道,颠覆公室。'" 季武子说:"臧纥的罪过,都不至于如此。" 孟椒说:"何不把他攻城门砍门闩写进盟辞?" 季武子采用了他说的。于是为臧氏盟誓说:"不要有人像臧孙纥那样,触犯国家的法纪,攻城门砍门闩。" 臧纥听到了,说:"国内有人才啊! 是谁呢? 大概是孟椒吧!"

晋人克栾盈于曲沃,尽杀栾氏之族党。栾鲂出奔宋。书曰"晋人杀栾盈",不言大夫,言自外也[8]。

晋国人在曲沃战胜了栾盈,把栾氏的亲族党羽全部杀了。栾鲂逃亡到宋国。《春秋》记载说"晋人杀栾盈",不说大夫,是说他从国外进入国内发动叛乱。

注释 1 致防:交还封邑防。 2 恶臣:指逃亡在外之臣。 3 东门氏:鲁国大夫东门之家,此指东门遂,即襄仲。 4 叔孙氏:即叔孙侨如。 5 孟椒:即子服惠伯,孟献子之孙。 6 干:犯,触犯。纪:法纪。 7 谁居:是谁呢? 居,疑问助词,用法同"欤"。 8 自外:即从国外进入国内发动叛乱。杜预注:"自外犯君而入,非复晋大夫。"

齐侯还自晋,不入,遂袭莒,门于且于[1],伤股而退。明日,将复战,期于寿舒[2]。杞殖、华还载甲[3],夜入且于之隧[4],宿于莒郊。

齐侯从晋国回来,不进入国都,就袭击莒国,攻打且于的城门,大腿受了伤才退走。第二天,准备再战,约定军队在寿舒集合。杞殖、华还用战车载着甲士,夜里进入且于的狭道,露宿在

明日，先遇莒子于蒲侯氏[5]。莒子重赂之，使无死，曰："请有盟。"华周对曰："贪货弃命，亦君所恶也。昏而受命[6]，日未中而弃之，何以事君？"莒子亲鼓之，从而伐之，获杞梁[7]。莒人行成。

莒国的郊外。第二天，先和莒子在蒲侯氏相遇。莒子送给他们重礼，让他们不要战斗，以免于一死，说："请和你们结盟。"华周回答说："贪图财货背弃命令，这也是君所厌恶的。昨晚才接受命令，今天还不到中午就背弃它，怎么来侍奉国君？"莒子亲自击鼓，追击齐军，杀了杞梁。莒国人和齐国媾和。

齐侯归，遇杞梁之妻于郊，使吊之。辞曰："殖之有罪，何辱命焉？若免于罪，犹有先人之敝庐在，下妾不得与郊吊[8]。"齐侯吊诸其室。

齐侯回国，在郊外遇见杞梁的妻子，便派人向她吊唁。她辞谢说："杞梁有罪，怎敢辱劳君的命令？如果能够免罪，还有先人的破房子在那儿，下妾不能接受这郊外的吊唁。"齐侯就到她家里吊唁。

注释 1 门于且(jū)于：攻打且于的城门。且于，莒邑，在今山东莒县境内。 2 期于寿舒：约定在寿舒集合。寿舒，莒邑，在今山东莒县境内。 3 杞殖：即杞梁，齐国大夫。华还：即华周，亦作华州、华舟，齐国大夫。 4 隧：隘道，狭路。 5 蒲侯氏：靠近莒邑的城邑。 6 昏：此指昨晚。 7 获：此为死获，即杀死。 8 不得与郊吊：不能接受在郊外的吊唁。

齐侯将为臧纥田[1]。臧孙闻之，见齐侯。与之言伐晋，对曰："多则多矣[2]，抑君似鼠。夫鼠

齐侯打算封给臧纥土地。臧纥听说了，进见齐侯。齐侯和他说起攻打晋国的事，他回答说："攻打晋国的战功多是很多了，可是君王却像老鼠。老鼠白

昼伏夜动，不穴于寝庙[3]，畏人故也。今君闻晋之乱而后作焉[4]，宁将事之，非鼠如何？”乃弗与田。

天伏在洞穴里，夜间出来活动，不在宗庙里打洞，是由于怕人的缘故。现在君王听到晋国动乱然后起兵，晋国安宁就准备侍奉它，这不是老鼠是什么？”于是齐侯气得不封给他土地。

仲尼曰：“知之难也[5]。有臧武仲之知，而不容于鲁国，抑有由也。作不顺而施不恕也[6]。《夏书》曰：‘念兹在兹。’顺事、恕施也。”

孔子说：“聪明是难做到的。有了臧武仲的聪明，却不能被鲁国所容纳，是有原因的。因为所作不顺于事理，所为不合于恕道。《夏书》说：‘想着这事就心在这事。’这便是顺于事理而合于恕道。”

注释 1 为臧纥田：封给臧纥田邑。 2 多则多矣：战功多是很多了。前一个“多”字指战功，《周礼·司勋》：“战功曰多。” 3 寝庙：即宗庙。4 作：杜预注：“作，起兵也。” 5 知：同“智”，聪明，明智。 6 作不顺：所作不顺于事理。施不恕：所为不合于恕道。指臧纥参与季武子“废长立少”之事。

襄公二十四年

【经】

二十有四年春[1]，叔孙豹如晋。

仲孙羯帅师侵齐[2]。

夏，楚子伐吴。

二十四年春天，叔孙豹出使到晋国。

仲孙羯率领鲁军侵袭齐国。

夏天，楚康王带兵攻打吴国。

秋七月甲子朔[3],日有食之,既[4]。

齐崔杼帅师伐莒。

大水。

八月癸巳朔,日有食之[5]。

公会晋侯、宋公、卫侯、郑伯、曹伯、莒子、邾子、滕子、薛伯、杞伯、小邾子于夷仪[6]。

冬,楚子、蔡侯、陈侯、许男伐郑。

公至自会。

陈鍼宜咎出奔楚[7]。

叔孙豹如京师。

大饥。

秋天七月初一日,发生日食,是日全食。

齐国的崔杼带兵攻打莒国。

涨大水。

八月初一日,发生日食。

襄公在夷仪与晋侯、宋公、卫侯、郑伯、曹伯、莒子、邾子、滕子、薛伯、杞伯、小邾子相会。

冬天,楚子、蔡侯、陈侯、许男攻打郑国。

襄公从相会地回到鲁国。

陈国的鍼宜咎出逃到楚国。

叔孙豹到达周朝的京城。

发生大饥荒。

注释 1 二十有四年:鲁襄公二十四年,公元前549年。 2 仲孙羯:即孟孝伯,又称孟孙,孟庄子之庶子,鲁国大夫。 3 甲子朔:初一日。 4 既:尽,指日全食。 5 八月癸巳朔,日有食之:杨伯峻《春秋左传注》:“七月朔既已全蚀,八月朔决无再蚀之理。或以为史官之误。邹伯奇《邹征君遗书》谓‘盖文十一年八月日食,脱简于此’。” 6 夷仪:晋邑,在今河北邢台西。《公羊传》作“陈仪”。 7 鍼宜咎:又称陈鍼、宜咎,陈国大夫。

【传】

二十四年春，穆叔如晋[1]。范宣子逆之，问焉，曰："古人有言曰'死而不朽'，何谓也？"穆叔未对。宣子曰："昔匄之祖，自虞以上为陶唐氏，在夏为御龙氏，在商为豕韦氏，在周为唐杜氏，晋主夏盟为范氏[2]，其是之谓乎！"穆叔曰："以豹所闻，此之谓世禄，非不朽也。鲁有先大夫曰臧文仲，既没，其言立[3]，其是之谓乎！豹闻之，大上有立德[4]，其次有立功[5]，其次有立言[6]，虽久不废，此之谓不朽。若夫保姓受氏[7]，以守宗祊[8]，世不绝祀，无国无之。禄之大者，不可谓不朽。"

二十四年春天，穆叔出使到晋国。范宣子迎接他，问穆叔，说："古人有话说'死而不朽'，说的是什么？"穆叔没有回答。范宣子说："从前匄的祖先，从虞舜以上是陶唐氏，在夏代是御龙氏，在商代是豕韦氏，在周代是唐杜氏，晋国主持中原的盟会是范氏，所谓不朽大概是说的这个吧！"穆叔说："据我叔孙豹所听到的，这叫作世禄，不是不朽。鲁国有位先大夫叫臧文仲，死了之后，他的言论不被废弃，所谓不朽大概是这个吧！豹听说，最高的是树立德行，其次是树立功业，再次是树立言论，即使人死了很久也不会废弃，这就叫作不朽。像那种保持姓、接受氏，用以守住宗庙，世代不断祭祀，没有哪个国家不是如此。爵禄中最大的，也不能说是不朽。"

注释 **1** 穆叔：即《经》之叔孙豹。 **2** 晋主夏盟：晋国虽为诸侯，实为华夏的盟主。夏，指中原各国。杜预注："殷末，豕韦国于唐。周成王灭唐，迁之于杜，为杜伯。杜伯之子隰叔奔晋，四世及士会，食邑于范，复为范氏。" **3** 其言立：他的话世代不被废弃。杜预注："立谓不废绝。" **4** 立德：

树立德行风范,如黄帝、尧、舜立德以垂世范。 5 立功:树立功业,如禹、稷立功以垂世则。 6 立言:树立言论,如史佚、周任、臧文仲立言以垂世教。 7 保姓受氏:保存姓接受氏,即保持家世。 8 宗祊(bēng):犹言宗庙。

范宣子为政,诸侯之币重[1],郑人病之。二月,郑伯如晋。子产寓书于子西以告宣子[2],曰:“子为晋国[3],四邻诸侯,不闻令德,而闻重币,侨也惑之。侨闻君子长国家者,非无贿之患[4],而无令名之难[5]。夫诸侯之贿聚于公室,则诸侯贰。若吾子赖之,则晋国贰。诸侯贰,则晋国坏[6]。晋国贰,则子之家坏。何没没也[7]!将焉用贿?夫令名,德之舆也。德,国家之基也。有基无坏,无亦是务乎[8]!有德则乐,乐则能久。《诗》云[9]:‘乐只君子,邦家之基。’有令德也夫!‘上帝临女,

范宣子执政,诸侯朝见晋国的贡品很重,郑国人很担心这件事。这年二月,郑伯去晋国。子产寄信给子西,让他告诉范宣子说:“您治理晋国,四邻的诸侯听不到美德,而听到的是繁重的贡品,侨对此感到迷惑。侨听说君子治理国家,不是担心没有财货,而是担心没有好名声。诸侯的财货聚集在晋国公室,诸侯内部就会产生二心。若是您把这些财货利己,则晋国内部就会产生二心。诸侯之间生二心,则晋国受损害。晋国内部生二心,则您的家族受损害。为什么那么糊涂啊!还哪里用得着财货?好名声,是装载德行的车子。德行,是国家的基础。有基础才不易毁坏,您不也是致力于这个吗!有了好德行就快乐,快乐就能长久。《诗》说:‘快乐啊君子,是国家的基础。’这就是有美德吧!‘上帝在监视你,你不能有二心。’这就是有

无贰尔心[10]。’有令名也夫！恕思以明德[11]，则令名载而行之，是以远至迩安。毋宁使人谓子[12]‘子实生我’，而谓‘子浚我以生’乎[13]？象有齿以焚其身[14]，贿也[15]。”

好名声吧！对人宽宥以发扬德行，则可以载着好名声而行事，因此而使远方人来到，近处人安心。您是宁可让人对您说‘您确实养活了我’，还是说‘您榨取我来养活您自己’呢？大象有象牙而毁坏了自己，是因为象牙值钱的缘故。”

注释 1币重：交纳贡品的负担很重。晋国为霸主，诸侯去晋国聘问，按例规须交纳重币。 2寓：寄，托。子西：即公孙夏，郑国大夫。 3为：治理。 4贿：财货。 5难：患，忧患。杨伯峻《春秋左传注》：“不患于无财货，而患于无善名。” 6坏：受害。指诸侯之间有二心，则盟主晋国也将受到损害。 7没没：犹言“昧昧”，不明白，糊涂。 8无亦是务：“无亦务是”的倒装，即“不也致力于这个吗”。 9《诗》：指《诗经·小雅·南山有台》篇。 10诗二句见《诗经·大雅·大明》之末章，意为上帝监视着你，你不要有二心。 11恕：对人宽宥，所谓“己所不欲，勿施于人”。 12毋宁：即无宁，宁可。 13浚：榨取，剥削。 14焚：毁坏。 15贿：财货。此指象牙值钱。

宣子说，乃轻币。是行也，郑伯朝晋，为重币故，且请伐陈也。郑伯稽首，宣子辞。子西相，曰：“以陈国之介恃大国[1]，而陵虐于敝邑，寡君是以请请罪焉。敢不稽首？”

范宣子很高兴，就减轻了贡品。这一趟，郑伯朝见晋国，是为了贡品太重的缘故，同时请求攻打陈国。郑伯叩头，范宣子辞谢。子西相礼，说：“由于陈国依仗大国，而欺凌侵害敝邑，寡君因此请求向陈国问罪。岂敢不叩首？”

孟孝伯入侵齐国，是为了晋国的

孟孝伯侵齐,晋故也。

缘故。

夏,楚子为舟师以伐吴[2],不为军政[3],无功而还。

夏天,楚王出动水军攻打吴国,不对军队进行政治教育,没有成功就回去了。

齐侯既伐晋而惧,将欲见楚子。楚子使薳启彊如齐聘,且请期[4]。齐社[5],蒐军实[6],使客观之。陈文子曰:"齐将有寇。吾闻之,兵不戢[7],必取其族[8]。"

齐侯进攻晋国之后又害怕,打算会见楚王。楚王派薳启彊到齐国聘问,并且请问会见的日期。齐军祭祀土地,举行军事检阅,让客人观看。陈文子说:"齐国将会有敌人侵犯。我听说,武力不收敛,必然危害自己的族类。"

秋,齐侯闻将有晋师,使陈无宇从薳启彊如楚,辞,且乞师。崔杼帅师送之,遂伐莒,侵介根。

秋天,齐侯听说晋国要发兵,派陈无宇随从薳启彊去楚国,说明将有战事不能会见,同时请求楚国出兵。崔杼带兵送他们,于是乘机攻打莒国,侵袭介根。

会于夷仪,将以伐齐,水,不克。

鲁襄公和诸侯们在夷仪会见,准备攻打齐国,因为发生了水灾,没有实现。

注释 1介恃:犹言仗恃。介,因,依仗。大国:此指楚国。 2舟师:水军。 3不为军政:不设军队政治教育。 4请期:请问会见的日期。 5齐社:齐人祭社,即齐军在祭祀土地神。 6蒐军实:举行军事检阅。杜预注:"祭社,因阅数军器,以示薳启彊。" 7戢:收敛,收藏。 8族:类,同类。杜预注:"族,类也。取其族,还自害也。" 9介根:莒邑,在今山东高密东南,本为莒国旧都。

冬,楚子伐郑以救齐,门于东门,次于棘

这年冬天,楚王攻打郑国以救援齐国,攻打郑都的东门,驻扎在棘泽。诸侯

泽[1]。诸侯还救郑。晋侯使张骼、辅跞致楚师[2],求御于郑[3]。郑人卜宛射犬,吉[4]。子大叔戒之曰:“大国之人,不可与也[5]。”对曰:“无有众寡,其上一也[6]。”大叔曰:“不然,部娄无松柏[7]。”二子在幄[8],坐射犬于外[9],既食而后食之。使御广车而行[10],己皆乘乘车[11]。将及楚师,而后从之乘[12],皆踞转而鼓琴[13]。近,不告而驰之。皆取胄于橐而胄[14],入垒,皆下,搏人以投[15],收禽挟囚[16]。弗待而出[17]。皆超乘,抽弓而射。既免,复踞转而鼓琴,曰:“公孙!同乘,兄弟也,胡再不谋[18]?”对曰:“曩者志入而已[19],今则怯也。”皆笑,曰:“公孙之亟也[20]。”

回军救援郑国。晋侯派张骼、辅跞向楚军挑战,向郑国求取驾驶战车的人。郑国人为派遣宛射犬占卜,吉利。子太叔告诫宛射犬说:“对大国的人,不可和他们平行抗礼。”宛射犬回答说:“不论兵多兵少,御者的地位在车左车右之上各国是一样的。”太叔说:“不是这样,小土山上没有大松柏。”张骼、辅跞二人在帐篷里,让宛射犬坐在帐篷外,二人吃完饭才让宛射犬吃。让宛射犬驾驶广车前进,自己却坐着平时的车。将要到达楚军营垒,然后张、辅二人才登上宛射犬的战车,蹲在车后边的横木上弹琴。车子挨近楚营,宛射犬不告诉二人就疾驰而进。二人都从袋子里拿出头盔戴上,进入营垒,都下车,把楚兵提起来扔过去,把俘虏捆住或夹在腋下。宛射犬不等待二人就驱车出去。这两人都跳上车,抽出弓箭来射向追兵。既已脱险,二人又蹲在车后的横木上弹琴,说:“公孙!同坐一辆战车,就是兄弟,为什么两次都不商量一下?”宛射犬回答说:“前一次是一心想着冲进敌营,这一次是心里害怕了。”张、辅二人都笑起来了,说:“公孙的性子真急啊!”

注释 1 棘泽：郑地，在今河南新郑东南。 2 致楚师：向楚军挑战。致师，即挑战。 3 求御于郑：向郑国求取驾车人。杜预注："欲得郑人自御，知其地利故也。" 4 宛射犬：郑国公孙，食邑于宛，故称宛射犬。 5 与：敌，当，即平行抗礼。 6 其上一也：车御在车左车右之上是各国都一样的。 7 部娄：小土山。松柏：指大木。杨伯峻《春秋左传注》："小土山不生大树仍言小国不可与大国平行。" 8 二子：指张骼、辅跞二人。 9 坐射犬于外：让宛射犬坐在幕外。 10 广车：攻敌之车。 11 己：指张、辅二人自己。乘车：平日所乘之车，不是挑战的广车。 12 从之乘：赶上射犬的广车登上去。 13 踞转：蹲在车后的横木上。转，即轸，此指车后横木。 14 胄：头盔。后一个"胄"字是动词，戴上头盔。橐：此指盛甲衣、头盔的袋子。 15 搏人以投：杨伯峻《春秋左传注》："与楚兵搏斗，捕之以向其他楚营之兵投掷。" 16 禽：同"擒"，指被擒获的楚兵。 17 弗待：指宛射犬未等待张、辅二人。 18 胡再不谋：为什么出垒两次都不商量？再，两次。 19 志入：心意专注于冲进敌营。 20 亟：指性急。杜预注："言其性急，不能受屈。"

楚子自棘泽还，使薳启彊帅师送陈无宇。

楚王从棘泽回来，派薳启彊带兵护送陈无宇。

吴人为楚舟师之役故，召舒鸠人[1]，舒鸠人叛楚。楚子师于荒浦[2]，使沈尹寿与师祁犁让之[3]。舒鸠子敬逆二子，而告无之，且请受盟。二子复命，王欲伐之。薳子曰[4]："不

吴国人为了楚国舟师之役的缘故，召集舒鸠人，舒鸠人背叛楚国。楚王的军队来到荒浦，派沈尹寿和师祁犁责备他们。舒鸠国的国君恭恭敬敬地迎接这两个人，告诉他们没有那回事，并请求接受盟约。沈、师二人向楚王复命，楚王想攻打舒鸠。薳子说："不行。舒鸠告诉我们不背叛，且请求接受盟约，而我们又

可。彼告不叛，且请受盟，而又伐之，伐无罪也。姑归息民，以待其卒[5]。卒而不贰，吾又何求？若犹叛我，无辞有庸[6]。”乃还。

攻打它，这是攻打无罪的国家。姑且回去使百姓休养生息，等待它的结果。结果没有二心，我们又有什么可求呢？如果还是背叛我国，他们就无话可说而我们就可以获得成功了。”楚王于是撤军回国。

注释 1 舒鸠：楚国的属国，在今安徽舒城。 2 荒浦：舒鸠地，杨伯峻谓“黄陂即荒浦之音转”，在今安徽舒城东南。 3 沈尹寿、师祁犁：都是楚国大夫。让：责备。 4 薳子：即楚令尹薳子冯。 5 卒：结果。 6 无辞有庸：彼无辞而我有功。

陈人复讨庆氏之党，鍼宜咎出奔楚。

陈国人再次讨伐庆氏的亲族，鍼宜咎逃亡到楚国。

齐人城郏[1]。穆叔如周聘，且贺城。王嘉其有礼也，赐之大路[2]。

齐国人在郏地筑城。穆叔到周王室聘问，并且祝贺筑城竣工。周王嘉奖穆叔办事合于礼仪，赐给他大路。

晋侯嬖程郑，使佐下军。郑行人公孙挥如晋聘[3]。程郑问焉，曰：“敢问降阶何由？”子羽不能对。归以语然明[4]，然明曰：“是将死矣。不然，将亡。贵而知惧，惧而思降，乃得其阶[5]，下人而已，又

晋侯宠幸程郑，命他为下军副帅。郑国的行人公孙挥到晋国聘问。程郑请问他，说：“敢问怎样才能降级？”公孙挥不能回答。回国后对然明说了此事，然明说：“这个人将要死了。否则，可能会逃亡。地位高贵而知道害怕，害怕而想到要降级，就可以得到适合他的官位，不过在别人下面而已，又问什

何问焉？且夫既登而求降阶者，知人也，不在程郑[6]。其有亡衅乎[7]？不然，其有惑疾[8]，将死而忧也。”

么？而且既已登上高位而要求降级的，是明智的人，而不是程郑这种人。他是不是有逃亡的迹象呢？不然的话，大概是有疑心病，要死了而为自己担忧。”

注释 1 城郏(jiá)：在郏地筑城。郏，即王城，在今河南洛阳王城公园一带。杜预注：“郏，王城也。……齐叛晋，欲求媚于天子，故为王城之。” 2 大路：天子所赐车之总名。 3 公孙挥：即子羽，郑国大夫。 4 然明：即鬷蔑，郑国大臣。 5 阶：适合自己才德的官位。 6 不在程郑：犹言不是程郑一类人。杨伯峻《春秋左传注》：“程郑以佞媚嬖幸得升卿位，非此种明智之人。” 7 亡衅：逃亡的迹象。衅，征兆，迹象。 8 惑疾：杨伯峻注：“惑疾即迷惑之疾，谓心神不安，疑神疑鬼。”

襄公二十五年

【经】

二十有五年春[1]，齐崔杼帅师伐我北鄙。

夏，五月乙亥[2]，齐崔杼弑其君光[3]。

公会晋侯、宋公、卫侯、郑伯、曹伯、莒子、邾子、滕子、薛伯、杞伯、小邾子于夷仪。

六月壬子[4]，郑公孙舍之帅师入陈[5]。

二十五年春天，齐国的崔杼率领军队攻打我国北部边境。

夏天，五月十七日，齐国的崔杼杀了他的国君齐庄公光。

襄公在夷仪和晋侯、宋公、卫侯、郑伯、曹伯、莒子、邾子、滕子、薛伯、杞伯、小邾子会合。

六月二十四日，郑国大夫公孙舍之带兵进入陈国。

秋，八月己巳[6]，诸侯同盟于重丘[7]。

公至自会。

卫侯入于夷仪。

楚屈建帅师灭舒鸠[8]。

冬，郑公孙夏帅师伐陈。

十有二月，吴子遏伐楚[9]，门于巢[10]，卒。

秋天，八月十二日，诸侯在重丘结盟。

襄公从盟会上回到鲁国。

卫侯进入夷仪。

楚令尹屈建带兵灭亡了舒鸠。

冬天，郑国的公孙夏带兵进攻陈国。

十二月，吴王遏进攻楚国，攻打巢邑的城门，吴王去世了。

注释 **1** 二十有五年：鲁襄公二十五年，公元前548年。 **2** 乙亥：十七日。 **3** 光：即齐庄公，名光，在位六年。 **4** 壬子：二十四日。 **5** 公孙舍之：即子展，郑国大夫。 **6** 秋，八月己巳：据《传》应为“秋，七月己巳”，杜预注：“己巳，七月十二日，《经》误。” **7** 重丘：齐地，在今山东聊城东南。 **8** 屈建：即子木，楚国令尹。舒鸠：小国名，在今安徽舒城一带。 **9** 遏：即诸樊，吴王寿梦之子，在位十三年。 **10** 门于巢：攻打巢邑的城门。巢，原为国名，时属楚国，在今安徽巢县东北。

【传】

二十五年春，齐崔杼帅师伐我北鄙，以报孝伯之师也[1]。公患之，使告于晋。孟公绰曰[2]：“崔子将有大志，不在病我[3]，必速归，何患焉？其来也

二十五年春天，齐国的崔杼率领军队攻打我国北部边境，为的是报复孝伯的那次出师入侵。襄公担心此事，便派人向晋国报告。孟公绰说：“崔子将有大志，不在于困扰我们，一定会很快撤军回国，担心什么？他来的时候

不寇[4]，使民不严，异于他日。”齐师徒归[5]。

齐棠公之妻[6]，东郭偃之姊也。东郭偃臣崔武子[7]。棠公死，偃御武子以吊焉。见棠姜而美之，使偃取之。偃曰：“男女辨姓[8]，今君出自丁[9]，臣出自桓[10]，不可。”武子筮之，遇困䷮之大过䷛[11]。史皆曰：“吉。”示陈文子[12]，文子曰：“夫从风，风陨妻[13]，不可娶也。且其《繇》曰[14]：‘困于石，据于蒺藜，入于其宫，不见其妻，凶。’困于石，往不济也。据于蒺藜，所恃伤也[15]。入于其宫，不见其妻，凶，无所归也。”崔子曰：“嫠也何害[16]？先夫当之矣。”遂取之。

不掠夺，使用老百姓不严厉，和以前不一样。”齐军空来一趟就回去了。

齐国棠公的妻子，是东郭偃的姐姐。东郭偃是崔武子的家臣。棠公死了，东郭偃为崔武子驾车去吊丧。崔杼一见棠姜便觉得她很美，让东郭偃为他娶过来。东郭偃说：“男女婚配要辨别姓氏，您是丁公的后代，臣是桓公的后代，不可以通婚。”崔武子占筮，得到困卦䷮变为大过䷛。太史都说：“吉利。”拿给陈文子看，文子说：“丈夫跟从风，风坠落妻子，不可以娶。而且它的繇辞说：‘为石头所困，据守在蒺藜中，走进那间屋子，不见他的妻子，是凶兆。’为石头所困，意味着前去而不能成功。据守在蒺藜中，意味着依靠的会使人受伤。走进那间屋子，不见他的妻子，是凶兆，意味着没有归宿。”崔武子说：“她是寡妇有什么妨碍？她的前夫已经承担过这凶兆了。”于是就娶了她。

注释　1 孝伯之师：指鲁襄公二十四年鲁国派孟孝伯伐齐。　2 孟公绰：鲁国大夫。　3 病：困扰。　4 不寇：没有掠夺。　5 徒：空。　6 棠公：齐国棠邑大夫。　7 崔武子：即崔杼。此言东郭偃是崔杼的家臣。　8 男女辨姓：即男女别姓而婚，同姓者不能结婚。　9 丁：齐丁公，崔杼的祖先。

10 桓：指齐桓公，东郭偃的祖先，与崔杼同为姜姓。 11 困：指困卦，坎下兑上。大过：巽下兑上。此指困卦变为大过，阴爻变为阳爻。就困卦而言，兑为少女，坎为中男，以少女配中男，故曰吉。 12 陈文子：亦名陈无须，齐国大夫。 13 夫从风，风陨妻：丈夫跟从风，风坠落妻子。坎为中男，故曰夫。变而为巽，巽为风，故曰从风。而兑仍在上，故曰风陨妻。 14 繇(zhòu)：繇辞。 15 所恃伤也：杨伯峻《春秋左传注》："蒺梨果皮有尖刺，据而恃之必受伤。" 16 嫠(lí)：寡妇。

庄公通焉，骤如崔氏，以崔子之冠赐人。侍者曰："不可。"公曰："不为崔子[1]，其无冠乎？"崔子因是[2]，又以其间伐晋也[3]，曰："晋必将报。"欲弑公以说于晋，而不获间。公鞭侍人贾举而又近之，乃为崔子间公[4]。

齐庄公和棠姜私通，屡次到崔杼家去，拿崔武子的帽子赐给别人。他的侍从说："这不行。"庄公说："不是崔子，难道就没有帽子吗？"崔武子因此怀恨庄公，又因为庄公曾趁晋国有难而攻打过晋国，说："晋国必定要报仇。"想杀掉庄公来取悦于晋国，而又找不到机会。齐庄公鞭打过侍人贾举，后又亲近他，于是贾举就替崔子寻找机会杀掉齐庄公。

注释 1 为：是。 2 因是：杜预注："因是怒公。" 3 以其间伐晋：指鲁襄公二十三年齐庄公趁晋国有难而伐晋。 4 为崔子间公：为崔子寻找杀掉齐庄公的机会。

夏，五月，莒为且于之役故[1]，莒子朝于齐。甲戌[2]，飨诸北郭，崔子称疾不视事。乙亥[3]，公问

夏天，五月，莒国由于且于战役的缘故，莒子到齐国朝见。十六日，庄公在北城设享礼招待他，崔武子推托有病不上朝办公。十七日，庄公去问候崔武

崔子，遂从姜氏[4]。姜入于室，与崔子自侧户出。公拊楹而歌[5]。侍人贾举止众从者[6]，而入闭门。甲兴[7]。公登台而请[8]，弗许。请盟，弗许。请自刃于庙，弗许。皆曰："君之臣杼疾病，不能听命。近于公宫，陪臣干掫有淫者[9]，不知二命[10]。"公逾墙，又射之，中股，反队[11]，遂弑之。贾举、州绰、邴师、公孙敖、封具、铎父、襄伊、偻堙皆死[12]。祝佗父祭于高唐[13]，至，复命，不说弁而死于崔氏[14]。申蒯，侍渔者[15]，退谓其宰曰："尔以帑免[16]，我将死。"其宰曰："免，是反子之义也[17]。"与之皆死[18]。崔氏杀鬷蔑于平阴[19]。

子，乘机又跟姜氏幽会。姜氏进入内室，和崔武子从侧门出去。齐庄公拍着柱子唱歌。侍人贾举阻止庄公的随从入内，自己走进去，关上大门。甲士们突然出现。庄公登上高台请求饶命，众人不答应。请求结盟，不答应。请求在祖庙里自杀，也不答应。众人都说："君王的臣子崔杼在重病中，不能听取您的命令。这里靠近君王的宫室，陪臣巡夜搜捕淫乱的人，不知道有其他的命令。"庄公跳墙，有人射他，中了大腿，反身坠落在墙里，于是就杀死了庄公。贾举、州绰、邴师、公孙敖、封具、铎父、襄伊、偻堙都被杀死。祝佗父在高唐祭祀，回到国都复命，没脱掉弁帽就在崔武子家里被杀死。申蒯是管理渔业的人，退出来对他的家臣之长说："你带领我的妻子儿女逃跑，我准备一死。"他的家臣之长说："我逃走免死，这违背了您的道义。"就和申蒯一起自杀而死。崔氏又在平阴杀了鬷蔑。

注释 **1** 且于之役：见襄公二十三年《传》。 **2** 甲戌：十六日。 **3** 乙亥：十七日。 **4** 从姜氏：犹言幽会棠姜。 **5** 拊楹：拍着柱子。拊，轻击。楹，即柱。 **6** 止众从者：阻止庄公的众随从。 **7** 甲兴：崔杼埋伏的甲兵突然出现。 8 请：请求免死。 9 陪臣：崔杼家臣的自称。干掫(zōu)：巡夜捕捉。 10 不知二命：意即只知执行崔杼的命令，不知其他命令。 11 反队：反身坠落墙内。 12 贾举、州绰……偻堙：杜预注："八子皆齐勇力之臣，为公所嬖者，与公共死于崔子之宫。" 13 祝佗父：齐庄公的宠臣。高唐：齐国的宗邑，在今山东高唐东。杜预注："高唐有齐别庙也。" 14 不说弁：没脱掉弁帽。说，同"脱"。弁，爵弁，祭祀时所戴的帽子。 15 侍渔者：管理渔业之官，监收鱼税者。 16 以帑免：指带领申蒯的妻儿逃难以免死。 17 是反子之义：这违反了您的忠义。 18 皆：借为"偕"。偕死，指一起自杀而死。 19 平阴：齐邑，在今山东平阴东北。

晏子立于崔氏之门外，其人曰："死乎？"曰："独吾君也乎哉？吾死也。"曰："行乎？"曰："吾罪也乎哉？吾亡也。"曰："归乎？"曰："君死，安归？君民者[1]，岂以陵民？社稷是主。臣君者[2]，岂为其口实[3]？社稷是养[4]。故君为社稷死，则死之；为社稷亡，则亡之。若为己死而为己亡，非其私昵[5]，谁敢任之[6]？且人有君而弑之[7]，吾焉得死之，而焉得亡之？将庸何归[8]？"门启而入，

晏子站在崔家的大门外，他的随从说："殉死吗？"晏子说："他只是我一个人的国君吗？我殉死。"随从的人说："逃走吗？"晏子说："是我的罪过吗？我逃亡。"随从的人说："回去吗？"晏子说："国君死了，我回到哪里去？作为百姓的国君，难道是用他的地位来凌驾于百姓之上吗？是为主持国家。作为国君的臣下，难道只是为了他的俸禄吗？是为保护国家。所以国君为国而死，则臣下也为他而死；为国而逃亡，则臣下也为他而逃亡。如果国君为自己而死、为自己而逃亡，不是他个人宠爱的人，谁敢承担陪死、陪逃亡的责任？况且别人有了国君而杀了他，我怎能为他而死，又怎能为他而逃亡呢？可是又能回到哪里去呢？"大门开了，晏子进去，

枕尸股而哭，兴[9]，三踊而出[10]。人谓崔子：“必杀之！”崔子曰：“民之望也，舍之，得民。”

卢蒲癸奔晋，王何奔莒[11]。

头枕在尸体的大腿上号哭，然后站起来，往上跳了三下才出去。有人对崔杼说：“一定要杀了他！”崔杼说：“他是百姓仰望的人，放了他，能得民心。”

卢蒲癸逃亡到晋国，王何逃亡到莒国。

注释 1君民者：为民之君者。 2臣君者：臣于君者，即为君之臣者。 3口实：即俸禄。 4养：保养，保护。 5私昵：为个人所宠爱的人。 6任之：承担国君之难，即陪死、陪亡之意。 7人：指崔杼。庄公因崔杼而立，故言“人有君”。 8庸何：哪里。庸、何，此处重言以加强语气。 9兴：站起来。哭时仆地，哭毕而起。 10三踊：向上跳了三跳，为当时哭君之礼。 11卢蒲癸、王何：二人都是齐庄公的亲信。

叔孙宣伯之在齐也[1]，叔孙还纳其女于灵公[2]。嬖，生景公。丁丑[3]，崔杼立而相之，庆封为左相[4]。盟国人于大宫[5]，曰：“所不与崔、庆者[6]……”晏子仰天叹曰：“婴所不唯忠于君、利社稷者是与[7]，有如上帝。”乃歃。辛巳[8]，公与大夫及莒子盟[9]。

大史书曰：“崔杼弑其君。”崔子杀之。其弟嗣书

叔孙宣伯在齐国的时候，叔孙还把叔孙宣伯的女儿嫁给齐灵公。受到宠爱，生了景公。十九日，崔杼立他为国君并辅佐他，庆封做左相。与国人在太公的宗庙里结盟，说：“有不亲附崔氏、庆氏的……”晏子仰天长叹说：“婴如果不亲附忠君、利国的人，有天帝为证！”于是就歃血。二十三日，齐景公与大夫以及莒子结盟。

太史记载说：“崔杼弑其君。”崔杼杀了太史。太史的弟弟继续这样写而被杀的，已有两个人。太史

原文	译文
而死者，二人。其弟又书，乃舍之。南史氏闻大史尽死，执简以往。闻既书矣，乃还。	还有弟弟又这样写，崔杼就不杀了。南史氏听说太史都死了，拿着竹简前去。听说已经如实记载了，这才回去。

注释 1叔孙宣伯：即叔孙侨如，鲁成公十六年逃奔齐国，故"在齐"。 2叔孙还：齐国公子。灵公：即齐灵公，名环，在位二十八年。 3丁丑：十九日。 4庆封：字子家，齐国大夫。 5大宫：齐国太公庙。 6所不与崔、庆者：不亲附崔杼、庆封的。下有盟辞未读完而晏子插言，使盟辞改了。 7忠于君、利社稷者：晏子的盟辞忠君爱国，与崔杼的盟辞异，可见晏子不顺从崔杼。 8辛巳：二十三日。 9公：齐景公。杜预注："莒子朝齐，遇崔杼作乱未去，故复与景公盟。"

原文	译文
闾丘婴以帷缚其妻而载之[1]，与申鲜虞乘而出。鲜虞推而下之，曰："君昏不能匡，危不能救，死不能死，而知匿其昵，其谁纳之？"行及弇中[2]，将舍。婴曰："崔、庆其追我！"鲜虞曰："一与一，谁能惧我？"遂舍，枕辔而寝，食马而食[3]。驾而行，出弇中，谓婴曰："速驱之，崔、庆之众，不可当也。"遂来奔。	闾丘婴用车子的帷幕把他的妻子包捆起来装上车，与申鲜虞一起乘车出逃。鲜虞把闾丘婴的妻子推下车，说："国君昏庸不能纠正，危难不能救援，死了不能同死，只知道把自己亲爱的人藏匿起来，有谁会接纳我们？"走到弇中狭道，准备住下来。闾丘婴说："崔氏、庆氏恐怕在追我们！"鲜虞说："一对一，谁能让我们害怕？"就住下来，头枕着马缰睡觉，先喂马再自己吃饭。套上马继续赶路，走出了弇中狭道，对闾丘婴说："快些赶马，崔氏、庆氏人多，是不能抵挡的。"于是逃奔来我鲁国。

崔氏侧庄公于北郭[4]。丁亥[5],葬诸士孙之里[6],四翣[7],不跸[8],下车七乘[9],不以兵甲。

崔杼没把庄公的棺柩殡于庙就放在城北郭外。二十九日,把庄公葬在士孙之里,用四翣之礼,不清路开道,送葬的车子只有七辆,不用甲兵。

注释 1 间丘婴:与下文申鲜虞均为齐庄公的近臣。 2 弇(yǎn)中:两山之间的狭道,在今山东淄博临淄区西南。 3 食马而食:先喂马再自己吃饭。 4 侧:不殡而葬。杜预注:"侧,瘗埋之,不殡于庙。" 5 丁亥:二十九日。 6 士孙之里:城外小地名。杜预注:"士孙,人姓,因名里。" 7 翣(shà):棺饰,长柄扇形。据《礼记·礼器》,天子八翣,诸侯六翣,大夫四翣。庄公棺用四翣,贬从大夫。 8 跸(bì):禁止行人,即开路清道。 9 下车七乘:送葬的车子七辆。杜预注:"下车,送葬之车。齐旧依上公礼,九乘,又有甲兵,今皆降损。"

晋侯济自泮[1],会于夷仪,伐齐,以报朝歌之役。齐人以庄公说[2],使隰鉏请成[3]。庆封如师,男女以班[4]。赂晋侯以宗器、乐器。自六正、五吏、三十帅、三军之大夫、百官之正长、师旅及处守者,皆有赂。晋侯许之。使叔向告于诸侯。公使子服惠伯对曰[5]:"君舍有罪[6],以靖小国,君之惠

晋侯渡过泮水,和诸侯在夷仪会合,攻打齐国,以报复朝歌那次战役。齐国人想用杀庄公之事讨得晋国欢喜,派隰鉏请求媾和。庆封来到军中,将男女奴隶分开排列捆绑着。把宗庙里的祭器、乐器送给晋侯。从六卿、五吏、三十帅、三军大夫、各部门的主管官员、师旅属官和留守官员等,都赠送了财礼。晋侯答应齐国媾和。派叔向通告诸侯。鲁襄公派子服惠伯回答说:"君王宽恕有罪者,以安定小国,是君王的恩惠。寡君听到命令了!"

也。寡君闻命矣！”

晋侯使魏舒、宛没逆卫侯[7]，将使卫与之夷仪。崔子止其帑[8]，以求五鹿[9]。

晋侯派魏舒、宛没迎接卫献公，准备让卫国把夷仪给卫献公居住。崔杼扣留了卫献公的妻子和儿女，以此来谋求五鹿这块地方。

注释 1 泮：即泮水，又名北汶河，源出于泰山分水岭，在今山东泰安南。 2 以庄公说：以杀齐庄公来讨晋国的欢心。 3 隰鉏：隰朋的曾孙，齐国大夫。请成：请求媾和。 4 男女以班：男女奴隶分开排列捆绑着，以示降服。 5 公：鲁襄公。子服惠伯：又称子服何、子服景伯，鲁国大夫。 6 舍有罪：宽恕有罪者。有罪，指齐国。 7 魏舒：又称魏献子，晋国大夫。宛没：晋臣。卫侯：指卫献公，于襄公十四年被孙林父、甯殖逐出卫国，逃奔齐国，后又回国为君。 8 止其帑：扣留了卫献公的妻子和儿女。 9 五鹿：卫国地名，在今河南濮阳东北。

初，陈侯会楚子伐郑，当陈隧者[1]，井堙木刊[2]，郑人怨之。六月，郑子展、子产帅车七百乘伐陈，宵突陈城[3]，遂入之。陈侯扶其大子偃师奔墓，遇司马桓子，曰：“载余！”曰：“将巡城。”遇贾获，载其母妻，下之，而授公车。公曰：“舍而母[4]！”辞曰：“不祥。”与其妻扶其母以奔墓，

起初，陈侯会合楚王攻打郑国，陈军经过的路上，水井被填塞，树木被砍伐，郑国人怨恨他们。六月，郑国的子展、子产率领七百辆战车攻打陈国，夜间突然袭击陈国都城，于是就攻进了城。陈侯扶着他的太子偃师逃到坟地去，遇到司马桓子，说：“你的车载上我！”司马桓子说：“我正要巡视城池。”遇到贾获，车上载着他的母亲和妻子，便让母亲和妻子下车而把车子交给陈侯。陈侯说：“安置好你的母亲！”贾获辞谢说：“妇女和您同坐一车不吉祥。”于是与妻子一起扶着

亦免。

子展命师无入公宫,与子产亲御诸门。陈侯使司马桓子赂以宗器。陈侯免[5],拥社[6],使其众男女别而累[7],以待于朝。子展执絷而见[8],再拜稽首,承饮而进献[9]。子美入[10],数俘而出。祝祓社[11],司徒致民,司马致节[12],司空致地,乃还。

母亲逃奔到坟地,也免于祸难。

子展命令军队不要进入陈侯的宫室,与子产亲自监守着宫门。陈侯派司马桓子将宗庙的祭器赠送给他们。陈侯穿上丧服,抱着土地神的神主,让他手下的那些男男女女分别排列捆绑,在朝廷上等待。子展手拿缰绳进见陈侯,再拜叩头,捧着酒杯向陈侯进献。子产进去,数了一下俘虏的人数就出来了。郑国人向土地神祝告除灾祛邪,司徒归还民众,司马归还兵符,司空归还土地,就撤兵回国了。

注释 1 隧:道路,即陈军经过的地方。 2 井堙木刊:井被填塞,树木遭砍伐。 3 突:突然袭击,突然进攻。 4 舍:安置。 5 免(wèn):通“絻”,穿丧服。 6 拥社:抱着土地神的神主。 7 累:通“缧”,捆绑。 8 执絷而见:手拿着马缰绳而进见。林尧叟《句解》:“絷,马缰也。子展执之而见陈哀公,修臣仆之礼。” 9 承饮:即奉觞,捧着酒杯。 10 子美:即子产。 11 祓(fú):除灾去邪。杨伯峻《春秋左传注》:“此郑国之祝祓陈国之社,因军人国,恐触怒其国之鬼神,而祓除不祥。” 12 节:兵符,即军队的指挥权。

秋七月己巳[1],同盟于重丘,齐成故也。

赵文子为政[2],令薄诸侯之币而重其礼[3]。穆

秋天七月十二日,诸侯在重丘结盟,这是由于跟齐国媾和的缘故。

晋国赵文子执政,命令减轻诸侯的贡物而重视礼仪。穆叔进见他。赵

叔见之。谓穆叔曰:“自今以往,兵其少弭矣!齐崔、庆新得政,将求善于诸侯。武也知楚令尹[4]。若敬行其礼,道之以文辞,以靖诸侯,兵可以弭。”

楚薳子冯卒,屈建为令尹,屈荡为莫敖。舒鸠人卒叛楚,令尹子木伐之,及离城[5],吴人救之。子木遽以右师先[6],子彊、息桓、子捷、子骈、子盂帅左师以退[7]。吴人居其间七日[8]。子彊曰:“久将垫隘[9],隘乃禽也,不如速战!请以其私卒诱之,简师陈以待我[10]。我克则进,奔则亦视之,乃可以免。不然,必为吴禽。”从之。五人以其私卒先击吴师。吴师奔,登山以望,见楚师不继,复逐之,傅诸其军[11]。简师会之,吴师大败。遂围舒鸠,舒鸠溃。八月,楚灭舒鸠。

文子对穆叔说:“从今以后,战争恐怕可以稍稍消除了!齐国的崔氏、庆氏新近当政,要向诸侯谋求友好。我赵武与楚国的令尹有交情。如果恭敬地推行礼仪,用辞令加以引导,来安定诸侯,战争可以消除。”

楚国的薳子冯去世,屈建做令尹,屈荡为莫敖。舒鸠人终于背叛楚国,令尹屈建攻打它,到达离城,吴国人救援舒鸠。屈建急忙让右翼部队先行,子彊、息桓、子捷、子骈、子盂率领左翼部队后退。吴国人处在左右两军之间七天。子彊说:“时间拖久了就会疲弱,疲弱了就会被俘,不如快打!我请求带领家兵去引诱敌人,你们选择精兵,摆开阵势等待我。我们得胜就前进,败逃就看形势办,这样就可以免于被俘。不这样,必定被吴军俘虏。”大家听从了他的话。五个人率领他们的家兵先攻击吴军。吴军败逃,登山远望,看到楚军没有后继,就又回头追赶,迫近楚军。精选过的楚军与家兵会合作战,使吴军大败。于是楚军包围了舒鸠,舒鸠溃败。八月,楚国灭了舒鸠。

注释 1 己巳：十二日。 2 赵文子：即赵武，晋国执政大夫。 3 薄：减轻。币：指进贡的财物。 4 知：相知，有交情。楚令尹：屈建，字子木。 5 离城：即舒鸠城。 6 遽以右师先：急忙率右翼部队先进军。 7 子彊、息桓、子捷、子骈、子盂：都是楚国大夫。杜预注："五人不及子木，与吴相遇而退。" 8 居其间：处在楚军右师与左师之间。 9 垫隘：犹言羸弱。 10 简师：简选精兵。 11 傅：近。指接近楚军。

卫献公入于夷仪。

郑子产献捷于晋，戎服将事[1]。晋人问陈之罪，对曰："昔虞阏父为周陶正[2]，以服事我先王。我先王赖其利器用也[3]，与其神明之后也[4]，庸以元女大姬配胡公[5]，而封诸陈，以备三恪[6]。则我周之自出[7]，至于今是赖。桓公之乱[8]，蔡人欲立其出[9]。我先君庄公奉五父而立之[10]，蔡人杀之。我又与蔡人奉戴厉公，至于庄、宣，皆我之自立。夏氏之乱[11]，成公播荡[12]，又我之自入，君所知也。今陈忘周之大德，蔑我大

卫献公进入夷仪。

郑国的子产向晋国奉献战利品，穿着军服处理事情。晋国人质问陈国的罪过，子产回答说："从前虞阏父做周朝的陶正，效力我们先王。我们先王嘉奖他能制作器物为王所用，又是虞舜的后代，武王就把大女儿太姬许配给胡公，并封他在陈地，以使黄帝、尧、舜的后代都得到封地。所以陈国是我们周朝的后代，到今天还依靠周朝。陈桓公死后的那次动乱，蔡国人想立蔡女所生的公子为君。我们先君庄公侍奉五父并立他为君，蔡国人杀了他。我们又和蔡国人侍奉拥戴厉公，一直到庄公、宣公，都是我们郑国所立。夏氏造成祸乱，成公流离失所，又是我们让他回国的，这些都是君王所知道的。现在陈国忘记了周朝的大德，丢弃了我们的大恩，抛弃我们这个姻亲，依

惠[13],弃我姻亲,介恃楚众[14],以冯陵我敝邑,不可亿逞[15],我是以有往年之告。未获成命,则有我东门之役[16]。当陈隧者,井堙木刊。敝邑大惧不竞,而耻大姬。天诱其衷,启敝邑之心[17]。陈知其罪,授手于我[18]。用敢献功!”

仗楚国人多,来侵犯敝邑,但并不满足,因此而有我国去年请求攻打陈国的报告。没有得到贵国允许的命令,反而有了陈国攻打我国东门的战役。在陈军经过的路上,水井被填塞,树木遭砍伐。敝邑非常害怕敌不住外兵压境而给太姬带来羞耻。上天诱导我们的内心,启发敝邑攻打陈国的念头。陈国知道自己的罪过,得到我们的惩罚。因此我们敢于奉献俘虏!”

注释 **1** 戎服:军服,异于朝服。将事:办理事务。 **2** 虞阏父:舜的后代。陶正:主掌陶器之官。 **3** 赖:善,犹言嘉奖。利器:制作器物。 **4** 神明:指虞舜。 **5** 庸:乃。元女大姬:武王的长女太姬。胡公:即胡公满,阏父之子。 **6** 三恪:指封黄帝、尧、舜之后为三恪。 **7** 我周之自出:说陈国源出于周,因为陈是周的外甥。 **8** 桓公之乱:指鲁桓公五年陈桓公死后陈国所发生的动乱。 **9** 其出:指蔡女所生的厉公。 **10** 庄公:郑庄公。五父:名佗,陈桓公之弟。他杀了太子免,自立为君,郑庄公因就定其位,后被蔡人所杀。 **11** 夏氏之乱:即夏徵舒杀陈灵公之乱,见鲁宣公十年。**12** 成公:即陈成公,名午,灵公之子,在位三十年。成公因灵公被杀而逃奔晋国,后凭郑国之力,自晋回国为君。播荡:流离失所。 **13** 蔑:丢弃。 **14** 介恃:倚仗。 **15** 亿逞:满足的意思。 **16** 东门之役:即去年陈从楚攻打郑国东门的那次战役。 **17** 启敝邑之心:启发我国攻打陈国之心。 **18** 授手:即授首。

晋人曰:“何故侵

晋国人说:“为什么侵犯小国?”子

小？”对曰：“先王之命，唯罪所在，各致其辟[1]。且昔天子之地一圻[2]，列国一同[3]，自是以衰[4]。今大国多数圻矣，若无侵小，何以至焉？”晋人曰：“何故戎服？”对曰：“我先君武、庄，为平、桓卿士[5]。城濮之役，文公布命[6]，曰：‘各复旧职！’命我文公戎服辅王，以授楚捷，不敢废王命故也。”士庄伯不能诘[7]，复于赵文子。文子曰：“其辞顺，犯顺不祥。”乃受之。

冬十月，子展相郑伯如晋，拜陈之功。子西复伐陈，陈及郑平。

产回答说：“先王的命令，只要有罪过，就要分别给予刑罚。况且从前天子的土地方圆一千里，诸侯的土地方圆一百里，自此递降。如今大国的土地多到方圆数千里，如果没有侵占小国，怎么能到这个地步呢？”晋国人说：“为什么穿军服？”子产回答说：“我们先君武公、庄公，做平王、桓王的卿士。城濮那一战役，晋文公发布命令说：‘各自恢复原来的职务！’命令我国文公穿着军服辅佐天子，接受楚国俘虏献给天子，现在我穿军服是不敢废弃天子命令的缘故。”士庄伯不能诘责，便向赵文子复命。赵文子说：“他的言辞合于情理，违背了情理不吉祥。”于是就接受了郑国奉献的战利品。

冬天十月，子展作为郑伯的相礼一起到晋国，拜谢晋国接受郑国奉献的陈国战利品。子西再次攻打陈国，陈国与郑国媾和。

注释　1 辟：刑，诛罚。　2 一圻(qí)：方千里之地。　3 一同：方百里之地。　4 自是以衰：自此递降。衰，递降，差降。　5 平、桓：即周平王、周桓王。此谓郑武公、郑庄公都曾是周王朝的执政官。　6 文公：指晋文公。　7 士庄伯：即士弱，晋国大夫。

仲尼曰:“《志》有之:‘言以足志[1],文以足言[2]。’不言,谁知其志?言之无文,行而不远[3]。晋为伯,郑入陈,非文辞不为功。慎辞也!”

孔子说:“《志》上有这样的话:‘语言是用来完成意愿的,文采是用来完成言语的。’不说话,谁知道他的意愿?说话没有文采,虽行而不能达到远方。晋国成为霸主,郑国进攻陈国,不是善于辞令就不能成功。要谨慎地使用辞令啊!”

楚蔿掩为司马,子木使庀赋[4],数甲兵[5]。甲午[6],蔿掩书土田[7],度山林,鸠薮泽[8],辨京陵[9],表淳卤[10],数疆潦[11],规偃猪[12],町原防[13],牧隰皋[14],井衍沃[15],量入修赋[16]。赋车籍马[17],赋车兵、徒兵、甲楯之数。既成,以授子木,礼也。

楚国的蔿掩做司马,令尹子木让他治理赋税,查点计算盔甲兵器。初八日,蔿掩记录土地情况,测量山林的木材,聚集水泽的出产,区别高地的不同情况,标出盐碱地,计算水淹地,规划含水地,划分小块耕地,在沼泽草地上放牧,在平衍肥沃的土地上划定井田,计量收入修订赋税。让百姓交纳车马税,征收战车上士兵的武器、步卒的武器和盔甲盾牌。任务完成之后,把它交付给子木,这是合于礼的。

十二月,吴子诸樊伐楚,以报舟师之役。门于巢[18]。巢牛臣曰:“吴王勇而轻,若启之,将亲门。我获射之,必殪。是君也死,疆其少安!”从之。吴子门焉,牛臣隐于短墙以射之,卒。

十二月,吴王诸樊攻打楚国,以报复楚国水师攻吴那次战役。攻打巢邑的城门。巢牛臣说:“吴王勇敢而轻率,如果我们打开城门,他就会亲自进入城门。我乘机射他,必定能射死。这个国君死了,边境上就将稍微安定!”听从了他的意见。吴王进入城门,巢牛臣隐藏在矮墙后用箭射他,吴王死。

注释 1足:完成。志:意志,意愿。 2文:文采。 3行而不远:虽行而不能达到远方。 4庀赋:治理赋税。 5数甲兵:查点计算盔甲兵器之类。 6甲午:初八日。 7书土田:记录土地情况。 8鸠:聚集。薮泽:水泽,此指水泽的出产。 9京陵:指高地。 10淳卤:指盐碱之地。 11疆潦:指水淹地。 12偃猪:即堰潴,地下含水多的土地。 13町:划分。原防:指堤防间之狭小耕地。 14隰皋:沼泽地,多水草,可以牧牛羊。 15衍沃:平衍肥沃的土地。 16量入修赋:计量收入,修定赋税。 17赋、籍:皆指赋税。 18门于巢:攻打巢邑的城门。

楚子以灭舒鸠赏子木。辞曰:“先大夫蒍子之功也。”以与蒍掩。

楚王因灭了舒鸠而赏赐子木。子木辞谢说:“这是先大夫蒍子的功劳。”楚王就把奖赏给了蒍掩。

晋程郑卒,子产始知然明[1],问为政焉。对曰:“视民如子。见不仁者诛之,如鹰鹯之逐鸟雀也。”子产喜,以语子大叔,且曰:“他日吾见蔑之面而已[2],今吾见其心矣。”

晋国的程郑去世,子产才开始了解然明,向他询问怎样施政。然明回答说:“看待百姓如同自己的儿子一样。见到不仁的人就诛戮他,好像鹰鹯追捕鸟雀一样。”子产很高兴,把这些话告诉子太叔,而且说:“往日我见到的只是然明的面貌,现在我见到他的内心了。”

子大叔问政于子产。子产曰:“政如农功,日夜思之,思其始而成其终。朝夕而行之,行无越思[3],如农之有畔[4],其过鲜矣。”

子太叔向子产询问政事。子产说:“政事好像农事,要日夜想着它,想到它的开始又想着要取得的好结果。早晚都努力去做,但所做的又不超越所想的,好像农田里有田塍为界一样,那么他的过错就少了。”

注释 1 始知然明：才开始了解然明(因去年然明预言程郑将死)。 2 蔑：即鬷蔑，然明的别名。然明虽面容丑而心里很有见识。 3 行无越思：行动不超过所思想的。 4 畔：田塍，田界。

卫献公自夷仪使与甯喜言，甯喜许之。大叔文子闻之，曰："乌呼！《诗》所谓'我躬不说，皇恤我后'[1]者，甯子可谓不恤其后矣。将可乎哉？殆必不可。君子之行，思其终也，思其复也[2]。《书》曰：'慎始而敬终，终以不困[3]。'《诗》曰[4]：'夙夜匪解，以事一人。'今甯子视君不如弈棋[5]，其何以免乎？弈者举棋不定，不胜其耦[6]。而况置君而弗定乎？必不免矣。九世之卿族[7]，一举而灭之，可哀也哉！"

卫献公从夷仪派人和甯喜谈复位的事，甯喜答应了。太叔文子听说了，说："唉！《诗》所说'我自身尚且不能被人所容，哪里有闲暇顾念我的后代'的话，甯子可以说是不顾他的后代了。难道可以吗？恐怕是一定不可以的。君子的行动，要想到它的结果，要想到下次可以再做。逸《书》上说：'慎于始而不怠慢终结，结果就不会困窘。'《诗》说：'早晚不敢懈怠，以侍奉一人。'如今甯子看待国君还不如下棋，他怎能免于灾祸呢？下棋的人举棋不定，就不能战胜他的对手。而何况安置国君而不能决定呢？必定不能免于祸难了。九代相传的卿族，一举而被灭亡，可悲啊！"

会于夷仪之岁[8]，齐人城郏。其五月，秦、晋为成。晋韩起如秦莅盟，秦伯车如晋莅盟[9]，成而不结[10]。

晋侯在夷仪会见诸侯的那一年，齐国人在郏地筑城。那年的五月，秦国、晋国媾和。晋国的韩起到秦国参加结盟，秦国的伯车到晋国参加结盟，虽然媾和却不巩固。

注释 1《诗》:二见于《诗经·邶风·谷风》和《诗经·小雅·小弁》。不说:今本作“不阅”,即不容纳。皇:又作“遑”,闲暇。诗意为:我自身尚且不能被容,哪有闲暇顾念我的后代呢? 2 思其复:想到下次再做。 3《书》:杜预注为“逸《书》”。《逸周书·常训篇》:“慎微以始而敬终,乃不困。” 4《诗》:见《诗经·大雅·烝民》。匪懈:不懈怠。一人:比喻国君。 5 弈棋:下围棋。 6 耦:下棋的对手。 7 九世之卿族:甯氏出自卫武公,至甯喜九世为卿。 8 会于夷仪之岁:指鲁襄公二十四年之会。 9 伯车:名鍼,秦君之弟。 10 成而不结:虽媾和而不巩固。

襄公二十六年

【经】

二十有六年春[1],王二月辛卯[2],卫甯喜弑其君剽[3]。

卫孙林父入于戚以叛[4]。

甲午[5],卫侯衎复归于卫[6]。

夏,晋侯使荀吴来聘[7]。

公会晋人、郑良霄、宋人、曹人于澶渊。

秋,宋公杀其世子痤。

晋人执卫甯喜。

八月壬午[8],许男甯卒于楚[9]。

二十六年春天,周历二月七日,卫国的甯喜杀了他的国君剽。

卫国的孙林父进入戚邑发动叛乱。

初十日,卫侯衎回到卫国复位。

夏天,晋侯派荀吴来我国聘问。

襄公在澶渊与晋人、郑国的良霄、宋人、曹人会见。

秋天,宋平公杀了他的太子痤。

晋国人逮捕了卫国的甯喜。

八月初一,许灵公甯在楚国去世。

冬，楚子、蔡侯、陈侯伐郑。

葬许灵公。

冬天，楚王、蔡侯、陈侯攻打郑国。

安葬许灵公。

注释 1 二十有六年：鲁襄公二十六年，公元前547年。 2 辛卯：初七日。 3 剽：即公孙剽，卫穆公之孙，于鲁襄公十四年卫献公逃奔齐国后被立为君，在位十二年，是为卫殇公。 4 孙林父：即孙文子，卫国执政大夫。戚：本为孙氏食邑，在卫都帝丘东北，今河南濮阳西南。 5 甲午：初十日。 6 衎：卫献公名。出逃在齐又复位，故曰"复归"。 7 荀吴：即中行穆子，晋大夫荀偃之子。 8 壬午：朔日，即八月初一。 9 甯：许男，即许灵公。

【传】

二十六年春，秦伯之弟鍼如晋修成[1]，叔向命召行人子员。行人子朱曰："朱也当御[2]。"三云，叔向不应。子朱怒，曰："班爵同[3]，何以黜朱于朝？"抚剑从之。叔向曰："秦、晋不和久矣！今日之事，幸而集[4]，晋国赖之。不集，三军暴骨。子员道二国之言无私[5]，子常易之。奸以事君者，吾所能御也[6]。"拂

二十六年春天，秦伯的弟弟鍼到晋国重温和约，叔向命令召唤行人子员。行人子朱说："朱是值班的。"说了三次，叔向没有搭理。子朱发怒了，说："我与子员职位级别相同，为什么在朝廷上贬黜朱？"手握着剑跟上叔向。叔向说："秦晋两国不和睦已经很久了！今天的事情，幸好成功了，晋国靠着它。要是不成功，三军就将死在战场上。子员沟通两国的话没有私心，您却常常改变原意。用奸邪侍奉国君的人，我是能够抵御的。"抖动着衣跟上去。被别人

衣从之。人救之[7]。平公曰:“晋其庶乎[8]!吾臣之所争者大。”师旷曰:“公室惧卑[9],臣不心竞而力争[10],不务德而争善,私欲已侈,能无卑乎?”

劝住了。晋平公说:“晋国差不多要大治了吧!我的臣下所争执的是大事。”师旷说:“公室的地位恐怕要降低,臣下不在心里竞争而用力量争夺,不致力于德行而争执是非,个人的欲望已经扩大,公室的地位能不降低吗?”

注释 1鍼:即伯车。修成:重温和约。 2当御:当班,值班。 3班爵同:犹言职位级别相同。 4集:成,成功。 5道:沟通。无私:没有私心。 6御:抗拒,防御,抵制。 7救:阻止,劝阻。 8庶乎:庶几,指差不多要大治了吧! 9惧卑:恐怕要降低。卑,卑微,低下。 10不心竞而力争:不在心里竞争而用力量争夺。

卫献公使子鲜为复[1],辞。敬姒强命之[2]。对曰:“君无信,臣惧不免。”敬姒曰:“虽然,以吾故也。”许诺。初,献公使与甯喜言,甯喜曰:“必子鲜在,不然必败。”故公使子鲜。子鲜不获命于敬姒,以公命与甯喜言曰:“苟反,政由甯氏,祭则寡人。”甯喜告蘧伯玉,伯玉曰:“瑗不得闻君之出[3],敢闻其入?”遂行,从近关出。告

卫献公派子鲜为自己谋求复国,子鲜辞谢。敬姒强行命令他去。子鲜回答说:“国君没有信用,臣下害怕不能免于祸难。”敬姒说:“尽管如此,为了我的缘故去吧。”子鲜答应了。起初,献公派人和甯喜谈这件事,甯喜说:“一定要子鲜在场,不然事情必败。”所以献公派子鲜去。子鲜没有得到敬姒的命令,就把献公的命令对甯喜说:“如果能回国,政事由甯氏主持,祭祀则由寡人主持。”甯喜告诉蘧伯玉,伯玉说:“瑗没能听到国君的出走,岂敢听到他的进入?”于是就出走,从近处的关口出了

右宰穀[4],右宰穀曰:“不可。获罪于两君[5],天下谁畜之?”悼子曰[6]:“吾受命于先人,不可以贰。”穀曰:“我请使焉而观之。”遂见公于夷仪。反曰:“君淹恤在外十二年矣[7],而无忧色,亦无宽言,犹夫人也[8]。若不已[9],死无日矣。”悼子曰:“子鲜在。”右宰穀曰:“子鲜在,何益?多而能亡,于我何为?”悼子曰:“虽然,不可以已。”

国境。甯喜告诉右宰穀,右宰穀说:“不可以。得罪了两个国君,天下谁能容纳你?”甯喜说:“我接受了先人的命令,不能有二心。”右宰穀说:“我请求出使到那里去观察一下。”于是就到夷仪进见了献公。回来后说:“国君避难在外十二年了,却没有忧愁的脸色,也没有宽容的话,还是那样一个人。如果不停止让他回国的计划,我们离死亡就没有几天了。”甯喜说:“有子鲜在。”右宰穀说:“子鲜在,有什么益处?至多不过他能自己逃亡,对我们能做什么?”甯喜说:“尽管这样,不可以停止了。”

注释 1 子鲜:卫献公之同母弟鱄。为复:为自己谋求复君位。 2 敬姒:卫献公和子鲜的生母。 3 瑗:即蘧伯玉,又称蘧瑗。鲁襄公十四年,孙林父欲逐献公,伯玉出走,故言“不得闻君之出”。 4 右宰穀:卫大夫。 5 两君:指卫献公和卫殇公。杜预注:“前出献公,今弑剽。” 6 悼子:即甯喜。 7 淹恤:淹留、忧患,意为避难。十二年:卫献公自鲁襄公十四年出奔,至襄公二十六年共十二年。 8 犹夫人:还是那样一个人。 9 已:停止,即停止卫献公复位的计划。

孙文子在戚,孙嘉聘于齐,孙襄居守[1]。二月庚寅[2],甯喜、右宰穀伐孙氏,不克,伯国伤[3]。甯子出舍

孙文子在戚地,孙嘉在齐国聘问,孙襄留守在都城家里。二月初六日,甯喜、右宰穀攻打孙氏,没有攻下,孙襄受伤。甯喜退出都城住在郊外。孙

于郊。伯国死，孙氏夜哭。国人召甯子，甯子复攻孙氏，克之。辛卯[4]，杀子叔及大子角[5]。书曰：“甯喜弑其君剽。”言罪之在甯氏也。孙林父以戚如晋。书曰：“入于戚以叛。”罪孙氏也。臣之禄，君实有之。义则进，否则奉身而退。专禄以周旋[6]，戮也[7]。

襄死，孙家夜里号哭。国都的人召唤甯喜，甯喜再次攻打孙氏，攻下来了。初七日，杀了卫侯剽和太子角。《春秋》记载说：“甯喜弑其君剽。”是说罪过在甯氏。孙林父带着戚地去晋国。《春秋》记载说：“入于戚以叛。”是说罪过在孙氏。臣下的俸禄，实际是国君所有的。合于道义就前进，不合就保全自身而引退。把俸禄视为私人专有而与人们打交道，其罪应该诛戮。

注释 **1** 孙嘉、孙襄：都是孙文子的儿子。 **2** 庚寅：初六日。 **3** 伯国：即孙襄。 **4** 辛卯：初七日。 **5** 子叔：即卫侯剽，后追谥为殇公。大子角：剽之子，时立为太子。 **6** 专禄：专有俸禄，此指孙林父以戚邑自专。 **7** 戮：言其罪可杀戮。

甲午[1]，卫侯入。书曰“复归”，国纳之也。大夫逆于竟者，执其手而与之言；道逆者，自车揖之；逆于门者，颔之而已[2]。公至，使让大叔文子曰：“寡人淹恤在外，二三子皆使寡人朝夕闻卫国之言，吾子独不在

二月初十日，卫侯进入国都。《春秋》记载说“复归”，是说国人让他回来。大夫在国境上迎接的，拉着他们的手并与他们说话；在大路上迎接的，从车上向他们作揖；在城门口迎接的，向他们点点头罢了。卫侯到达后，就派人责备太叔文子说：“寡人流亡在外，各位大夫都让寡人早晚听到卫国的消息，唯独您不关心寡人。古人有话说：‘不是应该

寡人[3]。古人有言曰:'非所怨勿怨。'寡人怨矣。"对曰:"臣知罪矣!臣不佞,不能负羁绁,以从扞牧圉[4],臣之罪一也。有出者,有居者,臣不能贰,通外内之言以事君,臣之罪二也。有二罪,敢忘其死?"乃行,从近关出。公使止之。

怨恨的,就不要怨恨。'寡人对你怨恨了。"太叔文子回答说:"臣下知罪了!臣下没有才能,不能背负马笼头、马缰绳来跟随君王保护财物,这是臣的第一条罪过。有在国外的,有在国内的,臣不能有二心,传递里外的消息来侍奉君王,这是臣的第二条罪过。有这两条罪过,怎敢忘记一死?"于是就出走,从最近的关口出国。卫献公派人阻止了他。

卫人侵戚东鄙,孙氏诉于晋,晋戍茅氏[5]。殖绰伐茅氏[6],杀晋戍三百人。孙蒯追之,弗敢击。文子曰:"厉之不如[7]!"遂从卫师,败之圉[8]。雍鉏获殖绰[9]。复诉于晋。

卫国人侵袭戚地东部边境,孙氏向晋国诉说,晋国便派兵戍守茅氏。殖绰攻打茅氏,杀了晋国戍守者三百人。孙蒯追赶殖绰,不敢攻击。孙文子说:"你连恶鬼都不如!"孙蒯就追上卫军,在圉地打败了他们。雍鉏俘虏了殖绰。孙氏再次向晋国控诉。

注释 1 甲午:初十日。 2 颔:此作点头。 3 在:犹言存问。 4 扞:保护,保卫。 5 茅氏:戚邑的东鄙。 6 殖绰:齐国的勇士。杜预注:"殖绰,齐人,今来在卫。" 7 厉:恶鬼。 8 圉:卫地,在今河南濮阳东。 9 雍鉏:孙氏之臣。

郑伯赏入陈之功。三月甲寅朔[1],享子展,赐

郑伯奖赏攻入陈国的功劳。三月初一日,设享礼招待子展,赐给他先路

之先路、三命之服，先八邑[2]。赐子产次路、再命之服，先六邑。子产辞邑，曰："自上以下，降杀以两[3]，礼也。臣之位在四，且子展之功也。臣不敢及赏礼，请辞邑。"公固予之，乃受三邑。公孙挥曰："子产其将知政矣[4]！让不失礼。"

和三命的礼服，然后再赐给他八个城邑。赐给子产次路和再命之服，然后再赐给他六个城邑。子产辞谢城邑，说："从上而下，以二数递减，是合乎礼制的。臣下的官位在第四，且这次是子展的功劳。我不敢接受赏赐的礼仪，请让我辞去城邑。"郑伯坚决要给他，他就接受了三个城邑。公孙挥说："子产大概将要执政了！谦让而不失礼仪。"

晋人为孙氏故，召诸侯，将以讨卫也。夏，中行穆子来聘[5]，召公也。

晋国人为了孙氏的缘故，召集诸侯，准备用诸侯军讨伐卫国。这年夏天，晋国的中行穆子前来鲁国聘问，是为了召请鲁襄公。

注释　**1** 甲寅朔：初一日。　**2** 先：古代送礼先轻后重。此以路车和命服在城邑之先赐赠。八邑：八个城邑。　**3** 降杀以两：以二数递减。　**4** 知政：执政。知，主持。　**5** 中行穆子：即《经》之荀吴。

楚子、秦人侵吴，及雩娄[1]，闻吴有备而还。遂侵郑，五月，至于城麇[2]。郑皇颉戍之，出，与楚师战，败。穿封戌囚皇颉，公子围与之争之，正于伯州犁[3]。伯州犁曰："请问于囚。"乃立囚。

楚王、秦国人进攻吴国，到达雩娄，听说吴国有了防备就退回了。于是就侵袭郑国，五月，到达城麇。郑国的皇颉戍守城麇，出城，与楚军交战，被打败了。穿封戌俘虏了皇颉，公子围与他争功，让伯州犁评判是非。伯州犁说："请问一问俘虏。"于

伯州犁曰:“所争,君子也,其何不知[4]?”上其手[5],曰:“夫子为王子围[6],寡君之贵介弟也[7]。”下其手[8],曰:“此子为穿封戌,方城外之县尹也。谁获子?”囚曰:“颉遇王子,弱焉[9]。”戌怒,抽戈逐王子围,弗及。楚人以皇颉归。

是就叫俘虏站在前面。伯州犁说:“所争夺的就是您,有什么不明白的?”举起自己的手,说:“那位是王子围,寡君尊贵的大弟弟。”放下自己的手,说:“这位是穿封戌,是方城外的县尹。是谁俘虏了您呀?”俘虏说:“颉遇上王子,被他战胜了。”穿封戌大怒,抽出戈来追赶王子围,没有追上。楚国人带着皇颉回国了。

注释 1 雩娄:吴地,后属楚,在今河南商城东。 2 城麇(jūn):郑地。 3 正:就正,犹言判断是非。伯州犁:晋国大夫伯宗之子,逃奔到楚国为楚国太宰。 4 知:知晓,明白。 5 上其手:举起他的手,指着公子围给俘虏皇颉看。 6 夫子:对公子围的尊称。王子围:即公子围,楚共王之子,在楚自称王子。 7 贵介弟:地位高贵的大弟弟。 8 下其手:下垂他的手,指着穿封戌给皇颉看。 9 弱焉:战败于他。

印堇父与皇颉戍城麇[1],楚人囚之,以献于秦。郑人取货于印氏以请之,子大叔为令正[2],以为请[3]。子产曰:“不获[4]。受楚之功而取货于郑,不可谓国,秦不其然[5]。若曰:‘拜君之勤郑国[6],微君之惠[7],楚师

印堇父与皇颉一起戍守城麇,楚国人囚禁了印堇父,把他献给秦国。郑国人在印氏那里取了财货向秦国请求赎回印堇父,子太叔做令正,为他们拟写请求赎人的说辞。子产说:“这样是不能得到印堇父的。接受楚国的献俘,却在郑国取财货,这不能说是合于国家的体统,秦国不会那样做。如果说:‘拜谢君王帮助了郑国,假如没有君王的恩惠,楚军恐怕

其犹在敝邑之城下。' 其可。" 弗从,遂行。秦人不予。更币[8],从子产而后获之。

六月,公会晋赵武、宋向戌、郑良霄、曹人于澶渊以讨卫,疆戚田。取卫西鄙懿氏六十以与孙氏[9]。

赵武不书[10],尊公也。向戌不书,后也。郑先宋,不失所也。

于是卫侯会之。晋人执甯喜、北宫遗[11],使女齐以先归[12]。卫侯如晋,晋人执而囚之于士弱氏[13]。

还在敝邑的城下。' 如此说才行。" 子太叔没有听从就动身了。秦国人不给。郑国另派使者拿着财礼,照子产说的去交涉,然后得到了印堇父。

六月,鲁襄公在澶渊会见晋国赵武、宋国向戌、郑国良霄、曹人,以讨伐卫国,划定戚地的疆界。取了卫国西部边境懿氏六十邑给孙氏。

《春秋》不写赵武的名字,这是由于尊重襄公。不写向戌,是由于他到会晚了。记郑国在宋国之前,是因为郑国人按期到会。

当时卫侯参加了会见。晋国人拘捕了甯喜、北宫遗,派女齐带他们先回国。卫侯到了晋国,晋国人把他抓了囚禁在士弱氏家中。

注释 **1** 印堇父:郑国大夫。 **2** 令正:主草创文件的官。 **3** 为请:作了请求赎回印堇父的辞令。 **4** 不获:不会得到印堇父。 **5** 不其然:不会那样做。杜预注:"受楚献功,大名也;以货免之,小利。故谓秦不尔。" **6** 勤:此为帮助。 **7** 微:如果没有。 **8** 更币:另派使者拿着财礼。杜预注:"更遣使执币,用子产辞,乃得堇父。" **9** 懿氏:卫地,以姓氏为地名,在今河南濮阳西北。六十:指六十邑。 **10** 不书:指《经》不写"晋赵武",而只写"晋人"。 **11** 北宫遗:北宫括之子,卫国人。 **12** 女(rǔ)齐:又称女叔齐、女叔侯、司马侯,晋臣。 **13** 士弱氏:晋国主管刑狱的大夫。

秋七月，齐侯、郑伯为卫侯故，如晋，晋侯兼享之。晋侯赋《嘉乐》。[1] 国景子相齐侯，赋《蓼萧》[2]。子展相郑伯，赋《缁衣》[3]。叔向命晋侯拜二君曰[4]："寡君敢拜齐君之安我先君之宗祧也，敢拜郑君之不贰也。"国子使晏平仲私于叔向[5]，曰："晋君宣其明德于诸侯，恤其患而补其阙，正其违而治其烦[6]，所以为盟主也。今为臣执君，若之何？"叔向告赵文子，文子以告晋侯。晋侯言卫侯之罪，使叔向告二君。国子赋《辔之柔矣》[7]，子展赋《将仲子兮》[8]，晋侯乃许归卫侯。

叔向曰："郑七穆[9]，罕氏其后亡者也，子展俭而壹[10]。"

秋天七月，齐侯、郑伯为了卫侯的缘故到了晋国，晋侯设享礼同时招待他们。晋侯赋《嘉乐》这首诗。国景子做齐侯的相礼，赋《蓼萧》这首诗。子展做郑伯的相礼，赋《缁衣》这首诗。叔向让晋侯下拜两位国君，说："寡君谨拜谢齐国国君安定我们先君的宗庙，谨拜谢郑国国君没有二心。"国景子派晏平仲私下对叔向说："晋国国君在诸侯中宣扬他的明德，担忧他们的祸患且补正他们的过失，纠正他们违礼的地方且治理他们的动乱，因此才做了盟主。现在为了臣下而逮捕了国君，怎么办？"叔向告诉赵文子，赵文子把这些话告诉晋侯。晋侯谈了卫侯的罪过，派叔向告诉齐、郑两位国君。国景子赋《辔之柔矣》这首诗，子展赋《将仲子兮》这首诗，晋侯才答应让卫侯回国。

叔向说："郑穆公后代的七个家族，罕氏大概是最后灭亡的，因为子展节俭而专一。"

注释　1《嘉乐》:《诗经·大雅》篇名，今本作《假乐》。杜预注:"取其'嘉乐君子，显显令德，宜民宜人，受禄于天'。"表示对齐、郑二国君的欢迎。　2 国景子:即国弱,齐国大夫。《蓼萧》:《诗经·小雅》篇名。晋、卫为兄弟之国,齐赋此诗乃取其"既见君子,孔燕岂弟,宜兄宜弟"诸句之意。 3《缁衣》:《诗经·郑风》篇名。取其"适子之馆兮,还予授子之粲兮"之意,望晋国能应许齐、郑二君亲来之请求。 4 命:犹告。二君:指齐侯、郑伯。 5 私于叔向:私下与叔向交谈。 6 烦:乱。 7《辔之柔矣》:杜预注:"逸诗,见《周书》,义取宽政以安诸侯,若柔辔之御刚马。" 8《将仲子兮》:杜预注:"《将仲子》,《诗经·郑风》。义取众言可畏。卫侯虽别有罪,而众人犹谓晋为臣执君。" 9 郑七穆:指郑穆公的后代所存至今当政的七个家族。杜预注:"郑穆公十一子,子然、二子孔三族已亡,子羽不为卿,故唯言七穆。郑七穆,谓子展公孙舍之,罕氏也;子西公孙夏,驷氏也;子产公孙侨,国氏也;伯有良霄,良氏也;子太叔游吉,游氏也;子石公孙段,丰氏也;伯石印段,印氏也。" 10 俭而壹:居身俭而用心专一。

初,宋芮司徒生女子[1],赤而毛,弃诸堤下。共姬之妾取以入[2],名之曰弃,长而美。平公入夕[3],共姬与之食。公见弃也,而视之,尤[4]。姬纳诸御[5],嬖,生佐[6]。恶而婉[7]。大子痤美而很[8],合左师畏而恶之[9]。寺人惠墙伊戾为大子内师而无宠[10]。秋,楚客聘于晋,过宋。大子知之[11],请野享之。公使往,伊戾请从之。公曰:

当初,宋国芮司徒生了个女孩,皮肤红而长着毛,就把她丢在堤下。共姬的侍妾抱进宫来,给她取名为弃,长大了很漂亮。宋平公进宫问母亲晚安,共姬便与平公一起进餐。平公见到了弃,细看,觉得漂亮极了。共姬把她送给平公做侍妾,受到宠爱,生了佐。佐长得难看,却性情和顺。太子痤貌美却心狠,向戌对他又害怕又讨厌。寺人惠墙伊戾做太子的内师却得不到宠信。秋天,楚国客人到晋国聘问,路过宋国。太子和楚国客人原已相识,请求在野外设宴招待他。平公让太子去,伊戾请求跟从

"夫不恶女乎[12]？"对曰："小人之事君子也，恶之不敢远，好之不敢近。敬以待命，敢有贰心乎？纵有共其外，莫共其内。臣请往也。"遣之，至，则欿[13]，用牲，加书，征之[14]，而骋告公曰："大子将为乱，既与楚客盟矣。"公曰："为我子，又何求？"对曰："欲速。"公使视之，则信有焉。问诸夫人与左师[15]，则皆曰："固闻之。"公囚大子。大子曰："唯佐也能免我。"召而使请，曰："日中不来，吾知死矣。"左师闻之，聒而与之语[16]。过期，乃缢而死。佐为大子。公徐闻其无罪也，乃亨伊戾[17]。

太子去。平公说："他不讨厌你吗？"伊戾回答说："小人侍奉君子，被讨厌不敢远离，被喜欢不敢亲近。恭敬地等待命令，敢有二心吗？即使有人在外边伺候太子，却没有人在里边伺候。臣下请求前去。"平公派他去了。到了那里，就挖坑，用牺牲，把盟书放在牺牲上，且验看盟书，然后驰马回来报告平公说："太子将要作乱，已经与楚国客人结盟了。"平公说："已经是我的继承人了，还谋求什么？"伊戾回答说："想快点即位。"平公派人去察看，确实有其事。向夫人和左师询问，他们都说："的确听说过。"平公囚禁了太子。太子说："只有佐能使我免于祸难。"召请佐并让他向平公请求，说："到中午不来，我知道应该死了。"左师听到这些，就和佐絮絮叨叨说个没完。过了中午，太子就上吊死了。佐被立为太子。平公慢慢听到太子痤没有罪，就把伊戾烹煮了。

注释　1 芮司徒：宋国大夫。　2 共姬：即宋伯姬，宋共公的夫人，宋平公之母。　3 平公：即宋平公，名成，在位四十四年。入夕：进宫问母亲晚安。　4 尤：绝美，极美。　5 御：御妾，即送给平公为御妾。　6 佐：弃所生，后为宋元公，在位十五年。　7 恶而婉：面貌丑恶却性情和顺。　8 大子痤:宋平公太子。很:即狠,心狠毒。 9 合左师:即向戌。 10 惠墙伊戾:人名。太子内师:太子宫内宦官之长。 11 知:相识。 12 夫:人称代词,彼,指太子。 13 欿(kǎn):通“坎”,坑。此用为动词,挖坑。 14 征之:验看盟书,伪作太子曾与楚客结盟。 15 夫人:佐的母亲弃。 16 聒:絮语不休,以拖延时间。 17 亨:同“烹”。

左师见夫人之步马者[1],问之,对曰:“君夫人氏也。”左师曰:“谁为君夫人?余胡弗知?”圉人归[2],以告夫人。夫人使馈之锦与马,先之以玉,曰:“君之妾弃使某献。”左师改命曰:“君夫人。”而后再拜稽首受之。

郑伯归自晋,使子西如晋聘,辞曰:“寡君来烦执事,惧不免于戾,使夏谢不敏[3]。”君子曰:“善事大国。”

初,楚伍参与蔡大师子朝友[4],其子伍举与声子相善也[5]。伍举娶于王子牟,王子牟为申公而亡[6],楚人曰:“伍举实送之。”伍举奔

左师向戌看见夫人的遛马人,问他,遛马人回答说:“我是君夫人家的人。”左师说:“谁是君夫人?我怎么不知道?”遛马人回去,把向戌的话报告夫人。夫人派人送给向戌锦和马,用玉作为先行礼品,说:“国君的侍妾弃让某某来奉献。”向戌改口说:“君夫人。”然后再拜叩头接受了礼物。

郑伯从晋国回来,派子西到晋国去聘问,致辞说:“寡君来麻烦执事,害怕失敬而不免于罪过,特派夏前来表示歉意。”君子说:“郑国善于侍奉大国。”

起初,楚国的伍参和蔡国太师子朝友好,他的儿子伍举和声子也相互友善。伍举娶了王子牟的女儿为妻,王子牟做申公而获罪逃亡,楚国人说:“伍举确实护送了他。”伍举于是逃到郑国,打算趁机再逃到晋国。声子要

郑，将遂奔晋。声子将如晋，遇之于郑郊，班荆相与食[7]，而言复故[8]。声子曰："子行也！吾必复子。"

去晋国，在郑国郊外遇见伍举，于是把草铺在地上一起吃东西，谈到要返回楚国的事。声子说："您走吧！我一定让您回国。"

注释 **1** 步马者：遛马的人。 **2** 圉人：养马人，此即遛马的人。 **3** 夏：子西的名。谢不敏：即以不敏谢过致歉。不敏，自谦之词。 **4** 伍参：伍奢的祖父，伍子胥之曾祖。子朝：即公子朝，蔡文公之子，为蔡国太师。 **5** 伍举：伍参之子，伍子胥的祖父椒举。声子：即公子归生，子朝的儿子。 **6** 王子牟：楚国公子，为申县公，又称申公，曾得罪而出逃。 **7** 班：布，即铺。 **8** 复故：指返回楚国的事。

及宋向戌将平晋、楚，声子通使于晋。还如楚，令尹子木与之语，问晋故焉。且曰："晋大夫与楚孰贤？"对曰："晋卿不如楚，其大夫则贤，皆卿材也。如杞、梓、皮革，自楚往也。虽楚有材，晋实用之。"子木曰："夫独无族姻乎[1]？"对曰："虽有，而用楚材实多。归生闻之[2]：'善为国者，赏不僭而刑不滥。'赏僭，则惧及淫人[3]；刑滥，则惧及

等到宋国的向戌准备调解晋、楚两国的关系时，声子出使到晋国。回来到了楚国，令尹子木和他谈话，询问晋国的事。并且问："晋国的大夫和楚国的大夫谁贤能？"声子回答说："晋国的卿不如楚国，它的大夫却贤能，都是做卿的人才。好像杞木、梓木、皮革，都是从楚国去的。虽然楚国有人才，晋国却实在使用了他们。"子木说："他们没有同宗和亲戚吗？"声子回答说："虽然有，但使用的楚国人才实在多。我听说：'善于治理国家的人，赏赐不过分而刑罚不滥用。'赏赐过分了，就担心奖赏到了坏人；刑罚滥用，就怕处罚了好人。如

善人。若不幸而过，宁僭无滥。与其失善，宁其利淫。无善人，则国从之。《诗》曰：'人之云亡，邦国殄瘁[4]。'无善人之谓也。故《夏书》曰：'与其杀不辜，宁失不经[5]。'惧失善也。《商颂》有之曰[6]：'不僭不滥，不敢怠皇，命于下国，封建厥福[7]。'此汤所以获天福也。古之治民者，劝赏而畏刑，恤民不倦。赏以春夏，刑以秋冬。是以将赏，为之加膳，加膳则饫赐[8]，此以知其劝赏也。将刑为之不举[9]，不举则彻乐[10]，此以知其畏刑也。夙兴夜寐，朝夕临政，此以知其恤民也。三者，礼之大节也。有礼无败。今楚多淫刑，其大夫逃死于四方，而为之谋主[11]，以害楚国，不可救疗，所谓不能也[12]。

果是不幸而失当，宁可过分，不要滥用。与其失掉好人，宁可利于坏人。没有好人，国家就跟着灭亡。《诗》说：'贤人能士都跑光，国家就将遭灾殃。'这说的就是没有好人。所以《夏书》说：'与其杀害无辜，宁可对罪人不用常法。'这就是怕失掉好人。《商颂》有这样的话说：'不过分不滥用，不敢懈怠偷闲，向下国发布命令，大大地建树他们的福禄。'这就是商汤之所以获得上天赐福的原因。古代治理百姓的人，乐于行赏而怕用刑罚，为百姓操心而不知疲倦。在春夏行赏，在秋冬行刑。因此在将要行赏时就为它加膳，加膳后就可以把余下的饭菜赐给下边，从这可以知道他乐于行赏。将要行刑时就为它减膳，减膳就撤去音乐，从这可以知道他怕用刑罚。早起晚睡，早晚都亲临朝廷办理政事，从这可以知道他为百姓操心。这三件事，是礼仪的大节。有礼仪就不会失败。现在楚国多滥用刑罚，它的大夫逃命到四方各国，并且做他们的主要谋士，以危害楚国，至于不可挽救和治疗，这就是所说的楚国人不能使用它的人才。

注释 1夫:彼,指晋国。族:同宗。姻:姻亲,亲戚。 2归生:即声子。 3淫人:淫邪之人,即坏人。 4“人之云亡”二句:指《诗经·大雅·瞻卬》篇中诗句。 5《夏书》:逸《书》。作伪古文《尚书》者羼入《大禹谟》篇。不经:不守正法的人。 6《商颂》:指《诗经·商颂·殷武》篇。 7封建:此作大建解。杜预注:“言殷汤赏不僭差,刑不滥溢,不敢怠解自宽暇,故能为下国所命为天子。” 8饫赐:即多赐。句意指加膳则肴多,则可用余下的多赐给下边的人。 9不举:不办盛馔,即减膳。 10彻乐:撤去音乐,即不奏乐助食。彻,通“撤”。 11为之谋主:做他们的主要谋士。 12不能:杜预注:“所谓楚人不能用其材也。”

“子仪之乱,析公奔晋[1]。晋人置诸戎车之殿,以为谋主。绕角之役,晋将遁矣,析公曰:‘楚师轻窕,易震荡也[2]。若多鼓钧声[3],以夜军之[4],楚师必遁。’晋人从之,楚师宵溃。晋遂侵蔡,袭沈,获其君;败申、息之师于桑隧,获申丽而还。郑于是不敢南面,楚失华夏,则析公之为也。雍子之父兄谮雍子,君与大夫不善是也[5]。雍子奔晋。晋人与之鄐[6],以为谋主。彭城之役,晋、楚遇于靡角

“子仪发动叛乱,析公逃亡到晋国。晋国人把他安置在晋侯战车的后面,让他做主要谋士。绕角那次战役,晋军就要逃跑了,析公说:‘楚军轻佻,容易动摇。如果多击鼓,同时发出声音,在夜里全军进攻,楚军必定逃跑。’晋国人听从了,楚军当夜溃败。晋国于是就进攻蔡国,袭击沈国,俘虏了沈国的国君;在桑隧打败了申国、息国的军队,俘虏了楚国大夫申丽而回国。郑国那时不敢南面从楚,楚国失掉中原,这就是析公起的作用。雍子的父亲和哥哥诬陷雍子,国君和大夫不进行调解、评定是非。雍子逃奔到晋国。晋国人封给他鄐邑,让他做主要谋士。彭城那次战役,晋、楚两军在靡角之谷相遇。晋军就要

之谷[7]。晋将遁矣，雍子发命于军曰：'归老幼，反孤疾，二人役，归一人，简兵蒐乘[8]，秣马蓐食[9]，师陈焚次[10]，明日将战。'行归者而逸楚囚[11]，楚师宵溃。晋降彭城而归诸宋[12]，以鱼石归[13]。楚失东夷，子辛死之[14]，则雍子之为也。

逃跑了，雍子向军队发布命令说：'年老的和年幼的都回去，孤儿和有病的都回去，兄弟二人服兵役的回去一个，精选步兵，检阅车兵，喂饱马，就在草垫上吃饭，军队摆开阵势，烧掉帐篷，明天将要决战。'让该回去的走，且故意放走楚国俘虏，楚军那天夜里溃败了。晋军允许彭城投降而归还给宋国，带了鱼石回国。楚国失掉了东方小国，子辛为此而死，这就是雍子干出来的。

注释 1 子仪之乱，析公奔晋：在楚庄王元年、鲁文公十四年。 2 震荡：震动，动摇。 3 多鼓钧声：多击军鼓同时发声。 4 夜军之：夜间全军合攻之。 5 不善是：不能调解和评定是非。善，调解。 6 鄐(chù)：晋邑，在今河南温县附近。 7 靡角之谷：靡角地方的山谷，宋地，靠近彭城。 8 简兵蒐乘：精选步兵，检阅车兵。 9 蓐食：让兵士在草垫子上吃饭，以备随时出动。 10 焚次：烧掉宿营帐篷。 11 逸楚囚：故意放走楚国俘虏。逸，放。 12 晋降彭城：晋国允许彭城投降。 13 鱼石：叛逃楚国的原宋国大夫。 14 子辛：楚国大夫。并非战死，实于鲁襄公五年被楚国所杀。

"子反与子灵争夏姬[1]，而雍害其事[2]，子灵奔晋。晋人与之邢，以为谋主，捍御北狄，通吴于晋，教吴叛楚，教之乘车、射御、驱侵[3]，使其子

"子反和子灵争夺夏姬，破坏了子灵的婚事，子灵逃奔到晋国。晋国人封给他邢邑，让他做主要谋士，抵御北狄，让吴国与晋国通好，教吴国背叛楚国，教他们坐车、射箭、驾车奔驰作战，让他的儿子狐庸做吴国的行人。吴国

狐庸为吴行人焉[4]。吴于是伐巢,取驾[5],克棘,入州来[6]。楚罢于奔命,至今为患,则子灵之为也。若敖之乱[7],伯贲之子贲皇奔晋。晋人与之苗[8],以为谋主。鄢陵之役,楚晨压晋军而陈,晋将遁矣。苗贲皇曰:'楚师之良,在其中军王族而已。若塞井夷灶,成陈以当之,栾、范易行以诱之[9],中行、二郤必克二穆[10]。吾乃四萃于其王族[11],必大败之。'晋人从之,楚师大败,王夷师熸[12],子反死之。郑叛吴兴,楚失诸侯,则苗贲皇之为也。"

在那时候攻打巢国,占取驾地,攻下棘邑,进入州来。楚国疲于奔命,到今天还是祸患,这就是子灵干出来的。若敖叛乱,伯贲的儿子贲皇逃亡到晋国,晋国人把苗地封给他,让他做主要的谋士出谋划策。鄢陵之役,楚军清晨直逼晋军摆开阵势,晋军准备逃走。苗贲皇说:'楚军的精锐在于他们中军的王族而已,如果填井平灶,摆开阵势来抵挡他们的进攻,栾书、范燮用家兵去诱敌,中行偃和郤锜、郤至一定能战胜楚军的子重、子辛。我们再把四军集中去攻击楚国的中军王族,必定能够大败他们。'晋国听从了他的意见,楚军果然大败,楚共王受伤,士气一蹶不振,子反为此而死。郑国背叛,吴国兴起,楚国失去诸侯,这都是苗贲皇干出来的。"

注释 1子反与子灵争夏姬:见鲁成公二年《传》。 2雍害:阻碍,破坏。雍,同"壅",蒙塞。 3驱侵:犹言驱驰作战。 4狐庸:巫臣之子,为吴国行人。 5驾:楚邑,在今安徽无为境。 6棘:楚邑,在今河南永城南。州来:楚邑,在今安徽凤台。 7若敖之乱:见鲁宣公四年《传》。 8苗:晋邑,在今河南济源西。 9栾、范:指栾书、范燮统率的中军。当时栾书为中军元帅,范燮为中军副帅。易行:指简易军备,表示虚弱,诱使楚军的王族误认为晋军易攻，而不再顾子重、子辛之兵。杜预注："易行，谓简易兵备。欲令楚贪己，不复顾二穆之兵。" **10** 中行：即中行偃，又称荀偃，当时为上军副帅。二郤：即郤锜、郤至。郤锜当时为上军统帅，郤至为新军副帅。二穆：指楚左、右军统帅子重和子辛。因二人皆出自楚穆王，故称"二穆"。 **11** 四萃：指晋上、中、下、新四军集中攻击。萃，聚集，即集中攻击。 **12** 王夷：楚共王受伤，指晋将吕锜射中楚共王眼睛。夷，受伤。师熸(jiān)：楚军士气像火一样熄灭。熸，火熄灭。

子木曰："是皆然矣。"声子曰："今又有甚于此者。椒举娶于申公子牟，子牟得戾而亡，君大夫谓椒举[1]：'女实遣之！'惧而奔郑，引领南望曰：'庶几赦余！'亦弗图也[2]。今在晋矣。晋人将与之县，以比叔向。彼若谋害楚国，岂不为患？"子木惧，言诸王，益其禄爵而复之。声子使椒鸣逆之[3]。

许灵公如楚，请伐郑，曰："师不兴，孤不归矣！"八月，卒于楚。楚子曰："不伐郑，何以求诸侯？"

子木说："这些都是对的。"声子说："如今又有比这厉害的。椒举娶了申公子牟的女儿，子牟得罪而逃亡，国君和大夫对椒举说：'实在是你让他走的！'椒举害怕而逃到郑国，伸长脖子望着南方说：'或许会赦免我！'但你们也不考虑。现在他在晋国了。晋国人要封给他县邑，把他比作叔向。他若谋划危害楚国，岂不成为祸患？"子木害怕了，对楚王说了，于是增加椒举的官禄爵位而让他回国复职。声子让椒鸣去迎接椒举。

许灵公到楚国，请求攻打郑国，说："不发兵，我不回国了！"八月，在楚国去世。楚王说："不攻打郑国，怎能求得诸侯？"

注释 **1** 君大夫：指楚君及其大夫。 **2** 亦弗图：也不考虑。 **3** 椒鸣：

伍举之子,伍奢之弟。

冬十月,楚子伐郑。郑人将御之,子产曰:"晋、楚将平,诸侯将和,楚王是故昧于一来[1],不如使逞而归,乃易成也。夫小人之性,衅于勇[2],啬于祸[3],以足其性而求名焉者,非国家之利也。若何从之?"子展说,不御寇。十二月乙酉[4],入南里,堕其城。涉于乐氏[5],门于师之梁[6]。县门发,获九人焉。涉于氾而归[7],而后葬许灵公。

冬十月,楚王攻打郑国。郑国人准备抵御楚军,子产说:"晋、楚两国将要媾和,诸侯将要和睦,楚王因此冒昧地来一趟,不如让他快意而归,就容易媾和了。小人的本性,一有机会就逞勇,贪祸,以满足他的本性而追求虚名,这不符合国家的利益。怎么可以听从?"子展很高兴,就不抵抗敌人。十二月初五日,楚军进入南里,拆毁城墙。徒步从乐氏渡口过河,攻打师之梁城门。内城的悬门放下,俘虏了被关在城门外的九个郑国人。楚军徒步渡过氾水回国,然后安葬许灵公。

卫人归卫姬于晋,乃释卫侯[8]。君子是以知平公之失政也。

卫国人把卫姬嫁到晋国,晋国这才释放了卫献公。君子从这件事上知道晋平公缺乏治国的水平。

晋韩宣子聘于周,王使请事[9]。对曰:"晋士起将归时事于宰旅[10],无他事矣。"王闻之曰:"韩氏其昌阜于晋乎[11]!辞不失旧。"

晋国韩宣子在周室聘问,周天子派人询问来意。韩宣子回答说:"晋国下士韩起前来向宰旅奉献贡品,没有别的事情。"周天子听到了,说:"韩氏可能要在晋国昌盛吧!他仍然保持着过去的辞令。"

注释 1 昧:冒昧。 2 衅于勇:"勇于衅"的倒装。衅,衅隙,言见有衅隙则凭血气之勇。 **3** 啬:贪。杜预注:“言郑之欲与楚战者,皆衅勇贪名之人,非能为国计虑久利,不可从也。” **4** 乙酉:初五日。 **5** 乐氏:洧水渡口,在今河南新郑市境。 **6** 师之梁:郑国城门。 **7** 氾:南氾,今河南襄城县南。 **8** 乃释卫侯:才释放卫侯。杨伯峻《春秋左传注》:“早数月晋虽许释卫侯,犹未实行,至此获女而后释之。” **9** 请事:即问事,询问来意。 **10** 起:即韩起,又称韩宣子。在晋国为卿,到天子之国称士。宰旅:即冢宰之下士,此为谦辞。 **11** 昌阜:即昌盛。

齐人城郏之岁[1],其夏,齐乌馀以廪丘奔晋[2]。袭卫羊角[3],取之。遂袭我高鱼[4],有大雨,自其窦入[5],介于其库[6],以登其城,克而取之。又取邑于宋。于是范宣子卒,诸侯弗能治也。及赵文子为政,乃卒治之。文子言于晋侯曰:“晋为盟主,诸侯或相侵也,则讨而使归其地。今乌馀之邑,皆讨类也[7],而贪之,是无以为盟主也。请归之!”公曰:“诺。孰可使也?”对曰:“胥梁带能无用师[8]。”晋侯使往。

齐国人在郏地筑城那年,夏天,齐国乌馀带着廪丘逃奔到晋国。他袭击卫国的羊角,占领了这地方。于是就乘机袭击我鲁国的高鱼,下大雨,乌馀带兵从城墙的排水洞钻进去,取出高鱼武器库中的甲胄装备了士兵,登上城墙,攻克并占领了高鱼。又攻取了宋国的城邑。这时范宣子去世了,诸侯不能惩治乌馀。等到晋国赵文子执政,才终于惩治了乌馀。赵文子对晋侯说:“晋国做盟主,诸侯有人互相侵占,就要讨伐而使他归还所侵夺的土地。现在乌馀的城邑,都属于应该讨伐一类的,而我们却贪图它,这就没有资格做盟主了。请归还给诸侯!”晋侯说:“好。谁可以做使者?”赵文子回答说:“胥梁带能不用兵就办好这事。”晋侯就派胥梁带前去。

注释 1城郏之岁:在郏筑城那年,即鲁襄公二十四年。 2乌馀:齐国大夫。廪丘:齐邑,在今河南范县东南。 3羊角:卫邑,在今山东郓城西北。 4高鱼:鲁邑,在今河南范县东南,与山东郓城接界。 5窦:指城墙的排水洞。 6介:指以甲胄装备士兵。 7讨类:应讨伐的一类。8胥梁带:胥午之子,晋国大夫。

襄公二十七年

【经】

二十有七年春[1],齐侯使庆封来聘。

夏,叔孙豹会晋赵武、楚屈建、蔡公孙归生、卫石恶、陈孔奂、郑良霄、许人、曹人于宋。

卫杀其大夫甯喜。

卫侯之弟鱄出奔晋。

秋七月辛巳[2],豹及诸侯之大夫盟于宋。

冬十有二月乙亥朔[3],日有食之。

二十七年春天,齐侯派庆封来我鲁国聘问。

夏天,叔孙豹在宋国会见晋国赵武、楚国屈建、蔡国公孙归生、卫国石恶、陈国孔奂、郑国良霄、许国人、曹国人。

卫国杀了他们的大夫甯喜。

卫侯的弟弟鱄出逃到晋国。

秋天七月初五日,叔孙豹和诸侯国的大夫在宋国结盟。

冬天十二月初一,发生日食。

注释 1二十有七年:鲁襄公二十七年,公元前546年。 2辛巳:初五日。 3十有二月乙亥朔:应是十一月乙亥。杨伯峻引江永《群经补义》云:“《经》文传写讹耳。此年七月,《经》有辛巳,则乙亥朔必是十一月矣。”

【传】

二十七年春，胥梁带使诸丧邑者，具车徒以受地，必周[1]。使乌馀具车徒以受封。乌馀以其众出，使诸侯伪效乌馀之封者[2]，而遂执之，尽获之。皆取其邑而归诸侯，诸侯是以睦于晋。

二十七年春天，胥梁带让丢掉城邑的各国，准备好车兵和步兵来接受土地，行动必须秘密。让乌馀准备车兵和步兵来接受封地。乌余带领他的一伙人出来，胥梁带让诸侯假装是送给乌馀封地的，因而就乘机逮捕了乌馀，全部俘虏了他的一伙人。把他的城邑都夺回来并归还给诸侯，诸侯因此归向晋国。

齐庆封来聘，其车美。孟孙谓叔孙曰："庆季之车[3]，不亦美乎？"叔孙曰："豹闻之：'服美不称[4]，必以恶终。'美车何为？"叔孙与庆封食，不敬。为赋《相鼠》[5]，亦不知也。

齐国庆封前来聘问，他的车子很漂亮。孟孙对叔孙说："庆封的车子，不也很漂亮吗？"叔孙说："我听说：'服饰漂亮和人不相称，必定会得恶果。'漂亮的车子有什么用？"叔孙招待庆封吃饭，庆封表现得不恭敬。叔孙为他赋《相鼠》这首诗，他也不知其意。

注释 1 周：秘密。 2 伪效：假装送给。 3 庆季：即庆封。庆封排行最小，故称庆季。 4 服美不称：指人的衣着、车马、装饰不与人的相貌相称。 5《相鼠》：《诗经·鄘风》篇名。

卫甯喜专，公患之。公孙免馀请杀之[1]。

卫国甯喜专权，卫献公忧虑这件事。公孙免馀请求杀掉他。献公说："假如没

公曰:“微甯子不及此,吾与之言矣[2]。事未可知[3],只成恶名,止也。”对曰:“臣杀之,君勿与知[4]。”乃与公孙无地、公孙臣谋,使攻甯氏,弗克,皆死。公曰:“臣也无罪,父子死余矣[5]。”夏,免馀复攻甯氏,杀甯喜及右宰穀,尸诸朝。石恶将会宋之盟,受命而出,衣其尸,枕之股而哭之。欲敛以亡,惧不免,且曰:“受命矣。”乃行。

有甯子,我不能到这地步,我已经跟他说过了。事情的成败尚未可知,弄不好只能得到坏名声,不要这样干。”公孙免馀回答说:“我去杀掉他,君不要参与知道这事。”就和公孙无地、公孙臣策划,派他们攻打甯氏,没有攻下来,公孙无地和公孙臣都战死了。卫献公说:“臣是没有罪的,父子二人都为我而死了。”这年夏天,公孙免馀再次攻打甯氏,杀了甯喜和右宰穀,尸体陈列在朝廷上。石恶将要参加宋国的盟会,接受命令出来,给尸首穿上衣服,头枕在尸体的大腿上号哭。想把尸首入殓之后自己逃亡,又害怕不能免于祸难,姑且说:“接受命令了。”于是就出走了。

注释 1 公孙免馀:卫国大夫。 2 吾与之言矣:我已经跟他说了,指回国复位后,“政由甯氏,祭则寡人”。 3 事未可知:指杀甯喜之事的成败尚不可知。 4 勿与知:不要参与知道计划。 5 死余:即“为余死”,为我而死。

子鲜曰:“逐我者出,纳我者死,赏罚无章,何以沮劝[1]?君失其信,而国无刑[2],不亦难乎!

子鲜说:“驱逐我的人逃亡,接纳我的死亡,赏罚没有章法,用什么止人为恶劝人为善?国君失掉他的信用,国家没有正常的刑罚,不也为难吗?而且这件

且鱄实使之。"遂出奔晋。公使止之,不可。及河,又使止之。止使者而盟于河。托于木门[3],不乡卫国而坐[4]。木门大夫劝之仕,不可,曰:"仕而废其事[5],罪也。从之,昭吾所以出也。将谁诉乎?吾不可以立于人之朝矣。"终身不仕。公丧之,如税服,终身[6]。

公与免馀邑六十,辞曰:"唯卿备百邑,臣六十矣。下有上禄[7],乱也。臣弗敢闻。且甯子唯多邑,故死,臣惧死之速及也。"公固与之,受其半。以为少师。公使为卿,辞曰:"大叔仪不贰,能赞大事[8]。君其命之!"乃使文子为卿。

事实在是我让甯喜这么做的。"于是就逃亡到晋国。卫献公派人阻止他,不听。到达黄河,又派人阻止他。他劝阻使者而对着黄河发誓。子鲜寄居在晋国木门,坐着都不肯面向卫国。木门大夫劝他做官,他不答应,说:"做官而废弃自己的职责,就是罪过。要尽自己的职责,就是宣扬我出逃的原因。我将向谁诉说呢?我不能立在别人的朝廷上了。"一直到死没有出来做官。献公悼念他,为他服丧一直到死。

卫献公给公孙免馀六十个城邑,免馀辞谢说:"只有卿才具备一百个城邑,臣下已经有六十个了。在下的人拥有在上人的邑禄,这是祸乱。臣不敢听到。况且甯喜就只因为邑多,所以死了,我害怕死亡会很快来到。"献公坚决要给他,他接受了一半。献公让他做了少师。献公让他做卿,他辞谢说:"太叔仪没有二心,能赞助大事。君王还是任命他吧!"于是就让太叔仪做了卿。

注释 **1** 逐我者:指孙林父。纳我者:指甯喜。沮:阻止,止人为恶。劝:劝勉,勉人为善。 **2** 无刑:没有正常的刑罚。 **3** 托于木门:寄居在木门。木门,晋邑,今地不详。 **4** 乡:通"向",面向,朝着。 **5** 废其事:废弃自己担任的公事。 6 公丧之：卫献公悼念他。税服：又叫繐服，古代丧礼规定的追服。郑玄注："日月已过，闻丧而服曰税。"按，卫献公死于鲁襄公二十九年夏天，子鲜定死于他稍前。依古礼，天子诸侯对兄弟死不服丧，但子鲜死，卫献公为他服丧至死，故言"如税服终身"。 7 下有上禄：免馀为大夫，而有上卿之禄邑，故言"下有上禄"。 8 赞：赞助，辅佐。

宋向戌善于赵文子，又善于令尹子木，欲弭诸侯之兵以为名。如晋，告赵孟。赵孟谋于诸大夫，韩宣子曰："兵，民之残也，财用之蠹，小国之大灾也。将或弭之，虽曰不可，必将许之。弗许，楚将许之，以召诸侯，则我失为盟主矣。"晋人许之。如楚，楚亦许之。如齐，齐人难之[1]。陈文子曰："晋、楚许之，我焉得已。且人曰弭兵，而我弗许，则固携吾民矣[2]！将焉用之？"齐人许之。告于秦，秦亦许之。皆告于小国，为会于宋[3]。

宋国向戌和赵文子友好，又和令尹子木友好，想消除诸侯之间的战争以取得好名声。到晋国，他告诉了赵文子。赵文子和各位大夫商量，韩宣子说："战争，是百姓的祸害，财货的蛀虫，小国的大灾难。有人要消除它，虽说办不到，一定要答应他。不答应，楚国将会答应，用来号令诸侯，那么我国就失掉盟主的地位了。"晋国人答应了向戌。向戌到楚国，楚国也答应了。向戌到齐国，齐国人感到为难。陈文子说："晋国、楚国答应了，我们怎能不答应。而且别人说消除战争，我们却不答应，就的确会使我们的百姓产生二心了！那将怎么使用他们？"齐国人答应了。向戌告诉秦国，秦国也答应了。四国都通告小国，在宋国举行会见。

注释 1 难之：对弭兵感到为难，不想答应。 2 携吾民：使我国百姓对执政者携贰。携，携贰，产生二心。 3 为会：举行会见。

五月甲辰[1]，晋赵武至于宋。丙午[2]，郑良霄至。六月丁未朔[3]，宋人享赵文子，叔向为介。司马置折俎[4]，礼也。仲尼使举是礼也[5]，以为多文辞[6]。戊申[7]，叔孙豹，齐庆封、陈须无，卫石恶至。甲寅[8]，晋荀盈从赵武至。丙辰[9]，邾悼公至。壬戌[10]，楚公子黑肱先至[11]，成言于晋。丁卯[12]，宋向戌如陈，从子木成言于楚。戊辰[13]，滕成公至。子木谓向戌："请晋、楚之从交相见也[14]。"庚午[15]，向戌复于赵孟。赵孟曰："晋、楚、齐、秦，匹也。晋之不能于齐[16]，犹楚之不能于秦也。楚君若能使秦君辱于敝邑，寡君敢不固请于齐？"壬申[17]，左师复言于子木。子木使驲谒诸王[18]。王曰："释齐、秦，他国请相见也。"秋七月戊寅[19]，左师至。是夜

五月二十七日，晋国赵文子到达宋国。二十九日，郑国良霄到达。六月初一，宋国人设享礼招待赵文子，叔向做赵文子的副手。司马把煮熟的牲畜解成碎块放在礼器中，这是合于礼的。后来孔子看到这次礼仪的记录，认为修饰的辞藻太多。初二，叔孙豹，齐国的庆封、陈须无，卫国的石恶到达。初八日，晋国荀盈跟随赵文子之后到达。初十日，邾悼公到达。十六日，楚国公子黑肱先到达，和晋国商定了有关的事项。二十一日，宋国向戌到陈国去，和子木商定有关楚国的条件。二十二日，滕成公到达。子木对向戌说："请跟从晋国和跟从楚国的诸侯更相朝见。"二十四日，向戌向赵文子复命。赵文子说："晋、楚、齐、秦，四个国家是地位相等的。晋国不能指挥齐国，如同楚国不能指挥秦国。楚国国君如若能叫秦国国君辱临敝邑，寡君怎敢不坚决向齐国国君请求？"二十六日，向戌向子木复命。子木派传车谒见楚王请示。楚王说："放下齐国、秦国，其他各国请互相朝见。"秋天七月初二，向戌到达。当天晚上，赵文子和公子

也,赵孟及子皙盟[20],以齐言[21]。庚辰[22],子木至自陈。陈孔奂、蔡公孙归生至。曹、许之大夫皆至。以藩为军[23]。

黑肱商定了盟会的内容,统一了口径。初四,子木从陈国到达宋国。陈国孔奂、蔡国公孙归生到达。曹国、许国的大夫都到达。各国军队用篱笆作为界线。

注释 1 甲辰:二十七日。 2 丙午:二十九日。 3 丁未朔:初一。 4 置折俎:将牲体解成一节一段,置于俎中。 5 举:犹言记录。 6 多文辞:修饰的辞藻太多。 7 戊申:初二。 8 甲寅:初八。 9 丙辰:初十。 10 壬戌:十六日。 11 公子黑肱:字子皙,楚共王之子,后为楚国令尹。先至:比令尹子木先到。 12 丁卯:二十一日。 13 戊辰:二十二日。 14 晋、楚之从:跟从晋、楚的诸侯,即晋、楚各自的盟国。交相见:互相交换朝见,即令晋之盟国朝楚,楚之盟国朝晋。 15 庚午:二十四日。 16 于齐:犹言指挥齐国。于,用如“以”,指挥。 17 壬申:二十六日。 18 驲:传车,古代驿站专用之车。 19 戊寅:初二。 20 子皙:即楚公子黑肱。 21 以齐言:统一盟词,即免得盟誓时再生争议。 22 庚辰:初四。 23 以藩为军:以藩篱作为军队的界线。

晋、楚各处其偏。伯夙谓赵孟曰:“楚氛甚恶[1],惧难。”赵孟曰:“吾左还[2],入于宋,若我何?”辛巳[3],将盟于宋西门之外,楚人衷甲[4]。伯州犁曰:“合诸侯之师,以为不信,无乃不可乎?

晋国和楚国各自驻扎在篱笆的两边。伯夙对赵文子说:“楚国的气氛很不好,怕会发生战争祸难。”赵文子说:“我们向左转就进入了宋国,能把我们怎么样?”初五,将要在宋国西门外结盟,楚国人在外衣里面穿着皮甲。伯州犁说:“会合诸侯的军队,而做不令人信任的事,只怕不可以吧?诸侯盼望而信任楚

夫诸侯望信于楚，是以来服。若不信，是弃其所以服诸侯也。”固请释甲。子木曰：“晋、楚无信久矣，事利而已[5]。苟得志焉，焉用有信？”大宰退[6]，告人曰：“令尹将死矣，不及三年。求逞志而弃信，志将逞乎？志以发言，言以出信，信以立志，参以定之[7]。信亡，何以及三[8]？”赵孟患楚衷甲，以告叔向。叔向曰：“何害也？匹夫一为不信，犹不可，单毙其死[9]。若合诸侯之卿，以为不信，必不捷矣。食言者不病[10]，非子之患也。夫以信召人，而以僭济之[11]，必莫之与也[12]，安能害我？且吾因宋以守病[13]，则夫能致死[14]。与宋致死[15]，虽倍楚可也，子何惧焉？又不及是。曰‘弭兵’以召诸侯，而称兵以害

国，因此前来顺服。如果不被人信任，这就是丢弃了用来使诸侯顺服的东西了。”伯州犁坚决请求脱掉皮甲。子木说：“晋国、楚国不讲信用已经很久了，做对我们有利的事就是了。假如能满足意愿，哪里用得着有信用？”伯州犁退出去，告诉人说：“令尹要死了，不会到三年。只求满足意愿而丢弃信用，意愿会满足吗？意愿用以形成语言，语言用以产生信用，信用用以建立意愿，三者参合以彼此确定。信用丢掉了，怎能活到三年？”赵文子担心楚国人衣内穿了皮甲，把这事告诉了叔向。叔向说：“有什么危害？一个普通的人一旦做出不守信的事，尚且不行，全都不得好死。若是会合诸侯的卿，做出不守信用的事，就必定不会成功。自食其言的人并不能困乏别人，这不是您的祸患。以信用召集别人，却用虚假去求成功，必然没有人赞同他，怎能危害我们？而且我们依靠宋国来防御楚国制造困乏，那就人人都能誓死抗敌。和宋国一起拼死抵抗，即使楚军增加一倍也可以顶住，您有什么可害怕的呢？而事情又没到这种地步。口说‘消除战争’用以召集诸侯，反而发动战争来坑害我

我[16],吾庸多矣[17],非所患也。”

们,我们的好处就多了,这不是我们所要担心的。”

注释 1 楚氛甚恶:楚国的气氛很坏。杜预注:“言楚有袭晋之气。” 2 左还:向左转而行。还:同“旋”。 3 辛巳:初五。 4 衷甲:把皮甲穿在外衣里面。衷,内衣,此为穿在里面。 5 事利:只做对我们有利的事。 6 大宰:即伯州犁。 7 参以定之:参合言、信、志三者来确定。 8 何以及三:怎能活到三年。 9 单:通“殚”,尽,全部。 10 不病:有省文,意为不足以困乏人。病,困乏。 11 僭:虚假,不可信。 12 莫之与:即“莫与之”,无人赞同他。 13 守病:防御楚国困乏我。 14 夫:指晋军,犹言人人。 15 致死:指誓死抗楚。 16 称兵:举兵,即发动战争。 17 庸:用,用处,好处。

季武子使谓叔孙以公命曰:“视邾、滕[1]。”既而齐人请邾,宋人请滕,皆不与盟。叔孙曰:“邾、滕,人之私也[2]。我,列国也[3],何故视之[4]?宋、卫,吾匹也。”乃盟。故不书其族,言违命也[5]。

晋、楚争先[6]。晋人曰:“晋固为诸侯盟主,未有先晋者也。”楚人曰:“子言晋、楚匹

季武子派人以襄公之命的名义对叔孙豹说:“把我们看作同邾国、滕国一样。”随后不久,齐国人请求把邾国作为自己的属国,宋国人请求把滕国作为自己的属国,邾、滕两国都不参加结盟。叔孙豹说:“邾国、滕国,是别人的私属。我们是诸侯国,为什么要视同如他们?宋国、卫国,才是和我国对等的。”于是就参加了结盟。因此《春秋》不记载他的族氏,这是说叔孙豹违背了命令的缘故。

晋、楚两国争执歃血盟誓的先后。晋国人说:“晋国本来是诸侯的盟主,从来没有在晋国之前歃血的。”楚国人说:“您说

也，若晋常先，是楚弱也。且晋、楚狎主诸侯之盟也久矣[7]，岂专在晋？”叔向谓赵孟曰：“诸侯归晋之德只[8]，非归其尸盟也[9]。子务德，无争先！且诸侯盟，小国固必有尸盟者[10]。楚为晋细[11]，不亦可乎？”乃先楚人。书先晋，晋有信也。

晋、楚两国地位相等，如果晋国永远在前面，这就是楚国弱于晋国了。而且晋国、楚国交替主持诸侯的盟会已经很久了，难道专门由晋国主持吗？”叔向对赵文子说：“诸侯归服晋国的德行，并不是归服它主持结盟。您致力于德行，不要去争先歃血！况且诸侯会盟，小国本来必定要有主持具体事务的。楚国做晋国的尸盟者一类的小国，不也是可以的吗？”于是就让楚国人先歃血。《春秋》记载却先记晋国，是因为晋国有信用的缘故。

注释 **1** 视邾、滕：即把鲁国看成同邾国、滕国一样的小国，以减轻贡献。 **2** 人之私：别人的私属国，不是独立国。 **3** 列国：即诸侯国。 **4** 视之：意为看作如同他们邾、滕小国一样。 **5** 违命：指叔孙豹未听季武子的话，未把鲁国视同邾、滕，是违命。 **6** 争先：指争先于歃血盟誓。 **7** 狎：更迭，交替。 **8** 只：语尾助词。 **9** 尸盟：即主持结盟。杜预注：“尸，主也。” **10** 尸盟者：结盟时办理执牛耳之类具体事务的人。 **11** 细：指做尸盟者之类的小国。

壬午[1]，宋公兼享晋、楚之大夫，赵孟为客[2]。子木与之言，弗能对。使叔向侍言焉，子木亦不能对也。

初六日，宋平公设享礼同时招待晋、楚两国大夫，赵文子做主宾。子木和他谈话，赵文子不能回答。让叔向在旁边帮着答话，子木也不能回答。

乙酉[3]，宋公及诸侯

初九日，宋平公和诸侯国的大夫在蒙门外边结盟。子木向赵文子询问说：

之大夫盟于蒙门之外[4]。子木问于赵孟曰:“范武子之德何如?”对曰:“夫子之家事治,言于晋国无隐情。其祝史陈信于鬼神[5],无愧辞[6]。”子木归,以语王。王曰:“尚矣哉[7]!能歆神人[8],宜其光辅五君以为盟主也[9]。”子木又语王曰:“宜晋之伯也!有叔向以佐其卿,楚无以当之,不何与争。”

晋荀盈遂如楚莅盟。

“范武子的德行怎么样?”赵文子回答说:“这位老人家的家事治理得好,对晋国人来说没有隐瞒的情况。他的祝史以诚信之言陈告鬼神,没有言不由衷的话。”子木回国,把赵文子的话告诉楚王。楚王说:“高尚啊!能够使神和人都高兴,他光荣地辅佐五世国君做盟主是合适的。”子木又对楚王说:“晋国做诸侯之伯是适合的!有叔向辅佐他的卿,楚国是无法抵挡它的,不能和他们相争。”

晋国的荀盈于是就到楚国去参加结盟。

注释 1 壬午:初六。 2 客:指上宾。杜预注:“客,一坐所尊。” 3 乙酉:初九。 4 蒙门:宋国都城的东北门。 5 陈信:以诚信之言陈告。 6 无愧辞:没有不出自内心的话。 7 尚:崇高。 8 歆神人:能使神和人都高兴。歆,欣喜,高兴。 9 五君:指晋国文、襄、灵、成、景五世国君。

郑伯享赵孟于垂陇[1],子展、伯有、子西、子产、子大叔、二子石从[2]。赵孟曰:“七子从君,以宠武也[3]。请皆赋以卒君贶[4],武亦以观七子之志。”子展赋《草虫》[5],

郑伯在垂陇设享礼招待赵文子,子展、伯有、子西、子产、子太叔、两个子石跟从郑伯。赵文子说:“这七位大夫跟从国君来招待我,是宠爱我啊。请各位都赋诗来完成君主的恩赐,我赵武也借此可以看到七位的志向。”

赵孟曰:“善哉!民之主也。抑武也不足以当之。”伯有赋《鹑之贲贲》[6],赵孟曰:“床笫之言不逾阈[7],况在野乎?非使人之所得闻也。”子西赋《黍苗》之四章[8],赵孟曰:“寡君在,武何能焉?”子产赋《隰桑》[9],赵孟曰:“武请受其卒章[10]。”子大叔赋《野有蔓草》[11],赵孟曰:“吾子之惠也。”印段赋《蟋蟀》[12],赵孟曰:“善哉!保家之主也。吾有望矣。”公孙段赋《桑扈》[13],赵孟曰:“匪交匪敖[14],福将焉往?若保是言也,欲辞福禄,得乎?”

子展赋《草虫》这首诗,赵文子说:“好啊!是百姓的主人。但武是不足以担当的。”伯有赋《鹑之贲贲》这首诗,赵文子说:“床上的话不出门槛,何况在野外呢?这是不应该让人听到的。”子西赋《黍苗》的第四章,赵文子说:“有寡君在那儿,武又有什么能力呢?”子产赋《隰桑》这首诗,赵文子说:“武请求接受它的最后一章。”子太叔赋《野有蔓草》这首诗,赵文子说:“这是大夫的恩惠。”印段赋《蟋蟀》这首诗,赵文子说:“好啊!这是保住家族的大夫。我有希望了。”公孙段赋《桑扈》这首诗,赵文子说:“不骄不傲,福禄将会跑到哪里?若能保持这些话,想要推辞福禄能行吗?”

注释 1 垂陇:郑邑,在今河南郑州西北。 2 二子石:即印段、公孙段,郑国大夫。因二人均字“子石”而称“二子石”。 3 宠:尊贵。句谓七人跟随郑君来宴我,是尊贵我。 4 卒君贶:完成郑君对我的恩赐。贶,赐。 5《草虫》:《诗经·召南》篇名。子展赋此诗,赞赵文子为君子。 6《鹑之贲贲》:《诗经·鄘风》篇名,今本作《鹑之奔奔》。 7 床笫之言:指男女枕席上的情话。不逾阈(yù):不过门槛。阈,门槛。 8《黍苗》:《诗经·小雅》篇名。其第四章“肃肃谢功,召伯营之。列列征师,召伯成之”。子西赋此诗把赵孟比作召伯。 9《隰桑》:《诗经·小雅》篇名。杜预注:“义取思见君子,尽心以事之。” 10 卒章:卒章四句为“心乎爱矣,遐不谓矣。

中心藏之,何日忘之"。赵文子意在要子产规诲自己。 **11**《野有蔓草》:《诗经·郑风》篇名。 **12**《蟋蟀》:《诗经·唐风》篇名。 **13**《桑扈》:《诗经·小雅》篇名。杜预注:"义取君子有礼文,故能受天之祜。" **14** 匪交匪敖:今本《诗经》作"彼交匪敖"。"交""敖"同义,即为傲;"彼"与"匪",古通用。

卒享。文子告叔向曰:"伯有将为戮矣!诗以言志,志诬其上[1],而公怨之[2],以为宾荣,其能久乎?幸而后亡[3]。"叔向曰:"然。已侈[4]!所谓不及五稔者[5],夫子之谓矣。"文子曰:"其余皆数世之主也。子展其后亡者也,在上不忘降[6]。印氏其次也,乐而不荒[7]。乐以安民,不淫以使之[8],后亡,不亦可乎?"

享礼结束了。赵文子告诉叔向说:"伯有将要被杀了!诗用来表明心意,心意在诬蔑他的国君,而国君怨恨他,以此作为待客的光荣,他能够长久吗?即使侥幸不被杀,后来也必定逃亡。"叔向说:"是的。他太骄奢!所谓不到五年,说的就是这个人了。"赵文子说:"其余都是可以传下数世的大夫。子展大概是最后灭亡的,处在上位却不忘记降抑自己。印氏是次于子展的,他欢乐而不荒唐。以安民为乐,不过分役使百姓,灭亡在后,不也是可以的吗?"

注释 **1** 诬其上:诬蔑他的国君。上,指郑君。 **2** 公怨之:郑君怨恨伯有。因伯有赋诗"人之无良,我以为君",意在讥刺郑君。 **3** 幸而后亡:即使侥幸不被戮,其后也必逃亡。 **4** 已侈:太骄奢。已,太。 **5** 五稔:即五年。 **6** 在上不忘降:处在上位而不忘降抑。因子展赋《草虫》有"我心则降"句而言。 **7** 乐而不荒:欢乐而不荒淫。因印段赋《蟋蟀》有"好乐无荒"句。 **8** 不淫:不过分。使之:指使用百姓。

宋左师请赏[1]，曰："请免死之邑[2]。"公与之邑六十。以示子罕，子罕曰："凡诸侯小国，晋、楚所以兵威之。畏而后上下慈和，慈和而后能安靖其国家，以事大国，所以存也。无威则骄，骄则乱生，乱生必灭，所以亡也。天生五材[3]，民并用之，废一不可，谁能去兵？兵之设久矣，所以威不轨而昭文德也。圣人以兴[4]，乱人以废，废兴存亡昏明之术，皆兵之由也。而子求去之，不亦诬乎？以诬道蔽诸侯[5]，罪莫大焉。纵无大讨，而又求赏，无厌之甚也[6]！"削而投之[7]。左师辞邑。

宋国的左师请求赏赐，说："请赐给免死的城邑。"宋平公赐给他六十个邑。他把简册拿给子罕看，子罕说："凡是诸侯小国，晋国、楚国都用武力威胁它。他们害怕然后上下慈爱和睦，慈爱和睦然后能安定他们的国家，以侍奉大国，这是小国之所以生存的原因。没有威胁他们就骄傲，骄傲了就发生祸乱，祸乱发生就必然被消灭，这是小国之所以灭亡的原因。上天生出了金木水火土五种材料，百姓全部使用了它们，废掉一种都不可以，谁能去掉兵器呢？兵器的设置已经很久了，它是用来威慑越轨和宣扬文德的。圣人由于武力而兴起，作乱的人由于武力而被废弃，废弃与兴起、生存与灭亡、昏乱与昌明的方法，都是武力所造成的。而您谋求去掉它，不也是欺骗吗？以欺骗之术蒙蔽诸侯，没有比这更大的罪过了。即使没有大的讨伐，而又求取赏赐，这是贪得无厌到极点了！"子罕削掉简册上的字，扔掉它。左师推辞了城邑不受。

注释　1 左师：即宋国执政大夫向戌。请赏：向戌有奔走晋楚两国发起弭兵之功，故向宋君请赏。　2 免死之邑：杜预注为"谦言"。　3 五材：指金、木、水、火、土。　4 圣人以兴：即"圣人以兵而兴"，圣人由于武力而兴起。 5诬道：犹言欺诈之术。蔽：蒙蔽。 6厌：满足。 7削：指削去简册上的字。杜预注：“削赏左师之书。”

向氏欲攻司城[1]，左师曰：“我将亡，夫子存我[2]，德莫大焉，又可攻乎？”君子曰：“‘彼已之子，邦之司直[3]’，乐喜之谓乎[4]！‘何以恤我，我其收之[5]’，向戌之谓乎！”

齐崔杼生成及彊而寡[6]，娶东郭姜，生明。东郭姜以孤入[7]，曰棠无咎，与东郭偃相崔氏。崔成有疾，而废之，而立明。成请老于崔[8]，崔子许之。偃与无咎弗予，曰：“崔，宗邑也，必在宗主[9]。”成与彊怒，将杀之，告庆封曰：“夫子之身亦子所知也，唯无咎与偃是从，父兄莫得进矣[10]。大恐害夫子，敢以告。”庆封曰：“子姑退，吾图之。”告卢蒲嫳[11]。卢蒲嫳曰：“彼[12]，君之仇也。

向氏想要攻打子罕，左师说：“我将要灭亡，他老人家让我生存，恩德没有比这更大的了，又可以攻打吗？”君子说：“‘那位人物，是国家主持正义的人’，说的就是子罕吧！‘以什么赐给我，我都要接受它’，说的就是向戌吧！”

齐国崔杼生了成和彊就死了妻子，又娶东郭姜为妻，生了明。东郭姜带了前夫的儿子进门，名叫棠无咎，和东郭偃辅助崔氏。崔成有病而被废掉了，立了崔明为继承人。崔成请求退休到崔地养老，崔杼答应了他。东郭偃和棠无咎不同意给，说：“崔地，是宗庙所在的地方，一定要归于宗主。”崔成和崔彊发怒了，要杀掉他们，告诉庆封说：“他老人家的情况也是您所知道的，唯独听从棠无咎和东郭偃的，诸位父兄谁都不能进言。很怕有害于他老人家，谨以此向您报告。”庆封说：“您姑且退出去，我考虑一下。”庆封告诉卢蒲嫳。卢蒲嫳说：“他，是国君的仇人。上天或许要抛弃他了。他确实家中生了乱子，

天或者将弃彼矣。彼实家乱，子何病焉？崔之薄[13]，庆之厚也[14]。”他日又告。庆封曰：“苟利夫子，必去之！难，吾助女。”

您担心什么呢？崔家的削弱，就是庆家的增强。”过几天崔成和崔彊又对庆封说这件事。庆封说：“如果有利于他老人家，一定要去掉他们！有危难，我来帮助你们。”

注释　**1** 司城：指子罕。因子罕为司城。　**2** 夫子：指子罕。　**3** 彼己之子，邦之司直：语出《诗经·郑风·羔裘》，今本“彼己”作“彼其”。司直：主持正义的人。　**4** 乐喜：即子罕。　**5** 何以恤我，我其收之：杜预注为逸诗，杨伯峻认为“实则《周颂·维天之命》‘假以溢我，我其收之’之变文”。**6** 寡：古代无妻或无夫都叫作寡。　**7** 孤：指前夫棠公之子。　**8** 崔：齐邑，崔氏始封之地，在今山东济南章丘区西北，济阳区东。　**9** 宗主：杜预注：“宗邑，宗庙所在。宗主谓崔明。”　**10** 父兄：指崔氏的诸父诸兄。进：进言。**11** 卢蒲嫳(piè)：庆封属下大夫。　**12** 彼：指崔杼，曾杀齐庄公。　**13** 薄：削弱。　**14** 厚：加强。

九月庚辰[1]，崔成，崔彊杀东郭偃、棠无咎于崔氏之朝。崔子怒而出，其众皆逃，求人使驾，不得。使圉人驾，寺人御而出。且曰：“崔氏有福，止余犹可[2]。”遂见庆封。庆封曰：“崔、庆一也。是何敢然？请为子讨之。”使卢蒲嫳帅甲

九月初五，崔成、崔彊在崔氏的朝廷上杀了东郭偃、棠无咎。崔杼愤怒地走出，他的手下人都逃走了，找人驾车，找不到。让养马的人套上车，寺人驾驶着车子出去。崔杼还说：“崔氏如果有福，祸患只停止在我身上还可以。”于是进见庆封。庆封说：“崔、庆是一家。这些人怎么敢这样？请让我为您讨伐他们。”派卢蒲嫳率领甲士进攻崔家。崔家修筑他们的宫

以攻崔氏。崔氏堞其宫而守之[3],弗克。使国人助之,遂灭崔氏,杀成与彊,而尽俘其家。其妻缢。嬖复命于崔子,且御而归之。至,则无归矣,乃缢。崔明夜辟诸大墓[4]。辛巳[5],崔明来奔,庆封当国。

墙守卫着,没有攻下来。发动国人帮助攻打,于是就灭亡了崔氏,杀了崔成与崔彊,并夺取了崔家的全部人口和财货。崔杼的妻子上吊而死。卢蒲嫳向崔杼复命,并且驾着车子送他回家。崔杼到家,已经无家可归了,就上吊而死。崔明夜间躲藏在墓群里。初六,崔明逃奔来鲁国,庆封掌握了齐国政权。

注释 1 庚辰:初五日。 2 止余:指祸患只停止在我身上。 3 堞其宫:修筑他们的宫墙。堞,城上的矮墙,此指筑宫墙。 4 辟:同“避”,此指躲避在墓群间。 5 辛巳:初六日。

楚薳罢如晋莅盟[1],晋侯享之。将出,赋《既醉》[2]。叔向曰:“薳氏之有后于楚国也,宜哉!承君命,不忘敏[3]。子荡将知政矣。敏以事君,必能养民。政其焉往?”

崔氏之乱,申鲜虞来奔,仆赁于野[4],以丧庄公[5]。冬,楚人召之,遂如楚为右尹。

楚国薳罢到晋国参加结盟,晋侯设享礼招待他。薳罢宴毕将要退出时,赋了《既醉》这首诗。叔向说:“薳氏在楚国有后嗣将长享禄位,是应该的啊!承受国君的命令,不忘记敏捷应对。子荡将要执政了。用敏捷来侍奉国君,必然能抚养百姓。政权能跑到哪里去?”

崔氏发动叛乱时,申鲜虞逃奔来鲁国,在郊外雇佣了仆人,为齐庄公服丧。冬天,楚国人召请申鲜虞,于是他就到楚国做了右尹。

十一月乙亥朔[6],日有食之。辰在申[7],司历过也[8],再失闰矣[9]。

十一月初一,发生日食。当时斗柄指向申星,由于司历官的过错,缺少了两次闰月。

注释 1 薳罢(pí):字子荡,后为楚国令尹。 2《既醉》:《诗经·大雅》篇名。杜预注认为以此诗“美晋侯,比之太平君子也”。 3 敏:即所谓“敏于事”,应对敏捷。薳罢宴饮完毕,将出而赋《既醉》,甚得其时,故曰“不忘敏”。 4 仆赁于野:在郊野雇佣了仆人。 5 丧庄公:为齐庄公服丧。 6 乙亥朔:初一。 7 辰在申:斗柄指向申星。辰,星名,即斗柄。 8 司历:主持司历的官。 9 再失闰:缺少两次闰月。

襄公二十八年

【经】

二十有八年春[1],无冰。

夏,卫石恶出奔晋。

邾子来朝。

秋八月,大雩。

仲孙羯如晋。

冬,齐庆封来奔。

十有一月,公如楚。

十有二月甲寅[2],天王崩[3]。

乙未[4],楚子昭卒[5]。

二十八年春天,没有结冰。

夏天,卫国石恶出逃到晋国。

邾悼公来我国朝见。

秋天八月,举行大规模的求雨祭祀。

鲁大夫仲孙羯到了晋国。

冬天,齐国庆封逃奔前来鲁国。

十一月,襄公到达楚国。

十二月十六日,周天子去世。

乙未,楚康王昭去世。

注释 1 二十有八年:鲁襄公二十八年,公元前545年。 2 甲寅:十六日。 3 天王:指周灵王。 4 乙未:杜预注:“十二月无乙未,日误。” 5 昭:楚康王。

【传】

二十八年春,无冰。梓慎曰[1]:“今兹宋、郑其饥乎?岁在星纪[2],而淫于玄枵[3],以有时灾[4],阴不堪阳[5]。蛇乘龙[6],龙,宋、郑之星也[7],宋、郑必饥。玄枵,虚中也[8]。枵,耗名也[9]。土虚而民耗,不饥何为?”

夏,齐侯、陈侯、蔡侯、北燕伯、杞伯、胡子、沈子、白狄朝于晋[10],宋之盟故也。

齐侯将行,庆封曰:“我不与盟,何为于晋[11]?”陈文子曰:“先事后贿[12],礼也。小事大,未获事焉[13],从之如志[14],礼也。虽不与盟,敢叛晋乎?

二十八年春天,没有结冰。鲁国大夫梓慎说:“今年宋国、郑国大概要发生饥荒吧?岁星应当在星纪,但已超越到了玄枵,这是因为要发生天时不正的灾荒,阴不能胜阳。蛇乘坐在龙的上面,龙是宋国、郑国的星宿,宋国、郑国必定发生饥荒。玄枵,虚宿在中间。枵,是消耗的名称。土地虚而百姓耗,怎么能不发生饥荒?”

夏天,齐侯、陈侯、蔡侯、北燕伯、杞伯、胡子、沈子、白狄到晋国朝见,是为了在宋国那次结盟的缘故。

齐侯准备出行,庆封说:“我们没有参加结盟,为什么要朝见晋国?”陈文子说:“先考虑侍奉大国后考虑财礼,这是合于礼的。小国侍奉大国,如果没有获得侍奉的机会,就要顺从大国的意图,这也合于礼。我们虽然没有参加结盟,怎敢背叛晋国呢?重丘

重丘之盟，未可忘也。子其劝行！”

的盟会，是不可忘记的。您还是劝国君出行！”

注释 1 梓慎：鲁国大夫。 2 岁在星纪：岁星应在星纪。岁星即木星。木星公转周期为十一又百分之八十六年，古人误以为十二年，因而分周天为十二星次，再以十二地支配十二星次：降娄、大梁、实沉、鹑首、鹑火、鹑尾、寿星、大火、析木、星纪、玄枵、娵訾。可见“星纪”为十二星次之一。 3 玄枵：十二星次名。此年岁星应在星纪，而据梓慎观察所知在玄枵，故言“淫于玄枵”。 4 灾：此指天时不正的灾荒。 5 阴不堪阳：阴不能胜阳。古人认为寒冷为阴，温暖为阳。应有冰而无冰，即应寒而暖。故言“阴不堪阳”。 6 蛇乘龙：杨伯峻《春秋左传注》：“古人以岁星为木，木为青龙。而次于玄枵，玄枵相当女、虚、危三宿。虚、危古以为蛇。龙行疾而失位，出虚、危宿下，龙在下而蛇在上，故曰蛇乘龙。” 7 龙，宋、郑之星也：古有分野之说，即以土地疆域配天上星宿。如“宋、郑之疆，候在岁星”，岁星即青龙，故言“龙，宋、郑之星也。” 8 虚中：虚宿在中间。即玄枵三宿“女、虚、危”，虚星居中。 9 耗名：消耗之名。杜预注：“岁为宋郑之星，今失常，淫入虚耗之次。时复无冰，地气发泄，故曰土虚民耗。” 10 朝于晋：指各国去年在宋国为弭兵结盟后朝晋。杜预注：“陈侯、蔡侯、胡子、沈子，楚属也。宋盟曰‘晋楚之从交相见’，故朝晋。” 11 于晋：即朝于晋。 12 先事后贿：先考虑侍奉大国后考虑财币之礼。此针对庆封惜财而言侍奉晋国之重要。 13 获事：获得侍奉大国的机会。 14 志：指晋国的意图。

卫人讨甯氏之党，故石恶出奔晋。卫人立其从子圃以守石氏之祀[1]，

卫国人讨伐甯氏的亲族，所以石恶逃亡到晋国。卫国人立了他的侄儿石圃，以保存石氏的祭祀，这是合于礼的。

礼也。

郲悼公来朝，时事也[2]。

秋，八月，大雩，旱也。

蔡侯归自晋，入于郑。郑伯享之，不敬。子产曰："蔡侯其不免乎？日其过此也[3]，君使子展迋劳于东门之外[4]，而傲。吾曰犹将更之。今还，受享而惰，乃其心也[5]。君小国事大国，而惰傲以为己心，将得死乎[6]？若不免，必由其子。其为君也，淫而不父[7]。侨闻之，如是者，恒有子祸[8]。"

郲悼公来我国朝见，这是按时令而来的朝见。

秋天，八月，举行大型的求雨祭祀，是由于天旱。

蔡侯从晋国回国，路过郑国。郑伯设享礼招待他，他表现得不恭敬。子产说："蔡侯恐怕不能免于祸难吧？以前他经过这里的时候，国君派子展到东门外慰劳，但他显得骄傲。我认为他还是会改变的。现在他回来，接受享礼却显得怠惰，这就是他的本性了。作为小国的国君侍奉大国，反而把怠惰骄傲作为本性，能得到好死吗？假如不免于祸难，一定是由于他的儿子。他做国君，淫乱而不像做父亲的样子。侨听说，像这样的人，经常会遭到儿子发动的祸乱。"

注释　1 从子：兄弟之子，即侄。圃：石圃。守：保持。　2 时事：按时令朝聘，即四时朝聘。　3 日：往日。　4 迋：到，前往。东门之外：指郑国国都东门之外。　5 心：意指本性。　6 将得死乎：言岂将得死乎，意谓不得好死。得死，善终。　7 淫而不父：淫乱而不像做父亲的样子。杜预注："通大子班之妻。"　8 恒：经常。子祸：儿子发动的祸乱。杜预注："为三十年蔡世子班弒其君传。"

孟孝伯如晋，告将为宋之盟故如楚也。

孟孝伯到晋国，报告将要为了宋国之盟的缘故去楚国。

蔡侯之如晋也，郑伯使游吉如楚。及汉[1]，楚人还之，曰："宋之盟，君实亲辱。今吾子来，寡君谓吾子姑还，吾将使驲奔问诸晋而以告。"子大叔曰："宋之盟，君命将利小国，而亦使安定其社稷，镇抚其民人，以礼承天之休[2]，此君之宪令[3]，而小国之望也。寡君是故使吉奉其皮币[4]，以岁之不易[5]，聘于下执事。今执事有命曰：女何与政令之有[6]？必使而君弃而封守[7]，跋涉山川，蒙犯霜露[8]，以逞君心。小国将君是望，敢不唯命是听？无乃非盟载之言，以阙君德，而执事有不利焉，小国是惧。不然，其何劳之敢惮[9]？"

蔡侯到了晋国的时候，郑伯派游吉到楚国去。到达汉水，楚国人让他回去，说："在宋国的那次结盟，贵国君王亲自光临。现在大夫前来，寡君说大夫暂且回去，我将派传车奔赴晋国询问以后再告诉您。"游吉说："在宋国的那次结盟，贵国君王的命令要有利于小国，并且也使小国安定它的社稷，镇抚它的百姓，用礼仪承受上天的福禄，这是贵国君王的法令，也是小国的期望。由于年岁艰难，寡君因此派吉奉上财礼，向下级执事聘问。现在执事命令说：你怎么能参与郑国的政令？一定要让你们国君丢弃你们的封疆和守备，跋山涉水，冒着霜露，以满足我国君王的心意。小国还想期望贵国君王赐给恩惠，怎么敢不唯命是听？但这不符合盟书的话，而使贵国君王的德行有所缺失，也对执事有所不利，小国就害怕这个。不然，还敢害怕劳苦吗？"

注释　1 汉：汉水。　2 休：福禄。　3 宪令：法令。　4 皮币：古代朝聘，常以皮币为礼物。　5 以岁之不易：指郑国有饥荒。杜预注："言岁有饥荒之难，故郑伯不得自朝楚。"　6 政令：指郑国的政令。　7 封守：封疆和守备。　8 蒙犯：蒙受，冒着。　9 惮：畏惧，害怕。

子大叔归，复命，告子展曰：“楚子将死矣！不修其政德，而贪昧于诸侯[1]，以逞其愿，欲久，得乎？《周易》有之，在复䷗之颐䷚[2]，曰‘迷复，凶[3]’，其楚子之谓乎！欲复其愿，而弃其本[4]，复归无所，是谓迷复。能无凶乎？君其往也！送葬而归，以快楚心。楚不几十年[5]，未能恤诸侯也[6]，吾乃休吾民矣。裨灶曰[7]：“今兹周王及楚子皆将死。岁弃其次[8]，而旅于明年之次，以害鸟帑[9]。周、楚恶之[10]。”

游吉回国，复命，告诉子展说：“楚王将要死了！不修明他的政事和德行，反而贪图诸侯的进奉，以满足自己的愿望，想要活得长久，能够办到吗？《周易》记载，得到复䷗变成颐䷚，说‘迷了路又返回来，不吉利’，大概说的就是楚王吧！想要实践他的愿望，却忘掉了原来的路径，想回来又找不着地方，这叫作迷复。能够吉利吗？君王就去吧！送葬回来，让楚国痛快一下。楚国没有将近十年的时间，不能争夺霸业，我们就可以让百姓休息了。裨灶说：“今年周天子和楚王都将死去。岁星失去它应在的位置，而运行在明年的位置上，危害了鸟尾星。周朝和楚国要受到灾祸。”

注释 **1** 贪昧：贪冒，贪图。 **2** 复：卦名，震下坤上。颐：卦名，震下艮上。 **3** 迷复：迷了路又返回来。杜预注：“极阴反阳之卦，上处极位，迷而复返，失道已远，远而无应，故凶。” **4** 复：实践。本：根本，指原来的道路。杜预注“弃其本”为“不修德”。 **5** 几：近，到。 **6** 未能恤诸侯：即不能争霸。 **7** 裨灶：郑国大夫。 **8** 岁：岁星，即木星。 **9** 帑：鸟尾。帑尾，鸟尾星。 **10** 恶之：受到它的灾祸。杜预注：“岁星所在，其国有福，失次于北，祸冲在南。南为朱鸟，鸟尾曰帑。鹑火、鹑尾，周、楚之分，故周王、楚子受其咎。”

九月，郑游吉如晋，告将朝于楚，以从宋之盟。子产相郑伯以如楚，舍不为坛[1]。外仆言曰[2]：“昔先大夫相先君，适四国[3]，未尝不为坛。自是至今，亦皆循之。今子草舍[4]，无乃不可乎？”子产曰：“大适小，则为坛。小适大，苟舍而已，焉用坛？侨闻之，大适小有五美：宥其罪戾，赦其过失，救其灾患，赏其德刑[5]，教其不及。小国不困，怀服如归，是故作坛以昭其功，宣告后人，无怠于德。小适大有五恶：说其罪戾[6]，请其不足，行其政事，共其职贡，从其时命[7]。不然，则重其币帛，以贺其福而吊其凶，皆小国之祸也。焉用作坛以昭其祸？所以告子孙，无昭祸焉可也。”

九月，郑国的游吉去晋国，报告说将要遵照在宋国的盟誓去楚国朝见。子产辅佐郑伯到楚国，搭了帐篷而不筑坛。外仆说：“从前先大夫辅佐先君，到四方各国，从没有不筑坛的。从那时到今天，也都相沿不改。现在您不除草就搭起帐篷，恐怕不可以吧？”子产说：“大国去小国，就筑坛；小国到大国，草草地搭起帐篷就行了，哪里用得着筑坛？侨听说，大国去小国有五个好处：宽宥它的罪过，原谅它的错误，救助它的灾难，赞赏它的德行和典范，教导它想不到的地方。小国不困乏，归心和顺服大国好像回家一样，因此筑坛来宣扬它的功德，公开告诉后代的人，对于德业的进修不要怠惰。小国去大国有五个坏处：向小国掩饰它的罪过，请求得到它所缺乏的东西，要求小国奉行它的政事，供给它贡品，服从它忽然而来的指令。不这样，就得加重小国的财礼，用来祝贺它的喜事和吊唁它的祸事，这些都是小国的灾祸。哪里用得着筑坛来宣扬它的祸患呢？把这些告诉子孙，不要宣扬祸患就行了。”

注释 1舍：在郊外搭帐篷，设旌门。坛：先清除野草，成为一片地，然后积土为坛。古代国君到别国要在郊外搭帐篷、筑土坛，准备接受在郊外的慰劳。 2外仆：官名，主管筑坛搭舍的官。 3四国：四方各国。 4草舍：不除草就搭起帐篷。 5刑：法式，典范。 6说：解说，解释，有掩饰之意。 7时命：不时之命，即忽然而来的指令。

齐庆封好田而耆酒[1]，与庆舍政[2]，则以其内实迁于卢蒲嫳氏[3]，易内而饮酒[4]。数日，国迁朝焉[5]。使诸亡人得贼者[6]，以告而反之，故反卢蒲癸。癸臣子之[7]，有宠，妻之。庆舍之士谓卢蒲癸曰："男女辨姓[8]，子不辟宗[9]，何也？"曰："宗不余辟，余独焉辟之？赋《诗》断章[10]，余取所求焉，恶识宗[11]？"癸言王何而反之，二人皆嬖，使执寝戈[12]，而先后之。

齐国的庆封喜欢打猎并酷爱喝酒，把政权交给庆舍，他就带着妻妾财物迁移到卢蒲嫳家里，交换妻妾并喝酒。几天以后，官员们就改到这里朝见。庆封让逃亡在外而知道崔氏余党的人前来告发就允许他们回来，所以就让卢蒲癸回来了。卢蒲癸做了庆舍的家臣，受到宠信，庆舍把女儿嫁给了他。庆舍的家臣对卢蒲癸说："男女结婚要辨别是否同姓，可是您不避讳同宗，为什么？"卢蒲癸说："同宗不避我，我怎么独独要避开同宗？就像赋《诗》的断章取义，我取得所需要的就是了，哪里知道什么同宗？"卢蒲癸又对庆舍说起王何而让他回来，两个人都受到庆舍宠信，庆舍让他们拿着寝戈在自己前后护卫。

注释 1田：打猎。耆：通"嗜"，爱好。 2庆舍：庆封之子。 3内实：指妻妾和宝物。 4易内：交换妻妾。内，妻妾。 5国迁朝：庆封虽把政权交给庆舍,但仍任当国之名,大夫们就去卢蒲嫳家朝见,故言“国迁朝”。 **6** 亡人:指避崔杼之难逃亡在外的人。得贼者:知道崔氏余党的人。贼,指崔氏余党。 **7** 子之:庆舍字。 **8** 辨姓:辨别是否同姓。古礼同姓不婚,故云男女辨姓。 **9** 不辟宗:不避讳同宗。庆氏与卢蒲氏都是姜姓,同宗,故云不避宗。 **10** 赋《诗》断章:春秋时外交常用赋《诗》表意,赋者和听者各取所求,不顾本义,即是断章取义。这儿是比喻卢蒲癸对庆氏不过取己所欲而已,不再顾及古礼。 **11** 恶识宗:哪里知道什么同宗?恶,何,哪里。 **12** 寝戈:近身护卫用的武器。杜预注:“寝戈,亲近兵杖。”

公膳[1],日双鸡,饔人窃更之以鹜[2]。御者知之[3],则去其肉而以其洎馈[4]。子雅、子尾怒[5]。庆封告卢蒲嫳。卢蒲嫳曰:“譬之如禽兽,吾寝处之矣。”使析归父告晏平仲。平仲曰:“婴之众不足用也,知无能谋也。言弗敢出,有盟可也。”子家曰[6]:“子之言云,又焉用盟?”告北郭子车[7]。子车曰:“人各有以事君,非佐之所能也。”陈文子谓桓子曰[8]:“祸将作矣!吾其何得?”对曰:“得庆氏之木百车于庄[9]。”文子曰:“可慎守也已!”

公家供给卿大夫的伙食,每天有两只鸡,管伙食的人偷偷地换成鸭子。送饭的人知道了,就去掉鸭肉只送上肉汤。子雅、子尾发怒。庆封告诉卢蒲嫳。卢蒲嫳说:“把他们比作禽兽,我睡在他们皮上了。”庆封派析归父告诉晏平仲。晏平仲说:“婴的一帮人不足以使用,智慧也够不上出谋划策。绝不敢泄露这些话,可以盟誓。”庆封说:“您已经这么说了,又哪里用得着盟誓?”又告诉北郭子车。子车说:“各人有不同的方式侍奉国君,这不是佐所能做到的。”陈文子对陈无宇说:“祸难将要发生了!我们能得到什么?”陈无宇回答说:“在庄街上得到庆氏的木料一百车。”陈文子说:“可以谨慎地保住它!”

注释 1 公膳：卿大夫在公朝办事由朝廷供给的伙食。 2 饔人：官名，主管宰割烹饪的事。鹜：家鸭。 3 御者：送饭食的人。 4 洎：肉汤。杜预注："饔人、御者欲使诸大夫怨庆氏，减其膳。盖卢蒲癸、王何之谋。" 5 子雅、子尾：齐国大夫。杜预注："二子皆惠公孙。" 6 子家：庆封字。但杜预认为是析归父。 7 告：指庆封或庆封派析归父告诉。北郭子车：齐国大夫，名佐，北郭氏。 8 桓子：陈文子之子无宇。 9 木百车：庆封占有木材百车。杜预注："庆封时有此木，积于六轨之道。" 庄：临淄城大街名。

卢蒲癸、王何卜攻庆氏，示子之兆[1]，曰："或卜攻仇，敢献其兆。"子之曰："克，见血。"冬十月，庆封田于莱[2]，陈无宇从。丙辰[3]，文子使召之。请曰："无宇之母疾病，请归。"庆季卜之[4]，示之兆，曰："死。"奉龟而泣，乃使归。庆嗣闻之[5]，曰："祸将作矣！"谓子家[6]："速归！祸作必于尝[7]，归犹可及也。"子家弗听，亦无悛志[8]。子息曰："亡矣！幸而获在吴、越。"陈无宇济水而戕舟发梁[9]。

卢蒲癸、王何为攻打庆氏占卜，把龟兆给庆舍看，说："有人为攻打仇人而占卜，胆敢奉献他的兆象。"庆舍说："攻下了，见到血。"冬季十月，庆封在莱地打猎，陈无宇随从。十七日，陈文子派人召唤他回去。陈无宇请求说："无宇的母亲病重，请求回去。"庆封占卜，把龟兆给陈无宇看，陈无宇说："这是死的兆象。"捧着龟甲哭泣，于是就让他回去了。庆嗣听到这件事，说："祸患将要发生了！"对庆封说："赶快回去！祸难必定发生在尝祭的时候，回去还来得及。"庆封不听，也没有悔改的意思。庆嗣说："他要逃亡了！能够逃到吴国、越国就是侥幸。"陈无宇渡过河，就破坏了渡船，撤去了桥梁。

注释 1兆:龟兆。占卜时,龟板被火灼后,据以判定吉凶的裂纹。 2莱:齐国邑名,在今山东昌邑东南。 3丙辰:十七日。 4庆季:杜预注:"季,庆封。" 5庆嗣:字子息,庆封的族人。 6子家:庆封字。 7尝:秋祭名。齐国用夏历,鲁国此时为冬季,夏历为秋季。 8无悛志:没有改悔的意思。悛,改过。 9戕舟发梁:破坏船,撤去桥梁。戕,破坏。发,撤去。

卢蒲姜谓癸曰[1]:"有事而不告我,必不捷矣。"癸告之。姜曰:"夫子愎[2],莫之止,将不出,我请止之。"癸曰:"诺。"十一月乙亥[3],尝于大公之庙,庆舍莅事。卢蒲姜告之,且止之。弗听,曰:"谁敢者?"遂如公[4]。麻婴为尸[5],庆奊为上献[6]。卢蒲癸、王何执寝戈。庆氏以其甲环公宫[7]。陈氏、鲍氏之圉人为优[8]。庆氏之马善惊,士皆释甲束马而饮酒,且观优,至于鱼里[9]。栾、高、陈、鲍之徒介庆氏之甲[10]。子尾抽桷击扉三[11],卢蒲癸自后刺子之,王何以戈击之,

卢蒲姜对卢蒲癸说:"有事情而不告诉我,必然不能成功。"卢蒲癸告诉了她。卢蒲姜说:"我父亲性情倔强,没有人劝阻他,他会不出来的,请让我去劝阻他。"卢蒲癸说:"好。"十一月初七日,在太公庙举行尝祭,庆舍将要亲临祭祀。卢蒲姜告诉他有人要发动祸乱,并劝阻他不要去。他不听,说:"谁敢这么干?"于是就到了祭祀的地方。麻婴充当祭尸,庆奊充当先献。卢蒲癸、王何拿着寝戈。庆氏率领他的甲士围住公宫。陈氏、鲍氏的养马人演戏。庆氏的马容易受惊,甲士都解甲系马而喝酒,同时看戏,到了鱼里。栾氏、高氏、陈氏、鲍氏的士兵就穿上了庆氏甲士的皮甲。子尾抽出方形椽子在门扇上敲了三下,卢蒲癸从后面刺庆舍,王何用戈击他,砍下了他的左肩。庆

解其左肩。犹援庙桷，动于甍[12]，以俎壶投[13]，杀人而后死。遂杀庆绳、麻婴。公惧，鲍国曰："群臣为君故也。"陈须无以公归，税服而如内宫[14]。

舍还能拉着庙宇的椽子，牵动了屋梁，把俎和壶投掷出去，击死了人才死去。卢蒲癸等人就杀死了庆绳、麻婴。齐侯害怕，鲍国说："群臣是为了君王的缘故。"陈须无带着齐侯回去，脱下祭服进了内宫。

注释 **1** 卢蒲姜：卢蒲癸之妻，庆舍之女。 **2** 夫子：指庆舍。愎：倔强。 **3** 乙亥：初七日。 **4** 如公：到公所，指到太公庙，即祭祀的地方。 **5** 麻婴：指定作尸祭的人。尸：古代祭祀，代受祭的活人。 **6** 庆奊：又叫庆绳，庆舍的族人。上献：先献的人。一说上宾，也叫宾长。 **7** 环公宫：围住齐侯之宫。环，围绕。杜预注："庙在宫内。" **8** 圉人：养马的人。优：俳优，演戏和表演曲艺的人。 **9** 鱼里：里名，当近宫门之外。 **10** 栾、高、陈、鲍：齐国的四族。杜预注："栾，子雅；高，子尾；陈，陈须无；鲍，鲍国。"介庆氏之甲：穿上庆氏甲士的皮甲。介：披甲。 **11** 桷：方形椽子。杜预注："桷，椽也。"杜预注："以桷击扉为期。" **12** 甍：屋梁。一说屋脊。 **13** 俎壶：祭器。俎，盛肉器。壶，盛酒器。 **14** 税服：脱去祭服。税，同"脱"。

庆封归，遇告乱者。丁亥[1]，伐西门，弗克。还伐北门，克之。入，伐内宫，弗克。反，陈于岳[2]，请战，弗许。遂来奔。献车于季武子，美泽可以鉴[3]。展庄叔见之[4]，曰："车甚泽，人必瘁[5]，宜其亡也。"叔孙

庆封回来，遇到报告祸乱的人。十九日，攻打西门，没有攻下。回头攻打北门，攻下了。进城，攻打内宫，没有攻下。庆封回军在岳里摆开阵势，请求决战，没有得到允许。于是就逃亡来鲁国。庆封把车子献给季武子，美丽的光泽可以照见人影。展庄叔进见季武子，说："车很光亮，人必定毁坏，他逃亡是活

穆子食庆封，庆封氾祭[6]。穆子不说，使工为之诵《茅鸱》[7]，亦不知。既而齐人来让，奔吴。吴句馀予之朱方[8]，聚其族焉而居之，富于其旧。子服惠伯谓叔孙曰："天殆富淫人，庆封又富矣。"穆子曰："善人富谓之赏，淫人富谓之殃。天其殃之也，其将聚而歼旃[9]。"

癸巳[10]，天王崩。未来赴，亦未书，礼也。

该了。"叔孙穆子设便宴招待庆封，庆封先遍祭诸神。穆子不高兴，让乐师为他诵《茅鸱》这首诗，他也不明白。不久齐国人前来鲁国责问，庆封又逃奔到吴国，吴子句馀把朱方赐给了他，他聚集族人住在那里，财富比他过去还多。子服惠伯对叔孙穆子说："上天大概是要让坏人富有的，庆封又富有起来了。"叔孙穆子说："好人富有叫作奖赏，坏人富有叫作灾殃。上天大概让他遭殃，将要让他们聚合而一起被消灭吧。"

二十五日，周天子去世。没有发来讣告，《春秋》也没有记载，这是合于礼的。

注释 1丁亥：十九日。 2岳：齐都的里巷名。 3泽：光泽。 4展庄叔：鲁国大夫。 5车甚泽，人必瘁：车很光泽，人必定毁坏。人：指庆氏。瘁：毁坏。一说"人"谓"他人"，"瘁"即"憔悴"之"悴"。意思是车如此华美，必加重剥削，受害者憔悴。 6氾祭：遍祭诸神。古时饮食要先祭祀，但庆封作客而遍祭是不适当的，庆封不知礼，做法不恭。 7工：乐师。《茅鸱》：逸诗。杜预注："《茅鸱》，逸诗，刺不敬。" 8吴句馀：吴国国君夷末。朱方：吴国邑名，在今江苏镇江东。 9旃："之焉"的合音。 10癸巳：二十五日。

崔氏之乱，丧群公子[1]。故钼在鲁，叔孙还在燕，贾在句渎之丘[2]。及庆氏亡，

崔氏发起祸乱，公子们各自逃亡。所以钼在鲁国，叔孙还在燕国，贾在句渎之丘。到了庆氏逃亡，把他们都召了

皆召之，具其器用而反其邑焉[3]。与晏子邶殿其鄙六十[4]，弗受。子尾曰：“富，人之所欲也，何独弗欲？”对曰：“庆氏之邑足欲，故亡。吾邑不足欲也，益之以邶殿，乃足欲。足欲，亡无日矣。在外[5]，不得宰吾一邑。不受邶殿，非恶富也，恐失富也。且夫富如布帛之有幅焉，为之制度，使无迁也[6]。夫民生厚而用利[7]，于是乎正德以幅之[8]，使无黜嫚[9]，谓之幅利[10]。利过则为败。吾不敢贪多，所谓幅也。”与北郭佐邑六十，受之。与子雅邑，辞多受少。与子尾邑，受而稍致之[11]。公以为忠，故有宠。释卢蒲嫳于北竟[12]。

回来，为他们准备了器物和用品，并返还给他们的封邑。封给晏子邶殿和它边沿上六十个城邑，晏子不接受。子尾说：“富有，是人所想要的，为什么唯独您不想要？”晏子回答说：“庆氏的城邑满足了欲望，所以逃亡。我的城邑不能满足欲望，把邶殿加上，就满足欲望了。满足了欲望，逃亡就没有几天了。逃亡在外边，我连一个城邑也不能主宰。不接受邶殿，不是厌恶富有，而是恐怕失掉富有。而且富有就像布帛有一定宽度，给它制定幅度，使它不能改变。百姓总是想要生活丰厚，器用富饶，因此就要端正道德来加以限制，让它不要不足或过分，这就叫作限制私利。私利过分就要败坏。我不敢贪多，就是所谓的限制。”赐给北郭佐六十个城邑，他接受了。赐给子雅城邑，他推辞的多，接受的少。赐给子尾城邑，接受后又全部奉还了。齐侯认为子尾忠诚，所以被宠信。把卢蒲嫳放逐到北部边境。

注释　**1** 丧：失去，此指逃亡。　**2** 钼、叔孙还、贾：都是齐国公族。贾，即二十一年《传》的“公子买”。句渎之丘：齐国地名，在今山东菏泽北。**3** 具其器用：为他们准备器物用品。反其邑：返还给他们的封邑。　**4** 邶殿:齐国的大邑,在今山东昌邑西。其鄙六十:指附属于邶殿的边沿上六十个城邑。 5 在外:指如果逃亡在外。 6 幅:布帛的宽度。制度:制定幅度。度,宽窄的标准。无迁:不改变。古代布宽二尺二寸,帛宽二尺四寸,这个制度不能增减。 7 生厚:意思是生活享受想要丰厚。用利:意思是器物财货想要富饶。 8 幅:限制。由布帛之幅引申而来。 9 黜嫚:等于说不足和过分。黜,贬退,减损,此用作不足之义。嫚,借用为"漫",水满而溢为"漫",此用为过分之义。 10 幅利:限制其利。 11 稍致之:全部还给(齐景公)。稍,尽。《广雅·释诂》:"稍,尽也。" 12 卢蒲嫳本是庆封之党,故放逐于北境。

求崔杼之尸,将戮之[1],不得。叔孙穆子曰:"必得之。武王有乱臣十人[2],崔杼其有乎[3]?不十人,不足以葬。"既,崔氏之臣曰:"与我其拱璧[4],吾献其柩。"于是得之。十二月乙亥朔[5],齐人迁庄公,殡于大寝[6]。以其棺尸崔杼于市[7]。国人犹知之[8],皆曰:"崔子也。"

齐国人寻求崔杼的尸体,打算戮尸,没有找到。叔孙穆子说:"一定能找到的。武王有十个治国能臣,崔杼难道有吗?不到十个人,不足以安葬。"不久,崔氏的家臣说:"把他的大璧给我,我献出他的棺材。"因此找到了崔杼的尸体。十二月初一日,齐国人迁葬庄公,停棺在正寝。把崔杼的棺材装着崔杼的尸体暴露在街市。国内的人们还认得出他,都说:"这是崔杼。"

为宋之盟故,公及宋公、陈侯、郑伯、许男如楚。公过郑,郑伯不在。伯有迋劳于黄崖[9],不敬。穆叔曰:"伯有无戾于郑[10],郑必

为了在宋国结盟的缘故,鲁襄公和宋公、陈侯、郑伯、许男前往楚国。襄公经过郑国,郑伯不在国内。伯有前往黄崖慰劳,表现得不恭敬。穆叔说:"伯有如果在郑国不受诛戮,郑国必定有大灾祸。恭敬,是百姓的主体,

有大咎。敬，民之主也，而弃之，何以承守[11]？郑人不讨，必受其辜。济泽之阿[12]，行潦之蘋藻[13]，置诸宗室[14]，季兰尸之[15]，敬也。敬可弃乎？”

却丢弃了它，用什么来继承祖先、保持家业？郑国人不讨伐他，必定要受到他的灾祸。水边的薄土，路旁积水中的浮萍水草，用来作祭品，季兰作为祭尸，这是出于恭敬。恭敬难道可以抛弃吗？”

注释 1 戮之：指戮尸。 2 武王：周武王。乱臣：善于治理国家的能臣。乱，治理。 3 其：用法同“岂”，表反问。 4 拱璧：大璧。崔杼有大璧。 5 十二月乙亥朔：十二月初一。杜预注：“十二月戊戌朔，乙亥误。” 6 迁：指迁葬。殡：入殓而未葬。《说文》：“殡，死(尸)在棺，将迁葬柩，宾遇之。”大寝：即路寝，天子诸侯的正室。 7 以其棺尸崔杼：用崔杼之棺，暴崔杼之尸。 8 知之：认得出他。言其尸体尚未腐朽。 9 劳：慰劳。他国之君过境而不入国都，则大夫前往慰劳。黄崖：郑国地名，在今河南新郑北。 10 戾：罪。意指有罪而受诛戮。 11 承守：继承祖先，保守家业。 12 济泽之阿：犹言薄土。杜预注：“言薄土。”济，渡口。泽，聚水的洼地。阿，水崖。 13 行潦之蘋藻：杜预注：“言贱菜。”行，道路。潦，积水。蘋，浮萍。藻，水草。 14 置诸宗室：杜预注：“荐宗庙。”即用作祭品。宗室，此指宗庙。 15 季兰：即《诗经·采蘋》“有齐季女”的季女。季女，少女。

及汉，楚康王卒。公欲反，叔仲昭伯曰：“我楚国之为，岂为一人？行也！”子服惠伯曰：“君子有远虑，小人从迩[1]。饥寒之不恤，谁遑其后[2]？不如

到达汉水，楚康王去世。鲁襄公想要回去，叔仲昭伯说：“我们是为了楚国，难道是为了一个人？继续走吧！”子服惠伯说：“君子有长远的考虑，小人只顾及眼前。饥寒都顾不上，谁有工夫顾及以后？不如姑且回去吧。”叔孙穆

姑归也。”叔孙穆子曰：“叔仲子专之矣[3]，子服子始学者也。”荣成伯曰[4]：“远图者，忠也。”公遂行。宋向戌曰：“我一人之为，非为楚也。饥寒之不恤，谁能恤楚？姑归而息民，待其立君而为之备。”宋公遂反。

子说：“叔仲子可以被专门任用了，子服子是刚学习的人。”荣成伯说：“长远打算的人，是忠诚的。”襄公就继续前进。宋国向戌说：“我们是为了一个人，不是为了楚国。饥寒都顾不上，谁能够顾得上楚国？姑且回去让百姓休息，等他们立了国君再防备他们。”宋公就回去了。

楚屈建卒。赵文子丧之如同盟，礼也。

楚国屈建去世。赵文子像对待同盟国一样去吊丧，这是合于礼的。

王人来告丧。问崩日，以甲寅告[5]。故书之，以徵过也[6]。

周王室的使者前来报告丧事。问他周天子去世的日子，回答说是十二月十六日。所以《春秋》记载它，用来惩戒过错。

注释 **1** 从迩：从近，即只顾眼前。 **2** 恤：忧虑，顾惜。谁遑其后：谁有闲暇顾及以后。承上省“恤”字。遑，闲暇。 **3** 专之：可以被专门任用。杜预注：“言足专任。” **4** 荣成伯：又叫荣驾鹅，叔肸的曾孙，鲁国大夫。 **5** 甲寅：十六日。 **6** 徵：惩戒。陆德明《经典释文》：“本或作惩。”

襄公二十九年

【经】

二十有九年春[1]，王正月，公在楚。

二十九年春天，周历正月，襄公在楚国。

夏五月，公至自楚。

庚午[2]，卫侯衎卒。

阍弑吴子馀祭[3]。

仲孙羯会晋荀盈、齐高止、宋华定、卫世叔仪、郑公孙段[4]、曹人、莒人、滕人、薛人、小邾人城杞。

晋侯使士鞅来聘。

杞子来盟。

吴子使札来聘[5]。

秋九月，葬卫献公。

齐高止出奔北燕。

冬，仲孙羯如晋。

夏天五月，襄公从楚国回到鲁国。

六月五日，卫侯衎去世。

守门人杀死吴子馀祭。

仲孙羯会合晋国荀盈、齐国高止、宋国华定、卫国世叔仪、郑国公孙段、曹国人、莒国人、滕国人、薛国人、小邾国人为杞国筑城墙。

晋侯派士鞅前来鲁国聘问。

杞子前来鲁国结盟。

吴子派季札前来鲁国聘问。

秋天九月，安葬卫献公。

齐国高止逃亡到北燕。

冬天，仲孙羯到晋国。

注释 **1** 二十有九年：鲁襄公二十九年，公元前544年。 **2** 庚午：六月五日。 **3** 阍：守门人。馀祭：吴王寿梦次子，诸樊之弟，一名戴吴。 **4** 仲孙羯：即孟孝伯，孟庄子速的庶子，鲁公族大夫。荀盈：即知悼子，知罃之孙，晋国上卿。高止：即高子容，高厚之子，齐国大夫。华定：宋国的司徒。世叔仪：即太叔仪、太叔文子，卫国大夫。公孙段：即伯石，郑国大夫。 **5** 吴子：指吴国国君馀祭。死前派季札聘鲁。札：季札，又称公子札，馀祭之弟。

【传】

二十九年春，王正月，“公在楚”，释不朝正于庙也[1]。

二十九年春天，周历正月，“襄公在楚国”，这是解释不在岁首祭享宗庙的原因。

楚人使公亲襚[2],公患之。穆叔曰:"祓殡而襚[3],则布币也[4]。"乃使巫以桃、茢先祓殡[5]。楚人弗禁,既而悔之。

二月癸卯[6],齐人葬庄公于北郭。

夏四月,葬楚康王。公及陈侯、郑伯、许男送葬,至于西门之外。诸侯之大夫皆至于墓。楚郏敖即位,王子围为令尹。郑行人子羽曰:"是谓不宜,必代之昌。松柏之下,其草不殖[7]。"

公还,及方城。季武子取卞[8],使公冶问,玺书追而与之[9],曰[10]:"闻守卞者将叛,臣帅徒以讨之,既得之矣,敢告。"公冶致使而退[11],及舍而后闻取卞。公曰:"欲之而言叛,只见疏也。"

楚国人让襄公亲自把赠送给楚王的衣服放置到他棺材东部,襄公对这感到忧虑。穆叔说:"先祓除棺材的凶邪然后给死者放置衣服,这就等于朝见时陈列皮币。"于是就让巫人用桃棒、笤帚先在棺材上扫除凶邪。楚国人没有禁止,后来又感到后悔。

二月初六日,齐国人在外城北部安葬庄公。

夏天四月,安葬楚康王。鲁襄公和陈侯、郑伯、许男送葬,到达楚都西门外边。诸侯的大夫都到了墓地。楚国的郏敖即位,王子围做令尹。郑国使者子羽说:"这叫作不相宜,令尹必定要代替他而昌盛。松柏的下面,草是不能繁殖的。"

鲁襄公回来,到达方城山。季武子占取卞地,派公冶来问候襄公,用封泥加盖印章把信封好后追上去交给了公冶,信上说:"听到戍守卞邑的人要叛变,下臣率领部下讨伐他,已经得到卞邑了,斗胆报告。"公冶表达了使命就退出去,到达帐篷以后才听到占取了卞邑。襄公说:"想要这块地方而说叛变,只能显得疏远我。"

注释 1 释:解释。朝正:国君于岁首祭享宗庙。 2 襚:致襚,即将赠送死者的衣服置于柩东。 3 祓殡:祓除棺材的凶邪。祓,祓除,即扫除。 4 布币:陈列皮币。布,布陈,陈列。 5 桃:桃棒。茢:苕帚。桃、茢祓殡是君临臣丧之礼。《礼记·檀弓下》:"君临臣丧,以巫祝桃、茢执戈,恶之也。" 6 癸卯:初六日。 7 不殖:不能繁殖。杜预注:"言楚君弱,令尹强,物不两盛。为昭元年围弑郏敖起本。" 8 季武子:即季孙宿,季孙行父之子,继承其父为鲁国之卿。卞:鲁国邑名,在今山东泗水县东,洙水北岸。 9 公冶:季氏属大夫。问:杜预注:"问公起居。"玺书:用封泥加印把信封好。玺,印章。 10 曰:指信上说。 11 致使:表达了使命,指问襄公安并交玺书。

公谓公冶曰:"吾可以入乎[1]?"对曰:"君实有国,谁敢违君?"公与公冶冕服[2]。固辞。强之而后受。公欲无入,荣成伯赋《式微》[3],乃归。五月,公至自楚。

公冶致其邑于季氏[4],而终不入焉,曰:"欺其君,何必使余?"季孙见之,则言季氏如他日;不见,则终不言季氏。及疾,聚其臣[5],曰:"我死,必无以冕服敛,非德赏也[6]。且无使季氏葬我。"

葬灵王,郑上卿有

鲁襄公对公冶说:"我可以进入国境吗?"公冶回答说:"君王据有国家,谁敢违背君王?"襄公赐给公冶冕服,公冶坚决辞谢。勉强他,然后才接受。襄公想不进入鲁国,荣成伯赋《式微》这首诗,襄公这才回国。五月,襄公从楚国回到鲁国。

公冶把他的封邑送还给季氏,而且始终不再进入季孙的家门,说:"欺骗他的国君,何必派我去?"季孙召见他,他就像往日一样和季氏说话;未被召见,他就始终不谈季氏。等到公冶病重,聚集他的家臣,说:"我死了以后,一定不要用冕服入殓,这不是因为有德赏赐的。并且不要让季氏安葬我。"

安葬周灵王,郑国的上卿子展有事,

事，子展使印段往[7]。伯有曰："弱[8]，不可。"子展曰："与其莫往，弱不犹愈乎？《诗》云[9]：'王事靡盬，不遑启处[10]。'东西南北，谁敢宁处？坚事晋、楚，以蕃王室也[11]。王事无旷[12]，何常之有？"遂使印段如周。

他派印段前去。伯有说："他太年轻，不行。"子展说："与其没有人去，即使年轻不还是要好一些吗？《诗》说：'王家的事做不完，没有闲暇安居。'东西南北，谁敢安居？坚定地侍奉晋国、楚国，用以捍卫王室。王家的事没有缺失就行了，有什么常规不常规？"于是就派印段前往周王室。

注释 **1** 入：指进入鲁国境内。杜预注："以季氏疏己，故不敢入。" **2** 冕服：指卿大夫的礼服。 **3**《式微》：《诗经·邶风》篇名。有句："式微式微，胡不归？"杜预注："义取寄寓之微陋，劝公归。"式，语首助词。 **4** 致其邑：杨伯峻《春秋左传注》："退还季氏所与之邑，示不为其臣。" **5** 臣：家臣。**6** 非德赏：不是由于有德赏赐的。这是公冶对自己替季孙欺骗鲁君感到愧恨的话。 **7** 子展：名舍之，子罕之子，郑国上卿。 **8** 弱：年轻。 **9**《诗》：指《诗经·小雅·四牡》篇。 **10** 靡：没有。盬：止息。遑：闲暇。启处：等于说安居休息。启，小跪。处，居、坐。古人居室以席铺地，故有跪有坐。**11** 蕃：通"藩"，屏障，意即捍卫、保护。 **12** 旷：荒废，缺失。

吴人伐越，获俘焉，以为阍，使守舟。吴子馀祭观舟，阍以刀弑之。

吴国人攻打越国，抓到了俘虏，让他做看门人，派他看守船只。吴子馀祭观看船只，看门人用刀杀死了他。

郑子展卒，子皮即位[1]。于是郑饥而未及麦，民病。子皮以子展之命，饩国人粟[2]，户一钟[3]，是

郑国的子展去世了，子皮即位为上卿。这时郑国发生饥荒且还没有到麦收，百姓困乏。子皮用子展遗命，把粮食赠送给国内的人们，每户一钟，因此得到郑

以得郑国之民。故罕氏常掌国政,以为上卿。宋司城子罕闻之[4],曰:“邻于善,民之望也。”宋亦饥,请于平公,出公粟以贷[5],使大夫皆贷。司城氏贷而不书[6],为大夫之无者贷。宋无饥人。叔向闻之,曰:“郑之罕、宋之乐[7],其后亡者也!二者其皆得国乎[8]!民之归也。施而不德,乐氏加焉[9],其以宋升降乎[10]!”

国百姓的拥护。所以罕氏经常掌握国政,作为上卿。宋国司城子罕听到这件事,说:“接近于善,这是百姓的期望。”宋国也发生饥荒,司城子罕向宋平公请求,拿出公家的粮食借给百姓,让大夫也都出借粮食。司城氏出借粮食而不写借约,又为缺少粮食的大夫借粮给百姓。宋国没有挨饿的人。叔向听说这件事,说:“郑国的罕氏、宋国的乐氏,大约是最后灭亡的吧!两家恐怕都要掌握国政吧!这是因为百姓归向他们。施惠而不自以为恩德,乐氏就更高一筹了,大概会随着宋国的盛衰而盛衰吧!”

注释 1 子皮:即罕虎,子展之子。杜预注:“子皮代父为上卿。” 2 饩:赠送。 3 钟:合当时六石四斗,合今日仅一又十分之三石。 4 司城:宋国官名。子罕:即乐喜,宋国大夫。 5 公:指公家。 6 不书:指不写借约,即不求归还。 7 罕:罕氏,指罕虎。乐:乐氏,指乐喜。 8 得国:杜预注:“得掌国政。” 9 不德:不自以为恩德。加:犹言胜过。 10 以宋升降:随宋国的盛衰而盛衰。以,与、随。

晋平公,杞出也,故治杞[1]。六月,知悼子合诸侯之大夫以城杞,孟孝伯会之。郑子大叔与伯石往[2]。子大叔见大叔文子[3],与之

晋平公是杞女所生的,所以整修杞国的城墙。六月,知悼子会合诸侯的大夫来整修杞国城墙,孟孝伯参加了。郑国的子大叔和伯石前去。子大叔见到大叔文子,和他说话。文子说:“为杞

语。文子曰:“甚乎!其城杞也。”子大叔曰:“若之何哉!晋国不恤周宗之阙[4],而夏肄是屏[5]。其弃诸姬,亦可知也已。诸姬是弃,其谁归之?吉也闻之,弃同即异,是谓离德。《诗》曰[6]:‘协比其邻,昏姻孔云[7]。’晋不邻矣[8],其谁云之?”

齐高子容与宋司徒见知伯,女齐相礼[9]。宾出,司马侯言于知伯曰:“二子皆将不免[10]。子容专,司徒侈,皆亡家之主也。”知伯曰:“何如?”对曰:“专则速及,侈将以其力毙,专则人实毙之,将及矣[11]。”

国筑城墙这件事太过分了!”子大叔说:“拿他怎么办啊!晋国不担心周室的衰微,却保护夏朝的残余。它会丢弃姬姓诸国,也就可以想象到了。姬姓诸国都要丢弃,还有谁归向他?吉听说,丢弃同姓而靠近异姓,这叫作离德。《诗》说:‘亲近他的近亲,亲戚就会和他来往友好。’晋国不把同姓看作近亲,还有谁和他来往友好?”

齐国的高子容和宋国的司徒进见知伯,女齐做相礼。客人出去,女齐对知伯说:“这两位都将不免于祸难。子容专权,司徒奢侈,都是使家族灭亡的罪魁祸首。”知伯说:“怎么呢?”女齐回答说:“专权就会很快遭到祸难,奢侈将会由于力量强大而致死,专权别人就会置他于死地,他将要及遭到祸难了。”

注释 1 杞出:指杞女所生。出,出生。晋悼公夫人是杞国女。治杞:杜预注:“治理其地,修其城。”此指整修城墙。 2 子大叔:即游吉,郑国正卿。伯石:即公孙段,郑国大夫。 3 大叔文子:即太叔仪,卫国大夫。 4 阙:犹言衰微。 5 肄:余,残余。杞人是夏之后裔,故曰夏肄。屏:藩屏,保护。 6《诗》:指《诗经·小雅·正月》篇。 7 协比:亲附,亲近。邻:相亲近的人,此指诸姬。昏姻:亲戚。云:周旋。 8 邻:用作动词,即以近亲为近亲。 9 高子容:即高止。司徒:即华定。知伯:即荀盈,晋国大夫。女齐:即女叔侯,因官司马,故又称司马侯。相礼:大臣接见外宾时司仪节的人员。 **10** 不免：不免于祸。 **11** 及：及于祸。杜预注：“为此秋高止出奔燕、昭二十年华定出奔陈传。”

范献子来聘，拜城杞也。公享之，展庄叔执币[1]。射者三耦，公臣不足，取于家臣[2]。家臣：展瑕、展玉父为一耦；公臣：公巫召伯、仲颜庄叔为一耦，鄫鼓父、党叔为一耦。

晋侯使司马女叔侯来治杞田[3]，弗尽归也。晋悼夫人愠曰[4]：“齐也取货，先君若有知也，不尚取之[5]！”公告叔侯，叔侯曰：“虞、虢、焦、滑、霍、杨、韩、魏，皆姬姓也[6]，晋是以大。若非侵小，将何所取？武、献以下[7]，兼国多矣，谁得治之？杞，夏余也，而即东夷[8]。鲁，周公之后也，而睦于晋。以杞封鲁犹可，而何有焉[9]？鲁之于晋也，职贡不乏，玩好时至[10]，公卿大夫相

范献子来鲁国聘问，拜谢在杞国修筑城墙。襄公设享礼招待他，展庄叔捧着束帛。参加射礼的人是三对，公臣的人选不够，就在家臣中选取。家臣：展瑕、展玉父为一对；公臣：公巫召伯、仲颜庄叔为一对，鄫鼓父、党叔为一对。

晋侯派司马女叔侯来鲁国办理让鲁国归还杞国田地的事，但没有全部归还给杞国。晋悼夫人生气地说：“女齐办理归还杞国田地的事，先君如果有知，不会佑助他这样办的！”晋侯告诉了叔侯，叔侯说：“虞国、虢国、焦国、滑国、霍国、杨国、韩国、魏国，都是姬姓，晋国因此强大。如果不是侵占小国，将要从哪里取得呢？武公、献公以来，兼并的国家就多了，哪个国家能够恢复并得以治理？杞国，是夏朝的后代，而接近东夷。鲁国，是周公的后代，并和晋国和睦。把杞国封给鲁国还是可以的，为什么要求鲁国全部归还杞国田地呢？鲁国对于晋国，贡品不缺，玩物按时送到，公卿大夫一个接一个前来朝见，史

继于朝，史不绝书，府无虚月[11]。如是可矣，何必瘠鲁以肥杞？且先君而有知也，毋宁夫人[12]，而焉用老臣？”

官没有中断过记载，国库没有一个月不接受贡品。像这样就可以了，何必要削弱鲁国而增强杞国呢？而且先君如果有知，就宁可让夫人去办，哪里用得着我老臣？”

注释 1 展庄叔：鲁臣。执币：拿着束帛。杜预注：“公将以酬宾。” 2 射者：参加射礼的人。古代享礼有射箭比赛活动。三耦：三对。杜预注：“二人为耦。”公臣：指鲁国公室习于礼仪又善射者。当时鲁公室已衰微，有才能的人多在私门（大夫家），故公室不具备习于礼仪又善射的六人。家臣：指大夫家善射者。 3 治杞田：指要求鲁国归还以前侵占杞国的土地。 4 晋悼夫人：晋平公之母，杞国之女。 5 取货：指取杞国的土地，即办理归还杞国土地的事。货，指土地。不尚取之：不会佑助这样办理归还杞国土地的事。尚，佑助。 6 虞、虢、焦、滑、霍、杨、韩、魏：这八国都先后被晋国灭亡。 7 武、献：晋武公、晋献公。杜预注：“武公、献公，晋始盛之君。” 8 即东夷：接近东夷。杜预注：“行夷礼。”是说杞国行夷礼，为当世所鄙视。 9 何有焉：为何要求鲁国全部归还杞国土地呢？一解：何有于是，谓不当心目中有杞国在。 10 玩好：玩物。 11 史不绝书：晋国史官没有中断过记载，指记载鲁国到晋国朝聘的事。府无虚月：说府库无一个月不接受鲁国贡品。 12 而：如果，假如。毋宁：即宁，宁可。

杞文公来盟。书曰“子”，贱之也[1]。

杞文公来鲁国结盟。《春秋》记载他为“子”，这是轻视他。

吴公子札来聘，见叔孙穆子，说之。谓穆子曰：“子其不得死乎[2]！好善

吴国的公子札前来鲁国聘问，见到叔孙穆子，很喜欢他。对穆子说：“您恐怕不得善终吧！喜欢善良却不能够选

而不能择人[3]。吾闻君子务在择人。吾子为鲁宗卿,而任其大政,不慎举[4],何以堪之?祸必及子!”

请观于周乐。使工为之歌《周南》《召南》[5]。曰:“美哉!始基之矣[6],犹未也。然勤而不怨矣[7]。”为之歌《邶》《鄘》《卫》[8]。曰:“美哉,渊乎[9]!忧而不困者也[10]。吾闻卫康叔、武公之德如是[11],是其《卫风》乎!”为之歌《王》[12]。曰:“美哉!思而不惧[13],其周之东乎[14]!”为之歌《郑》[15]。曰:“美哉!其细已甚[16],民弗堪也,是其先亡乎!”

择善人。我听说君子应致力于选择善人。您身为鲁国宗卿,承担着国政,不慎重举拔善人,怎么能受得了呢?祸患必然殃及您!”

公子札请求观看、聆听周朝的舞蹈和音乐。于是让乐工给他歌唱《周南》《召南》。季札说:“美好啊!开始奠定基础了,还没有完成。然而老百姓勤劳而不怨恨了。”给他歌唱《邶风》《鄘风》《卫风》。季札说:“美好啊,深厚啊!忧愁而不困窘。我听说卫康叔、武公的德就像这样,这恐怕是《卫风》吧!”给他歌唱《王风》。季札说:“美好啊!忧思而不害怕,恐怕是周室东迁以后的诗歌吧!”给他歌唱《郑风》。季札说:“美好啊!但是它琐碎得太过分了,百姓不能忍受,这恐怕是要先灭亡的吧!”

注释 **1** 贱之:轻视他,不尊重他。杜预注:“贱其用夷礼。” **2** 不得死:不得善终。 **3** 不能择人:不能够选择善人。意谓不能知人的善恶。 **4** 慎举:慎重地举拔人才。 **5** 工:乐工。《周南》《召南》:指《诗经》的起首二篇诗歌。 **6** 基之:奠定基础。旧说二《南》是王化之基,故季札有此评论。 **7** 勤而不怨:百姓勤劳而不怨恨。指二《南》诗中反映的民情。 **8**《邶》《鄘》《卫》:指《诗经》十五国风中的《邶风》《鄘风》《卫风》的诗歌。 **9** 渊乎:深厚啊。 **10** 忧而不困:忧愁而不困窘。杜预注:"亡国之音哀以思,其民困。卫康叔、武公德化深远,虽遭宣公淫乱、懿公灭亡,民犹秉义,不至于困。" **11** 康叔:周公之弟,始封于卫。武公:康叔的九世孙。康叔、武公都是卫国的贤君。 **12**《王》:指《诗经》十五国风中《王风》的诗歌。 **13** 思而不惧:忧思而不害怕。 **14** 其周之东乎:恐怕是周室东迁以后的诗歌吧。**15**《郑》:指《诗经》十五国风中《郑风》的诗歌。 **16** 其细已甚:它琐碎得太过分。已,太。这是评论《郑风》所言多男女间琐碎之事,涉及政治极少,风化如此,政情可知,故民不堪忍受。

为之歌《齐》[1]。曰:"美哉!泱泱乎,大风也哉[2]!表东海者[3],其大公乎!国未可量也。"为之歌《豳》[4]。曰:"美哉,荡乎[5]!乐而不淫,其周公之东乎[6]!"为之歌《秦》[7]。曰:"此之谓夏声[8]。夫能夏则大,大之至也,其周之旧乎[9]!"为之歌《魏》[10]。曰:"美哉,沨沨乎[11]!大而婉[12],险而易行,以德辅此,则明主也。"为之歌《唐》[13]。曰:"思深哉!其有陶唐氏之遗民乎!不然,何忧之远也?非令德之后,谁能若是?"

给他歌唱《齐风》。季札说:"美好啊!宏大啊,大国之风啊!作为东海一带诸侯表率的,恐怕是太公的国家吧!国家不可限量啊。"给他歌唱《豳风》。季札说:"美好啊,博大啊!欢乐而不过度,恐怕是周公东征的音乐吧!"给他歌唱《秦风》。季札说:"这就叫作诸夏之声。能发夏声,自然声音洪大,大到极点了,恐怕是周室的旧乐吧!"给他歌唱《魏风》。季札说:"美好啊,轻盈浮动啊!粗犷而又婉转,艰难而容易推行,再用德行来辅助,就是贤明的君主了。"给他歌唱《唐风》。季札说:"思虑深沉啊!恐怕有陶唐氏的遗民吧!不然,为什么忧思得那么深远呢?不是有美德者的后代,谁能够像这样啊!"

注释 1《齐》:指《诗经》十五国风中《齐风》的诗歌。 2泱泱:宏大貌。大风:大国之风。这是评论音乐。 3表东海者:作为东海一带诸侯表率的。表,表率。 4《豳》:指《诗经》十五国风中《豳风》的诗歌。按,《豳风》在《诗经·国风》之末,鲁歌诗次序与今本异。 5荡:博大貌。一解为坦荡。 6乐而不淫:欢乐而不过度。其周公之东乎:恐怕是周公东征的音乐吧。 7《秦》:指《诗经》十五国风中《秦风》的诗歌。 8夏声:诸夏之声。杜预注:"秦本在西戎汧、陇之西,秦仲始有车马礼乐,去戎狄之音,而有诸夏之声,故谓之夏声。"一说,古称西方为夏,秦处西方,故称《秦风》为夏声,即西方之声。 9能夏则大:能发夏声,自然声音洪大。一解,夏声就是宏大。《方言》:"夏,大也。"亦通。周之旧:周室的旧乐。按,秦襄公于公元前770年佐周平王东迁,而受其故地,故说"周之旧"。 10《魏》:指《诗经》十五国风中《魏风》的诗歌。 11沨沨:轻盈浮动貌。一说"沨"即"汎"字。此句评论乐曲。 12大而婉:粗犷而又婉转。按《魏风》多讽刺诗,但其言较婉和,故云"大而婉"。一说,"大"指声大,亦通。
13《唐》:指《诗经》十五国风中《唐风》的诗歌。

为之歌《陈》[1]。曰:"国无主,其能久乎?"自《郐》以下无讥焉[2]。为之歌《小雅》。曰:"美哉!思而不贰[3],怨而不言,其周德之衰乎!犹有先王之遗民焉。"为之歌《大雅》。曰:"广哉,熙熙乎[4]!曲而有直体[5],其文王之德乎!"为之歌《颂》。曰:"至矣

给他歌唱《陈风》。季札说:"国家没有主人,难道能够长久吗?"从《桧风》以下,就没有批评了。给他歌唱《小雅》。季札说:"美好啊!忧愁而没有背叛之心,怨恨而不倾吐,恐怕是周朝德行衰微时的乐章吧!还是有先王的遗民啊。"给他歌唱《大雅》。季札说:"宽广啊,和美啊!抑扬曲折而有刚健劲直的骨力,恐怕是文王的德行吧!"给他歌唱《颂》。季札说:"达到顶点

哉[6]！直而不倨，曲而不屈[7]，迩而不逼[8]，远而不携[9]，迁而不淫[10]，复而不厌[11]，哀而不愁，乐而不荒[12]，用而不匮，广而不宣[13]，施而不费[14]，取而不贪，处而不底[15]，行而不流。五声和[16]，八风平[17]。节有度，守有序，盛德之所同也。"

了！刚劲而不放肆，婉曲而不卑下，紧密而不逼迫，悠远而不游离，多变化而不过火，多反复重叠而不使人厌倦，哀伤而不忧愁，欢乐而不过度，使用而不匮乏，广博而不显露，施舍而不耗损，收取而不贪婪，静止而不停滞，行进而不流荡。五声和谐，八音协调。节拍有一定的尺度，乐器鸣奏按照一定的次序，这都是有盛德的人所共同具有的。"

注释 1《陈》：指《诗经》十五国风中《陈风》的诗歌。 2《郐》：即《诗经》中的《桧风》。《桧风》以下，还有《曹风》。郐，同"桧"。无讥焉：未给予批评。讥，批评。 3 不贰：无背叛之心。 4 熙熙：和美，融洽。 5 曲而有直体：抑扬曲折而有刚健劲直的骨力。直体，指乐曲内里刚劲的骨力。 6 至矣哉：达到顶点了。 7 直而不倨：刚劲而不放肆。倨，傲慢，放肆。按，此下十四句皆论乐曲之美。曲而不屈：婉曲而不卑下靡弱。 8 迩而不逼：紧密而不局促逼迫。 9 远而不携：悠远疏旷而不散漫游离。携，离，游离。 10 迁而不淫：多变化而不过火。迁，变易。淫，过度。 11 复而不厌：多反复重叠而不使人感到厌倦。 12 荒：过度。 13 宣：显露。 14 费：损耗。 15 底：停滞。 16 五声和：五声和谐。五声：宫、商、角、徵、羽。 17 八风平：八音协调。八风，即"八音"，指用金、石、丝、竹、匏、土、革、木制成的乐器。平，协调。

见舞《象箾》《南籥》者[1]，曰："美哉！犹有憾。"见舞《大武》者[2]，曰："美

吴公子札看到跳《象箾》《南籥》舞，说："美好啊！但还有遗憾。"看到跳《大武》舞，说："美好啊！周朝兴盛

哉！周之盛也，其若此乎！”见舞《韶濩》者[3]，曰：“圣人之弘也，而犹有慚德[4]，圣人之难也！”见舞《大夏》者[5]，曰：“美哉！勤而不德[6]，非禹，其谁能修之？”见舞《韶箾》者[7]，曰：“德至矣哉，大矣！如天之无不帱也[8]，如地之无不载也。虽甚盛德[9]，其蔑以加于此矣[10]。观止矣！若有他乐，吾不敢请已。”

的时候，恐怕就像这样吧！”看到跳《韶濩》舞，说：“像圣人那样的伟大，尚且还有缺点，可见当圣人不容易啊！”看到跳《大夏》舞，说：“美好啊！勤劳于民事而不自以为有功，不是禹，还有谁能做得到呢？”看到跳《韶箾》舞，说：“功德到达顶点了，伟大啊！好像上天无不覆盖似的，好像大地无不装载似的。盛德到达顶点，恐怕不能再比这有所增加了。聆听观赏这种音乐舞蹈达到止境了！如果还有其他的音乐，我不敢再请求了。”

注释 1《象箾》《南籥》：两种舞名。前者是模拟战争时干戈击刺之状的舞蹈，舞者执竿而舞，是一种武舞。象，模拟；箾，竿子。后者是以南乐伴奏的籥舞，是一种文舞。籥，形似笛的乐器。二者都是文王之乐。一说，“箾”即“萧”。舞《象箾》即奏箫而为象舞。此说可并存。 2《大武》：周武王之乐。 3《韶濩》：商汤之乐。 4 弘：大，伟大。慚德：犹言“缺点”。慚，慚愧。意谓汤虽伟大，但他伐纣是以下犯上，故言“犹有慚德”，表示不满。 5《大夏》：夏禹之乐。 6 勤而不德：勤劳于民事而不自以为有功。德，功德。 7《韶箾》：一作《箫韶》，虞舜之乐。 8 帱：覆盖。 9 虽甚盛德：盛德到达顶点。此“虽”同“唯”，只有。 10 其蔑以加于此矣：恐怕不能再比这有所增加了。蔑以加，不能再增加。蔑，无，没有。

其出聘也，通嗣君也[1]。故遂聘于齐，说晏平仲[2]。

公子札出国聘问，是为了向各国通告吴国继位的国君。因此就到齐国

谓之曰："子速纳邑与政[3]。无邑无政，乃免于难。齐国之政，将有所归，未获所归，难未歇也。"故晏子因陈桓子以纳政与邑，是以免于栾、高之难[4]。

聘问，喜爱晏平仲。对他说："您赶快交还封邑和政权。没有封邑没有政权，才能免于祸难。齐国的政权，将会有所归属，没有得到归属，祸难不会停息。"所以晏子通过陈桓子交还了政权和封邑，因此而免于栾氏、高氏发动的祸难。

聘于郑，见子产，如旧相识。与之缟带[5]，子产献纻衣焉[6]。谓子产曰："郑之执政侈，难将至矣，政必及子。子为政，慎之以礼。不然，郑国将败。"

公子札到郑国聘问，见到子产，好像老相识。送给子产白绢大带，子产献上麻织的衣服。公子札对子产说："郑国的执政奢侈，祸难将要到来了，政权必定落到您身上。您执政，要用礼仪来谨慎地处事。否则，郑国将会败坏。"

适卫，说蘧瑗、史狗、史鳅、公子荆、公叔发、公子朝[7]，曰："卫多君子，未有患也。"

公子札到卫国，喜爱蘧瑗、史狗、史鳅、公子荆、公叔发、公子朝，说："卫国的君子很多，不会有祸患。"

注释 1通嗣君：向各国通报吴国继位的国君。嗣君，继位的国君，指馀祭。 2说：同"悦"，喜爱。 3纳邑与政：交还封邑和政权。 4栾、高之难：栾氏(子雅)、高氏(子尾)的祸难，见鲁昭公八年《传》。 5缟带：白绢大带。缟，白色生绢。带，大带，也叫作绅。 6纻衣：细麻织成的衣。纻，麻。杜预注："吴地贵缟，郑地贵纻，故各献己所贵。" 7蘧瑗：即蘧伯玉，卫国大夫。史狗：又称文子，史朝之子，卫国太史。史鳅：字鱼，卫国太史。公子荆：字南，名楚，卫国公子。公叔发：又称公叔文子，卫献公之孙。公叔为其氏。公子朝：卫国公子。

自卫如晋，将宿于戚[1]。闻钟声焉，曰："异哉！吾闻之也：'辩而不德[2]，必加于戮。'夫子获罪于君以在此，惧犹不足，而又何乐？夫子之在此也，犹燕之巢于幕上[3]。君又在殡[4]，而可以乐乎？"遂去之[5]。文子闻之，终身不听琴瑟。

公子札从卫国去晋国，准备在卫国的戚地住宿。听到了钟声，公子札说："奇怪啊！我听说了：'发动变乱而没有德行，必定遭到诛戮。'这一位就在这里得罪国君，害怕还来不及，又有什么可以寻欢作乐的？这一位在这里，就像燕子在帐幕上做巢。国君又正停柩没有安葬，可以寻欢作乐吗？"于是就离开戚地。孙文子听到了公子札这番话，到死不再听音乐。

适晋，说赵文子、韩宣子、魏献子，曰："晋国其萃于三族乎[6]！"说叔向，将行，谓叔向曰："吾子勉之！君侈而多良[7]，大夫皆富，政将在家[8]。吾子好直[9]，必思自免于难。"

公子札到晋国，喜爱赵文子、韩宣子、魏献子，说："晋国的政权大概要聚集在这三家了！"他喜欢叔向，将要离别时，对叔向说："您努力吧！国君奢侈而优秀的臣下很多，大夫都富有，政权将要归于私家。您喜欢直言，一定要考虑使自己免于祸难。"

注释 1 戚：卫国大夫孙文子的封邑，在今河南濮阳东北。 2 辩：通"变"，变乱。 3 巢：鸟巢。此处用作动词，做巢。 4 君：指卫献公。殡：停棺。 5 去之：离开戚邑。杜预注："不止宿。" 6 萃：聚集。三族：指赵、韩、魏三家。 7 良：优秀的臣下。 8 家：私家，即大夫家。 9 好直：喜欢直言。

秋，九月，齐公孙虿、公孙灶放其大夫高止于北

秋天，九月，齐国公孙虿、公孙灶放逐他们的大夫高止到北燕。初二日，

燕[1]。乙未[2],出。书曰"出奔",罪高止也。高止好以事自为功[3],且专,故难及之。

冬,孟孝伯如晋,报范叔也[4]。

为高氏之难故,高竖以卢叛[5]。十月庚寅,闾丘婴帅师围卢[6]。高竖曰:"苟使高氏有后,请致邑[7]。"齐人立敬仲之曾孙酀[8],良敬仲也。十一月乙卯[9],高竖致卢而出奔晋,晋人城绵而置旃[10]。

出国。《春秋》记载说"出奔",这是归罪于高止。高止喜欢生事而且自己居功,同时专权,所以祸难到了他身上。

冬天,孟孝伯到晋国,是为了回报范叔的聘问。

为了高氏遭受祸难的缘故,高竖盘据卢地叛乱。十月二十七日,闾丘婴领兵包围卢地。高竖说:"如果让高氏有后代,我请求把封邑归还给国君。"齐国人立了敬仲的曾孙酀为高氏继承人,这是认为敬仲贤良的缘故。十一月二十三日,高竖归还卢地逃奔到晋国,晋国人在绵地筑城把他安置在那里。

注释 1 公孙虿、公孙灶:均齐国大夫,齐惠公之孙。虿,字子尾。灶,字子雅。放:放逐。杜预注:"放者,宥之以远。" 2 乙未:初二日。 3 好以事自为功:喜欢生事,而且自己居功。 4 范叔:即士鞅,晋国上卿。 5 高竖:高止之子。卢:齐国地名,高氏的封邑,在今山东济南长清区西南。 6 庚寅:二十七日。闾丘婴:齐国大夫。 7 致邑:归还封邑。 8 敬仲:即高傒,齐国大夫。 9 乙卯:二十三日。 10 绵:即绵上,晋国地名,在今山西介休东南。

郑伯有使公孙黑如楚[1],辞曰:"楚、郑方恶,而使余往,是杀余也。"伯

郑国的伯有派公孙黑去楚国,公孙黑推辞说:"楚国、郑国正在互相憎恨,却让我去,这等于杀死我。"伯有说:

有曰："世行也[2]。"子皙曰："可则往，难则已，何世之有？"伯有将强使之。子皙怒，将伐伯有氏，大夫和之。十二月己巳[3]，郑大夫盟于伯有氏。裨谌曰[4]："是盟也，其与几何[5]？《诗》曰[6]：'君子屡盟，乱是用长[7]。'今是长乱之道也。祸未歇也，必三年而后能纾[8]。"然明曰："政将焉往？"裨谌曰："善之代不善，天命也，其焉辟子产[9]？举不逾等，则位班也[10]。择善而举，则世隆也[11]。天又除之，夺伯有魄[12]。子西即世[13]，将焉辟之？天祸郑久矣，其必使子产息之，乃犹可以戾[14]。不然，将亡矣。"

"你家世代都是外交官。"公孙黑说："可以去就去，有危难就不去，有什么世代不世代的？"伯有要强迫他去。公孙黑发怒，准备攻打伯有氏，大夫们给他们和解。十二月初七日，郑国的大夫们在伯有家里结盟。裨谌说："这次结盟，能管多长时间呢？《诗》说：'君子多次结盟，祸乱因此滋长。'现在这样是滋长祸乱的做法。祸乱不能停歇，一定要三年然后才能解除。"然明说："政权将会落到哪家？"裨谌说："善良的代替不善良的，这是天命，政权怎么能避开子产？如果不越级举拔别人，那么按班次子产应该位居执政。选择善人而举拔，就为世人所尊重。上天又为子产清除障碍，使伯有丧失了精神。子西去世了，子产哪能避开执政？上天降祸给郑国很久了，大概一定要让子产平息它，郑国还可以安定。不这样，郑国将要灭亡了。"

注释　1 公孙黑：字子皙，驷氏，子西之弟，郑国大夫。　2 世行：意思是，你家世代都是外交官。行，行人，办外交的使者。　3 己巳：初七日。　4 裨谌：郑国大夫。　5 其与几何：即"其几何欤"的变句，意思是："能管多长时间呢？"言不能长久。　6《诗》：指《诗经·小雅·巧言》篇。　7 用：

因为,由于。 **8** 纾:解除。 **9** 其焉辟子产:政权怎能避开子产。辟,同“避”。杜预注:“言政必归子产。” **10** 位班:子产的职位,论班次应执国政,即按班次子产应该执政了。 **11** 世隆:为世人所尊重。隆,尊重。**12** 除之:指为子产清除障碍。除,清除、驱除。魄:犹言精神。杜预注:“丧其精神,为子产驱除。” **13** 即世:去世。 **14** 戾:安定。

襄公三十年

【经】

三十年春[1],王正月,楚子使薳罢来聘[2]。

三十年春天,周历正月,楚王派遣薳罢前来聘问。

夏四月,蔡世子般弑其君固[3]。

夏天四月,蔡世子般杀死他的国君固。

五月甲午[4],宋灾,宋伯姬卒。

五月初五日,宋国发生火灾,宋国伯姬去世。

天王杀其弟佞夫[5]。

周天子杀死他的弟弟佞夫。

王子瑕奔晋。

王子瑕逃亡到晋国。

秋七月,叔弓如宋[6],葬宋共姬。

秋天七月,叔弓到宋国,安葬宋共姬。

郑良霄出奔许[7],自许入于郑,郑人杀良霄。

郑国的良霄出逃到许国,从许国进入郑国,郑国人杀死良霄。

冬十月,葬蔡景公。

冬天十月,安葬蔡景公。

晋人、齐人、宋人、卫人、郑人、曹人、莒人、邾人、

晋国人、齐国人、宋国人、卫国人、郑国人、曹国人、莒国人、邾国人、

滕人、薛人、杞人、小邾人会于澶渊[8]，宋灾故。

滕国人、薛国人、杞国人、小邾国人在澶渊聚会，是为了宋国火灾的缘故。

注释 1 三十年：鲁襄公三十年，公元前543年。 2 楚子：指郏敖，楚康王之子。 3 蔡世子般：蔡景侯之子。 4 甲午：初五日。 5 佞夫：周灵王之子，景王之弟。 6 叔弓：鲁国的卿。 7 良霄：即伯有，郑国大夫。 8 澶渊：在今河南濮阳西北。姚鼐《补注》："此故卫地，是时已为晋取。"

【传】

三十年春，王正月，楚子使薳罢来聘，通嗣君也[1]。穆叔问："王子围之为政何如[2]？"对曰："吾侪小人，食而听事[3]，犹惧不给命而不免于戾[4]，焉与知政？"固问焉，不告。穆叔告大夫曰："楚令尹将有大事[5]，子荡将与焉[6]，助之匿其情矣。"

三十年春天，周历正月，楚王派遣薳罢来鲁国聘问，是为了通报楚国新君的继位。穆叔问道："王子围执政的情况怎么样？"薳罢回答说："我等小人吃饭听使唤，还害怕不能完成使命而不能免于罪过，哪里能参与政事？"再三地询问薳罢，他还是不说。穆叔告诉大夫说："楚国的令尹将要兴起大事变，薳罢将参与，他协助令尹隐匿内情了。"

子产相郑伯以如晋，叔向问郑国之政焉。对曰："吾得见与否，在此岁也。驷、良方争[7]，未知所成[8]。若有所成，吾得见，乃可知也。"叔向曰："不既和矣

子产辅助郑伯到晋国，叔向询问郑国的政事。子产回答说："我能否见到，就在这一年了。驷氏、良氏正在争斗，不知道怎么调和。假如有所调和，我能够见到，这就可以知道了。"叔向说："不是已经和解了吗？"子产回答

乎？”对曰：“伯有侈而愎，子皙好在人上，莫能相下也。虽其和也，犹相积恶也，恶至无日矣。”

说：“伯有奢侈而又刚愎自用，子皙喜欢居于别人之上，两个人互不相让。虽然他们和解了，还是积聚了憎恶，争斗的到来不会有几天了。”

注释 1 通嗣君：通报新君的继位。嗣君，继位的国君。杜预注：“郏敖即位。” 2 王子：即王子围，楚共王之子熊虔。杜预注：“王子围为令尹。” 3 听事：听使唤。 4 不给命：不能完成使命。给，足。 5 有大事：指发动大乱，即弑君的事。 6 子荡：薳罢的字。 7 驷、良：驷氏和良氏，指子皙和伯有。 8 成：犹言调和，和解。

二月癸未，晋悼夫人食舆人之城杞者[1]。绛县人或年长矣，无子而往，与于食[2]。有与疑年[3]，使之年[4]，曰：“臣小人也，不知纪年。臣生之岁，正月甲子朔[5]，四百有四十五甲子矣，其季于今三之一也[6]。”吏走问诸朝，师旷曰：“鲁叔仲惠伯会郤成子于承匡之岁也[7]。是岁也，狄伐鲁。叔孙庄叔于是乎败狄于咸，获长狄侨如及虺也、豹也，而皆以名其子。七十三年矣。”史赵

二月二十二日，晋悼夫人赐给修筑杞国城墙的役卒酒饭。绛县人中间有一个人年纪很大了，没有儿子而自己去筑城，参加吃饭。有人怀疑他的年龄，让他谈谈他的年龄，他说：“臣是小人，不知道记录年龄。臣生的那一年，是正月初一日，经过四百四十五个甲子日了，最末一个甲子日到今天是三分之一周甲。”官吏跑到朝廷询问，师旷说：“这是鲁国的叔仲惠伯在承匡会见郤成子的那一年。这一年，狄人攻打鲁国。叔孙庄叔当时在咸地打败狄人，俘虏了长狄的侨如和虺、豹，并都用来给他儿子取名。满七十三岁了。”史赵说：“亥字

曰[8]:“亥有二首六身,下二如身,是其日数也[9]。”士文伯曰:“然则二万六千六百有六旬也。”赵孟问其县大夫,则其属也。召之,而谢过焉,曰:“武不才,任君之大事,以晋国之多虞,不能由吾子[10],使吾子辱在泥涂久矣[11],武之罪也。敢谢不才。”遂仕之,使助为政。辞以老。与之田,使为君复陶[12],以为绛县师,而废其舆尉[13]。

是‘二’字头‘六’字身,把‘二’拿下来当作身子,这就是他的日子数。”士文伯说:“那么是二万六千六百六十天了。”赵孟问起老人的县大夫,原来就是他的下属。他把老人召来,向他道歉,说:“武没有才能,担负了国君委任的重要职责,由于晋国多有忧患,没有能任用您,让您辱居草野已经很久了,这是武的罪过。谨由于没有才能向您道歉。”于是让他做官,派他辅助自己执政。老人以年老辞谢。给了他土地,让他为国君主持免除徭役的事务,做绛地县师,而撤销了征发他的舆尉的职务。

注释 **1** 癸未:二十二日。舆人:役卒。 **2** 或年长:有个人年纪很大。或,有人。往:指去杞国筑城。与于食:参加吃饭。 **3** 疑年:怀疑他年龄。古时征役有年龄限制,此人似过老,故疑其年龄。 **4** 使之年:让他谈谈他的年龄。 **5** 甲子朔:初一日。 **6** 其季:犹言其末,它的最末一个甲子日。于今三之一:至今日为三分之一周甲。自甲子至癸未恰好二十天。 **7** 鲁叔仲惠伯会郤成子于承匡之岁:发生在鲁文公十一年(公元前616年)。 **8** 史赵:晋国太史。 **9** 亥有二首六身,下二如身:亥字是“二”字头“六”字身,把“二”拿下来当作身子。春秋时各国字体不甚统一,史赵可能就晋国当时字体言之,今天不必强解。日数:指出生以来所历日数。 **10** 由:任用。 **11** 泥涂:犹言草野,比喻卑下地位。 **12** 为君复陶:为国君主持免除徭役的事务。复,免除徭役。陶,通“徭”。 **13** 舆尉:主持征役的官。

于是，鲁使者在晋，归以语诸大夫。季武子曰："晋未可媮也[1]，有赵孟以为大夫，有伯瑕以为佐，有史赵、师旷而咨度焉[2]，有叔向、女齐以师保其君[3]。其朝多君子，其庸可媮乎？勉事之而后可[4]。"

这时，鲁国的使者正在晋国，回去把这些事告诉了大夫们。季武子说："晋国不可以轻视啊，有赵孟做执政大夫，有伯瑕做辅佐，有史赵、师旷可以咨询，有叔向、女齐做国君的师保。晋国朝廷上君子很多，难道可以轻视吗？尽力侍奉他们然后才可以。"

夏四月己亥[5]，郑伯及其大夫盟。君子是以知郑难之不已也。

夏天四月己亥，郑伯和他的大夫结盟。君子因此知道郑国的祸难没有结束。

蔡景侯为大子般娶于楚[6]，通焉。大子弑景侯。

蔡景侯为太子般在楚国娶妻，又和儿媳妇私通。太子杀死了景侯。

注释 1 媮：轻视。杜预注："媮，薄也。" 2 咨度：咨询。 3 师保：教养。 4 勉事：尽力侍奉。 5 四月己亥：四月不应有己亥日，误记。 6 大子般：即后之蔡灵公，杀其父自立为君，在位十二年。

初，王儋季卒[1]，其子括将见王[2]，而叹。单公子愆期为灵王御士，过诸廷，闻其叹而言曰："乌乎！必有此夫[3]！"入以告王，且曰："必杀之！不戚而愿大[4]，视躁而足高[5]，心在

起初，周灵王的弟弟儋季去世，他的儿子儋括将要进见灵王而叹息。单国的公子愆期做灵王侍卫，经过朝廷，听到他的叹息声，就说："啊！一定是想要占有这里吧！"愆期进去把儋括的情况报告灵王，并且说："一定得杀了他！他不悲哀而愿望大，目光不定

他矣。不杀，必害。”王曰：“童子何知？”及灵王崩，儋括欲立王子佞夫[6]，佞夫弗知。戊子[7]，儋括围蒍，逐成愆[8]。成愆奔平畤[9]。五月癸巳[10]，尹言多、刘毅、单蔑、甘过、巩成杀佞夫[11]。括、瑕、廖奔晋[12]。书曰“天王杀其弟佞夫”，罪在王也。

而抬脚高，心在其他地方了。不杀，一定有祸害。”灵王说：“小孩子知道什么？”等到灵王去世，儋括想要立王子佞夫，佞夫不知道。二十八日，儋括包围蒍邑，赶走了成愆。成愆逃亡到平畤。五月初四日，尹言多、刘毅、单蔑、甘过、巩成杀了佞夫。括、瑕、廖逃亡到晋国。《春秋》记载说“天王杀死他的弟弟佞夫”，是由于罪过在周天子。

注释 1 儋季：周灵王之弟。 2 括：儋括，儋季之子。 3 必有此：一定是想要占有这里。杜预注：“欲有此朝廷之权。” 4 戚：哀戚，悲哀。言其父死，刚脱除丧服，已无余哀。愿：愿望。 5 视躁：目光不定，即四处张望。躁，急躁，不安静。足高：抬脚高。 6 佞夫：周灵王之子，景王之弟。 7 戊子：二十八日。 8 蒍：周邑名，在今河南洛阳孟津区东北。成愆：蒍邑大夫。一说即单公子愆期。 9 平畤：周邑名。 10 癸巳：初四日。 11 尹言多、刘毅、单蔑、甘过、巩成：都是周大夫。 12 括、瑕、廖：《春秋》只记载“王子瑕奔晋”，未记载儋括和廖，杜预注认为：“括、廖不书，贱也。”

或叫于宋大庙[1]，曰：“嘻嘻！出出[2]！”鸟鸣于亳社，如曰“嘻嘻”。甲午[3]，宋大灾。宋伯姬卒，待姆也[4]。君子谓：“宋共

有人在宋国太庙里大喊，说：“嘻嘻！出出！”鸟在亳社上鸣叫，声音好像在说“嘻嘻”。五月初五日，宋国发生大火灾。宋伯姬被火烧死，是因为等待保姆。君子认为：“宋伯姬奉行

姬，女而不妇[5]。女待人，妇义事也[6]。”

六月，郑子产如陈莅盟。归，复命。告大夫曰：“陈，亡国也，不可与也[7]。聚禾粟[8]，缮城郭，恃此二者，而不抚其民。其君弱植[9]，公子侈，大子卑，大夫敖[10]，政多门，以介于大国，能无亡乎？不过十年矣。”

的是闺女而不是媳妇的守则。闺女应当等待保姆，媳妇就可以根据情况行事。”

六月，郑国的子产到陈国参加结盟。回来，复命。告诉大夫们说：“陈国，是要灭亡的国家，不能结为友好。他们聚集粮食，修理城郭，依靠这两条，却不安抚他们的百姓。他们的国君根基不固，公子奢侈，太子卑微，大夫骄傲，政事各行其是，凭这种情况处于大国之间，能不灭亡吗？不超过十年了。”

注释 1 叫：大喊。大庙：杨伯峻《春秋左传注》：“当是微子之庙，春秋列国皆为始封君立大庙也。” 2 嘻嘻、出出：均象声词。杜预注：“嘻嘻，热也；出出，戒伯姬。” 3 甲午：初五日。 4 卒：此指被火烧死。待姆：等待保姆。杜预注：“姆，女师。”《穀梁传》说，伯姬之舍失火，近侍一再劝她避火，伯姬坚持“妇人之义，傅母不在，宵不下堂”，终于被烧死。 5 女而不妇：意谓伯姬奉行的是闺女而不是媳妇的守则。 6 义事：便宜行事，即不须等待保姆，而应逃出火窟。杜预注：“义，从宜也。” 7 与：亲附，即结为友好。 8 禾粟：即粮食。 9 弱植：犹言根基不固。 10 敖：同“傲”，骄傲。

秋七月，叔弓如宋[1]，葬共姬也。

郑伯有耆酒，为窟室[2]，而夜饮酒，击钟焉，

秋天七月，叔弓到宋国，是由于安葬共姬。

郑国的伯有嗜好喝酒，修建了地下室，并在夜里喝酒，击钟奏乐，朝见的人

朝至未已[3]。朝者曰:“公焉在[4]?”其人曰:“吾公在壑谷[5]。”皆自朝布路而罢[6]。既而朝[7],而又将使子皙如楚,归而饮酒。庚子[8],子皙以驷氏之甲伐而焚之。伯有奔雍梁,醒而后知之,遂奔许。

来到,他还没有喝完。朝见的人说:“主人在哪里?”他手下的人说:“我们的主人在山沟里。”朝见的人都从朝堂分路回去。不久以后朝见郑伯,又要派子皙去楚国,回家以后又喝酒。十一日,子皙带领驷氏的甲士攻打伯有并放火烧了他的家。伯有逃亡到雍梁,酒醒以后才明白是怎么回事,于是就逃亡到许国。

注释 1 叔弓:又称子叔敬子,鲁国宗族。 2 窟室:地下室。 3 朝至:朝见的人已经来到。按,群卿大夫应先朝伯有。 4 公:此指伯有。伯有的家臣尊称其主伯有为公,朝者也借其称而问。 5 壑谷:指窟室。 6 布路:分路,分散。 7 朝:指伯有及群臣共朝郑君。 8 庚子:十一日。

大夫聚谋。子皮曰:“《仲虺之志》云[1]:‘乱者取之,亡者侮之。推亡固存,国之利也。’罕、驷、丰同生[2],伯有汰侈[3],故不免。”人谓子产:“就直助强[4]。”子产曰:“岂为我徒[5]?国之祸难,谁知所敝[6]?或主强直[7],难乃不生。姑成吾所[8]。”辛丑[9],子产敛伯有氏之

郑国的大夫们聚在一起商量。子皮说:“《仲虺之志》说:‘动乱的就攻取它,灭亡的就欺侮它。摧毁灭亡的而巩固存在的,这是国家的利益。’罕氏、驷氏、丰氏是同胞兄弟,伯有骄傲奢侈,所以不免于祸难。”有人对子产说:“要靠拢正直的帮助强大的。”子产说:“难道他们是我的同党?国家的祸难,谁知道怎么止息?假如有人主持国政,力量既强大而为人又正直,祸难就不会发生。姑且保住我不偏袒的地位吧。”十二日,

死者而殡之，不及谋而遂行。印段从之。子皮止之。众曰："人不我顺，何止焉？"子皮曰："夫子礼于死者，况生者乎？"遂自止之。壬寅[10]，子产入。癸卯[11]，子石入[12]。皆受盟于子皙氏。乙巳[13]，郑伯及其大夫盟于大宫，盟国人于师之梁之外[14]。

子产收了伯有氏死者的尸体加以殡葬，等不到和大夫们商量就出走。印段跟从着他。子皮不让他走。众人说："人家不顺从我们，为什么不让他走？"子皮说："这位对死去的人有礼，何况对活着的人呢？"于是就亲自劝阻子产。十三日，子产进入国都。十四日，印段进入国都。两人都在子皙家里接受了盟约。十六日，郑伯和他的大夫们在太庙结盟，和国人在师之梁门外结盟。

注释　**1**《仲虺之志》：王伯祥《春秋左传读本》认为就是《商书》中的《仲虺之诰》。仲虺，商汤的左相。　**2** 罕、驷、丰同生：罕指罕氏子皮，驷指驷氏子皙，丰指丰氏公孙段。三家本同母兄弟，故说同生。　**3** 汰侈：骄傲奢侈。汰，骄傲自大。杜预注："三家同出，而伯有孤特，又汰侈，所以亡。"　**4** 就直助强：靠拢正直的，帮助强大的。杜预注："时谓子皙直，三家强。"　**5** 徒：党。此言不以驷氏、良氏为同党。　**6** 敝：借为弊，终止。《周礼·大司马》郑注："弊，止也。"　**7** 或主强直：假如有人主持国政，力量既强大而为人又正直。意谓如今三家未能主政，伯有正在争斗，凭什么判断强直。　**8** 姑成吾所：姑且保住我的地位。成，定，固定，犹言保住。所，处，此指地位，即不偏袒的地位。　**9** 辛丑：十二日。　**10** 壬寅：十三日。　**11** 癸卯：十四日。　**12** 子石：即印段。　**13** 乙巳：十六日。　**14** 师之梁：杜预注："师之梁，郑城门。"

伯有闻郑人之盟己也，怒，闻子皮之甲不与

伯有听说郑国人为他而结盟，很生气，听说子皮的甲士没有参与攻打自

攻己也，喜，曰：“子皮与我矣。”癸丑[1]，晨，自墓门之渎入[2]，因马师颉介于襄库[3]，以伐旧北门。驷带率国人以伐之[4]。皆召子产。子产曰：“兄弟而及此，吾从天所与[5]。”伯有死于羊肆[6]，子产襚之[7]，枕之股而哭之，敛而殡诸伯有之臣在市侧者。既而葬诸斗城[8]。子驷氏欲攻子产，子皮怒之曰：“礼，国之干也[9]。杀有礼，祸莫大焉。”乃止。

己，很高兴，说：“子皮亲附我了。”二十四日，清晨，伯有从墓门的排水洞进城，依靠马师颉用襄库的皮甲装备士兵，带着他们攻打旧北门。驷带率领国人攻打伯有。两家都召请子产相助。子产说：“兄弟之间到了这个地步，我服从上天所保佑的一家。”伯有死在卖羊的街市上，子产给伯有的尸体穿上衣服，头枕在伯有的大腿上而为他号哭，收尸并把棺材停放在住在街市旁边的伯有家臣的家里。不久把他埋葬在斗城。子驷氏想要攻打子产，子皮对他们发怒说：“礼仪，是国家的支柱。杀有礼的人，没有比这再大的祸患了。”于是就停止了。

于是游吉如晋还，闻难不入，复命于介[10]。八月甲子[11]，奔晋。驷带追之，及酸枣[12]。与子上盟[13]，用两珪质于河[14]。使公孙肸入盟大夫[15]。己巳[16]，复归。

这时游吉去晋国回来，听说国内发生祸难，就不入境，让副手回来复命。八月初六日，逃亡到晋国。驷带追赶他，到达酸枣。游吉和驷带结盟，把两块玉圭沉在黄河里表示诚信。让公孙肸进入国都和大夫结盟。十一日，游吉再次回到郑国。

注释 1 癸丑：二十四日。 2 墓门：郑国的北门。杜预注：“郑城门。”渎：通“窦”，排水洞。 3 马师颉：即羽颉。郑国行人公孙挥（子羽）之孙。马师，郑国官名，掌管警备。介于襄库：用襄库的皮甲装备士兵。介，甲。

襄库,武器库名。 4 驷带:字子上,子西之子,子皙之宗主。 5 从天所与:服从上天所保佑的一家。 6 羊肆:卖羊的街市。 7 禭:赠送死者衣被,此谓给死者尸体穿上衣服。 8 斗城:郑国地名,在今河南通许东北。 9 干:骨干,支柱。 10 介:副手,指游吉的副手。 11 甲子:初六日。 12 酸枣:即廪延,郑国邑名,在今河南延津西南。 13 子上:即驷带。 14 质于河:沉在黄河里表示诚信。 15 公孙肸:当系郑国的公族,或即游吉的副手。 16 己巳:十一日。

书曰:“郑人杀良霄。”不称大夫,言自外入也。

《春秋》记载说:“郑人杀良霄。”不称他为大夫,是说伯有从国外进来。

于子蟜之卒也[1],将葬,公孙挥与裨灶晨会事焉[2]。过伯有氏,其门上生莠[3]。子羽曰:“其莠犹在乎[4]?”于是岁在降娄,降娄中而旦[5]。裨灶指之曰:“犹可以终岁[6],岁不及此次也已。”及其亡也,岁在娵訾之口[7]。其明年,乃及降娄。

在子蟜去世以后,将要安葬,公孙挥和裨灶早晨会商丧事。路过伯有氏,他的门上长了狗尾草。公孙挥说:“他的狗尾草还在吗?”当时岁星在降娄,降娄星在天空中部天就亮了。裨灶指着降娄星说:“还可以等岁星绕日一周,不过活不到岁星再到这个位次就是了。”等到伯有被杀,岁星正在娵訾的口上。下一年,才到达降娄。

仆展从伯有[8],与之皆死。羽颉出奔晋,为任大夫[9]。

仆展跟随伯有,和他一起死去。羽颉逃奔到晋国,做了任邑的大夫。

鸡泽之会,郑乐成奔楚,遂适晋。羽颉因之,与之比[10],而事赵文子,言伐郑之说焉。以宋之盟故[11],

鸡泽的会盟,郑国的乐成逃亡到楚国,于是又到了晋国。羽颉依靠他,和他勾结,侍奉赵文子,提出攻打郑国的建议。由于在宋国盟誓的缘故,

不可。子皮以公孙鉏为马师[12]。

赵文子不同意。子皮让公孙鉏做了马师。

注释 1 子蟜:杜预注:"子蟜,公孙虿。卒在十九年。" 2 裨灶:郑国大夫。会事:会商丧事。 3 莠:狗尾草,又是恶草的通称,常以比喻坏人。4 其莠犹在乎:伯有奢侈,子羽知道他不会久存,故这样问。莠,喻伯有。5 岁:岁星。降娄:又叫奎娄,十二星次之一。中:指在天空中部。 6 终岁:岁星绕日一周。即岁星从当时在降娄算起,须行经另外十一个星次再接近降娄,为一岁终(约十二年)。 7 岁在娵訾之口:岁星正在娵訾的口上。即正过娵訾而不到降娄星次。证实了裨灶的预言。 8 仆展:郑国的大夫,伯有的同党。 9 任大夫:任邑大夫。任,晋国邑名,在今河北邢台任泽区东南。 10 比:勾结。 11 宋之盟:在鲁襄公二十七年。杜预注:"宋盟约弭兵故。" 12 公孙鉏:子罕之子,代羽颉为马师。

楚公子围杀大司马薳掩而取其室。申无宇曰[1]:"王子必不免。善人,国之主也。王子相楚国,将善是封殖[2],而虐之,是祸国也。且司马,令尹之偏[3],而王之四体也[4]。绝民之主,去身之偏,艾王之体[5],以祸其国,无不祥大焉[6]!何以得免?"

楚国的公子围杀了大司马薳掩并占有他的家产。申无宇说:"王子一定不能免于祸难。善人,是国家的栋梁。王子辅佐楚国,应该培养善人,现在反而对他们暴虐,这是危害国家。况且司马,是令尹的辅佐,也是国君的手足。断绝百姓的栋梁,去掉自己的辅佐,斩断国君的肢体,以危害他的国家,没有比这更大的不吉利了!怎么能够免于祸难呢?"

为宋灾故,诸侯之大夫会,以谋归宋财[7]。

为了宋国火灾的缘故,诸侯的大夫会见,以商量赠送宋国财货。冬天十月,鲁国的叔孙豹会合晋国的赵武、齐国的

冬十月,叔孙豹会晋赵武、齐公孙虿、宋向戌、卫北宫佗、郑罕虎及小邾之大夫,会于澶渊。既而无归于宋,故不书其人。

君子曰:“信其不可不慎乎!澶渊之会,卿不书,不信也夫[8]。诸侯之上卿,会而不信,宠名皆弃,不信之不可也如是!《诗》曰:‘文王陟降,在帝左右[9]。’信之谓也。又曰:‘淑慎尔止,无载尔伪[10]。’不信之谓也。”书曰“某人某人会于澶渊,宋灾故”,尤之也[11]。不书鲁大夫,讳之也。

公孙虿、宋国的向戌、卫国的北宫佗、郑国的罕虎以及小邾国的大夫,在澶渊会见。会见完了没有赠送给宋国什么东西,所以《春秋》没有记载与会者的姓名。

君子说:“信用恐怕不能不谨慎吧!澶渊的会见,不记载卿的名字,这是由于不守信用的缘故。诸侯的上卿,会见了又不守信用,他们尊贵的姓名都被抛弃了,不守信用是这样的不可以啊!《诗》说:‘文王或升或降,都在天帝左右。’这说的是守信用。又说:‘好好地谨慎你的举止,不要表现你的虚伪。’这说的是不守信用。”《春秋》记载说“某人某人会于澶渊,宋灾故”,这是责备他们。不记载鲁国的大夫,这是避讳。

注释 **1** 申无宇:即芋尹,楚国大夫。 **2** 将善是封殖:即应培养善人。封殖,栽培,种植,此指培养。 **3** 偏:辅佐。杜预注:“偏,佐也。” **4** 四体:手足。 **5** 艾:通“刈”,割断,斩除。 **6** 无:发声词,无义。 **7** 归:通“馈”,赠送。 **8** 卿不书:不记载卿的名字。与会者都是各国上卿。不信也夫:杜预注:“一读以夫为下句首。” **9**《诗》:指《诗经·大雅·文王》篇。陟:升。帝:天帝。 **10** 淑:善,好好地。止:举止。载:行,表现。所引诗是逸诗。**11** 尤:责备。《春秋》记载诸侯会见,从未说明所会何事,而此处独言“宋灾故”,而实际对宋灾无补,故云责备。

郑子皮授子产政，辞曰："国小而逼[1]，族大宠多，不可为也。"子皮曰："虎帅以听[2]，谁敢犯子？子善相之。国无小，小能事大，国乃宽[3]。"

子产为政，有事伯石[4]，赂与之邑。子大叔曰："国，皆其国也，奚独赂焉？"子产曰，"无欲实难。皆得其欲，以从其事，而要其成[5]。非我有成，其在人乎？何爱于邑？邑将焉往？"子大叔曰："若四国何[6]？"子产曰："非相违也，而相从也，四国何尤焉？《郑书》有之曰[7]：'安定国家，必大焉先[8]。'姑先安大，以待其所归[9]。"既，伯石惧而归邑，卒与之。伯有既死，使大史命伯石为卿，辞。大史退，则请命焉[10]。复命之，又

郑国的子皮把政权交付给子产，子产推辞说："国家小而逼近大国，公族庞大而受宠的人众多，我不能治理好。"子皮说："虎率领公族听从您，谁敢触犯您？您好好地辅助国政。国家不在于小，小国能够侍奉大国，国家就可以得到宽舒和缓了。"

子产治理政事，有事情需要伯石去办，赠送给他城邑。子太叔说："国家是大家的国家，为什么独独送给他城邑？"子产说："要没有欲望实在是很难的。都满足他们的欲望，去办他们的事情，并取得成功。这不是我的成功，难道是别人的成功吗？对城邑有什么吝惜的？它会跑到哪里去呢？"子太叔说："四方的邻国将会怎么看？"子产说："这样做不是为了互相违背，而是为了互相顺从，四方的邻国对我们有什么可责怪的呢？《郑书》上有这样的话：'安定国家，一定要优先安定大族。'姑且先安定大族，以等待它的结果。"不久，伯石害怕而交回封邑，最后还是给了他。伯有死了以后，郑伯让太史去命令伯石做卿，伯石推辞。太史退出，伯石又请求太史重新任命。太史再来任命，他又推辞。像这样一连三

辞。如是三,乃受策入拜。子产是以恶其为人也,使次己位。

次,才接受策书入朝拜谢。子产因此讨厌伯石的为人,就让他居于仅次于自己的地位。

注释 1 逼:逼近。 2 虎帅以听:虎帅领公族听从您。虎,罕虎,子皮自称。 3 国乃宽:国家就可以宽舒和缓。宽,宽缓,缓和。 4 有事:指有政事需要办。 5 要其成:取得事情的成功。要,取、求。 6 若四国何:四方的邻国将会怎样看。 7《郑书》:郑国的史书。 8 必大焉先:即“必先大焉”,一定要优先安定大族。大,大族。 9 归:归宿,结局,后果。 10 请命焉:伯石请求太史重新命己为卿。

子产使都鄙有章[1],上下有服[2],田有封洫,庐井有伍[3]。大人之忠俭者,从而与之[4];泰侈者,因而毙之[5]。

丰卷将祭,请田焉[6]。弗许,曰:“唯君用鲜,众给而已[7]。”子张怒,退而征役[8]。子产奔晋,子皮止之而逐丰卷。丰卷奔晋。子产请其田里[9],三年而复之,反其田里及其入焉[10]。

从政一年,舆人诵之[11],曰:“取我衣冠而褚

子产让城市和边远地区一切事务都有一定的规章,上下尊卑各有职责,田地有疆界和沟渠,使百姓聚居区五家为一组互相保护。对忠诚俭朴的卿大夫,就听从和亲近他;对骄横奢侈的,就依法惩治他。

丰卷将要祭祀,请求打猎获取祭品。子产不答应,说:“只有国君祭祀才用新杀的动物,一般人只用普通的祭品就可以了。”丰卷发怒,退出以后就召集兵卒。子产要逃亡到晋国,子皮阻止他而驱逐了丰卷。丰卷逃亡到晋国。子产请求郑君不要没收他的田地住宅,三年后让丰卷回国,把他的田地住宅和一切收入都还给了他。

之[12],取我田畴而伍之。孰杀子产,吾其与之!”及三年,又诵之,曰:“我有子弟,子产诲之;我有田畴,子产殖之[13]。子产而死,谁其嗣之?”

子产执政一年,众人歌唱道:“收取我的衣帽来贮藏,收取我的耕地重安排。谁杀死子产,我将给他帮忙!”到了三年,众人又唱道:“我有子弟,子产来教诲;我有田地,子产来栽培。子产如果死去,谁来继位?”

注释 1 使都鄙有章:让城市和边境地区一切事务都有一定的规章。都,城市。鄙,边境。 2 上下有服:上下尊卑各有职责。服,事、职。一解为“服色”或“制度”。 3 庐井有伍:使百姓聚居区每五家编为一组互相保护。伍,杜预注:“使五家相保。” 4 从而与之:听从并亲近他。与,亲近。一解为嘉许。 5 泰侈:骄横奢侈。泰,骄恣,骄横。因而毙之:依法惩办他。毙,踣,即跌倒,指惩罚而去其职。 6 丰卷:郑国大夫,字子张,丰氏。按:丰氏是郑国的大族之一。请田:向子产请求田猎(意在猎取祭品)。 7 唯君用鲜:只有国君才用新杀的动物作祭品。鲜,指新杀的动物。众给而已:一般人只用普通的祭品就可以了。 8 征役:征召兵卒(想要攻打子产)。 9 请其田里:请求郑简公保留丰卷的土地、住宅。里,住宅。杜预注:“请丁公,不没入。” 10 其入:封地的收入,指丰卷奔晋三年中封地全部收入。 11 舆人:众人,当是贵族们。 12 取我衣冠而褚之:子产把我的衣冠没收贮藏起来。褚,通“贮”。 13 殖:种植,栽培。

襄公三十一年

【经】

三十有一年春[1]，王正月。

三十一年春天，周历正月。

夏六月辛巳[2]，公薨于楚宫。

夏天六月二十八日，襄公在楚宫去世。

秋九月癸巳[3]，子野卒。

秋天九月十一日，子野去世。

己亥[4]，仲孙羯卒。

十七日，仲孙羯去世。

冬十月，滕子来会葬。

冬天十月，滕子前来鲁国参加葬礼。

癸酉[5]，葬我君襄公。

二十一日，安葬我国国君襄公。

十有一月，莒人弑其君密州。

十一月，莒国人杀死他们的国君密州。

注释　1 三十有一年：鲁襄公三十一年，公元前542年。　2 辛巳：二十八日。　3 癸巳：十一日。　4 己亥：十七日。　5 癸酉：二十一日。

【传】

三十一年春，王正月，穆叔至自会。见孟孝伯，语之曰："赵孟将死矣。其语偷[1]，不似民主。且年未盈五十，而谆谆

三十一年春天，周历正月，穆叔从澶渊参加会见回来。进见孟孝伯，对他说："赵孟快要死了。他的话毫无远虑，不像百姓的主人。而且年纪不满五十，却絮絮叨叨好像八九十岁的人，不能活

焉如八九十者[2],弗能久矣。若赵孟死,为政者其韩子乎[3]!吾子盍与季孙言之,可以树善[4],君子也。晋君将失政矣,若不树焉,使早备鲁,既而政在大夫,韩子懦弱,大夫多贪,求欲无厌,齐、楚未足与也,鲁其惧哉!"孝伯曰:"人生几何?谁能无偷?朝不及夕,将安用树?"穆叔出而告人曰:"孟孙将死矣。吾语诸赵孟之偷也,而又甚焉。"又与季孙语晋故[5],季孙不从。及赵文子卒,晋公室卑[6],政在侈家[7]。韩宣子为政,不能图诸侯[8]。鲁不堪晋求,谗慝弘多[9],是以有平丘之会。

得很久了。如果赵孟死去,晋国执政的人恐怕是韩起吧!您何不跟季孙谈谈这件事,可以及早建立友善关系,韩起是个君子。晋国国君将要失去治国权力了,如果不去建立友善关系,让韩起早些为鲁国做点预备工作,不久以后晋国政权落到大夫手里,韩起懦弱,大夫大多贪婪,要求和欲望没有个满足,齐国、楚国却不足以亲附,鲁国恐怕就危险了!"孟孝伯说:"人一辈子能有多久?谁能没有点苟且偷安?早晨活着到不了晚上,哪里用得着去建立友好关系?"穆叔出去,告诉别人说:"孟孝伯快要死了。我告诉他赵孟的苟且偷安,但他又超过赵孟。"穆叔又跟季孙谈晋国的事情,季孙不听从。等到赵文子去世,晋国公室地位下降,政权落在奢豪的家族手里。韩宣子执政,不能谋求晋国做诸侯霸主。鲁国承受不了晋国的需索,谗毁邪恶的小人很多,因此有了平丘之会。

注释 1 偷:苟且,谓毫无远虑。 2 谆谆:说话絮絮不休的样子。 3 韩子:即韩起,晋国的卿。 4 树善:结好,建立友善关系。 5 故:事,事情。 6 卑:下,下降。指地位下降。 7 侈家:豪奢的大夫家族,即六卿之家。 8 图诸侯:谋求为诸侯霸主。图,谋求。 9 谗慝弘多:谗毁邪恶的小人很多。慝,邪恶。弘,多。

齐子尾害闾丘婴[1]，欲杀之，使帅师以伐阳州[2]。我问师故。夏五月，子尾杀闾丘婴以说于我师[3]。工偻洒、渻灶、孔虺、贾寅出奔莒[4]。出群公子。

齐国的子尾恐怕闾丘婴害己，想要杀掉他，就派他率兵攻打阳州。我国询问齐国出兵的缘故。夏天五月，子尾杀了闾丘婴，来向我军解释。工偻洒、渻灶、孔虺、贾寅逃亡到莒国。子尾驱逐了公子们。

公作楚宫[5]。穆叔曰："《大誓》云[6]：'民之所欲，天必从之。'君欲楚也夫，故作其宫。若不复适楚，必死是宫也。"六月辛巳，公薨于楚宫。

鲁襄公建造楚国式的宫殿。穆叔说："《大誓》说：'百姓所要求的，上天必然听从。'国君想要楚国了，所以建造楚国式的宫殿。如果不再去楚国，必定死在这座宫殿里。"六月二十八日，襄公在楚宫去世。

叔仲带窃其拱璧[7]，以与御人，纳诸其怀而从取之，由是得罪。

叔仲带偷了襄公的大璧，给了侍女，放在她的怀里，又跟着拿了过来，因此而得罪。

立胡女敬归之子子野[8]，次于季氏。秋九月癸巳，卒，毁也[9]。

立了胡国女人敬归的儿子子野，住在季氏那里。秋天九月十一日，子野去世，是由于哀痛过度。

己亥，孟孝伯卒。

九月十七日，孟孝伯去世。

注释 1 害：恐怕为己害。闾丘婴：襄公二十五年逃亡到鲁国，此时已返回齐国。 2 阳州：鲁国邑名，在今山东东平北。 3 说：解释。即推脱为闾丘婴之罪。 4 工偻洒、渻灶、孔虺、贾寅：都是闾丘婴的同党。 5 楚宫：楚国式的宫殿。杜预注："适楚，好其宫，归而作之。" 6《大誓》：《尚书·大誓》篇。今本《尚书·大誓》没有这两句话。 7 拱璧：鲁襄公的大璧。 8 胡女敬归：杜预注："胡，归姓之国。敬归，襄公妾。" 9 毁：哀痛过度。

立敬归之娣齐归之子公子裯[1]，穆叔不欲，曰："大子死，有母弟，则立之；无，则立长。年钧择贤[2]，义钧则卜，古之道也。非適嗣，何必娣之子？且是人也，居丧而不哀，在戚而有嘉容[3]，是谓不度[4]。不度之人，鲜不为患。若果立之，必为季氏忧。"武子不听，卒立之。比及葬，三易衰[5]，衰衽如故衰[6]。于是昭公十九年矣，犹有童心，君子是以知其不能终也。

立了敬归的妹妹齐归的儿子公子裯为国君，穆叔不愿意，说："太子死了，有同母的弟弟，就立他；没有，就立年长的。年龄相当就选择贤能，贤能相当就占卜，这是古代的常规。死去的子野并不是嫡子，何必非要立他母亲妹妹的儿子？况且这个人，在丧事中却不悲哀，父亲死了反而有喜悦的脸色，这叫作不孝。不孝的人，很少不制造祸患。如果真的立了他，必定造成季氏的祸患。"季武子不听，最终立了他。等到安葬襄公时，他三次更换丧服，丧服的衣襟脏得好像旧丧服。当时昭公十九岁了，还有孩子脾气，君子因此知道他不能善终。

冬十月，滕成公来会葬，惰而多涕[7]。子服惠伯曰："滕君将死矣！怠于其位，而哀已甚，兆于死所矣[8]，能无从乎[9]？"

冬天十月，滕成公前来鲁国参加葬礼，表现得不恭敬而眼泪很多。子服惠伯说："滕国的国君快要死了！他在吊丧的位上表现懈怠，而悲哀太过分，在葬礼中已有预兆了，能不跟着死吗？"

癸酉，葬襄公。

十月二十一日，安葬了襄公。

注释 1 齐归：鲁昭公的生母。公子裯：鲁昭公，名裯，襄公之子，在位三十二年。 2 钧：同"均"，相当。 3 在戚：在丧，父母死叫"在戚"。有嘉容：脸色喜悦。 4 不度：犹言不孝。 5 三易衰：三次更换丧服。衰，通"缞"，丧服。 6 衽：衣襟。故衰：旧丧服。言嬉戏如儿童，衣服易脏。 7 惰：不恭敬。多涕：眼泪很多。 8 已甚：太过分。已，太。兆：预兆，即将死的预兆。死所：指葬礼。 9 从：此指跟着死。杜预注："为昭三年滕子卒传。"

公薨之月，子产相郑伯以如晋，晋侯以我丧故，未之见也。子产使尽坏其馆之垣而纳车马焉。士文伯让之[1]，曰："敝邑以政刑之不修[2]，寇盗充斥，无若诸侯之属辱在寡君者何[3]，是以令吏人完客所馆，高其闬闳[4]，厚其墙垣，以无忧客使。今吾子坏之，虽从者能戒，其若异客何[5]？以敝邑之为盟主，缮完葺墙[6]，以待宾客。若皆毁之，其何以共命[7]？寡君使匄请命[8]。"

鲁襄公去世的那个月，子产辅佐郑伯到晋国，晋侯因为我国有丧事，没有会见他们。子产让人把宾馆的围墙全部拆毁了而把车马安放在里边。士文伯责备他，说："敝邑由于政事和刑罚不修明，盗贼到处都是，这对于屈驾来问候寡君的诸侯的臣属说来，是无可奈何的事，因此才派官吏修缮宾客所住的馆舍，大门修得高，围墙筑得厚，不让宾客使者担忧。现在您拆毁了它，虽然您的随从能够戒备，让别国的宾客怎么办呢？由于敝邑是盟主，修缮围墙，以接待宾客。如果把它都拆毁了，那么将怎么供应宾客的需要呢？寡君派士匄前来请教拆毁围墙的用意。"

注释 1 士文伯：名匄，字伯瑕，士弱之子，晋国大夫。让：责备。 2 政刑：政事和刑罚。 3 无若：即无奈。属：臣属，属官。辱：辱临，屈驾。在：存问。

4 闬闳：大门，此指宾馆的大门。 **5** 异客：别国的宾客。 **6** 缮完葺墙：修缮围墙。完：借为“院”，墙垣。 **7** 共命：供应所求。共，同“供”。 **8** 请命：请问拆毁围墙的用意何在。

对曰：“以敝邑褊小，介于大国，诛求无时[1]，是以不敢宁居，悉索敝赋，以来会时事[2]。逢执事之不闲[3]，而未得见，又不获闻命，未知见时，不敢输币[4]，亦不敢暴露[5]。其输之，则君之府实也，非荐陈之[6]，不敢输也。其暴露之，则恐燥湿之不时而朽蠹，以重敝邑之罪。侨闻文公之为盟主也，宫室卑庳，无观台榭，以崇大诸侯之馆。馆如公寝，库厩缮修，司空以时平易道路[7]，圬人以时塓馆宫室[8]。诸侯宾至，甸设庭燎[9]，仆人巡宫。车马有所，宾从有代，巾车脂辖[10]，隶人牧圉[11]，各

子产回答说：“由于敝邑狭小，处在大国之间，而大国索要贡物没有一定的时候，因此我们不敢安居，搜索敝邑的全部财富，前来朝见，行聘问之礼。碰上执事没有工夫，没有能够见到，又没有得到命令，不知道进见的日期，我们不敢献上财礼，也不敢让它日晒夜露。如果献上，那么它就是君王府库中的财物，不经过在庭院中陈列的仪式，我们不敢献纳。如果让它日晒夜露，又怕忽而干燥忽而潮湿因而朽坏，加重敝邑的罪过。侨听说文公做盟主的时候，宫室低小，没有供观望的台榭，而把接待诸侯的馆舍修得又高又大。宾舍好像君王的寝宫一样，对馆舍内的仓库、马厩修缮完好，司空按时整修道路，泥瓦工匠按时粉刷馆舍墙壁。诸侯的宾客到来，甸人在庭院中燃起火把，仆人巡视馆舍。车马的安置有一定的处所，宾客的随从有人替代，管理车辆的官员给车轴加油，掌管洒扫的和看守牲口的，各自照管分内的事务。百官各人陈列他

瞻其事。百官之属，各展其物。公不留宾[12]，而亦无废事。忧乐同之，事则巡之[13]，教其不知，而恤其不足。宾至如归，无宁灾患，不畏寇盗，而亦不患燥湿。今铜鞮之宫数里[14]，而诸侯舍于隶人[15]。门不容车，而不可逾越。盗贼公行，而天厉不戒[16]。宾见无时，命不可知。若又勿坏，是无所藏币，以重罪也。敢请执事，将何所命之？虽君之有鲁丧，亦敝邑之忧也。若获荐币，修垣而行，君之惠也，敢惮勤劳？”

的礼物。文公不让宾客耽搁，也就没有荒废事情。和宾客同忧共乐，有为难的事就加以安抚，对宾客所不知道的就加以指教，所缺乏的加以周济。宾客来到就好像回到家里一样，岂但没有灾患，不怕抢劫偷盗，也不怕干燥和潮湿。现在铜鞮宫占地数里，而诸侯住在像奴隶住的房子里。大门进不去车子，而又不能翻墙而入。盗贼公然横行，而天灾不能防止。宾客进见没有准确时间，君王接见的命令也不知道什么时候发布。假如还不拆毁围墙，这就没有地方收藏财礼，而要加重我们的罪过了。谨敢请教执事，对我们将有什么指示？虽然君王遇到鲁国的丧事，但这也是敝邑的忧伤。如果能够进献财礼，我们愿把围墙修好了才走，这就是君王的恩惠，怎么敢害怕辛勤劳苦？”

注释　1 褊小：狭小。诛求：责求，即索要贡物。　2 来会时事：前来朝见，行聘问之礼。会，朝会。时事，指聘问之礼。　3 闲：空暇。　4 输币：送上礼物。输，献纳。　5 暴露：日晒夜露。　6 荐陈：古代进献的贡品，先陈列在庭院，叫作“荐陈”。荐，进。陈，设。　7 司空：负责建筑的官。平易：修理，整修。　8 圬人：泥瓦工匠。塓：粉刷墙壁。　9 甸：甸人，掌管薪火的官。设庭燎：在庭院中燃起火把以照明。杜预注：“庭燎，设火于庭。”　10 巾车：管理车辆的官。脂辖：给车轴加油。脂，涂油。辖：裹在车轴上的铁皮，此指车轴。　11 隶人：主管洒扫的人。牧圉：看守牲口的人。 **12** 公:指晋文公。不留宾:不使宾客无故滞留,即宾来则见。 **13** 巡:安抚。 **14** 铜鞮之宫:晋君别宫,故址在今山西沁县南。 **15** 舍于隶人:言诸侯住宿的馆舍仿佛是奴隶居住的地方。 **16** 天厉:天灾。杜预注:“厉,犹灾也,言水潦无时。”

文伯复命,赵文子曰:“信[1]!我实不德,而以隶人之垣以赢诸侯[2],是吾罪也。”使士文伯谢不敏焉。

士文伯复命,赵文子说:“确实是这样!我们实在德行不好,用容纳奴隶的围墙来接待诸侯,这是我们的罪过啊。”派士文伯去为自己不明事理表示歉意。

晋侯见郑伯,有加礼,厚其宴好而归之[3]。乃筑诸侯之馆。叔向曰:“辞之不可以已也如是夫[4]!子产有辞,诸侯赖之[5],若之何其释辞也?《诗》曰[6]:‘辞之辑矣,民之协矣[7];辞之绎矣,民之莫矣[8]。’其知之矣。”

晋侯接见郑伯,礼仪比常规更加恭敬,宴会和礼物更加丰厚,然后让他回去。于是就建造接待诸侯的馆舍。叔向说:“辞令不能废弃就像这样吧!子产善于辞令,诸侯因为他的辞令而得利,为什么要放弃辞令呢?《诗》说:‘辞令和顺,百姓团结;辞令让人高兴,百姓安定。’诗人懂得辞令的作用了。”

郑子皮使印段如楚,以适晋告,礼也。

郑国的子皮派印段去楚国,先到晋国报告这件事,这是合于礼的。

莒犁比公生去疾及展舆[9]。既立展舆,又废之。犁比公虐,国人患之。十一月,展舆因国人以攻莒子,弑之,乃立[10]。去疾奔齐,齐出也[11]。展舆,吴

莒国的犁比公生了去疾和展舆。已经立了展舆为世子,又废了他。犁比公暴虐,国人为此感到担忧。十一月,展舆依靠国人攻打莒犁比公,杀死了他,就自立为国君。去疾逃亡到齐国,因为他是齐国女子生的。展舆是吴国

出也。书曰:"莒人弑其君买朱钼[12]。"言罪之在也。

女子生的。《春秋》记载说:"莒人弑其君买朱钼。"这是说罪过在莒犁比公。

注释 1信:确实是这样,即说得对。 2赢:受,引申有容纳、接待之意。3加礼:礼仪比常规更恭敬。好:指好货,即好礼品。 4已:犹言废弃。 5赖:利,得利。 6《诗》:指《诗经·大雅·板》篇。 7辑:和顺。协:团结。今本《诗经》作"洽"。 8绎:通"怿",喜悦。今本《诗经》作"怿"。莫:安定。杜预注:"言辞辑睦,则民协同;辞说绎,则民安定。" 9犁比:杜预注:"犁比,莒子密州之号。" 10乃立:指展舆立为莒君。 11齐出:齐女所生。12买朱钼:即密州。

吴子使屈狐庸聘于晋[1],通路也。赵文子问焉,曰:"延州来季子其果立乎[2]?巢陨诸樊[3],阍戕戴吴[4],天似启之,何如?"对曰:"不立。是二王之命也[5],非启季子也。若天所启,其在今嗣君乎!甚德而度,德不失民,度不失事。民亲而事有序,其天所启也。有吴国者,必此君之子孙实终之。季子,守节者也。虽有国,不立。"

吴王派屈狐庸到晋国聘问,这是为了沟通两国往来的道路。赵文子询问他,说:"延州来季子终于立为国君了吗?巢地死了诸樊,守门人杀了戴吴,上天似乎为季子打开了做国君的大门,结果怎么样?"屈狐庸回答说:"他不会被立为国君的。这是两位国王的命运不好,不是为季子打开大门。如果上天打开了大门,恐怕是为了现在的国君吧!他很有德行并且行为合于法度,有德行就不会失掉百姓,合于法度就不会办错事情。百姓亲附而事情有秩序,恐怕是上天为他打开的大门。保有吴国的,最终一定是这位国君的子孙。季子,是保持节操的人。即使把国家给他,他也是不肯做国君的。"

注释 1吴子:指吴王夷末。屈狐庸:楚国人巫臣之子,鲁成公七年随父从晋国到吴国,为行人。 2延州来季子:即吴公子季札。初封于延陵,后加封州来。 3巢:原为巢国,在今安徽巢湖东北,时属吴,亦时属楚。陨:坠落,指杀死。诸樊:吴国国君。 4阍:守门人。戕:杀害。戴吴:即馀祭,吴国国君。 5二王之命:诸樊、馀祭之死是命运注定。

十二月,北宫文子相卫襄公以如楚[1],宋之盟故也。过郑,印段廷劳于棐林[2],如聘礼而以劳辞[3]。文子入聘。子羽为行人,冯简子与子大叔逆客。事毕而出,言于卫侯曰:"郑有礼,其数世之福也。其无大国之讨乎!《诗》云[4]:'谁能执热,逝不以濯[5]。'礼之于政,如热之有濯也。濯以救热[6],何患之有?"

子产之从政也,择能而使之。冯简子能断大事;子大叔美秀而文[7];公孙挥能知四国之为[8],而辨于其大夫之族姓、班位、贵贱、能否,而又善为辞令;裨谌能谋,谋于野则获[9],谋于

十二月,卫国大夫北宫文子辅佐卫襄公去楚国,这是由于在宋国结盟的缘故。经过郑国,印段到棐林去慰劳他们,按照聘问的礼仪并使用慰劳的辞令。北宫文子进入郑国国都聘问。郑国大夫子羽做行人,冯简子和子太叔迎接客人。北宫文子事情完毕以后出来,对卫侯说:"郑国合于礼仪,这是几代的福气。恐怕不会有大国的讨伐了吧!《诗》说:'天气真苦热,谁能不洗澡。'礼仪对于政事,就像天热就要洗澡。洗澡用来消除炎热,有什么可担心的呢?"

子产参与政事,选择贤能的人使用。冯简子能决断大事;子太叔美秀而有文采;公孙挥能了解四方诸侯的政令,并辨识各国大夫的家族姓氏、官职爵位、地位贵贱、才能高低,又善于辞令;裨谌能出谋划策,在野外策划就正

邑则否[10]。郑国将有诸侯之事,子产乃问四国之为于子羽,且使多为辞令;与裨谌乘以适野,使谋可否;而告冯简子,使断之。事成,乃授子大叔使行之,以应对宾客。是以鲜有败事。北宫文子所谓有礼也。

确,在城里策划就不行。郑国将要有外交上的事情,子产就向子羽询问四方诸侯的政令,并且让他起草各种外交文书;和裨谌一起坐车到野外,让他策划是否可行;再把结果告诉冯简子,让他决断。事情策划完成,就交给子太叔执行,和宾客应对。因此,很少把事情办坏。这就是北宫文子所说的合于礼。

注释 **1** 北宫文子:名佗,卫国大夫,卫成公曾孙北宫懿子括之子。 **2** 迋劳:前往慰劳。迋,同“往”。棐林:郑国地名,即北林,在今河南新郑北。**3** 如聘礼:仪节如同聘问之礼。以劳辞:使用慰劳的辞令。 **4**《诗》:指《诗经·大雅·桑柔》篇。 **5** 执热:苦热。逝不以濯:不去洗澡。逝,语首助词。濯,洗涤,此指洗澡。旧说解“执热”为“手执热物”,解“濯”为“用水洗手”,此说可作参考。 **6** 救热:即消除炎热。 **7** 美秀而文:秀美而有文采。杨伯峻《春秋左传注》:“美秀谓其外貌举止。文谓习典章制度诗乐。” **8** 四国:四方诸侯。为:指政令。 **9** 获:得,是说得其当,正确。**10** 否:不得,是说不得当,不正确。

郑人游于乡校,以论执政。然明谓子产曰:“毁乡校,何如?”子产曰:“何为?夫人朝夕退而游焉[1],以议执政之善否[2]。其所善者,吾则行之;其所恶者,吾则改之,是吾师也。若之何

郑国人在乡校里游玩聚会,来议论执政者措施的得失。然明对子产说:“毁了乡校,怎么样?”子产说:“为什么?人们早晚工作的余暇到那里游玩,来议论执政者措施的好坏。他们认为好的,我就推行它;他们讨厌的,我就改掉它,这是我的老师啊。为什么要

毁之？我闻忠善以损怨[3]，不闻作威以防怨。岂不遽止[4]？然犹防川[5]，大决所犯，伤人必多，吾不克救也。不如小决使道[6]，不如吾闻而药之也[7]。”然明曰：“蔑也今而后知吾子之信可事也[8]。小人实不才。若果行此，其郑国实赖之，岂唯二三臣？”

仲尼闻是语也，曰：“以是观之，人谓子产不仁，吾不信也。”

毁掉它？我听说用忠于为善来减少怨恨，没有听说用摆出权威来防止怨恨。依靠权威难道不能很快制止议论？不过这就像堵住河水一样，溃决大口子，伤人必然很多，我不能挽救。不如把河开个小口子，让河水得到疏导而畅通，不如让我听取这些议论，把它当作治病的药石。”然明说：“蔑从今以后知道您确实是可以侍奉的。小人实在没有才能。如果这样做下去，对郑国确实有利，难道只有利于我们这些大臣？”

孔子听到这些话，说：“从这里看来，别人说子产不仁，我不相信。”

注释　1 退：指工作完毕的休息时间。　2 善否：好和不好。　3 忠善：忠于为善。忠，用如动词。损怨：减少怨恨。　4 岂不遽止：难道不能很快地制止？遽，急，迅速。　5 然犹防川：但是那种做法就像堵住河水一样。　6 道：同“导”，疏导。　7 闻而药之：听取（这些议论）并且把它当作治病的药石。　8 事：侍奉。一说，解“可事”为“可以成事”，或解为“可以掌政”“可以担当国家大事”。

子皮欲使尹何为邑[1]。子产曰：“少，未知可否。”子皮曰：“愿[2]，吾爱之，不吾叛也。使夫往而学焉[3]，夫亦愈知治矣。”子

子皮想让尹何做他的封邑的大夫。子产说：“他太年轻，不知道行不行。”子皮说：“他谨慎老实，我喜欢他，他不会背叛我。让他去学习一下，他也就更懂得怎么管理政事了。”子产说：“不行。

产曰："不可。人之爱人，求利之也。今吾子爱人则以政，犹未能操刀而使割也，其伤实多。子之爱人，伤之而已，其谁敢求爱于子？子于郑国，栋也。栋折榱崩，侨将厌焉[4]，敢不尽言？子有美锦，不使人学制焉[5]。大官、大邑，身之所庇也[6]，而使学者制焉。其为美锦[7]，不亦多乎？侨闻学而后入政，未闻以政学者也。若果行此，必有所害。譬如田猎，射御贯则能获禽[8]，若未尝登车射御，则败绩厌覆是惧[9]，何暇思获？"子皮曰："善哉！虎不敏[10]。吾闻君子务知大者、远者，小人务知小者、近者。我，小人也。衣服附在吾身，我知而慎之；大官、大邑所以庇身也，我远而慢之。微子之言，吾不知也。他日我曰[11]：

一个人喜欢另一个人，总是谋求对那个人有利。现在您喜欢一个人却把政事交给他，这好像一个人不会拿刀而让他去割东西，他的伤害一定会多的。您喜欢他，不过伤害他罢了，有谁敢在您这里求得喜欢？您在郑国是栋梁。栋梁折断，椽子就会崩毁，侨将会压在底下，怎敢不把话全都说出来？您有美丽的彩绸，是不会让别人用它来学习裁制的。大的官职、大的封邑，是自身的庇护，却让学习的人去裁制。它比美丽的彩绸，不是重要得多吗？侨听说学习以后才参加管理政事，没有听说通过管理政事来学习的。如果这样做，一定有害处。譬如打猎，熟习射箭驾车，就能获得猎物，如果过去没有登车射过箭驾过车，那么一心害怕车翻人压，哪里有工夫想到猎获禽兽？"子皮说："好啊！虎不聪明。我听说君子致力于了解大的、远的事情，小人致力于了解小的、近的事情。我，是小人啊。衣服穿在我身上，我知道并且慎重对待它；大的官职、大的封邑是用来庇护自身的，我却疏远并且轻视它。如果不是您这番话，我是不知道这些得失的。过去我说：'您治理郑

‘子为郑国,我为吾家,以庇焉[12],其可也。’今而后知不足。自今请,虽吾家,听子而行。”子产曰:“人心之不同,如其面焉。吾岂敢谓子面如吾面乎?抑心所谓危[13],亦以告也。”子皮以为忠,故委政焉,子产是以能为郑国。	国,我治理我的家族,来庇护我自己,那就可以了。’从今以后我知道不够。从现在我请求,即使是我家族的事情,也要听从您的话去办理。”子产说:“人心不相同,正像人的面孔不相同一样。我怎么敢说您的面孔像我的面孔呢?不过心里认为危险的,就把它告诉您了。”子皮认为子产忠诚,所以把郑国的政事全都委托给他,子产因此能够治理郑国。

注释 1 尹何:子皮的小臣。为邑:担任邑大夫,指担任子皮所食采邑的大夫。 2 愿:为人谨慎老实。 3 使夫往而学焉:让他去学习一下。夫,与“彼”同义。 4 栋折榱崩:栋梁折断,椽子就会崩毁。榱,椽子。厌焉:压在底下。厌,同“压”。按,子产把子皮比为栋梁,把郑国比作房子。现在栋折榱崩,房子自然倒塌,子产当然也被压在里面了。 5 不使人学制焉:不会让别人(用它来)学习裁制的。制,裁制。 6 大官:邑大夫,是子皮氏的大官。大邑:大的封邑。身之所庇:是自身的庇护。 7 其为美锦:大官、大邑对于美丽的彩绸。其,指官、邑。为,对于。 8 射御贯:射箭驾车熟练。贯,同“惯”,熟习。获禽:获得猎物。禽,鸟兽的通称。 9 败绩厌覆是惧:一心害怕车翻人压。败绩,指车辆崩坏。厌覆,指乘车的人被倾覆碾压。厌,同“压”。 10 虎不敏:我不聪明。虎,子皮自称其名。 11 他日:过去,从前。 12 子为郑国:您治理郑国。为,治理。我为吾家:我治理我的家族。以庇焉:来庇护我自身。 13 抑心所谓危:不过我心里认为危险的。抑,不过,可是。所谓危,认为危险的。

卫侯在楚,北宫文子	卫侯在楚国,北宫文子见到令尹围

见令尹围之威仪[1],言于卫侯曰:"令尹似君矣,将有他志[2]。虽获其志,不能终也。《诗》云[3]:'靡不有初,鲜克有终[4]。'终之实难,令尹其将不免。"公曰:"子何以知之?"对曰:"《诗》云[5]:'敬慎威仪,惟民之则[6]。'令尹无威仪,民无则焉。民所不则,以在民上,不可以终。"公曰:"善哉!何谓威仪?"

的仪表,对卫侯说:"令尹像国君了,将要有别的想法。虽然能够实现他的想法,但是不能善终。《诗》说:'什么都有个开头,但很少能有好的终结。'善终实在很难,令尹恐怕不能免于祸难。"卫侯说:"您怎么知道的?"北宫文子回答说:"《诗》说:'要谨慎自己的威仪,因为它是百姓效法的准则。'令尹没有威仪,百姓就没有效法的准则。百姓不效法的人,而居于百姓之上,就不能善终。"卫侯说:"好啊!什么叫威仪?"

注释 1 北宫文子:即北宫佗。令尹围:即楚国令尹公子围,楚康王之弟。威仪:据王念孙说,"威"字是衍文,《汉书·五行志》引此也无"威"字。仪,仪表。 2 他志:别的想法,指想要篡位。 3《诗》:指《诗经·大雅·荡》篇。 4 靡不:无不。靡,无,莫。初:起始,开头。鲜:少。克:能。 5《诗》:指《诗经·大雅·抑》篇。 6 则:准则,即效法的准则。

对曰:"有威而可畏谓之威,有仪而可象谓之仪[1]。君有君之威仪,其臣畏而爱之,则而象之,故能有其国家,令闻长世[2]。臣有臣之威仪,其下畏而爱之,故能守其官职,保族宜家。顺是以下皆如是[3],是

北宫文子回答说:"有威严并能使人害怕叫作威,有仪表并能让人仿效叫作仪。国君有国君的威仪,他的臣子害怕并爱护他,把他作为准则而仿效他,所以能保有他的国家,好名声长久流传于世。臣子有臣子的威仪,他的下面害怕而爱护他,所以能保住他的官职,保护家族,家庭和睦。顺着这个次

以上下能相固也[4]。《卫诗》曰[5]：'威仪棣棣，不可选也[6]。'言君臣、上下、父子、兄弟、内外、大小皆有威仪也。《周诗》曰[7]：'朋友攸摄，摄以威仪[8]。'言朋友之道，必相教训以威仪也。《周书》数文王之德[9]，曰：'大国畏其力，小国怀其德。'言畏而爱之也，《诗》云：'不识不知，顺帝之则[10]。'言则而象之也。纣囚文王七年，诸侯皆从之囚，纣于是乎惧而归之，可谓爱之。文王伐崇[11]，再驾而降为臣[12]，蛮夷帅服[13]，可谓畏之。文王之功，天下诵而歌舞之，可谓则之。文王之行，至今为法，可谓象之。有威仪也。故君子在位可畏，施舍可爱，进退可度，周旋可则，容止可观，作事可法，德行可象，声气可乐；动作有文，言语有章，以临其下，谓之有威仪也。"

序以下都像这样，因此上下能够互相巩固。《卫诗》说：'威仪安和，好处不能计算。'这是说君臣、上下、父子、兄弟、内外、大小都有威仪。《周诗》说：'朋友间互相辅助，所用的是威仪。'这是说朋友之道，一定要用威仪互相教导。《周书》列举文王的美德，说：'大国害怕他的力量，小国怀念他的恩德。'这是说害怕他而又爱护他，《诗》说：'无识无知，顺从天帝的准则。'这是说把他作为准则并仿效他。纣王囚禁周文王七年，诸侯都跟随他去坐牢，纣王于是害怕而将文王放了回去，可以说是爱护他了。文王攻打崇国，两次发兵，崇国就降服称臣，蛮夷相继归服，可以说是害怕他了。文王的功业，天下赞颂并歌舞它，可以说是以他为准则了。文王的措施，到今天仍作为规范，可以说是仿效他了。这是因为有威仪的缘故。所以君子在官位上可使人害怕，施舍可使人爱他，进退可以作为法度，周旋可以作为准则，仪容举止值得观看，做事情可供学习，德行可以仿效，声音气度可使人高兴；动作有修养，说话有条理，有这些来对待下面，这就叫作有威仪。"

注释 **1**仪:仪容举止、言语瞻视。象:仿效,效法。 **2**令闻:好名声。令,美,善。长世:长久流传于世。 **3**顺是:顺着这个次序。 **4**相固:互相巩固。 **5**《卫诗》:指《诗经·邶风·柏舟》篇。 **6**棣棣:安详貌。选:计算,计数。 **7**《周诗》:指《诗经·大雅·既醉》篇。 **8**攸:所。摄:辅助。 **9**《周书》:杜预注:"逸《书》。"文王:指周文王。 **10**《诗》:指《诗经·大雅·皇矣》篇。顺帝之则:顺从天帝的准则。杜预注:"又言文王行事无所斟酌,唯在则象上天。" **11**崇:古国名,其地在今河南嵩县北。 **12**再驾:即两次发兵。杜预注:"文王闻崇德乱而伐之,军三旬不降,退修教而复伐之,因垒而降。" **13**帅服:相继归服。

岳麓書社

读名著　选岳麓

春秋左传 下

李维琦 陈建初 李运富
覃遵祥 唐生周 萧谒川 注译

岳麓书社·长沙

春秋左传

昭公

昭公元年

【经】

元年春[1]，王正月，公即位[2]。

叔孙豹会晋赵武、楚公子围、齐国弱、宋向戌、卫齐恶、陈公子招、蔡公孙归生、郑罕虎、许人、曹人于虢。

三月，取郓。

夏，秦伯之弟鍼出奔晋[3]。

六月丁巳，邾子华卒。

晋荀吴帅师败狄于大卤。

秋，莒去疾自齐入于莒。莒展舆出奔吴。

叔弓帅师疆郓田[4]。

葬邾悼公。

冬，十有一月己酉，楚子麇卒[5]。

楚公子比出奔晋。

元年春天，周历正月，昭公即位。

叔孙豹与晋国赵武、楚国公子围、齐国国弱、宋国向戌、卫国齐恶、陈国公子招、蔡国公孙归生、郑国罕虎、许人、曹人在虢地会见。

三月，攻占了莒国的郓城。

夏天，秦景公的弟弟鍼逃亡到晋国。

六月九日，邾国君主华去世。

晋国荀吴领兵在大卤打败狄族人。

秋天，莒国的去疾从齐国回到莒国。莒国的展舆逃亡到吴国。

叔弓领兵划定郓地田土的疆界。

安葬邾悼公。

冬天，十一月初四日，楚王郏敖去世。

楚公子比逃亡到晋国。

注释 **1** 元年：昭公元年，公元前 541 年。 **2** 公：鲁昭公，鲁襄公之子，名裯。周景王四年即位,在位三十二年。 3 鍼:音 qián。 4 疆:边界,此用为动词,划定边界。 5 有:通“又”。麇:音 jūn。

【传】

元年春,楚公子围聘于郑[1],且娶于公孙段氏,伍举为介[2]。将入馆,郑人恶之,使行人子羽与之言[3],乃馆于外。既聘,将以众逆[4]。子产患之,使子羽辞,曰:“以敝邑褊小,不足以容从者,请墠听命[5]!”令尹命大宰伯州犁对曰:“君辱贶寡大夫围[6],谓围:‘将使丰氏抚有而室[7]。’围布几筵,告于庄、共之庙而来。若野赐之,是委君贶于草莽也!是寡大夫不得列于诸卿也!不宁唯是,又使围蒙其先君,将不得为寡君老[8],其蔑以复矣[9]。唯大夫图之!”子羽曰:“小国无罪,恃

元年春天,楚国的公子围到郑国聘问,并且到公孙段家迎娶,伍举做副使。将要进入郑都住进宾馆时,郑国人讨厌他们,派外交官子羽和他们商量,于是让他们住宿在城外。聘问的礼仪完毕之后,准备率领部下进城迎娶。子产担心这件事,又派子羽辞谢说:“由于敝邑狭小,不足以容纳您的随从人员,请让我们就地开辟举行亲迎之礼的场所,听从您的吩咐。”令尹公子围命令太宰伯州犁回答说:“承蒙贵君赐给寡大夫公子围恩惠,对公子围说:‘将让公孙段把女儿嫁给你做妻子。’公子围摆设供桌,在庄王、共王的神庙中告祭之后才来到郑国。假如现在在郊野外赐给他,那就是把贵君的恩惠抛弃在野草中了!这也是使敝国大夫不能列入诸卿的行列里了!不仅如此,又让我大夫公子围欺骗了他的先君,将不能再做寡君的大臣,恐怕也无法回去了。希望大夫您考虑一下。”子羽说:“小国

实其罪。将恃大国之安靖己,而无乃包藏祸心以图之。小国失恃,而惩诸侯[10],使莫不憾者,距违君命,而有所壅塞不行是惧!不然,敝邑,馆人之属也,其敢爱丰氏之祧[11]?”伍举知其有备也,请垂櫜而入[12]。许之。

没有罪过,依赖大国而没有戒备才是它的罪过。本打算依赖大国的力量安定自己,却恐怕大国包藏祸心来打小国的主意。怕的是小国失去依赖,而使诸侯有了戒惧之心,使它们无不怨恨大国,违抗君命,而君命将因此受到阻碍不能通行!不这样的话,敝国只是贵国的宾馆仆人之类,哪里敢吝惜公孙段家的宗庙呢?”伍举知道郑国有了防备,请求倒挂弓袋进城,郑国同意了。

注释 1 聘:聘问,诸侯国之间的相互访问。 2 介:副使。 3 行人:外交官名。 4 逆:迎。此指迎亲。 5 墠(shàn):举行祭祀仪式的场地。此指行亲迎之礼的场所。用为动词,即开辟墠场。 6 贶(kuàng):赏赐。7 而:你。室:妻室。古代夫以妻为室。 8 蒙:欺蒙。老:大臣。 9 蔑:无。 10 惩:警戒,戒惧。 11 祧(tiāo):宗庙。 12 垂櫜:指倒挂口袋,示无兵器。櫜,装弓矢的口袋。

正月乙未,入,逆而出。遂会于虢,寻宋之盟也[1]。

祁午谓赵文子曰[2]:“宋之盟,楚人得志于晋。今令尹之不信,诸侯之所闻也。子弗戒,惧又如宋。子木之信称于诸侯,犹诈

正月十五日,公子围进入郑都,迎娶之后出城。接着在虢地与叔孙豹等会见,这是为了重温宋国盟会的友好。

祁午对赵文子说:“宋国会盟时,楚国人从晋国那里抢先歃血而很得意。现在令尹不守信用,这是诸侯所知道的。您如果不戒备,恐怕又和在宋国盟会那样。子木的信誉为诸侯所称道,尚且还

晋而驾焉，况不信之尤者乎？楚重得志于晋，晋之耻也。子相晋国，以为盟主，于今七年矣。再合诸侯，三合大夫，服齐、狄，宁东夏，平秦乱，城淳于[3]，师徒不顿，国家不罢[4]，民无谤讟[5]，诸侯无怨，天无大灾，子之力也！有令名矣，而终之以耻，午也是惧。吾子其不可以不戒！”文子曰：“武受赐矣！然宋之盟，子木有祸人之心，武有仁人之心，是楚所以驾于晋也。今武犹是心也，楚又行僭[6]，非所害也。武将信以为本，循而行之。譬如农夫，是穮是蓘[7]，虽有饥馑[8]，必有丰年。且吾闻之：‘能信不为人下。’吾未能也。《诗》曰：‘不僭不贼[9]，鲜不为则[10]。’信也。能为人则者，不为人下矣。吾不能是难，楚不为患。”

欺骗晋国且凌驾其上，何况是最不守信用的人呢？如果楚人再次从晋国那儿占到上风，那是晋国的耻辱。您辅佐晋国作为盟主，到现在七年了。两次会合诸侯，三次聚集大夫，征服齐国和狄人，使华夏东部安宁，使秦国造成的动乱平息，在淳于修筑城墙，军队不疲惫，国家不穷乏，老百姓没有怨言，诸侯不生怨恨，上天没有降下大灾，这都是您的功劳！已经有了美好的名声，却要以耻辱结束它，我为您担心害怕的就是这个。您不能不警惕！”赵文子说：“我领受您的好意了。然而在宋国的盟会，子木有害人之心，我有爱人之意，这是楚国所以凌驾于晋国之上的原因。现在我还是这样的心，楚国再干不守信用的事，也不是它所能伤害的了。我将以信义为根本，并遵循这条道路前进。就像农夫，只要勤于除草培土，即使发生一时的灾荒，也必获丰收的年成。而且我听说：‘能守信义就不会居人之下。’只是我还未能做到。《诗》上说：‘不弄假不为害，很少不能做典范。’这就是坚守信义的缘故。能够做别人典范的，就不会被别人压在下面了。我难在不能做到这一点，楚国不是我所担心的。”

注释 1寻:重温。 2赵文子:即赵孟。 3城:筑城。用为动词。 4顿:劳顿,疲惫。罢:通"疲"。 5谤讟(dú):诽谤,怨言。 6僭(jiàn):虚假,不真实。 7穮(biāo):田间除草。蔉(gǔn):为庄稼培土扶苗。 8饥馑:灾荒。 9贼:伤害。 10鲜(xiǎn):少,罕。则:准则,模范。引诗为《诗经·大雅·抑》篇。

楚令尹围请用牲,读旧书,加于牲上而已。晋人许之。三月甲辰,盟,楚公子围设服、离卫[1]。叔孙穆子曰:"楚公子美矣,君哉!"郑子皮曰:"二执戈者前矣!"蔡子家曰:"蒲宫有前,不亦可乎?"楚伯州犁曰:"此行也,辞而假之寡君。"郑行人挥曰:"假不反矣。"伯州犁曰:"子姑忧子皙之欲背诞也[2]!"子羽曰:"当璧犹在[3],假而不反,子其无忧乎?"齐国子曰:"吾代二子愍矣[4]!"陈公子招曰:"不忧何成?二子乐矣。"卫齐子曰:"苟或知之,虽忧何害?"宋合左

楚国令尹公子围请求用牲,只是宣读一下过去宋国盟会时的盟书,把它放到牺牲上就完事。晋国人答应了这个请求。三月二十五日,晋、楚结盟,楚公子围设置国君的仪仗服饰,安排两个卫兵侍立。叔孙豹说:"楚公子很威风,像个国君啊!"郑国的子皮说:"两个持戈的卫兵站到前面了!"蔡国的子家说:"楚君的蒲宫有一对持戈的卫兵侍立在前,不也可以吗?"楚国的伯州犁说:"这些都是这次来的时候,向我们国君请准而借来的。"郑国的外交官子羽说:"借了不会还了。"伯州犁说:"您暂且去担心你们子皙想要违背君命,放荡作乱吧!"子羽说:"公子弃疾还在,借而不还,您难道没有忧虑吗?"齐国的国子说:"我替公子围、伯州犁感到忧虑!"陈国的公子招说:"不忧虑哪能成功?这两位可高兴啦。"卫国的齐子说:"假如有人预先知道,虽

师曰："大国令，小国共。吾知共而已[5]。"晋乐王鲋曰："《小旻》之卒章善矣[6]，吾从之。"

然有忧虑又有什么害处？"宋国的合左师说："大国发令，小国服从。我知道服从就是了。"晋国的乐王鲋说："《诗经·小旻》的最后一章很好，我服从它的意思。"

注释 1 设服：设置仪仗服饰。服，泛指举行礼仪的各种器具。离卫：成对的卫兵。离，通"俪"，俪偶。 2 背诞：背命放诞，即违背君命，放荡作乱。 3 当璧：正对着玉璧。这里指代公子弃疾，即楚平王。事见昭公十三年《传》。 4 愍(mǐn)：忧虑。 5 共：同"供"，供奉，服从。 6《小旻》：《诗经·小雅》篇名。其卒章云："不敢暴虎，不敢冯河。人知其一，莫知其他。战战兢兢，如临深渊，如履薄冰。"乐王鲋称此章，意在反对诸大夫的公开批评。

退会，子羽谓子皮曰："叔孙绞而婉[1]，宋左师简而礼，乐王鲋字而敬[2]，子与子家持之[3]，皆保世之主也。齐、卫、陈大夫其不免乎！国子代人忧，子招乐忧，齐子虽忧弗害。夫弗及而忧，与可忧而乐，与忧而弗害，皆取忧之道也，忧必及之。《大誓》曰：'民之所欲，天必从之。'三大夫兆忧[4]，忧能无至

盟会退下，子羽对子皮说："叔孙豹言辞恰切而委婉，宋国左师言语简明而合于礼仪，乐王鲋的话慈爱而恭谨，您与子家的话持平公正，都是可以世代保持爵位的大夫。齐国、卫国和陈国的大夫恐怕不能免除祸难了吧！国子替人忧虑，子招喜欢忧虑，齐子虽然忧虑但不当作危害。凡忧虑没有到达自身而替人忧虑，以及应该忧虑反而高兴，和虽然忧虑而不当作危害，都是招致忧虑的途径，忧虑一定落到他们身上。《大誓》说：'百姓所要求的，上天一定听从他。'三位大夫开启了忧虑的征兆，忧虑能不到达吗？

乎？言以知物，其是之谓矣。”

凭言语可以了解事情的结果，大概说的就是这种情况。”

注释 1 绞：恰切。婉：婉转。 2 字：慈爱。 3 持之：持其两端，不偏不倚，等于说公允。 4 兆：预兆。

季武子伐莒，取郓，莒人告于会。楚告于晋曰：“寻盟未退，而鲁伐莒，渎齐盟[1]，请戮其使。”乐桓子相赵文子[2]，欲求货于叔孙，而为之请，使请带焉[3]，弗与。梁其胫曰[4]：“货以藩身，子何爱焉？”叔孙曰：“诸侯之会，卫社稷也。我以货免，鲁必受师，是祸之也，何卫之为？人之有墙，以蔽恶也。墙之隙坏[5]，谁之咎也？卫而恶之，吾又甚焉。虽怨季孙，鲁国何罪？叔出季处，有自来矣，吾又谁怨？然鲋也贿[6]，弗与，不已。”召使者，裂裳帛而与之，曰：“带其褊矣[7]。”

鲁国的季武子攻打莒国，占取了郓地，莒国人向盟会控告。楚国对晋国说：“重温旧盟的会还没结束，而鲁国就进攻莒国，亵渎了神圣的盟约，请求杀了它的使者。”乐王鲋辅佐赵孟，想要向叔孙豹索取财货，便替叔孙豹向赵文子说情，派人向叔孙豹要他的衣带，叔孙豹不给。梁其胫说：“财货是用来保护身体的，您为什么对它这样吝惜呢？”叔孙豹说：“诸侯的会盟，是为了保卫国家的。我用财货来免除祸难，鲁国就必定遭到进攻，这是为它带来祸患，还有什么可保卫的？人之所以在房子周围修墙壁，是用来遮挡坏人的。墙壁出现裂缝坍坏了，是谁的过错呢？保卫反而使它受祸害，我的过错又超过了这个。虽然埋怨季武子，但鲁国有什么罪？叔孙出使在外，季孙居内守国，一向就是这样，我又怨谁？不过乐王鲋喜欢财物，不给他，不会罢休。”于是召见使者，撕下一条做裙子的帛给他，说：“衣带恐怕太窄小了。”

注释 1渎:亵渎,轻慢。齐盟:即斋盟,盟誓必先斋戒,故称。齐,通“斋”。2乐桓子:即乐王鲋。 3带:衣带。本欲求取财货,而以请衣带为借口。4梁其胫:叔孙家臣。 5隙:裂缝。 6贿:财货。这里是喜欢财货的意思。7其:恐怕。表示委婉语气的副词。褊(biǎn):狭小。

赵孟闻之,曰:“临患不忘国,忠也;思难不越官[1],信也;图国忘死,贞也;谋主三者[2],义也。有是四者,又可戮乎?”乃请诸楚曰:“鲁虽有罪,其执事不辟难[3],畏威而敬命矣。子若免之,以劝左右,可也。若子之群吏,处不辟污[4],出不逃难,其何患之有?患之所生,污而不治,难而不守,所由来也。能是二者,又何患焉?不靖其能,其谁从之?鲁叔孙豹可谓能矣,请免之,以靖能者。子会而赦有罪,又赏其贤,诸侯其谁不欣焉望楚而归之,视远如迩[5]?疆埸之邑[6],一彼一此,何常之有?

赵孟听到这事,说:“面对患难而不忘国家,这是忠;想到危难而不避离职守,这是信;为国家打算而舍生忘死,这是贞;谋事能坚守以上三条,这是义。有了这四点,难道可以杀戮吗?”就替他向楚国请求说:“鲁国虽然有罪,它的朝臣不避祸难,慑于贵国的威严而恭敬地听奉命令了。您如果赦免他,就可以劝勉您的左右。如果您的官吏们在朝廷内不躲避烦劳,出使在外不逃避祸难,那还有什么祸患?祸患之所以产生,就是从有烦劳而不治事,有祸难而不坚守职责而来的。能做到这两方面,那又担心什么呢?不安抚能做到的人,那谁还会跟从他?鲁国的叔孙豹可说是能做到的人了,请求赦免他,以安抚能做到的人。您参加盟会而赦免有罪的人,又奖赏那些贤能的人,诸侯谁不心悦诚服地向往楚国并归顺它,把遥远看成近在眼前呢?边境上的城邑,一时属这边,一时

王、伯之令也，引其封疆[7]，而树之官[8]，举之表旗，而著之制令。过则有刑，犹不可壹。于是乎虞有三苗，夏有观、扈，商有姺、邳，周有徐、奄。自无令王[9]，诸侯逐进，狎主齐盟[10]，其又可壹乎？恤大舍小，足以为盟主，又焉用之？封疆之削，何国蔑有？主齐盟者，谁能辩焉[11]？吴、濮有衅[12]，楚之执事岂其顾盟？莒之疆事，楚勿与知。诸侯无烦，不亦可乎？莒、鲁争郓，为日久矣，苟无大害于其社稷，可无亢也[13]。去烦宥善，莫不竞劝。子其图之！”固请诸楚，楚人许之，乃免叔孙。

归那边，哪有什么经常不变？三王五伯施行政令时，划定疆界，并设置边境管理机构，树起标志，制定章程法令，逾犯法令就有惩罚，还不能统一。在这种情况下，虞舜时代有三苗，夏禹时代有观氏、扈氏，商代有姺氏、邳氏，周代有徐国、奄国。自从没有圣明的君主，诸侯竞相扩张，交替主持结盟，难道又能够统一不变吗？担忧大的祸乱而不计较小的过错，足以做盟主，又哪里用得着管这些？边境被侵削，哪国没有？主持结盟的，谁能治理得了？吴、濮两国有隙可乘，楚国的执事难道还顾忌盟约？莒国边境上的事，楚国不要过问。诸侯没有烦劳，不也很好吗？莒、鲁两国争夺郓地，日子很久了，如果对它们的国家没有大的害处，可以不要去庇护。免除烦劳，赦免好人，没有不竞相勉励的。您还是考虑一下这件事！”由于赵孟坚定地向楚国请求，楚国人答应了，就赦免了叔孙豹。

注释　1 越：避离。官：职守。　2 三者：指上文之忠、信、贞。　3 执事：对在朝廷服事的各种官员的称呼。此指叔孙豹。　4 污：指烦难，劳苦的事。　5 迩：近。　6 疆埸：边界。埸(yì)，与“疆”同义。　7 引：正，划定。封疆：疆界。　8 官：这里指疆界上的管理机构。　9 令王：善王。　10 狎：更迭，交替。　11 辩：治理。　12 衅：间隙，隔阂。　13 亢：遮蔽，庇护。

令尹享赵孟，赋《大明》之首章[1]，赵孟赋《小宛》之二章[2]。事毕，赵孟谓叔向曰："令尹自以为王矣，何如？"对曰："王弱，令尹强，其可哉！虽可，不终。"赵孟曰："何故？"对曰："强以克弱而安之，强不义也。不义而强，其毙必速[3]。《诗》曰：'赫赫宗周[4]，褒姒灭之。'强不义也。令尹为王，必求诸侯。晋少懦矣，诸侯将往。若获诸侯，其虐滋甚，民弗堪也，将何以终？夫以强取，不义而克，必以为道。道以淫虐[5]，弗可久已矣！"

令尹设宴招待赵孟，吟诵《大明》诗的第一章，赵孟吟诵《小宛》诗的第二章。宴会完了之后，赵孟对叔向说："令尹自以为是王了，怎么样？"叔向回答说："楚王弱，令尹强，大概可以成功吧！虽然可以成功，但不会善终。"赵孟问："什么原因？"叔向回答说："用强大制服弱小并对此心安理得，这种强就是不义。不合道义而强大，它的败亡必然很快。《诗》上说：'显赫的西周，褒姒灭亡了它。'就是因为它强大而不合道义。令尹做了国王，必定会谋求诸侯的支持。晋国渐渐衰弱了，诸侯都会去归顺他。如果获得了诸侯的支持，他的暴虐会更加厉害，老百姓不能忍受，他将凭什么有好结果呢？凭强横夺取王位，不合道义而取胜，就一定会以此为正道。沿着荒淫暴虐的路走下去，是不能够长久的啊！"

注释　1《大明》：《诗经·大雅》篇名。首章赞周文王明明盛德施于下，赫赫功勋昭于上，令尹赋此章，是彰扬自己。　2《小宛》：《诗经·小雅》篇名。第二章有"各敬尔仪，天命不又"句，言天命一去，不可复返。赵孟赋此章，以戒令尹。　3毙：败亡。　4赫赫：显赫的样子。引诗为《诗经·小雅·正月》篇。　5淫虐：荒淫暴虐。

夏四月，赵孟、叔孙

夏天四月，赵孟、叔孙豹和曹国

豹、曹大夫入于郑,郑伯兼享之。子皮戒赵孟[1],礼终,赵孟赋《瓠叶》[2]。子皮遂戒穆叔,且告之。穆叔曰:“赵孟欲一献,子其从之!”子皮曰:“敢乎?”穆叔曰:“夫人之所欲也[3],又何不敢?”及享,具五献之笾豆于幕下[4]。赵孟辞,私于子产曰:“武请于冢宰矣。”乃用一献。赵孟为客,礼终乃宴。穆叔赋《鹊巢》[5],赵孟曰:“武不堪也。”又赋《采蘩》[6],曰:“小国为蘩,大国省穑而用之[7],其何实非命。”子皮赋《野有死麕》之卒章[8]。赵孟赋《常棣》[9],且曰:“吾兄弟比以安[10],尨也可使无吠[11]。”穆叔、子皮及曹大夫兴,拜,举兕爵[12],曰:“小国赖子,知免于戾矣。”饮酒乐。赵孟出,曰:“吾不复此矣。”

大夫进入郑国,郑简公准备同时设宴招待他们。子皮向赵孟通报宴享的日期,通报的礼节完成后,赵孟吟诵《瓠叶》这首诗。子皮接着通知叔孙豹,并且把赵孟吟诗的情况告诉了他。叔孙豹说:“赵孟希望献酒一次的宴享,您还是听从他!”子皮说:“我敢吗?”叔孙豹说:“是那个人的愿望,又有什么不敢的?”等到宴享,在东房准备了进酒五次的笾、豆等食具。赵孟辞谢,并私下跟子产说:“我已经向上卿子皮请求过了。”于是改用一献的规格。赵孟作主客,享礼完毕就宴饮。穆叔吟诵《鹊巢》一诗,赵孟说:“我不敢当。”又吟诵《采蘩》,并说:“小国就像蘩,大国节省爱惜地使用它,不管什么命令都会服从。”子皮吟了《野有死麕》的末章。赵孟吟了《常棣》,并说:“我们像兄弟一样亲密而安好,可以使长毛狗不叫。”叔孙豹、子皮以及曹国大夫站起来,行拜礼,举起酒杯说:“我们小国靠着您,知道可免除罪过了。”都喝酒喝得很高兴。赵孟走出来,说:“我不会再这样喝酒了。”

注释 1 戒:告,指告知宴享日期。 2《瓠叶》:《诗经·小雅》篇名,宴饮宾客之诗。诗中说:"幡幡瓠叶,采之亨之。君子有酒,酌言尝之。"赵孟赋此诗,是告诫子皮,宴享之食当从俭。 3 夫:那,指示代词。 4 五献:献酒五次。古代宴享之礼,先由主人敬酒,叫作献;次由宾客还敬,叫作酢;再由主人先酌酒自饮,然后劝宾客随饮,叫作酬。献、酢、酬合称一献。最隆重之礼用九献。笾(biān)豆:古代两种食器。幕下:东房。 5《鹊巢》:《诗经·召南》篇名,本嫁娶之诗。诗中说:"维鹊有巢,维鸠居之。"穆叔赋此诗,或比赵孟为鹊,己为鸠,说自己居大国之下,以求安定。 6《采蘩》:《诗经·召南》篇名,诗中有"于以采蘩?于沼于沚。于以用之?公侯之事"等句。 7 穑:通"啬",爱惜。 8《野有死麕(jūn)》:亦《诗经·召南》篇名,其末章云:"舒而脱脱兮,无感我帨兮,无使尨也吠。"子皮赋此,意或讽喻赵孟以德义安抚诸侯,而不用非礼相加陵。 9《常棣》:《诗经·小雅》篇名,兄弟欢宴和乐之诗。赵孟赋此答子皮,取友好之意。 10 比:亲密。 11 尨(máng):一种长毛狗。 12 兕爵:兕角做的酒杯。

天王使刘定公劳赵孟于颍,馆于洛汭[1]。刘子曰:"美哉禹功,明德远矣。微禹,吾其鱼乎!吾与子弁冕、端委[2],以治民、临诸侯,禹之力也。子盍亦远绩禹功[3],而大庇民乎?"对曰:"老夫罪戾是惧,焉能恤远?吾侪偷食[4],朝不谋夕,何其长也?"刘子归,以语王曰:

周天子派刘定公到颍地慰劳赵孟,让他住在洛水边上。刘定公说:"禹的功绩真美好,光明的德行流播广远。要是没有禹,我们大概喂鱼了吧!我和您戴着礼帽,穿着礼服,来治理百姓、面对诸侯,靠的是禹的力量。您何不也远继禹的功勋,而庇护广大的老百姓呢?"赵孟回答说:"我老头子只害怕犯下罪过,哪能担忧长远的事情?我们这类人苟且度日,早晨不替晚上打算,哪能考虑长远的事呢?"刘定公回去,把这些报告给周

“谚所谓老将知而耄及之者[5]，其赵孟之谓乎！为晋正卿，以主诸侯，而侪于隶人[6]，朝不谋夕，弃神、人矣。神怒民叛，何以能久？赵孟不复年矣。神怒，不歆其祀[7]；民叛，不即其事[8]。祀、事不从，又何以年？”

天子，说：“俗话所谓老了会明智些，可是昏乱又到了他身上，说的是赵孟这类人吧！作为晋国的正卿，来主管诸侯事务，却等同于一般仆隶，早晨不替晚上打算，这等于抛弃了神灵和百姓。神灵发怒，百姓叛离，靠什么能长久？赵孟不能再过年了。神灵发怒，不享用他的祭祀；百姓叛离，不替他干活。祭祀和工作都不能进行，又怎么能过得了年？”

注释 1 洛：洛水。汭(ruì)：水流弯曲的地方。 2 弁冕(biànmiǎn)：卿大夫戴的礼帽。端委：一种礼服。这里都用作动词。 3 盍：何不。绩：继续。 4 吾侪(chái)：吾辈，等于说我们这类人。偷食：苟且度日。偷，苟且。 5 知：同“智”。耄(mào)：昏乱、糊涂。 6 侪：这里是等同。 7 歆：享用。 8 即：就，等于说从事。

叔孙归，曾夭御季孙以劳之[1]。旦及日中不出。曾夭谓曾阜曰[2]：“旦及日中，吾知罪矣。鲁以相忍为国也，忍其外不忍其内，焉用之？”阜曰：“数月于外，一旦于是，庸何伤[3]？贾而欲赢[4]，而恶嚣乎[5]？”阜谓叔孙曰：

叔孙豹会盟归国，曾夭为季孙驾车去慰劳他。从早晨等到中午，叔孙豹不出来。曾夭对曾阜说：“从早晨等到中午，我们知道自己的罪过了。鲁国以互相忍让治理国家，在国外能忍在国内不能忍，那又有什么用呢？”曾阜说：“叔孙几个月在外辛劳，你们在这里等一个早晨，有什么妨碍呢？商人如果想赚钱，难道还厌恶喧闹吗？”曾阜对叔孙豹说：“可以

"可以出矣！"叔孙指楹曰[6]："虽恶是，其可去乎[7]？"乃出见之。

出去了。"叔孙豹指着堂上的大柱子说："即使讨厌这个，难道可以去掉吗？"就出去接见他们。

注释 1曾夭：季孙家臣。御：驾车。 2曾阜：叔孙家臣。 3庸何：同义连用，"庸"也是"何"的意思。 4嬴：余利。 5嚣：喧闹。 6楹：堂上大柱。 7其：岂。

郑徐吾犯之妹美[1]，公孙楚聘之矣，公孙黑又使强委禽焉[2]。犯惧，告子产。子产曰："是国无政，非子之患也，唯所欲与。"犯请于二子，请使女择焉。皆许之。子皙盛饰入[3]，布币而出[4]。子南戎服入，左右射，超乘而出。女自房观之，曰："子皙信美矣，抑子南夫也[5]。夫夫妇妇，所谓顺也。"适子南氏[6]。子皙怒，既而櫜甲以见子南[7]，欲杀之而取其妻。子南知之，执戈逐之，及冲[8]，击之以戈。子皙伤而归，告大夫曰："我好见之，不知其有异志也，故伤。"

郑国徐吾犯的妹妹很美丽，子南已经下了聘礼，子皙又派人硬是给她送去彩礼。徐吾犯很害怕，报告子产。子产说："这是国家政令混乱，不是您的忧患，只要她愿意嫁给谁就把她嫁给谁。"徐吾犯向两位请求，让姑娘在两人中选择，都答应了。子皙装扮华丽进去，陈放好聘礼然后出来。子南穿着战袍进去，左右开弓，一跃登车而出。姑娘从偏房里观看他们，说："子皙确实漂亮，不过子南像个男子汉。丈夫要像个男人，妻子要像个女人，这就是所谓顺。"就嫁给了子南。子皙恼怒，不久他就把铠甲穿在里面去见子南，想杀死他而强娶他的妻子。子南知道了，拿起戈追赶子皙，追到十字路口，用戈击打他。子皙负伤而归，告诉大夫们说："我好意去见他，不料他有别的想法，所以被他打伤。"

注释 1徐吾犯:郑国大夫。 2委禽:即纳采,古婚礼六礼之一。委,付。禽,纳采用雁,故称。纳采等于说送彩礼。 3子皙:即公孙黑。盛饰:装扮华丽。 4布币:陈放聘礼。布,陈列。币,做彩礼的丝织品等。 5抑:不过,转折连词。子南:即公孙楚。 6适:女子出嫁。 7櫜甲:把铠甲穿在里面。又叫衷甲。 8冲:道路四通之处。

大夫皆谋之。子产曰:"直钧[1],幼贱有罪,罪在楚也。"乃执子南而数之[2],曰:"国之大节有五,女皆奸之[3]。畏君之威,听其政,尊其贵,事其长,养其亲,五者所以为国也。今君在国,女用兵焉,不畏威也。奸国之纪,不听政也。子皙,上大夫,女,嬖大夫[4],而弗下之,不尊贵也。幼而不忌[5],不事长也。兵其从兄,不养亲也。君曰:'余不女忍杀,宥女以远。'勉,速行乎!无重而罪[6]!"五月庚辰,郑放游楚于吴。将行子南,子产咨于大叔。大叔曰:"吉不能亢身,焉能亢宗[7]?彼,国政也,非

大夫们都商议这件事。子产说:"理由相等,年轻低贱的有罪,所以罪在子南。"于是逮捕子南而一一列举他的罪过,说:"国家的大节有五条,你都违犯了。敬畏国家的威严,听从国家的政令,尊重贵人,侍奉长辈,恭养亲属,这五条是用来治理国家的根本。如今君主处在国都,你却在此动用兵器,是不敬畏威严。触犯国家的法纪,是不听从政令。子皙为上大夫,你是下大夫,却不谦让他,是不尊重贵人。年纪小却不恭敬,是不侍奉长辈。用兵器追杀堂兄,是不恭养亲属。国君说了:'我不忍杀你,赦免你把你流放到远方。'尽你的力量,赶快走吧!不要加重你的罪过!"五月初二日,郑国流放子南到吴国。将要让子南动身时,子产向太叔征求意见。太叔说:"我连自身都不能保护,哪能保护宗族呢?他的事属于国政,不是私家的祸难。你替郑国打算,有好处就实行它,

私难也。子图郑国,利则行之,又何疑焉?周公杀管叔而蔡蔡叔[8],夫岂不爱?王室故也。吉若获戾,子将行之,何有于诸游?”

又疑虑什么呢?周公杀管叔,流放蔡叔,难道他不爱这两个兄弟?是为了王室的缘故啊!我如果犯法获罪,您也将实行惩罚,对我们游家人又有什么顾虑的呢?”

注释 1 直钧:谓理由相等。直,指正当理由。钧,通“均”。 2 数:谓一一列举罪过。 3 奸:违犯。 4 嬖大夫:指下大夫。 5 忌:敬。 6 而:你,对称代词。 7 亢:遮蔽,保护。 8 蔡蔡叔:前蔡字,杜预注:“放也。”即流放。

秦后子有宠于桓[1],如二君于景。其母曰:“弗去,惧选[2]。”癸卯,鍼适晋,其车千乘。书曰:“秦伯之弟鍼出奔晋。”罪秦伯也。

后子享晋侯,造舟于河[3],十里舍车,自雍及绛。归取酬币[4],终事八反。司马侯问焉,曰:“子之车尽于此而已乎?”对曰:“此之谓多矣!若能少此,吾何以得见?”女叔齐以告公[5],且曰:“秦公子必归。臣

秦景公的弟弟鍼得到桓公的宠信,在景公即位时和景公如同两君并列。他的母亲说:“如果不离开秦国,恐怕会被放逐。”五月二十五日,鍼前往晋国,他带去的车有一千辆。《春秋》记载说:“秦景公的弟弟鍼逃亡到晋国。”是归罪秦景公。

鍼宴享晋平公,在黄河上并舟为桥,每隔十里停放一些车辆,从雍城一直到绛城。回去取酬酒的礼物,到结束宴享时往返了八次。司马侯询问鍼说:“您的车子全部在这里了吗?”鍼回答说:“这可说很多了!如果能少于这些,我怎么会见到您呢?”司马侯把这些话报告给晋平公,并且说:“秦公子必然返回秦国。

闻君子能知其过,必有令图[6]。令图,天所赞也。"

我听说君子能知道自己的过错,一定会有好的打算。好的打算,是上天愿意帮助的。"

注释 1秦后子:秦桓公的儿子,景公的同母弟弟,名鍼。 2选:遣,放逐。 3造舟:以船相并,上铺木板为桥,相当今之舟桥。 4酬币:宴享中主人酬酒时送给宾客的礼物。 5女叔齐:即司马侯。 6令图:善图,好的打算。

后子见赵孟。赵孟曰:"吾子其曷归[1]?"对曰:"鍼惧选于寡君,是以在此,将待嗣君。"赵孟曰:"秦君何如?"对曰:"无道。"赵孟曰:"亡乎?"对曰:"何为?一世无道,国未艾也[2]。国于天地,有与立焉。不数世淫,弗能毙也。"赵孟曰:"夭乎[3]?"对曰:"有焉。"赵孟曰:"其几何?"对曰:"鍼闻之,国无道而年谷和熟,天赞之也。鲜不五稔[4]。"赵孟视荫,曰:"朝夕不相及,谁能待五?"后子出,而告人曰:"赵孟将死矣。主民,玩岁

秦后子进见赵孟。赵孟说:"您什么时候回国?"后子回答说:"我害怕被国君放逐,因此留在这里,将等待继位的国君。"赵孟问:"秦君怎么样?"回答说:"没有道义。"赵孟说:"会亡国吗?"回答说:"怎么会亡国呢?一代君主无道,国家的命脉没有断绝。国家建立在天地之间,必然有辅助它建立的人。不是连续几代君主荒淫,是不会灭亡的。"赵孟问:"国君会短命吗?"回答说:"会的。"赵孟又问:"大约多长时间?"回答说:"我听说,国家无道却粮食丰收,是上天在帮助它。少则不过五年。"赵孟一边看着太阳的影子,一边说:"早晨到不了晚上,谁能等待五年?"后子出来,告诉别人说:"赵孟快要死了。主持百姓的大事,既轻抛

而愒日[5]，其与几何？”

时光又急不可待，还能活多久呢？”

郑为游楚乱故，六月丁巳，郑伯及其大夫盟于公孙段氏。罕虎、公孙侨、公孙段、印段、游吉、驷带私盟于闺门之外[6]，实薰隧[7]。公孙黑强与于盟，使大史书其名，且曰“七子”。子产弗讨[8]。

郑国因为游楚作乱的缘故，六月初九，郑简公和他的大夫们在公孙段家举行盟誓。罕虎、子产、公孙段、印段、游吉、驷带等人也在闺门外私下结盟，实际上在薰隧。公孙黑硬参加了结盟，让太史写上他的名字，而且同其他六人并称“七子”。子产没有声讨他。

注释 1 曷：何时。 2 艾：绝尽。 3 夭：夭折，短命。 4 稔：年，岁。 5 玩：轻忽，漫不经心。玩岁，等于说虚度时光。愒(kài)日：为时日长久而急。承上文“朝夕不相及，谁能待五”而言。愒，急。 6 闺门：郑都小城门。 7 薰隧：闺门外道路名。 8 讨：声讨。

晋中行穆子败无终及群狄于大原，崇卒也[1]。将战，魏舒曰：“彼徒我车，所遇又阨，以什共车，必克[2]。困诸阨，又克。请皆卒，自我始。”乃毁车以为行，五乘为三伍[3]。荀吴之嬖人不肯即卒，斩以徇。为五陈以相离[4]，两于前，伍于后，专为右角，参为左

晋国的荀吴在大原打败了无终和各部狄人，这是因为他重视步兵的缘故。战斗开始前，魏舒说：“对方是步兵我们是战车，两军相遇的地方又狭窄险要，只要用十人对付一辆车，我们就必定被打败。假如被敌人围困在险要地方，我们又会被战胜。请全部改成步兵，从我开始。”于是丢弃战车改成步兵行列，五辆战车改编成三伍。荀吴的宠臣不肯编入步兵，就将他斩了来示众。编成五种战阵来互相配合，两阵在前，伍阵在后，专阵作为右翼，参阵

角，偏为前拒[5]，以诱之。翟人笑之。未陈而薄之，大败之。

作为左翼，偏阵作前锋，以诱惑敌人。狄族人讥笑他们。没等狄族部队摆好战阵就逼近进攻，大胜他们。

莒展舆立，而夺群公子秩[6]。公子召去疾于齐。秋，齐公子钼纳去疾，展舆奔吴。

莒国的展舆即位后，取消了很多公子的俸禄。公子们到齐国去请去疾。这年秋天，齐国的公子钼把去疾送回莒国，展舆逃亡到吴国。

叔弓帅师疆郓田，因莒乱也。于是莒务娄、瞀胡及公子灭明以大厖与常仪靡奔齐。君子曰："莒展之不立，弃人也夫！人可弃乎？《诗》曰：'无竞维人[7]。'善矣。"

鲁国的叔弓领兵划定郓地的田界，是趁莒国发生动乱时进行的。在这时莒国的务娄、瞀胡和公子灭明率领大厖和常仪靡逃亡到齐国。君子说："莒国展舆不能立为君主，是丢掉了人才的缘故啊！人才可以丢掉吗？《诗》上说：'要强大只有得贤人。'说得好啊！"

注释 1 崇卒：崇尚步卒，即重视步兵。 2 什：十人，军事单位。 3 伍：五人，军事单位。古代每辆兵车三人，五乘共十五人，正好改编为三伍。 4 陈：通"阵"。离：通"丽"，附丽，指互相配合。 5 两、伍、专、参、偏：都是古代战阵名，其详不确知，或谓两为两个伍，十人；伍为五个伍，二十五人；专为一个伍，五人；参为三个伍，十五人；偏为五十人。 6 秩：俸禄。古代俸禄用田谷。 7 无：句首语气词。竞：强。维：同"唯"，只有。引诗为《诗经·周颂·烈文》篇。

晋侯有疾，郑伯使公孙侨如晋聘，且问疾。叔向问焉，曰："寡君之疾

晋平公有病，郑简公派子产到晋国去聘问，并且探问病情。叔向询问子产说："寡君的病加重，卜人说：'是实

病，卜人曰：‘实沈、台骀为祟[1]。’史莫之知[2]，敢问此何神也？”子产曰：“昔高辛氏有二子，伯曰阏伯，季曰实沈，居于旷林，不相能也，日寻干戈[3]，以相征讨。后帝不臧[4]，迁阏伯于商丘，主辰[5]。商人是因，故辰为商星。迁实沈于大夏，主参[6]。唐人是因，以服事夏、商，其季世曰唐叔虞。当武王邑姜方震大叔[7]，梦帝谓己：‘余命而子曰虞，将与之唐，属诸参，而蕃育其子孙。’及生，有文在其手曰‘虞’，遂以命之。及成王灭唐而封大叔焉，故参为晋星。由是观之，则实沈，参神也。昔金天氏有裔子曰昧[8]，为玄冥师[9]，生允格、台骀。台骀能业其官[10]，宣汾、洮，障大泽[11]，以处大原。帝用嘉之，封诸汾川，沈、姒、蓐、黄，实守其祀。今晋主汾

沈、台骀在降祸。’史官不知道他们，请问这是什么神？”子产回答说：“从前帝高辛有两个儿子，长子叫阏伯，小儿子叫实沈，住在旷林，互相不认为对方有才能，每天动用武器互相攻打。帝尧认为他们不好，把阏伯迁到商丘，主管用辰星定时节。商朝人沿袭下来，所以辰星又叫商星。把实沈迁到大夏，主管用参星定时节。唐国人沿袭下来，以归服侍奉夏、商两朝，它的末代君主叫唐叔虞。正当武王夫人邑姜怀着太叔时，梦见天帝对自己说：‘我给你的儿子取名叫虞，将赐封给他唐国，把他托给参星，而蕃殖养育他的子孙。’到生下来，在他手掌里有纹路像‘虞’字，就用来替他取名字。等到成王灭了唐国，就封给了太叔，所以参星是晋国的星宿。由此看来，则实沈就是参星之神了。从前金天氏有后代叫昧，做水官的长官，生了允格、台骀。台骀能继承父亲的官业，疏通汾水、洮水，为大泽修筑堤防，因而居住在广大的高原平地。帝颛顼因此嘉奖他，把他封在汾川，沈国、姒国、蓐国和黄国奉守着他的祭祀。现在晋国主宰了汾水一带而灭掉

而灭之矣。由是观之，则台骀，汾神也。抑此二者，不及君身。山川之神，则水旱疠疫之灾，于是乎禜之[12]。日月星辰之神，则雪霜风雨之不时，于是乎禜之。若君身，则亦出入饮食哀乐之事也，山川星辰之神，又何为焉？侨闻之，君子有四时：朝以听政，昼以访问，夕以修令，夜以安身。于是乎节宣其气，勿使有所壅闭湫底，以露其体[13]，兹心不爽，而昏乱百度。今无乃壹之，则生疾矣。侨又闻之，内官不及同姓，其生不殖[14]。美先尽矣，则相生疾，君子是以恶之。故《志》曰[15]：'买妾不知姓，则卜之。'违此二者，古之所慎也。男女辨姓，礼之大司也。今君内实有四姬焉[16]，其无乃是也乎！若由是二者，弗可为也已。四姬有省犹可，无则必生

了这些国家。由此看来，则台骀就是汾水之神了。但这两位神与贵君的身体无关。山川之神，有时降下水旱瘟疫的灾祸，于是就祭祀他来除灾求福。日月星辰之神，有时降下霜雪风雨失常的灾祸，于是就祭祀他来除灾求福。至于国君的身体好坏，则是属于起居、饮食、哀乐的事，山川星辰之神又能怎样呢？我听说，君子有四段时间：早晨用来处理政事，白天用来咨询访问，晚上用来研究政令，夜里用来安养身体。在这时可以调节宣通体气，不要让它有闭塞不通的地方，致使自己身体衰弱，造成精神不爽朗，而使百事昏乱。现在恐怕是体气凝滞在一处，就生病了。我又听说，姬妾不能娶同姓，否则他的子孙不能兴旺。美女集于一人，也会使他生病，君子因此讨厌这个。所以古书记载说：'买姬妾不知道她的姓，就占卜一下。'违背这两条，是古人很慎重的事。男女婚嫁要辨别姓氏，这是重要的礼仪。现在国君宫内姬妾有四个同姓姬的，恐怕这个就是病因吧！如果由于这两条，病就不能治了。四个姬姓女子有节制还可以，不能的话就必定生病了。"叔向说：

疾矣。”叔向曰：“善哉！肸未之闻也，此皆然矣。”

“说得好啊！我没有听说过这些，这些都是对的。”

注释 1 祟：鬼神降灾。 2 史：掌卜筮的官。 3 寻：使用。 4 不臧：不以为善。臧，善。 5 辰：星宿名，即心宿，又名大火、商星，有星三颗。 6 参：星宿名，有星七颗。 7 震：通“娠”，怀孕。 8 裔：后代。 9 玄冥：水官。师：官长。 10 业：继承事业，用为动词。 11 宣：疏通。障：堤防，用为动词，修筑堤防。 12 禜(yíng)：祭神驱灾。祭时捆束香草，圈地设坛，荐祭品以求神除祸赐福。 13 湫(qiū)底：凝滞，与“壅闭”义近。露：通“羸”，衰弱。 14 殖：繁殖。 15《志》：泛指记事的古书。 16 内实：谓宫内姬妾。

叔向出，行人挥送之。叔向问郑故焉，且问子皙。对曰：“其与几何？无礼而好陵人，怙富而卑其上[1]，弗能久矣。”

叔向出来，行人子羽送他。叔向询问郑国的政事，并且问到子皙。子羽回答说：“他还能活多久？没有礼仪而又喜欢凌驾他人之上，依仗富有而轻视他的上级，不能长久了。”

晋侯闻子产之言，曰：“博物君子也[2]！”重贿之。

晋平公听到子产的话，说：“是个通晓事物道理的君子啊！”重重地送给他财礼。

晋侯求医于秦。秦伯使医和视之，曰：“疾不可为也，是谓：近女室，疾如蛊[3]。非鬼非食，惑以丧志。良臣将死，天命不佑。”公曰：“女不可近

晋平公向秦国求医。秦景公派医和去看病，医和说：“病无法治了，这就叫作：亲近女人，得病像蛊症。不是由于鬼神，不是由于饮食，是因为惑乱而丧失意志。良臣将要死去，天命不能保佑。”晋平公问：“女人不可亲近吗？”医

乎？”对曰：“节之。先王之乐，所以节百事也，故有五节[4]，迟速本末以相及，中声以降。五降之后，不容弹矣。于是有烦手淫声[5]，慆堙心耳[6]，乃忘平和，君子弗听也。物亦如之，至于烦，乃舍也已，无以生疾。君子之近琴瑟，以仪节也[7]，非以慆心也。天有六气[8]，降生五味[9]，发为五色[10]，征为五声[11]，淫生六疾[12]。六气曰阴、阳、风、雨、晦、明也。分为四时，序为五节。过则为灾，阴淫寒疾，阳淫热疾，风淫末疾[13]，雨淫腹疾，晦淫惑疾，明淫心疾。女，阳物而晦时[14]，淫则生内热惑蛊之疾。今君不节不时，能无及此乎？”

和回答说：“要节制。先王的音乐，是用来节制百事的，所以有五声的节奏，快和慢、开头和结尾互相顾及，声音中和然后降下来。五声降下停止之后，不应当再弹了。在这时再弹则有烦琐的手法和靡靡之音，使人心壅蔽，听觉阻塞，就会忘记了平正和谐，因此君子是不听的。事情也像音乐一样，一到烦琐，就得放手，不要因此得病。君子接近琴瑟，是用来调适礼节的，不是用来使心壅蔽的。天有六种气候，降到地上产生五种口味，生发出五种颜色，表现为五种声音，过度了就产生六种疾病。所谓六气，是指阴、阳、风、雨、晦、明。划分为四段时间，排次为五声的节奏。六气过度就成灾祸，阴过度生寒病，阳过度生热病，风过度手脚生病，雨过度肠胃生病，昏暗过度生惑乱病，光明过度精神生病。女人，是属于阳性之事而时间在晚上，过度了就会产生内热惑乱的疾病。现在您不加节制不守时间，能不达到这种地步吗？”

注释 1 怙(hù)：依恃。 2 博物：通晓事物之理。 3 蛊：精神惑乱。 4 五节：五指宫、商、角、徵、羽五声，下文“五降”之“五”同。节，节奏。

5 烦手:烦琐的手法。淫声:指过度而不健康的音乐。 6 慆(tāo)堙(yīn)心耳:即慆心堙耳。慆,掩盖,蒙蔽。堙,堵塞。 7 仪节:使礼节适宜。仪,通“宜”。 8 六气:指下文之阴、阳、风、雨、晦、明六种天气。 9 五味:指辛、酸、咸、苦、甘。 10 五色:指白、青、黑、赤、黄。 11 征:征验,表现。 12 六疾:指下文之寒疾、热疾、末疾、腹疾、惑疾、心疾。 13 末:指四肢。 14 阳物:阳性之事。物,事。

出,告赵孟。赵孟曰:“谁当良臣?”对曰:“主是谓矣。主相晋国,于今八年,晋国无乱,诸侯无阙,可谓良矣。和闻之,国之大臣,荣其宠禄,任其大节,有灾祸兴而无改焉,必受其咎[1]。今君至于淫以生疾,将不能图恤社稷,祸孰大焉?主不能御[2],吾是以云也。”赵孟曰:“何谓蛊?”对曰:“淫溺惑乱之所生也。于文,皿虫为蛊[3]。谷之飞亦为蛊。在《周易》,女惑男,风落山,谓之蛊䷑[4]。皆同物也[5]。”赵孟曰:“良医也!”厚其礼而归之。

医和出来,告诉赵孟晋平公的病情。赵孟问:“良臣对谁而言?”医和回答说:“指的是您。您辅佐晋国,到现在八年了,晋国没有动乱,诸侯朝聘没有缺失,可说是良臣了。我听说,国家的大臣,以君王的宠信爵禄为荣,以国家的大节为重任,如果有灾祸发生而不改变自己的做法,必定受到它的祸害。如今国君由于没有节制而生病,将不能再为国家图谋考虑,什么灾祸比这个更大呢?您不能加以制止,所以我才这样说。”赵孟问:“什么叫作蛊?”医和回答说:“蛊是过度沉迷和惑乱所产生的根源。在文字上,皿上有虫叫作蛊。谷物中的飞虫也叫作蛊。在《周易》中,女人迷惑男人,大风吹落山木叫作蛊䷑。这都是属于同类。”赵孟说:“是个好医生啊!”重重地赠送给他礼物,送他回国。

注释 1 咎:灾祸。 2 御:禁止。 3 文:文字。“蛊”字由“虫”和“皿”组成,故曰“皿虫为蛊”。 4 蛊䷑:《周易》六十四卦的第十八卦,巽下艮上。古注以为巽卦代表长女,代表风;艮卦代表少男,代表山。少男而悦长女,不匹配,故惑,山木得风则落,故有所谓“女惑男,风落山”之说。 5 物:类。

楚公子围使公子黑肱、伯州犁城犨、栎、郏[1],郑人惧。子产曰:“不害。令尹将行大事,而先除二子也。祸不及郑,何患焉?”

冬,楚公子围将聘于郑,伍举为介。未出竟[2],闻王有疾而还。伍举遂聘。十一月己酉,公子围至,入问王疾,缢而弑之[3],遂杀其二子幕及平夏。右尹子干出奔晋,宫厩尹子皙出奔郑。杀大宰伯州犁于郏。葬王于郏,谓之郏敖。使赴于郑[4],伍举问应为后之辞焉,对曰:“寡大夫围。”伍举更之曰:“共王之子围为长。”

楚国的公子围派公子黑肱、伯州犁修筑犨、栎、郏等城,郑国人害怕。子产说:“没有妨害。是令尹打算干大事,而先要除掉两位。灾祸不会连及郑国,担心什么呢?”

冬天,楚国的公子围要到郑国聘问,伍举担任副使。没有走出国境,听说楚王有病就返回来。伍举就到郑国聘问。十一月初四日,公子围到达,进宫探问楚王的病情,把楚王勒死了,随即又杀掉他的两个儿子幕和平夏。右尹子干逃亡到晋国,宫厩尹子皙逃亡到郑国。公子围把太宰伯州犁杀死在郏地。把楚王埋葬在郏地,称他为郏敖。派使者到郑国报丧,伍举向使者问关于继承人的措辞,使者回答说:“你就称‘寡大夫围’。”伍举更改说:“共王的儿子围是老大。”

注释 1 城:筑城。犨:音 chōu。郏:音 jiá。 2 竟:同"境"。 3 缢:勒死。弑:杀。古称臣杀君、子杀父为弑。 4 赴:同"讣",报丧。

子干奔晋,从车五乘。叔向使与秦公子同食,皆百人之饩[1]。赵文子曰:"秦公子富。"叔向曰:"底禄以德[2],德钧以年[3],年同以尊。公子以国,不闻以富。且夫以千乘去其国,强御已甚[4]。《诗》曰:'不侮鳏寡,不畏强御[5]。'秦、楚匹也。"使后子与子干齿[6],辞曰:"鍼惧选,楚公子不获[7],是以皆来,亦唯命!且臣与羁齿[8],无乃不可乎?史佚有言曰:'非羁何忌[9]?'"

子干逃亡到晋国,带着兵车五辆。叔向让他与秦公子鍼享受相同食禄,都是一百人的口粮。赵孟说:"秦公子富有。"叔向说:"取得食禄要靠德行,德行相等根据年龄,年龄相同时考虑地位。公子的食禄按照他的国家来定,没听说按照富有来定。况且带着千辆兵车离开他的国家,强暴也太过分了。《诗》上说:'不欺侮鳏夫寡妇,不害怕强暴。'秦、楚两国是匹敌的国家。"于是让鍼与子干并列,鍼辞谢说:"我害怕被放逐,楚公子不得信任,因此都来到晋国,也就唯命是听吧!不过朝臣与旅居的客人并列,恐怕不可以吧?史佚有话说:'不敬重客人,还敬重谁呢?'"

楚灵王即位,薳罢为令尹,薳启强为大宰。郑游吉如楚,葬郏敖,且聘立君。归,谓子产曰:"具行器矣。楚王汰侈而自说其事[10],必合诸侯。吾往无日矣。"子产曰:"不数年,

楚灵王即位,薳罢做令尹,薳启强做太宰。郑国的游吉前往楚国,参加郏敖的葬礼,并且聘问新立的国君。回国,对子产说:"准备好行装吧!楚王骄傲奢侈而又自我欣赏他的作为,必然要会合诸侯。我们不用几天就要去了。"子

未能也。”

十二月，晋既烝[11]。赵孟适南阳，将会孟子徐[12]。甲辰朔，烝于温，庚戌卒。郑伯如晋吊，及雍乃复。

产说：“没有几年是不能办到的。”

十二月，晋国已经举行了烝祭。赵孟去到南阳，准备祭祀孟子馀。初一日，在温地家庙举行烝祭，初七去世。郑简公前往晋国吊唁，到达雍地就返回了。

注释 1 饩(xì)：口粮，食物。 2 厎(zhǐ)：致，这里是取得之意。 3 钧：通“均”。年：年龄。 4 强御：强暴。已：太。 5 引诗为《诗经·大雅·烝民》篇。 6 齿：并列。 7 不获：指不得欢心，不得信任。 8 羁：客居，寄居。这里指子干。 9 忌：敬重。 10 汰侈：骄傲奢侈。说：同“悦”。 11 烝：冬祭。 12 会：通“禬(guì)”，求福除灾的祭祀。

昭公二年

【经】

二年春，晋侯使韩起来聘。

夏，叔弓如晋[1]。

秋，郑杀其大夫公孙黑。

冬，公如晋，至河乃复[2]。

季孙宿如晋。

二年春天，晋平公派韩起前来鲁国聘问。

夏天，叔弓到晋国去。

秋天，郑国杀了他们的大夫子皙。

冬天，昭公前往晋国，到达黄河边就返回来了。

季孙宿前往晋国。

注释 1 如：往，到……去。 2 河：黄河。

【传】

二年春，晋侯使韩宣子来聘，且告为政，而来见，礼也。观书于大史氏[1]，见《易·象》与《鲁春秋》[2]，曰："周礼尽在鲁矣，吾乃今知周公之德与周之所以王也。"公享之，季武子赋《绵》之卒章[3]，韩子赋《角弓》[4]。季武子拜，曰："取拜子之弥缝敝邑，寡君有望矣。"武子赋《节》之卒章[5]。既享，宴于季氏，有嘉树焉，宣子誉之。武子曰："宿敢不封殖此树[6]，以无忘《角弓》。"遂赋《甘棠》[7]。宣子曰："起不堪也，无以及召公。"

宣子遂如齐纳币。见子雅，子雅召子旗，使见宣子。宣子曰："非保家之主也，不臣。"见子尾，子尾见彊，宣子谓之如子旗。大夫多笑之，唯晏子

二年春天，晋平公派韩宣子来鲁国聘问，并且通告他掌握了国政，因此而来进见，是合乎礼的。韩宣子在太史那里参观藏书，看到了《易·象》和《鲁春秋》，说："周礼都在鲁国了，我今天才知道周公的盛德以及周朝之所以称王天下的原因了。"鲁昭公宴享他，席间季武子吟《绵》诗的末章，韩宣子吟《角弓》。季武子叩拜，说："谨拜谢您光临敝邑，我们国君有希望了。"又吟了《节南山》的末章。宴享结束，又在季武子家里宴饮，在那里有一棵好树，韩宣子赞美它。季武子就说："我怎敢不培植好这棵树，来表示不忘记您赋《角弓》。"于是吟了《甘棠》诗。韩宣子说："我担当不起，没法赶得上召公。"

韩宣子不久到齐国去奉献订婚彩礼。进见子雅，子雅召来了儿子子旗，让他拜见韩宣子。宣子说："不是保有家族的大夫，不像个臣子。"韩宣子进见子尾，子尾让儿子子彊来拜见，韩宣子说他像子旗一样。大夫大多讥笑他，

信之,曰:"夫子,君子也。君子有信,其有以知之矣。"自齐聘于卫,卫侯享之。北宫文子赋《淇澳》[8],宣子赋《木瓜》[9]。

只有晏子认为他讲的对,说:"韩宣子是个君子。君子有诚信,他的见解是有根据的。"韩宣子又从齐国到卫国去聘问,卫襄公宴享他。北宫文子吟《淇澳》一诗,宣子吟《木瓜》一诗。

注释 1大史:掌文献档案策书的官。 2《易·象》:古代汇集政策法令的书。因政令公布于象魏(宫廷外大门两旁的高建筑物,又名观)而得名,又称《象魏》。 3《绵》:《诗经·大雅》篇名。末章赞周文王有得力辅臣,故能兴功立业。季武子赋此,是以晋侯比文王,以韩宣子比辅臣。 4《角弓》:《诗经·小雅》篇名。韩宣子赋此,取其中"兄弟昏姻,无胥远矣"之意,喻晋、鲁两国应如兄弟相亲。 5《节》:即《节南山》,《诗经·小雅》篇名。末章有"式讹尔心,以畜万邦"句,季武子取此喻晋国德政可以畜养万国。6封殖:培植。封,培土。 7《甘棠》:《诗经·召南》篇名。季武子赋此,是以韩宣子比召公。 8《淇澳》:《诗经·卫风》篇名,赞美卫武公之诗。北宫文子赋此以赞韩宣子有武公之德。 9《木瓜》:《诗经·卫风》篇名。其中有"投我以木瓜,报之以琼琚"等句,韩宣子赋此,取加重报答之意。

夏四月,韩须如齐逆女。齐陈无宇送女,致少姜。少姜有宠于晋侯,晋侯谓之少齐。谓陈无宇非卿,执诸中都[1]。少姜为之请曰:"送从逆班[2],畏大国也,犹有所易,是以乱作。"

夏天四月,韩须到齐国迎接齐女。齐国的陈无宇送少姜,把她送到晋国。少姜受到晋平公的宠爱,晋平公称她为少齐。认为陈无宇不是卿,在中都把他拘捕起来。少姜替他请求说:"送亲的人地位应依从于迎亲的人,只是因为害怕大国,才有所改变,因此发生混乱。"

叔弓聘于晋,报宣

叔弓到晋国聘问,是对韩宣子来

子也。晋侯使郊劳，辞曰：“寡君使弓来继旧好，固曰：‘女无敢为宾！’彻命于执事[3]，敝邑弘矣，敢辱郊使？请辞。”致馆，辞曰：“寡君命下臣来继旧好，好合使成，臣之禄也[4]，敢辱大馆？”叔向曰：“子叔子知礼哉！吾闻之曰：‘忠信，礼之器也；卑让，礼之宗也[5]。’辞不忘国，忠信也；先国后己，卑让也。《诗》曰：‘敬慎威仪，以近有德[6]。’夫子近德矣。”

访的回报。晋平公派使臣到郊外慰劳，他辞谢说：“寡君派我来继续发展过去的友好关系，坚持说：‘你不能作为宾客！’只要把君命禀报给执事，敝邑就大为光彩了，怎么敢烦劳郊使？请让我辞谢。”让他到宾馆去住，又辞谢说：“寡君命令下臣前来继续过去的友好关系，友好结合，使命完成，就是我的福分，怎么敢烦劳大宾馆？”叔向说：“叔弓懂得礼啊！我听说：‘忠信，是礼的载体；卑让，是礼的主体。’言辞不忘国家，这是忠信；先国后己，这是卑让。《诗》上说：‘严肃慎重你的威仪，以亲近有德君子。’他老人家接近有德了。”

注释 1 执：拘捕。中都：晋地名。 2 逆：迎，指迎亲的人。班：位次。 3 彻：通达。这里是传达、禀告的意思。 4 禄：福。 5 宗：主。 6 引诗为《诗经·大雅·民劳》篇。

秋，郑公孙黑将作乱，欲去游氏而代其位[1]，伤疾作而不果。驷氏与诸大夫欲杀之[2]。子产在鄙[3]，闻之，惧弗及，乘遽而至[4]。使吏数之，曰：“伯有

秋天，郑国子皙打算发动叛乱，想要除掉游氏而取代他的地位，但伤痛发作而未能实现。驷氏和大夫们想要杀了他。子产正在边境城邑，听说了此事，害怕赶不上，就乘驿车赶到。他派官吏历数子皙的罪状，说：“伯有那次叛乱，

之乱，以大国之事，而未尔讨也。尔有乱心，无厌，国不女堪[5]。专伐伯有，而罪一也。昆弟争室[6]，而罪二也。薰隧之盟，女矫君位，而罪三也。有死罪三，何以堪之？不速死，大刑将至[7]。"再拜稽首，辞曰："死在朝夕，无助天为虐[8]。"子产曰："人谁不死？凶人不终，命也。作凶事，为凶人。不助天，其助凶人乎？"请以印为褚师[9]。子产曰："印也若才，君将任之；不才，将朝夕从女。女罪之不恤，而又何请焉？不速死，司寇将至[10]。"七月壬寅，缢。尸诸周氏之衢[11]，加木焉。

因为正与大国有事，没有讨伐你。你有叛乱之心，没有满足，国家不能容忍你。专权而攻打伯有，是你的第一条罪状。兄弟争夺妻室，是你的第二条罪状。薰隧之盟时，你假托君位，是你的第三条罪状。有三条死罪，怎么能容忍你？不快点去死，死刑将落到你的头上。"子皙拜了两拜，磕头推脱说："我的死就在早晚之间，不要帮着上天来惩处我了。"子产说："人谁不死？恶人不得善终，这是天命。做了恶事，就是恶人。不帮助天，难道帮助恶人吗？"子皙请求让他儿子印做市官。子产说："印如果有才能，君王将任用他；没有才能，早晚将步你的后尘。你不担心自己的罪过，却又请求什么？不赶快去死，刑法官将要到来。"七月初一日，子皙自缢。暴尸在周氏的大路上示众，尸体上放有写着罪状的木牌。

注释 1 游氏：指游吉，郑国臣子。 2 驷氏：公孙黑的同族。 3 鄙：边远的城邑。 4 遽(jù)：传车，即古代用来传递命令的马车。 5 不女堪：即不堪汝，不能容忍你。堪，忍受。 6 室：妻室。 7 大刑：死刑。 8 虐：虐待，这里是惩处的意思。 9 褚师：市官。 10 司寇：刑法官。 11 尸：暴尸，陈尸示众。衢：四通的道路或十字街头。

晋少姜卒。公如晋，及河，晋侯使士文伯来辞，曰："非伉俪也[1]，请君无辱！"公还，季孙宿遂致服焉。

晋平公的爱妾少姜去世。昭公到晋国去，走到黄河边，晋平公派士文伯来辞谢，说："少姜不是正室，请您不必屈驾了！"昭公返回，季孙宿就到晋国去送丧服。

叔向言陈无宇于晋侯曰："彼何罪？君使公族逆之，齐使上大夫送之，犹曰不共[2]，君求以贪[3]。国则不共，而执其使。君刑已颇[4]，何以为盟主？且少姜有辞。"冬十月，陈无宇归。

叔向对晋平公谈到陈无宇说："他有什么罪？您派公族大夫去迎亲，齐国派上大夫送亲，还说不恭敬，您的要求也太过分了。我国倒是不恭，却抓了他们的使者。您的刑罚太偏，靠什么做盟主？况且少姜还替陈无宇说过话。"冬十月，陈无宇被释放回国。

十一月，郑印段如晋吊。

十一月，郑国的印段前往晋国吊唁。

注释 1 伉俪：配偶，这里指正室。 2 共：同"恭"。 3 以：通"已"，太。 4 已颇：太偏颇。

昭公三年

【经】

三年春，王正月丁未，滕子原卒。

三年春天，周历正月初九，滕成公原去世。

夏，叔弓如滕。

夏天，叔弓去到滕国。

五月，葬滕成公。

秋，小邾子来朝。

八月，大雩[1]。

冬，大雨雹[2]。

北燕伯款出奔齐。

五月，为滕成公举行葬礼。

秋天，小邾穆公来鲁国朝聘。

八月，举行求雨大祭。

冬天，下大冰雹。

北燕简公款逃亡到齐国。

注释 1 雩(yú)：求雨的祭祀。 2 雨雹：下冰雹。雨，用为动词。

【传】

三年春，王正月，郑游吉如晋，送少姜之葬。梁丙与张趯见之[1]。梁丙曰："甚矣哉，子之为此来也！"子大叔曰："将得已乎？昔文、襄之霸也，其务不烦诸侯[2]，令诸侯三岁而聘，五岁而朝，有事而会，不协而盟。君薨，大夫吊，卿共葬事；夫人，士吊，大夫送葬。足以昭礼命事谋阙而已[3]，无加命矣。今嬖宠之丧，不敢择位，而数于守适[4]。唯惧获戾，岂敢惮烦？少姜有宠而死，齐必继室。今兹吾

三年春天，周历正月，郑国的游吉到晋国去，为少姜送葬。晋大夫梁丙和张趯接见他。梁丙说："过礼了！您为这件事而来。"游吉说："我能不来吗？过去文公、襄公做霸主时，他们的事务不烦劳诸侯，命令诸侯三年聘问一次，五年朝觐一次，有事才会见，不和睦才盟誓。君王死去，大夫吊丧，卿参与丧事；夫人死了，士吊丧，大夫送葬。只要足以表明礼仪，发布命令，商量补救缺失就行了，没有多余的命令。现在宠姬的丧事，不敢选择适当职位的人来参加丧礼，因而礼数超过正夫人。唯恐得罪贵国，哪里还敢怕烦劳？少姜得宠而死，齐国必定另嫁女子来

又将来贺[5],不唯此行也。”张趯曰:“善哉,吾得闻此数也!然自今子其无事矣。譬如火焉,火中,寒暑乃退[6]。此其极也,能无退乎?晋将失诸侯,诸侯求烦不获。”二大夫退。子大叔告人曰:“张趯有知,其犹在君子之后乎!”

做继室。今年我又将前来祝贺,不只是这一趟啊。”张趯说:“好啊,我能听到这样的礼数!但从现在起,您将没事了。就好像大火星,它居于天空正中,寒气暑气就消退。这次就是他的顶峰,能不消退吗?晋国将失去诸侯,诸侯想自找麻烦还得不到呢。”两位大夫退出,游吉告诉别人说:“张趯有真知灼见,大概还在君子的行列里吧!”

注释 1 梁丙、张趯(tì):晋国的两个大夫。 2 务:政务,政事。 3 阙:同“缺”,缺失。 4 数:礼数。守適:指正夫人。適,通“嫡”。 5 兹:通“载”,年。 6 火中:指大火星居于天中,此时分别为夏末和冬末,故言“寒暑乃退”。火,大火星。

丁未,滕子原卒。同盟,故书名。

齐侯使晏婴请继室于晋,曰:“寡君使婴曰:‘寡人愿事君,朝夕不倦,将奉质币[1],以无失时,则国家多难,是以不获。不腆先君之適[2],以备内官[3],焜燿寡人之望[4],则又无禄,早世殒命,寡人失望。君若不忘先君之好,惠顾齐国,

正月初九日,滕成公原去世。因为是鲁国的盟国,所以《春秋》记载他的名字。

齐景公派晏婴向晋国请求嫁女子去做继室,说:“寡君派遣我来时说:‘寡人愿意侍奉君主,早晚都不倦怠,想要奉献财礼,以按时朝聘,只是国家多难,因此未能得到机会。敝先君的嫡女,在君主内宫充数,照亮了寡人的希望,却又没有福分,过早地死去,寡人失去了希望。君主如果不忘记先君

辱收寡人，徼福于大公、丁公[5]，照临敝邑，镇抚其社稷，则犹有先君之適及遗姑姊妹若而人[6]。君若不弃敝邑，而辱使董振择之[7]，以备嫔嫱[8]，寡人之望也。'" 韩宣子使叔向对曰："寡君之愿也。寡君不能独任其社稷之事，未有伉俪，在缞绖之中[9]，是以未敢请。君有辱命，惠莫大焉。若惠顾敝邑，抚有晋国，赐之内主[10]，岂唯寡君，举群臣实受其贶。其自唐叔以下[11]，实宠嘉之。"

的友好，加恩顾念齐国，屈尊收容寡人，为寡人向大公、丁公求福，光辉照临敝邑，安抚我们的国家，那么还有先君的嫡女及留下的姑姐妹若干人。君主如果不嫌弃敝邑，而派使者慎重地加以选择，以充姬妾，实在是寡人的愿望。'" 韩宣子派叔向回答说："这正是寡君的愿望。寡君不能单独承担国家大事，又没有正夫人，由于在服丧期间，所以没敢请婚。贵君有命令，没有比这更大的恩惠了。如果加恩顾念敝邑，安抚晋国，赐给晋国内主，岂止寡君，连所有臣下都将受到恩赐。也许从先祖唐叔以下的人都会尊崇赞许他。"

注释　**1** 质币：财礼。质，通"贽(zhì)"。　**2** 腆：善。"不腆"为谦辞。　**3** 内官：指宫廷妃嫔之类。　**4** 焜燿：照亮。　**5** 徼：求。大公、丁公：皆齐国祖先。大公即姜太公，丁公为其子。　**6** 若而人：若干人。　**7** 董振：慎重的意思。　**8** 嫔嫱(pínqiáng)：宫廷中女官，实指君王姬妾。　**9** 缞绖(cuīdié)：古代丧服。缞，披于胸前的麻布条。绖，系于头上和腰间的麻带。　**10** 内主：诸侯的主人。**11** 唐叔：晋国祖先。

既成昏[1]，晏子受礼。叔向从之宴，相与语。叔向曰："齐其何如？" 晏子

已经订婚之后，晏子接受晋国宴享。叔向陪他饮宴，互相谈话。叔向问："齐国怎么样？" 晏子说："现在是末世，

曰:"此季世也[2],吾弗知齐其为陈氏矣。公弃其民,而归于陈氏。齐旧四量:豆、区、釜、钟[3]。四升为豆,各自其四,以登于釜[4],釜十则钟。陈氏三量皆登一焉[5],钟乃大矣。以家量贷,而以公量收之。山木如市,弗加于山;鱼盐蜃蛤[6],弗加于海。民参其力[7],二入于公,而衣食其一。公聚朽蠹[8],而三老冻馁[9]。国之诸市,屦贱踊贵[10]。民人痛疾,而或燠休之[11],其爱之如父母,而归之如流水,欲无获民,将焉辟之[12]?箕伯、直柄、虞遂、伯戏,其相胡公、大姬,已在齐矣。"

我难说齐国不会成为陈氏的了。国君抛弃他的人民,而迫使他们归向陈氏。齐国过去有豆、区、釜、钟四种量器。四升为一豆,豆和区各自进四,而达到釜,十釜就是一钟。陈氏的豆、区、釜三种量器,都比齐国量器增大一成,钟的容量就大了。陈氏用私家量器借出,而用公家量器收进。山上的木材运往市场,价格不比在山上高;鱼盐蜃蛤运往市场,价格不比在海边贵。假如老百姓把力气分为三份,有两份交给了国君,只有一份维持衣食。国君聚敛的财货腐烂虫蛀,而三老却挨冻受饿。国内的各个市场,鞋子便宜假腿昂贵。百姓有痛苦疾病,只要有人去抚慰他们,他们就像爱父母一样爱他,像流水一样归附他,想要不得到百姓拥护,又哪里能躲避?箕伯、直柄、虞遂、伯戏等陈氏的祖先,以及他们的后代胡公、大姬,都已在齐国了。"

注释 1 昏:同"婚"。 2 季世:末代,指国政衰微的年代。 3 四量:四种量器,即豆、区(ōu)、釜、钟。 4 登:升,进。 5 登一:增加四分之一。登,加。 6 蜃蛤:蛤蜊,可食。 7 参:同"三"。 8 朽蠹:腐烂虫蛀。 9 三老:指年老退官的人。古代帝王诸侯养三老以示天下孝悌。 10 屦贱踊贵：言受刑者多，刺刑法苛厉。屦，鞋，麻或皮革制成。踊，假脚，断足者所用。 **11** 燠休(yùxiū)：抚慰痛苦。 **12** 辟：同“避”。

叔向曰：“然。吾虽公室，今亦季世也。戎马不驾，卿无军行[1]，公乘无人，卒列无长。庶民罢敝，而宫室滋侈。道殣相望[2]，而女富溢尤[3]。民闻公命，如逃寇仇。栾、郤、胥、原、狐、续、庆、伯，降在皂隶[4]，政在家门，民无所依。君日不悛[5]，以乐慆忧[6]。公室之卑，其何日之有？谗鼎之铭曰[7]：‘昧旦丕显[8]，后世犹怠。’况日不悛，其能久乎？”

晏子曰：“子将若何？”叔向曰：“晋之公族尽矣。肸闻之，公室将卑，其宗族枝叶先落，则公室从之[9]。肸之宗十一族，唯羊舌氏在而已。肸又无子，公室无度[10]，幸而得死，岂其获祀？”

叔向说：“是这样。即使是我们公室，现在也是末世了。国君的战马已不驾车，卿已不率领军队，公室的车乘左右没有好的人才，军队没有好的长官。百姓疲困，宫室却更加奢侈。道路上饿死的人触目皆是，而宠姬的家里更加富裕。老百姓听到国君的命令，就好像躲避强盗仇敌。栾、郤、胥、原、狐、续、庆、伯等八家旧臣子孙已沦为低贱仆隶，政权落在私家，老百姓无所依靠。国君天天不思悔改，以欢乐掩盖忧患。公室的卑微衰落，还有多少日子呢？谗鼎的铭文说：‘每天清晨起来，功绩就会伟大显赫，后代却还懒得去做。’何况天天不思悔改，难道能长久吗？”

晏子说：“您打算怎么办？”叔向说：“晋国的公族完了。我听说，公室将要衰落，它的宗族像树的枝叶一样首先凋零，那么公室就跟着凋零了。我的宗族有十一族，唯有羊舌氏还在。我又没有儿子，公室又没有法度，得到善终就是幸运，难道还能获得祭祀吗？”

注释 1 军行(háng):指军队。 2 殣(jìn):指饿死的人。 3 女:指国君妻妾的娘家。尤:通"訧",过分。 4 皂隶:在官府当差的普通仆人。 5 悛(quān):改悔。 6 慆:掩盖。 7 谗鼎:鼎名。铭:铸于鼎上的文辞。 8 昧旦:天未明将明时,即凌晨。丕显:伟大显赫。 9 公:指公室。 10 度:法度。

初,景公欲更晏子之宅,曰:"子之宅近市,湫隘嚣尘[1],不可以居,请更诸爽垲者[2]。"辞曰:"君之先臣容焉,臣不足以嗣之,于臣侈矣。且小人近市,朝夕得所求,小人之利也,敢烦里旅[3]?"公笑曰:"子近市,识贵贱乎?"对曰:"既利之,敢不识乎?"公曰:"何贵何贱?"于是景公繁于刑[4],有鬻踊者[5],故对曰:"踊贵屦贱。"既已告于君,故与叔向语而称之。景公为是省于刑。君子曰:"仁人之言,其利博哉!晏子一言而齐侯省刑。《诗》曰:'君子如祉[6],乱庶遄已[7]。'其是之谓乎?"

起初,齐景公要更新晏子的住宅,说:"您的住房靠近市场,低湿狭小,喧闹多尘,不可用来居住,请您换到高爽干燥的房子里去。"晏子辞谢说:"君王的先臣住在这里,我还不足以继承他们,住在这里对我来说已算奢侈了。而且小臣靠近市场,早晚可以得到所要的东西,这是小臣的便利,岂敢麻烦里旅?"景公笑着说:"您靠近市场,知道价格高低吗?"晏子回答说:"既然以它为利,岂能不知道?"景公问:"什么贵什么便宜?"当时景公滥用刑罚,市场有出卖假腿的,所以回答说:"假腿贵鞋子便宜。"晏子已经告诉景公,所以和叔向谈话时称引此事。景公因此减省刑罚。君子说:"仁人的话,它的利益多么广博啊!晏子一句话而齐景公减省刑罚。《诗》上说:'君子如果喜悦,祸乱可能很快平息。'说的就是这种情况吧?"

注释 1 湫(jiǎo):低陷潮湿。隘:狭小。嚣:喧闹。尘:指尘土多。 2 爽垲(kǎi):明亮干燥。 3 里旅:掌管卿大夫住宅的下级官员。 4 繁:繁多。5 鬻(yù):卖。 6 祉:喜。 7 庶:庶几,可能。遄(chuán):迅速。已:停止。引诗为《诗经·小雅·巧言》篇。

及晏子如晋,公更其宅。反,则成矣。既拜,乃毁之,而为里室[1],皆如其旧,则使宅人反之,曰:“谚曰:‘非宅是卜,唯邻是卜。’二三子先卜邻矣。违卜不祥。君子不犯非礼,小人不犯不祥,古之制也。吾敢违诸乎?”卒复其旧宅。公弗许,因陈桓子以请,乃许之。

等到晏子前往晋国,景公便更新他的住宅。他回国时,已经完成了。晏子拜谢以后,就拆毁了它,重新修建邻居的房屋,都像原来的一样,随即让原来的住户返回来住,说:“俗话讲:‘不选择房子,只选择邻居。’这几位已先占卜选择过邻居了。违背占卜不吉利。君子不触犯非礼的事,小人不触犯不吉利的事,这是古代的制度。我敢违背它吗?”终于恢复他的旧宅。起初景公不允许,晏子托陈桓子去请求,才准许了。

夏四月,郑伯如晋,公孙段相,甚敬而卑,礼无违者。晋侯嘉焉,授之以策[2],曰:“子丰有劳于晋国[3],余闻而弗忘。赐女州田,以胙乃旧勋[4]。”伯石再拜稽首,受策以出。君子曰:“礼,其人之急也乎!伯石之汰也[5],

夏天四月,郑简公前往晋国,公孙段担任相礼,非常恭敬而且谦卑,没有违背礼仪的地方。晋平公赞赏他,授给他策书,说:“子丰对晋国有功劳,我听说了没有忘记。赐给你州县田土,以酬报你家过去的功勋。”公孙段拜了两拜磕头,接受了策书出来。君子说:“礼仪,大约是人所急需的吧!公孙段这样骄傲,一旦在晋国讲究点礼仪,尚

一为礼于晋，犹荷其禄[6]，况以礼终始乎？《诗》曰：‘人而无礼[7]，胡不遄死？’其是之谓乎？”

且蒙受它的福禄，何况始终讲究礼仪呢？《诗》上说：‘人如果没有礼仪，为什么不赶快去死？’说的大概就是这个吧？”

注释 1 为：等于说修建。里：邻里。 2 策：帝王对臣下封赐、授免的文书。 3 子丰：公孙段的父亲。 4 胙：酬报。 5 伯石：即公孙段。汰：骄夸。 6 荷：蒙受。 7 而：如果。引诗为《诗经·鄘风·相鼠》篇。

初，州县，栾豹之邑也。及栾氏亡，范宣子、赵文子、韩宣子皆欲之。文子曰：“温，吾县也。”二宣子曰：“自郤称以别[1]，三传矣。晋之别县不唯州，谁获治之？”文子病之[2]，乃舍之。二宣子曰：“吾不可以正议而自与也。”皆舍之。及文子为政，赵获曰[3]：“可以取州矣。”文子曰：“退！二子之言，义也。违义，祸也。余不能治余县，又焉用州？其以徼祸也[4]？君

起初，州县是栾豹的封邑。等到栾氏败亡，范宣子、赵文子、韩宣子都想要这块地方。赵文子说：“温县是我的县。”两位宣子说：“从郤称划分州县、温县以来，已经传了三家了。再说晋国把一县划分为二的不只是州县，谁还能得到以前的地域去治理？”赵文子感到内疚，就放弃了。两位宣子说：“我们不能因为说话得理而把好处给自己。”就都放弃了。等到赵文子执政，他儿子赵获说：“可以取得州地了。”赵文子说：“退下！两位宣子的话，合乎道义。违背道义，就是祸患。我不能治理我的封邑，又哪里用得着州地？难道用来招灾祸？君子说：‘不懂得道义是很艰危的。’懂得

子曰:'弗知实难。'知而弗从,祸莫大焉。有言州必死。"

丰氏故主韩氏[5],伯石之获州也,韩宣子为之请之,为其复取之之故。

了却不照着去做,灾祸没有比这更大的了。有再说州地的一定处死!"

丰氏原来住在韩宣子家里,公孙段得到州地,是韩宣子替他请求的,这是为了他将来可以再次取得州地的缘故。

注释 1 郤称:晋国大夫。别:分。指从温县划分出州县。 2 病:内心愧疚的意思。 3 赵获:赵文子的儿子。 4 徼:通"邀",求取,招致。5 丰氏:公孙段的氏族。郑穆公的儿子子丰,是公孙段的父亲,因以为氏。主:大夫出访别国,住在私人家里叫"主"。

五月,叔弓如滕,葬滕成公,子服椒为介。及郊,遇懿伯之忌[1],敬子不入[2]。惠伯曰[3]:"公事有公利,无私忌,椒请先入。"乃先受馆,敬子从之。

晋韩起如齐逆女。公孙虿为少姜之有宠也,以其子更公女而嫁公子[4]。人谓宣子:"子尾欺晋[5],晋胡受之?"宣子曰:"我欲得齐而远其宠,宠将来乎?"

五月,叔弓前往滕国,参加滕成公的葬礼,子服椒做副使。到达郊外,碰上子服椒父亲懿伯的忌日,叔弓不肯进城。子服椒说:"公事有公家的利益,没有私家的忌讳,请允许我先进去。"就先进城接受了宾馆的招待,叔弓跟着进了城。

晋国的韩宣子到齐国迎接齐女。公孙虿因为少姜在晋国受到宠幸的缘故,把自己的女儿换下齐景公的女儿,而把齐景公的女儿嫁给别的公子。有人对韩宣子说:"公孙虿欺骗晋国,你们晋国为何接受?"宣子说:"我想要得到齐国却疏远它的宠臣,宠臣能来吗?"

注释 1忌:忌日,指懿伯逝世日。懿伯:子服椒的父亲。 2敬子:即叔弓。 3惠伯:子服椒。 4子:女儿。古代男女都可称子。 5子尾:公孙虿,字子尾。

秋七月,郑罕虎如晋,贺夫人,且告曰:“楚人日征敝邑[1],以不朝立王之故[2]。敝邑之往,则畏执事其谓寡君而固有外心;其不往,则宋之盟云[3]。进退罪也。寡君使虎布之。”宣子使叔向对曰:“君若辱有寡君[4],在楚何害?修宋盟也。君苟思盟,寡君乃知免于戾矣。君若不有寡君,虽朝夕辱于敝邑,寡君猜焉[5]。君实有心,何辱命焉?君其往也!苟有寡君,在楚犹在晋也。”

秋天七月,郑国子皮前往晋国,祝贺夫人,并且报告说:“楚国人天天责问敝国,因为敝国没有去朝贺他们新立的国君。敝国如果前去朝贺,则害怕执事会说寡君本来就有外心;如果不去,则担心违背宋国盟约的规定。可说进退都是罪过。寡君派我陈述这个难处。”韩宣子派叔向回答说:“贵君如果心存寡君,在楚国又有什么妨害?那是为了重修宋国的盟会。贵君如果想到盟约,寡君就知道免于罪过了。贵君如果心中没有寡君,即使从早到晚光临敝国,寡君还是有猜疑。贵君确实心存寡君,何必烦劳来告诉我们?君还是去楚国吧!如果心存寡君,在楚国就好像在晋国一样。”

注释 1征:征问,责问。 2立王:新立的国君。 3云:如此。 4有:心中存有。 5猜:疑。

张趯使谓大叔曰:“自子之归也,小人粪除

张趯派人对游吉说:“自从您回到郑国以来,我就打扫先人的旧房子,说:‘您

先人之敝庐[1]，曰：'子其将来！'今子皮实来，小人失望。"大叔曰："吉贱，不获来，畏大国，尊夫人也。且孟曰[2]：'而将无事。'吉庶几焉[3]！"

大概会来的！'现在实际来的是子皮，小人感到失望。"游吉说："我地位低下，不能前来，这是敬畏大国，尊敬夫人的缘故。而且张趯说过：'你将没事了。'我也许可以没事了吧！"

小邾穆公来朝，季武子欲卑之[4]。穆叔曰："不可。曹、滕、二邾实不忘我好，敬以逆之，犹惧其贰[5]，又卑一睦，焉逆群好也？其如旧而加敬焉！《志》曰：'能敬无灾。'又曰：'敬逆来者，天所福也。'"季孙从之。

小邾穆公前来朝见，季武子打算用低一级的礼仪接待他。叔孙豹说："不可以。曹国、滕国和两个邾国，确实没忘记和我国的友好，恭敬地迎接他，还担心他们有二心，又降低一个和睦国家的地位，怎么能迎接其他友好国家呢？还是像过去一样并且更加恭敬！《志》说：'能恭敬没有灾祸。'又说：'恭敬地迎接来宾，是上天降福的原因。'"季武子听从了他的意见。

八月，大雩，旱也。

八月，举行求雨大祭，是因为天旱的缘故。

注释　1 粪除：扫除。庐：房舍。　2 孟：指张趯。　3 庶几：差不多，大概。　4 卑之：以卑礼待之，即用比他身份低下的礼节接待他。　5 贰：不专一，有二心。

齐侯田于莒[1]，卢蒲嫳见[2]，泣且请曰："余发如此种种[3]，余奚能为？"

齐景公在莒国打猎，卢蒲嫳来进见，边哭边请求说："我头发短得像这样了，我还能干什么？"景公说："好

公曰:“诺。吾告二子。”归而告之。子尾欲复之,子雅不可,曰:“彼其发短而心甚长,其或寝处我矣[4]。”九月,子雅放卢蒲嫳于北燕。

燕简公多嬖宠,欲去诸大夫而立其宠人。冬,燕大夫比以杀公之外嬖[5]。公惧,奔齐。书曰:“北燕伯款出奔齐。”罪之也。

十月,郑伯如楚,子产相。楚子享之,赋《吉日》[6]。既享,子产乃具田备[7],王以田江南之梦[8]。

齐公孙灶卒[9]。司马灶见晏子[10],曰:“又丧子雅矣!”晏子曰:“惜也!子旗不免,殆哉!姜族弱矣,而妫将始昌。二惠竞爽犹可[11],又弱一个焉,姜其危哉!”

的。我告诉子尾、子雅两位。”回去就告诉了他们。子尾想要让他复职,子雅不赞成,说:“他头发短但心计很长,也许要坐卧到我们的皮上了。”九月,子雅把卢蒲嫳放逐到北燕。

燕简公有很多宠爱的人,打算去掉大夫们而立他宠幸的人。冬天,燕国大夫联合起来杀了简公的宠臣。简公害怕了,逃亡到齐国。《春秋》记载说:“北燕伯款出奔齐。”就是归罪于他。

十月,郑简公到楚国,子产辅助。楚灵王宴享他们,吟诵了《吉日》一诗。宴享结束,子产就准备打猎的用具,楚灵王与郑简公到江南的云梦泽去打猎。

齐国的子雅去世了。司马灶见到晏子说:“又失去了子雅了!”晏子说:“可惜啊!子旗也不能免除灾祸,危险啊!姜家衰落了,而妫家将开始兴旺。惠公的两个后代都强劲高明还可以,现在又丧失了一个,姜家危险啊!”

注释 1 田:田猎。 2 卢蒲嫳(piè):齐国臣子,被放逐到莒地。事见襄公二十八年《传》。 3 种种:头发短的样子。 4 寝处:等于说坐卧。襄公二十一年《传》:“譬于禽兽,臣食其肉而寝处其皮矣。”即此意。 5 比:

朋比,勾结。 6《吉日》:《诗经·小雅》篇名,周宣王田猎之诗。 7田备:田猎用具。 8以:与,和。后面省宾语。梦:云梦泽。 9公孙灶:即子雅。 10司马灶:齐国大夫。 11竞爽:强劲高明。

昭公四年

【经】

四年春,王正月,大雨雹。

夏,楚子、蔡侯、陈侯、郑伯、许男、徐子、滕子、顿子、胡子、沈子、小邾子、宋世子佐、淮夷会于申[1]。

楚人执徐子。

秋七月,楚子、蔡侯、陈侯、许男、顿子、胡子、沈子、淮夷伐吴,执齐庆封,杀之。遂灭赖[2]。

九月,取鄫[3]。

冬十有二月乙卯,叔孙豹卒。

四年春天,周历正月,下大冰雹。

夏天,楚灵王、蔡侯、陈侯、郑简公、许男、徐子、滕子、顿子、胡子、沈子、小邾子、宋太子佐、淮夷等在申地会盟。

楚国人拘捕了徐子。

秋天七月,楚灵王、蔡侯、陈侯、许男、顿子、胡子、沈子、淮夷攻打吴国,逮捕齐国的庆封,杀了他。接着灭亡了赖国。

九月,占领了鄫邑。

冬天十二月二十八日,叔孙豹去世。

注释 1申:邑名,属楚。 2赖:国名。 3鄫:邑名,当时属莒国,原本国名。

【传】

四年春，王正月，许男如楚，楚子止之，遂止郑伯，复田江南，许男与焉[1]。

使椒举如晋求诸侯，二君待之。椒举致命曰："寡君使举曰：日君有惠，赐盟于宋，曰：'晋楚之从，交相见也。'以岁之不易，寡人愿结欢于二三君，使举请间[2]。君若苟无四方之虞[3]，则愿假宠以请于诸侯[4]。"晋侯欲勿许，司马侯曰："不可。楚王方侈，天或者欲逞其心[5]，以厚其毒而降之罚[6]，未可知也。其使能终，亦未可知也。晋楚唯天所相，不可与争。君其许之，而修德以待其归。若归于德，吾犹将事之，况诸侯乎？若适淫虐[7]，楚将弃之，吾又谁与争？"

四年春天，周历正月，许男前往楚国，楚灵王留下他，接着留下郑简公，再次在江南打猎，许男参加了。

楚灵王派椒举前往晋国商请求得诸侯的拥护，郑、许两国君主在等待他。椒举传达楚灵王的命辞说："寡君派遣我来时说：过去君对敝国有恩惠，赐给敝国在宋国结盟，说：'晋、楚的从属国，应互相朝见。'因为年来多难，寡人希望与几位国君重结旧好，寡君派我前来请求您得空听取这一要求。君如果没有来自四方边境的忧患，那么希望凭借您的恩宠来向诸侯请求。"晋平公打算不答应，司马侯说："不行。楚王正胡作妄为，上天也许是想使他的愿望得逞，以加重他的罪行而降给他惩罚，这是不可预料的。或许要让他得到善终，也是不可预料的。晋、楚两国只有靠天的帮助，不可互相争夺。您还是答应他，修明德政来等待他的结局。假如他归向德行，我们还将要侍奉他，何况诸侯呢？假如他走向荒淫暴虐，楚国将抛弃他，我们又用得着和谁去争？"

注释 1与（yù）：参加。 2间：闲暇。 3虞：忧虑。 4假宠：凭借恩宠。 5逞：放纵。 6毒：指罪行。 7适：往，走向。

公曰："晋有三不殆，其何敌之有？国险而多马，齐、楚多难，有是三者，何乡而不济[1]？"对曰："恃险与马，而虞邻国之难[2]，是三殆也。四岳、三涂、阳城、大室、荆山、中南[3]，九州之险也，是不一姓。冀之北土，马之所生，无兴国焉。恃险与马，不可以为固也，从古以然[4]。是以先王务修德音以亨神人[5]，不闻其务险与马也。邻国之难，不可虞也。或多难以固其国，启其疆土[6]；或无难以丧其国，失其守宇[7]。若何虞难？齐有仲孙之难而获桓公[8]，至今赖之。晋有里、丕之难而获文公[9]，是以为盟主。卫、邢无难，敌亦丧之。故人之难，不可虞也。

晋平公说："晋国有三条可免于危险，还有什么可以相匹敌的？国家地势险要而多产马匹，齐、楚两国多祸难，有这三条，走向哪儿不成功？"司马侯回答说："依仗地势险要和马匹，而把邻国的祸难当成喜乐，是三条危险。四岳、三涂、阳城、大室、荆山、中南，都是九州中的险要之处，这些都不属于一国所有。冀州的北方，是产马的地方，却没有兴盛的国家。依仗险要和马匹，不可以建立巩固的国家，自古已是这样。因此先王致力于修明德行声誉来取悦神灵和人民，没听说他们致力于险要和马匹的。邻国的灾祸，不能感到高兴。有的祸难多而使国家得到巩固，开辟了疆土；有的没有祸难而灭亡了国家，丧失了疆土。怎么能幸灾乐祸？齐国有仲孙之难却得到桓公，至今齐国还依赖他的余荫。晋国有里克、丕郑之难却使得文公归国，因此成为盟主。卫国、邢国没有祸难，外敌也灭亡了它。所以别人的祸难，不

恃此三者，而不修政德，亡于不暇，又何能济？君其许之！纣作淫虐，文王惠和，殷是以陨，周是以兴，夫岂争诸侯？”乃许楚使，使叔向对曰：“寡君有社稷之事，是以不获春秋时见。诸侯，君实有之，何辱命焉？”椒举遂请昏[10]，晋侯许之。

能引以为乐。仗着这三条，却不修政事德行，挽救灭亡还来不及，又怎么能成功？您还是答应他！殷纣施行淫乱暴虐，文王仁惠宽和，殷朝因此衰落，周朝因此兴盛，难道在于争夺诸侯？”于是答应了楚国使者的请求，并派叔向回答说：“寡君有国家大事，因而未能在春秋两季按时进见。至于诸侯，君王本就拥有他们，何必委屈赐命呢？”椒举随即又为楚王求婚，晋平公答应了。

注释 1 乡：同“向”。 2 虞：通“娱”，喜乐。 3 四岳以下皆山名。四岳：即泰山、华山、衡山、恒山。三涂：指太行、轘辕、崤渑三座山，或说即三涂山。大室：即嵩山。中南：即终南山。 4 以：通“已”。 5 亨：同“享”。 6 启：开辟。 7 守宇：等于说国土。宇，指国之四境。 8 仲孙之难：事见庄公八年、九年《传》。 9 里、丕之难：事见僖公九年《传》。 10 昏：同“婚”。

楚子问于子产曰：“晋其许我诸侯乎？”对曰：“许君。晋君少安，不在诸侯。其大夫多求，莫匡其君[1]。在宋之盟，又曰如一，若不许君，将焉用之？”王曰：“诸侯其来乎？”对曰：“必来。从宋

楚灵王问子产说：“晋国会允许诸侯归服我吗？”子产回答说：“会允许君王的。晋君贪图小的安逸，志向不在诸侯。他的大夫们又有很多欲望，没有人匡助国君。在宋国盟会时又说过晋、楚两国友好如一，如果不允许您，又哪里用得着在宋国的盟约？”楚灵王说：“诸侯将会来吗？”子产回答说：“一定会来。

之盟，承君之欢，不畏大国，何故不来？不来者，其鲁、卫、曹、邾乎！曹畏宋，邾畏鲁，鲁、卫逼于齐而亲于晋，唯是不来[2]。其余，君之所及也，谁敢不至？”王曰：“然则吾所求者，无不可乎？”对曰：“求逞于人[3]，不可；与人同欲，尽济。”

遵从在宋国的盟约，取得您的欢心，不害怕晋国，为什么不来？不来的国家，大概是鲁、卫、曹、邾等国吧！曹国害怕宋国，邾国害怕鲁国，鲁国、卫国为齐国所逼迫而亲近晋国，因此不来。其余的国家，是您力所能及的，谁敢不到？”楚王说：“那么我所要求的，没有不可以达到的了？”子产回答说：“从别人那儿求得快意，不可能达到；和别人欲望相同，都能成功。”

注释 1 匡：辅助。 2 唯是：因此。 3 逞：快意。

大雨雹，季武子问于申丰曰：“雹可御乎[1]？”对曰：“圣人在上，无雹，虽有，不为灾。古者日在北陆而藏冰[2]；西陆朝觌而出之[3]。其藏冰也，深山穷谷，固阴沍寒[4]，于是乎取之。其出之也，朝之禄位，宾食丧祭，于是乎用之。其藏之也，黑牡、秬黍以享司寒[5]。其出之也，桃弧、棘矢以除其灾[6]。其出入也时，食肉之禄，冰皆与焉。大夫命

鲁国下大冰雹，季武子问申丰说：“冰雹可以防止吗？”申丰回答说：“圣人在上，没有冰雹，即使有，不成灾。古时候，太阳在北陆的位置而藏冰，在西陆的位置早晨出现就取出冰来。藏冰的时候，深山穷谷，寒气凝固，就在那里凿取。取冰的时候，朝廷上有禄位的人，以及宴宾、用膳、丧事、祭典，就在那里取用。当收藏的时候，黑色的公羊、黑色的黍子，用来祭享司寒之神。当取用的时候，桃木的弓、荆棘的箭，用来攘除灾祸。收藏和取用都按一定的时节，吃肉而有禄位的人，都能

妇，丧浴用冰。祭寒而藏之[7]，献羔而启之，公始用之。火出而毕赋[8]，自命夫命妇至于老疾，无不受冰。山人取之，县人传之，舆人纳之，隶人藏之。夫冰以风壮，而以风出。其藏之也周，其用之也遍，则冬无愆阳[9]，夏无伏阴[10]，春无凄风，秋无苦雨，雷出不震，无灾霜雹，疠疾不降[11]，民不夭札[12]。今藏川池之冰，弃而不用，风不越而杀，雷不发而震。雹之为灾，谁能御之？《七月》之卒章，藏冰之道也[13]。"

分享冰。大夫及其妻子死了，擦洗身子都用冰。祭祀司寒之神而收藏冰，奉献羔羊祭品而打开冰室，国君最先使用冰。大火星出现而颁发完毕，从大夫及其妻子，以至于年老生病的人，没有不享受用冰的。山人凿取冰，县人运输冰，舆人交纳冰，隶人收藏冰。冰因寒风而坚实，而在春风吹时取出。它的收藏周密，它的使用普遍，那么冬天没有过分的温暖，夏天没有伏藏的阴寒，春天没有凄风，秋天没有苦雨，雷鸣不伤人，霜雹不成灾，瘟疫不流行，百姓不夭折。现在收藏着山川河池的冰，抛弃而不使用，风不扬而草木凋零，雷不鸣而伤人。冰雹成灾，谁能防止？《七月》这首诗的末章，就是藏冰的道理。"

注释　1 申丰：鲁国大夫。御：防止。　2 北陆：指虚宿和危宿。日在北陆即夏正十二月。　3 西陆：指昴宿和毕宿。日在西陆为夏正四月。觌(dí)：见，出现。　4 沍(hù)：凝固。与"固"义近。　5 黑牡：黑色雄性的牲畜，这里指公羊。秬(jù)：黑黍。司寒：冬天之神，北方之神。　6 桃弧：桃木的弓。棘矢：荆棘的箭。　7 寒：即司寒。　8 火：大火星。火出为夏正三月。赋：颁发。　9 愆阳：过分温暖。　10 伏阴：伏藏的寒气。　11 疠疾：瘟疫。12 夭札：短命死亡。夭，短命而死。札，因瘟疫而死。　13《七月》：《诗经·豳风》篇名。其卒章有"二之日凿冰冲冲，三之日纳于凌阴，四之日其蚤，献羔祭韭"云云。

夏，诸侯如楚，鲁、卫、曹、邾不会。曹、邾辞以难，公辞以时祭，卫侯辞以疾。郑伯先待于申。六月丙午，楚子合诸侯于申。椒举言于楚子曰："臣闻诸侯无归，礼以为归。今君始得诸侯，其慎礼矣！霸之济否，在此会也。夏启有钧台之享[1]，商汤有景亳之命[2]，周武有孟津之誓[3]，成有岐阳之蒐[4]，康有酆宫之朝[5]，穆有涂山之会[6]，齐桓有召陵之师[7]，晋文有践土之盟[8]，君其何用？宋向戌、郑公孙侨在，诸侯之良也，君其选焉。"王曰："吾用齐桓。"

夏天，诸侯去到楚国会盟，鲁、卫，曹、邾四国没有参加。曹国、邾国以国内有祸难推辞，鲁昭公用当时正有祭祀推辞，卫襄公用有病来拒绝。郑简公先在申地等待。六月十六日，楚灵王在申地会合诸侯。椒举对楚王说："我听说诸侯不归服别的，而只归服于礼。现在您刚得到诸侯，对礼要谨慎啊！霸业的成功与否，全在这次会合了。夏启有钧台的宴享，商汤有景亳的命令，周武王有孟津的盟誓，周成王有岐阳的阅兵，周康王有酆宫的朝觐，周穆王有涂山的会盟，齐桓公有召陵的陈兵，晋文公有践土的盟约，您大概采用哪一种？宋国的向戌、郑国的子产在这里，他们是诸侯中的优秀人物，您可加以选择。"楚灵王说："我采用齐桓公的方式。"

注释 1 钧台之享：其事不详。享，指宴享诸侯。 2 景亳(bó)之命：其事不详。 3 孟津之誓：事见《尚书·泰誓》及《史记·周本纪》等。孟津，即盟津，黄河渡口名。 4 成：即周成王。蒐(sōu)：检阅，阅兵。 5 康：即周康王。酆(fēng)宫：周文王庙。 6 穆：即周穆王。 7 齐桓有召陵之师：事见僖公四年《传》。 8 晋文有践土之盟：事见僖公二十八年《传》。

王使问礼于左师与子产[1],左师曰:"小国习之,大国用之,敢不荐闻[2]?"献公合诸侯之礼六。子产曰:"小国共职[3],敢不荐守[4]?"献伯、子、男会公之礼六。君子谓合左师善守先代,子产善相小国。王使椒举侍于后,以规过。卒事,不规。王问其故,对曰:"礼,吾所未见者有六焉,又何以规?"

楚灵王派人向向戌和子产询问礼仪,向戌说:"小国学习礼仪,大国使用礼仪,岂敢不进献我所听到的?"就呈献公侯会合诸侯的六种礼仪。子产说:"小国供奉职守,岂敢不效忠尽职?"于是进献伯、子、男会见公侯的六种礼仪。君子认为向戌善于保持前代的礼仪,子产善于辅佐小国。当时楚王派椒举侍从在身后,以便规正错误。到事情结束,椒举没有什么规正。楚王问他原因,他回答说:"礼仪,我未曾见到过的就是这六种,又怎么能规正?"

宋大子佐后至,王田于武城,久而弗见。椒举请辞焉,王使往,曰:"属有宗祧之事于武城[5],寡君将堕币焉[6],敢谢后见。"

宋国的太子佐晚到,楚灵王在武城打猎,很久没有接见。椒举请求向他加以解释,楚灵王就派人前去说:"在武城正好有宗庙祭祀的事,寡君将要输送财礼,谨就不能及时接见向您致歉!"

徐子,吴出也,以为贰焉,故执诸申。

徐子,是吴女所生的,楚灵王认为他有二心,所以在申地逮捕了他。

注释 1 左师:宋国官名。这里指向戌。 2 荐:进献。 3 共:同"供"。 4 守:职守。 5 属(zhǔ):恰好。宗祧(tiāo):宗庙。 6 堕(huī)币:输送财礼。堕,输送。

楚子示诸侯侈[1],椒举曰:"夫六王二公之事[2],皆

楚灵王在诸侯面前表现出骄纵,椒举说:"那六王二公的事迹,都是用

所以示诸侯礼也，诸侯所由用命也。夏桀为仍之会，有缗叛之[3]。商纣为黎之蒐，东夷叛之。周幽为大室之盟[4]，戎狄叛之。皆所以示诸侯汰也，诸侯所由弃命也。今君以汰[5]，无乃不济乎！”王弗听。

以向诸侯显示礼仪的，也是诸侯听从命令的原因。夏桀举行仍地的会见，有缗国背叛了他。商纣举行黎丘的田猎，东夷背叛了他。周幽王举行大室的盟会，戎狄背叛了他。这都是在诸侯面前表现出骄纵的缘故，也就是诸侯背弃命令的原因。现在您太骄纵了，恐怕难以成功吧！”楚王不听。

子产见左师曰：“吾不患楚矣，汰而愎谏[6]，不过十年。”左师曰：“然。不十年侈，其恶不远，远恶而后弃。善亦如之，德远而后兴。”

子产见到向戌说：“我不担心楚国了，骄纵而拒谏，过不了十年。”向戌说：“是这样。骄纵不到十年，他的罪恶还不远，罪恶远扬然后被抛弃。美好的德行也像这样，德行远扬然后兴盛。”

注释 1 侈：骄纵。与下文“汰”同义。 2 六王二公：即本传上文所举之夏启、商汤、周武、成、康、穆六王和齐桓、晋文二公。 3 有缗(mín)：古国名。 4 大室：即嵩山。 5 以：通“已”，太。 6 愎谏：等于说拒谏。

秋七月，楚子以诸侯伐吴。宋大子、郑伯先归，宋华费遂、郑大夫从。使屈申围朱方[1]，八月甲申，克之，执齐庆封而尽灭其族。将戮庆封，椒举曰：“臣闻无瑕者可以戮人。

秋天七月，楚灵王率领诸侯攻打吴国。宋太子和郑简公先回国，宋国的华费遂、郑国的大夫随军出征。派屈申包围朱方，八月甲申，攻下了朱方，俘虏了齐国的庆封，并全部灭了他的族人。将要杀死庆封，椒举说：“我听说没有缺点的人才能处罚别人。庆封只是违抗君

庆封唯逆命，是以在此，其肯从于戮乎？播于诸侯[2]，焉用之？”王弗听，负之斧钺[3]，以徇于诸侯[4]，使言曰：“无或如齐庆封[5]，弑其君，弱其孤[6]，以盟其大夫。”庆封曰：“无或如楚共王之庶子围[7]，弑其君兄之子麇而代之，以盟诸侯。”王使速杀之。

命，因此才留在这里，他会甘心服从杀戮吗？这事将传扬到诸侯中去，哪里能用这种方法？”楚王不听，让庆封背着斧钺，在诸侯中巡行示众，迫使他说：“不要有人像齐国的庆封那样，杀了自己的国君，削弱国君的遗孤，来和他的大夫会盟。”而庆封说：“不要有人像楚共王的庶子围那样，杀死自己的国君，也就是哥哥的儿子麇而取代他，来和诸侯会盟。”楚王派人赶忙杀了他。

注释 1 屈申：楚国臣子。朱方：吴国邑名。 2 播：传扬。 3 钺(yuè)：大斧。 4 徇：示众。 5 无：同“毋”，不要。 6 孤：孤儿，指齐景公。 7 庶子：非正妻所生的儿子。

遂以诸侯灭赖。赖子面缚衔璧[1]，士袒，舆榇从之[2]，造于中军[3]。王问诸椒举，对曰：“成王克许，许僖公如是。王亲释其缚，受其璧，焚其榇。”王从之。迁赖于鄢。楚子欲迁许于赖，使鬬韦龟与公子弃疾城之而还。申无宇曰：“楚祸之首，将

楚王于是带领诸侯灭亡赖国。赖君用绳子套住头，口衔玉璧，士兵光着上身，抬着棺材跟着他，来到中军。楚王向椒举询问，椒举回答说：“成王攻下许国时，许僖公也像这样。成王亲自解开他的绳索，接受他的玉璧，烧掉他的棺材。”楚灵王听从了。把赖国迁到鄢地。楚灵王想把许国迁移到赖国境内，派鬬韦龟和公子弃疾在那里筑城然后回国。申无宇说：“楚国祸难的开端，将会在这里了。

在此矣。召诸侯而来，伐国而克，城竟莫校[4]，王心不违，民其居乎？民之不处，其谁堪之？不堪王命，乃祸乱也。”

召集诸侯，诸侯就到，攻打别国就攻下，在边境筑城没有人反抗，国君的心愿都能如意，百姓难道能安居乐业吗？老百姓不能安居乐业，谁还受得了？不能忍受国君的命令，就是祸乱。”

九月，取鄫，言易也。莒乱，著丘公立而不抚鄫，鄫叛而来，故曰取。凡克邑不用师徒曰取。

九月，取得鄫地，这是说占取很容易。莒国发生动乱，著丘公即位而不安抚鄫地，鄫地人背叛而来，所以《经》文说“取”。凡是攻下城邑不用军队就说“取”。

注释 1 面缚：即缚首，用绳子套住头，以示屈服投降。 2 舆榇：抬着棺材。舆，抬，举。榇，棺材。 3 造：至。 4 城竟：筑城于边境。竟，同“境”。校(jiào)：对抗。

郑子产作丘赋[1]，国人谤之[2]，曰：“其父死于路，己为虿尾[3]，以令于国，国将若之何？”子宽以告，子产曰：“何害？苟利社稷，死生以之[4]。且吾闻为善者不改其度[5]，故能有济也。民不可逞[6]，度不可改。《诗》曰：‘礼义不愆[7]，何恤于人言？’吾不迁矣。”浑罕曰：“国

郑国子产制定丘赋法，国内的人公开指责他说：“他的父亲死在路上，他自己做了蝎子尾巴，凭这个在国内发号施令，国家将怎么办？”子宽把这些话告诉了子产，子产说：“担心什么？如果对国家有利，生死都由它去。而且我听说干好事的人不改变他的原则，所以能有成就。老百姓不可放纵，原则不可以改变。《诗》说：‘礼义没有过失，何必担忧别人说话？’我不会改变了。”子宽说：“国民恐怕会先灭亡了吧！君子在

氏其先亡乎[8]！君子作法于凉[9]，其敝犹贪[10]，作法于贪，敝将若之何？姬在列者，蔡及曹、滕其先亡乎，逼而无礼。郑先卫亡，逼而无法。政不率法[11]，而制于心。民各有心，何上之有？”

凉薄的基础上制订赋法，其后果尚且是贪婪，在贪婪的基础上制订赋法，后果将会怎么样？姬姓列在诸侯中的，蔡国和曹国、滕国大概会先灭亡吧，因为它们靠近大国而没有礼仪。郑国在卫国之前灭亡，是因为它逼近大国而没有法规。政治不遵循法度，而由意志来决定。老百姓各人有各人的意志，还有什么朝廷呢？”

冬，吴伐楚，入棘、栎、麻，以报朱方之役。楚沈尹射奔命于夏汭[12]，葴尹宜咎城钟离，薳启强城巢，然丹城州来。东国水，不可以城，彭生罢赖之师。

冬天，吴国攻打楚国，进入棘、栎、麻等地，来报复朱方那次战役。楚国的沈尹射奔走到夏汭应命，葴尹宜咎在钟离筑城，薳启强在巢地筑城，然丹在州来筑城。楚国东部多水患，不可以筑城，彭生就停止了赖地军队的筑城行动。

注释 1 丘赋：一种税赋制度。指一丘之人出军赋若干。参成公元年“丘甲”注。 2 谤：公开指责。 3 虿(chài)：蝎子一类毒虫。 4 以：由。 5 度：法度。 6 逞：放纵。 7 愆：过失。引诗为逸诗。 8 国氏：指子产家族。子产父字子国，故称。 9 凉：薄，指欲望少。 10 敝：终。等于说后果。 11 率：遵循。 12 沈：楚国县名。尹：官名，一县之长。射：人名。

初，穆子去叔孙氏[1]，及庚宗[2]，遇妇人，使私为食而宿焉。问其行，

当初，叔孙豹离开叔孙家，到达庚宗，碰到一个女人，让她偷偷为自己弄些食物并且睡在她那里。女人问到他的行

告之故,哭而送之。适齐,娶于国氏,生孟丙、仲壬。梦天压己,弗胜[3],顾而见人,黑而上偻[4],深目而豭喙[5],号之曰:“牛,助余!”乃胜之。旦而皆召其徒,无之,且曰:“志之[6]。”及宣伯奔齐[7],馈之。宣伯曰:“鲁以先子之故,将存吾宗,必召女。召女,何如?”对曰:“愿之久矣。”鲁人召之,不告而归。既立,所宿庚宗之妇人献以雉。问其姓[8],对曰:“余子长矣,能奉雉而从我矣。”召而见之,则所梦也。未问其名,号之曰“牛”,曰:“唯。”皆召其徒,使视之,遂使为竖[9]。有宠,长使为政。公孙明知叔孙于齐[10],归,未逆国姜,子明取之[11],故怒其子,长而后使逆之。

程,叔孙豹告诉了她原因,那女人就哭着送他。到了齐国,在国氏那里娶了妻子,生了孟丙、仲壬。晚上梦见天压着自己,不能承受,回头看见一个人,脸黑,颈肩向前弯曲,眼睛深陷,嘴巴像猪,叔孙豹喊他说:“牛,来帮我!”才顶住了天。早晨把自己的奴仆都叫来,没有那样的人,只好说:“记下这个人。”等到宣伯逃亡到齐国,叔孙豹送给他吃的。宣伯说:“鲁国因为先人的缘故,将保存我们的宗族,一定会召你回去。如果召你,怎么样?”叔孙豹回答说:“希望很久了。”鲁国人召他回去,他不告诉宣伯就走了。已经立为卿之后,在庚宗同宿的那个女人献给他野鸡。叔孙豹问她的儿子,她回答说:“我的儿子长大了,能捧着野鸡跟着我了。”喊来见面,就是梦见的那个人。叔孙豹没有问他的名字,称他叫“牛”,他答应说:“嗯。”叔孙豹又把徒仆都叫来,让他们见面,于是让牛做了僮仆。牛受到宠信,长大后让他主管家务。公孙明在齐国结识了叔孙豹,叔孙豹回国,没有去接国姜,公孙明强娶了她,所以叔孙豹迁怒于她的儿子,等他们长大后才接回鲁国。

注释 1穆子:即叔孙豹,鲁国臣子。 2庚宗:鲁国地名。 3胜:能承受。 4上偻:指颈肩部向前弯曲。 5豭(jiā):雄猪。喙:嘴巴。 6志:记载。 7宣伯:叔孙豹(穆子)的哥哥。 8姓:儿子。 9竖:僮仆。 10公孙明:齐国大夫。知:交好,相亲。 11取:同"娶"。

田于丘莸,遂遇疾焉。竖牛欲乱其室而有之,强与孟盟,不可。叔孙为孟钟,曰:"尔未际[1],飨大夫以落之[2]。"既具,使竖牛请日。入,弗谒[3];出,命之日。及宾至,闻钟声,牛曰:"孟有北妇人之客[4]。"怒,将往,牛止之。宾出,使拘而杀诸外。牛又强与仲盟,不可。仲与公御莱书观于公[5],公与之环,使牛入示之。入,不示;出,命佩之。牛谓叔孙:"见仲而何?"叔孙曰:"何为?"曰:"不见,既自见矣,公与之环而佩之矣。"遂逐之,奔齐。

叔孙豹在丘莸打猎,就在那儿染上了疾病。竖牛想要搅乱他的家室而占有它,强行与孟丙盟誓,孟丙不同意。叔孙豹为孟丙铸了一口钟,说:"你还没有正式与人交际,宴享大夫们来为这口钟举行落成典礼吧。"已经准备好宴享,派竖牛请叔孙豹定日子。竖牛进去,没有禀告此事;出来时假传命令定了个日子。等宾客来到时,叔孙豹听到钟声,竖牛说:"孟丙那儿有北边女人的客人。"叔孙豹发怒,想要前去,竖牛制止了他。宾客离去,叔孙豹派人把孟丙抓起来杀死在外面。竖牛又强行与仲壬盟誓,仲壬也不答应。仲壬和昭公的卫士莱书在昭公处游玩,昭公赐给仲壬一个玉环,仲壬让竖牛进去给叔孙豹看。竖牛进去,不给叔孙豹看;出来时,假传命令让仲壬佩戴玉环。竖牛对叔孙豹说:"让仲壬谒见国君是为什么?"叔孙豹说:"什么意思?"竖牛说:"您不让他见,他自己已经去见了,国君赐给他玉环已经佩戴上了。"于是叔孙豹驱逐了仲壬,仲壬逃亡到齐国。

疾急，命召仲，牛许而不召。

叔孙豹病危，命令召回仲壬，竖牛答应但不去召回他。

杜泄见，告之饥渴，授之戈。对曰："求之而至，又何去焉？"竖牛曰："夫子疾病[6]，不欲见人。"使置馈于个而退[7]。牛弗进，则置虚[8]，命彻[9]。十二月癸丑，叔孙不食，乙卯，卒。牛立昭子而相之。

杜泄见叔孙豹，叔孙豹告诉他自己又饥又渴，并授给他戈。杜泄回答说："您找竖牛，他自己来了，又何必除掉他呢？"竖牛说："老人家病重，不想见人。"让来探望的人把送来的食品放在厢房里就让他们退去。竖牛并不把食品送进去，就倒掉食物放个空盘在那里，然后命人撤去。十二月二十六日，叔孙豹不能进食，二十八日去世了。竖牛立了昭子而辅佐他。

注释 1 际：交际。 2 落：为铸造钟鼓、修筑宗庙楼台完成以后举行的仪式。犹今之落成典礼。 3 谒：禀告。 4 北妇人：指叔孙豹前妻国姜。客：指公孙明。 5 御：御者。此指卫士。 6 疾病：病情加重。病，病重。 7 个：东西厢房。 8 置虚：指倒掉食物而放置空食具。 9 彻：通"撤"，撤去。

公使杜泄葬叔孙。竖牛赂叔仲昭子与南遗[1]，使恶杜泄于季孙而去之[2]。杜泄将以路葬[3]，且尽卿礼。南遗谓季孙曰："叔孙未乘路，葬焉用之？且冢卿无路[4]，介卿以葬[5]，不亦左乎[6]？"季孙曰："然。"

昭公派杜泄安葬叔孙豹。竖牛贿赂叔仲昭子和南遗，让他们在季孙那里说杜泄的坏话而除掉他。杜泄打算用大路车安葬，并且全部按卿的礼仪。南遗对季孙说："叔孙豹没有乘坐路车，安葬怎么能用它？况且正卿没有路车，次卿用来安葬，不也是不正当吗？"季孙说："是这样。"让杜泄放弃路车。杜泄

使杜泄舍路。不可，曰："夫子受命于朝，而聘于王，王思旧勋而赐之路，复命而致之君。君不敢逆王命而后赐之，使三官书之[7]。吾子为司徒，实书名。夫子为司马，与工正书服[8]。孟孙为司空，以书勋。今死而弗以[9]，是弃君命也。书在公府而弗以，是废三官也。若命服，生弗敢服，死又不以，将焉用之？"乃使以葬。

季孙谋去中军，竖牛曰："夫子固欲去之。"

不同意，说："他老人家从朝廷上接受命令而到天子那里聘问，天子念他过去的功勋而赐给他路车，他回朝廷复命就送给了国君。国君不敢违背天子的命令然后又赐给他，并让三个部门的官员记载这件事。您做司徒，记载名位。他老人家做司马，让工正记载车服器用。孟孙做司空，因而记载功勋。现在他死了却不用路车，这是违背君命。记载的文书藏在公府却不用路车，这是废弃三官。如果天子命赐的车服，活着不敢使用，死了又不用来安葬，还哪里用得着它？"于是让他用路车安葬叔孙豹。

季孙策划去掉中军，竖牛说："他老头子本来就想去掉。"

注释　1 叔仲昭子：即叔仲带，鲁国宗族之一。南遗：季氏家臣。2 恶：这里是说别人坏话的意思。　3 路：路车，此指天子所赐的大路车。4 冢卿：正卿。冢，大。　5 介卿：次卿。介，次。　6 左：不正，不顺。7 三官：即下文的司徒、司马、司空。　8 服：车服。此指与路车相称的各种饰器。　9 以：用。

昭公五年

【经】

五年春，王正月，舍中军[1]。

楚杀其大夫屈申。

公如晋。

夏，莒牟夷以牟娄及防、兹来奔[2]。

秋七月，公至自晋。

戊辰，叔弓帅师败莒师于蚡泉。

秦伯卒。

冬，楚子、蔡侯、陈侯、许男、顿子、沈子、徐人、越人伐吴。

五年春天，周历正月，废弃中军。

楚国杀了他们的大夫屈申。

昭公去到晋国。

夏天，莒国的牟夷带了牟娄以及防地、兹地前来投奔。

秋天七月，昭公从晋国回到国内。

十四日，叔弓率领军队在蚡泉打败莒国军队。

秦景公去世。

冬天，楚灵王、蔡侯、陈侯、许男、顿子、沈子、徐国人、越国人攻打吴国。

注释　1 舍：废弃。　2 牟娄：莒国地名。防、兹：皆为莒国地名。

【传】

五年春，王正月，舍中军，卑公室也。毁中军于施氏，成诸臧氏。

五年春天，周历正月，废除中军，这是为了降低公室的地位。在施氏家讨论废除中军，在臧氏家达成协议。开始成

初作中军，三分公室而各有其一。季氏尽征之，叔孙氏臣其子弟，孟氏取其半焉。及其舍之也，四分公室，季氏择二，二子各一，皆尽征之，而贡于公。以书，使杜泄告于殡[1]，曰：“子固欲毁中军，既毁之矣，故告。”杜泄曰：“夫子唯不欲毁也，故盟诸僖闳[2]，诅诸五父之衢[3]。”受其书而投之，帅士而哭之。叔仲子谓季孙曰[4]：“带受命于子叔孙曰：葬鲜者自西门[5]。”季孙命杜泄，杜泄曰：“卿丧自朝[6]，鲁礼也。吾子为国政，未改礼，而又迁之，群臣惧死，不敢自也[7]。”既葬而行。

立中军时，将公室军队一分为三而三家各拥有其中一军。季孙氏全部采用征兵或征税的办法，叔孙氏将其中的丁壮作为奴隶兵，孟孙氏则将其中的一半作为奴隶兵。等到废除中军时，将公室军队一分为四，季孙氏择取四分之二，另两位各取四分之一，都全部实行征兵或征税的办法，而向昭公缴纳贡赋。季孙氏把废除中军的事写成书策，让杜泄向叔孙豹的灵柩告祭说：“您本来想要废除中军，已经废除了，因此向您禀告。”杜泄说：“他老人家只因为不想废除，所以在僖公庙门盟誓，在五父之衢诅咒。”接了书策丢在地上，领着手下人为叔孙豹哭泣。叔仲子对季孙氏说：“我在子叔孙那儿接受命令，说：安葬没有寿终正寝的人从西门出去。”季孙氏命令杜泄照办，杜泄说：“卿的丧礼要从朝门出去，这是鲁国的礼仪。您掌管国政，没有修改礼仪，却又加以改变，群臣害怕死罪，不敢服从。”安葬完毕后杜泄就走了。

注释　1 殡：停放的灵柩。　2 僖闳：指僖公庙门。闳，门。　3 诅：祈求神灵降祸给不守盟誓之人的祭祀。　4 叔仲子：即叔仲带。　5 鲜：非寿终正寝。　6 朝：此指朝廷正门。　7 自：从，服从。

仲至自齐，季孙欲立之。南遗曰："叔孙氏厚则季氏薄。彼实家乱，子勿与知，不亦可乎？"南遗使国人助竖牛以攻诸大库之庭，司宫射之，中目而死。竖牛取东鄙三十邑，以与南遗。

仲壬从齐国回到鲁国，季孙氏想要立他。南遗说："叔孙氏强大季孙氏就弱小。他们确是家乱，您不要参与干预，不也可以吗？"南遗让国内人们帮助竖牛在大库的庭院里攻打仲壬，司宫用箭射他，射中眼睛而死。竖牛夺取东部边境城邑三十个，把它们送给南遗。

昭子即位，朝其家众，曰："竖牛祸叔孙氏，使乱大从，杀適立庶[1]，又披其邑[2]，将以赦罪[3]，罪莫大焉，必速杀之。"竖牛惧，奔齐。孟、仲之子杀诸塞关之外，投其首于宁风之棘上。仲尼曰："叔孙昭子之不劳[4]，不可能也。周任有言曰：'为政者不赏私劳，不罚私怨。'《诗》云：'有觉德行[5]，四国顺之。'"

昭子即位，召集他的家臣朝见，说："竖牛为害叔孙氏，致使动乱不断发生，杀死嫡长，立了庶子，又分裂他们的封邑，打算以此逃脱罪责，罪过实在没有比这再大的了，一定要尽快杀了他。"竖牛害怕，逃亡到齐国。孟丙、仲壬的儿子把他杀死在塞关之外，把他的脑袋扔在宁风的荆棘丛中。孔子说："叔孙昭子不报答竖牛，是难能这样的。周任有话说：'掌握政权的人不奖赏个人酬报，不惩罚个人怨恨。'《诗》上说：'具有正直的德行，四方国家都来归顺。'"

注释 1 適：通"嫡"。 2 披：析，分裂之意。 3 赦罪：犹释罪，开脱罪责。 4 劳：酬劳，报答。 5 觉：正直。引诗为《诗经·大雅·抑》篇。

初，穆子之生也，庄

当初，叔孙豹出生的时候，他父

叔以《周易》筮之[1]，遇明夷䷣之谦䷎[2]，以示卜楚丘。楚丘曰："是将行，而归为子祀。以谗人入，其名曰牛。卒以馁死。明夷，日也。日之数十，故有十时，亦当十位。自王已下，其二为公，其三为卿。日上其中，食日为二，旦日为三。明夷之谦，明而未融[3]，其当旦乎，故曰'为子祀'。日之谦，当鸟，故曰'明夷于飞'。明而未融，故曰'垂其翼'。象日之动，故曰'君子于行'。当三在旦，故曰'三日不食'。离，火也；艮，山也。离为火，火焚山，山败。于人为言，败言为谗，故曰'有攸往，主人有言'。言必谗也。纯离为牛[4]，世乱谗胜，胜将适离，故曰'其名曰牛'。谦不足，飞不翔，垂不峻[5]，翼不广，故曰'其为子后乎'。吾

亲庄叔用《周易》为他占卜，遇到明夷卦䷣变成谦卦䷎，拿给卜楚丘看。卜楚丘说："这是将要离开国家，但能回来为您祭祀。带着个说别人坏话的人回国，他的名字叫牛。最后将因为饥饿而死。明夷，是代表太阳。太阳的数目是十，所以有十时，也与十日的位次相当。从王以下，第二是公，第三是卿。太阳上升到中天相当于王，食时相当于公，清早相当于卿。明夷变到谦，天已明亮但太阳不高，大概相当于清早吧，所以说'能为您祭祀'。太阳变到谦时，和鸟相配，所以说'明夷飞翔'。天已明亮但太阳不高，所以说'垂下它的翅膀'。象征太阳的运行，所以说'君子要出行'。相当于第三位处在清早的时候，所以说'三天不吃饭'。离是火，艮是山。离为火，火烧山，山毁坏。艮卦对人来说就是言语，说坏话就是谗言，所以说'有人离开，主人有话'。这个话一定是谗言。与离相配的是牛，世道混乱谗言取胜，取胜就将变到离卦，所以说'他的名字叫牛'。谦而不够，飞而不能翱翔，翅膀下垂而不能高举，两翼伸展而不宽广，所以说'大概是您的继承人吧'。您是

子，亚卿也，抑少不终[6]。”

次卿，但继承人将不得善终。”

注释 1 筮：预测吉凶的占卜方法。 2 明夷：《周易》卦名，六十四卦之三十六。䷣ 为其卦象，离下坤上。其初九爻辞为：“明夷于飞，垂其翼，君子于行，三日不食。有攸往，主人有言。”谦：亦《周易》卦名，六十四卦之十五。䷎ 为其卦象，艮下坤上。 3 融：高。 4 纯：耦，相配。 5 峻：高耸。 6 抑：但。

楚子以屈申为贰于吴，乃杀之。以屈生为莫敖，使与令尹子荡如晋逆女。过郑，郑伯劳子荡于汜[1]，劳屈生于菟氏[2]。晋侯送女于邢丘。子产相郑伯会晋侯于邢丘。

公如晋，自郊劳至于赠贿[3]，无失礼。晋侯谓女叔齐曰：“鲁侯不亦善于礼乎？”对曰：“鲁侯焉知礼？”公曰：“何为？自郊劳至于赠贿，礼无违者，何故不知？”对曰：“是仪也，不可谓礼。礼所以守其国，行其政令，无失其民者也。今政令在家，不能取也；有

楚灵王认为屈申有心归向吴国，就杀了他。让屈生做莫敖，派他和令尹子荡到晋国去迎接晋女。经过郑国，郑简公在汜地慰劳子荡，在菟氏慰劳屈生。晋平公送女儿到邢丘。子产辅佐郑简公在邢丘会见晋平公。

鲁昭公到晋国去，从郊外慰劳到赠送财礼，都没有失礼。晋平公对女叔齐说：“鲁侯不也是擅长礼吗？”女叔齐回答说：“鲁侯哪里懂得礼？”晋平公说：“为什么？从郊外慰劳一直到赠送财礼，没有失礼的地方，怎么不懂？”女叔齐回答说：“那是仪式，不能叫礼。礼是用来保有国家，施行政令，不失去百姓的。现在施行政令的权力在大夫手中，无力收回；有子家羁这样的人，但不能任用；违犯大国的盟

子家羁，弗能用也；奸大国之盟[4]，陵虐小国；利人之难，不知其私。公室四分，民食于他，思莫在公，不图其终。为国君，难将及身，不恤其所[5]。礼之本末，将于此乎在，而屑屑焉习仪以亟[6]。言善于礼，不亦远乎？”君子谓叔侯于是乎知礼。

约，欺凌小国；把别人的祸难看成对自己有利，却不知道对他自己也有危害。公室的军队一分为四，老百姓靠别的大夫吃饭，心思都不在国君，国君也不考虑他的结果。作为国君，祸难将到他身上，却不担忧自己的处境。礼的全部将在于这些，却琐屑地急于学习礼仪。说他擅长礼，不也太远了吗？”君子认为女叔齐在这方面是懂得礼的。

注释 1劳：慰劳。氾(fàn)：郑国地名。 2菟氏：郑国地名。 3贿：财礼。 4奸：违犯。 5恤：忧虑。所：处境。 6屑屑焉：琐屑的样子。以：而。亟：急。

晋韩宣子如楚送女，叔向为介。郑子皮、子大叔劳诸索氏[1]。大叔谓叔向曰：“楚王汰侈已甚，子其戒之。”叔向曰：“汰侈已甚，身之灾也，焉能及人？若奉吾币帛，慎吾威仪，守之以信，行之以礼，敬始而思终，终无不复。从而不失仪，敬而不失威，道之以训辞[2]，奉之以旧法，考之

晋国的韩起护送晋女前往楚国，叔向担任副使。郑国的子皮、子太叔在索氏慰劳他们。子太叔对叔向说：“楚王骄纵太甚，您要谨慎点。”叔向说：“骄纵太甚，是自身的灾祸，哪能累及别人？只要献上我的财礼，谨慎我的威仪，恪守信义，奉行礼节，一开始就恭敬同时想到结果，结果没有不如意到来的。顺从但不失度，恭敬但不失尊严，遵循先贤的训导，奉守过去的法度，用先王的事迹来考核，用两国

以先王[3],度之以二国[4],虽汏侈,若我何?”

的实情来衡量,虽然骄纵,能把我怎么样?”

及楚,楚子朝其大夫,曰:“晋,吾仇敌也,苟得志焉,无恤其他。今其来者,上卿、上大夫也,若吾以韩起为阍[5],以羊舌肸为司宫[6],足以辱晋,吾亦得志矣,可乎?”

韩起到达楚国,楚灵王让大夫们上朝,说:“晋国,是我们的仇敌。如果我们能在他面前得意,就用不着担心其他。现在他们来的人是上卿、上大夫,假如我们让韩起做守门人,让叔向做司宫,足以羞辱晋国,我们也得意了,可以吗?”

注释 1索氏:郑国地名。 2道:等于说遵循。训辞:指前贤的训导之辞。 3考:稽考。 4度(duó):衡量。 5阍:守门人。 6肸:音xì。司宫:管理宫殿的小官。

大夫莫对。薳启强曰:“可。苟有其备,何故不可?耻匹夫不可以无备,况耻国乎?是以圣王务行礼,不求耻人。朝聘有珪[1],享眺有璋[2],小有述职[3],大有巡功,设机而不倚[4],爵盈而不饮[5],宴有好货,飧有陪鼎[6],入有郊劳,出有赠贿,礼之至也。国家之

大夫们没有人回答。薳启强说:“可以。如果有那种防备,为什么不可以?羞辱普通人尚且不可以没有防备,何况羞辱一个国家呢?因此圣王致力于推行礼义,不谋求羞辱别人。朝觐聘问有珪,宴享进见有璋,小国有述职的义务,大国有巡守的权力,摆设了几桌但不倚靠,酒杯斟满了但不喝,宴客有美好的礼品,吃饭有增加的菜肴,入境有郊外的慰劳,出境有赠送的财礼,这都是表现礼仪的最好方式。国家的败亡,也就是违背了这种方式,所

败，失之道也[7]，则祸乱兴。城濮之役，晋无楚备，以败于邲。邲之役，楚无晋备，以败于鄢。自鄢以来，晋不失备，而加之以礼，重之以睦，是以楚弗能报而求亲焉。既获姻亲，又欲耻之，以召寇仇，备之若何？谁其重此[8]？若有其人，耻之可也；若其未有，君亦图之。晋之事君，臣曰可矣。求诸侯而麇至[9]，求昏而荐女[10]，君亲送之，上卿及上大夫致之。犹欲耻之，君其亦有备矣，不然，奈何？

以祸乱就发生了。城濮那次战役，晋国得胜而没有戒备楚国，以致在邲地吃了败仗。邲地那次战役，楚国得胜而没有戒备晋国，以致在鄢地吃了败仗。自从鄢地战役以来，晋国没有丧失戒备，同时又以礼仪、和睦对待楚国，因此楚国不仅不能报复，反而向晋国寻求亲睦。已经获得婚姻亲睦关系，又想羞辱他们，来招致侵扰仇怨，那么对晋国的戒备又怎么样呢？谁能承担这个重任呢？如果有承担重任的人，羞辱他们也可以；如果没有，君王您也要考虑一下。晋国侍奉君王，我认为算可以了。要求得到诸侯，诸侯就一齐到来，要求结成婚姻，就进献女子，国君亲自送她，上卿及上大夫送到我国。还想羞辱他们，君王恐怕也要有所戒备，不然，能把他们怎么样呢？

注释 **1** 珪：上圆下方的一种玉制礼器。 **2** 璋：珪类礼器，形状如珪而上部斜削一角。眺：古代诸侯聘问相见之礼。 **3** 小：指小国。下句“大”即指大国。 **4** 机：通“几”，坐时用来伏靠的矮桌。 **5** 爵：酒杯。 **6** 飧(sūn)：熟食。陪鼎：加鼎。鼎，古代炊食器。 **7** 之道：此道。 **8** 重：任，承担。 **9** 麇(qún)：群。 **10** 昏：同“婚”。

“韩起之下，赵成、中行吴、魏舒、范鞅、知盈；羊

“韩起的下面，有赵成、中行吴、魏舒、范鞅、知盈；叔向的下面，有祁

舌肸之下，祁午、张趯、籍谈、女齐、梁丙、张骼、辅跞、苗贲皇，皆诸侯之选也。韩襄为公族大夫，韩须受命而使矣。箕襄、邢带、叔禽、叔椒、子羽，皆大家也。韩赋七邑，皆成县也[1]。羊舌四族，皆强家也。晋人若丧韩起、杨肸，五卿八大夫辅韩须、杨石，因其十家九县，长毂九百[2]，其余四十县，遗守四千，奋其武怒，以报其大耻，伯华谋之，中行伯、魏舒帅之，其蔑不济矣[3]。君将以亲易怨，实无礼以速寇[4]，而未有其备，使群臣往遗之禽[5]，以逞君心，何不可之有？”王曰：“不穀之过也，大夫无辱。”厚为韩子礼。王欲敖叔向以其所不知[6]，而不能，亦厚其礼。

午、张趯、籍谈、女齐、梁丙、张骼、辅跞、苗贲皇，他们都是诸侯应该选拔的人才。韩襄做了公族大夫，韩须接受命令出使了。箕襄、邢带、叔禽、叔椒、子羽，都是大家族。韩氏的七个赋邑，都是强盛的县邑。羊舌氏四个家族，都是强大的家族。晋国人如果丧失韩起、叔向，五卿八大夫辅助韩须、杨石，依靠他们的十家九县、战车九百辆，加上其余四十县，留守的战车四千辆，振奋他们的勇武愤怒，来报复他们的奇耻大辱，伯华为他们谋划，中行伯和魏舒做他们的将帅，大概是没有不成功的了。君王您将会以亲睦换仇怨，以毫无礼仪招来侵暴，却没有戒备，使群臣送上门去当俘虏，来满足您的心意，有什么不可以呢？”楚灵王说：“是我的过错，大夫们不烦再说了。”于是隆重地礼待韩起。楚王本想问叔向不知道的事以便傲视他，但做不到，也对他厚加礼待。

注释 1成：盛。 2长毂：指代兵车。毂，车轮中心的圆木。 3蔑：无。 4速：招致。 5禽：通“擒”，此指俘虏。 6敖：通“傲”。

韩起反[1],郑伯劳诸圉[2]。辞不敢见,礼也。

郑罕虎如齐,娶于子尾氏。晏子骤见之[3],陈桓子问其故,对曰:“能用善人,民之主也。”

夏,莒牟夷以牟娄及防、兹来奔。牟夷非卿而书,尊地也。

莒人诉于晋,晋侯欲止公,范献子曰:“不可。人朝而执之,诱也。讨不以师,而诱以成之,惰也。为盟主而犯此二者,无乃不可乎!请归之,间而以师讨焉[4]。”乃归公。秋七月,公至自晋。

莒人来讨,不设备。戊辰,叔弓败诸蚡泉,莒未陈也[5]。

冬十月,楚子以诸侯及东夷伐吴,以报棘、栎、麻之役[6]。薳射以繁扬之师会于夏汭。越大夫常寿过帅师会楚子于琐。闻吴师出,

韩起回国,郑简公到圉地慰劳他。韩起推辞不肯见面,是合乎礼的。

郑国的子皮去到齐国,在子尾氏那儿娶妻。晏子屡次进见他,陈桓子问他原因,晏子回答说:“能任用好人,是百姓的主人。”

夏天,莒国的牟夷带了牟娄及防地、兹地前来投奔。牟夷不是卿而记载他的名字,是因为重视土地。

莒国人向晋国控诉,晋平公打算扣留昭公,范献子说:“不行。人家来朝聘却拘留他,是引诱。讨伐不用军队,而用引诱的方式取得成功,这是惰慢。作为盟主而犯了这两条,恐怕不可以吧!请让他回去,找机会再用军队讨伐他。”就让昭公回国。秋天七月,昭公从晋国回到鲁国。

莒国人前来攻打,没有设防。十四日,叔弓在蚡泉打败了他们,是因为莒国还没有摆好阵势。

冬天十月,楚灵王率诸侯以及东夷攻打吴国,以报复棘地、栎地、麻地那次战役。薳射带领繁扬的军队在夏汭会师。越国大夫常寿过率领军队在琐地和楚王会合。听到吴军出兵,薳

薳启强帅师从之。遽不设备[7],吴人败诸鹊岸[8]。

启强领兵追击吴军。仓猝间没有设防,吴国军队在鹊岸打败了他。

注释 1反:同"返"。 2圉:郑国地名。 3骤:屡次。 4间:间隙。 5陈:同"阵"。 6棘、栎、麻之役:参昭公四年《传》。 7遽:匆忙,仓猝。 8鹊岸:地名,指今安徽无为南到铜陵北沿长江北岸一带。

楚子以驲至于罗汭[1]。吴子使其弟蹶由犒师,楚人执之,将以衅鼓[2]。王使问焉,曰:"女卜来吉乎?"对曰:"吉。寡君闻君将治兵于敝邑,卜之以守龟[3],曰:'余亟使人犒师,请行以观王怒之疾徐而为之备,尚克知之[4]!'龟兆告吉,曰:'克可知也。'君若欢焉好逆使臣,滋敝邑休怠[5],而忘其死,亡无日矣。今君奋焉震电冯怒[6],虐执使臣,将以衅鼓,则吴知所备矣。敝邑虽羸,若早修完,其可以息师。难易有备[7],可谓吉矣。且吴社稷是卜,岂为一人?使臣获

楚灵王坐驿车到达罗汭。吴王派他的弟弟蹶由犒劳楚军,楚国人逮捕了他,准备杀了他用血祭鼓。楚王派人问他说:"你占卜过到这里来吉利吗?"蹶由回答说:"吉利。寡君听说您将在敝国用兵,用守龟占卜这事,说:'我赶紧派人犒劳军队,请求前去以观察楚王发怒的大小而做好准备,希望能让我知道吉凶!'占卜的龟兆告知我们吉利,说:'成功可以预知。'君王如果高兴友好地迎接使臣,滋长敝邑的懈怠,而使我们忘记了将死,那么灭亡也就没几天了。现在您勃然大发雷霆,虐待逮捕使臣,并打算用来祭鼓,那么吴国知道防备了。敝邑虽然疲弱,如果早日把城郭修缮完备,也许可以阻止贵军。祸难平安都有防备,可说吉利了。而且吴国占卜的是国家,难道是为了使臣一人?使

衅军鼓，而敝邑知备，以御不虞，其为吉孰大焉？国之守龟，其何事不卜？一臧一否，其谁能常之？城濮之兆，其报在邲。今此行也，其庸有报志[8]？”乃弗杀。

臣得以祭军鼓，而敝邑知道了怎么防备，以抵御意外，作为吉利哪个比这更大呢？国家的守龟，什么事不能占卜？一时吉利一时凶险，谁能凭常情猜度？城濮之战占卜的龟兆，它的应验在邲地。我今天此行吉利的预兆，难道也将应验？”于是楚王没有杀他。

注释　1 驲(rì)：驿站专车。　2 衅鼓：杀而以血祭鼓。　3 守龟：指诸侯用来占卜的龟板。　4 尚：表祈求之辞。　5 滋：益。等于说滋长。休怠：懈怠。　6 冯：盛。　7 难易：祸难与平安。易，平。　8 其庸：岂。

楚师济于罗汭[1]，沈尹赤会楚子，次于莱山。薳射帅繁扬之师先入南怀，楚师从之，及汝清。吴不可入。楚子遂观兵于坻箕之山[2]。

是行也，吴早设备，楚无功而还，以蹶由归。楚子惧吴，使沈尹射待命于巢，薳启强待命于雩娄，礼也。

秦后子复归于秦[3]，景公卒故也。

楚军从罗汭渡河，沈尹赤和楚王会合，驻扎在莱山。薳射率领繁扬的军队首先进入南怀，楚军跟着进入，到达汝清。不能进入吴国。楚王就在坻箕之山检阅军队。

这次行动，吴国早有防备，楚军无功而返，带着蹶由回去了。楚王害怕吴国，让沈尹射在巢地待命，薳启强在雩娄待命，这是合乎礼的。

秦景公的弟弟鍼又回到秦国，是因为景公去世的缘故。

注释　1 济：渡水。　2 坻：音 zhǐ。　3 秦后子：即鍼。昭公元年奔晋。

昭公六年

【经】

六年春，王正月，杞伯益姑卒。

葬秦景公。

夏，季孙宿如晋。

葬杞文公。

宋华合比出奔卫。

秋九月，大雩。

楚薳罢帅师伐吴。

冬，叔弓如楚。

齐侯伐北燕。

六年春天，周历正月，杞伯益姑去世。

安葬秦景公。

夏天，季孙宿去到晋国。

安葬杞伯益姑。

宋国的华合比逃亡到卫国。

秋天九月，举行求雨大祭。

楚国的薳罢率领军队攻打吴国。

冬天，叔弓前往楚国。

齐景公攻打北燕。

【传】

六年春，王正月，杞文公卒，吊如同盟，礼也。大夫如秦，葬景公，礼也。

三月，郑人铸刑书。叔向使诒子产书[1]，曰："始吾有虞于子[2]，今则已矣。昔先王议事以制，不为刑辟[3]，惧民之有争心

六年春天，周历正月，杞文公去世，昭公像对待同盟国一样吊唁，是合乎礼的。大夫前往秦国参加景公的葬礼，是合乎礼的。

三月，郑国人把刑书铸造在鼎上。叔向派人给子产送信，说："起初我对您寄有希望，现在没有了。过去先王讨论具体事情的轻重来掌握判罪，不制订刑

也。犹不可禁御，是故闲之以义[4]，纠之以政，行之以礼，守之以信，奉之以仁，制为禄位，以劝其从，严断刑罚以威其淫。惧其未也，故诲之以忠，耸之以行[5]，教之以务，使之以和，临之以敬，莅之以强，断之以刚。犹求圣哲之上，明察之官，忠信之长，慈惠之师，民于是乎可任使也，而不生祸乱。民知有辟，则不忌于上[6]，并有争心，以征于书[7]，而侥幸以成之，弗可为矣。

法，为的是怕百姓有争执之心。那样还不能禁止犯罪，所以就用道义来防止，用政令来纠正，用礼仪来施行，用信用来保持，用仁惠来奉养，制定俸禄爵位来鼓励那些服从的人，严厉地判定刑罚来威慑那些放纵的人。还担心那样不能奏效，所以用忠心来教诲他们，用善行来鼓励他们，用专门知识教育他们，用和悦使用他们，用严肃对待他们，用坚强面临他们，用刚毅裁断他们。同时还要求助圣哲的卿相、明察的官长、忠诚的长老、仁爱的老师，这样老百姓才可以听从使用，而不发生祸乱。老百姓知道有刑法，就对主上官吏不敬重，都怀有争执之心，来从刑法中征引根据，从而侥幸地取得成功，事情就不好办了。

注释 1 诒(yí):送。 2 虞:希望。 3 刑辟:刑法。辟，法。 4 闲:防止。 5 耸:鼓励。 6 忌:敬。 7 征:征引。

“夏有乱政而作《禹刑》，商有乱政而作《汤刑》，周有乱政而作《九刑》，三辟之兴，皆叔世也[1]。今吾子相郑国，作封洫[2]，立谤

“夏朝有违犯政令的人就制定《禹刑》，商朝有违犯政令的人就制定《汤刑》，周朝有违犯政令的人就制定《九刑》，三种刑法的产生，都在很晚的时候了。如今您辅相郑国，划定田界水沟，

政[3],制参辟[4],铸刑书,将以靖民,不亦难乎?《诗》曰:'仪式刑文王之德[5],日靖四方。'又曰:'仪刑文王,万邦作孚[6]。'如是,何辟之有?民知争端矣,将弃礼而征于书,锥刀之末[7],将尽争之。乱狱滋丰,贿赂并行,终子之世,郑其败乎!肸闻之,国将亡,必多制,其此之谓乎!"复书曰:"若吾子之言,侨不才,不能及子孙,吾以救世也。既不承命,敢忘大惠!"

建立挨骂的政令,制定三种刑法,把刑法铸在鼎上,想要以此安定百姓,不也是很困难吗?《诗》上说:'效法文王的德行,每天安抚四方。'又说:'效法文王,万国信赖。'像这样,要有什么刑法呢?老百姓知道了争执的根据,将会抛弃礼仪而征引刑法,一字一句都将争执不休。作乱的案件更加繁多,贿赂到处通行,到您执政结束时,郑国恐怕会衰败吧!我听说,国家将灭亡时,必定多制定法律,大概说的就是这种情况吧!"子产回信说:"像您所说的,我无能,不能顾及子孙,我是用来挽救当世的。既然不能接受您的命令,岂敢忘记您的大恩!"

注释 1 叔世:与上世相对而言,等于说晚时。 2 封洫:田界和水沟。 3 立谤政:参昭公四年《传》:"子产作丘赋,国人谤之。" 4 参:同"三"。 5 仪、式、刑:都是效法的意思。刑:同"型"。引诗为《诗经·周颂·我将》篇。 6 孚:信服。引诗为《诗经·大雅·文王》篇。 7 锥刀之末:指刑书的文字词句。锥刀,刻字的工具。

士文伯曰:"火见,郑其火乎!火未出而作火以铸刑器,藏争辟焉。火如象之,不火何为?"

士文伯说:"大火星出现,郑国恐怕会有火灾吧!大火星还未出来而使用火来铸刑器,包藏了引起争端的刑法。大火星如果象征这个,怎么会不发生

夏,季孙宿如晋,拜莒田也。晋侯享之,有加笾[1]。武子退,使行人告曰:“小国之事大国也,苟免于讨,不敢求贶[2]。得贶不过三献。今豆有加[3],下臣弗堪,无乃戾也[4]。”韩宣子曰:“寡君以为欢也。”对曰:“寡君犹未敢,况下臣!君之隶也,敢闻加贶?”固请彻加而后卒事[5]。晋人以为知礼,重其好货。

火灾?”

夏天,季孙宿前往晋国,是为了拜谢莒国的土地。晋侯宴享他,有外加的笾豆。季孙宿退出,派行人报告说:“小国侍奉大国,如果能免于被讨伐,就不敢求得赏赐。得到赏赐也不超过三献。如今有增加的笾豆,下臣不敢当,恐怕获得罪过。”韩宣子说:“寡君用来引起您的欢心。”季孙宿回答说:“寡君还不敢当,何况下臣!我是君主的仆隶,岂敢听到有外加的赏赐?”坚决请求撤去增加的笾豆然后才完成享礼。晋国人认为他懂得礼仪,加重送给他财礼。

注释 1 笾:竹制食器,盛干食品。 2 贶:赐。 3 豆:盛食物的器皿,形似高脚盘。 4 戾:罪。 5 彻:通“撤”,撤去。

宋寺人柳有宠,大子佐恶之。华合比曰:“我杀之。”柳闻之,乃坎[1],用牲,埋书,而告公曰:“合比将纳亡人之族[2],既盟于北郭矣。”公使视之,有焉,遂逐华合比。合比奔卫。于是华亥欲代右师[3],

宋国的寺人柳受到宠信,太子佐讨厌他。华合比说:“我杀掉他。”寺人柳听说了,就挖一个坑,放进去祭祀的牺牲,埋下盟书,然后报告宋平公说:“合比将要接纳逃亡在外的族人,已经在北城订下盟誓了。”平公派人去看,有这回事,于是驱逐华合比。华合比逃亡到卫国。当时华亥想要取代华合比的右

乃与寺人柳比[4],从为之征[5],曰:"闻之久矣。"公使代之。见于左师,左师曰:"女夫也必亡[6]!女丧而宗室,于人何有?人亦于女何有?《诗》曰:'宗子维城,毋俾城坏[7],毋独斯畏。'女其畏哉!"

六月丙戌,郑灾。

师一职,就和寺人柳勾结,跟着为他作证,说:"听到很久了。"平公让他代替华合比。华亥进见左师,左师说:"你这个人啊,一定会逃亡!你毁坏了你的宗族,对别人有什么好处?别人对你又有什么好处?《诗》说:'宗族就是城墙,不要让城墙毁坏,不要使自己孤独而害怕。'你大概会害怕的吧!"

六月初七日,郑国发生火灾。

注释 1 坎:坑。用为动词,挖坑。 2 亡人之族:指华臣,襄公十七年出奔陈国。 3 华亥:华合比的弟弟。 4 比:朋比,勾结。 5 征:证明。 6 女夫:对对方的轻蔑称呼。 7 俾:使。引诗为《诗经·大雅·板》篇。

楚公子弃疾如晋,报韩子也。过郑,郑罕虎、公孙侨、游吉从郑伯以劳诸相[1]。辞不敢见,固请,见之。见,如见王,以其乘马八匹私面;见子皮如上卿,以马六匹;见子产,以马四匹;见子大叔,以马二匹。禁刍牧采樵[2],不入田,不樵树,不采艺[3],不抽屋,不强丐。誓

楚国的公子弃疾去到晋国,是为了回报韩宣子来楚国送嫁。经过郑国,郑国的子皮、子产、子太叔跟着郑简公在柤地慰劳他。公子弃疾辞谢不肯见面,郑简公坚决请求,这才见他。弃疾进见郑简公,就如同进见楚王,又用他驾车的八匹马按私人见面的礼节进见;见子皮如同见上卿,用六匹马;见子产,用四匹马;见子太叔,用两匹马。禁止打草放牧采摘砍柴,不进入农田,不砍伐栽种的花木,不采摘种植的菜果,不抽

曰:“有犯命者,君子废,小人降!”舍不为暴,主不慁宾[4]。往来如是,郑三卿皆知其将为王也。

取屋上木料为用,不强行索要物品。告诫随从人员说:“有违犯命令的,君子撤职,小人降等!”住宿期间不为非作歹,主人不必担心客人。来去都像这样,郑国的三个卿都知道他将要做楚王了。

韩宣子之适楚也,楚人弗逆。公子弃疾及晋竟[5],晋侯将亦弗逆。叔向曰:“楚辟我衷[6],若何效辟?《诗》曰:‘尔之教矣,民胥效矣[7]。’从我而已,焉用效人之辟?《书》曰:‘圣作则[8]。’无宁以善人为则[9],而则人之辟乎?匹夫为善,民犹则之,况国君乎?”晋侯说,乃逆之。

韩宣子前往楚国的时候,楚人不迎接。公子弃疾到达晋国边境,晋平公也打算不迎接。叔向说:“楚国邪僻我们正直,为什么要效法邪僻?《诗》上说:‘你的这些教导,老百姓都要学习。’遵从自己的正直就行了,为何学习别人的邪僻?《尚书》说:‘圣人做榜样。’宁可以好人为榜样,怎么能学习别人的邪僻呢?普通人做好事,老百姓还要学习他,何况国君呢?”晋平公听了很高兴,就迎接公子弃疾。

注释 1 柤(zhā):郑国地名。 2 刍:打草。 3 采艺:指采摘种植的菜果。艺,种植。 4 慁(hùn):患,担忧。 5 竟:同“境”。 6 辟:邪僻。衷:中正,正直。 7 胥:全都。引诗为《诗经·小雅·角弓》篇。 8 则:法则,榜样。引文在伪古文《尚书·说命》篇。 9 无宁:宁。

秋九月,大雩,旱也。

秋天九月,举行求雨大祭,是因为天旱。

徐仪楚聘于楚[1],楚子执之,逃归。惧其叛也,

徐国的仪楚到楚国聘问,楚王逮捕

使薳泄伐徐。吴人救之。令尹子荡帅师伐吴，师于豫章[2]，而次于乾谿。吴人败其师于房钟，获宫厩尹弃疾[3]。子荡归罪于薳泄而杀之。

了他，他逃回徐国。楚王害怕徐国背叛，就派薳泄攻打徐国。吴国人救援徐国。令尹子荡领兵攻打吴国，从豫章出兵，驻扎在乾谿。吴国人在房钟击败了子荡的军队，俘虏了宫厩尹弃疾。子荡归罪于薳泄而杀了他。

冬，叔弓如楚聘，且吊败也[4]。

冬天，叔弓前往楚国聘问，并且慰问战争失败。

十一月，齐侯如晋，请伐北燕也。士匄相士鞅，逆诸河，礼也。晋侯许之。十二月，齐侯遂伐北燕，将纳简公。晏子曰："不入。燕有君矣，民不贰。吾君贿[5]，左右谄谀，作大事不以信[6]，未尝可也。"

十一月，齐景公前往晋国，是为了请求讨伐北燕。士匄辅佐士鞅，在黄河边迎接齐景公，是合乎礼的。晋平公答应了齐景公的请求。十二月，齐景公就攻打北燕，打算送燕简公回去。晏子说："送不回去。燕国有了国君了，老百姓没有二心。我们国君贪财，左右的人阿谀奉承，兴办大事不凭信义，没有成功的可能。"

注释　1 仪楚：徐国君主，此聘于楚国时或为太子。　2 师：出师。　3 宫厩尹：楚国官名。弃疾：鬭韦龟的父亲。　4 吊：慰问。　5 贿：贪财。　6 作：起，兴。

昭公七年

【经】

七年春，王正月，暨齐平[1]。

三月，公如楚。

叔孙婼如齐莅盟[2]。

夏，四月甲辰朔，日有食之[3]。

秋，八月戊辰，卫侯恶卒。

九月，公至自楚。

冬，十有一月癸未，季孙宿卒。

十有二月癸亥，葬卫襄公。

七年春天，周历正月，燕国与齐国议和。

三月，昭公前往楚国。

叔孙婼前往齐国参加盟会。

夏天，四月初一日，发生日食。

秋天，八月二十六日，卫襄公去世。

九月，昭公从楚国回到鲁国。

冬天，十一月十三日，季孙宿去世。

十二月二十三日，为卫襄公举行葬礼。

注释 1暨:及，与。平:议和。 2莅盟:参加盟会。莅，临。 3有:通“又”。

【传】

七年春，王正月，暨齐平，齐求之也。癸巳，齐侯次于虢[1]，燕人行成[2]，曰：

七年春天，周历正月，北燕与齐国议和，这是由于齐国的要求。十八日，齐景公临时住在虢地，燕国人来求

“敝邑知罪，敢不听命？先君之敝器，请以谢罪。”公孙皙曰[3]：“受服而退，俟衅而动[4]，可也。”二月戊午，盟于濡上。燕人归燕姬，赂以瑶瓮、玉椟、斝耳[5]，不克而还。

和，说：“敝邑知道罪过，岂敢不听从命令？先君的破旧器物，请允许用来谢罪。”公孙皙说：“接受归服而撤军，等待时机再行动，可以这样。”二月十四日，在濡水边上结盟。燕国人把燕姬嫁给齐景公，又送上玉瓶、玉箱和玉杯，于是没有去攻克燕而回国了。

楚子之为令尹也，为王旌以田。芋尹无宇断之，曰：“一国两君，其谁堪之？”及即位，为章华之宫，纳亡人以实之。无宇之阍入焉，无宇执之，有司弗与，曰：“执人于王宫，其罪大矣！”

楚灵王做令尹的时候，特制了国王的旌旗用来打猎。芋尹无宇砍断了旗帜，说：“一国两君，谁受得了？”等到即位时，建造了章华宫，收容逃亡者安置在里面。无宇的守门人逃进去了，无宇去抓他，管理人员不肯给，说：“到王宫中抓人，那罪过太大了。”

注释　1 虢：地名，在燕国边境。　2 行成：求和。　3 公孙皙：齐国大夫。　4 衅：间隙，时机。　5 瑶瓮：玉制酒器。玉椟：玉饰的柜子。斝(jiǎ)耳：玉制酒杯。

执而谒诸王。王将饮酒，无宇辞曰：“天子经略[1]，诸侯正封[2]，古之制也。封略之内，何非君土？食土之毛[3]，谁非君

抓住无宇去见楚灵王。楚灵王正要喝酒，无宇申诉说：“天子经营天下，诸侯治理封土，这是自古以来的制度。疆界之内，哪里不是君王的领土？吃着领土上的五谷，哪个不是君王的下臣？

臣？故《诗》曰：‘普天之下，莫非王土；率土之滨[4]，莫非王臣。’天有十日，人有十等，下所以事上，上所以共神也。故王臣公，公臣大夫，大夫臣士，士臣皂，皂臣舆，舆臣隶，隶臣僚，僚臣仆，仆臣台[5]。马有圉[6]，牛有牧，以待百事。今有司曰：‘女胡执人于王宫？’将焉执之？周文王之法曰：‘有亡，荒阅[7]。’所以得天下也。吾先君文王作仆区之法[8]，曰：‘盗所隐器，与盗同罪。’所以封汝也。若从有司，是无所执逃臣也。逃而舍之，是无陪台也[9]。王事无乃阙乎！昔武王数纣之罪，以告诸侯曰：‘纣为天下逋逃主，萃渊薮[10]。’故夫致死焉。君王始求诸侯而则纣，无乃不可乎？若以二文之法取之[11]，盗有所在矣。”

所以《诗》上说：‘普天之下，没有哪里不是王土；沿着王土边境之内，没有哪个不是王臣。’天有十日，人有十等，在下的人是侍奉在上的，在上的人是供奉神灵的。因此王以公为臣仆，公以大夫为臣仆，大夫以士为臣仆，士以皂为臣仆，皂以舆为臣仆，舆以隶为臣仆，隶以僚为臣仆，僚以仆为臣仆，仆以台为臣仆。马有马倌，牛有牧者，用来应付各种事情。现在官员却说：‘你为什么在王宫抓人？’那又到哪里去抓他呢？周文王的法令说：‘有逃亡的，大搜捕。’这就是之所以得天下的原因。我们的先君楚文王制定仆区法，说：‘隐藏盗贼的赃物，与盗贼同罪。’因此封疆直达汝水边上。要是听从官员的，那就是没有地方去逮捕逃亡的奴隶了。逃亡了就放弃他，那就没有陪台了。那么君王的政事恐怕会有缺失了吧！过去武王列举纣的罪行，把它通报给诸侯说：‘纣是天下逃犯的窝主，聚集的渊薮。’所以诸侯拼命地讨伐他。君王刚刚求得诸侯拥戴却效法纣，恐怕不可以吧？如果用两位文王的方法逮捕他，那盗贼就有可逮的地方了。”楚灵王说：“抓了你的奴隶

王曰:"取而臣以往,盗有宠,未可得也。"遂赦之。

走吧,有个盗贼正得恩宠,还不能逮到呢。"就赦免了无宇。

注释 1经:经营,治理。略:封界。 2正封:与"经略"同义。 3毛:草,指五谷。 4率:循,沿着。引诗为《诗经·小雅·北山》篇。 5王、公、大夫、士、皂、舆、隶、僚、仆、台:即上文所谓"人有十等",其中士以上为贵族,皂以下皆低等仆役之称。 6圉:养马,此指马倌。 7荒阅:大搜索。荒,大。阅,察看。 8仆区:关于惩处窝藏盗贼的法律。"仆"与"区"同义连用,都是隐匿的意思。 9陪台:即十等中最低一级的"台"。因逃亡又被抓住,故称陪台。 10萃:聚集。 11二文:指周文王、楚文王。

楚子成章华之台,愿与诸侯落之[1]。大宰薳启强曰:"臣能得鲁侯。"薳启强来召公,辞曰:"昔先君成公命我先大夫婴齐曰:'吾不忘先君之好,将使衡父照临楚国[2],镇抚其社稷,以辑宁尔民[3]。'婴齐受命于蜀,奉承以来,弗敢失陨[4],而致诸宗祧。日我先君共王引领北望,日月以冀[5],传序相授,于今四王矣。嘉惠未至,唯襄公之辱临我丧。孤与其二三臣悼心失图[6],社稷之不皇[7],

楚灵王建成章华台,希望与诸侯一起举行始登仪式。太宰薳启强说:"我能请到鲁君。"薳启强来召请鲁昭公,致辞说:"过去贵国先君成公命令我们的先大夫婴齐说:'我不忘记先君的友好,将派衡父光临楚国,镇抚国家,以安定百姓。'婴齐在蜀地接受了赐命,奉持回来,不敢违反丢弃,而告祭给宗庙。往日我们先君共王伸长脖子朝北望,每天每月都在企盼,世代相传,到现在已有四代国君了。恩赐没有来到,只有襄公屈驾光临我国的丧事。我与手下的几个臣子心情不定,失去主意,治理国家尚且没有空暇,哪里能怀念您的恩德!现在如果您移步

况能怀思君德！今君若步玉趾，辱见寡君，宠灵楚国[8]，以信蜀之役[9]，致君之嘉惠，是寡君既受贶矣，何蜀之敢望？其先君鬼神实嘉赖之，岂唯寡君？君若不来，使臣请问行期，寡君将承质币而见于蜀[10]，以请先君之贶[11]。”

屈尊，来见寡君，赐给楚国恩宠福泽，以实现蜀地的那次盟誓，送来君主的恩惠，这就是寡君已受到恩赐了，哪里敢奢望蜀地那样的盟会？敝邑先君的灵魂也会嘉许和依赖它，哪里只是寡君？君主如果不来，使臣我就要请问您领兵出动的日期，寡君将捧着进见的财礼到蜀地相见，以请问贵国先君的恩赐。”

注释 1落：始。指首先登临。 2衡父：即公衡，鲁国公室。 3辑宁：安定。“辑”与“宁”同义。 4失陨：失落。 5冀：希求。 6悼心：心情不定。悼，通“掉”，摇动。失图：失去主意。 7皇：通“遑”，空暇。 8灵：福泽。 9信：通“伸”。 10质：通“贽”，进见的礼物。 11请：问。

公将往，梦襄公祖[1]。梓慎曰：“君不果行。襄公之适楚也，梦周公祖而行。今襄公实祖，君其不行。”子服惠伯曰：“行！先君未尝适楚，故周公祖以道之[2]；襄公适楚矣，而祖以道君。不行，何之？”

昭公打算去楚国，梦见襄公为自己祭祀路神。梓慎说：“国君您去不成。襄公到楚国去的时候，梦见周公为他祭祀路神而出行。现在襄公在祭路神，您还是不要去。”子服惠伯说：“去吧！先君从未到过楚国，所以周公为他祭路神而引导他；襄公去过楚国了，又祭路神来引导您。不去，到哪里去？”

三月，公如楚。郑伯劳于师之梁[3]。孟僖子为介，不能相仪[4]。及楚，不

三月，昭公前往楚国。郑简公在师之梁慰劳昭公。孟僖子做副使，不能辅助礼仪。到达楚国，不能答谢郊外的

能答郊劳。

夏四月甲辰朔，日有食之。晋侯问于士文伯曰："谁将当日食？"对曰："鲁、卫恶之[5]，卫大鲁小。"公曰："何故？"对曰："去卫地，如鲁地，于是有灾，鲁实受之。其大咎其卫君乎！鲁将上卿。"公曰："《诗》所谓'彼日而食，于何不臧'者[6]，何也？"对曰："不善政之谓也。国无政，不用善，则自取谪于日月之灾[7]，故政不可不慎也！务三而已：一曰择人，二曰因民，三曰从时。"

慰劳。

夏四月初一日，发生日食。晋平公问士匄说："谁将承受日食的灾祸？"回答说："鲁国、卫国将因日食而遭受凶险，卫国受的大，鲁国受的小。"晋平公问："什么原因？"士匄回答说："这次日食离开卫国分野前往鲁国分野，在这时发生灾祸，鲁国承受了它。那大的灾祸大概是卫君承受吧！鲁国将由上卿承当。"晋平公说："《诗》上所说的'那天发生日食，为什么不好'是什么意思？"士匄回答说："说的是不能办好政事。国家没有好的政治，不使用善人，就会从日月所降的灾祸里自取罪罚，所以政治不可不慎重啊！努力干好三件事即可：一是选择人才，二是依靠百姓，三是顺应时势。"

注释　1 祖：祭路神。　2 道：通"导"，引导。　3 师之梁：郑国都城门。　4 相：辅相。仪：指礼仪。　5 恶之：因之遭凶险。恶，凶。　6 臧：善。引诗为《诗经·小雅·十月之交》篇。　7 谪：罪罚。

晋人来治杞田，季孙将以成与之。谢息为孟孙守，不可，曰："人有

晋国派人来管理杞国的田地，季孙打算把成地给他们。谢息替孟孙镇守成地，不同意，说："人们有句话说：'即

言曰:‘虽有挈瓶之知[1],守不假器,礼也。’夫子从君,而守臣丧邑,虽吾子亦有猜焉。”季孙曰:“君之在楚,于晋罪也。又不听晋,鲁罪重矣。晋师必至,吾无以待之,不如与之。间晋而取诸杞[2]。吾与子桃,成反,谁敢有之?是得二成也。鲁无忧而孟孙益邑,子何病焉?”辞以无山,与之莱、柞,乃迁于桃。晋人为杞取成。

使只有汲水人的智慧,看守的器具也不外借,这是合乎礼的。’他老人家跟着国君,守臣却丢了城邑,即使您也会怀疑我的。”季孙说:“君主在楚国,对晋国来说就是罪过。又不听从晋国,鲁国的罪过更加重了。晋国军队一定会到来,我没有办法对付他们,不如给他们。等晋国有机可乘再从杞国取回来。我把桃地给您,成地取回时,谁敢占有它?这样就等于得到两个成地。鲁国没有忧患而孟孙增加了封邑,您担心什么呢?”谢息推辞说桃地没有山,就把莱山、柞山给他,于是谢息迁到桃地。晋国人为杞国取得成地。

注释 **1** 挈瓶:提瓶。瓶为古代汲水器,此指汲水者。知:同“智”。 **2** 间:间隙。这里用为动词,等待时机的意思。

楚子享公于新台,使长鬣者相[1],好以大屈[2]。既而悔之。薳启强闻之,见公。公语之,拜贺。公曰:“何贺?”对曰:“齐与晋、越欲此久矣,寡君无適与也[3],而传诸君。君其备

楚灵王在新台宴享昭公,派高大健壮的人司礼,友好地送给他大屈弓,完了之后又后悔。薳启强听说这事,进见昭公。昭公告诉他这件事,他下拜祝贺。昭公问:“为何祝贺?”薳启强回答说:“齐国与晋国、越国想要这弓很久了,寡君没有专门给谁,而传给

御三邻，慎守宝矣，敢不贺乎？”公惧，乃反之。

郑子产聘于晋。晋侯有疾，韩宣子逆客，私焉，曰：“寡君寝疾，于今三月矣，并走群望[4]，有加而无瘳[5]。今梦黄熊入于寝门，其何厉鬼也？”对曰：“以君之明，子为大政，其何厉之有？昔尧殛鲧于羽山[6]，其神化为黄熊，以入于羽渊，实为夏郊，三代祀之。晋为盟主，其或者未之祀也乎！”韩子祀夏郊。晋侯有间[7]，赐子产莒之二方鼎。

了您。您可防备抵御这三个邻国，谨慎地守住这宝物了，岂敢不祝贺？”昭公害怕，就把弓还给了楚灵王。

郑国的子产到晋国聘问。晋平公有病，韩宣子迎接客人，私下问他说：“寡君卧病，到现在三个月了，遍祭名山大川，病情却有加无减。今天梦见黄熊进入寝宫门，那是什么恶鬼？”子产回答说：“凭君王的英明，您做正卿，会有什么恶鬼？过去尧把鲧杀死在羽山，他的魂灵变为黄熊，而进入羽渊，为夏朝所郊祭，三代都祭祀它。晋国作为盟主，大概是没有祭祀它吧！”韩宣子祭祀夏郊之神。晋平公病情好转，赐给子产莒国的两个方鼎。

注释　1 长鬣(liè)：高大健壮。　2 好：友好地赠送，用为动词。大屈：弓名。　3 適(dí)：专主，专门。　4 并走群望：遍祭各山川。并，遍。走，奔走而祭的意思。望，祭名，祭祀本国名山大川。　5 瘳：病愈。　6 殛：诛杀。　7 有间：病情好转。

子产为丰施归州田于韩宣子[1]，曰：“日君以夫公孙段为能任其事，而赐之州田[2]。今无禄早世[3]，

子产替丰施把州地的田土归还给韩宣子，说：“过去贵君认为那公孙段是能够继承其父志的，就赐给他州地田土。现在没有福分早逝了，不能长

不获久享君德。其子弗敢有,不敢以闻于君,私致诸子。”宣子辞。子产曰:“古人有言曰:‘其父析薪[4],其子弗克负荷。’施将惧不能任其先人之禄,其况能任大国之赐?纵吾子为政而可,后之人若属有疆埸之言[5],敝邑获戾而丰氏受其大讨。吾子取州,是免敝邑于戾,而建置丰氏也。敢以为请!”宣子受之,以告晋侯,晋侯以与宣子。宣子为初言,病有之,以易原县于乐大心[6]。

久地享有贵君恩德。他的儿子不敢占有,也不敢把这事禀告贵君,所以私下送给您。”韩宣子推辞。子产说:“古人有句话说:‘他的父亲劈柴,他的儿子不能背。’丰施害怕将不能承当其父亲的福禄,何况承当大国的恩赐?即使是您执政而可以这样,后人如果碰巧有关于田界的闲话,敝邑获罪,丰施就将受到大讨伐了。您取回州田,这是避免敝邑的罪过,而又扶持了丰家。斗胆以此作为请求!”韩宣子接受了州田,把这事报告给晋平公,晋平公把州田给了韩宣子。宣子因为当初说过的话,对占有州田不安心,拿它和乐大心换了原县。

注释 1丰施:郑国公室公孙段的儿子。 2事见昭公三年《传》。 3早世:早死。 4析薪:劈柴。喻指创立家业。 5属(zhǔ):正好,碰巧。疆埸(yì):疆界,此指田界。埸,与“疆”同义。 6乐大心:宋国大夫。原县是他的食邑。

郑人相惊以伯有[1],曰:“伯有至矣!”则皆走,不知所往。铸刑书之岁二月,或梦伯有介而行[2],曰:

郑国人拿伯有互相吓唬,说:“伯有来了!”就都奔跑,不知跑到什么地方去好。铸刑书的那年二月,有人梦见伯有披甲行走,并且说:“三月初二,我

"壬子,余将杀带也。明年壬寅,余又将杀段也。"及壬子,驷带卒,国人益惧。齐、燕平之月壬寅,公孙段卒,国人愈惧。其明月,子产立公孙泄及良止以抚之[3],乃止。子大叔问其故,子产曰:"鬼有所归,乃不为厉,吾为之归也。"大叔曰:"公孙泄何为?"子产曰:"说也[4]。为身无义而图说,从政有所反之,以取媚也[5]。不媚,不信。不信,民不从也。"

将杀死驷带。明年正月二十七日,我又将杀死公孙段。"等到三月初二,驷带去世,国人更加害怕。齐国和燕国议和的那个月二十七日,公孙段去世,国人更加害怕了。下一月,子产立了公孙泄和良止来安抚伯有的鬼魂,才平息下来。子太叔问其原因,子产说:"鬼有所依归,才不作恶,我替它找到归宿了。"子太叔又问:"立公孙泄干什么?"子产说:"是为了使他们高兴。因为他们立身没有道义而希图高兴,执政的人对礼仪有违背的地方,就是用来取得欢心。不取得欢心,就不会被信任。不被信任,老百姓就不会服从。"

注释 1伯有:郑国臣子,襄公三十年被驷带所杀。 2介:通"甲"。此用为动词,指披着铠甲。 3良止:伯有的儿子。 4说:同"悦"。 5媚:欢悦。

及子产适晋,赵景子问焉[1],曰:"伯有犹能为鬼乎?"子产曰:"能。人生始化曰魄,既生魄,阳曰魂。用物精多,则魂魄强,是以有精爽,至于神明。匹夫匹妇强死[2],其魂魄犹

等到子产去晋国,赵景子问他说:"伯有还能做鬼吗?"子产说:"能。人降生时首先变成的叫作魄,已经生成了魄,阳气附身叫作魂。用来养生的东西又好又多,魂魄就强,因此有精神,以达到神明。普通男女不得善终,他们的魂魄尚且能依附于人,而大肆作

能冯依于人[3],以为淫厉,况良霄[4],我先君穆公之胄[5],子良之孙,子耳之子,敝邑之卿,从政三世矣。郑虽无腆[6],抑谚曰'蕞尔国[7]',而三世执其政柄,其用物弘矣,其取精也多矣,其族又大,所冯厚矣,而强死,能为鬼,不亦宜乎?"

祟,何况伯有是我们先君穆公的后代,是子良的孙子,子耳的儿子,是敝国的卿,执政已经三代了。郑国虽然不富足,抑或如俗话所说的'蕞尔国',但伯有三代执掌政权,他的养生之物也算广了,他汲取的精华也算多了,他的家族又大,所依恃的势力很强,那么虽然是不得善终,能够做鬼,不也是当然之理吗?"

注释 1 赵景子:晋国中军副帅。 2 强死:暴死。指强健而死,死于非命。 3 冯:同"凭"。 4 良霄:即伯有。 5 胄:后代。 6 无腆:不富足。腆,厚。 7 蕞(zuì)尔:细小的样子。

子皮之族饮酒无度,故马师氏与子皮氏有恶。齐师还自燕之月,罕朔杀罕魋[1]。罕朔奔晋,韩宣子问其位于子产,子产曰:"君之羁臣[2],苟得容以逃死,何位之敢择?卿违,从大夫之位,罪人以其罪降,古之制也。朔于敝邑,亚大夫也,其官,马师也,获戾而逃,唯执政所置之。

子皮的族人喝酒无节制,以致马师氏和子皮氏关系不好。齐国军队从燕国回去的那个月,马师氏罕朔杀死子皮的弟弟罕魋。罕朔逃亡到晋国,韩宣子向子产询问他的官位安排,子产说:"君王的寄居之臣,如果能容身而逃避一死,还敢选择什么官位?卿逃离本国,随大夫的班位,有罪的人根据他的罪行降等,这是自古以来的规矩。罕朔在敝国是亚大夫,他的职务是马师,犯罪而逃亡,听凭您如何处置

得免其死，为惠大矣，又敢求位？”宣子为子产之敏[3]，使从嬖大夫。

他。能免他一死，恩惠已经很大了，又岂敢要求官位？”韩宣子认为子产说法恰当，就让罕朔随下大夫的班位。

注释 1 罕朔：即马师氏。罕魋(tuí)：子皮的弟弟。 2 羁臣：羁旅之臣。羁，客居异国。 3 敏：明审。此指处事明审得当。

秋八月，卫襄公卒。晋大夫言于范献子曰：“卫事晋为睦，晋不礼焉，庇其贼人而取其地，故诸侯贰。《诗》曰：‘鹏鸰在原[1]，兄弟急难。’又曰：‘死丧之威[2]，兄弟孔怀[3]。’兄弟之不睦，于是乎不吊[4]，况远人，谁敢归之？今又不礼于卫之嗣，卫必叛我，是绝诸侯也。”献子以告韩宣子，宣子说[5]，使献子如卫吊，且反戚田。

秋天八月，卫襄公去世。晋国大夫对范献子说：“卫国侍奉晋国求得亲睦，而晋国对卫国不加礼待，庇护它的叛乱者而夺取它的土地，所以诸侯有了二心。《诗》上说：‘鹏鸰在原野，遇到急难兄弟要相助。’又说：‘死亡多可怕，兄弟之间很怀念。’兄弟不和睦，于是就互不关心，何况疏远的人，谁敢前来归服？现在又对卫国的继承人不加礼遇，卫国必定背叛我国，这是断绝和诸侯的关系。”献子把这些话报告给韩宣子，宣子很高兴，派献子到卫国去吊唁，而且归还戚地的田土。

卫齐恶告丧于周，且请命。王使郕简公如卫吊，且追命襄公曰：“叔父陟恪[6]，在我先王之左右，以佐事上帝，余敢忘高圉、亚圉[7]？”

卫国的齐恶到周天子那儿报告丧事，并且请求赐予恩命。周天子派郕简公前往卫国吊唁，并且追命襄公说：“叔父升天，在我先王的左右，以辅佐侍奉上帝，我岂敢忘了先祖高圉、亚圉？”

注释 1 鹡鸰(jílíng):水鸟名。又作“鹡鸰”“脊令”。引诗见《诗经·小雅·常棣》篇。 2 威:畏惧。 3 孔:甚,很。怀:思念。引诗同前篇。 4 吊:怜悯。 5 说:同“悦”。 6 陟恪:等于说升天。陟,登,升。恪,通“格”,至的意思。 7 高圉、亚圉:周朝的先辈。

九月,公至自楚。孟僖子病不能相礼,乃讲学之,苟能礼者从之。及其将死也,召其大夫,曰:“礼,人之干也。无礼,无以立。吾闻将有达者曰孔丘,圣人之后也,而灭于宋。其祖弗父何以有宋而授厉公。及正考父佐戴、武、宣[1],三命兹益共[2],故其鼎铭云:‘一命而偻[3],再命而伛[4],三命而俯[5]。循墙而走,亦莫余敢侮。饘于是[6],鬻于是,以糊余口。’其共也如是。臧孙纥有言曰:‘圣人有明德者,若不当世,其后必有达人。’今其将在孔丘乎?我若获没[7],必属说与何忌于夫子[8],使事之,而学礼焉,

九月,昭公从楚国回到国内。孟僖子忧虑自己不精通礼仪,就学习训练礼仪,只要有擅长礼仪的人就跟他学习。等到他临死时,召集他手下的大夫说:“礼仪,是人的躯干。没有礼仪,就没有立身的根本。我听说有个将要显达的人叫孔丘,是圣人的后代,但家族在宋国灭亡了。他的祖先弗父何把宋国交给了宋厉公。到正考父辅佐戴公、武公和宣公,作了诸侯的正卿而更加恭敬,所以他的鼎铭说:‘一命屈背,二命弯腰,三命俯下身。沿着墙根快快跑,也没有人敢欺侮我。稠粥在这里头煮,稀粥在这里头煮,用来糊口饱肚。’他的恭敬就像这样。臧孙纥有句话说:‘圣人是有光明德行的人,如果不能君临一世,他的后代必有显达的人。’现在大概将落在孔丘身上吧?我如果得到善终,一定把南宫敬叔和孟懿子托付给他老人家,让他们师事他,

以定其位。”故孟懿子与南宫敬叔师事仲尼。仲尼曰：“能补过者，君子也。《诗》曰：‘君子是则是效[9]。’孟僖子可则效已矣。”

向他学习礼仪，来确定他们的地位。”所以孟懿子和南宫敬叔师事孔子。孔子说：“能弥补过错的人就是君子。《诗》中说：‘君子可以学习，可以效法。’孟僖子可以效法了。”

注释 1正考父：弗父何的曾孙。戴、武、宣：都是宋国君主。 2三命：周代官爵分九等，称九命。诸侯之卿以三命为最高，下文“一命”“再命”分别次之。兹益：更加。兹，通“滋”。共：通“恭”。 3偻：屈背。 4伛：弯腰。 5俯：指整个身子向下。 6饘(zhān)：稠粥。 7获没：指得到善终。没，通“殁”。 8属：通“嘱”，托付。说：即南宫敬叔，鲁国臣子。何忌：即孟懿子。夫子：指孔子。 9则：效法。与“效”同义。引诗为《诗经·小雅·鹿鸣》篇。

单献公弃亲用羁[1]。冬十月辛酉，襄、顷之族杀献公而立成公。

单献公摒弃亲族而使用客居的人。冬天十月二十日，襄公、顷公的族人杀了献公而立成公。

十一月，季武子卒。晋侯谓伯瑕曰：“吾所问日食，从矣。可常乎？”对曰：“不可。六物不同，民心不壹，事序不类，官职不则[2]，同始异终，胡可常也？《诗》曰：‘或燕燕居息[3]，或憔悴事国[4]。’其异终也如是。”公曰：“何谓六物？”

十一月，季武子去世。晋平公对士文伯说：“我所询问的日食的事，应验了。可以经常像这样占验吗？”士文伯回答说：“不行。六种事物不相同，百姓的心思不一致，事情的顺序不相类，官位职务不相等，开始相同结果不同，怎么可能经常呢？《诗》中说：‘有的舒服地安居休息，有的尽心尽力为国服务。’它的结果不同就像这样。”晋平

对曰："岁、时、日、月、星、辰是谓也[5]。"公曰："多语寡人辰，而莫同。何谓辰？"对曰："日月之会是谓辰，故以配日。"

公问："什么叫作六物？"回答说："说的是岁、时、日、月、星、辰。"晋平公说："很多人对我谈起辰，但没有人说法相同。什么叫作辰？"士文伯回答说："日月相会就叫作辰，所以又用来和日相配。"

注释 **1** 单献公：周朝卿士。 **2** 则：等同。 **3** 燕燕：安舒的样子。 **4** 憔悴：今毛诗作"尽瘁"。引诗为《诗经·小雅·北山》篇。 **5** 辰：月球运行到太阳和地球之间，与太阳同时出没，古人以为是日月相会，把它叫作辰，也叫合朔。这时正是夏历每月的月底。

卫襄公夫人姜氏无子，嬖人婤姶生孟絷[1]。孔成子梦康叔谓己[2]："立元，余使羁之孙圉与史苟相之。"史朝亦梦康叔谓己："余将命而子苟与孔烝鉏之曾孙圉相元。"史朝见成子，告之梦，梦协[3]。晋韩宣子为政聘于诸侯之岁，婤姶生子，名之曰元。孟絷之足不良能行，孔成子以《周易》筮之，曰："元尚享卫国[4]，主其社稷。"遇屯䷂[5]。又曰："余尚立絷，

卫襄公夫人姜氏没有儿子，宠姬婤姶生了孟絷。孔成子梦见康叔对自己说："立元为国君，我派羁的孙子圉和史苟辅佐他。"史朝也梦见康叔对自己说："我将命令你的儿子史苟和孔成子的曾孙圉辅佐元。"史朝见孔成子，告诉他梦的事，两人的梦相吻合。晋国的韩宣子执政向诸侯聘问的那一年，婤姶生了儿子，取名叫元。孟絷的脚不便走路，孔成子用《周易》为他占筮，说："元希望享有卫国，主祭它的土神和谷神。"遇到屯卦䷂。又说："我希望立孟絷，但愿神能赞许他。"遇到屯卦䷂变成比

尚克嘉之。”遇屯䷂之比䷇[6]。以示史朝，史朝曰：“元亨，又何疑焉？”成子曰：“非长之谓乎？”对曰：“康叔名之，可谓长矣。孟非人也，将不列于宗，不可谓长。且其繇曰[7]‘利建侯’，嗣吉，何建？建非嗣也。二卦皆云，子其建之。康叔命之，二卦告之，筮袭于梦，武王所用也，弗从何为？弱足者居，侯主社稷，临祭祀，奉民人，事鬼神，从会朝，又焉得居？各以所利，不亦可乎？”故孔成子立灵公。十二月癸亥，葬卫襄公。

卦䷇。拿了给史朝看，史朝说：“卦辞为‘元亨’，又疑虑什么呢？”孔成子说：“‘元’不是说的为大的吗？”史朝回答说：“康叔为他取名，可以说是为大的了。孟絷不是健全的人，将不会列在宗主里，不能说是为大的。而且那繇辞说‘利建侯’，嫡子嗣位而吉利，还建立什么侯？建立就不是继承。两次卦辞都那样说，您还是立元吧。康叔命令他，两卦告诉是他，占筮和梦境重合，武王所用过的，为什么不听从？脚不强健的待在家里，君侯主持国家，亲临祭祀，奉养人民，侍奉鬼神，参加会盟朝觐，又哪能待在家？各自按照他有利的行事，不也可以吗？”所以孔成子立了灵公。十二月二十三日，安葬卫襄公。

注释　1 嬖人：受宠爱的人，指姬妾。婤姶：音 zhōu è。　2 孔成子：卫国卿，即下文的孔烝钽。康叔：卫国始祖。　3 协：相合。　4 尚：表希冀的语气副词。　5 屯：卦名，《周易》六十四卦之第三，䷂为其卦象，下震上坎。　6 比：卦名，《周易》六十四卦之第八，䷇为其卦象，下坤上坎。7 繇(zhòu)：卦兆的占辞。

昭公八年

【经】

八年春，陈侯之弟招杀陈世子偃师[1]。

夏四月辛丑，陈侯溺卒。

叔弓如晋。

楚人执陈行人干徵师，杀之。

陈公子留出奔郑。

秋，蒐于红[2]。

陈人杀其大夫公子过。

大雩。

冬十月壬午，楚师灭陈，执陈公子招，放之于越[3]。杀陈孔奂。

葬陈哀公。

八年春天，陈哀公的弟弟公子招杀了陈国太子偃师。

夏天四月初三，陈哀公溺去世。

叔弓去到晋国。

楚国人逮捕了陈国外交官干徵师，杀了他。

陈国公子留逃亡到郑国。

秋天，在红地举行阅兵典礼。

陈国人杀了他们的大夫公子过。

举行求雨大祭。

冬天十月十七日，楚军灭亡了陈国，抓住了陈国公子招，把他流放到越国。杀了陈国的孔奂。

安葬陈哀公。

注释 1 世子：太子。 2 蒐(sōu)：检阅。 3 放：放逐，流放。

【传】

八年春，石言于晋魏榆。晋侯问于师旷曰："石

八年春天，在晋国的魏榆有石头说话。晋平公问师旷说："石头为什么

何故言？”对曰：“石不能言，或冯焉[1]。不然，民听滥也[2]。抑臣又闻之曰：‘作事不时，怨讟动于民[3]，则有非言之物而言。’今宫室崇侈，民力雕尽[4]，怨讟并作，莫保其性[5]，石言，不亦宜乎？”于是晋侯方筑虒祁之宫[6]，叔向曰：“子野之言[7]，君子哉！君子之言，信而有征[8]，故怨远于其身。小人之言，僭而无征[9]，故怨咎及之。《诗》曰：‘哀哉不能言，匪舌是出[10]，唯躬是瘁[11]。哿矣能言[12]，巧言如流，俾躬处休[13]。’其是之谓乎！是宫也成，诸侯必叛，君必有咎，夫子知之矣。”

说话？”师旷回答说：“石头不能说话，有东西凭依着它。不然，就是百姓听错了。不过我又听人说：‘发动事情不合时节，怨恨在老百姓中产生，就有不能说话的东西说话。’如今宫室高大奢侈，老百姓的财力衰竭，怨言到处兴起，没有人能保证自己的生存，石头说话，不也正常吗？”在这时晋平公正修建虒祁宫，叔向说：“子野的话，真是君子啊！君子的话，真实而有根据，所以怨恨远离他的身边。小人的话，虚假而没有证明，所以怨恨灾祸落到他的身上。《诗》上说：‘可悲啊不能说话，不是舌头有毛病，只是一说话就祸及自身。可喜啊能够说话，机敏的话像流水，难使自己安居休息。’说的大概就是这个吧！这座宫殿一落成，诸侯必定背叛，君王必定有灾殃，师旷知道这一点了。”

注释 1 冯：同“凭”，凭依。 2 滥：失误。 3 怨讟(dú)：怨恨，怨言。讟，与“怨”同义。 4 雕：通“凋”，衰败。 5 性：通“生”，生存。 6 虒：音 sī。 7 子野：师旷，字子野。 8 信：言语真实。征：征验，证明。 9 僭(jiàn)：虚假，不真实。 10 匪：同“非”。出：通“疷(wù)”，病。 11 躬：身，指自身。瘁：困累。 12 哿(gě)：欢乐。 13 俾：使。引诗为《诗经·小雅·雨无正》篇。

陈哀公元妃郑姬，生悼大子偃师，二妃生公子留，下妃生公子胜。二妃嬖，留有宠，属诸司徒招与公子过。哀公有废疾[1]，三月甲申，公子招、公子过杀悼大子偃师，而立公子留。夏四月辛亥，哀公缢。干徵师赴于楚[2]，且告有立君[3]。公子胜诉之于楚，楚人执而杀之。公子留奔郑。书曰“陈侯之弟招杀陈世子偃师”，罪在招也；“楚人执陈行人干徵师，杀之”，罪不在行人也。

叔弓如晋，贺虒祁也。游吉相郑伯以如晋，亦贺虒祁也。史赵见子大叔[4]，曰：“甚哉，其相蒙也[5]！可吊也[6]，而又贺之。”子大叔曰：“若何吊也？其非唯我贺，将天下实贺。”

陈哀公的元妃郑姬，生了悼太子偃师，二妃生了公子留，三妃生了公子胜。二妃受到宠幸，公子留也因而得宠，被托付给司徒招和公子过。哀公患有顽疾，三月十六日，公子招和公子过杀了悼太子偃师，立了公子留。夏天四月十三日，哀公上吊而死。干徵师到楚国去报丧，并且报告又立了新君。公子胜向楚国控告公子招和公子过，楚国人抓住干徵师杀了。公子留逃亡到郑国。《春秋》记载说“陈侯之弟招杀陈世子偃师”，是由于罪过在公子招；记载说“楚人执陈行人干徵师，杀之”，是由于罪过不在行人干徵师。

叔弓前往晋国，是为了祝贺虒祁宫落成。游吉陪同郑简公前往晋国，也是为了祝贺虒祁宫落成。史赵见到游吉，说：“那样互相欺骗，太过分了啊！值得哀伤的事，却又去祝贺。”游吉说：“为何值得哀伤？不只是我国祝贺，天下都将来祝贺。”

注释 1 废疾：经久不愈的疾病。 2 赴：同“讣”，报丧。 3 有：通“又”。 4 史赵：晋国臣子。子大叔：即游吉。 5 蒙：欺骗。 6 吊：哀痛。

秋，大蒐于红，自根牟至于商、卫，革车千乘。

七月甲戌，齐子尾卒，子旗欲治其室。丁丑，杀梁婴[1]。八月庚戌，逐子成、子工、子车[2]，皆来奔，而立子良氏之宰[3]。其臣曰："孺子长矣[4]，而相吾室，欲兼我也[5]。"授甲，将攻之。陈桓子善于子尾，亦授甲，将助之。或告子旗，子旗不信，则数人告。将往，又数人告于道，遂如陈氏。桓子将出矣，闻之而还，游服而逆之[6]。请命，对曰："闻强氏授甲将攻子[7]，子闻诸？"曰："弗闻。""子盍亦授甲[8]？无宇请从。"子旗曰："子胡然？彼孺子也，吾诲之犹惧其不济，吾又宠秩之[9]。其若先人何？子盍谓之？《周书》曰[10]：'惠不惠[11]，茂不茂[12]。'康叔所以服弘

秋天，在红地大阅兵，从根牟直到宋国、卫国边境，陈列战车一千辆。

七月初八日，齐国的子尾去世，子旗想要接管他的家政。十一日，杀了子尾家臣梁婴。八月十四日，驱逐子成、子工、子车，三人都逃亡前来，子旗就为子良氏立了家臣头领。子良的家臣说："小子已经长大了，你们却来帮忙管我们的家政，是想兼并我们。"就发放武器，打算攻打子旗。陈无宇和子尾要好，也发放武器，准备帮助他们。有人报告子旗，子旗不以为真，就又有几人向他报告。子旗打算去子良家，又有几个人在路上向他报告，于是去了陈无宇家。无宇正准备出动了，听说子旗来就转回去，穿上宴游的便服去迎接他。子旗请问陈无宇的意图，陈无宇回答说："听说子良家发放武器准备攻打您，您听说了吗？"子旗说："没听说。""那您何不也发放武器？无宇我请求跟着您！"子旗说："您怎么这样？他是个孩子，我教导他还担心他不能成功，我又宠爱他并为他立了家臣头领。像您说的那样怎么对得起他的先人？您何不对他说一说？《周书》说：'施恩给不仁惠的人，鼓励不勤勉的人。'这就是康叔

大也[13]。”桓子稽颡曰[14]:“顷、灵福子[15],吾犹有望。”遂和之如初。

之所以做事宽大的原因。”陈无宇叩头说:“顷公、灵公保佑您,我还有希望受您的恩赐。”于是让两家和好如初。

注释 1 梁婴:子尾的家臣。 2 子成、子工、子车:三人都是齐国大夫。 3 子良:子尾的儿子。 4 孺子:指子良。 5 兼:兼并。 6 游服:宴游之服。此用为动词,指脱去戎装,穿上宴游之服。 7 强氏:指子良家。子良名高强。 8 盍:“何不”的合音。 9 宠秩:宠信并为他序官位。秩,官吏的品级第次。这里指为子良立家臣头领。 10《周书》:指《尚书·康诰》。 11 惠:仁惠。前“惠”字用为动词,施恩的意思。 12 茂:今书作“懋”。前“茂”字为劝勉义,后“茂”字为勤勉义。 13 服:服事。弘:宽大。 14 稽颡(sǎng):叩头。颡,额头。行此礼额头当触地,俗所谓磕响头。 15 福:赐福,保佑。

陈公子招归罪于公子过而杀之。九月,楚公子弃疾帅师奉孙吴围陈[1],宋戴恶会之。冬十一月壬午,灭陈。舆嬖袁克杀马毁玉以葬[2]。楚人将杀之,请置之[3],既又请私[4]。私于幄,加绖于颡而逃[5]。

陈国的公子招把罪责归在公子过身上而杀了他。九月,楚国的公子弃疾领兵奉事孙吴围攻陈国,宋国的戴恶和他们会合。冬天十一月十七日,灭亡了陈国。宠大夫袁克杀马毁玉来为陈哀公殉葬。楚国人打算杀了他,他请求赦免自己,接着又请求让他小便。袁克在帐幕中小便,把麻带缠在头上逃跑了。

使穿封戌为陈公[6],曰:“城麇之役不谄[7]。”侍饮酒于王。王曰:“城麇之役,女知寡人之及此,

楚灵王派穿封戌做陈县公,说:“在城麇的那次事件中他不谄媚。”穿封戌服侍楚王饮酒。楚王说:“城麇那次事件中,你要是知道寡人能到这一步,你

女其辟寡人乎[8]？”对曰：“若知君之及此，臣必致死礼以息楚[9]。”

大概会避让我吧？”穿封戌回答说：“如果知道君王能到这一步，下臣一定会效死恪守君臣之礼来安定楚国。”

晋侯问于史赵曰：“陈其遂亡乎？”对曰：“未也。”公曰：“何故？”对曰：“陈，颛顼之族也[10]。岁在鹑火[11]，是以卒灭，陈将如之。今在析木之津[12]，犹将复由[13]。且陈氏得政于齐，而后陈卒亡。自幕至于瞽瞍[14]，无违命。舜重之以明德，置德于遂[15]，遂世守之。及胡公不淫[16]，故周赐之姓，使祀虞帝。臣闻盛德必百世祀，虞之世数未也，继守将在齐，其兆既存矣。”

晋平公问史赵说：“陈国大概就这样灭亡了吧？”史赵回答说：“没有。”平公说：“为什么？”史赵回答说：“陈国，是颛顼的后代。岁星在鹑火时，颛顼氏由此最终灭亡，陈国将会像它一样。如今岁星在析木的天河中，还会复活。况且陈氏要在齐国取得政权，然后陈国才最终灭亡。这一族从幕一直到瞽瞍，都没有违背天命。舜又增加了光明的德行，德行一直加到遂的身上，遂的后代保持了它。到胡公不淫这一代，周朝就因而赐给他姓，让他祭祀虞帝。我听说德行盛大一定享有百代的祭祀，现在虞帝的祭祀，不到百代，将在齐国继续保持下去，它的预兆已经存在了。”

注释　1 孙吴：陈惠公名。悼太子偃师的儿子。　2 舆嬖：掌管车乘的宠幸大夫。　3 置：赦免。　4 私：小便。　5 绖(dié)：麻带。服丧用。　6 穿封戌：楚国大夫。陈公：陈县之长。此时楚国已灭陈为县。　7 城麇之役：参襄公二十六年《传》。　8 辟：同“避”。　9 息：平定。　10 族：嗣，后代。　11 岁在鹑火：上古纪年法之一。岁，岁星，即木星。鹑火，星次名。　12 析木：星次名。津：天汉，即银河。　13 复由：复活。由，《说文》作“甹”。树木抽枝叫作甹。 **14** 幕:舜的祖先。瞽瞍:舜的父亲。**15** 遂:舜的后代。 **16** 胡公不淫:陈国始祖。

昭公九年

【经】

九年春,叔弓会楚子于陈。

许迁于夷。

夏四月,陈灾[1]。

秋,仲孙貜如齐[2]。

冬,筑郎囿[3]。

九年春天,叔弓在陈地和楚灵王会盟。

许国迁到夷地。

夏天四月,陈国发生火灾。

秋天,仲孙貜前往齐国。

冬天,修建郎囿。

注释 **1** 灾:指发生火灾。 **2** 仲孙貜(jué):即孟僖子,鲁国臣子。 **3** 囿:畜养禽兽的园地。

【传】

九年春,叔弓、宋华亥、郑游吉、卫赵黡会楚子于陈[1]。

二月庚申[2],楚公子弃疾迁许于夷,实城父[3]。取州来、淮北之田以益之,伍举授许男田。然丹迁城

九年春天,叔弓、宋国华亥、郑国游吉、卫国赵黡等在陈地与楚灵王会盟。

二月庚申,楚公子弃疾把许国迁移到夷地,其实就是城父。并且拿州来、淮北的土田增补给许国,伍举把土田授给许男。然丹把城父的人迁到陈地,拿夷地、濮地西部的土田增补给城父人。

父人于陈，以夷濮西田益之。迁方城外人于许。

把方城山外的人迁移到许地。

注释 1 鄢：音 yǎn。 2 庚申：此干支纪日有误，本月无庚申日。 3 城父：楚国地名，原属陈国。

周甘人与晋阎嘉争阎田[1]。晋梁丙、张趯率阴戎伐颍。王使詹桓伯辞于晋[2]，曰："我自夏以后稷，魏、骀、芮、岐、毕，吾西土也。及武王克商，蒲姑、商奄，吾东土也。巴、濮、楚、邓，吾南土也。肃慎、燕、亳，吾北土也。吾何迩封之有？文、武、成、康之建母弟，以蕃屏周[3]，亦其废队是为[4]，岂如弁髦[5]，而因以敝之[6]？先王居梼杌于四裔[7]，以御螭魅[8]，故允姓之奸居于瓜州。伯父惠公归自秦[9]，而诱以来，使逼我诸姬，入我郊甸[10]，则戎焉取之[11]。戎有中国，谁之咎

周朝的甘地人与晋国的阎嘉争夺阎地田土。晋国的梁丙、张趯率领阴戎攻打颍邑。周天子派詹桓伯到晋国责难说："我们从夏代起由于后稷的功劳，魏、骀、芮、岐、毕等地成为我们的西部领土。到武王征服商朝，蒲姑、商奄，成为我们的东部领土，巴、濮、楚、邓等地，成为我们的南部领土。肃慎、燕、亳等地，成为我们的北方领土。我们有什么近处的封地？文王、武王、成王、康王建立同母兄弟的诸侯国，来护卫周王室，也是为了防止周王室的崩塌坠落，难道能像黑布帽子和儿童头上的髦发，利用完了就丢掉？先王使梼杌等住在四方边远的地区，以抵御螭魅，所以允姓中的奸邪之人住在瓜州。伯父惠公从秦国回来，就引诱他们前来，致使他们逼迫我们姬姓各国，进入我们的郊区，戎人于是就占取了这些地方。戎人占据

也？后稷封殖天下，今戎制之，不亦难乎？伯父图之！我在伯父，犹衣服之有冠冕，木水之有本原[12]，民人之有谋主也。伯父若裂冠毁冕，拔本塞原，专弃谋主，虽戎狄，其何有余一人？”

中原，是谁的罪责呢？后稷培植繁荣了天下，现在戎人控制它，不也很难办吗？伯父考虑吧！我们在伯父来说，就好像衣服有帽子，树木有根，水流有源，人民有谋主。伯父如果毁烂帽子，拔掉根本，堵塞水源，专横地抛弃谋主，即使是戎狄，他们眼里哪里会有我这个天子？”

注释 1 阎嘉：晋国阎县大夫，名嘉。 2 辞：责让。 3 蕃屏：屏障，这里是保卫的意思。蕃，通“藩”。 4 队：通“坠”。 5 弁：黑布帽子，古代男子二十岁时举行加冠仪式（表示成人）中临时使用，仪式完成即不戴。髦：幼童垂于耳际的头发，成人即剃去。 6 敝：弃。 7 梼杌(táowù)：尧舜时四凶之一。参文公十八年《传》。四裔：四方边远地区。 8 螭魅：传说中山林里的精怪。 9 伯父：天子称同姓诸侯为伯父，这里称晋惠公。 10 郊甸：城邑郊区。古时邑外叫作郊，郊外叫作甸。 11 焉：于是。12 原：同“源”。

叔向谓宣子曰：“文之伯也[1]，岂能改物？翼戴天子而加之以共[2]。自文以来，世有衰德而暴蔑宗周[3]，以宣示其侈，诸侯之贰，不亦宜乎？且王辞直，子其图之。”宣子说。

叔向对韩宣子说：“文公做诸侯霸主，难道能改变礼制？他辅佐拥戴天子而更加恭敬。自从文公以来，代代德行衰减而且损害蔑视周室，来宣扬显示他们的凌人盛气，诸侯有了二心，不也应该吗？况且天子的话理由正当，您考虑一下吧！”韩宣子很高兴。

王有姻丧，使赵成如

周天子有姻亲的丧事，晋国派赵

周吊，且致阎田与襚[4]，反颍俘。王亦使宾滑执甘大夫襄以说于晋[5]，晋人礼而归之。

夏四月，陈灾。郑裨灶曰："五年陈将复封[6]，封五十二年而遂亡[7]。"子产问其故，对曰："陈，水属也；火，水妃也[8]，而楚所相也[9]。今火出而火陈[10]，逐楚而建陈也。妃以五成，故曰五年。岁五及鹑火，而后陈卒亡，楚克有之，天之道也，故曰五十二年。"

成前往周都吊唁，并且送去阎田和寿衣，遣返在颍地战役中抓到的俘虏。周天子也派宾滑抓住甘地大夫襄来讨好晋国，晋国人礼貌地把他送回去。

夏天四月，陈国发生火灾。郑国的裨灶说："五年之后陈国将重新受封，受封五十二年然后就灭亡。"子产问其中的缘故，裨灶回答说："陈国，属于水；火，是水的配偶，而楚国管理它。现在大火星出现而陈国发生火灾，是驱逐楚国而建立陈国。水与火都以五来配成，所以说五年。岁星周天五次到达鹑火，然后陈国终于灭亡，楚国战胜而据有它，这是天道，所以说五十二年。"

注释 1 伯：同"霸"。 2 翼戴：辅佐拥戴。共：同"恭"。 3 暴蔑：残害轻视。 4 襚(suì)：送给死者的衣被。 5 宾滑：周朝大夫。说：同"悦"。 6 陈国昭公八年为楚所灭，到十三年复封，历经五年。 7 陈国从复封到哀公十七年灭亡，历经五十二年。裨灶的预言，实为后代史家所撰。 8 妃：通"配"。 9 相：治理。 10 火：第一个"火"字指大火星，第二个"火"字用为动词。

晋荀盈如齐逆女，还，六月，卒于戏阳。殡于绛[1]，未葬。晋侯饮酒，乐。膳宰屠蒯趋入[2]，请

晋国的荀盈前往齐国迎接夫人，回来后，六月，在戏阳去世。棺柩停放在绛地，还未出葬。晋平公喝酒，并奏乐。膳宰屠蒯急步走进，请求帮助平公斟酒，平

佐公使尊，许之。而遂酌以饮工[3]，曰："女为君耳，将司聪也。辰在子卯，谓之疾日[4]，君彻宴乐，学人舍业，为疾故也。君之卿佐，是谓股肱。股肱或亏，何痛如之？女弗闻而乐[5]，是不聪也。"又饮外嬖嬖叔曰："女为君目，将司明也。服以旌礼[6]，礼以行事，事有其物，物有其容。今君之容，非其物也，而女不见，是不明也。"亦自饮也，曰："味以行气，气以实志，志以定言，言以出令。臣实司味，二御失官[7]，而君弗命，臣之罪也。"公说[8]，彻酒[9]。

公允许了他。屠蒯就斟酒给乐师喝，说："你作为君王的耳朵，是要负责它的灵敏。日子在甲子乙卯，大家认为它是忌日，国君撤除宴饮音乐，学音乐的人停止学业，是因为忌讳的缘故。君主的卿佐，就等于是手足。手足要是受损，什么伤痛比得上呢？你不让君主听说这些却照常奏乐，这是不聪敏。"又斟酒给宠臣嬖叔喝，说："你作为君主的眼睛，是要负责它的明亮。服饰是用来表明礼仪的，礼仪是用来办理事务的，事务有它的类别，类别有它的表现。今天君主的仪表，不是应有的类别，但你不让他看到这一点，这是不明亮。"屠蒯又自斟自饮，说："味道用来疏通气血，气血用来充实意志，意志用来使言语坚定，言语用来发布命令。下臣我负责口味，两个侍奉君主的人失责，而君主没有下令治罪，这是我的罪过。"晋平公听了很高兴，撤除酒宴。

注释 1殡：停柩。 2膳宰：主管君王饮食的官。膳，饭食。 3工：乐师。4疾日：等于说忌日。甲子、乙卯分别为商纣、夏桀的灭亡日，当时因以子卯为忌日。 5闻：使听说，使知道。 6旌：表明。 7二御：指乐师和嬖叔。8说：同"悦"。 9彻：通"撤"。

初，公欲废知氏而立其外嬖[1]，为是悛而止[2]。秋八月，使荀跞佐下军以说焉[3]。

孟僖子如齐殷聘[4]，礼也。

冬，筑郎囿，书，时也。季平子欲其速成也，叔孙昭子曰："《诗》曰：'经始勿亟[5]，庶民子来。'焉用速成，其以剿民也[6]？无囿犹可，无民其可乎？"

起初，晋平公想要废掉荀盈而立他的宠臣，因为这次事件而改变了想法，于是作罢。秋天八月，就让荀跞辅佐下军来让他高兴。

孟僖子前往齐国进行礼仪隆重的聘问，这是合乎礼的。

冬天，鲁国修造郎囿，《春秋》加以记载，是因为合乎时节。季平子想要郎囿迅速修成，叔孙昭子说："《诗》中讲过：'营造开始不要着急，老百姓却像儿子一样前来帮工。'哪里用得着速成，而让老百姓受劳苦呢？没有园林还是可以的，没有老百姓难道可以吗？"

注释 1 知氏：即荀盈。 2 悛：改。 3 荀跞：荀盈的儿子。说：同"悦"。这里是说让荀跞高兴。 4 殷：盛，隆重。 5 经：营造。亟：急。引诗为《诗经·大雅·灵台》篇。 6 剿（jiǎo）：劳苦。

昭公十年

【传】

十年春，王正月。

夏，齐栾施来奔。

秋七月，季孙意如、叔弓、

十年春天，周历正月。

夏天，齐国栾施逃亡前来鲁国。

仲孙貜帅师伐莒[1]。

戊子，晋侯彪卒。

九月，叔孙婼如晋，葬晋平公。

十有二月甲子[2]，宋公成卒。

秋天七月，季孙意如、叔弓、仲孙貜率领军队讨伐莒国。

七月初三，晋平公彪去世。

九月，叔孙婼去到晋国，安葬晋平公。

十二月初二日，宋平公成去世。

注释 1 貜：音 jué。 2 有：通“又”。

【传】

十年春，王正月，有星出于婺女[1]。郑裨灶言于子产曰：“七月戊子，晋君将死。今兹岁在颛顼之虚[2]，姜氏、任氏实守其地[3]，居其维首，而有妖星焉[4]，告邑姜也。邑姜，晋之妣也[5]。天以七纪，戊子，逢公以登[6]，星斯于是乎出，吾是以讥之[7]。”

齐惠栾、高氏皆耆酒[8]，信内多怨，强于陈、鲍氏而恶之。

十年春天，周历正月，有一颗星出现在婺女宿。郑国的裨灶对子产说：“七月初三日，晋国国君将死。今年岁星处在玄枵，姜氏、任氏守着它的分野，婺女宿处于玄枵星次的首端，而有妖星出现在那里，是预告邑姜将要发生灾祸。邑姜，是晋国先祖的母亲。天用七数记星，戊子日，齐地先君逢公也在这一天升天，妖星在这时出现，我因此卜问这一天象。”

齐惠公族人栾氏、高氏都嗜好酒，听信妻室的话而别人怨恨很多，势力比陈氏、鲍氏强而又讨厌他们。

夏天，有人报告陈桓子说：“子旗、子良将进攻陈氏、鲍氏。”也报告了鲍氏。

夏，有告陈桓子曰："子旗、子良将攻陈、鲍。"亦告鲍氏。桓子授甲而如鲍氏，遭子良醉而骋，遂见文子[9]，则亦授甲矣。使视二子，则皆将饮酒。桓子曰："彼虽不信，闻我授甲，则必逐我。及其饮酒也，先伐诸！"陈、鲍方睦，遂伐栾、高氏。

陈桓子把盔甲发放给部下就到鲍氏家去，路上碰见子良喝醉了酒正在骑马狂奔，于是见到鲍文子，他也已经发放了盔甲。派人去察看子旗、子良二人，却都在准备喝酒。陈桓子说："那个人说的虽然不确实，但子旗、子良听说我们发放了盔甲，就必定会驱逐我们。趁他们喝酒时，抢先攻打他们吧！"陈、鲍两家正是关系和睦的时候，于是攻打栾氏、高氏。

注释 1 婺(wù)女：星名，即女宿。为二十八宿之一，有星四颗。 2 今兹：今年。兹，通"载"。岁：岁星，即木星。颛顼之虚：指玄枵。古天文学以二十八宿分为十二星次，玄枵为其一。 3 姜氏：指齐国。任氏：指薛国。 4 妖星：非正常出现的星，古人以为不祥之兆，故称妖星。 5 妣：先祖之母。 6 逢公：居于齐地的先代诸侯。登：指登天，即死亡。 7 讥：通"乩"，卜问。 8 惠栾：即栾施，字子旗。惠公的后代，故称惠栾。耆：通"嗜"。 9 文子：即鲍文子鲍国。

子良曰："先得公，陈、鲍焉往？"遂伐虎门[1]。晏平仲端委立于虎门之外[2]，四族召之[3]，无所往。其徒曰："助陈、鲍乎？"曰："何善焉？""助栾、高乎？"曰：

子良说："先得到国君的支持，陈氏、鲍氏往哪里跑？"就攻打虎门。晏子身穿朝服站在虎门之外，四个家族召请他，他哪也不去。他的部下说："帮助陈氏、鲍氏吗？"晏子说："有什么好处呢？"部下又说："帮助子旗、子良吗？"晏子说："难道胜过帮助陈氏、鲍氏吗？""那么

"庸愈乎[4]?""然则归乎?"曰:"君伐,焉归?"公召之而后入。公卜使王黑以灵姑銔率[5],吉。请断三尺焉而用之。五月庚辰,战于稷,栾、高败,又败诸庄,国人追之,又败诸鹿门。栾施、高强来奔。陈、鲍分其室。

回去吧?"晏子说:"国君被攻打,回哪里去?"齐景公召见晏子然后才进宫去。景公卜问派王黑用灵姑銔旗领兵作战,是吉兆。请求将旗杆砍断三尺然后使用它。五月庚辰,在稷地交战,子旗、子良战败,又在庄地被打败,国都的人追赶他们,又在鹿门打败他们。子旗、子良逃亡前来鲁国。陈氏、鲍氏瓜分了他们的家产。

晏子谓桓子:"必致诸公。让,德之主也,让之谓懿德[6]。凡有血气,皆有争心,故利不可强,思义为愈。义,利之本也,蕴利生孽[7]。姑使无蕴乎,可以滋长。"桓子尽致诸公,而请老于莒[8]。

晏子对陈桓子说:"一定要把他们的家产交给国君。谦让,是德行的主要内容,谦让就叫美德。凡是有血气的人,都有争夺之心,所以利益不可以强取,想着道义胜过争夺利益。道义,是利益的根本,积蓄利益过多就会产生祸害。暂且让它不要积蓄吧,可以慢慢增长。"陈桓子把子旗、子良的家产全部交给齐景公,而请求告老隐退到莒地。

注释 1虎门:齐景公寝宫之门。 2端委:朝服。此用为动词。 3四族:指栾氏、高氏、陈氏、鲍氏四个家族。 4庸:岂。 5灵姑銔(pī):旗名。 6懿德:美德。 7蕴:积蓄。孽:祸害。 8老:告老隐退。

桓子召子山[1],私具帷幕、器用、从者之衣屦,而反棘焉。子商亦

陈桓子召见子山,私下准备了帐幕、器具、随从穿的衣服鞋子送给他,又把棘地还给他。对子商也像这样,而把封邑

如之，而反其邑。子周亦如之，而与之夫于。反子城、子公、公孙捷，而皆益其禄。凡公子、公孙之无禄者，私分之邑。国之贫约孤寡者，私与之粟。曰："《诗》云'陈锡载周[2]'，能施也，桓公是以霸。"公与桓子莒之旁邑，辞。穆孟姬为之请高唐，陈氏始大。

归还给他。对子周也像这样，而又给了他夫于的土地。让子城、子公、公孙捷返回国内，都增加了他们的俸禄。凡是公子、公孙中没有俸禄的，私下分给他们封邑。国内贫困孤寡的人，私下送给他们粮食。说："《诗》中说的'广泛地赐福人民因而缔造了周朝'，就是能够施行恩德的缘故，齐桓公也因这个缘故而成为霸主。"齐景公把莒地旁边的城邑给陈桓子，陈桓子辞谢了。穆孟姬为他请求高唐做封邑，陈桓子家族开始昌盛。

秋七月，平子伐莒取郠[3]，献俘，始用人于亳社。臧武仲在齐，闻之，曰："周公其不飨鲁祭乎！周公飨义，鲁无义。《诗》曰：'德音孔昭，视民不佻[4]。'佻之谓甚矣，而壹用之，将谁福哉？"

秋天七月，平子攻打莒国，占取郠地，奉献俘虏，首次在亳社用人祭祀。臧武子在齐国，听到这件事，说："周公大概不会享用鲁国的祭祀了吧！周公享用合乎道义的祭祀，而鲁国没有道义。《诗》中说：'美好的名声非常显耀，给人民做榜样而使他们不轻薄。'这件事轻薄得可说过分了，而一概用这种方法祭祀的话，上天将降福给谁呢？"

戊子，晋平公卒。郑伯如晋，及河，晋人辞之。游吉遂如晋。

七月初三日，晋平公去世。郑简公前往晋国，到达黄河边，晋国人辞谢他。于是游吉去到晋国。

注释 **1** 子山：与下文的子商、子周都是齐国公子，襄公三十一年被子尾所驱逐。 2 陈:等于说重(chóng)。锡:通“赐”,重赐,是说赏赐之多而广。载:始创之义。今毛诗作“哉”。引诗为《诗经·大雅·文王》篇。 3 平子:即季孙意如。郠(gěng):莒国邑名。 4 视:同“示”。佻:偷薄。

九月,叔孙婼、齐国弱、宋华定、卫北宫喜、郑罕虎、许人、曹人、莒人、滕人、郳人、薛人、杞人、小邾人如晋,葬平公也。

郑子皮将以币行,子产曰:“丧焉用币?用币必百两[1],百两必千人,千人至,将不行[2]。不行,必尽用之。几千人而国不亡?”子皮固请以行。既葬,诸侯之大夫欲因见新君,叔孙昭子曰:“非礼也。”弗听,叔向辞之,曰:“大夫之事毕矣,而又命孤。孤斩焉在衰绖之中[3],其以嘉服见,则丧礼未毕;其以丧服见,是重受吊也,大夫将若之何?”皆无辞以见。子皮尽用其币,归,谓子羽曰:“非知之实难,将在行

九月,叔孙婼、齐国国弱、宋国华定、卫国北宫喜、郑国子皮、许人、曹人、莒人、滕人、郳人、薛人、杞人、小邾人等前往晋国,是为了安葬晋平公。

郑国子皮准备带财礼去,子产说:“吊丧哪需用财礼?用财礼必须要用百辆车,百辆车必须要一千人。一千人到晋国,将不会即时返回。不返回,必定将财物全部用掉。有了几次一千人的消耗,国家能不垮掉吗?”子皮坚决请求带财礼去。已经安葬晋平公,诸侯的大夫想要趁此机会进见新的国君,叔孙婼说:“这是不合乎礼的。”但大家不听,叔向拒绝大家,说:“大夫们的事情已完成了,而又命令寡君。寡君悲痛地处在服丧期间,如果用礼服相见,而又没完成丧礼;如果用丧服相见,则是再次接受吊唁,大夫们打算怎么办?”大家都没有理由去进见。子皮全部用完了财礼,回国,对子羽说:“懂得道理

之。夫子知之矣，我则不足。《书》曰：‘欲败度[4]，纵败礼。’我之谓矣。夫子知度与礼矣[5]，我实纵欲而不能自克也。”

实不难，难在实行它。夫子懂得道理了，我则不够。《尚书》上说：‘欲望败坏法度，纵欲败坏礼仪。’说的就是我了。夫子懂得法度与礼仪了，我实在是纵欲而不能自我克制啊！”

注释 1两：通“辆”。 2行：指返回。 3斩焉：哀痛的样子。斩，通“憯”。衰绖(cuīdié)：丧服。此处指服丧。衰，通“縗”。 4度：法度。引书今在伪古文《尚书·太甲》中篇。 5夫子：对人的敬称，这里指子产。

昭子至自晋，大夫皆见，高强见而退。昭子语诸大夫曰：“为人子，不可不慎也哉！昔庆封亡，子尾多受邑而稍致诸君[1]，君以为忠而甚宠之。将死，疾于公宫[2]，辇而归，君亲推之。其子不能任，是以在此。忠为令德，其子弗能任，罪犹及之，难不慎也[3]？丧夫人之力，弃德旷宗[4]，以及其身，不亦害乎？《诗》曰：‘不自我先，不自我后[5]。’其是之谓乎！”

叔孙婼从晋国回到鲁国，大夫们都去见他，子良进见以后就退出。叔孙婼对大夫们谈论说：“做人的儿子，不可不谨慎啊！过去庆封逃亡，子尾接受很多封邑而慢慢送给国君，国君认为他忠心而非常宠幸他。临死之前，他是在国君的宫中生的病，用辇车送他回去，国君亲自为他推车。他的儿子不能继承，因此住在这里。忠心作为一种美德，他的儿子不能继承，罪罚尚且要到达他身上，怎么能不谨慎？失去他父亲的功劳，丢掉德行，荒废宗庙的祭祀，而罪罚就到达他身上，不也是祸害吗？《诗》说：‘不在我前头，也不在我后头。’说的就是这个意思吧！”

冬十二月，宋平公卒。初，元公恶寺人柳，欲杀之。及丧，柳炽炭于位，将至，则去之。比葬，又有宠。

冬天十二月，宋平公去世。起初，宋元公厌恶寺人柳，想要杀他。等到举行宋平公丧礼时，寺人柳在元公的座位上燃炭火烤热，元公将到时就撤掉炭火。等到安葬完，寺人柳又受到宠幸。

注释 1 稍：渐渐。诸："之于"的合音。君：指齐君。 2 疾：生病。 3 难(nuó)："奈何"的合音。 4 旷宗：指荒废宗庙祭祀。 5 引诗并见于《小雅·正月》和《大雅·瞻卬》。

昭公十一年

【经】

十有一年春，王二月，叔弓如宋。

十一年春天，周历二月，叔弓前往宋国。

葬宋平公。

安葬宋平公。

夏四月丁巳，楚子虔诱蔡侯般杀之于申。

夏天四月初七，楚灵王诱骗蔡灵侯般，把他杀死在申地。

楚公子弃疾帅师围蔡。

楚公子弃疾率军包围蔡国。

五月甲申，夫人归氏薨。

五月初四，昭公母亲齐归去世。

大蒐于比蒲。

昭公在比蒲举行大规模阅兵。

仲孙貜会邾子，盟于祲祥。

仲孙貜会见邾子，在祲祥举行盟誓。

秋，季孙意如会晋韩起、齐国弱、宋华亥、卫北宫佗、

秋天，季孙意如在厥慭会见晋国韩宣子、齐国国弱、宋国华亥、卫国

郑罕虎、曹人、杞人于厥慭[1]。

北宫文子、郑国子皮、曹人、杞人。

九月己亥，葬我小君齐归[2]。

九月二十一日，安葬我鲁国小君齐归。

冬十有一月丁酉，楚师灭蔡，执蔡世子有以归，用之[3]。

冬天，十一月二十日，楚军灭亡蔡国，逮捕蔡国太子有回国，杀了他用来祭祀。

注释 1 慭：音 yìn。 2 小君：诸侯的妻子称小君。 3 用之：指杀死用来祭祀。

【传】

十一年春，王二月，叔弓如宋，葬平公也。

十一年春天，周历二月，叔弓前往宋国，是为了参加宋平公的葬礼。

景王问于苌弘曰[1]："今兹诸侯何实吉？何实凶？"对曰："蔡凶。此蔡侯般弑其君之岁也，岁在豕韦[2]，弗过此矣。楚将有之，然壅也[3]。岁及大梁[4]，蔡复，楚凶，天之道也。"

周景王向苌弘询问说："今年在诸侯中哪个吉利？哪个不吉利？"苌弘回答说："蔡国不吉利。这是蔡灵侯杀死他做国君的父亲的年份，岁星在室宿，蔡君不能过这一关了。楚国将会据有蔡国，但那是积累罪过。岁星到达大梁，蔡国将复国，楚国不吉利，这是上天显示的迹象。"

楚子在申，召蔡灵侯。灵侯将往，蔡大夫曰："王贪而无信，唯蔡于感[5]，今币重而言甘，诱

楚灵王在申地，召见蔡灵侯。灵侯打算前去，蔡国大夫说："楚王贪婪而不讲信用，只是怨恨蔡国，现在财礼送得重，话又说得甜，是诱骗我们，不

我也，不如无往。”蔡侯不可。三月丙申，楚子伏甲而飨蔡侯于申，醉而执之。夏四月丁巳，杀之，刑其士七十人。公子弃疾帅师围蔡。

如不去。”蔡灵侯不同意。三月十五日，楚灵王在申地埋伏甲士而宴享蔡灵侯，把他灌醉然后逮捕了他。夏天四月初七日，杀了他，同时杀死他的七十个士人。楚公子弃疾率领军队包围了蔡国。

注释 1 苌弘：周朝大夫。 2 豕韦：指室宿，二十八宿之一，有星二颗。 3 壅：蓄积。指积恶。 4 大梁：十二星次之一，当二十八宿之胃、昴、毕三宿。 5 感：通“憾”，怨恨。

韩宣子问于叔向曰：“楚其克乎？”对曰：“克哉！蔡侯获罪于其君，而不能其民[1]，天将假手于楚以毙之，何故不克？然肸闻之，不信以幸[2]，不可再也。楚王奉孙吴以讨于陈，曰：‘将定而国。’陈人听命，而遂县之[3]。今又诱蔡而杀其君，以围其国，虽幸而克，必受其咎，弗能久矣。桀克有缗以丧其国，纣克东夷而陨其身。楚小位下，而亟暴于二王，能无咎乎？天之假

韩宣子问叔向说：“楚国会成功吗？”叔向回答说：“会成功吧！蔡灵侯由于杀他的父亲而获罪，因此得不到他的百姓的拥护，上天将要借楚国的手来处死他，怎么不成功？但我听说，不讲信用而侥幸得到成功，不会有第二次的。过去楚王侍奉孙吴以讨伐陈国，说：‘将安定你们的国家。’陈国人听从命令，结果被吞并成一个县。如今又诱骗蔡国而杀了它的国君，包围他的国家，即使侥幸取得成功，也一定受到它的灾祸，不会长久了。夏桀战胜有缗国而丧失了国家，殷纣战胜东夷而丧失了性命。楚国小，地位又低下，却屡屡比桀、纣二王还横暴，能够没有灾祸吗？上天

助不善，非祚之也[4]，厚其凶恶而降之罚也。且譬之如天，其有五材而将用之[5]，力尽而敝之[6]，是以无拯，不可没振[7]。”

借助不善的人，不是赐福给他，而是加深他的罪恶来降给他惩罚。而且比方说天，有五种材物而让人加以利用，材力用尽就丢弃它，因此楚国不可拯救了，到最后也不可兴盛了。”

注释 1能：得。 2幸：侥幸，幸运。指侥幸而得利。 3县之：以之为县。4祚：福。 5五材：指金、木、水、火、土。 6敝：弃。 7没振：终兴，终于兴盛起来。

五月，齐归薨，大蒐于比蒲，非礼也。

孟僖子会邾庄公，盟于祲祥，修好，礼也。

泉丘人有女[1]，梦以其帷幕孟氏之庙，遂奔僖子，其僚从之[2]。盟于清丘之社，曰：“有子，无相弃也。”僖子使助薳氏之簉[3]。反自祲祥，宿于薳氏，生懿子及南宫敬叔于泉丘人。其僚无子，使字敬叔[4]。

楚师在蔡，晋荀吴谓韩宣子曰：“不能救陈，又不能救蔡，物以无亲[5]，晋之不能，亦可知也已。为

五月，昭公母亲齐归去世，昭公在比蒲举行盛大阅兵，是不合乎礼的。

仲孙貜会见邾庄公，在祲祥结盟，缔结友好，这是合乎礼的。

泉丘人有个女儿，梦见用自己的帷帐覆盖孟氏的祖庙，就私奔到仲孙貜那里，她的同伴也跟去。在清丘的社庙盟誓说：“有了儿子，不要抛弃我们。”仲孙貜让她们住在薳氏那地方做妾。从祲祥返回，住在薳氏那里，和泉丘那个女人生了懿子及南宫敬叔。她的同伴没有生儿子，就让她抚养南宫敬叔。

楚军驻扎在蔡国，晋国荀吴对韩宣子说：“不能救陈国，又不能救蔡国，人们因此不来亲附，晋国的无能，也就

盟主而不恤亡国，将焉用之？”

可以知道了。作为盟主却不救助灭亡的盟国，又哪里用得着盟主？”

注释 1 泉丘：鲁国地名。 2 僚：同伴。 3 篘(chòu)：妾。 4 字：养育。 5 物：人。

秋，会于厥慭，谋救蔡也。郑子皮将行，子产曰：“行不远，不能救蔡也。蔡小而不顺，楚大而不德，天将弃蔡以壅楚，盈而罚之[1]，蔡必亡矣。且丧君而能守者鲜矣。三年，王其有咎乎？美恶周必复[2]，王恶周矣。”

晋人使狐父请蔡于楚[3]，弗许。

秋天，在厥慭会见，是为了商议救援蔡国。郑国子皮打算去参加，子产说：“走不远的，无法救援蔡国了。蔡国小却不顺从，楚国大却不道德，上天将抛弃蔡国来使楚国积累罪过，罪过积满就惩罚它，蔡国肯定灭亡了。而且丧失国君却能保住国家的很少。过三年，楚王大约有灾祸了吧？好运和厄运循环往复，楚王的厄运开始循环了。”

晋国人派狐父向楚国请求放过蔡国，楚国不答应。

注释 1 盈：满。指罪恶积满。 2 美恶周必复：是说好运循环而至于恶运，恶运循环而至于好运。周，循环。复，回复，往复。 3 狐父：晋国大夫。

单子会韩宣子于戚[1]，视下言徐。叔向曰：“单子其将死乎！朝有著定[2]，会有表[3]，衣有

单成公到戚地会见韩宣子，眼睛朝下看，说话很慢。叔向说：“单子恐怕将死了吧！朝见有规定的位置，会见有一定的标志，衣服有交叉的领子，衣带有系扎的结。

襘[4],带有结。会朝之言,必闻于表著之位,所以昭事序也。视不过结、襘之中,所以道容貌也[5]。言以命之,容貌以明之,失则有阙。今单子为王官伯[6],而命事于会,视不登带,言不过步,貌不道容,而言不昭矣。不道,不共[7];不昭,不从。无守气矣。”

朝会时说话的声音,一定要能让每个固定位置上的人听到,这是为了显示事情的次序。视线不超过带结和衣领交叉的中间,这是为了引导容貌的端正。言语是用以发布命令的,容貌是用以表明态度的,不当就有缺陷。如今单子作为天子的百官之长,在会见时发布命令,却视线不超过衣带之上,说话的声音传不过一步之外,形貌表现不出威仪,而言语也就不明显突出了。表现不出威仪,别人就不恭敬;说话不突出,别人就不服从。单子没有保持身体的元气了。”

注释 1单子:即单成公,周朝臣子。 2著定:门屏之间的固定位置。著,指朝官门和屏风之间。 3表:代表身份的一定标志。 4襘(guì):衣领交叉处。 5道:同“导”,引导。 6伯:长官。 7共:同“恭”。

九月,葬齐归,公不戚[1]。晋士之送葬者,归以语史赵。史赵曰:“必为鲁郊。”侍者曰:“何故?”曰:“归姓也[2],不思亲,祖不归也[3]。”叔向曰:“鲁公室其卑乎!君有大丧,国不废蒐。有三年之丧,而无一日之戚。国不

九月,安葬齐归,昭公不伤心。晋国前来送葬的士人,回去把这事告诉史赵。史赵说:“昭公一定会被赶到鲁国的郊野去。”侍从的人问:“什么原因?”史赵说:“他是归氏的儿子,不想念母亲,祖先不会保佑他的。”叔向说:“鲁国的公室大概要衰落了吧!国君有大丧事,国家不停止阅兵。有三年的服丧,却没有一天的悲伤。国家不忧丧

恤丧,不忌君也;君无戚容,不顾亲也。国不忌君,君不顾亲,能无卑乎?殆其失国。"

冬十一月,楚子灭蔡,用隐大子于冈山。申无宇曰:"不祥。五牲不相为用[4],况用诸侯乎?王必悔之。"

十二月,单成公卒。

事,是不敬畏君主;君主没有悲伤的表情,是不顾念亲人。国家不敬畏国君,国君不顾念亲人,能不衰落吗?恐怕将失去国家。"

冬天十一月,楚灵王灭亡蔡国,在冈山杀了蔡灵侯的太子用来祭祀。申无宇说:"不吉利。五种牲畜都不互相用来祭祀,何况用诸侯呢?君王一定会后悔。"

十二月,单成公去世。

注释 1 戚:悲伤。 2 归姓:齐归的儿子。姓,子。 3 归:佑助的意思。 4 五牲:指牛、羊、豕、犬、鸡。

楚子城陈、蔡、不羹。使弃疾为蔡公。王问于申无宇曰:"弃疾在蔡,何如?"对曰:"择子莫如父,择臣莫如君。郑庄公城栎而置子元焉,使昭公不立。齐桓公城穀而置管仲焉,至于今赖之。臣闻五大不在边[1],五细不在庭[2]。亲不在外,羁不在内。今

楚灵王修筑陈国、蔡国、不羹等地的城墙。派公子弃疾担任蔡公。楚王向申无宇询问说:"弃疾在蔡地做蔡公,怎么样?"申无宇回答说:"选择儿子没有人比得上父亲,选择臣子没有人比得上国君。郑庄公修建栎城而把子元安置在那里,结果使昭公不能立为国君。齐桓公修筑穀城而将管仲安置在那里,到现在齐国还依赖它。我听说五种大人物不安置在边远的地方,五种小人物不安插在朝廷里。亲近的人不在宫外,客居的人

弃疾在外,郑丹在内,君其少戒[3]!”王曰:“国有大城,何如?”对曰:“郑京、栎实杀曼伯[4],宋萧、亳实杀子游[5],齐渠丘实杀无知[6],卫蒲、戚实出献公[7],若由是观之,则害于国。末大必折,尾大不掉[8],君所知也。”

不在宫内。如今弃疾在外,郑丹在内,君王还是稍微警惕点!”楚灵王说:“国家有大城,怎么样?”申无宇回答说:“郑国有京、栎两座大城,结果杀死曼伯;宋国有萧、亳两座大城,结果杀死子游;齐国有渠丘城,结果杀死无知;卫国有蒲、戚两座大城,结果驱逐献公。如果从这些来看,就对国家有害。树梢太大肯定会折断,尾巴太大就不能摇摆,这是您知道的。”

注释 **1** 五大:指太子、母弟、贵宠公子、公孙、累世正卿等五种人。 **2** 五细:隐公三年《传》:“贱妨贵,少陵长,远间亲,新间旧,小加大。”五细即指贱、少、远、新、小等五种人。 **3** 少:稍。 **4** 曼伯:即子仪,事参庄公十四年《传》。 **5** 见庄公十二年《传》。 **6** 参庄公九年《传》。 **7** 见襄公十四年《传》。 **8** 掉:摇。

昭公十二年

【经】

十有二年春,齐高偃帅师纳北燕伯于阳[1]。

三月壬申,郑伯嘉卒。

夏,宋公使华定来聘。

公如晋,至河乃复[2]。

十二年春天,齐国高偃率军队把北燕伯款送到唐地。

三月二十七日,郑简公嘉去世。

夏天,宋公派华定来鲁国聘问。

鲁昭公前往晋国,到达黄河就返

五月，葬郑简公。

楚杀其大夫成熊。

秋七月。

冬十月，公子慭出奔齐。

楚子伐徐。

晋伐鲜虞。

回来了。

五月，安葬郑简公。

楚国杀了他们的大夫成熊。

秋天七月。

冬天十月，公子慭逃亡到齐国。

楚灵王攻打徐国。

晋国讨伐鲜虞。

注释 1 纳：使人，即送之意。北燕伯：即燕简公，名款。阳：北燕地名。传文作“唐”。 2 复：返回。

【传】

十二年春，齐高偃纳北燕伯款于唐，因其众也。

三月，郑简公卒。将为葬除[1]，及游氏之庙，将毁焉。子大叔使其除徒执用以立[2]，而无庸毁，曰：“子产过女，而问何故不毁，乃曰：‘不忍庙也。诺，将毁矣！’”既如是，子产乃使辟之[3]。司墓之室有当道者，毁之，则朝而堋[4]；弗毁，则日中而堋。子大叔请毁之，曰：“无，若诸侯

十二年春天，齐国高偃把北燕伯款送入唐地，是因为那里的群众希望他去的缘故。

三月，郑简公去世。打算为安葬而清道，到达游氏祖庙，准备拆除它。子太叔让那些清道的徒役手持工具站在那里，而不要拆除，说：“子产经过你们这里时，如果问为什么不拆，就说：‘不忍心拆祖庙啊！不过准备拆了。’”这样之后，子产就让避开了游氏祖庙。有个守墓人的家挡住了送葬的路，拆除它，就可以在早晨下葬；不拆，就要到中午才能下葬。子太叔请求拆了它，说：“不

之宾何？”子产曰：“诸侯之宾能来会吾丧，岂惮日中？无损于宾，而民不害，何故不为？”遂弗毁，日中而葬。君子谓子产于是乎知礼。礼，无毁人以自成也。

折的话，把诸侯的来宾怎么办？”子产说：“诸侯的来宾能来参加我国的丧事，难道会怕等到中午？对来宾没有妨害，而老百姓不受损害，为什么不这样做？”就没有拆除，到中午才下葬。君子认为子产在这件事上懂得礼。礼，就是不损伤别人来成全自己的事。

注释 1 除：清道。 2 用：器用，指毁庙的工具。 3 辟：同“避”。 4 堋(bèng)：又作“堋”，埋葬时棺木下土。

夏，宋华定来聘，通嗣君也。享之，为赋《蓼萧》[1]，弗知，又不答赋。昭子曰：“必亡。宴语之不怀[2]，宠光之不宣[3]，令德之不知[4]，同福之不受[5]，将何以在[6]？”

夏天，宋国的华定前来鲁国聘问，是为了通报新君继位。鲁国宴享他，为他吟诵《蓼萧》一诗，他不知道这首诗，又不赋诗答谢。叔孙婼说：“他必定会逃亡。宴享的笑语不怀念，宠信荣耀不发扬，美好的德行不知道，共同的福禄不接受，他将凭什么在职位上待到最后？”

齐侯、卫侯、郑伯如晋，朝嗣君也。公如晋，至河乃复。取郠之役，莒人诉于晋，晋有平公之丧，未之治也，故辞公。公子慭遂如晋。晋侯享诸侯，子产相郑伯，

齐景公、卫灵公、郑定公去到晋国，是为了朝见新继位的国君。鲁昭公前往晋国，走到黄河边就返回了。占取郠地的那次战役，莒国人向晋国控诉，晋国有平公的丧事，没有受理这件事，所以辞谢昭公。公子慭前往晋国。晋昭公设宴款待诸侯，子产辅佐郑定公，推辞参加宴

辞于享，请免丧而后听命。晋人许之，礼也。

享，请求服丧期满然后听从命令。晋国人答应了他们，这是合于礼的。

注释 1《蓼萧》：《诗经·小雅》篇名。 2 宴语：宴会上的欢笑之语。《蓼萧》中有“燕笑语兮，是以有誉处兮”的句子。燕：通“宴”。誉：通“豫”，悦乐。 3 宠光：宠信荣耀。宣：发扬。诗中又有“为龙为光”句。龙：通“宠”。 4 令德：美德。诗中有“令德寿岂”句。岂：通“恺”，快乐。 5 诗中有“万福攸同”句。 6 在：终。

晋侯以齐侯宴[1]，中行穆子相[2]。投壶[3]，晋侯先，穆子曰：“有酒如淮，有肉如坻[4]。寡君中此，为诸侯师[5]。”中之。齐侯举矢，曰：“有酒如渑，有肉如陵。寡人中此，与君代兴[6]。”亦中之。伯瑕谓穆子曰：“子失辞。吾固师诸侯矣，壶何为焉，其以中俊也[7]？齐君弱吾君，归弗来矣。”穆子曰：“吾军帅强御[8]，卒乘竞劝，今犹古也，齐将何事？”公孙傁趋进[9]，曰：“日旰君勤[10]，可以出矣。”以齐侯出。

晋昭公和齐景公宴饮，荀吴相礼。投壶，晋昭公先投，荀吴说：“有酒像淮河，有肉像高坡。寡君投中，做诸侯的大哥。”投中了。齐景公举起箭，说：“有酒像渑水，有肉像山陵。寡人投中，与君交替兴盛。”也投中了。伯瑕对荀吴说：“您的话不适当。我们本来就做了诸侯的老大，投壶投中了有什么觉得特别的？齐君以为我们国君软弱，回国以后不会再来了。”荀吴说：“我们军队统帅强悍勇猛，士兵争相劝勉，现在还像从前一样，齐国能干什么呢？”公孙傁快步走进，说：“太晚了，君累了，可以出去了。”和齐景公一同出去。

楚子谓成虎若敖之余

楚灵王认为成虎是若敖的余党，于是杀了他。有人在楚灵王那里诬

也,遂杀之。或谮成虎于楚子[11],成虎知之而不能行。书曰:"楚杀其大夫成虎。"怀宠也。

陷成虎,成虎知道这事但不能出走。《春秋》记载说:"楚国杀了他们的大夫成虎。"这是为了表明成虎因为怀念恩宠而不能出走。

注释 1以:与。 2中行穆子:即荀吴,晋国臣子。 3投壶:古代一种博戏,用箭投入壶中,多中者取胜。 4坻(chí):水中高地。 5师:长。 6代兴:交替兴盛。 7俊:杰出,特别。 8强御:强梁,勇猛。 9公孙傁:齐国臣子。 10旰(gàn):晚。勤:辛劳。 11谮(zèn):诬陷。

六月,葬郑简公。

晋荀吴伪会齐师者,假道于鲜虞,遂入昔阳[1]。秋八月壬午,灭肥[2],以肥子绵皋归。

周原伯绞虐其舆臣[3],使曹逃[4]。冬十月壬申朔,原舆人逐绞,而立公子跪寻[5]。绞奔郊。

甘简公无子[6],立其弟过。过将去成、景之族,成、景之族赂刘献公[7]。丙申,杀甘悼公[8],而立成公之孙鰌[9]。丁酉,杀献大子之傅庾皮之子过,杀瑕辛于市,及宫嬖绰、王孙没、刘州鸠、

六月,安葬郑简公。

晋国的荀吴假装会合齐军的样子,向鲜虞借路,于是进入昔阳。秋天八月初十,灭亡肥国,带了肥国君主绵皋回国。

周朝的原伯绞虐待他的众臣子,致使他们成群结队逃走。冬天十月初一,原地群众驱赶原伯绞,而立了公子跪寻。原伯绞逃往郊地。

甘简公没有儿子,立了他的弟弟甘过。甘过打算去掉成公、景公的族人,族人们贿赂刘献公。二十五日,杀了甘悼公甘过,而立了成公的孙子鰌。二十六日,杀了献太子的师傅庾皮的儿子庾过,在集市上杀了瑕辛,又连及杀了宫嬖绰、王孙没、刘州鸠、

阴忌、老阳子[10]。

阴忌和老阳子。

注释 1 昔阳:鲜虞地名。 2 肥:国名。 3 原伯绞:周朝大夫。舆臣:众臣。 4 曹逃:成群结队地逃。曹,辈。 5 公子跪寻:原伯绞的弟弟。 6 甘简公:周朝卿士。 7 刘献公:周朝卿士。 8 甘悼公:即甘简公的弟弟甘过。 9 鳝:音 qiū。 10 瑕辛以下六人都是周朝大夫,甘悼公同党。

季平子立,而不礼于南蒯[1]。南蒯谓子仲[2]:"吾出季氏,而归其室于公,子更其位[3],我以费为公臣。"子仲许之。南蒯语叔仲穆子,且告之故。

季平子即位,对南蒯不加礼待。南蒯对公子慭说:"我赶走季氏,把他的家产归还公室,您取代他的地位,我以费邑为领地作为公臣。"公子慭答应了他。南蒯告诉叔仲小,并且告诉他其中的缘故。

季悼子之卒也,叔孙昭子以再命为卿[4]。及平子伐莒,克之,更受三命。叔仲子欲构二家[5],谓平子曰:"三命逾父兄,非礼也。"平子曰:"然。"故使昭子。昭子曰:"叔孙氏有家祸,杀适立庶[6],故婼也及此。若因祸以毙之,则闻命矣;若不废君命,则固有著矣[7]。"昭子朝,而命吏曰:"婼将与季氏

季悼子去世的时候,叔孙婼以再命的身份做了卿。到季平子攻打莒国,攻下了,叔孙婼改受三命的封爵。叔仲小想要离间季孙、叔孙两家的关系,对季平子说:"三命超过了父兄,不合乎礼。"季平子说:"是这样。"所以让叔孙婼辞却。叔孙婼说:"叔孙氏有家祸,杀死嫡子立了庶子,所以我才到了这一步。如果是趁家祸来弄倒我,那么我听到命令了;如果不废弃君主的命令,那么本来就有我的位次。"叔孙婼上朝,命令官吏说:"我打算和季氏打官司,诉

讼,书辞无颇[8]。”季孙惧,而归罪于叔仲子,故叔仲小、南蒯、公子慭谋季氏。慭告公,而遂从公如晋。南蒯惧不克,以费叛如齐。子仲还,及卫,闻乱,逃介而先[9]。及郊,闻费叛,遂奔齐。

讼词不要偏颇。”季平子害怕,就归罪给叔仲小,所以叔仲小、南蒯、公子慭打季氏的主意。公子慭告诉昭公,于是跟随昭公去了晋国。南蒯害怕不能成功,带了费邑叛变前往齐国。公子慭回国,到达卫国,听到发生动乱,丢下副使先逃回国。到达国都郊外时,听说费邑叛变,就逃亡到齐国。

注释 **1** 南蒯:鲁国费邑宰臣。 **2** 子仲:即公子慭。 **3** 更:代替。 **4** 再命:当时官爵等级名称。共有九个等级,称九命。公、侯、伯之卿以三命为最高,再命(即二命)次之。 **5** 叔仲子:即叔仲穆子,亦即下文的叔仲小。构:结怨,有离间义。 **6** 適:通“嫡”。 **7** 著:位次。等于说“著定”,参昭公十一年《传》注。 **8** 颇:偏颇。 **9** 介:副使。

南蒯之将叛也,其乡人或知之,过之而叹,且言曰:“恤恤乎[1],湫乎攸乎[2]!深思而浅谋,迩身而远志,家臣而君图,有人矣哉!”南蒯枚筮之[3]!遇坤䷁之比䷇[4],曰“黄裳元吉”,以为大吉也。示子服惠伯,曰:“即欲有事,何如?”惠伯曰:“吾尝学此矣,忠信之事则可,不然必

南蒯准备叛变的时候,他的同乡有人知道,走过他门口而叹息,并且说:“真让人担心啊!真让人忧愁啊!想得很深远但计划很短浅,身为近臣却志向高远,作为家臣却有国君的谋划,有这样的人才啊!”南蒯泛泛地占卜吉凶,得到坤卦䷁变为比卦䷇,卦辞说“黄裳元吉”,认为是大吉大利。南蒯拿给子服惠伯看,说:“如果想要干事情,会怎么样?”惠伯说:“我曾学过这个,如果是忠信的事就可以,不然肯定失败。外表

败。外强内温[5],忠也;和以率贞[6],信也,故曰‘黄裳元吉’。黄,中之色也;裳,下之饰也;元,善之长也。中不忠,不得其色;下不共[7],不得其饰;事不善,不得其极[8]。外内倡和为忠,率事以信为共,供养三德为善[9],非此三者弗当。且夫《易》,不可以占险,将何事也?且可饰乎?中美能黄,上美为元,下美则裳,参成可筮[10]。犹有阙也,筮虽吉,未也。”

坚强内心温顺,这是忠诚;用和顺来进行占卜,这是信用,所以说‘黄色裙裳大吉大利’。黄,是中心的颜色;裳,是下身的服饰;元,是善德的首位。内心不忠,不符合那中心颜色;在下位不恭敬,不符合那服饰;办事不用善德,不符合那准则。外表内心一致就是忠,凭信用办事就是恭,培养三种德行就是善,不是这三种德行就不符合这个卦。况且《周易》不能用来占卜冒险的事,您打算干什么事呢?而且可以符合那服饰吗?中间美就是黄,上边美就是元,下边美则是裳,三者都完成就可以占卜。如果有缺失,占卜即使吉利,也不足为凭。”

注释 1 恤恤:忧虑的样子。 2 湫:通“愁”。攸:通“悠”。悠,亦愁。 3 枚筮:泛泛地占卜,不专指一事。枚,有逐一的意思。 4 坤:卦名,六十四卦之第二。䷁为卦象,坤下坤上。比:卦名,六十四卦之第八。䷇为卦象,坤下坎上。 5 外强内温:比的外卦为坎。坎,代表险,所以说强;内卦为坤。坤,代表顺,所以说温。 6 和:比卦坤下坎上,坤为水,坎为土,水土相合,所以说和。率:行。贞:卜问。 7 共:同“恭”。 8 极:标准,准则。 9 三德:指忠、信、极。 10 参:同“三”。

将适费,饮乡人酒,乡人或歌之曰:“我有圃,生之杞乎!从我者子乎[1],

南蒯将去费邑时,招待同乡人喝酒,有个同乡唱歌说:“我有菜圃,却长着杞树啊!跟从我的是大男人啊!离

去我者鄙乎[2],倍其邻者耻乎[3]!已乎已乎,非吾党之士乎!”

开我的鄙陋不通啊!背弃亲邻的可耻啊!算了吧算了吧,不是我们同党的人啊!”

平子欲使昭子逐叔仲小,小闻之,不敢朝。昭子命吏谓小待政于朝,曰:“吾不为怨府。”

季平子想让叔孙婼驱逐叔仲小,叔仲小听说了,不敢上朝。叔孙婼命令官吏告诉叔仲小到朝廷等待政事,并说:“我不做怨恨积聚的府库。”

楚子狩于州来,次于颍尾,使荡侯、潘子、司马督、嚣尹午、陵尹喜帅师围徐以惧吴。楚子次于乾谿,以为之援。雨雪,王皮冠,秦复陶[4],翠被[5],豹舄[6],执鞭以出,仆析父从。

楚灵王在州来打猎,驻扎在颍尾,派荡侯、潘子、司马督、嚣尹午、陵尹喜率军队包围徐国来威胁吴国。楚灵王驻扎在乾谿,作为他们的援兵。天下雪,楚灵王头戴皮帽,身穿秦国送的复陶衣,披着翠羽披肩,脚穿豹皮靴,手持马鞭而出,仆析父跟随在后。

注释 1 子:男子的美称。 2 鄙:鄙陋的人。 3 倍:通“背”。 4 复陶:用毛羽编织而成的外衣。 5 翠被:以翠羽编成的披肩。被,通“帔”。 6 豹舄(xì):豹皮缝制的鞋子。

右尹子革夕[1],王见之,去冠、被,舍鞭,与之语曰:“昔我先王熊绎,与吕伋、王孙牟、燮父、禽父并事康王,四国皆有分[2],我独无有。今吾使人于周,求鼎以为分,王其与我乎?”

右尹子革晚上求见,楚灵王接见他,脱去帽子、披肩,放下鞭子,和他谈话说:“过去我们先王熊绎,和吕伋、王孙牟、燮父、禽父一起侍奉康王,四国都有分得的珍宝器物,我国独独没有。现在我派人到成周,请求分得鼎,周王会给我吗?”右尹子革回答说:“会给

对曰:“与君王哉!昔我先王熊绎辟在荆山[3],筚路蓝缕[4],以处草莽,跋涉山林,以事天子,唯是桃弧、棘矢以共御王事[5]。齐,王舅也;晋及鲁、卫,王母弟也。楚是以无分,而彼皆有。今周与四国服事君王,将唯命是从,岂其爱鼎?”王曰:“昔我皇祖伯父昆吾,旧许是宅[6],今郑人贪赖其田而不我与[7]。我若求之,其与我乎?”对曰:“与君王哉!周不爱鼎,郑敢爱田?”

君王吧!从前我们先王熊绎处在偏僻的荆山,乘柴车穿破衣,而开垦荒野,跋涉山林之间以侍奉天子,只有桃木弓、棘木箭来供奉天子的政事。齐国,是天子的舅父;晋国和鲁国、卫国,是天子的同胞兄弟。楚国因此没有分得颁赐,而他们都有。如今周朝和四国服从侍奉君王您,将唯命是从,难道还舍不得鼎?”楚灵王说:“过去我们皇祖伯父昆吾住在许国,如今郑国人贪图那里田土的利益而不给我们。我如果求取,将会给我吗?”子革回答说:“会给君王吧!周王都不吝惜鼎,郑国岂敢吝惜田土?”

注释 1 夕:晚上。用作动词,指晚上求见。 2 四国:指齐、晋、鲁、卫。分:指分得周王室的珍宝器物。 3 辟:同“僻”。 4 筚路蓝缕:喻艰苦创业。筚路,柴车。蓝缕,破衣。 5 共御:供奉。共,同“供”。 6 宅:住。用作动词。 7 贪赖:贪利。赖,利。

王曰:“昔诸侯远我而畏晋,今我大城陈、蔡、不羹,赋皆千乘[1],子与有劳焉,诸侯其畏我乎?”对曰:“畏君王哉!是四国者,专足畏也[2],又加之

楚灵王说:“从前诸侯认为我国偏远而只害怕晋国,如今我们大规模修筑陈国、蔡国和两个不羹等城池,它们兵车都有一千辆,这中间有您的功劳,诸侯会害怕我国吗?”子革回答说:“会害怕君王吧!单这四个城邑,就足以让人害怕了,

以楚，敢不畏君王哉？”

工尹路请曰：“君王命剥圭以为戚柲[3]，敢请命。”王入视之。析父谓子革：“吾子，楚国之望也！今与王言如响[4]，国其若之何？”子革曰：“摩厉以须[5]，王出，吾刃将斩矣。”王出，复语。

又加上楚国全国，岂敢不怕君王呢？”

工尹路请求说：“君王命令削圭玉来装饰斧柄，谨敢请求发布命令。”楚灵王进去察看。析父对子革说：“您是楚国的希望！今天和君王谈话像回音应和一样对答如流，国家将怎么办？”子革说：“磨利了刀刃等着，君王出来，我的刀刃将砍去非分之想。”楚灵王出来，又开始谈话。

注释 1 赋：指兵车。 2 四国：即陈、蔡和两个不羹。专：独。 3 剥：削。为：这里是饰的意思。戚：一种斧头。柲(bì)：柄。 4 响：回音。 5 摩厉：同“磨砺”。须：等待。

左史倚相趋过，王曰：“是良史也，子善视之。是能读《三坟》《五典》《八索》《九丘》[1]。”对曰：“臣尝问焉，昔穆王欲肆其心[2]，周行天下，将皆必有车辙马迹焉。祭公谋父作《祈招》之诗以止王心[3]，王是以获没于祗宫。臣问其诗而不知也，若问远焉，其焉能知之？”王曰：“子能乎？”对曰：“能。

左史倚相快步走过，楚灵王说：“这是个好史官，您要好好对待他。这个人能读《三坟》《五典》《八索》《九丘》。”子革回答说：“我曾经向他询问过，过去周穆王想要放纵自己的欲望，周游天下，打算在天下都留下车印马迹。祭公谋父作《祈招》一诗，来制止穆王的欲望，穆王因此能在祗宫得到善终。我问他这首诗，他却不知道，如果问更远的事，又哪能知道呢？”楚灵王说：“您知道吗？”子革回答说：“知道。那首诗说：‘祈求明德安祥和悦，

其诗曰:‘祈招之愔愔[4],式昭德音[5]。思我王度[6],式如玉,式如金。形民之力[7],而无醉饱之心[8]。’”王揖而入,馈不食,寝不寐,数日,不能自克,以及于难。仲尼曰:“古也有志:克己复礼,仁也。信善哉!楚灵王若能如是,岂其辱于乾谿?”

以宣扬美好的声誉。想念我们君王的仪度,好像美玉,如同刚金。表现人民的力量,而没有纵欲的私心。’”楚灵王向子革作揖,进入内室,送给他食物不吃,睡觉睡不着,一连几天,不能克制自己,因而后来遭到祸难。孔子说:“古时候有记载说:克制自己回归礼仪,就是仁。说得确实好啊!楚灵王能够像这样的话,难道会在乾谿受到屈辱?”

晋伐鲜虞,因肥之役也。

晋国攻打鲜虞,是趁着灭亡肥国的战役而顺路进攻。

注释 1《三坟》《五典》《八索》《九丘》:都是古书名,今已失传。 2肆:放肆,放纵。 3祭公谋父:周公的孙子,谋父是他的名。 4祈:求。招:或作“昭”,指明德。愔愔(yīn):安和貌。 5式:语气词,无义。 6度:仪度。 7形:表现。 8醉饱之心:指纵欲之心。

昭公十三年

【经】

十有三年春,叔弓帅师围费。

十三年春天,叔弓率领军队包围费邑。

夏四月,楚公子比自晋归于楚,弑其君虔于乾

夏天四月,楚国的公子比从晋国回到楚国,在乾谿杀了他们的君主楚灵王。

谿[1]。

楚公子弃疾杀公子比。

秋，公会刘子、晋侯、齐侯、宋公、卫侯、郑伯、曹伯、莒子、邾子、滕子、薛伯、杞伯、小邾子于平丘。

八月甲戌，同盟于平丘。公不与盟[2]。

晋人执季孙意如以归。

公至自会。

蔡侯庐归于蔡。陈侯吴归于陈。

冬十月，葬蔡灵公。

公如晋，至河乃复。

吴灭州来。

楚公子弃疾杀了公子比。

秋天，昭公在平丘会见刘献公、晋昭公、齐景公、宋元公、卫灵公、郑定公、曹伯、莒子、邾子、滕子、薛伯、杞伯、小邾子等。

八月初七日，在平丘一起盟誓。昭公没参加盟誓。

晋国人拘捕季平子带回国。

昭公从盟会回到鲁国。

蔡平公庐回到蔡国。陈惠公吴回到陈国。

冬天十月，安葬蔡灵公。

昭公前往晋国，到达黄河就回国了。

吴国灭亡州来。

注释 1 虔：楚灵王名。乾谿：楚国地名。谿，同“溪”。 2 与：参加。

【传】

十三年春，叔弓围费，弗克，败焉[1]。平子怒，令见费人执之以为囚俘。冶区夫曰[2]：“非也。若见费人，寒者衣之，饥

十三年春天，叔弓包围费邑，没有攻下，被费邑人打败了。季平子发怒，命令看见费邑人就抓住他们作为俘虏囚禁起来。冶区夫说：“不对。如果看见费邑人，受寒的人给他衣穿，挨饿的人给他饭

者食之,为之令主,而共其乏困[3]。费来如归,南氏亡矣[4]。民将叛之,谁与居邑?若惮之以威,惧之以怒,民疾而叛,为之聚也。若诸侯皆然,费人无归,不亲南氏,将焉入矣?”平子从之,费人叛南氏。

吃,做他们的好主子,供给他们缺乏的东西。费邑人像回家一样前来亲附,南氏就灭亡了。百姓将要背叛他,他还与谁居守费邑呢?如果用威势使他们害怕,用愤怒使他们恐惧,百姓怀恨而背叛您,就是替他聚集百姓了。如果诸侯都像这样,费邑人没有归附的地方,不亲附南氏,还会归入到哪里去呢?”季平子听从了他的话,费邑人背叛了南蒯。

注释 1 败:指被费人打败。焉:于是,兼词。 2 冶区夫:鲁国臣子。 3 共:同“供”。 4 南氏:即南蒯。

楚子之为令尹也,杀大司马薳掩而取其室。及即位,夺薳居田,迁许而质许围[1]。蔡洧有宠于王,王之灭蔡也,其父死焉,王使与于守而行[2]。申之会,越大夫戮焉[3]。王夺鬭韦龟中犨[4],又夺成然邑而使为郊尹。蔓成然故事蔡公,故薳氏之族及薳居、许围、蔡洧、蔓成然,皆王

楚灵王做令尹时,杀了大司马薳掩,然后夺取了他的家财。到即位以后,夺取了薳居的田土,迁走许地的人而把许围作为人质。蔡洧在楚灵王面前很得恩宠,楚灵王灭亡蔡国的时候,蔡洧的父亲死于这次事件中,楚灵王让他参与守卫蔡国然后出发到乾谿。申地盟会中,越国大夫受到屈辱。楚灵王夺取了鬭韦龟的封邑中犨,又夺取了成然的封邑而让他做郊邑尹。蔓成然过去侍奉蔡公,所以薳氏的族人以及薳居、许围、蔡洧、蔓成然等,都是楚灵王

所不礼也，因群丧职之族，启越大夫常寿过作乱[5]，围固城，克息舟，城而居之。

所不加礼遇的人，他们利用一群丧失职位的人的亲族，策动越国大夫常寿过作乱，包围固城，攻克息舟，筑城而驻扎在那里。

注释 1 质：以为人质。许围：许国大夫。 2 与：参与。 3 戮：羞辱，耻辱。 4 犫：音 chōu。 5 启：开导，引诱。

观起之死也[1]，其子从在蔡，事朝吴，曰："今不封蔡，蔡不封矣。我请试之。"以蔡公之命召子干、子皙[2]，及郊，而告之情，强与之盟，入袭蔡。蔡公将食，见之而逃。观从使子干食，坎[3]，用牲，加书[4]，而速行。已徇于蔡[5]，曰："蔡公召二子，将纳之，与之盟而遣之矣，将师而从之。"蔡人聚，将执之。辞曰："失贼成军，而杀余，何益？"乃释之。朝吴曰："二三子若能死亡，则如违之[6]，以待所济。若求安定，则

观起死的时候，他的儿子观从在蔡国，侍奉朝吴，说："现在不重封蔡国，蔡国就不能恢复了。请让我试一下。"就用蔡公的名义召见子干、子皙，他们到达郊外，就告诉他们实情，强行与他们结盟，然后进入都城袭击蔡宫。蔡公正准备吃饭，看见他们就逃走了。观从让子干吃饭，然后挖坑，埋入牺牲，把盟书放在上面，就迅速让他走了。自己则在蔡国公开宣示说："蔡公召见子干、子皙二人，打算把他们送回楚国，已经和他们结盟并且派遣他们走了，正打算率军队跟上去。"蔡国人围拢来，准备抓住观从。观从解释说："作乱的人已经逃跑，乱军已经组成，杀了我又有什么好处？"就放了他。朝吴说："你们几位如果能为楚灵王献身或逃亡，就应当违背蔡公，来等待事情的结果。如果要

如与之[7],以济所欲。且违上,何适而可?”众曰:“与之。”乃奉蔡公,召二子而盟于邓,依陈、蔡人以国[8]。

求安定,就应当赞助他,以成全他的愿望。况且违背主上,将何所适从呢?”众人说:“赞助他。”于是侍奉蔡公,召见子干、子皙二人在邓地盟誓,利用复国的心理发动依靠陈国人、蔡国人。

注释 1 观起:楚国臣子。 2 子干、子皙:楚灵王弟弟,昭公元年逃奔。3 坎:挖坑。 4 书:指盟书。 5 徇:宣示公众。 6 如:等于说应当。7 与:赞助。 8 国:指复国,用为动词。

楚公子比、公子黑肱、公子弃疾、蔓成然,蔡朝吴帅陈、蔡、不羹、许、叶之师[1],因四族之徒以入楚[2]。及郊,陈、蔡欲为名[3],故请为武军[4]。蔡公知之,曰:“欲速,且役病矣[5],请藩而已。”乃藩为军。蔡公使须务牟与史猈先入[6],因正仆人杀大子禄及公子罢敌。公子比为王,公子黑肱为令尹,次于鱼陂。公子弃疾为司马,先除王宫[7]。使观从从师于乾谿,而遂告之,且曰:“先归复所,后者劓[8]。”师及訾梁而溃。

楚国的公子比、公子黑肱、公子弃疾、蔓成然,蔡国的朝吴率领陈国、蔡国、不羹、许国、叶国的军队,依靠四族的众人进入楚国。到达郊外,陈国、蔡国想要表明出兵的名义,所以请求修筑壁垒。蔡公知道了,说:“我们希望迅速攻入,而且役人已经疲惫,请编起篱笆就算了。”就编篱笆围成军营。蔡公派须务牟和史猈首先进入楚都,依靠贴身仆人杀死了太子禄和公子罢敌。公子比做了王,公子黑肱做令尹,驻扎在鱼陂。公子弃疾做司马,先清除楚国王宫。派观从到乾谿去劝降楚军,乘便告诉他们形势,并且说:“先回去的恢复官位俸禄,后回去的受劓刑。”军队到达訾梁就溃散了。

注释 1 公子比:即子干。公子黑肱:即子皙。 2 四族:指薳氏、许围、蔡洧、蔓成然。 3 为名:指表明出师的名义。 4 武军:古代战争中收敌方尸体堆积并封土而成壁垒,以显示战功,称为武军。这里是指壁垒。5 役:服役的人。病:疲劳。 6 须务牟、史猈:楚国大夫,蔡公党羽。 7 除:清除。 8 劓(yì):割去鼻子的刑罚。

王闻群公子之死也,自投于车下[1],曰:"人之爱其子也,亦如余乎?"侍者曰:"甚焉,小人老而无子,知挤于沟壑矣[2]。"王曰:"余杀人子多矣,能无及此乎?"右尹子革曰:"请待于郊,以听国人。"王曰:"众怒不可犯也。"曰:"若入于大都而乞师于诸侯[3]。"王曰:"皆叛矣。"曰:"若亡于诸侯,以听大国之图君也。"王曰:"大福不再,只取辱焉。"然丹乃归于楚。王沿夏[4],将欲入鄢[5]。芋尹无宇之子申亥曰:"吾父再奸王命,王弗诛,惠孰大焉?君不可忍[6],惠不可弃,吾其从

楚灵王听到各位公子死亡的消息,自己从车上摔下来,说:"别人爱他自己的儿子,也像我一样吗?"侍从的人说:"有比您更过分的,小人年老而没有儿子,知道将被弃尸沟壑了。"楚灵王说:"我杀别人的儿子也算多了,能不落到这一步吗?"右尹子革说:"请君王在郊外等待,以听从国内人民的意见。"楚灵王说:"众怒不可触犯。"子革说:"或许可以进驻一个大都邑然后向诸侯请求救兵。"楚灵王说:"都已经叛离我们了。"子革说:"或许可以逃亡到诸侯那里,以听从大国为君王谋划。"楚灵王说:"大福不会两次降临,只是自取辱没罢了。"子革于是回到楚国去了。楚灵王沿着夏水,打算进入鄢地。芋尹无宇的儿子申亥说:"我父亲两次违犯王命,君王没有诛杀,恩惠还有什么比这个更大的吗?对君王不可狠心违背,恩惠不可抛弃,我还是跟着君王。"就寻找楚灵王。在棘

王。”乃求王。遇诸棘闱以归。夏五月癸亥，王缢于芋尹申亥氏，申亥以其二女殉而葬之。

闱遇到楚灵王而一起回申亥家。夏天五月二十五日，楚灵王在芋尹申亥家自缢身亡，申亥以自己的两个女儿作为殉葬而埋葬了他。

注释 1 投：坠。 2 挤：推。 3 若：或。 4 夏：夏水，即汉水。 5 鄢：楚国别都。 6 忍：狠心。

观从谓子干曰：“不杀弃疾，虽得国，犹受祸也。”子干曰：“余不忍也。”子玉曰[1]：“人将忍子，吾不忍俟也。”乃行。

国每夜骇曰：“王入矣！”乙卯夜，弃疾使周走而呼曰[2]：“王至矣！”国人大惊。使蔓成然走告子干、子皙曰：“王至矣，国人杀君司马，将来矣。君若早自图也，可以无辱。众怒如水火焉，不可为谋。”又有呼而走至者曰：“众至矣！”二子皆自杀。丙辰，弃疾即位，名曰熊居。葬子干于訾，实訾敖。杀囚，衣之王

观从对子干说：“不杀公子弃疾，即使得到国家，还是会遭到祸乱。”子干说：“我不狠心。”观从说：“人家将忍心这样对您，我不忍心待下去了。”就走了。

都城常常在夜里有人惊叫说：“君王进入国都了！”十七日晚上，公子弃疾派人到处奔走呼喊说：“君王到了！”国都内的人大为惊恐。又派蔓成然跑去报告子干、子皙说：“君王到了，国都的人杀了您的司马，将要杀来了。您如果早点考虑自己，可以不致蒙受羞辱。众人的愤怒好像水火，是没法子可想的。”又有人喊叫着跑来说：“国都的众人到了！”子干、子皙二人就都自杀。十八日，弃疾即位，改名叫熊居。把子干埋葬在訾地，称为訾敖。杀死一个囚犯，给他穿上国君的衣服而将他放在汉

服而流诸汉，乃取而葬之，以靖国人。使子旗为令尹。

水中漂流，然后捞取尸体埋葬，来安定国内的人。让蔓成然做令尹。

楚师还自徐，吴人败诸豫章，获其五帅[3]。

楚国军队从徐国回来，吴国人在豫章打败了楚军，俘获了他们的五个将帅。

注释 1子玉：即观从。 2周：遍，到处。 3五帅：指上一年率师围徐的荡侯、潘子、司马督、嚣尹午、陵尹喜等五人。

平王封陈、蔡，复迁邑，致群赂，施舍宽民，宥罪举职。召观从，王曰："唯尔所欲。"对曰："臣之先佐开卜[1]。"乃使为卜尹。使枝如子躬聘于郑，且致犫、栎之田。事毕，弗致。郑人请曰："闻诸道路，将命寡君以犫、栎，敢请命。"对曰："臣未闻命。"既复，王问犫、栎，降服而对曰[2]："臣过失命，未之致也。"王执其手，曰："子毋勤[3]，姑归，不穀有事，其告子也。"

楚平王重建陈国、蔡国，让迁走的邑人返回来，把诸侯贡献的财货颁赐给有功人员，广泛施舍，减轻人民负担，赦免罪人，举拔被废弃的官员。召见观从，平王说："只要你所希望的，我都听从你。"观从回答说："我的先人辅佐卜师。"就让他做了卜尹。派枝如子躬到郑国聘问，并且送还犫地、栎地的田土。聘问结束，没有送还。郑国人请求说："听路途传闻，打算把犫地、栎地赐给寡君，斗胆请求命令。"枝如子躬回答说："下臣没有听到命令。"回国复命以后，楚平王问到犫地、栎地的事，枝如子躬脱去上衣回答说："下臣有罪，违背君命，没有送还。"平王握住他的手，说："您不要委屈自己，暂且回去，我有事的话，将告诉您的。"

他年，芋尹申亥以王柩告，乃改葬之。

过了几年，芋尹申亥把楚灵王的棺柩所在报告给平王，于是改葬灵王。

初，灵王卜，曰："余尚得天下[4]。"不吉，投龟，诟天而呼曰："是区区者而不余畀[5]，余必自取之。"民患王之无厌也，故从乱如归。

当初，楚灵王卜问说："我希望得到天下。"占卦不吉利，就把龟甲扔掉，责骂上天而喊道："这么一个小小的东西都不给我，我一定自己争取到它。"老百姓忧虑灵王的不满足，所以跟随叛乱的人就像回家一样。

注释 **1** 开卜：契龟占卜。 **2** 降服：指脱去上衣，以示服罪。 **3** 勤：等于说屈辱。 **4** 尚：表希望的副词。 **5** 畀：给予。

初，共王无冢适[1]，有宠子五人，无适立焉。乃大有事于群望[2]，而祈曰："请神择于五人者，使主社稷。"乃遍以璧见于群望，曰："当璧而拜者，神所立也，谁敢违之？"既，乃与巴姬密埋璧于大室之庭[3]，使五人齐[4]，而长入拜[5]。康王跨之，灵王肘加焉，子干、子皙皆远之。平王弱，抱而入，再拜，皆厌纽[6]。鬬韦龟属

起初，楚共王没有嫡长子，有五个宠爱的庶子，他们中间不知立哪个好。于是大规模祭祀各名山大川，祈求说："请神灵在五个人中选择，让他主持国家。"就在望祭中将玉璧展现给名山大川的神灵，说："面对玉璧而拜祭的人，就是神灵所立的人，谁敢违背？"望祭结束，就和巴姬秘密地将玉璧埋在祖庙的庭院里，让五个人斋戒，然后依长幼的次序进去拜祭。康王两腿跨在玉璧上，灵王胳臂压在玉璧上，子干、子皙都离得很远。平王年幼，抱着进来，两次拜祭，都压在璧纽上。鬬韦龟把蔓成然

成然焉[7]，且曰："弃礼违命，楚其危哉！"

子干归，韩宣子问于叔向曰："子干其济乎？"对曰："难。"宣子曰："同恶相求，如市贾焉，何难？"

嘱托给平王，并且说："抛弃礼义违背天命，楚国将危险啊！"

子干回国，韩宣子问叔向说："子干大概会成功吧？"叔向回答说："难。"宣子说："憎恶相同而互相需求，好像商人追求利润一样，有什么难的？"

注释 1 冢適：嫡长子。冢，大。適，通"嫡"。 2 群望：遍祭名山大川。 3 巴姬：楚共王妾。大室：指祖庙。 4 齐：通"斋"。 5 长：指按照长幼次序。 6 厌：通"压"。纽：璧纽。 7 属：通"嘱"，嘱托。

对曰："无与同好，谁与同恶？取国有五难：有宠而无人，一也；有人而无主，二也；有主而无谋，三也；有谋而无民，四也；有民而无德，五也。子干在晋，十三年矣，晋、楚之从，不闻达者，可谓无人。族尽亲叛，可谓无主。无衅而动，可谓无谋。为羁终世，可谓无民。亡无爱征[1]，可谓无德。王虐而不忌[2]，楚君子干，

叔向回答说："没有人与他爱好相同，谁会与他有共同的憎恶呢？取得国家政权有五件难事：有宠贵的地位却没有贤人，这是一；有贤人却没有内主，这是二；有内主却没有谋略，这是三；有谋略却没有民众，这是四；有民众却没有德行，这是五。子干在晋国十三年了，晋、楚两国追随他的人，没听说过有贤达的人，可说是无人。族人灭尽，亲人叛离，可说是无主。没有可乘之机就行动，可说是无谋。一生客居别国，可说是无民。逃亡在外而谁也没有怀念的表现，可说是无德。楚王暴虐但并不令人畏惧，楚国如果以子干为国君，具有以上五件难

涉五难以弑旧君，谁能济之？有楚国者，其弃疾乎！君陈、蔡，城外属焉[3]。苛慝不作[4]，盗贼伏隐，私欲不违，民无怨心。先神命之，国民信之，芈姓有乱[5]，必季实立[6]，楚之常也。获神，一也；有民，二也；令德，三也；宠贵，四也；居常，五也。有五利以去五难，谁能害之？子干之官，则右尹也；数其贵宠，则庶子也；以神所命，则又远之。其贵亡矣，其宠弃矣，民无怀焉，国无与焉，将何以立？”

事而杀死原有君主，谁能帮助他成功？拥有楚国的人，恐怕是公子弃疾吧！统治着陈、蔡两地，方城山以外的地方也属于他。苛暴邪恶的事没有发生，盗贼潜伏隐藏，人民的个人愿望不加违背，老百姓没有怨恨之心。先祖神灵任命他，国内人民信任他，芈姓一旦有王位纷乱，一定是小儿子立为国君，这是楚国的常规。得到神灵保佑，这是一；拥有民众，这是二；具有美德，这是三；受宠而显贵，这是四；处于常规，这是五。有五个有利条件来除掉五件难事，谁能危害他？子干的官职，就是个右尹；要说地位贵宠，不过是庶子；按神灵所命令的，则又远离玉璧。他的显贵丧失了，他的宠信丢掉了，老百姓对他不怀念，朝廷内没有人帮助他，将凭什么立为国君？”

注释 1 征：征验，表现。 2 忌：畏惧。 3 城：指方城山，楚国山名。 4 慝(tè)：邪恶。 5 芈(mǐ)姓：指楚国。 6 季：排行最小的。

宣子曰：“齐桓、晋文不亦是乎？”对曰：“齐桓，卫姬之子也，有宠于僖，有鲍叔牙、宾须无、隰朋以为

韩宣子说：“齐桓公、晋文公不也是这样吗？”叔向回答说：“齐桓公是卫姬的儿子，受到齐僖公的宠爱，有鲍叔牙、宾须无、隰朋作为辅佐，有莒国、卫

辅佐，有莒、卫以为外主，有国、高以为内主。从善如流，下善齐肃[1]，不藏贿，不从欲[2]，施舍不倦，求善不厌，是以有国，不亦宜乎？我先君文公，狐季姬之子也，有宠于献，好学而不贰，生十七年，有士五人[3]。有先大夫子馀、子犯以为腹心，有魏犫、贾佗以为股肱，有齐、宋、秦、楚以为外主，有栾、郤、狐、先以为内主，亡十九年，守志弥笃。惠、怀弃民，民从而与之。献无异亲，民无异望，天方相晋，将何以代文？此二君者，异于子干。共有宠子，国有奥主[4]，无施于民，无援于外，去晋而不送，归楚而不逆，何以冀国？"

国作为外援，有国氏、高氏作为内应。追随善德好像流水一样，谦恭地对待善人专一虔诚，不收取贿赂，不放纵欲望，施舍不知疲倦，追求善德不满足，因此而享有国家，不也是应该的吗？我们的先君文公，是狐季姬的儿子，得到献公的宠爱，喜爱学习而不三心二意，出生十七年，得到五个人才。有先大夫子馀、子犯作为心腹，有魏犫、贾佗作为左右手，有齐国、宋国、秦国、楚国作为外援，有栾氏、郤氏、狐氏、先氏作为内应，流亡十九年，保守志向更加坚定。惠公、怀公抛弃人民，人民就跟从并且赞助文公。献公没有别的亲人，老百姓没有别的希望，上天正佑助晋国，将用谁代替文公？这两位国君，和子干不一样。共王有宠爱的儿子，国内有高深莫测的君主，对百姓没有施予，在外没有援助，离开晋国而不送行，回到楚国而不迎接，凭什么希冀享有楚国？"

注释 1 下善：居善人之下，即谦恭对待善人。齐肃，专一虔诚。 2 从：通"纵"。 3 五人：指狐偃（子犯）、赵衰（子馀）、颠颉、魏武子、司空季子。 4 奥主：深奥居内的主人，指弃疾。奥，深奥。

晋成虒祁[1]，诸侯朝而归者皆有贰心。为取郠故，晋将以诸侯来讨。叔向曰："诸侯不可以不示威。"乃并征会[2]，告于吴。秋，晋侯会吴子于良，水道不可，吴子辞，乃还。七月丙寅，治兵于邾南，甲车四千乘，羊舌鲋摄司马[3]，遂合诸侯于平丘。

子产、子大叔相郑伯以会。子产以幄幕九张行。子大叔以四十，既而悔之，每舍，损焉，及会，亦如之。

晋国的虒祁宫落成，诸侯中前去朝见而回国的都有了二心。因为鲁国占取郠地的缘故，晋国打算率诸侯前来讨伐。叔向说："对诸侯必须显示一下威力。"就遍召诸侯会见，并且告诉吴国。秋天，晋昭公到良地会见吴王，水路不通，吴王辞谢不见，晋昭公就回国了。七月二十九日，晋国在邾国南部进行军事演习，出动战车四千辆，羊舌鲋代理司马，就在平丘会合诸侯。

子产、子太叔陪同郑定公参加会见。子产带了九顶帐幕出发。子太叔带了四十顶，然后又感到后悔，每次住宿都减少一些，等到会见时，也和子产一样多了。

注释 1 成：落成。虒祁：宫名。 2 并：遍。征：召。 3 摄：代理官职。

次于卫地，叔鲋求货于卫[1]，淫刍荛者[2]。卫人使屠伯馈叔向羹，与一箧锦，曰："诸侯事晋，未敢携贰，况卫在君之宇下，而敢有异志？刍荛者异于他日，敢请之。"叔向受羹反锦，曰："晋有羊

驻扎在卫国境内，羊舌鲋向卫国索取财货，放纵手下割草打柴的人。卫国人派屠伯送给叔向肉羹，给他一箱锦缎，说："诸侯侍奉晋国，不敢怀有二心，何况卫国在君王的屋檐下，岂敢有别的想法？割草打柴的人行为和往日不一样，请求制止他们。"叔向接受肉羹退回锦缎，说："晋国有羊舌鲋这个人，贪求财货不满足，也将要

舌鲋者,渎货无厌[3],亦将及矣。为此役也[4],子若以君命赐之,其已。”客从之,未退而禁之。

遭到祸难了。对于这件事情,您如果以君王的名义赐给他这箱锦缎,就将了结了。”屠伯听从了叔向的话,还没退出去,羊舌鲋就禁止了割草打柴人的胡作非为。

注释 1叔鲋:即司马羊舌鲋。 2淫:放纵。刍荛:割草打柴。 3渎货:贪财。渎:通“黩”。 4役:事。

晋人将寻盟,齐人不可。晋侯使叔向告刘献公曰:“抑齐人不盟,若之何?”对曰:“盟以底信[1],君苟有信,诸侯不贰,何患焉?告之以文辞,董之以武师[2],虽齐不许,君庸多矣[3]。天子之老请帅王赋[4],‘元戎十乘[5],以先启行[6]’。迟速唯君。”叔向告于齐,曰:“诸侯求盟,已在此矣。今君弗利,寡君以为请。”对曰:“诸侯讨贰,则有寻盟。若皆用命,何盟之寻?”叔向曰:“国家之败,有事而无业[7],

晋国人打算重温过去的盟约,齐国人不答应。晋昭公派叔向告诉周朝卿士刘献公说:“齐国人不肯结盟,怎么办?”刘献公回答说:“盟约是用来表明信用的,君侯如果有信用,诸侯没有二心,担心什么呢?用文辞警告他们,用威武的军队监督他们,即使齐国不答应,君侯的功效也大了。天子的卿士请求率领天子的军队,‘十辆大兵车,在前面开路’。进攻时间的早晚只听君侯的。”叔向转告齐国,说:“诸侯请求结盟,已经在这里了。现在君侯不认为有利,寡君以此作为请求。”齐国人回答说:“诸侯讨伐有二心的国家,才有重温旧盟的必要。如果都听从命令,还重温什么旧盟?”叔向说:“国家的衰败,在于有朝聘会盟之事而不遵守贡赋的职责,事情也就不能经

事则不经；有业而无礼，经则不序；有礼而无威，序则不共[8]；有威而不昭，共则不明。不明弃共，百事不终，所由倾覆也。是故明王之制，使诸侯岁聘以志业[9]，间朝以讲礼，再朝而会以示威，再会而盟以显昭明。志业于好，讲礼于等，示威于众，昭明于神，自古以来，未之或失也。存亡之道，恒由是兴。晋礼主盟，惧有不治，奉承齐牺[10]，而布诸君，求终事也。君曰'余必废之'，何齐之有？唯君图之，寡君闻命矣！"齐人惧，对曰："小国言之，大国制之，敢不听从？既闻命矣，敬共以往，迟速唯君。"

常；遵守贡赋的职责而不讲礼节，经常了也不会有次序；有礼节而没有威严，有了次序也不会恭敬；有了威严而不发扬，即使恭敬也不能昭告神灵。不能昭告神灵而又失去恭敬，什么事也不会有结果，这就是国家倾覆的原因。所以英明君主的制度，是让诸侯每年聘问以记住贡赋的职责，隔两年朝觐一次以复习礼仪，两次朝觐然后会见一次以显示威严，两次会见然后结盟以昭告神灵表明信义。在友好中记住贡赋的职责，在等级次序中复习礼仪，向民众显示威严，向神灵表明信义，自古以来，从没有缺失。国家存亡的道理，常常由这里产生。晋国按礼仪主持结盟，害怕办理不好，才奉献盟祭的牺牲，展示于君侯之前，为的是获得事情的圆满结果。君侯却说'我一定废除它'，那还有什么结盟的呢？请君侯考虑一下，寡君听到命令了！"齐国人害怕，回答说："小国说一说，大国加以裁夺，岂敢不听从？已经听到命令了，一定会恭敬地前去赴会，早晚听凭君侯决定。"

注释 1 底(zhǐ)：致。 2 董：监督。 3 庸：功。 4 赋：指军队。 5 元戎：大兵车。 6 启行：开路。引文为《诗经·小雅·六月》篇。 7 业：指贡赋的职责。 8 共:同“恭”。 9 志:记。 10 齐牺:用于盟誓的牺牲。齐,通“斋”。

叔向曰:“诸侯有间矣[1],不可以不示众。”八月辛未,治兵,建而不旆[2]。壬申,复旆之。诸侯畏之。

邾人、莒人诉于晋曰:“鲁朝夕伐我,几亡矣。我之不共[3],鲁故之以[4]。”晋侯不见公,使叔向来辞曰:“诸侯将以甲戌盟,寡君知不得事君矣,请君无勤。”子服惠伯对曰:“君信蛮夷之诉,以绝兄弟之国,弃周公之后,亦唯君。寡君闻命矣。”叔向曰:“寡君有甲车四千乘在,虽以无道行之,必可畏也。况其率道[5],其何敌之有?牛虽瘠,偾于豚上[6],其畏不死?南蒯、子仲之忧,其庸可弃乎[7]?若奉晋之众,用诸侯之师,因邾、莒、杞、鄫之怒,以讨鲁罪,间其二

叔向说:“诸侯与我们有隔阂了,不可不向他们显示一下威力。”八月初四日,举行练兵演习,树起旌旗但不缀饰飘带。初五日,又加上飘带。诸侯对此感到害怕。

邾国人、莒国人向晋国控告说:“鲁国总是攻打我们,差不多要被它灭亡了。我们不能进贡,就是鲁国的缘故。”晋昭公不接见鲁昭公,派叔向前来辞谢说:“诸侯将在初七日结盟,寡君知道不能侍奉君侯了,请君侯不必劳驾。”子服惠伯回答说:“君侯相信蛮夷的控诉,来断绝兄弟之国,抛弃周公的后代,也只好听凭君侯。寡君听到命令了。”叔向说:“寡君有战车四千辆在那里,即使用兵无道,也必定令人畏惧。何况遵循道义,有什么可以抵挡的呢?牛即使瘦,仆倒在小猪身上,难道还怕压不死?南蒯、子仲的忧虑,难道可以丢开吗?如果率领晋国的大众,使用诸侯的军队,凭借邾、莒、杞、鄫等国的愤怒,来讨伐鲁国的罪行,趁你们

忧[8],何求而弗克?”鲁人惧,听命。

忧虑南蒯、子仲二人的机会,要什么得不到?”鲁国人害怕,只好听从命令。

注释 1间:隙,隔阂。 2建:立,指竖立旌旗。旆(pèi):旗旒,即飘带。此用为动词,指缀饰飘带。 3共:同“供”。 4鲁故之以:即以鲁故。以,因。 5率:循。 6偾(fèn):仆倒。 7其庸:岂。 8间:乘间,趁……的机会。二忧:即上所谓“南蒯、子仲之忧”,参见昭公十二年《传》。

甲戌,同盟于平丘,齐服也。令诸侯日中造于除[1]。癸酉,退朝,子产命外仆速张于除[2],子大叔止之,使待明日。及夕,子产闻其未张也,使速往,乃无所张矣。

初七日,诸侯在平丘一起会盟,这是因为齐国服从了。晋国命令诸侯中午到达盟会场地。初六日,朝见晋君后退出,子产就命令外仆赶快到盟会场地去张设帐幕,子太叔制止了外仆,让他等到第二天。到傍晚时,子产听说外仆没有张设帐幕,派他迅速前往,就没有地方可以张设了。

及盟,子产争承[3],曰:“昔天子班贡[4],轻重以列,列尊贡重,周之制也。卑而贡重者,甸服也。郑伯,男也,而使从公侯之贡,惧弗给也[5],敢以为请。诸侯靖兵,好以为事。行理之命无月不至[6],贡之无艺[7],小国有阙,所以得罪也。诸侯

到盟会时,子产争论贡赋的轻重次第,说:“过去天子确定贡赋次第,按地位决定轻重,地位尊贵的贡赋重,这是周朝的制度。地位卑下而贡赋重的,这是甸服。郑定公的爵位,是男服,却让我们跟着公侯缴纳贡赋,担心不能如数供给,大胆以此作为请求。诸侯息养兵卒,用欢喜来行事。使者传达的命令没有哪个月不到来,贡赋没有限度,小国有所缺少,这就是获罪的原因。诸侯重修旧盟,是

修盟,存小国也。贡献无极,亡可待也。存亡之制,将在今矣。”自日中以争,至于昏,晋人许之。

为了使小国得以生存。贡赋没有限度,小国灭亡的日子很快到来。决定存亡的规定,将在于今天了。”从中午开始争论,到了晚上,晋国人才答应了。

注释 1造:到。除:除地为坛,指盟会的场所。 2张:指张设帐幕。 3承:前后相承的次序。这里指贡赋轻重的等第次序。 4班:确定班次。 5给:供给。 6行理:使者。又作“行旅”“行李”。 7贡之无艺:即下文“贡献无极”。艺,极。

既盟,子大叔咎之曰:“诸侯若讨,其可渎乎[1]?”子产曰:“晋政多门,贰偷之不暇,何暇讨?国不竞亦陵[2],何国之为?”

公不与盟。晋人执季孙意如,以幕蒙之,使狄人守之。司铎射怀锦[3],奉壶饮冰[4],以蒲伏焉[5]。守者御之,乃与之锦而入。晋人以平子归,子服湫从。

子产归,未至,闻子皮卒,哭且曰:“吾已!无为为善矣。唯夫子知我。”仲尼谓:“子产于是行也,足以为国基矣。《诗》曰:

已经结盟之后,子太叔怪罪子产说:“诸侯如果来讨伐,难道可以轻易对付吗?”子产说:“晋国政权由许多豪门掌握,他们三心二意苟且偷安还忙不过来,有什么空闲来讨伐?国家不争强也会受欺凌,那还算个什么国家?”

鲁昭公没有参加结盟。晋国人逮捕季平子,用幕布蒙住他,派狄人看守。司铎射怀里揣着锦缎,捧着水壶去给他喝冰水,而偷偷爬过去。看守阻挡他,就送给他锦缎然后进去了。晋国人带了季平子回国,子服惠伯跟着去了。

子产回国,还未到达,听说子皮去世了,边哭边说:“我完了!没有人替我出好主意了。只有他老人家了解我。”孔子说:“子产在这次盟会的行动中,足

'乐只君子[6],邦家之基。'子产,君子之求乐者也。"且曰:"合诸侯,艺贡事[7],礼也。"

以做国家的基石了。《诗》说:'君子欢乐,做国家的墙脚。'子产,就是君子中追求欢乐的人。"并且说:"会合诸侯,制定贡赋的限度,是合乎礼的。"

注释 1渎:轻易。其:岂。 2竞:争强。陵:侵犯,欺凌。 3司铎:官名。古代颁布新的政令,即振木铎以警众人,司铎盖掌管此事的官员。 4饮:给……喝。 5蒲伏:即匍匐,爬行。 6只:语气助词。引诗为《诗经·小雅·南山有台》篇。 7艺:极,标准。用为动词,制定标准。

鲜虞人闻晋师之悉起也,而不警边,且不修备。晋荀吴自著雍以上军侵鲜虞[1],及中人[2],驱冲竞[3],大获而归。

鲜虞人听说晋国军队全部出动,因而不对边境加以警戒,并且不修治武器装备。晋国荀吴从著雍率上军侵袭鲜虞,到达中人那地方,驾着冲车与鲜虞人追逐,俘获很多战利品回国。

楚之灭蔡也,灵王迁许、胡、沈、道、房、申于荆焉。平王即位,既封陈、蔡,而皆复之,礼也。隐大子之子庐归于蔡,礼也。悼大子之子吴归于陈,礼也。冬十月,葬蔡灵公,礼也。

楚国灭亡蔡国的时候,楚灵王将许国、胡国、沈国、道地、房地、申地的人民迁到楚国境内。楚平王即位时,既已重建陈国、蔡国,就都让他们迁回原地,这是合于礼的。让隐太子的儿子公子庐回到蔡国,这是合于礼的。让悼太子的儿子公子吴回到陈国,这也是合于礼的。冬天十月,安葬蔡灵公,这是合于礼的。

公如晋。荀吴谓韩宣子曰:"诸侯相朝,讲旧好也[4]。执其卿而朝其君,

鲁昭公前往晋国。荀吴对韩宣子说:"诸侯互相朝聘,是重温过去的友好。逮捕他们的卿却让他们的君主来朝聘,这

有不好焉，不如辞之。”乃使士景伯辞公于河。

是不友好的，不如辞谢他们。”就派士景伯到黄河边去辞谢鲁昭公。

吴灭州来，令尹子旗请伐吴，王弗许，曰：“吾未抚民人，未事鬼神，未修守备，未定国家，而用民力，败不可悔。州来在吴，犹在楚也，子姑待之。”

吴国灭亡州来，令尹子旗请求攻打吴国，楚平王不答应，说：“我没有安抚人民，没有侍奉鬼神，没有修治守卫国家的装备，没有安定国家及家族，却去使用百姓的力量，失败了来不及后悔。州来在吴国，就像在楚国一样，您暂且等等吧。”

注释 1著雍：晋国邑名。 2中人：鲜虞地名。 3冲：冲车，古代用来攻破敌人壁垒或城池的战车。竞：争逐。 4讲：习，重温。

季孙犹在晋，子服惠伯私于中行穆子曰：“鲁事晋，何以不如夷之小国？鲁，兄弟也，土地犹大，所命能具。若为夷弃之，使事齐、楚，其何瘳于晋[1]？亲亲、与大，赏共、罚否[2]，所以为盟主也。子其图之！谚曰：‘臣一主二。’吾岂无大国？”穆子告韩宣子，且曰：“楚灭陈、蔡，不能救，而为夷执亲，将焉用之？”乃

季平子还在晋国，子服惠伯私下对荀吴说：“鲁国侍奉晋国，凭哪一点不如夷人的小国？鲁国，是兄弟国家，土地还很辽阔，你们命令进贡的物品都能具备。如果为了夷人而抛弃它，让它侍奉齐国、楚国，对于晋国难道有什么好处？亲近亲族国家，赞助土地辽阔的国家，赏赐能供奉赋贡的国家，惩罚不能供奉的国家，这就是能作为盟主的原因。您还是考虑一下吧！俗话说：‘一臣两主。’我们难道没有别的大国可以侍奉？”荀吴告诉韩宣子，并且说：“楚国灭亡陈国、蔡国，我们不能救援，却为了夷人拘捕亲人，这

归季孙。惠伯曰:“寡君未知其罪。合诸侯而执其老[3],若犹有罪[4],死命可也。若曰无罪而惠免之,诸侯不闻,是逃命也,何免之为?请从君惠于会。”宣子患之,谓叔向曰:“子能归季孙乎?”对曰:“不能。鲋也能。”乃使叔鱼[5]。叔鱼见季孙曰:“昔鲋也得罪于晋君,自归于鲁君。微武子之赐[6],不至于今。虽获归骨于晋,犹子则肉之[7],敢不尽情?归子而不归,鲋也闻诸吏,将为子除馆于西河,其若之何?”且泣。平子惧,先归。惠伯待礼。

有什么用?”就把季平子放回去。惠伯说:“寡君不知道自己的罪过。会合诸侯却抓了他们的卿,如果有罪,奉命而死可以。如果说无罪而恩准释放,诸侯没听说,这是逃避命令,算是什么释放?请求在诸侯盟会上接受君侯的恩惠。”韩宣子担心这件事,对叔向说:“您能使季平子回去吗?”叔向回答说:“不能。羊舌鲋能。”于是派羊舌鲋去。羊舌鲋见到季平子说:“过去我得罪晋君,只好自己归附贵君。如果没有您祖父武子的恩赐,我到不了今天。虽然我这把老骨头得以回到晋国,还是等于您让我得到再生,岂敢不尽心回报?让您回去却不回去,我从官吏那儿听说,将在西河替您修所房子,那将怎么样?”羊舌鲋边说边哭起来。季平子害怕,先回国了。惠伯留下等待按礼节相送。

注释 1瘳:本指病好了,这里引申为好处的意思。 2共:同“供”。否:指不供赋。 3老:天子之卿及诸侯之卿。 4犹:也是若的意思。 5叔鱼:即羊舌鲋。 6微:如果没有。武子:季平子的祖父。 7肉之:使枯骨长肉,等于说使再生。

昭公十四年

【经】

十有四年春，意如至自晋。

三月，曹伯滕卒。

夏四月。

秋，葬曹武公。

八月，莒子去疾卒。

冬，莒杀其公子意恢。

十四年春天，季平子从晋国回到鲁国。

三月，曹武公滕去世。

夏天四月。

秋天，安葬曹武公。

八月，莒国著丘公去疾去世。

冬天，莒国杀了他们的公子意恢。

【传】

十四年春，意如至自晋，尊晋罪己也。尊晋罪己，礼也。

南蒯之将叛也，盟费人。司徒老祁、虑癸伪废疾[1]，使请于南蒯曰："臣愿受盟而疾兴，若以君灵不死，请待间而盟[2]。"许之。二子因民之欲叛也，请朝众而盟。遂劫南蒯曰："群臣不忘其君，畏子以及

十四年春天，季平子从晋国回到鲁国，《春秋》这样记载是尊重晋国而归罪本国。尊重晋国归罪本国，这是合乎礼的。

南蒯将要叛变的时候，和费地人结盟。司徒老祁、虑癸假装发病，派人向南蒯请求说："下臣愿意接受盟约但疾病发作，要是托君主的福不死，请等病好转再结盟。"南蒯答应了。这两人趁老百姓想要背叛南蒯的机会，请求让民众前来朝见而结盟。于是劫持南蒯说："下臣们没有忘记他们的君主，只是害怕您到现在，

今，三年听命矣。子若弗图，费人不忍其君，将不能畏子矣。子何所不逞欲？请送子。”请期五日，遂奔齐。侍饮酒于景公，公曰：“叛夫！”对曰：“臣欲张公室也[3]！”子韩皙曰[4]：“家臣而欲张公室，罪莫大焉。”司徒老祁、虑癸来归费，齐侯使鲍文子致之。

服从您的命令三年了。您如果不考虑，费邑人不忍心他们的君主，将不再害怕您了。您什么地方不能满足欲望呢？请让我们把您送走吧！”南蒯请求给五天期限，于是逃奔到齐国。南蒯侍奉齐景公喝酒，齐景公说：“叛徒！”南蒯回答说：“下臣想要扩大公室势力啊！”子韩皙说：“作为家臣却想要扩大公室势力，罪过没有比这大的了。”司徒老祁、虑癸前来把费邑归还鲁国，齐景公让鲍文子来送还费邑。

注释 **1** 废：通“发”。 **2** 间：病情好转。 **3** 张：扩大。 **4** 子韩皙：齐国大夫，即公孙皙，字子韩。

夏，楚子使然丹简上国之兵于宗丘[1]，且抚其民。分贫振穷，长孤幼，养老疾，收介特[2]，救灾患，宥孤寡，赦罪戾，诘奸慝，举淹滞[3]。礼新叙旧[4]，禄勋合亲[5]，任良物官[6]。使屈罢简东国之兵于召陵，亦如之。好于边疆，息民五年，而后用师，礼也。

秋八月，莒著丘公

夏天，楚平王派然丹在宗丘选拔检阅西部地区的部队，同时安抚那里的百姓。施予救济贫困，抚育幼小孤儿，奉养老弱病残，收容单身民众，救助受灾人家，宽免鳏夫寡妇的赋税，赦免罪人的刑罚，追究查办奸恶，推举埋没的人才。礼待新人，安排旧人，奖赏功勋，和睦亲族，任用贤良，物色官员。派屈罢到召陵选拔检阅东部地区的军队，做法也和西部一样。与四边接壤的邻国友好，让老百姓休养生息五年，然后再用

卒[7]，郊公不戚[8]，国人弗顺，欲立著丘公之弟庚舆。蒲馀侯恶公子意恢而善于庚舆[9]，郊公恶公子铎而善于意恢。公子铎因蒲馀侯而与之谋曰："尔杀意恢，我出君而纳庚舆。"许之。

兵，这是合于礼的。

秋天八月，莒国著丘公去世，儿子郊公不悲伤，国内人民不顺从他，想要立著丘公的弟弟庚舆。蒲馀侯讨厌公子意恢而喜欢庚舆，郊公讨厌公子铎而与意恢相好。公子铎利用蒲馀侯而和他商议说："你杀了意恢，我赶走国君而接纳庚舆。"蒲馀侯答应了他。

注释 **1** 简：选拔。上国：指楚国西部地区。因居江河上流，故称上国。 **2** 介特：指单身民众。 **3** 淹滞：指有才德而未任用的人。 **4** 新：指新来客居的士人。叙：列次官位。旧：指已在的士人。 **5** 禄：赏赐俸禄。作动词用。 **6** 物：物色。 **7** 著丘公：即莒君去疾。 **8** 郊公：著丘公的儿子。 **9** 蒲余侯：莒国大夫。

楚令尹子旗有德于王[1]，不知度[2]，与养氏比[3]，而求无厌。王患之。九月甲午，楚子杀鬬成然[4]，而灭养氏之族。使鬬辛居郧[5]，以无忘旧勋。

冬十二月，蒲馀侯兹夫杀莒公子意恢，郊公奔齐。公子铎逆庚舆于齐，齐隰党、公子钼送之，有赂田[6]。

楚国的令尹子旗对楚平王有恩，而不知道限度，和养氏勾结，贪求索取没有满足。楚平王对此很担心。九月初三日，楚平王杀了子旗，灭掉养氏家族。让子旗的儿子鬬辛住在郧地，以示不忘记他父亲过去的功勋。

冬天十二月，蒲馀侯兹夫杀死莒国的公子意恢，郊公逃亡到齐国。公子铎从齐国接回庚舆，齐国的隰党、公子钼送他们，莒国有土田送给齐国。

注释 1德:恩。 2度:限度。 3比:勾结。 4鬬成然:即蔓成然,子旗。5鬬辛:子旗的儿子。 6赂田:赠送的田土。赂,赠送财物等。

晋邢侯与雍子争鄐田[1],久而无成。士景伯如楚,叔鱼摄理[2]。韩宣子命断旧狱[3],罪在雍子。雍子纳其女于叔鱼,叔鱼蔽罪邢侯[4]。邢侯怒,杀叔鱼与雍子于朝。宣子问其罪于叔向,叔向曰:"三人同罪,施生戮死可也[5]。雍子自知其罪,而赂以买直[6];鲋也鬻狱[7];邢侯专杀,其罪一也。己恶而掠美为昏[8],贪以败官为墨[9],杀人不忌为贼[10]。《夏书》曰:'昏、墨、贼,杀。'皋陶之刑也,请从之。"乃施邢侯而尸雍子与叔鱼于市[11]。

晋国的邢侯和雍子争夺鄐地的土田,调解很久都没有结果。士景伯去了楚国,叔鱼代理他的法官职务。韩宣子命令他审理旧案,罪过在雍子一方。雍子把他的女儿嫁给叔鱼,叔鱼判定邢侯有罪。邢侯发怒,在朝廷上杀了叔鱼和雍子。韩宣子向叔向询问如何定他们的罪,叔向说:"三个人罪行相同,活着的杀了然后陈尸,死了的暴露尸体就可以了。雍子知道自己的罪过,却用贿赂的手段换取胜诉;叔鱼呢,接受贿赂而徇私枉法;邢侯则擅自杀人,他们的罪行是一样的。自己丑恶却掠取美名叫作昏乱,贪婪而败坏职守叫作污秽,杀人没有畏惧叫作残酷。《夏书》说:'昏乱、污秽、残酷的人,处死。'这是皋陶的刑法,请依从。"于是杀了邢侯陈尸,把雍子和叔鱼的尸体暴露在集市上。

注释 1邢侯、雍子:晋国臣子,原为楚国人。鄐(chù):晋国邑名。 2摄:代理。理:法官。 3旧狱:旧案。 4蔽罪:判罪。蔽,断罪。 5施:陈尸。戮:暴露尸体。 6买直:指用贿赂的手段换取胜诉。 7鬻狱:指司法官受贿而徇私枉法。 8 掠美：掠取美名。昏：昏乱。 9 墨：污秽，黑暗。10 忌：畏惧。 11 尸：陈尸。

仲尼曰："叔向，古之遗直也。治国制刑，不隐于亲。三数叔鱼之恶，不为末减[1]，曰义也夫[2]，可谓直矣！平丘之会，数其贿也，以宽卫国，晋不为暴。归鲁季孙，称其诈也，以宽鲁国，晋不为虐。邢侯之狱，言其贪也，以正刑书，晋不为颇[3]。三言而除三恶，加三利，杀亲益荣，犹义也夫[4]！"

孔子说："叔向，继承了古代遗留的正直作风。治理国家，掌握刑法，不庇护亲人。三次数说叔鱼的罪恶，不给他减轻，是出于道义啊，可说是正直了！平丘的盟会，指出他的贪财，以宽免卫国，晋国做到了不残暴。让鲁国的季孙意如回国，举出他的欺诈，以宽免鲁国，晋国做到了不欺凌。邢侯这次案件，说明他的贪婪，以使法律公正，晋国做到了不偏颇。三次说话而免除了三次恶政，增加了三项好的政绩，杀了亲人增加了荣誉，是出于道义啊！"

注释 1 末减：薄减，即减轻。 2 曰："由"的误字。由义，等于说行义。3 颇：偏颇。 4 犹：通"由"。

昭公十五年

【经】

十有五年春，王正月，吴子夷末卒。

十五年春天，周历正月，吴君夷末去世。

二月癸酉，有事于武

二月十五日，在鲁武公庙有祭

宫[1]。籥入[2],叔弓卒。去乐,卒事。

夏,蔡朝吴出奔郑。

六月丁巳朔,日有食之。

秋,晋荀吴帅师伐鲜虞。

冬,公如晋。

祀。奏籥的人一进入,叔弓就去世了。撤去音乐,完成祭祀。

夏天,蔡国的朝吴出奔到郑国。

六月初一日,发生日食。

秋天,晋国的荀吴率军队攻打鲜虞。

冬天,昭公前往晋国。

注释 1 有事:指祭祀。武宫:鲁武公庙。 2 籥(yuè):古代一种管乐器。

【传】

十五年春,将禘于武公[1],戒百官。梓慎曰:"禘之日,其有咎乎!吾见赤黑之祲[2],非祭祥也,丧氛也。其在莅事乎[3]!"二月癸酉,禘,叔弓莅事,籥入而卒。去乐,卒事,礼也。

楚费无极害朝吴之在蔡也,欲去之,乃谓之曰:"王唯信子,故处子于蔡。子亦长矣,而在下位,辱,必求之,吾助子请。"又谓其上之人曰:"王唯

十五年春天,将要对鲁武公举行禘祭,告诫百官做好准备。梓慎说:"禘祭的那一天,恐怕会有灾祸吧!我看见红黑色的妖气,那不是祭祀的吉兆,是丧事的凶气。恐怕会发生在主持祭祀的人身上吧!"二月十五日,举行禘祭,叔弓主持祭礼,奏籥的人一进入他就去世了。撤去音乐,把禘祭举行完毕,这是合乎礼的。

楚国的费无极认为朝吴留在蔡国有危害,想要赶走他,就对朝吴说:"君王只相信您,所以把您安置在蔡国。您也算是年长了,却处在低下的职位上,这是耻辱,一定要争取高位,我帮助您请

信吴，故处诸蔡，二三子莫之如也，而在其上，不亦难乎？弗图，必及于难。”夏，蔡人逐朝吴，朝吴出奔郑。王怒，曰：“余唯信吴，故置诸蔡。且微吴，吾不及此，女何故去之？”无极对曰：“臣岂不欲吴？然而前知其为人之异也[4]。吴在蔡，蔡必速飞。去吴，所以翦其翼也。”

求。”又对朝吴的上级官员说：“君王唯独相信朝吴，所以把他安置在蔡国，您几位不如他，而处在他的上级职位上，不也为难吗？不做打算，必定遭受祸难。”夏天，蔡国人赶走朝吴，朝吴逃亡到郑国。楚平王发怒，说：“我只因为相信朝吴，所以把他安置在蔡国。而且如果没有朝吴，我到不了今天这地位，你们为什么赶走他？”费无极回答说：“我难道不想要朝吴？但是早知道他为人怀有异心。朝吴留在蔡国，蔡国肯定很快飞走。赶走朝吴，就是为了剪去它的翅膀。”

注释 1 禘：古代一种祭祀。此指宗庙四时祭祀中的春祭。 2 祲(jīn)：古人以为阴阳二气相侵形成的象征不祥的云气。 3 莅事：指主持祭礼的人。莅，临。 4 异：指有异心。

六月乙丑，王大子寿卒。

秋八月戊寅，王穆后崩[1]。

晋荀吴帅师伐鲜虞，围鼓[2]。鼓人或请以城叛，穆子弗许。左右曰：“师徒不勤[3]，而可以获城，何故不为？”穆子曰：“吾闻诸

六月初九日，周景王的太子寿去世。

秋天八月二十二日，周景王穆后去世。

晋国的荀吴率军队攻打鲜虞，包围鼓国。鼓国有人请求带着城邑叛降，荀吴不答应。左右的人说：“军队不辛劳，却可以获得城邑，为什么不干？”穆子说：“我从叔向那儿听说：‘喜爱和厌恶

叔向曰:‘好恶不愆[4],民知所适,事无不济。’或以吾城叛,吾所甚恶也。人以城来,吾独何好焉?赏所甚恶,若所好何?若其弗赏,是失信也,何以庇民?力能则进,否则退,量力而行。吾不可以欲城而迩奸[5],所丧滋多。”使鼓人杀叛人而缮守备。

没有过错,老百姓知道目标,事情没有不成功的。’若有人带了我们的城邑叛变,是我们所最厌恶的。别人带了城邑前来叛降,我们为何偏偏喜欢呢?奖赏最厌恶的,对所喜爱的怎么办?如果不奖赏,这又是失信,凭什么保护百姓?力量能达到就进,否则就退,估量能力而办事。我不能想要城邑却靠拢奸恶,那样丧失的会更多。”让鼓国人杀了叛降的人并修缮防守设备。

注释 1 穆后:周景王夫人,太子寿的母亲。 2 鼓:国名,当时属鲜虞。3 勤:劳苦。 4 愆:过错。 5 迩:近。

围鼓三月,鼓人或请降。使其民见,曰:“犹有食色,姑修而城。”军吏曰:“获城而弗取,勤民而顿兵[1],何以事君?”穆子曰:“吾以事君也。获一邑而教民怠,将焉用邑?邑以贾怠,不如完旧[2]。贾怠无卒,弃旧不祥。鼓人能事其君,我亦能事吾君。率义不爽[3],好恶不愆,城可获而民知

包围鼓国三个月,鼓国有人请求投降。荀吴让鼓国人来会见,说:“你们还有吃了饭的脸色,暂且去修缮你们的城墙。”军吏说:“得到城邑却不占取,苦了百姓毁了兵器,凭什么侍奉国君?”荀吴说:“这就是我侍奉国君的方法。得到一个城邑而教老百姓懈怠,将哪里用得着这个城邑?用城邑买来懈怠,不如保全原来的不懈怠。买来懈怠没有好结果,抛弃原来的勤勉不吉利。鼓国人能侍奉他们的君主,我也能侍奉我们的君主。遵循道义没有差错,喜爱和厌恶都不过

义所，有死命而无二心，不亦可乎？”鼓人告食竭力尽，而后取之。克鼓而反，不戮一人，以鼓子鸢鞮归[4]。

分，城邑可以得到而老百姓懂得道义所在，肯为君命献身而没有二心，不也可以吗？”鼓国人报告城内粮食吃完，力量耗尽，然后占领了它。荀吴攻下鼓国返国，不杀一个人，带了鼓君鸢鞮回国。

注释 1 顿兵：损坏兵器。 2 完：保全。旧：指旧貌，即不怠。 3 率义：循义。爽：差错。 4 鸢鞮(yuāndī)：鼓国君主名。

冬，公如晋，平丘之会故也。

十二月，晋荀跞如周，葬穆后，籍谈为介。既葬，除丧，以文伯宴[1]，樽以鲁壶。王曰：“伯氏，诸侯皆有以镇抚王室，晋独无有，何也？”文伯揖籍谈，对曰：“诸侯之封也，皆受明器于王室[2]，以镇抚其社稷，故能荐彝器于王[3]。晋居深山，戎狄之与邻，而远于王室，王灵不及[4]，拜戎不暇[5]，其何以献器？”

冬天，鲁昭公前往晋国，这是由于平丘那次盟会的缘故。

十二月，晋国的荀跞去到成周，参加穆后的葬礼，籍谈做副使。安葬完毕，减除丧服，周景王与荀跞宴饮，用鲁国进献的酒壶斟酒。景王说：“伯氏，诸侯都献有用来镇守辅佐王室的贡器，晋国唯独没有，为什么？”荀跞向籍谈作揖，籍谈回答说：“诸侯受封的时候，都在王室接受了明器，来镇守安定他们的国家，所以能进献彝器给天子。晋国处在深山，与戎狄为邻，远离王室，天子的福泽不能到达，让戎狄顺服还来不及，怎么来进献彝器？”

注释 1 以：与。 2 明器：帝王分封诸侯时所赐的宝器祭器，用以明德，故称为明器。 3 彝器：古代青铜祭器的通称。彝，常的意思。 4 灵：福泽。 5 拜戎：使戎顺服。拜，服。

王曰:“叔氏,而忘诸乎?叔父唐叔,成王之母弟也,其反无分乎?密须之鼓[1],与其大路[2],文所以大蒐也;阙巩之甲[3],武所以克商也,唐叔受之以处参虚[4],匡有戎狄。其后襄之二路、戚钺、秬鬯、彤弓、虎贲[5],文公受之,以有南阳之田,抚征东夏,非分而何?夫有勋而不废,有绩而载,奉之以土田,抚之以彝器,旌之以车服[6],明之以文章[7],子孙不忘,所谓福也。福祚之不登[8],叔父焉在?且昔而高祖孙伯黡[9],司晋之典籍,以为大政,故曰籍氏。及辛有之二子董之晋[10],于是乎有董史。女,司典之后也,何故忘之?”籍谈不能对。宾出,王曰:“籍父其无后乎!数典而忘其祖。”

周景王说:“叔氏,你忘了吧?叔父唐叔,是成王的同胞兄弟,难道反而没有分得宝器吗?密须的鼓和它的大车,是文王用来举行大检阅的;阙巩的皮甲,是武王用来攻克商朝的,唐叔接受它们而住在晋国,匡正统有戎狄。那以后周襄王所赐的大路、戎路之车,斧钺、黑黍酿的香酒、红色弓、勇士等,晋文公接受这些,因而拥有南阳的田土,安抚征伐东边各国,这不是分得宝器又是什么?有了功勋就不废弃,有了战绩就记载下来,用土田来奉养他,用彝器来安抚他,用车服来表彰他,用旌旗来显耀他,子孙后代不忘记,这就是所说的福泽。福泽不记住,叔父的心在哪里?而且过去你的远祖孙伯黡,掌管晋国的典籍,来参与国家的重大政事,所以叫作籍氏。等到辛有的次子董到了晋国,于是有了董氏的史官。你,是掌管典籍的史官的后代,为什么忘了这些呢?”籍谈不能回答。客人出去了,周景王说:“籍父恐怕没有能承袭禄位的后代吧!列举典籍却忘了祖宗。”

注释 1 密须:国名。 2 大路:大车。路,通“辂”。 3 阙巩:国名,为周武王所灭。 4 参虚:参星所在的区域,属于实沈星次,为晋国的分野。 5 二路:指大路、戎路。二路与戚钺、秬鬯、彤弓、虎贲,都是周襄王赐给晋文公的。参僖公二十八年《传》及注。 6 旌:表彰。 7 文章:指旌旗。 8 登:记。 9 高祖:指远祖。 10 二子:次子。

籍谈归,以告叔向。叔向曰:“王其不终乎!吾闻之:‘所乐必卒焉[1]。’今王乐忧,若卒以忧,不可谓终[2]。王一岁而有三年之丧二焉,于是乎以丧宾宴,又求彝器,乐忧甚矣,且非礼也。彝器之来,嘉功之由[3],非由丧也。三年之丧,虽贵遂服[4],礼也。王虽弗遂,宴乐以早[5],亦非礼也。礼,王之大经也[6],一动而失二礼,无大经矣。言以考典,典以志经,忘经而多言,举典,将焉用之?”

籍谈回国,把情况告诉叔向。叔向说:“天子恐怕不能善终吧!我听说:‘人必定死在他所喜欢的事上。’如今天子以悲忧为欢乐,如果因为悲忧而死,不可说是善终。天子一年间有两次三年之丧,而在这个时候与吊丧的宾客宴饮,又求取彝器,以忧为乐也算是过分了,而且不合乎礼。彝器的来源,是由于嘉奖功勋,不是由于丧事。三年的服丧,即使贵为天子也要如期服完,这是礼。天子即使不服完,宴饮欢乐也太早了,这也是不合乎礼的。礼,是做天子的大原则,一次举动而违背了两种礼,这就没有了大原则。言语用来稽考典籍,典籍用来记载原则,忘记了原则而言语很多,举出典籍,又有什么用呢?”

注释 1 卒焉:指卒于所乐。卒,死。 2 终:善终,即寿终正寝。 3 嘉功之由:即由嘉功。 4 遂服:指完成服丧。遂,终。 5 以:通“已”,太。 6 经:原则。

昭公十六年

【经】

十有六年春，齐侯伐徐。

楚子诱戎蛮子杀之。

夏，公至自晋。

秋八月己亥，晋侯夷卒。

九月，大雩。

季孙意如如晋。

冬十月，葬晋昭公。

十六年春天，齐景公攻打徐国。

楚平王引诱戎蛮子并杀了他。

夏天，鲁昭公从晋国到达鲁国。

秋天八月二十日，晋昭公夷去世。

九月，举行求雨大祭。

季平子前往晋国。

冬天十月，安葬晋昭公。

【传】

十六年春，王正月，公在晋，晋人止公。不书，讳之也。

齐侯伐徐[1]。楚子闻蛮氏之乱也，与蛮子之无质也[2]，使然丹诱戎蛮子嘉杀之，遂取蛮氏。既而复立其子焉，礼也。

二月丙申，齐师至于蒲隧，徐人行成。徐子及郯

十六年春天，周历正月，昭公在晋国，晋国人扣留了他。《春秋》不记载，是为了隐讳。

齐景公讨伐徐国。楚平王听到蛮氏发生动乱和蛮君没有信用，派然丹引诱戎蛮的君长嘉而杀了他，于是占取了蛮氏。不久以后又立了他的儿子，这是合乎礼的。

二月十四日，齐军到达蒲隧，徐国人求和。徐君和郯人、莒人会见齐

人、莒人会齐侯，盟于蒲隧，赂以甲父之鼎。叔孙昭子曰："诸侯之无伯[3]，害哉！齐君之无道也，兴师而伐远方，会之，有成而还，莫之亢也[4]，无伯也夫！《诗》曰：'宗周既灭，靡所止戾[5]。正大夫离居[6]，莫知我肄[7]。'其是之谓乎！"

景公，在蒲隧订立盟约，把甲父鼎送给齐景公。叔孙婼说："诸侯没有霸主，有危害啊！齐君没有道义，出兵攻打远方国家，会见了他们，订立和约而回国，没有人能抵御，是没有霸主啊！《诗》中说：'宗周已经灭亡，无所止息安定。执政大夫离居分散，没有人知道我们的劳苦。'大概说的就是这种状况吧！"

注释 1此句系错简，当在下文"二月丙申"之后。 2质：诚信。 3伯：长，霸主。 4亢：通"抗"。 5戾：安定。 6正：通"政"。 7肄：劳苦，今诗作"勚"。引诗为《诗经·小雅·雨无正》篇。

三月，晋韩起聘于郑，郑伯享之。子产戒曰："苟有位于朝，无有不共恪[1]。"孔张后至[2]，立于客间，执政御之；适客后，又御之；适县间[3]。客从而笑之。事毕，富子谏曰[4]："夫大国之人，不可不慎也，几为之笑而不陵我[5]？我皆有礼，夫犹鄙我[6]，国而无礼，何以求荣？孔张失位，吾子之耻

三月，晋国的韩宣子到郑国聘问，郑定公宴请他。子产告诫说："如果在朝廷的宴会上有个席位，不要有不恭敬的表现。"孔张后到，站在宾客中间，宴会的工作人员挡住他；去站到客人后面，又挡住他；只好站到悬挂的乐器间隙里。客人们因此笑他。宴礼结束，富子进谏说："大国的人，不可不慎重接待，岂有被他们耻笑而不欺负我们的？我们都做到礼，他们尚且要鄙视我们，国家如果没有礼仪，凭什么求得荣誉？孔张没有站到合适的位置上，这是您的耻辱。"子产发怒说：

也。”子产怒曰：“发命之不衷[7]，出令之不信，刑之颇类[8]，狱之放纷，会朝之不敬，使命之不听，取陵于大国，罢民而无功[9]，罪及而弗知，侨之耻也。孔张，君之昆孙[10]，子孔之后也，执政之嗣也。为嗣大夫，承命以使，周于诸侯，国人所尊，诸侯所知。立于朝而祀于家，有禄于国，有赋于军，丧祭有职，受脤归脤[11]，其祭在庙，已有著位。在位数世，世守其业，而忘其所，侨焉得耻之？辟邪之人而皆及执政，是先王无刑罚也。子宁以他规我[12]。”

“发布命令不恰当，订出法令不讲信用，刑法偏颇有缺陷，诉讼官司放任混乱，盟会朝觐不讲究礼敬，派遣命令没有人听从，招致大国的欺压，使百姓疲困而没有功劳，罪过发生却不知道，这才是我的耻辱。孔张，是国君哥哥的孙子，也就是子孔的后代，执政的继承人。作为嗣大夫，奉命出使，遍使诸侯，国内人民尊敬他，诸侯知道他。他在朝廷有地位，在家里有祭祀的祖庙，在国家有俸禄，对军队有贡赋，丧礼、祭典中有职务，接受祭肉和馈送祭肉，国君的祭祀他在宗庙里辅助，已经有了固定的位置。他家在官位已有几代，世世代代保守自己的家业，如今却忘记了他应在的位置，我怎么能为他感到耻辱？有了邪辟的人就都把罪责推到当政的人身上，这是等于先王没有刑罚了。您还是用别的事来规正我吧！”

注释 1 共：同“恭”。恪：敬。 2 孔张：郑国臣子。 3 县：通“悬”，指悬挂的钟、磬等乐器。 4 富子：郑国大夫。 5 几：岂。 6 鄙我：以我为鄙陋，即鄙视我。 7 不衷：不当。 8 类：通“纇(lèi)”，缺陷。 9 罢：通“疲”。 10 昆：兄。孔张是子孔的孙子，子孔为郑襄公的哥哥。 11 受脤(shèn)：指大夫接受诸侯赐的祭肉。归脤：指大夫将自己祭社用的肉送给诸侯。脤，祭祀用的肉。 12 规：规正。

宣子有环，其一在郑商。宣子谒诸郑伯，子产弗与，曰："非官府之守器也，寡君不知。"子大叔、子羽谓子产曰："韩子亦无几求[1]，晋国亦未可以贰，晋国、韩子不可偷也[2]。若属有谗人交斗其间[3]，鬼神而助之，以兴其凶怒，悔之何及？吾子何爱于一环，其以取憎于大国也？盍求而与之[4]？"子产曰："吾非偷晋而有二心，将终事之，是以弗与，忠信故也。侨闻君子非无贿之难，立而无令名之患。侨闻为国非不能事大字小之难[5]，无礼以定其位之患。夫大国之人令于小国，而皆获其求，将何以给之？一共一否[6]，为罪滋大。大国之求，无礼以斥之，何餍之有？吾且为鄙邑[7]，则失位矣。若韩子奉命以使，而求玉焉，贪淫甚矣，独非罪

韩宣子有副玉环，其中一只在郑国的商人手中。宣子向郑定公请求，子产不给，说："不是公家府库的藏器，寡君不了解。"子太叔、子羽对子产说："韩宣子也没有多少要求，对晋国也不可以有二心，晋国和韩宣子都不可以薄待。要是正好有说坏话的人在中间挑拨，鬼神如果帮助他，来挑起他们的凶恶怨怒，后悔怎么来得及？您何必舍不得一个玉环，而因此招来大国的憎恨？何不找来给他？"子产说："我不是怠慢晋国而有二心，将要始终侍奉它，所以才不给，这是为了忠诚守信的缘故。我听说君子不担心没有财货，而担心立身没有美名。我又听说治理国家不担心不能侍奉大国抚养小国，而担心没有礼仪来确定国家的地位。大国的人对小国发命令，如果都要得到要求的东西，将拿什么供给他们？一次供给一次不供给，招来的罪过就更大。对大国的要求，如果不按礼来斥退它，会有什么满足？我们将成为他们的边邑，那样就失去了国家的地位了。如果韩宣子奉命出使却求取玉环，那么贪婪没有节制也太过分了，难道不是罪过吗？拿出一只玉环来

乎？出一玉以起二罪，吾又失位，韩子成贪，将焉用之？且吾以玉贾罪，不亦锐乎[8]？”

引起两种罪过，我国又失去了地位，韩宣子成为贪婪的人，哪里用得着这样呢？况且我们用玉买来罪过，不也太不合算吗？”

注释 1几：等于说多少。 2偷：刻薄。这里是薄待、怠慢的意思。 3属：正好。交斗：离间。 4盍：何不。 5字：养。 6共：同“供”。 7且：将。鄙邑：边邑。 8锐：细小。

韩子买诸贾人，既成贾矣，商人曰：“必告君大夫。”韩子请诸子产曰：“日起请夫环，执政弗义，弗敢复也。今买诸商人，商人曰必以闻，敢以为请。”子产对曰：“昔我先君桓公与商人皆出自周，庸次比耦[1]，以艾杀此地[2]，斩之蓬蒿藜藋而共处之。世有盟誓，以相信也，曰：‘尔无我叛，我无强贾，毋或丐夺[3]。尔有利市宝贿，我勿与知。’恃此质誓[4]，故能相保以至于今。今吾子以好来辱，而谓敝邑强夺商人，是教

韩宣子从商人手中购买玉环，已经成交了，商人说：“一定要报告给君主的大夫。”韩宣子向子产请求说：“往日我请求那玉环，您认为不合道理，不敢再请求了。如今从商人手中购买，商人说一定要报告，冒昧地向您请求这件事。”子产回答说：“过去我们先君桓公和商人们都从周朝出来，更递相代，共同配合，来开垦这块土地，斩除蓬蒿藜藋等杂草而一块住在这里。世世代代订有盟誓，以互相信赖，说：‘你们不要背叛我，我不强买你们的商品，也不乞求，不掠夺。你们有赢利的买卖和珍宝财货，我不干预过问。’靠着这诚信的盟誓，所以能相安无事直到今天。现在您友好来访，却告诉敝国去强夺商人的财货，这是教敝国背叛盟誓，恐怕不可以吧！

敝邑背盟誓也，毋乃不可乎！吾子得玉，而失诸侯，必不为也。若大国令，而共无艺[5]，郑鄙邑也，亦弗为也。侨若献玉，不知所成，敢私布之。”韩子辞玉，曰：“起不敏，敢求玉以徼二罪[6]？敢辞之。”

您得到玉环而失去诸侯，肯定不会干。如果大国有命令，让我们供给财物而没有定准，把郑国当成它的边邑，我们也是不干的。我如果献上玉环，不知道那样做的好处，因此冒昧地私下向您表白。”韩宣子退掉玉环，说：“我不聪明，岂敢求取玉环来求得两种罪过？谨让我退回去。”

注释 1 庸次：更递相代。比耦：相并、配合之意。 2 艾杀：割除。艾，通“刈”。 3 丐：乞求。 4 质：诚信。 5 共：同“供”。艺：度，准则。 6 徼：求取。

夏四月，郑六卿饯宣子于郊，宣子曰：“二三君子请皆赋，起亦以知郑志。”子齹赋《野有蔓草》[1]，宣子曰：“孺子善哉！吾有望矣。”子产赋郑之《羔裘》[2]，宣子曰：“起不堪也。”子大叔赋《褰裳》[3]，宣子曰：“起在此，敢勤子至于他人乎！”子大叔拜，宣子曰：“善哉，子之言是！不有是事，其能终乎！”子游赋《风雨》[4]，子旗赋《有

夏天四月，郑国六位大卿在郊外为韩宣子饯行，宣子说：“诸位君子请都吟诵一首诗，我也凭这了解郑国的打算。”子齹赋《野有蔓草》，韩宣子说：“年轻人好啊！我有希望了。”子产吟诵《郑风》中的《羔裘》一诗，韩宣子说：“我不敢当。”子太叔吟诵《褰裳》，韩宣子说：“我在这里，岂敢劳驾您到别人那儿去！”子太叔拜谢，韩宣子说：“您吟诵这首诗，好啊！没有这回事的话，恐怕不能始终友好啊！”子游吟诵《风雨》，子旗吟诵《有女同车》，子柳吟诵《萚兮》，韩宣子高

女同车》[5]，子柳赋《萚兮》[6]，宣子喜曰：'郑其庶乎[7]！二三君子以君命贶起，赋不出郑志[8]，皆昵燕好也[9]。二三君子数世之主也，可以无惧矣。"宣子皆献马焉，而赋《我将》[10]。子产拜，使五卿皆拜，曰："吾子靖乱，敢不拜德？"宣子私觐于子产以玉与马，曰："子命起舍夫玉，是赐我玉而免吾死也，敢不借手以拜？"

兴地说："郑国差不多会治理好了吧！诸位君子用国君的名义款待我，吟诵诗篇不超出《郑风》，都亲密友好。各位君子都是几代相传的大夫，可以不必忧惧了。"韩宣子都给他们献了马，并吟诵《我将》一诗。子产拜谢，让其他五位卿都行拜礼，说："您平定动乱，岂敢不拜谢您的恩德？"韩宣子私下带着玉和马进见子产，说："您命令我舍弃那个玉环，这等于是赐给我玉而免除我一死，岂敢不借此来拜谢您？"

注释 1 子齹(cuó)：子皮的儿子婴齐。《野有蔓草》：《诗经·郑风》篇名。赋此诗是取"邂逅相遇，适我愿兮"之意。 2 郑之《羔裘》：即《诗经·郑风》中的《羔裘》篇。赋此诗取"彼其之子，舍命不渝""彼其之子，邦之司直""彼其之子，邦之彦兮"等句，以赞美韩宣子。 3《褰裳》：《诗经·郑风》篇名。赋此诗取"子惠思我，褰裳涉溱。子不我思，岂无他人？"等句意。 4 子游：驷带的儿子驷偃。《风雨》：《诗经·郑风》篇名。赋此诗是取"既见君子，云胡不夷"的意思。 5 子旗：公孙段之子丰施。《有女同车》：《诗经·郑风》篇名。赋此诗取"洵美且都"的句子以赞美宣子。 6 子柳：印段的儿子。《萚兮》：《诗经·郑风》篇名。赋此诗取"倡予和女"的意思。 7 庶：庶几，差不多。指治理得差不多。 8 郑志：指《诗经·郑风》。 9 昵：亲密。燕好：友好。 10《我将》：《诗经·周颂》篇名。赋此诗取"日靖四方，我其夙夜，畏天之威"的意思。

公至自晋，子服昭伯语季平子曰：“晋之公室其将遂卑矣[1]。君幼弱，六卿强而奢傲，将因是以习[2]，习实为常，能无卑乎？”平子曰：“尔幼，恶识国[3]？”

秋八月，晋昭公卒。九月，大雩，旱也。

郑大旱，使屠击、祝款、竖柎有事于桑山[4]。斩其木，不雨。子产曰：“有事于山，蓺山林也[5]，而斩其木，其罪大矣。”夺之官邑。

冬十月，季平子如晋葬昭公，平子曰：“子服回之言犹信[6]，子服氏有子哉！”

鲁昭公从晋国回到国内，子服昭伯告诉季孙意如说：“晋国的公室恐怕将终究衰微了。国君年幼力弱，六卿强大而奢侈骄傲，将会因此形成习惯，习惯而成常规，能不衰微吗？”季孙意如说：“你还小，哪里知道国家的事？”

秋天八月，晋昭公去世。九月，举行求雨大祭，是因为天旱。

郑国大旱，派屠击、祝款、竖柎在桑山举行祭祀。砍去山上的树木，不下雨。子产说：“在山上举行祭祀，应当培植山林，却砍去山上的树木，他们的罪过大了。”取消了他们的官职封邑。

冬天十月，季孙意如前往晋国参加晋昭公的葬礼，他说：“子服昭伯的话还可信，子服家有个好儿子啊！”

注释　1 遂：终竟。　2 习：习惯。　3 恶(wū)：何。　4 屠击、祝款、竖柎：三人都是郑国大夫。　5 艺：培植。　6 子服回：子服昭伯。

昭公十七年

【经】

十有七年春，小邾子来朝。

夏六月甲戌朔，日有食之。

秋，郯子来朝。

八月，晋荀吴帅师灭陆浑之戎。

冬，有星孛于大辰[1]。

楚人及吴战于长岸[2]。

十七年春天，小邾穆公前来朝见。

夏天六月初一日，发生日食。

秋天，郯君前来朝见。

八月，晋国的荀吴率军队灭亡了陆浑之戎。

冬天，在大火星旁有彗星出现。

楚国人与吴国在长岸交战。

注释 1 孛(bèi)：彗星。大辰：大火星。 2 长岸：吴国地名。

【传】

十七年春，小邾穆公来朝，公与之燕[1]。季平子赋《采叔》[2]，穆公赋《菁菁者莪》[3]。昭子曰："不有以国，其能久乎？"

夏六月甲戌朔，日有食之，祝史请所用币。昭

十七年春天，小邾穆公前来朝见，昭公和他宴饮。季孙意如吟诵《采菽》，穆公吟诵《菁菁者莪》。叔孙婼说："没有治理国家的人才，难道能长久吗？"

夏天六月初一日，发生日食，祝史请求用来祭祀的祭品。叔孙婼说："发生日食，天子不举行宴享，在土神庙击

子曰:“日有食之,天子不举,伐鼓于社[4];诸侯用币于社,伐鼓于朝,礼也。”平子御之[5],曰:“止也。唯正月朔,慝未作[6],日有食之,于是乎有伐鼓用币,礼也。其余则否。”大史曰:“在此月也。日过分而未至,三辰有灾[7],于是乎百官降物[8],君不举,辟移时,乐奏鼓,祝用币,史用辞。故《夏书》曰:‘辰不集于房[9],瞽奏鼓[10],啬夫驰[11],庶人走。’此月朔之谓也。当夏四月,是谓孟夏。”平子弗从。昭子退曰:“夫子将有异志,不君君矣。”

鼓;诸侯在土神庙用祭品祭祀,在朝廷上击鼓,这是礼制。”季孙意如禁止这样做,说:“算了吧。只有周正六月初一,阴气没有兴起,发生日食,在这时击鼓用祭品,这是礼制。其余的时候就不这样。”太史说:“就是在这个月。太阳过了春分而没有到夏至,日、月、星发生灾变,在这时候百官脱去朝服穿上素服,国君不举行宴享,避离正寝,躲过日食的时间,乐工击鼓,祝史用祭品,史官使用辞令。所以《夏书》说:‘日月交会不处在正常的位置上,乐师击鼓,啬夫驰车,百姓奔跑。’这就是说的本月初一。正当夏历四月,这就叫作孟夏。”季孙意如不听。叔孙婼退出来说:“那个人将有别的心思,不把国君当作君主了。”

注释 1 燕:通“宴”。 2《采叔》:《诗经·小雅》篇名,今作《采菽》。赋此诗取“君子来朝,何锡与之”的意思。 3《菁菁者莪》:《诗经·小雅》篇名。赋此诗取“既见君子,乐且有仪”以答《采菽》。 4 伐鼓:击鼓。 5 御:禁。 6 慝:通“匿”,隐藏。此指伏藏的阴气。 7 三辰:指日、月、星。 8 降物:意同“降服”,指脱下朝服,改穿素服。 9 辰:指日月交会。集:安。 10 瞽:指乐师。 11 啬夫:乡官,掌诉讼、税赋等。

秋,郯子来朝,公与

秋天,郯子来鲁国朝见,昭公和他

之宴。昭子问焉,曰:“少皞氏鸟名官,何故也?”郯子曰:“吾祖也,我知之。昔者黄帝氏以云纪,故为云师而云名[1]。炎帝氏以火纪,故为火师而火名。共工氏以水纪,故为水师而水名。大皞氏以龙纪,故为龙师而龙名。我高祖少皞挚之立也,凤鸟适至,故纪于鸟,为鸟师而鸟名。凤鸟氏,历正也。玄鸟氏,司分者也[2]。伯赵氏,司至者也[3]。青鸟氏,司启者也[4]。丹鸟氏,司闭者也[5]。祝鸠氏,司徒也。鴡鸠氏[6],司马也。鳲鸠氏,司空也。爽鸠氏,司寇也。鹘鸠氏,司事也。五鸠,鸠民者也[7]。五雉,为五工正,利器用,正度量,夷民者也[8]。九扈,为九农正,扈民无淫者也[9]。由颛顼以来,不能纪远,乃纪于近,

一起宴饮。叔孙婼问他说:“少皞氏用鸟名作官名,是什么原因?”郯子说:“他是我的祖先,我知道这个。从前黄帝因为云的吉兆而治理政事,所以设立官长就以云名作官名。炎帝因为火的吉兆而治理政事,所以设立官长就以火名作官名。共工因为水的吉兆而治理政事,所以设立官长就以水名作官名。大皞氏因为龙的吉兆而治理政事,所以设立官长就以龙名作官名。到我们远祖少皞挚即位时,凤凰恰好飞到,所以就由鸟而治理政事,设立官长就以鸟名作官名。凤鸟氏,是掌管历法的官。玄鸟氏,是掌管春分、秋分的官。伯赵氏,是掌管夏至、冬至的官。青鸟氏,是掌管立春、立夏的官。丹鸟氏,是掌管立秋、立冬的官。祝鸠氏,就是司徒。鴡鸠氏,就是司马。鳲鸠氏,就是司空。爽鸠氏,就是司寇。鹘鸠氏,就是司事。这五个鸠氏,是聚集百姓的。五雉,则是五种管理工匠的官长,是改进器物用具,校正度量衡器,安定百姓的官。九扈,则是九种管理农业的官长,是禁止老百姓放纵的官。从颛顼以来,不能治理远方,就从近处百姓开始治理,设立管理百姓

为民师而命以民事，则不能故也。”仲尼闻之，见于郯子而学之。既而告人曰：“吾闻之，天子失官，官学在四夷，犹信。”

的官长而拿百姓的事务来命名，就不能照过去那样了。”孔子听说这件事，进见郯子向他学习。后来告诉别人说：“我听说，天子失去了关于立官的礼制，就在四方小国那儿学，这还是可信的。”

注释 1 相传黄帝受命时天上有云的吉兆，所以设立百官的首长都以云为名。下文炎帝、共工、大皞氏、少皞挚等也属此类传说，并非信史。不另注。师：长。 2 分：指春分、秋分。 3 至：指夏至、冬至。 4 启：指立春、立夏。 5 闭：指立秋、立冬。 6 鶋：音 jū。 7 鸠民：聚集百姓。鸠，聚集。 8 夷：平，安定。 9 扈：制止。

晋侯使屠蒯如周[1]，请有事于洛与三涂[2]。苌弘谓刘子曰：“客容猛，非祭也，其伐戎乎！陆浑氏甚睦于楚，必是故也。君其备之！”乃警戒备。九月丁卯，晋荀吴帅师涉自棘津，使祭史先用牲于洛[3]。陆浑人弗知，师从之。庚午，遂灭陆浑，数之以其贰于楚也。陆浑子奔楚，其众奔甘鹿[4]。周大获。宣子梦文公携荀吴而授之陆浑，故使穆

晋顷公派屠蒯前往周朝，请求祭祀洛水和三涂山。苌弘对刘子说：“来客面容凶猛，不是要祭祀山川，恐怕是进攻戎人吧！陆浑氏和楚国非常友好，肯定是这个缘故。您还是防备点吧！”于是为防备戎人而加强警戒。九月二十四日，晋国的荀吴率军队从棘津徒步过河，让祭史先用牲祭祀洛水。陆浑人不知道，军队就跟着进攻。二十七日，就灭亡了陆浑，指责他们对晋国有二心而亲附楚国。陆浑君逃亡到楚国，他的部众逃亡到甘鹿。周朝俘获了许多逃亡的陆浑戎人。韩宣子梦见晋文公拉着荀吴而把陆浑交付给他，所以就派荀

子帅师,献俘于文宫[5]。

吴领兵,到文公庙祭献俘虏。

注释 1 屠蒯:晋国臣子,昭公九年《传》记载为晋侯膳宰。 2 有事:指祭祀。 3 祭史:主持祭祀的官。 4 甘鹿:陆浑附近地名。 5 文宫:指晋文公庙。

冬,有星孛于大辰,西及汉。申须曰[1]:“彗所以除旧布新也。天事恒象,今除于火[2],火出必布焉,诸侯其有火灾乎!”梓慎曰:“往年吾见之,是其征也。火出而见,今兹火出而章[3],必火入而伏。其居火也久矣,其与不然乎[4]?火出,于夏为三月,于商为四月,于周为五月。夏数得天[5],若火作,其四国当之,在宋、卫、陈、郑乎!宋,大辰之虚也[6];陈,大皞之虚也;郑,祝融之虚也,皆火房也。星孛及汉,汉,水祥也[7]。卫,颛顼之虚也,故为帝丘。其星为大水,水,火之牡也。其以丙子

冬天,有彗星出现在大火星旁,光芒向西延伸到银河。申须说:“扫帚是用来除旧布新的。天上的事情常常有所象征,现在对大火星进行扫除,大火星再出现时必定布散成灾,诸侯恐怕会发生火灾吧!”梓慎说:“去年我见到它,这就是它的征兆了。去年大火星出现而见到彗星,今年大火星出现而彗星更加明亮,一定是在大火星消失时潜伏起来。与大火星处在一起很久了,难道不是这样吗?大火星出现,在夏历是三月,在商历是四月,在周历是五月。夏代的历数符合天时,如果发生火灾,恐怕是四个国家承当,也就是宋、卫、陈、郑四国吧!宋国,是大火星的分野;陈国,是太皞的分野;郑国,是祝融的分野,都是大火星居处的地方。彗星的光芒到达银河,银河,是水的征象。卫国,是颛顼的分野,所以称为帝丘。和卫国相配的星是大水,水,是火的雄性配偶。大概会在丙子日或者壬午

若壬午作乎[8]！水火所以合也。若火入而伏，必以壬午，不过其见之月。”郑裨灶言于子产曰：“宋、卫、陈、郑将同日火，若我用瓘斝玉瓒[9]，郑必不火。”子产弗与。

日发生火灾吧！那是水火相会合的日子。如果大火星消失而彗星潜伏，一定在壬午日，不会超过它出现的那个月。”郑国的裨灶对子产说：“宋、卫、陈、郑四国将在同一天发生火灾，如果我们用瓘斝、玉瓒祭祀，郑国一定不会发生火灾。”子产不赞成。

注释 1 申须：鲁国大夫。 2 火：大火，星名。 3 章：同“彰”，明。 4 其：岂。与：助词，无义。 5 数：历数。 6 虚：处所，分野。 7 祥：预兆，征象。 8 若：或者。 9 瓘斝(guànjiǎ)：即灌尊，祭祀用的酒器。玉瓒：祭祀时用来灌酒的勺。因其以玉为柄，故称“玉瓒”。

吴伐楚，阳匄为令尹[1]，卜战，不吉。司马子鱼曰：“我得上流[2]，何故不吉？且楚故，司马令龟[3]，我请改卜。”令曰：“鲂也以其属死之，楚师继之，尚大克之。”吉。战于长岸，子鱼先死，楚师继之，大败吴师。获其乘舟馀皇[4]，使随人与后至者守之，环而堑之[5]，及泉，盈其隧炭，陈以待命[6]。吴公子光请于其

吴国攻打楚国，阳匄做令尹，卜问战争的胜负，结果不吉利。司马子鱼说：“我们处在上游，怎么会不吉利？而且按楚国旧例，是由司马在占卜前报告所要卜问的事情，我请求重新占卜。”报告说：“我率领我的部属拼死一战，楚国的大军跟上去，希望大获全胜。”占卜结果吉利。于是在长岸交战，子鱼首先战死，楚军跟上去，大败吴军。缴获他们一条叫馀皇的乘船，派随国人和后到的人看守它，围绕着船挖一道堑壕，深及泉水，里面填满木炭，摆好阵势等待命令。吴国的公子光向他的部众请求说：“丢掉了先王的乘

众,曰:"丧先王之乘舟,岂唯光之罪,众亦有焉。请借取之以救死。"众许之。使长鬣者三人潜伏于舟侧[7],曰:"我呼馀皇,则对。师夜从之。"三呼,皆迭对,楚人从而杀之。楚师乱,吴人大败之,取馀皇以归。

船,难道只是我的罪过,你们大家也有份的。请让我凭借你们的力量夺取回来以挽救死罪。"部众答应了他。于是派遣三个高大健壮的人偷偷埋伏在船旁,说:"我喊馀皇,你们就回答,军队在晚上再跟上去。"喊了三声,埋伏的人都交替回答,楚国人循声跟上去把他们杀了。楚军大乱,吴国人大败楚军,夺取馀皇船带回去。

注释 1 阳匄:即子瑕,楚令尹。 2 上流:上游。 3 令龟:即命龟。占卜前向神报告所要卜问的事叫作命龟。 4 馀皇:乘舟的名称。 5 堑:挖堑壕。名词作动词用。 6 陈:通"阵"。 7 长鬣者:高大健壮的人。

昭公十八年

【经】

十有八年春,王三月,曹伯须卒。

夏五月壬午,宋、卫、陈、郑灾[1]。

六月,邾人入鄅[2]。

秋,葬曹平公。

冬,许迁于白羽[3]。

十八年春天,周历三月,曹平公须去世。

夏天,五月十三日,宋国、卫国、陈国、郑国发生火灾。

六月,邾国人进入鄅国。

秋天,安葬曹平公。

冬天,许国迁移到白羽。

注释 1灾:指火灾。 2鄅(yǔ):国名。 3白羽:楚国地名,又叫“析”,见《传》文。

【传】

十八年春,王二月乙卯,周毛得杀毛伯过而代之[1]。苌弘曰:“毛得必亡,是昆吾稔之日也[2],侈故之以[3]。而毛得以济侈于王都,不亡何待?”

十八年春天,周历二月十五,周朝的毛得杀了毛伯过而取代他的地位。苌弘说:“毛得必定逃亡,这一天是昆吾恶贯满盈的日子,是因为他骄横的缘故。而毛得在周王的都城里以骄横成事,不逃亡还等待什么?”

三月,曹平公卒。

三月,曹平公去世。

夏五月,火始昏见。丙子,风。梓慎曰:“是谓融风[4],火之始也。七日,其火作乎!”戊寅,风甚。壬午,大甚。宋、卫、陈、郑皆火。梓慎登大庭氏之库以望之,曰:“宋、卫、陈、郑也。”数日皆来告火。禆灶曰:“不用吾言[5],郑又将火。”郑人请用之,子产不可。子大叔曰:“宝以保民也,若有火[6],国几亡。可以救

夏天五月,大火星在黄昏开始出现,初七日,开始刮风。梓慎说:“这叫作融风,是火灾的开始。过七天,火灾恐怕会发生了吧!”初九日,风厉害起来。十四日,刮得更加厉害。宋国、卫国、陈国、郑国都发生火灾。梓慎登上大庭家的库房眺望,说:“是宋国、卫国、陈国、郑国起火。”一连几天都有来报告火灾的。禆灶说:“不采用我说的办法,郑国又会发生火灾。”郑国人请求采用他的话,子产不同意。子太叔说:“宝物是用来安定人民的,如果有火灾,国家都差不多会灭亡。可以用来挽救灭亡,

亡，子何爱焉？”子产曰：“天道远，人道迩，非所及也，何以知之？灶焉知天道？是亦多言矣，岂不或信[7]？”遂不与，亦不复火。

您何必舍不得呢？”子产说：“天象幽远，人世间的道理切近，两者并不相干，凭什么知道它们的关系？裨灶怎么会知道天象？这个人也是话太多了，难道不会偶然言中？”终究没有采用他的办法，也没再发生火灾。

注释 1 毛得、毛伯过：都是周朝臣子。 2 稔：成熟。此指罪恶盈满。 3 侈故之以：即以侈故。 4 融风：指春天刮的东北风。 5 裨灶建议用瓘斝、玉瓒祭祀，见昭公十七年《传》。 6 有：通“又”。 7 信：诚。这里指言中。

郑之未灾也，里析告子产曰[1]：“将有大祥[2]，民震动，国几亡。吾身泯焉，弗良及也[3]。国迁，其可乎？”子产曰：“虽可，吾不足以定迁矣。”及火，里析死矣，未葬，子产使舆三十人迁其柩[4]。

郑国没有发生火灾的时候，里析报告子产说：“将发生大灾变，百姓会震惊骚动，国家差不多会灭亡。我自己那时已经死了，不能等到发生灾变。迁移国都，可以吗？”子产说：“即使可以，我无法决定迁都的事。”等到火灾发生，里析死了，还没安葬，子产派三十个舆人迁走他的棺柩。

火作，子产辞晋公子、公孙于东门，使司寇出新客，禁旧客勿出于宫。使子宽、子上巡群屏摄[5]，至于大宫。使公孙登徙大龟。使祝史徙主祏于周

火灾发生，子产在东门辞退晋国的公子、公孙，让司寇把新来的客人送出去，禁止到来已久的宾客从客馆中出来。派子宽、子上巡视各祭神之处，直到大宫。派公孙登搬走占卜用的大龟。派祝史把安放神主的石匣搬迁到周庙，

庙[6]，告于先君。使府人、库人各儆其事。商成公儆司宫[7]，出旧宫人，置诸火所不及。司马、司寇列居火道，行火所焮[8]。城下之人伍列登城。明日，使野司寇各保其征，郊人助祝史除于国北[9]，禳火于玄冥、回禄[10]，祈于四鄘[11]。书焚室而宽其征，与之材。三日哭，国不市。使行人告于诸侯。宋、卫皆如是。陈不救火，许不吊灾，君子是以知陈、许之先亡也。

并向先君报告。派府人、库人各自警戒他们的职责范围。派商成公警戒管理后宫的官员，把先公的宫女迁出来，安置到大火烧不到的地方。司马、司寇分布在火道上，巡视火烧到的地方。城下的人列队登城。第二天，派野司寇分别管束他们征来的徒役，郊人帮助祝史在国都北面清除地面设置祭坛，祭祀水神、火神以攘除火灾，又在四边城墙上祈祷。记载烧毁的房屋以宽免他们的赋税，发给他们建房材料。郑国臣民哭了三天，国都内停止买卖。派行人向诸侯报告灾情。宋国、卫国都像这样。陈国不救火，许国不慰问灾民，君子因此推知陈国、许国将首先灭亡。

注释　1 里析：郑国大夫。　2 祥：灾变。　3 良：能。　4 舆：下级仆隶，即人分十等中的第六等。参昭公七年《传》。　5 子宽：游吉的儿子，与子上都是郑国大夫。屏摄：祭神的地方。　6 主祏(shí)：安放神主的石室。　7 商成公：郑国大夫。儆：警戒，戒备。司宫：管理后宫事务的官。　8 焮(xìn)：烧，灼。　9 除：清扫地面设置祭坛。　10 禳：攘除灾祸的祭祀。玄冥：水神。回禄：火神。　11 鄘(yōng)：通“墉”，城墙。

六月，鄅人藉稻[1]，邾人袭鄅。鄅人将闭门，邾人羊罗摄其首焉[2]，

六月，鄅国国君巡视藉田的稻子，邾国人偷袭鄅国。鄅国人打算关闭城门，邾国人羊罗把关门人的头砍下用手提

遂入之,尽俘以归。郳子曰:“余无归矣。”从帑于邾[3],邾庄公反郳夫人,而舍其女。

着,于是进入城内,全部俘虏了郳国臣民带回去。郳国国君说:“我没有地方可回了。”跟随妻子儿女到了邾国,邾庄公归还他的夫人,而留下他的女儿。

秋,葬曹平公。往者见周原伯鲁焉[4],与之语,不说学[5]。归以语闵子马[6],闵子马曰:“周其乱乎!夫必多有是说,而后及其大人。大人患失而惑,又曰:‘可以无学,无学不害。’不害而不学,则苟而可,于是乎下陵上替[7],能无乱乎?夫学,殖也[8],不学将落,原氏其亡乎!”

秋天,安葬曹平公。鲁国前去参加葬礼的人在那儿见到周朝的原伯鲁,和他说话,他说到不喜欢学习。回国后把这事告诉闵子马,闵子马说:“周朝恐怕要发生动乱了吧!一定有很多人有这种说法,然后才影响到他们当权的人。当权的人担心失去官位而不明事理,又说:‘可以不要学习,不学习没有害处。’没有害处而不学习,就苟且马虎而满足,于是在下的人凌驾于在上的,在上的人荒废懈怠,能不发生动乱吗?学习,就好像种植,不学习就将堕落,原氏恐怕要灭亡了吧!”

注释 1藉稻:是指巡视藉田之稻。 2摄:指砍下用手提着。 3帑:通“孥”,妻子儿女。 4原伯鲁:周朝大夫。 5说:同“悦”。 6闵子马:鲁国臣子。 7陵:凌驾。替:废弛。 8殖:种植。

七月,郑子产为火故,大为社,祓禳于四方[1],振除火灾[2],礼也。乃简兵大蒐,将为蒐除[3]。

七月,郑国子产因为火灾的缘故,大修社庙,祭祀四方之神以除灾求福,救治火灾,这是合乎礼的。于是挑选士兵举行大规模检阅,准备为检阅清除场

子大叔之庙在道南，其寝在道北，其庭小。过期三日，使除徒陈于道南庙北，曰："子产过女而命速除，乃毁于而乡[4]。"子产朝，过而怒之，除者南毁。子产及冲[5]，使从者止之曰："毁于北方。"

地。子太叔的家庙在路南，他的住房在路北，他的庭院很小。超过拆迁期限三天，他让清除场地的徒卒排列在路南庙北，说："子产经过你们这里而命令赶快拆除时，就朝你们面向的南边拆除。"子产上朝，经过那里而对此感到愤怒，清除场地的徒卒就朝南边毁庙。子产赶到交叉街口，派随从人员制止他们，说："朝北边拆毁。"

火之作也，子产授兵登陴[6]，子大叔曰："晋无乃讨乎？"子产曰："吾闻之，小国忘守则危，况有灾乎？国之不可小，有备故也。"

火灾发生的时候，子产发放兵器登上城墙，子太叔说："这样晋国恐怕会来讨伐吧？"子产说："我听说，小国忘记防守就危险，何况有火灾呢？国家不可轻视，就是有防备的缘故。"

注释 1 祓禳(fúráng)：除灾求福的祭祀。 2 振除：救治。 3 除：清除场地。 4 乡：同"向"。这里指除徒们所面向的子太叔之庙。 5 冲：四通八达的路口。 6 陴(pí)：城上矮墙。

既，晋之边吏让郑曰："郑国有灾，晋君、大夫不敢宁居，卜筮走望，不爱牲玉。郑之有灾，寡君之忧也。今执事撊然授兵登陴[1]，将以谁罪？边人恐惧，不敢不告。"

发放兵器不久，晋国的边境官员责备郑国说："郑国有了火灾，晋国的君主、大夫都不敢安居，卜问占筮，遍祭山川，不吝惜牺牲玉帛。郑国有火灾，是寡君的忧虑。现在执事气势汹汹地发放兵器登上城墙，打算拿来治谁的罪？边境上的人感到害怕，不敢不向您报告。"子产

子产对曰："若吾子之言，敝邑之灾，君之忧也。敝邑失政，天降之灾，又惧谗慝之间谋之，以启贪人，荐为敝邑不利[2]，以重君之忧。幸而不亡，犹可说也；不幸而亡，君虽忧之，亦无及也。郑有他竟[3]，望走在晋。既事晋矣，其敢有二心？"

回答说："正像您说的，敝邑的灾害，是贵君的忧虑。敝邑政治不当，上天降下灾祸，又担心进谗言的人挑拨离间，邪恶的人打敝邑的主意，而引起贪婪之人的贪心，频繁造成敝邑的不利，来加重贵君的忧虑。幸而不被灭亡，还可以值得庆幸；不幸而被灭亡，贵君即使为敝邑忧虑，也来不及了。郑国也与其他国家边境相邻，但能仰望投奔的只有晋国。已经侍奉晋国了，岂敢有二心？"

注释 1 撊(xiàn)然：气势凶猛的样子。 2 荐：重，频繁。 3 竟：同"境"。

楚左尹王子胜言于楚子曰："许于郑，仇敌也，而居楚地，以不礼于郑。晋、郑方睦，郑若伐许，而晋助之，楚丧地矣。君盍迁许[1]？许不专于楚，郑方有令政[2]。许曰：'余旧国也。'郑曰：'余俘邑也。'叶在楚国[3]，方城外之蔽也。土不可易[4]，国不可小，许不可俘，仇不可启[5]。君其图之！"

楚国左尹王子胜对楚平王说："许国对于郑国，是仇敌，而处在楚国领土中，因而对郑国不礼貌。晋国和郑国正和睦友好，郑国如果攻打许国，而晋国又帮助它，楚国就丧失土地了。君王何不迁走许国？许国不专属于楚国，郑国方能施行好的政治。许国说：'郑国是我们的旧都所在地。'郑国说：'许国是我们俘获的城邑。'叶地在楚国来说，是方城山外的屏障。领土不可轻视，国家不可小看，许国不可俘获，仇恨不可引起。君王考虑一下吧！"楚平王很高兴。冬天，

楚子说。冬，楚子使王子胜迁许于析，实白羽。

楚平王派王子胜把许国迁到析地，也就是白羽。

注释 1盍：何不。 2令政：善政。 3叶：楚国邑名。此时为许国都城。4易：轻视。 5启：诱发，引起。

昭公十九年

【经】

十有九年春，宋公伐邾。

夏五月戊辰，许世子止弑其君买。

己卯，地震。

秋，齐高发帅师伐莒。

冬，葬许悼公。

十九年春天，宋元公攻打邾国。

夏天五月初五日，许国的太子止杀了他的君主许悼公。

十六日，发生地震。

秋天，齐国的高发领兵攻打莒国。

冬天，安葬许悼公。

【传】

十九年春，楚工尹赤迁阴于下阴[1]，令尹子瑕城郏。叔孙昭子曰："楚不在诸侯矣，其仅自完也[2]，以持其世而已。"

楚子之在蔡也，郹

十九年春天，楚国的工尹赤把阴城迁到下阴，令尹子瑕在郏地筑城。叔孙婼说："楚国的意图不在诸侯了，恐怕仅仅能保全自己，以保持它的世代相传罢了。"

楚平王先前在蔡国的时候，郹阳封人的女儿私奔到他那儿，生了太子建。等

阳封人之女奔之[3],生大子建。及即位,使伍奢为之师,费无极为少师。无宠焉,欲谮诸王,曰:“建可室矣[4]。”王为之聘于秦,无极与逆,劝王取之。正月,楚夫人嬴氏至自秦。

到楚平王即位,派伍奢做他的师傅,费无极做少师。费无极在太子建那儿不受宠信,想要在楚平王面前说坏话诬陷他,就说:“太子建可以娶妻了。”楚平王为他到秦国行聘娶亲,费无极参加了迎亲,劝楚平王自己娶了那个秦国女子。正月,楚夫人嬴氏从秦国来到楚国。

鄅夫人,宋向戌之女也,故向宁请师[5]。二月,宋公伐邾,围虫[6]。三月,取之,乃尽归鄅俘。

鄅夫人是宋国向戌的女儿,所以向宁请求宋公发兵攻打邾国。二月,宋元公攻打邾国,包围虫地。三月,占取虫地,就把邾国原来抓来的鄅国俘虏全部放了回去。

注释 1 工尹:即工正,管理各种工匠的官。阴:周朝邑名,这里指阴地的戎人。下阴:楚国地名。 2 完:保全。 3 郹(jú)阳:蔡国邑名。奔:私奔。 4 室:用为动词,立室,即娶妻。 5 向宁:向戌的儿子。 6 虫:邾国邑名。

夏,许悼公疟[1]。五月戊辰,饮大子止之药,卒。大子奔晋。书曰:“弑其君。”君子曰:“尽心力以事君,舍药物可也。”

夏天,许悼公患了疟疾。五月初五日,喝了太子止的药,死了。太子止逃亡到晋国。《春秋》记载说:“弑其君。”君子说:“尽心尽力地侍奉君主,不进献药物是可以的。”

邾人、兒人、徐人会宋公。乙亥,同盟于虫。

邾国人、兒国人和徐国人会见宋元公。五月十二日,一起在虫地结盟。

楚子为舟师以伐濮[2],费无极言于楚子曰:

楚平王组成水军去攻打濮,费无极对楚平王说:“晋国能做霸主,是因为接

"晋之伯也[3]，迩于诸夏，而楚辟陋[4]，故弗能与争。若大城城父而置大子焉，以通北方，王收南方，是得天下也。"王说，从之。故大子建居于城父。

近中原各国，而楚国偏僻鄙陋，所以不能与它相争。如果扩大城父的城墙而把太子安置在那里镇守，以交结北方诸侯，君王收取南方，这样就得到天下了。"楚平王很高兴，听从了他的话。所以太子建居处城父。

令尹子瑕聘于秦，拜夫人也。

令尹子瑕到秦国聘问，是为了拜谢秦国把嬴氏嫁给楚国做夫人。

注释　1 疟：患疟疾。　2 濮：种族名，因散居各地，又称"百濮"。　3 伯：同"霸"。　4 辟：同"僻"。

秋，齐高发帅师伐莒，莒子奔纪鄣[1]，使孙书伐之[2]。初，莒有妇人，莒子杀其夫，已为嫠妇[3]。及老，托于纪鄣。纺焉以度而去之[4]。及师至，则投诸外。或献诸子占，子占使师夜缒而登[5]。登者六十人，缒绝，师鼓噪，城上之人亦噪。莒共公惧，启西门而出。七月丙子，齐师入纪[6]。

秋天，齐国的高发率领军队攻打莒国，莒共公逃亡到纪鄣，齐国又派孙书攻打纪鄣。当初，莒国有个女人，莒共公杀了她的丈夫，已经成了寡妇。等到年老，寄居在纪鄣。她纺线搓绳量了城墙的高度然后收藏起来。等到齐军到来，就把绳子扔到城外。有人把绳子献给孙书，孙书命令军队在晚上用绳子吊着攀登城墙。登上城的有六十人，绳子断了，军队击鼓呐喊，登上城的人也呐喊。莒共公害怕，打开西门逃出去。七月十四日，齐军进入纪鄣。

注释 1纪鄣:莒国邑名。 2孙书:齐国臣子,陈无宇的儿子子占。 3嫠(lí)妇:寡妇。 4去:通“弆(jǔ)”,收藏。 5缒(zhuì):用绳索从高处把人或物吊上或吊下,此指吊上城墙。 6纪:即纪鄣。

是岁也,郑驷偃卒[1]。子游娶于晋大夫,生丝,弱,其父兄立子瑕。子产憎其为人也,且以为不顺,弗许,亦弗止,驷氏耸[2]。他日,丝以告其舅。冬,晋人使以币如郑,问驷乞之立故[3]。驷氏惧,驷乞欲逃,子产弗遣,请龟以卜,亦弗予。大夫谋对,子产不待而对客曰:“郑国不天,寡君之二三臣札瘥夭昏[4]。今又丧我先大夫偃,其子幼弱,其一二父兄惧队宗主[5],私族于谋而立长亲[6]。寡君与其二三老曰:‘抑天实剥乱是[7],吾何知焉?’谚曰:‘无过乱门。’民有兵乱,犹惮过之,而况敢知天之所乱?今大夫将

这一年,郑国的子游去世。子游娶晋国大夫的女儿为妻,生了丝,还年幼,他的父兄们立了子瑕为继承人。子产厌恶子瑕的为人,而且认为立他不是名正言顺,就不答应,也不制止,子游家族的人很害怕。过了些日子,驷丝把情况告诉他的舅父。冬天,晋国人派使者带了财礼前往郑国,询问立子瑕的原因。子瑕家族的人害怕,子瑕想要逃走,子产不放行,请求龟甲用来占卜,子产也不给。大夫们商议答复的办法,子产不等他们商量的结果就回答客人说:“郑国不能得到上天的保佑,寡君的几位臣子夭折病亡。如今又失去了我们的先大夫子游,他的儿子幼小,他的几个父兄害怕断了宗庙祭主,和家族的人商议立了年长的亲子。寡君和他的几位老臣说:‘也许上天确实打乱了这个家族的继承常规,我对此知道什么呢?’俗话说:‘不要经过动乱人家的门口。’老百姓动刀枪作乱,尚且害怕经过那里,何况敢知道上天搅乱的东西?现在大夫将要询

问其故，抑寡君实不敢知，其谁实知之？平丘之会[8]，君寻旧盟曰：'无或失职。'若寡君之二三臣，其即世者[9]，晋大夫而专制其位，是晋之县鄙也，何国之为？"辞客币而报其使。晋人舍之。

问它的缘故，寡君确实不敢知道，还有谁能知道它？平丘那次盟会，君主重温过去的盟约说：'不要有人失职。'如果寡君的几位臣子，其中有去世的，晋国大夫都要专断地控制它的职位继承，这就是把我国当成晋国的边远县邑了，还成什么国家？"辞谢客人的财礼而回报他们的使者。晋国人放弃了这件事。

注释 1 驷偃：即子游。 2 耸：通"悚"，恐惧。 3 驷乞：即子瑕。 4 札瘥：因瘟疫疾病而死亡。夭昏：夭折，短命而死。 5 队：通"坠"，断绝。 6 私族于谋：即谋于私族。 7 剥乱：扰乱。 8 平丘之会：见昭公十三年《传》。 9 即世：去世。

楚人城州来，沈尹戌曰："楚人必败。昔吴灭州来，子旗请伐之，王曰：'吾未抚吾民。'今亦如之，而城州来以挑吴，能无败乎？"侍者曰："王施舍不倦，息民五年，可谓抚之矣。"戌曰："吾闻抚民者，节用于内，而树德于外，民乐其性[1]，而无寇仇。今宫室无量，民人日骇劳罢死转[2]，忘寝与食，

楚国人在州来筑城，沈尹戌说："楚国人一定失败。从前吴国灭亡州来，子旗请求攻打吴国，君王说：'我没有安抚我的百姓。'现在也像从前一样，却在州来筑城去挑动吴国，能不失败吗？"侍从说："君王施舍恩德不厌倦，让老百姓休养生息五年了，可说安抚他们了。"沈尹戌说："我听说安抚老百姓的君王，在朝廷内节约费用，在朝廷外树立德行，老百姓乐于他们的生活，而没有仇敌。现在宫室的费用没有限量，老百姓每天为劳苦疲困、死了无人安葬而担惊受

非抚之也。”

郑大水，龙斗于时门之外洧渊[3]，国人请为禜焉[4]，子产弗许，曰：“我斗，龙不我觌也[5]；龙斗，我独何觌焉？禳之，则彼其室也。吾无求于龙，龙亦无求于我。”乃止也。

令尹子瑕言蹶由于楚子曰[6]：“彼何罪？谚所谓‘室于怒，市于色’者[7]，楚之谓矣。舍前之忿可也。”乃归蹶由。

怕，忘掉了睡觉吃饭，这不算是安抚他们了。”

郑国涨大水，有龙在时门外的洧渊里相斗，国人请求举行禜祭，子产不答应，说：“我们斗争，龙没有来看我们；龙相斗，我们偏要看什么呢？祭祀而驱除它，但那儿本是它的家。我们对龙没有所求，龙也对我们无所求。”于是作罢。

令尹子瑕向楚平王谈起蹶由说：“他有什么罪？俗话所说的‘在家里生气，到大街上给人看脸色’，说的就是楚国了。可以抛弃以前的怨恨了。”于是就把蹶由放回吴国。

注释　1 性：通“生”。　2 罢：通“疲”。转：指死而弃尸野外。　3 时门：郑都城南门。洧渊：洧水之渊。渊，深潭。　4 禜(yíng)：驱除灾害的祭祀。　5 觌：见。　6 蹶由：吴王的弟弟。昭公五年楚灵王拘捕他来楚国。　7 室于怒，市于色：即“怒于室，色于市”的倒装。色，指表现出怒色。

昭公二十年

【经】

二十年春，王正月。

夏，曹公孙会自鄸出奔宋[1]。

二十年春天，周历正月。

夏天，曹国的公孙会从鄸城逃亡到宋国。

秋，盗杀卫侯之兄絷[2]。

冬十月，宋华亥、向宁、华定出奔陈。

十有一月辛卯，蔡侯庐卒。

秋天，作乱的人杀死了卫灵公的哥哥公孟絷。

冬天十月，宋国的华亥、向宁、华定逃亡到陈国。

十一月初七日，蔡平公庐去世。

注释 1 鄸(méng)：曹国邑名。《穀梁传》作“梦”。 2 盗：邪恶作乱的人。此指齐豹等，见《传》。

【传】

二十年春，王二月己丑，日南至[1]。梓慎望氛曰：“今兹宋有乱，国几亡，三年而后弭[2]。蔡有大丧。”叔孙昭子曰：“然则戴、桓也[3]！汰侈无礼已甚，乱所在也。”

费无极言于楚子曰：“建与伍奢将以方城之外叛，自以为犹宋、郑也，齐、晋又交辅之，将以害楚，其事集矣[4]。”王信之，问伍奢，伍奢对曰：“君一过多矣[5]，何信于谗？”王

二十年春天，周历二月初一日，冬至。梓慎观察天上的云气，说：“今年宋国有动乱，国家差不多会灭亡，三年后才止息下来。蔡国有重大丧事。”叔孙婼说：“那么就发生在戴、桓两族了！他们骄奢无礼太甚，是动乱发生的地方。”

费无极对楚平王说：“太子建和伍奢将率领方城山外的人叛乱，自以为像宋国、郑国一样，齐、晋两国又交相辅助他，将因此危害楚国，他们的事快要成功了。”楚平王相信费无极说的话，问伍奢，伍奢回答说：“君王犯一次过错已经严重了，怎么还相信谗言？”楚平王逮捕了伍奢，派城父的司马奋扬去杀太子建，奋扬

执伍奢，使城父司马奋扬杀大子，未至，而使遣之。三月，大子建奔宋。王召奋扬。奋扬使城父人执己以至。王曰：“言出于余口，入于尔耳，谁告建也？”对曰：“臣告之。君王命臣曰：‘事建如事余。’臣不佞[6]，不能苟贰。奉初以还[7]，不忍后命，故遣之。既而悔之，亦无及已。”王曰：“而敢来，何也？”对曰：“使而失命，召而不来，是再奸也。逃无所入。”王曰：“归。”从政如他日。

还没到达，先派人送走了太子建。三月，太子建逃亡到宋国。楚平王召回奋扬。奋扬让城父人拘捕自己回到朝廷。楚平王问：“话从我的口里说出，进入你的耳朵，是谁通报太子建的？”奋扬回答说：“是下臣通报他的。君王命令我说：‘侍奉太子要像侍奉我一样。’下臣无能，也不能苟且背叛。奉行当初的命令来侍奉太子，就不忍心执行后来杀他的命令，所以送走了他。完了之后为此后悔，也来不及了。”楚王说：“那你敢于前来，为什么？”奋扬回答说：“执行使命却违背命令，召我而不回来，这样就是两次违犯命令。即使逃跑也没有去的地方。”楚平王说：“回城父去吧。”于是治理政事还像往日一样。

注释 1日南至：即冬至。 2弭：止息。 3戴：戴族，指华氏。桓：桓族，指向氏。 4集：成功。 5一过：一次过错。指娶太子建之妻，见昭公十九年《传》。多：重。 6不佞：无才能。 7还(xuán)：周旋。这里指侍奉。

无极曰：“奢之子材，若在吴，必忧楚国，盍以免其父召之。彼仁，必来。不然，将为患。”王使召之，曰：“来，吾免而父。”

费无极说：“伍奢的儿子有才能，如果留在吴国，一定会成为楚国的忧患，何不以赦免他父亲为名义召回他们。他们仁爱，一定会来。不这样的话，将成为祸患。”楚平王派人召他们，说：“回

棠君尚谓其弟员曰[1]:“尔适吴,我将归死。吾知不逮[2],我能死,尔能报。闻免父之命,不可以莫之奔也;亲戚为戮[3],不可以莫之报也。奔死免父,孝也;度功而行,仁也;择任而往,知也;知死不辟[4],勇也。父不可弃,名不可废,尔其勉之!相从为愈[5]。”伍尚归,奢闻员不来,曰:“楚君、大夫其旰食乎[6]!”楚人皆杀之。

国来,我赦免你们父亲。”棠邑大夫伍尚对他的弟弟伍员说:“你前往吴国,我打算回国为父亲去死。我的才智不及你,我能去死,你能报仇。听到赦免父亲的命令,不可不为它奔走;亲人被杀,不可不替他报仇。奔向死亡使父亲免祸,这是孝;估量功效而行事,这是仁;选择应尽的责任去完成,这是智;明知会死而不逃避,这是勇。父亲不能抛弃,名誉不可毁坏,你还是努力吧!听从我的意见为好。”伍尚回到楚国,伍奢听到伍员没来,说:“楚国的君王、大夫将不能按时吃饭了吧!”楚国人把伍奢、伍尚都杀了。

员如吴,言伐楚之利于州于[7]。公子光曰:“是宗为戮而欲反其仇,不可从也。”员曰:“彼将有他志,余姑为之求士,而鄙以待之。”乃见鱄设诸焉[8],而耕于鄙。

伍员前往吴国,向州于说明攻打楚国的好处。公子光说:“这是宗族的人被杀戮而想要报他们的私仇,不可听从。”伍员说:“他会有异心,我姑且替他寻找勇士,住在郊外等待他。”就拜见鱄设诸,自己在郊野种地。

注释 1棠君:棠邑之尹。“君”当作“尹”。 2知:同“智”。逮:及。 3亲戚:指父亲。 4辟:同“避”。 5愈:胜。 6旰(gàn):晚。 7州于:即吴王僚。 8鱄(zhuān)设诸:吴国人,《史记·刺客列传》作“专诸”。

宋元公无信多私，而恶华、向。华定、华亥与向宁谋曰：“亡愈于死[1]，先诸[2]！”华亥伪有疾，以诱群公子。公子问之，则执之。夏六月丙申，杀公子寅、公子御戎、公子朱、公子固、公孙援、公孙丁，拘向胜、向行于其廪[3]。公如华氏请焉，弗许，遂劫之。癸卯，取大子栾与母弟辰、公子地以为质。公亦取华亥之子无戚、向宁之子罗、华定之子启，与华氏盟，以为质。

宋元公没有信用多有私心，讨厌华氏和向氏。华定、华亥和向宁商议说：“逃亡比死要强，先下手吧！”华亥假装有病，来引诱公子们。公子来探问他的病情，就抓起来。夏天六月初九日，杀了公子寅、公子御戎、公子朱、公子固、公孙援、公孙丁，把向胜、向行拘禁在他们的谷仓里。宋元公到华氏那里去请求，华氏不答应，于是劫持了宋元公。十六日，又捕取太子栾和他的同母兄弟公子辰、公子地作为人质。宋元公也捕取华亥的儿子华无戚、向宁的儿子向罗、华定的儿子华启，与华氏结盟，把他们作为人质。

注释　1 亡：逃亡。愈：胜，强。　2 诸：“之乎”的合音。　3 廪：谷仓。

卫公孟絷狎齐豹[1]，夺之司寇与鄄，有役则反之，无则取之。公孟恶北宫喜、褚师圃，欲去之。公子朝通于襄夫人宣姜，惧，而欲以作乱。故齐豹、北宫喜、褚师圃、公子朝作乱。

卫国的公孟絷轻慢齐豹，夺取了他的司寇官职和鄄地，有事需要他时就归还给他，没事就又夺取过来。公孟絷还讨厌北宫喜和褚师圃，想要除掉他们。公子朝和襄公的夫人宣姜私通，因为害怕，想要趁机挑起动乱。所以齐豹、北宫喜、褚师圃、公子朝等人发动了祸乱。

初，齐豹见宗鲁于公孟[2]，为骖乘焉[3]。将作乱，而谓之曰："公孟之不善，子所知也，勿与乘，吾将杀之。"对曰："吾由子事公孟，子假吾名焉，故不吾远也。虽其不善，吾亦知之，抑以利故，不能去，是吾过也。今闻难而逃，是僭子也[4]。子行事乎，吾将死之，以周事子[5]，而归死于公孟，其可也。"

起初，齐豹把宗鲁介绍给公孟絷，做了他的骖乘。将发动祸乱时，就对宗鲁说："公孟絷不善良，这是您所知道的，您不要和他乘车，我打算杀了他。"宗鲁回答说："我由于您而侍奉公孟絷，您又借给我好的名声，所以他不疏远我。虽然他不善良，我也知道这一点，但因为利害关系，不能离开他，这是我的过错。现在听到有祸难就逃走，这是使您没有了信用。您干您的事吧，我打算为此而死，以做到始终侍奉您，而回去死在公孟絷那里，也许是可以的。"

注释 1 公孟絷：卫灵公的哥哥。狎：轻慢。 2 见(xiàn)：使……见，介绍的意思。宗鲁：卫国臣子。 3 骖乘：古代皇车或兵车上负责保卫尊长的卫士，居于车右，故又叫"车右"。 4 僭(jiàn)：虚假，无信用。 5 周：周遍，等于说始终。

丙辰，卫侯在平寿[1]，公孟有事于盖获之门外[2]。齐子氏帷于门外而伏甲焉[3]，使祝蛙置戈于车薪以当门，使一乘从公孟以出，使华齐御公孟，宗鲁骖乘。及闳中[4]，

六月二十九日，卫灵公在平寿，公孟絷在盖获之门外祭祀。齐豹在门外张设帷帐埋伏武装的士兵，派祝蛙把戈藏在柴车中来挡住城门，派一辆车跟着公孟絷出来，又派华齐为公孟絷驾车，宗鲁做车右。到达曲门中，齐豹用戈击杀公孟絷，宗鲁用背部挡戈掩护公孟絷，被击

齐氏用戈击公孟，宗鲁以背蔽之，断肱，以中公孟之肩，皆杀之。

公闻乱，乘，驱自阅门入[5]，庆比御公，公南楚骖乘，使华寅乘贰车[6]。及公宫，鸿駵魋驷乘于公[7]。公载宝以出。褚师子申遇公于马路之衢，遂从。过齐氏，使华寅肉袒执盖[8]，以当其阙[9]。齐氏射公，中南楚之背，公遂出。寅闭郭门，逾而从公。公如死鸟[10]，析朱钼宵从窦出[11]，徒行从公。

断胳膊，因而击中公孟絷的肩部，齐豹就把他们都杀了。

卫灵公听到发生动乱，坐上车子，驱车从阅门进入国都，庆比为卫灵公驾车，公南楚做车右，派华寅乘坐副车。到达公宫时，鸿駵魋也坐上了卫灵公的车子而一车有了四人。卫灵公用车装了宝物出来。褚师子申在马道的交叉口碰上灵公，就跟着走。经过齐豹那儿，派华寅光着上身拿着车盖，以挡住车上的空隙。齐豹用箭射击卫灵公，射中公南楚的背部，灵公于是逃出国都。华寅关闭城门，翻越城墙跟上卫灵公。卫灵公前往死鸟那地方，析朱钼晚上从城墙的孔洞里爬出，步行跟上卫灵公。

注释 1 平寿：卫国邑名。 2 盖获之门：卫国外城门。 3 齐子氏：即齐豹。帷：张设帷帐。用为动词。 4 闳：曲门。 5 阅门：卫国都城门。 6 贰车：副车。 7 駵：音 liú。驷乘：指四人同坐一车。卫侯之车原已有三人，鸿駵魋又坐上去，故称驷乘。 8 盖：车盖之类。 9 阙：同“缺”，空缺处。 10 死鸟：地名，当在卫国都城东面往齐国去的方向。 11 窦：孔洞。

齐侯使公孙青聘于卫[1]，既出，闻卫乱，使请所聘。公曰：“犹在竟内，则卫君也。”乃将事焉，

齐景公派公孙青到卫国聘问，已经走出国境，听到卫国动乱，派人请示聘问的事情。齐景公说：“卫灵公还在卫国境内，就是卫国的国君。”就打算按常规行

遂从诸死鸟。请将事，辞曰："亡人不佞，失守社稷，越在草莽[2]，吾子无所辱君命。"宾曰："寡君命下臣于朝曰：'阿下执事[3]。'臣不敢贰。"主人曰："君若惠顾先君之好，照临敝邑，镇抚其社稷，则有宗祧在。"乃止。卫侯固请见之，不获命，以其良马见，为未致使故也。卫侯以为乘马。宾将掫[4]，主人辞曰："亡人之忧，不可以及吾子；草莽之中，不足以辱从者。敢辞。"宾曰："寡君之下臣，君之牧圉也[5]。若不获捍外役[6]，是不有寡君也。臣惧不免于戾，请以除死。"亲执铎[7]，终夕与于燎[8]。

事，于是跟着到了死鸟那地方。准备请求举行聘礼时，卫灵公推辞说："逃亡的人无能，没有守住国家，沦落在乡野，您用不着执行贵君的命令了。"客人说："寡君在朝廷上命令下臣说：'你要顺从亲附卫君。'下臣不敢违背。"主人说："贵君如果顾念先君的友好关系，让您光临敝国，安定抚慰我们的国家，那么有宗庙在那里。"于是取消了举行聘礼。卫灵公坚决请求见公孙青，没有办法，公孙青拿自己的好马做进见礼物，这是因为没有执行使命的缘故。卫灵公把公孙青送的马作为驾车的马。客人打算巡夜打更，主人推辞说："逃亡人的忧虑，不能连累您；沦落乡野之中的人，不值得屈辱您。冒昧地谢绝您。"客人说："寡君的下臣，就是贵君牧马放牛的人。如果得不到在外守御的差事，这就是心目中没有寡君。下臣害怕不能免于罪过，请求以此免除一死。"亲自拿着大铃，整晚参加燃火守夜。

注释　1 公孙青：齐顷公的孙子，字子石。　2 越：坠，沦落。　3 阿：迎合，亲附。　4 掫（zōu）：巡夜打更。　5 牧圉：放养牛马的人。　6 捍：捍卫，守御。　7 铎：巡夜用的大铃。　8 与：参加。燎：燃火守夜。

齐氏之宰渠子召北宫子[1]，北宫氏之宰不与闻，谋杀渠子，遂伐齐氏，灭之。丁巳晦，公入，与北宫喜盟于彭水之上。秋七月戊午朔，遂盟国人。八月辛亥，公子朝、褚师圃、子玉霄、子高鲂出奔晋。闰月戊辰，杀宣姜。卫侯赐北宫喜谥曰贞子，赐析朱钼谥曰成子，而以齐氏之墓予之。

齐豹的家臣渠子召请北宫喜，北宫喜的家臣没有听说其中的原委，策划杀了渠子，于是攻打齐豹，灭亡了他。六月三十日，卫灵公返回国都，与北宫喜在彭水边上结盟。秋天七月初一日，就与国都的臣民盟誓。八月二十五日，公子朝、褚师圃、子玉霄、子高鲂等逃亡到晋国。闰八月十二日，杀死宣姜。后来卫灵公赐给北宫喜谥号叫贞子，赐给析朱钼谥号叫成子，并把齐豹的墓地给了他们。

卫侯告宁于齐，且言子石。齐侯将饮酒，遍赐大夫曰："二三子之教也。"苑何忌辞[2]，曰："与于青之赏，必及于其罚。在《康诰》曰[3]：'父子兄弟，罪不相及。'况在群臣？臣敢贪君赐以干先王[4]？"

卫灵公向齐国通报平安，并且说到公孙青的有礼。齐景公准备喝酒，就把酒赏赐给每位大夫，说："是各位教导的结果。"苑何忌辞谢不喝，说："沾了公孙青的赏赐，必然受到他的罪罚。在《康诰》上说：'父子兄弟，罪过互不连累。'何况在群臣之间？下臣岂敢贪图君王的赏赐来冒犯先王？"

注释 1宰：家臣。北宫子：即北宫喜。 2苑何忌：齐国大夫。 3今《尚书·康诰》无此文。 4干：冒犯。

琴张闻宗鲁死，将往吊之。仲尼曰："齐豹之盗，而孟縶之贼，女何吊焉？

琴张听说宗鲁死了，打算前去吊唁他。孔子说："他使齐豹成为强盗，使公孟縶被害，你怎么去吊唁他？君子不吃

君子不食奸，不受乱，不为利疚于回[1]，不以回待人，不盖不义[2]，不犯非礼。”

宋华、向之乱，公子城、公孙忌、乐舍、司马强、向宜、向郑、楚建、兒甲出奔郑[3]。其徒与华氏战于鬼阎[4]，败子城，子城适晋。

华亥与其妻必盥而食所质公子者而后食。公与夫人每日必适华氏，食公子而后归。华亥患之，欲归公子，向宁曰：“唯不信，故质其子，若又归之，死无日矣。”公请于华费遂，将攻华氏，对曰：“臣不敢爱死，无乃求去忧而滋长乎！臣是以惧，敢不听命？”公曰：“子死亡有命，余不忍其訽[5]。”

奸人的俸禄，不容忍叛乱，不为了利益而被奸邪所污辱，不用邪恶对待别人，不掩盖不义的事，不犯非礼的错误。”

宋国华氏、向氏作乱的时候，公子城、公孙忌、乐舍、司马强、向宜、向郑、楚建、兒甲等人逃亡到郑国。他们的徒党在鬼阎与华氏交战，华氏打败公子城，公子城前往晋国。

华亥和他的妻子一定要盥洗干净，让作为人质的公子们吃完饭然后才自己吃。宋元公和夫人每天一定到华氏那里去，让公子们吃完饭然后才回去。华亥担心这种情况，想要送回各位公子，向宁说：“正因为不讲信用，所以才拿他的儿子做人质，如果又送回他们，我们的死期就没有多少日子了。”宋元公向华费遂请求，打算攻打华氏，华费遂回答说：“下臣不敢爱惜一死，但恐怕为求去掉忧患反而滋长忧患吧！下臣因此恐惧，岂敢不听从命令？”宋元公说：“儿子们死生有命，我不忍心他们受耻辱。”

注释 **1** 疚：病，辱。回：奸邪。 **2** 盖：掩盖。 **3** 以上八人都是宋元公的同党，其中楚建即楚太子建，兒甲为小邾穆公的儿子，其余都是宋国人。 **4** 鬼阎：宋国地名。 **5** 訽(gòu)：同“诟”，耻辱。

冬十月，公杀华、向之质而攻之。戊辰，华、向奔陈，华登奔吴[1]。向宁欲杀大子。华亥曰："干君而出，又杀其子，其谁纳我？且归之有庸[2]。"使少司寇牼以归[3]，曰："子之齿长矣，不能事人，以三公子为质，必免。"公子既入，华牼将自门行，公遽见之，执其手曰："余知而无罪也，入，复而所。"

冬天十月，宋元公杀了华氏、向氏的人质并进攻华氏、向氏。十三日，华氏、向氏逃亡到陈国，华登逃亡到吴国。向宁想要杀掉太子。华亥说："触犯国君而出逃，又杀掉他的太子，谁还会容纳我们？况且放他们回去会有功效。"派少司寇华牼带着三位公子回去，华亥说："您的年龄大了，不能再侍奉他人，把三位公子送回去作为凭信，一定可以免罪。"公子们已经进入宫中，华牼将要从宫门走掉，宋元公连忙接见他，握住他的手说："我知道你是无罪的，进来吧，恢复你的职位。"

齐侯疥，遂痁[4]，期而不瘳[5]，诸侯之宾问疾者多在。梁丘据与裔款言于公曰[6]："吾事鬼神丰，于先君有加矣。今君疾病[7]，为诸侯忧，是祝史之罪也[8]。诸侯不知，其谓我不敬，君盍诛于祝固、史嚚以辞宾[9]？"

齐景公生了疥疮，接着又患了疟疾，一年都没好，诸侯派来慰问病情的宾客有很多在齐国。梁丘据和裔款对景公说："我们侍奉鬼神很丰厚，比先君有所增加了。如今君王病情严重，造成诸侯的忧虑，这是祝史的罪过。诸侯不知道情况，大概会说我们不敬奉鬼神，君王何不杀了祝固、史嚚以辞谢各国宾客呢？"

注释　1 华登：华费遂的儿子，华氏、向氏的党羽。　2 庸：功。　3 牼(kēng)：华亥的庶兄。　4 痁(shān)：一种疟疾。　5 期：周年。　6 梁丘据与裔款：两人都是齐侯的宠大夫。 7 疾病：病重。 8 祝史：主持祭礼的官。可以单称祝或史。 9 祝固、史嚚：两人都是齐国祝史，分别名叫固和嚚。

公说，告晏子。晏子曰："日宋之盟，屈建问范会之德于赵武[1]，赵武曰：'夫子之家事治，言于晋国，竭情无私。其祝史祭祀，陈信不愧。其家事无猜，其祝史不祈。'建以语康王，康王曰：'神人无怨，宜夫子之光辅五君以为诸侯主也[2]。'"公曰："据与款谓寡人能事鬼神，故欲诛于祝史，子称是语，何故？"对曰："若有德之君，外内不废，上下无怨，动无违事，其祝史荐信，无愧心矣。是以鬼神用飨，国受其福，祝史与焉[3]。其所以蕃祉老寿者[4]，为信君使也，其言忠信于鬼神。其适遇淫君，外内颇邪，上下怨疾，动作辟违，从欲厌

齐景公听了很高兴，告诉晏子。晏子说："从前在宋国的盟会，屈建向赵武询问范会的德行，赵武说：'他老人家的家族事务治理得很好，在朝廷说话，竭尽忠心而没有个人打算。他的祝史祭祀鬼神，陈述实情而内心无愧。他的家族事务无猜无忌，他的祝史对鬼神也无所祈求。'屈建把这些告诉康王，康王说：'神和人都对范会没有怨恨，范会辅佐五位君主而使他们成为诸侯的霸主，就是适宜的了。'"齐景公说："梁丘据和裔款说寡人能侍奉鬼神，所以想要杀了祝史，您举出这些话，是什么原因？"晏子回答说："假如是有德行的君主，内外政务都不荒废，上上下下都没有怨恨，行动没有违背礼仪的事，他的祝史向鬼神进说实情，就没有惭愧之心了。因此鬼神享用祭品，国家蒙受鬼神所赐的福，祝史也分沾到了。他们之所以多福长寿，是作为诚信君主的使者的缘故，他们的话对鬼神忠诚信实。如果恰好碰上荒淫无度的君主，内外政务处理不当，朝野上下都有怨恨，

私[5]，高台深池，撞钟舞女，斩刈民力[6]，输掠其聚[7]，以成其违，不恤后人。暴虐淫从[8]，肆行非度，无所还忌[9]，不思谤讟，不惮鬼神，神怒民痛，无悛于心。其祝史荐信，是言罪也；其盖失数美，是矫诬也。进退无辞，则虚以求媚，是以鬼神不飨其国以祸之，祝史与焉。所以夭昏孤疾者，为暴君使也，其言僭嫚于鬼神[10]。"

行动邪僻背礼，放纵欲望满足私心，兴建高台深地，奏乐歌舞，剥削民力，掠夺他们的积蓄，用来养成自己的过错，而不体恤后人。暴虐放纵，肆意行动没有法度，无所顾忌，不考虑人民的批评怨恨，不害怕鬼神降祸，神灵发怒人民痛心，而内心仍不悔改。他的祝史进说实情，这等于是数说君主的罪过；如果掩盖过失称举美善，这等于是虚假欺骗。左右都不好说话，就只好用空话来讨好鬼神，因此鬼神不享用他们国家的祭品而降祸给他们，祝史也分沾到了。他们之所以生病短寿，是作为暴君使者的缘故，他们的话对鬼神欺诈轻慢。"

注释 1 见襄公二十七年《传》。 2 五君：指晋文、襄、灵、成、景公等五位君主。 3 与：参与，等于说分沾。 4 蕃祉：多福。蕃，盛。老寿：长寿。 5 从：通"纵"。 6 斩刈：等于说剥削。 7 输掠：掠夺。输，与"掠"同义。 8 从：通"纵"。 9 还忌：顾忌。 10 僭嫚：欺诈轻慢。

公曰："然则若之何？"对曰："不可为也。山林之木，衡鹿守之[1]；泽之萑蒲[2]，舟鲛守之[3]；薮之薪蒸[4]，虞候守之[5]；海之盐蜃，祈望守之[6]。县鄙之人，

齐景公说："那么该怎么办？"晏子回答说："不可挽救了。山林的树木，衡鹿看守；沼泽的水草，舟鲛看守；洼地的柴木，虞候看守；海洋的盐蛤，祈望看守。边远县邑的人，进入国都应征服劳役；迫近国都的关卡，横暴征

入从其政；逼介之关[7]，暴征其私；承嗣大夫，强易其贿。布常无艺[8]，征敛无度，宫室日更，淫乐不违[9]。内宠之妾，肆夺于市；外宠之臣，僭令于鄙。私欲养求，不给则应[10]。民人苦病，夫妇皆诅。祝有益也，诅亦有损。聊、摄以东[11]，姑、尤以西[12]，其为人也多矣，虽其善祝，岂能胜亿兆人之诅？君若欲诛于祝史，修德而后可。”公说，使有司宽政，毁关，去禁，薄敛，已责[13]。

收私人财物；世袭的大夫，强行收买货物。颁布政令没有准则，征收税赋没有节制，宫室每天更换，放纵享乐不肯离去。后宫的宠妾，在市场上肆意掠夺；朝廷的宠臣，在边远县邑假托君命掠取。个人欲望用来养身和追求玩好的东西，不供给就进行报复。人民痛苦怨恨，丈夫妻子都在诅咒。祷告是有好处，诅咒则有损害。聊地、摄地以东，姑水、尤水以西，那地方的人可多了，即使他们善于祷告，难道能胜过亿兆人的诅咒？君主如果想要杀了祝史，培养德行然后才可以。”齐景公听了很高兴，让官吏放宽政令，撤除关卡，废除禁令，减轻赋税，免去债务。

注释　1 衡鹿：守山林的官。鹿，通“麓”。　2 萑(huán)蒲：一种水草，可以编席。　3 舟鲛：管理水泽的官。　4 薪蒸：柴木。粗的叫薪，细的叫蒸。　5 虞候：管理薮泽的官。薮，水少之泽。　6 祈望：管理海洋渔盐的官。　7 逼介：迫近，指迫近国都。介，本作“尔”，通“迩”。　8 常：常规，指法令。艺：准则。　9 违：离。　10 应：指报复。　11 聊、摄：齐国地名，在西部边界。　12 姑、尤：二水名，在齐国东部边界。　13 责：同“债”。

十二月，齐侯田于沛，招虞人以弓，不进，公使执之。辞曰：“昔我

十二月，齐景公到沛地打猎，用弓招呼虞人，虞人没有前来，景公派人抓住了他。虞人申诉说：“过去我们先王

先君之田也，旃以招大夫，弓以招士，皮冠以招虞人。臣不见皮冠，故不敢进。”乃舍之。仲尼曰：“守道不如守官，君子韪之[1]。”

齐侯至自田，晏子侍于遄台，子犹驰而造焉[2]。公曰：“唯据与我和夫！”晏子对曰：“据亦同也，焉得为和？”公曰：“和与同异乎？”对曰：“异。和如羹焉，水火醯醢盐梅以烹鱼肉[3]，燀之以薪[4]，宰夫和之，齐之以味，济其不及[5]，以泄其过[6]。君子食之，以平其心。君臣亦然。君所谓可而有否焉，臣献其否以成其可；君所谓否而有可焉，臣献其可以去其否，是以政平而不干，民无争心。故《诗》曰：‘亦有和羹，既戒既平。鬷嘏无言[7]，时靡有争。’先王之济五味、和五声也，以

打猎，用旗帜召唤大夫，用弓召唤士，用皮帽召唤虞人。下臣没有看到皮帽，所以不敢前来。”景公就放了他。孔子说：“守着道义不如守着官位，君子都认为虞人做得对。”

齐景公从打猎的地方回宫，晏子在遄台陪侍，梁丘据驱车赶到。景公说：“只有梁丘据与我和谐啊！”晏子回答说：“梁丘据只是趋同罢了，怎么能算是和谐？”景公说：“和谐与趋同不一样吗？”晏子回答说：“不一样。和谐就好像做羹汤，用水、火、醋、酱、盐、梅来烹调鱼和肉，用柴烧煮，厨工加以调和，用各种调味品加以调剂，味道不足的添加调料，味道过重的用水冲淡。君子食用羹汤，能使内心和畅。君臣之间也是这样的。君王所认为可行的事而其中有不可行的因素，臣下指出其不可行的因素来促成可行的事；君王所认为不可行的事而其中有可行的因素，臣下指出其可行的因素来去掉不可行的因素，所以政事平允而不违反礼义，老百姓没有争夺之心。所以《诗》中说：‘也有调和的汤羹，已经告诫厨工，已经调理适中。进献汤羹给神灵，神灵默默来享用，因

平其心,成其政也。声亦如味,一气,二体,三类,四物,五声,六律,七音,八风,九歌[8],以相成也;清浊,小大,短长,疾徐,哀乐,刚柔,迟速,高下,出入,周疏,以相济也。君子听之,以平其心。心平,德和。故《诗》曰:'德音不瑕[9]。'今据不然。君所谓可,据亦曰可;君所谓否,据亦曰否。若以水济水,谁能食之?若琴瑟之专一,谁能听之?同之不可也如是。"

此朝野无所争。'先王调配五味、调和五声,是用来平静内心,完成政教的。声音也和味道一样,是用一种声气、两种体式、三类体裁、四方之物、五种声音、六种乐律、七种音阶、八面之风、九种赞歌等相辅相成的,是用清浊、小大、长短、缓急、哀乐、刚柔、快慢、高低、出入、疏密等互相调剂的。君子听了,内心平静。内心平静,德行就和柔。所以《诗》中说:'道德品行没有缺点。'如今梁丘据不是这样。君说可行的,他也说可行;君说不可行的,他也说不可行。就好像用水调配水的味道,谁愿吃它?就好像琴瑟专弹一种声音,谁愿听它?趋同的不可取就像这个道理一样。"

注释 1 韪之:以之为是,认为它对。韪,是,对。 2 子犹:即梁丘据。 3 醯(xī):醋。醢(hǎi):肉酱。 4 燀(chǎn):炊。 5 济:加的意思。 6 泄:减的意思。 7 鬷(zōng):通"奏"。《中庸》即引作"奏"。奏,指献羹。嘏:通"假",今《诗》即作"假"。假,至,指神灵到来享用献羹。引诗为《诗经·商颂·烈祖》篇。 8 二体:指文舞、武舞两种体式。三类:指风、雅、颂。四物:四方之物。五声:指宫、商、角、徵、羽。六律:指黄钟、大蔟、姑洗、蕤宾、夷则、无射六种音律。七音:即五声再加上变宫、变徵两种。八风:八面之风。九歌:九功之德可歌者,叫作九歌。参文公七年《传》。 9 引诗为《诗经·豳风·狼跋》篇。

饮酒乐，公曰：“古而无死[1]，其乐若何？”晏子对曰：“古而无死，则古之乐也，君何得焉？昔爽鸠氏始居此地，季萴因之[2]，有逢伯陵因之，蒲姑氏因之，而后大公因之。古若无死，爽鸠氏之乐，非君所愿也。”

郑子产有疾，谓子大叔曰：“我死，子必为政。唯有德者能以宽服民，其次莫如猛。夫火烈，民望而畏之，故鲜死焉。水懦弱，民狎而玩之，则多死焉。故宽难。”疾数月而卒。大叔为政，不忍猛而宽。郑国多盗，取人于萑苻之泽[3]。大叔悔之，曰：“吾早从夫子，不及此。”兴徒兵以攻萑苻之盗，尽杀之，盗少止[4]。

齐景公喝酒喝得很高兴，说：“如果自古以来没有死亡，那种快乐会怎么样？”晏子回答说：“假如自古以来没有死亡，那么那种快乐就是古人的快乐，您怎能得到它？过去爽鸠氏首先居住在这里，其次是季萴承袭下来，有逢伯陵承袭下来，蒲姑氏承袭下来，然后是姜太公承袭下来。如果自古没有死亡，那是爽鸠氏的快乐，不是您所希望的。”

郑国的子产有病，对子太叔说：“我死了，您必然执政。只有有德的人才能用宽厚使人民服从，其他的人不如用严厉的政治。火猛烈，老百姓看着就害怕，所以很少死于火。水柔弱，老百姓轻视而玩弄它，就有很多人死于水。所以用宽厚难以治理百姓。”子产病了几个月就死去了。子太叔执政，不忍心严厉而实行宽厚的政治。郑国盗贼很多，在萑苻泽一带掠取人们财物。太叔后悔自己不严厉，说：“我早点听从他老人家的，不会到这种地步。”就发动步兵去攻打萑苻泽的盗贼，全部杀了他们，盗贼才渐渐敛迹。

注释 1 而：如果。 2 萴：音 cè。 3 萑苻(huánfú)：即萑蒲，芦苇一类的水草。 4 少：稍，渐。

仲尼曰："善哉！政宽则民慢，慢则纠之以猛。猛则民残，残则施之以宽。宽以济猛，猛以济宽，政是以和。《诗》曰：'民亦劳止[1]，汔可小康[2]；惠此中国[3]，以绥四方。'施之以宽也。'毋从诡随[4]，以谨无良[5]；式遏寇虐[6]，惨不畏明[7]。'纠之以猛也。'柔远能迩[8]，以定我王[9]。'平之以和也。又曰：'不竞不絿[10]，不刚不柔，布政优优[11]，百禄是遒[12]。'和之至也。"及子产卒，仲尼闻之，出涕曰："古之遗爱也。"

孔子说："好啊！政治宽和百姓就轻慢，轻慢就用严厉加以纠正。严厉百姓就受到伤害，受到伤害则实行宽和的政治。用宽和补救严厉，用严厉补救宽和，政治因此平和。《诗》中说：'百姓也已辛劳，应当使他们稍稍安康，抚爱这中原各国，来安定四面八方。'这是实行宽和政治。'不要放纵诡谲欺诈，以便谨防不良，以便制止侵暴，不要畏惧他们高明顽强。'这是用严厉纠正轻慢。'爱抚远近百姓，用以安定我王。'这是用宽和来平定国家。《诗》上又说：'不强急不宽缓，不刚劲不柔弱，施行德政从容平和，各种福禄都聚合。'这是宽和政治的最高境界。"等到子产去世，孔子听到了，流泪说："他有着古代遗留的仁爱啊！"

注释　1 止：助词，无实义。　2 汔(qì)：庶几，表希望之辞。可：犹"当"。3 惠：抚爱。　4 从：今诗作"纵"，可通。诡随：诡谲欺诈。　5 谨：谨防之意。6 式：用，犹"以"。　7 惨：今诗作"憯"，义同"乃"。明：高明。针对上述"诡随""无良"之人而言。　8 柔：安抚。能：义同"柔"。　9 以上引诗均见《诗经·大雅·民劳》篇。　10 竞：强。絿(qiú)：缓。　11 布：今诗作"敷"，义同。优优：平和的样子。　12 遒：聚集。引诗为《诗经·商颂·长发》篇。

昭公二十一年

【经】

二十有一年春，王三月，葬蔡平公。

夏，晋侯使士鞅来聘。

宋华亥、向宁、华定自陈入于宋南里以叛[1]。

秋七月壬午朔，日有食之。

八月乙亥，叔辄卒[2]。

冬，蔡侯朱出奔楚。

公如晋，至河乃复。

二十一年春天，周历三月，安葬蔡平公。

夏天，晋顷公派士鞅来鲁国聘问。

宋国的华亥、向宁、华定从陈国进入宋国的南里而叛变。

秋天七月初一日，发生日食。

八月二十五日，叔辄去世。

冬天，蔡侯朱出逃楚国。

鲁昭公前往晋国，到达黄河边就返回了。

注释 1 南里：宋都城内居民区名。 2 叔辄：鲁国臣子，叔弓的儿子。

【传】

二十一年春，天王将铸无射[1]，泠州鸠曰[2]："王其以心疾死乎！夫乐，天子之职也。夫音，乐之舆也；而钟，音之器也。天子省风以作乐[3]，器以钟之[4]，舆以行之，

二十一年春天，周景王打算铸造无射钟，乐官泠州鸠说："天子恐怕会因心病而死吧！音乐，是天子所执掌的。声音，是音乐的载车；而钟，是声音的器具。天子审察风俗来制作音乐，用器具汇合它，用声音表现它，声音小的不纤细空虚，大的不粗犷难听，那么就与万物和

小者不窕[5],大者不摦[6],则和于物。物和则嘉成。故和声入于耳而藏于心,心亿则乐[7]。窕则不咸[8],摦则不容,心是以感,感实生疾。今钟摦矣,王心弗堪,其能久乎?”

谐。与万物和谐则合成美好的音乐。所以和谐的声音进入耳朵而藏在心里,心里安适则欢乐。声音纤细空虚就不能传遍各处,粗犷不中听就难以被人接受,内心因此撼动不安,撼动不安就会生病。现在钟声粗犷不中听,天子的心不能承受,难道能长久吗?”

三月,葬蔡平公。蔡大子朱失位,位在卑。大夫送葬者归,见昭子。昭子问蔡故[9],以告,昭子叹曰:“蔡其亡乎!若不亡,是君也必不终。《诗》曰:‘不解于位[10],民之攸塈[11]。’今蔡侯始即位,而适卑,身将从之。”

三月,安葬蔡平公。蔡太子朱站错了位置,站到了低于他身份的位置。送葬的鲁国大夫回国后,见到叔孙婼。叔孙婼问到蔡国的事情,大夫把上述情况告诉他,叔孙婼叹气说:“蔡国大概会灭亡了吧!如果不亡,这个国君一定不会善终。《诗》中说:‘君主在职位上不懈怠,老百姓就能得到休养生息。’现在蔡君刚即位,就站到了卑下的位置,他自己将跟着走向卑微。”

注释 1 无射(yì):本六律之一,这里为钟名。 2 泠:通“伶”,乐官。 3 省风:审察风俗。 4 钟:聚。 5 窕:细小不充实。 6 摦(huà):粗大不合。 7 亿:安适。 8 咸:周遍。 9 故:事情。 10 解:同“懈”。 11 塈(jì):休息。引诗为《诗经·大雅·假乐》篇。

夏,晋士鞅来聘,叔孙为政。季孙欲恶诸晋,使有司以齐鲍国归费之礼

夏天,晋国的士鞅来鲁国聘问,叔孙婼负责接待。季孙意如想使叔孙婼得罪晋国,就让官员用齐国的鲍国返

为士鞅[1]。士鞅怒,曰:“鲍国之位下,其国小,而使鞅从其牢礼,是卑敝邑也。将复诸寡君。”鲁人恐,加四牢焉,为十一牢。

宋华费遂生华貙、华多僚、华登[2]。貙为少司马,多僚为御士,与貙相恶,乃谮诸公曰[3]:“貙将纳亡人[4]。”亟言之[5]。公曰:“司马以吾故亡其良子。死亡有命,吾不可以再亡之。”对曰:“君若爱司马,则如亡。死如可逃,何远之有?”公惧,使侍人召司马之侍人宜僚,饮之酒而使告司马。司马叹曰:“必多僚也。吾有谗子而弗能杀,吾又不死,抑君有命,可若何?”乃与公谋逐华貙,将使田孟诸而遣之。公饮之酒,厚酬之,赐及从者。司马亦如之。张匄尤之[6],曰:“必有故。”使子皮承宜僚以剑而讯之[7],宜僚尽以

回费城时的礼节接待士鞅。士鞅发怒,说:“鲍国的地位低,他的国家小,却让我随他的七牢之礼,这是看不起敝国。我将把这事报告给寡君。”鲁国人害怕,增加四牢,成为十一牢。

宋国的华费遂生了华貙、华多僚,华登三个儿子。华貙做少司马,多僚做御士,而与华貙互相讨厌,多僚就在宋元公面前诬陷华貙,说:“华貙打算收容逃亡的人。”屡次说这样的话。宋元公说:“华费遂由于我的缘故失去了他的好儿子华登。虽然死和逃亡都由命中注定,但我不能因此第二次使他失去儿子。”华多僚回答说:“君主如果爱惜我父大司马,就应当逃亡。死亡如果可以逃离,有什么远不远的?”宋元公害怕,派侍从人员召来华费遂的侍从宜僚,给他酒喝而让他报告华费遂。华费遂叹息说:“一定是多僚搞鬼。我有一个进谗言的儿子却不能杀,我又不死,而君王有命令,可怎么办?”就与宋元公商议放逐华貙,打算让他到孟诸打猎而送走他。宋元公用酒招待华貙,送给他丰厚的礼物,并赏赐到随从人员。华费遂也像这样。张匄对此感到过分,说:“一

告。张匄欲杀多僚，子皮曰："司马老矣，登之谓甚，吾又重之，不如亡也。"五月丙申，子皮将见司马而行，则遇多僚御司马而朝。张匄不胜其怒，遂与子皮、臼任、郑翩杀多僚[8]，劫司马以叛，而召亡人。壬寅，华、向入。乐大心、丰愆、华牼御诸横。华氏居卢门，以南里叛。六月庚午，宋城旧鄘及桑林之门而守之[9]。

定有缘故。"让华貙拿剑抵住宜僚而追问他，宜僚把内情全部说出来。张匄想杀掉多僚，华貙说："父亲老了，华登逃亡对他的伤害可说是厉害了，我又再伤害一次，不如逃亡。"五月十四日，华貙打算见华费遂一面就出发，却碰上多僚为他父亲驾车上朝。张匄忍不住愤怒，就和华貙、臼任、郑翩杀了多僚，劫持华费遂而叛变，召集逃亡的人。二十日，华氏、向氏回国。乐大心、丰愆、华牼在横地抵御他们。华氏住在卢门，率领南里的人叛变。六月十九日，宋国修筑旧城以及桑林门用以据守。

注释 1 鲍国归费之礼：见昭公十四年《传》。为：这里是接待的意思。 2 貙：音 chū。 3 谮(zèn)：说坏话诬陷。 4 亡人：逃亡之人，指华亥等。 5 亟：屡次。 6 尤：怪罪。 7 子皮：即华貙。 8 臼任、郑翩：华貙的家臣。 9 鄘：通"墉"，城墙。

秋七月壬午朔，日有食之。公问于梓慎曰："是何物也？祸福何为？"对曰："二至二分[1]，日有食之，不为灾。日月之行也，分，同道也；至，相过也。其他月则为灾，阳不克也，

秋天七月初一，发生日食。鲁昭公问梓慎说："这是什么事呢？是祸还是福？"梓慎回答说："两至两分期间发生日食，不造成灾祸。日月的运行，在春分秋分时，黄道与赤道同交于一点；在冬至夏至时，互相超过相交点。其他月份发生日食则造成灾祸，阳气不胜阴气，所以

故常为水。”于是叔辄哭日食,昭子曰:“子叔将死,非所哭也。”八月,叔辄卒。

冬十月,华登以吴师救华氏。齐乌枝鸣戍宋[2]。厨人濮曰:“《军志》有之:‘先人有夺人之心,后人有待其衰。’盍及其劳且未定也伐诸[3]!若入而固,则华氏众矣,悔无及也。”从之。丙寅,齐师、宋师败吴师于鸿口[4],获其二帅公子苦雉、偃州员[5]。华登帅其余以败宋师。公欲出,厨人濮曰:“吾小人,可藉死而不能送亡[6],君请待之。”乃徇曰:“扬徽者[7],公徒也。”众从之。公自扬门见之[8],下而巡之,曰:“国亡君死,二三子之耻也,岂专孤之罪也?”齐乌枝鸣曰:“用少莫如齐致死,齐致死莫如去备。彼兵多矣,请皆用剑。”从之。华氏北,

常常造成水灾。”在这时叔辄为日食哭泣,叔孙婼说:“叔辄快要死了,因为不是他应该哭的。”八月,叔辄去世。

冬天十月,华登凭借吴国军队救援华氏。齐国的乌枝鸣驻守宋国。厨邑大夫濮说:“《军志》有这样的说法:‘比敌人先下手可以摧垮敌人的士气,比敌人后下手只有等待衰败。’何不趁他们疲劳而且没有安定的时候攻打他们呢!如果华登进入宋国而且稳固下来,那么华氏的人就多了,后悔也来不及了。”乌枝鸣听从了他。十七日,齐军、宋军在鸿口打败吴军,俘虏了公子苦雒、偃州员两个将领。华登率领其余人马击败宋军。宋元公想要出逃,厨大夫濮说:“我是个低微小臣,可以为君主垫死但不能护送逃亡,君主请等待一下。”就巡行全军说:“挥舞旗帜的,是国君的战士。”大家听从他举起了旗帜。宋元公从扬门看到这一情景,下城巡视,说:“国家灭亡,君主死难,这是你们各位的耻辱,哪里只是我的罪孽呢?”齐国的乌枝鸣说:“用少量兵力作战不如一齐拼命,一齐拼命不如撤去守备。他们兵器有很多,让我们都用剑来作战。”宋元公听从了。华氏败逃,宋

复即之[9]。厨人濮以裳裹首而荷以走,曰:“得华登矣!”遂败华氏于新里。翟偻新居于新里[10],既战,说甲于公而归[11]。华妵居于公里[12],亦如之。

军、齐军又追击他们。厨大夫濮用裙子包着斩获的脑袋扛着奔跑,喊道:“杀了华登了!”于是在新里打败了华氏。翟偻新住在新里,战斗开始以后,到宋元公那里脱下铠甲而归附他。华妵住在公里,也像翟偻新那样。

注释 1 二至:冬至、夏至。二分:春分、秋分。 2 乌枝鸣:齐国大夫。 3 盍:何不。诸:“之乎”的合音。 4 鸿口:宋国邑名。 5 犨:音 qín。 6 藉(jiè)死:等于今语说垫死。 7 徽:旗帜。 8 扬门:宋都正东门。 9 即:就,从,追的意思。 10 翟偻新:宋国臣子。新里:宋国邑名,华氏所居。 11 说:通“脱”。 12 华妵(tǒu):华氏族人。公里:宋都街区名。

十一月癸未,公子城以晋师至。曹翰胡会晋荀吴、齐苑何忌、卫公子朝救宋[1]。丙戌,与华氏战于赭丘[2]。郑翩愿为鹳,其御愿为鹅[3]。子禄御公子城,庄堇为右。干犨御吕封人华豹,张匄为右。相遇,城还。华豹曰:“城也!”城怒而反之。将注[4],豹则关矣[5]。曰:“平公之灵,尚辅相余!”豹射,出其间。

十一月初四日,公子城带领晋军来到宋国。曹国翰胡会合晋国荀吴、齐国苑何忌、卫国公子朝救援宋国。初七日,与华氏在赭丘交战。郑翩希望摆成鹳阵,他的御者想要摆成鹅阵。子禄为公子城驾车,庄堇做车右。干犨为吕地封人华豹驾车,张匄做车右。两车相遇,公子城返回。华豹喊道:“这就是公子城!”公子城发怒而转回来。将要架上箭,华豹已经拉紧了弓弦。公子城说:“先君平公的在天之灵,可要帮助我!”华豹发射,箭穿过公子城他们中间。公子城想要搭上箭,华豹又已经拉开了弓弦。公子城说:

将注,则又关矣。曰:“不狎[6],鄙。”抽矢。城射之,殪。张匄抽殳而下[7],射之,折股。扶伏而击之[8],折轸[9]。又射之,死。干犨请一矢,城曰:“余言女于君。”对曰:“不死伍乘[10],军之大刑也。干刑而从子,君焉用之?子速诸!”乃射之,殪。大败华氏,围诸南里。华亥搏膺而呼[11],见华貙,曰:“吾为栾氏矣。”貙曰:“子无我迋[12],不幸而后亡。”使华登如楚乞师。华貙以车十五乘、徒七十人犯师而出,食于睢上[13],哭而送之,乃复入。

“不一来一往,卑鄙。”华豹就抽下箭。公子城射他,华豹被射死了。张匄抽出殳从车上下来,公子城射他,射断了他的大腿。张匄伏在地上爬过来用殳攻击公子城,打断了车轸。公子城又射他一箭,死了。干犨请求一箭射死自己,公子城说:“我向国君为你说话。”干犨回答说:“不死在同乘一辆战车的人中间,是违犯军队的大法。违犯军法而跟从您,君王怎么会任用我?您快点射死我吧!”公子城就射他一箭,死了。宋军、齐军大败华氏,把他包围在南里。华亥拍着胸脯呼喊,进见华貙,说:“我们成了晋国的栾氏了。”华貙说:“你不要吓唬我,万一不幸然后逃亡。”派华登到楚国去请求援军。华貙率领战车十五辆、步兵七十人冲破宋军、齐军的包围而出,在睢水边吃饭,哭着送走华登,就又进入南里。

注释 1 翰胡:曹国大夫。 2 赭丘:宋国地名,在都城郊外。 3 鹳、鹅:皆为古战阵名。 4 注:指把箭架在弓弦上。 5 关:通“弯”,指架上箭并拉紧弓弦。 6 狎:更替,指更替射箭。 7 殳:古兵器,无刃。 8 扶伏:同“匍匐”。 9 轸(zhěn):车厢底部四面的横木。 10 伍乘:行伍战车。这里指同伍共车的人。 11 搏膺:拍胸。 12 迋(guàng):通“恇”,恐吓。13 睢上:睢水之上,即睢水岸边。

楚薳越帅师将逆华氏。大宰犯谏曰:“诸侯唯宋事其君,今又争国,释君而臣是助,无乃不可乎?”王曰:“而告我也后,既许之矣。”

蔡侯朱出奔楚。费无极取货于东国[1],而谓蔡人曰:“朱不用命于楚,君王将立东国。若不先从王欲,楚必围蔡。”蔡人惧,出朱而立东国。朱诉于楚,楚子将讨蔡。无极曰:“平侯与楚有盟,故封。其子有二心,故废之。灵王杀隐大子,其子与君同恶,德君必甚[2]。又使立之,不亦可乎?且废置在君[3],蔡无他矣。”

公如晋。及河,鼓叛晋,晋将伐鲜虞,故辞公。

楚国的薳越率军队打算迎接华氏。太宰犯劝谏说:“诸侯中只有宋国的臣民侍奉他们的君主,现在又争夺国家政权,丢开君主却帮助臣下,恐怕不行吧?”楚平王说:“你告诉我的话太晚了,已经答应他们了。”

蔡侯朱逃奔楚国。费无极从东国那儿取得财物,就对蔡国人说:“蔡侯朱对楚国不奉行命令,君王将要立东国为国君。如果不先顺从君王的愿望,楚国一定包围蔡国。”蔡国人害怕,赶走蔡侯朱而立了东国。蔡侯朱向楚国控诉,楚平王打算讨伐蔡国。费无极说:“蔡平侯与楚国有盟约,所以才封他。他的儿子有了二心,所以废黜他。楚灵王杀死隐太子,隐太子的儿子与君王同样憎恶灵王,一定会非常感激您的恩德。又让他立为国君,不也可以吗?而且废和立都在于君王您,蔡国没有别的念头了。”

鲁昭公前往晋国。到达黄河边,鼓地人背叛晋国,晋国打算攻打鲜虞,所以辞谢了昭公。

注释 **1** 东国:蔡平侯庐的弟弟,蔡侯朱的叔父。 **2** 德:用为动词,感德。 **3** 置:立。

昭公二十二年

【经】

二十有二年春，齐侯伐莒。

宋华亥、向宁、华定自宋南里出奔楚。

大蒐于昌间[1]。

夏四月乙丑，天王崩。

六月，叔鞅如京师，葬景王。

王室乱。

刘子、单子以王猛居于皇[2]。

秋，刘子、单子以王猛入于王城。

冬十月，王子猛卒。

十有二月癸酉朔，日有食之。

二十二年春天，齐景公攻打莒国。

宋国的华亥、向宁、华定从宋国南里出逃到楚国。

鲁国在昌间举行大阅兵。

夏天四月十八日，周天子去世。

六月，叔鞅前往京都，参加周景王的葬礼。

王室发生动乱。

刘蚠、单旗带着王子猛住在皇地。

秋天，刘蚠、单旗带领王子猛进入王城。

冬天十月，王子猛去世。

十二月初一，发生日食。

注释 **1** 昌间：鲁国地名。 **2** 王猛：即王子猛，未即位，谥曰悼王。皇：周朝地名。

【传】

二十二年春，王二月甲子，齐北郭启帅师伐莒。莒子将战，苑羊牧之谏曰[1]："齐帅贱，其求不多，不如下之[2]，大国不可怒也。"弗听，败齐师于寿馀。齐侯伐莒，莒子行成。司马灶如莒莅盟，莒子如齐莅盟，盟于稷门之外。莒于是乎大恶其君。

楚薳越使告于宋曰："寡君闻君有不令之臣为君忧，无宁以为宗羞[3]，寡君请受而戮之。"对曰："孤不佞，不能媚于父兄，以为君忧，拜命之辱。抑君臣日战，君曰'余必臣是助'，亦唯命。人有言曰：'唯乱门之无过。'君若惠保敝邑，无亢不衷[4]，以奖乱人，孤之望也。唯君图之！"楚人患之。诸侯之戍谋曰："若华氏知困而致死，

二十二年春天，周历二月十六日，齐国的北郭启领兵攻打莒国。莒君打算迎战，苑羊牧之劝谏说："齐国将帅地位低贱，他的要求不多，不如向他们低头，大国是不可以激怒的。"莒君不听，在寿馀打败齐军。齐景公就攻打莒国，莒君求和。司马灶前往莒国参加结盟，莒君前往齐国参加结盟，在稷门之外签订盟约。莒国人从此非常厌恶他们的国君。

楚国的薳越派人告诉宋元公说："寡君听说君有个不好的臣下成为君的忧患，也许会因此成为宗庙的羞耻，寡君请求接受他加以诛戮。"宋元公回答说："寡人无能，不能从父兄辈那儿取得欢心，因此造成君王的忧虑，拜谢君王赐命的屈辱。只是我君臣间每天争战，君王要说'我一定帮助臣下'，也只有唯命是听。人们有话说：'不要经过动乱人家的门口。'君王如果赐恩保护敝国，不去庇护不善良的人，不因而鼓励作乱的人，这是寡人的愿望。希望君王考虑！"楚国人担心这件事。诸侯驻守宋

楚耻无功而疾战，非吾利也。不如出之以为楚功，其亦无能为也已。救宋而除其害，又何求？”乃固请出之，宋人从之。己巳，宋华亥、向宁、华定、华貙、华登、皇奄伤、省臧、士平出奔楚。宋公使公孙忌为大司马，边卬为大司徒[5]，乐祁为司城，仲幾为左师，乐大心为右师，乐挽为大司寇，以靖国人。

国的将领商议说：“如果华氏知道处于困境而拼死战斗，楚国耻于无功而迅速宣战，这对我们没有好处。不如放华氏出去以作为楚国的功绩，华氏也不能有所作为了。救援了宋国而除掉了他们的祸害，还要求什么呢？”就坚决请求放出华氏，宋国人听从了。二月二十一日，宋国的华亥、向宁、华定、华貙、华登、皇奄伤、省臧、士平出逃到楚国。宋元公派公孙忌做大司马，边卬做大司徒，乐祁做司城，仲幾做左师，乐大心做右师，乐挽做大司寇，以安定国内人民。

注释 1 苑羊牧之：莒国大夫，字羊，名牧之。 2 下之：居于其下，即向他们低头。 3 无宁：犹“无乃”。 4 亢：遮蔽，庇护。不衷：不善。 5 卬：音 áng。

王子朝、宾起有宠于景王[1]，王与宾孟说之[2]，欲立之。刘献公之庶子伯蚠事单穆公[3]，恶宾孟之为人也，愿杀之；又恶王子朝之言，以为乱，愿去之。宾孟适郊，见雄鸡自断其尾，问之，侍者曰：“自惮其牺也[4]。”遽归告王，且

王子朝、宾起在周景王面前很得宠信，景王和宾起喜欢王子朝，想要立他做太子。刘献公的庶子伯蚠侍奉单穆公，厌恶宾起的为人，愿意杀掉他；又讨厌王子朝的话，认为会引起动乱，愿意除掉他。宾起去到郊外，看见公鸡自己啄断自己的尾毛，就问这件事，侍者说：“公鸡害怕自己将养成祭祀的牺牲。”宾起立即回去报告周景王，并且

曰:“鸡其惮为人用乎!人异于是。牺者实用人,人牺实难,己牺何害?”王弗应。夏四月,王田北山,使公卿皆从,将杀单子、刘子。王有心疾,乙丑,崩于荣锜氏[5]。戊辰,刘子挚卒,无子,单子立刘蚠。五月庚辰,见王,遂攻宾起,杀之,盟群王子于单氏。

说:“鸡大概是害怕被人用为祭品吧!人与此不同。牺牲实是被人使用的,被别人用为牺牲实在困难,自己用为牺牲妨碍什么呢?”周景王没答话。夏天四月,景王在北山打猎,让公卿们都跟随,打算杀掉单旗、刘蚠。景王有心脏病,十八日,死在荣锜氏那里。二十二日,刘子挚去世,他没有嫡子,单旗立了刘蚠。五月初四日,进见周王猛,于是攻打宾起,杀了他,和王子们在单氏那里结盟。

晋之取鼓也,既献,而反鼓子焉,又叛于鲜虞。六月,荀吴略东阳[6],使师伪籴者负甲以息于昔阳之门外,遂袭鼓,灭之,以鼓子鸢鞮归,使涉佗守之[7]。

晋国占取鼓地时,在宗庙献俘之后,就让鼓子回国,鼓子又背叛晋国归顺鲜虞。六月,荀吴巡视东阳,派军队伪装籴粮的人背着铠甲在昔阳城门外休息,就乘机袭击鼓国,灭亡了它,带着鼓子鸢鞮回去,派涉佗据守鼓地。

注释 1 王子朝:周景王的庶长子。宾起:即宾孟,子朝的师傅。 2 说:同“悦”。 3 伯蚠(fén):即刘子,刘蚠。单穆公:即单子,单旗。 4 牺:牺牲,供祭的牲畜。此用为动词,成为牺牲。 5 荣锜氏:周朝大夫。 6 略:巡视。 7 涉佗:晋国大夫。

丁巳,葬景王。王子朝因旧官、百工之丧职秩者与灵、景之族以作乱[1],帅

六月十一日,安葬周景王。王子朝利用过去的官吏和百工中失去官职俸禄的人以及灵王、景王的族人发起叛

郊、要、饯之甲以逐刘子[2]。壬戌,刘子奔扬。单子逆悼王于庄宫以归[3],王子还夜取王以如庄宫。癸亥,单子出,王子还与召庄公谋[4],曰:"不杀单旗,不捷。与之重盟,必来。背盟而克者多矣。"从之。樊顷子曰[5]:"非言也,必不克。"遂奉王以追单子。及领,大盟而复,杀挚荒以说。刘子如刘,单子亡。乙丑,奔于平畤[6],群王子追之。单子杀还、姑、发、弱、鬷、延、定、稠[7],子朝奔京。丙寅,伐之,京人奔山,刘子入于王城。辛未,巩简公败绩于京[8]。乙亥,甘平公亦败焉。

乱,率领郊地、要地、饯地的甲士驱逐刘蚠。十六日,刘蚠逃亡到扬地。单旗在庄宫迎接悼王带回自己家,王子还在晚上夺取悼王又送到庄宫。十七日,单旗逃出王都,王子还与召庄公商议说:"不杀掉单旗,不能取胜。和他再次结盟,他必定来。违背盟约而取胜的人很多。"召庄公听从了。樊顷子说:"这不成话,肯定不能取胜。"王子还就奉从悼王去追赶单旗。到达领那个地方,隆重举行结盟而返回,杀了挚荒来向单旗解释。刘蚠去到刘地,单旗逃亡。十九日,逃亡到平畤,王子们追赶他。单旗杀了王子还、姑、发、弱、鬷、延、定、稠等八人,王子朝逃亡到京地。二十日,单旗攻打京地,京地人逃亡到山里,刘蚠进入王城。二十五日,巩简公在京地被王子朝打败。二十九日,甘平公也被打败在那里。

注释 **1** 职秩:官职俸禄。 **2** 郊、要、饯:周朝三邑名。甲:甲士。 **3** 庄宫:周王宫,在王城。 **4** 王子还、召庄公:王子朝的同党。 **5** 樊顷子:刘子、单子的同党。 **6** 畤:音 zhì。 **7** 以上八人都是王子。 **8** 巩简公:与下文的甘平公都是周朝卿士。

叔鞅至自京师,言王室之乱也。闵马父曰[1]:"子

叔鞅从京都回到鲁国,叙述王室的动乱。闵马父说:"王子朝肯定不能

朝必不克，其所与者[2]，天所废也。”单子欲告急于晋，秋七月戊寅，以王如平畤，遂如圃车，次于皇。刘子如刘，单子使王子处守于王城，盟百工于平宫[3]。辛卯，鄩肸伐皇[4]，大败，获鄩肸。壬辰，焚诸王城之市。八月辛酉，司徒丑以王师败绩于前城，百工叛。己巳，伐单氏之宫，败焉。庚午，反伐之。辛未，伐东圉。冬十月丁巳，晋籍谈、荀跞帅九州之戎及焦、瑕、温、原之师，以纳王于王城。庚申，单子、刘蚠以王师败绩于郊，前城人败陆浑于社。十一月乙酉，王子猛卒，不成丧也。己丑，敬王即位，馆于子旅氏。十二月庚戌，晋籍谈、荀跞、贾辛、司马督帅师军于阴、于侯氏、于谿泉，次于社。王师军于汜、于解，次于任人。闰月，晋箕遗、乐徵、右行诡济师取前城，

取胜，他所借助的人，是上天所废弃的人。”单旗想要向晋国告急，在秋天七月初三，带着周天子前往平畤，随即去到圃车，驻扎在皇地。刘蚠前往刘地，单旗派王子处驻守王城，和百工在平宫结盟。十六日，鄩肸攻打皇地，大败，单旗俘获鄩肸。十七日，把鄩肸烧死在王城的集市上。八月十六日，司徒丑带领的周天子军队在前城被打败，百工背叛。二十四日，百工攻打单旗的住宅，被挫败。二十五日，单旗反攻。二十六日，攻打东圉。冬天十月十三日，晋国的籍谈、荀跞率领九州的戎人以及焦地、瑕地、温地、原地的军队，把周悼王送回王城。十六日，单旗、刘蚠带领的周天子军队在郊地被打败，前城人在社地打败陆浑。十一月十二日，王子猛去世，但没有举行天子规格的丧礼。十六日，周敬王即位，住在子旅氏家里。十二月初七日，晋国的籍谈、荀跞、贾辛、司马督率军分别驻扎在阴地、侯氏、谿泉以及社地。周天子的军队分别驻扎在汜、解、任人等地。闰十二月，晋国的箕遗、乐徵、右行诡等率军渡河攻取前城，驻扎在它的

军其东南。王师军于京楚。辛丑，伐京，毁其西南。

东南面。周天子的军队驻扎在京楚。二十九日，攻打京地，攻破它的西南部。

注释 1 闵马父：即闵子马，鲁大夫。 2 与(yù)：动词，这里是借助的意思。 3 平宫：周平王庙。 4 郇肸(xúnxī)：周朝大夫，王子朝党羽。

昭公二十三年

【经】

二十有三年春，王正月，叔孙婼如晋。

癸丑，叔鞅卒。

晋人执我行人叔孙婼。

晋人围郊。

夏六月，蔡侯东国卒于楚。

秋七月，莒子庚舆来奔。

戊辰，吴败顿、胡、沈、蔡、陈、许之师于鸡父[1]。胡子髡、沈子逞灭[2]，获陈夏啮。

天王居于狄泉[3]。

尹氏立王子朝。

八月乙未，地震。

二十三年春天，周历正月，叔孙婼前往晋国。

十二日，叔鞅去世。

晋国人逮捕我鲁国行人叔孙婼。

晋国人包围郊地。

夏天六月，蔡君东国在楚国去世。

秋天七月，莒君庚舆逃奔前来。

二十九日，吴国在鸡父打败顿国、胡国、沈国、蔡国、陈国和许国的军队。胡君髡、沈君逞战死，陈国夏啮被俘。

周天子住在狄泉。

尹氏立了王子朝。

八月二十六日，发生地震。

冬，公如晋，至河，有疾，乃复。

冬天，鲁昭公前往晋国，到达黄河边，因有病，就返回了。

注释 1 鸡父：楚国地名。“父”或作“甫”。 2 灭：依《春秋》之例，国存君死叫作“灭”。 3 狄泉：周都城外地名。

【传】

二十三年春，王正月壬寅朔，二师围郊。癸卯，郊、鄩溃。丁未，晋师在平阴，王师在泽邑。王使告间[1]，庚戌，还。

二十三年春天，周历正月初一，周天子和晋国两支军队包围郊地。初二日，郊地、鄩地溃败。初六日，晋军驻在平阴，周王的军队驻在泽邑。周王派人向晋军报告王室的动乱基本平定，初九日，晋军撤回。

邾人城翼，还，将自离姑。公孙钼曰："鲁将御我。"欲自武城还，循山而南。徐钼、丘弱、茅地曰[2]："道下[3]，遇雨，将不出，是不归也。"遂自离姑。武城人塞其前，断其后之木而弗殊[4]，邾师过之，乃推而蹷之[5]，遂取邾师，获钼、弱、地。

邾国人到翼地筑城，回去时打算从离姑走。公孙钼说："鲁国将会阻挡我们。"想要经由武城返回，沿着山路向南走。徐钼、丘弱、茅地说："那儿道路低洼，碰上下雨，将走不出去，这样就回不去了。"于是从离姑走。武城人堵住他们前进的道路，又在他们后面砍断树木但不完全断开，邾国军队经过那里，就把树木推倒，于是击败邾军，俘获徐钼、丘弱和茅地。

邾人诉于晋，晋人来讨。叔孙婼如晋，晋人

邾国人向晋国控告，晋国人前来讨伐鲁国。叔孙婼去到晋国，晋人逮捕了

执之。书曰:“晋人执我行人叔孙婼。”言使人也。晋人使与邾大夫坐[6],叔孙曰:“列国之卿当小国之君,固周制也。邾又夷也。寡君之命介子服回在[7],请使当之,不敢废周制故也。”乃不果坐。

他。《春秋》记载说:“晋人执我行人叔孙婼。”是说晋国逮捕外交使者。晋国人让叔孙婼与邾国大夫对质,叔孙婼说:“各国卿相与小国的国君相当,这本是周王的制度。何况邾国又是夷族呢。寡君任命的副使子服回在这里,请让他去顶当吧,这是不敢废弃周王制度的缘故。”叔孙婼就终于没有去对质。

注释 1 间:病情好转。这里指王室之乱稍平。 2 徐鉏、丘弱、茅地:三人都是邾国大夫。 3 下:低洼。 4 殊:断。 5 蹶:倒仆。 6 坐:对质。 7 命介:任命的副使。

韩宣子使邾人聚其众,将以叔孙与之。叔孙闻之,去众与兵而朝。士弥牟谓韩宣子曰:“子弗良图,而以叔孙与其仇,叔孙必死之。鲁亡叔孙,必亡邾。邾君亡国,将焉归?子虽悔之,何及?所谓盟主,讨违命也。若皆相执,焉用盟主?”乃弗与,使各居一馆。士伯听其辞而诉诸宣子[1],乃皆执之。士伯御叔孙,从者

韩宣子让邾国人聚集他们的兵力,打算把叔孙婼交给他们。叔孙婼听说了,去掉侍卫和武器去朝见晋君。士弥牟对韩宣子说:“您不好好谋划,而把叔孙婼交给他的仇人,叔孙婼必定死在他们手里。鲁国失去叔孙婼,必然灭亡邾国。邾君灭亡了国家,将回到哪里去?您到时即使后悔,怎么来得及?所谓盟主,就是要讨伐违背命令的诸侯。如果都互相逮捕,哪里用得着盟主?”就不交给邾国,让叔孙婼和子服回各自住一个馆舍。士弥牟听了他们两人的辩辞就告诉韩宣子,就把他们都抓起来。士弥牟为叔孙

四人,过邾馆以如吏。先归邾子。士伯曰:“以刍荛之难[2],从者之病[3],将馆子于都[4]。”叔孙旦而立,期焉[5]。乃馆诸箕,舍子服昭伯于他邑。

婼驾车,带着四个随从,经过邾国人住的馆舍而到官吏那儿去。先让邾君回国。士弥牟说:“因为柴草困难,侍从人员劳苦,打算让您住到别的城邑去。”叔孙婼一大早就站着,等待命令。于是让他住在箕邑,让子服回住在别的城邑里。

范献子求货于叔孙,使请冠焉。取其冠法[6],而与之两冠,曰:“尽矣。”为叔孙故,申丰以货如晋。叔孙曰:“见我,吾告女所行货。”见,而不出。吏人之与叔孙居于箕者,请其吠狗,弗与。及将归,杀而与之食之。叔孙所馆者,虽一日必葺其墙屋[7],去之如始至。

范献子向叔孙婼索取财货,派人向他请求帽子。叔孙婼取来他帽子的式样,就给了他两顶帽子,说:“全在这里了。”为了叔孙婼的缘故,申丰带着财货前往晋国。叔孙婼说:“来见我,我告诉你送财货的办法。”申丰来见他,就不让申丰出去。和叔孙婼住在箕邑的监视官员向叔孙婼请求一条爱叫的狗,没给他们。等到将要回国时,杀掉狗和他们一块吃了。叔孙婼所住的房子,即使住一天也必定修理墙屋,离开时就好像刚到的时候一样。

注释 1 士伯:即士弥牟,士景伯。 2 刍荛:柴草。难:指难以供应。3 病:劳苦。 4 都:指箕邑。 5 期:等待。 6 冠法:冠的尺寸式样。7 葺:修理。

夏四月乙酉,单子取訾[1],刘子取墙人、直人[2]。六月壬午,王子朝入

夏天四月十四日,单旗攻取訾地,刘蚠攻取墙人、直人两地。六月十二日,王子朝进入尹地。十三日,尹

于尹。癸未，尹圉诱刘佗杀之。丙戌，单子从阪道[3]，刘子从尹道伐尹[4]，单子先至而败，刘子还。己丑，召伯奂、南宫极以成周人戍尹[5]。庚寅，单子、刘子、樊齐以王如刘[6]。甲午，王子朝入于王城，次于左巷。秋七月戊申，鄩罗纳诸庄宫[7]。尹辛败刘师于唐，丙辰，又败诸鄩。甲子，尹辛取西闱。丙寅，攻蒯，蒯溃。

莒子庚舆虐而好剑，苟铸剑，必试诸人，国人患之。又将叛齐，乌存帅国人以逐之。庚舆将出，闻乌存执殳而立于道左[8]，惧将止死。苑羊牧之曰："君过之。乌存以力闻可矣，何必以弑君成名？"遂来奔。齐人纳郊公。

圉诱杀了刘佗。十六日，单旗从山路，刘蚠从大路攻打尹地，单旗先行到达而失败，刘蚠返回。十九日，召伯奂、南宫极率领成周人戍守尹地。二十日，单旗、刘蚠、樊齐带着周王前往刘地。二十四日，王子朝进入王城，驻扎在左巷。秋天七月初九日，鄩罗送王子朝到庄宫。尹辛在唐地打败刘蚠军，十七日，又在鄩地击败了他。二十五日，尹辛占取西闱。二十七日，攻打蒯地，蒯地人民溃败。

莒君庚舆暴虐而喜爱剑，只要铸了新剑，必定用人试剑，国内人们引以为患。庚舆又打算背叛齐国，乌存率领国人驱逐他。庚舆将要出国都，听到乌存手持殳杖站在路的左边，害怕会被挡住杀死。苑羊牧之说："君主过去吧。乌存凭勇力闻名就可以了，怎么一定要用杀死国君来成名呢？"庚舆就前来投奔鲁国。齐国人把郊公送回莒国。

注释 1 訾(zǐ)：周朝邑名。 2 墙人、直人：周朝邑名。 3 阪(bǎn)道：山路。阪，山坡。 4 尹道：正道，指大路。 5 召伯奂：即召庄公。南宫极：周朝卿士。 6 樊齐：即樊顷子。 7 鄩罗：鄩肸的儿子，周朝大夫。 8 庚舆为君主，坐车当居左，故乌存立于道左。

吴人伐州来，楚薳越帅师及诸侯之师奔命救州来，吴人御诸钟离。子瑕卒，楚师熸[1]。吴公子光曰："诸侯从于楚者众，而皆小国也，畏楚而不获已，是以来。吾闻之曰：'作事威克其爱[2]，虽小必济。'胡、沈之君幼而狂[3]，陈大夫啮壮而顽，顿与许、蔡疾楚政。楚令尹死，其师熸，帅贱多宠，政令不壹。七国同役而不同心，帅贱而不能整，无大威命，楚可败也。若分师先以犯胡、沈与陈，必先奔。三国败，诸侯之师乃摇心矣。诸侯乖乱，楚必大奔。请先者去备薄威[4]，后者敦陈整旅[5]。"吴子从之。戊辰晦，战于鸡父。吴子以罪人三千先犯胡、沈与陈，三国争之。吴为三军以系于后，中军从王，

吴国人攻打州来，楚国薳越率楚军及诸侯的军队奉命奔赴援救州来，吴国人在钟离抵抗他们。令尹子瑕去世，楚军士气衰竭。吴国的公子光说："诸侯追随楚国的很多，但都是小国，是畏惧楚国而不得已，所以前来攻打我们。我听说：'兴起大事如果威严胜过慈爱，即使弱小也必定成功。'胡国、沈国的君主年幼而狂躁，陈国大夫夏啮年壮却顽钝，顿国、许国和蔡国则憎恨楚国的政治。楚令尹死了，他们的军队士气衰竭，将帅出身低贱而大多得宠，政令也不统一。他们七个国家虽然共同参战但不同心，将帅低贱而不能整齐军队，没有大的威严发布命令，楚国是可以打败的。如果分出军队来先攻击胡国、沈国与陈国，他们必定首先逃跑。这三个国家败逃，诸侯的军队就军心动摇了。诸侯背离混乱，楚军肯定全部逃奔。请让先头部队除去武备减少威严，后续部队巩固阵营整肃师旅。"吴王听从了。七月二十九日，在鸡父交战。吴王用三千名罪犯首先攻击胡军、沈军与陈军，三国军队争着俘虏吴国的罪犯。吴国整编了三军紧跟在后，中军跟从吴王，公子光率领右军，公子掩

光帅右，掩馀帅左。吴之罪人或奔或止，三国乱。吴师击之，三国败，获胡、沈之君及陈大夫。舍胡、沈之囚，使奔许与蔡、顿，曰："吾君死矣！"师噪而从之[6]，三国奔，楚师大奔。书曰："胡子髡、沈子逞灭，获陈夏啮。"君臣之辞也。不言战，楚未陈也。

馀率领左军。吴国的罪犯有的逃跑有的停下，三国军队大乱。吴军进攻他们，打败了三国军队，俘获了胡国、沈国的君主和陈国的大夫。吴国释放了胡国、沈国的俘虏，让他们逃奔到许国、蔡国和顿国的军队里，喊道："我们国君死了！"吴军击鼓呐喊跟着他们，三国的军队逃奔，楚国的军队全面溃散。《春秋》记载说："胡子髡、沈子逞灭，获陈夏啮。"这是对国君和臣下使用的不同措辞。不说"战"，是因为楚国没有摆好战阵。

注释 1 熸(jiān)：火灭。比喻军队士气衰竭。 2 克：胜过。 3 狂：狂躁。 4 薄：减少。 5 敦陈：巩固阵营。敦：厚，充实、巩固之意。陈：通"阵"。 6 噪：喧哗，呐喊。

八月丁酉，南宫极震[1]。苌弘谓刘文公曰："君其勉之，先君之力可济也。周之亡也，其三川震[2]。今西王之大臣亦震，天弃之矣，东王必大克。"

八月二十七日，南宫极死于地震。苌弘对刘蚠说："君努力吧，先君所致力的事业是可以成功的。西周灭亡的时候，那三江流域都发生地震。如今西王王子朝的大臣也死于地震，这是上天抛弃了他，东王必定大胜。"

楚大子建之母在郹[3]，召吴人而启之[4]。冬十月甲申，吴大子诸樊入郹，取楚夫人与其宝器

楚国太子建的母亲住在郹地，召来吴国人并为他们打开城门。冬天十月十六日，吴太子诸樊进入郹城，掳走了楚夫人和她的宝器回国。楚国司马薳越追

以归。楚司马薳越追之，不及，将死，众曰："请遂伐吴以徼之[5]。"薳越曰："再败君师，死且有罪。亡君夫人，不可以莫之死也。"乃缢于薳澨[6]。

赶他，没有追上，打算自杀，部下说："请让我们乘机攻打吴国以求夺回夫人和她的宝器。"薳越说："如果第二次使君王的军队失败，我即使死还是有罪。丢了君王夫人，不能不为此而死。"就在薳澨自缢而死。

公为叔孙故如晋，及河，有疾而复。

鲁昭公因为叔孙婼的缘故前往晋国，到达黄河边，有病而返回。

注释 1 震：地震。这里指死于地震。 2 三川：指泾、渭、洛三条河流。3 郹：音 jú。 4 启：开。指开城门接应。 5 徼(yāo)：通"邀"，求取。6 薳澨(shì)：楚国地名。

楚囊瓦为令尹，城郢。沈尹戌曰："子常必亡郢[1]，苟不能卫，城无益也。古者天子守在四夷，天子卑，守在诸侯。诸侯守在四邻，诸侯卑，守在四竟。慎其四竟，结其四援，民狎其野[2]，三务成功[3]，民无内忧，而又无外惧，国焉用城？今吴是惧而城于郢，守已小矣。卑之不获，能无亡乎？昔梁伯

楚国的囊瓦做令尹，在郢都增修城墙。沈尹戌说："囊瓦一定会丢掉郢都，如果不能保卫，增修城墙也于事无补。古时候天子的守卫在于四方夷族，天子的威望降低时，守卫在于诸侯。诸侯的守卫在于四方邻国，诸侯的威望降低时，守卫仅在于四方边境。谨慎地守卫四境，结交四邻作为外援，老百姓在自己的家园安居乐业，春夏秋三时的农事都有收获，老百姓既没有内忧，又没有外患，国家哪里用得着修筑城墙？现在害怕吴国而在郢都增修城墙，守卫的地方已经很小了。还比不上势力减弱后的诸侯，

沟其公宫而民溃[4],民弃其上,不亡何待?夫正其疆埸[5],修其土田,险其走集[6],亲其民人,明其伍候[7],信其邻国,慎其官守,守其交礼,不僭不贪[8],不懦不耆[9],完其守备,以待不虞,又何畏矣?《诗》曰:'无念尔祖[10],聿修厥德[11]。'无亦监乎[12]?若敖、蚡冒至于武、文,土不过同[13],慎其四竟,犹不城郢。今土数圻[14],而郢是城,不亦难乎?"

能不灭亡吗?过去梁伯在他的公宫四周挖壕沟而老百姓溃散,老百姓抛弃了他们的君主,不灭亡还指望什么?如能划定疆界,修治田土,加固边境营垒,亲近百姓,明确边境伺望侦察的组织,取信邻国,使官吏慎守职责,遵循外交礼节,既无差失也不过滥,既不软弱也不强霸,完善防守装备,来对付不测事件,又害怕什么呢?《诗》中说:'怀念你的祖先,发扬他们的美德。'不也可以引为借鉴吗?若敖、蚡冒直到楚武王、楚文王,他们那时的领土不过百里见方,谨慎守卫四方边境,尚且不在郢都增修城墙。如今领土数千里见方,却增修郢城,岂不是难以守卫了吗?"

注释 1 子常:即囊瓦。 2 狎:习惯。 3 三务:春、夏、秋三时的农事。务,事务。 4 沟:挖沟。用为动词。事见僖公十九年《传》。 5 疆埸(yì):疆界。埸,与"疆"同义。 6 险:使险固。走集:边境上的壁垒。 7 伍候:边境上负责伺望侦查的民间组织。伍,户籍单位,五家为伍。候,伺望侦察。 8 僭:差失。贪:过滥。 9 耆:强。 10 无:句首助词,无义。 11 聿:句首助词。厥:其。引诗为《诗经·大雅·文王》篇。 12 监:借鉴。 13 同:领土方百里为一同。 14 圻(qí):领土方千里为一圻。

昭公二十四年

【经】

二十有四年春,王二月丙戌,仲孙貜卒。

婼至自晋。

夏五月乙未朔,日有食之。

秋八月,大雩。

丁酉,杞伯郁釐卒[1]。

冬,吴灭巢。

葬杞平公。

二十四年春天,周历二月二十五日,仲孙貜去世。

叔孙婼从晋国回到鲁国。

夏天五月初一日,发生日食。

秋天八月,举行求雨大祭。

九月初五日,杞君郁釐去世。

冬天,吴国灭亡巢国。

安葬杞平公。

注释 1 郁釐(xī):杞平公名。

【传】

二十四年春,王正月辛丑,召简公、南宫嚚以甘桓公见王子朝[1]。刘子谓苌弘曰:“甘氏又往矣。”对曰:“何害?同德度义[2]。《大誓》曰:‘纣有亿兆夷人[3],亦有离德;余有乱臣十人[4],同心同德。’此周

二十四年春天,周历正月初五日,召简公、南宫嚚带着甘桓公进见王子朝。刘蚠对苌弘说:“甘氏又到王子朝那儿去了。”苌弘回答说:“这有什么妨害?同心同德在于符合道义。《大誓》说:‘殷纣王有亿兆平民,但离心离德;我有治世贤臣十人,同心同德。’这就是周朝之所以兴起的

所以兴也。君其务德，无患无人。”戊午，王子朝入于邬。

原因。君王还是务求修德，不要担心没有人才。”二十二日，王子朝进入邬地。

晋士弥牟逆叔孙于箕，叔孙使梁其胫待于门内，曰：“余左顾而咳，乃杀之；右顾而笑，乃止。”叔孙见士伯，士伯曰：“寡君以为盟主之故，是以久子[5]。不腆敝邑之礼，将致诸从者[6]，使弥牟逆吾子。”叔孙受礼而归。二月，“婼至自晋”，尊晋也。

晋国的士弥牟到箕地迎接叔孙婼，叔孙婼派梁其胫躲在门内等待，说：“我朝左看并且咳嗽，就杀了他；朝右看并且笑，就不要动。”叔孙婼接见士弥牟，士弥牟说：“寡君因为做盟主的缘故，所以把您久留在此。敝国的一份薄礼，将要送给您的随从，派我来迎接您。”叔孙婼接受礼物就回到鲁国去了。二月，“婼至自晋”，《春秋》这样记载，是为了表示尊重晋国。

三月庚戌，晋侯使士景伯莅问周故，士伯立于乾祭[7]，而问于介众[8]。晋人乃辞王子朝，不纳其使。

三月十五日，晋君派士弥牟到周都探问周朝发生的事故，士弥牟站在乾祭门外，向广大百姓询问。晋国人就辞却了王子朝，不接纳他的使者。

【注释】 1 召简公：召庄公的儿子。南宫嚚(yín)：南宫极的儿子。 2 度：居，等于说“在”。 3 夷人：等于说平民。夷，平。 4 乱臣：即治臣，治世贤臣。十人：指周公旦、召公奭、太公望、毕公、荣公、太颠、闳夭、散宜生、南宫适、邑姜。见《尚书孔氏传》。 5 久：久留。 6 从者：指叔孙婼。不直指而称从者，为称人的礼貌式。 7 乾祭：周王城北门。 8 介众：大众。

夏五月乙未朔，日有食之。梓慎曰：“将水。”

夏天五月初一日，发生日食。梓慎说：“将发生水灾。”叔孙婼说：“是旱

昭子曰："旱也。日过分而阳犹不克，克必甚，能无旱乎？阳不克莫[1]，将积聚也。"

六月壬申，王子朝之师攻瑕及杏[2]，皆溃。

郑伯如晋，子大叔相，见范献子。献子曰："若王室何？"对曰："老夫其国家不能恤，敢及王室？抑人亦有言曰：'嫠不恤其纬[3]，而忧宗周之陨，为将及焉。'今王室实蠢蠢焉[4]，吾小国惧矣。然大国之忧也，吾侪何知焉？吾子其早图之！《诗》曰：'瓶之罄矣[5]，惟罍之耻[6]。'王室之不宁，晋之耻也。"献子惧，而与宣子图之，乃征会于诸侯，期以明年。

秋八月，大雩，旱也。

灾的天象。太阳运行过了春分点但阳气还不胜阴气，一旦胜阴气必然很厉害，能不天旱吗？阳气迟迟没有胜过阴气，是要积聚阳气。"

六月初八日，王子朝的军队攻打瑕地和杏地，两地都溃败。

郑定公前往晋国，子太叔辅相，进见范献子。范献子说："对王室怎么办？"子太叔回答说："老夫我连国家都无法担忧，岂敢担心到王室？不过人们有话说：'寡妇不担忧她织布的纬线，却担心宗周的衰落，因为会连及自己。'现在王室确实动乱不止，我们小国害怕了。但是大国的忧虑，我们怎么知道呢？您还是早点打算吧！《诗》上说：'酒瓶空了，是酒缸子的耻辱。'王室不安宁，是晋国的耻辱。"范献子害怕，就和韩宣子商量，于是召集诸侯会见，时间约定在第二年。

秋天八月，举行求雨大祭，是因为发生旱灾。

注释 1 莫：同"暮"，迟。 2 瑕、杏：周敬王二邑名。 3 嫠(lí)：寡妇。 4 蠢蠢：动乱的样子。 5 罄：尽，空。 6 罍(léi)：盛酒器，比瓶小。引诗为《诗经・小雅・蓼莪》篇，引者以瓶喻王室，以罍喻晋国。

冬十月癸酉，王子朝用成周之宝珪沉于河。甲戌，津人得诸河上[1]。阴不佞以温人南侵[2]，拘得玉者，取其玉。将卖之，则为石。王定而献之，与之东訾。

冬天十月十一日，王子朝使用成周的宝珪沉到黄河里祭河神。十二日，渡河的船夫在黄河中得到那块宝珪。阴不佞率领温地人往南侵袭王子朝，拘捕了得到宝珪的船夫，夺取了他的宝珪。打算卖了它，却变成了石头。周敬王安定以后阴不佞献上宝珪，敬王赐给他东訾。

楚子为舟师以略吴疆，沈尹戌曰："此行也，楚必亡邑。不抚民而劳之，吴不动而速之[3]，吴踵楚[4]，而疆埸无备，邑能无亡乎？"

楚平王组织水军用以巡行吴国边界，沈尹戌说："这次行动，楚国肯定会丢失城邑。不安抚老百姓却使他们劳苦，吴国没有出动却去招引它，如果吴国紧追楚国不放，而楚国边界又没有防备，城邑能不丢失吗？"

越大夫胥犴劳王于豫章之汭[5]，越公子仓归王乘舟[6]。仓及寿梦帅师从王[7]，王及圉阳而还[8]。

越国大夫胥犴到豫章河湾慰劳楚平王，越国的公子仓送给楚平王一艘乘船。公子仓与寿梦率领军队跟随楚平王，楚平王到达圉阳而返回。

吴人踵楚，而边人不备，遂灭巢及钟离而还。沈尹戌曰："亡郢之始，于此在矣。王一动而亡二姓之帅，几如是而不及郢？《诗》曰：'谁生厉阶[9]？至今为梗[10]。'其王之谓乎？"

吴国人紧追楚军，而边防军队没有防备，于是吴国灭亡了巢和钟离两城而回国。沈尹戌说："丢失郢都的开端，就在于此了。君王一次行动而丢掉两姓的元帅，几次像这样的行动灾祸不就到了郢都？《诗》中说：'谁生出了祸端？到今天还在造成灾祸。'恐怕说的就是君王吧！"

注释 1 津人:渡船的船夫。 2 阴不佞:周敬王大夫。温:晋国邑名,原属周。 3 速:招致,招引。 4 踵:脚后跟。这里用为动词,紧跟、紧追之意。 5 犴:音 hān。汭:河流转弯的地方。 6 归:通“馈”,赠送。7 寿梦:越国大夫。 8 圉阳:楚国地名。 9 厉阶:等于说祸端。厉,恶、凶。阶,由低升高的阶梯。 10 梗:病,灾祸。引诗见《诗经·大雅·桑柔》篇。

昭公二十五年

【经】

二十有五年春,叔孙婼如宋。

二十五年春天,叔孙婼去到宋国。

夏,叔诣会晋赵鞅、宋乐大心、卫北宫喜、郑游吉、曹人、邾人、滕人、薛人、小邾人于黄父。

夏天,叔诣在晋国黄父与晋国赵鞅、宋国乐大心、卫国北宫喜、郑国子太叔、曹国人、邾国人、滕国人、薛国人以及小邾国人会见。

有鹳鹆来巢[1]。

有八哥鸟来鲁国筑巢。

秋七月上辛[2],大雩。季辛[3],又雩。

秋天七月初三日,举行求雨大祭。二十三日,又祭。

九月己亥,公孙于齐[4],次于阳州[5]。齐侯唁公于野井[6]。

九月十二日,鲁昭公逃亡到齐国,驻扎在阳州。齐景公到野井慰问昭公。

冬十月戊辰,叔孙婼卒。

冬天十月十一日,叔孙婼去世。

十有一月己亥,宋公佐卒于曲棘。

十一月十三日,宋元公佐在曲棘去世。

十有二月,齐侯取郓。

十二月,齐景公攻取郓地。

注释 1鸜鹆(qúyù):八哥鸟。 2上辛:上旬的辛日,即辛卯日。 3季辛:下旬辛日,即辛亥日。 4孙:通“逊”,退避。实为逃亡。 5阳州:齐国邑名,原属于鲁。 6唁:慰问。野井:齐国地名。

【传】

二十五年春,叔孙婼聘于宋,桐门右师见之[1],语,卑宋大夫而贱司城氏。昭子告其人曰:“右师其亡乎!君子贵其身而后能及人,是以有礼。今夫子卑其大夫而贱其宗[2],是贱其身也,能有礼乎?无礼必亡。”

宋公享昭子,赋《新宫》[3],昭子赋《车辖》[4]。明日宴,饮酒乐,宋公使昭子右坐,语相泣也。乐祁佐,退而告人曰:“今兹君与叔孙其皆死乎!吾闻之,哀乐而乐哀,皆丧心也。心之精爽[5],是谓魂魄。魂魄去之,何以能久?”

季公若之姊为小邾

二十五年春天,叔孙婼到宋国聘问,桐门右师乐大心接见他,两人交谈时,乐大心很瞧不起宋国大夫及司城氏。叔孙婼告诉他的随从说:“右师恐怕会逃亡了吧!君子能尊重自己然后能及于别人,因此有礼仪。如今这位先生瞧不起他国家的大夫以及他的宗族,这就是轻视他自己,能有礼仪吗?没有礼仪必然逃亡。”

宋元公宴享叔孙婼,吟诵《新宫》一诗,叔孙婼吟诵《车辖》一诗。第二天设宴,喝酒喝得很开心,宋元公让叔孙婼坐在右边,谈话间互相流泪。乐祁作陪,退席后告诉别人说:“今年君主与叔孙婼大概都会死去吧!我听说,哀伤时高兴而高兴时却哀伤,都是有丧事的心态。心的神明,就叫魂魄。魂魄离了身,怎么会长久?”

季公若的姐姐是小邾国君的夫人,生了宋元公夫人,宋元公夫人生了女儿

夫人，生宋元夫人，生子以妻季平子。昭子如宋聘，且逆之。公若从，谓曹氏勿与[6]，鲁将逐之。曹氏告公，公告乐祁，乐祁曰："与之。如是，鲁君必出。政在季氏三世矣[7]，鲁君丧政四公矣[8]。无民而能逞其志者，未之有也，国君是以镇抚其民。《诗》曰：'人之云亡[9]，心之忧矣。'鲁君失民矣，焉得逞其志？靖以待命犹可，动必忧。"

又嫁给季孙意如。叔孙婼前往宋国聘问，同时就是为季孙氏迎亲。季公若跟随前去，对宋元公夫人说不要把女儿嫁给季孙意如，因为鲁国将要驱逐季孙氏。宋元公夫人告诉宋元公，宋元公告诉乐祁，乐祁就说："嫁给他。像这样做，鲁君必然被赶出来。政权在季氏手中已三代了，鲁君丧失政权已经历四公了。没有老百姓而能满足他的愿望的事，是没有的，所以国君要安抚他的百姓。《诗》中说：'人才的丧失，是内心的忧虑。'鲁君失去人民了，怎么能满足他的心愿？安静地等待命运安排还可以，有所行动肯定带来忧患。"

注释 1 桐门右师：即乐大心。 2 宗：宗族。司城氏为乐大心之宗。 3《新宫》：逸诗，或说即《诗经·小雅·斯干》。 4《车辖》：《诗经·小雅》篇名，毛诗作《车舝》。此为亲迎之诗，叔孙婼将为季孙迎宋元公女，故赋此诗。 5 精爽：神明。昭公七年《传》："用物精多，则魂魄强，是以有精爽。" 6 曹氏：即宋元夫人，曹为小邾国君的姓。 7 三世：三代，指文子、武子、平子。 8 四公：指宣、成、襄、昭。 9 云：语中助词，无义。亡：通"无"。引诗为《诗经·大雅·瞻卬》篇。

夏，会于黄父，谋王室也。赵简子令诸侯之大夫输王粟、具戍人，曰："明

夏天，诸侯在晋国黄父会谈，是为了商量王室的安定问题。赵鞅命令诸侯的大夫给周王输送粮食，安排

年将纳王。”子大叔见赵简子，简子问揖让周旋之礼焉，对曰：“是仪也，非礼也。”简子曰：“敢问何谓礼？”对曰：“吉也闻诸先大夫子产曰：夫礼，天之经也，地之义也，民之行也。天地之经，而民实则之。则天之明，因地之性，生其六气[1]，用其五行[2]。气为五味[3]，发为五色[4]，章为五声[5]。淫则昏乱[6]，民失其性，是故为礼以奉之。为六畜、五牲、三牺以奉五味[7]，为九文、六采、五章以奉五色[8]，为九歌、八风、七音、六律以奉五声[9]，为君臣、上下以则地义，为夫妇、外内以经二物[10]，为父子、兄弟、姑姊、甥舅、昏媾、姻亚以象天明[11]，为政事、庸力、行务以从四时，为刑罚、威狱使民畏忌以类其震曜杀戮[12]，为温慈、惠和以效天之生殖长育。

戍守的卫兵，说：“明年将要护送周王回都。”子太叔进见赵鞅，赵鞅向他询问宾主会见及应酬的礼节，子太叔回答说：“这是仪式，不是礼节。”赵鞅说：“请问什么叫作礼节？”子太叔回答说：“我从先大夫子产那儿听说：所谓礼，是天的规则，地的义理，人的行为。天地的规范，而人民效法它。效法上天的光明，顺应大地的本性，产生天地的六气，使用天地的五行。气化为五种味道，表现为五种颜色，显示为五种声音。过分了就昏乱，百姓就失去他们的本性，所以制定礼来遵从它们。制定六畜、五牲、三牺来遵从五味，制定九文、六采、五章来遵从五色，制定九歌、八风、七音、六律来遵从五声，制定君臣、上下的关系来效法大地的义理，制定夫妇、外内的关系来取法二物，制定父子、兄弟、姑姊、甥舅、婚姻、姻亲关系来象征上天的光明，制定君臣事务、百姓劳作、行动目的来顺从四时，制定刑罚、牢狱使百姓畏惧来模仿雷电的杀戮，制定温和、慈爱的措施来效法上天的繁殖生长万物。老百姓有好恶、喜怒、哀

民有好恶、喜怒、哀乐，生于六气，是故审则宜类[13]，以制六志[14]。哀有哭泣，乐有歌舞，喜有施舍，怒有战斗。喜生于好，怒生于恶。是故审行信令，祸福赏罚，以制死生。生，好物也；死，恶物也。好物，乐也；恶物，哀也。哀乐不失，乃能协于天地之性，是以长久。"简子曰："甚哉，礼之大也！"对曰："礼，上下之纪，天地之经纬也，民之所以生也，是以先王尚之。故人之能自曲直以赴礼者，谓之成人。大，不亦宜乎？"简子曰："鞅也请终身守此言也。"

乐的情感，产生于六气，所以要谨慎适当地规范它，以制约这六种情感。悲哀就有哭泣，欢乐就有歌舞，高兴就有施舍，愤怒就有争斗。高兴产生于爱好，愤怒产生于憎恶。所以要使行为谨慎，政令有信用，用祸福赏罚来制约死生。生，是好事；死，是坏事。好事，就欢乐；坏事，就悲哀。悲哀与欢乐不失于礼，才能与天地的本性相协调，因此也就长久。"赵鞅说："礼的深广可真到了极点啊！"子太叔回答说："礼，是君臣上下的纲纪，天地的秩序，老百姓生活的准则，所以先王崇尚它。因此能够使自己直接达到或约束自己达到礼的人，叫作完人。礼的深广，不也是适当的吗？"赵鞅说："我赵鞅将一辈子遵守您说的这些话。"

注释 1六气：指阴阳、风雨、晦明。 2五行：指金、木、水、火、土。 3五味：指酸、咸、辛、苦、甘。 4五色：指青、黄、赤、白、黑。 5五声：指宫、商、角、徵、羽。 6淫：过分。 7六畜：指马、牛、羊、鸡、犬、豕。五牲：指牛、羊、豕、犬、鸡。三牺：指牛、羊、豕。六畜、五牲、三牺都用于祭祀，始养叫"畜"，将用称为"牲"，毛色纯一的叫"牺"。 8九文：指龙、山、花虫、火、宗彝、藻、粉米、黼、黻九种纹彩。六采：指青、白、赤、黑、玄、黄六种色彩。采，同"彩"。五章：青与赤相杂叫"文"，赤与白叫"章"，白与黑叫"黼"，黑与青叫“黻”,五色齐全叫“绣”,合称五章。 9 八风、七音、六律:均见昭公二十年《传》注。 10 经:法规。二物:指阴阳。 11 姻亚:因婚姻而连成的亲戚关系。婿父称“姻”,两婿互称为“亚”。“亚”又作“娅”。 12 震曜:即雷电。古人崇天,因以雷霆闪电喻刑罚。 13 审:谨慎。宜:适当。则、类:准则,法式。这里用为动词,规范的意思。 14 六志:指好、恶、喜、怒、哀、乐。

宋乐大心曰:“我不输粟,我于周为客,若之何使客?”晋士伯曰:“自践土以来[1],宋何役之不会,而何盟之不同?曰同恤王室,子焉得辟之?子奉君命,以会大事,而宋背盟,无乃不可乎?”右师不敢对,受牒而退[2]。士伯告简子曰:“宋右师必亡。奉君命以使,而欲背盟以干盟主,无不祥大焉[3]。”

“有鸜鹆来巢”,书所无也。师己曰[4]:“异哉!吾闻文、成之世童谣有之曰:‘鸜之鹆之[5],公出辱之。鸜鹆之羽,公在外野,往馈之马。鸜鹆跦跦[6],公在乾侯,征褰与襦[7]。鸜鹆之巢,远哉遥遥,裯父丧劳[8],宋

宋国的乐大心说:“我不输送粮食,对周朝来说我是客,怎么能支使客人?”晋国的士弥牟说:“自从践土那次结盟以来,宋国哪次战役没有参与,哪次结盟不同在一起?说过要共同忧恤王室,您怎能躲避责任呢?您奉行君命,来会谈大事,却让宋国背弃盟约,恐怕不可以吧?”乐大心不敢回答,接受了简札退出去。士弥牟告诉赵鞅说:“宋国的右师乐大心必定败亡。奉君命出使,却打算背弃盟约而触犯盟主,不吉利没有比这再大的了。”

“有鸜鹆来巢”,这是记载所没有发生过的事。师己说:“怪异啊!我听说文公、成公时代有童谣这样说:‘鸜鹆啊鸜鹆,国君出国受羞辱。鸜鹆有毛羽,国君住在郊野中,臣下前去把马送。鸜鹆在跳跃,国君住在乾侯里,求取套裤与短衣。鸜鹆有巢,路远遥遥,裯父失位又辛劳,宋父以此而骄傲。鸜鹆啊鸜

父以骄[9]。鸜鹆鸜鹆,往歌来哭。'童谣有是,今鸜鹆来巢,其将及乎?"

鹆,去时唱歌,回来哀哭。'童谣有这样的说法,现在鸜鹆又来做窝,恐怕将赶上灾祸了吧?"

注释 1 践土:即践土之盟,见僖公二十八年《传》。 2 牒(dié):简札,以竹片或木片做成,上书盟约命辞。 3 焉:于此。兼词。 4 师己:鲁国大夫。 5 之:助词,无义。 6 跦跦(zhū):跳着走的样子。 7 征:求取。褰(qiān):套裤。襦(rú):短衣。 8 裯父:即昭公,名裯。"父"为男子的通称,也作"甫"。 9 宋父:即定公,名宋。

秋,书再雩,旱甚也。

初,季公鸟娶妻于齐鲍文子[1],生甲。公鸟死,季公亥与公思展与公鸟之臣申夜姑相其室。及季姒与饔人檀通[2],而惧,乃使其妾抶己[3],以示秦遄之妻[4],曰:"公若欲使余[5],余不可而抶余。"又诉于公甫曰:"展与夜姑将要余[6]。"秦姬以告公之,公之与公甫告平子,平子拘展于卞而执夜姑,将杀之。公若泣而哀之,曰:"杀是,是杀余也。"将为

秋天,记载两次雩祭,是因为天旱很厉害。

起初,季公鸟娶齐国鲍文子的女儿为妻,生了儿子甲。公鸟死了,季公亥、公思展和公鸟的家臣申夜姑管理他的家务。到公鸟的夫人季姒与饔人檀私通,季姒害怕,就让她的侍妾鞭打自己,去给秦遄的妻子看,并说:"公亥想要让我陪他睡觉,我不答应就鞭打我。"又向公甫控诉说:"公思展和申夜姑想胁迫我。"秦遄的妻子把事情告诉公之,公之和公甫告诉季孙意如,季孙意如把公思展拘禁在卞地又逮捕了申夜姑,打算杀了他们。季公亥哭得很伤心,说:"杀了这个人,这等于杀了我。"想要替他们求情。季孙意如让仆人不要放公亥进来,因此

之请。平子使竖勿内[7]，日中不得请。有司逆命[8]，公之使速杀之，故公若怨平子。

到中午也没得到请求的机会。有关官吏领取了季孙意如的命令，公之也让他赶快杀掉公思展和申夜姑，所以季公亥怨恨季孙意如。

季、郈之鸡斗，季氏介其鸡[9]，郈氏为之金距[10]。平子怒，益宫于郈氏，且让之[11]，故郈昭伯亦怨平子。

季氏、郈氏两家的鸡相斗，季氏给鸡披上铠甲，郈氏给鸡做了金属的距趾套。季孙意如发怒，从郈氏那儿侵占土地增建房屋，并且责备郈氏，因此郈昭伯也怨恨季孙意如。

注释 1季公鸟：鲁国宗室，季公亥的哥哥。 2季姒：公鸟的妻子。饔人：掌管炊事的官。通：私通。 3抶(chì)：鞭打。 4秦遄：鲁国大夫。他的妻子是公鸟的妹妹，即秦姬。 5公若：即季公亥。 6要：要挟，胁迫。 7内：同“纳”。 8逆命：迎受命令。 9介：铠甲，作动词，给(鸡)披上铠甲。 10金距：金属鸡距。鸡距是雄鸡爪后突出像脚趾的部分。 11让：责备。

臧昭伯之从弟会为谗于臧氏，而逃于季氏，臧氏执旃[1]。平子怒，拘臧氏老[2]。将禘于襄公[3]，万者二人，其众万于季氏[4]。臧孙曰：“此之谓不能庸先君之庙[5]。”大夫遂怨平子。公若献弓于公为，且与之出射于外，而谋去季氏。公为告公

臧昭伯的堂弟臧会对臧氏进行诬陷，就逃到季氏那儿去了，臧氏逮捕了他。季孙意如发怒，拘留了臧氏的家臣。将要在襄公庙里举行禘祭，跳万舞的只有两人，其他多数人到季氏那里跳万舞去了。臧昭伯说：“这就叫作不能在先君庙里酬报先君的功绩。”大夫们于是怨恨季孙意如。季公亥向公为献弓，并且和他到郊外去射箭，同时商量除掉季氏。公为告诉了公果、公贲，公果和公贲派侍

果、公贲[6]，公果、公贲使侍人僚柤告公[7]。公寝，将以戈击之，乃走。公曰："执之。"亦无命也。惧而不出，数月不见，公不怒。又使言，公执戈以惧之，乃走。又使言，公曰："非小人之所及也。"公果自言。公以告臧孙，臧孙以难。告郈孙，郈孙以可，劝。告子家懿伯，懿伯曰："谗人以君侥幸，事若不克，君受其名，不可为也。舍民数世，以求克事，不可必也。且政在焉，其难图也。"公退之，辞曰："臣与闻命矣，言若泄，臣不获死。"乃馆于公。

从僚柤报告昭公。昭公正在睡觉，打算用戈去敲击僚柤，僚柤就跑了。昭公说："抓住他。"但没有正式下命令。僚柤害怕而不敢出来，几个月不露面，昭公也不发怒。又让僚柤去说，昭公拿着戈吓唬他，他就跑走。又派他去说，昭公说："这不是奴仆管得到的事。"公果自己去说。昭公把这事告诉臧昭伯，臧昭伯认为难办。告诉郈孙，郈孙认为可行，鼓励昭公行动。又告诉子家懿伯，懿伯说："奸佞之人凭借君主侥幸行事，事情如果不成功，君主背上坏名声，不可以这样做。丧失民心已经几代了，因此要求得事情成功，不可能有把握。而且政权在季氏手中，恐怕难以谋取。"昭公让懿伯退下，懿伯解释说："下臣已经听到命令了，话要是泄漏出去，我会不得好死。"就住在公宫里。

注释 1 旃(zhān)："之焉"的合音。 2 老：指家臣。 3 禘：对祖先的一种祭祀。 4 万：万舞，宗庙祭祀的舞蹈。 5 庸：功绩。此作动词，意为酬报功绩。 6 公为：昭公的儿子。公果、公贲：公为的弟弟。 7 柤：音 zhā。

叔孙昭子如阚[1]，公居于长府[2]。九月戊戌，

叔孙婼前往阚地，鲁昭公住在长府。九月十一日，攻打季氏，在门口杀

伐季氏，杀公之于门，遂入之。平子登台而请曰："君不察臣之罪，使有司讨臣以干戈，臣请待于沂上以察罪。"弗许。请囚于费，弗许。请以五乘亡，弗许。子家子曰："君其许之！政自之出久矣，隐民多取食焉[3]，为之徒者众矣。日入慝作[4]，弗可知也。众怒不可蓄也。蓄而弗治，将蕰[5]。蕰蓄，民将生心。生心，同求将合。君必悔之。"弗听。郈孙曰："必杀之。"

公使郈孙逆孟懿子，叔孙氏之司马鬷戾言于其众曰："若之何？"莫对。又曰："我家臣也，不敢知国。凡有季氏与无，于我孰利？"皆曰："无季氏，是无叔孙氏也。"鬷戾曰："然则救诸！"帅徒以往，陷西北隅以入。公徒释甲，执冰而踞[6]，遂逐

死公之，就攻进季氏家中。季孙意如登上殿台请求说："君主没有审察下臣的罪过，就派官吏使用武力讨伐下臣，下臣请求在沂水边等待君主审察我的罪过。"昭公不答应。季孙意如请求囚禁在费地，也不答应。又请求带五辆车逃亡，也不答应。子家子说："君主还是答应他吧！政令从他那儿颁发已经很久了，穷困的百姓很多人从他那儿获得吃的，做他的徒党的人可多了。太阳落山后邪恶的事是否发生，还不知道呢。众人的怨怒不可以让它积蓄。积蓄起来而不平息，就会越来越盛。盛怒积蓄起来，老百姓将产生叛乱之心。产生了叛乱之心，欲望相同的人就将结合在一起。君主一定会后悔的。"昭公不听从。郈孙说："一定要杀了他。"

鲁昭公派郈孙迎接孟懿子，叔孙氏的司马鬷戾对他的部下说："怎么办？"没有人回答。鬷戾又说："我是家臣，不敢过问国家大事。有季氏与没有季氏，哪种情况对我们有利？"部下都说："没有季氏，这等于没有叔孙氏。"鬷戾说："那么就去援救他吧！"率领部下前去，攻陷西北角进入公宫。昭公的士卒脱下

之。孟氏使登西北隅，以望季氏，见叔孙氏之旌，以告。孟氏执郈昭伯，杀之于南门之西，遂伐公徒。子家子曰："诸臣伪劫君者，而负罪以出，君止。意如之事君也，不敢不改。"公曰："余不忍也。"与臧孙如墓谋，遂行。

铠甲，拿着箭筒盖蹲坐在地，鬷戾的军队赶走了他们。孟懿子派人登上西北角，以观察季氏家的情况，看到了叔孙氏的旗帜，报告孟懿子。孟懿子逮捕了郈孙，在南门的西边把他杀了，于是攻打鲁昭公的军队。子家子说："下臣们假装劫持君主的样子，然后背着罪名逃出，君主留下来。季孙意如侍奉君主的态度，不敢不改变。"昭公说："我不忍心这样。"就和臧昭伯到先君墓前商议，于是出走。

注释 1阚：鲁国邑名。 2长府：收藏财货的府库。 3隐民：贫民。隐，约，穷困。 4慝(tè)：邪恶。 5薀：盛。 6冰：通"掤"，箭筒盖。踞：蹲坐。

己亥，公孙于齐，次于阳州。齐侯将唁公于平阴，公先至于野井。齐侯曰："寡人之罪也。使有司待于平阴，为近故也。"书曰："公孙于齐，次于阳州。齐侯唁公于野井。"礼也。将求于人，则先下之，礼之善物也[1]。齐侯曰："自莒疆以西，请致千社[2]，以待君命。寡人将帅敝赋以从执事[3]，唯命是听。君之忧，寡人之

九月十二日，鲁昭公逃亡到齐国，住在阳州。齐景公准备到平阴去慰问昭公，昭公先行到了野井。齐景公说："这是寡人的罪过。派官吏到平阴等候您，是因为就近的缘故。"《春秋》记载说："公孙于齐，次于阳州。齐侯唁公于野井。"这是合于礼的。将要向别人有所求，就要首先居人之下，这是合乎礼的好事。齐景公说："从莒国边境以西，请让我奉送给您一千社，以等候君的命令。寡人将率领敝国军队跟从您，一切听从您的命令。君主的忧患，也就是

忧也。"公喜。子家子曰:"天禄不再,天若胙君[4],不过周公,以鲁足矣。失鲁而以千社为臣,谁与之立?且齐君无信,不如早之晋。"弗从。

寡人的忧患。"昭公很高兴。子家子说:"上天的福禄不会两次降给您,上天如果赐福给君主,也不会超过周公,把鲁国赐给君主就足够了。失去鲁国而带着千社做别国臣下,谁还替您恢复君位?而且齐国没有信用,不如早去晋国。"昭公不听从。

臧昭伯率从者将盟,载书曰:"戮力壹心,好恶同之,信罪之有无[5],缱绻从公[6],无通外内。"以公命示子家子。子家子曰:"如此,吾不可以盟。羁也不佞,不能与二三子同心,而以为皆有罪。或欲通外内,且欲去君。二三子好亡而恶定,焉可同也?陷君于难,罪孰大焉?通外内而去君,君将速入,弗通何为?而何守焉?"乃不与盟。

臧昭伯率领随从将要结盟,盟书说:"并力同心,爱憎一致,明确罪过的有无,紧紧跟从国君,不要内外勾结。"把昭公的命令给子家子看。子家子说:"像这样,我不可以盟誓。我无能,不能和各位同心,而认为都有罪过。我或者要沟通内外,并且想要离开国君。各位喜欢逃亡而厌恶安定,怎么可以同心?使君主陷入危难,罪行有什么比这更大?沟通内外而离开国君,国君将可以快点进入鲁国,为什么不可以沟通?将死守什么呢?"就没有参加盟誓。

注释 1 物:事。 2 社:户籍单位,二十五户为一社,相当于里。3 赋:军队。按田赋出兵,故称军队为赋。 4 胙:赐福。 5 信:明确。6 缱绻(qiǎnquǎn):牢结不离散的样子。

昭子自阚归,见平子。平子稽颡,曰:"子若

叔孙婼从阚地回国,进见季孙意如。季孙意如磕头说:"您将把我怎

我何？”昭子曰：“人谁不死？子以逐君成名，子孙不忘，不亦伤乎？将若子何？”平子曰：“苟使意如得改事君，所谓生死而肉骨也。”昭子从公于齐，与公言。子家子命适公馆者执之。公与昭子言于幄内，曰：“将安众而纳公。”公徒将杀昭子，伏诸道。左师展告公[1]，公使昭子自铸归。平子有异志。冬十月辛酉，昭子齐于其寝[2]，使祝宗祈死[3]，戊辰，卒。左师展将以公乘马而归[4]，公徒执之。

壬申，尹文公涉于巩，焚东訾，弗克。

十一月，宋元公将为公故如晋，梦大子栾即位于庙，己与平公服而相之。旦，召六卿。公曰：“寡人不佞，不能事父兄，以为二三子忧，寡人之罪也。若以群子之灵，获保首领

么样？”叔孙婼说：“人有哪个不死？您因为驱逐国君成名，子孙后代都不会忘记，不也可悲吗？我会把您怎么样？”季孙意如说：“如果能让我得到机会改变侍奉国君的态度，那真是所说的使死人再生，让白骨长肉了。”叔孙婼跟随昭公到达齐国，和昭公讨论。子家子命令把到昭公馆舍去的人抓起来。昭公和叔孙婼在帐幕内商议，说：“准备安定民众而护送君主回国。”昭公的士卒打算杀掉叔孙婼，埋伏在路边。左师展报告昭公，昭公让叔孙诺从铸地回国。季孙意如有了异心。冬天十月初四日，叔孙婼在他的寝宫斋戒，让祝主为自己祈祷死去，十一日，果然去世了。左师展准备与昭公驾车马回国，昭公的士卒逮捕了他。

十月十五日，尹文公在巩地渡过洛水，火攻东訾，没有取胜。

十一月，宋元公为了昭公的缘故打算去晋国，梦见太子栾在宗庙中即位，自己和宋平公穿着礼服辅佐他。早晨，召见六卿。宋元公说：“寡人无能，不能侍奉父兄，因而造成各位的忧虑，这是我的罪过。如果能托诸位的福，得

以没，唯是楄柎所以藉干者[5]，请无及先君。”仲幾对曰：“君若以社稷之故，私降昵宴[6]，群臣弗敢知。若夫宋国之法，死生之度，先君有命矣。群臣以死守之，弗敢失队[7]。臣之失职，常刑不赦。臣不忍其死，君命只辱。”宋公遂行。己亥，卒于曲棘。

以保全脑袋而死，那么用来装载我骸骨的棺木，请不要达到先君的规格。”仲幾回答说：“君主如果因为国家的缘故，私自减损欢宴的享受，下臣们不敢过问。至于宋国的法制，以及死生的礼度，先君早有成命了。下臣们冒死遵守它，不敢违背废弃。下臣失职，按正常的法制是不可赦免的。下臣不忍那样去死，只能是不服从君王的命令。”宋元公就动身起程。十三日，在曲棘去世。

注释 1 左师展：鲁国大夫。 2 齐：通“斋”，斋戒。 3 祝宗：祝主，祝史之长。 4 乘马：车马。 5 楄柎(piánfù)：棺材中垫死尸的木板，又名笭床。藉：荐，垫。干：躯干。 6 降：减损。昵宴：亲近宴饮。 7 队：通“坠”。

十二月庚辰，齐侯围郓。

初，臧昭伯如晋，臧会窃其宝龟偻句[1]，以卜为信与僭[2]，僭吉。臧氏老将如晋问，会请往。昭伯问家故[3]，尽对。及内子与母弟叔孙[4]，则不对。再三问，不对。归，及郊，会逆，问，又如初。至，次于外而察之，皆无

十二月十四日，齐景公包围郓城。

起初，臧昭伯去到晋国，臧会偷了他的宝龟偻句，用来卜问办事应该诚实还是虚假，结果是虚假吉利。臧氏家臣准备前往晋国问候臧昭伯，臧会请求前往。昭伯问到家事，臧会一一回答。问及妻子和同母弟弟叔孙时，臧会就不回答。两次三番问，还是不回答。后来臧昭伯回国，到达都城郊外，臧会去迎接他，臧昭伯又问，还像当初一样不回答。回到国都，住在外面访查妻子及同母弟弟的

之。执而戮之，逸，奔郈，郈鲂假使为贾正焉[5]。计于季氏，臧氏使五人以戈楯伏诸桐汝之间[6]。会出，逐之，反奔，执诸季氏中门之外。平子怒，曰："何故以兵入吾门？"拘臧氏老。季、臧有恶。及昭伯从公，平子立臧会，会曰："偻句不余欺也！"

事，都没有什么事。昭伯逮捕臧会要杀了他，臧会逃脱，逃亡到郈地，郈鲂假让他在那里做了贾正。臧会有次到季氏家送账簿，臧氏就派五个人带着戈和盾埋伏在桐汝的里门后。臧会出来，就追赶他，臧会返身逃跑，在季氏家的中门外逮住了他。季孙意如发怒，说："为什么带着武器进入我的家门？"拘禁了臧氏的家臣，季、臧两家因此关系恶化。到臧昭伯跟从鲁昭公逃亡时，季孙意如立了臧会，臧会说："偻句宝龟没有欺骗我呀！"

楚子使薳射城州屈，复茄人焉。城丘皇，迁訾人焉。使熊相禖郭巢，季然郭卷[7]。子大叔闻之，曰："楚王将死矣，使民不安其土，民必忧，忧将及王，弗能久矣。"

楚平王派薳射在州屈筑城，使茄地人回到那里居住。又在丘皇筑城，把訾地人迁到那里。派熊相禖在巢地修筑外城，派季然在卷地修筑外城。子太叔听到这事，说："楚王将会死了，使老百姓不能安居他们的故土，老百姓必定忧伤，忧伤将到达楚王的身上，不会长久了。"

注释　1 宝龟：用于占卜的龟甲。偻句(lóu jù)：本地名，产龟甲，因以为龟甲之名。　2 僭：不诚实。　3 故：事。　4 内子：卿大夫称自己的妻子为内子。　5 郈鲂假：郈邑大夫。贾正：掌管市场买卖的官长。　6 闾(lǘ)：里门。　7 郭：外城。此处用为动词，筑外城。

昭公二十六年

【经】

二十有六年春，王正月，葬宋元公。

三月，公至自齐，居于郓。

夏，公围成[1]。

秋，公会齐侯、莒子、邾子、杞伯，盟于鄟陵[2]。

公至自会，居于郓。

九月庚申，楚子居卒[3]。

冬十月，天王入于成周。

尹氏、召伯、毛伯以王子朝奔楚。

二十六年春天，周历正月，安葬宋元公。

三月，昭公从齐国回到鲁国，住在郓地。

夏天，昭公包围成邑。

秋天，昭公在鄟陵与齐景公、莒君、邾君、杞悼公会见并盟誓。

昭公从会盟回到鲁国，住在郓地。

九月初九日，楚平王熊居去世。

冬天十月，周天子进入成周。

尹氏、召伯、毛伯带着王子朝逃亡到楚国。

注释 1 成：鲁国北部邑名，此时为孟氏所有。 2 鄟：音 zhuān。 3 居：楚王弃疾名，又称熊居。

【传】

二十六年春，王正月庚申，齐侯取郓。

葬宋元公，如先君，

二十六年春天，周历正月初五日，齐景公攻取郓地。

安葬宋元公，像安葬宋国先君一

礼也。

三月，公至自齐，处于郓，言鲁地也。夏，齐侯将纳公，命无受鲁货。申丰从女贾[1]，以币锦二两[2]，缚一如瑱[3]，适齐师，谓子犹之人高齮[4]："能货子犹[5]，为高氏后[6]，粟五千庾[7]。"高齮以锦示子犹，子犹欲之。齮曰："鲁人买之，百两一布[8]，以道之不通，先入币财。"次子犹受之，言于齐侯曰："群臣不尽力于鲁君者，非不能事君也。然据有异焉[9]。宋元公为鲁君如晋，卒于曲棘[10]。叔孙昭子求纳其君，无疾而死。不知天之弃鲁邪，抑鲁君有罪于鬼神，故及此也？君若待于曲棘[11]，使群臣从鲁君以卜焉[12]。若可，师有济也，君而继之，兹无敌矣[13]。若其无成，君无辱焉。"齐侯从之，使公子钮帅师从公。

样，这是合乎礼的。

三月，昭公从齐国回到鲁国，住在郓地，这是说郓地本是鲁国领土。夏天，齐景公打算送昭公回国，命令不要接受鲁国的财礼。申丰跟着女贾，用锦两匹当礼物，捆在一起像镇圭的样子，去到齐国军队里，对梁丘据的家臣高齮说："你如能收买梁丘据，就让你做高氏的宗主，送给你粮食五千庾。"高齮把锦给梁丘据看，梁丘据想要它。高齮说："鲁国人买了这样的锦，百匹一堆，因道路不通，先把这些送给您做礼物。"梁丘据接受了，对齐景公说："群臣对鲁君不尽力，不是不能侍奉君主。但我有些奇怪。宋元公为了鲁君去到鲁国，死在曲棘。叔孙婼谋求接回他的君主，没有生病就死了。不知是上天抛弃鲁国，还是鲁君得罪了鬼神，所以到达这种地步呢？君如能在棘地等待，就派臣下们跟从鲁君去作战试探。如果可以，部队有成功，君就跟着前进，就所向无敌了。如果部队没有成功，君主就不要屈驾了。"齐景公听从了他，派公子钮率领军队跟着鲁昭公前进。

注释 1 申丰、女贾:季氏的两个家臣。 2 两:等于说“匹”。布帛古以二丈为一端,二端为一两。 3 瑱:通“镇”,指镇圭,古代朝聘所用的信物,王所持。 4 子犹:即梁丘据,齐景公宠臣。高齮:子犹家臣。 5 货:贿赂,收买。 6 后:宗主。 7 庾:容量单位,或说十六斗为一庾。 8 布:列,等于说堆。 9 异:奇怪。 10 曲棘:宋国地名。 11 曲棘:当作“棘”,齐国地名。齐地无曲棘。 12 卜:指试探。 13 兹:用同“斯”,就。

成大夫公孙朝谓平子曰:“有都以卫国也[1],请我受师。”许之。请纳质[2],弗许,曰:“信女足矣。”告于齐师曰:“孟氏,鲁之敝室也。用成已甚,弗能忍也,请息肩于齐[3]。”齐师围成,成人伐齐师之饮马于淄者,曰:“将以厌众[4]。”鲁成备而后告曰:“不胜众。”师及齐师战于炊鼻。齐子渊捷从泄声子[5],射之,中楯瓦[6],繇朐汏辀[7],匕入者三寸[8]。声子射其马,斩鞅,殪。改驾,人以为鬷戾也而助之。子车曰:“齐人也。”将击子车,子车射之,殪。其御曰:“又

成邑大夫公孙朝对季孙意如说:“国家立有都市,是用来保卫国都的,请允许我迎战齐军。”答应了他。公孙朝请求送上人质,季孙意如没答应,说:“相信你就足够了。”公孙朝告诉齐军说:“孟氏,是鲁国的破落户。鲁国使用成邑的人力物力太过分了,我们不能忍受,请让我们在齐国卸下负担得到休息。”齐军包围成邑,成邑人攻击在淄水饮马的齐军,说:“这是用来压压大家的愤怒。”等鲁国做好准备后就告诉齐国说:“我们顶不住众人。”于是鲁军与齐军在炊鼻开战。齐国的子渊捷追击泄声子,用箭射他,射中盾脊,箭从车轭穿过车辕,箭头陷入盾脊三寸。泄声子射子渊捷的马,射断马颈上的皮带,马死。子渊捷改乘战车,鲁人以为是鬷戾而帮助他。子渊捷说:“我是齐国人。”鲁人打算攻击子渊捷,子渊捷用箭射他,射死了。他的

之。”子车曰:“众可惧也,而不可怒也。”子囊带从野泄,叱之。泄曰:“军无私怒,报乃私也,将亢子[9]。”又叱之,亦叱之。冉竖射陈武子[10],中手,失弓而骂。以告平子,曰:“有君子白皙,鬒须眉[11],甚口[12]。”平子曰:“必子彊也,无乃亢诸?”对曰:“谓之君子,何敢亢之?”林雍羞为颜鸣右,下。苑何忌取其耳。颜鸣去之。苑子之御曰:“视下!”顾。苑子刜林雍[13],断其足。鑋而乘于他车以归[14]。颜鸣三入齐师,呼曰:“林雍乘!”

御者说:“再射。”子渊捷说:“众人可以使他们害怕,但不能激怒他们。”齐大夫子囊带追击泄声子,叱骂他。泄声子说:“军中没有个人怨怒,我要回骂就是个人怨怒了,我将抵抗你。”子囊带又骂他,泄声子也骂子囊带。冉竖射陈武子,射中他的手,陈武子掉了弓就骂。冉竖把这事告诉季孙意如说:“有个君子皮肤白皙,眉毛胡子又黑又密,很会骂人。”季孙意如说:“一定是子彊,是不是抵抗他了?”冉竖回答说:“称他作君子,哪里敢抵抗他?”林雍耻于做颜鸣的车右,下车。苑何忌割取了他的耳朵。颜鸣跑开了。苑何忌的御者说:“看下面!”回头看着林雍的脚。苑何忌砍林雍,砍断了他的一只脚。林雍一只脚跳着坐上别的车逃回来。颜鸣三次冲进齐军,喊道:“林雍来坐车!”

注释 1 都:大夫的采邑立有先君宗庙的可以称都。参庄公二十八年《传》。 2 质:指人质。 3 息肩:意谓卸下负担,得到休息。这里是降服的意思。 4 厌众:指抑制众人的愤怒。厌,通“压”。 5 子渊捷:齐顷公的孙子,字子车。泄声子:即野泄,鲁国大夫。 6 楯:同“盾”。瓦:盾上脊棱。 7 繇:同“由”。朐:通“軥(qú)”,套在马颈上用来拉车的曲木,即车轭。汏:穿过。辀(zhōu):车辕。 8 匕:指箭头。 9 亢:通“抗”。10 冉竖:季氏家臣。陈武子:齐国陈无宇的儿子,字子彊。 11 鬒(zhěn):

毛发黑而密。 12 甚口：善骂之意。 13 刜(fú)：砍。 14 蹩(qīng)：一只脚走路。

四月，单子如晋告急。五月戊午，刘人败王城之师于尸氏[1]。戊辰，王城人、刘人战于施谷，刘师败绩。

四月，单旗前往晋国告急。五月初五日，刘国人在尸氏打败王城的军队。十五日，王城人和刘国人在施谷交战，刘军失败。

秋，盟于鄟陵，谋纳公也。

秋天，诸侯在鄟陵会盟，是为了商议送鲁昭公回国。

七月己巳，刘子以王出。庚午，次于渠[2]。王城人焚刘。丙子，王宿于褚氏。丁丑，王次于萑谷。庚辰，王入于胥靡。辛巳，王次于滑。晋知跞、赵鞅帅师纳王，使女宽守阙塞。

七月十七日，刘蚠带了周敬王逃出。十八日，驻扎在渠地。王城人焚烧刘地。二十四日，周敬王住在褚氏。二十五日，周敬王驻扎在萑谷。二十八日，周敬王进入胥靡。二十九日，周敬王驻扎在滑地。晋国的知跞、赵鞅领兵接纳周敬王，派女宽把守阙塞。

九月，楚平王卒，令尹子常欲立子西，曰："大子壬弱，其母非適也[3]，王子建实聘之。子西长而好善，立长则顺，建善则治。王顺国治，可不务乎？"子西怒曰："是乱国而恶君王也[4]。国有外援，不可渎也[5]；王有適嗣，不可乱也。败亲速仇，乱嗣不祥，我受其名。赂吾以

九月，楚平王去世，令尹子常打算立子西，说："太子壬年幼，他的母亲不是嫡妻，而是王子建所聘娶的。子西年长而喜欢行善，立年长的就顺乎情理，立善良的就安定。君王顺理，国家安定，能不那样做吗？"子西发怒说："这是扰乱国家而使君王背上恶名。国家有外援，不可以轻慢；君王有嫡子继位，不可以扰乱。损害亲人会招来仇敌，扰乱继承制度不吉

天下，吾滋不从也，楚国何为？必杀令尹！”令尹惧，乃立昭王。

冬十月丙申，王起师于滑。辛丑，在郊，遂次于尸。十一月辛酉，晋师克巩。召伯盈逐王子朝[6]，王子朝及召氏之族、毛伯得、尹氏固、南宫嚚奉周之典籍以奔楚。阴忌奔莒以叛[7]。召伯逆王于尸，及刘子、单子盟，遂军圉泽，次于隄上。癸酉，王入于成周。甲戌，盟于襄宫[8]。晋师使成公般戍周而还[9]。十二月癸未，王入于庄宫。

利，我也将背上它的恶名。用整个天下来收买我，我也不会听从，楚国有什么用？一定要杀了令尹！”令尹害怕，就立了昭王。

冬天十月十六日，周敬王从滑地发兵。二十一日，到达郊地，于是驻扎在尸氏。十一月十一日，晋军攻下巩地。召伯盈追击王子朝，王子朝和召氏的族人、毛伯得、尹氏固、南宫嚚保护着周朝的典籍逃往楚国。阴忌逃往莒邑叛变。召伯盈在尸地迎接周敬王，和刘蚠、单旗结盟，于是驻扎在圉泽，住在隄上。二十三日，周敬王进入成周。二十四日，在襄王庙盟誓。晋军派成公般戍守成周，就回去了。十二月初四日，周敬王进入庄宫。

注释 1 尸氏：又作“尸”，周朝地名，距王城不远。 2 渠：周朝地名，又叫阳渠。以下褚氏、萑谷、胥靡、滑、阙塞，都是周朝王城附近地名。 3 適：通“嫡”。 4 恶君王：使君王蒙上恶名。 5 渎：轻慢。 6 召伯盈：即召简公。 7 阴忌：王子朝党羽。莒：周朝邑名。 8 襄宫：襄王庙。 9 成公般：晋国大夫。

王子朝使告于诸侯曰：“昔武王克殷，成王靖四方，康王息民，并建母

王子朝派人通告诸侯说：“过去武王征服殷朝，成王平定四方，康王使人民得到休养生息，都分封同母兄弟，以

弟，以蕃屏周。亦曰：'吾无专享文、武之功，且为后人之迷败倾覆而溺入于难，则振救之。'至于夷王，王愆于厥身[1]，诸侯莫不并走其望，以祈王身。至于厉王，王心戾虐[2]，万民弗忍，居王于彘[3]。诸侯释位，以间王政[4]。宣王有志，而后效官[5]。至于幽王，天不吊周[6]，王昏不若[7]，用愆厥位[8]。携王奸命，诸侯替之[9]，而建王嗣，用迁郏鄏[10]，则是兄弟之能用力于王室也。至于惠王，天不靖周，生颓祸心，施于叔带[11]，惠、襄辟难，越去王都[12]。则有晋、郑，咸黜不端，以绥定王家，则是兄弟之能率先王之命也。在定王六年，秦人降妖，曰'周其有頿王[13]，亦克能修其职，诸侯服享，二世共职[14]。王室其有间王位，诸侯不图，而受其乱灾。'

佐助护卫周朝。又说：'我无意独享文王、武王的功绩，并且在后世子孙迷乱失败、政权倾覆而陷入灾难时，就将拯救他们。'到了夷王，身缠恶疾，诸侯无不遍祭名山大川，来为夷王的身体健康祈祷。到了厉王，由于内心凶残，广大百姓无法忍受，就把厉王迁居到彘地。诸侯放下自己的职位，来参与王朝的政事。宣王胸有大志，然后把天子的职位奉还给他。到了幽王，上天不忧悯周朝，天子昏乱不循常礼，因而失掉他的王位。携王触犯天命，诸侯废弃了他，另立王位继承人，因而迁到郏鄏，这是由于兄弟能为王室效力。到了惠王，上天不安抚周朝，使王子颓产生祸心，延及叔带，于是惠王、襄王为躲避祸难，离开国都而流亡。这时就有晋国、郑国都来铲除不正派的人，以安定王室，这是由于兄弟能遵从先王的命令。在定王六年的时候，秦国人降下妖孽，说'周朝将有个嘴上长胡须的天子，也能治理好他的政事，诸侯服从而享有国家，两代谨守自己的职位。王室将有人介入王位，诸侯不为此谋划，就会遭受其动乱的灾祸。'到

至于灵王,生而有頾,王甚神圣,无恶于诸侯。灵王、景王克终其世。

了灵王,生下来就有胡须,他非常神明圣哲,对诸侯没有做不好的事。灵王、景王在他们的朝代都得到了善终。

注释 1 愆:患重病。厥:其。 2 戾虐:凶残。 3 毳:晋国地名。 4 间:参与。 5 效官:奉还职位。效,献。 6 吊:忧悯。 7 不若:指不循常礼。若,顺。 8 用:因。愆:失。 9 替:废。 10 郏鄏(jiárǔ):周王城。 11 施(yì):延及。叔带:襄王弟弟。 12 越:播越,流亡。 13 頾(zī):同"髭",嘴上边的胡须。 14 共职:谨守职位。共,同"恭"。

"今王室乱,单旗、刘狄剥乱天下[1],壹行不若,谓:'先王何常之有?唯余心所命,其谁敢讨之?'帅群不吊之人[2],以行乱于王室。侵欲无厌,规求无度,贯渎鬼神[3],慢弃刑法,倍奸齐盟[4],傲很威仪,矫诬先王。晋为不道,是摄是赞[5],思肆其罔极[6]。兹不穀震荡播越,窜在荆蛮,未有攸厎[7]。若我一二兄弟甥舅,奖顺天法[8],无助狡猾,以从先王之命。毋速天罚,赦图不穀,则所愿也。敢尽布

"现在王室动乱,单旗、刘蚠扰乱天下,专门倒行逆施,说:'先王即位有什么常规?只看我心里想立谁,谁敢讨伐我?'领着一群不善之人,在王室制造混乱。他们侵夺的欲望没有满足,谋求没有限度,习惯于亵渎鬼神,轻慢地抛弃刑法,背弃触犯盟誓,在法令礼仪面前倨傲凶狠,诬蔑先王。晋国行为不合道义,辅佐帮助他们,想放纵他们没有准则限度的欲望。现在我动荡流离,逃藏在楚蛮之地,没有归宿。如果我们几位兄弟甥舅能辅助顺从上天的法度,不要帮助狡猾之徒,以遵从先王的命令。不要招致上天的惩罚,免除我的忧虑并为我谋划,则正是我的愿望。冒昧地表明我的内心及先王的

其腹心及先王之经，而诸侯实深图之。昔先王之命曰：‘王后无适[9]，则择立长。年钧以德，德钧以卜[10]。’王不立爱，公卿无私，古之制也。穆后及大子寿早夭即世，单、刘赞私立少，以间先王[11]，亦唯伯仲叔季图之！”

治国之经，望各位君侯深入考虑。过去先王的命令说：‘王后没有嫡子，就选立年长的庶子。年龄相等则论德行，德行相当则按占卜的结果。’天子不立偏爱的人，公卿没有私心，这是古代的制度。穆后和太子寿夭折去世，单旗、刘蚠帮助偏爱的人，立了年幼的新王，而违反先王的制度，望各位君侯考虑这件事！”

注释 **1** 剥乱：扰乱。“剥”与“乱”同义连用。 **2** 不吊：不善。 **3** 贯：同“惯”，习惯。 **4** 倍奸：背弃触犯。倍，通“背”。齐盟：盟誓。齐，通“斋”。盟誓必斋戒，故称斋盟。 **5** 摄：佐助。赞：帮助。 **6** 肆：放纵。罔极：没有准则。 **7** 攸厎(zhǐ)：所至，所止。 **8** 奖：辅助。 **9** 適：通“嫡”。 **10** 钧：同“均”。 **11** 间：违犯。

闵马父闻子朝之辞，曰：“文辞以行礼也。子朝干景之命，远晋之大，以专其志，无礼甚矣，文辞何为？”

闵马父听到王子朝的言论，说：“文辞是用来施行礼仪的。王子朝违反景王的命令，疏远强大的晋国，一意专行他想做天子的欲望，无礼到极点了，文辞有什么用？”

齐有彗星，齐侯使禳之[1]。晏子曰：“无益也，只取诬焉[2]。天道不谄[3]，不贰其命[4]，若之何禳之？且天之有彗也，以

齐国有彗星出现，齐景公让人举行禳祭驱灾。晏子说：“没有好处的，只是自欺欺人。天道不可怀疑，它的命令没有差错，为什么要禳祭驱灾？况且天上有扫帚星，是用来扫除污秽的。君主没

除秽也。君无秽德，又何禳焉？若德之秽，禳之何损？《诗》曰：'惟此文王，小心翼翼。昭事上帝，聿怀多福[5]。厥德不回[6]，以受方国。'君无违德，方国将至，何患于彗？《诗》曰：'我无所监，夏后及商。用乱之故[7]，民卒流亡。'若德回乱，民将流亡，祝史之为，无能补也。"公说，乃止。

有污秽的德行，又何必禳祭呢？如果德行污秽，禳祭怎么能减轻？《诗》中说：'这位文王小心翼翼，光明地侍奉天帝，向往众多福禄。他的德行不违背天意，因而受到四方国家的拥护。'君主没有违背天意的德行，四方国家都将到来，对彗星担心什么？《诗》中说：'我没有什么借鉴，只有夏朝和殷商。因为政治混乱的缘故，老百姓终于流亡。'如果德行逆乱，百姓就将流亡，祝史的祭祀祈祷，是不能弥补的。"齐景公听了很高兴，就停止禳祭。

注释 1 禳(ráng)：祈求驱灾的祭祀。 2 诬：欺骗。 3 謟(tāo)：怀疑。 4 贰：通"忒"，差错。 5 聿：语助词，无义。怀：思。 6 回：违背。引诗为《诗经·大雅·大明》篇。 7 用：因。引诗今逸。

齐侯与晏子坐于路寝，公叹曰："美哉室，其谁有此乎？"晏子曰："敢问何谓也？"公曰："吾以为在德。"对曰："如君之言，其陈氏乎！陈氏虽无大德，而有施于民。豆区釜钟之数，其取之公也薄，

齐景公和晏子坐在寝宫里，景公感叹说："这房子多漂亮啊！谁将据有这里呢？"晏子说："请问说的是什么？"齐景公说："我认为在于德行。"晏子回答说："照您说的，恐怕是陈氏吧！陈氏虽然没有大的德行，但对老百姓有恩。豆、区、釜、钟的容量，从公田征税时减少，施舍给老百姓时就加重。您向百姓

其施之民也厚。公厚敛焉，陈氏厚施焉，民归之矣。《诗》曰：‘虽无德与女，式歌且舞[1]。’陈氏之施，民歌舞之矣。后世若少惰，陈氏而不亡，则国其国也已。”公曰：“善哉！是可若何？”对曰：“唯礼可以已之。在礼，家施不及国，民不迁，农不移，工贾不变，士不滥[2]，官不滔[3]，大夫不收公利。”公曰：“善哉！我不能矣。吾今而后知礼之可以为国也。”对曰：“礼之可以为国也久矣，与天地并。君令臣共[4]，父慈子孝，兄爱弟敬，夫和妻柔，姑慈妇听[5]，礼也。君令而不违，臣共而不贰，父慈而教，子孝而箴[6]，兄爱而友，弟敬而顺，夫和而义，妻柔而正，姑慈而从，妇听而婉，礼之善物也。”公曰：“善哉！寡人今而后闻此

征收的多，陈氏对百姓施舍的多，老百姓归向他了。《诗》说：‘即使没有恩德给予你，也能载歌载舞。’陈氏的施舍，老百姓已经为他载歌载舞了。后代如果稍稍懈怠，陈氏如果不灭亡，那将以他的封邑为国家了。”景公说：“说得好啊！这该怎么办？”晏子回答说：“只有礼可以阻止。合乎礼，大夫的施舍赶不上国家，老百姓不迁徙，农民不离乡，工匠商人不改行，士不失职，官府不怠慢，大夫不占公家的利益。”齐景公说：“好啊！但我做不到了。我从今以后知道礼可以用来治理国家了。”晏子回答说：“礼可用来治理国家由来已久了，礼和天地同时存在。君主发令，臣下恭敬，父亲慈爱，儿子孝顺，兄长仁爱，弟弟尊敬，丈夫和蔼，妻子温柔，婆婆慈祥，媳妇顺从，这是合乎礼的。君主发令而没有违误，臣下恭敬而没有二心，父亲慈爱而教育儿子，儿子孝顺而规谏父亲，兄长仁爱而友善，弟弟尊敬而服从，丈夫和蔼而合乎义理，妻子温柔而品行端正，婆婆慈祥而又听从规谏，媳妇顺从而又婉辞规谏，这是礼中的美好事物了。”齐景公说：“好啊！寡人从今以后

礼之上也[7]。"对曰:"先王所禀于天地以为其民也[8],是以先王上之。"

听到这种礼就当崇尚它了。"晏子回答说:"先王从天地那里接受了礼来治理他的百姓,因此先王崇尚礼。"

注释 1 式:句首语助词,无义。引诗为《诗经·小雅·车舝》篇。 2 滥:失,指失职。 3 滔:怠慢。 4 共:通"恭"。 5 妇:指儿媳。听:顺从。 6 箴:规谏。 7 上:同"尚",尊尚。 8 禀:承受。

昭公二十七年

【经】

二十有七年春,公如齐。

公至自齐,居于郓。

夏四月,吴弑其君僚。

楚杀其大夫郤宛。

秋,晋士鞅、宋乐祁犁、卫北宫喜、曹人、邾人、滕人会于扈。

冬十月,曹伯午卒。

邾快来奔。

公如齐。

公至自齐,居于郓。

二十七年春天,昭公去到齐国。

昭公从齐国回到鲁国,住在郓地。

夏天四月,吴国杀了他们的君主僚。

楚国杀了他们的大夫郤宛。

秋天,晋国士鞅、宋国乐祁犁、卫国北宫喜、曹国人、邾国人、滕国人在扈地会盟。

冬天十月,曹悼公午去世。

邾国的臣子快前来投奔我国。

昭公去到齐国。

昭公从齐国回到鲁国,住在郓地。

【传】

二十七年春，公如齐。公至自齐，处于郓，言在外也。

吴子欲因楚丧而伐之，使公子掩馀、公子烛庸帅师围潜，使延州来季子聘于上国[1]。遂聘于晋，以观诸侯。楚莠尹然、王尹麇帅师救潜，左司马沈尹戌帅都君子与王马之属以济师[2]，与吴师遇于穷。令尹子常以舟师及沙汭而还。左尹郤宛、工尹寿帅师至于潜，吴师不能退。

吴公子光曰："此时也，弗可失也。"告鱄设诸曰："上国有言曰：'不索何获？'我，王嗣也，吾欲求之。事若克，季子虽至，不吾废也。"鱄设诸曰："王可弑也。母老子弱，是无若我何？"光曰："我，

二十七年春天，昭公去到齐国。昭公从齐国回到鲁国，住在郓地，这是说住在国都之外。

吴王僚想趁楚国有丧事而进攻，派公子掩馀、公子烛庸率军队包围潜地，派延州来季子到中原各国聘问。于是到晋国聘问，以观察诸侯的态度。楚国的莠尹然、王尹麇领兵救援潜地，左司马沈尹戌率领都邑亲兵及王室马卒以增援部队，与吴军在穷相遇。令尹子常率水军到达沙汭而返回。左尹郤宛、工尹寿领兵到达潜地，吴军无法退却。

吴国的公子光说："这是一个时机，不可丧失。"告诉鱄设诸说："中原国家有话说：'不去追求，怎能得到？'我是王位继承人，我想要追求继位。事情如果成功，季子即使到来，也不能废掉我。"鱄设诸说："君王可以杀掉。但母亲年老儿子幼弱，我拿他们怎么办？"公子光说："我就是你自己。"夏天四月，公子光在地下室埋伏甲士而设宴款待吴王。吴王让甲士坐在通道两旁直到宴会厅的门口。门口的台阶上和门里的坐席上，

尔身也。”夏四月，光伏甲于堀室而享王[3]。王使甲坐于道，及其门。门阶户席，皆王亲也，夹之以铍[4]。羞者献体改服于门外，执羞者坐行而入[5]，执铍者夹承之，及体，以相授也。光伪足疾，入于堀室。鱄设诸置剑于鱼中以进，抽剑刺王，铍交于胸，遂弑王。阖庐以其子为卿。

季子至，曰：“苟先君无废祀，民人无废主，社稷有奉，国家无倾，乃吾君也，吾谁敢怨？哀死事生，以待天命。非我生乱，立者从之，先人之道也。”复命哭墓，复位而待。吴公子掩馀奔徐，公子烛庸奔钟吾。楚师闻吴乱而还。

都有吴王的亲兵，用铍在两边护卫吴王。进献食物的人在门外解衣露体换掉衣服，端食物的人跪行进入宴会厅，手持铍的卫士用铍夹着他们，铍抵着他们的身体，把食物送上去。公子光假装脚有毛病，进入地下室。鱄设诸把剑放在鱼中献上去，抽出剑来刺杀吴王，卫士们的铍交叉刺进鱄设诸的胸部，结果还是杀死了吴王。公子光即位做了吴王，也就是阖庐，他让鱄设诸的儿子做了卿。

季子回到吴国，说：“只要先君的祭祀没有废弃，人民不废弃君主，土神谷神得到敬奉，国家不颠覆，这个人就是我的国君，我敢怨恨谁呢？哀痛死者，侍奉生者，以等待天命。不是我生出祸乱，谁立为君主就服从他，这是先人的立身之道。”就在吴王墓前哭泣复命，恢复原有的官位等待命令。吴公子掩馀逃亡到徐国，公子烛庸逃亡到钟吾。楚国军队听到吴国发生内乱就撤回去了。

注释　1 上国：指中原各国。在吴、楚上游，故称。　2 都君子：指都邑亲兵。王马：王室之马。　3 堀(kū)室：地下室。　4 铍(pī)：剑一类的兵器，似刀而双刃。　5 羞：进献食物。也指食物。献体：解衣露体。坐行：跪行。

郤宛直而和，国人说之[1]。鄢将师为右领[2]，与费无极比而恶之[3]。令尹子常贿而信谗[4]，无极谮郤宛焉，谓子常曰："子恶欲饮子酒[5]。"又谓子恶："令尹欲饮酒于子氏。"子恶曰："我，贱人也，不足以辱令尹。令尹将必来辱，为惠已甚，吾无以酬之，若何？"无极曰："令尹好甲兵，子出之，吾择焉。"取五甲五兵，曰："置诸门，令尹至，必观之，而从以酬之。"及飨日，帷诸门左[6]。无极谓令尹曰："吾几祸子。子恶将为子不利，甲在门矣，子必无往！且此役也，吴可以得志，子恶取赂焉而还，又误群帅，使退其师，曰：'乘乱不祥。'吴乘我丧，我乘其乱，不亦可乎？"令尹使视郤氏，则有甲焉，不往。召鄢将师而告之。将师退，遂令攻

郤宛正直而温和，国内的人们都喜欢他。鄢将师做右领，和费无极勾结而憎恨郤宛。令尹子常贪财货而信谗言，费无极在他面前诬陷郤宛，对子常说："郤宛想要请您喝酒。"又对郤宛说："令尹想要到您家里喝酒。"郤宛说："我是个卑贱的人，不值得令尹屈驾光临。令尹如果一定要屈驾光临，给我的恩惠就太大了，我没有用来回报的东西，怎么办？"费无极说："令尹喜欢铠甲兵器，您拿出来，我从中挑选一下。"就选取了五件铠甲五件兵器，说："把它放在门边，令尹到来时，一定会观看，就趁机献给他。"到宴享的那天，郤宛在门的左边用帷帐把铠甲兵器遮盖起来。费无极对令尹说："我差点让您遭祸。郤宛打算害您，兵器都藏在门口了，您一定不要去。而且这次潜地的战役，本来可以得志于吴国，但郤宛获得贿赂就收兵，又蛊惑将领们，让他们退兵，说：'乘人之乱不吉利。'其实吴国利用我们有丧，我们利用他们的动乱，不也可以吗？"令尹派人去察看郤宛家，看到那里有铠甲兵器，就不去参加宴享。召见鄢将师而把情况告诉他。

郤氏，且爇之[7]。子恶闻之，遂自杀也。国人弗爇，令曰："不爇郤氏，与之同罪。"或取一编菅焉，或取一秉秆焉[8]，国人投之，遂弗爇也。令尹炮之[9]，尽灭郤氏之族党，杀阳令终与其弟完及佗[10]，与晋陈及其子弟[11]。晋陈之族呼于国曰："鄢氏、费氏自以为王，专祸楚国，弱寡王室，蒙王与令尹以自利也。令尹尽信之矣，国将如何？"令尹病之。

鄢将师退下，就下令攻打郤宛，并且放火烧他的家。郤宛听到消息，就自杀了。国人不肯放火，鄢将师命令说："不烧郤家，与他同罪。"有的人从郤家房子上取下一张草席，有的人取下一把禾秆，人们都拿来扔了，于是没有烧起来。令尹烧了郤氏的家，全部灭掉了他的族人和同党，杀了阳令终以及他的弟弟完和佗，以及晋陈和他的子弟。晋陈的族人在国都里呼喊道："鄢氏、费氏以王自居，专横跋扈危害楚国，削弱孤立王室，欺蒙君王和令尹来为自己谋利。令尹完全相信他们了，国家将怎么办？"令尹对此很忧虑。

注释　1 说：同"悦"。　2 右领：楚国官名。　3 比：等于说勾结。　4 贿：贪求财货。用为动词。　5 子恶：即郤宛。　6 帷：帷帐。用为动词，指用帷帐遮盖（甲兵）。　7 爇（ruò）：烧。　8 一秉：一束，一把。秆：禾秆。　9 炮：烧。　10 阳令终：楚大夫，阳匄的儿子。　11 晋陈：楚国大夫。

秋，会于扈[1]，令戍周，且谋纳公也。宋、卫皆利纳公，固请之。范献子取货于季孙，谓司城子梁与北宫贞子曰[2]："季孙未知其罪，而君伐之。请

秋天，诸侯在扈地会见，这是为了讨论派诸侯戍守成周，并且商议护送鲁昭公回国。宋国、卫国都认为护送昭公回国有利，坚决请求护送的任务。范献子从季孙那儿获得财货，就对司城子梁和北宫喜说："季孙意如还不知道自己的

因，请亡，于是乎不获，君又弗克，而自出也。夫岂无备而能出君乎？季氏之复，天救之也，休公徒之怒，而启叔孙氏之心。不然，岂其伐人而说甲执冰以游[3]？叔孙氏惧祸之滥[4]，而自同于季氏，天之道也。鲁君守齐，三年而无成。季氏甚得其民，淮夷与之，有十年之备，有齐、楚之援，有天之赞，有民之助，有坚守之心，有列国之权，而弗敢宣也，事君如在国。故鞅以为难。二子皆图国者也，而欲纳鲁君，鞅之愿也。请从二子以围鲁，无成，死之。”二子惧，皆辞。乃辞小国，而以难复。

孟懿子、阳虎伐郓，郓人将战，子家子曰：“天命不慆久矣[5]，使君亡者，必此众也。天既祸之，而自福也，不亦难乎？犹有

罪过，而君主却攻打他。他请求坐牢，请求逃亡，在当时都没获准，君主又没有战胜他，就自己出奔了。难道季孙没有准备就能赶走国君吗？季氏恢复原来的权势，是上天挽救了他，平息了昭公部属的愤怒，启发了叔孙氏的心志。不然的话，难道去攻打别人却脱下铠甲手拿箭筒盖而游荡吗？叔孙氏害怕灾祸延及自己，就自愿和季氏结成同盟，这是上天的意志。鲁君依靠齐国，三年却一无所获。季氏很得他的百姓拥护，淮夷信赖他，有十年的守备，有齐国、楚国的支援，有上天的佑助，有老百姓的帮助，有坚守的决心，有诸侯的权势，但没有敢宣扬，侍奉国君仍像在国内一样。所以我认为攻打季氏困难。您二位都是为国家着想的人，想要护送鲁君回国，这也是我的愿望。请让我跟从您二位去包围鲁国，如果不成功，我就为此而死。”子梁和北宫喜很害怕，都辞谢了。于是就辞退小国，答复晋国说事情难办。

孟懿子、阳虎攻打郓地，郓地人想迎战，子家羁说：“天命从来就无可疑惑。让君主逃亡的，肯定就是这些人。上天已经降祸给君主，而想要自己求福，不也

鬼神，此必败也。乌呼！为无望也夫！其死于此乎！”公使子家子如晋，公徒败于且知。

难吗？如果还有鬼神，这一仗必然失败。哎呀！没有希望了吧！恐怕会死在这里了吧！”鲁昭公派子家羁去到晋国，昭公的部属在且知被打败。

注释 1 扈：郑国地名。 2 司城子梁：即乐祁，宋国臣子。北宫贞子：即北宫喜，卫国臣子。 3 说：通“脱”。冰：通“掤”，箭筒盖。 4 滥：蔓延。指延及自己。 5 慆：疑，惑。

楚郤宛之难，国言未已[1]，进胙者莫不谤令尹[2]。沈尹戌言于子常曰：“夫左尹与中厩尹[3]，莫知其罪，而子杀之，以兴谤讟，至于今不已。戌也惑之，仁者杀人以掩谤，犹弗为也。今吾子杀人以兴谤而弗图，不亦异乎[4]？夫无极，楚之谗人也，民莫不知。去朝吴，出蔡侯朱，丧大子建，杀连尹奢，屏王之耳目，使不聪明。不然，平王之温惠共俭[5]，有过成、庄，无不及焉，所以不获诸侯，迩无极也[6]。

楚国的郤宛之难，国内议论纷纷，进献胙肉的人无不批评指责令尹。沈尹戌对令尹子常说：“左尹和中厩尹，没有人知道他们的罪过，而您却杀了他们，因而引起了批评指责，到现在没有止息。我很疑惑，仁爱的人杀人来制止指责，他还不干。如今您杀人而引起指责却不考虑，不也令人感到奇怪吗？费无极是楚国的谗人，老百姓没有人不知道。他铲除朝吴，赶走蔡侯朱，赶跑太子建，杀死连尹奢，遮蔽君王的耳目，使君王耳目失灵。如果不是这样，平王的温和仁惠，恭谨节俭，有超过成王、庄王，而没有不及他们的地方，之所以得不到诸侯，是因为亲近费无极的缘故。现在又杀了三个无罪的人，因而引起极

今又杀三不辜[7]，以兴大谤，几及子矣。子而不图，将焉用之？夫鄢将师矫子之命，以灭三族。三族，国之良也，而不愆位[8]。吴新有君，疆埸日骇，楚国若有大事，子其危哉！知者除谗以自安也，今子爱谗以自危也，甚矣，其惑也！”子常曰：“是瓦之罪，敢不良图？”九月己未，子常杀费无极与鄢将师，尽灭其族，以说于国，谤言乃止。

大的批评指责，几乎危及您的地位了。您如果不想办法补救这件事，哪里还用得着您？鄢将师假传您的命令，而灭掉郤氏、阳氏、晋陈氏三个家族。这三个家族是国家的优秀人才，在位没有过失。吴国刚刚立了新君，边界一天天紧急，楚国如果发生战事，您恐怕就危险了啊！聪明的人铲除谗人来稳定自己，现在您亲爱谗人而使自己受到危害，您糊涂得太过分了！”子常说：“这是我的过错，哪里敢不好好打算？”九月十四日，子常杀了费无极和鄢将师，全部灭了他们的族人，来取悦国人，批评指责就平息了。

冬，公如齐，齐侯请飨之。子家子曰：“朝夕立于其朝，又何飨焉？其饮酒也。”乃饮酒，使宰献，而请安。子仲之子曰重[9]，为齐侯夫人，曰：“请使重见。”子家子乃以君出。

冬天，鲁昭公去到齐国，齐景公请求宴享他。子家羁说：“一天到晚站在他的朝廷上，又何必宴享呢？还是喝酒吧。”于是就喝酒，让宰臣向昭公献酒，而景公自己请求退席安歇。子仲的女儿名叫重，是齐景公的夫人。景公说：“请让重来见昭公。”子家羁就带着昭公出去了。

十二月，晋籍秦致诸侯之戍于周，鲁人辞以难。

十二月，晋国的籍秦把诸侯戍守的军队送往周都，鲁国人以祸难为由推辞派兵。

注释 1言:指谤言。 2胙:祭祀用的牲肉。谤:公开批评指责。 3左尹:郤宛。中厩尹:阳令终。 4异:怪异,可怪。 5共:同“恭”。 6迩:近,亲近。 7三不辜:指郤宛、阳令终、晋陈三人。 8愆:过失。 9子仲:即鲁公子慭。子:女儿。

昭公二十八年

【经】

二十有八年春,王三月,葬曹悼公。

公如晋,次于乾侯。

夏四月丙戌,郑伯宁卒。

六月,葬郑定公。

秋七月癸巳,滕子宁卒。

冬,葬滕悼公。

二十八年春天,周历三月,安葬曹悼公。

昭公前往晋国,临时住在乾侯。

夏天四月十四日,郑定公宁去世。

六月,安葬郑定公。

秋天七月二十三日,滕悼公宁去世。

冬天,安葬滕悼公。

【传】

二十八年春,公如晋,将如乾侯,子家子曰:“有求于人,而即其安,人孰矜[1]之?其造于竟[2]。”

二十八年春天,昭公前往晋国,打算到乾侯去,子家羁说:“对晋国人有所求,却跑到别的地方安稳地住着,人家谁还怜惜您?还是到我国与晋国的

弗听，使请逆于晋。晋人曰：“天祸鲁国，君淹恤在外[3]，君亦不使一个辱在寡人[4]，而即安于甥舅[5]，其亦使逆君？”使公复于竟而后逆之。

边境上去吧。”昭公不听，派人到晋国请求迎接。晋国人说：“上天降祸给鲁国，君主在外避难，又不派一个使臣来屈尊问候寡人，而跑去安稳地住在甥舅之国，难道还要派人来迎接君主？”让昭公回到边境上然后去迎接他。

晋祁胜与邬臧通室[6]，祁盈将执之，访于司马叔游。叔游曰：“《郑书》有之：‘恶直丑正，实蕃有徒[7]。’无道立矣，子惧不免。《诗》曰：‘民之多辟，无自立辟[8]。’姑已，若何？”盈曰：“祁氏私有讨，国何有焉？”遂执之。祁胜赂荀跞，荀跞为之言于晋侯。晋侯执祁盈，祁盈之臣曰：“钧将皆死[9]，慭使吾君闻胜与臧之死也以为快[10]。”乃杀之。夏六月，晋杀祁盈及杨食我。食我，祁盈之党也，而助乱，故杀之。遂灭祁氏、羊舌氏。

晋国的祁胜和邬臧交换妻子通奸，祁盈打算逮捕他们，向司马叔游征求意见。叔游说：“《郑书》有话说：‘嫉恨陷害正直，实在有很多那样的人。’无道的人在位，您当忧惧难免于灾祸。《诗》中说：‘老百姓中有许多邪恶，自己不要站到邪恶中去。’暂且停下，怎么样？”祁盈说：“祁家内部的讨伐，与国家有什么关系呢？”就逮捕了祁胜和邬臧。祁胜贿赂荀跞，荀跞为他向晋顷公说情。晋顷公逮捕了祁盈，祁盈的家臣说：“同样都将被杀死，宁肯让我的主人听到祁胜和邬臧的死而感到痛快点。”就杀了祁胜和邬臧。夏天六月，晋国杀了祁盈和杨食我。杨食我，是祁盈的党羽，帮助作乱，所以杀了他。于是灭掉了祁氏、羊舌氏。

注释　1矜：怜惜。　2造：往。竟：通“境”。　3淹恤：等于说避难。　4在：存问。　5甥舅：甥舅之国，互相通婚的国家，指齐国。　6祁胜、邬臧：

祁盈的家臣。通室：互易妻室通奸。 7 蕃：盛，多。 8 辟：邪僻。引诗为《诗经·大雅·板》篇。 9 钧：通“均”。 10 憖(yìn)：宁愿。

初，叔向欲娶于申公巫臣氏[1]，其母欲娶其党[2]。叔向曰：“吾母多而庶鲜，吾惩舅氏矣[3]。”其母曰：“子灵之妻杀三夫、一君、一子[4]，而亡一国、两卿矣[5]，可无惩乎？吾闻之，甚美必有甚恶。是郑穆少妃姚子之子，子貉之妹也。子貉早死，无后，而天钟美于是，将必以是大有败也。昔有仍氏生女，黰黑而甚美[6]，光可以鉴，名曰玄妻。乐正后夔取之，生伯封，实有豕心，贪惏无餍[7]，忿纇无期[8]，谓之封豕[9]。有穷后羿灭之，夔是以不祀。且三代之亡，共子之废，皆是物也，女何以为哉？夫有尤物[10]，足以移人，苟非德义，则必有祸。”叔向惧，不敢取。平公强使取之，

起初，叔向想要娶申公巫臣的女儿为妻，而他的母亲想要他娶自己娘家的女人。叔向说：“我母亲多而庶兄弟少，对娶舅家女我引以为戒了。”他的母亲说：“巫臣的妻子杀死三个丈夫、一个国君、一个儿子，又亡掉了一个国家和两个卿，可不引以为戒吗？我听说，很美丽的东西必定有很丑恶的一面。巫臣的妻子这个人是郑穆公少妃姚子的女儿，子貉的妹妹。子貉死得早，没有后代，而上天把美丽聚集在这个人身上，必然是要用她来造成极大的败亡。过去有仍氏生了女儿，头发乌黑稠密而很漂亮，光泽可以用来照人，名字叫作玄妻。乐正后夔娶了她，生下伯封，有猪一样的性情，贪婪而没有满足，蛮横而没有限度，把他叫作封豕。有穷国的后羿灭掉了他，乐正后夔因此断了祭祀。而且三代的灭亡，共子的废立，都是由于这种女人，你为什么要娶这样的女人呢？有了姿色出众的女人，足以让人迷乱不定，如果不是有德义的人，就一定造成灾祸。”叔向害怕，不敢娶巫臣的女儿。晋平公硬叫叔向娶

生伯石。伯石始生,子容之母走谒诸姑[11],曰:“长叔姒生男[12]。”姑视之,及堂,闻其声而还,曰:“是豺狼之声也。狼子野心,非是,莫丧羊舌氏矣。”遂弗视。

了她,生了伯石。伯石刚生下,子容的母亲跑去告诉婆婆,说:“大弟媳生了个男孩。”婆婆去看,走到堂前,听到小孩的哭声就往回走,说:“这是豺狼的声音。豺狼似的孩子将来会有野心,不是这个人,没有人会毁掉羊舌氏了。”于是就不去看小孩。

注释 **1** 申公巫臣:晋国大夫,原为楚国宗族。巫臣,字子灵。 **2** 党:乡党,指家乡人。 **3** 惩:鉴戒。 **4** 子灵之妻:即夏姬。三夫:三个丈夫,指子蛮、御叔、巫臣。一君:指陈灵公。一子:指夏徵舒。 **5** 一国:指陈国。两卿:指孔宁、仪行父。 **6** 鬒(zhěn):头发稠密而黑。 **7** 贪惏:即贪婪。餍:饱,满足。 **8** 忿纇(lèi):蛮横。纇,或作“戾”。无期:等于说无限,无极。 **9** 封豕:大猪。 **10** 尤物:指特美之女。物,色,指女色。 **11** 子容之母:叔向的嫂子,伯华的妻子。姑:丈夫的母亲。 **12** 长叔姒:叔向是伯华的长弟,故称长叔。兄弟的妻子称为姒娣,年纪大的称姒,小的称娣。夏姬比伯华的妻子年长,故称姒。

秋,晋韩宣子卒,魏献子为政,分祁氏之田以为七县[1],分羊舌氏之田以为三县[2]。司马弥牟为邬大夫,贾辛为祁大夫,司马乌为平陵大夫,魏戊为梗阳大夫,知徐吾为涂水大夫,韩固为马首大夫,孟丙为盂大夫,乐霄为

秋天,晋国的韩宣子死了,魏献子掌政,把祁氏的田地划分为七个县,把羊舌氏的田地划分为三个县。任命司马弥牟做邬大夫,贾辛做祁大夫,司马乌做平陵大夫,魏戊做梗阳大夫,知徐吾做涂水大夫,韩固做马首大夫,孟丙做盂地大夫,乐霄做铜鞮大夫,赵朝做平阳大夫,僚安

铜鞮大夫，赵朝为平阳大夫，僚安为杨氏大夫。谓贾辛、司马乌为有力于王室，故举之。谓知徐吾、赵朝、韩固、魏戊，余子之不失职、能守业者也[3]。其四人者，皆受县而后见于魏子，以贤举也。

做杨氏大夫。魏献子认为贾辛、司马乌是对王室有功，所以举荐他们。认为知徐吾、赵朝、韩固、魏戊是庶子中没有失职、能够守住家业的人。其余四个人，都接受县大夫的职位后才与魏献子见面，是由于贤能而被举拔的。

注释 **1** 七县：指邬、祁、平陵、梗阳、涂水、马首、盂。 **2** 三县：指铜鞮、平阳、杨氏。 **3** 余子：庶子，非嫡妻所生的儿子。

魏子谓成鱄[1]："吾与戊也县[2]，人其以我为党乎[3]？"对曰："何也？戊之为人也，远不忘君，近不逼同[4]，居利思义，在约思纯[5]，有守心而无淫行，虽与之县，不亦可乎？昔武王克商，光有天下，其兄弟之国者十有五人，姬姓之国者四十人[6]，皆举亲也。夫举无他，唯善所在，亲疏一也。《诗》曰：'唯此文王，帝度其心。莫其德音[7]，其德克明，克明克[8]类，克

魏献子对成鱄说："我给了魏戊一个县，人家恐怕会认为我偏私吧？"成鱄回答说："怎么会呢？魏戊的为人，远不忘国君，近不压同僚，处在有利的地位时想到道义，处在穷困中就想到纯洁清廉，有保持操守的思想而没有失度的行为，虽然给他一个县，不也是可以的吗？从前武王战胜商朝，广有天下，他的兄弟中封国的有十五人，同姓中封国的有四十人，这都是举拔亲属。举拔没有别的标准，只要是善之所在，亲疏是一样的。《诗》中说：'这位文王，天帝使他的心能规范于道义。他的政令清静，他的德行能光照四方，能遍施无党，能为君为长。他做这大国的君王，能慈爱和顺使臣民

长克君。王此大国，克顺克比[9]。比于文王，其德靡悔。既受帝祉，施于孙子。'心能制义曰度，德正应和曰莫，照临四方曰明，勤施无私曰类，教诲不倦曰长，赏庆刑威曰君，慈和遍服曰顺，择善而从之曰比，经纬天地曰文。九德不愆，作事无悔，故袭天禄，子孙赖之。主之举也，近文德矣，所及其远哉！"

亲附。亲附文王，他的德行没有遗恨。已经承受了天帝的福禄，能一直绵延到子子孙孙。'内心能规范于道义叫作度，德行正直响应和谐叫作莫，光照四方叫作明，勤于施恩没有偏私叫作类，教导人民不知倦怠叫作长，奖赏得当惩罚威严叫作君，慈爱祥和使人人归服叫作顺，择善而从叫作比，使天道人事有秩序叫作文。这九种德行没有过失，兴办事业没有悔恨，所以能承袭上天的福禄，子子孙孙都以之为利。您的举拔，已经接近文德了，影响将是很深远的啊！"

注释 1 魏子：即魏献子。成鱄：晋国大夫。 2 戊：魏戊，晋国臣子。 3 党：偏党，偏私。 4 同：指同僚。 5 约：穷约，穷困。纯：纯美，纯洁。 6 国：封国，作动词用。 7 引诗为《诗经·大雅·皇矣》篇，文字与《毛诗》略有出入。莫：清静。今本《毛诗》作"貊"。 8 克类：指能广施恩德，没有偏私。即《传》所谓"勤施无私曰类"。克，能。类，物类，人类。 9 比：比附，亲附。

贾辛将适其县，见于魏子。魏子曰："辛来！昔叔向适郑，鬷蔑恶[1]，欲观叔向，从使之收器者而往，立于堂下，一言而善。叔向将饮酒，闻之，

贾辛将要前往他的县邑，进见魏献子。魏献子说："辛，你来！从前叔向前往郑国，鬷蔑面貌丑陋，想要看看叔向，就跟着派来收拾食具的人前去，站在堂下，一说话就说得很中听。叔向正要喝酒，听到他说的话，说：'那一定是鬷

曰:‘必鬷明也[2]。’下,执其手以上,曰:‘昔贾大夫恶,娶妻而美,三年不言不笑,御以如皋[3],射雉,获之,其妻始笑而言。贾大夫曰:“才之不可以已。我不能射,女遂不言不笑夫!”今子少不飏[4],子若无言,吾几失子矣。言之不可以已也如是!’遂如故知。今女有力于王室,吾是以举女。行乎!敬之哉!毋堕乃力[5]。”

仲尼闻魏子之举也,以为义,曰:“近不失亲,远不失举,可谓义矣。”又闻其命贾辛也,以为忠:“《诗》曰:‘永言配命[6],自求多福。’忠也。魏子之举也义,其命也忠,其长有后于晋国乎!”

蔑。’下堂,握住他的手上堂,说:‘从前贾大夫相貌很丑,娶的妻子却很漂亮。他妻子三年不说不笑,贾大夫为她驾车去到沼泽地边,射猎野鸡,射中了,他妻子才开始说笑。贾大夫说:“才干不能够埋没。我不能射箭的话,你就不说不笑了啊!”如今您年纪轻,相貌不太出众,如果您不说话,我差点失去您了。话不能不说的道理就像这样!’于是两人如同旧交一样。现在您对王室有功,我因此举拔您。去上任吧!敬守职责吧!不要毁坏了你的功劳。”

孔子听到魏献子举拔的情况,认为合乎道义,说:“近不失去亲族,远不失去应当举拔的人,可说是合乎道义了。”又听到他叮嘱贾辛的话,认为是尽心尽责:“《诗》中说:‘长久地顺应天命,自己追求各种福禄。’这是忠。魏献子的举拔人才合乎道义,他的命令又尽心尽责,大概他在晋国会长期有后代继享禄位吧!”

注释 1 恶:丑,指貌丑。 2 鬷明:即鬷蔑。 3 皋:沼泽地。 4 不飏:不显扬,指相貌不好看。 5 堕:毁坏。力:功劳。 6 言:句中语助词,无义。配:合乎。引诗为《诗经·大雅·文王》篇。

冬，梗阳人有狱[1]，魏戊不能断，以狱上。其大宗赂以女乐[2]，魏子将受之。魏戊谓阎没、女宽曰[3]：“主以不贿闻于诸侯，若受梗阳人，贿莫甚焉。吾子必谏！”皆许诺。退朝，待于庭。馈入，召之。比置[4]，三叹。既食，使坐。魏子曰：“吾闻诸伯叔，谚曰：‘唯食忘忧。’吾子置食之间三叹，何也？”同辞而对曰：“或赐二小人酒，不夕食。馈之始至，恐其不足，是以叹。中置，自咎曰：‘岂将军食之而有不足？’是以再叹。及馈之毕，愿以小人之腹为君子之心，属厌而已[5]。”献子辞梗阳人。

冬天，梗阳人有诉讼案件，魏戊不能断案，把案子上交给魏献子。诉讼双方中的大宗用女乐人贿赂魏献子，魏献子打算接受。魏戊对阎没、女宽说：“主君以不贪财货而闻名于诸侯，如果接受梗阳人的贿赂，贪求财货没有比这更厉害的了。你们二位一定要劝谏！”两人都答应了。退朝以后，在庭院里等候魏献子。送饭菜进来，魏献子召他们一起吃饭。等到摆上饭菜时，两人三次叹息。吃完饭后，魏献子让他们坐。魏献子说：“我从伯父叔父那儿听说过，有句俗话说：‘只有吃饭时忘记了忧愁。’你们在上菜的中间三次叹息，是什么原因？”阎没、女宽同声回答说：“有人赐给我们两个小人酒喝，没有吃晚饭。饭菜刚端上来时，担心它不够吃，因此叹息。到端上一半时，我们责备自己说：‘难道将军让我们吃饭却有不够吃的？’因此第二次叹息。到饭菜全部上完，我们愿意拿自己的肚子作为君子的心，刚刚满足就行了。”魏献子就拒绝了梗阳人的贿赂。

注释 1 狱：诉讼案件。 2 大宗：宗族中始祖之嫡长子所在的一宗。这里是诉讼一方的大宗。 3 阎没、女宽：晋国大夫。 4 比：及。置：即置食，指上菜时摆放食物。 5 属(zhǔ)：适，刚刚。厌：足。已：止。

昭公二十九年

【经】

二十有九年春，公至自乾侯，居于郓。

齐侯使高张来唁公[1]。

公如晋，次于乾侯。

夏四月庚子，叔诣卒。

秋七月。

冬十月，郓溃。

二十九年春天，昭公从乾侯回到鲁国，住在郓地。

齐景公派高张来慰问昭公。

昭公又前往晋国，驻扎在乾侯。

夏天四月初五日，叔诣去世。

秋天七月。

冬天十月，郓地溃败。

注释 1唁：慰问。特指对亡国者的慰问。

【传】

二十九年春，公至自乾侯，处于郓。齐侯使高张来唁公，称主君[1]。子家子曰："齐卑君矣，君祇辱焉。"公如乾侯。

三月己卯，京师杀召伯盈、尹氏固及原伯鲁之子。尹固之复也，有妇人遇之周郊，尤之，曰："处则劝人为祸，行则数日而反，

二十九年春天，昭公从乾侯回到鲁国，住在郓地。齐景公派高张来慰问昭公，称昭公为主君。子家羁说："齐国轻视您了，您只是得到羞辱。"昭公就又前往乾侯。

三月十三日，京都杀了召伯盈、尹氏固及原伯鲁的儿子。尹氏固三年前逃亡归来时，有个女人在周都城郊外碰到他，责备他说："住在都城就唆使别人制造祸乱，逃出去又几天就回来

是夫也,其过三岁乎?”夏五月庚寅,王子赵车入于鄟以叛[2],阴不佞败之。

了,这个人啊,难道能活过三年吗?”夏天五月二十五日,王子赵车进入鄟地而叛乱,阴不佞打败了他。

平子每岁贾马,具从者之衣屦而归之于乾侯。公执归马者卖之,乃不归马[3]。卫侯来献其乘马曰启服,堑而死[4],公将为之椟,子家子曰:“从者病矣,请以食之。”乃以帏裹之。

季孙意如每年都买马,并备办侍从的衣服鞋子送到乾侯去。昭公拘禁了送马的人并卖掉马,于是季孙意如不再送马。卫灵公来给昭公献他的名叫启服的坐骑,掉进壕沟死了,昭公打算给马做棺材,子家羁说:“侍从们很疲弱了,请把马给他们吃了。”于是就用破帏幕把马裹起来。

公赐公衍羔裘,使献龙辅于齐侯[5],遂入羔裘。齐侯喜,与之阳穀。公衍、公为之生也,其母偕出[6]。公衍先生,公为之母曰:“相与偕出,请相与偕告。”三日,公为生,其母先以告,公为为兄。公私喜于阳穀而思于鲁,曰:“务人为此祸也,且后生而为兄,其诬也久矣。”乃黜之,而以公衍为大子。

昭公赐给公衍羔羊皮衣,让他向齐景公进献龙辅玉,公衍就把羔羊皮衣也献上去了。齐景公很高兴,把阳穀那块地方给了他。公衍、公为出生的时候,他们的母亲一同出去住进产房。公衍先出生,公为的母亲说:“我们一同出来,请一同去报喜。”过三天,公为出生,他的母亲先行报喜,公为做了哥哥。昭公自己对阳穀很喜欢而又想到鲁国,就说:“是公为引起这场祸的,而且后出生却做了兄长,欺骗很久了。”于是废了公为,立公衍为太子。

注释 1 主君:卿大夫家臣对卿大夫的称呼。高张称昭公为主君,是比之于卿大夫。 2 鄻(niǎn):周朝邑名。 3 归:通“馈”。 4 堑:壕沟。此用为动词,指坠入堑中。 5 龙辅:玉名,有龙纹。 6 出:指从原来的住处出来,搬进产房。

秋,龙见于绛郊[1],魏献子问于蔡墨曰[2]:“吾闻之,虫莫知于龙[3],以其不生得也,谓之知,信乎?”对曰:“人实不知,非龙实知。古者畜龙[4],故国有豢龙氏,有御龙氏。”献子曰:“是二氏者,吾亦闻之,而不知其故,是何谓也?”对曰:“昔有飂叔安[5],有裔子曰董父[6],实甚好龙,能求其耆欲以饮食之[7],龙多归之。乃扰畜龙[8],以服事帝舜。帝赐之姓曰董,氏曰豢龙,封诸鬷川,鬷夷氏其后也。故帝舜氏世有畜龙。及有夏,孔甲扰于有帝,帝赐之乘龙,河、汉各二,各有雌雄。孔甲不能食[9],而未获豢龙氏。有陶唐氏既衰,其后有刘累,学扰龙于豢龙氏,以事孔甲,能饮食之。

秋天,龙出现在绛城郊外,魏献子向蔡墨询问说:“我听说过,虫类动物没有比龙更聪明的了,因为它不能被活捉,说它聪明,可信吗?”蔡墨回答说:“实为人不聪明,并非龙聪明。古时候养龙,所以国家有豢龙氏,有御龙氏。”魏献子说:“这两人我也听说过,但不了解他们的来由,这是指的什么呢?”蔡墨回答说:“从前有飂国的叔安,有个后代叫董父,实在是非常喜欢龙,能够找到龙的嗜好来喂养它们,龙多有归服他的。于是驯化畜养龙,来服侍帝舜。帝舜赐他姓董,赐给他氏号叫豢龙,封他在鬷川,鬷夷氏就是他的后代。所以帝舜氏代代有养龙的。到了夏代,孔甲顺服天帝,天帝赐给他驾车的龙,黄河、汉水中各两条,各有一雌一雄。孔甲不能喂养,又没有找到豢龙氏。陶唐氏衰落之后,其后代有个叫刘累的,向豢龙氏学习驯龙,以侍奉孔甲,能饲养龙。夏君嘉赏他,赐给他氏号叫御龙,

夏后嘉之，赐氏曰御龙，以更豕韦之后。龙一雌死，潜醢以食夏后[10]。夏后飨之，既而使求之。惧而迁于鲁县，范氏其后也。”

以代替豕韦的后代。一条雌龙死了，刘累暗地里做成肉酱拿来给夏君吃。夏君享用了之后，又让他找来吃。刘累害怕而迁移到鲁县，范氏就是他的后代。”

注释 1绛：晋国都城。 2蔡墨：即史墨，晋国大夫。 3知：同“智”。 4畜：养。 5有飂(liù)：古国名。叔安：有飂君主。 6裔子：后代。裔：远。 7耆：通“嗜”。 8扰：驯服。 9食：使之食，即喂养。 10潜：暗地里。醢：肉酱。这里作动词用，烹调成肉酱。

献子曰：“今何故无之？”对曰：“夫物，物有其官，官修其方，朝夕思之。一日失职，则死及之。失官不食。官宿其业[1]，其物乃至。若泯弃之[2]，物乃坻伏[3]，郁湮不育[4]。故有五行之官，是谓五官，实列受氏姓，封为上公，祀为贵神。社稷五祀[5]，是尊是奉。木正曰句芒，火正曰祝融，金正曰蓐收，水正曰玄冥，土正曰后土。龙，水物也，水官弃矣，故龙不生得。不然，《周易》有之：在乾☰

魏献子说：“现在为什么没有龙呢？”蔡墨回答说：“物类，每种都有管理的官吏，官吏学习其相应的管理方法，从早到晚想着自己的职责。一旦失职，死亡就会到来。丢了官位就不得食俸禄。官吏安守他的事业，那种东西才会到来。如果要泯灭抛弃它们，它们就会潜伏，滞塞而不能生长。所以有管理五行的官吏，这就叫五官，都列位接受姓氏的封赐，被封爵为上公，被祭祀为尊神。土神谷神和五官之神，尊崇他们，敬奉他们。木官之长叫句芒，火官之长叫祝融，金官之长叫蓐收，水官之长叫玄冥，土官之长叫后土。龙，是水中的灵物，水官废弃了，所以龙不能被人活

之姤䷫,曰'潜龙勿用'[6],其同人䷌曰'见龙在田'[7],其大有䷍曰'飞龙在天'[8],其夬䷪曰'亢龙有悔'[9],其坤䷁曰'见群龙无首,吉'[10],坤之剥䷖曰'龙战于野'[11]。若不朝夕见,谁能物之[12]?"献子曰:"社稷五祀,谁氏之五官也?"对曰:"少皞氏有四叔[13],曰重、曰该、曰修、曰熙,实能金木及水。使重为句芒,该为蓐收,修及熙为玄冥,世不失职,遂济穷桑[14],此其三祀也。颛顼氏有子曰犁,为祝融,共工氏有子曰句龙,为后土,此其二祀也。后土为社;稷,田正也。有烈山氏之子曰柱为稷,自夏以上祀之。周弃亦为稷,自商以来祀之。"

捉。不是这样的话,为什么《周易》有记载:在乾卦䷀变到姤卦䷫时,说'潜伏的龙不被使用',其同人卦䷌说'见到龙在土田里",其大有卦䷍说'会飞的龙在天上',其夬卦䷪说'僵直的龙有懊悔',其坤卦䷁说'看见群龙没有首领,吉利',坤卦变到剥卦䷖时说'龙在荒野搏斗'。如果不是早晚都见到龙,谁能分别描绘它们?"魏献子说:"土神谷神和五官之神,是哪家帝王的五官呢?"蔡墨回答说:"少皞氏有四个弟弟,分别叫重、该、修、熙,能管理金、木和水。让重做句芒,该做蓐收,修和熙做玄冥,世世代代不失职,终于帮助少皞氏在穷桑即帝位,这就是其中的三祀。颛顼氏有个儿子叫犁,做祝融;共工氏有个儿子叫句龙,做后土,这就是其中的两祀。后土做了土神,谷神则是管田地的官长。有烈山氏的儿子叫柱,做了谷神,从夏朝以前祭祀他。周朝的弃也做了谷神,从商朝以来祭祀他。"

注释 1宿:安守。 2泯弃:泯灭拒绝。 3坻(zhǐ)伏:潜伏。 4郁湮:滞塞的样子。 5五祀:五官之神,即下文所谓木正、火正、金正、水正、土正等五行之长。 6此乾卦初九爻辞。 7此乾卦九二爻辞。 8此乾卦九五爻辞。 9亢龙:直龙。此乾卦上九爻辞。 10此乾卦用九爻辞。

11 此坤卦上六爻辞。 **12** 物:种类。用为动词,分别之意。 **13** 叔:伯仲叔季之叔,等于说弟弟。 **14** 济:帮助。穷桑:指代少皞氏。少皞氏在穷桑即帝位,或称穷桑帝。

冬,晋赵鞅、荀寅帅师城汝滨,遂赋晋国一鼓铁[1],以铸刑鼎,著范宣子所为刑书焉。仲尼曰:“晋其亡乎!失其度矣。夫晋国将守唐叔之所受法度,以经纬其民,卿大夫以序守之,民是以能尊其贵,贵是以能守其业。贵贱不愆,所谓度也。文公是以作执秩之官[2],为被庐之法[3],以为盟主。今弃是度也,而为刑鼎,民在鼎矣[4],何以尊贵?贵何业之守?贵贱无序,何以为国?且夫宣子之刑,夷之蒐也,晋国之乱制也,若之何以为法?”蔡史墨曰:“范氏、中行氏其亡乎!中行寅为下卿,而干上令,擅作刑器,以为国法,是法奸也。又加范

冬天,晋国的赵鞅、荀寅率军队在汝水边上筑城,就从国内征收了一鼓铁,用来铸造刑鼎,把范宣子所制定的刑书铸在上面。孔子说:“晋国恐怕要灭亡了吧!它失掉法度了。晋国应该遵守唐叔所授传的法度,以使它的老百姓有秩序,卿大夫根据自己的职位维护它,老百姓因此才能尊敬他们的上级贵人,上级贵人因此才能保守他们的功业。贵与贱没有错乱,这就是所说的法度。晋文公为此设立执秩之官,在被庐修订法令,因此做了盟主。如今丢掉了这种法度,而铸造刑鼎,老百姓了解鼎上的刑律了,怎么还会尊敬上级贵人?上级贵人还有什么功业可守?贵与贱失去次序,用什么治理国家?而且范宣子的刑书,是在夷地检阅军队时制定的,是晋国的乱法,怎么能把它作为法令?”蔡史墨说:“范氏、中行氏恐怕要灭亡了吧!中行寅作为下卿,却触犯上级的命令,擅自铸造刑器,把它作为国家的法律,这是法律的罪人。又加上范氏,改变被庐制订的法令,要灭

氏焉，易之，亡也。其及赵氏，赵孟与焉。然不得已，若德，可以免。”

亡了。还将涉及赵氏，因为赵孟参与到中间了。但赵孟是不得已，如果有德，可以因而免于祸难。”

注释 1 鼓：重量单位，四石为一鼓，合当时四百八十斤。 2 执秩：掌管官爵位次。这里为官名。 3 为被庐之法：指在被庐修订法令。参僖公二十七年《传》。 4 在：审察，察看。

昭公三十年

【经】

三十年春，王正月，公在乾侯。

三十年春天，周历正月，昭公住在乾侯。

夏六月庚辰，晋侯去疾卒。

夏天六月二十二日，晋顷公去疾去世。

秋八月，葬晋顷公。

秋天八月，安葬晋顷公。

冬十有二月，吴灭徐，徐子章羽奔楚。

冬天十二月，吴国灭亡徐国，徐君章羽逃亡到楚国。

【传】

三十年春，王正月，公在乾侯。不先书郓与乾侯，非公，且征过也[1]。

三十年春天，周历正月，昭公住在乾侯。《春秋》在这以前不记载“公在郓”和“公在乾侯”，是为了责备昭公，并且表明过错由来。

夏六月，晋顷公卒。

秋八月，葬。郑游吉吊，且送葬。魏献子使士景伯诘之，曰："悼公之丧，子西吊，子蟜送葬[2]，今吾子无贰[3]，何故？"对曰："诸侯所以归晋君，礼也。礼也者，小事大，大字小之谓[4]。事大在共其时命，字小在恤其所无。以敝邑居大国之间，共其职贡，与其备御不虞之患，岂忘共命？先王之制：诸侯之丧，士吊，大夫送葬，唯嘉好、聘享、三军之事，于是乎使卿。晋之丧事，敝邑之间[5]，先君有所助执绋矣[6]。若其不间，虽士大夫有所不获数矣。大国之惠，亦庆其加[7]，而不讨其乏，明厎其情[8]，取备而已，以为礼也。灵王之丧，我先君简公在楚，我先大夫印段实往，敝邑之少卿也。王吏不讨，恤所无也。今大夫曰：'女盍

夏天六月，晋顷公去世。秋天八月，安葬晋顷公。郑国的游吉前去吊唁，并且送葬。魏献子派士景伯诘问游吉，说："悼公的丧事，你们派子西吊唁，子蟜送葬，现在您没有两个人，什么原因？"游吉回答说："诸侯之所以归顺晋君，是因为晋君有礼。所谓礼，就是说小国侍奉大国，大国抚爱小国。侍奉大国在于随时奉行它的命令，抚爱小国在于体恤它的匮乏。以敝国处在大国之间的地位，供应大国经常的贡献，参与它们对意外灾患的防备，哪里敢忘掉奉行命令？按先王的礼制，诸侯的丧事，士吊唁，大夫送葬，只有友好朝会、聘问宴享、军事行动时，才派遣卿。晋国的丧事，敝国在安闲时，先君曾亲自送葬。如果不得安闲，即使派遣士和大夫也有可能做不到。大国的仁惠，只赞许小国礼节的加重，而不声讨它的匮乏，明察它表达的忠情，求得礼仪的具备就够了，就可以认为合乎礼了。周灵王的丧事，我们先君简公在楚国，我国先大夫印段前去参加葬礼，他是敝国的少卿。天子的官吏没有责备，就是体恤敝国的匮乏。如今大夫说：'你为什么不遵从

从旧[9]？'旧有丰有省[10]，不知所从。从其丰，则寡君幼弱，是以不共。从其省，则吉在此矣。唯大夫图之！"晋人不能诘。

旧例？'旧例有时隆重有时简省，不知遵从什么。遵从隆重，则寡君年幼，因此无法奉行命令。遵从简省，则游吉我在这里了。望大夫考虑！"晋国人无法再诘问。

注释 1征：证明，表明。 2子西：公孙夏，郑国臣子。子蟜：公孙虿，郑国臣子。 3无贰：即没有两个人分别吊唁和送葬。 4字：抚爱。 5间：空闲。 6绋(fú)：牵引棺材的绳索。按礼节，送葬的人必执绋。"绋"又作"綍"。 7庆其加：以其加为善，即赞许礼节的加重。庆，善。 8厎：致，表达。情：忠情。 9盍：何不。 10丰：盛，指礼节的隆重。

吴子使徐人执掩馀，使钟吾人执烛庸，二公子奔楚。楚子大封[1]，而定其徙[2]，使监马尹大心逆吴公子，使居养，莠尹然、左司马沈尹戌城之，取于城父与胡田以与之，将以害吴也。子西谏曰："吴光新得国，而亲其民，视民如子，辛苦同之，将用之也。若好吴边疆，使柔服焉，犹惧其至。吾又强其仇以重怒之，无乃不可乎！吴，周之胄裔也[3]，而弃在海滨，不

吴王让徐国人拘捕掩馀，让钟吾人拘捕烛庸，两个公子逃亡到楚国。楚王封给大块土地，安顿他们迁居的地方，派监马尹大心迎接吴国公子，让他们住在养地，派莠尹然、左司马沈尹戌为他们筑城，又从城父和胡地划取田地给他们，打算以此危害吴国。子西劝谏说："吴公子光刚刚取得国家权位，就亲爱他的百姓，视民如子，辛苦同享，这是将要使用老百姓。如果和吴国边界的人民友好，使他们顺服，还害怕他们入侵。我们又让他们的仇敌强大来加重他们的愤怒，恐怕不可以吧！吴国是周朝的后代，而被抛弃在海边，不和姬姓

与姬通，今而始大，比于诸华。光又甚文[4]，将自同于先王。不知天将以为虐乎，使翦丧吴国而封大异姓乎[5]，其抑亦将卒以祚吴乎，其终不远矣。我盍姑亿吾鬼神[6]，而宁吾族姓，以待其归，将焉用自播扬焉[7]？"王弗听。

国家往来，现在才开始强大，能与中原各华夏国家相比。公子光又非常有文略，想要使自己与先王齐同。不知是上天将要利用他残害吴国，使他灭亡吴国而扩大异姓国家的领土呢，还是打算最后保佑吴国，它的结果不会太远了。我们何不暂且安定我们的鬼神，安抚我们的百姓，来等待它的归属，哪里用得着自己兴师动众呢？"楚王不听从。

注释 1大封：指封给土田。 2徙：迁居的地方。 3胄裔：后裔。 4文：有文略。 5翦丧：灭亡。封大：扩大（领土）。 6亿：安。 7播扬：发动，劳作。

吴子怒。冬十二月，吴子执钟吾子，遂伐徐，防山以水之[1]。己卯，灭徐。徐子章禹断其发，携其夫人，以逆吴子。吴子唁而送之，使其迩臣从之，遂奔楚。楚沈尹戌帅师救徐，弗及，遂城夷，使徐子处之。

吴子问于伍员曰："初而言伐楚，余知其可也，而恐其使余往也，又

吴王发怒。冬天十二月，吴王拘捕了钟吾子，于是攻打徐国，在山中修筑堤坝蓄水来冲灌徐国。二十三日，灭亡徐国。徐君章禹剪断头发，带着他的夫人，来迎接吴王。吴王安慰后送走了他，让他的近臣跟着他，章羽就逃亡到楚国。楚国的沈尹戌率军救援徐国，没有赶上，于是在夷地筑城，让徐君住在那里。

吴王问伍员说："起初你说攻打楚国，我知道那是可以的，但担心王僚让我去，又讨厌别人占有我的功劳。现在我打算自己拥有这份功劳了。攻打楚

恶人之有余之功也。今余将自有之矣。伐楚何如?”对曰:“楚执政众而乖[2],莫适任患。若为三师以肄焉[3],一师至,彼必皆出。彼出则归,彼归则出,楚必道敝[4]。亟肄以罢之[5],多方以误之,既罢而后以三军继之,必大克之。”阖庐从之,楚于是乎始病[6]。

国怎么样?”伍员回答说:“楚国当权的人又多又互相格格不入,没有人出来承担忧患。如果组成三军来突然袭击并旋即撤退,一军到达那儿,他们就必然都出来应战。他们出动我们就撤回,他们退回我们就出动,楚国军队必定疲敝。多次突袭并快速撤退来使他们疲敝,用多种战术使他们失误,他们疲敝之后再以三军继续攻击,一定大胜他们。”吴王阖庐听从了伍员的计谋,楚军从此开始疲顿。

注释 1 防山:在山中筑堤坝,用来蓄水。防,堤,用为动词。水:用水冲灌,用为动词。 2 乖:背戾不和。 3 肄:通“肆”,指突然袭击旋即撤退。 4 道敝:敝于道。“道”是“敝”的状语。敝,疲敝。 5 亟:屡屡。罢:通“疲”。 6 病:疲顿。

昭公三十一年

【经】

三十有一年春,王正月,公在乾侯。

季孙意如会晋荀跞于适历[1]。

夏四月丁巳,薛伯榖卒。

三十一年春天,周历正月,昭公住在乾侯。

季孙意如在适历与晋国的荀跞会见。

夏天四月初三日,薛献公榖

晋侯使荀跞唁公于乾侯。

秋，葬薛献公。

冬，黑肱以滥来奔[2]。

十有二月辛亥朔，日有食之。

去世。

晋定公派荀跞到乾侯慰问昭公。

秋天，安葬薛献公。

冬天，邾国的黑肱带着滥地前来投奔。

十二月初一日，发生日食。

注释 1 适历：晋国地名。 2 黑肱：邾国大夫。滥：邾国地名。

【传】

三十一年春，王正月，公在乾侯，言不能外内也。

晋侯将以师纳公，范献子曰："若召季孙而不来，则信不臣矣，然后伐之，若何？"晋人召季孙，献子使私焉，曰："子必来，我受其无咎[1]。"季孙意如会晋荀跞于适历，荀跞曰："寡君使跞谓吾子：何故出君？有君不事，周有常刑，子其图之！"季孙练冠、麻衣、跣行[2]，伏而对曰："事君，臣之所不得也，

三十一年春天，周历正月，昭公住在乾侯，这是说明他既不能得到外援，又不能回到国内。

晋定公打算靠军队送昭公回国，范献子说："如果召见季孙意如而他不来，那就确实没有臣道了，然后再去攻打他，怎么样？"晋国人召见季孙，范献子派人私下见他，说："您一定要来，我保证没有灾祸。"季孙意如在适历与晋国的荀跞会见，荀跞说："寡君让我问您，为什么把国君赶出来？有国君不侍奉，周王将有一定的刑罚，您请考虑这件事！"季孙意如戴着布丧帽，穿着麻衣，赤脚行走，趴在地上回答说："侍奉国君，是下臣我求之不得的事，

敢逃刑命？君若以臣为有罪，请囚于费，以待君之察也，亦唯君。若以先臣之故，不绝季氏，而赐之死。若弗杀弗亡，君之惠也，死且不朽。若得从君而归，则固臣之愿也，敢有异心？”

岂敢逃避刑罚？君王如果认为下臣有罪，请把我囚禁在费地，以等待君王的明察，一切听从君王的命令。如果因为先臣的缘故，不断绝季氏的后代，而赐我一死。如果不杀也不让逃亡，则是君王的恩惠，死将不朽。如果能跟从寡君回国，那本来是下臣的愿望，哪敢有别的想法？”

注释 1受：与“保”同义。咎：灾殃。 2练冠：服丧戴的一种布帽子。跣：赤足。

夏四月，季孙从知伯如乾侯[1]。子家子曰：“君与之归。一惭之不忍，而终身惭乎[2]？”公曰：“诺。”众曰：“在一言矣，君必逐之。”荀跞以晋侯之命唁公，且曰：“寡君使跞以君命讨于意如，意如不敢逃死，君其入也！”公曰：“君惠顾先君之好，施及亡人，将使归粪除宗祧以事君[3]，则不能见夫人[4]。己所能见夫人者，有如河！”荀跞掩耳而走，曰：“寡君其罪

夏天四月，季孙意如跟着荀跞前往乾侯。子家羁说：“君主和他回国吧。一次羞愧都不能忍受，能忍受终身的羞愧吗？”昭公说：“好的。”部下们说：“就在您一句话了，君主一定要赶走季孙。”荀砾以晋定公的名义慰问昭公，并且说：“寡君让我用您的命令谴责意如，意如不敢逃避死罪，君主还是回国吧！”昭公说：“君惠顾先君的友好关系，恩惠施及逃亡的人，打算让我回国扫除宗庙以侍奉君，但我不能见那个人。我自己要是会去见那个人，有像河神之类的神为证！”荀跞捂着耳朵跑开，说：“寡君唯恐得

之恐,敢与知鲁国之难?臣请复于寡君。”退而谓季孙:“君怒未怠[5],子姑归祭。”子家子曰:“君以一乘入于鲁师,季孙必与君归。”公欲从之,众从者胁公,不得归。

罪,岂敢介入了解鲁国的灾难?请让我向寡君回报。”退下去对季孙意如说:“君主的愤怒没有缓解,您暂且回去代他祭祀。”子家羁说:“君主乘一辆车进入鲁军,季孙意如一定和君主回国。”昭公想要采纳它,但随从们胁迫昭公,未能回国。

薛伯穀卒,同盟,故书。

薛献公穀去世,因为是同盟国,所以记载。

秋,吴人侵楚,伐夷,侵潜、六。楚沈尹戌帅师救潜,吴师还。楚师迁潜于南冈而还。吴师围弦,左司马戌、右司马稽帅师救弦,及豫章,吴师还。始用子胥之谋也[6]。

秋天,吴国人侵袭楚国,攻打夷地,侵袭潜地和六地。楚国沈尹戌领兵救潜,吴军撤退。楚军把潜地人迁到南冈就收兵。吴军包围弦地,左司马戌和右司马稽率军救援弦地,到达豫章,吴军退走。这是开始使用伍员的计谋了。

注释 1知伯:即荀跞。 2惭:羞愧。 3粪除:扫除。 4夫人:那个人,指季孙意如。 5怠:松弛,缓解。 6子胥:即伍员。子胥之谋见昭公三十年《传》。

冬,邾黑肱以滥来奔,贱而书名,重地故也。君子曰:“名之不可不慎也如是。夫有所有名而不如其已。以地叛,虽贱必书地,以名其人,终为

冬天,邾国的黑肱带着滥地前来投奔,他地位低贱而《春秋》记载他的名字,是看重土地的缘故。君子说:“名义的不可不慎重就像这样。有的地方有名义反而不如没有。带了土地叛变,虽然低贱也必定记载地名,用以称说

不义，弗可灭已。是故君子动则思礼，行则思义，不为利回[1]，不为义疚[2]。或求名而不得，或欲盖而名章[3]，惩不义也。齐豹为卫司寇，守嗣大夫，作而不义，其书为‘盗’。邾庶其、莒牟夷、邾黑肱以土地出，求食而已，不求其名，贱而必书。此二物者[4]，所以惩肆而去贪也。若艰难其身，以险危大人，而有名章彻[5]，攻难之士，将奔走之。若窃邑叛君，以徼大利而无名[6]，贪冒之民将置力焉[7]。是以《春秋》书齐豹曰‘盗’，三叛人名，以惩不义，数恶无礼[8]，其善志也[9]。故曰：《春秋》之称微而显，婉而辨。上之人能使昭明，善人劝焉，淫人惧焉，是以君子贵之。”

十二月辛亥朔，日有食之。是夜也，赵简子梦

那个人，终于因为不合道义，不可磨灭了。所以君子行动就想到礼仪，办事就想到道义，不为图利而违背礼仪，不为行义而内心痛苦。有人求名却得不到，有人想要隐名反而名声显赫，这是惩罚不义。齐豹做卫国司寇，保有世袭大夫的地位，但因办事不合道义，被记载为‘盗’。邾国庶其、莒国牟夷、邾国黑肱带了土地出逃，只是求取食禄而已，并不追求名位，虽然低贱也一定记载他们的名字。这两件事，就是惩罚放纵、去掉贪婪的做法。如果让自己经受艰难，来使上面的人处于危险境地，却名声显赫，那么攻伐作难的人，将会卖力去干。如果窃取城邑背叛君主，以求得大利却不记载他的名字，那么贪财夺利的人将为此卖力。因此《春秋》记载齐豹称他作‘盗’，三个叛臣也记载名字，以惩罚不义的人，数说他们的罪恶和无礼，真是好笔法啊。所以说：《春秋》的称说隐微而意义显明，婉约而是非分明。上面的人能使《春秋》大义显明，让好人从中得到鼓励，让坏人从中受到震慑，所以君子重视《春秋》。”

十二月初一日，发生日食。这天晚上，

童子裸而转以歌[10]。旦占诸史墨，曰："吾梦如是，今而日食，何也？"对曰："六年及此月也，吴其入郢乎！终亦弗克。入郢必以庚辰，日月在辰尾[11]。庚午之日，日始有谪[12]。火胜金，故弗克。"

赵鞅梦见一个小孩赤裸身体边跳边唱。早上就让史墨占梦，说："我做了个这样的梦，今天就发生日食，是什么原因？"史墨回答说："六年后到这个月，吴国恐怕会进入郢都吧！但最后还是不能取胜。进入郢都，必定在庚辰那天，日月处在苍龙七宿之尾宿。庚午那天，太阳开始有云气变化。火战胜金，所以不能取胜。"

注释 **1** 回：违背。 **2** 疚：内心痛苦。 **3** 章：同"彰"，显明。 **4** 二物：指齐豹书"盗"、黑肱等三人贱而书名两件事。物，事。 **5** 章彻：显明。章，同"彰"，"彻"与"彰"同义。 **6** 徼：求取。 **7** 贪冒：贪夺。冒，有侵义。 **8** 数：数说。含有责义。 **9** 志：记载。 **10** 转以歌：指边跳舞边应着节奏唱歌。 **11** 辰尾：星宿名。苍龙七宿的第六宿。 **12** 谪：指云气变化。

昭公三十二年

【经】

三十有二年春，王正月，公在乾侯。取阚。

夏，吴伐越。

秋七月。

冬，仲孙何忌会晋韩不信、齐高张、宋仲幾、卫世

三十二年春天，周历正月，昭公住在乾侯。占取阚地。

夏天，吴国攻打越国。

秋天七月。

冬天，孟懿子与晋国韩不信、齐国高张、宋国仲幾，卫国世叔申、郑国

叔申、郑国参、曹人、莒人、薛人、杞人、小邾人城成周。

十有二月己未，公薨于乾侯。

国参、曹国人、莒国人、薛国人、杞国人、小邾国人等会合修筑成周的城墙。

十二月十四日，鲁昭公在乾侯去世。

【传】

三十二年春，王正月，公在乾侯，言不能外内，又不能用其人也。

夏，吴伐越，始用师于越也。史墨曰："不及四十年，越其有吴乎！越得岁而吴伐之[1]，必受其凶。"

秋八月，王使富辛与石张如晋，请城成周。天子曰："天降祸于周，俾我兄弟并有乱心[2]，以为伯父忧[3]。我一二亲昵甥舅不皇启处[4]，于今十年，勤戍五年。余一人无日忘之，闵闵焉如农夫之望岁[5]，惧以待时。伯父若肆大惠[6]，复二文之业，弛周室之忧，徼文、武之福，以固盟主，

三十二年春天，周历正月，昭公住在乾侯，这样记载是说他既得不到外援又不能回到国内，而又不会使用他身边的人。

夏天，吴国攻打越国，这是首次对越国用兵。史墨说："不到四十年，越国也许会占有吴国吧！越国得到岁星而吴国攻打它，必然承受岁星的凶灾。"

秋天八月，周王派富辛和石张前往晋国，请求修筑成周的城墙。周天子说："上天降祸给周朝，使我的兄弟都怀有乱心，而成为伯父的忧虑。我的几个亲近的甥舅之国无暇安居，到现在已经十年了，辛苦戍守也有五年了。寡人没有哪天忘记过这些，内心忧虑就像农夫盼望丰年，惶恐地等待收获的时节。伯父如果布施大恩，恢复文侯、文公的大业，解除周室的忧虑，祈求文王、武王的

宣昭令名，则余一人有大愿矣。昔成王合诸侯城成周，以为东都，崇文德焉。今我欲徼福假灵于成王，修成周之城，俾戍人无勤，诸侯用宁，蝥贼远屏[7]，晋之力也。其委诸伯父，使伯父实重图之，俾我一人无征怨于百姓，而伯父有荣施，先王庸之[8]。”范献子谓魏献子曰：“与其戍周，不如城之，天子实云。虽有后事，晋勿与知可也。从王命以纾诸侯，晋国无忧，是之不务，而又焉从事？”魏献子曰：“善！”使伯音对曰[9]：“天子有命，敢不奉承以奔告于诸侯？迟速衰序[10]，于是焉在。”

福禄，以巩固盟主的地位，发扬光大晋国的美名，那就是寡人的最大愿望了。从前成王会合诸侯修筑成周都城，以作为东都，从此文德大兴。现在我想要向成王求取福佑，增修成周的城墙，使卫戍将士不再劳苦，诸侯因此安宁，乱贼排除到远地，这都要依靠晋国的力量。我将把这委托给伯父，愿伯父慎重考虑，使寡人不会招来百姓的怨恨，而伯父有光荣的功绩，先王会酬报伯父的。”范献子对魏献子说：“与其戍守成周，不如为它筑城墙，天子也这样说了。即使今后有事故，晋国可以不参与。服从天子命令而使诸侯减轻负担，晋国没有了忧患，这样的事不干，又去干什么呢？”魏献子说：“好！”就派伯音回答说：“天子有命令，岂敢不奉承而奔走通告给诸侯？工程的快慢和任务分配的等级次序，都在这次确定。”

注释 1岁：岁星。 2俾：使。兄弟：指王子朝及其同党。 3伯父：指晋定公。天子称同姓诸侯为伯父。 4不皇启处：无暇安居。皇，通“遑”，闲暇。启，跪坐。处，居。 5闵闵焉：忧愁的样子。 6肆：施展。 7蝥贼：指作乱为祸的人。屏(bǐng)：排除，放逐。 8庸：功。此用为动词，酬报功劳。 9伯音：即韩不信，韩简子。 10衰(cuī)序：等级次序，指筑城的工程任务而言。衰，差。

冬十一月，晋魏舒、韩不信如京师，合诸侯之大夫于狄泉，寻盟，且令城成周。魏子南面，卫彪傒曰："魏子必有大咎，干位以令大事，非其任也。《诗》曰：'敬天之怒，不敢戏豫[1]；敬天之渝[2]，不敢驰驱。'况敢干位以作大事乎？"

己丑，士弥牟营成周[3]，计丈数，揣高卑，度厚薄，仞沟洫[4]，物土方[5]，议远迩，量事期，计徒庸，虑材用，书糇粮[6]，以令役于诸侯。属役赋丈[7]，书以授帅，而效诸刘子[8]。韩简子临之，以为成命。

十二月，公疾，遍赐大夫，大夫不受。赐子家子双琥、一环、一璧、轻服，受之。大夫皆受其赐。己未，公薨。子家子反赐于府人，曰："吾不敢逆君命也。"大夫皆反其赐。

冬天十一月，晋国魏献子、韩不信前往周都，在狄泉会合诸侯的大夫，重温旧盟，并且下令增修成周的城墙。魏献子面朝南边而坐，卫国的彪傒就说："魏献子必有大灾，超越本位而命令大事，这不是他应该承担的。《诗》中说：'敬畏上天的愤怒，不敢游戏轻忽；敬畏上天的变态，不敢遨游懈怠。'何况敢逾越本位来兴起大事呢？"

十四日，士弥牟经管成周的增修方案，他计算城墙丈数，估算高低，度量厚薄，测量沟壕，物色取土的地方，商定运输远近，估计工程日期，计划劳力人数，考虑器材费用，记载所需口粮，以命令诸侯服劳役。交付工程任务颁布修城长度，并记载下来交给统领的大夫，然后都送到刘文公那里汇总。韩不信加以监督审查，以作为确定的方案。

十二月，鲁昭公生病，赏赐所有大夫，大夫们不接受。赐给子家羁一对琥、一个玉环、一块玉璧、轻软的衣服，他接受了。于是大夫们都接受了他的赏赐。十四日，昭公去世。子家羁把昭公的赐物还给财物管理官员，说："我当时是不敢违背国君的命令。"大夫们也都归还

书曰:“公薨于乾侯。”言失其所也。

了昭公的赐物。《春秋》记载说:“公薨于乾侯。”是说他的死不得其所。

注释 1 戏豫:游戏。 2 渝:变。指改变常态,也是发怒的意思。引诗为《诗经·大雅·板》篇。 3 营:经营,管理。 4 仞:测量深度。 5 物:物色,考察。 6 糇(hóu)粮:干粮,口粮。 7 属(zhǔ):委托,交付。役:事,指工程任务。赋:颁布。丈:城墙的丈数。 8 效:致,送。

赵简子问于史墨曰:“季氏出其君,而民服焉,诸侯与之,君死于外而莫之或罪,何也?”对曰:“物生有两,有三,有五,有陪贰[1]。故天有三辰,地有五行,体有左右,各有妃耦。王有公,诸侯有卿,皆有贰也。天生季氏,以贰鲁侯,为日久矣。民之服焉,不亦宜乎?鲁君世从其失[2],季氏世修其勤,民忘君矣。虽死于外,其谁矜之?社稷无常奉,君臣无常位,自古以然。故《诗》曰:‘高岸为谷,深谷为陵[3]。’三后之姓[4],于今为庶,主所知也。在

赵鞅问史墨说:“季孙意如把他的君主赶出国外,但老百姓服从他,诸侯赞成他,君主死在国外也没有人向他问罪,为什么呢?”史墨回答说:“事物的出现有的成对,有的成三,有的成五,有的有相辅相成的一面。所以天有日月星三辰,地有五行,身体有左右,各有配偶。君王有公,诸侯有卿,都有副佐。上天降生季氏,来辅佐鲁君,时间已经很长了。老百姓服从他,不也是应该的吗?鲁君世代放纵他们的过错,季氏世代修治他们的勤政,老百姓已经忘记国君了。鲁君虽然死在国外,有谁怜悯他?社稷没有不变的祭祀,君臣没有不变的地位,自古以来就是这样。所以《诗》说:‘高高的山崖变成河谷,深深的河谷变作山陵。’虞、夏、商三代君主的子孙,到今天成

《易》卦，雷乘乾曰大壮䷡[5]，天之道也。昔成季友，桓之季也，文姜之爱子也。始震而卜[6]，卜人谒之曰：'生有嘉闻，其名曰友，为公室辅。'及生，如卜人之言，有文在其手曰'友'，遂以名之。既而大有功于鲁，受费以为上卿。至于文子、武子，世增其业，不废旧绩。鲁文公薨，而东门遂杀適立庶[7]，鲁君于是乎失国，政在季氏，于此君也四公矣。民不知君，何以得国？是以为君慎器与名，不可以假人。"

了平民，这是主人所知道的。在《易》卦中，震卦驾临乾卦之上就叫大壮䷡，这是天道。过去的成季友，是桓公的小儿子，文姜的宠儿。刚刚怀孕就占卜，卜人报告说：'生下来会有好名声，他的名字叫友，将成为公室的辅佐。'到出生时，就像卜人说的，在他手上有个'友'字，就用来给他取名。后来对鲁国有大功，受封费地做了上卿。一直到文子、武子，世世代代都扩大了他们的家业，没有废弃过去的业绩。鲁文公去世，东门遂杀了嫡子立了庶子，鲁君从此失去国政，政权落在季氏手中，到这一代国君已历经四代了。老百姓不知道国君，国君怎么能得到国家呢？因此做君主的要慎重对待器物与名位，不可以用来借给他人。"

注释　1 陪贰：等于说配偶，指事物相辅相成的一面。　2 从：通"纵"。3 引诗为《诗经·小雅·十月之交》篇。　4 三后：指虞、夏、商。姓：子孙。5 大壮：卦名，下乾上震。震：雷。所以说"雷乘乾"。　6 震：通"娠"。7 东门遂：鲁国臣子，即公子遂，东门襄仲。適：通"嫡"。

春秋左传

定公

定公元年

【经】

元年春，王三月，晋人执宋仲幾于京师。

夏六月癸亥，公之丧至自乾侯。

戊辰，公即位[1]。

秋七月癸巳，葬我君昭公。

九月，大雩。

立炀宫。

冬十月，陨霜杀菽[2]。

元年春天，周历三月，晋国人在京都拘捕了宋国的仲幾。

夏天六月二十一日，昭公的灵柩从乾侯到达国都。

二十六日，鲁定公即位。

秋天七月二十二日，安葬我国君昭公。

九月，举行求雨大祭。

重新建立炀公庙。

冬天十月，降霜冻死了豆类作物。

注释 **1** 公:定公，名宋，襄公之子，昭公弟，在位十五年。 **2** 陨:降。杀:冻死。菽:豆类作物。

【传】

元年春，王正月辛巳，晋魏舒合诸侯之大夫于狄泉[1]，将以城成周。魏子莅政，卫彪傒曰："将建天子[2]，而易位以令[3]，非义也。大事奸义，

元年春天，周历正月初七日，晋国的魏献子在狄泉会合诸侯的大夫，将以诸侯的力量增修成周的城墙。魏献子主持工程事务，卫国的彪傒说："将要为天子建城，而超越本位发号施令，不合乎道义。大事违背道义，必有大灾。晋

必有大咎。晋不失诸侯，魏子其不免乎！”是行也，魏献子属役于韩简子及原寿过，而田于大陆，焚焉，还，卒于甯。范献子去其柏椁，以其未复命而田也[4]。

孟懿子会城成周，庚寅，栽[5]。宋仲幾不受功，曰：“滕、薛、郳，吾役也。”薛宰曰：“宋为无道，绝我小国于周，以我适楚，故我常从宋。晋文公为践土之盟，曰：‘凡我同盟，各复旧职。’若从践土，若从宋[6]，亦唯命。”仲幾曰：“践土固然。”薛宰曰：“薛之皇祖奚仲居薛，以为夏车正[7]。奚仲迁于邳，仲虺居薛，以为汤左相。若复旧职，将承王官，何故以役诸侯？”仲幾曰：“三代各异物，薛焉得有旧？为宋役，亦其职也。”士弥牟曰：“晋之从政者新，

国要是不失去诸侯，魏献子恐怕不能免于灾祸吧！”这次行动中，魏献子把工程事务交付给韩不信和原寿过，而自己到大陆打猎，放火烧猎，返回时，在甯地去世。范献子取消他的柏木外棺，这是由于他没有完成使命来回报就打猎去了。

孟懿子参加增修成周城墙的工程，十六日，开始设立筑城夹板。宋国的仲幾不接受工程任务，说：“滕国、薛国、郳国，是为我国服役的。”薛国宰臣说：“宋国没有道义，把我们小国与周朝隔开，带着我们去追随楚国，所以我们长期跟着宋国。晋文公在践土订立盟约，说：‘凡是我的同盟，各自恢复原来的职位。’或者遵从践土的盟约，或者服从宋国，都唯命是从。”仲幾说：“践土的盟约本来就是这样。”薛国宰臣说：“薛国始祖奚仲住在薛地而做了夏朝的车正。奚仲迁到邳地，仲虺住在薛地而做了汤王的左相。如果恢复原来的职位，将要继承天子授予的官职，为什么要为诸侯服役？”仲幾说：“三代的事各不相同，薛国哪能恢复过去的官职？为宋国服役，也是你们的职责。”士弥牟说：“晋

子姑受功,归,吾视诸故府。”仲幾曰:“纵子忘之,山川鬼神其忘诸乎?”士伯怒,谓韩简子曰:“薛征于人,宋征于鬼[8],宋罪大矣。且己无辞,而抑我以神,诬我也。‘启宠纳侮’,其此之谓矣。必以仲幾为戮[9]。”乃执仲幾以归。三月,归诸京师。

国执政的人刚到任,您暂且接受工程任务,回去后,我到故府查看一下盟约。”仲幾说:“纵使您忘了,山川鬼神难道也忘了吗?”士弥牟发怒,对韩不信说:“薛国取证于人,宋国取证于鬼,宋国的罪过大了。而且自己无言以答,却用鬼神压我,是欺诈我们。‘给予宠信却招来侮辱’,大概说的就是这种情况了。一定要拿仲幾来加以惩处。”就拘捕仲幾带回国。三月,把他送到周都。

注释 1狄泉:周朝地名,在周都内。 2建天子:为天子建城。 3易位:昭公三十二年《传》说“魏子南面”,臣而居君位,所以说“易位”。 4复命:完成使命后回报。 5栽:指设立筑土墙的夹板。 6若:或者。 7车正:掌车服的官。 8征:取证。 9戮:羞辱。

城三旬而毕,乃归诸侯之戍。齐高张后,不从诸侯。晋女叔宽曰:“周苌弘、齐高张皆将不免。苌叔违天,高子违人。天之所坏,不可支也[1];众之所为,不可奸也。”

筑城工程三十天就完工了,于是让诸侯的卫戍部队回国。齐国的高张晚到,没有赶上诸侯的筑城工程。晋国的女叔宽说:“周朝的苌弘、齐国的高张都将不免于祸难。苌弘违背上天,高张违背众人。上天所要毁坏的,不可能保住;众人所要干的,不可以违犯。”

夏,叔孙成子逆公之丧于乾侯[2]。季孙曰:“子家子亟言于我,未尝不中吾

夏天,叔孙成子到乾侯迎接昭公的灵柩。季孙意如说:“子家羁多次和我谈话,每次都很合我的心意。我想

志也。吾欲与之从政，子必止之，且听命焉。”子家子不见叔孙，易幾而哭[3]。叔孙请见子家子，子家子辞，曰：“羁未得见，而从君以出。君不命而薨，羁不敢见。”叔孙使告之曰：“公衍、公为实使群臣不得事君，若公子宋主社稷[4]，则群臣之愿也。凡从君出而可以入者，将唯子是听。子家氏未有后，季孙愿与子从政。此皆季孙之愿也，使不敢以告。”对曰：“若立君，则有卿士、大夫与守龟在，羁弗敢知。若从君者，则貌而出者[5]，入可也；寇而出者，行可也。若羁也，则君知其出也，而未知其入也。羁将逃也。”

要帮助他从政，您一定要留住他，并且听从他的意见。”子家羁不与叔孙成子见面，改变时间去为昭公哭丧。叔孙成子请求进见子家羁，子家羁辞谢了，说：“我没有机会见到您，就跟着国君出国了。国君没有命令就去世了，我不敢见您。”叔孙成子派人告诉子家羁说：“实在是公衍、公为让群臣不能侍奉国君，如果公子宋主持国政，那是群臣的愿望。凡是跟随国君出国而可以回国的人，都将听从您的命令。子家氏没有继承人，季孙意如愿意帮助您从政。这都是季孙意如的愿望，派我来向您报告。”子家羁回答说：“如果要立君主，那么有卿士、大夫和守龟在，我不敢知道。至于跟从国君的人，如果是表面跟随出国的人，可以回国；如果是与季孙结仇而出去的，可以离开。至于我，则国君是知道我出国，而不知道我回国的。我打算逃亡。”

注释　1 支：支持，保护。　2 叔孙成子：鲁国臣子，名不敢，叔孙婼的儿子。　3 幾：时期，指哭丧的时间。　4 公子宋：即鲁定公。　5 则：如果。貌：貌似，表面上。

丧及坏隤，公子宋

昭公灵柩到达坏隤，公子宋先进入

先入，从公者皆自坏隤反。六月癸亥，公之丧至自乾侯。戊辰，公即位。季孙使役如阚公氏[1]，将沟焉[2]。荣驾鹅曰[3]："生不能事，死又离之，以自旌也[4]？纵子忍之，后必或耻之。"乃止。

季孙问于荣驾鹅曰："吾欲为君谥[5]，使子孙知之。"对曰："生弗能事，死又恶之，以自信也[6]，将焉用之？"乃止。秋七月癸巳，葬昭公于墓道南。孔子之为司寇也，沟而合诸墓。

昭公出故，季平子祷于炀公。九月，立炀宫。

周巩简公弃其子弟，而好用远人。

国内，跟随昭公的人都从坏隤折回去了。六月二十一日，昭公的灵柩从乾侯回到鲁国。二十六日，定公即位。季孙意如派役人前往阚公氏造墓，打算挖壕沟把昭公墓与先公的墓隔开。荣驾鹅说："君主活着时不能侍奉，死了又隔离他，用来表明自己的清白吗？即使您忍心这样做，今后一定有人认为可耻。"季孙意如就停止了。

季孙意如又向荣驾鹅询问说："我想要给国君制定谥号，让子孙后代了解他。"荣驾鹅回答说："活着时不能侍奉，死了又丑化他，来展现自己的贤良，哪里用得着这样？"季孙意如就停止了。秋天七月二十二日，把昭公安葬在墓道南边。孔子做司寇的时候，在昭公墓外挖壕沟使它和先公的墓地合在一起。

因昭公出国的缘故，季孙意如向炀公祈祷。九月，建立炀公庙。

周朝的巩简公疏远他的子弟，而喜欢任用异族人。

注释　1 阚公氏：鲁国君主墓地名。　2 沟：开沟，用为动词。从下文看，是指开沟把昭公墓与先公墓隔开。　3 荣驾鹅：鲁国大夫。　4 旌：表明。　5 谥：谥号。从下文"死又恶之"看，是想为恶谥。　6 信：通"伸"，展现。

定公二年

【经】

二年春，王正月。

夏五月壬辰，雉门及两观灾[1]。

秋，楚人伐吴。

冬十月，新作雉门及两观。

二年春天，周历正月。

夏天五月二十五日，鲁宫雉门以及两边的台观发生火灾。

秋天，楚国人攻打吴国。

冬天十月，新修雉门及两观。

注释 1 雉门：诸侯宫的南门，为诸侯宫三门之一。这里是指鲁公宫南门。灾：火灾。

【传】

二年夏四月辛酉，巩氏之群子弟贼简公[1]。

桐叛楚[2]，吴子使舒鸠氏诱楚人，曰："以师临我，我伐桐，为我使之无忌。"秋，楚囊瓦伐吴，师于豫章。吴人见舟于豫章[3]，而潜师于巢。冬十月，吴军楚师于豫章[4]，败之。遂围巢，克之，获楚公子繁。

二年夏天四月二十四日，巩家的子弟们杀死了巩简公。

桐国人背叛楚国，吴王阖庐派舒鸠氏诱骗楚国人，说："以军队逼近我国，我国就去攻打桐地，这样做是为了使桐地人对我们没有猜忌。"秋天，楚国的囊瓦攻打吴国，驻扎在豫章。吴国人让水师出现在豫章，而在巢地潜伏军队。冬天十月，吴军在豫章攻击楚军，打败了他们。于是包围巢地，攻克了它，俘获了楚公子繁。

郑庄公与夷射姑饮酒，私出[5]。阍乞肉焉[6]，夺之杖以敲之。

郑庄公和夷射姑喝酒，夷射姑出去小便。守门人向夷射姑讨肉吃，夷射姑夺过守门人的手杖来打他。

注释 1 贼：杀害。 2 桐：小国名，楚的属国。 3 见(xiàn)：使出现。 4 军：用军队袭击。用为动词。 5 私：小便。 6 阍：守门人。

定公三年

【经】

三年春，王正月，公如晋，至河，乃复。

三年春天，周历正月，定公前往晋国，到达黄河边，就返回了。

二月辛卯，郑子穿卒。

二月二十九日，郑庄公穿去世。

夏四月。

夏天四月。

秋，葬郑庄公。

秋天，安葬郑庄公。

冬，仲孙何忌及郑子盟于拔。

冬天，仲孙何忌和郑君在拔地会盟。

【传】

三年春二月辛卯，郑子在门台，临廷。阍以瓶水沃廷[1]，郑子望见之，怒。阍曰："夷射姑旋焉[2]。"命执之，弗得，

三年春天二月二十九日，郑庄公在门台上，面对着外廷。守门人把一瓶水浇在廷上，郑庄公看见廷上有水，发怒。守门人说："夷射姑在这里小便。"郑庄公命令逮捕夷射姑，没有抓到，更加愤怒，

滋怒，自投于床，废于炉炭[3]，烂，遂卒。先葬以车五乘，殉五人。庄公卞急而好洁[4]，故及是。

自己从床上跳下，掉到了火炉的炭上，皮肤溃烂，就去世了。先用车子五辆和五个人殉葬。邾庄公性子急躁而好干净，所以才落到这种地步。

秋九月，鲜虞人败晋师于平中，获晋观虎，恃其勇也。

秋天九月，鲜虞人在平中打败晋国军队，俘获了晋国的观虎，是因为他自恃勇敢所致。

冬，盟于郯[5]，修邾好也。

冬天，仲孙何忌和邾君在郯地会盟，是为了重修和邾国的友好关系。

注释 1 沃：浇。 2 旋：小便。 3 废：坠落。 4 卞急：急躁。"卞"也是急的意思。 5 郯：经文作"拔"，古国名。

蔡昭侯为两佩与两裘以如楚[1]，献一佩一裘于昭王。昭王服之，以享蔡侯。蔡侯亦服其一。子常欲之，弗与，三年止之。唐成公如楚[2]，有两肃爽马[3]，子常欲之，弗与，亦三年止之。唐人或相与谋，请代先从者，许之。饮先从者酒，醉之，窃马而献之子常，子常归唐侯。自拘于司败[4]，曰："君以弄马

蔡昭侯做了两件玉佩和两件皮衣带着前往楚国，献了一块玉佩和一件皮衣给楚昭王。楚昭王穿带着它们来宴享蔡昭侯。蔡昭侯也穿带了另一件皮衣和玉佩。囊瓦想要蔡昭侯的皮衣玉佩，没给他，就把蔡昭侯扣留了三年。唐成公去到楚国，他有两匹肃爽马，囊瓦想要，没给，也把唐成公扣留了三年。唐国有人共同商量，请求替代原来的随从人员，楚国同意了。唐国的那些人让唐成公原来的随从喝酒，把他们灌醉了，偷取肃爽马献给囊瓦，囊瓦送还了唐成公。偷马的人在司寇面前把自己捆绑

之故，隐君身，弃国家。群臣请相夫人以偿马[5]，必如之。”唐侯曰：“寡人之过也，二三子无辱！”皆赏之。蔡人闻之，固请，而献佩于子常。子常朝，见蔡侯之徒，命有司曰：“蔡君之久也，官不共也[6]。明日礼不毕，将死。”蔡侯归，及汉，执玉而沉，曰：“余所有济汉而南者，有若大川！”蔡侯如晋，以其子元与其大夫之子为质焉，而请伐楚。

起来，说：“君主因为玩赏马的缘故，使自己遭到幽禁，丢掉了国家。下臣们请求帮助马官来偿还马，一定会像那两匹肃爽马一样。”唐成公说：“这是寡人的过错，你们几位不要委屈自己了！”就都赏赐他们。蔡国人听说这事，就坚决请求，把玉佩献给了囊瓦。囊瓦上朝，接见蔡昭侯的随从们，命令有关官员说：“蔡君久留不归，是你们下官没有供给礼物。到明天礼物还没准备好，将处死你们。”蔡昭侯回国，到达汉水，拿出玉沉到水里，说：“我如果再渡过汉水南去楚国的话，有如大河之类的神为证！”蔡昭侯去到晋国，拿自己的儿子元和大夫的儿子作为人质，请求攻打楚国。

注释 1 佩：佩玉。 2 唐成公：唐国君主。唐为楚附庸小国。 3 肃爽：骏马名。 4 司败：司寇。 5 夫人：那个人，指养马人。 6 共：同“供”。

定公四年

【经】

四年春，王二月癸巳，陈侯吴卒。

三月，公会刘子、晋侯、

四年春天，周历二月初六日，陈惠公吴去世。

三月，定公与刘文公、晋定公、

宋公、蔡侯、卫侯、陈子、郑伯、许男、曹伯、莒子、邾子、顿子、胡子、滕子、薛伯、杞伯、小邾子、齐国夏于召陵，侵楚。

夏四月庚辰，蔡公孙姓帅师灭沈，以沈子嘉归，杀之。

五月，公及诸侯盟于皋鼬[1]。

杞伯成卒于会。

六月，葬陈惠公。

许迁于容城。

秋七月，公至自会。

刘卷卒[2]。

葬杞悼公。

楚人围蔡。

晋士鞅、卫孔圉帅师伐鲜虞。

葬刘文公。

冬十有一月庚午，蔡侯以吴子及楚人战于柏举，楚师败绩。

楚囊瓦出奔郑。

庚辰，吴入郢。

宋景公、蔡昭侯、卫灵公、陈君、郑献公、许男斯、曹隐公、莒君、邾君、顿君、胡君、滕君、薛君、杞君、小邾君、齐国的国夏等在召陵会合，讨伐楚国。

夏天四月二十四日，蔡国的公孙姓率领军队灭亡沈国，带了沈君嘉回国，杀了他。

五月，定公和诸侯在皋鼬盟誓。

杞悼公成在会盟当中去世。

六月，安葬陈惠公。

许国人迁徙到容城。

秋天七月，定公从会盟回到鲁国。

刘文公去世。

安葬杞悼公。

楚国人包围蔡国。

晋国的士鞅、卫国的孔圉领兵攻打鲜虞。

安葬刘文公。

冬天十一月十八日，蔡昭侯和吴王在柏举与楚国人交战，楚国军队失败。

楚国的囊瓦出逃到郑国。

二十八日，吴国人进入郢都。

注释 1 皋鼬(yòu):郑国地名。 2 刘卷:即刘蚠,刘文公。

【传】

四年春三月,刘文公合诸侯于召陵,谋伐楚也。

晋荀寅求货于蔡侯,弗得,言于范献子曰:“国家方危,诸侯方贰,将以袭敌,不亦难乎?水潦方降,疾疟方起,中山不服,弃盟取怨,无损于楚,而失中山,不如辞蔡侯。吾自方城以来,楚未可以得志,只取勤焉[1]。”乃辞蔡侯。

晋人假羽旄于郑[2],郑人与之。明日,或旆以会[3]。晋于是乎失诸侯。

将会,卫子行敬子言于灵公曰:“会同难,啧有烦言[4],莫之治也。其使祝佗从[5]。”公曰:“善。”乃使子鱼。子鱼辞,曰:

四年春天三月,刘文公在召陵会合诸侯,这是为了商议攻打楚国。

晋国的荀寅向蔡昭侯索要财货,没有得到,就对范献子说:“国家正在危急之中,诸侯正在三心二意,打算在这时袭击敌人,不也很难吗?水涝正在发生,疟疾正在流行,中山人没有归服,背弃盟约得到怨恨,对楚国没有损害,而又失去中山,像这样不如拒绝蔡昭侯。我们自从方城战役以来,还未能够在楚国面前得志,只是自取劳苦。”于是拒绝了蔡昭侯的请求。

晋国人向郑国借羽毛和牦牛尾,郑国人给了他们。第二天,有人用羽旄装饰了旗帜去参加会谈。晋国从此失去了诸侯拥戴。

将要举行会谈,卫国的子行敬子对卫灵公说:“会谈有困难,意见纷纷而不统一,没有谁能治理得了。还是让祝佗随行吧。”卫灵公说:“好的。”就派遣祝佗随行。祝佗辞谢不去,说:“下臣竭尽

"臣展四体，以率旧职[6]，犹惧不给而烦刑书[7]，若又共二[8]，徼大罪也。且夫祝，社稷之常隶也，社稷不动，祝不出竟[9]，官之制也。君以军行，祓社衅鼓[10]，祝奉以从，于是乎出竟。若嘉好之事，君行师从，卿行旅从，臣无事焉。"公曰："行也！"

全力，以奉行先人留下的职责，还害怕不能完成使命而触犯刑法，如果让我奉行两职，将招致大罪。况且祝史是土神、谷神的固定臣仆，土神、谷神不动，祝史不出国境，这是关于官职的制度。君主率领军队出行，祭祀神庙杀牲衅鼓，祝史奉土神、谷神随行，在这种情况下才走出国境。至于朝会结盟的事，君主出行有一师人马跟着，卿出行有一旅跟着，下臣我没有事可做。"卫灵公说："去吧！"

注释 1 勤：劳苦。 2 羽旄：羽毛和牦牛尾，可做旗饰。 3 旆(pèi)：一种旗饰。此用为动词，指用羽旄装饰旗帜。 4 啧：争执不休。烦言：意见纷繁。 5 祝佗：即子鱼，卫国太祝。 6 率：循，奉行。 7 不给：不供，指不能完成使命。 8 共：同"供"。 9 竟：同"境"。 10 祓(fú)：除灾祈福的祭祀。

及皋鼬，将长蔡于卫[1]。卫侯使祝佗私于苌弘曰："闻诸道路，不知信否。若闻蔡将先卫，信乎？"苌弘曰："信。蔡叔，康叔之兄也，先卫，不亦可乎？"子鱼曰："以先王观之，则尚德也。昔武王克商，成王定之，选建明德，

到达皋鼬，打算让蔡国先于卫国歃血。卫灵公派祝佗私下对苌弘说："在路上听到消息，不知是否确实。似乎听说蔡国将先于卫国歃血，确实吗？"苌弘说："确实。蔡叔是康叔的兄长，先于卫国，不也可以吗？"祝佗说："从先王的传统看，是崇尚德行的。过去武王战胜商朝，成王平定它，选拔建立有光明德行的人，来辅佐保卫周

以藩屏周。故周公相王室，以尹天下[2]，于周为睦。分鲁公以大路、大旂、夏后氏之璜、封父之繁弱[3]，殷民六族，条氏、徐氏、萧氏、索氏、长勺氏、尾勺氏，使帅其宗氏，辑其分族[4]，将其类丑[5]，以法则周公，用即命于周。是使之职事于鲁，以昭周公之明德。分之土田陪敦[6]，祝、宗、卜、史，备物、典策，官司、彝器。因商奄之民，命以《伯禽》，而封于少皞之虚[7]。分康叔以大路、少帛、綪茷[8]、旃旌、大吕，殷民七族，陶氏、施氏、繁氏、锜氏、樊氏、饥氏、终葵氏，封畛土略[9]，自武父以南及圃田之北竟，取于有阎之土，以共王职，取于相土之东都[10]，以会王之东蒐。聃季授土，陶叔授民，命以《康诰》，而封于殷虚。皆启以商政，疆以周索[11]。

王室。所以周公辅助王室，以治理天下，在周朝最为亲睦。分赐给鲁公大路车、大旗、夏后氏的璜玉、封父的繁弱弓，以及六个家族的殷民，即条氏、徐氏、萧氏、索氏、长勺氏、尾勺氏，让他们率领其大宗，聚集其分族，统帅其下属奴隶，来效法周公，以服从周朝的命令。这就是让他在鲁国治理政事，以发扬周公的光明德行。分赐给鲁国土田和附庸国，以及太祝、宗人、太卜、太史，服用器物、典籍简册，百官职掌、宗庙彝器。依靠商奄的百姓，用《伯禽》告诫他，而把他封在少皞的故城。分赐给康叔大路车、少帛旗、大红旗、旃旌旗、大吕钟，还有七个家族的殷民，即陶氏、施氏、繁氏、锜氏、樊氏、饥氏、终葵氏，封土划定疆界，从武父以南直到圃田的北界，从有阎氏分取土地，以供奉天子赋予的职责，取得了相土的东都，以协助天子在东方的巡视。聃季授予土地，陶叔授予百姓，用《康诰》来告诫他，而把他封在殷朝的故城。鲁公和康叔都启用商代的政治制度，而按照周朝的法制来划分土地疆界。

注释 1长(zhǎng)：犹“先”。长蔡，使蔡国先(歃血)。 2尹：治理。 3繁弱：良弓名。 4辑：聚集。 5类丑：指下属奴隶。“丑”与“类”同义。 6陪敦：等于说附庸。 7少皞之虚：即曲阜。虚，同“墟”，故地。 8少帛：或作小白，旗名。綪茷(qiànpèi)：红旗。綪，大红色。茷，通“旆”。 9畛(zhěn)：田界。作动词用，划界。略：疆界。 10相土：殷商的祖先。 11疆：划分疆界。索：法。

“分唐叔以大路、密须之鼓、阙巩、沽洗[1]、怀姓九宗、职官五正。命以《唐诰》，而封于夏虚。启以夏政，疆以戎索。三者皆叔也[2]，而有令德，故昭之以分物。不然，文、武、成、康之伯犹多，而不获是分也，唯不尚年也。管、蔡启商，惎间王室[3]。王于是乎杀管叔而蔡蔡叔[4]，以车七乘、徒七十人。其子蔡仲，改行帅德[5]，周公举之，以为己卿士，见诸王，而命之以蔡。其命书云：‘王曰：胡[6]！无若尔考之违王命也！’若之何其使蔡先卫也？武王之母弟八人，周公为

“分赐给唐叔大路车、密须的鼓、阙巩的甲、沽洗钟、九个怀姓的宗族、五个官长的职位。用《唐诰》来告诫他，而把他封在夏朝的故城。唐叔启用夏朝的政治制度，用戎人的制度来划分土地疆界。周公、康叔、唐叔三人都是天子的弟弟，因有美德，故用分赐物品来宣明他们的德行。如果不是这样，文王、武王、成王、康王的兄长还很多，却没有获得这种分赐，这只是不崇尚年龄的缘故。管叔、蔡叔诱导殷商遗民，图谋侵犯王室。天子于是杀了管叔放逐蔡叔，给了蔡叔七辆车、七十个徒仆。他的儿子蔡仲，改变做法遵循德政，周公举拔他，作为自己的卿士，让他晋见天子，天子把蔡地赐封给他。封书说：‘天子说：胡！不要像你父亲那样违背天子的命令！’为什么让蔡国先于卫国呢？武王的同母兄弟八

大宰，康叔为司寇，聃季为司空，五叔无官[7]，岂尚年哉？曹，文之昭也；晋，武之穆也。曹为伯甸，非尚年也。今将尚之，是反先王也。晋文公为践土之盟，卫成公不在，夷叔，其母弟也，犹先蔡。其载书云：'王若曰[8]：晋重、鲁申、卫武、蔡甲午、郑捷、齐潘、宋王臣、莒期。'藏在周府，可覆视也。吾子欲复文、武之略，而不正其德，将如之何？"苌弘说，告刘子，与范献子谋之，乃长卫侯于盟。

人，周公做太宰，康叔做司寇，聃季做司空，五个叔父没有官职，难道是崇尚年龄吗？曹国的先祖是文王的儿子，晋国的先祖是武王的儿子。曹国以伯爵而作为甸服，这不是崇尚年龄。如今要崇尚年龄，这是背弃先王。晋文公召集践土的盟会，卫成公不在，夷叔是卫成公的同母兄弟，还是在蔡国之先。那次盟书上说：'天子这样说：晋国重耳、鲁国申、卫国武、蔡国甲午、郑国捷、齐国潘、宋国王臣、莒国期。'盟书藏在周朝的府库里，可以查阅。您想要恢复文王、武王的治略，却不端正自己的德行，将打算怎么办？"苌弘很高兴，报告刘文公，和范献子商量，就让卫灵公在盟誓时排在蔡国之先。

注释 1 阙巩：国名，产铠甲，此以国名代铠甲。昭公十五年《传》即写作"阙巩之甲"。沽洗：或作"姑洗"，钟名。 2 三者：指周公、康叔、唐叔三人。 3 惎(jì)：谋。间：侵犯。 4 蔡：放逐。 5 帅：同"率"，遵循。 6 胡：蔡仲名胡。 7 五叔：指管叔、蔡叔、成叔、曹叔、霍叔。 8 若：如此。

反自召陵，郑子大叔未至而卒。晋赵简子为之临[1]，甚哀，曰："黄父之会[2]，夫子语我九

从召陵返回，郑国的子太叔没有回到国内就去世了。晋国的赵鞅临丧吊唁，很悲伤，说："黄父那次会盟，先生教我九句话，说：'不要引起动乱，不要依仗

言，曰：'无始乱，无怙富[3]，无恃宠，无违同，无敖礼[4]，无骄能，无复怒，无谋非德，无犯非义。'"

富裕，不要凭借宠信，不要违背同僚，不要傲视礼仪，不要恃才骄傲，不要重复发怒，不要策划不道德的事，不要去干不正义的事。'"

沈人不会于召陵，晋人使蔡伐之。夏，蔡灭沈。

沈国人没有到召陵参加盟会，晋国派蔡国去讨伐它。夏天，蔡国灭亡了沈国。

秋，楚为沈故围蔡。伍员为吴行人以谋楚。

秋天，楚国为了沈国的缘故包围蔡国。伍子胥作为吴国的外交官而策划对付楚国。

楚之杀郤宛也[5]，伯氏之族出。伯州犁之孙嚭为吴大宰以谋楚。楚自昭王即位，无岁不有吴师，蔡侯因之，以其子乾与其大夫之子为质于吴。

楚国杀死郤宛的时候，伯氏的族人逃离出国。伯州犁的孙子嚭做了吴国太宰以谋划对付楚国。楚国自从昭王即位，每年都遭到吴军攻击，蔡昭侯趁此机会，把自己的儿子乾和他的大夫的儿子送到吴国做人质。

注释 1 临：临丧。 2 黄父之会：见昭公二十五年《传》。 3 怙：依恃。 4 敖：通"傲"。 5 参昭公二十七年《传》。

冬，蔡侯、吴子、唐侯伐楚，舍舟于淮汭[1]，自豫章与楚夹汉。左司马戌谓子常曰："子沿汉而与之上下，我悉方城外以毁其舟，还塞大隧、直辕、

冬天，蔡昭侯、吴王、唐侯攻打楚国，把船停在淮河水湾里，从豫章起与楚军隔汉水对峙。左司马戌对囊瓦说："您沿着汉水与敌人上下周旋，我带领方城山外的全部兵力去摧毁他们的船，然后回兵封锁大隧、直辕、冥阨等地，您渡过

冥阨[2]，子济汉而伐之，我自后击之，必大败之。”既谋而行。武城黑谓子常曰[3]：“吴用木也，我用革也，不可久也，不如速战。”史皇谓子常：“楚人恶子而好司马，若司马毁吴舟于淮，塞城口而入，是独克吴也。子必速战，不然不免。”乃济汉而陈，自小别至于大别[4]。三战，子常知不可，欲奔。史皇曰：“安求其事，难而逃之，将何所入？子必死之，初罪必尽说[5]。”

汉水进攻他们，我从背后攻打他们，必定把他们打得大败。”定好计谋之后就出发。武城黑对囊瓦说：“吴军的战车使用木头，我们使用皮革，不能打持久战，不如速战速决。”史皇对囊瓦说：“楚国人讨厌您而喜欢司马戌，如果司马戌在淮河摧毁了吴军船只，封锁了城口而回，那就是他单独战胜吴国了。您一定要迅速作战，不然的话不能免于祸难。”于是渡过汉水摆开战阵，从小别山直到大别山。三次交战，囊瓦知道不能取胜，想要奔逃。史皇说：“太平时您寻求当政，国难时却逃避它，打算逃到哪里去？您一定要拼一死战，以前的罪责必然会全部解脱。”

注释　1 汭：河湾。　2 大隧、直辕、冥阨：汉水以东的三个关隘，总称城口。　3 黑：楚国武城大夫。　4 小别、大别：二山名。　5 说：通“脱”。

十一月庚午，二师陈于柏举。阖庐之弟夫槩王晨请于阖庐曰：“楚瓦不仁，其臣莫有死志，先伐之，其卒必奔，而后大师继之，必克。”弗许。夫槩王曰：“所谓‘臣义

十一月十八日，两军在柏举摆开战阵。吴王的弟弟夫槩王清早向吴王请求说：“楚国的囊瓦不仁，他的臣下没人有拼死战斗的心，首先进攻他，他的士兵一定会逃跑，然后大军接着攻打，必定战胜。”吴王不答应。夫槩王说：“所谓‘下臣符合道义就行动，不必等待命

而行，不待命’者，其此之谓也。今日我死，楚可入也。”以其属五千先击子常之卒，子常之卒奔，楚师乱，吴师大败之。子常奔郑。史皇以其乘广死[1]。吴从楚师，及清发[2]，将击之。夫槩王曰：“困兽犹斗，况人乎？若知不免而致死，必败我。若使先济者知免，后者慕之，蔑有斗心矣[3]。半济而后可击也。”从之，又败之。楚人为食，吴人及之，奔。食而从之，败诸雍澨。五战，及郢。

己卯，楚子取其妹季芈畀我以出[4]，涉睢。鍼尹固与王同舟，王使执燧象以奔吴师[5]。

庚辰，吴入郢，以班处宫[6]。子山处令尹之宫[7]，夫槩王欲攻之，惧而去之，夫槩王入之。

令’，说的就是这个吧。今天我去决一死战，楚国就可以攻入了。”就带领他的部属五千人首先攻击囊瓦的士卒，囊瓦的士卒逃跑，楚军大乱，吴军大败他们。囊瓦逃亡郑国。史皇带着他的乘广战车战死。吴军追击楚军，追到清发，打算攻打他们。夫槩王说：“被困的野兽还要挣扎，何况人呢？如果他们知道不免于死而拼命战斗，一定会打败我们。如果让他们先过河的人知道可以免于一死，后面的人羡慕他们，就没有斗志了。等他们渡过一半时才可以攻打。”听从了他的计策，又打败了楚军。楚军做饭，吴军追上他们，楚军逃跑了。吴军吃了他们的饭又追击他们，在雍澨打败了楚军。五次交战之后，到达郢都。

二十七日，楚昭王带着他的妹妹季芈畀我逃出郢都，渡过了睢河。鍼尹固和楚昭王同坐一船，楚昭王让他驱使火象奔进吴军。

二十八日，吴军进入郢都，按地位等次住进王宫。子山住在令尹的宫室里，夫槩王想要打他，他害怕就离开了，夫槩王住了进去。

注释 1 乘广:兵车名。 2 清发:楚国河流名,流入汉水。 3 蔑:无。 4 芈:音 mǐ。 5 执:胁迫。燧象:以火系象尾,称为燧象。 6 班:尊卑的等次。 7 子山:吴王阖庐的儿子。

左司马戌及息而还,败吴师于雍澨,伤。初,司马臣阖庐,故耻为禽焉[1],谓其臣曰:"谁能免吾首?"吴句卑曰:"臣贱,可乎?"司马曰:"我实失子,可哉!"三战皆伤,曰:"吾不可用也已。"句卑布裳,刭而裹之,藏其身,而以其首免。

楚子涉睢,济江,入于云中[2]。王寝,盗攻之,以戈击王。王孙由于以背受之,中肩。王奔郧,钟建负季芈以从[3],由于徐苏而从。郧公辛之弟怀将弑王,曰:"平王杀吾父,我杀其子,不亦可乎?"辛曰:"君讨臣,谁敢仇之?君命,天也,若死天命,将谁仇?《诗》曰:'柔亦不茹[4],刚

左司马戌到达息地就返回攻击,在雍澨打败了吴军,负了伤。当初,司马戌曾臣事阖庐,所以耻于被吴军俘虏,就对自己的臣下说:"谁能使我的头免于落到吴军手里?"吴句卑说:"我地位卑贱,可以吗?"司马戌说:"我实在看错您了,可以啊!"司马戌三次交战都负了伤,说:"我不行了。"吴句卑铺开裙子,割下司马戌的头包起来,藏好他的身子,就带着他的头逃脱了。

楚昭王渡过睢水,渡过长江,进入云梦泽中。楚昭王睡觉,有强盗攻击,用戈刺击楚昭王。王孙由于用背去挡戈,被击中肩部。楚昭王逃奔郧地,钟建背着季芈跟随,王孙由于慢慢苏醒后也跟上去。郧公辛的弟弟怀打算杀楚昭王,说:"楚平王杀了我的父亲,我杀掉他的儿子,不也可以吗?"郧公辛说:"君王讨伐臣下,谁敢记仇?君王的命令,就是天命,如果死于天命,将仇恨哪个?《诗》中说:'软的不吃,硬

亦不吐。不侮矜寡[5],不畏强御[6]。'唯仁者能之。违强陵弱[7],非勇也;乘人之约[8],非仁也;灭宗废祀,非孝也;动无令名,非知也。必犯是,余将杀女。"

的不吐。不欺鳏寡,不怕恶霸。'只有仁义的人能这样。逃避强暴,欺凌软弱,这不是勇敢;乘人之危,这不是仁慈;灭亡家族,废弃祭祀,这不是孝顺;行动没有好的名声,这不是聪明。如果一定要犯这些过错,我将杀掉你!"

注释 1 禽:通"擒"。 2 云中:指云梦泽。 3 钟建:楚国大夫。 4 茹:吃。 5 矜:通"鳏"。 6 强御:强横。引诗为《诗经·大雅·烝民》篇。7 违:逃避。 8 约:穷约,困穷。

鬭辛与其弟巢以王奔随。吴人从之,谓随人曰:"周之子孙在汉川者,楚实尽之。天诱其衷[1],致罚于楚,而君又窜之[2],周室何罪?君若顾报周室,施及寡人,以奖天衷[3],君之惠也。汉阳之田,君实有之。"楚子在公宫之北,吴人在其南。子期似王[4],逃王,而己为王,曰:"以我与之,王必免。"随人卜与之,不吉,乃辞吴曰:"以随之辟小而密迩于楚[5],楚实存之,世有盟

鬭辛和他的弟弟鬭巢带着楚昭王逃奔到随国。吴国人追赶他们,对随国人说:'周朝子孙在汉川的人,楚国全部灭掉了他们。上天实行它的意愿,把惩罚降给楚国,而君侯却把他们窝藏起来,周王室有什么罪过呢?君侯如果顾念报答周王室,而延及寡人身上,以助成天意,那是君的恩惠。汉水以北的田土,您可拥有它。"楚昭王在随宫的北面,吴国人在他的南面。子期相貌像楚昭王,让楚昭王逃跑,而自己装成楚王,说:"把我交给他们,楚王一定能脱身。"随国人就交出子期进行占卜,不吉利,就拒绝吴国人说:"因为随国偏僻弱小而紧靠楚国,楚国确实保存了我们,世

誓,至于今未改。若难而弃之,何以事君?执事之患不唯一人,若鸠楚竟[6],敢不听命?”吴人乃退。鑢金初宦于子期氏[7],实与随人要言[8]。王使见,辞,曰:“不敢以约为利。”王割子期之心,以与随人盟。

代都有盟誓,到现在还未改变。如果有难就背弃楚国,凭什么侍奉君主?您的忧患不只是楚王一人,如果安定楚国全境,岂敢不听从您的命令?”吴国人就退兵。鑢金当初在子期家做过家臣,这次保护楚昭王实际上是他与随国有过约定。楚昭王让他进见,鑢金辞谢,说:“不敢乘人之危谋取利禄。”楚昭王割破子期的胸部,用他的血和随国人盟誓。

注释 1诱:导。这里有实行的意思。 2窜:藏匿。 3奖:成全。 4子期:楚昭王的哥哥,即公子结。 5辟:同“僻”。 6鸠:安定。竟:同“境”。 7鑢(lǜ)金:子期氏家臣。 8要:约。

初,伍员与申包胥友。其亡也,谓申包胥曰:“我必复楚国。”申包胥曰:“勉之!子能复之,我必能兴之。”及昭王在随,申包胥如秦乞师,曰:“吴为封豕、长蛇[1],以荐食上国[2],虐始于楚。寡君失守社稷,越在草莽[3],使下臣告急,曰:‘夷德无厌,若邻于君,疆埸之患也。逮吴之未定,君其取分焉。若楚之遂亡,

当初,伍员和申包胥友好。伍员逃亡的时候,对申包胥说:“我一定要颠覆楚国。”申包胥说:“那您努力吧!您能颠覆它,我一定能使它复兴。”到楚昭王逃到随国时,申包胥前往秦国请求救兵,说:“吴国是大猪、长蛇,而屡屡侵吞中原国家,作恶就从楚国开始。寡君失守国家,流浪在乡野,派下臣前来告急,说:‘夷人的德性没有满足,如果与君为邻,那将是贵国边境的祸患。趁吴国还未安定,君去分取楚国吧。如果楚国终于灭亡,就是君的领土

君之土也。若以君灵抚之[4],世以事君。'" 秦伯使辞焉,曰:"寡人闻命矣,子姑就馆,将图而告。" 对曰:"寡君越在草莽,未获所伏,下臣何敢即安?" 立,依于庭墙而哭,日夜不绝声,勺饮不入口七日。秦哀公为之赋《无衣》[5],九顿首而坐。秦师乃出。

了。如果靠君的福气安抚楚国,将世世代代侍奉君侯。'" 秦哀公派人推辞楚国,说:"寡人听到命令了,您暂且住到宾馆去,我们将商议以后告诉您。" 申包胥回答说:"寡君流浪乡野,没有得到安身之处,下臣哪里敢享受安逸?" 站着,靠在庭院的墙上哭泣,哭声日夜不停,滴水不进达七天之久。秦哀公为他吟诵了《无衣》这首诗,申包胥连磕九个头才坐下。秦国于是出兵。

注释 1 封:大。 2 荐:重,频频。 3 越:离散,等于说流浪。 4 灵:福。 5《无衣》:《诗经·秦风》篇名。句有"王于兴师,修我戈矛,与子同仇"等。

定公五年

【经】

五年春,王三月辛亥朔,日有食之。

夏,归粟于蔡[1]。

於越入吴[2]。

六月丙申,季孙意如卒。

秋七月壬子,叔孙不敢卒。

冬,晋士鞅帅师围鲜虞。

五年春天,周历三月初一日,发生日食。

夏天,鲁国送粮食给蔡国。

越国进入吴国。

六月十七日,季孙意如去世。

秋天七月初四日,叔孙不敢去世。

冬天,晋国的范献子领兵包围鲜虞。

注释 1归：通“馈”，送。 2於：语助词，无义。

【传】

五年春，王人杀子朝于楚。

夏，归粟于蔡，以周亟[1]，矜无资。

越入吴，吴在楚也。

六月，季平子行东野[2]，还，未至，丙申，卒于房[3]。阳虎将以玙璠敛[4]，仲梁怀弗与[5]，曰：“改步改玉[6]。”阳虎欲逐之，告公山不狃。不狃曰：“彼为君也，子何怨焉？”既葬，桓子行东野，及费。子泄为费宰[7]，逆劳于郊，桓子敬之。劳仲梁怀，仲梁怀弗敬。子泄怒，谓阳虎：“子行之乎[8]？”

申包胥以秦师至，秦子蒲、子虎帅车五百乘以救楚。子蒲曰：“吾未知吴道[9]。”使楚人先与吴人战，

五年春天，周敬王的人在楚国杀死王子朝。

夏天，鲁国送粮食给蔡国，用以救急，并对他们没有粮资表示怜悯。

越国进入吴国，是因为吴国人正在楚国。

六月，季孙意如出巡东野，返回，还没到达鲁都，于十七日在房地去世。阳虎打算用玙璠玉随葬，仲梁怀不给，说：“改变了步子，用玉也要改变。”阳虎想要赶走他，告诉公山不狃。不狃说：“他是为了国君，您怨什么呢？”安葬之后，桓子出巡东野，到达费地。不狃做费地邑宰，到郊外迎接慰劳桓子，桓子很尊敬他。慰劳仲梁怀，仲梁怀不恭敬。不狃发怒，对阳虎说：“您把他赶走吗？”

申包胥带着秦国军队到达，秦国的子蒲、子虎率五百辆兵车救援楚国。子蒲说：“我不了解吴国的战术。”就让楚国人先和吴军交战，而秦

而自稷会之，大败夫槩王于沂。吴人获薳射于柏举，其子帅奔徒以从子西，败吴师于军祥。秋七月，子期、子蒲灭唐。九月，夫槩王归，自立也。以与王战而败，奔楚，为堂谿氏。

军则从稷地前去会合，在沂地大败夫槩王。吴国人在柏举俘获了薳射，薳射的儿子率领逃跑的士兵跟随子西，在军祥打败了吴军。秋天七月，子期、子蒲灭亡了唐国。九月，夫槩王回国，是为了自立为王。由于和吴王作战失败了，逃亡到楚国，成为堂谿氏。

注释 1 周：通“赒”，救济。亟：急。 2 东野：季氏邑名。 3 房：又作“防”，鲁国地名，在鲁都附近。 4 玙璠：宝玉名。 5 仲梁怀：季氏家臣。 6 步：指送葬时步子的长短快慢。 7 子泄：即公山不狃。 8 行之：使之行，即驱逐。 9 道：战术。

吴师败楚师于雍澨，秦师又败吴师。吴师居麇，子期将焚之，子西曰：“父兄亲暴骨焉，不能收，又焚之，不可。”子期曰：“国亡矣，死者若有知也，可以歆旧祀[1]，岂惮焚之？”焚之，而又战，吴师败。又战于公婿之谿，吴师大败，吴子乃归。囚闉舆罢[2]，闉舆罢请先，遂逃归。叶公诸梁之弟后臧从其母于吴，不待而归，叶公终不正视。

吴军在雍澨打败楚军，秦国军队又打败吴军。吴军驻扎在麇地，子期准备放火烧他们，子西说：“父兄亲戚的尸骨暴露在那里，不能收葬，又去烧他们，不可以。”子期说：“国家要灭亡了，死者如果有知，能够享受过去那样的祭祀，怎么会怕烧掉尸骨？”于是放火焚烧吴军，又进行战斗，吴军失败。又在公婿谿交战，吴军大败，吴王就回国了。吴军囚禁了闉舆罢，闉舆罢请求先去吴国，就逃回了楚国。叶公诸梁的弟弟后臧跟着他的母亲在吴国，不顾他的母亲就回到楚国，叶公诸梁始

乙亥，阳虎囚季桓子及公父文伯，而逐仲梁怀。冬十月丁亥，杀公何藐。己丑，盟桓子于稷门之内。庚寅，大诅[3]。逐公父歜及秦遄[4]，皆奔齐。

楚子入于郢。初，鬬辛闻吴人之争宫也，曰："吾闻之：不让则不和，不和不可以远征。吴争于楚，必有乱，有乱则必归，焉能定楚？"

终不正眼看他。

九月二十八日，阳虎囚禁桓子和公父文伯，驱逐了仲梁怀。冬天十月初十日，杀了公何藐。十二日，和桓子在稷门内盟誓。十三日，举行大诅祭。驱逐公父歜和秦遄，他们都逃奔到齐国。

楚昭王回到郢都。当初，鬬辛听说吴国人争夺楚宫，说："我听说：不礼让就不和睦，不和睦就不可以征战远地。吴国人在楚国争夺，必然发生内乱，发生内乱就必然撤回，怎么能平定楚国？"

注释　1 歆(xīn)：享。　2 闉(yīn)舆罢：楚国大夫。　3 诅：祭神以诅咒他人。　4 公父歜(chù)：即公父文伯。

王之奔随也，将涉于成臼[1]。蓝尹亹涉其帑[2]，不与王舟。及宁，王欲杀之。子西曰："子常唯思旧怨以败，君何效焉？"王曰："善。使复其所，吾以志前恶。"王赏鬬辛、王孙由于、王孙圉、钟建、鬬巢、申包胥、王孙贾、宋木、鬬怀。子西曰："请舍

楚昭王逃亡到随国时，准备渡过成白河。蓝尹亹让他的妻子儿女渡河，不给昭王船只。到安定时，昭王想要杀了他。子西说："囊瓦只因想报旧怨而失败，君王何必仿效他？"楚昭王说："好。让他回到他的原有职位上去，我要用来记住以前的坏事。"昭王奖赏鬬辛、王孙由于、王孙圉、钟建、鬬巢、申包胥、王孙贾、宋木、鬬怀。子西说："请去掉鬬怀。"昭王说："大恩抵消小怨，这是符合道义

怀也。”王曰:“大德灭小怨,道也。”申包胥曰:“吾为君也,非为身也。君既定矣,又何求?且吾尤子旗,其又为诸?”遂逃赏。王将嫁季芈,季芈辞曰:“所以为女子,远丈夫也。钟建负我矣。”以妻钟建,以为乐尹[3]。

王之在随也,子西为王舆服以保路[4],国于脾泄[5]。闻王所在,而后从王。王使由于城麇,复命,子西问高厚焉,弗知。子西曰:“不能,如辞。城不知高厚,小大何知?”对曰:“固辞不能,子使余也。人各有能有不能。王遇盗于云中,余受其戈,其所犹在。”袒而视之背[6],曰:“此余所能也。脾泄之事,余亦弗能也。”

晋士鞅围鲜虞,报观虎之败也。

的。”申包胥说:“我是为了国君,不是为了自己。国君已经安定了,我又贪求什么呢?而且我指责子旗,难道又像他那样做吗?”就躲开赏赐。楚昭王打算让季芈出嫁,季芈推辞说:“做女人的规矩,就是要远离男人。钟建背过我了。”于是把她嫁给钟建,让钟建做了乐尹。

楚昭王在随国的时候,子西仿制了国君的车子、服饰来安定溃逃的路人,在脾泄建了临时国都。听到昭王所在的地方,然后跟去。昭王派由于到麇地筑城,由于回都报告执行使命情况,子西向他问城墙的高度厚度,由于不知道。子西说:“不能干,就应当辞去不干。不知道城墙的高度厚度,城的大小又怎么知道?”由于回答说:“我坚决推辞干不了,是您一定派遣我去的。人各有能干的和不能干的事。君王在云梦泽中遇到强盗,我挡住了强盗的戈,受伤的痕迹还在。”就脱去衣服露出背部给子西看,说:“这就是我能干的事。脾泄的差事,我也是不能干的。”

晋国的范献子包围鲜虞,是对观虎的战败被俘进行报复。

注释 1成臼:楚国水名,即臼水,又称臼成河。 2蓝尹亹(wěi):楚国大夫。帑:通“孥(nú)”,妻子和子女。 3乐尹:掌管音乐歌舞的官。 4路:指溃逃的路人。 5国:用为动词,指建立临时国都。脾泄:楚国邑名。 6视之:给他看。视,通“示”。

定公六年

【经】

六年春,王正月癸亥,郑游速帅师灭许,以许男斯归。

二月,公侵郑。

公至自侵郑。

夏,季孙斯、仲孙何忌如晋。

秋,晋人执宋行人乐祁犁。

冬,城中城。

季孙斯、仲孙忌帅师围郓。

六年春天,周历正月十八日,郑国的游速率军队灭亡了许国,带了许国国君斯回国。

二月,鲁定公侵袭郑国。

定公侵袭郑国回到鲁国。

夏天,季桓子、孟懿子前往晋国。

秋天,晋国人拘捕了宋国外交官乐祁犁。

冬天,在内城修筑城墙。

季桓子、孟懿子领兵包围郓地。

【传】

六年春,郑灭许,因楚败也。

六年春天,郑国灭亡了许国,是趁楚国失败而灭掉的。

二月，公侵郑，取匡，为晋讨郑之伐胥靡也。往不假道于卫，及还，阳虎使季、孟自南门入[1]，出自东门，舍于豚泽[2]。卫侯怒，使弥子瑕追之[3]。公叔文子老矣，辇而如公，曰："尤人而效之，非礼也。昭公之难，君将以文之舒鼎[4]，成之昭兆[5]，定之鞶鉴[6]，苟可以纳之，择用一焉。公子与二三臣之子，诸侯苟忧之，将以为之质。此群臣之所闻也。今将以小忿蒙旧德，无乃不可乎？大姒之子，唯周公、康叔为相睦也，而效小人以弃之，不亦诬乎[7]？天将多阳虎之罪以毙之，君姑待之，若何？"乃止。

二月，鲁定公偷袭郑国，夺取匡地，这是替晋国讨伐郑国攻打胥靡。去时没有向卫国借路，到返回时，阳虎让季桓子、孟献子从南门进，从东门出，驻扎在豚泽。卫灵公发怒，派遣弥子瑕追击他们。公叔文子已经年老退休了，坐了人力车到卫灵公那里，说："指责别人却又效法他，不合乎礼。鲁昭公有难的时候，您准备拿出我文公的舒鼎，成公的宝龟，定公的鞶鉴，如果可以用来使鲁昭公回国，您将从中选用一件。您的公子和几位下臣的儿子，诸侯如果为鲁昭公操心，也准备用来作为人质。这些都是群臣听到了的。如今将要因为小小的怨忿而掩盖过去的恩德，恐怕不行吧？太姒的儿子当中，只有周公、康叔是互相和睦的，而如今要效法小人来抛弃他们建立的两国和睦关系，不是大错特错吗？上天将会加重阳虎的罪过而使他垮台，您暂且等待一下，怎么样？"卫灵公就停止追击。

注释　1 季、孟：指季桓子、孟献子。　2 豚泽：卫国都城东门外一地名。　3 弥子瑕：卫灵公宠臣。　4 舒鼎：鼎名。　5 昭兆：宝龟名。　6 鞶鉴：器物名。鞶，大带。鉴，镜。大带而饰有镜，为一物。　7 诬：妄，错谬。

夏，季桓子如晋，献郑俘也。阳虎强使孟懿子往报夫人之币，晋人兼享之。孟孙立于房外，谓范献子曰："阳虎若不能居鲁，而息肩于晋，所不以为中军司马者，有如先君！"献子曰："寡君有官，将使其人，鞅何知焉？"献子谓简子曰："鲁人患阳虎矣，孟孙知其衅[1]，以为必适晋，故强为之请，以取入焉。"

四月己丑，吴大子终累败楚舟师，获潘子臣、小惟子及大夫七人[2]。楚国大惕[3]，惧亡。子期又以陵师败于繁扬。令尹子西喜曰："乃今可为矣！"于是乎迁郢于鄀，而改纪其政[4]，以定楚国。

周儋翩率王子朝之徒，因郑人将以作乱于周，郑于是乎伐冯、滑、胥靡、负黍、狐人、阙外。六月，晋阎没戍周，且城胥靡。

夏天，季桓子前往晋国，是去奉献郑国的俘虏。阳虎硬派孟懿子前去回报晋夫人聘问鲁国的财礼，晋国人在宴享季桓子时一并宴享他。孟懿子站在房外，对范献子说："阳虎如果不能待在鲁国，而到晋国来歇脚，贵国要是不任用他做中军司马，有如先君之神灵为证！"范献子说："寡君有官职要封，将使用合适的人，我知道什么？"范献子对赵鞅说："鲁国人担心阳虎了，孟懿子了解其征兆，他认为阳虎必然来到晋国，所以极力替他向晋国请求，以达到进入晋国的目的。"

四月十五日，吴国的太子终累打败了楚国的水军，俘获了潘子臣、小惟子和大夫七人。楚国大为担心，害怕被灭亡。子期率领陆军在繁扬又被打败。令尹子西高兴地说："如今楚国可以治理了！"于是把郢都迁到鄀地，改变治理政事的办法，来稳定楚国。

周朝的儋翩率领王子朝的士卒，依靠郑国人打算在成周发动叛乱，郑国趁此机会就攻打冯地、滑地、胥靡、负黍、狐人、阙外。六月，晋国的阎没戍守成周，并且在胥靡筑城。

注释 1衅:征兆。 2潘子臣、小惟子:楚舟师统帅。 3惕:担心。 4纪:治理。

秋八月,宋乐祁言于景公曰:"诸侯唯我事晋,今使不往,晋其憾矣。"乐祁告其宰陈寅,陈寅曰:"必使子往。"他日,公谓乐祁曰:"唯寡人说子之言[1],子必往!"陈寅曰:"子立后而行,吾室亦不亡,唯君亦以我为知难而行也。"见溷而行[2]。赵简子逆,而饮之酒于绵上,献杨楯六十于简子[3]。陈寅曰:"昔吾主范氏,今子主赵氏,又有纳焉,以杨楯贾祸,弗可为也已。然子死晋国,子孙必得志于宋。"范献子言于晋侯曰:"以君命越疆而使,未致使而私饮酒,不敬二君,不可不讨也。"乃执乐祁。

秋天八月,宋国的乐祁对宋景公说:"诸侯中只有我国侍奉晋国,现在使者不去晋见,晋国恐怕会不满意了。"乐祁把这话告诉他的家宰陈寅,陈寅说:"一定会派您去。"过了几天,宋景公对乐祁说:"只有寡人高兴您的建议,您一定要去!"陈寅说:"您立了继承人再去,我们的家室也不会灭亡,君主也会认为我们是明知有祸难而前往的。"乐祁就让儿子溷进见景公然后出发。赵鞅前来迎接,在绵上招待他喝酒,乐祁向赵鞅献上六十副杨木盾。陈寅说:"过去我们奉范氏为主,现在您奉赵氏为主,又有礼物献给他,用杨木盾招祸,没有办法了。不过您为出使晋国而死,子孙一定会在宋国得志。"范献子对晋定公说:"奉君命越过别国疆界而出使,没有报告使命就私自饮酒,对两国国君不恭敬,不可不讨伐。"于是就拘捕了乐祁。

阳虎又盟公及三桓于周社,盟国人于亳社,诅于

阳虎又在周社和鲁定公及孟孙、叔孙、季孙盟誓,和国内的人们在亳社

五父之衢。

冬十二月，天王处于姑莸[4]，辟儋翩之乱也[5]。

盟誓，在五父之衢举行诅祭。

冬天十二月，周敬王住在姑莸，是躲避儋翩发动的祸乱。

注释 1说：同“悦”。 2见(xiàn)：使……进见。溷：乐祁的儿子。 3楯：通“盾”。 4姑莸：周朝地名。 5辟：同“避”。

定公七年

【经】

七年春，王正月。

夏四月。

秋，齐侯、郑伯盟于咸。

齐人执卫行人北宫结以侵卫。

齐侯、卫侯盟于沙。

大雩。

齐国夏帅师伐我西鄙。

九月，大雩。

冬十月。

七年春天，周历正月。

夏天四月。

秋天，齐景公、郑献公在咸地会盟。

齐国人拘捕卫国外交官北宫结而侵袭卫国。

齐景公、卫灵公在沙地会盟。

举行求雨大祭。

齐国的国夏率军队攻打我国西部边城。

九月，举行求雨大祭。

冬天十月。

【传】

七年春二月,周儋翩入于仪栗以叛[1]。

齐人归郓、阳关,阳虎居之以为政。

夏四月,单武公、刘桓公败尹氏于穷谷。

秋,齐侯、郑伯盟于咸,征会于卫。卫侯欲叛晋,诸大夫不可。使北宫结如齐,而私于齐侯曰:"执结以侵我。"齐侯从之,乃盟于琐[2]。

齐国夏伐我。阳虎御季桓子,公敛处父御孟懿子,将宵军齐师[3]。齐师闻之,堕[4],伏而待之。处父曰:"虎不图祸,而必死[5]。"苫夷曰[6]:"虎陷二子于难,不待有司,余必杀女。"虎惧,乃还,不败。

冬十一月戊午,单子、刘子逆王于庆氏[7]。晋籍秦送王。己巳,王入于王

七年春天二月,周朝的儋翩进入仪栗而叛乱。

齐国人归还郓地、阳关,阳虎居守在那里主持政事。

夏天四月,单武公、刘桓公在穷谷打败尹氏。

秋天,齐景公、郑献公在咸地会盟,在卫国召集诸侯会见。卫灵公想要背叛晋国,大夫们不赞成。卫灵公就派北宫结前往齐国,而私下对齐景公说:"拘捕北宫结来侵袭我国。"齐景公听从了他的话,于是在琐地结盟。

齐国的国夏攻打我国。阳虎为季桓子驾车,公敛处父为孟懿子驾车,打算晚上出兵攻击齐军。齐军听到消息,拆散军队,埋伏起来等待鲁军。处父说:"阳虎不考虑灾祸,一定会死。"苫夷说:"阳虎使季桓子、孟懿子二位陷入祸难,不等法官惩处,我一定杀了你。"阳虎害怕,就退兵,没有吃败仗。

冬天十一月二十三日,单武公、刘桓公到庆氏那儿迎接周敬王。晋国籍秦护送周敬王。十二月初五日,周敬

城，馆于公族党氏，而后朝于庄宫。

王进入王城，住在公族党氏家中，然后朝拜庄王庙。

注释 1仪栗：周朝邑名。 2琐：《经》文作“沙”，晋国地名。 3军：用为动词，攻击的意思。 4堕：毁，指拆散军队。 5而：指阳虎。 6苫夷：鲁国臣子，又叫苫越。 7庆氏：驻守姑蔑的大夫。

定公八年

【经】

八年春，王正月，公侵齐。

公至自侵齐。

二月，公侵齐。

三月，公至自侵齐。

曹伯露卒。

夏，齐国夏帅师伐我西鄙。

公会晋师于瓦[1]。

公至自瓦。

秋七月戊辰，陈侯柳卒。

晋士鞅帅师侵郑，遂侵卫。

葬曹靖公。

九月，葬陈怀公。

八年春天，周历正月，定公侵袭齐国。

定公侵袭齐国回到鲁国。

二月，定公再次侵袭齐国。

三月，定公侵袭齐国归来。

曹靖公露去世。

夏天，齐国的国夏领兵攻打我国西部边城。

定公在瓦地会见晋国军队。

定公从瓦地回到国内。

秋天七月初七日，陈怀公柳去世。

晋国的范献子率军队偷袭郑国，随即侵袭卫国。

安葬曹靖公。

季孙斯、仲孙何忌帅师侵卫。

冬，卫侯、郑伯盟于曲濮[2]。

从祀先公[3]。

盗窃宝玉、大弓[4]。

九月，安葬陈怀公。

季桓子、孟懿子领兵侵袭卫国。

冬天，卫灵公、郑献公在曲濮结盟。

阳虎等按次序祭祀先公。

盗贼偷走了宝玉、大弓。

注释 1 瓦：卫国地名，在今河南滑县南。 2 曲濮：卫国地名，在濮水转弯处。 3 从：顺次。 4 盗：指阳虎，见《传》文。

【传】

八年春，王正月，公侵齐，门于阳州。士皆坐列，曰："颜高之弓六钧[1]。"皆取而传观之。阳州人出，颜高夺人弱弓，籍丘子钼击之[2]，与一人俱毙[3]。偃[4]，且射子钼，中颊，殪。颜息射人中眉[5]，退曰："我无勇，吾志其目也[6]。"师退，冉猛伪伤足而先，其兄会乃呼曰："猛也殿[7]！"

二月己丑[8]，单子伐榖城，刘子伐仪栗。辛卯，单子伐简城，刘子伐盂，

八年春天，周历正月，鲁定公侵袭齐国，攻打阳州的城门。士卒们都坐成一排排，说："颜高的弓要一百八十斤力才能张开。"都拿来传观。阳州人冲出城来，颜高夺过别人的弱弓应战，籍丘子钼攻击他，颜高和另一个人都倒在地上。颜高仰卧在地，一面射击子钼，射中面颊，死了。颜息射人射中眉毛，退下来说："我没有勇力，我本来是拿他的眼睛当靶子的。"部队撤退，冉猛假装伤了脚而走在前面，他的哥哥冉会就喊道："冉猛，到后面去压阵！"

三月二十六日，单武公攻打榖城，刘桓公攻打仪栗。二十八日，单武公

以定王室。

赵鞅言于晋侯曰："诸侯唯宋事晋，好逆其使，犹惧不至，今又执之，是绝诸侯也。"将归乐祁，士鞅曰："三年止之，无故而归之，宋必叛晋。"献子私谓子梁曰[9]："寡君惧不得事宋君，是以止子。子姑使溷代子。"子梁以告陈寅，陈寅曰："宋将叛晋，是弃溷也，不如待之。"乐祁归，卒于大行。士鞅曰："宋必叛，不如止其尸以求成焉。"乃止诸州[10]。

攻打简城，刘桓公攻打盂地，以安定王室。

赵鞅对晋定公说："诸侯中只有宋国侍奉晋国，友好地迎接他们的使者，还怕不到来，如今又拘禁他们的使者，这是断绝诸侯的做法。"打算送回乐祁，范献子说："扣留了他三年，无缘无故又放回去，宋国一定会背叛晋国。"范献子私下对乐祁说："寡君担心不能侍奉宋君，所以留住您。您暂时让乐溷来替代您。"乐祁把这事告诉陈寅，陈寅说："宋国将要背叛晋国，这等于是抛弃了乐溷，不如等待一下。"乐祁回国，在太行去世。范献子说："宋国必定背叛，不如留下乐祁的尸首来求和。"于是就把尸首留在州地。

注释 1 颜高：鲁国臣子。六钧：古一钧三十斤。 2 箱丘子钼：齐国人。 3 毙：倒下。 4 偃：仰卧，仰面倒下。 5 颜息：鲁国人。 6 志其目：以其目为志。等于说拿他的眼睛做靶子。志，标记。 7 猛：即冉猛，鲁国人。殿：镇守军后。 8 二月无己丑日，或以为三月之误。 9 子梁：即乐祁。 10 州：晋国邑名，在今河南沁阳东南。

公侵齐，攻廪丘之郛[1]。主人焚冲[2]，或濡马褐以救之，遂毁之。主

鲁定公侵袭齐国，攻打廪丘的外城。廪丘人焚烧冲车，鲁军有人打湿了麻布短衣去救火，于是就摧毁了外城。

人出，师奔。阳虎伪不见冉猛者，曰："猛在此，必败。"猛逐之，顾而无继，伪颠[3]。虎曰："尽客气也[4]！"

苫越生子，将待事而名之。阳州之役获焉，名之曰阳州。

夏，齐国夏、高张伐我西鄙。晋士鞅、赵鞅、荀寅救我。公会晋师于瓦，范献子执羔，赵简子、中行文子皆执雁。鲁于是始尚羔。

晋师将盟卫侯于鄟泽[5]，赵简子曰："群臣谁敢盟卫君者？"涉佗、成何曰："我能盟之。"卫人请执牛耳，成何曰："卫，吾温、原也[6]，焉得视诸侯？"将歃，涉佗捘卫侯之手[7]，及捥[8]，卫侯怒。王孙贾趋进，曰："盟以信礼也，有如卫君，其敢不唯礼是事？而受此盟也！"

廪丘人出城反击，鲁军奔逃。阳虎假装没看见冉猛，说："冉猛如果在这里，一定能打败他们。"冉猛就去追逐敌人，回头看到没有人跟上，就假装跌倒。阳虎说："都是假意！"

苫越生了儿子，打算等待发生大事再给他取名。阳州这次战役获得了战绩，就给儿子取名叫阳州。

夏天，齐国的国夏、高张攻打我国西部边境。晋国的范献子、赵鞅、荀寅援救我国。定公在瓦地会见晋国军队，范献子手持羊羔，赵鞅、荀寅都手持大雁作为礼物。鲁国从此开始以羊羔为贵重礼。

晋军打算在鄟泽和卫灵公结盟，赵鞅说："大臣们谁敢和卫灵公结盟？"涉佗、成何说："我们能去和他结盟。"卫国人请涉佗两人执牛耳，成何说："卫国，就好像我国的温、原两地一样，怎么能像诸侯一样对待？"将要歃血，涉佗推卫灵公的手，血流到了手腕上，卫灵公发怒。王孙贾快步上前，说："结盟是用来伸张礼义的，能做到像我卫君一样，难道谁敢不唯礼是从？如今却接受这样的结盟！"

注释 1郛(fú):外城。 2冲:冲车,用于冲锋攻城的战车。 3颠:跌倒。 4客气:等于说假意。指装出来的、非出自本意的表现。 5鄟泽:卫国地名。 6温、原:晋国二县名。 7捘(zùn):推。 8捥:通"腕"。

卫侯欲叛晋,而患诸大夫。王孙贾使次于郊,大夫问故,公以晋诟语之[1],且曰:"寡人辱社稷,其改卜嗣,寡人从焉。"大夫曰:"是卫之祸,岂君之过也?"公曰:"又有患焉,谓寡人:必以而子与大夫之子为质[2]。"大夫曰:"苟有益也,公子则往,群臣之子敢不皆负羁绁以从?"将行,王孙贾曰:"苟卫国有难,工商未尝不为患,使皆行而后可。"公以告大夫,乃皆将行之。行有日,公朝国人,使贾问焉,曰:"若卫叛晋,晋五伐我,病何如矣?"皆曰:"五伐我,犹可以能战。"贾曰:"然则如叛之[3],病而后质焉,何迟之有?"乃叛晋。晋人请改盟,弗许。

卫灵公想要背离晋国,但又担心大夫们不同意。王孙贾让卫灵公临时住在郊外,大夫们询问原因,卫灵公把在晋国受的耻辱告诉他们,并且说:"寡人让国家蒙受羞辱,如果改卜新君继位,寡人服从。"大夫说:"这是卫国的祸难,哪里是君主的过错呢?"卫灵公说:"还有担忧的事呢,晋国人对寡人说:一定要拿您的儿子和大夫们的儿子作为人质。"大夫说:"如果有好处,公子就去,下臣们的儿子谁敢不背着马笼头和缰绳跟着?"公子们将要动身,王孙贾说:"如果卫国有难,工匠商人未尝不成为灾患,要让他们都走才行。"卫灵公把这告诉大夫,就打算都让他们走。动身的日期定下后,卫灵公接见国内要人,派王孙贾问他们,说:"如果卫国背离晋国,晋国五次攻打我国,灾难会是什么样子?"人们都说:"五次攻打我国,还是可以凭能力迎战。"王孙贾说:"那么应当背离晋国,有了灾难然后派遣人质,有什么迟的?"于是背离晋国。晋国人请求另行结盟,卫国不答应。

注释 1 诟:耻辱。 2 而:你。指卫灵公。 3 如:当。

秋,晋士鞅会成桓公侵郑[1],围虫牢,报伊阙也。遂侵卫。

九月,师侵卫,晋故也。

季寤、公鉏极、公山不狃皆不得志于季氏[2],叔孙辄无宠于叔孙氏,叔仲志不得志于鲁,故五人因阳虎。阳虎欲去三桓,以季寤更季氏,以叔孙辄更叔孙氏,己更孟氏。冬十月,顺祀先公而祈焉。辛卯,禘于僖公[3]。壬辰,将享季氏于蒲圃而杀之,戒都车曰:"癸巳至。"成宰公敛处父告孟孙曰:"季氏戒都车[4],何故?"孟孙曰:"吾弗闻。"处父曰:"然则乱也,必及于子,先备诸[5]!"与孟孙以壬辰为期。

秋天,晋国的范献子会合成桓公一起侵袭郑国,包围虫牢,是为了报复伊阙那次战役。随即又侵袭卫国。

九月,鲁军侵袭卫国,是因为要协同晋国。

季寤、公鉏极、公山不狃都在季氏那里不得志,叔孙辄在叔孙氏那里不受宠信,叔仲志在鲁国不得志,所以五个人都投靠阳虎。阳虎想要除掉三桓,用季寤代替季氏,用叔孙辄代替叔孙氏,自己代替孟氏。冬天十月,阳虎等按位次祭祀先公并为此祈祷。初二日,在僖公庙举行禘祭。初三日,打算在蒲圃宴享季桓子而杀了他,就命令都邑的战车说:"癸巳那天都要赶到。"成地的宰臣公敛处父告诉孟孙说:"季氏命令都邑战车备战,什么原因?"孟孙说:"我没听说。"处父说:"那么就是要叛乱,一定会延及您,先防备着吧!"就和孟懿子约定以初三为戒备的日期。

注释 1 成桓公:周卿士。 2 季寤:季孙意如的儿子。公鉏极:公弥的

后代。 **3** 禘：祭名，合祭先王。 **4** 戒：敕令。都车：都邑兵车。 **5** 诸：之于。

阳虎前驱。林楚御桓子，虞人以铍盾夹之[1]，阳越殿[2]，将如蒲圃。桓子咋谓林楚曰[3]："而先皆季氏之良也，尔以是继之。"对曰："臣闻命后。阳虎为政，鲁国服焉，违之征死[4]，死无益于主。"桓子曰："何后之有？而能以我适孟氏乎？"对曰："不敢爱死，惧不免主。"桓子曰："往也！"孟氏选圉人之壮者三百人[5]，以为公期筑室于门外。林楚怒马[6]，及衢而骋。阳越射之，不中。筑者阖门[7]，有自门间射阳越，杀之。阳虎劫公与武叔，以伐孟氏。公敛处父帅成人自上东门入，与阳氏战于南门之内，弗胜。又战于棘下，阳氏败。阳虎说甲如公宫[8]，取宝玉、

阳虎驱车先往蒲圃。林楚为季桓子驾车，警备人员持铍和盾夹护两边，阳越压阵，将前往蒲圃。季桓子突然对林楚说："你的先人都是季氏的好家臣，你要用这次行动继承他们的传统。"林楚回答说："我听到您的命令晚了。阳虎掌权，鲁国人服从他，违背他会招致死亡，死了对主人也没有好处。"季桓子说："有什么晚的？你能带我去孟懿子那里吗？"林楚回答说："不敢爱惜死，只是怕不能使主人免除灾难。"季桓子说："去吧！"孟懿子挑选了三百个强壮的奴隶，在门外为公期修筑房子。林楚奋力策马，到了大路上就奔驰起来。阳越射他，没有射中。筑房子的人关上门，有人从门缝中用箭射阳越，射死了他。阳虎劫持定公和武叔，以此攻打孟氏。公敛处父率领成地人从上东门进入，和阳氏在南门里边交战，没有取胜。又在棘下交战，阳氏失败。阳虎脱下铠甲去到公宫，偷取宝玉、大弓而出逃，住在

大弓以出，舍于五父之衢，寝而为食。其徒曰：“追其将至。”虎曰：“鲁人闻余出，喜于征死，何暇追余？”从者曰：“嘻！速驾，公敛阳在[9]。”公敛阳请追之，孟孙弗许。阳欲杀桓子，孟孙惧而归之。子言辨舍爵于季氏之庙而出[10]。阳虎入于讙、阳关以叛。

五父之衢，睡了一觉才做饭。他的随从说：“追兵恐怕将要到了。”阳虎说：“鲁国人听到我出逃，高兴我的自取灭亡，哪有空闲追我？”随从的人说：“哇！赶快驾车，公敛处父在那里！”公敛处父请求追击，孟懿子不同意。公敛处父想要杀掉季桓子，孟懿子害怕就把他遣归了。季寤在季氏的祖庙里一一摆酒祭告然后出逃。阳虎进入讙地、阳关而叛变。

郑驷歂嗣子大叔为政[11]。

郑国的驷歂继承子太叔治理政事。

注释 1 铍(pī)：剑类兵器，形如刀，双刃而长。 2 阳越：阳虎的堂弟。 3 咋：通“乍”，突然。 4 征：招致。 5 圉人：指奴隶。 6 怒马：使马怒，即奋力策马。 7 阖(hé)：合，关。 8 说：同“脱”。 9 公敛阳：即公敛处父。 10 子言：即季寤。辨：通“遍”。 11 驷歂：驷乞的儿子，字子然。

定公九年

【经】

九年春，王正月。

九年春天，周历正月。

夏四月戊申，郑伯虿卒。

夏天四月二十二日，郑献公虿去世。

得宝玉、大弓。

鲁定公得到了宝玉、大弓。

六月，葬郑献公。

秋，齐侯、卫侯次于五氏[1]。

秦伯卒。

冬，葬秦哀公。

六月，安葬郑献公。

秋天，齐景公、卫灵公驻扎在五氏。

秦哀公去世。

冬天，安葬秦哀公。

注释 1 五氏：又叫寒氏，晋国地名，在今河北武安。

【传】

九年春，宋公使乐大心盟于晋，且逆乐祁之尸。辞，伪有疾，乃使向巢如晋盟，且逆子梁之尸。子明谓桐门右师出[1]，曰："吾犹衰绖，而子击钟，何也？"右师曰："丧不在此故也。"既而告人曰："己衰绖而生子，余何故舍钟？"子明闻之，怒，言于公曰："右师将不利戴氏[2]，不肯适晋，将作乱也。不然，无疾。"乃逐桐门右师。

九年春天，宋景公派乐大心跟晋国结盟，并且接回乐祁的尸体。乐大心推辞，装着有病，于是派向巢前往晋国结盟，同时接回乐祁的尸体。乐溷叫乐大心出城迎接，说："我还在服丧，您却敲钟作乐，为什么？"乐大心说："是因为丧事不在这里。"不久又告诉别人说："自己服丧却生了孩子，我为什么不能敲钟？"乐溷听到了，发怒，对宋景公说："乐大心将不利于戴氏，不肯去晋国，是打算作乱。不然的话，没有病为何装病？"于是就驱逐乐大心。

郑驷歂杀邓析，而用其《竹刑》[3]。君子谓："子然于是不忠。苟有可以加

郑国的驷歂杀了邓析，而又采用他的《竹刑》。君子认为："驷歂在这件事上不忠。如果有人对国家有利，可

于国家者，弃其邪可也。《静女》之三章[4]，取彤管焉[5]。《竿旄》‘何以告之’[6]，取其忠也。故用其道，不弃其人。《诗》云：‘蔽芾甘棠[7]，勿翦勿伐，召伯所茇[8]。’思其人犹爱其树，况用其道而不恤其人乎？子然无以劝能矣。”

以放过他的不正当行为。《静女》三章诗，是取其中的彤管。《竿旄》中说的‘用什么劝告他’，是取它的忠心。所以采用一个人的学说，就不抛弃这个人。《诗》中说：‘高大繁茂的甘棠树，不要砍伐不要剪除，召伯曾在这里止宿。’思念那个人尚且爱惜那棵树，何况采用那个人的学说却不怜惜那个人？驷歂没有办法勉励有才能的人了。”

注释 1 子明：即乐祁的儿子，名溷。 2 戴氏：指宋国。 3《竹刑》：邓析所制定的刑法，书写在竹简上，故称《竹刑》。 4《静女》：《诗经·邶风》篇名。 5 彤管：初生的红色管状植物，诗中为女子给情人的赠物。第二章云：“静女其娈，贻我彤管。” 6《竿旄》：《诗经·鄘风》篇名。 7 蔽芾(fèi)：高大繁盛的样子。甘棠：棠梨树，又名杜树，落叶乔木，果实可食。 8 茇(bá)：止宿。引诗为《诗经·召南·甘棠》篇。

夏，阳虎归宝玉、大弓，书曰“得”，器用也。凡获器用曰得，得用焉曰获。

夏天，阳虎归还宝玉和大弓，《春秋》记载说“得”，因为是器物用具的缘故。凡获得器物用具就说“得”，得到活物就说“获”。

六月，伐阳关。阳虎使焚莱门[1]，师惊，犯之而出，奔齐，请师以伐鲁，曰：“三加，必取之。”齐侯将许之，鲍文子谏曰：“臣尝

六月，鲁军攻打阳关。阳虎派人焚烧莱门，鲁军惊恐，阳虎反攻鲁军而突围出城，逃往齐国，请求齐军以攻打鲁国，说：“进攻三次，一定可以攻取它。”齐景公打算答应他，鲍文子劝谏说：“下

为隶于施氏矣[2],鲁未可取也。上下犹和,众庶犹睦,能事大国,而无天灾,若之何取之?阳虎欲勤齐师也,齐师罢[3],大臣必多死亡,己于是乎奋其诈谋。夫阳虎有宠于季氏,而将杀季孙,以不利鲁国,而求容焉。亲富不亲仁,君焉用之?君富于季氏,而大于鲁国,兹阳虎所欲倾覆也。鲁免其疾,而君又收之,无乃害乎?"齐侯执阳虎,将东之。阳虎愿东,乃囚诸西鄙。尽借邑人之车,锲其轴,麻约而归之[4]。载葱灵[5],寝于其中而逃。追而得之,囚于齐。又以葱灵逃,奔宋,遂奔晋,适赵氏。仲尼曰:"赵氏其世有乱乎!"

臣曾经在施氏那里做家臣,知道鲁国是不可攻取的。君臣上下很融洽,老百姓很和睦,能侍奉大国,又没有天灾,怎么能攻取它?阳虎是想要劳动齐军,齐军疲劳了,大臣必然有很多人死伤逃亡,于是他自己就可实现阴谋。阳虎在季氏面前有过宠信,却打算杀害季桓子,以危害鲁国,而在他国求得容身。亲近富有而不亲近仁义,君怎么能用他?君比季氏富有,比鲁国强大,这就是阳虎想要颠覆的原因。鲁国免除了它的祸患,而君又收容他,不是自取祸害吗?"齐景公拘捕了阳虎,将把他关押到东部去。阳虎希望到东部去,于是就把他囚禁到西部边境。阳虎把城里人的车子都借来,切割车轴,用麻缠上还回去。阳虎把葱灵车装上衣物,睡在衣物中逃走。齐军追上去抓住他,关押到齐国都城。阳虎又利用葱灵车逃跑,逃到宋国,随即逃到晋国,去了赵氏家中。孔子说:"赵氏恐怕会世世代代有祸乱了吧!"

注释 1 莱门:阳关邑名。 2 施氏:指施孝叔,鲁国大夫。 3 罢:通"疲"。 4 麻约:用麻缠束。 5 葱灵:一种装载衣物的车,有车厢,两侧开有窗户。葱,通"窗"。灵,通"棂"。

秋，齐侯伐晋夷仪。敝无存之父将室之[1]，辞，以与其弟，曰："此役也不死，反，必娶于高、国。"先登，求自门出，死于霤下[2]。东郭书让登，犁弥从之，曰："子让而左，我让而右[3]，使登者绝而后下。"书左，弥先下。书与王猛息[4]，猛曰："我先登。"书敛甲，曰："曩者之难，今又难焉。"猛笑曰："吾从子如骖之有靳[5]。"

秋天，齐景公攻打晋国的夷仪。敝无存的父亲打算为他娶妻，敝无存辞谢了，把她给了他弟弟，说："这一仗如果没死，能返回，一定在高氏、国氏那儿娶个妻子。"他首先登城，又寻求办法从城门出来，结果死在城门檐霤下。东郭书抢先登城，犁弥跟着他，说："您抢先登上去往左，我抢先登上去往右，让登城的人全都上来后再下去。"东郭书往左，犁弥抢先下了城墙。战后东郭书和犁弥一起歇息，犁弥说："我先登上城墙。"东郭书收拾铠甲，说："先前为难我，现在又为难我。"犁弥笑着说："我跟着您就像骖马有游环。"

晋车千乘在中牟，卫侯将如五氏，卜过之，龟焦。卫侯曰："可也！卫车当其半，寡人当其半，敌矣。"乃过中牟。中牟人欲伐之，卫褚师圃亡在中牟，曰："卫虽小，其君在焉，未可胜也。齐师克城而骄，其帅又贱，遇，必败之，不如从齐。"乃伐齐师，败之。齐侯致

晋国的一千辆兵车部署在中牟，卫灵公将要去五氏，为经过中牟而占卜，龟甲灼焦了。卫灵公说："可以经过！卫国的战车对付他们的一半，寡人对付他们的一半，相当了。"就通过中牟。中牟人想要攻打他们，卫国的褚师圃逃亡在中牟，他说："卫国虽小，但它的国君在那里，不能战胜的。齐军攻下夷仪城而骄傲，他们的将帅又地位低贱，和他们交战，一定能打败他们，不如追击齐军。"于是就攻打齐军，打败了他们。齐景公

禚、媚、杏于卫。

齐侯赏犁弥，犁弥辞曰：“有先登者，臣从之。皙帻而衣狸制[6]。”公使视东郭书，曰：“乃夫子也，吾贶子。”公赏东郭书，辞曰：“彼宾旅也。”乃赏犁弥。

齐师之在夷仪也，齐侯谓夷仪人曰：“得敝无存者，以五家免。”乃得其尸。公三襚之[7]，与之犀轩与直盖[8]，而先归之。坐引者，以师哭之，亲推之三。

把禚、媚、杏等地割让给卫国。

齐景公封赏犁弥，犁弥推辞说：“有人先登城，我只是跟着他，那个人头戴白色帻巾，身披狸皮斗篷。”齐景公派他去看是不是东郭书，他看到东郭书说：“就是这位先生，我为您带来了赏赐。”齐景公赏赐东郭书，他推辞说：“他是客人。”于是就赏赐犁弥。

齐军在夷仪的时候，齐景公对夷仪人说：“找到敝无存的，赏给五户的食禄并免去劳役。”就找到了他的尸体。齐景公三次为死尸穿衣服，给予犀皮车和长柄车盖，让灵车先行回国。齐景公让拉灵车的人跪坐，自己带着军队哭丧，亲自推灵车三次。

注释 1敝无存：齐国人。室之：为他娶妻。“之”指代敝无存。 2霤(liù)：屋檐流水的地方。 3让：通“攘”，抢先的意思。 4王猛：即犁弥。 5靳：车马具，又叫游环，安在服马胸部，骖马的缰绳从中穿过，再总入御者手中，以控制骖马使不外出或前超。 6皙：白色。帻(zé)：头巾。制：斗篷。 7襚(suì)：送给死者衣被，这里指为死者加衣。 8直盖：一种长柄车盖。

定公十年

【经】

十年春，王三月，及齐平[1]。

夏，公会齐侯于夹谷[2]。

公至自夹谷。

晋赵鞅帅师围卫。

齐人来归郓、讙、龟阴田。

叔孙州仇、仲孙何忌帅师围郈。

秋，叔孙州仇、仲孙何忌帅师围郈。

宋乐大心出奔曹。

宋公子地出奔陈。

冬，齐侯、卫侯、郑游速会于安甫。

叔孙州仇如齐。

宋公之弟辰暨仲佗、石彄出奔陈[3]。

十年春天，周历三月，鲁国和齐国议和。

夏天，定公在夹谷会见齐景公。

定公从夹谷回到鲁国。

晋国的赵鞅领兵包围卫国。

齐国人来归还郓地、讙地、龟阴的田土。

武叔、孟懿子率军队包围郈地。

秋天，武叔、孟懿子领兵包围郈地。

宋国乐大心逃亡到曹国。

宋公子地出逃到陈国。

冬天，齐景公、卫灵公、郑国游速在安甫会盟。

武叔前往齐国。

宋景公的弟弟辰和仲佗、石彄出逃到陈国。

注释 1 平：议和。 2 夹谷：鲁国地名，又叫祝其。 3 仲佗、石彄(kōu)：宋国臣子。

【传】

十年春,及齐平。

夏,公会齐侯于祝其,实夹谷。孔丘相。犁弥言于齐侯曰:“孔丘知礼而无勇,若使莱人以兵劫鲁侯,必得志焉。”齐侯从之。孔丘以公退,曰:“士兵之[1]!两君合好,而裔夷之俘以兵乱之[2],非齐君所以命诸侯也。裔不谋夏,夷不乱华,俘不干盟,兵不逼好,于神为不祥,于德为愆义[3],于人为失礼,君必不然。”齐侯闻之,遽辟之[4]。

将盟,齐人加于载书曰:“齐师出竟而不以甲车三百乘从我者,有如此盟!”孔丘使兹无还揖对曰[5]:“而不反我汶阳之田,吾以共命者,亦如之!”

十年春天,鲁国和齐国言和。

夏天,鲁定公在祝其会见齐景公,实际上就是在夹谷。孔子担任辅相。犁弥对齐景公说:“孔丘懂得礼仪但没有勇武,如果叫莱地人用武力劫持鲁君,一定可以实现愿望。”齐景公听从了。孔子奉定公退出,说:“战士们拿起武器去攻打!两国君主友好会见,边远夷人的俘虏却用武力扰乱,这不是齐君用来命令诸侯的办法。边远地方不能觊觎中原,夷人不能扰乱华夏民族,俘虏不能侵犯盟会,武力不能胁迫友好,否则对神灵来说是不吉利的,在德行而言是违失道义的,对人来说是失去礼仪的,君主肯定不会这样的。”齐景公听说了,立即让莱地人避开。

将要盟誓,齐国人在盟约上加了一句话说:“齐军出境而鲁国不派三百辆甲车跟随我们的话,有如这盟约中所说的加以追究!”孔子派兹无还作揖回答说:“你们如果不归还我汶阳的田地,以使我们用来奉行贵国的命令,也像这盟约所说的那样!”

注释 1 兵:用为动词,用武器攻击。 2 裔夷:裔指中原以外的边远地方,夷指华夏民族之外的人。 3 愆:失。 4 辟之:使莱人避。辟,同“避”。5 兹无还:鲁国大夫。

齐侯将享公,孔丘谓梁丘据曰:“齐、鲁之故[1],吾子何不闻焉?事既成矣,而又享之,是勤执事也。且牺象不出门[2],嘉乐不野合。飨而既具,是弃礼也;若其不具,用秕稗也[3]。用秕稗,辱君;弃礼,名恶,子盍图之?夫享,所以昭德也。不昭,不如其已也。”乃不果享。

齐景公打算宴享鲁定公,孔子对梁丘据说:“齐国、鲁国的旧礼,您怎么没听说过呢?事情已经完成了,又来宴享,这是让办事的人受苦。而且礼器不出国门,雅乐不在郊野合奏。如果宴享时这些东西全都具备,那是背弃礼制;如果不具备,用物又粗劣卑微。用物粗劣卑微,是屈辱君主;背弃礼制,则名声不好,您何不考虑一下?享礼,是用来显示德行的,德行不能显示,不如作罢。”于是终于没有宴享定公。

齐人来归郓、讙、龟阴之田。

齐国人前来归还郓地、讙地和龟阴的田土。

晋赵鞅围卫,报夷仪也。初,卫侯伐邯郸午于寒氏,城其西北而守之,宵熸[4]。及晋围卫,午以徒七十人门于卫西门,杀人于门中,曰:“请报寒氏之役。”涉佗曰:“夫子则勇矣,然我往,必不敢

晋国人赵鞅包围卫国,是对夷仪战役的报复。起初,卫灵公在寒氏攻打邯郸午,攻陷邯郸城的西北并据守在那里,但到晚上部队就溃散了。到晋国包围卫国时,午带领七十个徒卒攻打卫国西门,把守门人杀死在门里,说:“让我报复寒氏那次战役。”涉佗说:“先生倒是勇敢,但我去攻门,肯定不敢开门。”也带

启门。”亦以徒七十人旦门焉，步左右，皆至而立，如植。日中不启门，乃退。反役，晋人讨卫之叛故，曰：“由涉佗、成何。”于是执涉佗以求成于卫，卫人不许，晋人遂杀涉佗。成何奔燕。君子曰：“此之谓弃礼，必不钧[5]。《诗》曰：‘人而无礼，胡不遄死[6]？’涉佗亦遄矣哉！”

了七十个徒卒清早去攻门，走向城门左右，到那儿就都站住，像栽的树一样。到中午卫国人还不敢打开城门，就退回来。收兵回国，晋国人责问卫国背叛的原因，卫国人说：“是由于涉佗、成何。”于是就逮捕涉佗来向卫国求和，卫国人不答应，晋国人就杀了涉佗。成何逃往燕国。君子说：“这就叫背弃礼义，两人的罪过肯定不一样。《诗》中说：‘人如果没有礼仪，何不快点死去？’涉佗也算是死得快了啊！”

注释 1 故：旧，指过去的礼制。 2 牺象：礼器，牺尊和象尊。 3 秕稗：粗劣卑微。秕是不饱壮的禾谷，稗是像禾的杂草，故用来形容享礼用物的粗劣卑微。 4 熸(jiān)：火灭，引申指军队溃散。 5 钧：同“均”。 6 遄(chuán)：快速。引诗为《诗经·鄘风·相鼠》篇。

初，叔孙成子欲立武叔，公若藐固谏曰[1]：“不可。”成子立之而卒。公南使贼射之[2]，不能杀。公南为马正[3]，使公若为郈宰。武叔既定，使郈马正侯犯杀公若，不能。其圉人曰：“吾以剑过朝，公若必曰谁之剑也，吾称子以告，必观之。

起初，叔孙成子想要立武叔，公若藐坚决劝谏说：“不可以。”叔孙成子立了武叔就去世了。公南派杀手射公若，没能杀死。公南做马正，让公若做郈地宰臣。武叔地位已经稳定之后，派郈地马正侯犯去杀公若，没能成功。他的马倌说：“我带剑经过朝宫，公若必定问是谁的剑，我说出您来告诉他，他一定要观剑。我就

吾伪固而授之末，则可杀也。”使如之。公若曰：“尔欲吴王我乎？”遂杀公若。侯犯以郈叛，武叔、懿子围郈[4]，弗克。

装做固陋不懂礼节而把剑尖递给他，就可以杀掉他。”武叔就让他像说的那样去做。公若说：“你想要把我当吴王吗？”于是就杀了公若。侯犯带领郈地人叛变，武叔、孟懿子包围郈地，没有攻下。

秋，二子及齐师复围郈，弗克。叔孙谓郈工师驷赤曰[5]：“郈非唯叔孙氏之忧，社稷之患也，将若之何？”对曰：“臣之业在《扬水》卒章之四言矣[6]。”叔孙稽首。驷赤谓侯犯曰：“居齐、鲁之际而无事，必不可矣，子盍求事于齐以临民？不然，将叛。”侯犯从之。

秋天，武叔、公南二人和齐军再次包围郈地，没有攻下。武叔对郈地工师驷赤说：“郈地不只是叔孙家的忧虑，也是国家的祸患，打算怎么办？”驷赤回答说：“下臣的事在《扬水》诗末章的四个字里了。”武叔磕头。驷赤对侯犯说：“处在齐、鲁之间而不侍奉他们，肯定不行，您何不请求侍奉齐国以统治百姓？不这样，他们将叛变。”侯犯听从了。

注释　1 公若藐：鲁国宗室。下文称“公若”。　2 公南：叔孙成子的家臣。3 马正：管理马的官长。　4 武叔懿子：即武叔、叔孙州仇，下文又称叔孙。5 工师：掌管工匠的官。　6 业：事。《扬水》：即《诗经·唐风·扬之水》篇。卒章之四言：指“我闻有命”一句。驷赤的意思是听从命令。

齐使至，驷赤与郈人为之宣言于郈中曰：“侯犯将以郈易于齐，齐人将迁郈民。”众凶惧。驷赤谓

齐国使者来到郈地，驷赤和郈地人为此在城中散布言论说：“侯犯打算用郈地和齐国交换，齐国人将迁走郈地百姓。”众人喧嚷恐惧。驷赤对侯犯

侯犯曰："众言异矣，子不如易于齐，与其死也。犹是郈也，而得纾焉[1]，何必此？齐人欲以此逼鲁，必倍与子地。且盍多舍甲于子之门，以备不虞？"侯犯曰："诺。"乃多舍甲焉。侯犯请易于齐，齐有司观郈，将至，驷赤使周走呼曰："齐师至矣！"郈人大骇，介侯犯之门甲[2]，以围侯犯。驷赤将射之，侯犯止之曰："谋免我。"侯犯请行，许之。驷赤先如宿[3]，侯犯殿，每出一门，郈人闭之。及郭门，止之，曰："子以叔孙氏之甲出，有司若诛之[4]，群臣惧死。"驷赤曰："叔孙氏之甲有物[5]，吾未敢以出。"犯谓驷赤曰："子止而与之数。"驷赤止而纳鲁人。侯犯奔齐，齐人乃致郈。

说："大家的说法各不相同，与其死，您不如和齐国交换。换来的还像是这郈地，同时又缓解了局势，何必死守在这里？齐国人想要利用这里威逼鲁国，一定会加倍换给你土地。而且何不多放些铠甲在您门口，以防备意外？"侯犯说："好。"就在门口放了很多铠甲。侯犯请求和齐国交换郈地，齐国官员要视察郈地，将到来的时候，驷赤派人到处奔跑呼喊："齐军到了！"郈地人大为震惊，穿上侯犯放在门口的铠甲，来包围侯犯。驷赤准备射那些人，侯犯制止他说："想办法让我脱身。"侯犯请求出走，大家答应了他。驷赤先去到宿地，侯犯随后，每走出一道门，郈地人就关上门。到了外城门，守门的人挡住他，说："您带着叔孙氏的铠甲出走，官员如果责问这件事，臣下们害怕会死。"驷赤说："叔孙氏的铠甲有标志，我们不敢带走。"侯犯对驷赤说："您留下和他们点数。"驷赤留下而接纳了鲁国人。侯犯逃奔到齐国，齐国人就把郈地交给了鲁国。

注释 1纾：缓解。 2介：穿，披。 3宿：齐国邑名。 4诛：责问。 5物：标志。

宋公子地嬖蘧富猎[1]，十一分其室，而以其五与之。公子地有白马四，公嬖向魋[2]，魋欲之。公取而朱其尾、鬣以与之。地怒，使其徒抶魋而夺之[3]。魋惧，将走，公闭门而泣之，目尽肿。母弟辰曰："子分室以与猎也，而独卑魋，亦有颇焉。子为君礼，不过出竟，君必止子。"公子地出奔陈，公弗止。辰为之请，弗听。辰曰："是我迋吾兄也[4]。吾以国人出，君谁与处？"冬，母弟辰暨仲佗、石彄出奔陈。

武叔聘于齐，齐侯享之，曰："子叔孙！若使郈在君之他竟，寡人何知焉？属与敝邑际[5]，故敢助君忧之。"对曰："非寡君之望也。所以事君，封疆社稷是以[6]，敢以家隶勤君之执事[7]？夫不令之臣，天下之所恶也，君岂以为

宋国的公子地宠爱蘧富猎，把自己的家产分成十一份，而把其中的五份给了他。公子地有白马四匹，宋景公宠爱向魋，向魋想要那些马。宋景公弄来马而染红它们的尾巴和鬃毛，把它们给了向魋。公子地发怒，叫他的仆卒鞭打向魋并夺回马。向魋害怕，打算逃跑，宋景公关上门为向魋哭泣，眼睛全肿了。宋景公的同母弟弟辰对公子地说："您分出家产给蘧富猎，却单单瞧不起向魋，也有偏心。您对国君有礼，最多不过走出国境，国君肯定会挽留您。"公子地出逃陈国，宋景公没有留他。辰替他请求，不听。辰说："这是我欺骗我兄长。我带领国人出国，君主和谁在一起？"冬天，同母弟弟辰和仲佗、石彄出逃到陈国。

武叔到齐国聘问，齐景公宴享他，说："子孙叔！如果让郈地处在君之外的其他边境，寡人知道什么呢？这里正好与敝国交界，所以敢帮着君分忧。"武叔回答说："这不是寡君的希望。之所以侍奉君，是为了国家，岂敢拿家臣的事来让执事受苦？不善良的臣下，是天下人憎恶的对象，君难道用

寡君赐?”

这个作为对寡君的恩赐?”

注释 1 嬖:宠爱。 2 魋:音 tuí。 3 抶(chì):鞭打。 4 迋:通“诳”,欺骗。 5 际:交界。 6 以:为。 7 家隶:家臣,指侯犯。

定公十一年

【经】

十有一年春,宋公之弟辰及仲佗、石彄、公子地自陈入于萧以叛[1]。

夏四月。

秋,宋乐大心自曹入于萧。

冬,及郑平。

叔还如郑莅盟。

十一年春天,宋景公的同母弟弟辰和仲佗、石彄、公子地从陈国进入萧地而叛变。

夏天四月。

秋天,宋国乐大心从曹国进入萧地。

冬天,鲁国和郑国言和。

叔还前往郑国参加结盟。

注释 1 彄:音 kōu。萧:宋国邑名。

【传】

十一年春,宋公母弟辰暨仲佗、石彄、公子地入于萧以叛。

秋,乐大心从之,大

十一年春天,宋景公同母弟弟辰和仲佗、石彄、公子地进入萧地而叛变。

秋天,乐大心追随他们叛变,给宋国造成很大的祸害,这是宠爱向魋的

为宋患，宠向魋故也。

缘故。

冬，及郑平，始叛晋也。

冬天，鲁国和郑国言和，这是背离晋国的开始。

定公十二年

【经】

十有二年春，薛伯定卒。

十二年春天，薛襄公定去世。

夏，葬薛襄公。

夏天，安葬薛襄公。

叔孙州仇帅师堕郈[1]。

武叔率领军队摧毁郈城。

卫公孟彄帅师伐曹。

卫国的公孟彄领兵攻打曹国。

季孙斯、仲孙何忌帅师堕费。

季桓子、孟懿子领兵毁坏费邑。

秋，大雩。

秋天，举行求雨大祭。

冬十月癸亥，公会齐侯盟于黄。

冬天十月二十七日，鲁定公会合齐景公在黄地结盟。

十有一月丙寅朔[2]，日有食之。

十一月初一日，发生日食。

公至自黄。

鲁定公从黄地回到鲁国。

十有二月，公围成。

十二月，定公包围成地。

公至自围成。

定公包围成地后回到国都。

注释 1 堕：通“隳(huī)”，毁坏。 2 后人推算当为十月。

【传】

十二年夏，卫公孟彄伐曹，克郊。还，滑罗殿。未出，不退于列。其御曰："殿而在列，其为无勇乎？"罗曰："与其素厉[1]，宁为无勇。"

仲由为季氏宰，将堕三都[2]，于是叔孙氏堕郈。季氏将堕费，公山不狃、叔孙辄帅费人以袭鲁。公与三子入于季氏之宫，登武子之台。费人攻之，弗克。入及公侧，仲尼命申句须、乐颀下[3]，伐之，费人北。国人追之，败诸姑蔑。二子奔齐，遂堕费。将堕成，公敛处父谓孟孙[4]："堕成，齐人必至于北门。且成，孟氏之保障也，无成，是无孟氏也。子伪不知，我将不堕。"

冬十二月，公围成，弗克。

十二年夏天，卫国的公孟彄攻打曹国，攻占郊地。军队返回时，滑罗殿后。还未走出曹国，滑罗就不离开队列了。他的驾车人说："殿后却走在队列中，恐怕是缺少勇气吧？"滑罗说："与其空得勇猛之名，不如表现得缺少勇气。"

仲由做季氏的宰臣，打算摧毁三都，于是叔孙氏就毁掉郈城。季氏准备毁掉费邑，公山不狃、叔孙辄率领费邑人侵袭鲁国都城。鲁定公和孟懿子、武叔、季桓子三人进入季氏宫中，登上武子之台。费邑人攻打他们，没有攻下。攻进宫的人到了定公一侧，孔子命令申句须、乐颀下台，去攻击他们，费邑人败走。国都的人们追击他们，在姑蔑打败他们。公山不狃、叔孙辄两人逃亡到齐国，于是就摧毁了费邑。准备毁掉成邑，公敛处父对孟孙说："毁掉成邑，齐国人肯定会从北门到来。而且成邑是孟氏的保障，没有它，那就等于没有孟氏。您假装不知道，我打算不毁掉成邑。"

冬天十二月，定公包围成邑，没有攻下。

注释 1素:白,空。厉:勇猛。 2三都:指季孙氏、叔孙氏、孟孙氏三家的采邑。 3申句须、乐颀:鲁国大夫。 4公敛处父:成邑宰臣。

定公十三年

【经】

十有三年春,齐侯、卫侯次于垂葭。

夏,筑蛇渊囿。

大蒐于比蒲。

卫公孟彄帅师伐曹。

秋,晋赵鞅入于晋阳以叛。

冬,晋荀寅、士吉射入于朝歌以叛。

晋赵鞅归于晋。

薛弑其君比。

十三年春天,齐景公、卫灵公临时住在垂葭。

夏天,修筑蛇渊囿。

在比蒲举行大规模阅兵。

卫国的公孟彄领兵攻打曹国。

秋天,晋国的赵鞅进入晋阳而叛变。

冬天,晋国的荀寅、范吉射进入朝歌而叛变。

晋国的赵鞅回到晋都。

薛国杀了他们的国君比。

【传】

十三年春,齐侯、卫侯次于垂葭,实郹氏[1]。使师伐晋,将济河,诸大夫皆曰不可,邴意兹曰:"可。锐师伐河内,传必

十三年春天,齐景公、卫灵公临时住在垂葭,实际上就是郹氏。派兵攻打晋国,准备渡过黄河,大夫们都说不行,邴意兹说:"可以。以精锐部队攻打河内,敌人送信的传车一定会几天才

数日而后及绛[2]。绛不三月不能出河，则我既济水矣。”乃伐河内。齐侯皆敛诸大夫之轩，唯邴意兹乘轩。齐侯欲与卫侯乘，与之宴，而驾乘广[3]，载甲焉。使告曰：“晋师至矣！”齐侯曰：“比君之驾也，寡人请摄。”乃介而与之乘，驱之。或告曰：“无晋师。”乃止。

晋赵鞅谓邯郸午曰：“归我卫贡五百家，吾舍诸晋阳。”午许诺。归，告其父兄，父兄皆曰：“不可。卫是以为邯郸，而置诸晋阳，绝卫之道也。不如侵齐而谋之。”乃如之，而归之于晋阳。赵孟怒，召午，而囚诸晋阳。使其从者说剑而入[4]，涉宾不可[5]。乃使告邯郸人曰：“吾私有讨于午也，二三子唯所欲立。”遂杀午。赵稷、涉宾以邯郸叛。

能到达绛地。绛地人没有三个月到不了黄河，那我们已经凯旋渡河了。”于是就攻打河内。齐景公把大夫们的车子都收起来，只有邴意兹乘车。齐景公想要和卫灵公一起坐车，和他一起宴饮，然后驾起乘广车，装上铠甲。使者报告说：“晋军到了。”齐景公说：“等到君套好了车，寡人请求代理驾车。”就穿上铠甲和卫灵公同乘，驱车前进。有人报告说：“没有晋军。”就停了下来。

晋国赵鞅对邯郸午说：“把卫国的五百家贡户归还我，我要把他们安置到晋阳。”邯郸午答应了。邯郸午回家，告诉他的父兄，父兄都说：“不行。卫国是用这五百户帮助邯郸的，如果把他们迁到晋阳去，这是断绝与卫国的来往。不如侵袭齐国以寻求办法。”就像说的那样做，从而把五百户迁到了晋阳。赵鞅发怒，召见邯郸午，把他囚禁在晋阳。赵鞅让他的随从解下剑再进去，涉宾不肯。赵鞅就派人告诉邯郸人说：“我私人将对邯郸午进行惩罚，您几位尽管立想要立的人。”就杀了邯郸午。赵稷、涉宾带领邯郸人叛变。

注释 1 郹(jú)氏:即垂葭,齐国邑名。 2 传(zhuàn):驿车。 3 乘广:车名。 4 说:同“脱”。 5 涉宾:邯郸午的家臣。

夏六月,上军司马籍秦围邯郸。邯郸午,荀寅之甥也;荀寅,范吉射之姻也[1],而相与睦,故不与围邯郸,将作乱。董安于闻之[2],告赵孟曰:“先备诸!”赵孟曰:“晋国有命,始祸者死,为后可也。”安于曰:“与其害于民,宁我独死,请以我说。”赵孟不可。秋七月,范氏、中行氏伐赵氏之宫[3],赵鞅奔晋阳,晋人围之。

夏天六月,上军司马籍秦包围邯郸。邯郸午是荀寅的外甥,荀寅是范吉射的亲家,彼此和睦,所以没参与包围邯郸,将要发起叛乱。董安于听说了,报告赵鞅说:“先防备他们吧!”赵鞅说:“晋国有命令,首先发起祸乱的处死,我们事发后对付他们就可以了。”董安于说:“与其害民,宁愿我一人死,请拿我做解释。”赵鞅不同意。秋天七月,范氏、中行氏攻打赵氏的宫室,赵鞅逃到晋阳,晋国人包围那里。

范皋夷无宠于范吉射,而欲为乱于范氏。梁婴父嬖于知文子[4],文子欲以为卿。韩简子与中行文子相恶,魏襄子亦与范昭子相恶。故五子谋,将逐荀寅而以梁婴父代之,逐范吉射而以范皋夷代之。荀跞言于晋侯曰:“君命大臣,始祸者死,载书在河。今三臣始祸,

范皋夷不受范吉射宠爱,就想要在范氏家族中作乱。梁婴父被荀跞所宠信,荀跞想让他做卿。韩不信和荀寅关系恶劣,魏曼多也和范吉射互相不和。所以范皋夷等五人策划,打算赶走荀寅而让梁婴父代替他,驱逐范吉射而让范皋夷取代他。荀跞对晋定公说:“君命令大臣,首先发动祸乱的处死,盟书还在黄河里。如今范氏、中行氏、赵氏三位大臣首先挑起

而独逐鞅，刑已不钧矣[5]，请皆逐之。”

祸乱，却只驱逐赵鞅，处罚已经不公平了，请都赶走。”

注释 1 姻：亲家，女婿的父亲。 2 董安于：赵氏家臣。 3 范氏：范吉射，也就是范昭子。中行氏：中行文子，也就是荀寅。 4 知文子：荀跞。 5 钧：同“均”。

冬十一月，荀跞、韩不信、魏曼多奉公以伐范氏、中行氏，弗克。二子将伐公[1]，齐高彊曰：“三折肱知为良医。唯伐君为不可，民弗与也。我以伐君在此矣。三家未睦[2]，可尽克也，克之，君将谁与？若先伐君，是使睦也。”弗听，遂伐公。国人助公，二子败，从而伐之。丁未，荀寅、士吉射奔朝歌。韩、魏以赵氏为请。十二月辛未，赵鞅入于绛，盟于公宫。

冬天十一月，荀跞、韩不信、魏曼多奉晋定公攻打范氏、中行氏，没有取胜。这两个人打算还击晋定公，齐国的高彊说：“多次折断胳膊懂得做个好医生了。只有攻打国君是不可取胜的，因为老百姓不赞成。我就因攻打国君而逃到这里了。那三家不和睦，完全可以战胜他们，打败了他们，君主将依靠哪个？如果先攻打国君，那是促使他们和睦。”不听，于是攻打晋定公。国人帮助晋定公，范氏、中行氏失败，三家跟着又攻打他们。十八日，荀寅、范吉射逃往朝歌。韩不信、魏曼多因赵鞅的事向晋定公请求。十二月十二日，赵鞅进入绛地，在公宫盟誓。

初，卫公叔文子朝而请享灵公[3]，退，见史鳝而告之。史鳝曰：“子必祸矣！子富而君贪，罪其及子乎！”文子曰：“然。吾

起初，卫国的公叔发上朝请求设宴招待卫灵公，退朝后，见到史鳝就告诉了他。史鳝说：“您一定要遭祸了！您富有而君主贪心，罪祸将落到您头上

不先告子,是吾罪也。君既许我矣,其若之何?”史鳍曰:“无害,子臣,可以免。富而能臣,必免于难,上下同之。戍也骄[4],其亡乎!富而不骄者鲜,吾唯子之见。骄而不亡者,未之有也。戍必与焉。”及文子卒,卫侯始恶于公叔戍,以其富也。公叔戍又将去夫人之党,夫人诉之曰:“戍将为乱。”

了吧!”公叔发说:“是这样。我没有先告诉您,是我的罪过。国君已经答应我了,该怎么办?”史鳍说:“没有妨害,您尽臣子之礼,可以免祸。富有而能尽臣礼,肯定可以免于祸难,上上下下都是这样。您儿子戍骄纵,恐怕会逃亡吧!富有而不骄纵的少有,我只见到您。骄纵而不逃亡的人,是没有的。公叔戍必定会陷进去。”到公叔发去世,卫灵公开始厌恶公叔戍,就因为他富有。公叔戍又打算除掉卫灵公夫人的党羽,夫人控告他说:“公叔戍将作乱。”

注释 1 二子:指范氏、中行氏。 2 三家:指荀跞、韩不信、魏曼多。 3 公叔文子:即公叔发。 4 戍:公叔戍,公叔文子的儿子。

定公十四年

【经】

十有四年春,卫公叔戍来奔。

卫赵阳出奔宋。

二月辛巳,楚公子结、陈公孙佗人帅师灭顿,以顿子牂归。

十四年春天,卫国的公叔戍逃亡前来。

卫国的赵阳出逃到宋国。

二月二十三日,楚国的公子结、陈国的公孙佗人率军队灭亡了顿国,带了顿国君主牂回国。

夏，卫北宫结来奔。

五月，於越败吴于槜李[1]。

吴子光卒。

公会齐侯、卫侯于牵[2]。

公至自会。

秋，齐侯、宋公会于洮[3]。

天王使石尚来归脤[4]。

卫世子蒯聩出奔宋。

卫公孟彄出奔郑。

宋公之弟辰自萧来奔。

大蒐于比蒲。

邾子来会公。

城莒父及霄。

夏天，卫国的北宫结逃亡来到鲁国。

五月，越国在槜李打败吴国。

吴王阖庐去世。

鲁定公在牵地会见齐景公、卫灵公。

定公从会见的地方回到鲁国。

秋天，齐景公、宋景公在洮地盟会。

周敬王派石尚来鲁国赠送脤肉。

卫国太子蒯聩出逃到宋国。

卫国的公孟彄出逃到郑国。

宋景公的弟弟辰从萧地逃亡来到鲁国。

在比蒲举行大规模阅兵。

邾国君主前来会见鲁定公。

在莒父和霄地筑城。

注释 1 槜李：越国地名，在今浙江嘉兴南。 2 牵：卫国地名，在今河南浚县北。 3 洮：曹国地名。 4 脤(shèn)：祭祀使用的生肉。古礼，天子把脤肉分送同姓诸侯，以示共福。

【传】

十四年春，卫侯逐公叔戍与其党，故赵阳奔宋，

十四年春天，卫灵公驱逐公叔戍和他的同党，所以赵阳逃往宋国，公叔

戍来奔。

梁婴父恶董安于，谓知文子曰："不杀安于，使终为政于赵氏，赵氏必得晋国。盍以其先发难也讨于赵氏？"文子使告于赵孟曰："范、中行氏虽信为乱，安于则发之，是安于与谋乱也。晋国有命，始祸者死，二子既伏其罪矣，敢以告。"赵孟患之。安于曰："我死而晋国宁，赵氏定，将焉用生？人谁不死，吾死莫矣[1]。"乃缢而死。赵孟尸诸市[2]，而告于知氏曰："主命戮罪人，安于既伏其罪矣，敢以告。"知伯从赵孟盟[3]，而后赵氏定，祀安于于庙。

顿子牂欲事晋，背楚而绝陈好。二月，楚灭顿。

夏，卫北宫结来奔，公叔戍之故也。

戍逃亡来到鲁国。

梁婴父讨厌董安于，对荀跞说："不杀董安于，让他始终在赵氏家族主持政事，赵氏必然得到晋国。何不利用他首先发难的借口讨伐赵氏呢？"荀跞派人向赵鞅报告说："范氏、中行氏虽然确实发动了叛乱，但实际上是董安于引起的，这等于是安于参与策划叛乱。晋国有命令，首先制造祸乱的处死，他们二人已经伏罪了，大胆以实情相告。"赵鞅对此很担心。董安于说："我死而晋国安宁，赵氏稳定，哪里还用活着？人哪个不死，我死得算晚了。"就自缢而死。赵鞅把他的尸体陈列街头，向荀跞报告说："您命令诛杀罪人，董安于已经伏罪了，谨以此相告。"荀跞跟赵鞅结盟，然后赵氏才安定，在家庙里祭奠董安于。

顿国君主牂想要侍奉晋国，背叛楚国而断绝和陈国的友好关系。二月，楚国灭亡顿国。

夏天，卫国的北宫结逃亡来到鲁国，是因为公叔戍的缘故。

注释 1 莫：同"暮"。 2 尸：暴尸，陈尸。名词作动词用。 3 知伯：即荀跞。

吴伐越，越子句践御之，陈于槜李。句践患吴之整也，使死士再禽焉[1]，不动。使罪人三行，属剑于颈，而辞曰："二君有治，臣奸旗鼓[2]，不敏于君之行前，不敢逃刑，敢归死。"遂自刭也。师属之目[3]，越子因而伐之，大败之。灵姑浮以戈击阖庐[4]，阖庐伤将指[5]，取其一屦。还，卒于陉，去槜李七里。夫差使人立于庭，苟出入，必谓己曰："夫差，而忘越王之杀而父乎[6]？"则对曰："唯，不敢忘！"三年乃报越。

吴国攻打越国，越王句践抵御吴国，在槜李摆开战阵。句践担心吴军阵容严整，便派敢死兵两次擒拿吴军，吴军不动。又派罪人排成三队，把剑架在脖子上，致辞说："两国君王治兵交战，下臣违犯军令，在君王的军队前表现出无能，不敢逃避处罚，大胆归向死亡。"于是自刎。吴军注视着他们，越王就乘机攻打，大败吴军。灵姑浮用戈攻击吴王，吴王伤了大脚趾，灵姑浮夺取了他的一只鞋。吴王返回，死在陉地，离槜李七里。夫差派人站在庭院里，如果自己出入，一定要对自己说："夫差，你忘了越王杀死你的父亲吗？"就回答说："嗯，不敢忘！"三年才报复了越国。

晋人围朝歌，公会齐侯、卫侯于脾、上梁之间[7]，谋救范、中行氏。析成鲋、小王桃甲率狄师以袭晋[8]，战于绛中，不克而还，士鲋奔周[9]，小王桃甲入于朝歌。秋，齐侯、宋公会于洮，范氏故也。

晋国人包围朝歌，鲁定公在脾地、上梁之间和齐景公、卫灵公会见，商量救援范氏和中行氏。析成鲋、小王桃甲率领狄军来袭击晋国，在绛中交战，没有取胜而返回，析成鲋逃亡到成周，小王桃甲进入朝歌。秋天，齐景公、宋定公在洮地会见，是为了营救范氏的缘故。

注释 1死士:敢死之士。禽:通“擒”。 2奸:违犯。旗鼓:指代军令。 3属:通“瞩”。 4灵姑浮:越国大夫。 5将指:足大趾。 6而:尔,你。 7脾、上梁之间:也就是牵,卫地。 8析成鲋、小王桃甲:两人都是晋国大夫。 9士鲋:即析成鲋。

卫侯为夫人南子召宋朝[1],会于洮,大子蒯聩献盂于齐[2],过宋野。野人歌之曰:“既定尔娄猪[3],盍归吾艾豭[4]?”大子羞之,谓戏阳速曰[5]:“从我而朝少君,少君见我,我顾,乃杀之。”速曰:“诺。”乃朝夫人。夫人见大子,大子三顾,速不进。夫人见其色,啼而走,曰:“蒯聩将杀余!”公执其手以登台。大子奔宋,尽逐其党,故公孟彄出奔郑,自郑奔齐。大子告人曰:“戏阳速祸余。”戏阳速告人曰:“大子则祸余。大子无道,使余杀其母。余不许,将戕于余[6]。若杀夫人,将以余说[7]。余是故许而弗为,以纾余死[8]。谚曰:‘民保于信。’吾以信义也。”

卫灵公为了夫人南子召见宋朝,在洮地会见,卫太子蒯聩到齐国去献盂地,经过宋国乡野。乡野的人对他唱道:“已经安定了你们的母猪,为什么不归还我们的老公猪?”太子感到羞耻,对戏阳速说:“跟我去朝见夫人,夫人接见我,我回头看时,就杀了她。”戏阳速说:“好的。”就朝见夫人。夫人接见太子,太子三次回头看,戏阳速不进去。夫人看到太子的脸色,哭叫着逃跑,说:“蒯聩想要杀我!”卫灵公抓住她的手登上高台。卫太子逃往宋国,卫灵公全部赶跑他的同党,所以公孟彄出逃郑国,从郑国逃到齐国。蒯聩告诉别人说:“戏阳速害我。”戏阳速告诉别人说:“是太子害我。太子没有道义,叫我杀他的母亲。我不答应,会残杀我。如果杀了夫人,将用我解脱自己。因此我答应他但不去干,以让自己死得慢点。俗话说:‘百姓用信义保全自己。’我就是用的信义。”

冬十二月，晋人败范、中行氏之师于潞，获籍秦、高彊。又败郑师及范氏之师于百泉。

冬天十二月，晋国人在潞地打败范氏、中行氏的军队，俘虏了籍秦、高彊。又在百泉打败了郑国军队和范氏的军队。

注释 1 宋朝：宋国公子，名朝。曾与南子私通。 2 盂：卫国邑名。3 娄猪：求偶的母猪。娄，通“䝏(lóu)”。 4 艾豭(jiā)：公猪。艾，有老的意思。此以娄猪喻南子，艾豭喻宋朝。 5 戏阳速：卫太子家臣。 6 戕：残杀。 7 说：通“脱”。 8 纾：缓。

定公十五年

【经】

十有五年春，王正月，邾子来朝。

十五年春天，周历正月，邾国君主前来朝见。

鼷鼠食郊牛[1]，牛死，改卜牛。

鼷鼠咬食准备用来郊祭的牛，牛死了，通过占卜换了一头牛。

二月辛丑，楚子灭胡，以胡子豹归。

二月十九日，楚昭王灭亡胡国，带了胡君豹回国。

夏五月辛亥，郊。

夏天五月初一日，举行郊祭。

壬申，公薨于高寝[2]。

二十二日，鲁定公在正寝去世。

郑罕达帅师伐宋。

郑国的罕达率军队攻打宋国。

齐侯、卫侯次于渠蒢[3]。

齐景公、卫灵公临时驻扎在渠蒢。

邾子来奔丧。

邾君前来奔丧。

秋七月壬申，姒氏卒。

八月庚辰朔，日有食之。

九月，滕子来会葬。

丁巳，葬我君定公，雨，不克葬。戊午，日下昃[4]，乃克葬。

辛巳，葬定姒。

冬，城漆。

秋天七月二十三日，定公夫人姒氏去世。

八月初一日，发生日食。

九月，滕君前来参加葬礼。

初九日，安葬我国君定公，下雨，安葬没有完成。初十日，太阳偏西时才完成安葬。

十月初三日，安葬姒氏。

冬天，修筑漆城。

注释 1 鼷(xī)鼠：一种小老鼠。郊牛：用于郊祭的牛。郊，即郊祀，祭祀天地。 2 高寝：正寝，居室的正室。 3 渠蒢：《传》文作“蘧挐”。 4 昃：太阳偏西，指下午。又分中昃、下昃，中昃为未时(下午一时至三时)，下昃为申时(下午三时至五时)。

【传】

十五年春，邾隐公来朝，子贡观焉。邾子执玉高，其容仰；公受玉卑，其容俯。子贡曰：“以礼观之，二君者皆有死亡焉。夫礼，死生存亡之体也，将左右周旋，进退俯仰，于是乎取之；朝祀丧戎，于是乎观之。今正月

十五年春天，邾隐公前来朝见，子贡在朝上观礼。邾隐公献玉时把玉举得很高，他的脸仰着；定公接受玉时姿势很低，他的脸俯着。子贡说：“按照礼来看，两位君主都有死亡的迹象。礼是生死存亡的本体，人的一举一动，应酬揖让，进退俯仰，都从这里取得准则；朝觐、祭祀、服丧、征战都在这里观察得失。如今在正月互相朝见，却都不合礼法，说明

相朝，而皆不度，心已亡矣。嘉事不体[1]，何以能久？高仰，骄也；卑俯，替也[2]。骄近乱，替近疾，君为主，其先亡乎！”

吴之入楚也，胡子尽俘楚邑之近胡者。楚既定，胡子豹又不事楚，曰：“存亡有命，事楚何为？多取费焉。”二月，楚灭胡。

夏五月壬申，公薨。仲尼曰：“赐不幸言而中，是使赐多言者也。”

郑罕达败宋师于老丘。齐侯、卫侯次于蘧挐，谋救宋也。

秋七月壬申，姒氏卒。不称夫人，不赴，且不祔也[3]。

葬定公，雨，不克襄事[4]，礼也。

葬定姒，不称小君，不成丧也。

冬，城漆。书，不时告也。

心志已经衰亡了。好事做得不合礼仪，靠什么能够长久？高和仰，这是骄傲；低和俯，这是衰落。骄傲离祸乱不远，衰落接近于疾病，定公是主人，恐怕会先死吧！”

吴军进入楚国的时候，胡君全部俘虏了靠近胡国的楚国城邑的居民。楚国安定之后，胡君豹又不侍奉楚国，说：“存亡自有天命，侍奉楚国干什么？那样只是多花去一些费用而已。”二月，楚国灭掉了胡国。

夏天五月二十二日，定公去世。孔子说：“子贡不幸而言中，这使得子贡成了多嘴的人。”

郑国的罕达在老丘打败宋军。齐景公、卫灵公临时驻扎在蘧挐，是为了谋求救援宋国。

秋天七月二十三日，姒氏去世。《春秋》不称她夫人，是因为没有发讣告，而且没有举行祔祭。

安葬定公，下雨，没能完成丧事，这是合乎礼的。

安葬姒氏，《春秋》不称她为小君，是因为没办成夫人规格的葬礼。

冬天，鲁国修筑漆城。《春秋》加以记载，是因为没有按时祭告。

注释 **1** 体:指礼。上文:“夫礼,死生存亡之体也。” **2** 替:废,怠,衰落。**3** 祔:祭名,新死者与祖先合在一起祭祀。按古礼,夫人去世,要与祖姑合祭。 **4** 襄:成。

哀公

春秋左传

哀公元年

【经】

元年春，王正月，公即位[1]。

楚子、陈侯、随侯、许男围蔡。

鼷鼠食郊牛，改卜牛。夏四月辛巳，郊。

秋，齐侯、卫侯伐晋。

冬，仲孙何忌帅师伐邾。

元年春天，周历正月，哀公即位。

楚昭王、陈闵公、随君、许君包围蔡国。

鼷鼠咬食准备用来郊祭的牛，为换牛举行占卜。夏天四月初六日，举行郊祭。

秋天，齐景公、卫灵公攻打晋国。

冬天，孟懿子领兵攻打邾国。

注释 1公：哀公，鲁定公的儿子，名蒋，周敬王二十六年即位。

【传】

元年春，楚子围蔡，报柏举也[1]。里而栽[2]，广丈，高倍。夫屯昼夜九日，如子西之素[3]。蔡人男女以辨[4]，使疆于江、汝之间而还[5]。蔡于是乎请迁于吴。

元年春天，楚昭王包围蔡国，是报复柏举那次战役。距离蔡都一里而修筑堡垒，宽一丈，高两丈。士卒驻守九个昼夜，就像子西的预定计划那样。蔡国人男女分别出城投降，楚王就让蔡国在长江、汝水之间划界为国就返回楚国。蔡国于是请求迁到吴国去。

吴王夫差败越于夫椒，报槜李也，遂入越。越子以甲楯五千保于会稽，使大夫种因吴大宰嚭以行成，吴子将许之。伍员曰："不可。臣闻之：'树德莫如滋，去疾莫如尽。'昔有过浇杀斟灌以伐斟鄩，灭夏后相，后缗方娠，逃出自窦，归于有仍，生少康焉。为仍牧正，惎浇[6]，能戒之。浇使椒求之，逃奔有虞，为之庖正，以除其害。虞思于是妻之以二姚，而邑诸纶[7]，有田一成，有众一旅[8]。能布其德，而兆其谋[9]，以收夏众，抚其官职。使女艾谍浇[10]，使季杼诱豷，遂灭过、戈，复禹之绩，祀夏配天，不失旧物。今吴不如过，而越大于少康，或将丰之，不亦难乎？句践能亲而务施，施不失人，亲

吴王夫差在夫椒打败越国，报复槜李那次战役，随即进入越国。越王率领五千披甲持盾的战士守在会稽山，派大夫文种通过吴国太宰嚭去求和，吴王准备答应越国。伍员说："不可以。我听说：'树立德行最好是使它不断滋长，去除疾患最好是使它断根。'从前有过国的君主浇杀了斟灌以攻打斟鄩，灭掉了夏后相，夏后相的妻子后缗正有身孕，从墙洞里逃出来，回到有仍国，生了少康。少康做了有仍国的牧长，憎恨浇，能防备他。浇派椒搜寻少康，他逃亡到有虞国，做了它的庖正，以消除自己的祸难。虞思于是把两个女儿嫁给他为妻，把他封在纶邑，有十里见方的田土，有徒众五百人。能遍施他的恩德，开始实行他自己的谋略，来收罗夏朝的遗民，抚慰他们的官吏。派女艾刺探浇，派季杼引诱豷，于是灭亡了有过国和戈国，恢复了禹的业绩，将夏朝的祖先与天帝一起祭祀，没有丢掉过去的典章制度。如今吴国不及有过国，而越国比少康强大，上天或许要使它强盛起来，吴国不又是难办了吗？句践能亲爱别人并致力于施恩，施恩则不失人心，亲爱别人则得到别人的效劳，和

不弃劳，与我同壤，而世为仇雠。于是乎克而弗取，将又存之，违天而长寇仇，后虽悔之，不可食已。姬之衰也，日可俟也。介在蛮夷[11]，而长寇仇，以是求伯[12]，必不行矣。”弗听，退而告人曰：“越十年生聚，而十年教训，二十年之外，吴其为沼乎！”三月，越及吴平。吴入越，不书，吴不告庆，越不告败也。

我们同一块土地，却又世世代代是仇敌。在这时战胜了却不夺取它，又打算保存它，违背上天而使仇敌成长，以后即使后悔，也是吃不消的。姬姓国家的衰亡，指日可待。夹在蛮夷之间，又使仇敌成长，用这样的方法求做霸主，肯定是不行的。”吴王不听，伍员退下就告诉别人说：“越国用十年时间生息积蓄，用十年时间教育训导，二十年之后，吴国恐怕会成为废墟了。”三月，越国和吴国言和。吴国人进入越国，《春秋》不记载，是因为吴国没有报告喜庆胜利，越国也没有报告失败。

注释 1报柏举：见定公四年《经》《传》。 2里：用为动词，距蔡都一里。栽：指修筑堡垒。古代筑土为墙，筑土前需要竖立直木安上夹板，所以叫栽。 3子西：即公子申。素：指预定计划。 4辨：分别。 5疆：划界为国。6惎(jì)：憎恨。 7邑：用为动词，封邑。 8一成：十里见方。一旅：五百人。9兆：开始。 10谍：刺探。 11介：夹，居中。 12伯：通“霸”。

夏四月，齐侯、卫侯救邯郸，围五鹿[1]。

吴之入楚也，使召陈怀公。怀公朝国人而问焉，曰：“欲与楚者右，欲与吴者左[2]。”陈人从

夏天四月，齐景公、卫灵公救援邯郸，包围五鹿。

吴国攻入楚国的时候，派人召见陈怀公。陈怀公让国都内的贵族上朝而向他们询问，说：“想要赞助楚国的站在右边，想要赞助吴国的站到左边。”陈国

田，无田从党。逢滑当公而进[3]，曰："臣闻国之兴也以福，其亡也以祸。今吴未有福，楚未有祸，楚未可弃，吴未可从。而晋，盟主也，若以晋辞吴，若何？"公曰："国胜君亡，非祸而何？"对曰："国之有是多矣，何必不复？小国犹复，况大国乎？臣闻国之兴也，视民如伤，是其福也。其亡也，以民为土芥，是其祸也。楚虽无德，亦不艾杀其民[4]。吴日敝于兵[5]，暴骨如莽，而未见德焉。天其或者正训楚也[6]，祸之适吴，其何日之有？"陈侯从之。及夫差克越，乃修先君之怨。秋八月，吴侵陈，修旧怨也。

人都根据田土的位置分别站到左边或右边，没有田土的则跟从族党。逢滑正对着陈怀公走上前去，说："我听说国家的兴盛是因为福，它的灭亡是由于祸。如今吴国没有福，楚国没有祸，楚国不能背弃，吴国不能追随。而晋国是盟主，如果借晋国拒绝吴国，怎么样？"陈怀公说："国家被战胜而君主逃亡，不是祸又是什么？"逢滑回答说："国家有这种事的很多，怎么就肯定不能复兴？小国尚且能复兴，何况是大国呢？我听说国家在兴盛时，看待老百姓就像受伤的人一样，这是它的福。在它灭亡的时候，把老百姓当作尘土草芥，这正是它的祸。楚国即使没有德，也没有杀它的百姓。吴国在战争中一天天衰败，暴露尸骨像草莽一样多，而又没有表现出德行。上天也许要使楚国正直和顺，灾祸到达吴国，还会有多少时候呢？"陈怀公听从了。等到夫差攻下越国，就清算先君的仇怨。秋天八月，吴国侵袭陈国，就是清算过去的怨恨。

注释　1五鹿：晋国邑名。　2与：赞成，帮助。　3逢滑：陈国大夫。　4艾：通"刈"，也是杀的意思。　5敝：衰败。　6。训楚：使楚顺。训，通"顺"。

齐侯、卫侯会于乾侯，救范氏也。师及齐师、卫孔圉、鲜虞人伐晋，取棘蒲。

吴师在陈，楚大夫皆惧，曰："阖庐惟能用其民，以败我于柏举。今闻其嗣又甚焉，将若之何？"子西曰："二三子恤不相睦，无患吴矣。昔阖庐食不二味，居不重席，室不崇坛[1]，器不彤镂[2]，宫室不观[3]，舟车不饰，衣服财用择不取费。在国，天有灾疠，亲巡孤寡而共其乏困。在军，熟食者分而后敢食，其所尝者，卒乘与焉。勤恤其民而与之劳逸，是以民不罢劳，死知不旷[4]。吾先大夫子常易之，所以败我也。今闻夫差次有台榭陂池焉[5]，宿有妃嫱嫔御焉。一日之行，所欲必成，玩好必从。珍异是聚，观乐是务，视民

齐景公、卫灵公在乾侯相会，是为了救援范氏。我国军队与齐军、卫孔圉、鲜虞人攻打晋国，夺取棘蒲。

吴军驻扎在陈国，楚国大夫都很害怕，说："阖庐善于使用他的老百姓，因而在柏举打败我们。如今听说他的接班人比他更厉害，将把他怎么办？"子西说："您几位要担忧互相不和睦，不要担心吴国。过去阖庐吃饭不用两个菜，坐地不用两重席垫，房屋不筑高坛，器具不染色彩不加雕刻，宫室不修建楼台亭观，车船不加装饰，衣服货物器用的选择不浪费。在国内，天有灾害疫病时，亲自巡视安抚孤寡，在他们缺衣少食、艰难困苦的时候，供给他们衣食和用度。在军中，食物做熟了要等分给了每个士卒然后自己才吃，他所品尝的食物，士兵也能分享。辛勤地体恤他的百姓并和他们甘苦与共，因此老百姓不辞疲劳，死了也知道不会白死。我们的先大夫囊瓦改变了做法，这才是使我国失败的原因。现在听说夫差临时住宿也有楼台池塘，睡觉有嫔妃宫女。一天的行程，想要的享受必定办成，玩赏爱好的东西必定带上。积聚珍贵稀有的东西，追求观赏取乐，看待百姓如同

如仇，而用之日新。夫先自败也已，安能败我？”

冬十一月，晋赵鞅伐朝歌。

仇敌，而驱使他们一天一个花样。这是首先把自己打败了，怎么能打败我们呢？”

冬天十一月，晋国的赵鞅攻打朝歌。

注释 1 崇：高。这里是高筑之义。坛：高台。 2 彤：朱红色。这里是染色之义。 3 观：台观。作动词用，修筑台观。 4 旷：空，等于说白白。 5 陂：池。

哀公二年

【经】

二年春，王二月，季孙斯、叔孙州仇、仲孙何忌帅师伐邾，取漷东田及沂西田。

癸巳，叔孙州仇、仲孙何忌及邾子盟于句绎[1]。

夏四月丙子，卫侯元卒。

滕子来朝。

晋赵鞅帅师纳卫世子蒯聩于戚[2]。

秋八月甲戌，晋赵鞅帅师及郑罕达帅师战于铁[3]。郑师败绩。

冬十月，葬卫灵公。

二年春天，周历二月，季桓子、武叔、孟懿子率领军队攻打邾国，夺取漷水以东的田土及沂水以西的田土。

二十三日，武叔、孟懿子与邾国君主在句绎结盟。

夏天四月初七日，卫灵公元去世。

滕国君主前来鲁国朝见。

晋国的赵鞅领兵把卫国的太子蒯聩送到戚地。

秋天八月初七日，晋国的赵鞅率领军队在铁地与郑国罕达率领的军队交战。郑国军队大败。

十有一月，蔡迁于州来。

蔡杀其大夫公子驷。

冬天十月，安葬卫灵公。

十一月，蔡国迁到州来。

蔡国杀了他们的大夫公子驷。

注释 1 句绎：邾国邑名，在今山东邹城东南。 2 戚：卫国邑名，在今河南濮阳北。 3 铁：丘名，在戚城南面。

【传】

二年春，伐邾，将伐绞，邾人爱其土，故赂以漷、沂之田而受盟[1]。

二年春天，鲁军攻打邾国，准备攻打绞地，邾国人爱惜他们的故土，所以用漷水、沂水一带的田土来贿赂而接受盟约。

初，卫侯游于郊，子南仆[2]。公曰："余无子，将立女。"不对。他日又谓之，对曰："郢不足以辱社稷，君其改图。君夫人在堂，三揖在下[3]，君命祇辱[4]。"夏，卫灵公卒，夫人曰："命公子郢为大子，君命也。"对曰："郢异于他子，且君没于吾手，若有之，郢必闻之。且亡人之子辄在[5]。"乃立辄。

起初，卫灵公到郊外游览，公子郢侍奉。卫灵公说："我没有嫡子，打算立你为太子。"公子郢没有回答。另一天又对他说起，公子郢回答说："我不值得烦扰国家，君还是另谋他人。君夫人在堂上，卿、大夫、士在下边，君主这样命令只会招来麻烦。"夏天，卫灵公去世，夫人说："命令公子郢为太子，这是君的命令。"公子郢回答说："我和别的公子不同，而且君是在我的亲手侍候下去世的，如果有命令，我一定会听到的。况且逃亡人的儿子辄还在。"于是立了辄。

六月乙酉，晋赵鞅

六月十七日，晋国的赵鞅把卫国的太子蒯聩送到戚地。晚上迷了路，阳虎

纳卫大子于戚。宵迷，阳虎曰："右河而南，必至焉。"使大子絻[6]，八人衰绖，伪自卫逆者，告于门，哭而入，遂居之。

说："往右渡过黄河再向南走，一定能到达那里。"就让太子脱帽用布包住发髻，八个人穿了丧服，假装成从卫国来迎接太子的人，向守门人报告，哭着进入城内，于是就住了下来。

注释 1 漷、沂：二水名。 2 子南：卫灵公庶子，名郢。 3 三揖：指卿、大夫、士。 4 祇：只。 5 亡人：逃亡的人，指蒯聩。 6 絻(wèn)：一种丧服，脱帽，用布包着发髻。

秋八月，齐人输范氏粟，郑子姚、子般送之。士吉射逆之，赵鞅御之，遇于戚。阳虎曰："吾车少，以兵车之旆与罕、驷兵车先陈[1]，罕、驷自后随而从之，彼见吾貌，必有惧心。于是乎会之，必大败之。"从之。卜战，龟焦，乐丁曰："《诗》曰：'爰始爰谋，爰契我龟[2]。'谋协，以故兆询可也[3]。"简子誓曰："范氏、中行氏反易天明[4]，斩艾百姓[5]，欲擅晋国而灭其君。寡君恃郑

秋天八月，齐国人运送粮食给范氏，郑国的罕达、驷弘护送。士吉射前往迎接，赵鞅前去阻挡，在戚地相遇。阳虎说："我们的兵车少，应该用兵车上的旌旗和罕达、驷弘的兵车首先对阵，罕达、驷弘从后面随着跟上来，他们看到我们的阵容，一定会有恐惧之心。在这时合攻他们，必定大败他们。"赵鞅听从了。为战斗占卜，龟甲灼焦了，乐丁说："《诗》讲过：'首先谋划，然后占卜。'谋划相合，按过去的卜兆谋事就可以了。"赵鞅发誓说："范氏、中行氏违背、轻视上天的明教，屠杀百姓，想要独裁晋国而灭亡国君。寡君依赖郑国而安定国家。如今郑国施行

而保焉。今郑为不道，弃君助臣，二三子顺天明，从君命，经德义，除诟耻，在此行也。克敌者，上大夫受县，下大夫受郡，士田十万，庶人工商遂[6]，人臣隶圉免[7]。志父无罪[8]，君实图之。若其有罪，绞缢以戮，桐棺三寸，不设属辟[9]，素车朴马，无入于兆[10]，下卿之罚也。”

无道，抛弃国君协助臣下，您几位服从天帝的明教，听从君主的命令，施行德义，铲除耻辱，就在这一次行动了。攻克敌人的人，上大夫受封县邑，下大夫受封郡，士受封十万亩田土，平民工匠商人做官，奴隶免除奴隶身份。我这次如果无罪，请君主加以考虑。如果有罪，就用绞索诛戮我，用三寸厚的桐棺埋了，不用设属棺椑棺，只用不加装饰的车马送葬，不要埋入本族的墓地，这些就是对下卿的惩罚。”

注释 1 旆(pèi)：一种旌旗，饰有燕尾形的垂旒，为将帅之旗。罕：罕达，即子姚。驷：驷弘，即子般。 2 爰：前两个“爰”字为助语词，无义。后一个“爰”字可解作“于是”。契龟：即在龟板上刻辞，指占卜。契，刻。引诗为《诗经·大雅·绵》篇。 3 故兆：以前的卜兆，指始纳卫太子时的卜兆。询：谋。 4 反易：违背，轻视。 5 艾：通“刈”。与“斩”义近。 6 遂：进。指进仕。 7 人臣、隶、圉：都是奴隶。免：免做奴隶。 8 志父：即赵鞅。 9 属、辟：都是棺材。属，连于最外层大棺的一层棺材。辟，通“椑(bì)”，最里层的棺材。 10 兆：兆域，墓地的界域。

甲戌，将战，邮无恤御简子，卫大子为右。登铁上，望见郑师众，大子惧，自投于车下。子良授大子绥而乘之[1]，曰：“妇

八月初七日，将要作战，邮无恤为赵鞅驾车，卫国太子做车右。登上铁丘，望见郑国军队人很多，太子害怕，自己掉到车下。邮无恤把拉绳递给太子让他上了车，说：“你像个妇人。”赵

人也。”简子巡列，曰：“毕万，匹夫也[2]，七战皆获，有马百乘，死于牖下[3]。群子勉之，死不在寇。”繁羽御赵罗，宋勇为右。罗无勇，麇之[4]。吏诘之，御对曰：“痁作而伏[5]。”卫大子祷曰：“曾孙蒯聩敢昭告皇祖文王、烈祖康叔、文祖襄公：郑胜乱从[6]，晋午在难，不能治乱，使鞅讨之。蒯聩不敢自佚[7]，备持矛焉。敢告无绝筋，无折骨，无面伤，以集大事，无作三祖羞。大命不敢请，佩玉不敢爱。”郑人击简子中肩，毙于车中，获其蜂旗[8]。大子救之以戈，郑师北，获温大夫赵罗。大子复伐之，郑师大败，获齐粟千车。赵孟喜曰：“可矣！”傅傁曰[9]：“虽克郑，犹有知在，忧未艾也。”

鞅巡视军队，说：“毕万是个普通人，七次参战都俘获了敌人，拥有四百匹马，在家里得到善终。诸位努力吧，死不一定要死在敌人手中。”繁羽为赵罗驾车，宋勇做车右。赵罗不勇敢，就把他捆绑起来。官吏责问这件事，御手回答说：“是疟疾发作而趴下了。”卫国太子祷告说：“后代蒯聩大胆禀告我皇祖文王、烈祖康叔、文祖襄公：郑胜扰乱正常的秩序，晋午处在危难之中，不能平息祸乱，派遣赵鞅讨伐他们。蒯聩我不敢让自己安逸，手持兵器充做车右。谨祷告保佑我不断筋骨，不伤面容，以成就大事，不造成三位祖先的羞辱。生死大命不敢请求，佩玉不敢爱惜。”郑国人击中赵鞅的肩膀，赵鞅倒在车中，郑国人获得他的蜂旗。蒯聩用戈去救他，郑军败退，俘虏了温地大夫赵罗。蒯聩又攻打郑军，郑军大败，俘获了齐国的一千车粮食。赵鞅高兴地说：“可以了！”傅傁说：“虽然战胜了郑国，还有知氏存在，忧患还没有消除。”

注释 **1** 子良：即邮无恤。绥：扶着登车的绳索。乘之：使之乘。 **2** 毕万:晋献公的车右。 3 死于牖下:是说得善终。牖,窗户。 4 麇:捆绑。 5 痁(shān):疟疾。 6 从:顺,指正常的秩序。 7 佚:同“逸”,安逸。 8 蜂旗:一种绘有蜂形图案的旗帜。 9 傅傁:赵鞅的属臣。

初,周人与范氏田,公孙尨税焉[1],赵氏得而献之,吏请杀之。赵孟曰:“为其主也,何罪?”止而与之田。及铁之战,以徒五百人宵攻郑师,取蜂旗于子姚之幕下,献,曰:“请报主德。”追郑师,姚、般、公孙林殿而射,前列多死。赵孟曰:“国无小。”既战,简子曰:“吾伏弢呕血,鼓音不衰,今日我上也。”大子曰:“吾救主于车,退敌于下,我,右之上也。”邮良曰[2]:“我两靷将绝[3],吾能止之,我,御之上也。”驾而乘材[4],两靷皆绝。

起初,周朝人给范氏田土,公孙尨帮范氏到那里去收租,赵家人抓到他献给赵鞅,官吏请求杀了他。赵鞅说:“是为了他的主人,有什么罪?”制止了官吏并给了他田土。等到铁丘战役的时候,公孙尨带领五百名部下在晚上攻打郑军,在罕达的帐幕里夺回了蜂旗,献给赵鞅,说:“让我报答主上的恩德。”晋军追击郑军,罕达、驷弘、公孙林殿后射杀晋军,走在前列的士兵死了很多。赵鞅说:“国家无所谓小。”战斗结束后,赵鞅说:“我趴在弓袋上吐血,鼓声也不减弱,今天我的功劳最大。”太子说:“我从车中救起主人,在车下打退敌人,我是车右中功劳最大的。”邮无恤说:“我的服马上两个游环快要断了,我也能控制骖马,我是御手中功劳最大的。”说着驾车装上木料,两个游环果然都断了。

吴泄庸如蔡纳聘,而稍纳师。师毕入,众知之。蔡侯告大夫,杀公子驷以

吴国的泄庸到蔡国去送聘问礼物,就逐渐潜入军队。军队全部潜入蔡国,大家才知道。蔡昭公告诉大夫,杀了公

说，哭而迁墓。冬，蔡迁于州来。

子驷来作为解释，哭着迁走了先君的坟墓。冬天，蔡国迁到州来。

注释 1 公孙尨(máng)：范氏家臣。税：收税。 2 邮良：邮无恤，即子良。 3 鞇(yǐn)：字当作"靳"。参定公九年《传》"吾从子如骖之有靳"注。 4 乘：犹"载"。材：木料。

哀公三年

【经】

三年春，齐国夏、卫石曼姑帅师围戚。

三年春天，齐国的国夏、卫国的石曼姑领兵包围戚地。

夏四月甲午，地震。

夏天四月初一日，发生地震。

五月辛卯，桓宫、僖宫灾。

五月二十八日，桓公庙、僖公庙发生火灾。

季孙斯、叔孙州仇帅师城启阳。

季桓子、武叔率领军队修筑启阳城。

宋乐髡帅师伐曹。

宋国的乐髡领兵攻打曹国。

秋七月丙子，季孙斯卒。

秋天七月十四日，季桓子去世。

蔡人放其大夫公孙猎于吴。

蔡国把他们的大夫公孙猎放逐到吴国。

冬十月癸卯，秦伯卒。

冬天十月十三日，秦惠公去世。

叔孙州仇、仲孙何忌帅师围邾。

武叔、孟懿子领兵包围邾国。

【传】

三年春，齐、卫围戚，求援于中山[1]。

夏五月辛卯，司铎火[2]，火逾公宫，桓、僖灾。救火者皆曰："顾府。"南宫敬叔至，命周人出御书[3]，俟于宫，曰："庀[4]，女而不在，死。"子服景伯至，命宰人出礼书，以待命。命不共，有常刑。校人乘马[5]，巾车脂辖[6]，百官官备，府库慎守，官人肃给。济濡帷幕[7]，郁攸从之[8]，蒙葺公屋，自大庙始，外内以悛[9]，助所不给。有不用命，则有常刑，无赦。公父文伯至，命校人驾乘车。季桓子至，御公立于象魏之处，命救火者伤人则止，财可为也。命藏《象魏》[10]，曰："旧章不可亡也。"富父槐至，曰："无备而官办者，犹拾沈

三年春天，齐国、卫国包围戚地，戚地向中山求援。

夏天五月二十八日，司铎署起火，火越过公宫，桓公庙和僖公庙遭到火灾。救火的人都说："注意府库。"南宫敬叔赶到，命令周人搬出御书，在宫里等待，说："整理保管好，你要是不守在这，处死！"子服景伯赶到，命令宰人搬出礼书，以等待命令。命令如果不奉行，实行规定的处罚。校人驾上马，巾车为车辖上好油脂，各种官员备守职责，府库谨慎把守，官吏严肃执行供给。浸湿帷帐，有火气的地方就跟上去，用帷帐覆盖公房，从太庙开始盖起，从外到里按顺序进行，人力物力不足的予以帮助。有不听从命令的，就按规定处罚，不加赦免。公父文伯赶来，命令校人驾好哀公的坐车。季桓子赶到，为哀公驾车停在宫廷阙门之外，命令救火的人受了伤就停止，因为财物是可以创造的。命令收藏好法典，说："旧的典章不可失去。"富父槐来到，说："没有防备而让官员们办事，就好像捡起地上的汤汁一

也[11]。”于是乎去表之槁，道还公宫[12]。孔子在陈，闻火，曰：“其桓、僖乎！”

样。”于是就除去外围的枯干易燃物，环绕公宫开出火道。孔子在陈国，听说起火，说：“恐怕是桓公庙、僖公庙吧！”

注释 1中山：部落名，即鲜虞。 2司铎：官署名。 3周人：官名。御书：献给君主的书。御，献，多指献物给君主。 4庀(pǐ)：治理、整理、保管之意。 5校人：官名，管理君王马匹的官。 6巾车：官名，车官之长。脂辖：用脂肪涂辖。辖，车轴两头的键。 7济濡：浸湿。 8郁攸：火气冒出的地方。郁，气，指火气。攸，所，处所。 9悛(quān)：次序。 10象魏：本是宫廷外的门阙，因悬挂法令，故将法令也称为《象魏》。 11沈：汁。 12还：通“环”，环绕。

刘氏、范氏世为婚姻，苌弘事刘文公，故周与范氏[1]。赵鞅以为讨。六月癸卯，周人杀苌弘。

秋，季孙有疾，命正常曰[2]：“无死！南孺子之子[3]，男也，则以告而立之；女也，则肥也可。”季孙卒，康子即位。既葬，康子在朝，南氏生男，正常载以如朝，告曰：“夫子有遗言，命其圉臣曰[4]：‘南氏生男，则以告于君与大夫而立之。’今生矣，男也，敢告！”遂奔卫。

刘氏、范氏世代结为姻亲，苌弘曾侍奉刘蚠，所以周朝亲近范氏。赵鞅因此进行讨伐。六月十一日，周朝的人杀了苌弘。

秋天，季桓子有病，命令正常说：“你不要殉身！南孺子生的孩子，如果是男的，就去报告国君而立他为继承人；如果是女的，那么肥可以立为继承人。”季桓子去世，季孙肥即位。安葬季桓子不久，季孙肥正在朝廷上，南孺子生了个男孩，正常用车载了去到朝廷，报告说：“他老人家有遗言，命令他的贱臣说：‘南孺子生了男孩，就把我的话禀告给君主与大夫而立他为继承人。’现在生

康子请退。公使共刘视之[5]，则或杀之矣，乃讨之。召正常，正常不反。

冬十月，晋赵鞅围朝歌，师于其南。荀寅伐其郛[6]，使其徒自北门入，已犯师而出。癸丑，奔邯郸。十一月，赵鞅杀士皋夷[7]，恶范氏也。

了，是男的，大胆禀告！"于是逃往卫国。季孙肥请求退位。哀公派共刘去察看，就已经有人杀了小孩，于是讨伐凶手。召正常回国，正常不回来。

冬天十月，晋国赵鞅包围朝歌，军队驻扎在城南。荀寅攻打朝歌外城，派他的部下从北门攻进，自己则冲破敌军而出。二十三日，逃往邯郸。十一月，赵鞅杀了士皋夷，是因为憎恶范氏。

注释 1 与：亲近。 2 正常：季孙家臣。 3 南孺子：季孙的妻子。 4 圉臣：等于说贱臣，谦称。 5 共刘：鲁国大夫。 6 郛：外城。 7 士皋夷：即范皋夷，范氏庶子。

哀公四年

【经】

四年春，王二月庚戌，盗杀蔡侯申。

蔡公孙辰出奔吴。

葬秦惠公。

宋人执小邾子。

夏，蔡杀其大夫公孙姓、公孙霍。

晋人执戎蛮子赤归

四年春天，周历二月二十一日，盗贼杀了蔡昭公申。

蔡国的公孙辰出逃到吴国。

安葬秦惠公。

宋国人拘捕了小邾国君主。

夏天，蔡国杀了他们的大夫公孙姓、公孙霍。

晋国人抓了戎蛮子赤把他送交

于楚。

城西郛。

六月辛丑，亳社灾。

秋八月甲寅，滕子结卒。

冬十有二月，葬蔡昭公。

葬滕顷公。

给楚国。

鲁国修筑西面的外城墙。

六月十四日，亳社发生火灾。

秋天八月二十八日，滕国君主结去世。

冬天十二月，安葬蔡昭公。

安葬滕顷公。

【传】

四年春，蔡昭侯将如吴，诸大夫恐其又迁也，承公孙翩逐而射之[1]，入于家人而卒[2]。以两矢门之[3]，众莫敢进。文之锴后至[4]，曰："如墙而进，多而杀二人。"锴执弓而先，翩射之，中肘，锴遂杀之，故逐公孙辰而杀公孙姓、公孙盱。

夏，楚人既克夷虎，乃谋北方。左司马眅、申公寿馀、叶公诸梁致蔡于负函[5]，致方城之外于缯关，曰："吴将溯江入郢，将

四年春天，蔡昭公准备去吴国，大夫们担心他又要迁移，跟在公孙翩后追赶蔡昭公而用箭射他，蔡昭公逃进百姓家就死了。公孙翩用两支箭守住门口，众人没有谁敢进去。文之锴随后赶到，说："像堵墙一样排着前进，最多杀死我们两人。"文之锴手持弓箭走在前头，公孙翩射杀他，射中了手肘，文之锴立即杀了公孙翩，因此驱逐了公孙辰而杀了公孙姓、公孙盱。

夏天，楚国人已经攻克夷虎，于是图谋攻取北方。左司马眅、申公寿馀、叶公诸梁在负函召集蔡国人，在缯关召集方城山外的人，说："吴国人将沿江而上进入我郢都，为此大家要准备

奔命焉。”为一昔之期[6]，袭梁及霍。

赴命。”约定过一个晚上就袭击梁地和霍地。

注释 1 承：继，随。 2 家人：指民家。 3 门：守卫门，用作动词。 4 文之锴：蔡昭公臣子。 5 眅：音 pān。致：使至，召集。蔡：指蔡人。 6 昔：通“夕”。

单浮馀围蛮氏，蛮氏溃，蛮子赤奔晋阴地。司马起丰、析与狄戎[1]，以临上雒。左师军于菟和，右师军于仓野，使谓阴地之命大夫士蔑曰[2]：“晋、楚有盟，好恶同之。若将不废，寡君之愿也。不然，将通于少习以听命[3]。”士蔑请诸赵孟，赵孟曰：“晋国未宁，安能恶于楚？必速与之。”士蔑乃致九州之戎[4]，将裂田以与蛮子而城之，且将为之卜。蛮子听卜，遂执之与其五大夫，以畀楚师于三户[5]。司马致邑立宗焉，以诱其遗民，而尽俘以归。

单浮馀包围蛮氏，蛮氏溃败，蛮子赤逃往晋国的阴地。左司马眅发动丰地、析地的人和狄戎，逼近上雒。左军屯驻在菟和，右军屯驻在仓野，派人对阴地的命大夫士蔑说：“晋国、楚国有盟约，友好和仇恨都相同。如果不打算废弃盟约，这是寡君的愿望。否则，我军将打通少习山再来听从命令。”士蔑向赵鞅请示这件事，赵鞅说：“晋国没有安宁，怎么能得罪楚国？一定要赶快把蛮子赤交给他们。”士蔑就召集九州之戎，表示要划出田土给蛮子赤并让他在那里筑城，而且要为此占卜。蛮子赤接受占卜，于是拘捕了他和他的五大夫，在三户交给了楚军。司马眅送给蛮子赤城邑建立宗主，用以引诱他的遗民，然后全部俘虏带回去。

秋七月，齐陈乞、弦

秋天七月，齐国陈乞、弦施、卫国

施、卫甯跪救范氏。庚午，围五鹿。九月，赵鞅围邯郸。冬十一月，邯郸降。荀寅奔鲜虞，赵稷奔临。十二月，弦施逆之，遂堕临[6]。国夏伐晋，取邢、任、栾、鄗、逆畤、阴人、盂、壶口，会鲜虞，纳荀寅于柏人。

甯跪救援范氏。十四日，包围五鹿。九月，赵鞅包围邯郸。冬天十一月，邯郸投降。荀寅逃往鲜虞，赵稷逃往临地。十二月，弦施迎接赵稷，随即毁掉了临地的城邑。国夏攻打晋国，攻占了邢地、任地、栾地、鄗地、逆畤、阴人、盂地、壶口等，会合鲜虞，把荀寅送到柏人。

注释 1 起：发动。丰、析：楚国地名。 2 命大夫：经天子亲命的大夫。 3 少习：山名，在晋国。 4 九州之戎：指陆浑一带的少数民族。 5 畀：交给。 6 堕：毁。

哀公五年

【经】

五年春，城毗。

夏，齐侯伐宋。

晋赵鞅帅师伐卫。

秋，九月癸酉，齐侯杵臼卒。

冬，叔还如齐。

闰月，葬齐景公。

五年春天，在毗地修筑城墙。

夏天，齐景公攻打宋国。

晋国的赵鞅率领军队攻打卫国。

秋天，九月二十四日，齐景公杵臼去世。

冬天，叔还前往齐国。

闰月，安葬齐景公。

【传】

五年春，晋围柏人，荀寅、士吉射奔齐。初，范氏之臣王生恶张柳朔[1]，言诸昭子，使为柏人[2]。昭子曰："夫非而仇乎？"对曰："私仇不及公，好不废过，恶不去善，义之经也。臣敢违之？"及范氏出，张柳朔谓其子："尔从主，勉之！我将止死，王生授我矣[3]，吾不可以僭之[4]。"遂死于柏人。

夏，赵鞅伐卫，范氏之故也，遂围中牟。

五年春天，晋国包围柏人，荀寅、士吉射逃往齐国。起初，范氏的家臣王生讨厌张柳朔，向士吉射谈到张柳朔，建议让他做柏人的邑宰。士吉射说："他不是你的仇人吗？"王生回答说："个人仇怨不影响到公事，喜爱一个人不要无视他的过错，厌恶一个人不要丢掉他的优点，这是道义的原则。我敢违背吗？"到范氏从柏人出逃齐国时，张柳朔对自己的儿子说："你跟着主人，努力吧！我打算留下战死，王生已教给我死的节义，我不能对他没有信用。"于是战死在柏人。

夏天，赵鞅攻打卫国，是为了范氏的缘故，于是包围中牟。

注释 1张柳朔：也是范氏家臣。张柳，复姓。 2为柏人：做柏人宰。为，治。 3授我：张柳朔的意思是王生教给了自己死的节义。 4僭：没有信用。

齐燕姬生子，不成而死。诸子鬻姒之子荼嬖[1]，诸大夫恐其为大子也，言于公曰："君之齿长矣，未有大

齐国燕姬生了儿子，没有成年就死了。诸子鬻姒的儿子荼受到齐景公宠幸，大夫们担心他做了太子，就对齐景公说："君年岁大了，还没有太

子,若之何?”公曰:“二三子间于忧虞[2],则有疾疢[3],亦姑谋乐,何忧于无君?”公疾,使国惠子、高昭子立荼,置群公子于莱。秋,齐景公卒。冬十月,公子嘉、公子驹、公子黔奔卫,公子鉏、公子阳生来奔。莱人歌之曰:“景公死乎不与埋,三军之事乎不与谋,师乎师乎[4],何党之乎[5]?”

子,怎么办?”齐景公说:“你们几位陷入忧愁,就会生病,姑且去谋求快乐的事,何必担心没有国君?”齐景公病了,派遣国夏、高张立荼为太子,把公子们安置到莱地。秋天,齐景公去世。冬十月,公子嘉、公子驹、公子黔逃亡到卫国,公子鉏、公子阳生逃亡前来鲁国。莱地人为他们唱道:“景公去世啊不参加葬礼,三军的事啊不参与谋议,诸位啊诸位,你们可去哪里?”

郑驷秦富而侈,嬖大夫也,而常陈卿之车服于其庭。郑人恶而杀之。子思曰:“《诗》曰:‘不解于位[6],民之攸塈[7]。’不守其位而能久者鲜矣。《商颂》曰:‘不僭不滥[8],不敢怠皇[9],命以多福[10]。’”

郑国的驷秦富有而骄纵,是个下大夫,但经常在他的庭院里陈放着卿的车马服饰。郑国人厌恶他就杀了他。子思说:“《诗》中讲:‘在职位上努力不懈,老百姓得以休养安歇。’不安守他的职位而能长久的人是很少的。《商颂》说:‘不僭越不自满,不懈怠不悠闲,上天会赐给他许多福。’”

注释 1 诸子:天子、诸侯的姬妾之官称。 2 间:参与。虞:也是忧的意思。 3 疾疢(chèn):疾病。 4 师:众。 5 何党:何处。党,所。之:往。 6 解:同“懈”。 7 攸:所。塈:息。引诗为《诗经·大雅·假乐》篇。 8 僭:超越本分,过分。滥:溢,等于说自满。 9 皇:通“遑”,闲。 10 引诗为《诗经·商颂·殷武》篇,此句今诗作“不僭不滥,不敢怠遑。命于下国,封建厥福”两句。

哀公六年

【经】

六年春，城邾瑕。

晋赵鞅帅师伐鲜虞。

吴伐陈。

夏，齐国夏及高张来奔。

叔还会吴于柤。

秋，七月庚寅，楚子轸卒。

齐阳生入于齐。

齐陈乞弑其君荼。

冬，仲孙何忌帅师伐邾。

宋向巢帅师伐曹。

六年春天，鲁国在邾瑕修筑城墙。

晋国的赵鞅领兵攻打鲜虞。

吴国攻打陈国。

夏天，齐国的国夏和高张前来投奔鲁国。

叔还在柤地与吴国人会合。

秋天，七月十六日，楚王轸去世。

齐国的阳生回到齐国。

齐国的陈乞杀了他的国君荼。

冬天，孟懿子率军队攻打邾国。

宋国的向巢领兵攻打曹国。

【传】

六年春，晋伐鲜虞，治范氏之乱也。

吴伐陈，复修旧怨也。楚子曰："吾先君与陈有盟，不可以不救。"乃救陈，师于城父。

六年春天，晋国攻打鲜虞，是为了平定范氏之乱。

吴国攻打陈国，是重算过去怨仇的老账。楚昭王说："我们先君和陈国有盟约，不能不援救。"就去救援陈国，驻扎在城父。

齐陈乞伪事高、国者，每朝必骖乘焉[1]，所从必言诸大夫，曰：“彼皆偃蹇[2]，将弃子之命，皆曰：‘高、国得君，必逼我，盍去诸？’固将谋子，子早图之。图之，莫如尽灭之。需[3]，事之下也。”及朝，则曰：“彼，虎狼也，见我在子之侧，杀我无日矣，请就之位。”又谓诸大夫曰：“二子者祸矣！恃得君而欲谋二三子，曰：‘国之多难，贵宠之由，尽去之而后君定。’既成谋矣，盍及其未作也先诸？作而后悔，亦无及也。”大夫从之。夏六月戊辰，陈乞、鲍牧及诸大夫以甲入于公宫。昭子闻之，与惠子乘如公，战于庄，败。国人追之，国夏奔莒，遂及高张、晏圉、弦施来奔。

齐国的陈乞假意侍奉高张、国夏，每次上朝必定陪坐一辆车，所到之处必定谈到各位大夫，说：“他们都很高傲，将会背弃您的命令，都在说：‘高氏、国氏得到君主欢心，一定会威胁我们，为什么不除去他们呢？’肯定会打您的主意，您要早点想办法对付他们。对付他们，最好是完全灭掉他们。迟疑观望，是办事的下策。”到朝廷上就说：“他们是虎狼，看到我在您的旁边，不要多久就会杀死我了，请让我靠拢他们的行列吧。”又对大夫们说：“高氏、国氏两人要发动祸乱了！依仗得到国君的欢心就想要打您几位的主意，说：‘国家多难，是由于贵幸恩宠，全部铲除他们然后君主才能稳定。’已经形成计划了，何不趁他们还未行动时先于他们下手呢？他们行动起来然后感到后悔，也来不及了。”大夫们听从了他。夏天六月二十三日，陈乞、鲍牧和大夫们率领甲士进到公宫。高张听到消息，和国夏乘车到国君那里，在庄地交战，失败了。国人追赶他们，国夏逃亡到莒国，随即和高张、晏圉、弦施逃亡前来鲁国。

注释 1 骖乘：陪乘，做车右。 2 偃蹇：高傲。 3 需：等待，迟疑。

秋七月，楚子在城父，将救陈。卜战，不吉；卜退，不吉。王曰："然则死也！再败楚师，不如死；弃盟逃仇，亦不如死。死一也，其死仇乎！"命公子申为王，不可；则命公子结，亦不可；则命公子启，五辞而后许。将战，王有疾。庚寅，昭王攻大冥[1]，卒于城父。子闾退，曰："君王舍其子而让，群臣敢忘君乎？从君之命，顺也；立君之子，亦顺也。二顺不可失也。"与子西、子期谋，潜师闭涂[2]，逆越女之子章，立之而后还。

是岁也，有云如众赤鸟，夹日以飞三日。楚子使问诸周大史，周大史曰："其当王身乎！若禜之[3]，可移于令尹、司马。"王曰："除腹心之疾，而置

秋天七月，楚昭王驻扎在城父，准备救援陈国。占卜开战，不吉利；占卜后退，也不吉利。楚王说："那么就是死啦！两次使楚军失败，不如死；背弃盟国逃避仇敌，也不如死。同样是死，还是与仇敌战死吧！"命令公子申做楚王，不答应；就命令公子结，也不答应；又命令公子启，公子启推辞了五次之后同意了。将要开战，楚昭王生病了。十六日，楚昭王进攻大冥，在城父去世。公子启撤退，说："君王放弃他的儿子而让位，群臣岂敢忘记君王呢？听从君王的命令，是顺服；拥立君王的儿子，也是顺服。两种顺服都不能丢弃。"就和公子申、公子结商议，秘密调遣军队，封锁道路，迎接越国女子的儿子章，立他做国君然后返回楚国。

这一年，有像一群红鸟的云彩围着太阳飞翔了三天。楚昭王派人向周朝的太史询问，周朝的太史说："恐怕要在楚王身上应验吧！如果举行禜祭，可转移到令尹、司马身上。"楚昭王说："去掉腹心的疾病，却把它转移到大腿胳膊

诸股肱,何益?不穀不有大过,天其夭诸?有罪受罚,又焉移之?”遂弗禜。

上,有什么好处?我没有大的过错,上天难道能使我夭折?如果有罪受到惩罚,又怎能转移它?”于是不举行禜祭。

注释 1 大冥:地名。 2 涂:通“途”。 3 禜(yíng):祈求神灵驱除灾害的祭祀。

初,昭王有疾,卜曰:“河为祟。”王弗祭。大夫请祭诸郊,王曰:“三代命祀,祭不越望[1]。江、汉、睢、漳,楚之望也。祸福之至,不是过也。不穀虽不德,河非所获罪也。”遂弗祭。孔子曰:“楚昭王知大道矣,其不失国也宜哉!《夏书》曰:‘惟彼陶唐,帅彼天常[2],有此冀方[3]。今失其行,乱其纪纲,乃灭而亡[4]。’又曰:‘允出兹在兹[5]。’由己率常可矣。”

起初,楚昭王有病,占卜结果说:“是黄河之神作祟。”楚昭王不祭祀。大夫们请求到郊外祭祀黄河之神,楚昭王说:“夏、商、周三代按规定祭祀,不超越本国的山川。长江、汉水、睢水、漳水,是楚国望祭的对象。祸福的到来,不会超过这些。我即使没有德行,黄河之神也不是我遭受罪罚的原因。”结果没有祭祀。孔子说:“楚昭王懂得大道理了,他没有失去国家是应该的啊!《夏书》说:‘那位陶唐帝,遵行上天的常道,拥有冀方这块土地。如今后代失去了他的治道,搅乱了他治国的大纲,于是被灭亡。’又说:‘推行这个,福禄也就在于这个。’由自己遵行常道就可以了。”

八月,齐邴意兹来奔。

八月,齐国的邴意兹逃亡前来鲁国。

陈僖子使召公子阳生,阳生驾而见南郭且

陈乞派人召公子阳生回国,阳生驾车去见南郭且于,说:“曾经献马给季孙,

于,曰:"尝献马于季孙,不入于上乘,故又献此,请与子乘之。"出莱门而告之故。阚止知之,先待诸外。公子曰:"事未可知,反,与壬也处[6]。"戒之,遂行。逮夜,至于齐,国人知之。僖子使子士之母养之,与馈者皆入。

但没有列入上等乘马之中,所以又献上这些,请让我和您坐上试试。"出了鲁都的莱门后就告诉他原因。阚止知道了,预先在门外等待阳生。阳生说:"事情还难于估计,回去吧,和壬待在一起。"告诫阚止提高警觉,就出发了。到夜里,到达齐国,国内的人知道他回国了。陈乞派儿子士的母亲招待阳生,然后与送食物的人一起进入公宫。

注释 **1** 望:本祭祀名,即祭祀本国的名山大川。这里指所祭的范围。 **2** 帅:通"率",遵行。 **3** 冀方:指中国,即中原一带。 **4** 引文在《古文尚书·五子之歌》中,文字有出入。 **5** 允:的确。兹:此。引文在《古文尚书·大禹谟》中。 **6** 壬:人名,公子阳生之子。

冬十月丁卯,立之。将盟,鲍子醉而往。其臣差车鲍点曰[1]:"此谁之命也?"陈子曰:"受命于鲍子。"遂诬鲍子曰:"子之命也!"鲍子曰:"女忘君之为孺子牛而折其齿乎?而背之也!"悼公稽首曰[2]:"吾子奉义而行者也,若我可,不必亡一大夫;若我不可,不必亡一公子。

冬天十月二十四日,立阳生为齐君。将要盟誓,鲍牧喝醉了酒前去。他管车的家臣鲍点说:"这是谁的命令?"陈乞说,从鲍牧那里接受的命令。"于是诬赖鲍牧说:"这是您的命令!"鲍牧说:"你忘了先君给孺子荼当牛而跌断牙齿吗?如今却要背叛先君!"阳生磕头说:"您是奉行道义办事的人,如果我可以做国君,不必丧失一位大夫;如果我不可以,不必杀掉一个公子。合乎道义就前进,否则就后退,岂敢不听从

义则进，否则退，敢不唯子是从？废兴无以乱，则所愿也。”鲍子曰：“谁非君之子？”乃受盟。使胡姬以安孺子如赖[3]，去鬻姒，杀王甲，拘江说，囚王豹于句渎之丘。

公使朱毛告于陈子曰：“微子，则不及此。然君异于器，不可以二。器二不匮，君二多难，敢布诸大夫。”僖子不对而泣，曰：“君举不信群臣乎[4]？以齐国之困，困又有忧，少君不可以访，是以求长君，庶亦能容群臣乎！不然，夫孺子何罪？”毛复命，公悔之。毛曰：“君大访于陈子，而图其小可也。”使毛迁孺子于骀，不至，杀诸野幕之下，葬诸殳冒淳。

您？废和立都不要因此造成动乱，这是我的愿望。”鲍牧说：“你们哪个不是先君的儿子呢？”就接受了盟誓。公子阳生让胡姬带着安孺子前往赖地，打发走了鬻姒，杀了王甲，拘禁江说，把王豹囚禁在句渎之丘。

齐悼公派朱毛告诉陈乞说：“如果没有您，我就不能达到这一步。但是君主与器具不同，不可以有两个。器具有两件不会匮缺，君主有两个灾难更多，谨向贤大夫表白这一点。”陈乞不回答而哭泣，说：“君对群臣都不相信吗？因为齐国的困乏，又加上有忧患，年幼君主不能请示，所以找来了年长的君主，大概还能容纳群臣吧！不这样的话，那孺子荼有什么罪？”朱毛向齐悼公回复使命，齐悼公后悔。朱毛说：“君主大事向陈乞征求意见，而小事自己考虑就行了。”齐悼公就派朱毛将安孺子迁到骀地，没有到达，把他杀死在郊野的帐幕中，埋葬在殳冒淳。

注释　1 差车：管理车辆的官。　2 悼公：即公子阳生。　3 安孺子：齐国君主荼。在位不到一年，年幼被杀，无谥号，称为安孺子。　4 举：全，都。

哀公七年

【经】

七年春，宋皇瑗帅师侵郑。

晋魏曼多帅师侵卫。

夏，公会吴于鄫。

秋，公伐邾。

八月己酉，入邾，以邾子益来。

宋人围曹。

冬，郑驷弘帅师救曹。

七年春天，宋国的皇瑗率军队侵袭郑国。

晋国的魏曼多领兵侵袭卫国。

夏天，哀公在鄫地会见吴国人。

秋天，哀公攻打邾国。

八月十一日，进入邾国，带着邾君益回国。

宋国人包围曹国。

冬天，郑国的驷弘率军队救援曹国。

【传】

七年春，宋师侵郑，郑叛晋故也。晋师侵卫，卫不服也。

夏，公会吴于鄫。吴来征百牢，子服景伯对曰："先王未之有也。"吴人曰："宋百牢我[1]，鲁不可以后宋。且鲁牢晋大夫过十，吴王百牢，不亦可乎？"景

七年春天，宋军侵袭郑国，是因为郑国背叛晋国的缘故。晋军侵袭卫国，是因为卫国不顺从。

夏天，鲁哀公在鄫地会见吴国人。吴国前来求取百牢，子服景伯回答说："先王没有这样的先例。"吴国人说："宋国献给我们百牢，鲁国不能落在宋国后头。而且鲁国献给晋大夫的超过十牢，吴王一百牢，不也可以吗？"景伯

伯曰："晋范鞅贪而弃礼，以大国惧敝邑，故敝邑十一牢之。君若以礼命于诸侯，则有数矣。若亦弃礼，则有淫者矣[2]。周之王也，制礼，上物不过十二[3]，以为天之大数也。今弃周礼，而曰必百牢，亦唯执事。"吴人弗听。景伯曰："吴将亡矣，弃天而背本。不与，必弃疾于我[4]。"乃与之。

说："晋国的范鞅贪婪而背弃礼仪，拿大国威胁敝国，所以敝国给他十一牢。君主如果对诸侯依礼发布命令，那么就有一定的数目。如果也背弃礼仪，那么又比晋国更加过分了。周朝统治天下，制定礼仪，上等的物品不超过十二，认为这是天道的极数。如果现在背弃周礼，而说非百牢不可，也只好唯命是从。"吴国人不听。景伯说："吴国将灭亡了，因为它抛弃天道而违背根本。不给他们，一定会加害于我国。"于是送给他们百牢。

注释 1 百牢我：即献给我百牢。下文"牢晋大夫""十一牢之"用法同。百牢，祭祀用的牛、羊、猪各一百头。这里作动词用。 2 有：通"又"。淫：过分，过甚。 3 不过十二：古代分天为十二星次，以十二为天道的极数，故制礼不超过十二。 4 弃疾：等于说加害。

大宰嚭召季康子，康子使子贡辞。大宰嚭曰："国君道长，而大夫不出门，此何礼也？"对曰："岂以为礼，畏大国也。大国不以礼命于诸侯，苟不以礼，岂可量也？寡君既共命焉，其老岂敢弃其国[1]？

吴国太宰嚭召见季康子，季康子派子贡去辞谢。太宰嚭说："国君长途跋涉，而大夫不出国门，这是什么礼制？"子贡回答说："哪里是把它作为礼制，是因为畏惧大国。大国不按礼来向诸侯发令，如果不按照礼，难道可以用礼衡量？寡君已经来此奉行命令，他的大臣岂敢丢下国家外出？太伯穿戴着礼服

大伯端委以治周礼[2],仲雍嗣之[3],断发文身,赢以为饰,岂礼也哉?有由然也。”反自鄫,以吴为无能为也。

季康子欲伐邾,乃飨大夫以谋之。子服景伯曰:“小所以事大,信也;大所以保小,仁也。背大国,不信;伐小国,不仁。民保于城,城保于德,失二德者,危,将焉保?”孟孙曰:“二三子以为何如?恶贤而逆之。”对曰:“禹合诸侯于涂山,执玉帛者万国。今其存者,无数十焉,唯大不字小[4];小不事大也。知必危,何故不言?鲁德如邾,而以众加之,可乎?”不乐而出。

礼帽来施行周礼,仲雍继承了他,剪掉头发,在身上刺画花纹,赤裸身体进行装饰,难道是礼吗?是有缘由才这样的呀。”子贡从鄫地回来,认为吴国是无所作为的。

季康子想要攻打邾国,就宴享大夫来进行谋划。子服景伯说:“小国用来侍奉大国的,是信用;大国用来安抚小国的,是仁义。背离大国,是不讲信用;攻打小国,是不仁义。老百姓靠城池保护,城池靠德行保全,失去了信用、仁义两种德行的人,就有危险,将靠什么保护?”孟懿子说:“您几位认为怎么样?哪位说得好就接受他的。”大夫回答说:“夏禹在涂山会合诸侯,拿着玉帛前来的有一万个国家。如今还存在的,没有几十个了,就是因为大国不抚育小国,小国不侍奉大国。知道必有危险,为什么不说?鲁国的德行和邾国一样,却要用武力侵袭它,行吗?”大家不欢而散。

注释 **1** 老:诸侯的卿大夫等,这里指季康子。 **2** 大伯:吴太伯,吴国始祖。端委:一种礼服礼帽。这里用为动词。 **3** 仲雍:吴太伯弟弟。**4** 字:养育。

秋，伐邾，及范门[1]，犹闻钟声。大夫谏，不听。茅成子请告于吴[2]，不许，曰："鲁击柝闻于邾，吴二千里，不三月不至，何及于我？且国内岂不足？"成子以茅叛，师遂入邾，处其公宫。众师昼掠，邾众保于绎[3]。师宵掠，以邾子益来，献于亳社，囚诸负瑕，负瑕故有绎。

邾茅夷鸿以束帛乘韦自请救于吴[4]，曰："鲁弱晋而远吴，冯恃其众，而背君之盟，辟君之执事[5]，以陵我小国。邾非敢自爱也，惧君威之不立。君威之不立，小国之忧也。若夏盟于鄫衍，秋而背之，成求而不违，四方诸侯其何以事君？且鲁赋八百乘[6]，君之贰也[7]；邾赋六百乘，君之私也[8]。以私奉贰，唯君图之。"吴

秋天，鲁国攻打邾国，到达范门，还听得到钟乐声。大夫劝谏，邾隐公不听从。茅成子请求向吴国报告，也不答应，说："鲁国敲梆子的声音在邾国都可以听到，吴国则相距两千里，没有三个月赶不到，怎么能顾及我们？况且国内的力量难道不足够？"成子率领茅地的人叛变，鲁军就进入邾国，住在他们的公宫。各路军队在大白天抢劫，邾国的群众在绎地守御。鲁军在夜里劫掠，带了邾隐公益回来，在亳社献功，然后把他囚禁到负瑕，负瑕因此有了绎地人。

邾国的茅成子带了束帛乘韦自行到吴国去请求救援，说："鲁国以为晋国软弱而吴国遥远，依仗他们人多，而背弃了与君王订立的盟约，轻视君王的下臣，来欺凌我们小国。邾国并不敢爱惜自己的利益，而是担心君王的威严不能建立。君王的威严不能建立，是小国的忧虑。如果夏天在鄫衍结盟，秋天就违背它，并且成全他们的欲望而不反对，那四方诸侯将用什么侍奉君王？而且鲁国有战车八百辆，等于是君王的敌人；邾国有战车六百辆，等于是君王的部属。把部属奉送给敌人，但愿君王考

子从之。

虑这一点。”吴王听从了茅成子的话。

注释 1 范门:邾国都城门。 2 茅成子:邾大夫茅夷鸿。 3 保:守御。 4 束帛:捆成一束的五匹帛。乘韦:四张加工过的牛皮。 5 辟:同“僻”,鄙陋。这里用为动词,以……为鄙陋。 6 赋:军赋,交纳的兵甲车马等。 7 贰:背叛,等于说敌国。 8 私:私属,等于说部属。

宋人围曹。郑桓子思曰:“宋人有曹,郑之患也,不可以不救。”冬,郑师救曹,侵宋。

初,曹人或梦众君子立于社宫,而谋亡曹。曹叔振铎请待公孙彊,许之。旦而求之,曹无之。戒其子曰:“我死,尔闻公孙彊为政,必去之。”及曹伯阳即位,好田弋。曹鄙人公孙彊好弋[1],获白雁,献之,且言田弋之说[2],说之,因访政事[3],大说之。有宠,使为司城以听政。梦者之子乃行。彊言霸说于曹伯,曹伯从之,乃背晋而奸宋[4]。宋人伐之,晋人不救,筑五邑于其

宋国人包围曹国。郑国的桓子思说:“宋国人一旦据有曹国,是郑国的忧患,不能不救援。”冬天,郑国军队救援曹国,侵袭宋国。

起初,曹国有人梦见一群贵族站在社宫,商议灭亡曹国。曹叔振铎请求等等公孙彊,大家答应了。早晨起来后寻找这个人,曹国都城中没有。做梦的人告诫他的儿子说:“我死后,你听到公孙彊主持政事,一定要离开他。”等到曹伯阳即位后,喜欢打猎射鸟。曹国边城人公孙彊爱好射猎,射得一只白雁,献给曹伯阳,并且谈到田猎的技艺。曹伯阳听了很高兴,就向他询问关于政事的意见,非常喜欢他,对他很宠信,让他做司城来主持政事。做梦人的儿子就走了。公孙彊向曹伯阳论说称霸的方法,曹伯阳听从了,于是背离晋国而侵犯宋国。宋国人攻打曹国,晋国人不去救援,公

郊，曰黍丘、揖丘、大城、钟、邘[5]。

孙彊在国都的郊外修筑了五个城邑，叫作黍丘、揖丘、大城、钟、邘。

注释 1 弋：射猎。 2 说：这里指田猎的技艺。 3 访政事：就政事询问意见。访，询问。 4 奸：犯，侵犯。 5 邘：音 yú。

哀公八年

【经】

八年春，王正月，宋公入曹，以曹伯阳归。

吴伐我。

夏，齐人取讙及阐。

归邾子益于邾。

秋七月。

冬十有二月癸亥，杞伯过卒。

齐人归讙及阐。

八年春天，周历正月，宋景公进入曹国，带了曹伯阳回国。

吴国攻打我国。

夏天，齐国人占取讙地和阐地。

齐国人把邾君益送回邾国。

秋天七月。

冬天十二月初三，杞僖公过去世。

齐国人归还讙地和阐地。

【传】

八年春，宋公伐曹，将还，褚师子肥殿。曹人诟之[1]，不行。师待之。公闻之，怒，命反之，遂

八年春天，宋景公攻打曹国，将要收兵回国，褚师子肥压阵。曹国人骂他，他不走了。军队在等待他。宋景公听说了，发怒，命令军队回过头去进攻，于是

灭曹。执曹伯阳及司城彊以归[2],杀之。

吴为邾故,将伐鲁,问于叔孙辄。叔孙辄对曰:“鲁有名而无情[3],伐之,必得志焉。”退而告公山不狃。公山不狃曰:“非礼也。君子违[4],不适仇国。未臣而有伐之,奔命焉,死之可也。所托也则隐。且夫人之行也,不以所恶废乡。今子以小恶而欲覆宗国[5],不亦难乎?若使子率,子必辞,王将使我。”子张疾之[6]。王问于子泄[7],对曰:“鲁虽无与立,必有与毙。诸侯将救之,未可以得志焉。晋与齐、楚辅之,是四仇也。夫鲁,齐、晋之唇,唇亡齿寒,君所知也。不救何为?”

灭亡了曹国。抓住了曹伯阳和司城彊带回国,杀了他们。

吴国因为邾国的缘故,打算攻打鲁国,向叔孙辄询问意见。叔孙辄回答说:“鲁国有名而无实,攻打它,一定能实现愿望。”叔孙辄回去就告诉公山不狃。公山不狃说:“你这是不合乎礼的。君子离开自己的国家,不到敌国去。没有臣事祖国而又攻打它,为敌国的命令奔走,死了也不足惜。敌国有所委任就要隐退。而且一个人出走他乡,也并不因为怨恨的事而败坏故乡。如今您因为小小怨恨就要推翻祖国,不也难吗?如果让您引路,您一定要拒绝,吴王将派遣我。”叔孙辄对自己的行为感到悔恨。吴王又询问子泄,子泄回答说:“鲁国即使没有与它站在一起的盟国,但必定有可能与它一起倒台的邻国。诸侯会救援它,不能从它那里得志的。晋国和齐国、楚国帮助它,这就是四个仇敌了。鲁国,好比是齐国、晋国的嘴唇,嘴唇没有了,牙齿就要受冻,这是君王所知道的,不救援还干什么?”

注释 1 诟:骂。 2 司城:官名,即司空,掌管土木工程,车服器械制造等。 3情:实。 4违:离,指离开本国。 5宗国:祖国。 6子张:即叔孙辄。疾之:自恨失言。之,指代自己前面所说的话。 7子泄:即公山不狃。

三月,吴伐我,子泄率,故道险[1],从武城。初,武城人或有因于吴竟田焉[2],拘鄫人之沤菅者[3],曰:"何故使吾水滋[4]?"及吴师至,拘者道之,以伐武城,克之。王犯尝为之宰[5],澹台子羽之父好焉,国人惧。懿子谓景伯:"若之何?"对曰:"吴师来,斯与之战,何患焉?且召之而至,又何求焉?"吴师克东阳而进,舍于五梧。明日,舍于蚕室。公宾庚、公甲叔子与战于夷,获叔子与析朱钼,献于王。王曰:"此同车,必使能,国未可望也。"明日,舍于庚宗,遂次于泗上。微虎欲宵攻王舍[6],私属徒七百人,三踊于幕庭,卒三百人,有

三月,吴国攻打我国,公山不狃领路,故意走险路,经过武城。起初,武城有个人靠着吴国边境种田,抓住一个浸泡菅草的鄫地人,说:"为什么把我的水弄污浊?"等到吴军来到,被抓的鄫地人为他们带路,来攻打武城,攻下了。王犯曾经做过武城宰,澹台子羽的父亲与他要好,国内的人很害怕王犯。孟懿子对景伯说:"怎么办?"景伯回答说:"吴军一来,就和他们交战,担心什么?而且是招惹他们来的,又能寻求什么别的办法呢?"吴军攻克东阳而进军,驻扎在五梧。第二天,驻扎在蚕室。公宾庚、公甲叔子在夷地和吴军作战,吴军俘获了公甲叔子和析朱钼的尸体,献给吴王。吴王说:"这是同一辆战车的人,鲁国必定任用了能人,这个国家还不能指望得到。"第二天,驻扎在庚宗,最后驻扎在泗水边上。微虎想要在晚上攻打吴王住处,私下带领兵徒七百人,在幕庭中每人跳三次,最后选定三百人,有若在其中。他们到达稷门之内,有人

若与焉。及稷门之内，或谓季孙曰：“不足以害吴，而多杀国士，不如已也。”乃止之。吴子闻之，一夕三迁。

对季孙说：“不足以危害吴国，反而会葬送国家许多人才，不如罢手。”于是停止了行动。吴王听说了，一个晚上迁移了三次。

吴人行成，将盟，景伯曰：“楚人围宋，易子而食，析骸而爨[7]，犹无城下之盟；我未及亏，而有城下之盟，是弃国也。吴轻而远，不能久，将归矣，请少待之。”弗从。景伯负载，造于莱门。乃请释子服何于吴[8]，吴人许之，以王子姑曹当之[9]，而后止。吴人盟而还。

吴国人求和，将要签订盟约，景伯说：“楚国人包围宋国，宋国人交换儿子来吃，剖开尸骨来做饭，还没有签订城下之盟；我们未到衰败的时候，就要订立城下之盟，这是抛弃国家。吴国轻率而远离本国，不能持久，将要回国了，请稍等待一下。”季孙不依从。景伯背着盟书，到达莱门。鲁国就请求把景伯放到吴国去，吴国人答应了，因为鲁国要求用王子姑曹与景伯相抵，最后就停止了交换人质。吴国人签订盟约就回国了。

注释 1道：用为动词，取道。 2竟：通“境”，边界。田：种田。 3菅(jiān)：一种多年生禾本植物。 4滋：污浊。 5王犯：吴国大夫，逃亡来鲁。 6微虎：鲁国大夫。 7析：剖开。爨(cuàn)：做饭。事见宣公十五年《传》。 8释：舍，把……放到。子服何：即景伯。这句是说把景伯放到吴国去当人质。 9当：对，相抵。

齐悼公之来也，季康子以其妹妻之，即位而逆之。季鲂侯通焉[1]，女

齐悼公来鲁国时，季康子把他的妹妹嫁给齐悼公，悼公即位后来迎接她。季鲂侯与她私通，她说出了实情，季康

言其情，弗敢与也。齐侯怒。夏五月，齐鲍牧帅师伐我，取讙及阐。

或谮胡姬于齐侯曰[2]："安孺子之党也。"六月，齐侯杀胡姬。

齐侯使如吴请师，将以伐我，乃归邾子。邾子又无道，吴子使大宰子馀讨之[3]，囚诸楼台，栫之以棘[4]。使诸大夫奉大子革以为政。

秋，及齐平。九月，臧宾如如齐莅盟。齐闾丘明来莅盟，且逆季姬以归，嬖。

鲍牧又谓群公子曰："使女有马千乘乎！"公子诉之。公谓鲍子："或谮子，子姑居于潞以察之。若有之，则分室以行；若无之，则反子之所。"出门，使以三分之一行。半道，使以二乘。及潞，麇之以入[5]，遂杀之。

子不敢把她嫁给悼公了。齐悼公发怒。夏天五月，齐国的鲍牧领兵攻打我国，攻取了讙地和阐地。

有人在齐悼公面前诬陷胡姬说："她是安孺子的党羽。"六月，齐悼公杀了胡姬。

齐悼公派人前往吴国请求军队，打算用来攻打我国，我国就送回了邾君。邾君又无道，吴王派太宰嚭讨伐他，把他囚禁在楼台上，用荆棘织成篱笼围住他。让大夫们侍奉太子革来执政。

秋天，与齐国讲和。九月，臧宾如前往齐国参加结盟。齐国的闾丘明前来参加结盟，并且迎接季姬回国，季姬得到宠幸。

鲍牧又对公子们说："帮助你们哪位拥有四千匹马吧！"公子们告诉了齐悼公。齐悼公对鲍牧说："有人说您的坏话，您暂且住到潞地去以便调查。如果有这样的事，就分掉您的家产让您走；如果没有，就回到您的地方去。"鲍牧走出门，让他带着三分之一的家产走。走到半路，只让他带两辆车走。到达潞地，把他捆绑了带进去，于是杀了他。

冬十二月，齐人归讙及阐，季姬嬖故也。

冬天十二月，齐国人归还讙地和阐地，是因为季姬受宠的缘故。

注释 1季鲂侯：季康子叔父。 2胡姬：齐景公妾。 3子馀：即太宰嚭。 4栫(jiàn)：篱笆。这里用为动词，指用篱笆围住。 5麇(kǔn)：捆绑。

哀公九年

【经】

九年春，王二月，葬杞僖公。

九年春天，周历二月，安葬杞僖公。

宋皇瑗帅师取郑师于雍丘。

宋国的皇瑗率领军队在雍丘歼灭了郑国军队。

夏，楚人伐陈。

夏天，楚国人攻打陈国。

秋，宋公伐郑。

秋天，宋景公攻打郑国。

冬十月。

冬天十月。

【传】

九年春，齐侯使公孟绰辞师于吴，吴子曰："昔岁寡人闻命，今又革之[1]，不知所从，将进受命于君。"

九年春天，齐悼公派公孟绰到吴国去辞谢出兵，吴王说："去年我听到命令，现在又改变它，不知听从什么，我将进见君王接受命令。"

郑武子賸之嬖许瑕

郑国罕达的宠臣许瑕求取城邑，没有拿来给他的地方。许瑕请求到外

求邑，无以与之。请外取，许之，故围宋雍丘。宋皇瑗围郑师，每日迁舍，垒合，郑师哭。子姚救之[2]，大败。二月甲戌，宋取郑师于雍丘，使有能者无死，以郏张与郑罗归。

国去求取，罕达同意了他，所以许瑕包围宋国的雍丘。宋国的皇瑗包围郑军，每天迁移军营，壁垒连成一体，郑军将士痛哭。罕达去救援他们，大败。二月十四日，宋国在雍丘歼灭了郑军，只让有才能的人不死，带了郏张和郑罗回去。

夏，楚人伐陈，陈即吴故也[3]。

夏天，楚国人攻打陈国，是因为陈国靠拢吴国的缘故。

宋公伐郑。

宋景公攻打郑国。

秋，吴城邗[4]，沟通江、淮。

秋天，吴国在邗地筑城，开沟贯通长江、淮河。

注释 1 革：改变。 2 子姚：即武子賸，又名罕达。 3 即：接近，靠拢。 4 邗(hán)：吴地。

晋赵鞅卜救郑，遇水适火[1]，占诸史赵、史墨、史龟[2]。史龟曰："是谓沉阳[3]，可以兴兵，利以伐姜[4]，不利子商[5]。伐齐则可，敌宋不吉。"史墨曰："盈[6]，水名也；子[7]，水位也。名位敌，不可干也。炎帝为火师，姜姓其后也。水胜火，伐姜则可。"

晋国的赵鞅为救援郑国占卜，遇到水流向火的卦象，让史赵、史墨、史龟预测吉凶。史龟说："这叫作阳气下沉，可以出兵，攻打姜姓有利，攻打子商氏不利。攻打齐国就可以，对抗宋国不吉利。"史墨说："盈，是水名；子，是水位。名与位相当，不可以触犯。炎帝是火师，姜姓是他的后代。水胜过火，攻打姜姓是可以的。"史赵说：

史赵曰："是谓如川之满，不可游也。郑方有罪，不可救也。救郑则不吉，不知其他。"阳虎以《周易》筮之，遇泰☷之需☵[8]，曰："宋方吉，不可与也。微子启，帝乙之元子也[9]。宋、郑，甥舅也。祉，禄也。若帝乙之元子归妹而有吉禄[10]，我安得吉焉？"乃止。

"这叫作像河川水满，不可以游过。郑国正有罪，不能够救援。救援郑国就不吉利，其他我不知道。"阳虎用《周易》为此事占筮，遇到泰卦☷变到需卦☵，说："宋国正吉利，不能与它为敌。微子启是帝乙的长子。宋、郑两国是甥舅关系。祉，就是福禄。如果帝乙的长子嫁女而有吉利的福禄，我们怎么能吉利呢？"就停止了救援郑国的行动。

冬，吴子使来儆师伐齐[11]。

冬天，吴王派使者前来告诫出兵攻打齐国。

注释 **1**遇水适火：占卜的卦象，其卜法不详。 **2**占：预测吉凶。 **3**沉阳：水为阳，水流向火，所以说"沉阳"。 **4**姜：姜姓国，指齐国。 **5**子商：指宋国，宋为商的后代。 **6**盈：即赢，赵国祖先姓赢。 **7**子：即子商。**8**泰：卦名，《周易》之第十一卦。☷为卦象，乾下坤上。需：卦名，《周易》之第五卦。☵为其卦象，乾下坎上。泰卦六五爻辞说："帝乙归妹，以祉，元吉。"故阳虎有以下解说。 **9**帝乙：商代君主，纣王的父亲。元子：长子。**10**归妹：嫁女。妹，少女。 **11**儆：告诫。

哀公十年

【经】

十年春，王二月，邾子益来奔。

十年春天，周历二月，邾国君主益逃亡前来。

公会吴伐齐。

哀公会合吴国攻打齐国。

三月戊戌，齐侯阳生卒。

三月十四日，齐悼公阳生去世。

夏，宋人伐郑。

夏天，宋国人攻打郑国。

晋赵鞅帅师侵齐。

晋国的赵鞅率领军队侵袭齐国。

五月，公至自伐齐。

五月，哀公攻打齐国回到鲁国。

葬齐悼公。

安葬齐悼公。

卫公孟彄自齐归于卫。

卫国的公孟彄从齐国回到卫国。

薛伯夷卒。

薛国君主夷去世。

秋，葬薛惠公。

秋天，安葬薛惠公。

冬，楚公子结帅师伐陈。

冬天，楚国公子结领兵攻打陈国。

吴救陈。

吴国救援陈国。

【传】

十年春，邾隐公来奔，齐甥也，故遂奔齐。

十年春天，邾隐公逃亡前来，因为他是齐国的外甥，所以随即逃往齐国。

公会吴子、邾子、郯

哀公会合吴王、邾隐公、郯君攻打

子伐齐南鄙，师于郎[1]。齐人弑悼公，赴于师[2]。吴子三日哭于军门之外。徐承帅舟师[3]，将自海入齐，齐人败之，吴师乃还。

夏，赵鞅帅师伐齐，大夫请卜之。赵孟曰[4]：“吾卜于此起兵，事不再令，卜不袭吉，行也！”于是乎取犁及辕[5]，毁高唐之郭，侵及赖而还。

秋，吴子使来复儆师。

冬，楚子期伐陈[6]。吴延州来季子救陈，谓子期曰：“二君不务德，而力争诸侯，民何罪焉？我请退，以为子名，务德而安民。”乃还。

齐国南方边境，驻扎在郎地。齐国人杀了齐悼公，向联军发了讣告。吴王在军门外哭了三天。徐承率领水军，准备从海上进入齐国，齐国人打败了他们，吴军就退回来了。

夏天，赵鞅领兵攻打齐国，大夫请求为此占卜。赵鞅说：“对于这次出兵我占卜过了，一件事不占卜两次，占卜也不一定再次得到吉卦，出发吧！”于是攻取犁地和辕地，拆毁了高唐的外城，侵袭到赖地然后收兵。

秋天，吴王派使者再次来告诫我军出兵。

冬天，楚国的公子结攻打陈国。吴国的延州来季子救援陈国，对公子结说：“两国君主不致力于德政，却用武力争夺诸侯，老百姓有什么罪呢？请让我退兵，来成就您的好名声，以便施行德政而安定百姓。”就退兵回去了。

注释 **1** 师：用为动词，驻扎。郎：齐地。 **2** 赴：同“讣”。 **3** 徐承：吴国大夫。 **4** 赵孟：即赵鞅。 **5** 犁、辕：都是齐国地名。 **6** 子期：即公子结。

哀公十一年

【经】

十有一年春，齐国书帅师伐我。

十一年春天，齐国的国书率领军队攻打我国。

夏，陈辕颇出奔郑。

夏天，陈国的辕颇出逃到郑国。

五月，公会吴伐齐。

五月，哀公会合吴军攻打齐国。

甲戌，齐国书帅师及吴战于艾陵，齐师败绩，获齐国书。

二十七日，齐国的国书领兵在艾陵与吴军作战，齐军大败，俘获齐国的国书。

秋七月辛酉，滕子虞毋卒。

秋天七月十五日，滕君虞毋去世。

冬十有一月，葬滕隐公。

冬十一月，安葬滕隐公。

卫世叔齐出奔宋。

卫国的世叔齐出逃到宋国。

【传】

十一年春，齐为鄎故，国书、高无丕帅师伐我，及清。季孙谓其宰冉求曰："齐师在清，必鲁故也，若之何？"求曰："一子守[1]，二子从公御诸竟[2]。"季孙曰："不能。"

十一年春天，齐国因为鄎地战役的缘故，派国书、高无丕领兵攻打我国，到达清地。季孙对他的家臣冉求说："齐军驻扎在清地，一定是为了鲁国的缘故，怎么办？"冉求说："您一人留守，叔孙、孟孙两位跟着国君到边境去抵御齐军。"季孙说："难以办到。"冉求说："那

求曰："居封疆之间。"季孙告二子，二子不可。求曰："若不可，则君无出。一子帅师，背城而战，不属者，非鲁人也。鲁之群室，众于齐之兵车，一室敌车优矣[3]，子何患焉？二子之不欲战也宜，政在季氏。当子之身，齐人伐鲁而不能战，子之耻也大，不列于诸侯矣。"季孙使从于朝，俟于党氏之沟。武叔呼而问战焉[4]，对曰："君子有远虑，小人何知？"懿子强问之[5]，对曰："小人虑材而言，量力而共者也。"武叔曰："是谓我不成丈夫也。"退而蒐乘[6]。孟孺子泄帅右师[7]，颜羽御，邴泄为右。冉求帅左师，管周父御，樊迟为右。季孙曰："须也弱[8]。"有子曰："就用命焉。"季氏之甲七千，冉有以武城人三百为己徒卒[9]，老幼守宫，次于雩门之外。五

就守在边境之内。"季孙告诉叔孙、孟孙，两人不同意。冉求说："如果不同意，那国君就不用出宫。您一人率领部队，背城而战，不跟从您参战的人，就不是鲁国人。鲁国卿大夫各家的兵车，比齐国的兵车要多，您一家抵挡齐国兵车就足够了，您担心什么呢？他们两位不想参战是当然的，因为政权在季氏家。在您亲自执政的时候，齐国人攻打鲁国而不能出战，这样您的耻辱就大了，不能和诸侯并列了。"季孙派冉求跟着上朝，然后在党氏之沟等着。武叔把冉求叫来向他询问作战的计划，冉求回答说："君子有深谋远虑，小人知道什么？"孟懿子硬是问他，冉求回答说："小人是考虑能力才说话，估计力量才办事的。"武叔说："这是说我不是男子汉了。"回去就检阅兵车。孟孺子泄率领右军，颜羽为他驾车，邴泄做车右。冉求率领左军，管周父为他驾车，樊迟做车右。季孙说："樊迟太年轻了。"冉求说："因为他能执行命令。"季孙有甲士七千人，冉求用三百个武城人作为自己的步兵，老人少年守卫宫室，全军驻扎在雩门外边。五天后，右军才跟上来。公叔务人

日,右师从之。公叔务人见保者而泣,曰:“事充政重[10],上不能谋,士不能死,何以治民?吾既言之矣,敢不勉乎!”

看到保卫宫室的人就哭了,说:“劳役繁多,赋税苛重,在上的不能谋划,战士不能拼死,怎么能安定百姓?我已经说了这些话,岂敢不努力!”

注释 1 一子:指季孙。 2 二子:指叔孙、孟孙二人。 3 一室:指季氏。优:充足。 4 武叔:即叔孙,名州仇。 5 懿子:孟孙何忌。 6 蒐乘:检阅兵车。 7 孟孺子:懿子的儿子,字泄。 8 须:即樊迟。 9 冉有:冉求。 10 事充:指劳役繁多。政重:赋税重。政,通“征”。

师及齐师战于郊。齐师自稷曲,师不逾沟。樊迟曰:“非不能也,不信子也,请三刻而逾之[1]。”如之,众从之。师入齐军。右师奔,齐人从之,陈瓘、陈庄涉泗[2]。孟之侧后入以为殿[3],抽矢策其马,曰:“马不进也。”林不狃之伍曰[4]:“走乎!”不狃曰:“谁不如[5]?”曰:“然则止乎?”不狃曰:“恶贤?”徐步而死。师获甲首八十,齐人不能师。宵,谍曰:“齐人遁。”冉有请

我军和齐军在郊外作战。齐军从稷曲进攻,我军没有越过壕沟迎战。樊迟说:“不是不能越过,是不信任您,请反复责求部队以越过沟去。”冉求听从了他的意见,大家就跟着过了沟。军队攻入齐国军中。右军逃跑,齐国人追击他们,陈瓘、陈庄徒步渡过泗水。孟之侧因为殿后而最后进入都城,他抽出箭来打他的马,说:“马不肯向前跑。”林不狃的伙伴说:“跑吧!”不狃说:“我跑谁不会跟着跑?”那伙伴说:“那么就停下来抵抗吗?”不狃说:“停下来抵抗就好吗?”就慢慢行走而被杀死。鲁军斩获甲士首级八十个,齐国人溃不成军。晚上,侦察人员报告说:“齐国人逃跑了。”

从之三，季孙弗许。孟孺子语人曰：“我不如颜羽，而贤于邴泄。子羽锐敏[6]，我不欲战而能默，泄曰：‘驱之。’”公为与其嬖僮汪锜乘[7]，皆死，皆殡。孔子曰：“能执干戈以卫社稷，可无殇也。”冉有用矛于齐师，故能入其军。孔子曰：“义也。”

冉求三次请求追击，季孙不答应。孟孺子告诉别人说：“我不如颜羽，但比邴泄强。颜羽急于奋勉参战，我不想参战而能不说逃跑，邴泄则说：‘赶马逃跑。’”公叔务人和他宠爱的家僮汪锜同坐一车，都战死了，一起入殓。孔子说：“汪锜能拿起武器来保卫国家，可以不当作夭折的人来举行葬礼。”冉求在攻击齐军时使用了矛，所以能攻入他们的军阵。孔子说：“这是合乎道义的。”

注释 1 三刻：反复责求。刻，等于说责。 2 陈瓘、陈庄：人名，都是齐国大夫。 3 孟之侧：人名，字反，孟孙族人。 4 林不狃：人名，孟孺子部下。伍：这里指同一军队的人。 5 如：从，随。 6 锐：急切。敏：奋勉。是说颜羽想积极参战。 7 公为：人名，即公叔务人。

夏，陈辕颇出奔郑。初，辕颇为司徒，赋封田以嫁公女，有余，以为己大器[1]。国人逐之，故出。道渴，其族辕咺进稻醴、粱糗、腶脯焉[2]，喜曰：“何其给也[3]？”对曰：“器成而具。”曰：“何不吾谏？”对曰：“惧先行。”

夏天，陈国的辕颇出逃到郑国。起初，辕颇做陈国司徒，征取封田的赋税来为陈闵公的女儿陪嫁，有剩余的部分，用来给自己铸造大礼器。国内人驱逐他，所以出逃。在路上渴了，他的族人辕咺向他进献稻米甜酒、精细小米干粮和腌制肉干，辕颇高兴地说：“怎么这样丰盛？”辕咺回答说：“礼器铸成时就准备好了。”辕颇说：“为什么不劝谏我？”回答说：“害怕被先赶走。”

为郊战故，公会吴子

伐齐。五月,克博。壬申,至于嬴。中军从王,胥门巢将上军,王子姑曹将下军,展如将右军。齐国书将中军,高无丕将上军,宗楼将下军。陈僖子谓其弟书[4]:"尔死,我必得志。"宗子阳与闾丘明相厉也[5]。桑掩胥御国子[6],公孙夏曰:"二子必死。"将战,公孙夏命其徒歌《虞殡》[7]。陈子行命其徒具含玉[8]。公孙挥命其徒曰[9]:"人寻约[10],吴发短。"东郭书曰:"三战必死,于此三矣。"使问弦多以琴[11],曰:"吾不复见子矣。"陈书曰:"此行也,吾闻鼓而已,不闻金矣[12]。"

因为郊外那次战役的缘故,哀公会合吴王攻打齐国。五月,攻下博地。二十五日,到达嬴地。吴国中军由吴王率领,胥门巢率领上军,王子姑曹率领下军,展如率领右军。齐国由国书率领中军,高无丕率领上军,宗楼率领下军。陈乞对他的弟弟陈书说:"你如果战死,我一定会得志。"宗楼和闾丘明互相勉励。桑掩胥为国书驾车,公孙夏说:"这两位一定会战死。"将要开战,公孙夏命令他的部下唱《虞殡》挽歌。陈逆命令他的部下准备好含玉。公孙挥命令他的部下说:"每人准备一根八尺长的绳子,吴国人头发短。"东郭书说:"作战三次必定阵亡,我到这次是第三次了。"就派人带了一张琴去问候弦施,说:"我不能再见到您了。"陈书说:"这次行动,我只能听到进军的鼓声,听不到收兵的锣声了。"

注释 1 大器:指钟鼎之类。 2 稻醴:稻米酿制的甜酒。粱糗(qiǔ):精细小米做成的干粮。糗,干粮。腶(duàn)脯:用姜、桂等腌制的干肉。 3 给:丰足。 4 陈僖子:即陈乞,齐国臣子。 5 宗子阳:即宗楼。厉:同"励"。 6 国子:即国书。 7 公孙夏:齐国臣子。《虞殡》:举行殡仪唱的挽歌。 8 陈子行:齐国臣子,名陈逆。具含玉:表示必死的决心。 9 公孙挥:齐国臣子。 10 寻约:八尺长的绳子。将用于缚敌。 11 问:问候并馈赠礼品。弦多：齐国人，即弦施。 12 金：指锣。古代作战鸣锣收兵。

甲戌，战于艾陵。展如败高子[1]，国子败胥门巢，王卒助之，大败齐师，获国书、公孙夏、闾丘明、陈书、东郭书，革车八百乘，甲首三千，以献于公。将战，吴子呼叔孙，曰："而事何也[2]？"对曰："从司马[3]。"王赐之甲、剑铍[4]，曰："奉尔君事，敬无废命！"叔孙未能对，卫赐进曰[5]："州仇奉甲从君。"而拜。公使大史固归国子之元[6]，置之新箧，褽之以玄纁[7]，加组带焉[8]。置书于其上，曰："天若不识不衷[9]，何以使下国？"

五月二十七日，在艾陵作战。展如打败了高无丕，国书打败了胥门巢，吴王率领的士兵支援胥门巢，大败齐军，俘获了国书、公孙夏、闾丘明、陈书、东郭书，缴获革车八百辆，斩获甲士的首级三千个，用来向哀公献功。将要开战时，吴王喊叔孙，说："你的职务是什么？"叔孙回答说："做司马。"吴王赐给他铠甲和剑铍，说："奉行你们君主交给的任务，严肃对待而不要废弃命令！"叔孙不能回答，子贡上前说："叔孙敬受铠甲跟从君王。"就下拜。哀公派太史固送还国书的脑袋，把它装在新箱子里，用黑红和浅红的帛垫在下面，并加上编织的丝带。在上面放了一封信，信中说："上天如果不知道你们的不善，为什么让我小国得胜呢？"

注释 1 高子：即齐将高无丕。 2 事：职事。 3 从司马：等于说做司马，谦辞。 4 剑铍(pī)：一种装在刀鞘中的剑。 5 卫赐：人名，即子贡，孔子弟子，本卫国人，故称卫赐。 6 元：首。 7 褽(wèi)：垫。玄纁(xūn)：指黑红色和浅红色的帛。 8 组带：编织而成的丝带。组，也是带。 9 衷：善。

吴将伐齐，越子率其众以朝焉[1]，王及列士皆有馈赂。吴人皆喜，唯子胥惧，曰："是豢吴也夫！"谏曰："越在我，心腹之疾也，壤地同，而有欲于我。夫其柔服[2]，求济其欲也，不如早从事焉。得志于齐，犹获石田也，无所用之。越不为沼，吴其泯矣。使医除疾，而曰'必遗类焉'者[3]，未之有也。《盘庚》之诰曰[4]：'其有颠越不共[5]，则劓殄无遗育[6]，无俾易种于兹邑[7]。'是商所以兴也。今君易之[8]，将以求大，不亦难乎？"弗听。使于齐，属其子于鲍氏，为王孙氏。反役，王闻之，使赐之属镂以死[9]。将死，曰："树吾墓槚[10]，槚可材也，吴其亡乎！三年，其始弱矣。盈必毁，天之道也。"

吴国准备攻打齐国，越王率领他的部下去朝贡，吴王和臣下们都得到了赠送的财物。吴国人都很高兴，只有伍子胥担心，他说："这是像喂猪一样豢养吴国啊！"就劝谏说："越国对于我们来说，是心腹之疾，地区相同，而对我国抱有欲望。他们的顺服，是谋求实现他们的欲望，不如早点对越国采取行动。在齐国面前得志，犹如获得一块石田，没有用处。越国不沦为沼泽，吴国就将被消灭了。让医生除病，却说'一定要留下病根'的人，是没有的。《盘庚》的诰令说：'如果有人毁坏礼法，不恭敬从命，就斩尽杀绝不留后代，不使他的种族在这个地方延续下去。'这就是商朝之所以兴起的办法。如今君王改变这种办法，想要用来求得强大，不也难吗？"吴王不听。伍子胥出使到齐国，把自己的儿子托付给鲍氏，就是王孙氏。从艾陵战役回来，吴王听说了这件事，派人赐给他属镂剑自杀。临死时，伍子胥说："在我的墓旁栽上榎树，榎树可以做木材的时候，吴国大概会灭亡了吧！三年之后，将开始衰弱了。满了就必然毁坏，这是自然的道理。"

注释 1越子:越王勾践。 2柔服:顺服。 3类:种,指病根。 4《盘庚》:《尚书》篇名。诰:皇帝给臣下的命令训诫。以下引文与今《尚书》有出入。 5颠越:坠落,等于说毁坏、违犯,对象当指礼法。共,通"恭"。 6劓(yì):割断。殄:灭绝。育:生育之义,引申指生育的后代,这个意义后来写作"胄"。 7俾:使。易:延续。 8易:改变。 9属镂:剑名。 10槚(jiǎ):木名,或写作"榎",一名"山楸",古代常用来做棺材。

秋,季孙命修守备,曰:"小胜大,祸也,齐至无日矣。"

秋天,季孙命令整修防御设施,说:"小国战胜大国,这是祸患,齐国人的到来没有几天了。"

冬,卫大叔疾出奔宋[1]。初,疾娶于宋子朝,其娣嬖[2]。子朝出,孔文子使疾出其妻而妻之[3]。疾使侍人诱其初妻之娣,置于犁,而为之一宫,如二妻。文子怒,欲攻之,仲尼止之,遂夺其妻。或淫于外州[4],外州人夺之轩以献。耻是二者,故出。卫人立遗[5],使室孔姞[6]。疾臣向魋[7],纳美珠焉,与之城钼。宋公求珠,魋不与,由是得罪。及桓氏出,城钼人攻大叔疾,卫庄公复之,

冬天,卫国的太叔疾出逃到宋国。起初,太叔疾娶了宋国子朝的女儿为妻,从嫁的姨妹很受宠爱。子朝逃亡出国,孔文子让太叔疾休了他的妻子而把女儿嫁给他。太叔疾派仆人引诱他前妻的妹妹,把她安顿在犁邑,给她建了一座房子,就好像有两个妻子一样。孔文子发怒,想要讨伐太叔疾,孔子制止了他,于是孔文子就接回了女儿。太叔疾有时在外州与人通奸,外州人夺取他的车子献上来。太叔疾对这两件事感到羞耻,所以出逃。卫国人立了太叔遗做继承人,让他娶了孔姞。太叔疾做向魋的家臣,献给向魋美丽的珍珠,向魋给了他城钼。宋景公索取珍珠,向魋不给,因此得罪。到向魋出逃时,城钼人攻打太叔疾,卫庄

使处巢,死焉,殡于郧,葬于少禘。

初,晋悼公子慭亡在卫,使其女仆而田,大叔懿子止而饮之酒,遂聘之,生悼子[8]。悼子即位,故夏戊为大夫[9]。悼子亡,卫人翦夏戊[10]。

公让他回国,让他住在巢地,死在那里,在郧地停柩,葬在少禘。

起初,晋悼公的儿子慭逃亡在卫国,让女儿为自己赶车去打猎,太叔懿子留下请他们喝酒,于是聘娶他的女儿为妻,生了太叔疾。太叔疾即卿位,所以夏戊做了大夫。太叔疾逃亡后,卫国人削除了夏戊的官爵封邑。

注释 1 大叔疾:即《经》所载世叔齐。 2 娣:随嫁的妹妹。 3 孔文子:即孔圉,卫卿。 4 外州:卫地。 5 遗:人名,太叔疾的弟弟。 6 室:用为动词,等于说娶。古语男以女为室。孔姞:孔文子的女儿。 7 向魋:宋臣,即桓魋。 8 悼子:即太叔疾。 9 夏戊:悼子的外甥。 10 翦:削除。这里指削除爵邑。

孔文子之将攻大叔也,访于仲尼[1],仲尼曰:"胡簋之事[2],则尝学之矣;甲兵之事,未之闻也。"退,命驾而行,曰:"鸟则择木,木岂能择鸟?"文子遽止之,曰:"圉岂敢度其私[3],访卫国之难也。"将止,鲁人以币召之,乃归。

季孙欲以田赋,使冉有访诸仲尼,仲尼曰:"丘

孔文子准备攻打太叔疾,向孔子征求意见,孔子说:"祭祀之类的事,倒是曾经学过;战争的事,我没有听说过。"退下去后,命令套好车子就走,说:"鸟则要选择树木,树木岂能选择鸟?"孔文子赶快拦住他,说:"我岂敢为自己的私事谋算,是就卫国困难的事向您询问。"孔子打算留下,鲁国人用财礼召请他,就回国了。

季孙想要按田亩征税,派冉求向孔子询问此事,孔子说:"我不知道。"

不识也。”三发,卒曰:“子为国老,待子而行,若之何子之不言也?”仲尼不对,而私于冉有曰:“君子之行也,度于礼,施取其厚,事举其中,敛从其薄,如是则以丘亦足矣。若不度于礼,而贪冒无厌[4],则虽以田赋,将又不足。且子季孙若欲行而法,则周公之典在。若欲苟而行,又何访焉?”弗听。

问了三次,冉求最后说:“您是国家元老,等着您的意见办事,为什么您不肯说呢?”孔子不回答,而私下对冉求说:“君子办事,要用礼来衡量,施舍要选用丰厚的标准,劳役要选用适中的标准,赋敛要遵从轻微的标准,像这样做在我看来也就够了。如果不合乎礼法,而贪得无厌,那么即使按田亩征税,还会不够。而且季孙他如果要办事合乎礼法,那么周公的典章在。如果想随便行事,那又询问什么呢?”季孙不听从。

注释 1访:询问。 2胡簋(guǐ)之事:指祭祀、朝聘等礼仪。胡簋,即簠簋。簠(fǔ),祭祀或宴享时用来盛稻粱之类的方形器。簋,祭祀或宴享时用来盛黍稷的圆形器。 3度:谋划。 4冒:也是贪的意思。

哀公十二年

【经】

十有二年春,用田赋[1]。

十二年春天,按田亩征税。

夏五月甲辰,孟子卒[2]。

夏天五月初三,昭公夫人孟子去世。

公会吴于橐皋[3]。

哀公在橐皋与吴国人会见。

秋，公会卫侯、宋皇瑗于郧。

秋天，哀公在郧地会见卫出公和宋国的皇瑗。

宋向巢帅师伐郑。

宋国的向巢率军队攻打郑国。

冬十二月，螽[4]。

冬天十二月，发生蝗灾。

注释 1 用田赋：即上年之“以田赋”。用，以。 2 孟子：鲁昭公夫人。 3 橐皋(tuó gāo)：春秋时属吴地，在今安徽巢湖西北柘皋镇。 4 螽(zhōng)：蝗虫。

【传】

十二年春，王正月，用田赋。

十二年春天，周历正月，季孙实行按田亩征税。

夏五月，昭夫人孟子卒。昭公娶于吴，故不书姓。死不赴，故不称夫人。不反哭，故不言“葬小君”。孔子与吊，适季氏，季氏不絻[1]，放绖而拜[2]。

夏天五月，昭公夫人孟子去世。昭公从吴国娶孟子，所以《春秋》不记载她的姓。死了没有发讣告，所以不称她为夫人。安葬后没有返回祖庙哭丧，所以不说“葬小君”。孔子参加吊唁，去到季氏家，季氏没戴丧帽，孔子解下丧带下拜。

公会吴于橐皋，吴子使大宰嚭请寻盟，公不欲，使子贡对曰：“盟所以周信也[3]，故心以制之，玉帛以奉之，言以结之，明神以要之。寡君以为苟有盟焉，弗可改也已。若

哀公在橐皋会见吴国人，吴王让太宰嚭请求重温旧盟，哀公不愿意，派子贡答复说：“盟约是用来巩固信用的，所以用心来制定它，用玉帛来尊奉它，用言辞来缔结它，用神明来约束它。寡君认为如果有了盟约，就不能改变了。如

犹可改,日盟何益?今吾子曰'必寻盟',若可寻也,亦可寒也。"乃不寻盟。

果还可改变,那即使天天结盟又有什么好处?现在您说'一定要重温旧盟',如果盟约可以重温,也就可以冷落。"于是不再重温盟约。

吴征会于卫。初,卫人杀吴行人且姚而惧,谋于行人子羽。子羽曰:"吴方无道,无乃辱吾君,不如止也。"子木曰[4]:"吴方无道,国无道,必弃疾于人。吴虽无道,犹足以患卫。往也!长木之毙[5],无不摽也[6];国狗之瘈[7],无不噬也,而况大国乎?"

吴国召集卫国参加会见。起初,卫国人杀了吴国行人且姚而害怕,就和行人子羽商量。子羽说:"吴国正横暴无道,恐怕会侮辱我们国君,不如不去。"子木说:"吴国正横暴无道,国家无道,就一定会加害别人。吴国虽然没有道义,还是足以祸害卫国。去吧!高大树木倒下,没有不砸东西的;一国最好的狗发狂,没有不咬人的,何况是大国呢?"

注释 1 絻(wèn):一种丧服,脱帽而用布包着发髻。 2 放绖:解下丧带。 3 周:巩固。 4 子木:卫大夫。 5 毙:倒仆。 6 摽(piāo):击。 7 国狗:国家中的好狗。瘈(zhì):狂犬病。

秋,卫侯会吴于郧。公及卫侯、宋皇瑗盟,而卒辞吴盟。吴人藩卫侯之舍。子服景伯谓子贡曰:"夫诸侯之会,事既毕矣,侯伯致礼[1],地主归饩[2],以相辞也。今吴

秋天,卫出公在郧地与吴王会见。哀公和卫出公、宋国的皇瑗签订盟约,而终于拒绝了与吴国结盟。吴国人包围了卫出公的住所。子服景伯对子贡说:"诸侯的盟会,事情已经完毕之后,盟主向各国致礼,所在地的主人赠送食物,以此互相辞别。如今吴国不向卫国

不行礼于卫，而藩其君舍以难之[3]，子盍见大宰？”乃请束锦以行[4]。语及卫故[5]，大宰嚭曰：“寡君愿事卫君，卫君之来也缓，寡君惧，故将止之。”子贡曰：“卫君之来，必谋于其众，其众或欲或否，是以缓来。其欲来者，子之党也；其不欲来者，子之仇也。若执卫君，是堕党而崇仇也[6]，夫堕子者得其志矣。且合诸侯而执卫君，谁敢不惧？堕党崇仇，而惧诸侯，或者难以霸乎！”大宰嚭说，乃舍卫侯。卫侯归，效夷言[7]。子之尚幼[8]，曰：“君必不免，其死于夷乎！执焉而又说其言[9]，从之固矣。”

施礼，反而包围他们君主的住所来为难他们，您何不去见见太宰？”于是子贡申请了五匹锦就去了。谈话谈到卫国的事情，太宰嚭说：“寡君希望侍奉卫君，卫君来得很慢，寡君害怕，所以打算留下他。”子贡说：“卫君来此，一定与他的臣下们商量，臣下们有的愿意他来，有的不愿意，因此来晚了。那些愿意他来的人，是您的朋友；那些不希望他来的人，是您的敌人。如果拘留卫君，那就是毁了朋友而帮助了敌人，那些要摧垮您的人就实现他们的愿望了。而且会合诸侯却逮捕卫君，谁会不害怕？毁坏朋友帮助敌人，而又使诸侯惧怕，恐怕难以做霸主吧！”太宰嚭听了很高兴，就放了卫出公。卫出公回国，常学讲夷地话。子之当时还年幼，说：“君主一定难免于祸难，大概会死在夷地吧！被那里的人拘禁而又喜欢那里的语言，跟从他们够坚决的了。”

注释　1 侯伯：指盟主。伯，长。　2 归：通“馈”。饩：食物。　3 藩：围。难之：使之为难。　4 束锦：五匹锦。束，五匹为束。　5 故：事。　6 堕(huī)：毁。　7 效：模仿，学。夷言：指吴语。　8 子之：人名，卫臣，名公孙弥牟。　9 说：通“悦”。

冬十二月，螽。季孙问诸仲尼，仲尼曰："丘闻之，火伏而后蛰者毕[1]。今火犹西流，司历过也。"

宋、郑之间有隙地焉[2]，曰弥作、顷丘、玉畅、嵒、戈、钖[3]。子产与宋人为成，曰："勿有是。"及宋平、元之族自萧奔郑，郑人为之城嵒、戈、钖。九月，宋向巢伐郑，取钖，杀元公之孙，遂围嵒。十二月，郑罕达救嵒，丙申，围宋师。

冬天十二月，发生蝗灾。季孙向孔子询问此事，孔子说："我听说，大火星下沉然后昆虫蛰伏完毕。如今大火星还从西方经过，是掌握历法的错误。"

宋国、郑国之间有些空地，叫作弥作、顷丘、玉畅、嵒、戈、钖。子产和宋国人达成协议，说："不要占有这些空地。"到宋平公、宋元公的族人从萧地逃亡到郑国的时候，郑国人为他们在嵒、戈、钖等地筑城。九月，宋国的向巢攻打郑国，占领钖地，杀了宋元公的孙子，随即包围嵒地。十二月，郑国的罕达救援嵒地，二十八日，围攻宋国军队。

注释 1 火：大火星。蛰(zhé)：昆虫伏藏。 2 隙地：空地，未垦之地。 3 嵒：音 yán。钖：音 yáng。

哀公十三年

【经】

十有三年春，郑罕达帅师取宋师于嵒。

夏，许男成卒。

公会晋侯及吴子于黄池。

十三年春天，郑国的罕达率领军队在嵒地歼灭宋军。

夏天，许元公成去世。

哀公在黄池会见晋定公及吴王。

楚国的公子申率军攻打陈国。

楚公子申帅师伐陈。

於越入吴。

秋,公至自会。

晋魏曼多帅师侵卫。

葬许元公。

九月,螽。

冬十有一月,有星孛于东方。

盗杀陈夏区夫。

十有二月,螽。

越国侵入吴国。

秋天,哀公从黄池会见回到国内。

晋国的魏曼多领兵侵袭卫国。

安葬许元公。

九月,发生蝗灾。

冬天十一月,有彗星出现在东方。

刺客杀死了陈国的夏区夫。

十二月,发生蝗灾。

【传】

十三年春,宋向魋救其师。郑子賸使徇曰[1]:“得桓魋者有赏。”魋也逃归。遂取宋师于嵒,获成讙、郜延[2],以六邑为虚[3]。

夏,公会单平公、晋定公、吴夫差于黄池。

六月丙子,越子伐吴,为二隧[4],畴无馀、讴阳自南方[5],先及郊。吴大子友、王子地、王孙弥庸、寿于姚自泓上观之。弥庸

十三年春天,宋国的向魋援救他们的军队。郑国子賸派人宣告说:“俘虏向魋的人有赏。”向魋逃回宋国。于是在嵒地歼灭宋军,俘虏了成讙、郜延,把六个城邑变成废墟。

夏天,哀公在黄池会见单平公、晋定公和吴王夫差。

六月十一日,越王攻打吴国,兵分两路,畴无馀、讴阳从南面进军,先行到达吴都郊外。吴国的太子友、王子地、王孙弥庸、寿于姚在泓水岸边观察越国军队。弥庸看到姑蔑的旗帜,说:“这是

见姑蔑之旗[6],曰:“吾父之旗也。不可以见仇而弗杀也。”大子曰:“战而不克,将亡国,请待之。”弥庸不可,属徒五千,王子地助之。乙酉,战,弥庸获畴无馀,地获讴阳。越子至,王子地守。丙戌,复战,大败吴师,获大子友、王孙弥庸、寿于姚。丁亥,入吴。吴人告败于王,王恶其闻也,自刭七人于幕下。

秋七月辛丑,盟,吴、晋争先。吴人曰:“于周室,我为长。”晋人曰:“于姬姓,我为伯。”赵鞅呼司马寅曰:“日旰矣[7],大事未成,二臣之罪也。建鼓整列,二臣死之,长幼必可知也。”对曰:“请姑视之。”反,曰:“肉食者无墨[8]。今吴王有墨,国胜乎?大子死乎?且夷德轻,不忍久,请少待之。”乃先晋人。

我父亲的旗帜。不能看到仇敌却不杀他们。”太子说:“作战如果不能取胜,将亡国,请等待一下。”弥庸不同意,带领士卒五千人,王子地辅助他。二十日,开战,弥庸俘获了畴无馀,王子地俘获了讴阳。越王赶到,王子地防守。二十一日,再次交战,大败吴军,俘获了太子友、王孙弥庸、寿于姚。二十二日,越军进入吴国。吴国人向吴王报告失败,吴王讨厌这消息被诸侯听到,亲自在帐幕下杀死了七个人。

秋天七月初六日,准备盟誓,吴国和晋国争着要先歃血。吴国人说:“在周王室中,我们是老大。”晋国人说:“在姬姓国中,我们是霸主。”赵鞅喊司马寅说:“天晚了,大事没有办成,这是我们两个臣子的罪责。立起战鼓,整齐队伍,我们两人拼死一战,先后必定可以知晓。”司马寅回答说:“请暂且观察对方一下。”观察回来,说:“有高官厚禄的人没有脸色昏暗的。现在吴王脸色暗淡无光,是国家被战胜了吧?太子死了吧?而且夷人品性轻佻,不能长久忍耐,请稍微等待一下。”于是吴国人在晋国人之先歃血。

注释 1 子賸：人名，即罕达。徇：宣令，通告。 2 成讙、郜延：两人都是宋国大夫。 3 六邑：指弥作、顷丘、玉畅、嵒、戈、钖，见哀公十二年《传》。虚：同“墟”，废墟。 4 为二隧：分成两路。隧，道，路。 5 畴无馀、讴阳：都是越国大夫。 6 姑蔑：越国地名。 7 旰(gàn)：晚。 8 墨：指脸色灰暗无光泽。

吴人将以公见晋侯，子服景伯对使者曰：“王合诸侯，则伯帅侯牧以见于王。伯合诸侯，则侯帅子、男以见于伯。自王以下，朝聘玉帛不同，故敝邑之职贡于吴，有丰于晋，无不及焉，以为伯也。今诸侯会，而君将以寡君见晋君，则晋成为伯矣，敝邑将改职贡。鲁赋于吴八百乘，若为子、男，则将半邾以属于吴[1]，而如邾以事晋。且执事以伯召诸侯，而以侯终之，何利之有焉？”吴人乃止，既而悔之，将囚景伯。景伯曰：“何也立后于鲁矣[2]，将以二乘与六人从，迟速唯命。”遂囚以还。及户

吴国人打算带着鲁哀公进见晋定公，子服景伯回答吴国使者说：“天子会合诸侯，那么霸主率领诸侯去晋见天子。霸主会合诸侯，那么由侯率领子、男去晋见霸主。从天子以下，朝聘使用的玉帛并不相同，所以敝邑献给吴国的贡赋，只有比晋国丰厚，没有赶不上的，因为是把吴国当成霸主。现在诸侯会合，君王却打算带着寡君去见晋君，那晋国就成为霸主了，敝邑将改变贡赋。鲁国献给吴国的贡赋有八百辆兵车，如果变成子爵、男爵，就将取邾国贡赋的一半来交给吴国，而按邾国的级别来侍奉晋国。而且执事以霸主的身份召见诸侯，却以诸侯的身份告终，又有什么好处呢？”吴国人就停止那样做，不久又后悔，打算囚禁景伯。景伯说：“我在鲁国立了继承人，打算带两辆车和六个人跟从你们，早走晚走唯命是从。”于是吴国人就拘禁

牖[3]，谓大宰曰："鲁将以十月上辛有事于上帝先王，季辛而毕。何世有职焉，自襄以来，未之改也。若不会，祝宗将曰：'吴实然。'且谓鲁不共，而执其贱者七人，何损焉？"大宰嚭言于王曰："无损于鲁，而只为名，不如归之。"乃归景伯。

吴申叔仪乞粮于公孙有山氏[4]，曰："佩玉繠兮[5]，余无所系之；旨酒一盛兮[6]，余与褐之父睨之[7]。"对曰："粱则无矣[8]，粗则有之[9]。若登首山以呼曰：'庚癸乎[10]！'则诺。"王欲伐宋，杀其丈夫而囚其妇人。大宰嚭曰："可胜也，而弗能居也。"乃归。

冬，吴及越平。

了景伯带回国去。到达户牖，景伯对太宰嚭说："鲁国将在十月的第一个辛日对上帝先王举行祭祀，在最后一个辛日结束。我家世代在祭典中担任职事，从襄公以来，没有改变。如果这次不参加，主祭官将说：'是吴国使他这样的。'而且贵国说鲁国不恭，但只是拘捕了他们七个低贱的人，对鲁国又有什么损伤呢？"太宰嚭对吴王说："对鲁国没有损伤，而只是得个坏名声，不如放他回国。"就把景伯放回去了。

吴国的申叔仪向公孙有山求取粮食，说："佩玉沉沉啊，我没有系过它；美酒一杯啊，我和贫贱的老头只能望着它。"公孙有山回答说："细粮已经没有了，粗粮倒是有。如果你登上首山而呼喊：'给点下等货吧！'就答应你。"吴王想要攻打宋国，杀死那里的男人而囚禁女人。太宰嚭说："可以战胜它，但无法住在那里。"就回国了。

冬天，吴国和越国订立和约。

注释 1 半邾：取邾赋的一半。哀公七年《传》"邾赋六百乘"，则半邾为三百乘。 2 何：景伯名"何"。 3 户牖：地名，在今河南兰考北。 4 公孙有山：鲁国大夫。 5 繠(ruǐ)：下垂的样子。 6 一盛：一杯。

7 裼之父:贫贱老翁。睨:斜视。 8 粱:精细小米。 9 粗:粗粮。
10 庚癸:古分货为十等,庚癸为下等货。

哀公十四年

【经】

十有四年春,西狩获麟。

十四年春天,在西部打猎捕获一只麒麟。

小邾射以句绎来奔[1]。

小邾国的射奉献句绎前来投奔。

夏四月,齐陈恒执其君,置于舒州。

夏天四月,齐国的陈恒拘捕了他们的君主,安置到舒州。

庚戌,叔还卒[2]。

四月二十日,叔还去世。

五月庚申朔,日有食之。陈宗竖出奔楚。

五月初一日,发生日食。陈国的宗竖出逃到楚国。

宋向魋入于曹以叛。

宋国的向魋进入曹地而叛乱。

莒子狂卒[3]。

莒国君主狂去世。

六月,宋向魋自曹出奔卫[4]。

六月,宋国的向魋从曹地出逃到卫国。

宋向巢来奔。

宋国的向巢逃亡前来我国。

齐人弑其君壬于舒州。

齐国人在舒州杀了他们的国君壬。

秋,晋赵鞅帅师伐卫。

秋天,晋国的赵鞅率领军队攻打卫国。

八月辛丑,仲孙何忌卒。

八月十三日,孟懿子去世。

冬，陈宗竖自楚复入于陈，陈人杀之。

陈辕买出奔楚。

有星孛。

饥[5]。

冬天，陈国的宗竖从楚国重新进入陈国，陈国人杀了他。

陈国的辕买出逃到楚国。

有彗星出现。

发生灾荒。

注释 1射：小邾大夫。 2叔还：鲁国臣子。 3狂(qíng)：莒君名。 4曹：宋国城邑名。 5饥：灾荒。谷不熟叫“饥”。

【传】

十四年春，西狩于大野，叔孙氏之车子鉏商获麟[1]，以为不祥，以赐虞人。仲尼观之，曰：“麟也。”然后取之。

小邾射以句绎来奔，曰：“使季路要我[2]，吾无盟矣。”使子路，子路辞。季康子使冉有谓之曰：“千乘之国，不信其盟，而信子之言，子何辱焉？”对曰：“鲁有事于小邾[3]，不敢问故，死其城下可也。彼不臣，而济其言，是义之也，由弗能[4]。”

十四年春天，哀公到西部的大野打猎，叔孙氏的车手子鉏商猎获一只麒麟，认为不吉利，把它赐给虞人。孔子看了之后，说：“是麒麟。”这才取回它。

小邾国的射奉献句绎前来投奔，说：“派子路和我订约，我就不用与鲁国盟誓了。”鲁国派子路去，子路推辞。季康子派冉求对子路说：“拥有千辆兵车的国家，不信任它的盟誓，却相信您的话，您有什么屈辱呢？”子路回答说：“鲁国若对小邾国采取军事行动，我不敢问什么原因，战死在他们城下就行了。射不尽臣道，却让他的话得以实现，这是把他的不尽臣道当成正义，我不能那样。”

齐简公之在鲁也，阚止有宠焉。及即位，使为政。陈成子惮之，骤顾诸朝。诸御鞅言于公曰[5]：“陈、阚不可并也，君其择焉。”弗听。

齐简公在鲁国时，阚止受到宠幸。等到简公即君位后，就让阚止执政。陈成子对此感到害怕，在朝廷上频频看他。御者鞅就对齐简公说：“陈成子和阚止不可同时任用，君应当在中间选择一个。”齐简公不听从。

注释 1车：指驾车的人。子钼商：人名。 2季路：即子路。要：约定。 3有事：有军事行动。 4由：子路名仲由。 5诸御：一般的仆御之官。鞅：人名，齐国大夫。

子我夕[1]，陈逆杀人，逢之，遂执以入。陈氏方睦，使疾，而遗之潘沐[2]，备酒肉焉，飨守囚者，醉而杀之，而逃。子我盟诸陈于陈宗。

阚止在晚上晋见齐简公，陈逆杀了人，被阚止碰见了，就抓住他带进公宫。陈氏一族当时很和睦，就让陈逆装成有病，给他送去洗头用的淘米水，准备了酒肉，招待看守囚犯的人吃喝，把他们灌醉之后就杀了他们，陈逆就逃走了。阚止和陈氏家族的人在陈氏宗庙中盟誓。

初，陈豹欲为子我臣，使公孙言己，已有丧而止。既，而言之曰：“有陈豹者，长而上偻[3]，望视[4]，事君子必得志，欲为子臣。吾惮其为人也，故缓以告。”子我曰：“何害？是其在

起初，陈豹想要做阚止的家臣，让公孙介绍自己，不久有了丧事就停止了。丧事已完，公孙就向阚止介绍他说：“有个叫陈豹的人，身材高大而肩背伛偻，总是仰视，侍奉君子必定善解人意，想要做您的家臣。我惧怕他的为人，所以迟迟才告诉您。”阚止说：“那有什么妨害？这都在于我。”就让陈豹做了家臣。过了些日子，阚

我也。”使为臣。他日，与之言政，说，遂有宠。谓之曰：“我尽逐陈氏而立女，若何？”对曰：“我远于陈氏矣，且其违者不过数人，何尽逐焉？”遂告陈氏。子行曰[5]：“彼得君，弗先，必祸子。”子行舍于公宫。

止和陈豹讨论政事，很高兴，于是陈豹得到宠幸。阚止对陈豹说：“我把陈氏家族的人全部赶走而立你为继承人，怎么样？”陈豹回答说：“我在陈氏家族是远支，而且那些违背您的不过几个人，为什么要全部赶走呢？”就报告了陈氏家族的人。陈逆对陈成子说：“阚止他得到君主的信任，不先下手，必定会危害您。”陈逆就住到公宫里去。

注释 1 子我：即阚止。夕：指晚上晋见齐简公。 2 潘沐：洗头的淘米水。潘，淘米水。 3 长：指身材高。上偻：肩背佝偻。 4 望视：仰视的样子。 5 子行：即陈逆。

夏五月壬申，成子兄弟四乘如公。子我在幄，出逆之，遂入，闭门。侍人御之，子行杀侍人。公与妇人饮酒于檀台，成子迁诸寝。公执戈，将击之。大史子馀曰：“非不利也，将除害也。”成子出舍于库，闻公犹怒，将出，曰：“何所无君！”子行抽剑曰：“需[1]，事之贼也[2]。谁非陈宗？所不杀

夏天五月十三日，陈成子兄弟乘四辆车前往齐简公那儿。阚止正在帐幕里，出来迎接他们，陈成子兄弟几个就进入公宫，把门关上。齐简公的仆人阻挡他们，陈逆杀了仆人。齐简公和宫女在檀台喝酒，陈成子要把他转移到寝宫去。简公拿起戈，准备击杀陈成子。太史子馀说：“不是要对君不利，是打算除掉祸害。”陈成子出去住在库房里，听说简公还在发怒，准备出逃，说：“哪里没有国君！”陈逆抽出剑来说：“迟疑等待，是办事的祸害。谁不能做陈氏宗主？如果不

子者，有如陈宗！”乃止。

子我归，属徒攻闱与大门[3]，皆不胜，乃出。陈氏追之，失道于弇中，适丰丘。丰丘人执之，以告，杀诸郭关。成子将杀大陆子方[4]，陈逆请而免之。以公命取车于道，及耏[5]，众知而东之。出雍门，陈豹与之车，弗受，曰：“逆为余请，豹与余车，余有私焉。事子我而有私于其仇，何以见鲁、卫之士？”东郭贾奔卫[6]。

庚辰，陈恒执公于舒州[7]。公曰：“吾早从鞅之言，不及此！”

杀了您，有这历代陈氏宗主为证！”陈成子就没有出逃了。

阚止回去，带领部下攻打公宫小门和大门，都没有取胜，就逃出去了。陈氏追赶他，在弇中阚止迷了路，到了丰丘。丰丘人逮住了他，报告陈成子，在郭关杀死了他。陈成子打算杀大陆子方，陈逆求情就赦免了他。子方用简公的名义在路上征取车子，到达耏地，大家发现了就逼他东返。出了雍门，陈豹给他一辆车，他不接受，说：“陈逆替我求情，陈豹给我车子，我与他们有私交。侍奉阚止却与他的仇敌有私交，用什么脸面去见鲁国、卫国的士人？”子方就逃往卫国。

五月二十一日，陈成子在舒州逮捕了齐简公。齐简公说：“我早听鞅的话，不会落到这种田地！”

注释 1 需：等待。 2 贼：害。 3 属：等于说带领。闱：宫墙小门。 4 大陆子方：阚止家臣。“大陆”为氏。 5 耏：音 ér。 6 东郭贾：即大陆子方。 7 陈恒：即陈常，亦即陈成子。

宋桓魋之宠害于公。公使夫人骤请享焉，而将讨之。未及，魋先谋公，请以鞌易薄。公曰：“不

宋国的向魋受宠而危害到宋景公。宋景公让母亲突然邀请向魋参加宴享，打算趁机讨伐他。没等到宴享，向魋先谋算景公，请求用鞌邑换取

可。薄，宗邑也。”乃益鞌七邑，而请享公焉，以日中为期，家备尽往[1]。公知之，告皇野曰：“余长魋也，今将祸余，请即救。”司马子仲曰[2]：“有臣不顺，神之所恶也，而况人乎？敢不承命。不得左师不可[3]，请以君命召之。”左师每食击钟，闻钟声，公曰：“夫子将食。”既食又奏，公曰：“可矣。”以乘车往，曰：“迹人来告曰[4]：‘逢泽有介麇焉[5]。’公曰：‘虽魋未来，得左师，吾与之田，若何？’君惮告子，野曰：‘尝私焉。’君欲速，故以乘车逆子。”与之乘，至，公告之故，拜，不能起。司马曰：“君与之言[6]。”公曰：“所难子者，上有天，下有先君！”对曰：“魋之不共，宋之祸也，敢不唯命是听！”司马请瑞焉[7]，以命其徒攻桓氏。其父兄

薄邑。景公说：“不行。薄邑是祖庙所在的城邑。”就增加七个封邑给鞌邑，向魋就请求设宴答谢景公，以正午作为宴享的时间，私家的武装全部带去了。宋景公知道了，告诉皇野说：“我把向魋抚养大了，如今将要害我，请赶快援救。”皇野说：“有臣下不服从，连神灵都厌恶，何况人呢？岂敢不接受命令。但不得到左师支持不行，请用君的命令把他召来。”左师每餐吃饭都敲钟，这时听到了钟声，景公说：“他要吃饭了。”左师吃完饭后又奏乐，景公说：“可以去了。”皇野坐了一辆车前往，对左师说：“迹人来报告说：‘逢泽有一只麇鹿。’国君说：‘虽然向魋没来，但可找来左师，我和他去打猎，怎么样？’国君顾忌直接告诉您，我说：‘我试着私下去谈谈。’国君希望快点，所以我用一辆车来迎接您。”左师就和皇野坐一辆车，到达公宫，景公告诉他缘由，左师下拜，不能站起。皇野说：“君主和他盟誓。”景公说：“如果要为难您的，上有天，下有先君为证！”左师回答说：“向魋不恭，是宋国的祸害，哪敢不唯命是听！”皇野请求出兵的符节，用来

故臣曰:“不可。”其新臣曰:“从吾君之命。”遂攻之。子颀骋而告桓司马[8],司马欲入,子车止之[9],曰:“不能事君,而又伐国,民不与也,只取死焉。”向魋遂入于曹以叛。

命令他的部下攻打向魋。他的父辈兄弟旧臣说:“不行。”他的新臣说:“听从我们国君的命令。”于是攻打向魋。子颀驱马报告向魋,向魋想要攻入公宫,子车阻止他,说:“不能侍奉国君,又要攻打首都,老百姓是不会帮助你的,只是自取灭亡。”向魋就进入曹地叛变。

注释 1 家备:指向魋的私人武装。 2 司马子仲:即皇野。 3 左师:向魋的哥哥向巢。 4 迹人:官名,掌田猎。 5 介麇:离群独处的麇鹿。介,独。 6 言:指盟誓。 7 瑞:符节,用以发兵。 8 子颀:向魋的弟弟。 9 子车:向魋的弟弟。

六月,使左师巢伐之,欲质大夫以入焉。不能,亦入于曹,取质。魋曰:“不可,既不能事君,又得罪于民,将若之何?”乃舍之。民遂叛之,向魋奔卫。向巢来奔,宋公使止之,曰:“寡人与子有言矣,不可以绝向氏之祀。”辞曰:“臣之罪大,尽灭桓氏可也。若以先臣之故,而使有后,君之惠也。若臣则不可以入矣。”

六月,宋景公派左师向巢攻打向魋,向巢想要以大夫做人质而与向魋回到国都。没有办到,向巢也进入曹地,并抓了人质。向魋说:“不行,既不能侍奉君主,又得罪老百姓,将打算怎么办?”就放了人质。老百姓于是背叛他们,向魋逃往卫国。向巢逃亡前来鲁国,宋景公派人留他,说:“寡人和您有过盟誓,不能够断了向氏的香火。”向巢辞谢说:“臣下罪过太大,全部灭掉桓氏也是可以的。如果因为先臣的缘故,让桓氏有继承人,这是君主的恩惠。至于我就不能再回去了。”

司马牛致其邑与珪焉[1]，而适齐。向魋出于卫地，公文氏攻之，求夏后氏之璜焉。与之他玉，而奔齐，陈成子使为次卿。司马牛又致其邑焉，而适吴。吴人恶之，而反。赵简子召之[2]，陈成子亦召之，卒于鲁郭门之外，阬氏葬诸丘舆[3]。

司马牛把他的封邑和珪上交给宋景公，就去了齐国。向魋从卫地经过时，公文氏攻打他，向他索取夏后氏的玉璜。向魋给了公文氏别的玉，就逃往齐国，陈成子让向魋做了次卿。司马牛又把封邑交还齐国，去了吴国。吴国人讨厌他，就返回宋国。赵鞅召请他，陈成子也召请他，但他死在鲁国外城的门外，阬氏把他埋葬在丘舆地。

注释 1 司马牛：向魋的弟弟。珪：作为凭信的玉，守邑所用。 2 赵简子：即晋国赵鞅。 3 阬氏：鲁国人。

甲午，齐陈恒弑其君壬于舒州。孔丘三日齐[1]，而请伐齐，三。公曰："鲁为齐弱久矣，子之伐之，将若之何？"对曰："陈恒弑其君，民之不与者半。以鲁之众加齐之半，可克也。"公曰："子告季孙。"孔子辞，退而告人曰："吾以从大夫之后也，故不敢不言。"

六月初五日，齐国的陈恒在舒州杀了他们的国君壬。孔子斋戒三天，请求攻打齐国，请求了三次。鲁哀公说："鲁国被齐国削弱已很久了，您主张攻打它，打算怎么办？"孔子回答说："陈恒杀了他们的国君，人民有一半不赞成。用鲁国的广大将士加上齐国的一半百姓，可以取胜。"哀公说："您去告诉季孙。"孔子辞谢，退朝告诉别人说："我因为曾位列大夫之末，所以不敢不说。"

初，孟孺子泄将圉马

起初，孟孺子泄打算在成邑养马，成邑的宰臣公孙宿不接受，说："你父亲

于成[2]，成宰公孙宿不受，曰："孟孙为成之病[3]，不圉马焉。"孺子怒，袭成，从者不得入，乃反。成有司使，孺子鞭之。秋八月辛丑，孟懿子卒，成人奔丧，弗内，袒免哭于衢[4]，听共[5]，弗许。惧，不归。

孟孙因为成邑困苦，不在这里养马。"孟孺子发怒，袭击成邑，跟从的部下没能攻入，就返回去了。成邑的官员派人来，孟孺子鞭打来人。秋天八月十三日，孟懿子去世，成邑人去奔丧，孺子不接纳，他们就脱去上衣穿上丧服在街上哭，表示听从命令供奉驱使，孺子还是不答应。成邑人害怕，不敢回去。

注释 1齐：通"斋"。 2圉：畜养。成：孟氏邑名。 3病：困苦。 4免(wèn)：通"绕"，穿上丧服。衢：邑中道路。 5共：同"供"。

哀公十五年

【经】

十有五年春，王正月，成叛。

夏五月，齐高无丕出奔北燕。

郑伯伐宋。

秋八月，大雩。

晋赵鞅帅师伐卫。

冬，晋侯伐郑。

及齐平。

卫公孟彄出奔齐。

十五年春天，周历正月，成邑叛变。

夏天五月，齐国高无丕出逃到北燕。

郑声公攻打宋国。

秋天八月，举行求雨大祭。

晋国的赵鞅率领军队攻打卫国。

冬天，晋定公攻打郑国。

鲁国与齐国议和。

卫国公孟彄出逃到齐国。

【传】

十五年春，成叛于齐。武伯伐成[1]，不克，遂城输。

夏，楚子西、子期伐吴，及桐汭[2]。陈侯使公孙贞子吊焉，及良而卒，将以尸入。吴子使大宰嚭劳，且辞曰："以水潦之不时，无乃廪然陨大夫之尸[3]，以重寡君之忧，寡君敢辞。"上介芋尹盖对曰[4]："寡君闻楚为不道，荐伐吴国[5]，灭厥民人，寡君使盖备使，吊君之下吏。无禄，使人逢天之戚，大命陨队[6]，绝世于良。废日共积，一日迁次，今君命逆使人，曰：'无以尸造于门。'是我寡君之命委于草莽也。且臣闻之曰：'事死如事生，礼也。'于是乎有朝聘而终，以尸将事之礼，又有朝聘

十五年春天，成邑背叛孟氏而投靠齐国。孟孺子攻打成邑，没有攻克，就在输地筑城。

夏天，楚国的子西、子期攻打吴国，到达桐汭。陈闵公派公孙贞子慰问吴国，走到良地就死了，随行人员打算带着灵柩进入吴国。吴王派太宰嚭前去慰劳，并且推辞说："因为雨水不合时节，恐怕洪水泛滥会毁了大夫的灵柩，而增加寡君的忧虑，寡君大胆辞谢。"上介芋尹盖回答说："寡君听说楚国施行无道，多次攻打吴国，杀害你们的百姓，寡君派遣我充做使者，慰问贵君的下级官吏。使臣没有福分，遭到上天降下的忧戚，丧了性命，死在良地。我们耗费时日准备了慰问的物资，又每天迁徙驻地赶路，如今贵君却命令拒绝使者，说：'不要带着灵柩进到吴国的门。'这样我们寡君的命令就被抛弃在草莽中了。而且我听说：'侍奉死人要像侍奉他活着一样，这是合乎礼的。'于是有了在朝聘中死去使臣，而带着灵柩完成使命的礼仪，又有了

而遭丧之礼。若不以尸将命,是遭丧而还也,无乃不可乎!以礼防民,犹或逾之,今大夫曰‘死而弃之’,是弃礼也,其何以为诸侯主?先民有言曰:‘无秽虐士[7]。’备使奉尸将命,苟我寡君之命达于君所,虽陨于深渊,则天命也,非君与涉人之过也[8]。”吴人内之。

在朝聘时遇到对方丧葬的礼仪。如果不带着灵柩完成使命,这就像是遇到对方有丧事就回国,恐怕不行吧!用礼仪来规范百姓,还有人逾越它,如今大夫说‘死了就丢掉他’,这是丢掉礼仪,还凭什么做诸侯的盟主呢?先民有句话说:“不要把死者当成污秽。’我奉守灵柩完成使命,如果我们寡君的命令能传达到贵君那里,即使是坠入深渊,那也是天命,不是贵君和摆渡人的过错。”吴国人就接纳了他们。

注释 1 武伯:即孟孺子泄,鲁臣。 2 桐汭:水名,即今桐水。 3 廪然:大水泛滥的样子。陨:毁坏。 4 上介:官职名,使臣的高级助手。芋尹盖:人名,陈国臣子,芋尹是其官职。 5 荐:一再,多次。 6 队:通“坠”。 7 虐士:指死者。 8 涉人:摆渡的人。

秋,齐陈瓘如楚,过卫,仲由见之,曰:“天或者以陈氏为斧斤,既斫丧公室,而他人有之,不可知也。其使终飨之,亦不可知也。若善鲁以待时,不亦可乎?何必恶焉?”子玉曰[1]:“然,吾受命矣,子使告我弟。”

秋天,齐国的陈瓘前往楚国,途经卫国时,子路拜见他,说:“上天也许以陈氏做斧头,削弱公室以后,而别人拥有它,这是难以预知的。也许让陈氏最终享有它,这也难以预料。如果和鲁国友好而等待时机,不也可以吗?何必搞坏关系呢?陈瓘说:“说得对,我接受教命了,您让人告诉我弟弟。”

冬天,鲁国与齐国达成和议。子

冬,及齐平。子服景伯如齐,子赣为介[2],见公孙成[3],曰:"人皆臣人,而有背人之心,况齐人?虽为子役,其有不贰乎[4]?子,周公之孙也[5],多飨大利,犹思不义。利不可得,而丧宗国,将焉用之?"成曰:"善哉!吾不早闻命。"陈成子馆客,曰:"寡君使恒告曰:'寡人愿事君如事卫君。'"景伯揖子赣而进之,对曰:"寡君之愿也。昔晋人伐卫,齐为卫故,伐晋冠氏,丧车五百,因与卫地,自济以西,禚、媚、杏以南,书社五百[6]。吴人加敝邑以乱,齐因其病,取讙与阐,寡君是以寒心。若得视卫君之事君也,则固所愿也。"成子病之,乃归成。公孙宿以其兵甲入于嬴[7]。

服景伯前往齐国,子贡做副使,拜见公孙宿说:"人人都在别人面前称臣,却有背叛别人的想法,何况齐国人呢?他们虽然为您出力,难道没有二心吗?您是周公的后代,享受过很多大的好处,还想着做不合道义的事。结果利益得不到,反而丧失了祖国,哪里用得着这样呢?"公孙宿说:"对啊!我没有早听到您的教命。"陈成子让宾客住在客馆里,说:"寡君派我报告诸位:'寡人愿意像侍奉卫君一样侍奉贵君。'"景伯拱手请子贡走向前去,回答说:"这是寡君的愿望。过去晋国人攻打卫国,齐国因为卫国的缘故,攻打晋国的冠氏,损失了五百辆战车,因而割让土地给卫国,从济水以西,禚地、媚地、杏地以南,共五百书社。吴国人将战乱加给敝国,齐国趁我困难,占取了讙地和阐地,寡君因此心灰意冷。如能像卫君那样侍奉我们君王,那本来就是我们所希望的。"陈成子感到很难过,就把成邑归还给鲁国。公孙宿带着他的武器进入嬴地。

注释 1 子玉:即陈瓘,陈成子的哥哥。 2 子赣:即子贡,孔子弟子。

3 公孙成:即公孙宿。 4 其:岂。 5 孙:指后代。 6 书社:户籍单位,二十五家为一社,书其户籍,所以叫书社。 7 羸:地名,齐国城邑。

卫孔圉取大子蒯聩之姊,生悝。孔氏之竖浑良夫[1],长而美,孔文子卒[2],通于内。大子在戚,孔姬使之焉。大子与之言曰:“苟使我入获国,服冕乘轩,三死无与[3]。”与之盟,为请于伯姬。闰月,良夫与大子入,舍于孔氏之外圃。昏,二人蒙衣而乘,寺人罗御,如孔氏。孔氏之老栾宁问之,称姻妾以告,遂入,适伯姬氏。既食,孔伯姬杖戈而先,大子与五人介[4],舆豭从之[5]。迫孔悝于厕[6],强盟之,遂劫以登台。栾宁将饮酒,炙未熟,闻乱,使告季子[7]。召获驾乘车[8],行爵食炙,奉卫侯辄来奔。季子将入,遇子羔将出[9],曰:“门已闭矣。”季子曰:“吾姑至

卫国的孔圉娶了太子蒯聩的姐姐,生了孔悝。孔家的童仆叫浑良夫,长得又高大又俊美,孔圉去世后,与他的夫人通奸。太子在戚地,孔姬派浑良夫去到那里。太子对浑良夫说:“如果能使我回国获得国家政权,我让你戴大夫的帽子,坐大夫的车子,赦免三次死罪。”就和他盟誓,浑良夫为太子向孔姬请求。闰十二月,浑良夫和太子进入国都,住在孔家外面的菜园里。黄昏,两人用衣蒙头坐在车上,寺人罗为他们驾车,前往孔氏家。孔氏的管家栾宁盘问他们,他们谎称是亲家的仆妾,就进了孔家,到了孔姬那儿。吃完饭后,孔姬拄着戈走在前头,太子与另五人披着铠甲,用车拉着雄猪跟着她。把孔悝逼到背人的地方,强行与他盟誓,随即劫持他登上台去。栾宁打算喝酒,烤肉没熟,听说有动乱,派人告诉子路。自己召来获,驾上坐车,边赶路边喝酒吃肉,侍奉卫出公辄逃亡前来鲁国。子路正要进入国都,碰到子羔正要出去,说:

焉。”子羔曰：“弗及，不践其难。”季子曰：“食焉，不辟其难。”子羔遂出。子路入，及门，公孙敢门焉[10]，曰：“无入为也。”季子曰：“是公孙也，求利焉，而逃其难。由不然，利其禄，必救其患。”有使者出，乃入，曰：“大子焉用孔悝？虽杀之，必或继之。”且曰：“大子无勇，若燔台，半，必舍孔叔[11]。”大子闻之，惧，下石乞、盂黡敌子路，以戈击之，断缨。子路曰：“君子死，冠不免。”结缨而死。孔子闻卫乱，曰：“柴也其来，由也死矣。”孔悝立庄公[12]。庄公害故政[13]，欲尽去之，先谓司徒瞒成曰：“寡人离病于外久矣[14]，子请亦尝之。”归告褚师比，欲与之伐公，不果。

“城门已经关闭了。”子路说：“我暂且到城里去。”子羔说：“来不及了，不要去赴难。”子路说：“吃了他的俸禄，不能逃避他的祸难。”子羔就出了城。子路进入国都，走到孔家门口，公孙敢在那里守门，说：“不要进去救了。”子路说：“这就是公孙敢啊，在这里谋求利益而逃避祸难。我不这样，享用他的俸禄，就一定要救援他的祸难。”正好有使者出来，子路于是进了孔家，说：“太子哪里用得着孔悝？即使杀了他，必定有人继承他。”并且说：“太子没有勇力，如果放火烧台，烧到一半，必定会放弃孔悝。”太子听了这话，很害怕，叫石乞、盂黡下来抵抗子路，用戈打他，打断了冠带。子路说：“君子死了，帽子也不脱下。”系好冠带就死了。孔子听到卫国动乱，说：“子羔将会到来，子路将会死掉。”孔悝立蒯聩为卫庄公。庄公担心过去的大臣，想要全部撤掉，先对司徒瞒成说：“寡人在外遭受困苦很久了，请您也尝尝。”瞒成回去告诉褚师比，想要和他一起攻打庄公，没有实现。

注释 **1** 竖：童仆。 **2** 孔文子：即孔圉。 **3** 三死：三次死罪。无与：

不及,即不判其死罪。 4 介:披甲。 5 豭(jiā):雄性猪。 6 厕:通"侧",指背人的地方。 7 季子:即子路,当时是孔悝的邑宰。 8 获:人名。9 子羔:卫大夫高柴,孔子弟子。 10 公孙敢:孔悝家臣。门:守门,用为动词。 11 孔叔:指孔悝。 12 庄公:蒯聩。 13 故政:指旧大臣。14 离:通"罹",遭受。

哀公十六年

【经】

十有六年春,王正月己卯,卫世子蒯聩自戚入于卫,卫侯辄来奔。

二月,卫子还成出奔宋。

夏四月己丑,孔丘卒。

十六年春天,周历正月二十九日,卫国太子蒯聩从戚地回到卫国,卫出公辄逃亡来到鲁国。

二月,卫国的子还成出逃到宋国。

夏天四月十一日,孔子去世。

【传】

十六年春,瞒成、褚师比出奔宋。

卫侯使鄢武子告于周[1],曰:"蒯聩得罪于君父君母,逋窜于晋。晋以王室之故,不弃兄弟,置诸河上[2]。天诱其衷[3],获

十六年春天,卫国的瞒成、褚师比出逃到宋国。

卫庄公派鄢武子到成周报告,说:"我君蒯聩得罪了君父君母,逃藏到晋国。晋国因为王室的缘故,不抛弃兄弟,而把他安置在戚地。上天降下善意,蒯聩得以继承君位管理国家,派

嗣守封焉,使下臣肸敢告执事。”王使单平公对曰:“肸以嘉命来告余一人,往谓叔父[4],余嘉乃成世[5],复尔禄次,敬之哉!方天之休[6]。弗敬弗休,悔其可追?”

夏四月己丑,孔丘卒,公诔之曰[7]:“旻天不吊[8],不慭遗一老[9],俾屏余一人以在位[10],茕茕余在疚[11]。呜呼哀哉!尼父!无自律[12]。”子赣曰:“君其不没于鲁乎!夫子之言曰:‘礼失则昏,名失则愆。’失志为昏,失所为愆。生不能用,死而诔之,非礼也。称一人,非名也。君两失之。”

下臣我谨向天子报告。”周敬王派单平公回答说:“肸带着美好的使命来报告我,你回去对叔父说,我赞许你继承君位,恢复你的禄位,严肃地奉行职位吧!这样就可以享有上天的福禄。如果不严肃奉职就不能得到福禄,后悔难道来得及?”

夏天四月十一日,孔子去世,鲁哀公追悼他说:“上天不怜悯我,不肯留下这位贤老,让他辅助我一人奉守君位,而让我孤独地处在忧苦中。啊,悲痛啊!尼父!我没有用来诫勉自己的榜样了。”子贡说:“君主恐怕不能在鲁国善终吧!老师有话说:‘丧失礼仪就会昏乱,丧失名分就会犯错误。’失去意志就是昏乱,失去本位就是过错。先生活着时不能重用,死了又追悼他,这是不合乎礼的。自称一人,这是不合名分的。国君两样都失去了。”

注释 1 鄢武子:卫国大夫,名肸。 2 河上:指戚地。 3 诱:致,等于说降。衷:内心,指善意。 4 叔父:指蒯聩。 5 世:父子相继。 6 方天之休:与襄公二十八年《传》“承天之休”意同。方,享有。休,指福禄。 7 诔:追悼。 8 吊:怜恤。 9 慭(yìn):愿。 10 俾:使。屏:屏蔽。 11 茕茕:孤独的样子。疚:忧苦。 12 律:法则,此用为动词,诫勉之义。

六月，卫侯饮孔悝酒于平阳，重酬之，大夫皆有纳焉。醉而送之，夜半而遣之。载伯姬于平阳而行，及西门，使贰车反祏于西圃[1]。子伯季子初为孔氏臣，新登于公。请追之，遇载祏者，杀而乘其车。许公为反祏[2]，遇之，曰："与不仁人争明[3]，无不胜。"必使先射，射三发，皆远许为。许为射之，殪。或以其车从，得祏于橐中。孔悝出奔宋。

六月，卫庄公在平阳宴请孔悝喝酒，用厚礼酬报他，大夫们也都有赠送的礼物。孔悝喝醉了就送回去，到半夜就遣送他走。孔悝在平阳用车子装上孔姬出发，到达西门，派副车返回西圃取神主。子伯季子起初做孔氏家臣，新近升迁到庄公那里。他请求追赶孔悝，碰上装载神主的副车，杀了他们而坐上他们的车子。许公为又返回去取神主，遇上了子伯季子，说："和不仁的人争高下，没有不胜的。"一定要让子伯季子先射，射了三箭，都离许公为很远。许公为射子伯季子，射死了。有人坐着那辆副车跟着许公为，在袋中找到了神主。孔悝出逃到宋国。

楚大子建之遇谗也，自城父奔宋，又辟华氏之乱于郑，郑人甚善之。又适晋，与晋人谋袭郑，乃求复焉。郑人复之如初。晋人使谍于子木[4]，请行而期焉。子木暴虐于其私邑，邑人诉之。郑人省之，得晋谍焉，遂杀子木。其子曰胜，在吴，子西欲

楚国太子建遭到诬陷时，从城父逃往宋国，又去郑国躲避华氏之乱，郑国人对他很友好。太子建又去到晋国，和晋国人谋划袭击郑国，于是要求回到郑国。郑国人让他回到郑国并像当初一样对待他。晋国人派间谍到太子建那里，请求行动并约定日期。太子建在他的私邑中施行暴政，邑中百姓控告他。郑国人前去调查，抓到了晋国间谍，于是杀了太子建。太子建的儿子名叫胜，住

召之，叶公曰："吾闻胜也诈而乱，无乃害乎？"子西曰："吾闻胜也信而勇，不为不利，舍诸边竟，使卫藩焉。"叶公曰："周仁之谓信[5]，率义之谓勇[6]。吾闻胜也好复言[7]，而求死士，殆有私乎！复言，非信也；期死[8]，非勇也。子必悔之。"弗从，召之使处吴竟，为白公。请伐郑，子西曰："楚未节也。不然，吾不忘也。"他日又请，许之。未起师，晋人伐郑，楚救之，与之盟。胜怒曰："郑人在此，仇不远矣。"

在吴国，子西想要召他来，叶公说："我听说胜这个人奸诈而暴乱，恐怕有危害吧？"子西说："我听说胜这个人说话守信而且勇敢，召来不是没有好处，把他安置在边境，让他保卫边疆。"叶公说："完全合乎仁德叫信，遵循道义叫勇。我听说胜轻率地实践诺言，而又搜罗不怕死的人，大概是有私心吧！实践诺言，不一定是信；期求敢死的，这不是勇敢。您召他来一定要后悔的。"子西不听，把胜召来让他住在与吴国交界的地方，称为白公。胜请求攻打郑国，子西说："楚国还未形成气候，不然的话，我没有忘记报仇。"过些日子，胜又请求，子西答应了他。还没有出兵，晋国人攻打郑国，楚国救援郑国，和郑国结盟。胜发怒说："郑国人就在这里，仇人不远了。"

注释　1 祏(shí)：本为藏神主的石室，这里指神主。　2 许公为：人名，孔悝家臣。　3 争明：争高下。　4 子木：即太子建。　5 周：密合。　6 率：遵循。　7 复言：实践诺言。　8 期死：即"求死士"之意。期，期待。

胜自厉剑[1]，子期之子平见之，曰："王孙何自厉也？"曰："胜以直闻，不告女，庸为直乎？将以

白公胜自己磨剑，子期的儿子平看见了，问他说："王孙为什么亲自磨剑？"白公胜说："我以直率闻名，不告诉你，难道还算得上直率吗？我将用它杀你

杀尔父。”平以告子西,子西曰:“胜如卵,余翼而长之。楚国,第我死[2],令尹、司马,非胜而谁?”胜闻之,曰:“令尹之狂也,得死,乃非我。”子西不悛[3]。胜谓石乞曰[4]:“王与二卿士皆五百人当之[5],则可矣。”乞曰:“不可得也。”曰:“市南有熊宜僚者,若得之,可以当五百人矣。”乃从白公而见之,与之言,说。告之故,辞。承之以剑,不动。胜曰:“不为利谄[6],不为威惕[7],不泄人言以求媚者,去之。”

吴人伐慎,白公败之。请以战备献,许之,遂作乱。秋七月,杀子西、子期于朝,而劫惠王。子西以袂掩面而死。子期曰:“昔者吾以力事君,不可以弗终。”抉豫章以杀人而后死[8]。石乞曰:“焚库弑王,不然不济。”白公

的父亲。”平把这事告诉子西,子西说:“胜像鸟卵,我把他孵出来喂大。在楚国,如果我死了,令尹、司马不是他又是谁?”胜听到这话,说:“令尹这样狂妄,要是得到好死,我就不是我。”子西还没觉察到。胜对石乞说:“楚王和两位卿士共用五百人对付,就可以了。”石乞说:“得不到这样五百人的。”又说:“市场南边有个叫熊宜僚的人,如果得到他,可以抵五百人了。”就跟着白公胜去见他,和他谈话,谈得很愉快。告诉他想请他干的事,熊宜僚拒绝了。把剑架在他脖子上,他一动不动。胜说:“这是个不为利益所劝诱,不被威武所吓倒,不泄露别人的话去讨好的人,离开他吧。”

吴国人攻打慎地,白公胜击败了他们。胜请求献捷,惠王同意了,于是发动叛乱。秋天七月,在朝廷上杀死子西、子期,劫持了楚惠王。当时子西用衣袖遮着脸死去。子期说:“过去我凭勇力侍奉君王,不可不善始善终。”就抠取一块樟木用来杀了一个人,然后死去。石乞说:“烧毁府库杀了惠王,不然不能成功。”白公胜说:“不行。杀了君王不

曰:“不可。弑王不祥,焚库无聚,将何以守矣?”乞曰:“有楚国而治其民,以敬事神,可以得祥,且有聚矣,何患?”弗从。叶公在蔡,方城之外皆曰:“可以入矣。”子高曰[9]:“吾闻之,以险侥幸者,其求无餍[10],偏重必离。”闻其杀齐管修也而后入[11]。

吉利,烧毁府库没有积蓄,将凭什么保住国家?”石乞说:“拥有楚国而治理它的百姓,用恭敬侍奉神灵,可以得到吉祥,而且享有积蓄,担心什么?”白公胜不听从。当时叶公在蔡地,方城山以外的人都说:“可以进攻国都了。”叶公说:“我听说,凭冒险而侥幸取胜的人,他的贪求不会满足,到失去稳定时人们必然背离他。”听到白公杀了齐国的管修时才进攻国都。

注释 1 厉:同“砺”,磨。 2 第:假如。 3 悛:发觉。 4 石乞:胜的家臣。 5 二卿士:指子西、子期。 6 谄:劝诱。 7 惕:惧。 8 抉:抠取。豫章:樟木,此或指某器具上的木头。 9 子高:即叶公。 10 餍:满足。 11 管修:楚臣,管仲后代。

白公欲以子闾为王[1],子闾不可,遂劫以兵。子闾曰:“王孙若安靖楚国,匡正王室,而后庇焉,启之愿也,敢不听从?若将专利以倾王室,不顾楚国,有死不能。”遂杀之,而以王如高府。石乞尹门[2],圉公阳穴宫[3],负王以如昭夫人之宫。叶

白公想要立子闾做楚王,子闾不答应,就用武力劫持他。子闾说:“您如果安定楚国,辅正王室,然后受它的庇护,这是我的愿望,岂敢不听从?如果要专营私利来颠覆王室,不关心楚国,那我即使死也不能听从。”于是杀了子闾,带着惠王去了高府。石乞守护着高府之门,圉公阳在宫墙上挖开一个洞,背着惠王到了昭夫人的宫里。叶公也在这时到达,当他到达北门时,有人碰到他,说:“您为

公亦至，及北门，或遇之，曰：“君胡不胄？国人望君如望慈父母焉，盗贼之矢若伤君，是绝民望也，若之何不胄？”乃胄而进。又遇一人曰：“君胡胄？国人望君如望岁焉，日日以幾[4]。若见君面，是得艾也[5]。民知不死，其亦夫有奋心，犹将旌君以徇于国[6]，而又掩面以绝民望，不亦甚乎？”乃免胄而进。遇箴尹固帅其属，将与白公[7]，子高曰：“微二子者，楚不国矣。弃德从贼，其可保乎？”乃从叶公。使与国人以攻白公，白公奔山而缢，其徒微之[8]。生拘石乞而问白公之死焉，对曰：“余知其死所，而长者使余勿言。”曰：“不言将烹。”乞曰：“此事克则为卿，不克则烹，固其所也，何害？”乃烹石乞。王孙燕奔頯黄氏[9]。

什么不戴头盔？国内人民盼望您就像盼望慈爱的父母，敌寇的箭如果射伤您，那就断绝了百姓的希望，为什么不戴头盔呢？”叶公就戴上头盔前进。又碰到一个人说：“您为什么要戴头盔？国内人民盼望您如同盼望好的年成，天天盼望。如能见到您的面，那就是得到安定了。老百姓知道自己不会死，也将人人有奋起战斗的想法，还将举起您的旗帜来向国人宣告，您却又把面孔遮起来而断绝老百姓的希望，不也太过分了吗？”于是叶公就脱下头盔前进。碰到箴尹固率领着他的部下，准备去援助白公，叶公说：“如果没有子西、子期两位的话，楚国就不成为国家了。抛弃德义跟从叛贼，难道可以安身吗？”箴尹固就跟随叶公。叶公派他和国都的人去攻打白公，白公逃到山上自缢了，他的部下把他的尸体隐藏起来。叶公活捉石乞而追问白公的尸体，石乞回答说：“我知道他死的地方，但白公让我别说。”叶公说：“不说出来将被煮死。”石乞说：“这件事情成功了就做卿，不成功就被煮死，本来就是这样的下场，有什么妨碍？”于是烹煮石乞。王孙燕逃往頯黄氏。

注释 1子闾:楚平王的儿子,名启。 2尹门:管理高府之门。 3穴:用为动词,挖孔。 4幾:希冀。 5艾:安。 6旌:用为动词,举起旗帜的意思。旌君,即举起君的旗帜。 7与:助。 8微:隐藏。 9王孙燕:白公的弟弟。頯(kuí)黄:吴国地名。

沈诸梁兼二事[1],国宁,乃使宁为令尹[2],使宽为司马[3],而老于叶[4]。

卫侯占梦,嬖人求酒于大叔僖子[5],不得,与卜人比而告公曰:"君有大臣在西南隅,弗去,惧害。"乃逐大叔遗。遗奔晋。卫侯谓浑良夫曰:"吾继先君而不得其器,若之何?"良夫代执火者而言,曰:"疾与亡君,皆君之子也,召之而择材焉可也。若不材,器可得也。"竖告大子[6],大子使五人舆豭从己,劫公而强盟之,且请杀良夫。公曰:"其盟免三死。"曰:"请三之后,有罪杀之。"公曰:"诺哉!"

叶公身兼二职,国家安定之后,就让宁做令尹,让宽做司马,自己在叶地告老卸职。

卫庄公为梦占卜,他的一个宠臣向太叔僖子索要酒,没得到,就和占卜的人勾结起来报告卫庄公说:"君主在西南角有位大臣,不除掉的话,恐怕有危害。"于是赶走了太叔僖子。僖子逃亡到晋国。卫庄公对浑良夫说:"我继承了先君但没有得到他的传国宝器,怎么办?"良夫替下持火烛的侍者才开口说:"公子疾和逃亡在外的废君都是您的儿子,召公子辄回来在他们两人中选择有才能的任用是可以的。如果不堪任用,可以得到宝器。"宫中一个小臣向太子疾报告,太子派五个人用车子装了公猪跟随自己,劫持了卫庄公而强行和他盟誓,并且请求杀掉浑良夫。卫庄公说:"我和他盟誓赦免他三次死罪。"太子说:"请在三次之后,有罪就杀了他。"卫庄公说:"好啊!"

注释 1 沈诸梁:即叶公。二事:指令尹、司马。 2 宁:子西的儿子。3 宽:子期的儿子。 4 老:告老卸职。 5 大叔僖子:卫臣,即太叔遗。6 竖:宫中小臣。

哀公十七年

【传】

十七年春,卫侯为虎幄于藉圃[1],成,求令名者,而与之始食焉。大子请使良夫。良夫乘衷甸两牡[2],紫衣狐裘,至,袒裘,不释剑而食。大子使牵以退[3],数之以三罪而杀之。

十七年春天,卫庄公在藉圃修建一座饰有虎形图案的帐幕,完成后,寻找有好名声的人,要与他在帐幕里首次用餐。太子疾请求用浑良夫。浑良夫坐着两匹公马拉的衷甸车,穿着紫色衣服和皮袍,来到帐幕,敞开皮袍,不解下佩剑就吃。太子疾派人捆了他带下去,列举他三条罪状就杀了他。

三月,越子伐吴,吴子御之笠泽,夹水而陈。越子为左右句卒[4],使夜或左或右,鼓噪而进。吴师分以御之。越子以三军潜涉,当吴中军而鼓之,吴师大乱,遂败之。

三月,越王攻打吴国,吴王在笠泽抵抗他,两军隔河对阵。越王建立左翼句卒和右翼句卒,让他们在夜里一左一右,击鼓呐喊进军。吴国军队分两边抵御越军。越王率领三军暗中渡河,直指吴国中军而击鼓进攻,吴军大乱,于是打败了吴军。

晋赵鞅使告于卫曰:"君之在晋也,志父为

晋国的赵鞅派人告诉卫国说:"君在晋国时,我做的主。请君主或太子来

主[5]。请君若大子来[6]，以免志父。不然，寡君其曰志父之为也。”卫侯辞以难，大子又使椓之[7]。夏六月，赵鞅围卫。齐国观、陈瓘救卫，得晋人之致师者。子玉使服而见之[8]，曰：“国子实执齐柄[9]，而命瓘曰：‘无辟晋师！’岂敢废命？子又何辱？”简子曰：“我卜伐卫，未卜与齐战。”乃还。

一趟，以免除我的罪责。不这样的话，寡君恐怕会说是我造成的。”卫庄公用国家有祸难加以拒绝，太子疾又派人诋毁卫庄公。夏天六月，赵鞅包围卫国。齐国的国观、陈瓘救援卫国，俘获了晋国前来单车挑战的人。陈瓘让俘虏穿上本来的衣服而接见他，说：“国观实际上掌握齐国大权，而命令我说：‘不要逃避晋军！’哪里敢废弃命令？您又何必委屈前来呢？”赵鞅说：“我占卜过攻打卫国，没有占卜过和齐国交战。”就撤兵回国。

注释 1 虎幄：饰有虎形图案的帐幕。 2 衷甸：车名，卿所乘。两牡：拉车的两匹马。 3 牵：拘系。 4 句卒：军种名。 5 志父：即赵鞅。 6 若：或。 7 椓：通“涿”，诋毁。 8 子玉：即陈瓘。 9 国子：即国观。

楚白公之乱，陈人恃其聚而侵楚。楚既宁，将取陈麦。楚子问帅于大师子縠与叶公诸梁，子縠曰：“右领差车与左史老皆相令尹、司马以伐陈，其可使也。”子高曰[1]：“率贱，民慢之，惧不用命

楚国白公的那次动乱时，陈国人依仗他们有积聚而侵袭楚国。楚国已经安定之后，打算夺取陈国的麦子。楚惠王向太师子縠和叶公诸梁询问统帅的人选，子縠说：“右领差车和左史老都辅佐过令尹、司马攻打陈国，也许可以派遣。”子高说：“统帅低贱，老百姓会瞧不起他们，恐怕不服从命令。”子縠说：

焉。”子穀曰：“观丁父，鄀俘也，武王以为军率[2]，是以克州、蓼，服随、唐，大启群蛮[3]。彭仲爽，申俘也，文王以为令尹[4]，实县申、息[5]，朝陈、蔡，封畛于汝。唯其任也，何贱之有？”子高曰：“天命不諂。令尹有憾于陈，天若亡之，其必令尹之子是与[6]，君盍舍焉[7]？臣惧右领与左史有二俘之贱而无其令德也。”王卜之，武城尹吉[8]。使帅师取陈麦。陈人御之，败，遂围陈。秋七月己卯，楚公孙朝帅师灭陈。

“观丁父，是鄀国的俘虏，武王任用他为军帅，因此攻克州国、蓼国，征服随国、唐国，从群蛮之地大大开拓了自己的领土。彭仲爽，是申国的俘虏，文王任用他为令尹，因而使申国、息国成为自己的县邑，使陈国、蔡国来朝，扩大疆界直到汝水之滨。只要能够胜任，有什么低贱不低贱的？”子高说：“天命不可怀疑。令尹对陈国抱有遗恨，上天如果要灭亡陈国，一定会帮助令尹的儿子，君王何不任用他呢？我担心右领和左史有上述两个俘虏的低贱而没有他们那种美德。”楚惠王为这件事占卜，武城尹出任统帅吉利。于是派他率领军队夺取陈国的麦子。陈国人抵抗，被打败，于是包围陈国。秋天七月初八日，楚国的公孙朝领兵灭亡陈国。

注释 1 子高：即叶公诸梁。 2 武王：指楚武王。率：同“帅”。 3 启：指开拓领土。 4 文王：指楚文王。 5 县申、息：使申、息为县。县，作动词用。 6 与：佑助。 7 舍：置，立。指任用令尹之子。 8 武城尹：即令尹子西的儿子公孙朝。

王与叶公枚卜子良以为令尹[1]。沈尹朱曰：“吉。过于其志[2]。”叶公曰：“王

楚惠王和叶公诸梁占卜让子良做令尹。沈尹朱说：“吉利。超出了他的期望。”叶公说：“王子而做国相，超

子而相国,过将何为?”他日,改卜子国而使为令尹[3]。

卫侯梦于北宫,见人登昆吾之观,被发北面而噪曰[4]:“登此昆吾之虚[5],绵绵生之瓜[6]。余为浑良夫,叫天无辜。”公亲筮之,胥弥赦占之,曰:“不害。”与之邑,置之,而逃奔宋。卫侯贞卜,其繇曰[7]:“如鱼竀尾[8],衡流而方羊[9]。裔焉大国[10],灭之将亡。阖门塞窦,乃自后逾。”

冬十月,晋复伐卫,入其郛[11],将入城,简子曰:“止!叔向有言曰:怙乱灭国者无后[12]。”卫人出庄公而与晋平,晋立襄公之孙般师而还。

出了他的期望将会做什么呢?”过了几天,又改卜子国而让他做了令尹。

卫庄公在北宫做了个梦,梦见有人登上昆吾观,披头散发朝北边喊叫:“登上这昆吾之墟的台观,绵延生长的瓜儿不断。我是浑良夫,叫喊老天我无辜。”卫庄公亲自占筮,胥弥赦预测吉凶,说:“没有妨害。”庄公赐给胥弥赦封邑,他丢下封邑,逃亡到宋国。卫庄公再次占卜,繇辞说:“像鱼儿红了尾巴,横游急流而彷徨。和大国相接壤,大国来侵犯就将灭亡。闭门堵洞,就从后面越墙逃亡。”

冬天十月,晋国再次攻打卫国,进入了他们的外城,准备进入城内,赵鞅说:“停止!叔向有句话说:依仗动乱而灭亡别国的人没有后嗣。”卫国人赶走卫庄公而与晋国求和,晋国人立卫襄公的孙子般师为君就收兵回国了。

注释 1 枚卜:一种占卜方式,不告所卜问之事而泛卜。子良:楚惠王的弟弟。 2 志:心愿,期望。 3 子国:即子西的儿子,名宁。 4 噪:喧叫。 5 虚:同“墟”。 6 绵绵:连续不断的样子。《诗经·大雅·绵》:“绵绵瓜瓞,民之初生。”浑良夫呼此,意谓卫王嗣立绵绵不绝,自己也有功劳。 7 繇(zhòu):卦兆的占辞。 8 竀(chēng):通“赪”,赤色。《诗经·周南·汝坟》:“鲂鱼赪尾,王室如毁。”此用诗意讽喻卫侯暴虐。 9 衡:同“横”。方羊:

即“彷徉”，彷徨。 **10** 裔：边界。这里作动词用，相邻之意。 **11** 郛：外城。 **12** 怙：依恃。

十一月，卫侯自鄄入，般师出。初，公登城以望，见戎州[1]。问之，以告。公曰：“我，姬姓也，何戎之有焉？”翦之[2]。公使匠久。公欲逐石圃[3]，未及而难作。辛巳，石圃因匠氏攻公。公阖门而请，弗许。逾于北方而队[4]，折股。戎州人攻之，大子疾、公子青逾从公，戎州人杀之。公入于戎州己氏。初，公自城上见己氏之妻发美，使髡之[5]，以为吕姜髢[6]。既入焉，而示之璧，曰：“活我，吾与女璧。”己氏曰：“杀女，璧其焉往？”遂杀之而取其璧。卫人复公孙般师而立之。十二月，齐人伐卫，卫人请平。立公子起，执般师以归，舍诸潞。

十一月，卫庄公从鄄地回到卫国，般师出逃。起初，卫庄公登上都城远望，看到戎州。他询问戎州的情况，有人告诉了他。庄公说：“我是姬姓，有什么戎人呢？”就毁掉了戎州。庄公使用工匠长时间不让歇息。庄公又想要赶走石圃，但没来得及就发生了祸难。十二日，石圃利用工匠攻打卫庄公。庄公关闭宫门请求和解，石圃不答应。庄公从北面爬墙时掉了下去，摔断了大腿骨。戎州人攻打庄公，太子疾、公子青翻墙跟随庄公，戎州人杀了他们。卫庄公跑进戎州人己氏家里。当初，庄公从城上看到己氏的妻子头发很美，就派人剪下来，拿它作为夫人吕姜的假发。进入己氏家后，就拿玉璧给他看，说：“救我一命，我给你玉璧。”己氏说：“杀了你，玉璧将跑到哪里去？”就杀了卫庄公而取得了那块玉璧。卫国人让公孙般师回国而立他为君。十二月，齐国人攻打卫国，卫国人请求议和。齐国人立了公子起，逮捕了般师带回国内，让他住在潞地。

注释 1 戎州:戎人所居之地,在卫都外不远。 2 翦:灭。 3 石圃:人名,卫卿。 4 队:通“坠”。 5 髡(kūn):剃发。 6 吕姜:卫庄公夫人。髢(dí):假发。

公会齐侯盟于蒙,孟武伯相[1]。齐侯稽首,公拜,齐人怒。武伯曰:“非天子,寡君无所稽首。”武伯问于高柴曰:“诸侯盟,谁执牛耳?”季羔曰:“鄫衍之役[2],吴公子姑曹;发阳之役,卫石魋。”武伯曰:“然则彘也[3]。”

宋皇瑗之子麇有友曰田丙,而夺其兄酁般邑以与之[4]。酁般愠而行,告桓司马之臣子仪克。子仪克适宋,告夫人曰[5]:“麇将纳桓氏。”公问诸子仲[6]。初,子仲将以杞姒之子非我为子。麇曰:“必立伯也,是良材。”子仲怒,弗从。故对曰:“右师则老矣[7],不识麇也。”公执之。皇瑗奔晋,召之。

鲁哀公在蒙地会见齐平公并且结盟,孟武伯做辅相。齐平公磕头,哀公拱手弯腰,齐国人发怒。孟武伯说:“不是天子,寡君没有理由磕头。”孟武伯问高柴说:“诸侯结盟,谁执牛耳?”高柴说:“鄫衍那次结盟,是吴国公子姑曹;发阳那次结盟,是卫国石魋。”武伯说:“那么这次是我了。”

宋国皇瑗的儿子皇麇有个朋友叫田丙,皇麇夺了自己哥哥酁般的封邑给田丙。酁般生气就离开了,告诉桓司马的家臣子仪克。子仪克前往宋国,报告给夫人说:“皇麇将要接纳桓氏回国。”宋景公向皇野询问此事。起初,皇野打算把杞姒的儿子非我立为嫡子。皇麇说:“一定要立老大,这是个好人材。”皇野发怒,不听从。所以这次就回答说:“右师倒是老了,但不知皇麇怎样。”宋景公就逮捕了皇麇。皇瑗逃往晋国,景公又召他回来。

注释 1 孟武伯：即孟孺子泄。 2 季羔：即高柴。役：事，指结盟之事。 3 彘：孟武伯名。 4 鄟：音 chán。 5 夫人：指宋景公母。 6 子仲：即皇野。 7 右师：即皇瑗。

哀公十八年

【传】

十八年春，宋杀皇瑗。公闻其情，复皇氏之族，使皇缓为右师。

巴人伐楚，围鄾[1]。初，右司马子国之卜也，观瞻曰[2]："如志。"故命之。及巴师至，将卜帅，王曰："宁如志[3]，何卜焉？"使帅师而行。请承，王曰："寝尹、工尹[4]，勤先君者也。"三月，楚公孙宁、吴由于、薳固败巴师于鄾，故封子国于析。君子曰："惠王知志。《夏书》曰[5]：'官占[6]，唯能蔽志[7]，昆命于元龟[8]。'其是之谓乎！

十八年春天，宋国人杀了皇瑗。宋景公听说了事件的实情后，恢复了皇氏的家族，让皇缓做右师。

巴国人攻打楚国，包围鄾地。起初，右司马子国占卜时，观瞻说："符合你的意愿。"所以就任命子国为右司马。等到巴国军队到达时，准备卜问统帅人选，楚惠王说："子国已经符合心愿，还占卜什么？"就派遣他率领军队出发。子国请求任命副手，惠王说："寝尹吴由于、工尹薳固是为先君出过力的人。"三月，楚国的子国、吴由于、薳固在鄾地打败巴军，所以把析地封给子国。君子说："惠王懂得人的心愿。《夏书》说：'卜问官员，只有能够断定人的心愿，然后才用神龟占卜吉凶。'大概说的就是这种情况吧！古志说：

志曰:'圣人不烦卜筮。'惠王其有焉!"

夏,卫石圃逐其君起,起奔齐。卫侯辄自齐复归,逐石圃,而复石魋与大叔遗。

'圣人不常使用卜筮。'惠王就有这种圣人之风吧!"

夏天,卫国的石圃赶走了他的国君公子起,公子起逃奔齐国。卫出公辄从齐国又回到卫国,驱逐石圃,恢复了石魋和太叔遗的官职。

注释 1 鄾:音 yōu。 2 观瞻:人名,楚大夫,掌占卜。 3 宁:公孙宁,即子国。 4 寝尹:指吴由于。工尹:指薳固。 5《夏书》:《尚书》的一部分。引文在古文《大禹谟》中。 6 官占:任用官职的占卜。 7 蔽:判断。 8 昆:后。

哀公十九年

【传】

十九年春,越人侵楚,以误吴也。夏,楚公子庆、公孙宽追越师,至冥[1],不及,乃还。

秋,楚沈诸梁伐东夷,三夷男女及楚师盟于敖[2]。

冬,叔青如京师[3],敬王崩故也。

十九年春天,越国人侵袭楚国,是为了使吴国产生错觉。夏天,楚国的公子庆、公孙宽追击越国军队,追到冥地,没追上,就收兵回国了。

秋天,楚国的沈诸梁攻打东夷,东夷三地的男女和楚军在敖地结盟。

冬天,叔青前往周都,这是由于周敬王去世的缘故。

注释 1 冥:越国地名。 2 三夷:指东夷的三处地方。 3 叔青:鲁臣。

哀公二十年

【传】

二十年春，齐人来征会。夏，会于廪丘，为郑故，谋伐晋。郑人辞诸侯。秋，师还。

吴公子庆忌骤谏吴子[1]，曰："不改，必亡。"弗听。出居于艾[2]，遂适楚。闻越将伐吴，冬，请归平越，遂归。欲除不忠者以说于越。吴人杀之。

十一月，越围吴，赵孟降于丧食[3]。楚隆曰[4]："三年之丧，亲昵之极也，主又降之，无乃有故乎？"赵孟曰："黄池之役，先主与吴王有质[5]，曰：'好恶同之。'今越围吴，嗣子不废旧业而敌之，非晋之所能及也，吾是以为降。"楚隆曰："若

二十年春天，齐国人前来召集诸侯盟会。夏天，在廪丘会盟，为了郑国的缘故，商议攻打晋国。郑国人辞谢了诸侯的计划。秋天，诸侯的军队撤回。

吴国的公子庆忌屡次劝谏吴王，说："不改变政令，一定会灭亡。"吴王夫差不听。公子庆忌离开国都住在艾地，随即去到楚国。听到越国将要攻打吴国，冬天，请求回国与越国议和，就回到了吴国。他想要除掉不忠的人来取悦越国，吴国人杀了他。

十一月，越国包围吴国，赵孟的饮食比服父丧时还要减省。楚隆说："三年的丧礼，是亲人关系的最高表现了，主人又减省丧期饮食，恐怕有原因吧？"赵孟说："黄池那次盟会，先主与吴王有过盟信，说：'好恶相同。'如今越国包围吴国，作为嗣子要不废弃旧盟而抗越救吴，又不是晋国力所能及的，因此我饮食降等。"楚隆说："如果

使吴王知之，若何？”赵孟曰：“可乎？”隆曰：“请尝之。”乃往。

让吴王知道这情况，怎么样？”赵孟说：“可以吗？”楚隆说：“请让我试试。”就前去吴国。

注释 1 骤：屡次。 2 艾：地名，吴邑。 3 降于丧食：指比居丧时的饮食更加减省。赵孟当时正服父丧，饮食从简。因越围吴而又降等。 4 楚隆：人名，赵孟家臣。 5 先主：指父亲赵鞅。赵鞅死后，赵孟嗣为卿，故称先主，自称为嗣子。质：盟信。

先造于越军，曰：“吴犯间上国多矣[1]，闻君亲讨焉，诸夏之人莫不欣喜，唯恐君志之不从。请入视之。”许之。告于吴王曰：“寡君之老无恤使陪臣隆敢展谢其不共[2]！黄池之役，君之先臣志父得承齐盟[3]，曰：‘好恶同之。’今君在难，无恤不敢惮劳，非晋国之所能及也，使陪臣敢展布之。”王拜稽首曰：“寡人不佞，不能事越，以为大夫忧，拜命之辱。”与一箪珠[4]，使问赵孟[5]，曰：“勾践将生忧寡人，寡人死之不

楚隆先到了越军那里，说：“吴国侵犯中原各国多次了，听说君王亲自来讨伐，中原各国的人们无不欢喜，唯恐君王的心愿不能实现。请让我进入吴国看看。”越王答应了他。楚隆向吴王报告说：“寡君的老臣赵孟派陪臣我前来对他的不恭表示道歉！黄池那次盟会，寡君的先臣赵鞅得以参加盟誓，说：‘好恶相同。’现在君王处在危难之中，赵孟不敢害怕劳苦，但又不是晋国力所能及的，所以派陪臣我冒昧向您禀告。”吴王下拜磕头说：“寡人无能，不能侍奉越国，从而造成大夫的忧虑，特此拜谢他的屈尊赐命。”给了一盒珍珠，让楚隆送给赵孟，说：“勾践将使寡人产生忧患，寡人不得善终了。”吴王

得矣。”王曰：“溺人必笑，吾将有问也，史黯何以得为君子[6]？”对曰：“黯也进不见恶，退无谤言。”王曰：“宜哉！”

又说：“快淹死的人必定会笑，我还有一个问题，史墨为什么能成为君子？”楚隆回答说：“他做官不被人嫌恶，退官没有诽谤的话。”吴王说：“他成为君子应该啊！”

注释 1犯间：侵犯。上国：指中原国家。 2展：陈述。共：同“恭”。 3志父：即赵鞅。 4箪：竹编小盒。 5问：赠送。 6史黯：即史墨，晋臣。

哀公二十一年

【传】

二十一年夏五月，越人始来。

秋八月，公及齐侯、邾子盟于顾。齐人责稽首[1]，因歌之曰：“鲁人之皋[2]，数年不觉，使我高蹈[3]。唯其儒书，以为二国忧。”

是行也，公先至于阳谷。齐闾丘息曰：“君辱举玉趾，以在寡君之军[4]，群臣将传遽以告寡君[5]。比

二十一年夏天五月，越国人首次前来鲁国。

秋天八月，鲁哀公和齐平公、邾君在顾地结盟。齐国人责备鲁哀公用拱手礼回报齐平公的磕头那件事，因而为此歌唱道：“鲁国人的过错，多年还没察觉，使得我们暴跳。就因为他固守儒家教条，造成了两国的忧愁。”

这次盟会，鲁哀公先到达阳谷。齐国的闾丘息说：“君主屈尊驾临，来慰问寡君的军队，群臣将用驿车报告寡君。等到臣下们报告回来，君主恐

其复也[6]，君无乃勤。为仆人之未次[7]，请除馆于舟道[8]。”辞曰：“敢勤仆人？”

怕太辛劳。因为仆人们还没安排好馆舍，就请在舟道下榻吧。”鲁哀公辞谢说：“岂敢烦劳贵国仆人？”

注释 1责稽首：参哀公十七年《传》：“齐侯稽首，公拜。” 2皋：通“咎”，罪过。 3高蹈：暴跳、盛怒的样子。 4在：存问，慰问。 5传遽：驿车。 6比：等到。 7次：馆舍。这里作动词用，安排馆舍之意。 8舟道：齐国地名。

哀公二十二年

【传】

二十二年夏四月，邾隐公自齐奔越，曰：“吴为无道，执父立子。”越人归之，大子革奔越。

冬十一月丁卯，越灭吴，请使吴王居甬东[1]，辞曰：“孤老矣。焉能事君？”乃缢。越人以归[2]。

二十二年夏天四月，邾隐公从齐国逃亡到越国，说：“吴国施行暴政，逮了父亲立了儿子。”越国人把他护送回国，太子革逃亡到越国。

冬天十一月二十七日，越国灭亡吴国，表示要让吴王夫差住到甬东去，吴王拒绝说：“我老了，怎么能侍奉君王？”就自缢而死。越国人把他的遗体送回。

注释 1甬东：越国地名。 2以归：指把吴王的遗体送回去。

哀公二十三年

【传】

二十三年春，宋景曹卒[1]。季康子使冉有吊，且送葬，曰："敝邑有社稷之事，使肥与有职竞焉[2]，是以不得助执绋，使求从舆人[3]。"曰："以肥之得备弥甥也[4]，有不腆先人之产马，使求荐诸夫人之宰，其可以称旌繁乎[5]！"

二十三年春天，宋元公夫人景曹去世。季康子派冉有前去吊唁，并且送葬，说："敝国有重要国事，使得我参与其中而职事繁忙，因此不能帮助送葬，派冉有前来跟从舆人送葬。"又说："由于我得以充做远房外甥，有先人饲养的几匹劣马，派冉有把它们进献给夫人的宰臣，也许可以用来与夫人的马饰相配吧！"

夏六月，晋荀瑶伐齐，高无丕帅师御之。知伯视齐师[6]，马骇，遂驱之，曰："齐人知余旗，其谓余畏而反也。"及垒而还。

夏天六月，晋国的荀瑶攻打齐国，高无丕率军抵御晋军。荀瑶观察齐军，马受惊，于是就驱马迫近齐军，说："齐国人认识我的旗帜，不向前恐怕会说我是害怕而返回去了。"到达齐军的营垒边才返回。

将战，长武子请卜[7]，知伯曰："君告于天子，而卜之以守龟于宗祧，吉矣，吾又何卜焉？且齐人取我英丘，君命瑶，非敢耀武也，治英丘也。以辞伐罪足矣，何必卜？"壬

将要开战，长武子请求占卜，荀瑶说："君主报告了天子，并且用龟甲在宗庙占卜过此事，是吉兆了，我又占卜什么呢？况且齐国人占取了我国的英丘，君主命令我来，不敢炫耀武勇，而是要收复英丘。据理讨伐有罪就足够了，何

辰,战于犁丘,齐师败绩,知伯亲禽颜庚[8]。

必占卜?"二十六日,在犁丘交战,齐军大败,荀瑶亲手俘虏了颜庚。

秋八月,叔青如越,始使越也。越诸鞅来聘,报叔青也。

秋天八月,叔青前往越国,这是鲁国人首次出使越国。越国的诸鞅前来鲁国聘问,是对叔青出使越国的回报。

注释 1 宋景曹:宋元公夫人。 2 肥:季康子名。与:参与。职竞:职事繁忙。竞,繁忙。 3 求:即冉有。舆人:拉柩车的仆役。 4 弥甥:远房外甥。 5 称:相称。旌繁:车马饰。旌,车饰。繁,繁缨,马饰。 6 知伯:即荀瑶。 7 长武子:晋国大夫。 8 颜庚:齐国大夫。

哀公二十四年

【传】

二十四年夏四月,晋侯将伐齐,使来乞师,曰:"昔臧文仲以楚师伐齐,取穀[1];宣叔以晋师伐齐,取汶阳[2]。寡君欲徼福于周公,愿乞灵于臧氏[3]。"臧石帅师会之,取廪丘。军吏令缮,将进。莱章曰[4]:"君卑政暴,往岁克敌,今又胜都,天奉多矣,又焉能进?是躛言也[5]。

二十四年夏天四月,晋出公准备攻打齐国,派人前来鲁国请求出兵,说:"从前臧文仲率领楚军攻打齐国,攻取穀地;宣叔率领晋军攻打齐国,攻取汶阳。寡君想要从周公那儿求取福泽,也希望向臧氏求福。"臧石率领鲁军与晋军会合,攻取廪丘。军吏命令整修军备,准备进军。齐将莱章说:"晋国君主地位卑贱,政治暴虐,去年战胜对手,现在又攻陷都邑,上天赐给他们的很多了,又哪能再前进?这是大话。晋军将

役将班矣[6]！”晋师乃还。饩臧石牛[7]，大史谢之，曰：“以寡君之在行，牢礼不度，敢展谢之！”

要收兵回朝了！”晋军果然退兵了。晋国人赠送给臧石活牛，太史致歉说：“因为寡君身在军中，赠奉的牲口够不上礼度，谨此告歉！”

邾子又无道，越人执之以归，而立公子何。何亦无道。

邾隐公又施行无道，越国人逮了他带回去，立了公子何为君。公子何同样无道。

注释 **1** 参僖公二十六年《传》。 **2** 参成公二年《传》。 **3** 乞灵：求福。 **4** 莱章：齐国大夫。 **5** 躗(wèi)言：大话。 **6** 役：指军队。班：班师，收兵而回。 **7** 饩：活牲口。这里是赠送活牲口的意思，用为动词。

公子荆之母嬖[1]，将以为夫人，使宗人衅夏献其礼[2]。对曰：“无之。”公怒曰：“女为宗司，立夫人，国之大礼也，何故无之？”对曰：“周公及武公娶于薛，孝、惠娶于商，自桓以下娶于齐，此礼也则有。若以妾为夫人，则固无其礼也。”公卒立之，而以荆为大子，国人始恶之。

公子荆的母亲受到鲁哀公宠幸，打算立她为夫人，就让宗人衅夏来禀报立夫人的礼节。衅夏回答说：“没有这样的礼节。”哀公发怒说：“你身为宗人，立夫人，是国家的重大典礼，为什么说没有这礼节？”衅夏回答说：“周公和武公从薛国娶妻，孝公、惠公从宋国娶妻，从桓公以下都在齐国娶妻，这种礼节倒是有。至于立妾做夫人，则本来就没有那样的礼节。”哀公最终还是立了她，并立公子荆为太子，国人开始讨厌哀公。

闰月，公如越，得大子适郢[3]。将妻公，而多

闰月，鲁哀公去到越国，很得越太子适郢的欢心。适郢打算把女儿嫁给哀公，并且给他很多土地。公孙有山派

与之地。公孙有山使告于季孙，季孙惧，使因大宰嚭而纳赂焉，乃止。

人把这事告诉季康子，季康子害怕，派人通过越国太宰嚭劝说并献上财礼，事情才平息。

注释 1公子荆：鲁哀公庶子。 2宗人：官名，掌宗室礼仪。 3得：得到欢心、得到信任之意。

哀公二十五年

【传】

二十五年夏五月庚辰，卫侯出奔宋。

二十五年夏天五月二十五日，卫出公逃亡到宋国。

卫侯为灵台于藉圃，与诸大夫饮酒焉。褚师声子袜而登席，公怒。辞曰[1]："臣有疾，异于人，若见之，君将𣪘之[2]，是以不敢。"公愈怒，大夫辞之，不可。褚师出，公戟其手[3]，曰："必断而足[4]！"闻之，褚师与司寇亥乘，曰："今日幸而后亡。"

卫出公在藉圃修建了灵台，和大夫们在那儿饮酒。褚师比穿着袜子走上席，卫出公发怒。褚师比解释说："下臣脚上有疮，和别人不一样，如果看到我的脚，君主会呕吐的，因此不敢脱袜。"卫出公更加愤怒，大夫们都劝说此事，卫出公还是不听。褚师比退出，卫出公以手叉腰，说："一定要砍断你的脚！"褚师比听到了，和司寇亥同坐一辆车，说："今天幸运才逃出来。"

公之入也，夺南氏邑[5]，而夺司寇亥政。公使侍人纳公文懿子之车于池。

卫出公回国时，剥夺了公孙弥牟的封邑，又夺取了司寇亥的官位。卫出公还派侍人把公文懿子的车子投进池塘里。

注释 1 辞：解说，解释。 2 彀（hù）：呕吐。 3 戟其手：指以手叉腰，形如戟。戟，作动词用。 4 而：你。 5 南氏：指公孙弥牟。

初，卫人翦夏丁氏[1]，以其帑赐彭封弥子[2]。弥子饮公酒，纳夏戊之女，嬖，以为夫人。其弟期，大叔疾之从孙甥也，少畜于公[3]，以为司徒。夫人宠衰，期得罪。公使三匠久[4]。公使优狡盟拳弥[5]，而甚近信之。故褚师比、公孙弥牟、公文要、司寇亥、司徒期因三匠与拳弥以作乱，皆执利兵，无者执斤。使拳弥入于公宫，而自大子疾之宫噪以攻公。鄄子士请御之[6]，弥援其手，曰："子则勇矣，将若君何？不见先君乎？君何所不逞欲？且君尝在外矣，岂必不反？当今不可，众怒难犯，休而易间也[7]。"乃出。将适蒲，弥曰："晋无

起初，卫国人灭了夏戊家族，把他们的财产赐给彭封弥子。弥子请卫出公喝酒，把夏戊的女儿送给他，很受出公宠爱，让她做了夫人。她的弟弟夏期，是太叔疾的从外甥，小时候放在公宫里养育，卫出公让他做了司徒。夫人的受宠衰落之后，夏期也因而获罪。卫出公使用工匠们长时间不让休息，又让名叫狡的优人与拳弥盟誓，而且非常亲近信任他。所以褚师比、公孙弥牟、公文懿子、司寇亥、司徒夏期就利用工匠们和拳弥来发动叛乱，都手持锐利的武器，没有武器的拿着斧子。他们让拳弥进入公宫，其他人从太子疾的宫里哄叫着攻打卫出公。鄄子士请求抵抗，拳弥牵住他的手，说："您倒是勇敢，但打算把君主怎么办？您没看到先王的事吗？君主在哪个地方不能满足欲望？而且君主曾经在国外待过了，难道一定不能回来？现在不可抵抗，众怒难犯，等平息后就容易分化了。"于是卫出公就出走。打算前往蒲地，拳弥说："晋国没有

信,不可。”将适郢,弥曰:“齐、晋争我,不可。”将适泠,弥曰:“鲁不足与,请适城钼以钩越[8],越有君。”乃适城钼。弥曰:“卫盗不可知也,请速,自我始。”乃载宝以归。

信用,不能去。”准备前去郢地,拳弥说:“齐、晋两国都在争夺我们,不可去。”将要去泠地,拳弥说:“鲁国不足以相处,请到城钼去,以便和越国联络,越国有好君主。”于是前往城钼。拳弥说:“卫国的盗贼难以防备,请快点离开,由我先离开。”就装了宝物带回了卫国。

注释 1夏丁氏:即夏戊。 2帑:钱财。 3畜:养。 4三匠:泛称各种工匠。此句与十七年《传》“公使匠久”意同。 5优狡:名狡的优人。拳弥:卫国大夫。 6郢子士:卫国大夫。 7休:止,指乱止。间:离间。 8钩:联络。

公为支离之卒[1],因祝史挥以侵卫。卫人病之。懿子知之,见子之[2],请逐挥。文子曰:“无罪。”懿子曰:“彼好专利而妄,夫见君之入也,将先道焉。若逐之,必出于南门而适君所。夫越新得诸侯,将必请师焉。”挥在朝,使吏遣诸其室。挥出,信[3],弗内。五日,乃馆诸外里,遂有宠,

卫出公部署了分散的军队,凭着祝史挥做内应而侵袭卫国。卫国人对此感到担忧。公文懿子了解到这一情况,就去会见公孙弥牟,请求赶走祝史挥。公孙弥牟说:“祝史挥没有什么罪过。”懿子说:“那个人喜欢专横谋利而又狂妄,要是看到国君回国,会为国君在前面引路的。如果驱逐他,他一定会从南门出去而前往国君那里。越国刚获得诸侯拥护,他们一定会向越国请求出兵的。”祝史挥在朝廷上,公孙弥牟就派官吏把他遣送回家。祝史挥出朝后,过了两天,朝廷不再接纳他。第五天,他迁居到都城外的

使如越请师。

六月，公至自越。季康子、孟武伯逆于五梧[4]。郭重仆，见二子，曰："恶言多矣，君请尽之。"公宴于五梧，武伯为祝，恶郭重，曰："何肥也！"季孙曰："请饮彘也[5]！以鲁国之密迩仇雠[6]，臣是以不获从君，克免于大行[7]，又谓重也肥。"公曰："是食言多矣，能无肥乎？"饮酒不乐，公与大夫始有恶。

乡里，得到卫出公宠幸，派他前往越国请求援军。

六月，鲁哀公从越国回到国内。季康子、孟武伯到五梧迎接。郭重做哀公的随从，见到了他们两位，对哀公说："他们说的坏话可多了，君主请听他们全部说出来吧。"哀公在五梧设宴，孟武伯在席上祝酒，厌恶郭重，就说："多么肥啊！"季康子说："请让我罚孟孙彘喝酒！因鲁国紧靠仇国，下臣因此不能跟随君主，得以免于远行，却又去说郭重很肥。"哀公说："这是食言太多了，能不肥吗？"喝酒喝得很不愉快，哀公开始和大夫有了嫌恶。

注释 1 支离：分散。 2 子之：即公孙弥牟。 3 信：住两晚。 4 五梧：鲁国南部边邑。 5 彘：孟武伯名。 6 密迩：靠得很近。仇雠：指齐国。 7 克：能。大行：等于说远行。

哀公二十六年

【传】

二十六年夏五月，叔孙舒帅师会越皋如、舌庸、宋乐茷，纳卫侯，文子

二十六年夏天五月，鲁将叔孙舒率领军队会合越国的皋如、舌庸和宋国的乐茷，护送卫出公回国，公孙弥牟想要接

欲纳之。懿子曰:“君愎而虐,少待之,必毒于民,乃睦于子矣。”师侵外州,大获。出御之,大败。掘褚师定子之墓[1],焚之于平庄之上。

纳。公文懿子说:“国君固执而又暴虐,只要稍等些时候,他一定会加害百姓,百姓就和您亲睦了。”联军侵袭外州,大肆劫掠。卫军出城抵抗,大败。卫出公挖开褚师定子的坟墓,在平庄上把棺材烧了。

文子使王孙齐私于皋如,曰:“子将大灭卫乎?抑纳君而已乎?”皋如曰:“寡君之命无他,纳卫君而已。”文子致众而问焉,曰:“君以蛮夷伐国,国几亡矣,请纳之。”众曰:“勿纳。”曰:“弥牟亡而有益,请自北门出。”众曰:“勿出。”重赂越人,申开守陴而纳公[2],公不敢入。师还。立悼公,南氏相之。以城鉏与越人。公曰:“期则为此!”令苟有怨于夫人者报之[3]。司徒期聘于越,公攻而夺之币。期告王,王命取之,期以众取之。公怒,杀期之

公孙弥牟派王孙齐和皋如私下见面,说:“您是打算彻底灭亡卫国呢?还是把国君送回去罢了呢?”皋如说:“寡君的命令没有别的,送回卫君罢了。”公孙弥牟召来众人征求意见,说:“国君利用蛮夷来攻打国家,国家几乎要灭亡了,请接纳他。”大家说:“不要接纳。”公孙弥牟又说:“如果我逃亡而对国家有好处,请让我从北门逃出。”众人说:“不要出逃。”于是送给越国人很多的财货,层层打开城门,守住城墙而接纳卫出公,但卫出公不敢进入都城。联军撤回去了。卫国立了悼公为国君,公孙弥牟做他的宰相。把城鉏给了越国人。卫出公说:“司徒期干的这事!”就叫对夫人如果有怨恨的人报复夫人。司徒期到越国聘问,卫出公攻击他并且夺走了他带的礼物。司徒期报告越王,越王命令把财礼夺回,司徒期率领部众又夺回了财礼。卫出公

甥之为大子者。遂卒于越。

发怒，杀了司徒期的外甥中可以立为太子的人。卫出公最后在越国去世。

注释 1 褚师定子：褚师比的父亲。 2 申开：层层打开（城门）。申：重。陴（pí）：城上矮墙。 3 夫人：卫出公夫人，夏戊之女，司徒期的姐姐。

宋景公无子，取公孙周之子得与启，畜诸公宫，未有立焉。于是皇缓为右师，皇非我为大司马，皇怀为司徒，灵不缓为左师，乐茷为司城，乐朱钽为大司寇，六卿三族降听政[1]，因大尹以达。大尹常不告，而以其欲称君命以令。国人恶之。司城欲去大尹，左师曰："纵之，使盈其罪[2]。重而无基，能无敝乎[3]？"

冬十月，公游于空泽[4]。辛巳，卒于连中[5]。大尹兴空泽之士千甲[6]，奉公自空桐入，如沃宫[7]，使召六子[8]，曰："闻下有师，君请六子画。"六子至，以甲劫之，曰："君有疾病，请二三子盟。"

宋景公没有儿子，收了公孙周的儿子得和启两人，抚养在公宫里，没有立他们为继承人。当时皇缓做右师，皇非我做大司马，皇怀做司徒，灵不缓做左师，乐茷做司城，乐朱钽做大司寇，六卿三族共同掌政，通过大尹上达宋景公。大尹常常不禀告景公，而按照他自己的意愿假称君令来发号施令。国内人们都厌恶他。司城想要去掉大尹，左师说："先放一放，让他恶贯满盈。权势过重而没有基础，能不败坏吗？"

冬天十月，宋景公在空泽游览。初四日，在连中馆去世。大尹发动空泽的甲士一千人，护送景公的尸体从空桐进入都城，回到沃宫，派人召来六卿，说："听说底下有军队造反，君主请六位前来策划。"六卿到达，大尹派甲士劫持他们，说："君主有重病，请各位盟誓。"于是在景公小寝的庭院里盟

乃盟于少寝之庭[9]，曰："无为公室不利！"大尹立启，奉丧殡于大宫。三日而后国人知之。司城茷使宣言于国曰："大尹惑蛊其君而专其利，今君无疾而死，死又匿之，是无他矣，大尹之罪也。"得梦启北首而寝于卢门之外[10]，己为乌而集于其上，咮加于南门[11]，尾加于桐门。曰："余梦美，必立。"

誓，说："不要干对公室不利的事！"大尹立启为继承人，护送景公的灵柩停放到祖庙大宫。三天后，国人才知道景公死了。司城茷派人在国都宣传说："大尹蛊惑他的国君并且专权擅利，现在君主没有疾病就死去，死了又被隐瞒，这没有别的，就是大尹的罪过。"景公的养子得梦见启头向北边睡在卢门之外，自己变成乌鸦停在他身上，嘴巴搁在南门上，尾巴架在桐门上。得因此说："我的梦很好，我必定会立为国君。"

注释 1 降听政：共听政。降，同。 2 盈：满。 3 敝：败坏。 4 空泽：水泽名，又叫空桐泽，在今河南虞城南，今已湮。 5 连中：馆名，在空泽附近。 6 千甲：甲士千人。 7 沃宫：宋都内宫名。 8 六子：即上文所称六卿。 9 少寝：小寝，君主退朝休息处。 10 卢门：宋都东城南门。 11 咮(zhòu)：鸟嘴。

大尹谋曰："我不在盟，无乃逐我，复盟之乎！"使祝为载书。六子在唐盂，将盟之。祝襄以载书告皇非我，皇非我因子潞[1]、门尹得[2]、左师谋曰："民与我，逐之

大尹和人商议说："我没参加盟誓，恐怕会赶我走，再举行一次盟誓吧！"叫祝人起草了盟书。六卿正在唐盂，打算与大尹盟誓。祝襄拿盟书去报告皇非我，皇非我与乐茷、乐得、左师商议说："老百姓赞成帮助我们，把大尹赶跑吧！"都回去发放武器装备，让部下在

乎！”皆归授甲，使徇于国曰：“大尹惑蛊其君，以陵虐公室。与我者，救君者也。”众曰：“与之。”大尹徇曰：“戴氏、皇氏将不利公室，与我者，无忧不富。”众曰：“无别。”戴氏、皇氏欲伐公[3]，乐得曰：“不可。彼以陵公有罪，我伐公，则甚焉。”使国人施于大尹[4]，大尹奉启以奔楚，乃立得，司城为上卿。盟曰：“三族共政，无相害也。”

国都内巡行宣扬说：“大尹蛊惑他的国君，欺凌残害公室成员。帮助我们的人，就是救助君主的人。”大伙说：“帮助他们。”大尹也派人巡行宣布说：“戴氏、皇氏两族将要危害公室，帮助我的人，不必担忧不富裕。”大家说：“他和危害公室的人没有区别。”戴氏、皇氏想要攻打新立为君的启，乐得说：“不可以。大尹因欺凌国君而有罪，我们攻打国君，就比他更过分了。”就动员国内人们清算大尹的罪行，大尹侍奉启逃奔楚国，于是立了得为国君，司城乐茷做了上卿。盟誓说：“三族共掌国政，不要互相残害。”

卫出公自城钼使以弓问子赣，且曰：“吾其入乎？”子赣稽首受弓，对曰：“臣不识也。”私于使者曰：“昔成公孙于陈[5]，甯武子、孙庄子为宛濮之盟而君入。献公孙于齐，子鲜、子展为夷仪之盟而君入。今君再在孙矣[6]，内不闻献之亲，外不闻成之卿，则赐不识所由入也。

卫出公从城钼派人带了宝弓去问候子赣，并且说：“我可以回到国内吗？”子赣磕头接受了宝弓，回答说：“我不知道。”私下对使者说：“过去成公流亡陈国，甯武子、孙庄子订立宛濮之盟然后成公回国。献公流亡齐国，子鲜、子展订立夷仪之盟然后献公回国。如今国君两度流亡在外了，在国内没听说有献公亲信那样的人，在国外没听说有成公贤卿那样的人，所以我就不知道有什么条件回国了。《诗》中说：‘最强不过得

《诗》曰:'无竞惟人[7],四方其顺之。'若得其人,四方以为主,而国于何有?"

贤人,四方人们都顺从。'如果得到那样的贤人,四方的人们把他作为主人,要得到国家有什么难的?"

注释 1子潞:即乐茷。 2门尹得:即乐得。 3公:指大尹所立的新君启。 4施:加罪,等于说弹劾。 5孙:通"逊",本国的君主或夫人出逃他国,称为"逊"。 6再在孙:指卫出公十五年逃亡鲁国,今又逃亡宋国。 7竞:强。无:句首助词。引诗为《诗经·周颂·烈文》句。

哀公二十七年

【传】

二十七年春,越子使舌庸来聘,且言邾田,封于骀上[1]。二月,盟于平阳,三子皆从[2]。康子病之,言及子赣,曰:"若在此,吾不及此夫!"武伯曰:"然。何不召?"曰:"固将召之。"文子曰:"他日请念。"

二十七年春天,越王勾践派舌庸来鲁国聘问,并且提起邾国土田的事,商定在骀上一带划分鲁、邾两国的疆界。二月,在平阳会盟,季康子、叔孙文子、孟武伯三人都跟随哀公前去。季康子对会盟感到痛心,谈到子赣,说:"他如果在这里,我不会参加这种会盟的!"孟武伯说:"是这样。为什么不叫子赣来呢?"季康子说:"本来要叫他来。"叔孙文子说:"别的时候也请记得他。"

夏四月己亥,季康子卒,公吊焉,降礼。

夏天四月二十五日,季康子去世,鲁哀公为他吊丧,礼节降低了等级。

晋荀瑶帅师伐郑,次于桐丘。郑驷弘请救

晋国的荀瑶率军队攻打郑国,驻扎在

于齐。齐师将兴,陈成子属孤子三日朝[3]。设乘车两马,系五邑焉[4]。召颜涿聚之子晋,曰:"隰之役,而父死焉。以国之多难,未女恤也。今君命女以是邑也,服车而朝,毋废前劳!"乃救郑。

桐丘。郑国的驷弘到齐国请求救援。齐国的军队准备出动,陈成子召集阵亡将士的遗孤在三天内上朝。为此设立了一辆车两匹马,加上五个城邑。召来颜涿聚的儿子晋,对他说:"隰地那次战役,你的父亲战死在那里。因为国家多难,没有抚恤你。现在君主命令把这个城邑封给你,你驾上车子去朝见国君,不要废弃了以前你父亲的功劳!"于是出兵救援郑国。

注释 1 封:疆界。这里用作动词,指划定疆界。骀上:地名,即襄公四年《传》中的狐骀。 2 三子:指季康子、叔孙文子、孟武伯。 3 属:会集。孤子:孤儿,指以前为国战死的将士的遗孤。 4 系:等于说加上。

及留舒,违穀七里[1],穀人不知。及濮,雨,不涉。子思曰:"大国在敝邑之宇下,是以告急。今师不行,恐无及也。"成子衣制杖戈[2],立于阪上[3],马不出者,助之鞭之。知伯闻之,乃还,曰:"我卜伐郑,不卜敌齐。"使谓成子曰:"大夫陈子,陈之自出。陈之不祀,郑之罪也,故寡君使瑶察陈衷焉[4],谓

齐军到达留舒,离开穀地七里,穀地人不知道。到达濮水,下雨,没有渡河。子思说:"大国的军队到了敝国的屋檐下,因此告急。今天部队不前进,恐怕来不及了。"陈成子穿着雨衣拄着戈,站在山坡上,马不肯出来的,就帮着用鞭子赶。荀瑶听说了,就收兵回去,说:"我占卜过攻打郑国,没有占卜过抵挡齐军。"派使者对陈成子说:"大夫陈子,是从陈国分支出来的。陈国断了香火,是郑国的罪过,所以寡君派我来考察陈国被灭亡的个中缘由,说大夫您该

大夫其恤陈乎？若利本之颠[5]，瑶何有焉？”成子怒曰：“多陵人者皆不在[6]，知伯其能久乎？”中行文子告成子曰：“有自晋师告寅者，将为轻车千乘，以厌齐师之门[7]，则可尽也。”成子曰：“寡君命恒曰：‘无及寡，无畏众。’虽过千乘，敢辟之乎？将以子之命告寡君。”文子曰：“吾乃今知所以亡。君子之谋也，始、衷、终皆举之[8]，而后入焉[9]。今我三不知而入之，不亦难乎？”

会忧虑陈国吧？如果认为陈国倒台有好处，对我荀瑶有什么呢？”陈成子发怒说：“欺人太多的人都没有好结果，荀瑶难道能长久吗？”中行文子告诉陈成子说：“有人从晋国军中来告诉我，晋军准备组织一千辆轻捷的战车，来攻陷齐军的营门，就可以全歼齐军。”陈成子说：“寡君命令我：‘不要追赶人少的敌人，也不要害怕人多的敌人。’即使超过一千辆兵车，敢躲避他们吗？将拿您的命令禀告寡君。”中行文子说：“我今天才知道自己逃亡的原因。君子的谋划，开头、中间、结局都要考虑到，然后进宫禀报。现在我三方面都不了解就入朝禀报，不也很难吗？”

注释　1 违：离开。　2 制：雨衣之类。　3 阪：山坡。　4 陈衷：指陈国被灭的个中缘由。衷，中。　5 利：认为……有利。本：指陈国。　6 在：终。　7 厌：通“压”。　8 举：等于说谋。　9 入：指进宫禀告。

公患三桓之侈也[1]，欲以诸侯去之。三桓亦患公之妄也[2]，故君臣多间[3]。公游于陵阪，遇孟武伯于孟氏之衢[4]，曰：“请有问于子，余及死

鲁哀公担心孟孙、叔孙、季孙这三桓的猖狂放肆，想要利用诸侯除掉他们。三桓也担忧哀公的狂乱，所以君臣之间多有隔阂。有次哀公在陵阪游玩，在孟氏邑中的大路上遇到孟武伯，说：“请问您，我能达到寿终正寝吗？”武伯

乎？”对曰：“臣无由知之。”三问，卒辞不对。公欲以越伐鲁而去三桓。秋八月甲戌，公如公孙有陉氏，因孙于邾，乃遂如越。国人施公孙有山氏。

悼之四年[5]，晋荀瑶帅师围郑，未至，郑驷弘曰：“知伯愎而好胜，早下之，则可行也。”乃先保南里以待之[6]。知伯入南里，门于桔柣之门[7]。郑人俘酅魁垒[8]，赂之以知政[9]，闭其口而死。将门，知伯谓赵孟：“入之！”对曰：“主在此。”知伯曰：“恶而无勇[10]，何以为子？”对曰：“以能忍耻，庶无害赵宗乎！”知伯不悛，赵襄子由是惎知伯[11]，遂丧之。知伯贪而愎，故韩、魏反而丧之。

回答说：“下臣无从知道。”问了三次，始终推辞不肯回答。哀公想要利用越国攻打鲁国而除掉三桓。秋天八月初一日，哀公去到公孙有陉氏那里，因而流亡到邾国，随即就去了越国。国内的人们归罪于公孙有山氏。

鲁悼公四年，晋国的荀瑶率领军队包围郑国，还未到达，郑国的驷弘说：“荀瑶固执而好胜，早点向他们低头，就可以使他们走了。”于是预先据守南里以等待晋军。荀瑶进入南里，攻打桔柣之门。郑国人俘虏了晋将酅魁垒，用执掌大卿的政事来收买他，他不肯，就堵住他的嘴而把他捂死了。将要攻门，荀瑶对赵孟说：“攻进去！”赵孟回答说：“主人在此。”荀瑶说：“你丑陋而懦弱，凭什么成为太子的？”赵孟回答说：“因为能忍受耻辱，大概对赵氏家族没有危害吧！”荀瑶不悔改，赵孟从此忌恨荀瑶，荀瑶于是想灭亡他。荀瑶贪婪而固执，所以韩氏、魏氏反过来联合赵氏灭亡了他。

注释　1 侈：猖狂，放肆。　2 妄：狂乱。　3 间：隔阂。　4 衢：邑中大路。　5 悼：鲁悼公，哀公的儿子，名宁。　6 保：据守。　7 第一个“门”

字作动词用,攻门。 8 鄬(xī)魁垒:晋国将领。 9 知政:掌政,指做卿。10 恶:指貌丑。 11 赵襄子:即赵孟。惎(jì):忌恨。

图书在版编目(CIP)数据

春秋左传/李维琦等注译. —长沙:岳麓书社,2025.3
(古典名著全本全注全译)
ISBN 978-7-5538-2060-6

Ⅰ.①春… Ⅱ.①李… Ⅲ.①左传》—注释②《左传》—译文
Ⅳ.①K225.04

中国国家版本馆 CIP 数据核字(2024)第 089146 号

CHUNQIU ZUOZHUAN
春秋左传
注　　译:李维琦　陈建初　李运富　覃遵祥　唐生周　萧谒川
出 版 人:崔　灿
出版统筹:马美著
责任编辑:陈文韬　周家琛　肖　航　陶嶒玲　曾　倩　夏楚婷
营销编辑:谢一帆　唐　睿　向媛媛
责任校对:舒　舍
书籍设计:罗志义

岳麓书社出版发行
地址:湖南省长沙市爱民路 47 号
直销电话:0731-88804152　0731-88885616
邮编:410006

版次:2025 年 3 月第 1 版
印次:2025 年 3 月第 1 次印刷
开本:890mm×1240mm　1/32
印张:44.5
字数:1100 千字
ISBN 978-7-5538-2060-6
定价:168.00 元

承印:湖南省众鑫印务有限公司

如有印装质量问题,请与本社印务部联系
电话:0731-88884129